E-Book inside.

Mit folgendem persönlichen Code
erhalten Sie die E-Book-Ausgabe
dieses Buches zum kostenlosen
Download.

46NW6-P56R0-
18300-C2B58

Registrieren Sie sich unter
www.hanser-fachbuch.de/ebookinside
und nutzen Sie das E-Book
auf Ihrem Rechner*, Tablet-PC
und E-Book-Reader.

* Systemvoraussetzungen:
  Internet-Verbindung und Adobe® Reader®

Doberenz/Gewinnus

Visual Basic 2012
Grundlagen und Profiwissen

Walter Doberenz
Thomas Gewinnus

Visual Basic 2012

Grundlagen und Profiwissen

HANSER

Die Autoren:

Professor Dr.-Ing. habil. Walter Doberenz, Wintersdorf

Dipl.-Ing. Thomas Gewinnus, Frankfurt/Oder

Bibliografische Information der Deutschen Nationalbibliothek
Die Deutsche Nationalbibliothek verzeichnet diese Publikation in der Deutschen Nationalbibliografie; detaillierte bibliografische Daten sind im Internet über <*http://dnb.d-nb.de*> abrufbar.

© 2013 Carl Hanser Verlag München
http://www.hanser-fachbuch.de

Lektorat: Sieglinde Schärl
Herstellung: Thomas Gerhardy
Satz: Ingenieurbüro Gewinnus
Sprachlektorat: Walter Doberenz
Umschlagdesign: Marc Müller-Bremer, *www.rebranding.de,* München
Umschlagrealisation: Stephan Rönigk
Druck und Bindung: Kösel, Krugzell
Ausstattung patentrechtlich geschützt. Kösel FD 351, Patent-Nr. 0748702
Printed in Germany

ISBN 978-3-446-43429-5
E-Book-ISBN 978-3-446-43522-3

Inhaltsverzeichnis

Teil II: Technologien

Teil III: WPF-Anwendungen

Teil IV: Windows Store Apps

Anhang

Bonuskapitel im E-Book

– Diese Kapitel finden Sie nur im E-Book –

– Diese Kapitel finden Sie nur im E-Book –

– Diese Kapitel finden Sie nur im E-Book –

– **Diese Kapitel finden Sie nur im E-Book** –

— Diese Kapitel finden Sie nur im E-Book —

– Diese Kapitel finden Sie nur im E-Book –

Teil VI: Windows Forms

– Diese Kapitel finden Sie nur im E-Book –

— Diese Kapitel finden Sie nur im E-Book —

– Diese Kapitel finden Sie nur im E-Book –

– Diese Kapitel finden Sie nur im E-Book –

— Diese Kapitel finden Sie nur im E-Book —

– Diese Kapitel finden Sie nur im E-Book –

– Diese Kapitel finden Sie nur im E-Book –

– Diese Kapitel finden Sie nur im E-Book –

– Diese Kapitel finden Sie nur im E-Book –

– Diese Kapitel finden Sie nur im E-Book –

Teil VII: ASP.NET

– Diese Kapitel finden Sie nur im E-Book –

– Diese Kapitel finden Sie nur im E-Book –

– Diese Kapitel finden Sie nur im E-Book –

– Diese Kapitel finden Sie nur im E-Book –

Teil VIII: Silverlight

– Diese Kapitel finden Sie nur im E-Book –

— Diese Kapitel finden Sie nur im E-Book —

Vorwort

Die Zeit, in der Visual Basic-Programmierer meinten, mit ein paar Klicks auf ein Formular und mit wenigen Zeilen Quellcode eine vollständige Applikation erschaffen zu können, ist zumindest seit Anbruch der .NET-Epoche endgültig vorbei. Vorbei ist aber auch die Zeit, in der mancher C-Programmierer mitleidig auf den VB-Kollegen herabblicken konnte. VB ist seit langem zu einem vollwertigen professionellen Werkzeug zum Programmieren beliebiger Komponenten für das Microsoft .NET Framework geworden, beginnend bei Windows Forms- über WPF-, ASP.NET-Anwendungen bis hin zu systemnahen Applikationen.

Das vorliegende Buch zu Visual Basic 2012 soll ein faires Angebot sowohl für künftige als auch für fortgeschrittene VB-Programmierer sein. Seine Philosophie knüpft an die vielen anderen Titel an, die wir in den vergangenen siebzehn Jahren zu verschiedenen Programmiersprachen geschrieben haben:

- Programmieren lernt man nicht durch lineares Durcharbeiten eines Lehrbuchs, sondern nur durch unermüdliches Ausprobieren von Beispielen, verbunden mit ständigem Nachschlagen in der Referenz.

- Der Umfang einer modernen Sprache wie Visual Basic in Verbindung mit Visual Studio ist so gewaltig, dass ein seriöses Programmierbuch das Prinzip der Vollständigkeit aufgeben muss und nach dem Prinzip "so viel wie nötig" sich lediglich eine "Initialisierungsfunktion" auf die Fahnen schreiben kann.

Das ist auch der Grund, warum das vorliegende Buch keinen ausgesprochenen Lehrbuchcharakter trägt, sondern mehr ein mit sorgfältig gewählten Beispielen durchsetztes Nachschlagewerk der wichtigsten Elemente der .NET-Programmierung unter Visual Basic 2012 ist.

Gegenüber anderen Büchern zur gleichen oder ähnlichen Thematik nimmt unser Titel für sich in Anspruch, gleichzeitig Lehr- und Übungsbuch zu sein.

Zum Buchinhalt

Wie Sie bereits dem Buchtitel entnehmen können, wagt das vorliegende Werk den Spagat zwischen einem Grundlagen- und einem Profibuch. Sinn eines solchen Buches kann es nicht sein, eine umfassende Schritt-für-Schritt-Einführung in Visual Basic 2012 zu liefern oder all die Informationen noch einmal zur Verfügung zu stellen, die Sie in der Produktdokumentation (MSDN) ohnehin schon finden und von denen Sie in der Regel nur ein Mausklick oder die F1-Taste trennt.

- Für den *Einsteiger* wollen wir den einzig vernünftigen und gangbaren Weg beschreiten, nämlich nach dem Prinzip "so viel wie nötig" eine Schneise durch den Urwald der .NET-Programmierung mit Visual Basic 2012 schlagen, bis er eine Lichtung erreicht hat, die ihm erste Erfolgserlebnisse vermittelt.

- Für den *Profi* wollen wir in diesem Buch eine Vielzahl von Informationen und Know-how bereitstellen, wonach er bisher in den mitgelieferten Dokumentationen, im Internet bzw. in anderen Büchern vergeblich gesucht hat.

Da mit Visual Basic 2012 zahlreiche neue Features (vor allem die WinRT-Programmierung) neu hinzugekommen sind und wir auch viele Leserwünsche zusätzlich eingearbeitet haben, mussten einige Kapitel wesentlich erweitert bzw. neu hinzugefügt werden.

Ein Vergleich des Inhaltsverzeichnisses mit dem Vorgängertitel zeigt, dass aus den ursprünglich 40 Kapiteln nunmehr 43 Kapitel geworden sind, die inzwischen 2200 Seiten umfassen.

Die Kapitel des Buchs haben wir in acht Themenkomplexen gruppiert:

- Grundlagen der Programmierung mit Visual Basic 2012

- Technologien der Programmentwicklung

- WPF-Anwendungen

- Windows Store Apps

- Weitere Technologien

- Windows Forms

- ASP.NET

- Silverlight

Die Kapitel innerhalb eines Teils bilden einerseits eine logische Aufeinanderfolge, können andererseits aber auch quergelesen werden. Im Praxisteil eines jeden Kapitels werden anhand realer Problemstellungen die behandelten Programmiertechniken im Zusammenhang demonstriert.

Im gedruckten Teil dieses Buchs finden Sie die ersten vier Themenkomplexe, denn bereits hier sind wir an die Grenze des drucktechnisch Machbaren gestoßen. Die übrigen vier Themenkomplexe mussten wir in ein E-Book auslagern, welches Sie sich kostenlos aus dem Internet herunterladen können.

Zu den Neuigkeiten in Visual Studio 2012

Mit dem Erscheinen von Windows 8 bietet Microsoft erstmals ein Tablet-taugliches Betriebssystem an, für das Sie als VB-Entwickler eigene Anwendungen (neudeutsch Apps) entwickeln können. Während es für iPad und Android-Geräte mittlerweile viele tausende Apps gibt, herrscht bei Windows 8 noch ein riesengroßer Nachholbedarf.

Dieses Buch soll Ihnen dabei helfen, die nötigen Grundkenntnisse zu gewinnen, um eigene Apps zu entwickeln. Dabei sind neben den fünf WinRT-Kapiteln auch die WPF-Kapitel über die entsprechenden Basistechnologien (XAML/Datenbindung) von Wichtigkeit.

Leider ist nicht alles Gold was glänzt, und so hat Microsoft mit der Visual Studio 2012, dem .NET-Framework 4.5 und Windows 8 zwar vieles anders, aber nicht alles besser gemacht. Wer seinen Blick durch diverse Foren streifen lässt, der wird schnell den Unmut über viele Entscheidungen bei den Entwicklern spüren:

- Das freudlose "Gruftilayout" der neuen Visual Studio-IDE und die Beschriftung des Hauptmenüs in Großbuchstaben sind nicht jedermanns Geschmack.

- Das Setup-Template wurde aus Visual Studio entfernt, Sie dürfen *InstallShield Limited Edition* verwenden (Download per Website).

- Das .NET-Framework 4.5 wird nicht mehr unter Windows XP unterstützt. Der XP-Marktanteil lag im September 2012 noch bei 42%, genauso hoch wie bei Windows 7. Auf diese Kundengruppe werden viele Entwickler nicht verzichten wollen. Damit aber bleibt nur das "alte" Framework 4.0 als Zielframework für neue Projekte.

- Windows 8-Projekte (WinRT) können nur unter Windows 8 erstellt werden und im Wesentlichen auch nur per Microsoft Store vertrieben werden.

Wir hoffen, dass der Leser dieses Buchs obige kritische Worte höher zu schätzen weiß als den euphorischen Lobgesang manch anderer Autoren auf jedwede Art von "Highlights".

Weitere Bücher von uns

Auf drei weitere von uns verfasste Buchtitel, die sich ebenfalls auf Visual Studio 2012 beziehen, wollen wir Sie hier noch hinweisen:

- Eine ideale Ergänzung zum vorliegenden Buch ist unser "Visual Basic 2012 – Kochbuch". Mit mehr als 500 How-to-Problemlösungen zu allen hier behandelten Grundlagenthemen sind Sie bestens für die Anforderungen der Praxis gewappnet und können weitere Lücken schließen.

- Das Pendant zum vorliegenden Buch ist unser im gleichen Verlag erschienener Buchtitel "Visual C# 2012 – Grundlagen und Profiwissen". Da es das gleiche Inhaltsverzeichnis hat (inklusive Beispielcode), lassen sich ideale Vergleiche zwischen beiden Sprachen anstellen. Eine solche "Übersetzungshilfe" scheint besonders wichtig zu sein, weil einerseits viele altgediente Visual Basic-Programmierer zu C# wechseln werden und man andererseits in einem .NET-Entwicklerteam durchaus in mehreren .NET-Sprachen zusammenarbeitet.

- Der Datenbank- und Web-Programmierung widmet sich ausführlich unser bei Microsoft Press erschienener Spezialtitel "Datenbankprogrammierung mit Visual Basic 2012".

Zu den Codebeispielen

Alle Beispieldaten dieses Buchs können Sie sich unter folgender Adresse herunterladen:

LINK: http://www.doko-buch.de

Beim Nachvollziehen der Buchbeispiele beachten Sie bitte Folgendes:

- Kopieren Sie die Buchbeispiele auf die Festplatte. Wenn Sie auf die Projektmappendatei (*.sln*) klicken, wird Visual Studio in der Regel automatisch geöffnet und das jeweilige Beispiel wird in die Entwicklungsumgebung geladen, wo Sie es z.B. mittels F5-Taste kompilieren und starten können.

- Einige wenige Datenbankprojekte verwenden absolute Pfadnamen, die Sie vor dem Kompilieren des Beispiels erst noch anpassen müssen.

- Für einige Beispiele sind ein installierter Microsoft SQL Server Express LocalDB sowie der Microsoft Internet Information Server (ASP.NET) erforderlich.

- Bei der Fehlermeldung "Der Microsoft.Jet.OLEDB.4.0-Provider ist nicht auf dem lokalen Computer registriert." müssen Sie als Zielplattform für das Projekt x86 wählen, da es sich bei OLEDB um einen 32-Bit-Treiber handelt.

- Um mit den WinRT-Projekten arbeiten zu können, müssen Sie Visual Studio 2012 unter Windows 8 ausführen.

- Beachten Sie die zu einigen Beispielen beigefügten *Liesmich.txt*-Dateien, die Sie auf besondere Probleme hinweisen.

Nobody is perfect

Sie werden – trotz der rund 2200 Seiten – in diesem Buch nicht alles finden, was Visual Basic 2012 bzw. das .NET Framework 4.5 zu bieten haben. Manches ist sicher in einem anderen Spezialtitel noch besser oder ausführlicher beschrieben. Aber Sie halten mit unserem Buch einen optimalen und überschaubaren Breitband-Mix in den Händen, der sowohl vertikal vom Einsteiger bis zum Profi als auch horizontal von den einfachen Sprachelementen bis hin zu komplexen Anwendungen jedem etwas bietet, ohne dabei den Blick auf das Wesentliche im .NET-Dschungel zu verlieren.

Wenn Sie Vorschläge oder Fragen zum Buch haben, können Sie uns gern über unsere Website kontaktieren:

LINK: http://www.doko-buch.de

Wir hoffen, dass wir Ihnen mit diesem Buch einen nützlichen Begleiter bei der .NET-Programmierung zur Seite gestellt haben, der es verdient, seinen Platz nicht im Regal, sondern griffbereit neben dem Computer einzunehmen.

Walter Doberenz und Thomas Gewinnus   *Wintersdorf/Frankfurt/O., im Oktober 2012*

Teil **I**

Teil I: Grundlagen

- Einstieg in Visual Studio 2012
- Grundlagen der Sprache Visual Basic
- Objektorientiertes Programmieren
- Arrays, Strings und Funktionen
- Weitere wichtige Sprachfeatures
- Einführung in LINQ

Kapitel 1

Einstieg in Visual Studio 2012

Dieses Kapitel bietet dem VB-Programmierer einen effektiven Schnelleinstieg in die Arbeit mit Visual Studio 2012. Gleich nachdem Sie die Hürden der Installation gemeistert haben, erstellen Sie Ihre ersten .NET-Anwendungen, werden dabei en passant mit den grundlegenden Features der Entwicklungsumgebung vertraut gemacht und nach dem Prinzip "soviel wie nötig" in die .NET-Philosophie eingeweiht. Nach der Lektüre dieses Kapitels und dem Nachvollziehen der abschließenden Praxisbeispiele sollte der Einsteiger über eine brauchbare Ausgangsbasis verfügen, um den sich vor ihm gewaltig auftürmenden Berg von Spezialkapiteln in Angriff zu nehmen.

Der erfahrene Visual Studio-Anwender erhält im Abschnitt 1.6 einen Überblick über die Neuerungen der Version 2012 gegenüber der Vorgängerversion Visual Studio 2010.

1.1 Die Installation von Visual Studio 2012

Ohne eine angemessen ausgestattete "Werkstatt" ist die Lektüre dieses Buchs nutzlos. Programmieren lernt man bekanntlich nur durch Beispiele, die man unmittelbar selbst am Rechner ausprobiert!

HINWEIS: Voraussetzung für ein erfolgreiches Studium dieses Buchs ist das Vorhandensein eines PCs mit einer lauffähigen Installation von Visual Studio 2012.

1.1.1 Überblick über die Produktpalette

Alle im Handel angebotenen Visual-Studio-Pakete basieren auf dem .NET-Framework 4.5. Für welches der im Folgenden aufgeführten Produkte man sich entscheidet, hängt von den eigenen Anforderungen und Wünschen ab und ist nicht zuletzt auch eine Frage des Geldbeutels.

Visual Studio 2012 Express

Hier handelt es sich um abgespeckte, dafür aber kostenlose Versionen von Microsofts Entwicklungsumgebung. Wenn Sie als Hobby-Programmierer auf Features wie Berichte, Remote Debugging, ClickOnce etc. verzichten können, sind diese Minimalpakete in vielen Fällen ausreichend, um eigene Anwendungen oder Webseiten zu erstellen. Folgende Editionen sind erhältlich:

- **Visual Studio Express 2012 für Windows 8**
  Mit dieser Edition können Sie WinRT-Applikationen für Windows 8 entwickeln. Enthalten sind neben Visual Basic auch Vorlagen für C#, JavaScript und C++, sowie das Windows 8 SDK und Blend für Visual Studio. Die von Ihnen geschriebenen Anwendungen können Sie anschließend im Windows Store Ihren potentiellen Kunden anbieten.

- **Visual Studio Express 2012 für Windows Desktop**
  Hiermit ist die einfache Entwicklung von Desktop- und Konsolenanwendungen für alle von Visual Studio 2012 unterstützten Windows-Versionen möglich. Neben Visual Basic stehen Ihnen dazu auch noch C# und C++ zur Verfügung. Enthalten sind auch einige Sprachtools (z.B. integrierter Unit-Test).

- **Visual Studio Express 2012 für Web**
  Bereits mit dieser Minimalausstattung ist die Entwicklung ansprechender interaktiver Webanwendungen möglich. Die Verteilung kann über den Webserver oder die Cloud unter Windows Azure erfolgen.

- **Visual Studio 2012 Express für Windows Phone**
  Unter Visual Studio 2012 wurde die Unterstützung für App-Entwickler nochmals stark erweitert. Eine entsprechende Visual Studio 2012 Express Edition wird allerdings erst mit der nächsten Version von Windows Phone verfügbar sein.

- **Visual Studio Team Foundation Server Express 2012**
  Teams mit bis zu fünf Entwicklern erhalten mit dieser Edition die Tools zur Quellcodeverwaltung, Buildautomatisierung undArbeitsaufgabennachverfolgung.

Visual Studio 2012 Professional

Wie es der Name bereits suggeriert, handelt es sich bei diesem Standard-Paket bereits um ein professionelles Werkzeug, denn es beinhaltet alle erforderlichen Kernfunktionen für die Entwicklung von Anwendungen für Windows, Office, das Web, die Cloud, Silverlight, SharePoint und Multi-Core-Szenarien.

Auch Visual Studio LightSwitch, die Entwicklungsumgebung für das Rapid Application Development (RAD), ist jetzt Bestandteil von Visual Studio Professional, Premium und Ultimate. Ähnliches gilt für die Team-Unterstützung und das Application Lifecycle Management (ALM), eine Sammlung von Tools und Prozessen zur Überwachung und Kontrolle des gesamten Entwicklungszyklus einer Applikation.

Sowohl ernstzunehmende Hobbyprogrammierer als auch professionelle Entwickler, die allein oder im kleinen Team an der Erstellung komplexer, mehrschichtiger Anwendungen arbeiten, sind mit dieser Edition gut beraten.

HINWEIS: Der Inhalt dieses Buches bezieht sich schwerpunktmäßig auf die Möglichkeiten der **Professional Edition!**

Visual Studio 2012 Premium

Bei diesem Paket handelt es sich um eine Vollausstattung für Softwareentwickler und -tester, um im Team Anwendungen auf Enterprise-Niveau zu entwickeln. Enthalten sind alle Funktionen der Professional-Version sowie weitere Funktionen, die komplexe Datenbankentwicklung und eine durchgängige Qualitätssicherung ermöglichen sollen. So finden sich

- Funktionen zur Verbesserung der Codequalität durch Codeüberprüfung mittels Peer-Workflow,

- bessere Entwicklungstools für den Entwurf von Multithreading-Anwendungen,

- Möglichkeiten zur Automatisieren von Benutzeroberflächentests

- Funktionen zum Suchen und Verwalten von doppeltem Code in der CodeBase zur Verbesserung der Architektur

Visual Studio 2012 Ultimate

Aufbauend auf dem Funktionsumfang von Visual Studio 2012 Premium finden sich zusätzlich folgende Funktionen:

- Zuverlässiges Erfassen und Reproduzieren von Fehlern, die während manueller und explorativer Tests gefunden werden, um nicht reproduzierbare Fehler zu vermeiden

- Verstehen der Abhängigkeiten und Beziehungen im Code durch Visualisierung

- Visualisieren der Auswirkung einer Änderung oder möglichen Änderung im Code

- Durchführen unbegrenzter Webleistungs- und Auslastungstests

- Entwerfen architektonischer Layerdiagramme zur Überprüfung des Codes und Implementierung in der Architektur

1.1.2　Anforderungen an Hard- und Software

Haben sich in der Vergangenheit die Hardwareanforderungen von Version zu Version in die Höhe geschraubt, so bleiben sie diesmal etwa auf dem gleichen Niveau wie beim Vorgänger Visual Studio 2010. Die folgende Auflistung kann lediglich eine Orientierungshilfe sein:

- Betriebssystem: Windows 8, Windows 7, Windows Server 2012, Windows Server 2008

- Unterstützte Architekturen: 32-Bit (x86) und 64-Bit (x64)

- Prozessor: 1,6-GHz-Pentium III+

- RAM: 1 GB verfügbarer physischer Arbeitsspeicher (x86) bzw. 2 GB (x64)

- Festplatte: 10 GB Speicherplatzbedarf

- Grafikkarte: DirectX 9-fähig mit einer Mindestauflösung von 1024 x 768 Pixeln

- DVD-ROM Laufwerk

Die Parameter von Prozessor und RAM sind als untere Grenzwerte zu verstehen, können aber für die Express-Editionen sicherlich noch etwas unterschritten werden. Ganz wichtig:

HINWEIS: Wollen Sie WinRT-Anwendungen für Windows 8 entwickeln, so ist das Betriebssystem Windows 8 für das Entwicklungssystem unerlässlich!

Weiterhin ist zu beachten:

- Das neue .NET Framework 4.5 wird von Windows XP nicht mehr unterstützt – motten Sie also Ihren alten Computer ein!

- Das .NET-Framework 3.5 ist nicht mehr in Windows 8 enthalten, es muss nachinstalliert werden oder die Anwendungen müssen auf die Version 4 aktualisiert werden.

- Der SQL Server Express 2012 ist nicht mehr im Installationspaket enthalten, sondern muss separat heruntergeladen werden. Alternativ steht nach der Installation von Visual Studio der neue SQL Server Express 2012 LocalDB zur Verfügung

1.2 Unser allererstes VB-Programm

Jeder Weg, und ist er noch so weit, beginnt mit dem ersten Schritt! Nachdem die Mühen der Installation überstanden sind, wird es Zeit für ein allererstes Visual Basic-Programm. Wir verzichten allerdings auf das abgedroschene "Hello World" und wollen gleich mit etwas Nützlicherem beginnen, nämlich der Umrechnung von Euro in Dollar.

Auch allein mit dem .NET-Framework SDK, also ohne das teure Visual Studio 2012, kann man Programme entwickeln. Das wollen wir jetzt unter Beweis stellen, indem wir eine kleine Euro-Dollar-Applikation als so genannte *Konsolenanwendung* – dem einfachsten Anwendungstyp – schreiben.

1.2.1 Vorbereitungen

Voraussetzungen sind lediglich ein simpler Texteditor und der VB-Kommandozeilencompiler *vbc.exe*.

Compilerpfad eintragen

Der VB-Compiler *vbc.exe* befindet sich, ziemlich versteckt, im Verzeichnis

```
\Windows\Microsoft.NET\Framework\v4.0.30319
```

Da das Kompilieren direkt an der Kommandozeile ausgeführt werden soll, werden wir *vbc.exe* in den Windows-Pfad aufnehmen, um so seinen Aufruf von jedem Ordner des Systems aus zu ermöglichen:

- Sie finden den Dialog zur Einstellung der *Path*-Umgebungsvariablen in der Windows-Systemsteuerung unter dem Eintrag *System* im Aufgabenbereich "Erweiterte Systemeinstellungen".

■ Im Dialog "Systemeigenschaften" klicken Sie auf der Registerkarte "Erweitert" auf die Schaltfläche "Umgebungsvariablen...".

■ Wählen Sie in der Liste "Systemvariablen" den *Path*-Eintrag und klicken Sie auf die *Bearbeiten...*-Schaltfläche (siehe Abbildung).

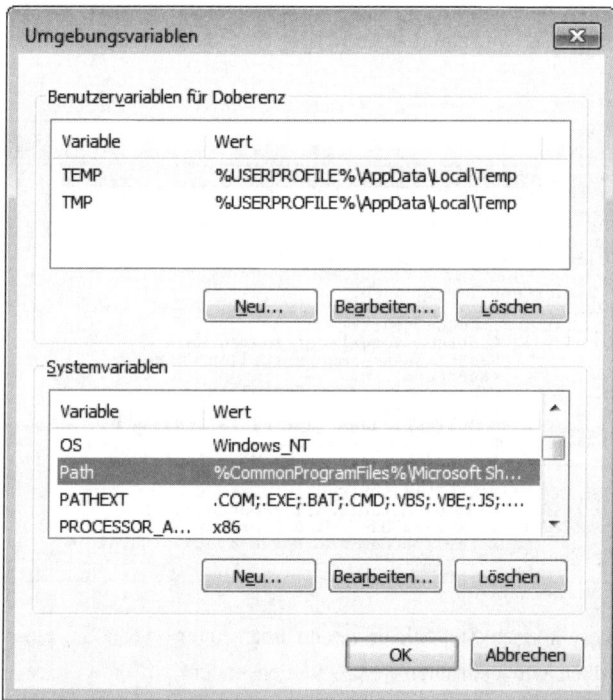

■ Hängen Sie den Namen des .NET-Framework-Verzeichnisses, in welchem sich *vbc.exe* befindet (*C:\Windows\Microsoft.NET\Framework\v4.0.30319*), durch ein Semikolon (;) getrennt hin-
ten dran:

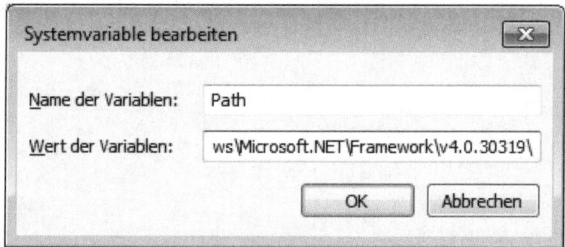

Die erfolgreiche Übernahme der Änderungen an den *Path*-Umgebungsvariablen können Sie in
einem kleinen Test überprüfen, bei dem Sie sich als durchaus nützlichen Nebeneffekt gleich die
vielfältigen Optionen des Compilers anzeigen lassen.

Wechseln Sie dazu über das Windows-Startmenü zur Eingabeaufforderung(*Start|Programme|* *Zubehör|Eingabeaufforderung*) und geben Sie (von einem beliebigen Verzeichnis aus) den folgenden Befehl ein, den Sie mit *Enter* abschließen:

```
vbc /?
```

Aus der endlosen Parameterliste, die angezeigt wird, ist für uns die Option */target:exe* (abgekürzt */t:exe*) besonders interessant, da wir damit später unsere Konsolenanwendung kompilieren wollen (siehe Abbildung).

Vom Funktionieren des Compilers können Sie sich erst dann überzeugen, wenn Sie eine VB-Source-Datei erstellt haben (siehe folgender Abschnitt).

1.2.2   Programm schreiben

Öffnen Sie den im Windows-Zubehör enthaltenen Editor und tippen Sie, ohne lange darüber nachzudenken, einfach den folgenden Text:

```
Imports System
Module KonsolenDemo
    Sub Main()
        Dim kurs, euro, dollar As Single, b As Char
        Console.WriteLine("Umrechnung Euro in Dollar")
        Do
            Console.Write("Kurs 1 : ")
            kurs = CSng(Console.ReadLine())
            Console.Write("Euro: ")
            euro = CSng(Console.ReadLine())
            dollar = euro * kurs
            Console.WriteLine("Sie erhalten " & dollar.ToString("0.00 Dollar"))
            Console.Write("Programm beenden? (j/n)")
            b = CChar(Console.ReadLine())
```

```
        Loop While b <> "j"
    End Sub
End Module
```

Speichern Sie die Datei unter dem Namen *EuroDollar.vb* in ein vorher extra dafür angelegtes Verzeichnis, z.B. *\EuroDollarKonsole*, ab.

1.2.3 Programm kompilieren und testen

Um bequem an der Kommandozeile arbeiten zu können, kopieren Sie zunächst die Datei *cmd.exe* (Eingabeaufforderung aus *…\Windows\System32*) in dasselbe Verzeichnis, in welchem sich auch die Datei *EuroDollar.vb* befindet.

Klicken Sie doppelt auf *cmd.exe* und rufen Sie dann den VB-Compiler wie folgt auf:

```
vbc /t:exe EuroDollar.vb
```

Nach dem erfolgreichen Kompilieren wird sich eine neue Datei *EuroDollar.exe* im Anwendungsverzeichnis befinden, ansonsten gibt der Compiler eine Fehlermeldung aus.

Klicken Sie doppelt auf die Datei *EuroDollar.exe* und führen Sie Ihr erstes VB-Programm aus!

HINWEIS: Ist die eingegebene Zahl komplett, so ist mittels Enter-Taste abzuschließen!

1.2.4 Einige Erläuterungen zum Quellcode

Da wir auf die Grundlagen der Sprache Visual Basic erst in den späteren Kapiteln ausführlich zu sprechen kommen, sollen einige Vorabinformationen den größten Wissensdurst stillen.

Befehlszeilen

Das Ende einer VB-Befehlszeile wird in der Regel durch einen Zeilenumbruch markiert. Die auszuführenden Befehlszeilen befinden sich innerhalb der *SubMain*-Prozedur, die mit *End Sub* abgeschlossen wird.

Imports-Anweisung

Mit der ersten Anweisung

```
Imports System
```

binden Sie den *System*-Namensraum (*Namespace*) ein. Das hat den Vorteil, dass Sie statt

```
System.Console.WriteLine("Umrechnung Euro in Dollar")
```

nur noch

```
Console.WriteLine("Umrechnung Euro in Dollar")
```

schreiben müssen.

Noch kürzer wird es mit

```
Imports System.Console
```

denn dann würde die folgende Anweisung genügen:

```
WriteLine("Umrechnung Euro in Dollar")
```

Module-Anweisung

Mit dieser Anweisung erzeugen Sie ein neues Modul, in welcher in unserem Beispiel die *Main*-Prozedur deklariert wird. Diese definiert den Einsprungpunkt der Konsolenanwendung (also dort, wo das Programm startet).

HINWEIS: Ein VB-Programm besteht aus mindestens einer *.vb*-Textdatei mit einem Modul (oder einer Klasse).

WriteLine- und ReadLine-Methoden

Diese Methoden der *Console*-Klasse erlauben die Aus- und Eingabe von Text. Während *Write* nur den Text an der aktuellen Position ausgibt, erzeugt *WriteLine* zusätzlich einen Zeilenumbruch. *ReadLine* erwartet die Betätigung der *Enter*-Taste und liefert die vorher eingegebenen Zeichen als Zeichenkette zurück.

Assemblierung

Bei der vom VB-Compiler erzeugten Datei *EuroDollar.exe* handelt es sich **nicht** um eine herkömmliche Exe-Anwendung, sondern um eine so genannte *Assemblierung*, die erst in Zusammenarbeit mit der CLR (*Common Language Runtime*) des .NET-Frameworks in Maschinencode verwandelt wird (siehe Abschnitt).

1.2.5 Konsolenanwendungen sind langweilig

Zwar hat seit Visual Basic 2005 die Klasse *System.Console* zahlreiche neue Mitglieder erhalten, mit denen auch verschiedenste farbliche Effekte möglich sind, trotzdem: Bei wem weckt das Outfit einer Konsolenanwendung – außer nostalgischen Erinnerungen an die DOS-Steinzeit – noch positive Emotionen?

Als einfaches Hilfsmittel zum Erlernen von VB und als Notnagel für all jene, die sich Visual Studio 2012 vorerst nicht leisten wollen oder können, hat dieser einfache Anwendungstyp durchaus noch seine Daseinsberechtigung.

Mit Visual Studio 2012 werden wir im Praxisteil dieses Kapitels (Abschnitt 1.7.2) das gleiche Problem lösen, diesmal allerdings mit einer attraktiven Windows-Oberfläche. Bevor es aber so richtig losgehen kann, sollten wir uns zunächst ein wenig mit der Windows-Philosophie anfreunden.

1.3 Die Windows-Philosophie

Eine moderne Programmiersprache wie Visual Basic gibt Ihnen die faszinierende Möglichkeit, eigene Windows-Programme mit relativ geringem Aufwand und nach nur kurzer Einarbeitungszeit selbst zu entwickeln. Allerdings fällt der Einstieg umso leichter, je schneller man sich Klarheit über die einfache und gleichzeitig genial erscheinende Windows-Philosophie verschafft.

1.3.1 Mensch-Rechner-Dialog

Die Art und Weise, **wie** die Kommunikation mit dem Benutzer (Mensch-Rechner-Dialog) abläuft, dürfte wohl der gravierendste Unterschied zwischen einer klassischen Konsolenanwendung und einer typischen Windows-Anwendung sein. Wie Sie es bereits im Einführungsbeispiel 1.2 kennen gelernt haben, "wartet" das Konsolenprogramm auf eine Eingabe, indem die Tastatur zyklisch abgefragt wird.

Unter Windows werden hingegen Ein- und Ausgaben in so genannte "Nachrichten" umgesetzt, die zum Programm geschickt und dort in einer Nachrichtenschleife kontinuierlich verarbeitet werden. Daraus ergibt sich ein grundsätzlich anderes Prinzip der Interaktion zwischen Mensch und Rechner:

- Während bei einer Konsolenanwendung alle Initiativen für die Benutzerkommunikation vom Programm ausgehen, hat in einer Windows-Anwendung der Bediener den Hut auf. Er bestimmt durch seine Eingaben den Ablauf der Rechnersitzung.

- Während eine Konsolenanwendung in der Regel in einem einzigen Fenster läuft, erfolgt die Ausgabe bei einer Windows-Anwendung meist in mehreren Fenstern.

1.3.2 Objekt- und ereignisorientierte Programmierung

Vergleicht man den Programmaufbau einer Konsolenanwendung, welche aus einer langen Liste von Anweisungen besteht, mit einer Windows-Anwendung, so stellt man folgende Hauptunterschiede fest:

- Im Konsolenprogramm werden die Befehle sequenziell abgearbeitet, d.h. Schritt für Schritt hintereinander. Den Gesamtablauf kontrolliert in der Regel ein Hauptprogramm.

- In einer Windows-Anwendung laufen alle Aktionen objekt- und ereignisorientiert ab, eine streng vorgeschriebene Reihenfolge für die Eingabe und Abarbeitung der Befehle gibt es nicht mehr. Für jede Aktivität des Anwenders ist ein Programmteil zuständig, der weitestgehend unabhängig von anderen Programmteilen agieren kann und muss. Daraus folgt auch das Fehlen eines Hauptprogramms im herkömmlichen Sinn!

Ein Windows-Programmierer hat sich vor allem mit den folgenden Begriffen auseinander zu setzen:

Objekte (Objects)

Das sind zunächst die Elemente der Windows-Bedienoberfläche, denen wiederum Eigenschaften, Ereignisse und Methoden zugeordnet werden.

Beschränken wir uns der Einfachheit halber zunächst nur auf die visuelle Benutzerschnittstelle, so haben wir es in VB mit folgenden Objekten zu tun:

- **Formulare**   Das sind die Fenster, in welchen Ihre VB-Anwendung ausgeführt wird. In einem Formular (*Form*) können weitere untergeordnete Formulare, Komponenten (siehe unten), Text oder Grafik enthalten sein.

- **Steuerelemente**   Diese tauchen in vielfältiger Weise als Schaltflächen (*Button*), Textfelder (*TextBox)* etc. auf. Sie stellen die eigentliche Benutzerschnittstelle dar, über welche mittels Tastatur oder Maus Eingaben erfolgen oder die der Ausgabe von Informationen dienen.

Der Objektbegriff wird auch auf die nichtvisuellen Elemente (z.B *Timer, DataSet...*) ausgedehnt, und das geht schließlich so weit, dass innerhalb des .NET-Frameworks sogar alle Variablen als Objekte betrachtet werden. Natürlich dürfen auch Sie als Programmierer auch eigene Objekte/ Komponenten entwickeln und hinzufügen.

Eigenschaften (Properties)

Unter diesem Begriff versteht man die Attribute von Objekten, wie z.B. die Höhe (*Height*) und die Breite (*Width*) oder die Hintergrundfarbe (*BackColor*) eines Formulars. Jedes Objekt verfügt über seinen eigenen Satz von Eigenschaften, die teilweise nur zur Entwurfs- oder nur zur Laufzeit veränderbar sind.

Methoden (Methods)

Das sind die im Objekt definierten Funktionen und Prozeduren, die gewissermaßen das "Verhalten" beim Eintreffen einer Nachricht bestimmen. So säubert z.B. die *Clear*-Methode den Inhalt einer *ListBox*. Eine Methode kann z.B. auch das Verhalten des Objekts bei einem Mausklick, einer Tastatureingabe oder sonstigen Ereignissen (siehe unten) definieren. Im Unterschied zu den oben genannten Eigenschaften (Properties), die eine "statische" Beschreibung liefern, bestimmen Methoden die "dynamischen" Fähigkeiten des Objekts.

Ereignisse (Events)

Dies sind Nachrichten, die vom Objekt empfangen werden. Sie stellen die eigentliche Windows-Schnittstelle dar. So ruft z.B. das Anklicken eines Steuerelements mit der Maus in Windows ein *Click*-Ereignis hervor. Aufgabe eines Windows-Programms ist es, auf alle Ereignisse gemäß dem Wunsch des Anwenders zu reagieren. Dies geschieht in so genannten *Ereignisbehandlungsroutinen* (Event-Handler).

Diese (zugegebenermaßen ziemlich oberflächlichen und unvollständigen) Erklärungen zur objektorientierten Programmierung sollen vorerst zum Einstieg genügen, theoretisch sauber wird die OOP erst im Kapitel 3 erläutert.

1.3.3 Windows-Programmierung unter Visual Studio 2012

Nicht nur Konsolenanwendungen, sondern auch Windows- und Web-Anwendungen lassen sich rein theoretisch mit den (kostenlos erhältlichen) Werkzeugen des *Microsoft .NET Framework SDK* erstellen. Allerdings ist dies extrem umständlich, da dazu zeitaufwändige Überlegungen zur Gestaltung der Benutzerschnittstelle[1] und ständiges Nachschlagen in der Dokumentation erforderlich wären. Die intuitive Entwicklungsumgebung Visual Studio befreit Sie von diesem, besonders bei größeren Projekten, sehr lästigen und nervtötenden Herumwursteln und erlaubt (unabhängig von der verwendeten Programmiersprache) eine systematische Vorgehensweise in vier Etappen:

1. Visueller Entwurf der Bedienoberfläche

2. Zuweisen der Objekteigenschaften

3. Verknüpfen der Objekte mit Ereignissen

4. Kompilieren und Testen der Anwendung

Bereits die *erste Etappe* weist einen deutlichen Unterschied zur Konsolenprogrammiertechnik auf: Am Anfang steht der Oberflächenentwurf!

Ausgangsbasis ist das vom Editor bereitgestellte Startformular (*Form1*), welches mit diversen Steuerelementen, wie Schaltflächen (*Buttons*) oder Editierfenstern (*TextBox*en), ausgestattet wird. Im Werkzeugkasten finden Sie ein nahezu komplettes Angebot der Windows-typischen Steuerelementen. Diese werden ausgewählt, mittels Maus an ihre endgültige Position gezogen und (falls notwendig) in ihrer Größe verändert.

Bereits während der ersten Etappe hat man – mehr oder weniger unbewusst – Eigenschaften verändert, wie z.B. Position und Abmessungen von Formularen und Steuerelementen. In der *zweiten Etappe* braucht man sich eigentlich nur noch um die Eigenschaften zu kümmern, die von den Standardeinstellungen (Defaults) abweichen.

Die *dritte Etappe* haucht Leben in unsere bislang nur mit statischen Attributen ausgestatteten Objekte. Hier muss in so genannten *Ereignisbehandlungsroutinen* (Event-Handlern) festgelegt werden, **wie** das Formular oder das betreffende Steuerelement auf bestimmte Ereignisse zu reagieren hat. Visual Studio stellt auch hier "vorgefertigten" Rahmencode (erste und letzte Anweisung) für alle zum jeweiligen Objekt passenden Ereignisse zur Verfügung. Der Programmierer füllt diesen Rahmen mit VB-Quellcode aus. Hier können Methoden oder Prozeduren aufgerufen werden, aber auch Eigenschaften anderer Objekte lassen sich während der Laufzeit neu zuweisen.

In der *vierten Etappe* schlägt schließlich die Stunde der Wahrheit. Das von Ihnen geschriebene Programm wird vom VB-Compiler in einen Zwischencode übersetzt und läuft damit auf jedem Rechner, auf dem das .NET-Framework installiert ist.

---

[1] Das geht hin bis zum Abzählen von Pixeln!

Allerdings ist die Arbeit des Programmierers nur in seltenen Fällen bereits nach einmaligem Durchlaufen aller vier Etappen getan. In der Regel müssen Fehler ausgemerzt und Ergänzungen vorgenommen werden, sodass sich der beschriebene Entwicklungszyklus auf ständig höherem Level so lange wiederholt, bis ein zufrieden stellendes Ergebnis erreicht ist.

Der in diesem Zyklus praktizierte visuelle Oberflächenentwurf, verbunden mit dem ereignisorientierten Entwurfskonzept, macht *Visual Studio 2012* zu einer hocheffektiven Entwicklungsumgebung für Windows- und Web-Anwendungen.

1.4 Die Entwicklungsumgebung Visual Studio 2012

Visual Studio 2012 ist eine universelle Entwicklungsumgebung (IDE[1]) für Windows- und für Web-Anwendungen, die auf Microsofts .NET-Technologie basieren. Alle notwendigen Tools, wie z.B. für den visuellen Oberflächenentwurf, für die Codeprogrammierung und für die Fehlersuche, werden bereitgestellt.

Visual Basic ist nur eine der möglichen objektorientierten Sprachen, die Sie unter Visual Studio 2012 einsetzen können. So werden z.B. noch Visual C#, Visual C++ und Visual F# unterstützt.

HINWEIS: Die folgenden kurzen Erklärungen sollen lediglich einen allerersten Eindruck der IDE vermitteln, der sich erst durch die konkrete Arbeit mit den Praxisbeispielen am Ende dieses Kapitels verfestigen wird!

1.4.1 Der Startdialog

Wählen Sie auf der Startseite von Visual Studio 2012 den Menüpunkt *Neues Projekt...*, so öffnet sich der Startdialog *Neues Projekt*. Unter der Rubrik *Andere Sprachen* (links) werden Sie mit einem umfangreichen und zunächst verwirrenden Angebot an unterschiedlichen Vorlagen[2] für Visual Basic-Projekttypen konfrontiert, wobei für den Einsteiger zunächst die klassische *Windows Forms-Anwendung* empfohlen wird.

Wie Sie es an der linken oberen Klappbox sehen, kann man Programme für verschiedene .NET--Framework-Versionen entwickeln (Multi-Targeting).

---

[1] *Integrated Developers Environment*

[2] Die Abbildung bezieht sich auf die Professional-Edition, bei den anderen Editionen von Visual Studio 2012 ist das Angebot an unterschiedlichen Projekttypen bzw. Vorlagen mehr oder weniger eingeschränkt.

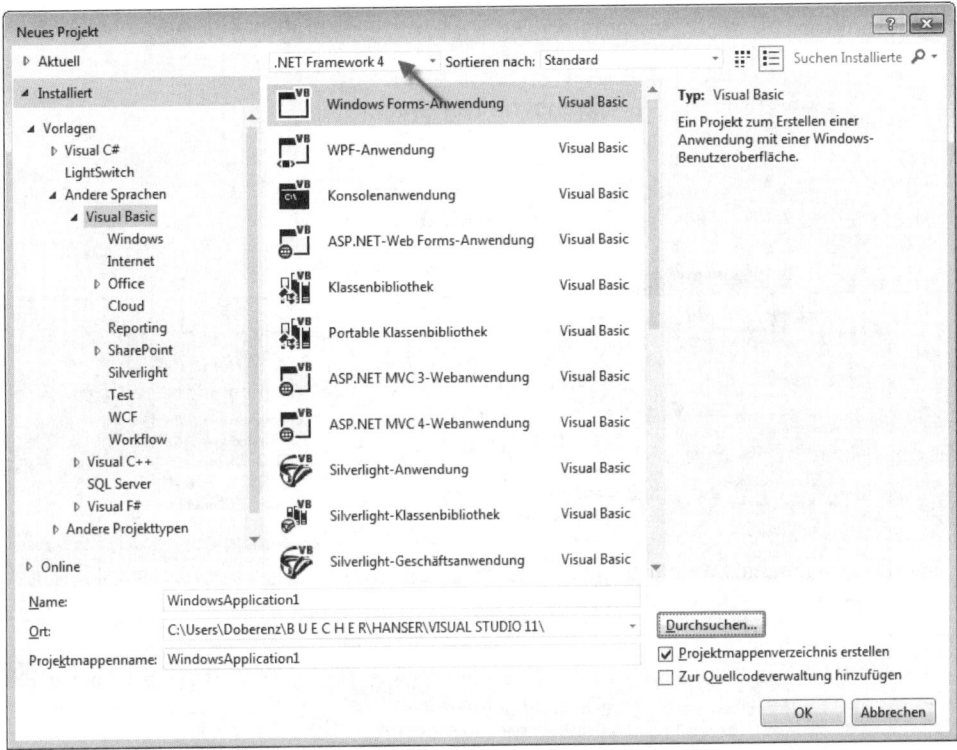

Haben Sie das Häkchen bei *Projektmappenverzeichnis erstellen* gesetzt, so erzeugt Visual Studio automatisch einen Unterordner mit dem Namen des Projekts in dem als Speicherort eingetragenen Hauptverzeichnis.

HINWEIS: Namen und Ort des Projekts sollten Sie unbedingt **vor** dem Klicken der *OK*-Schaltfläche eintragen, denn ein späteres Umbenennen ist recht umständlich.

1.4.2 Die wichtigsten Fenster

Haben Sie als Projekttyp beispielsweise *Windows Forms-Anwendung* gewählt, könnte Ihnen Visual Studio etwa den folgenden Anblick bieten, wobei auf die für den Einsteiger zunächst wichtigsten Fenster besonders hingewiesen wird.

Falls sich eines der Fenster versteckt hat, können Sie es über das *Ansicht*-Menü herbeiholen.

Codefenster   Werkzeugkasten   Projektmappen-Explorer

         Designer   Eigenschaftenfenster

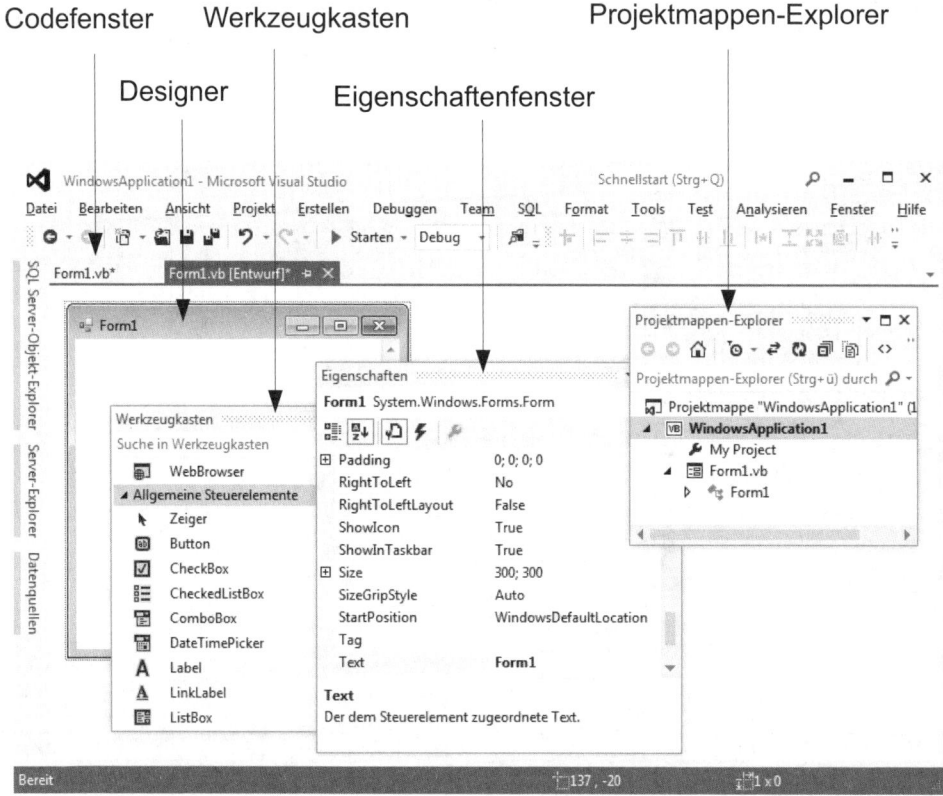

Der Projektmappen-Explorer

Da es unter Visual Studio möglich ist, mehrere Projekte gleichzeitig zu bearbeiten, gibt es eine Projektmappendatei mit der Extension *.sln* (Solution), deren Inhalt im Projektmappen-Explorer
(*STRG+R*) übersichtlich angezeigt wird. Sie können dieses Fenster deshalb ohne Übertreibung
auch als "Schaltzentrale" Ihres Projekts betrachten.

HINWEIS: Öffnen Sie Ihre Projekte immer über die *.sln*-Projektmappendatei statt über die
.vbproj-Projektdatei, selbst wenn nur ein einziges Projekt enthalten ist!

Zur Bedeutung der einzelnen Einträge:

- *My Project*
  Hier sind verschiedene Dateien zusammengefasst, die die Projekteigenschaften bestimmen.
  AssemblyInfo.vb enthält z.B allgemeine Infos zur Assemblierung des Projekts, wie Titel, Beschreibung, Versionsnummer, Copyright. Weitere Dateien beziehen sich auf die Ressourcen
  und die Projekteinstellungen.

- *Form1.vb*
  Diese Datei enthält eine partielle Klasse[1], die den von Ihnen selbst hinzugefügten Code von *Form1* kapselt.

Der Designer

Im Designer-Fenster entwerfen Sie die Programmoberfläche bzw. Benutzerschnittstelle. Ähnlich wie bei einem Zeichenprogramm entnehmen Sie dem Werkzeugkasten Steuerelemente und ziehen diese per Drag & Drop auf ein Formular. Hier können Sie weitere Eigenschaften, wie z.B. Größe und Position, direkt mit der Maus und andere, wie z.B. Farbe und Schriftart, über das Eigenschaften-Fenster ändern.

Der Werkzeugkasten

Der Werkzeugkasten wird häufig benötigt (Menü *Ansicht/Werkzeugkasten* bzw. *STRG+W, X*). Auf verschiedenen Registerseiten, die später von Ihnen auch frei konfiguriert werden können, finden Sie eine umfangreiche Palette verschiedenster Steuerelemente für Windows-Anwendungen.

Das Eigenschaften-Fenster

Im Eigenschaften-Fenster (Menü *Ansicht/Eigenschaftenfenster* bzw. *F4*) werden die zur Entwurfszeit editierbaren Eigenschaften des gerade aktiven Steuerelements aufgelistet[2]. Normalerweise hat jede Eigenschaft bereits einen Standardwert, den Sie in vielen Fällen übernehmen können.

Das Aktivieren eines bestimmten Steuerelements geschieht entweder durch Anklicken desselben auf dem Formular, oder durch dessen Auswahl in der Klappbox am oberen Rand des Eigenschaften-Fensters.

Das Codefenster

Für die eigentliche Programmierung ist das Codefenster zuständig. Logischerweise wird dies damit auch zu Ihrem Hauptbetätigungsfeld als VB-Programmierer. Die folgende Abbildung zeigt einen Ausschnitt des Codefensters für das Praxisbeispiel 1.7.2.

```vb
Public Class Form1
    Private euro As Single = 1, dollar As Single = 1, kurs As Single = 1

    Private Sub TextBox1_KeyUp(ByVal sender As System.Object, ByVal e As System.Windows.Forms.
        euro = Convert.ToSingle(TextBox1.Text)
        dollar = euro * kurs
        TextBox2.Text = dollar.ToString("#,##0.00")
    End Sub
```

---

[1] Das Konzept partieller Klassen wird unter anderem in Kapitel 3 erläutert.

[2] Lassen Sie sich nicht davon irritieren, dass das Eigenschaftenfenster nicht nur die Eigenschaften, sondern auf einer extra Registerseite auch die zum Steuerelement gehörigen Ereignisse anbietet.

Sie öffnen das Codefenster, indem Sie z.B. im Projektmappen-Explorer oder im Designer auf einen Eintrag bzw. ein Objekt mit der rechten Maustaste klicken und im Kontextmenü *Code anzeigen* wählen (F7).

Der Code-Editor unterstützt Sie auf vielfältige Weise beim Schreiben von Quellcode, so markiert er Wörter farblich, unterbreitet Ihnen Vorschläge, weist Sie auf Fehler hin oder rückt den Text automatisch ein.

Bei allem Verständnis für Ihre Ungeduld: bevor wir mit praktischen Beispielen beginnen, empfehlen wir Ihnen zunächst eine kleine Exkursion in die Untiefen von .NET.

1.5 Microsofts .NET-Technologie

Ganz ohne Theorie geht nichts! In diesem leider etwas "trockenen" Abschnitt sollen Sie sich mit der grundlegenden .NET-Philosophie und den damit verbundenen Konzepten, Begriffen und Features anfreunden. Dazu dürfen Sie Ihrem Rechner ruhig einmal eine Pause gönnen.

1.5.1 Zur Geschichte von .NET

Das Kürzel .NET ist die Bezeichnung für eine gemeinsame Plattform für viele Programmiersprachen. Beim Kompilieren von .NET-Programmen wird der jeweilige Quelltext in MSIL (*Microsoft Intermediate Language*) übersetzt. Es gibt nur ein gemeinsames Laufzeitsystem für alle Sprachen, die so genannte CLR (*Common Language Runtime*), das die MSIL-Programme ausführt.

Die im Jahr 2002 eingeführte .NET-Technologie wurde deshalb notwendig, weil sich die Anforderungen an moderne Softwareentwicklung in den letzten Jahren dramatisch verändert haben, wobei das Internet mit seinen hohen Ansprüchen an die Skalierbarkeit einer Anwendung, die Verteilbarkeit auf mehrere Schichten und ausreichende Sicherheit der hauptsächliche Motor war, sich nach einer grundlegend neuen Sprachkonzeption umzuschauen.

Vom alten VB zu VB.NET

Mit .NET fand ein radikaler Umbruch in der Geschichte der Softwareentwicklung statt. Nicht nur dass jetzt "echte" objektorientierte Programmierung zum obersten Dogma erhoben wird, nein, auch eine langjährig bewährte Sprache wie das alte Visual Basic wurde völlig umgekrempelt.

Als konsequent objektorientierte Sprache erfüllt VB.NET folgende Kriterien:

- **Abstraktion**
  Die Komplexität eines Geschäftsproblems ist beherrschbar, indem eine Menge von abstrakten Objekten identifiziert werden können, die mit dem Problem verknüpft sind.

- **Kapselung**
  Die interne Implementation einer solchen Abstraktion wird innerhalb des Objekts versteckt.

- **Polymorphie**
  Ein und dieselbe Methode kann auf mehrere Arten implementiert werden.

- **Vererbung**
  Es wird nicht nur die Schnittstelle, sondern auch der Code einer Klasse vererbt (Implementations-Vererbung statt der COM-basierten Schnittstellen-Vererbung).

Die einst hoch gelobte COM[1]-Technologie wurde zum Auslaufmodell erklärt. Microsoft kann natürlich nicht diese Technologie auf die Müllkippe entsorgen, denn zu viele Programmierer würden dadurch verprellt werden. Aus diesem Grund wird COM auch in .NET noch lange Zeit sein Gnadenbrot erhalten.

Wie funktioniert eine .NET-Sprache?

Jeder in einer beliebigen .NET-Programmiersprache geschriebene Code wird beim Kompilieren in einen Zwischencode, den so genannten MSIL-Code (*Microsoft Intermediate Language Code*), übersetzt, der unabhängig von der Plattform bzw. der verwendeten Hardware ist und dem man es auch nicht mehr ansieht, in welcher Sprache seine Source geschrieben wurde.

HINWEIS: Das .NET-Konzept sieht fast wie ein Java-Plagiat aus, allerdings mit dem "feinen" Unterschied, dass es nicht an eine bestimmte Programmiersprache gebunden ist!

Erst wenn der MSIL-Code von einem Programm zur Ausführung genutzt werden soll, wird er vom *Just-in-Time(JIT)-Compiler* in Maschinencode übersetzt. Ein .NET-Programm wird also vom Entwurf bis zu seiner Ausführung auf dem Zielrechner tatsächlich zweimal kompiliert (siehe folgende Abbildung).

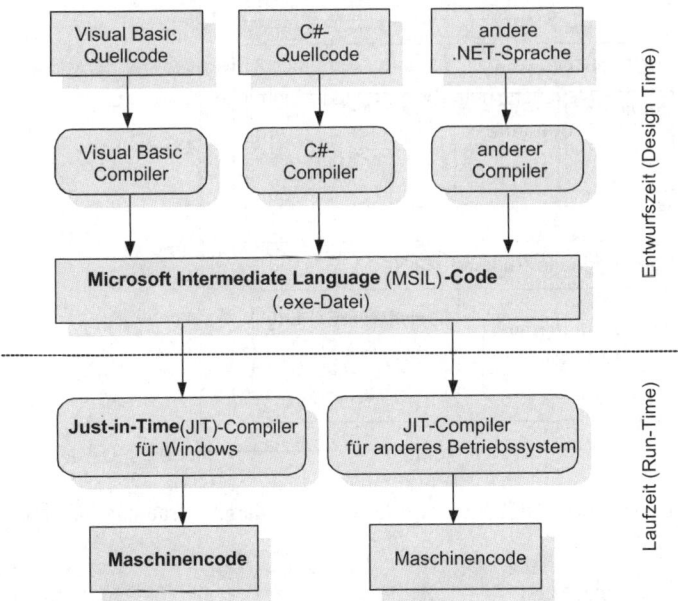

---

[1] *Component Object Model*

HINWEIS: Für die Installation eines Programms ist in der Regel lediglich die Weitergabe des MSIL-Codes erforderlich. Voraussetzung ist allerdings das Vorhandensein der .NET-Laufzeitumgebung (CLR), die Teil des .NET Frameworks ist, auf dem Zielrechner.

1.5.2 .NET-Features und Begriffe

Mit Einführung von Microsofts .NET-Technologie prasselte auch eine Vielzahl neuer Begriffe auf die Entwicklergemeinde ein. Wir wollen hier nur die wichtigsten erklären.

.NET-Framework

.NET ist die Infrastruktur für die gesamte .NET-Plattform, es handelt sich hierbei gleichermaßen um eine Entwurfs- wie um eine Laufzeitumgebung, in welcher Windows- und Web-Anwendungen erstellt und verteilt werden können.

Die nachfolgende Abbildung versucht, einen groben Überblick über die Komponenten des .NET Frameworks zu geben.

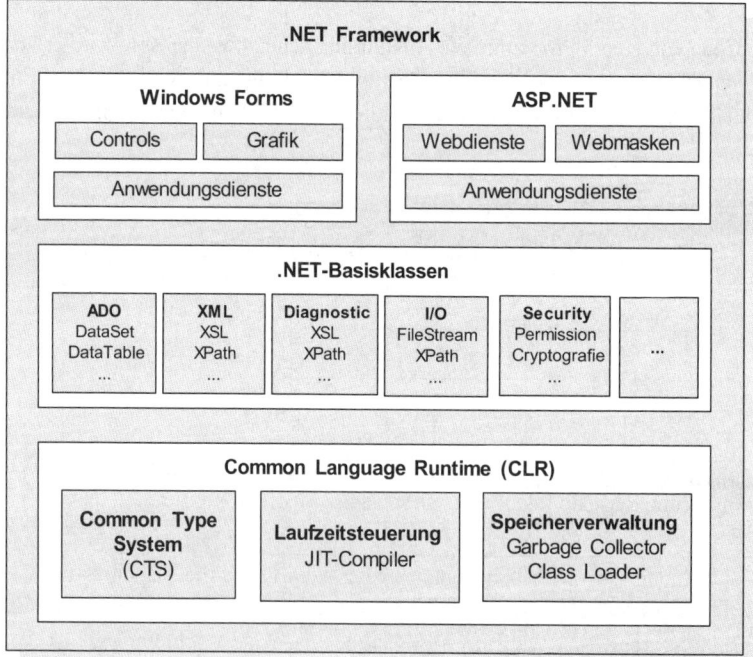

Zu den wichtigsten Komponenten des .NET-Frameworks und den damit zusammenhängenden Begriffen zählen:

- Common Language Specification (CLS)

- Common Type System (CTS)

- Common Language Runtime (CLR)

- .NET-Klassenbibliothek

- diverse Basisklassenbibliotheken wie ADO.NET und ASP.NET

- diverse Compiler z.B. für VB, C# ...

Im Folgenden sollen die einzelnen .NET-Bestandteile einer näheren Betrachtung unterzogen werden.

Die Common Language Specification (CLS)

Um den sprachunabhängigen MSIL-Zwischencode erzeugen zu können, müssen allgemein gültige Richtlinien und Standards für die .NET-Programmiersprachen existieren. Diese werden durch die *Common Language Specification* (CLS) definiert, die eine Reihe von Eigenschaften festlegt, die jede .NET-Programmiersprache erfüllen muss.

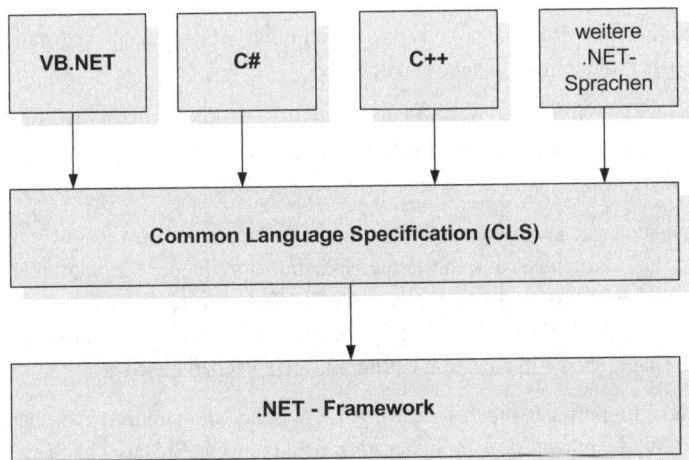

> **HINWEIS:** Ganz egal, mit welcher .NET-Programmiersprache Sie arbeiten, der Quellcode wird immer in ein und dieselbe Intermediate Language (MSIL) kompiliert.

Besonders für die Entwicklung von .NET-Anwendungen im Team haben die Standards der CLS weitreichende positive Konsequenzen, denn es ist nun zweitrangig, in welcher .NET-Programmiersprache Herr Müller die Komponente X und Herr Meier die Komponente Y schreibt. Alle Komponenten werden problemlos miteinander interagieren!

Auf einen wichtigen Bestandteil des CLS kommen wir im folgenden Abschnitt zu sprechen.

Das Common Type System (CTS)

Ein Kernbestandteil der CLS ist das *Common Type System (CTS)*, es definiert alle Typen[1], die von der .NET-Laufzeitumgebung (CLR) unterstützt werden.

Alle diese Typen lassen sich in zwei Kategorien aufteilen:

- Wertetypen (werden auf dem Stack abgelegt)

- Referenztypen (werden auf dem Heap abgelegt)

Zu den Wertetypen gehören beispielsweise die ganzzahligen Datentypen und die Gleitkommazahlen, zu den Referenztypen zählen die Objekte, die aus Klassen instanziiert wurden.

HINWEIS: Dass unter .NET auch die Wertetypen letztendlich als Objekte betrachtet und behandelt werden, liegt an einem als *Boxing* bezeichneten Verfahren, das die Umwandlung eines Werte- in einen Referenztypen zur Laufzeit besorgt.

Warum hat Microsoft mit dem heiligen Prinzip der Abwärtskompatibilität gebrochen und selbst die fundamentalen Datentypen einer Programmiersprache neu definiert?

Als Antwort kommen wir noch einmal auf eine wesentliche Säule der .NET-Philosophie zu sprechen, auf die durch CLS/CTS manifestierte Sprachunabhängigkeit und auf die Konsequenzen, die dieses neue Paradigma nach sich zieht.

Microsofts .NET-Entwickler hatten gar keine andere Wahl, denn um Probleme beim Zugriff auf sprachfremde Komponenten zu vermeiden und um eine sprachübergreifende Programmentwicklung überhaupt zu ermöglichen, mussten die Spezifikationen der Programmiersprachen durch die CLS einander angepasst werden. Dazu müssen alle wesentlichen sprachbeschreibenden Elemente – wie vor allem die Datentypen – in allen .NET-Programmiersprachen gleich sein.

Da .NET eine Normierung der Programmiersprachen erzwingt, verwischen die Grenzen zwischen den verschiedenen Sprachen, und Sie brauchen nicht immer umzudenken, wenn Sie tatsächlich einmal auf eine andere .NET-Programmiersprache umsteigen wollen.

Als Lohn für die Mühen und den Mut, die eingefahrenen Gleise seiner altvertrauten Sprache zu verlassen, winken dem Entwickler wesentliche Vereinfachungen. So sind die Zeiten des alltäglichen Ärgers mit den Datentypen – wie z.B. bei der Übergabe eines Integers an eine C-DLL – endgültig vorbei.

Die Common Language Runtime (CLR)

Die Laufzeitumgebung bzw. *Common Language Runtime* (CLR) ist die Umgebung, in welcher .NET-Programme auf dem Zielrechner ausgeführt werden, sie muss auf einem Computer nur einmal installiert sein, und schon laufen sämtliche .NET-Anwendungen, egal ob sie in C#, VB.NET

---

[1] Unter .NET spricht man allgemein von Typen und meint damit Klassen, Interfaces und Datentypen, die als Wert übergeben werden.

oder Delphi.NET programmiert wurden. Die CLR zeichnet für die Ausführung der Anwendungen verantwortlich und kooperiert auf Basis des CTS mit der MSIL.

Mit ihren Fähigkeiten bildet die *Common Language Runtime* (CLR) gewissermaßen den Kern von .NET. Den Code, der von der CLR ausgeführt wird, bezeichnet man auch als verwalteten bzw. *Managed Code.*

Die CLR ist innerhalb des .NET-Frameworks nicht nur für das Ausführen von verwaltetem Code zuständig, der Aufgabenbereich der CLR ist weitaus umfangreicher und umfasst zahlreiche Dienste, die als Bindeglied zwischen dem verwalteten MSIL-Code und dem Betriebssystem des Rechners die Anforderungen des .NET-Frameworks sicherstellen, wie z.B.

- ClassLoader

- Just-in-Time(JIT)-Compiler

- ExceptionManager

- Code Manager

- Security Engine

- Debug Machine

- Thread Service

- COM-Marshaller

Die Verwendung der sprachneutralen MSIL erlaubt die Nutzung des CTS und der Basisklassen für alle .NET-Sprachen gleichermaßen. Einziger hardwareabhängiger Bestandteil des .NET-Frameworks ist der Just-in-Time Compiler. Deshalb kann der MSIL-Code im Prinzip frei zwischen allen Plattformen bzw. Geräten, für die ein .NET-Framework existiert, ausgetauscht werden.

Namespaces ersetzen Registry

Alle Typen des .NET-Frameworks werden in so genannten Namensräumen (Namespaces) zusammengefasst. Unabhängig von irgendeiner Klassenhierarchie wird jede Klasse einem bestimmten Anwendungsgebiet zugeordnet.

Die folgende Tabelle zeigt beispielhaft einige wichtige Namespaces für die Basisklassen des .NET-Frameworks:

Namespace	... enthält Klassen für ...
System.Windows.Forms	... Windows-basierte Anwendungen
System.Collections	... Objekt-Arrays
System.Drawing	... die Grafikprogrammierung
System.Data	... den ADO-Datenbankzugriff
System.Web	... die HTTP-Webprogrammierung
System.IO	... Ein- und Ausgabeoperationen

Mit den Namespaces hat auch der Ärger mit der Registrierung von (COM-)Komponenten bei Versionskonflikten sein Ende gefunden, denn eine unter .NET geschriebene Komponente wird von der .NET-Runtime nicht mehr über die ProgID der Klasse mit Hilfe der Registry lokalisiert, sondern über einen in der Runtime enthaltenen Mechanismus, welcher einen Namespace einer angeforderten Komponente sowie deren Version für das Heranziehen der "richtigen" Komponente verwendet.

Assemblierungen

Unter einer Assemblierung (*Assembly*) versteht man eine Basiseinheit für die Verwaltung von Managed Code und für das Verteilen von Anwendungen, sie kann sowohl aus einer einzelnen als auch aus mehreren Dateien (Modulen) bestehen. Eine solche Datei (*.dll* oder *.exe*) enthält MSIL-Code (kompilierter Zwischencode).

Die Klassenverwaltung in Form von selbst beschreibenden Assemblies vermeidet Versionskonflikte von Komponenten und ermöglicht vor allem dynamische Programminstallationen aus dem Internet. Anstatt der bei einer klassischen Installation bisher erforderlichen Einträge in die Windows-Registry genügt nunmehr einfaches Kopieren der Anwendung.

Normalerweise müssen Sie die Assemblierungen referenzieren, in welchen die von Ihrem Programm verwendeten Typen bzw. Klassen enthalten sind. Eine Ausnahme ist die Assemblierung *mscorlib.dll*, welche die Basistypen des .NET Frameworks in verschiedenen Namensräumen umfasst (siehe obige Tabelle).

Zugriff auf COM-Komponenten

Verweise auf COM-DLLs werden so eingebunden, dass sie zur Entwurfszeit quasi wie .NET-Komponenten behandelt werden können.

Über das Menü *Projekt|Verweis hinzufügen...* und Auswahl des *COM*-Registers erreichen Sie die Liste der verfügbaren COM-Bibliotheken. Nachdem Sie die gewünschte Bibliothek selektiert haben, können Sie die COM-Komponente wie gewohnt ansprechen.

HINWEIS: Wenn Sie COM-Objekte, wie z.B. alte ADO-Bibliotheken, in Ihre .NET-Projekte einbinden wollen, müssen Sie auf viele Vorteile von .NET verzichten. Durch den Einbau der zusätzlichen Interoperabilitätsschicht sinkt die Performance meist deutlich ab.

Metadaten und Reflexion

Das .NET-Framework stellt im *System.Reflection*-Namespace einige Klassen bereit, die es erlauben, die Metadaten (Beschreibung bzw. Strukturinformationen) einer Assembly zur Laufzeit auszuwerten, womit z.B. eine Untersuchung aller dort enthaltenen Typen oder Methoden möglich ist.

Die Beschreibung durch die .NET-Metadaten ist allerdings wesentlich umfassender als es in den gewohnten COM-Typbibliotheken üblich war. Außerdem werden die Metadaten direkt in der Assembly untergebracht, die dadurch selbstbeschreibend wird und z.B. auf Registry-Einträge verzichten kann. Metadaten können daher nicht versehentlich verloren gehen oder mit einer falschen Dateiversion kombiniert werden.

HINWEIS: Es gibt unter .NET nur noch eine einzige Stelle, an der sowohl der Programmcode als auch seine Beschreibung gespeichert wird!

Metadaten ermöglichen es, zur Laufzeit festzustellen, welche Typen benutzt und welche Methoden aufgerufen werden. Daher kann .NET die Umgebung an die Anwendung anpassen, sodass diese effizienter arbeitet.

Der Mechanismus zur Abfrage der Metadaten wird Reflexion (*Reflection*) genannt. Das .NET-Framework bietet dazu eine ganze Reihe von Methoden an, mit denen jede Anwendung – nicht nur die CLR – die Metadaten von anderen Anwendungen abfragen kann.

Auch Entwicklungswerkzeuge wie Microsoft Visual Studio verwenden die Reflexion, um z.B. den Mechanismus der IntelliSense zu implementieren. Sobald Sie einen Methodennamen eintippen, zeigt die IntelliSense eine Liste mit den Parametern der Methode an oder auch eine Liste mit allen Elementen eines bestimmten Typs.

Weitere nützliche Werkzeuge, die auf der Basis von Reflexionsmethoden arbeiten, sind der IL-Disassembler (ILDASM) des .NET Frameworks oder der .NET-Reflector.

HINWEIS: Eine besondere Bedeutung hat Reflexion im Zusammenhang mit dem Auswerten von Attributen zur Laufzeit (siehe folgender Abschnitt).

Attribute

Wer noch in älteren objektorientierten Sprachen (z.B. VB 6, Delphi 7) zu Hause ist, der kennt Attribute als Variablen, die zu einem Objekt gehören und damit seinen Zustand beschreiben.

Unter .NET haben Attribute eine grundsätzlich andere Bedeutung:

HINWEIS: .NET-Attribute stellen einen Mechanismus dar, mit welchem man Typen und Elemente einer Klasse schon beim Entwurf kommentieren und mit Informationen versorgen kann, die sich zur Laufzeit mittels Reflexion abfragen lassen.

Auf diese Weise können Sie eigenständige selbstbeschreibende Komponenten entwickeln, ohne die erforderlichen Infos separat in Ressourcendateien oder Konstanten unterbringen zu müssen. So erhalten Sie mobilere Komponenten mit besserer Wartbarkeit und Erweiterbarkeit.

Man kann Attribute auch mit "Anmerkungen" vergleichen, die man einzelnen Quellcode-Elementen, wie Klassen oder Methoden, "anheftet". Solche Attribute gibt es eigentlich in jeder Programmiersprache, sie regeln z.B. die Sichtbarkeit eines bestimmten Datentyps. Allerdings waren diese Fähigkeiten bislang fest in den Compiler integriert, während sie unter .NET nunmehr direkt im Quellcode zugänglich sind. Das heißt, dass .NET-Attribute typsichere, erweiterbare Metadaten sind, die zur Laufzeit von der CLR (oder von beliebigen .NET-Anwendungen) ausgewertet werden können.

Mit Attributen können Sie Design-Informationen definieren (z.B. zur Dokumentation), Laufzeit-Infos (z.B. Namen einer Datenbankspalte für ein Feld) oder sogar Verhaltensvorschriften für die Laufzeit (z.B. ob ein gegebenes Feld an einer Transaktion teilnehmen darf). Die Möglichkeiten sind quasi unbegrenzt.

Wenn Ihre Anwendung beispielsweise einen Teil der erforderlichen Informationen in der Registry abspeichert, muss bereits beim Entwurf festgelegt werden, wo die Registrierschlüssel abzulegen sind. Solche Informationen werden üblicherweise in Konstanten oder in einer Ressourcendatei untergebracht oder sogar fest in die Aufrufe der entsprechenden Registrierfunktionen eingebaut. Wesentliche Bestandteile der Klasse werden also von der übrigen Klassendefinition abgetrennt. Der Attribute-Mechanismus macht damit Schluss, denn er erlaubt es, derlei Informationen direkt an die Klassenelemente "anzuheften", so dass letztendlich eine sich vollständig selbst beschreibende Komponente vorliegt.

Serialisierung

Fester Bestandteil des .NET-Frameworks ist auch ein Mechanismus zur Serialisierung von Objekten. Unter Serialisierung versteht man das Umwandeln einer Objektinstanz in sequenzielle Daten, d.h. in binäre oder XML-Daten oder in eine SOAP-Nachricht mit dem Ziel, die Objekte als Datei permanent zu speichern oder über Netzwerke zu verschicken.

Auf umgekehrtem Weg rekonstruiert die Deserialisierung aus den Daten wieder die ursprüngliche Objektinstanz.

Das .NET-Framework unterstützt zwei verschiedene Serialisierungsmechanismen:

- Die *Shallow-Serialisierung* mit der Klasse *System.Xml.Serialization.XmlSerializer.*
- Die *Deep-Serialisierung* mit den Klassen *BinaryFormatter* und *SoapFormatter* aus dem *System.Runtime.Serialization*-Namespace.

Aufgrund ihrer Einschränkungen (geschützte und private Objektfelder bleiben unberücksichtigt) ist die Shallow-Serialisierung für uns weniger interessant. Hingegen werden bei der Deep-Serialisierung alle Felder berücksichtigt, Bedingung ist lediglich die Kennzeichnung der Klasse mit dem Attribut *<Serializable>*.

Anwendungsgebiete der Serialisierung finden sich bei ASP.NET, ADO.NET, XML etc.

Multithreading

Multithreading ermöglicht es einer Anwendung, ihre Aktivitäten so aufzuteilen, dass diese unabhängig voneinander ausgeführt werden können, bei gleichzeitig besserer Auslastung der Prozessorzeit. Allgemein sind Threads keine Besonderheit von .NET, sondern auch in anderen Programmierumgebungen durchaus üblich.

Unter .NET laufen Threads in einem Umfeld, das Anwendungsdomäne genannt wird, Erstellung und Einsatz erfolgen mit Hilfe der Klasse *System.Threading.Thread.*

Nicht in jedem Fall ist die Aufnahme zusätzlicher Threads die beste Lösung, da man sich dadurch auch zusätzliche Probleme einhandeln kann. So ist beim Umgang mit mehreren Threads die Threadsicherheit von größter Bedeutung, d.h., aus Sicht der Threads müssen die Objekte stets in einem gültigen Zustand vorliegen und das auch dann, wenn sie von mehreren Threads gleichzeitig benutzt werden.

Objektorientierte Programmierung pur

Last, but not least wollen wir am Ende unserer kleinen Rundreise durch die .NET-Higlights noch einmal auf das allem zugrunde liegende OOP-Konzept verweisen, denn .NET ist komplett objektorientiert aufgebaut – unabhängig von der verwendeten Sprache oder der Zielumgebung, für die programmiert wird (Windows- oder Web-Anwendung).

Jeder .NET-Code ist innerhalb einer Klasse verborgen, und sogar einfache Variablen sind zu Objekten mutiert, die Eigenschaften und Methoden bereitstellen. Es macht deshalb wenig Sinn, mit der Einführung in die Sprache Visual Basic fortzufahren ohne sich vorher mit dem Konzept der OOP vertraut gemacht zu haben (siehe Kapitel 3).

1.6 Wichtige Neuigkeiten in Visual Studio 2012

Den Lesern, die bereits mit der Vorgängerversion (Visual Studio 2010) gearbeitet haben, soll ein kurzer Blick auf die wichtigsten Neuerungen der Version 2012 nicht vorenthalten werden.

1.6.1 Die neue Visual Studio 2012-Entwicklungsumgebung

Das User Interface von Visual Studio 2012 wurde, aus welchen Gründen auch immer, deutlich umgestaltet und ist – unter weitgehendem Verzicht auf 3D-Effekte – vornehmlich in tristes Grau gehüllt[1]. Der Umsteiger wird einige Zeit brauchen, um altbekannte Funktionen an anderer Stelle wiederzufinden.

Neues Outfit der Toolbar

Die neue Schnellstart-Box (oben rechts) soll die die bequeme Suche nach momentan verfügbaren Befehlen und deren Auswahl in einer Dropdown-Liste ermöglichen.

Sehr gewöhnungsbedürftig ist die komplette Großschreibung der Menü-Oberpunkte:

Wem dieser aufdringliche Stil nicht gefällt, für den gibt es eine Lösung: Rufen Sie die Registry auf (*regedit* im Suchfeld des Windows-Startmenüs eingeben). Unter dem Schlüssel *HKEY_CUR-*

---

[1] Die Alternative, die Sie unter *Tools|Optionen* wählen können, wäre eine gruselige schwarze Bedienoberfläche.

RENT_USER\Software\Microsoft\VisualStudio\11.0\General erzeugen Sie einen neuen DWORD-Eintrag mit dem Namen *SuppressUppercaseConversion* und weisen diesem den Wert 1 zu.

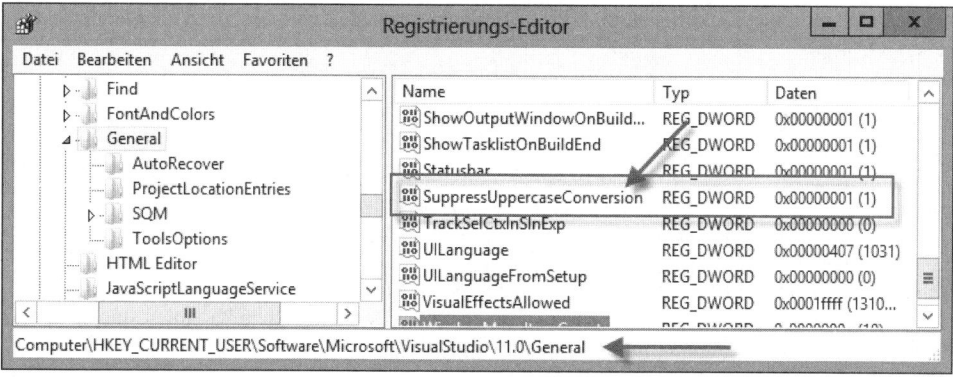

Nach dem Neustart von Visual Studio werden Sie ab jetzt von einem viel freundlicheren Menü begrüßt:

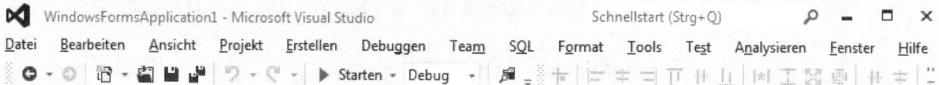

Veränderter Projektmappen-Explorer

Der Projektmappen-Explorer ist zum "Mädchen für alles" mutiert und unterstützt jetzt auch die Navigation durch das Objektmodell, Volltextsuche und mehr. Zum Beispiel können Sie eine *.vb*-Datei expandieren, um die Klassen innerhalb der Datei zu betrachten, dann die Klasse weiter expandieren, um ihre Mitglieder und deren Aufrufhierarchien zu untersuchen:

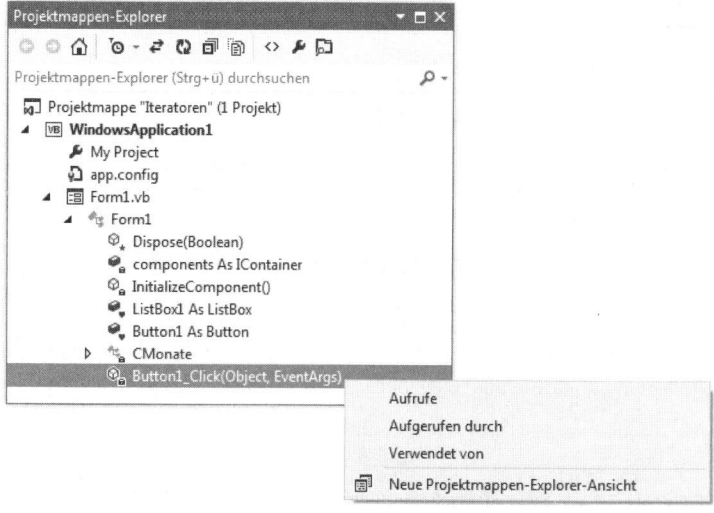

Registerkartenverwaltung der geöffneten Dateien

Hier sollten Sie sich an eine interessante Neuigkeit gewöhnen: Haben Sie bisher eine Datei per Doppelklick im Projektmappen-Explorer geöffnet, so gibt es nunmehr die zusätzliche Möglichkeit, die Datei per Einfachklick als Vorschau temporär zu öffnen.

Neuer Verweis Manager-Dialog

Der Dialog *Verweis-Manager* wurde bereits in den Power Tools für Visual Studio 2010 erneuert, jetzt findet man ihn fest integriert in Visual Studio 2012. Der sich öffnende Verweis-Manager bietet eine Übersicht über .NET-Komponenten im Global Assembly Cache und in den in der Registry gespeicherten Suchpfaden, zu Projekten in der gleichen Projektmappe und COM-Komponenten. Enthalten ist auch ein Browser zur Suche nach Assemblies.

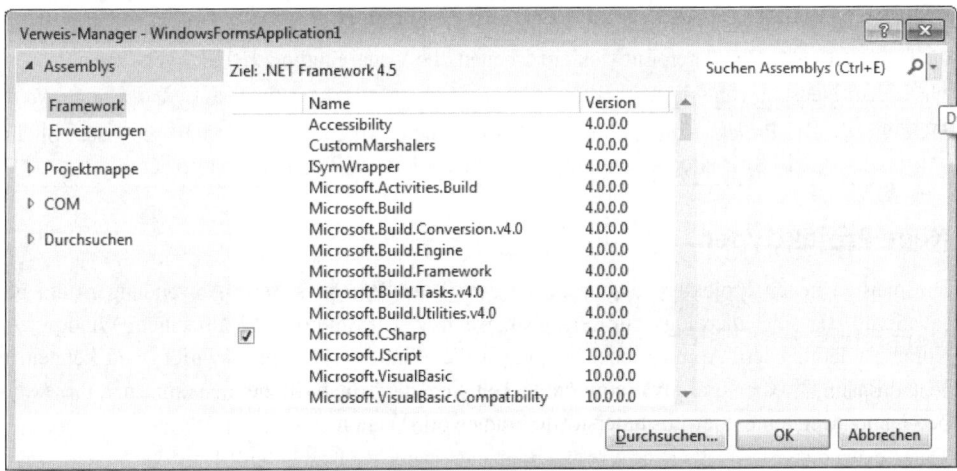

ByVal kann weggelassen werden

Der alte VB.NET Code-Editor hat immer automatisch *ByVal* hinzugefügt, wenn Sie Parameter definiert haben oder wenn Eventhandler generiert wurden, z.B.:

```
Private Sub Button1_Click(ByVal sender As System.Object, ByVal e As System.EventArgs) _
                                         Handles Button1.Click
```

Damit ist jetzt Schluss[1] und Sie können sich auf deutlich kürzere und damit übersichtlichere Codezeilen freuen, z.B. sieht obige Zeile jetzt so aus:

```
Private Sub Button1_Click(sender As Object, e As EventArgs) Handles Button1.Click
```

Nach wie vor hat natürlich auch die alte Schreibweise ihre Gültigkeit.

---

[1] Diese überfällige Änderung wurde bereits mit VS 2010 SP1 eingeführt.

Suchen überall

In Visual Studio wird jetzt die (mehr oder weniger sinnvolle) Suche nach zahlreichen Features an allen nur denkbaren Orten fast bis zur Perversion ausgeweitet: Projektmappen-Explorer, Verweis hinzufügen, Integrierte Schnellsuche, Test Explorer, Fehlerliste, Parallel Watch, Werkzeugkasten, Team Foundation Server (TFS) u.a.

Projekt-Kompatibilität

Visual Studio 2012 enthält jetzt die Projekt-Kompatibilität als spezielles Feature, sodass ein Projekt-Upgrade als gemeinsamer Schritt im Team nicht erforderlich ist. Projektdateien, die unter Visual Studio 2010 erzeugt wurden, bleiben auch nach ihrem Öffnen in Visual Studio 2012 unverändert. Wenn also ein Entwickler im Team ein Visual Studio 2010 Projekt in Visual Studio 2012 öffnet und den gemeinsamen Code ändert, können andere Entwickler dasselbe Projekt unter Visual Studio 2010 SP1 öffnen. Umgekehrt können auch Entwickler für Visual Studio 2012-Projekte daran gemeinsam mit anderen Entwicklern arbeiten, die Visual Studio 2010 SP1 verwenden.

HINWEIS: Die Projekt-Kompatibilität in Visual Studio 2012 funktioniert nur mit Visual Studio 2010 SP1, alternativ werden Sie aufgefordert das Projekt zu konvertieren.

Neue Projekttypen

Die meisten neuen Projekttypen gibt es bei den neuen Windows Store-Anwendungen und bei JavaScript, sie sind allerdings nur verfügbar, wenn Visual Studio 2012 auf einem Windows 8-Computer läuft. Diese Applikationen benötigen die Windows Runtime (WinRT) und können in Visual Basic, C#, C++ und JavaScript entwickelt werden. Achten Sie bei den einzelnen Projekttypen immer auch auf die jeweils unterstützte Framework-Version:

HINWEIS: Visual Studio 2012 kann bis zurück zur Version 2.0 kompilieren. Bei älteren Versionen fehlen dann allerdings viele Projekt-Vorlagen.

Multi-Monitor -Unterstützung

Visual Studio 2012 hat jetzt einen stark verbesserten Multi-Monitor-Support. Auf elegante Weise ist es möglich, die IDE auf mehrere Monitore zu verteilen.

Zusätzliche Tools und Features

Hervorzuheben ist die Integration von Expression Blend in die Visual Studio 2012 IDE. Auch Visual Studio LightSwitch, die Entwicklungsumgebung für das Rapid Application Development (RAD), und das Application Lifecycle Management (ALM) gehören jetzt dazu.

1.6.2 Neuheiten im .NET Framework 4.5

Auch hier wollen wir nur die unserer Meinung nach wichtigsten Features hervorheben:

WinRT-Anwendungen

Unter Windows 8 kann eine Teilmenge vom .NET Framework 4.5 zum Erstellen von Windows-Apps im WinRT-Stil verwendet werden (siehe Kapitel 18 bis 22).

Mit dem *Resource File Generator*-Tool (*Resgen.exe*) können Sie aus einer RESOURCES-Datei, die in einer .NET Framework-Assembly eingebettet ist, eine RESW-Datei für Windows-Apps im WinRT-Stil erstellen.

Portable Klassenbibliotheken

Ein *Portable Klassenbibliothek*-Projekt erlaubt das Erstellen von verwalteten Assemblies für mehrere .NET-Framework-Plattformen. Nachdem Sie sich für die Zielplattform (Windows Phone, .NET für Windows Store-Apps) entschieden haben, werden die verfügbaren Typen und Mitglieder automatisch auf diese Plattformen beschränkt.

Parallele Computervorgänge

Das Framework 4.5 enthält mehrere neue Funktionen und Erweiterungen für parallele Berechnungen. Dazu gehören die verbesserte Unterstützung für asynchrone Programmierung, die optimierte Unterstützung für paralleles Debuggen und eine neue Datenflussbibliothek.

Internet

Hinzugekommen sind einige neue Funktionen für ASP.NET 4.5: Unterstützung für neue HTML5-Formulartypen, für das asynchrone Lesen und Schreiben von HTTP-Anforderungen und -Antworten, für asynchrone Module, für die E-Mail-Adressen-Internationalisierung (EAI) und für das WebSockets-Protokoll.

WPF

Mit dem *Ribbon*-Steuerelement können Sie eine Menüband-Benutzeroberfläche programmieren, die ein Anwendungsmenü und eine Symbolleiste für den Schnellzugriff enthält.

Die synchrone und asynchrone Datenvalidierung wird durch eine neue *INotifyDataErrorInfo*-Schnittstelle unterstützt.

Auch die Datenbindung an statische Eigenschaften und an benutzerdefinierte Typen, die die *ICustomTypeProvider*-Schnittstelle implementieren, ist möglich geworden.

WCF

Hervorzuheben ist hier vor allem die Unterstützung für die Contract-First-Entwicklung sowie für asynchrones Streaming.

1.6.3 VB 2012 – Sprache und Compiler

Wie die folgende Tabelle zeigt, sind die wirklichen Neuerungen im Vergleich zu denen der Vorgängerversionen relativ bescheiden.

IDE	Wichtigste Neuerungen in Visual Basic				
VS 2002	Managed Code				
VS 2005	Generics	Nullable Types		Operatoren-Überladung	Partielle Klassen
VS 2008	Lambda Ausdrücke	Erweiterungs-methoden	Objekt-initialisierer	Anonyme Typen	LINQ	Typinferenz
VS 2010	Late Binding (dynamisch)	Mehrzeilige Lambda-Ausdrücke		Collection Initialisierer	Parallele Programmierung (TPL) PLINQ
VS 2012	Asynchrone Features (Async, Await)	Caller Information		Iteratoren (Yield)	

Asynchrone Methoden

Im Zusammenhang mit der asynchronen Programmierung wurden zwei neue Schlüsselwörter eingeführt: der *Async*-Modifizierer und der *Await*-Operator. Eine mit *Async* markierte Methode heißt "asynchrone Methode". Es ergeben sich dadurch teilweise erhebliche Vereinfachungen für den Programmierer (siehe Kapitel 9).

Caller Information

Dieses neue Feature kann hilfreich sein beim Debugging und beim Entwickeln von Diagnose-Tools. So kann doppelter Code vermieden werden, wie zum Beispiel beim Logging und Tracing (siehe Kapitel 11).

Iteratoren

Was unter C# schon lange möglich war, geht jetzt auch mit Visual Basic: Sie können das *Yield*-Statement verwenden, um mittels *For Each*-Schleife durch selbst definierte Collections zu iterieren (siehe Abschnitt 5.3.5).

1.7 Praxisbeispiele

Im Abschnitt 1.3.3 hatten wir Ihnen die vier Etappen der Programmentwicklung in Visual Studio ganz allgemein erklärt. Jetzt wollen wir Nägel mit Köpfen machen und alles anhand von zwei Beispielen (ein ganz einfaches und ein etwas anspruchsvolleres) praktisch nachvollziehen.

Für diese kleinen Applikationen sind nicht die geringsten Programmierkenntnisse erforderlich, es geht vielmehr darum, ein erstes Gefühl für die Anwendungsentwicklung unter Visual Studio 2012 zu gewinnen.

1.7.1 Windows-Anwendung für Einsteiger

Die bescheidene Funktionalität beschränkt sich auf ein Fensterchen mit einer Schaltfläche, über welche per Mausklick die Beschriftung der Titelleiste in "Hallo VB-Freunde" geändert werden kann. Das Beispiel demonstriert, mit welch geringem Aufwand man in Visual Studio eigene Anwendungen erstellen kann. Der damit ausgelöste Aha-Effekt wird Sie sicher ausreichend motivieren, manche Durststrecken der nächsten Kapitel zu überstehen.

1. Etappe: Visueller Entwurf der Bedienoberfläche

Der Programmstart von *Microsoft Visual Studio 2012* erfolgt entweder über das Windows-Startmenü oder schneller über eine vorher eingerichtete Desktop- bzw. Taskleisten-Verknüpfung.

Auf der Startseite klicken Sie den Link *Neues Projekt....* Im sich daraufhin öffnenden Dialogfenster *Neues Projekt* wählen Sie links in der Baumstruktur unter dem Knoten *Vorlagen/Andere Sprachen/ Visual Basic* zunächst *Windows* aus (siehe Abschnitt 1.4.1).

Im Mittelteil klicken Sie auf *Windows Forms-Anwendung* (ganz oben in der Liste). Nehmen Sie im unteren Teil die folgenden Einträge vor bzw. belassen es bei den Standardvorgaben:

Name:	*WindowsApplication1*
Ort:	z.B.: *C:\VB\Beispiele*
Projektmappenname:	*WindowsApplication1*

HINWEIS: In der Klappbox oben links sehen Sie, dass Sie mit Visual Studio 2012 sowohl Projekte für das .NET Framework 4.5 als auch für die Vorgängerversionen 4, 3.5, 3.0 und
2.0 entwickeln können. Entsprechend der eingestellten Version ändert sich auch das
Vorlagen-Angebot.

Nach dem *OK* dauert es ein kleines Weilchen, bis die Entwicklungsumgebung mit dem Startformular *Form1* erscheint. Darauf platzieren Sie ein Steuerelement vom Typ *Button*. Die dazu notwendige Vorgehensweise unterscheidet sich kaum von der bei einem normalen Zeichenprogramm.

Klicken Sie im Menü *Ansicht* auf den Eintrag *Werkzeugkasten* und wählen Sie dann einfach die
gewünschte Komponente aus.

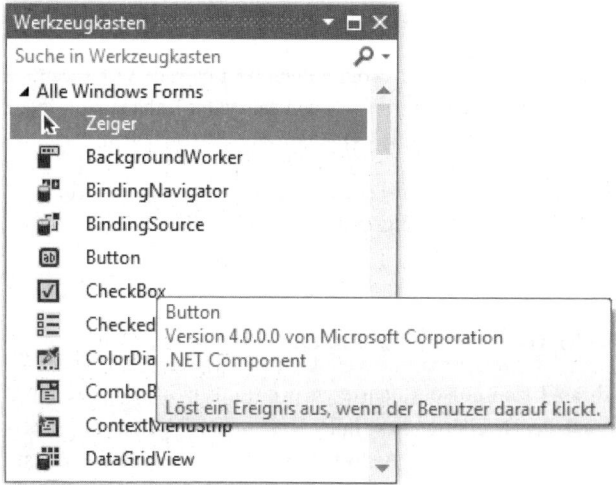

Ein schneller Doppelklick befördert das Steuerelement direkt auf das Formular. Sie können aber
auch den gewünschten *Button* erst mit einem einfachen Mausklick im Werkzeugkasten aktivieren,
um ihn anschließend auf dem Formular abzusetzen und auf die gewünschte Größe zu zoomen.

2. Etappe: Zuweisen der Objekteigenschaften

Der *Button* trägt noch seine standardmäßige Beschriftung *Button1*. Um diese in "Start" zu ändern,
muss die *Text*-Eigenschaft geändert werden. Markieren Sie dazu das Objekt mit der Maus und
rufen Sie mit F4 (bzw. über das Menü *Ansicht*) das Eigenschaftenfenster auf. Ändern Sie im Eigenschaften-Fenster die *Text*-Eigenschaft von ihrem Standardwert "Button1" in "Start".

HINWEIS: Verwechseln Sie die *Text*-Eigenschaft nicht mit der *Name*-Eigenschaft. Wenn Sie ein
neues Steuerelement platzieren, setzt Visual Studio standardmäßig den Wert von *Text*
zunächst auf den von *Name*.

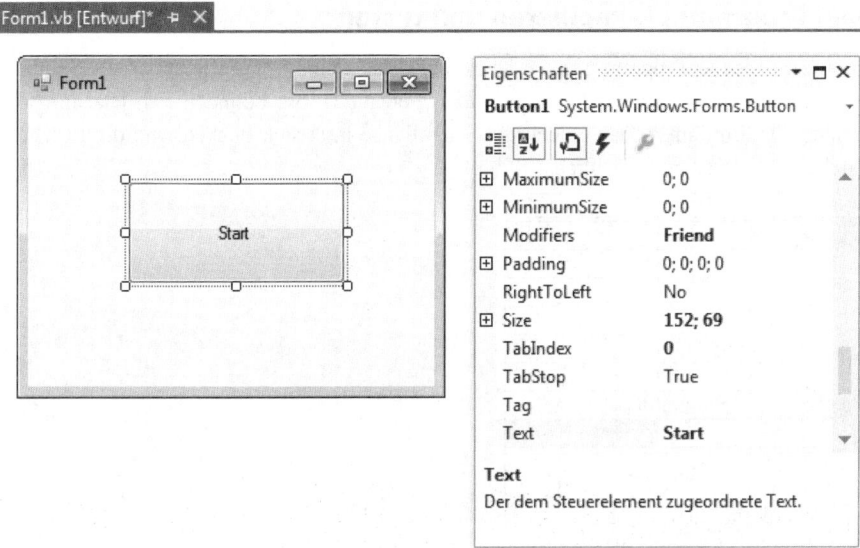

Es dürfte Ihnen nun auch keine Schwierigkeiten bereiten, über die *Font*-Eigenschaft von *Button1* auch noch die Schriftgröße etc. zu ändern.

3. Etappe: Verknüpfen der Objekte mit Ereignissen

Klicken Sie doppelt auf die Komponente *Button1*, so öffnet sich das Code-Fenster. Richten Sie Ihr Augenmerk auf die Schreibmarke, welche im vorgefertigten Rahmencode für die *Click*-Ereignisbehandlungsroutine (Event-Handler) blinkt. Hier tragen Sie Ihren VB-Code ein, der festlegt, **was** passieren soll, wenn zur Programmlaufzeit (also nicht jetzt zur Entwurfszeit!) der Anwender auf diese Schaltfläche klickt:

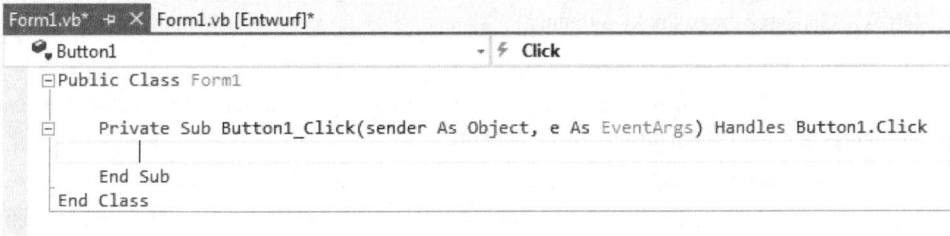

In unserem Fall wollen wir erreichen, dass sich die Beschriftung der Titelleiste des Formulars ändert. Das bedeutet, dass wir die *Text*-Eigenschaft des Objekts *Form1*, dessen Standardwert bislang ebenfalls "Form1" lautete, neu zuweisen müssen.

Fügen Sie dazu die fett hervorgehobene Anweisung in den Rahmencode ein:

```
Private Sub Button1_Click(sender As Object, e As EventArgs) Handles Button1.Click
        Me.Text = "Hallo VB - Freunde!"
End Sub
```

4. Etappe: Programm kompilieren und testen

Kompilieren Sie das Programm durch Klicken auf das kleine grüne Dreieck in der Symbolleiste (bzw. Menü *Debuggen\Debugging starten* oder *F5*). Sie befinden sich jetzt im Ausführungsmodus. Ihr Programm "lebt", denn die Schaltfläche lässt sich klicken, und die Beschriftung der Titelleiste ändert sich tatsächlich.

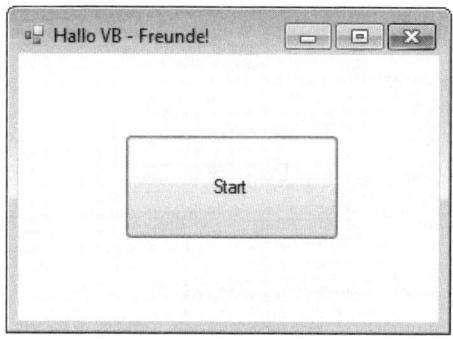

Das Programm beenden Sie, indem Sie einfach auf das kleine Quadrat in der Symbolleiste klicken (bzw. Menü *Debuggen/Debugging beenden*) oder das Formular einfach in altbekannter Windows-Manier schließen.

HINWEIS: Gratulation – Sie haben soeben Ihre erste Windows Forms-Anwendung geschrieben!

Bemerkungen

■ Bei diesem Programmchen haben Sie ganz nebenbei auch gelernt, dass man Properties nicht nur zur Entwurfszeit im Eigenschaften-Fenster zuweist, sondern dies auch zur Laufzeit per Code tun kann. Im letzteren Fall wird der Name der Eigenschaft (*Text*) vom zugehörigen Objekt (*Me*) durch einen Punkt getrennt.

■ Die Properties, die Sie im Eigenschaften-Fenster zuweisen, bezeichnet man auch als *Starteigenschaften*. Zur Laufzeit können diese – wie im Beispiel für die *Text*-Eigenschaft des Formulars gezeigt – durchaus ihren Wert ändern.

■ Die als Ergebnis des Kompilierprozesses generierte *.exe*-Datei finden Sie, ziemlich versteckt, im Unterverzeichnis ...*WindowsApplikation1\bin\Debug* des Projektordners. Es handelt sich hierbei allerdings **nicht** um eine klassische Exe-Datei, sondern um eine so genannte *Assemblierung* (siehe Abschnitt 1.5.2). Da diese Exe im MSIL-Code vorliegt, ist sie nur auf solchen Rechnern lauffähig, auf denen vorher die Laufzeitumgebung (Runtime) des .NET-Frameworks installiert wurde. Wenn Sie die Programmentwicklung abgeschlossen und Visual Studio beendet haben, so können Sie später jederzeit in dieses Verzeichnis wechseln, um durch Doppelklick auf die Datei *WindowsApplication1.exe* das fertige Programm zur Ausführung zu bringen.

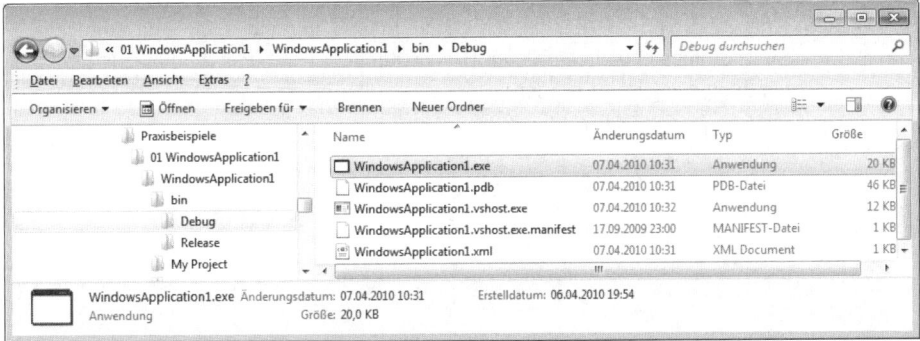

- Direkt im Projektverzeichnis befindet sich die Projektmappendatei *WindowsApplication1.sln*. Wenn Sie auf diese Datei doppelklicken[1], so wird standardmäßig Visual Studio geöffnet und das komplette Programm in die Entwicklungsumgebung geladen.

- Falls nach Doppelklick auf die Projektmappendatei **.sln* zwar Visual Studio startet, die Entwicklungsumgebung aber leer bleibt, sollten Sie zunächst den Projektmappen-Explorer öffnen (Menü *Ansicht/Projektmappen-Explorer*) und dann durch Doppelklick (z.B. auf *Form1.vb*) die einzelnen Fenster in die Entwurfsansicht bringen. Zur Codeansicht wechseln Sie entweder mit F7 oder über das Kontextmenü (rechte Maustaste).

1.7.2 Windows-Anwendung für fortgeschrittene Einsteiger

Diesmal soll es keine Spielerei, sondern ein durchaus nützliches Prögrämmchen sein – die Umrechnung von Euro in Dollar, also ein simpler Währungsrechner. Durch Vergleichen mit der von uns bereits in 1.2 geschriebenen ersten VB-Anwendung dürften auch die Unterschiede der klassischen Konsolentechnik zur visualisierten, objekt- und ereignisorientierten Windows-Programmierung deutlich werden.

1. Etappe: Visueller Entwurf der Bedienoberfläche

Öffnen Sie ein neues Visual Basic-Projekt vom Typ "Windows Forms-Anwendung" und geben Sie ihm den Namen "EuroDollar".

Ziel ist die folgende Bedienoberfläche, die Sie jetzt mühelos im Designer-Fenster erstellen (siehe folgende Abbildung)[2].

Sie brauchen außer dem bereits vorhandenen Startformular *Form1* drei *Label* zur Beschriftung, drei *TextBox*en für die Eingabe und einen *Button* zum Beenden des Programms. Für die Namensgebung sorgt Visual Studio automatisch, es sei denn, Sie möchten den Objekten eigene Namen verleihen.

---

[1] Das werden Sie z.B. häufig beim Laden von Beispielen aus der Buch- tun.

[2] Der Inhalt der drei Textboxen ist standardmäßig leer und wurde nur hier aus Gründen der Übersicht mit deren Namen beschriftet.

HINWEIS: Konzentrieren Sie sich in der ersten Etappe nur auf Lage und Abmessung der Steuerelemente, nicht auf deren Beschriftung, da die Eigenschaften erst in der nächsten Etappe angepasst werden!

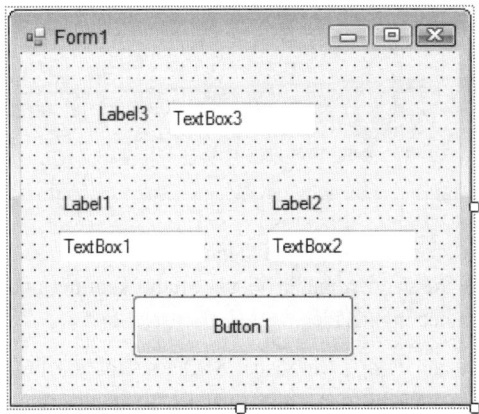

Beim Platzieren und bei der Größenanpassung der Komponenten gehen Sie ähnlich vor, wie Sie es bereits von vektororientierten Zeichenprogrammen (Visio, PowerPoint, ...) gewöhnt sind:

- Im Werkzeugkasten klicken Sie auf das Symbol für die *Label*-Komponente. Der Mauszeiger wechselt sein Aussehen.

- Danach bewegen Sie den Mauszeiger zu der Stelle von *Form1*, an welcher sich die linke obere Ecke von *Label1* befinden soll, drücken die Maustaste nieder und zoomen (bei gedrückt gehaltener Maustaste) das Label auf seine endgültige Größe. Analog verfahren Sie mit *Label2* und *Label3*.

- Nun klicken Sie im Werkzeugkasten auf das Symbol für die *TextBox*-Komponente und erzeugen nacheinander *TextBox1*, *TextBox2* und *TextBox3*.

- Schließlich bleibt noch *Button1*, den Sie am unteren Rand von *Form1* absetzen.

2. Etappe: Zuweisen der Objekteigenschaften

Unser Prögrämmchen besteht nun aus insgesamt acht Komponenten: einem Formular und sieben Steuerelementen. Alle Eigenschaften haben bereits ihre Standardwerte. Einige davon müssen wir allerdings noch ändern. Dies geschieht mit Hilfe des Eigenschaften-Fensters. Wenn Sie mit der Maus auf eine Komponente klicken und danach die *F4*-Taste betätigen, erscheint das Eigenschaften-Fenster der Komponente mit der Liste aller zur Entwurfszeit verfügbaren Eigenschaften.

- Beginnen Sie mit *Label1*, das die Beschriftung "Euro" tragen soll. Die Beschriftung kann mit der *Text*-Eigenschaft geändert werden. Standardmäßig entspricht diese der *Name*-Property, in unserem Fall also "*Label1*". Um das zu ändern, klicken Sie auf das *Label* und tragen anschließend in der Spalte rechts neben dem *Text*-Feld die neue Beschriftung ein (die alte ist vorher "wegzuradieren"). Analog verfahren Sie mit den beiden anderen *Label*s (Beschriftung "Dollar" und "Kurs 1: ").

- Auch *Button1* muss natürlich seine neue *Text*-Eigenschaft ("Beenden") erhalten.

- Schließlich klicken Sie auf eine leere Fläche von *Form1*, um anschließend mit *F4* das Eigenschaften-Fenster für das Formular aufzurufen und dessen *Text*-Eigenschaft entsprechend der gewünschten Beschriftung der Titelleiste zu modifizieren.

Die Tabelle gibt eine Zusammenstellung aller Objekteigenschaften, die wir geändert haben:

Name des Objekts	Eigenschaft	Neuer Wert
Form1	*Text*	Umrechnung Euro-Dollar
	Font.Size	*10*
Label1	*Text*	Euro
Label2	*Text*	Dollar
Label3	*Text*	Kurs 1:
TextBox1	*TextAlign*	*Right*
TextBox2	*TextAlign*	*Right*
TextBox3	*TextAlign*	*Center*
Button1	*Text*	Beenden

3. Etappe: Verknüpfen der Objekte mit Ereignissen

Während Sie die beiden Vorgängeretappen noch getrost Ihrer Sekretärin überlassen konnten, beginnt jetzt Ihre Hauptarbeit als VB-Programmierer. Wechseln Sie zum Code-Fenster *Form1.vb* (auch mit *F7*, *Ansicht|Code* oder dem Kontextmenü des Formulars möglich). Was Sie hier erwartet, ist die von Visual Studio vorbereitete Klassendeklaration von *Form1*.

Zunächst fügen Sie eine Anweisung ein, mit der drei Gleitkommavariablen des *Single*-Datentyps deklariert werden. Gleichzeitig werden diese Variablen mit dem Wert 1 initialisiert:

```
Private euro As Single = 1, dollar As Single = 1, kurs As Single = 1
```

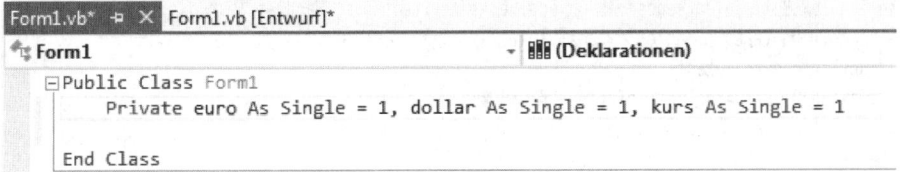

Im Unterschied zur Konsolenanwendung, bei welcher uns das Programm die Einhaltung einer bestimmten Eingabereihenfolge aufzwingt, soll in unserer Windows-Anwendung die Berechnung immer dann neu gestartet werden, wenn bei der Eingabe in eine der drei Textboxen eine Taste losgelassen wurde. Wir müssen also für jede der Textboxen einen eigenen Event-Handler für das *KeyUp*-Ereignis schreiben!

Dabei ist eine fast schon rituelle Erstellungsreihenfolge zu beachten, wie Sie sie mit fortschreitender Programmierpraxis sehr bald auch im Schlaf ausführen können:

- **Objekt auswählen**

  Zur Objektauswahl klicken Sie auf das Objekt im Designer-Fenster und öffnen mit *F4* das Eigenschaften-Fenster. Klicken Sie im Eigenschaften-Fenster oben auf das ⬧ -Symbol, um die Ereignisliste zur Anzeige zu bringen.

- **Ereignis auswählen**

  Zur Ereignisauswahl doppelklicken Sie auf das gewünschte Ereignis. Als Resultat werden automatisch die erste und die letzte Zeile (Rahmencode) des Event-Handlers generiert und im Code-Fenster angezeigt.

- **Ereignisbehandlungen programmieren**

  Füllen Sie den Event-Handler mit den gewünschten VB-Anweisungen aus.

Wir beginnen in unserem Beispiel mit dem *KeyUp*-Event-Handler für *TextBox1*, der immer dann ausgeführt wird, wenn der Benutzer den Euro-Betrag ändert:

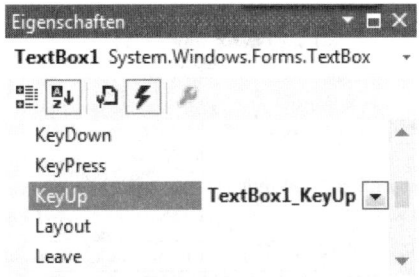

Füllen Sie nun den Event-Handler wie folgt aus:

```
Private Sub TextBox1_KeyUp(sender As Object, e As KeyEventArgs) Handles TextBox1.KeyUp
        euro = Convert.ToSingle(TextBox1.Text)
        dollar = euro * kurs
        TextBox2.Text = dollar.ToString("#,##0.00")
End Sub
```

HINWEIS: Sie müssen nur die hier fett gedruckten Anweisungen selbst einfügen, der übrige Rahmencode wird automatisch erzeugt, wenn Sie die oben erläuterte Erstellungsreihenfolge beachten!

Der Prozedurkopf des Event-Handlers verweist standardmäßig vor dem Unterstrich (_) auf den Namen des Objekts (*TextBox1*) und danach auf das entsprechende Ereignis (*KeyUp*). Das vorangestellte *Private* verdeutlicht, dass auf die Prozedur nur innerhalb des *Form1*-Klasse zugegriffen werden kann.

Auf analoge Weise erzeugen Sie die Event-Handler für die Steuerelemente *TextBox2* und *TextBox3*.

Ändern des Dollar-Betrags:

```
Private Sub TextBox2_KeyUp(sender As Object, e As KeyEventArgs) Handles TextBox2.KeyUp
        dollar = Convert.ToSingle(TextBox2.Text)
        euro = dollar / kurs
        TextBox1.Text = euro.ToString("#,##0.00")
End Sub
```

Ändern des Umrechnungskurses:

```
Private Sub TextBox3_KeyUp(sender As Object, e As KeyEventArgs) Handles TextBox3.KeyUp
        kurs = Convert.ToSingle(TextBox3.Text)
        dollar = euro * kurs
        TextBox2.Text = dollar.ToString("#,##0.00")
End Sub
```

HINWEIS: Denken Sie jetzt noch nicht über den tieferen Sinn der einzelnen Anweisungen nach, denn dazu sind die späteren Kapitel da.

Damit Sie bereits unmittelbar nach dem Programmstart sinnvolle Werte in den drei Textboxen sehen, ist folgender Event-Handler für das *Load*-Ereignis des *Form1*-Objekts hinzuzufügen:

```
Private Sub Form1_Load(sender As Object, e As EventArgs) Handles MyBase.Load
        TextBox1.Text = euro.ToString
        TextBox2.Text = dollar.ToString
        TextBox3.Text = kurs.ToString
End Sub
```

Beim Klick auf den *Beenden*-Button soll das Formular entladen werden. Wählen Sie in der Objektauswahlliste des Eigenschaften-Fensters den Eintrag *Button1* und anschließend in der Ereignisauswahlliste das *Click*-Event:

```
Private Sub Button1_Click(sender As Object, e As EventArgs) Handles Button1.Click
        Me.Close()
End Sub
```

4. Etappe: Programm kompilieren und testen

Klicken Sie auf den ▶ Starten -Button in der Symbolleiste (oder *F5*-Taste), und im Handumdrehen ist Ihre Windows Forms-Anwendung kompiliert und ausgeführt!

Spielen Sie ruhig ein wenig mit verschiedenen Werten herum, um sich den Unterschied zwischen Konsolen- und Windows-Programmen so richtig zu verinnerlichen. Da es keine vorgeschriebene Reihenfolge für die Benutzereingaben mehr gibt, werden die anderen Felder sofort aktualisiert. Eine spezielle "="-Schaltfläche (etwa wie bei einem Taschenrechner) ist deshalb nicht erforderlich.

HINWEIS: Achten Sie darauf, dass Sie als Dezimaltrennzeichen das Komma und nicht den Punkt eingeben. Letzterer dient als Tausender-Separator.

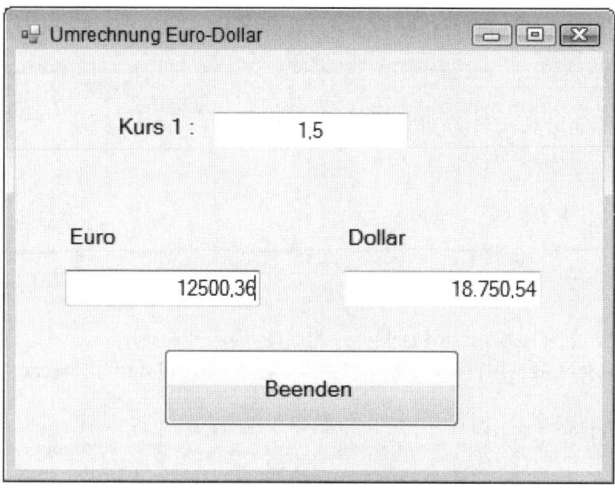

Da wir aus Gründen der Einfachheit in diesem Programm auf eine Überprüfung der Eingabewerte (Eingabevalidierung) verzichtet haben, sollten Sie auf das komplette Löschen des Inhalts eines Textfelds verzichten und nur gültige Zahlenwerte eingeben (also z.B. auch keine Buchstaben). Andernfalls ist ein Konvertieren der Eingabe in eine Zahl nicht möglich und das Programm stürzt mit einer umfangreichen Fehlermeldung ab.

Um wieder in den Entwurfsmodus zurückzukehren, wählen Sie nach solch einem Fehler das Menü *Debuggen/Debugging beenden*.

IntelliSense – die hilfreiche Fee

Eines der bemerkenswertesten Features des Code-Editors von Visual Studio ist die so genannte *IntelliSense*, auf die Sie mit Sicherheit bereits beim Eintippen des Quellcodes aufmerksam geworden sind. Sobald Sie den Namen eines Objekts bzw. eines Steuerelements mit einem Punkt abschließen, erscheint wie von Geisterhand eine Liste mit allen Eigenschaften und Methoden des Objekts. Das befreit Sie vom lästigen Nachschlagen in der Hilfe und bewahrt Sie vor Schreibfehlern.

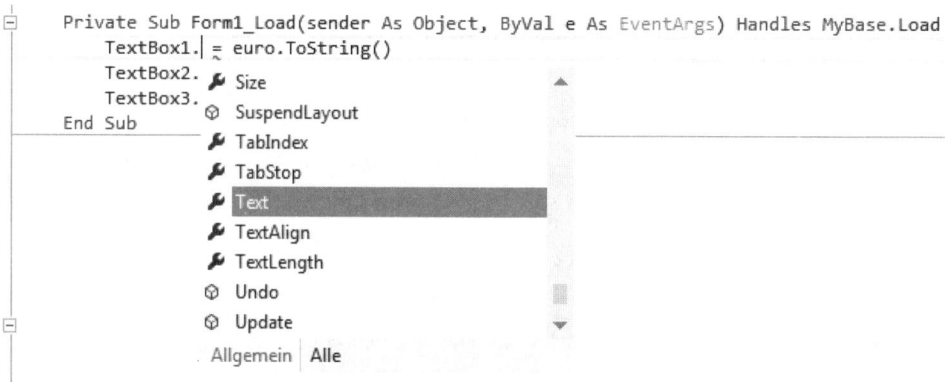

HINWEIS: Wenn Sie das markierte Element übernehmen wollen, brauchen Sie den Namen nicht zu Ende zu schreiben, da die IntelliSense den kompletten Text automatisch ergänzt.

Fehlersuche

Bereits beim Schreiben des Quellcodes werden Sie von Visual Studio gnadenlos auf Syntaxfehler (z.B. ein vergessenes Semikolon) hingewiesen, im Allgemeinen geschieht dies durch Unterstreichen mit einer wellenförmigen Linie. Wenn Sie mit der Maus auf diese Linie zeigen, erhalten Sie meistens auch noch einen, mehr oder weniger brauchbaren, Hinweis (z.B. "Der Name "kur" wurde nicht deklariert").

Andere Fehler treten erst beim Kompilieren ans Tageslicht, wobei Sie in der Regel durch folgende Meldung aufgeschreckt werden:

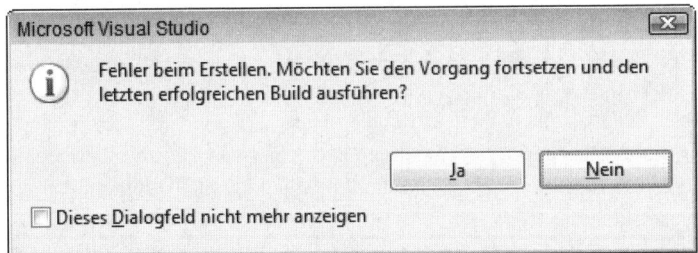

Normalerweise sollten Sie *Nein* klicken, um unverzüglich den (oder die) Übeltäter im Quellcode zu suchen und dingfest zu machen. Das Lokalisieren ist meist sehr einfach, da die fehlerhaften Ausdrücke mit einer Wellenlinie unterstrichen sind. Auch hier erhalten Sie Hinweise zur Fehlerursache, wenn Sie mit der Maus auf die betreffende Stelle zeigen.

Wenn das Programm sich partout nicht kompilieren lassen will und weit und breit keine Wellenlinie bzw. ein anderer Hinweis auf den Übeltäter in Sicht ist, hilft meist ein Blick in die Fehlerliste (Menü *Ansicht|Fehlerliste*).

Weitere hilfreiche Hinweise zum Debuggen finden Sie im Kapitel 11!

Kapitel 2

Einführung in Visual Basic

In diesem Kapitel wollen wir Ihnen den für den Einstieg wichtigen Sprachkern von Visual Basic erklären. Wir zeigen Ihnen, wie Sie Anweisungen schreiben, mit Datentypen umgehen, Schleifen und Verzweigungen einsetzen, Arrays definieren und Funktionen bzw. Prozeduren aufrufen. Mit Rücksicht auf den Einsteiger und um die Übersichtlichkeit nicht zu gefährden, folgen die etwas anspruchsvolleren Sprachfeatures erst in späteren Kapiteln (objektorientiertes Programmieren in Kapitel 3, fortgeschrittene Sprachelemente in den Kapiteln 4 und 5).

HINWEIS: Testen Sie möglichst viele der kleinen Codeschnipsel selbst am eigenen PC. Als Codegerüst könnte entweder eine Konsolenanwendung (siehe dazu das Einführungs-kapitel, Abschnitt 1.2) oder aber eine Windows Forms-Anwendung (siehe 1.7.1/ 1.7.2) dienen.

2.1 Grundbegriffe

Zur Vorbereitung empfehlen wir ein Rückblättern zu den Praxisbeispielen des Kapitels 1, wo einige grundlegende Begriffe (Anweisungen, Klassen, Namensraum, Gültigkeitsbereiche) bereits grob erklärt wurden.

2.1.1 Anweisungen

Wir verstehen unter einer Anweisung (Statement) einen Befehl (Instruction), der sich aus bestimmten Sprachelementen, wie Schlüsselwörtern, Operatoren, Variablen, Konstanten, Ausdrücken, zusammensetzt.

Wir unterscheiden zwei Arten von Anweisungen:

- Deklarations-Anweisungen,
  diese spezifizieren eine Variable, Konstante, Prozedur oder einen Datentyp.

- Ausführbare Anweisungen,
  diese führen bestimmte Aktionen aus (Aufruf einer Prozedur, Zuweisen eines Werts, Durchlaufen einer Schleife etc.).

Wie in jeder anderen Programmiersprache auch, müssen Visual Basic-Anweisungen bestimmten Regeln entsprechen, die man in ihrer Gesamtheit als *Syntax*[1] bezeichnet.

Durch gute Strukturierung Ihres Quellcodes, wie z.B. blockweises Einrücken, machen Sie Ihre Programme übersichtlicher und verringern somit die Fehlerquote. Normalerweise brauchen Sie sich aber darum nicht selbst zu kümmern, denn das erledigt die IDE automatisch für Sie. Anderenfalls gilt:

HINWEIS: Die Entwicklungsumgebung von Visual Studio erleichtert Ihnen das blockweise Einrücken unter anderem durch das Menü *Bearbeiten/Erweitert/Zeileneinzug vergrößern* bzw. *verkleinern* oder durch die entsprechenden Schaltflächen der Symbolleiste.

2.1.2 Bezeichner

Für die Namensgebung von Elementen Ihres Programms (Variablen, Methoden, Klassen, ...) verwendet man so genannte Bezeichner.

Namensgebung und Schlüsselwörter

Bei der Namensgebung müssen Sie sich an folgende Regeln halten:

- Als Zeichen sind Groß- und Kleinbuchstaben, der Unterstrich "_" sowie die Ziffern 0 ... 9 zulässig.

- Jeder Bezeichner muss mit einem Buchstaben (oder einem Unterstrich) beginnen und ohne eingeschlossene Punkte und Typkennzeichen auskommen.

- Ein Bezeichner muss innerhalb seines Gültigkeitsbereichs eindeutig sein (also keine Mehrfachvergabe des gleichen Namens).

- Bezeichner müssen kürzer als 256 Zeichen sein und

- dürfen keine *Schlüsselwörter* sein.

Bei *Schlüsselwörtern* handelt es sich um vordefinierte reservierte Bezeichner, die den Kern von Visual Basic ausmachen, z.B. *Class, Dim, Sub, If, End* etc.

HINWEIS: Schlüsselwörter sind im Codefenster von Visual Studio standardmäßig blau eingefärbt.

BEISPIEL 2.1: Zulässige und unzulässige Namensgebung

```
euro
_radius
Zwerg7
```

---

[1] Im Unterschied dazu versteht man unter der *Semantik* einer Sprache die Beschreibung dessen, *was* die einzelnen Anweisungen bewirken.

BEISPIEL 2.1: Zulässige und unzulässige Namensgebung

```
%Anteil              ' unzulässig, weil "%"-Zeichen am Anfang
7Zwerge              ' unzulässig, weil Ziffer am Anfang
dim                  ' unzulässig, weil Schlüsselwort
```

Leerzeichen etc.

Leerzeichen zwischen den Befehlswörtern sind im Allgemeinen bedeutungslos und werden in der Regel von Visual Studio automatisch korrigiert. Außerdem gibt es eine ganze Reihe weiterer Zeichen, die z.B. als Operatoren fungieren.

BEISPIEL 2.2: Berechnung eines Ausdrucks mit Divisions- und Additions-Operator

```
z = x/y + 10
```

Groß-/Kleinschreibung

Da die Groß- und Kleinschreibung in Visual Basic egal ist, dürfen Sie keine Bezeichner verwenden, die sich lediglich durch die Groß- und Kleinschreibung voneinander unterscheiden. Sie sollten die Groß-/Kleinschreibung aber dafür einsetzen, um die Lesbarkeit Ihres Programms zu verbessern.

BEISPIEL 2.3: Beide Bezeichner dürfen Sie nicht nebeneinander verwenden. Der erste Bezeichner ist besser lesbar als der zweite und sollte verwendet werden.

```
MeineAdresse         ' gut lesbar
meineadresse         ' doppelter Bezeichner, schlecht lesbar
```

2.1.3 Kommentare

Kommentaranweisungen (im Editor im Allgemeinen grün hervorgehoben) dienen als zusätzliche Erläuterungen für den Programmierer und werden vom Compiler überlesen. Für das Kennzeichnen von Kommentaren verwenden Sie den einfachen Apostroph (')[1].

HINWEIS: Im Unterschied zu anderen Sprachen kennt Visual Basic keine mehrzeiligen Kommentare.

BEISPIEL 2.4: Kommentare

```
x = y + 10              ' Addiere 10 zum Wert von y
' Jede neue Kommentarzeile muss extra eingeleitet werden.
```

Kommentare können Sie auch vorteilhaft beim Testen von Code einsetzen, indem Sie (in der Regel nur vorübergehend) bestimmte Codeabschnitte außer Kraft setzen, d.h. "auskommentieren".

---

[1] Gelegentlich findet man auch noch das veraltete REM.

HINWEIS: Die Visual Studio Entwicklungsumgebung erleichtert Ihnen das Auskommentieren von Codeabschnitten mit dem Menü *Bearbeiten/Erweitert/Auswahl kommentieren* (Strg+E, C) bzw. *Auskommentierung der Auswahl aufheben* (Strg+E, U) oder mit den entsprechenden Schaltflächen der Symbolleiste.

2.1.4 Zeilenumbruch

In früheren Versionen von Visual Basic stand normalerweise pro Zeile eine Anweisung, d.h., ein Zeilenumbruch war in der Regel gleichbedeutend mit dem Anweisungsende, es sei denn, man benutzte einen Unterstrich als Zeilentrenner. Mit der Version 2010 wurde diese "eiserne Regel" total aufgeweicht. Bevor wir aber auf die zahlreichen Ausnahmen von dieser Regel eingehen, wollen wir uns mit der klassischen Vorgehensweise beschäftigen, die nach wie vor gültig ist.

Lange Zeilen teilen

Wenn eine Anweisung sehr lang ist, kann das ihre Lesbarkeit im Quelltexteditor beeinträchtigen, und es ist außerdem unbequem, da man horizontal scrollen muss. Man kann aber eine solche Zeile durch einen Unterstrich mit vorangestelltem Leerzeichen trennen.

BEISPIEL 2.5: Die erste Zeile eines Event-Handlers wird auf zwei Zeilen aufgeteilt.

```
Private Sub Button1_Click(sender As Object, e As EventArgs) _
                                      Handles Button1.Click
```

HINWEIS: Zeichenketten müssen Sie vorher in Teilketten zerlegen, bevor Sie sie trennen!

BEISPIEL 2.6: Eine Zeichenkette wird korrekt getrennt.

```
Label1.Text = "Dies ist eine sehr lange Zeichenkette, die sehr unübersichtlich wäre " &
              ", wenn man sie nicht trennen würde."
```

Implizite Zeilenfortsetzung

Hier handelt es sich um eine erst mit VB 2010 eingeführte Neuerung. In folgenden Situationen kann man eine Anweisung auch ohne Verwendung eines Unterstrichs über mehrere Zeilen verteilen:

- nach einem Komma
- nach öffnenden oder vor schließenden Klammern (einfache oder geschweifte)
- nach dem Zeichen "&"
- nach Zuweisungs- und Binäroperatoren (z.B. =, +=, +, -, Mod, Or, ...)
- nach dem Punkt (.) als Objektqualifizierer

- innerhalb von LINQ-Ausdrücken

- in einigen weiteren Spezialfällen (nach *In* in *For Each*-Schleifen, nach *Is* bzw. *IsNot* ...)

- an bestimmten Stellen im XML-Code, z.B. nach dem Öffnen eines eingebetteten Ausdrucks (<%=) oder vor dem Schließen (%>)

Obige Aufzählung ist nicht ganz vollständig, im Zweifelsfall sollte man den Unterstrich verwenden oder einfach ausprobieren, ob die mehrzeilige Anweisung von der IDE angenommen bzw. richtig verarbeitet wird.

BEISPIEL 2.7: Die Kopfzeile des Eventhandlers im obigen Beispiel kann auch ohne Unterstrich auf zwei Zeilen verteilt werden

```
Private Sub Button1_Click(sender As Object,
                    e As EventArgs) Handles Button1.Click
```

BEISPIEL 2.8: Eine weitere alternative Schreibweise für das Vorgängerbeispiel

```
Private Sub Button1_Click(
                sender As Object,
                e As EventArgs
                ) _
            Handles Button1.Click
```

BEISPIEL 2.9: Eine LINQ-Abfrage (siehe Kapitel 6) sieht jetzt schön und übersichtlich aus

```
Dim expr = From z In zahlen
           Where z > 10
           Order By z
           Select z
```

Mehrere Anweisungen pro Zeile

Um Platz zu sparen, können aber auch mehrere Anweisungen pro Zeile geschrieben werden, diese sind dann durch einen Doppelpunkt (:) voneinander zu trennen.

BEISPIEL 2.10: Die Anweisungen

```
euro = CSng(TextBox1.Text)
dollar = euro * kurs
```

kann man wie folgt in eine Zeile schreiben:

```
euro = CSng(TextBox1.Text) : dollar = euro * kurs
```

2.2 Datentypen, Variablen und Konstanten

Jedes Programm "lebt" in erster Linie von seinen Variablen und Konstanten, die bestimmten Daten-typen entsprechen.

2.2.1 Fundamentale Typen

Die folgende Tabelle gibt eine Übersicht der einfachen (fundamentalen) Datentypen, die Visual Basic zur Verfügung stellt[1]:

VB-Datentyp	.NET-CLR-Typ	Erläuterung	Länge [Byte]
Short	System.Int16	kurze Ganzzahl zwischen $-2^{15} ... 2^{15}-1$ (-32.768 ... 32.767)	2
Integer	System.Int32	Ganzzahl zwischen $-2^{31} ... 2^{31}-1$ (-2.147.483.648 ... 2.147.483.647)	4
Long	System.Int64	lange Ganzzahl $-2^{63} ... 2^{63}-1$ (-9.223.372.036.854.775.808 ... 9.223.372.036.854.775.807)	8
Single	System.Single	einfachgenaue Gleitkommazahl mit 7-stelliger Genauigkeit zwischen ca. +/- 3.4E-45 und +/-3.4E+38	4
Double	System.Double	doppeltgenaue Gleitkommazahl mit 16-stelliger Genauigkeit zwischen ca. +/- 4.9E-324 und +/-1.8E+308	8
Decimal	System.Decimal	hochgenaue Gleitkommazahl zwischen 0 ... +/- 79E+27 (ohne Dezimalpunkt) und ca. +/-1.0E-29 ...7.9E+27 (mit Dezimalpunkt)	16
Date	System.DateTime	Datum/Zeit zwischen 1. Januar 1 bis 31. Dezember 9999	8
Char	System.Char	ein beliebiges Unicode-Zeichen	2
String	System.String	beliebige Unicode-Zeichenfolge mit einer maximalen Länge von ca. 2 000 000 000 Zeichen	2 pro Zeichen plus 10
Boolean	System.Boolean	Wahrheitswert (*True*, *False*)	2
Byte	System.Byte	positive Ganzzahl zwischen 0 ... 255	1
Object	System.Object	universeller Datentyp	4

Wie Sie obiger Tabelle entnehmen, entsprechen alle Visual Basic-Datentypen einer Klassendefini-tion im .NET-Framework.

---

[1] Auf "anspruchsvollere" Datentypen, wie *BigInteger* oder *Complex*, gehen wir erst an späterer Stelle ein.

Die CLR-Datentypen sind im *System*-Namensraum angeordnet. Bei der Deklaration (siehe Abschnitt 2.2.4) ist es egal, welchen der beiden möglichen Typbezeichner Sie angeben.

2.2.2 Wertetypen versus Verweistypen

Mit Ausnahme des *String*- und des *Object*-Datentyps, die so genannte *Verweistypen* sind, gehören die übrigen Datentypen in obiger Tabelle zu den *Wertetypen*. Das Verständnis des Unterschieds zwischen diesen beiden fundamentalen Gruppen ist enorm wichtig für das tiefere Eindringen in die Sprache VB.

Wertetypen

Dazu zählen all die einfachen Datentypen wie *Byte*, *Integer*, *Double* ..., hinzu kommen später noch andere wie beispielsweise *Structure* (siehe 2.7.2 und *DateTime* (siehe Seite 278). Beim Abarbeiten des Programms wird für die lokalen Variablen und die übergebenen Parameter Speicherplatz benötigt, der immer dem Stack entnommen wird. Nach Beendigung einer Methode wird der Speicher automatisch an den Stack[1] zurückgegeben.

Verweistypen

Bislang kennen wir nur die Verweistypen *String* und *Object*, im Kapitel 4 kommen später noch Datenfelder (Arrays) hinzu. Aber das ist nur die Spitze des Eisbergs, denn in der objektorientierten Programmierung, in welche wir ab Kapitel 3 tiefer einsteigen werden, sind alle Objekte Verweistypen. Das bedeutet, dass auf dem Stack nicht der Wert des Objekts abgespeichert wird, sondern lediglich ein Verweis (Referenz, Zeiger) auf eine Speicheradresse des Heap, wo das eigentliche Objekt gespeichert ist. Das Anlegen des Objekts auf dem Heap wird auch als Instanziierung bezeichnet, in der Regel muss dazu der *New*-Operator verwendet werden[2]. Das Entsorgen des Speichers übernimmt sporadisch der so genannte Garbage Collector. Doch zu all dem kommen wir erst im nachfolgenden OOP-Kapitel.

2.2.3 Benennung von Variablen

Zusätzlich zu den unter 2.1.2 aufgeführten Regeln für selbst definierte Bezeichner sollten Sie folgenden Empfehlungen gemäß *Common Language Specification* (CLS) folgen:

- Beginnen Sie den Namen einer Variablen möglichst mit einem Kleinbuchstaben.

- Falls Bezeichner aus mehreren Wörtern zusammengesetzt sind, so sollten ab dem zweiten Wort alle Wörter mit einem Großbuchstaben beginnen ("Kamelschreibweise").

BEISPIEL 2.11: Ein Variablenname, der sich aus mehreren Wörtern zusammensetzt.

```
meinHaushaltskassenSaldo
```

---

[1] Stack und Heap sind bestimmte Bereiche im Arbeitsspeicher jedes Computers.

[2] Der *String*-Datentyp bildet hier eine gewisse Ausnahme (siehe 4.2).

HINWEIS: Die Konventionen der Namensgebung von Variablen gelten auch für Konstanten, Funktionen/Prozeduren und andere benutzerdefinierte Sprachelemente.

2.2.4 Deklaration von Variablen

Variablen sind benannte Speicherplatzstellen, der Variablenname dient dazu, die Speicheradresse im Programmcode anzusprechen.

Dim-Anweisung

Sie können Ihre Variablen mit dem Schlüsselwort *Dim* deklarieren und ihnen mit *As* einen Datentyp zuweisen[1].

SYNTAX: `Dim Varaiablenname As Datentyp`

BEISPIEL 2.12: Verschiedene Variablendeklarationen

```
Dim a As Single
Dim anzahl As Integer
Dim breite As Double
```

In einer Anweisung lassen sich auch mehrere Variablen hintereinander deklarieren.

BEISPIEL 2.13: Die gleichen Deklarationen wie im Vorgängerbeispiel

```
Dim a As Single, anzahl As Integer, breite As Double
```

Laut obiger Tabelle kann man als Datentyp auch den CLR-Typ angeben.

BEISPIEL 2.14: Die folgenden Deklarationen sind gleichwertig.

```
Dim i As Integer
Dim i As System.Int32
Dim i As Int32
```

Mehrfachdeklaration

Wenn Sie mehrere Variablen vom gleichen Datentyp hintereinander deklarieren wollen, genügt es, den Datentyp nur einmal anzugeben.

BEISPIEL 2.15: Mehrfachdeklaration

```
Statt

Dim i As Integer
Dim j As Integer
```

---

[1] Später werden Sie erfahren, dass man außer mit *Dim* auch noch mit *Private*, *Public* oder *Static* deklarieren kann.

BEISPIEL 2.15: Mehrfachdeklaration

dürfen Sie auch schreiben

```
Dim i, j As Integer
```

Anfangswerte

Zusammen mit der Deklaration können Sie die Variablen auch gleich initialisieren.

BEISPIEL 2.16: Anfangswerte

Statt

```
Dim max As Single
max = 99.99
```

können Sie kürzer formulieren:

```
Dim max As Single = 99.99
```

Option Explicit

Dieser Schalter, der (für Sie zunächst unsichtbar) am Beginn eines Moduls steht

SYNTAX: Option Explicit On|Off

erzwingt die Deklaration einer Variablen, bevor sie verwendet wird (*On*), oder ermöglicht die sofortige Verwendung ohne vorherige Deklaration (*Off*).

BEISPIEL 2.17: Sie haben vergessen, die Variable *j* zu deklarieren

```
Option Explicit On
Dim i As Integer
j = 10          ' undeklarierte Variable erzeugt Compiler-Fehler !
i = 10
```

... aber so bemerken Sie Ihren Fehler nicht:

```
Option Explicit Off
Dim i As Integer
j = 10          ' neue Variable vom Object-Datentyp wird erzeugt !
i = 10
```

HINWEIS: Sie sollten grundsätzlich mit *Option Explicit On* arbeiten, da dies die Typsicherheit erhöht und die Fehlerquote senkt.

Glücklicherweise ist *Option Explicit On* die Standardeinstellung. Wenn Sie im Projektmappen-Explorer auf den Projektnamen rechtsklicken und *Eigenschaften* wählen, können Sie im Projekteigenschaftenfenster unter "Kompilieren" die Kompilierungsoption *Option Explicit* für die gesamte Anwendung neu festlegen.

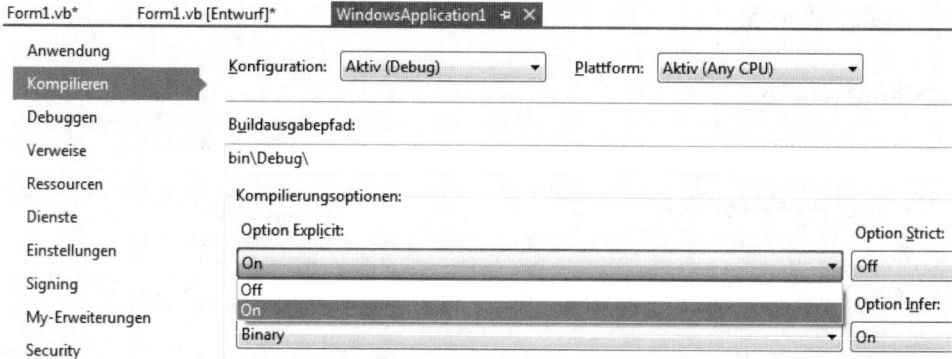

Option Strict

Ähnlich wie *Option Explicit* steht dieser Schalter am Beginn eines Moduls oder kann ebenfalls im Projekteigenschaftenfenster eingestellt werden (siehe vorhergehender Abschnitt).

SYNTAX: `Option Strict On|Off`

Ist die Schalterstellung *Off* (unter Visual Studio 2012 ist das der Standard), so gibt es einige (fragwürdige) Erleichterungen beim Zuweisen unterschiedlicher Datentypen. So kann z.B. bei der Variablendeklaration auf die Angabe des Datentyps verzichtet werden, die Variable ist dann automatisch vom Typ *Object*.

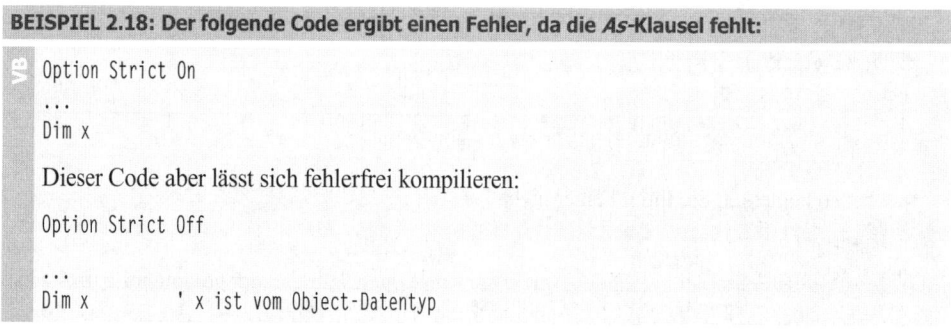

BEISPIEL 2.18: Der folgende Code ergibt einen Fehler, da die *As*-Klausel fehlt:

```
Option Strict On
...
Dim x
```

Dieser Code aber lässt sich fehlerfrei kompilieren:

```
Option Strict Off

...
Dim x          ' x ist vom Object-Datentyp
```

HINWEIS: Der Lernende ist gut beraten, wenn er zunächst mit *Option Strict On* arbeitet, da dies das Verständnis der Programmiersprache fördert und das Portieren des Codes nach anderen .NET-Sprachen (z.B. C#) deutlich erleichtert!

2.2.5 Typinferenz

Dieses in Zusammenhang mit der LINQ-Technologie (siehe Kapitel 6) eingeführte Sprachfeature erlaubt es, dass der Datentyp einer Variablen bei der Deklaration vom Compiler automatisch ermittelt wird, ohne dass Sie explizit den Typ angeben müssen.

Die Deklaration erfolgt mit dem Schlüsselwort *Dim*, wobei man auf die *As*-Klausel verzichtet.

HINWEIS: Damit der Compiler den Typ der Variablen feststellen kann, muss eine per Typinferenz deklarierte Variable unbedingt bei der Deklaration initialisiert werden.

Manch ein VB-Entwickler wird denken, dass es sich hierbei um dasselbe Verhalten wie bei *Option Strict Off* handelt, tatsächlich aber erhalten Sie eine streng typisierte Variable.

BEISPIEL 2.19: Die Initialisierung der Variablen *a* wird vom Compiler ausgewertet und der Typ aufgrund des Wertes 35 auf *Integer* festgelegt.

```
Dim a = 35
```

Obige Zeile ist semantisch identisch mit folgendem Ausdruck:

```
Dim a As Integer = 35
```

Der Datentyp wird einmalig bei der ersten Deklaration der Variablen vom Compiler festgelegt und kann danach nicht mehr verändert werden.

BEISPIEL 2.20: Da die Variable *b* vom Compiler als *Integer* festgelegt wurde, kann ihr später kein *Double*-Wert zugewiesen werden.

```
Dim b = 7
b = 12.3          ' Fehler!
```

HINWEIS: Typinferenz funktioniert nur bei lokalen Variablen!

2.2.6 Konstanten deklarieren

Im Unterschied zu Variablen bleibt der Wert einer Konstanten während der gesamten Laufzeit eines Programms unverändert. Sie legen ihn einmalig mit der *Const*-Anweisung fest. Es ist allgemein üblich, den Namen einer Konstanten in Großbuchstaben zu schreiben.

BEISPIEL 2.21: Konstanten

```
Const PI As Single = 3.1415
Const MELDUNG As String = "Achtung"
Const ANZAHL As Integer = 5
Const X1 As Double = 3 / 4, x2 As Double = 2 + 1 / 3
```

Sammlungen von Konstanten werden üblicherweise in so genannten *Enumerationen* "zusammen-gehalten" (siehe 2.7.1).

2.2.7 Gültigkeitsbereiche von Deklarationen

Bis jetzt hatten wir Variablen ausschließlich mit dem Zugriffsmodifizierer *Dim* deklariert. Es gibt allerdings noch mindestens drei weitere Alternativen (*Static*, *Private*, *Public*), die sich bezüglich *Sichtbarkeit* und *Lebensdauer* unterscheiden. Was bedeutet das?

- Sichtbarkeit

  ... bestimmt, von welchen Stellen des Programms auf die Variable zugegriffen werden darf.

- Lebensdauer

  ... beschreibt, wie lange die Variable den für sie reservierten Speicherplatz beansprucht.

Die folgende Tabelle vermittelt dazu zunächst einen allgemeinen Überblick:

Zugriffs-modifizierer	Deklaration in	Sichtbarkeit	Lebensdauer
Dim	Sub/Funktion	lokal	bis Prozedur verlassen wird
Static	Sub/Funktion	lokal statisch	Programmlaufzeit
Private	Modul	modulglobal	Programmlaufzeit
Public	Modul	programmglobal	Programmlaufzeit

Nun wollen wir einen genaueren Blick auf die einzelnen Deklarationsmöglichkeiten werfen.

2.2.8 Lokale Variablen mit Dim

Eine lokale Variable wird in der Regel mit *Dim* deklariert und ist nur innerhalb der Prozedur[1] (genauer genommen innerhalb des Blocks) bekannt, in welcher sie deklariert wurde. Das bedeutet, dass sich ihre Sichtbarkeit auf diese Prozedur beschränkt und von außerhalb der Lese- und Schreib-zugriff verwehrt ist. Bei jedem neuen Aufruf der Prozedur wird die Variable mit ihrem Leerwert (0 oder Leerstring"") neu initialisiert. Beim Verlassen der Prozedur werden alle mit *Dim* deklarierten Variablen zerstört, und der von ihnen belegte Speicherplatz wird wieder freigegeben.

> **BEISPIEL 2.22: Platzieren Sie auf einem Formular einen Button und hinterlegen Sie dessen *Click*-Ereignis wie folgt.**

```VB
Private Sub Button1_Click(sender As Object, e As EventArgs) Handles Button1.Click
  Dim anzahl As Integer      ' lokale Variable
    anzahl = anzahl + 1
    MessageBox.Show(anzahl.ToString)
  End Sub
```

---

[1] *Prozedur* ist der Überbegriff für *Subroutinen* (Sub) und *Funktionen* (Function), siehe 2.8.

Bei jedem Klick auf den Button zeigt das Meldungsfenster "1" an, obwohl wir eigentlich "hoch-zählen" wollten. Eine Lösung bietet das Deklarieren mit *Static* (siehe nächster Abschnitt).

Die Gültigkeit lokaler Variablen innerhalb einer Prozedur kann weiter eingegrenzt werden, wenn Sie diese innerhalb eines Anweisungsblocks deklarieren. Allerdings darf dann im übergeordneten Block eine gleichnamige Variable nicht nochmals auftreten.

BEISPIEL 2.23: Die Variable *s* gilt nur innerhalb des *If-Then*-Blocks.

```vb
Dim i As Integer = 5
If i < 5 Then Dim s As String = "Ich bin in einem Block deklariert!"
MessageBox.Show(s)          ' Fehler: Variable s unbekannt
```

2.2.9 Lokale Variablen mit Static

Eine Deklaration mit *Static* anstatt *Dim* bedeutet, dass der Wert einer Variablen nicht "verloren-geht", wenn die Prozedur, in welcher die Variable deklariert wurde, zwischenzeitlich verlassen und später wieder aufgerufen wird.

BEISPIEL 2.24: Bei jedem Klick auf den *Button* erhöht sich der angezeigte Wert um eins.

```vb
Private Sub Button1_Click(sender As Object, e As EventArgs) Handles Button1.Click
    Static anzahl As Integer      ' lokale Variable
    anzahl = anzahl + 1
    MessageBox.Show(anzahl.ToString)
End Sub
```

HINWEIS: *Static*-Deklarationen können **nicht** für globale Variablen angewendet werden!

2.2.10 Private globale Variablen

Mit *Private* (oder ausnahmsweise auch *Dim*) deklarieren Sie globale Variablen, deren Sichtbarkeit sich auf das Modul beschränkt. Eine solche Variable kann von jeder Prozedur innerhalb des Moduls aufgerufen und modifiziert werden. Außerhalb des Moduls ist die Variable unbekannt. Logischerweise deklarieren Sie eine private globale Variable außerhalb jeglicher Prozedur, d.h., im Allgemeinteil eines Moduls.

HINWEIS: *Dim* auf Modulebene bedeutet so viel wie *Private*, sollte aber im Interesse eines sau-beren Programmierstils nicht verwendet werden.

BEISPIEL 2.25: Im Einführungsbeispiel 1.7.2 hatten wir die drei privaten globalen Variablen *euro*, *dollar* und *kurs* deklariert und mit Anfangswerten initialisiert:

```vb
Private euro As Single =1, dollar As Single = 1, kurs As Single =1
```

2.2.11 Public Variablen

Wenn Sie möchten, dass auf Modulebene deklarierte Variablen auch noch allen anderen Modulen Ihrer Anwendung zur Verfügung stehen sollen, dann müssen Sie diese mit *Public* deklarieren.

> **BEISPIEL 2.26: Der Name einer Datenbankdatei, die Sie in Ihrem Projekt von mehreren Formularen aus öffnen müssen, wird in einer anwendungsglobalen Variablen gespeichert.**

```
Public dbName As String = "C:\Beispiele\Datenbankanwendung1\Firma.mdb"
```

2.3 Wichtige Datentypen im Überblick

In diesem Abschnitt wollen wir die fundamentalen Datentypen (siehe Tabelle Seite 106) etwas genauer unter die Lupe nehmen und auf einige Besonderheiten aufmerksam machen.

2.3.1 Byte, Short, Integer, Long

Die Datentypen *Byte* (8 Bit), *Short* (16 Bit), *Integer* (32 Bit) und *Long* (64 Bit) dienen dem Speichern von ganzzahligen Werten. Bei der Auswahl ist darauf zu achten, ob der Datentyp für Ihre Zwecke groß genug ist und ob evtl. ein Vorzeichen benötigt (welches *Byte* nicht bietet) wird.

Wenn Sie die Werte als Literale – d.h. direkt im Quellcode – zuweisen, müssen Sie natürlich auch auf die Einhaltung der Wertebereiche achten.

> **BEISPIEL 2.27: Der folgende Code führt zu einer Fehlermeldung: "Der Konstantenausdruck ist im Typ "Short" nicht repräsentierbar."**

```
Dim i As Short
i = 100000           ' Fehler
```

HINWEIS: Bei eingeschalteter strenger Typprüfung müssen die zugewiesenen Literale dem Datentyp der Variablen entsprechen.

> **BEISPIEL 2.28: Der folgende Code führt zur Fehlermeldung "Option Strict On lässt keine impliziten Typkonvertierungen von Double in Short zu."**

```
Dim i As Short
i = 10.5              ' Fehler bei Option Strict On oder 10  bei Option Strict Off
```

Wenn Sie im Beispiel aber *Option Strict Off* einstellen, so wird die letzte Anweisung ohne Murren akzeptiert, und *i* erhält den gerundeten Wert (10).

Für ein ganzzahliges Literal können auch die hexadezimale (Präfix **&H**) oder oktale Schreibweise (Präfix **&O**) Verwendung finden.

BEISPIEL 2.29: Die drei folgenden Zuweisungen sind identisch.

```
Dim b As Byte
  b = 255
  b = &HFF
  b = &O377
```

2.3.2   Single, Double und Decimal

Der *Single*-Typ genügt nur recht bescheidenen Ansprüchen, denn bei einer Vorkommastelle kann er nur etwa sieben Nachkommastellen speichern, während es bei *Double* 15 sind. Der hochgenaue *Decimal*-Datentyp hat 29 Stellen, die sich auf Vor- und Nachkomma aufteilen.

HINWEIS: Wenn Sie Gleitkommazahlen im Quelltext zuweisen, dürfen Sie nicht das Komma, sondern müssen den Punkt als Dezimaltrenner verwenden.

BEISPIEL 2.30: Deklarieren und Zuweisen einer Gleitkommavariablen

```
Dim a As Single
  a = 0.45
```

Andererseits dürfen Sie sich nicht wundern, wenn z.B. bei Zahleneingaben in ein Textfeld nur das Komma als Dezimaltrennzeichen akzeptiert wird. Dies hängt mit der deutschen Ländereinstellung zusammen (Windows-Systemsteuerung).

2.3.3   Char und String

Beide Datentypen basieren auf dem Unicode-Zeichensatz, der pro Zeichen 2 Byte beansprucht (im Unterschied zu dem klassischen ASCII- bzw. ANSI-Zeichensatz mit 1 Byte pro Zeichen). Mit dem Unicode können deshalb nicht mehr nur maximal 255, sondern bis zu 65535 (!) verschiedene Zeichen gespeichert werden.

Den Typ *Char* verwenden Sie zum Speichern eines einzelnen Zeichens, während Zeichenketten im *String*-Datentyp gespeichert werden. Haben Sie die strenge Typprüfung eingeschaltet, so sind *Char*-Literale mit dem Literalzeichen *c* abzuschließen.

BEISPIEL 2.31: Einer *Char*-Variablen wird das Zeichen "A" zugewiesen.

```
Dim z As Char = "A"c
```

Stringausdrücke schließt man in "Gänsefüßchen" ein.

```
Dim s As String = "Ich bin ein String!"
```

Einzelne Strings kann man mit dem "+"- oder "&"-Operator zusammenfügen. Letztere Variante (Kaufmanns-UND) wird aber wärmstens empfohlen.

BEISPIEL 2.32: Addition von zwei Zeichenketten

```vb
Dim s1 As String = "Hallo ", s2 As String = " .NET Freunde!"
MessageBox.Show(s1 & s2)
```

2.3.4 Date

Datums-/Zeitwerte werden in Variablen vom *Date*-Typ als ganze 64-Bit-Zahlen (8 Bytes) gespeichert. Der Bereich umfasst den 01. Januar des Jahres 1 unserer Zeitrechnung bis zum 31. Dezember 9999 und Uhrzeiten von 0:00:00 (Mitternacht) bis 23:59:59.

Ein *Date*-Literale muss durch das Rautenzeichen (#) eingeschlossen sein und im Format *m/d/yyyy* (US-amerikanische Schreibweise) angegeben werden.

Werden *Date*-Werte in den *String*-Typ konvertiert, wird das Datum entsprechend des in der Systemsteuerung des Computers eingestellten **kurzen** Datumsformats dargestellt, die Uhrzeit entspricht dem eingestellten Zeitformat (12 oder 24 Stunden).

BEISPIEL 2.33: Der 27.11.1955 wird einer Datumsvariablen zugewiesen und in einer Message-Box angezeigt.

```vb
Dim dat As Date = #11/27/1955#          ' Reihenfolge: Monat/Tag/Jahr
MessageBox.Show(dat.ToString)
```

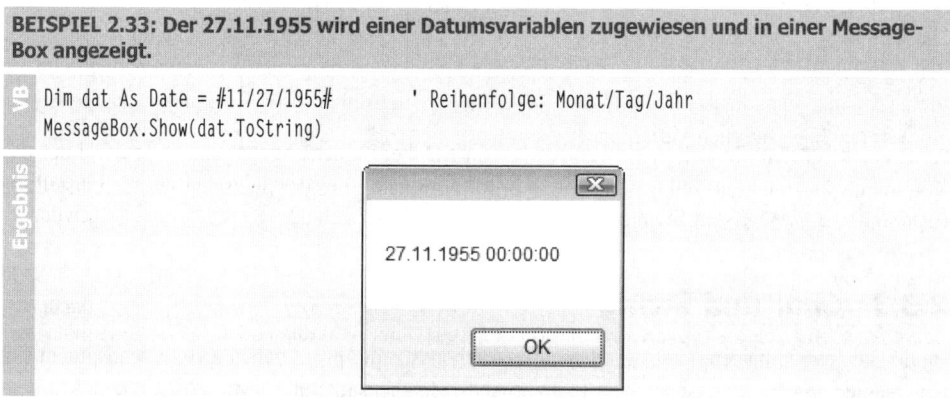

Wollen Sie zusätzlich zum Datum die Uhrzeit mit angeben, muss diese dahinter im Format *hh:mm:ss AM|PM* notiert werden.

BEISPIEL 2.34: Der 17. August 1987, 19.00 Uhr

```vb
Dim dat As Date = #8/17/1987 7:00:00 PM#
```

Um auch deutsche Datumsstrings zuweisen zu können, können Sie z.B. die *CDate*-Typkonvertierungsfunktion verwenden.

BEISPIEL 2.35: Ein Datum wird über eine *TextBox* zugewiesen.

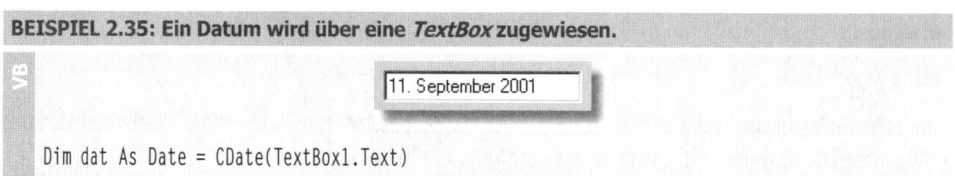

```vb
Dim dat As Date = CDate(TextBox1.Text)
```

HINWEIS: Weitere Informationen über Datums-/Zeitfunktionen bzw. die Methoden der *Date*-Klasse entnehmen Sie dem Kapitel 4.

2.3.5 Boolean

Ein *Boolean* beansprucht satte 16 Bit, obwohl eigentlich nur ein einziges Bit zum Speichern von *True* bzw. *False* reichen würde, aber hinter dieser scheinbar unglaublichen Verschwendung stecken rechentechnische Gründe. Standardmäßig wird eine *Boolean*-Variable bei ihrer Deklaration mit *False* initialisiert.

False entspricht einem Integer-Wert von 0, wenn Sie *Boolean* in *Integer* konvertieren, *True* entspricht dem *Integer*-Wert -1. Etwas anders sieht es aus, wenn Sie umgekehrt einen Integer in einen *Boolean* konvertieren wollen, denn dann wird jeder von null abweichende Wert zu *True* (siehe auch Typkonvertierung im Abschnitt 2.4.8).

2.3.6 Object

Dieser universelle Datentyp spielt als "Mutter für alles" eine Sonderrolle, denn ihm können Sie beliebige Datentypen zuweisen. Eine *Object*-Variable ist ein so genannter *Referenztyp*, denn sie speichert nicht den tatsächlichen Wert, sondern lediglich einen 4 Byte großen Zeiger auf die Adresse der zugewiesenen Variablen.

Vor der Ausführung arithmetischer Operationen und bei eingeschalteter strenger Typprüfung (*Option Strict On*) müssen Sie einen *Object*-Typ mit *CType* (siehe 2.4.8) immer in den gewünschten Typ konvertieren.

BEISPIEL 2.36: Zwei Objektvariablen referenzieren eine *String*- bzw. eine *Integer*-Variable und werden (nach erfolgter Typkonvertierung) zur ersten Objektvariablen addiert. Das Ergebnis wird in einen String konvertiert und angezeigt.

```vb
Dim s As String = "16"
Dim i As Integer = 20
Dim o1 As Object = s
Dim o2 As Object = i
o1 = CType(o1, Integer) + CType(o2, Integer)    ' referenziert Integer mit Wert 36
MessageBox.Show(o1.ToString)                     ' Ergebnis ist "36"
```

HINWEIS: Den *Object*-Datentyp sollten Sie nur in Ausnahmefällen verwenden, da mit ihm die Typsicherheit (trotz *Option Strict On*) verloren geht (Fehlerquelle!).

2.4 Konvertieren von Datentypen

Visual Basic nimmt es mit den Datentypen sehr genau, zumindest wenn wir "sauber" programmieren wollen und dazu die *Option Strict On* eingeschaltet haben.

2.4.1 Implizite und explizite Konvertierung

Unabhängig vom tatsächlichen Wert, wie er in der Variablen gespeichert ist, lassen sich verschiedene Datentypen nur dann gegenseitig zuweisen, wenn der Wertebereich des rechten Datentyps in den linken "passt". In einem solchen Fall findet eine so genannte *implizite Konvertierung* statt, die der Compiler automatisch vornimmt.

BEISPIEL 2.37: Die Zuweisung *Byte* zu *Integer* funktioniert problemlos.

```
Dim b As Byte = 100
Dim i As Integer = b
```

Geradezu oberlehrerhaft verhält sich .NET im umgekehrten Fall. Egal ob der Wert in den kleineren Datentyp passen würde oder nicht – es wird halt gemeckert.

BEISPIEL 2.38: Obwohl der Wert *100* problemlos von einer *Byte*-Variablen aufgenommen werden könnte, erscheint eine Fehlermeldung.

```
Dim i As Integer = 100
Dim b As Byte = i      ' Fehler!
```

Um den meckernden Compiler zu beschwichtigen, ist eine so genannte *explizite Typkonvertierung* erforderlich, für die es unter VB.NET verschiedene Wege gibt.

- Verwendung einer sprachspezifischen Konvertierungsfunktion, wie z.B. *CByte* oder *CDbl* (siehe Tabelle Seite 120).
- Konvertieren mit der *CType*-Funktion
- Konvertierungen über die *Convert*-Klasse
- Einsatz des *TryCast*-Operators
- Verwenden der *ToString*- bzw. *Parse*- Methode (für Konvertierung in/vom *String*-Datentyp)

BEISPIEL 2.39: Drei explizite Typkonvertierungen mit dem gleichen Ergebnis.

```
Dim i As Integer = 100
Dim b As Byte = CByte(i)         ' Variante 1
Dim b As Byte = CType(i, Byte)   ' Variante 2
Dim b As Byte = Convert.ToByte(i) ' Variante 3
```

HINWEIS: Zur Anwendung der Methoden *ToString* und *Parse* siehe 2.4.5, zum *TryCast*-Operator siehe 2.4.9.

2.4.2 Welcher Datentyp passt zu welchem?

Bei einer impliziten Konvertierung unter *Option Strict On* kann stets nur der "schmalere" der beiden Datentypen in einen "breiteren" umgewandelt werden[1].

BEISPIEL 2.40: Implizite Typkonvertierung *Byte* in *Double*

```
Dim d As Double
Dim b As Byte = 100
d = b                     ' d erhält den Wert 100
```

In der folgenden Abbildung entnehmen Sie der Pfeilrichtung, welcher Typ automatisch welchen Typ aufnehmen kann.

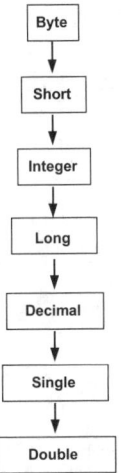

In obiger Abbildung werden Sie die Datentypen *Char*, *String* und *Boolean* vermissen. Für die beiden letzteren ist generell keinerlei automatische Typkonvertierung möglich, hier bleibt Ihnen nur die explizite Konvertierung.

Die implizite (sprich automatische) Konvertierung eines *Char* in einen *String* ist jedoch möglich.

BEISPIEL 2.41: Umwandlung eines Zeichens in einen String

```
Dim zeichen As Char = "A"c
Dim s As String = zeichen       ' s ergibt sich zu "A"
```

---

[1] Sie können sich das bildlich so vorstellen, dass jeder Datentyp einem Kochtopf mit unterschiedlichem Fassungsvermögen entspricht, und Sie dürfen immer nur etwas aus einem kleineren in einen größeren Topf füllen. Verboten wäre es beispielsweise, aus einem 1-Liter-Topf etwas in einen 0,5-Liter-Topf zu gießen, obwohl im 1-Liter-Topf nur 0,1 Liter drin sind!

2.4.3 Konvertierungsfunktionen

Zur expliziten Typkonvertierung stellt Visual Basic gnädigerweise für jeden fundamentalen Datentyp eine Funktion zur Verfügung (siehe Tabelle).

Konvertierungsfunktion	Datentyp	Konvertierungsfunktion	Datentyp
CShort(*Ausdruck*)	*Short*	CBool(*Ausdruck*)	*Boolean*
CInt(*Ausdruck*)	*Integer*	CByte(*Ausdruck*)	*Byte*
CLng(*Ausdruck*)	*Long*	CChar(*Ausdruck*)	*Char*
CDec(*Ausdruck*)	*Decimal*	CDate(*Ausdruck*)	*Date*
CSng(*Ausdruck*)	*Single*	CStr(*Ausdruck*)	*String*
CDbl(*Ausdruck*)	*Double*	CObj(*Ausdruck*)	*Object*

BEISPIEL 2.42: Alle drei Variablen haben unterschiedliche Datentypen.

```
Dim a As Integer = 10000, b As Double = 10000000000000.0, c As Single
c = CSng(a + b)
MessageBox.Show(b.ToString)   ' zeigt "1E+13"
```

BEISPIEL 2.43: Ein *True* entspricht hier dem Integer-Wert -1 (*False* ist 0).

```
Dim b As Boolean = True
Dim i As Integer
i = CInt(b)              ' i erhält den Wert -1
```

HINWEIS: Während bei impliziten Typkonvertierungen nichts verloren geht, können bei expliziten Konvertierungen durchaus Genauigkeitsverluste auftreten.

BEISPIEL 2.44: Bei der Konvertierung *Double* zu *Integer* werden die Nachkommastellen gerundet.

```
Dim i As Integer
Dim d As Double = 12.7456789
i = CInt(d)             ' i erhält den Wert 13
```

BEISPIEL 2.45: Eine *Integer*-Zahl ungleich null wird immer zu *True* konvertiert.

```
Dim b As Boolean
Dim i As Integer = 10
b = CBool(i)            ' b erhält den Wert True
```

BEISPIEL 2.46: Wird ein *String* mit *CChar* in eine *Char*-Variable kopiert, so erhält diese das erstemodulglobal Zeichen des Strings.

```
Dim s As String = "Hallo"
```

> **BEISPIEL 2.46:** Wird ein *String* mit *CChar* in eine *Char*-Variable kopiert, so erhält diese das erstemodulglobal Zeichen des Strings.

```
Dim z As Char = CChar(s)      ' z erhält den Wert "H"
```

2.4.4 CType-Funktion

Mit Hilfe dieser Funktion können Sie die explizite Konvertierung der verschiedenen Standarddatentypen vornehmen.

SYNTAX: `CType(`*expr* `As Object,` *type* `As Object)`

expr = zu konvertierender Ausdruck; *type* = Typbezeichner des Zieltyps

> **BEISPIEL 2.47: Konvertieren eines *Double*- in einen *Integer*-Typ**

```
Dim i As Integer
Dim d As Double = 12.7456789
i = CType(d, Integer)         ' i erhält den Wert 13
```

2.4.5 Konvertieren von Strings

Beim *String*-Datentyp scheint es zunächst ähnlich trübe wie bei *Boolean* auszusehen. Doch die Entwarnung folgt zugleich.

ToString-Methode

Der *Object*-Datentyp – gewissermaßen die "Mutter aller Objekte" – vererbt an alle Nachkommen die *ToString*-Methode, auf welche Sie bereits hin und wieder in den bisherigen Beispielen gestoßen sind, nämlich dann, wenn es darum ging, Zahlenwerte zur Anzeige zu bringen.

HINWEIS: Jeder Datentyp kann mittels seiner *ToString*-Methode in den Datentyp *String* umgewandelt werden!

> **BEISPIEL 2.48: Anzeige einer Gleitkommazahl**

```
Dim d As Double = 12.75
MessageBox.Show(d.ToString)
```

String in Zahl verwandeln

Zwar können wir mit der *ToString*-Methode alle Datentypen in den *String*-Typ konvertieren, wie aber sieht es umgekehrt aus?

Für bestimmte andere Datentypen gibt es spezifische Lösungen, z.B. zum Umwandeln von *String* in *Char*.

BEISPIEL 2.49: Einem *Char* wird das zweite Zeichen eines *String* zugewiesen.

```vb
Dim name As String = "Max"
Dim c As Char = name(1)
MessageBox.Show(c.ToString)        ' zeigt "a"
```

Damit enden vorerst unsere Erfolgserlebnisse, denn das übliche Typecasting scheint bei den anderen Datentypen zu versagen.

BEISPIEL 2.50: Das geht leider nicht[1]

```vb
Dim s As String = "5"
Dim i As Integer = s             ' Fehler!
```

Rettung naht in Gestalt der *Convert*-Klasse. Als Alternative zu den expliziten Typkonvertierungen bietet diese Klasse für jeden Datentyp eine spezielle (statische) Konvertierungsmethode, der man den zu konvertierenden Ausdruck als Argument übergibt.

BEISPIEL 2.51: Das Vorgängerbeispiel kann wie folgt sauber gelöst werden

```vb
Dim s As String = "5"
Dim I As Integer = Convert.ToInt32(s)
MessageBox.Show(i.ToString)        ' zeigt "5"
```

BEISPIEL 2.52: Ein *String* wird in eine *Double*-Zahl konvertiert

```vb
Dim s As String = "23,50"
Dim d As Double = Convert.ToDouble(s)     ' d erhält den Wert 23,50
```

Alternativ kann auch die *Parse*-Methode eingesetzt werden (siehe 2.4.7):

BEISPIEL 2.53: Konvertieren eines Stringliterals in eine Ganzzahl.

```vb
Dim nr As Integer = Int32.Parse("12")
```

EVA-Prinzip

Auch für (fast) jedes Programm gilt nach wie vor das uralte EVA-Prinzip (Eingabe, Verarbeitung, Ausgabe). In diesem Zusammenhang sei nochmals auf die besondere Bedeutung der Typkonvertierung von und in den *String*-Datentyp hingewiesen. Da unter Windows sehr häufig die Übergabewerte als Zeichenketten vorliegen (*Text*-Eigenschaft der Ein- und Ausgabefelder), müssen sie zunächst in Zahlentypen umgewandelt werden, um dann nach ihrer Verarbeitung wieder in Zeichenketten zurückverwandelt und zur Anzeige gebracht zu werden.

---

[1] Wir beziehen uns auf *Option Strict On*

BEISPIEL 2.54: Ein Ausschnitt aus dem Einführungsbeispiel 1.7.2

```
euro = Convert.ToSingle(TextBox1.Text)       ' Eingabe: String => Single
dollar = euro * kurs                         ' Verarbeitung
TextBox2.Text = dollar.ToString("#,##0.00")  ' Ausgabe: Single => String
```

2.4.6 Die Convert-Klasse

Diese statische Klasse bietet für jeden einfachen Datentyp eine spezielle Konvertierungsmethode, der man den zu konvertierenden Ausdruck als Argument übergibt.

SYNTAX: Convert.*typMethode*(expr As Object)

typeMethode = eine der Konvertierungsmethoden (*ToBoolean, ToByte, ToInt32, ...*)

expr = zu konvertierender Ausdruck

BEISPIEL 2.55: Ein *String* wird in eine *Double*-Zahl konvertiert.

```
Dim s As String = "55,7"
Dim d As Double = Convert.ToDouble(s)
MessageBox.Show(d.ToString)              ' zeigt "55,7"
```

BEISPIEL 2.56: *Boolean* wird in *Integer* und in *String* konvertiert

```
Dim b As Boolean = True
Dim i As Integer = Convert.ToInt32(b)    ' 1
b = False
i = Convert.ToInt32(b)                   ' 0
Dim s As String = Convert.ToString(b)    ' "False"
```

2.4.7 Die Parse-Methode

Die numerischen Typen *Byte*, *Integer*, *Single* und *Double* verfügen u.a. über eigene (statische) *Parse*-Methoden, welche die Stringdarstellung einer Zahl in den entsprechenden Typ konvertieren kann.

BEISPIEL 2.57: Der Inhalt einer *TextBox* wird in eine Gleitkommazahl konvertiert.

```
Dim z As Double = Double.Parse(TextBox1.Text)
```

BEISPIEL 2.58: Konvertieren eines Stringliterals in eine Ganzzahl

```
Dim nr As Integer = Int32.Parse("12")
```

HINWEIS: Die *Parse*-Methode hat den Vorteil, dass zusätzlich Kulturinformationen mit übergeben werden dürfen, welche die Besonderheiten eines bestimmten Landes berücksichtigen.

2.4.8 Boxing und Unboxing

Die Begriffe *Boxing/Unboxing* gehören zu den häufig strapazierten .NET-Schlagwörtern. Was verbirgt sich dahinter? Sie wissen bis jetzt, dass Sie dem universellen *Object*-Datentyp jeden Wert direkt zuweisen können, d.h. durch implizite Typkonvertierung. Umgekehrt kann, falls es der *Object*-Inhalt erlaubt, jeder Datentyp durch explizite Typkonvertierung (Typecasting) aus *Object* wieder "herausgezogen" werden. Das direkte Zuweisen funktioniert in diesem Fall nicht.

BEISPIEL 2.59: Boxing und Unboxing

Eine *Boolean*-Variable wird in ein *Object* "verpackt" (Boxing) und dieses anschließend einer zweiten *Boolean*-Variablen zugewiesen (Unboxing).

```
Dim b1 As Boolean = True
Dim o As Object = b1                  ' ok, implizite Konvertierung (Boxing)
Dim b2 As Boolean  = o                ' Fehler, implizite Konvertierung schlägt fehl
Dim b2 As Boolean = Convert.ToBoolean (o)  ' ok, explizite Konvertierung (Unboxing, True)
```

Um den tieferen Sinn von Boxing/Unboxing zu verstehen, sollten Sie sich in Abschnitt 2.2.2 nochmals den Unterschied zwischen den beiden fundamentalen Arten von Datentypen verdeutlichen, d.h., zwischen Werte- und den Verweistypen.

Boxing

Es erhebt sich die Frage, was denn passiert, wenn man einer *Object*-Variablen einen Wertetyp zuweist, der naturgemäß im Stack gespeichert ist.

BEISPIEL 2.60: Ein Integer wird einem *Object*-Datentyp zugewiesen.

```
Dim i As Integer = 25
Dim o As Object = i
```

Die genaue Fragestellung ist, worauf zeigt die *Object*-Variable o? Der Zeiger *o* darf doch keinesfalls auf den Stack verweisen (das würde die Stabilität des Programms massiv gefährden)!

Die Antwort: Es findet ein automatischer Kopiervorgang statt, d.h., eine Kopie der Variablen *i* wird auf dem Heap abgelegt, auf die dann die *Object*-Variable *o* zeigt.

Unboxing

Wie greift man nun aber wieder auf den in der *Object*-Variablen "eingepackten" Wert zu? Eine einfache (implizite) Zuweisung funktioniert nicht. Richtig ist eine explizite Typkonvertierung (Typecasting).

BEISPIEL 2.61: Das Vorgängerbeispiel wird fortgesetzt

```vb
...
Dim j As Integer = o          ' Fehler!
Dim j As Integer = CInt(o)    ' ok
```

HINWEIS: Das Boxing ist mit ein wesentlicher Grund, warum in .NET "alles ein Objekt" ist, denn auch Wertetypen können damit quasi wie Objekte behandelt werden.

BEISPIEL 2.62: Ja, auch das funktioniert!

```vb
Dim i As Integer = New Integer()
i = 12
```

2.4.9 TryCast-Operator

Eine weitere Alternative zur expliziten Typumwandlung (bzw. Unboxing) bietet der *TryCast*-Operator, der allerdings nur auf Verweis- und nicht auf Wertetypen anwendbar ist. Auch alle Steuerelemente gehören zu den Verweistypen.

BEISPIEL 2.63: Konvertieren des *sender*-Parameters eines Eventhandlers.

```vb
Me.Text = (TryCast(sender, TextBox)).Text
```

Misslingt die Konvertierung, so wird kein Fehler ausgelöst, sondern der Variablen wird der Wert *Nothing* zugewiesen.

2.4.10 Nullable Types

Ein weiterer Unterschied zwischen Wertetypen, wie *Integer* oder *Structure*, und Referenztypen, wie *Form* oder *String*, ist der, dass Referenztypen so genannte Null-Werte unterstützen. Eine Referenztyp-Variable kann also den Wert *Nothing* enthalten, d.h., die Variable referenziert im Moment keinen bestimmten Wert. Demgegenüber enthält eine Wertetyp-Variable immer einen Wert, auch wenn dieser, wie bei einer *Integer*-Variablen, den Wert 0 (null) hat. Falls Sie einer Wertetyp-Variablen *Nothing* zuweisen, wird diese auf ihren Default-Wert zurückgesetzt, bei einem *Integer* wäre das 0 (null)).

Der Compiler kann aber durch ein der Typdeklaration nachgestelltes Fragezeichen (?) einen Wertetyp in eine generische *System.Nullable(Of T As Structure)*-Struktur verpacken.

BEISPIEL 2.64: Einige Deklarationen von Nullable-Typen

```vb
Dim i As Integer? = 10
Dim j As Integer? = Nothing
Dim k As Integer? = i + j        ' Nothing
```

> **BEISPIEL 2.65: Ein an die Subroutine *PrintValue* übergebener *Integer*-Wert wird nur angezeigt, wenn ihm ein Wert zugewiesen wurde. Ansonsten erfolgt die Ausgabe "Null Wert".**
>
> ```vb
> Sub PrintValue(i As Nullable(Of Integer))
>     If i.HasValue Then
>       Console.WriteLine(CInt(i))
>     Else
>       Console.WriteLine("Null Wert!")
>     End If
> End Sub
> ```

Von Nutzen dürften Nullable-Typen besonders dann sein, wenn Daten aus einer relationalen Datenbank gelesen bzw. dorthin zurückgeschrieben werden sollen (siehe dazu Kapitel 10 und 11).

2.5 Operatoren

Operatoren verknüpfen Variablen bzw. Operanden miteinander und führen Berechnungen durch. Wir unterscheiden zwischen

- Zuweisungsoperatoren,
- arithmetischen Operatoren,
- logischen Operatoren und
- Vergleichsoperatoren.

Doch bevor es richtig losgeht sollten wir uns mit dem Begriff *Ausdruck* etwas anfreunden. Man versteht darunter die kleinste ausführbare Einheit eines Programms. Ein Ausdruck setzt zumindest einen Operator voraus und benötigt meist zwei Operanden.

> **BEISPIEL 2.66: Operatoren**
>
> Im Ausdruck
>
> i = 12
>
> ist der *Operator* das Gleichheitszeichen (=), die beiden *Operanden* sind die Variable *i* und die Konstante *12*.

2.5.1 Arithmetische Operatoren

Neben den vier Grundrechenarten werden folgende Operatoren unterstützt:

Operator	Beispielausdruck	Erklärung
+	x + y	Addition
-	x - y	a) Subtraktion
	-x	b) negative Zahl

Operator	Beispielausdruck	Erklärung
*	x * y	Multiplikation
/	x / y	Division
\	x \ y	Integer-Division (liefert nur ganzzahligen Anteil)
Mod	x Mod y	Modulo-Division (liefert Restwert)
^	x ^ y	Potenzoperator
&	"a" & "b"	Addition von Zeichenketten

BEISPIEL 2.67: Die Ergebnisse einiger arithmetischer Operationen werden kommentiert.

```
Dim i As Integer, d As Double
i = 3 *(4 + 5) * 6      ' 162
d = 3 ^ 2               ' 9
d = 7 / 3               ' 2.3333333333333
d = 7 \ 3               ' 2 (ganzzahlige Division!)
i = 7 Mod 3             ' 1 (Rest!)
```

2.5.2 Zuweisungsoperatoren

In Ergänzung zum normalen Zuweisungsoperator (=) gibt es für fast alle arithmetischen Operatoren eine Kurzformnotation (siehe folgende Tabelle).

Operator	Beispielausdruck	Erklärung
=	x = y	x wird der Wert von y zugewiesen
+=	x += y	x ergibt sich zu x + y
-=	x -= y	x ergibt sich zu x – y
*=	x *= y	x ergibt sich zu x * y
/=	x /= y	x ergibt sich zu x / y (Nachkommastellen bleiben)
\=	x \= y	x ergibt sich zu x \ y (Nachkommastellen abgeschnitten)
^=	x ^= y	x wird mit y potenziert
&=	x &= y	an String x wird String y angehängt

Der einfache Zuweisungsoperator ist für den Einsteiger immer etwas problematisch, da er sich rein äußerlich nicht vom Vergleichsoperator unterscheidet.

BEISPIEL 2.68: Das erste "=" wird als Zuweisungs-, das zweite "=" hingegen als Vergleichs-operator interpretiert, d.h., *x* wird *True*, falls *y* gleich *z* ist, sonst *False*.

```
x = y = z
```

Um die Lesbarkeit zu verbessern, sollte man den Vergleichsausdruck klammern:

```
x = (y = z)
```

Die verkürzten Zuweisungsoperatoren nur bringen relativ bescheidene Verbesserungen.

BEISPIEL 2.69: Verkürzter Zuweisungsoperator

Anstatt

```
i = i + 1
```

kann man schreiben

```
i += 1
```

2.5.3 Logische Operatoren

Logische Operatoren verknüpfen zwei Boolesche Variablen bzw. Ausdrücke miteinander, um daraus einen neuen *True-/False*-Wert zu ermitteln.

Operator	Beispielausdruck	Erklärung
And	*x And y*	**Und**: liefert *True*, wenn beide Operanden *True* sind
Or	*x Or y*	**Oder**: liefert *True*, wenn mindestens einer der Operanden *True* ist
Xor	*x Xor y*	**Exklusiv Oder**: liefert *True*, wenn genau einer der beiden Operanden *True* ist
AndAlso	*x AndAlso y*	**Spezielles Und**: ist der erste Operator *False*, wird der zweite nicht mehr überprüft
OrElse	*x OrElse y*	**Spezielles Oder**: ist der erste Operator *True*, wird der zweite nicht mehr überprüft
Not	*Not x*	**Negation**: negiert den Wahrheitswert

Hier die Wahrheitstabelle der wichtigsten zweistelligen logischen Operationen:

Operand 1	Operand 2	And	Or	Xor
False	*False*	*False*	*False*	*False*
False	*True*	*False*	*True*	*True*
True	*False*	*False*	*True*	*True*
True	*True*	*True*	*True*	*False*

BEISPIEL 2.70: Der Variablen *b* wird der Wert *True* zugewiesen[1].

```
Dim b As Boolean = True And True Or False And False
```

---

[1] Umständlicher geht es sicherlich kaum, aber Sie wollen ja schließlich etwas lernen!

2.5.4 Vergleichsoperatoren

Vergleichs- oder relationale Operatoren vergleichen zwei Ausdrücke miteinander und liefern als Ergebnis einen Wahrheitswert. In Visual Basic ist das übliche Angebot enthalten.

Operator	Beispielausdruck	Erklärung
=	x = y	Arithmetische Vergleiche.
<	x < y	(der Stringvergleich wird von links nach rechts entsprechend dem ANSI-Code der Zeichen durchgeführt)
<=	x <= y	
>	x > y	
>=	x >= y	
<>	x <> y	

BEISPIEL 2.71: Und-Verknüpfung von zwei Ausdrücken.

```
Dim x As Integer = 5, b As Boolean
b = (x < 5) And (x >= 0)              ' b ist False
```

Im obigen Beispiel steht das Ergebnis bereits nach dem Auswerten des ersten Ausdrucks fest. Man könnte also Rechenzeit einsparen, wenn man auf das Auswerten des zweiten Ausdrucks verzichten würde. Um ein solches Verhalten zu erreichen, stehen die logischen Operatoren *AndAlso* und *OrElse* zur Verfügung.

BEISPIEL 2.72: Das Vorgängerbeispiel wird rationeller programmiert.

```
Dim x As Integer = 5, b As Boolean
b = (x < 5) AndAlso (x >= 0)          ' b ist False
```

2.5.5 Rangfolge der Operatoren

Es ist klar, dass bei einem Zuweisungsoperator (=) immer erst die rechte Seite ausgerechnet und dann der linken Seite zugewiesen wird. Aber in welcher Reihenfolge werden die Operationen auf der rechten Seite ausgeführt? Antwort gibt die folgende Tabelle, welche die Operatoren in ihrer hierarchischen Rangfolge zeigt.

Operator
()
^
−
*/
\
Mod

Operator
+ -
= < >
<> <= >=
Not
And AndAlso *Or OrElse*
Xor

Die weiter oben in der Hierarchie stehenden Operationen werden immer **vor** den weiter unten stehenden ausgeführt.

BEISPIEL 2.73: Arithmetische Operationen

```
Dim y As Double = 2 ^ 2 + 1 + 2 / 4          ' y = 5,5
```

BEISPIEL 2.74: Boolesche Operationen

```
Dim b As Boolean = Not True And False Or 5 > 6     ' b = False
```

HINWEIS: Durch Klammern kann die hierarchische Reihenfolge außer Kraft gesetzt werden[1].

2.6 Kontrollstrukturen

Schleifen- und Verzweigungsanweisungen unterbrechen den linearen Programmablauf und gehören zum Einmaleins des Programmierens.

2.6.1 Verzweigungsbefehle

"Programmweichen" werden durch Entscheidungsanweisungen (Verzweigungen) gestellt. Die folgende Tabelle gibt einen Überblick über die zum "Basic-Urgestein" zählenden Entscheidungsbefehle.

Verzweigungsanweisung	Erklärung
If *Bedingung* **Then** *Anweisungen* [**Else** *Anweisungen*] End If	Bedingte Verzweigung, wenn die gesamte *If Then*-Anweisung in einer einzigen Zeile steht, kann auf *End If* verzichtet werden.
If *Bedingung1* **Then** *Anweisungen* [**ElseIf** *Bedingung2* **Then**	Blockstruktur *If...ElseIf...End If* Jede Zeile muss mit *Then* enden!

---

[1] Da Sie aber in der Schule gut aufgepasst haben, werden wir auf weitere Beispiele verzichten.

Verzweigungsanweisung	Erklärung
Anweisungen ElseIf *Bedingung3* Then *Anweisungen ...]* [Else *Anweisungen*] End If	*Else*-Anweisungen werden dann ausgeführt, wenn keine der *If*- bzw. *ElseIf*-Bedingungen zutrifft.
Select Case *Ausdruck* Case *Ausdruck1* *Anweisungen* [Case *Ausdruck2* *Anweisungen ...]* [Case Else *Anweisungen*] End Select	Blockstruktur *Select Case/Case/End Select* Der Ausdruck kann eine Variable oder ein beliebiger Ausdruck sein, der mit den hinter *Case* angeführten Ausdrücken verglichen wird. Nach erstem Erfolg wird der Block verlassen!

In den meisten Fällen werden Sie zum Prüfen von Bedingungen die *If-Then*-Anweisung verwenden.

HINWEIS: Wenn Sie die *If-Then*-Anweisung in **einer** Programmzeile unterbringen, braucht das Blockende nicht mit *End If* markiert zu werden.

BEISPIEL 2.75: In dieser einzeiligen *If-Then*-Anweisung wird im *Label* "Verbessern!" angezeigt.

```
Dim zensur As Byte = 3
If zensur = 1 Then Label1.Text = "Gratuliere!" Else Label1.Text = "Verbessern!"
```

BEISPIEL 2.76: Die Alternative für das Vorgängerbeispiel braucht zwar mehr Platz, ist aber übersichtlicher.

```
Dim zensur As Byte = 3
If zensur = 1 Then
    Label1.Text = "Gratuliere!"
Else
    Label1.Text = "Verbessern!"          ' zutreffende Bedingung
End If
```

Optional können Sie im *If-Then*-Block noch *ElseIf*- und *Else*-Zweige verwenden, wobei die *ElseIf*-Bedingung nur dann geprüft wird, wenn keine der vorstehenden *If*-Bedingungen erfüllt war.

BEISPIEL 2.77: Im *Label* wird "Befriedigend" angezeigt.

```
Dim zensur As Byte = 3
If zensur = 1 Then
    Label1.Text = "Sehr gut!"
ElseIf zensur = 2 Then
    Label1.Text = "Gut"
```

BEISPIEL 2.77: Im *Label* wird "Befriedigend" angezeigt.

```
ElseIf zensur = 3 Then              ' zutreffende Bedingung
   Label1.Text = "Befriedigend"
'(usw.)
End If
```

Mit *Select Case* wird ein Ausdruck auf mehrere mögliche Ergebnisse hin überprüft. Im Testausdruck kann ein beliebiger arithmetischer oder logischer Ausdruck stehen.

BEISPIEL 2.78: Diese Kontrollstruktur leistet das Gleiche wie das Vorgängerbeispiel.

```
Dim zensur As Byte = 3
Select Case zensur
   Case 1: Label1.Text = "Sehr gut"
   Case 2: Label1.Text = "Gut"
   Case 3: Label1.Text = "Befriedigend"    ' zutreffende Bedingung
'(usw.)
End Select
```

In einem *Case*-Zweig können auch mehrere Bedingungen geprüft werden.

BEISPIEL 2.79: Das *Label* zeigt "Frühling" an.

```
Dim monat As Byte = 5
Select Case monat
   Case 12,1,2: Label1.Text = "Winter"
   Case 3,4,5: Label1.Text = "Frühling"          ' zutreffende Bedingung
   Case 6,7,8: Label1.Text = "Sommer"
   Case 9,10,11: Label1.Text = "Herbst"
   Case Else
      Label1.Text = "kein gültiger Monat!"
End Select
```

Alternativ zum Aufzählen mehrerer Bedingungen kann mittels *To* auch ein Bereich angegeben werden.

BEISPIEL 2.80: Ein Zweig aus dem Vorgängerbeispiel könnte wie folgt ersetzt werden.

```
...
   Case 3 To 5: Label1.Text = "Frühling"
...
```

HINWEIS: Sie sollten, wo immer es geht, anstelle einer *If-Then*-Anweisung mit eingeschachtelten *ElseIf*-Verzweigungen eine *Select Case*-Anweisung verwenden. *Select Case* wird wesentlich schneller ausgeführt, da die Prüfbedingung nur einmal auszuwerten ist.

2.6.2 Schleifenanweisungen

Visual Basic kennt zwei Grundtypen[1]:

- *For-Next-* und

- *Do-Loop-*Schleifen .

Die folgende Tabelle gibt einen Überblick über alle möglichen Schleifenkonstruktionen:

Schleifenanweisung	Erklärung

`For Zähler=Anfangs To Endwert [Step Schritt]`
    `Anweisungen`
    `[Exit For]`
    `Anweisungen`
`Next [Zähler]`
	For...Next-Zählschleife,
	
	Abbruch mit *Exit For*, ohne *Step* ist Schritt 1

`Do [While|Until Bedingung]`
    `Anweisungen`
    `[Exit Do]`
    `Anweisungen`
`Loop`
	Do While...Loop-Bedingungsschleife,
	
	Abbruchbedingung am Schleifenanfang

`Do`
    `Anweisungen`
    `[Exit Do]`
    `Anweisungen`
`Loop [While|Until Bedingung]`
	Do...Loop While-Bedingungsschleife,
	Abbruchbedingung am Schleifenende

`While Bedingung`
    `Anweisungen`
`End While`
	gleichbedeutend mit *Do While ... Loop*-Bedingungsschleife

For-Next-Schleifen

Bei diesem klassischen Schleifentyp wird die Zählervariable automatisch hochgezählt (inkrementiert) bzw. heruntergezählt (dekrementiert).

> **BEISPIEL 2.81: Zehnmal untereinander den laufenden Index und einen Text in einer *ListBox* ausgeben**
>
> ```vb
> Dim i As Integer
> For i = 1 To 10
>         ListBox1.Items.Add(i.ToString & " Viele Wege führen nach Rom!")
> Next i
> ```
>
> Die Angabe der Zählervariablen *i* nach *Next* kann auch weggelassen werden, wird aber aus Gründen der Übersichtlichkeit empfohlen.

---

[1] Auf *For-Each*-Schleifen gehen wir en passant erst im Rahmen der objektorientierten Programmierung ein, siehe auch Praxisbeispiel 2.9.3.

BEISPIEL 2.81: Zehnmal untereinander den laufenden Index und einen Text in einer _ListBox_ ausgeben

Ergebnis

```
1 Viele Wege führen nach Rom!
2 Viele Wege führen nach Rom!
3 Viele Wege führen nach Rom!
4 Viele Wege führen nach Rom!
5 Viele Wege führen nach Rom!
6 Viele Wege führen nach Rom!
7 Viele Wege führen nach Rom!
8 Viele Wege führen nach Rom!
9 Viele Wege führen nach Rom!
10 Viele Wege führen nach Rom!
```

Do-Loop-Schleifen

Schleifen dieses Typs erlauben eine flexible Programmierung, da die Abbruchbedingung sehr variabel ist. Um das Inkrementieren/Dekrementieren der Zählervariablen muss man sich allerdings selbst kümmern.

Bei _While_ wird die Schleife ausgeführt, **während** die Bedingung erfüllt ist, bei _Until_ nur so lange, **bis** die Bedingung erfüllt ist.

In Abhängigkeit davon, ob die Abbruchbedingung am Schleifenanfang oder an deren Ende kontrolliert wird, spricht man auch von _kopfgesteuerten_ bzw. _fußgesteuerten_ Schleifen.

BEISPIEL 2.82: Ein identisches Resultat wie die obige _For-Next_-Schleife ergibt die folgende _Do While ... Loop_-Schleife

VB
```
Dim i As Integer = 1
Do While i <= 10
    ListBox1.Items.Add(i.ToString & " Viele Wege führen nach Rom!")
    i += 1
Loop
```

Ein umfassendes Testprogramm mit weiteren möglichen _Do ... Loop_-Schleifenkonstruktionen finden Sie im Praxisbeispiel

▶ 2.9.3 Schleifenanweisungen kennen lernen

2.7 Benutzerdefinierte Datentypen

Sie sind als Programmierer natürlich nicht nur auf die einfachen Datentypen _Integer, Single, ..._ angewiesen, sondern können auch selbst neue, komplexere Datentypen kreieren. Wir wollen in diesem Abschnitt Aufzählungstypen (Enumerationen) und strukturierte Datentypen behandeln.

2.7.1 Enumerationen

Sammlungen von miteinander verwandten Konstanten können in so genannten Enumerationen (_Enum_s) zusammengefasst werden.

HINWEIS: Alle in der Enumeration enthaltenen Konstanten müssen vom gleichen Datentyp sein, zulässig sind nur *Byte*, *Short*, *Integer* und *Long*.

SYNTAX:
```
[Private|Public] Enum Name As Datentyp
         Konstante1 = wert1
         Konstante2 = wert2
         ...
     End Enum
```

Falls die Angabe des Datentyps weggelassen wird, handelt es sich automatisch um *Integer*-Konstanten.

BEISPIEL 2.83: Eine Enumeration für drei Konstanten vom *Byte*-Datentyp

```
Public Enum erstesQuartal As Byte
         JANUAR = 1
         FEBRUAR
         MÄRZ
End Enum
```

Es genügt, wenn nur der ersten Mitgliedskonstanten (*JANUAR*) ein (*Byte*-)Wert zugewiesen wird, der Wert der Nachfolger wird automatisch um eins erhöht.

Auf die deklarierten Konstanten kann direkt zugegriffen werden.

BEISPIEL 2.84: Verwendung der oben deklarierten Enumeration

```
Const monat As Byte = erstesQuartal.FEBRUAR
```

Auch eine vorherige Variablendeklaration ist möglich.

BEISPIEL 2.85: Eine Modifikation des Vorgängerbeispiels

```
Dim quartal As erstesQuartal
Const monat As Byte = quartal.FEBRUAR
```

2.7.2 Strukturen

Mit der *Structure*-Anweisung definieren Sie komplexe Datentypen, die ein oder auch mehrere Element(e) enthalten dürfen.

HINWEIS: In diesem Abschnitt wollen wir Strukturen nicht tiefgründiger behandeln, sondern nur einen ersten Einblick gewähren.

Deklaration

Vom Prinzip her entspricht die Definition einer *Struktur* der einer *Klasse* (siehe Kapitel 3), allerdings sind Strukturen *Wertetypen*, während Klassen zu den *Verweis- bzw. Referenztypen* gehören.

Eine einfache Struktur hat folgenden Aufbau:

```
SYNTAX:  [Private|Public] Structure Name
             Dim  Mitglied1 As Datentyp
         ...
         End Structure
```

Beachten Sie:

- Die *Structure*-Anweisung ist auf lokaler bzw. Prozedurebene unzulässig und nur auf globaler
  Ebene anwendbar.

- Damit die Elemente einer Struktur von außerhalb sichtbar sind, muss der *Public*-Modifizierer
  vorangestellt werden.[1]

BEISPIEL 2.86: Structure-Deklaration

Um in einer Variablen zur Personenbeschreibung neben dem Namen auch noch das Alter zu
erfassen, definieren Sie einen neuen Datentyp:

```
Public Structure Person
    Dim Vorname, Nachname As String
    Dim Alter As Byte
End Structure
```

HINWEIS: Denken Sie immer daran, dass allein mit der Definition eines Datentyps noch keine
Variable dieses Typs existiert! Diese muss – wie jede andere Variable auch – erst
noch deklariert werden.

BEISPIEL 2.87: *(Fortsetzung)* Sie erzeugen zwei Variablen des oben definierten Datentyps
Person:

```
Dim person1, person2 As Person
```

Datenzugriff

Um auf den Wert einer Strukturvariablen zuzugreifen, müssen Name und Element durch einen
Punkt (so genannter *Qualifizierer*) voneinander getrennt sein[2].

---

[1] Diese Darstellung ist etwas vereinfacht, die ausgereifte Programmierung verlangt auch hier, genauso wie bei Klassen, das
Prinzip der Kapselung.

[2] Dies entspricht der Schreibweise beim Zugriff auf Objekteigenschaften.

BEISPIEL 2.88: Fortsetzung des Vorgängerbeispiels

```
Dim a As Integer, name As String
person1.Vorname = "Max"         ' Schreibzugriff
person1.Nachname = "Müller"
person1.Alter = 50
a = person1.Alter               ' Lesezugriff
name = person1.Vorname & "  " & person1.Nachname
```

Man kann natürlich nicht nur, wie eben beschrieben, auf die einzelnen Felder einer Struktur-variablen, sondern auch auf die Variable insgesamt zugreifen.

BEISPIEL 2.89: Die Variable *person1* wird "geklont".

```
person2 = person1
```

With-Anweisung

Ein vereinfachter Zugriff auf Strukturvariablen ist mit der *With- End With*-Anweisung möglich.

SYNTAX: `With` *Strukturvariable*
          `' Anweisungen`
          `End With`

BEISPIEL 2.90: Das Vorgängerbeispiel könnte auch so geschrieben werden:

```
Dim a As Integer, name As String
With person1
    .Vorname = "Max"
    .Nachname = "Müller"
    .alter = 50
    a = .alter
    name = .Vorname & "  " & .Nachname
End With
```

HINWEIS: Mit der *With*-Anweisung kann auch der Zugriff auf Eigenschaften und Methoden beliebiger Objekte vereinfacht bzw. übersichtlicher gestaltet werden (siehe dazu Kapitel 3).

Bemerkungen

Wie bereits erwähnt, haben Strukturen viele Ähnlichkeiten mit Klassen. Genauso wie diese können sie beispielsweise über einen oder mehrere (überladene) Konstruktoren verfügen, mit denen die Felder initialisiert werden können. Aber es gibt da mehrere wesentliche Unterschiede, unter anderem können Sie für eine Struktur selbst keinen Standard-Konstruktor (das ist einer ohne Parameter, d.h. mit leeren Klammern) erstellen, denn dies wird immer vom Compiler erledigt, der die Felder dann (je nach Datentyp) mit den Werten *0*, *Nothing* oder *False* initialisiert.

> **BEISPIEL 2.91:** Die Strukturvariable *person1* wird mit ihrem Standard-Konstruktor erzeugt und initialisiert. Das Feld *alter* hat automatisch den Wert *0*.
>
> ```vb
> Dim person1 As New Person()
> Dim a As Integer = person1.Alter          ' a erhält den Wert 0
> ```

Und noch ein wesentlicher Unterschied zu Klassen und anderen Verweistypen:

HINWEIS: Bei Strukturvariablen spielt sich nach wie vor alles auf dem Stack ab (auch das Instanziieren mit *New*), der Heap ist für Wertetypen tabu!

2.8 Nutzerdefinierte Funktionen/Prozeduren

Funktionen und Prozeduren kapseln wiederverwendbaren Programmcode und erleichtern somit nicht nur die Arbeit des Programmierers, sondern tragen auch im erheblichen Maß zur Übersichtlichkeit des Programmcodes bei.

Funktionen und Prozeduren sind unter Visual Basic zunächst das, was man in den Anfangszeiten der Programmierung als "Unterprogramm" bezeichnet hat. Später, im OOP-Kapitel 3, werden Sie feststellen, dass Funktionen und Prozeduren zu Methoden einer Klasse mutiert sind.

2.8.1 Deklaration und Syntax

Falls Sie nur an einem einzigen Rückgabeparameter interessiert sind, sollten Sie einer Funktion den Vorzug vor einer Prozedur geben, andernfalls ist meistens eine Prozedur die richtige Entscheidung.

Function

Funktionen deklarieren Sie mit dem Schlüsselwort *Function*. Als Funktionstyp bzw. Rückgabewert kommt eigentlich jeder Datentyp in Frage. Jede *Function* hat einen Namen und einen Körper. Letzterer enthält die beim Methodenaufruf auszuführenden Anweisungen. Ein vorzeitiges Verlassen ist mit *Exit Function* möglich. Den Rückgabewert können Sie entweder mittels *Return* übergeben oder aber direkt in den Funktionsnamen schreiben.

```
SYNTAX:   [Private|Public] Function Name ([Parameterliste]) As Datentyp
              ' Code definieren
              ' ...
              [Exit Function]        ' Vorzeitiges Verlassen
              ' ...
              Return Ausdruck        ' Rückgabe des Funktionswertes
          End Function
```

Die *Parameterliste* ist eine durch Kommas separierte Liste mit den einzelnen Parametern (Argumenten), von denen jeder wie folgt notiert wird:

```
SYNTAX:   [ByVal|ByRef] Parameter [As Datentyp]
```

Zur Bedeutung der Übergabeart *ByVal* bzw. *ByRef* siehe Abschnitt 2.8.3.

BEISPIEL 2.92: Funktion zur Berechnung des Kugelgewichts. Übergabeparameter sind der Radius und das spezifische Gewicht.

```vb
Private Function Kugel(ra As Double, sg As Double) As Double
    Dim vol As Double = 4 / 3 * Math.PI * Math.Pow(ra, 3)
    Return sg * vol
End Function
```

Beim Aufruf der Funktion müssen Reihenfolge und Datentyp der Parameter exakt übereinstimmen. Im aufrufenden Code muss der Rückgabewert einer Variablen gleichen Datentyps wie die Funktion zugewiesen werden.

BEISPIEL 2.93: *(Fortsetzung)* Obige Funktion wird mit einer eisernen Kugel von 20 cm Durchmesser getestet.

```vb
Dim g As Double = Kugel(10, 7.87)          ' Radius ist 10cm, spez. Gewicht = 7,87 gr/cm3
MessageBox.Show(g.ToString("#,#0.000 Gramm"))  ' das Gewicht der Kugel ist 32.965,779 Gramm
```

Sub

Prozeduren werden mit dem *Sub*-Schlüsselwort (kommt von *Sub*routine) deklariert und haben keinen Rückgabewert. Ansonsten gelten die gleichen syntaktischen Regeln wie bei Funktionen.

```
SYNTAX:  [Private|Public] Sub Name ([Parameterliste])
             ' Code definieren
             ' ...
             [Exit Sub]          ' Vorzeitiges Verlassen
             ' ...
         End Sub
```

Da eine Prozedur keinen Rückgabewert hat, arbeitet sie oft mit globalen Variablen zusammen.

BEISPIEL 2.94: Anwenden einer Prozedur zum Berechnen des Kugelgewichts

```vb
Private gew As Double              ' globale Variable

Private Sub Kugel(ra As Double, sg As Double)
    Dim vol As Double = 4 / 3 * Math.PI * Math.Pow(ra, 3)
```

Die globale Variable *gew* wird mit dem Ergebnis gefüttert:

```vb
    gew = sg * vol
End Sub
```

Beim Aufruf einer Prozedur können Sie, müssen aber nicht, das Schlüsselwort *Call* voranstellen. Wir bevorzugen diese Variante nur gelegentlich in der Lernphase, da so keinerlei Verwechslungsgefahr mit dem Aufruf einer Funktion besteht.

> **BEISPIEL 2.95:** *(Fortsetzung)* Unsere Prozedur wird nun ebenfalls mit der legendären Eisenkugel getestet.

```vb
Call Kugel(10, 7.87)
MessageBox.Show(gew.ToString("#,#0.000 Gramm"))    ' zeigt "32.965,779 Gramm"
```

2.8.2 Parameterübergabe allgemein

In unseren bisherigen *Kugel*-Beispielen hatten wir beim Aufruf der Funktion bzw. der Prozedur feste Zahlenwerte (Literale) übergeben. In der Praxis treten an diese Stelle aber meistens Variablen oder sogar Ausdrücke.

Signatur der Parameterliste

Normalerweise muss beim Aufruf einer Funktion/Prozedur die so genannte *Signatur* der Parameterliste beachtet werden, d.h., die Reihenfolge der Parameter und ihr Datentyp müssen zur deklarierten Parameterliste passen (Ausnahme: benannte Parameter, siehe unten).

> **BEISPIEL 2.96:** *(Fortsetzung)* Die in 2.8.1 deklarierte *Kugel*-Funktion wird aufgerufen.

```vb
Dim radius As Double = 5
Dim spezGew As Double = 7.87
Dim gew As Double = Kugel(2 * radius, spezGew)
```

Benannte Parameter

Die Verwendung *benannter Parameter* macht es möglich, dass die in der Signatur festgelegte Reihenfolge bei der Parameterübergabe nicht unbedingt eingehalten werden muss. Allerdings sind dann der deklarierte Name des Parameters und die Zeichenfolge ":=" voranzustellen.

> **BEISPIEL 2.97:** Das Vorgängerbeispiel wird mit benannten Parametern ausgeführt, die Reihenfolge der übergebenen Werte ist bewusst vertauscht.

```vb
Dim radius As Double = 5
Dim spezGew As Double = 7.87
Dim gew As Double = Kugel(sg := spezGew, ra := 2 * radius)
```

HINWEIS: Die Verwendung benannter Parameter vereinfacht die Programmierung besonders dann, wenn Sie Funktionen/Prozeduren aufrufen, die über viele optionale Parameter verfügen (siehe Abschnitt 2.8.4).

2.8.3 Übergabe mit ByVal und ByRef

Jedem Mitglied der Parameterliste einer Funktion/Prozedur ist entweder *ByVal* oder *ByRef* vorangestellt[1]. Dadurch wird festgelegt, ob die Parameterübergabe von Wertetypen "als Wert" (*ByVal*) oder "als Referenz" (*ByRef*) erfolgen soll. Was bedeuten diese Übergabearten?

ByVal

Mit der standardmäßigen *ByVal*-Übergabe wird der Wert des übergebenen Parameters (ein Wertetyp) in eine vom Compiler erzeugte lokale Variable des Funktions- bzw. Prozedurkörpers kopiert. Die aufrufende Variable und die lokale Variable im Inneren der Funktion/Prozedur haben danach nichts mehr miteinander zu tun, eine Veränderung des Wertes der lokalen Variablen bleibt ohne Rückwirkung auf den Übergabeparameter, so dass ein "Zurückgeben" von Ergebnissen – wie im obigen Beispiel gezeigt – nicht möglich ist.

Wenn Sie hingegen *ByRef* übergeben, so verfügt die aufgerufene Funktion/Prozedur nur scheinbar über eine eigene lokale Variable. In Wirklichkeit steht der ursprüngliche Parameter weiter zur Verfügung, eine "Entkopplung" hat nicht stattgefunden.

HINWEIS: Im Interesse der Fehlersicherheit Ihrer Programme sollten Sie Parameter grundsätzlich *ByVal* übergeben (das gilt auch für Referenztypen wie Arrays, Strings und sonstige Objekte). *ByRef* sollten Sie nur dann verwenden, wenn Sie es tatsächlich benötigen und Werte nach außen hin verändern wollen (siehe Praxisbeispiel 2.9.4).

ByRef

Wenn Sie eine Variable *ByRef* übergeben, so wird nicht der Wert, sondern der Zeiger auf die Speicherplatzadresse der Variablen übermittelt. Der aufgerufenen Funktion/Prozedur ist es dadurch möglich, am Wert der Variablen "herumzudoktern". Auf diese Weise können auch Prozeduren ihre Ergebnisse ohne Verwendung globaler Variablen (siehe obiges Beispiel) zurückliefern.

BEISPIEL 2.98: *By Reference*

In obiger Prozedur zur Kugelgewichtsbestimmung wird die Übergabeart des ersten Parameters in *ByRef* geändert. Dadurch wird es möglich, über diesen Parameter auch das Berechnungsergebnis zu übertragen.

```
Private Sub Kugel(ByRef ra As Double, sg As Double)
    Dim vol As Double = 4 / 3 * Math.PI * Math.Pow(ra, 3)
    ra = sg * vol                              ' Radius wird zu Gewicht!
End Sub
```

Zum Testen der Prozedur: Wir haben den ersten Parameter bewusst nicht mit *radius*, sondern mit *x* bezeichnet, da er seine Bedeutung wechselt und nach dem Aufruf der *Kugel*-Prozedur eigentlich *gewicht* heißen müsste.

---

[1] *ByVal* kann weggelassen werden, da es Standard ist.

BEISPIEL 2.98: *By Reference*

```
Dim x As Double = 10
Dim spezGew As Double = 7.87

Kugel(x, spezGew)
MessageBox.Show(x.ToString("#,#0.000 Gramm"))        ' zeigt "32.965,779 Gramm"
```

2.8.4 Optionale Parameter

Wenn Sie Parameter mit dem Schlüsselwort *Optional* deklarieren, können Sie diese beim Aufruf auch weglassen, sie werden dann durch Standardwerte aufgefüllt.

BEISPIEL 2.99: Unsere *Kugel*-Funktion wird modifiziert, so dass der zweite Parameter optional ist und den Standardwert 7.87 (spezifisches Gewicht von Eisen) erhält.

```
Public Function Kugel(ra As Double, Optional sg As Double = 7.87) As Double
    Dim vol As Double = 4 / 3 * Math.PI * Math.Pow(ra, 3)
    Return sg * vol
End Function
```

Für den Aufruf der Funktion gibt es nun zwei Versionen:

```
Dim g As Double = Kugel(10)                     ' Berechnung mit Standardwert (Eisen)
MessageBox.Show(g.ToString("#,#0.000 Gramm"))   ' zeigt "32.965,779 Gramm"
```

oder

```
Dim g As Double = Kugel(10, 11.34)              ' Berechnung für 11.34gr/cm3 (Blei)
MessageBox.Show(g.ToString("#,#0.000 Gramm"))   ' zeigt "47.500,881 Gramm"
```

HINWEIS: Einem optionalen Parameter müssen Sie **immer** einen Standardwert zuweisen!

Eine modernere Alternative zu optionalen Parametern ist das Überladen von Funktionen/ Prozeduren (siehe folgender Abschnitt).

2.8.5 Überladene Funktionen/Prozeduren

Wenn mehrere gleichnamige Funktionen/Prozeduren ohne Namenskonflikt friedlich nebeneinander existieren, so spricht man von *überladenen* Funktionen. Die Unterscheidung zwischen ihnen wird vom Compiler anhand der Parameterliste, sprich Signatur, getroffen. Unter Signatur verstehen wir die Reihenfolge der übergebenen Parameter und ihr Datentyp.

HINWEIS: Überladene Funktionen/Prozeduren müssen eine unterschiedliche Signatur haben!

> **BEISPIEL 2.100: Die *Kugel*-Funktion steht in zwei überladenen Versionen zur Verfügung. Die erste Version verlangt als Parameter den Radius und das spezifische Gewicht.**

```vb
Private Function Kugel(ra As Double, sg As Double) As Double
    Dim vol As Double = 4 / 3 * Math.PI * Math.Pow(ra, 3)
    Return sg * vol
End Function
```

Eine zweite Version soll nur das Volumen der Kugel berechnen.

```vb
Private Function Kugel(ra As Double) As Double
    Dim vol As Double = 4 / 3 * Math.PI * Math.Pow(ra, 3)
    Return vol
End Function
```

Wenn Sie jetzt in der IDE von Visual Studio die Funktion verwenden wollen, werden Ihnen automatisch beide überladenen Versionen angeboten:

```vb
Private Sub Button1_Click(sender As Object, e As EventArgs) Handles Button1.Click
    Dim g As Double = Kugel(
End Sub
                    ▲ 1 von 2 ▼ Kugel(ra As Double) As Double
```

Der Aufruf ist entweder so

```vb
Dim g As Double = Kugel(10, 7.87)      ' liefert  "32.965,779"
```

oder so möglich

```vb
Dim v As Double = Kugel(10)            ' liefert  "4.188,790"
```

Wie Sie bestimmt schon bei der Arbeit im Codefenster von Visual Studio bemerkt haben, werden für die meisten Objektmethoden mehr oder weniger viele Überladungen angeboten.

Die *Show*-Methode der *MessageBox* hat beispielsweise insgesamt 21 Überladungen!

2.9 Praxisbeispiele

2.9.1 Vom PAP zum Konsolen-Programm

Dieses ausgesprochene Einsteiger-Beispiel erläutert die Umsetzung eines Programmablaufplans (PAP) in eine klassische Konsolenanwendung. Es sind nacheinander drei positive ganze Zahlen einzugeben. Das Programm soll die größte der drei Zahlen ermitteln und das Ergebnis anzeigen!

Programmablaufplan

Der abgebildete Programmablaufplan (PAP) zeigt die Berechnungsvorschrift (Algorithmus).

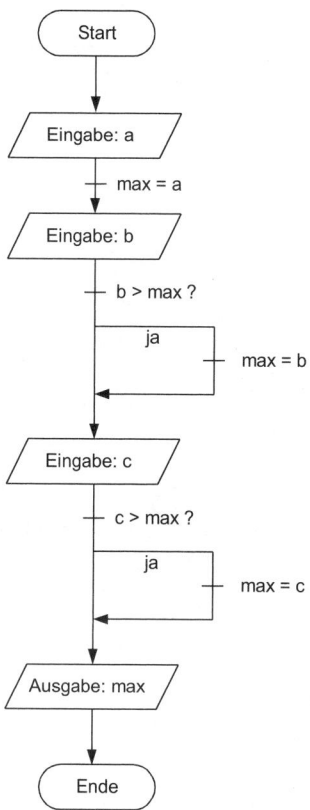

Sie erkennen hier die typische EVA-Grundstruktur, bei der die Anweisungen in der Reihenfolge Eingabe, Verarbeitung, Ausgabe ausgeführt werden.

Programmierung

Beim Eintippen der Befehle (z.B. mit Notepad) gibt obiger PAP eine nützliche Orientierung:

```
Imports System
Module Maximum3
  Sub Main()
    Console.WriteLine("Maximum von drei Zahlen")  ' Überschrift
    Console.WriteLine()                           ' Leerzeile
    Dim a, b, c, max As Integer                   ' Variablendeklaration
    Console.WriteLine("Geben Sie die erste Zahl ein!")
    a = CInt(Console.ReadLine())                  ' Eingabe a
    max = a                                        ' Initialisieren von max
    Console.WriteLine("Geben Sie die zweite Zahl ein!")
```

```
      b = CInt(Console.ReadLine())                ' Eingabe b
      If b > max Then max = b                      ' Bedingung
      Console.WriteLine("Geben Sie die dritte Zahl ein!")
      c = CInt(Console.ReadLine())                 ' Eingabe c
      If c > max Then max = c                      ' Bedingung
      Console.WriteLine("Das Maximum ist " + max.ToString)    ' Ergebnisausgabe
      Console.ReadLine()                   ' Programm wartet auf <Enter>, um zu beenden
   End Sub
End Module
```

Speichern Sie die Textdatei z.B. als *Maximum3.vb* im Projektverzeichnis ab.

Kompilieren

Die Vorgehensweise entspricht exakt dem Abschnitt 1.2 im ersten Kapitel, Sie müssen also zunächst diverse Vorbereitungen treffen (Umgebungsvariable für den VB-Compiler hinzufügen, Datei *cmd.exe* in das Anwendungsverzeichnis kopieren), um bequem kompilieren zu können.

Geben Sie an der Kommandozeile ein:

```
vbc /t:exe Maximum3.vb
```

Haben Sie beim Eintippen des Quellcodes keine Fehler gemacht, so verläuft das Kompilieren anstandslos, im Projektverzeichnis finden Sie nun die Datei *Maximum3.exe* vor.

Test

Starten Sie *Maximum3.exe* durch Doppelklick!

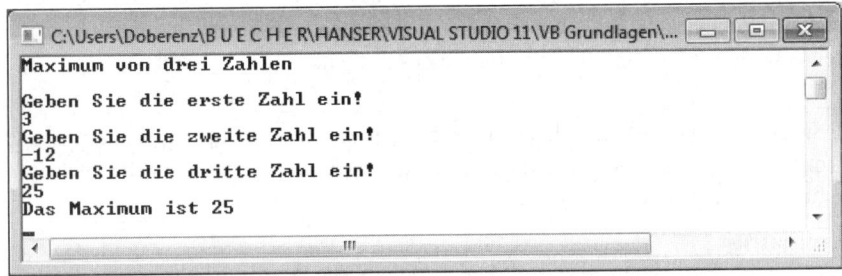

Durch Drücken der *Enter*-Taste beenden Sie die Anwendung.

2.9.2   Vom Konsolen- zum Windows-Programm

Eine Windows-Anwendung ist natürlich viel attraktiver als eine triste Konsolen-Applikation und schließlich wollen Sie ja zukünftig mit dem Komfort von Visual Studio anstatt mit einem simplen Texteditor arbeiten!

Ziel dieses Beispiels soll es sein, das im Vorgängerbeispiel erstellte Konsolen-Programm in eine "richtige" Windows Forms-Applikation zu verwandeln.

Oberfläche

Starten Sie Visual Studio 2012 und öffnen Sie ein neues Projekt (Projekttyp *Visual Basic*, Vorlage *Windows Forms-Anwendung*). Geben Sie als *Namen* z.B. "Maximum3" ein.

Mit *F4* holen Sie das Eigenschaftenfenster in den Vordergrund und stellen damit die *Text*-Eigenschaft (das ist die Beschriftung der Titelleiste) des Startformulars *Form1* neu ein: "Maximum von drei Zahlen".

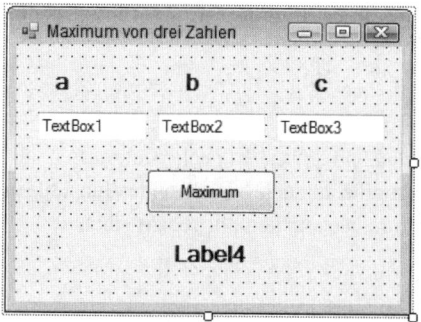

Vom Werkzeugkasten (*Strg+Alt+X*) ziehen Sie die Steuerelemente (3 mal *TextBox*, 1 mal *Button*, 4 mal *Label*) gemäß obiger Abbildung auf *Form1* und stellen auch hier bestimmte Eigenschaften (Beschriftungen) neu ein.

Quelltext

Durch einen Doppelklick auf *Button1* wird automatisch das Codefenster von *Form1* mit dem bereits vorbereiteten Rahmencode des *Click*-Eventhandlers geöffnet. In diesem Zusammenhang ein für den Einsteiger wichtiger Hinweis, der auch für die Zukunft gilt:

HINWEIS: Sie sollten den Rahmencode der Eventhandler nie selbst eintippen, sondern immer durch die Visual Studio-Entwicklungsumgebung erzeugen lassen (siehe auch Einführungsbeispiele 1.7.1 und 1.7.2)!

Füllen Sie den Körper des Eventhandlers mit den erforderlichen Anweisungen aus, so dass der komplette Eventhandler schließlich folgendermaßen aussieht:

```
Private Sub Button1_Click(sender As Object, e As EventArgs) Handles Button1.Click
        Dim a, b, c, max As Integer          ' Variablendeklaration
        a = CInt(TextBox1.Text)              ' Eingabe a
        max = a                              ' Initialisieren von max
        b = CInt(TextBox2.Text)              ' Eingabe b
        If b > max Then max = b              ' Bedingung
        c = CInt(TextBox3.Text)              ' Eingabe c
        If c > max Then max = c              ' Bedingung
        Label4.Text = "Das Maximum ist " + max.ToString    ' Ergebnisausgabe
End Sub
```

Beim Vergleich mit der Konsolenanwendung erkennen Sie, dass die Programmierung von Ein- und Ausgabe deutlich einfacher geworden sind!

Test

Mittels *F5*-Taste kompilieren und starten Sie das Programm:

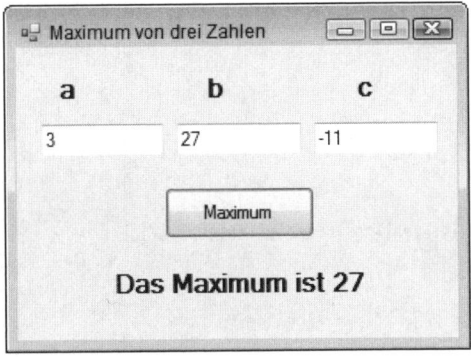

Bemerkungen

Neben dem attraktiveren Outfit schlagen auch noch weitere Vorteile gegenüber der tristen Konsolenanwendung deutlich zu Buche:

- So ist z.B. die Reihenfolge der Zahleneingaben ohne Bedeutung und

- Sie können bequem mittels *Tab*-Taste zwischen den Steuerelementen wechseln.

2.9.3 Schleifenanweisungen kennen lernen

Visual Basic ist an Schleifenanweisungen reich gesegnet. Dieses Beispiel demonstriert Ihnen die prinzipielle Anwendung jedes Schleifentyps (siehe 2.6.2). Dabei soll zehnmal untereinander der Text "Viele Wege führen nach Rom!" in einer *ListBox* auszugeben werden, wobei acht verschiedene Schleifenkonstruktionen zur Anwendung kommen.

Oberfläche

Wie die folgende Laufzeitansicht zeigt, brauchen Sie neben einer *ListBox* auch eine ganze Menge von *Button*s (für jeden Schleifentyp einen und je einen zum Löschen des *ListBox*-Inhalts und zum Beenden des Programms).

Quellcode

Wir beginnen mit der altbekannten *For...Next*-Schleife:

```
Private Sub Button1_Click(sender As Object, e As EventArgs) Handles Button1.Click
    Dim i As Integer
    For i = 1 To 10
```

```
            ListBox1.Items.Add(i.ToString & " Viele Wege führen nach Rom!")
        Next i
    End Sub
```

Do While...Loop-Schleife:

```
    Private Sub Button2_Click(sender As Object, e As EventArgs) Handles Button2.Click
        Dim i As Integer = 1
        Do While i <= 10
            ListBox1.Items.Add(i.ToString & " Viele Wege führen nach Rom!")
            i += 1
        Loop
    End Sub
```

Do Until...Loop-Schleife:

```
    Private Sub Button3_Click(sender As Object, e As EventArgs) Handles Button3.Click
        Dim i As Integer = 1
        Do Until i > 10
            ListBox1.Items.Add(i.ToString & " Viele Wege führen nach Rom!")
            i += 1
        Loop
    End Sub
```

Do...Loop While-Schleife:

```
    Private Sub Button4_Click(sender As Object, e As EventArgs) Handles Button4.Click
        Dim i As Integer = 1
        Do
            ListBox1.Items.Add(i.ToString & " Viele Wege führen nach Rom!")
            i += 1
        Loop While i <= 10
    End Sub
```

Do...Loop Until-Schleife:

```
    Private Sub Button5_Click(sender As Object, e As EventArgs) Handles Button5.Click
        Dim i As Integer = 1
        Do
           ListBox1.Items.Add(i.ToString & " Viele Wege führen nach Rom!")
           i += 1
        Loop Until i > 10
    End Sub
```

Do...Loop-Schleife mit *Exit Do*-Abbruch:

```
    Private Sub Button6_Click(sender As Object, e As EventArgs) Handles Button6.Click
        Dim i As Integer = 1
        Do
            ListBox1.Items.Add(i.ToString & " Viele Wege führen nach Rom!")
            If i = 10 Then Exit Do
            i += 1
        Loop
```

```
    End Sub
```

While...End While-Schleife:

```
    Private Sub Button7_Click(sender As Object,e As EventArgs) Handles Button7.Click
        Dim i As Integer = 1
        While i <= 10
            ListBox1.Items.Add(i.ToString & " Viele Wege führen nach Rom!")
            i += 1
        End While
    End Sub
```

Obwohl es sich hier um einen völlig anderen Schleifentyp handelt, soll vergleichsweise noch die Funktion der *For Each*-Schleife demonstriert werden:

```
Private Sub Button8_Click(sender As Object, e As EventArgs) Handles Button8.Click
    Dim zahlen = {1, 2, 3, 4, 5, 6, 7, 8, 9, 10}
    For Each i As Integer In zahlen
        ListBox1.Items.Add(i.ToString & " Viele Wege führen nach Rom!")
    Next
End Sub
```

Eher nebensächlich das Löschen des Inhalts der *ListBox*:

```
Pivate Sub Button9_Click(sender As Object, e As EventArgs) Handles Button9.Click
    ListBox1.Items.Clear()
End Sub
```

Test

Alle acht Schleifenvarianten sollten ein absolut identisches Ergebnis erzeugen:

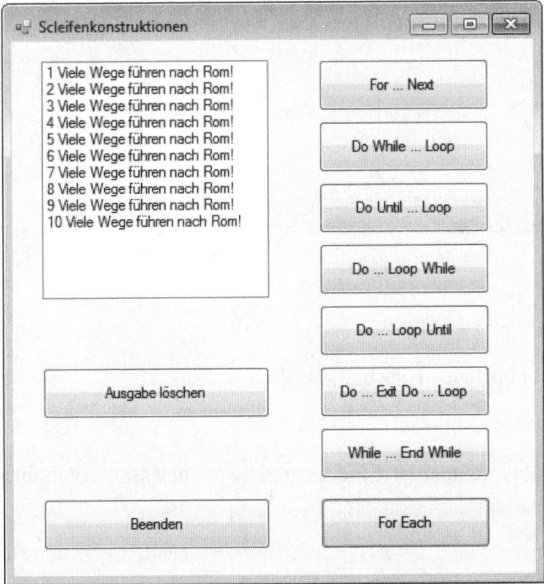

HINWEIS: Die *For Each*-Schleife ist mit der *For ... Next*-Schleife vergleichbar. Diesmal zählt sie allerdings keine Variable hoch, sondern die Schleife greift auf alle Elemente einer Auflistung zu. Es ist allerdings nur Lesezugriff erlaubt.

2.9.4 Methoden überladen

In VB spricht man im klassischen Sinn noch von Funktionen (*Functions*) und Prozeduren (*Subs*), je nachdem ob es sich um Methoden mit und ohne Rückgabewert handelt. Beschränkt man sich auf einen privaten Gültigkeitsbereich (Aufruf nur innerhalb einer Klasse), so spielen diese quasi die Rolle von "Unterprogrammen", sind also strenggenommen keine Methoden im Sinne der OOP. Trotzdem können auch sie überladen werden, d.h., in mehreren gleichnamigen Versionen nebeneinander existieren, die sich nur durch ihre Signatur unterscheiden.

Das vorliegende, durchaus auch praxistaugliche, Programm demonstriert drei verschiedene Überladungen der bekannten Formel zur Berechnung des Gewichts einer Kugel:

$$G = \frac{4}{3} * \pi * r^3 * \gamma$$

G   = Gewicht (Gramm)
r   = Radius (Zentimeter)
π = Pi = 3,14159...
γ = spezifisches Gewicht (Gramm/Kubikzentimeter)

En passant wird weiteres Einsteigerwissen wie Strukturen (*Structure*), *If ... ElseIf*-Statements, *RadioButton*-Auswahl ... vermittelt.

Oberfläche

Auf das Startformular *Form1* setzen Sie eine *GroupBox*, die fünf verschiedene *RadioButtons* enthält, mit denen ein bestimmtes Material (Holz, Aluminium, Glas, Eisen, Blei) ausgewählt wird Weiterhin werden noch eine *TextBox*, drei *Buttons* und verschiedene *Labels* benötigt (siehe Laufzeitabbildung).

Quellcode

```
Public Class Form1
```

Die *Kugel*-Struktur kapselt Radius und spezifisches Gewicht einer Kugel:

```
    Private Structure Kugel
        Dim radius, sg As Double
    End Structure
```

Eine globale Variable dient lediglich als Rückgabewert für Variante 2:

```
    Private gew As Double
```

Die folgende Hilfsfunktion liest die Kugelwerte aus der Eingabemaske in eine Strukturvariable vom oben definierten *Kugel*-Typ:

```
    Private Function getKugel() As Kugel
        Dim kug As Kugel
```

Den Kugelradius zuweisen:

```
kug.radius = Convert.ToDouble(TextBox1.Text) / 2
```

Das spezifische Gewicht zuweisen:

```
If RadioButton1.Checked Then
    kug.sg = 1.4 ' Holz
ElseIf RadioButton2.Checked Then
    kug.sg = 2.7        ' Alu
ElseIf RadioButton3.Checked Then
    kug.sg = 3D         ' Glas
ElseIf RadioButton4.Checked Then
    kug.sg = 7.87D      ' Eisen
Else
    kug.sg = 11.3       ' Blei
End If
Return kug
End Function
```

Variante 1 zeigt als erste Überladung eine normale Funktion zur Bestimmung des Kugelgewichts:

```
Private Function KugelGewicht(ra As Double, sg As Double) As Double
    Dim vol As Double = 4 / 3 * Math.PI * Math.Pow(ra, 3)
    Return sg * vol     ' Rückgabe des Gewichts als Funktionswert
End Function
```

Der Aufruf:

```
Private Sub Button1_Click(sender As Object, e As EventArgs) Handles Button1.Click
    Dim kug As Kugel = getKugel()
    Dim r As Double = kug.radius, sg = kug.sg        ' Radius und spez. Gewicht
    Dim gew As Double = KugelGewicht(r, sg)          ' Aufruf einer Funktion
    Label3.Text = gew.ToString("#,#0.000 Gramm")     ' lokale Variable gew
End Sub
```

Variante ist eine Prozedur (Sub), die das Ergebnis der globalen Variablen *gew* direkt zuweist:

```
Private Sub KugelGewicht(kug As Kugel)
    Dim vol As Double = 4 / 3 * Math.PI * Math.Pow(kug.radius, 3)
    gew = kug.sg * vol
End Sub
```

Der Aufruf:

```
Private Sub Button2_Click(sender As Object, e As EventArgs) Handles Button2.Click
    Dim kug As Kugel = getKugel()
    KugelGewicht(kug)
    Label4.Text = gew.ToString("#,#0.000 Gramm")
End Sub
```

Variante 3 ist ebenfalls eine Prozedur (Sub), hier aber wird das Gewicht über den Parameter *g* per Referenz zurückgegeben:

```
    Private Sub KugelGewicht(kug As Kugel, ByRef g As Double)
        Dim vol As Double = 4 / 3 * Math.PI * Math.Pow(kug.radius, 3)
        g = kug.sg * vol
    End Sub
```

Aufruf Variante 3:

```
    Private Sub Button3_Click(sender As Object, e As EventArgs) Handles Button3.Click
        Dim kug As Kugel = getKugel()
        Dim gew As Double
        KugelGewicht(kug, gew)
        Label5.Text = gew.ToString("#,#0.000 Gramm")
    End Sub
End Class
```

Test

Geben Sie das Material und den Durchmesser der Kugel ein und lassen Sie sich das Gewicht anzeigen. Alle drei Überladungen liefern identische Ergebnisse[1]:

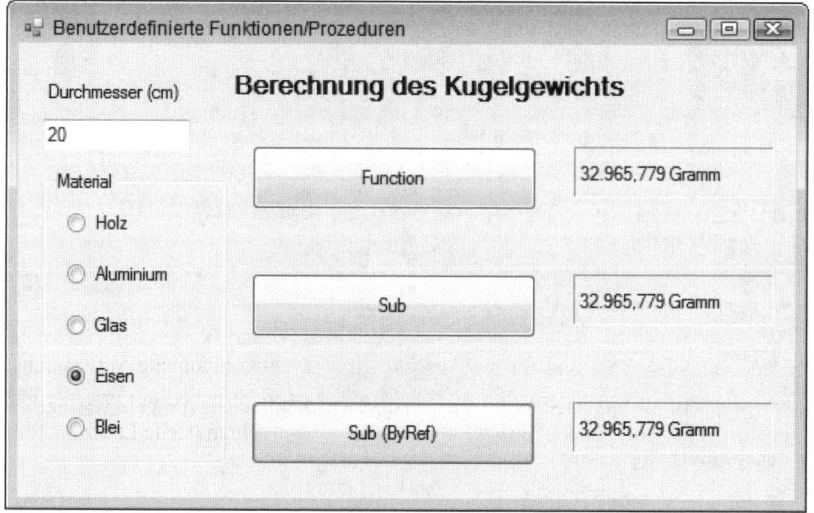

2.9.5   Eine Iterationsschleife verstehen

Eigentlich ist ein Computer ja "dumm" und erscheint nur dadurch "intelligent", dass er primitive Rechenoperationen in hoher Geschwindigkeit erledigt. Der pfiffige Programmierer kann dies ausnutzen, indem er dem Computer Aufgaben stellt, die sich nicht sofort, sondern nur durch schrittweises Ausprobieren lösen lassen. Typisch für diese Sorte von Aufgaben ist eine so genannte *Iterationsschleife*, die mit einer "über den Daumen gepeilten" *Startnäherung* beginnt und an deren Ende

---

[1] Kaum zu glauben aber wahr: Eine Eisenkugel mit nur 20 cm Durchmesser wiegt stolze 33 Kilogramm!

eine *Abbruchbedingung* überprüft wird. Wie viele Male die Schleife durchlaufen wird, kann nicht exakt vorausbestimmt werden.

Ohne auf die mathematischen Grundlagen näher einzugehen, wollen wir in diesem Rezept eine Iterationsschleife für das Ziehen der Quadratwurzel demonstrieren. Wir verzichten also auf die *Sqrt*-Funktion, wie sie standardmäßig von der *Math*-Klasse bereitgestellt wird, und programmieren stattdessen eine eigene Lösung.

Programmablaufplan

Obwohl in der objekt- und ereignisorientierten Programmierung der PAP völlig aus der Mode gekommen ist, eignet er sich nach wie vor gut zur Veranschaulichung von Iterationszyklen.

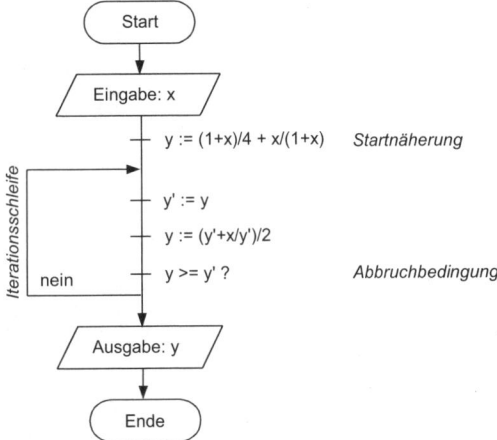

Oberfläche

Für die Eingabe findet eine *TextBox*- und für die Ausgabe eine *Label*-Komponente Verwendung. Die Iterationsschleife starten wir mit einem *Button*. Eine *ListBox* ist nicht unbedingt erforderlich, aber wir sind ja neugierig und wollen auch die Zwischenergebnisse betrachten (siehe Laufzeitabbildung).

Quellcode

Die programmtechnische Umsetzung des obigen PAP führt (in Verbindung mit dem Code für die Ein- und Ausgabe und für die Anzeige von Zwischenergebnissen) zu folgender Lösung:

```
Public Class Form1
```

Die Schaltfläche *Quadratwurzel>>*:

```
    Private Sub Button1_Click(sender As Object, e As EventArgs) Handles Button1.Click
```

Einige Variablen deklarieren und den Eingabewert explizit in einen *Double*-Wert konvertieren:

```
        Dim x, y, ya As Double
        x = Convert.ToDouble(TextBox1.Text)
```

Die Quadratwurzel darf nur aus positiven Zahlen gezogen werden:

```
If x > 0 Then
```

Inhalt der *ListBox* löschen:

```
ListBox1.Items.Clear()
```

Die Startnäherung:

```
y = (1 + x) / 4 + x / (1 + x)
```

Wie geschaffen für unsere Iterationsschleife ist die *Do...Loop Until*-Anweisung:

```
Do
    ya = y
    y = (ya + x / ya) / 2
```

Das Zwischenergebnis anzeigen:

```
ListBox1.Items.Add(y.ToString)
```

Die Abbruchbedingung prüfen:

```
Loop Until y >= ya
```

Das Endergebnis anzeigen:

```
            Label1.Text = y.ToString
        Else
            Label1.Text = "Bitte geben Sie einen positiven Wert ein!"
        End If
    End Sub
End Class
```

Test

Die Zwischenergebnisse nähern sich schrittweise der endgültigen Lösung. Sie werden feststellen, dass circa fünf bis sieben Iterationen notwendig sind, um die Abbruchbedingung zu erfüllen, d.h., die Quadratwurzel in einer für *Double*-Zahlen ausreichenden Genauigkeit zu ermitteln:

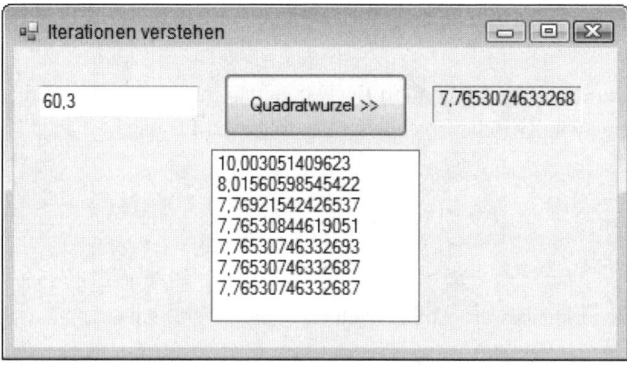

Ergänzung

Der fortgeschrittene Programmierer wird obigen Code – besonders im Hinblick auf seine Wiederverwendbarkeit – in eine Funktion *qWurzel* verpacken. Da die Testphase abgeschlossen ist, kann auch auf die Anzeige der Zwischenergebnisse in der *ListBox* verzichtet werden:

```
Public Function qWurzel(x As Double) As Double
    Dim y, ya As Double
    y = (1 + x) / 4 + x / (1 + x)    ' Startnäherung
    Do
        ya = y
        y = (ya + x / ya) / 2
    Loop Until y >= ya               ' Abbruchbedingung
    Return y
End Function
```

Der Aufruf gestaltet sich nun wesentlich übersichtlicher:

```
Private Sub Button1_Click(sender As Object, e As EventArgs) Handles Button1.Click
    Dim x As Double = Convert.ToDouble(TextBox1.Text)
    If x > 0 Then
        Label1.Text = qWurzel(x).ToString
    Else
        Label1.Text = "Bitte geben Sie einen positiven Wert ein!"
    End If
End Sub
```

Kapitel 3

OOP-Konzepte

In .NET ist alles ein Objekt! Viele Entwickler – insbesondere wenn sie mit "altem" Code zu kämpfen haben – tun sich immer noch ziemlich schwer mit OOP, weil ihnen die Komplexität einer vollständigen Anwendung zu hoch erscheint.

Visual Basic erlaubt es Ihnen aber, bereits ohne fundierte OOP-Kenntnisse objektorientiert zu programmieren! Davon haben Sie bereits vor der Lektüre dieses Kapitels, mehr oder weniger unbewusst, Gebrauch gemacht: Sie haben Ereignisbehandlungsroutinen (Event-Handler) geschrieben und den Objekten der visuellen Benutzerschnittstelle (Form, Steuerelemente) Eigenschaften zugewiesen bzw. deren Methoden aufgerufen.

Die Entwicklungsumgebung von Visual Studio erlaubt objektorientiertes Programmieren bereits mit einem Minimum an Vorkenntnissen. Das vorliegende Kapitel will etwas tiefer in die OOP-Problematik eindringen und präsentiert Ihnen neben einigen grundlegenden Ausführungen die für den Einstieg wichtigsten objektspezifischen Features von Visual Basic im Überblick.

3.1 Strukturierter versus objektorientierter Entwurf

Im Unterschied zur objektorientierten ist die klassische strukturierte Programmierung ziemlich sprachunabhängig und hatte Zeit genug, um auch in den letzten Winkel der Programmierwelt vorzudringen.

Demgegenüber stand es um die Akzeptanz der objektorientierten Programmierung bis Anbruch des .NET-Zeitalters zu Beginn dieses Jahrtausends noch nicht zum Besten, das aber hat sich seitdem dramatisch geändert.

3.1.1 Was bedeutet strukturierte Programmierung?

Gern bezeichnet man die strukturierte Programmierung auch als Vorläufer der objektorientierten Programmierung, obwohl dieser Vergleich hinkt. Richtig ist, dass sowohl strukturierte als auch objektorientierte Programmierung fundamentale Denkmuster sind, die gleichberechtigt nebeneinander existieren.

Die Grundkonzepte der strukturierten Programmierung wurden beginnend mit dem Ende der Sechzigerjahre entwickelt und lassen sich mit folgenden Stichwörtern charakterisieren: hierarchische Programmorganisation, logische Programmeinheiten, zentrale Programmsteuerung, beschränkte Datenverfügbarkeit.

Ziel der strukturierten Programmierung ist es, Algorithmen so darzustellen, dass ihr Ablauf einfach zu erfassen und zu verändern ist.

Gegenstand der strukturierten Programmierung ist also die bestmögliche Anordnung von Code, um dessen Transparenz, Testbarkeit und Wiederverwendbarkeit zu maximieren.

Dass VB eine konsequent objektorientierte Sprache ist, bedeutet noch lange nicht, dass man damit nicht auch strukturiert programmieren könnte, im Gegenteil. Im Kapitel 2, wo sich alles um die grundlegenden sprachlichen Elemente von VB dreht, haben wir uns fast ausschließlich auf dem Boden der traditionellen strukturierten Programmierung bewegt und versucht, die OOP noch weitestgehend auszuklammern. So haben wir es größtenteils ignoriert, dass selbst die einfachen Datentypen Objekte sind, und haben z.B. anstatt mit Methoden mit Funktionen und Prozeduren und anstatt mit Klassen mit strukturierten Datentypen (*Structure*) gearbeitet. Tatsächlich können Sie aber mit OOP alles machen, was auch die strukturierte Programmierung erlaubt.

Anstatt globale Variablen in einem Modul zu deklarieren, können Sie statische Klasseneigenschaften verwenden.

Um fit für die aktuellen Herausforderungen zu sein, sollten Sie deshalb – wo immer es vertretbar ist – nach objektorientierten Lösungen streben.

3.1.2   Was heißt objektorientierte Programmierung?

Die objektorientierte Programmierung entfaltete auf breiter Basis erst seit Ende der 80er-Jahre mit dem Beginn des Windows-Zeitalters ihre Wirkung. Sehr bekannte Vertreter objektorientierter Sprachen sind C++, Java, Smalltalk und Borland Delphi – aber auch das alte Visual Basic war bereits in vielen wesentlichen Zügen objektorientiert aufgebaut.

Objektorientierte Programmierung ist ein Denkmuster, bei dem Programme als Menge von über Nachrichten kooperierenden Objekten organisiert werden und jedes Objekt Instanz einer Klasse ist.

Im Unterschied zur strukturierten Programmierung bedeutet "objektorientiert" also, dass Daten und Algorithmen nicht mehr nebeneinander existieren, sondern in Objekten zusammengefasst sind.

Während Module in der strukturierten Programmierung zwar auch Daten und Code zusammenfassen, stellen Klassen jetzt Vorlagen dar, von denen immer neue Kopien (Instanzen) angefertigt werden können. Diese Instanzen, d.h. die Objekte, kapseln den Zugriff auf die enthaltenen Daten hinter Schnittstellen (Interfaces).

Der große Vorteil der OOP ist ihre Ähnlichkeit mit den menschlichen Denkstrukturen. Dadurch wird vor allem dem Einsteiger, der bisher über keine bzw. wenig Programmiererfahrung verfügt, das Verständnis der OOP erleichtert.

HINWEIS: Die OOP verlangt eine Anpassung des Software-Entwicklungsprozesses und der eingesetzten Methoden an den Denkstil des Programmierers – nicht umgekehrt!

Die OOP ist eine der wenigen Fälle, in denen der Einsteiger gegenüber dem Profi zumindest einen kleinen Vorteil besitzt: Er ist noch nicht in der Denkweise klassischer Programmiersprachen gefangen, die dazu erziehen, in Abläufen zu denken, bei denen die in der realen Welt zu beobachtenden Abläufe Schritt für Schritt in Algorithmen umgesetzt werden, etwa um betriebliche Prozesse per Programm zu automatisieren.

Die OOP entspricht hingegen der üblichen menschlichen Denkweise, indem sie z.B. reale Objekte aus der abzubildenden Umwelt identifiziert und in ihrer Art beschreibt.

Das Konzept der objektorientierten Programmierung (OOP) überwindet den prozeduralen Ansatz der klassischen strukturellen Programmierung zugunsten einer realitätsnahen Modellierung.

3.2 Grundbegriffe der OOP

Bevor wir uns den Details zuwenden, sollen die wichtigsten Begriffe der objektorientierten Programmierung zunächst allgemein, d.h. ohne Bezug auf eine konkrete Programmiersprache, erörtert werden.

3.2.1 Objekt, Klasse, Instanz

Der Programmierer versteht unter einem *Objekt* die Zusammenfassung (Kapselung) von Daten und zugehörigen Funktionalitäten. Ein solches Softwareobjekt wird auch oft benutzt, um Dinge des täglichen Lebens für Zwecke der Datenverarbeitung abzubilden. Aber das ist nur ein Aspekt, denn Objekte sind ganz allgemein Dinge, die Sie in Ihrem Code beschreiben wollen, es sind Gruppen von Eigenschaften, Methoden und Ereignissen, die logisch zusammengehören. Als Programmierer arbeiten Sie mit einem Objekt, indem Sie dessen Eigenschaften und Methoden manipulieren und auf seine Ereignisse reagieren.

Eine *Klasse*[1] ist nicht mehr und nicht weniger als ein "Bauplan", auf dessen Grundlage die entsprechenden Objekte zur Programmlaufzeit erzeugt werden. Gewissermaßen als Vorlage (Prägestempel) für das Objekt legt die Klasse fest, wie das Objekt auszusehen hat und wie es sich verhalten soll. Es handelt sich bei einer Klasse also um eine reine Softwarekonstruktion, die Eigenschaften, Methoden und Ereignisse eines Objekts definiert, ohne das Objekt zu erzeugen.

HINWEIS: In VB haben Sie grundsätzlich die Möglichkeit, zwischen Klassen und Strukturen zu wählen. Letztere wurden bereits im Sprachkapitel (Abschnitt 2.7.2) einführend behandelt, bieten allerdings noch weitaus mehr Möglichkeiten, die fast an die von Klassen heranreichen. Wir aber wollen uns im vorliegenden Kapitel ausschließlich mit Klassen beschäftigen.

---

[1] Oft wird anstatt "Klasse" mit völlig gleichwertiger Bedeutung auch der Begriff "Objekttyp" (oder auch "Typ") verwendet.

Man erhält erst dann ein konkretes Objekt, wenn man eine *Instanz* einer Klasse bildet. Es lassen sich viele Objekte mit einer einzigen Klassendefinition erzeugen.

BEISPIEL 3.1: Objekt, Klasse, Instanz

Auf dem Montageband werden zahlreiche Auto-Objekte nach ein und denselben Konstruktionsvorschriften für die Klasse "Auto" gebaut. Diesen Vorgang könnte man auch als Bildung von Instanzen der Klasse "Auto" bezeichnen. Während die Klasse lediglich die Eigenschaft *Farbe* definiert, wird der konkrete Wert (rot, blau, grün ...) erst beim Erzeugen des Objekts (der Instanz) zugewiesen.

3.2.2   Kapselung und Wiederverwendbarkeit

Klassen realisieren das Prinzip der *Kapselung* von Objekten, das es ermöglicht, die Implementierung der Klasse (der Code im Inneren) von deren Schnittstelle bzw. Interface (die öffentlichen Eigenschaften, Methoden und Ereignisse) sauber zu trennen. Durch das Verbergen der inneren Struktur werden die internen Daten und einige verborgene Methoden geschützt, sind also von außen nicht zugänglich. Die Manipulation des Objekts kann lediglich über streng definierte, über die Schnittstelle zur Verfügung gestellte öffentliche Methoden erfolgen.

Klassen ermöglichen die *Wiederverwendbarkeit* von Code. Nachdem eine Klasse geschrieben wurde, können Sie diese an verschiedenen Stellen innerhalb einer Applikation verwenden. Klassen reduzieren somit den redundanten Code einer Anwendung, sie erleichtern außerdem die Wartung des Codes.

3.2.3   Vererbung und Polymorphie

Echte Vererbung (*Implementierungsvererbung*) ermöglicht es Klassen zu definieren, die von anderen Klassen abgeleitet werden, wobei nicht nur die Schnittstelle, sondern auch der dahinter liegende Code (die Implementierung) vom Nachkommen übernommen wird.

Da es nun möglich ist, die Implementierung einer Klasse für weitere Klassen als Grundlage zu verwenden, kann man Unterklassen bilden, die alle Eigenschaften und Methoden ihrer Oberklasse (auch oft als Superklasse bezeichnet) erben. Diese Unterklassen können zu den geerbten Eigenschaften neue hinzufügen oder Eigenschaften der Oberklasse verstecken, indem sie diese überschreiben.

Wird von einer solchen Unterklasse ein Objekt erzeugt (also eine Instanz der Unterklasse gebildet), dann dient für dieses Objekt sowohl die Ober- als auch die Unterklasse als "Bauplan".

Visual Basic unterstützt das Überschreiben (*Overriding*) von Methoden[1] der Oberklasse mit alternativen Methoden der Unterklasse.

---

[1] Nicht zu verwechseln mit dem Überladen (Overloading) von Methoden.

OOP macht es möglich, ein und dieselbe Methode für ganz verschiedene Objekte zu verwenden, man nennt dies dann *Polymorphie* (Vielgestaltigkeit). Jedes dieser Objekte kann die Ausführung unterschiedlich realisieren. Für das aufrufende Objekt bleibt der Vorgang trotzdem derselbe.

BEISPIEL 3.2: Vererbung

> Die Methode "Beschleunigen" ist in einer "Fahrzeug"-Klasse definiert, welche an die Unterklassen "Auto" und "Fahrrad" vererbt. Es ist klar, dass diese Methoden in beiden Unterklassen überschrieben, d.h. völlig unterschiedlich implementiert werden müssen.

Als Polymorphie, die aufs Engste mit der Vererbung verknüpft ist, kann man also die Fähigkeit von Unterklassen bezeichnen, Eigenschaften und Methoden mit dem gleichen Namen, aber mit unterschiedlichen Implementierungen aufzurufen.

3.2.4 Sichtbarkeit von Klassen und ihren Mitgliedern

Um die Klasse bzw. ihre Mitglieder (Member, Elemente) gezielt zu verbergen oder offen zu legen, sollten Sie von den Zugriffsmodifizierern Gebrauch machen, die den Gültigkeitsbereich (bzw. die *Sichtbarkeit*) einschränken.

Klassen

Die folgende Tabelle zeigt die möglichen Einschränkungen bei der Sichtbarkeit von Klassen:

Modifizierer	Sichtbarkeit
Public	Unbeschränkt. Auch von anderen Assemblierungen aus können Objekte der Klasse erstellt werden.
Friend	Nur innerhalb des aktuellen Projekts. Außerhalb des Projekts ist kein Objekt dieser Klasse erstellbar. Gilt als Standard, falls kein Modifizierer vorangestellt wird.
Private	Nur innerhalb einer anderen Klasse.

Klassenmitglieder

Die folgende Tabelle zeigt die Zugriffsmöglichkeiten auf die Klassenmitglieder (Member).

Modifizierer	Sichtbarkeit
Public	Unbeschränkt.
Friend	Innerhalb der aktuellen Anwendung wie *Public*, sonst wie *Private*.
Protected	Wie *Private*, Mitglieder dürfen aber auch in abgeleiteten Klassen verwendet werden.
Protected Friend	Innerhalb der aktuellen Anwendung wie *Protected*, sonst wie *Private*.
Private	Nur innerhalb der Klasse.

Die Schlüsselwörter *Private* und *Public* definieren immer die beiden Extreme des Zugriffs. Betrachtet man die jeweiligen Klassen als allein stehend, so reichen diese beiden Zugriffsarten völlig aus. Mit solchen, quasi isolierten, Klassen lassen sich allerdings keine komplexeren Probleme lösen.

Um einzelne Klassen miteinander zu verbinden, verwenden Sie den mächtigen Mechanismus der Vererbung. In diesem Zusammenhang gewinnt die *Protected*-Deklaration wie folgt an Bedeutung:

- Da eine abgeleitete Klasse auf die *Protected*-Member zugreifen kann, sind diese Member für die abgeleitete Klasse quasi *Public*.

- Ist eine Klasse nicht von einer anderen abgeleitet, kann sie nicht auf deren *Protected*-Member zugreifen, da diese dann quasi *Private* sind.

Mehr zu diesem Thema finden Sie im Abschnitt 3.9 (Vererbung und Polymorphie).

3.2.5 Allgemeiner Aufbau einer Klasse

Bevor der Einsteiger seine erste Klasse schreibt, sollte er sich zunächst im einführenden Sprachkapitel mit den Strukturen (siehe Abschnitt 2.7.2) anfreunden, die in Aufbau und Anwendung starke Ähnlichkeiten zu Klassen aufweisen (der wesentliche Unterschied ist, dass Strukturen Wertetypen, Klassen hingegen Referenztypen sind). Auch im Aufbau von Funktionen bzw. Methoden sollte sich der Lernende auskennen (Abschnitt 2.8).

Im Unterschied zu einer Struktur (Schlüsselwort *Structure*) wird eine Klasse mit dem Schlüsselwort *Class* deklariert. Hier die (stark vereinfachte) Syntax:

```
SYNTAX:   Modifizierer Class Bezeichner
                    ' ... Felder
                    ' ... Konstruktoren
                    ' ... Eigenschaften
                    ' ... Methoden
                    ' ... Ereignisse
          End Class
```

Im Klassenkörper haben es wir es mit "Klassenmitgliedern" (Member) wie Feldern, Konstruktoren, Eigenschaften, Methoden und Ereignissen zu tun, auf die wir noch detailliert zu sprechen kommen werden.

Die Definition der Klassenmitglieder bezeichnet man auch als *Implementation* der Klasse.

BEISPIEL 3.3: Eine einfache Klasse *CKunde* wird deklariert und implementiert.

```
Public Class CKunde
    Private _anrede As String          '    Feld
    Private _name As String            '    dto.

    Public Sub New(anr As String, nam As String)    ' Konstruktor
        _anrede = anr
```

BEISPIEL 3.3: Eine einfache Klasse *CKunde* wird deklariert und implementiert.

```
        _name = nam
    End Sub
    Public Property name() As String          ' Eigenschaft
        Get
            Return _name
        End Get
        Set(value As String)
            _name = value
        End Set
    End Property

    Public Function adresse() As String        ' Methode
        Dim s As String = _anrede & " " & _name
        Return s
    End Function
End Class
```

Unsere Klasse verfügt damit über zwei Felder, eine Eigenschaft und eine Methode. Da die beiden Felder mit dem *Private*-Modifizierer deklariert wurden, sind sie von außen nicht sichtbar.

3.3 Ein Objekt erzeugen

Existiert eine Klasse, so steht dem Erzeugen von Objektvariablen nichts mehr im Weg. Eine Objektvariable ist ein Verweistyp, sie enthält also nicht das Objekt selbst, sondern stellt lediglich einen Zeiger (Adresse) auf den Speicherbereich des Objekts bereit. Es können sich also durchaus mehrere Objektvariablen auf ein und dasselbe Objekt beziehen. Wenn eine Objektvariable den Wert *Nothing* enthält, bedeutet das, dass sie momentan "ins Leere" zeigt, also kein Objekt referenziert.

Unter der Voraussetzung, dass eine gültige Klasse existiert, verläuft der Lebenszyklus eines Objekts in Ihrem Programm in folgenden Etappen:

- Referenzierung (eine Objektvariable wird deklariert, sie verweist momentan noch auf *Nothing*)

- Instanziierung (die Objektvariable zeigt jetzt auf einen konkreten Speicherplatzbereich)

- Initialisierung (die Datenfelder der Objektvariablen werden mit Anfangswerten gefüllt)

- Arbeiten mit dem Objekt (es wird auf Eigenschaften und Methoden des Objekts zugegriffen, Ereignisse werden ausgelöst)

- Zerstören des Objekts (das Objekt wird dereferenziert, der belegte Speicherplatz wird wieder freigegeben)

Werfen wir nun einen genaueren Blick auf die einzelnen Etappen.

3.3.1 Referenzieren und Instanziieren

Es stehen zwei Varianten zur Verfügung.

Variante 1 erfordert zwei Schritte:

```
SYNTAX:  Modifizierer myObject As Klasse
         myObjekt = New Klasse(Parameter)
```

BEISPIEL 3.4: Ein Objekt *kunde1* wird referenziert und erzeugt.

```
Private kunde1 As CKunde          ' Referenzieren
kunde1 = New CKunde1()            ' Erzeugen
```

In *Variante2*, der Kurzform, sind beide Schritte in einer Anweisung zusammengefasst, d.h., das Objekt wird zusammen mit seiner Deklaration erzeugt.

```
SYNTAX:  Modifizierer myObject = New Klasse()
```

BEISPIEL 3.5: Das Äquivalent zum Vorgängerbeispiel.

```
Private kunde1 As New CKunde()
```

Dem Klassenbezeichner (*Klasse*) müsste genauer genommen noch der Name der Klassenbibliothek (bzw. Name des Projekts) vorangestellt werden, doch dies wird unter Visual Studio nicht erforderlich sein, da der entsprechende Namensraum (*Namespace*) bereits automatisch eingebunden wurde (*Imports*-Anweisung).

Obwohl die Kurzform sehr eindrucksvoll ist, können Sie hier keine Fehlerbehandlung (*Try...Catch*-Block) durchführen. Diese Einschränkung macht diese Art von Deklaration weniger nützlich.

Empfehlenswert ist also fast immer das getrennte Deklarieren und Erzeugen[1].

BEISPIEL 3.6: Eine mögliche Fehlerbehandlung

```
Private kunde1 As CKunde
Try
    kunde1 = New CKunde()
Catch e As Exception
    MessageBox.Show(ex.Message)
End Try
```

---

[1] Aus Platz- und Bequemlichkeitsgründen halten sich auch die Autoren nicht immer an diese Empfehlung.

3.3.2 Klassische Initialisierung

Anstatt die Anfangswerte einzeln zuzuweisen, können Sie diese zusammen mit einem Konstruktor übergeben. Zunächst ein Beispiel ohne eigenen Konstruktor, wobei der parameterlose Standardkonstruktor zum Einsatz kommt.

> **BEISPIEL 3.7: Das Objekt *kunde1* wird erzeugt (Standardkonstruktor), zwei Eigenschaften werden einzeln zugewiesen.**

```
Dim kunde1 As New CKunde()
kunde1.anrede = "Frau"
kunde1.name = "Müller"
```

> **BEISPIEL 3.8: Das Objekt *kunde1* wird erzeugt und mit einem Konstruktor initialisiert.**

```
Dim kunde1 As New CKunde("Frau", "Müller")
```

HINWEIS: Weitere Einzelheiten entnehmen Sie dem Abschnitt 3.8.1.

3.3.3 Objekt-Initialisierer

Man kann ein Objekt auch dann erzeugen und seine Eigenschaften (keine privaten Felder!) initialisieren, wenn es dazu keinen Konstruktor gibt.

> **BEISPIEL 3.9: Das Vorgängerbeispiel mit Objekt-Initialisierer**

```
Private kunde1 As New CKunde With {.anrede = "Frau", .name = "Müller"}
```

HINWEIS: Mehr zu Objekt-Initialisierern siehe Abschnitt 3.8.2!

3.3.4 Arbeiten mit dem Objekt

Wie Sie bereits wissen, erfolgt der Zugriff auf Eigenschaften und Methoden eines Objekts, indem der Name des Objekts mit einem Punkt (.) vom Namen der Eigenschaft/Methode getrennt wird.

SYNTAX: *Objekt.Eigenschaft|Methode()*

> **BEISPIEL 3.10: Die Eigenschaft *Guthaben* des Objekts *kunde1* wird zugewiesen und die Methode *adresse* aufgerufen.**

```
kunde1.Guthaben = 10
Label1.Text = kunde1.adresse()
```

3.3.5 Zerstören des Objekts

Wenn Sie das Objekt nicht mehr brauchen, können Sie die Objektvariable auf *Nothing* setzen. Vorher können Sie (müssen aber nicht) die *Dispose*-Methode des Objekts aufrufen, vorausgesetzt, Sie haben Sie auch implementiert.

BEISPIEL 3.11: Der *kunde1* wird entfernt.

```VB
kunde1.Dispose()
kunde1 = Nothing
```

HINWEIS: Das Objekt wird allerdings erst dann zerstört, wenn der Garbage Collector festgestellt hat, dass es nicht länger benötigt wird.

3.4 OOP-Einführungsbeispiel

Raus aus dem muffigen Hörsaal, lassen Sie uns endlich einmal selbst eine einfache Klasse erstellen und beschnuppern!

3.4.1 Vorbereitungen

- Öffnen Sie ein neues Projekt (z.B. mit dem Namen *Kunden*) als Windows Forms-Anwendung.

- Auf das Startformular (*Form1*) platzieren Sie zwei *Label*s und zwei *Button*s.

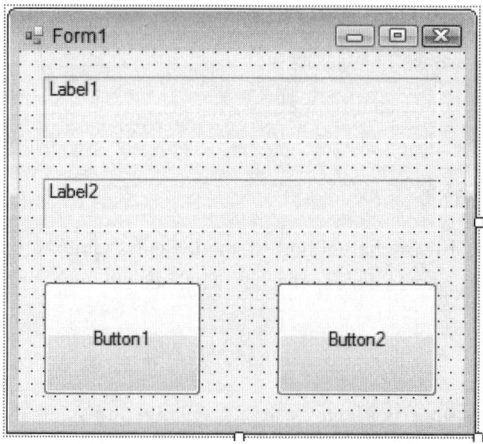

- Nachdem Sie den Menüpunkt *Projekt|Klasse hinzufügen...* gewählt haben, geben Sie im Dialogfenster den Namen *CKunde.vb* ein und klicken "Hinzufügen".

Der Projektmappen-Explorer zeigt jetzt die neue Klasse:

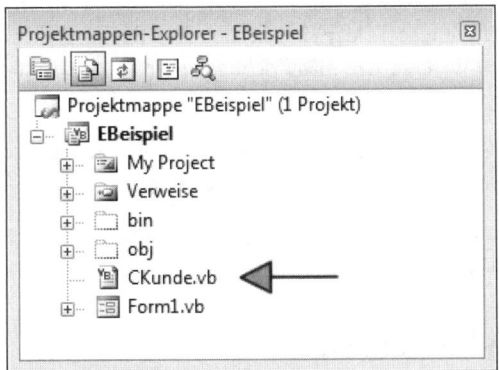

HINWEIS: Sie müssen eine Klasse nicht unbedingt in einem eigenen Klassenmodul definieren, Sie könnten die Klasse z.B. auch zum bereits vorhandenen Code des Formulars (*Form1.vb*) hinzufügen. Das Verwenden eigener Klassenmodule (idealerweise eins pro Klasse) steigert aber die Übersichtlichkeit des Programmcodes und erleichtert dessen Wiederverwendbarkeit.

3.4.2 Klasse definieren

Tragen Sie in den Klassenkörper die Implementierung der Klasse ein, sodass der komplette Code der Klasse schließlich folgendermaßen ausschaut:

```
Public Class CKunde
    Public Anrede As String            ' einfache Eigenschaften
    Public Name As String              '    dto.
    Public PLZ As Integer              '    dto.
    Public Ort As String               '    dto.
    Public Stammkunde As Boolean       '    dto.
    Public Guthaben As Decimal         '    dto.


    Public Function getAdresse() As String           ' erste Methode
        Dim s As String = Anrede & " " & Name & vbCrLf & PLZ.ToString & " " & Ort
        Return s
    End Function


    Public Sub addGuthaben(betrag As Decimal)      ' zweite Methode
        If Stammkunde Then Guthaben += betrag
    End Sub
End Class
```

Bemerkungen

- Die Klasse verfügt über sechs "einfache" Eigenschaften, und zwar sind das alle als *Public* deklarierten Variablen, die man auch als "öffentliche Felder" bezeichnet. Die Betonung liegt hier auf "einfach", da wir später noch lernen werden, wie man "richtige" Eigenschaften programmiert.

- Weiterhin verfügt die Klasse über zwei *Methoden* (eine Funktion und eine Prozedur). Die Funktion *getAdresse()* liefert als Rückgabewert die komplette Anschrift des Kunden.

- Die Prozedur (*Sub*) *addGuthaben()* hingegen liefert keinen Wert zurück, sie erhöht den Wert des *Guthaben*-Felds bei jedem Aufruf um einen bestimmten Betrag.

3.4.3 Objekt erzeugen und initialisieren

Wechseln Sie nun in das Code-Fenster von *Form1*.

Zu Beginn deklarieren Sie eine Objektvariable *kunde1*:

```
Private kunde1 As CKunde          ' Objekt referenzieren
```

Dem linken Button geben Sie die Beschriftung "Objekt erzeugen und initialisieren" und belegen sein *Click*-Ereignis wie folgt:

```
Private Sub Button1_Click(sender As Object, e As EventArgs) Handles Button1.Click
    kunde1 = New CKunde()          ' Objekt erzeugen (instanziieren)
    With Kunde1                     ' Objekt initialisieren:
        .Anrede = "Herr"
        .Name = "Müller"
        .PLZ = 12345
        .Ort = "Berlin"
        .Stammkunde = True
    End With
End Sub
```

3.4.4 Objekt verwenden

Hinterlegen Sie nun den rechten Button mit der Beschriftung "Eigenschaften und Methoden verwenden" wie folgt:

```
Private Sub Button2_Click(sender As Object, e As EventArgs) Handles Button2.Click
    Label1.Text = Kunde1.getAdresse   ' erste Methode aufrufen
    Kunde1.addGuthaben(50D)            ' zweite Methode aufrufen
    Label2.Text = "Guthaben ist " & Kunde1.Guthaben.ToString("C")    ' Eigenschaft lesen
End Sub
```

3.4.5 IntelliSense – die hilfreiche Fee

Sie haben beim Eintippen des Quelltextes (insbesondere im Code-Fenster von *Form1*) bereits gemerkt, dass Sie durch die IntelliSense von Visual Studio eifrigst unterstützt werden.

Die IntelliSense weist Sie z.B. auf die verfügbaren Klassenmitglieder (Eigenschaften und Methoden) hin und ergänzt den Quellcode automatisch, wenn Sie doppelt auf den gewünschten Eintrag klicken.

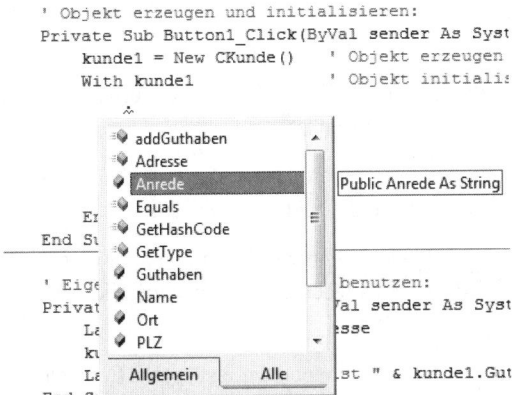

Falls das gewünschte Klassenmitglied nicht erscheint, müssen Sie sofort stutzig werden und es keinesfalls mit dem gewaltsamen Eintippen des Namens versuchen, denn dann gibt es wahrscheinlich einen Fehler beim Kompilieren. Überprüfen Sie stattdessen lieber nochmals die Klassendeklaration, z.B. ob vielleicht nicht doch der *Public*-Modifizierer vergessen wurde.

3.4.6 Objekt testen

Nun ist es endlich so weit, dass Sie Ihr erstes eigenes VB-Objekt vom Stapel lassen können. Unmittelbar nach Programmstart betätigen Sie den linken Button und danach den rechten. Durch mehrmaliges Klicken auf den zweiten Button wird sich das Guthaben des Kunden Müller in 50-€-Schritten erhöhen.

Falls Sie zu voreilig gewesen sind und unmittelbar nach Programmstart den zweiten statt den ersten Button gedrückt haben, stürzt Ihnen das Programm mit der Laufzeit-Fehlermeldung "Der Objektverweis wurde nicht auf eine Objektinstanz festgelegt." ab.

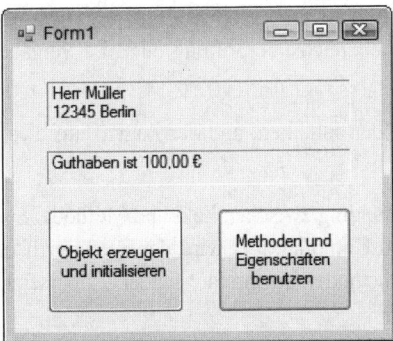

3.4.7 Warum unsere Klasse noch nicht optimal ist

Unsere Klasse funktioniert nach außen hin zwar ohne erkennbare Mängel, ist hinsichtlich ihrer inneren Konstruktion aber keinesfalls als optimal zu bezeichnen. Wir haben deshalb keinerlei Grund, uns zufrieden zurückzulehnen, denn das uns unter Visual Basic zur Verfügung stehende OOP-Instrumentarium wurde von uns bei weitem noch nicht ausgeschöpft.

■ Beispielsweise haben wir nur "einfache" Eigenschaften, nämlich *Public*-Felder verwendet, was eigentlich eine schwere Sünde in den Augen der OOP-Puristen ist.

■ Weiterhin war das Initialisieren der Eigenschaften über mehrere Codezeilen ziemlich mühselig (von einem hilfreichen Konstruktor haben wir noch keinerlei Gebrauch gemacht).

■ Außerdem wird eine Klasse erst dann so richtig effektiv, wenn wir davon nicht nur eine, sondern mehrere Instanzen (sprich Objekte) ableiten. Diese wiederum kann man ziemlich elegant in so genannten Auflistungen (Collections) verwalten (siehe Kapitel 5).

Doch zur Beseitigung dieser und anderer Unzulänglichkeiten kommen wir erst später. Ein weiteres Problem, was uns unter den Nägeln brennt, können und wollen wir aber nicht weiter aufschieben und es gleich im folgenden Abschnitt behandeln.

3.5 Eigenschaften

Eigenschaften bestimmen die statischen Attribute eines Objekts, sie leiten sich von dessen *Zustand* ab, wie er in den Zustandsvariablen (Objektfeldern) gespeichert ist. Im Unterschied zu den Methoden, die von allen Instanzen der Klasse gemeinsam genutzt werden, sind die den Eigenschaften zugewiesenen Werte für alle Objekte einer Klasse meist unterschiedlich.

3.5.1 Eigenschaften kapseln

Von den im Objekt enthaltenen Feldern sind die *Public*-Felder als "einfache" Eigenschaften zu betrachten.

In unserem Beispiel hatten wir für die Klasse *CKunde* solche "einfachen" Eigenschaften als *Public*-Variable deklariert. Das allerdings ist nicht die "feine Art" der objektorientierten Programmierung, denn das Veröffentlichen von Feldern widerspricht dem hochgelobten Prinzip der Kapselung und erlaubt keinerlei Zugriffskontrolle wie z.B. Wertebereichsüberprüfung oder die Vergabe von Lese- und Schreibrechten.

Idealerweise sind deshalb in einem Objekt nur private Felder enthalten, und der Zugriff auf diese wird durch Accessoren (Zugriffsmethoden) gesteuert.

In diesem Sinn ist eine *Eigenschaft* gewissermaßen ein Mittelding zwischen Feld und Methode. Sie verwenden die Eigenschaft wie ein öffentliches Feld. Vom Compiler aber wird der Feldzugriff in den Aufruf von Accessoren – das sind spezielle Zugriffsmethoden auf private Felder – übersetzt. Doch schauen wir uns das Ganze lieber in der Praxis an.

Deklarieren von Eigenschaften

Eigenschaften werden ähnlich wie öffentliche Methoden deklariert. Innerhalb der Deklaration implementieren Sie für den Lesezugriff eine *Get*- und für den Schreibzugriff eine *Set*-Zugriffsmethode. Während die *Get*-Methode ihren Rückgabewert über *Return* liefert, erhält die *Set*-Methode den zu schreibenden Wert über den Parameter *value*.

```
SYNTAX:    [Public|Friend|Protected] Property Eigenschaftsname As Type
              Get
                  ' hier Lesezugriff (Wert=priv.Felder) implementieren
                  Return Wert
              End Get
              Set(value As Type)
                  ' hier Schreibzugriff (priv.Felder=value) implementieren
              End Set
          End Property
```

Wir wollen nun unser Beispiel mit "echten" Eigenschaften ausstatten. Dazu werden zunächst die *Public*-Felder in *Private* verwandelt und durch Voranstellen von "_" umbenannt, um Namenskonflikte mit den gleichnamigen Eigenschafts-Deklarationen zu vermeiden.

```
Public Class CKunde
    Private _anrede As String        '   privates Feld
    Private _name As String          '   dto.
    ...
```

Der Schreibzugriff auf die Eigenschaft *Anrede* soll so kontrolliert werden, dass nur die Werte "Herr" oder "Frau" zulässig sind. Geben Sie die erste Zeile der *Property*-Deklaration ein, so generiert Visual Studio automatisch den kompletten Rahmencode:

```
Public Property Anrede As String
    Get

    End Get
    Set(value As String)

    End Set
End Property
```

Sie brauchen dann nur noch den Lese- und den Schreibzugriff zu implementieren, sodass die komplette Eigenschaftsdefinition schließlich folgendermaßen aussieht:

```
Public Property Anrede() As String
    Get
        Return _anrede
    End Get
    Set(value As String)
        If (value = "Herr") Or (value = "Frau") Then
            _anrede = value
        Else
```

```
        MessageBox.Show("Die Anrede '" & value & "' ist nicht zulässig!",
                                    "Fehler bei der Eingabe!")
        End If
    End Set
End Property
```

Beim Implementieren der Eigenschaft *Name* machen wir es uns etwas einfacher. Hier soll uns die einfache Kapselung genügen (es gibt also keinerlei Zugriffskontrolle):

```
Public Property Name() As String
    Get
        Return _name
    End Get
    Set(value As String)
        _name = value
    End Set
End Property
```

Zugriff

Wenn Sie ein Objekt verwenden, merken Sie auf Anhieb natürlich nicht, ob es noch über "einfache" oder schon über "richtige" Eigenschaften verfügt, es sei denn, die in die *Get-* bzw. *Set-*Methoden eingebauten Zugriffsbeschränkungen werden verletzt und Sie erhalten entsprechende Fehlermeldungen.

BEISPIEL 3.12: Sie wollen die Anrede "Mister" zuweisen, was zu einem Laufzeitfehler führt.

```
Dim kunde1 As New CKunde()
kunde1.Anrede = "Mister"        ' Fehler!
```

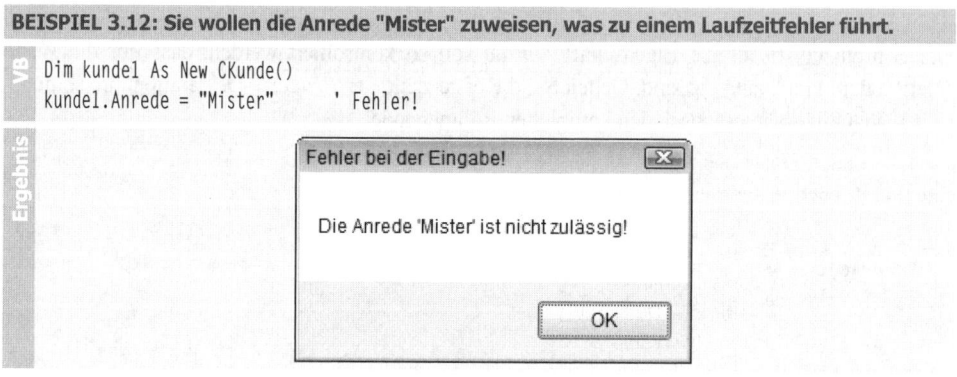

Bemerkung

- Beim Schreiben des Quellcodes in der Entwicklungsumgebung Visual Studio merken Sie den "feinen" Unterschied zwischen "einfachen" und "richtigen" Eigenschaften, denn die IntelliSense zeigt dafür unterschiedliche Symbole.

- In unserem Beispiel verhält sich nur die Eigenschaft *Anrede* "intelligent", d.h., sie unterliegt einer Zugriffskontrolle. Bei den übrigen Eigenschaften erfolgt lediglich eine 1:1-Zuordnung zu den privaten Feldern. Hier sollte man nicht "päpstlicher als der Papst" sein und es bei den ursprünglichen *Public*-Feldern belassen. Wir aber haben diesen (eigentlich sinnlosen) Aufwand bei der *Name*-Eigenschaft nur wegen des Lerneffekts betrieben.

3.5.2 Eigenschaften mit Zugriffsmethoden kapseln

Mit Zugriffsmethoden lässt sich weit mehr anstellen, als nur den Zugriff auf private Felder der Klasse zu kontrollieren. So können z.B. innerhalb der Methode komplexe Berechnungen mit den Feldern (die man auch *Zustandsvariablen* nennt) und den übergebenen Parametern ausgeführt werden.

BEISPIEL 3.13: Eigenschaften mit Zugriffsmethoden kapseln

Eine Klasse *CKreis* hat die Eigenschaften *Radius*, *Umfang* und *Fläche*. In der einzigen Zustandsvariablen *r* braucht aber nur der Radius abgespeichert zu werden, da sich die übrigen Eigenschaften aus *r* berechnen lassen (*Get* = Lesezugriff) bzw. umgekehrt (*Set* = Schreibzugriff).

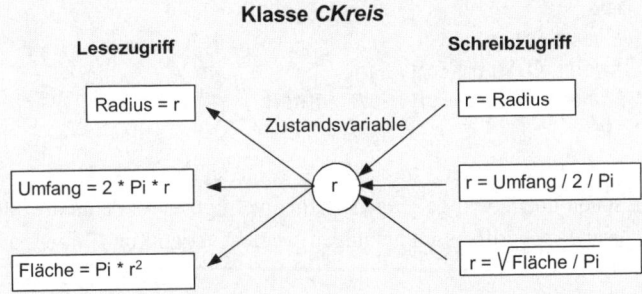

```
Public Class CKreis
    Private r As Double                  ' die einzige Zustandsvariable
```

Die Eigenschaft *Radius*:

```
Public Property Radius() As String
    Get
        Return r.ToString("#,#0.00")
    End Get
    Set(value As String)
        If value <> String.Empty Then
            r = CDbl(value)
        Else
            r = 0
        End If
    End Set
End Property
```

Die Eigenschaft *Umfang*:

```
Public Property Umfang() As String
    Get
        Return (2 * Math.PI * r).ToString("#,#0.00")
    End Get
    Set(value As String)
```

BEISPIEL 3.13: Eigenschaften mit Zugriffsmethoden kapseln

```
            If value <> String.Empty Then
                r = CDbl(value) / 2 / Math.PI
            Else
                r = 0
            End If
        End Set
    End Property
```

Die Eigenschaft *Fläche*:

```
    Public Property Fläche() As String
        Get
            Return (Math.PI * Math.Pow(r, 2)).ToString("#,#0.00")
        End Get
        Set(value As String)
            If value <> String.Empty Then
                r = Math.Sqrt(CDbl(value) / Math.PI)
            Else
                r = 0
            End If
        End Set
    End Property
End Class
```

Das komplette Programm finden Sie unter

▶ 3.12.1 Eigenschaften sinnvoll kapseln

3.5.3   Lese-/Schreibschutz für Eigenschaften

Es kommt häufig vor, dass bestimmte Eigenschaften nur gelesen oder nur geschrieben werden dürfen (*ReadOnly* bzw. *WriteOnly*). Um diese Art der Zugriffsbeschränkung zu realisieren, ist keinerlei Aufwand erforderlich – im Gegenteil:

HINWEIS: Um eine Eigenschaft allein für den Lese- bzw. Schreibzugriff zu deklarieren, lässt man einfach die *Get*- bzw. die *Set*-Zugriffsmethode weg.

BEISPIEL 3.14: Lese-/Schreibschutz für Eigenschaften

In unserer *CKunde*-Klasse soll das Guthaben für den direkten Schreibzugriff gesperrt werden. Das klingt logisch, da zur Erhöhung des Guthabens bereits die Methode *addGuthaben* existiert.

```
Public Class CKunde

    ...

    Public ReadOnly Property Guthaben() As Decimal
        Get
```

BEISPIEL 3.14: Lese-/Schreibschutz für Eigenschaften

```
                Return _guthaben
            End Get
        End Property
    ...
End Class
```

Bereits in der Entwicklungsumgebung von Visual Studio wird nun der Versuch abgewiesen, dieser Eigenschaft einen Wert zuzuweisen:

```
            .Ort = "Berlin"
            .Stammkunde = True
            .Guthaben = 10
        End   Die Eigenschaft "Guthaben" ist ReadOnly.
    End Sub
```

3.5.4 Statische Eigenschaften

Mitunter gibt es Eigenschaften, deren Werte für alle aus der Klasse instanziierten Objekte identisch sind und die deshalb nur einmal in der Klasse gespeichert zu werden brauchen.

HINWEIS: Statische Eigenschaften (*Klasseneigenschaften*) werden mit dem Schlüsselwort *Shared* deklariert.

Außer dem *Shared*-Schlüsselwort gibt es beim Deklarieren keine Unterschiede zu den normalen Instanzeneigenschaften.

Statische Eigenschaften können benutzt werden, ohne dass dazu eine Objektvariable deklariert und ein Objekt instanziiert werden muss! Es genügt das Voranstellen des Klassenbezeichners.

BEISPIEL 3.15: Die Klasse *CKunde* soll zusätzlich eine "einfache" Eigenschaft *Rabatt* bekommen, die für jedes Kundenobjekt immer den gleichen Wert hat.

```
Public Class CKunde
    ...
    Public Shared Rabatt As Double
    ...
End Class
```

Der Zugriff ist sofort über den Klassenbezeichner möglich, ohne dass dazu eine Objektvariable erzeugt werden müsste.

BEISPIEL 3.16: Allen Kunden wird ein Rabatt von 15% zugewiesen.

```
CKunde.Rabatt = 0.15
```

Vielen Umsteigern, die aus der strukturierten Programmierung kommen, bereitet es Schwierigkeiten, auf ihre globalen Variablen zu verzichten, mit denen sie Werte zwischen verschiedenen Programmmodulen ausgetauscht haben. Genau hier bieten sich statische Eigenschaften an, die z.B. in einer extra für derlei Zwecke angelegten Klasse *CAllerlei* abgelegt werden könnten.

3.5.5 Selbst implementierende Eigenschaften

Bei sehr einfachen Eigenschaften (vergleichbar mit denen, die Sie bislang "unsauber" als *Public*-Felder deklariert haben) können Sie seit VB 2010 so genannte *Auto-implemented Properties* verwenden. Der VB-Compiler generiert im Hintergrund für Sie die entsprechenden *Get*- und *Set*-Zugriffsmethoden und erzeugt außerdem ein privates Feld, um den Wert der Eigenschaft zu speichern.

Wie viel lästige Schreibarbeit Sie sparen können, soll das folgende Beispiel verdeutlichen.

BEISPIEL 3.17: Die folgende Deklaration einer selbst implementierenden Eigenschaft

```vb
Property Ort As String = "München"
```

ist äquivalent zu

```vb
Private _Ort As String = "München"              ' backing field
Property Ort As String
    Get
        Return _Ort
    End Get
    Set(value As String)

        _Ort = value
    End Set
End Property
```

Wie Sie sehen, kann der Eigenschaft auch ein Standardwert zugewiesen werden. Der Name des automatisch angelegten "backing fields" entspricht dem Namen der Eigenschaft mit vorangestelltem Unterstrich.

HINWEIS: Achten Sie auf Namenskonflikte, die entstehen können, wenn Sie eigene Felder zur Klasse hinzufügen, die auch mit einem Unterstrich (_) beginnen!

Komplette Eigenschaftsdeklarationen lassen sich in einer einzigen Zeile erledigen, wie es die folgenden Beispiele zeigen.

BEISPIEL 3.18: Einige selbst implementierende Eigenschaften

```vb
Public Property FullName As String
Public Property FullName As String = "Max Muster"
Public Property ID As New Guid()
Public Property ErstesQuartal As New List(Of String) From {"Januar", "Februar", "März"}
```

3.6 Methoden

Methoden bestimmen die dynamischen Attribute eines Objekts, also sein Verhalten. Eine Methode ist eine Funktion, die im Körper der Klasse implementiert ist.

3.6.1 Öffentliche und private Methoden

Bereits im Kapitel 2 haben Sie gelernt, wie man Methoden programmiert. Jetzt wollen wir noch etwas nachhaken und den Fokus auf die Methoden richten, die in unseren selbst programmierten Klassen zum Einsatz kommen.

Genau wie das bei "richtigen" Eigenschaften der Fall ist, arbeiten in einer sauber programmierten Klasse alle Methoden ausschließlich mit privaten Feldern (Zustandsvariablen) zusammen.

HINWEIS: Wenn Sie eine Methode als *Private* deklarieren, ist sie nur innerhalb der Klasse sichtbar, und es handelt sich um keine Methode im eigentlichen Sinn der OOP, sondern eher um eine Funktion/Prozedur im herkömmlichen Sinn.

BEISPIEL 3.19: Die beiden öffentlichen Methoden *getAdresse()* und *addGuthaben()* arbeiten mit sechs privaten Feldern zusammen.

```
Public Class CKunde
```

Private Variablen:

```
    Private _anrede As String
    Private _name As String
    Private _plz As Integer
    Private _ort As String
    Private _stammkunde As Boolean
    Private _guthaben As Decimal
```

Öffentliche Methoden:

```
Public Function getAdresse() As String
      Dim s As String = _anrede & " " & _name & vbCrLf & _plz.ToString & " " & _ort
      Return s
End Function

Public Sub addGuthaben(betrag As Decimal)
      If _stammkunde Then _guthaben += betrag
End Sub
```

Der Aufruf:

```
Private kunde1 As New CKunde()
...
Label1.Text = kunde1.getAdresse          ' erste Methode (Funktion) aufrufen
kunde1.addGuthaben(50)                    ' zweite Methode (Prozedur) aufrufen
```

3.6.2 Überladene Methoden

Innerhalb des Klassenkörpers dürfen zwei und mehr gleichnamige Methoden konfliktfrei nebeneinander existieren, wenn sie eine unterschiedliche Signatur (Reihenfolge und Datentyp der Übergabeparameter) besitzen.

> **BEISPIEL 3.20: Zwei überladene Versionen einer Methode in der Klasse *CKunde*, die erste hat nur den Nettobetrag als Parameter die zweite den Bruttobetrag und die Mehrwertsteuer.**

```vb
Public Class CKunde
    ...
    Public Sub addGuthaben(betrag As Decimal)
        If _Stammkunde Then _Guthaben += betrag
    End Sub

    Public Sub addGuthaben(brutto As Double, mwst As Double)
        If _Stammkunde Then _Guthaben += CDec(brutto / (1 + mwst))
    End Sub
    ...
End Class
```

Wenn Sie diese Methoden verwenden wollen, so fällt die Auswahl im Code-Fenster leicht:

```
kunde1.addGuthaben(
```
▲ 2 von 2 ▼ addGuthaben (**brutto As Double**, mwst As Double)

3.6.3 Statische Methoden

Genauso wie *statischen Eigenschaften* können *statische Methoden* (auch als *Klassenmethoden* bezeichnet) ohne Verwendung eines Objekts aufgerufen werden. Statische Methoden werden ebenfalls mit dem *Shared*-Modifizierer gekennzeichnet und eignen sich z.B. gut für diverse Formelsammlungen (ähnlich *Math*-Klassenbibliothek). Auch können Sie damit auf private statische Klassenmitglieder zugreifen.

> **HINWEIS:** Der Einsatz statischer Methoden für relativ einfache Aufgaben ist bequemer und ressourcenschonender als das Arbeiten mit Objekten, die Sie jedes Mal extra instanziieren müssten.

> **BEISPIEL 3.21: Wir bauen eine Klasse, in der wir wahllos einige von uns häufig benötigte Berechnungsformeln verpacken.**

```vb
Public Class MeineFormeln
    Public Shared Function kreisUmfang(radius As Double) As Double
        Return 2 * Math.PI * radius
    End Function
```

BEISPIEL 3.21: Wir bauen eine Klasse, in der wir wahllos einige von uns häufig benötigte Berechnungsformeln verpacken.

```
Public Shared Function kugelVolumen(radius As Double) As Double
    Return 4 / 3 * Math.PI * Math.Pow(radius, 3)
End Function

Public Shared Function Netto(brutto As Decimal, mwst As Decimal) As Decimal
    Return brutto / (1 + mwst)
End Function
...

End Class
```

Der Zugriff von außerhalb ist absolut problemlos, weil man sich nicht mehr um das lästige Instanziieren einer Objektvariablen kümmern muss.

HINWEIS: Leider kann bei Klassen die *With*-Anweisung nicht verwendet werden, da diese nur bei Objekten funktioniert.

BEISPIEL 3.22: *(Fortsetzung)* Die statischen Methoden der Klasse *MeineFormeln* werden in einer Eingabemaske aufgerufen.

```
Private Sub Button1_Click(sender As Object, e As EventArgs) Handles Button1.Click
    Dim r As Double = Convert.ToDouble(TextBox1.Text)        ' Kreisradius konvertieren

    Label1.Text = MeineFormeln.kreisUmfang(r).ToString("0.000")
    Label2.Text = MeineFormeln.kugelVolumen(r).ToString("0.000")

    Dim b As Double = Convert.ToDouble(TextBox2.Text)        ' Brutto konvertieren
    Label3.Text = MeineFormeln.Netto(b, 0.19).ToString("C")
End Sub
```

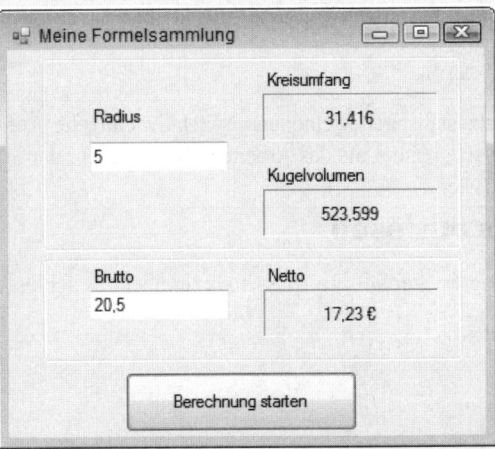

3.7 Ereignisse

Nachdem wir uns den Eigenschaften und Methoden von Objekten ausführlich gewidmet haben, wollen wir die Dritten im Bunde, die Ereignisse, nicht vergessen. Wie Sie bereits wissen, werden Ereignisse unter bestimmten Bedingungen vom Objekt ausgelöst und können dann in einer Ereignisbehandlungsroutine abgefangen und ausgewertet werden.

Allerdings bieten bei weitem nicht alle Klassen Ereignisse an, denn diese werden nur benötigt, wenn auf bestimmte Änderungen eines Objekts reagiert werden soll.

Nachdem wir mit dem Deklarieren von Eigenschaften und Methoden überhaupt keine Probleme hatten, hört aber bei Ereignissen der Spaß auf.

HINWEIS: Eine ausführliche Einführung in das .NET-Ereignismodell erhalten Sie im Kapitel 26 (Microsoft Event Pattern).

Im Folgenden werden deshalb nur die wichtigsten Grundlagen der Ereignismodellierung erläutert.

3.7.1 Ereignise deklarieren

Ein Ereignis fügen Sie der Klassendefinition über das *Event*-Schlüsselwort zu.

SYNTAX: `Public Event Ereignisname([Parameterdeklarationen])`

BEISPIEL 3.23: In der Klasse *CKunde* wird ein Ereignis mit dem Namen *GuthabenLeer* deklariert.

```vb
Public Class CKunde
    Private _guthaben As Decimal

    Public Event GuthabenLeer(sender As Object, e As String)

    Public Sub New(betrag As Decimal)        ' Konstruktor
        ...
        _guthaben = betrag
    End Sub
    ...
```

3.7.2 Ereignis auslösen

Ausgelöst wird das Ereignis ebenfalls im Klassenkörper über das Schlüsselwort *RaiseEvent*.

SYNTAX: `RaiseEvent Ereignisname([Parameterwerte])`

BEISPIEL 3.24: *(Fortsetzung)* Das Ereignis *Guth_____* feuert" innerhalb der Methode *addGuthaben* dann, wenn das Guthaben den We____ _____ unterschreitet.

```vb
    Public Sub addGuthaben(betrag As Decimal)
        _guthaben += betrag
        If _guthaben <= 10 Then
            Dim msg As String = "Das Guthaben beträgt nur noch" &
                                _guthaben.ToString("C") & "!"
            RaiseEvent GuthabenLeer(Me, msg)
        End If
    End Sub
    ...
End Class
```

Die Ereignisdefinition ist in diesem Beispiel bewusst einfach gehalten, um den Einsteiger nicht zu verschrecken. Normalerweise sollten Ereignisse immer zwei Parameter an die aufrufende Instanz übergeben: eine Referenz auf das Objekt, welches das Ereignis ausgelöst hat, und ein Objekt der *EvenArgs*- oder einer davon abgeleiteten Klasse (siehe 20.2.2). Auf Letzteres haben wir der Einfachheit wegen verzichtet und stattdessen einen einfachen Meldungsstring übergeben.

3.7.3 Ereignis auswerten

Um dem Compiler mitzuteilen, dass das Objekt über Ereignisse verfügt, müssen Sie bei der Referenzierung der Objektvariablen vor dem Objektbezeichner das Schlüsselwort *WithEvents* einfügen.

SYNTAX: `Private|Public WithEvents Objektname As Klassenname`

BEISPIEL 3.25: *(Fortsetzung)* Wir verwenden die im Vorgängerbeispiel definierte Klasse *CKunde* in einem Formular *Form1* mit einem *Button*

```vb
Public Class Form1
```

Der Einfachheit wegen erledigen wir die Referenzierung und die Instanziierung der Objektvariablen *kunde1* in einem Schritt und weisen dabei dem Kunden ein Anfangsguthaben von 100 Euro zu.

```vb
    Private WithEvents kunde1 As New CKunde(100)
```

Der Eventhandler für das Ereignis *GuthabenLeer* des Kunden:

```vb
    Private Sub kunde1_GuthabenLeer(sender As Object, e As String) Handles kunde1.GuthabenLeer
        Label1.Text = e.ToString
    End Sub
End Class
```

Bei jedem Klick auf den *Button* wird das Guthaben des Kunden um 10 € verringert:

```vb
    Private Sub Button1_Click(sender As Object, e As EventArgs) Handles Button1.Click
        Kunde1.addGuthaben(-10)
    End Sub
```

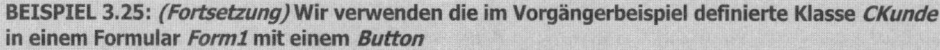

BEISPIEL 3.25: *(Fortsetzung)* Wir verwenden die im Vorgängerbeispiel definierte Klasse *CKunde* in einem Formular *Form1* mit einem *Button*

Nachdem Sie den *Button* neunmal geklickt haben, feuert das Ereignis und im *Label* erscheint eine Meldung:

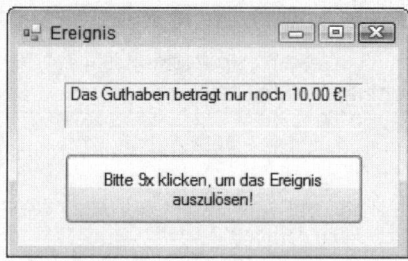

Visual Studio unterstützt Sie beim Erstellen des Rahmencodes der Event-Handler für selbst definierte Ereignisse natürlich genauso, wie Sie das z.B. für das *Click*-Ereignis eines *Button*s zur Genüge gewöhnt sind:

Nach dem Deklarieren der Objektvariablen wird in der linken oberen Klappbox das Objekt *kunde1* selektiert und in der rechten das Ereignis *GuthabenLeer*. Der Rahmencode des Eventhandlers wird automatisch generiert:

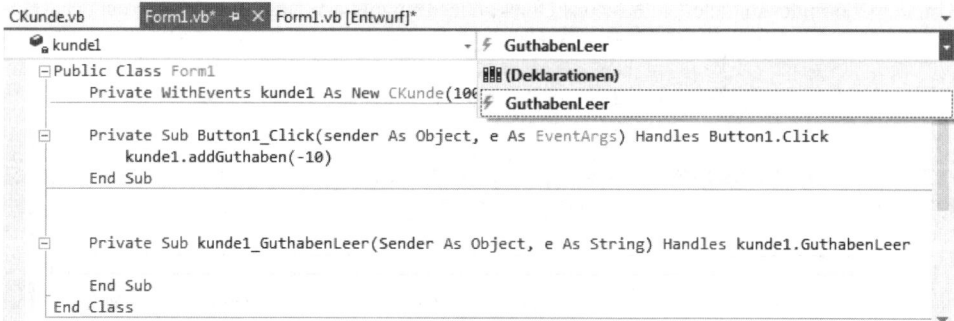

3.7.4 Benutzerdefinierte Ereignisse (Custom Events)

Meistens deklarieren Sie ein Ereignis mittels *Event*-Schlüsselwort unter Angabe eines Ereignisdelegaten, die Codegenerierung für die Ereignisverwaltung erfolgt automatisch.

BEISPIEL 3.26: Standardmäßige Ereignisdefinition in zwei Schritten

```
Public Delegate Sub NumberChangedHandler(i As Integer)
Public Event NumberChanged As NumberChangedHandler
```

In der Regel ist diese Art der Deklaration auch völlig ausreichend, aber in einigen Fällen möchten Sie die Ereignisverwaltung doch lieber selbst in die Hand nehmen.

Benutzerdefinierte Ereignis-Accessoren (Custom Events) erlauben dem Programmierer die genaue Definition der Vorgänge, die beim Hinzufügen bzw. Entfernen eines Eventhandlers und beim Auslösen eines Events ablaufen sollen (siehe dazu auch die Ausführungen zum Microsoft Event Pattern im Kapitel 26).

Deklaration

Durch Deklarieren eines Custom Events wird dem Compiler mitgeteilt, dass er die Codegenerierung für die Ereignisverwaltung außer Kraft setzen soll, der Programmierer muss sich also nun selbst darum kümmern wie die Ereignishandler an-/abgemeldet und aufgerufen werden.

Ein Custom Event wird durch das der *Event*-Deklaration vorangestellte *Custom*-Schlüsselwort unter Angabe eines Ereignisdelegaten definiert.

> **BEISPIEL 3.27: Deklaration eines benutzerdefinierten Ereignisses *NumberChanged***
>
>
> ```
> Public Delegate Sub NumberChangedHandler(i As Integer)
> Public Custom Event NumberChanged As NumberChangedHandler
> ```

Wenn Sie nach einer solchen Ereignisdeklaration die *Enter*-Taste drücken, erstellt Visual Studio automatisch den Rahmencode für die Ereignis-Acessoren (auf ähnliche Weise wie für Properties):

```
Public Custom Event NumberChanged As NumberChangedHandler
    AddHandler(value As NumberChangedHandler)

    End AddHandler

    RemoveHandler(value As NumberChangedHandler)

    End RemoveHandler

    RaiseEvent(i As Integer)

    End RaiseEvent
End Event
```

Wie Sie sehen, besteht die Deklaration eines Custom Events aus drei Sektionen, die unter folgenden Bedingungen abgearbeitet werden:

- *AddHandler*, wenn ein Ereignishandler entweder mittels *Handles*-Schlüsselwort oder *Add-Handler*-Methode hinzugefügt wird.

- *RemoveHandler*, wenn ein Handler mittels *RemoveHandler*-Methode wieder entfernt wird.

- *RaiseEvent*, wenn ein Ereignis ausgelöst wird.

Sie müssen sich jetzt also selbst um das Hinzufügen und Entfernen der Handler zu bzw. aus ihrem Container (üblicherweise eine Collection), sowie um die Benachrichtigung der angeschlossenen Handler beim Auslösen des Ereignisses kümmern. Obwohl das mehr Codezeilen erfordert als eine standardmäßige Implementierung, haben Sie eine größere Flexibilität beim Programmieren.

Anwendung

Da das alles ziemlich verwirrend klingen mag, soll ein Beispiel Licht in die Dunkelheit bringen.

Eine Klasse *CCounter* erzeugt im Sekundentakt eine Zahl von 1 bis 10 und löst dabei das benutzerdefinierte Ereignis *NumberChanged* aus. Als Container für die angemeldeten Eventhandler dient eine (generische) *List*:

```
Public Class CCounter

        Public Delegate Sub NumberChangedHandler(i As Integer)
        Private handlers As New List(Of NumberChangedHandler)

        Public Custom Event NumberChanged As NumberChangedHandler
            AddHandler(value As NumberChangedHandler)
                If handlers.Count <= 3 Then handlers.Add(value)
            End AddHandler

            RemoveHandler(value As NumberChangedHandler)
                handlers.Remove(value)
            End RemoveHandler

            RaiseEvent(i As Integer)
                If i > 30 Then
                    For Each handler As NumberChangedHandler In handlers
                        handler.Invoke(i)
                    Next
                End If
            End RaiseEvent
        End Event
```

Die Methode, in welcher das Ereignis ausgelöst wird:

```
        Public Sub DoCount()
        For i As Integer = 1 To 10
            System.Threading.Thread.Sleep(1000)
            RaiseEvent NumberChanged(i * 10)
        Next
    End Sub
End Class
```

Ein Eventhandler zeigt die erzeugten Zahlen in einer *ListBox* an:

```
    Private Sub c_NumberChanged(i As Integer)
        ListBox1.Items.Add(i.ToString)
    End Sub
```

Schließlich der Test der Klasse *CCounter*:

```
    Private Sub Button1_Click(sender As Object, e As EventArgs) Handles Button1.Click
```

BEISPIEL 3.28: Benutzerdefinierte Ereignisse

Instanziierung:

```
Dim c As New CCounter
```

Eventhandler anmelden:

```
AddHandler c.NumberChanged, AddressOf c_NumberChanged
```

Methode aufrufen, die das Ereignis auslöst:

```
c.DoCount()
```

Eventhandler abmelden:

```
RemoveHandler c.NumberChanged, AddressOf c_NumberChanged
End Sub
```

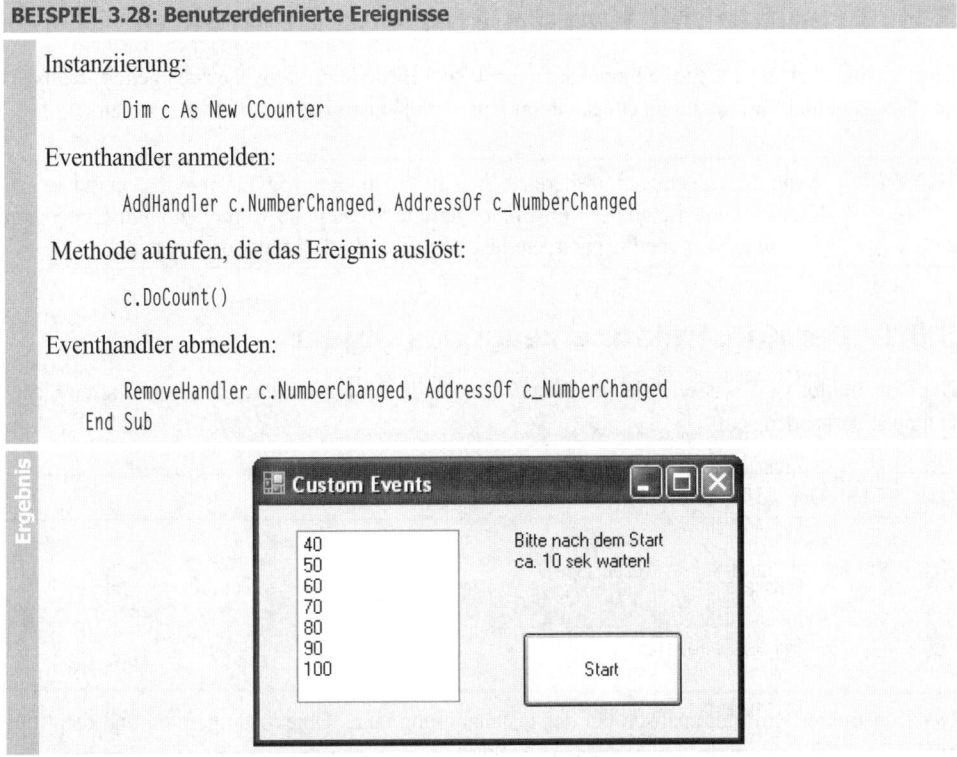

Wie Sie an diesem Beispiel sehen, ermöglichen Ihnen benutzerdefinierte Ereignisse eine freizügige Programmierung der Verwaltung Ihrer Ereignishandler. Im obigen Code haben wir als Container für die Ereignisdelegaten eine typisierte *List* gewählt, wir hätten aber auch z.B. eine (untypisierte) *ArrayList* nehmen können. In die *AddHandler*-Sektion wurde von uns eine Bedingung eingebaut, die die Anzahl der angeschlossenen Eventhandler auf 3 limitiert. Die *RaiseEvent*-Sektion bewirkt, dass die angeschlossenen Handler nur dann benachrichtigt werden, wenn die übergebene Zahl größer als 30 ist.

Ein nicht zu unterschätzender Vorteil von Custom Events ist auch das Vorhandensein eines zentralen Containers (im Beispiel die *handlers*-Liste), welcher alle angemeldeten Eventhandler innerhalb der Eventdeklaration kapselt.

Die doppelte Verwendung von *RaiseEvent* (innerhalb der *DoCount*-Methode und innerhalb der *Custom Event*-Ereignisdefinition) kann möglicherweise Verwirrung stiften. Deshalb sei hier nochmals auf den grundlegenden Unterschied hingewiesen: *RaiseEvent* in der *DoCount*-Methode löst das *NumberChanged*-Ereignis aus, die *RaiseEvent*-Sektion hingegen spezifiziert den beim Auslösen des Ereignisses auszuführenden "organisatorischen" Code, d.h., alle im Container (*List*) enthaltenen Eventhandler (Delegates) werden durchlaufen und aufgerufen.

3.8 Arbeiten mit Konstruktor und Destruktor

Eine "richtige" objektorientierte Sprache, zu der Visual Basic ja mittlerweile auch gehört, realisiert das Erzeugen und Entfernen von Objekten mit Hilfe von Konstruktoren und Destruktoren.

HINWEIS: Wenn Sie in einigen bisherigen Beispielen in den von Ihnen selbst entwickelten Klassen keinen eigenen Konstruktor definiert hatten, so wurde automatisch der von *System.Object* geerbte parameterlose *New*-Standardkonstruktor verwendet.

3.8.1 Der Konstruktor erzeugt das Objekt

Der Konstruktor ist gewissermaßen die Standardmethode der Klasse und kann in mehreren Überladungen vorhanden sein.

HINWEIS: Der Konstruktor ist immer eine *Sub* mit dem Namen *New()*.

SYNTAX:
```
Public Sub New([Parameterliste])
        ' Parameter den Feldern der Klasse zuweisen
        ' Initialisierungscode ausführen
    End Sub
```

Der Konstruktor wird automatisch bei der Instanziierung eines Objekts aufgerufen und dient vor allem dazu, den Feldern des neu erzeugten Objekts Anfangswerte zuzuweisen.

HINWEIS: Nachdem Sie einer Klasse einen oder mehrere Konstruktoren hinzugefügt haben, sind Sie auch zur Verwendung von mindestens einem davon verpflichtet. Die bisher gewohnte einfache Instanziierung von Objekten ist nicht mehr möglich, d.h., der von *System.Object* geerbte parameterlose Konstruktor steht nicht mehr zur Verfügung!

Deklaration

Einen Konstruktor fügen Sie dem Klassenkörper ähnlich wie eine *Set*-Eigenschaftsprozedur mit dem Namen *New* hinzu. Als Parameter übergeben Sie die Werte für die Felder, die Sie initialisieren möchten.

Wie bei jeder anderen Methode können Sie auch hier mehrere überladene Konstruktoren implementieren.

BEISPIEL 3.29: Unserer Klasse *CKunde* werden zwei überladene Konstruktoren hinzugefügt.

```
Public Class CKunde
```

Die (natürlich privaten) Zustandsvariablen:

```
    Private _anrede As String
    Private _name As String
    Private _plz As Integer
```

BEISPIEL 3.29: Unserer Klasse *CKunde* werden zwei überladene Konstruktoren hinzugefügt.

```
    Private _ort As String
    Private _stammkunde As Boolean
    Private _guthaben As Decimal
```

Der erste Konstruktor initialisiert nur zwei private Variablen:

```
    Public Sub New(Anrede As String, Nachname As String)
        _anrede = Anrede
        _name = Nachname
    End Sub
```

Der zweite Konstruktor initialisiert alle Variablen der Klasse. Um den Code etwas zu kürzen, wird für die ersten beiden Variablen der erste Konstruktor bemüht:

```
    Public Sub New(Anrede As String, Nachname As String, PLZ As Integer,
                      Ort As String, Stammkunde As Boolean, Guthaben As Decimal)
        Me.New(Anrede, Nachname)
        _plz = PLZ
        _ort = Ort
        _stammkunde = Stammkunde
        _guthaben = Guthaben
    End Sub

End Class
```

Aufruf

Da wir der Klasse *CKunde* zwei Konstruktoren hinzugefügt haben, ist die bisher gewohnte parameterlose Instanziierung von Objekten mit dem *New()*-Standardkonstruktor nicht mehr möglich (es sei denn, Sie fügen selbst eine weitere Überladung hinzu, die keine Parameter entgegen nimmt)!

BEISPIEL 3.30: (Fortsetzung) Zwei Objekte der oben deklarierten Klasse *CKunde* werden erzeugt und mit Anfangswerten initialisiert. Für jedes Objekt wird ein anderer überladener Konstruktor verwendet.

```
Try
    Dim kunde1 As New CKunde("Herr", "Müller")
    Dim kunde2 As New CKunde("Frau", "Hummel", 12345, "Berlin", True, 100)
    ' Dim kunde3 As New CKunde()          ' geht nicht mehr!!!
    MessageBox.Show("Objekte erfolgreich erzeugt!")
Catch ex As Exception
    MessageBox.Show("Fehler beim Erzeugen des Objekts!")
End Try
```

Sie sehen, dass das Initialisieren der Objekte viel einfacher geworden ist. Anstatt umständlich eine Eigenschaft nach der anderen zuzuweisen, geht das jetzt mit einer einzigen Anweisung.

3.8.2   Bequemer geht's mit einem Objekt-Initialisierer

Vor allem in Hinblick auf die in der neuen LINQ-Technologie erforderlichen anonymen Typen (siehe Kapitel 6) wurden so genannte Objekt-Initialisierer eingeführt. Damit können nun öffentliche Eigenschaften und Felder von Objekten ohne das explizite Vorhandensein des jeweiligen Konstruktors in beliebiger Reihenfolge initialisiert werden.

Der Objekt-Initialisierer erwartet das Schlüsselwort *With* unmittelbar nach dem Erzeugen des Objekts. Anschließend folgt die in geschweiften Klammern eingeschlossene Liste der zu initialisierenden Mitglieder.

HINWEIS: Einem Objektinitialisierer können nur Eigenschaften oder öffentliche Felder übergeben werden, das Initialisieren privater Felder, wie im obigen Konstruktor-Beispiel, ist nicht möglich!

BEISPIEL 3.31: Erzeugen einer Instanz der Klasse *CPerson*

```vb
Public Class CPerson
    Public Name As String
    Public Strasse As String
    Public PLZ As Integer
    Public Ort As String
End Class
```

Der Objektinitialisierer:

```vb
Dim person1 As New CPerson With {.Name = "Müller", .Strasse = "Am Waldesrand 7",
                    .PLZ = 12345, .Ort = "Musterhausen"}
```

BEISPIEL 3.32: Verschachtelte Objektinitialisierung beim Erzeugen einer Instanz der Klasse *Rectangle*

```vb
Dim rect As New Rectangle With {.Location = New Point With {.X = 3, .Y = 7},
                    .Size = New Size With {.Width = 19, .Height = 34} }
```

BEISPIEL 3.33: Initialisieren einer Collection aus Objekten

```vb
Dim personen() = {New CPerson With {.Name = "Müller", .Strasse = "Am Wald 7",
                    .PLZ = 12345, .Ort = "Musterhausen"},
            New CPerson With {.Name = "Meier", .Strasse = "Hauptstr. 2",
                    .PLZ = 2344, .Ort = "Walldorf"},
            New CPerson With {.Name = "Schulz", .Strasse = "Wiesenweg 5",
                    .PLZ = 32111, .Ort = "Biesdorf"}}
```

3.8.3   Destruktor und Garbage Collector räumen auf

Das Pendant zum Konstruktor ist aus objektorientierter Sicht der Destruktor. Da der Lebenszyklus eines Objektes bekanntlich mit dessen Zerstörung und der Freigabe der belegten Speicherplatzressourcen endet, ist der Destruktor für das Erledigen von "Aufräumarbeiten" zuständig, kurz bevor das Objekt sein Leben aushaucht.

In .NET haben wir allerdings keine echten Destruktoren, da hier die endgültige Zerstörung eines Objekts nicht per Code, sondern automatisch vom Garbage Collector vorgenommen wird. Dieser durchstöbert willkürlich und in unregelmäßigen Zeitabständen den Heap nach Objekten, um diejenigen zu suchen, die nicht mehr referenziert werden.

An die Stelle eines echten Destruktors tritt ein Quasi-Destruktor. Das ist eine Finalisierungsmethode, die zu einem unbestimmbaren Zeitpunkt vom Garbage Collector aufgerufen wird, kurz bevor dieser das Objekt vernichtet.

Der *Public*-Zugriffsmodifizierer entfällt, da Sie selbst den Destruktor nicht aufrufen dürfen, auch Parameter dürfen nicht übergeben werden.

SYNTAX:
```
Protected Overrides Sub Finalize()
    ' hier Code für Aufräumarbeiten implementieren
End Sub
```

BEISPIEL 3.34: Destruktor und Garbage Collector

Unsere Klasse *CKunde* erhält ein öffentliches statisches Feld, welches durch den Konstruktor inkrementiert und durch den Quasi-Destruktor dekrementiert werden soll. Wir beabsichtigen damit, die Anzahl der momentan instanziierten Klassen (sprich Anzahl der Kunden) abzufragen.

Der auf das Wesentliche reduzierte Code von *CKunde*:

```
Public Class CKunde
    Public Shared anzahl As Integer = 0
```

Konstruktor:

```
    Public Sub New()
        anzahl += 1
    End Sub
```

Quasi-Destruktor:

```
    Protected Overrides Sub Finalize()
        anzahl -= 1
        MyBase.Finalize()        ' Aufruf der Basisklassenmethode
    End Sub
```

```
End Class
```

Wir verwenden zum Testen der Klasse ein Windows-Formular mit zwei *Button*s, einer *Timer*-Komponente (*Interval* = 1000, *Enabled* = *True*) und einem *Label*.

Zum Code der Klasse *Form1* fügen Sie hinzu:

```
    Private kunde1 As CKunde        ' Objekt referenzieren
```

BEISPIEL 3.34: Destruktor und Garbage Collector

Objekt erzeugen:

```
Private Sub Button1_Click(sender As Object, e As EventArgs) Handles Button1.Click
    kunde1 = New CKunde
End Sub
```

Objekt entfernen:

```
Private Sub Button2_Click(sender As Object, e AsEventArgs) Handles Button2.Click
    kunde1 = Nothing                    ' Objekt dereferenzieren
End Sub
```

Anzeige der im Speicher befindlichen Instanzen im Sekundentakt:

```
Private Sub Timer1_Tick(sender As Object, e As EventArgs) Handles Timer1.Tick
    Label1.Text = CKunde.anzahl.ToString
End Sub
```

Beim Programmtest müssen Sie etwas Geduld aufbringen.

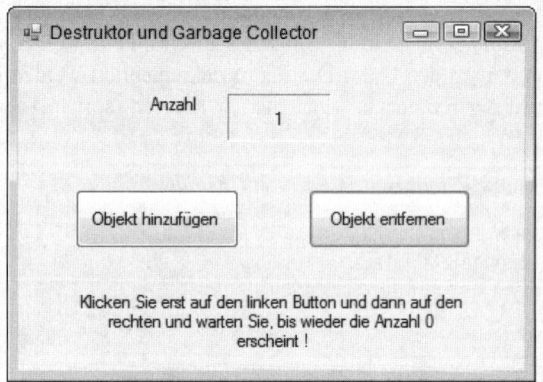

Nach dem Programmstart fügen Sie durch Klicken auf den linken *Button* ein Objekt *kunde1* hinzu, wonach sich die Anzeige von 0 auf 1 ändert. Anschließend klicken Sie auf den rechten Button, um das Objekt wieder zu entfernen.

Es kann ziemlich lange dauern, bis die Anzeige wieder auf 0 zurück geht, nämlich dann, wenn dem Garbage Collector gerade einmal wieder die Lust zum Aufräumen überkommt und er den Quasi-Destruktor aufruft[1].

Übrigens können Sie auch den linken Button mehrmals hintereinander klicken. Die Anzeige zählt zwar hoch, das aber täuscht, denn es bleibt bei nur einer Objektvariablen (*kunde1*). Allerdings wird Ressourcenverschwendung betrieben, denn dem Objekt wird immer wieder ein neuer Speicherbereich zugewiesen. Der vorher belegte Speicher liegt brach und wartet auf die Freigabe durch den Garbage Collector.

---

[1] Der Garbage Collector läuft in einem eigenen Thread, er wird nur dann aufgerufen, wenn sich die anderen Threads in einem sicheren Zustand befinden.

> **HINWEIS:** Obiges Beispiel sollten Sie aufgrund seiner Unberechenbarkeit keinesfalls als Vorbild für ähnliche Zählaufgaben verwenden!

Da wegen der Unberechenbarkeit der Objektvernichtung der Umgang mit der *Finalize*-Methode ziemlich problematisch ist, sollten Sie für das definierte Freigeben von Objekten besser eine separate Methode verwenden (siehe *Dispose*-Methode).

3.8.4 Mit Using den Lebenszyklus des Objekts kapseln

Auch mit dem Schlüsselwort *Using* kann man selbst für das sichere Erzeugen und Vernichten von Objekten sorgen. Voraussetzung dafür ist, dass das Objekt die *IDisposable*-Schnittstelle implementiert. Hinter den Kulissen wird ein *Try-Finally*-Block um das entsprechende Objekt generiert und beim Beenden für das Objekt *Dispose()* aufgerufen.

BEISPIEL 3.35: Sicheres Erzeugen und Freigeben von ADO.NET-Objekten (siehe 23.3.5)

```vb
...
Using conn As New SqlConnection(connString)
    Using cmd As New SqlCommand(cmdString, conn)
        conn.Open()
        cmd.ExecuteNonQuery()
    End Using
End Using
...
```

Ein weiteres Beispiel für *Using* finden Sie im Praxisbeispiel

▶ 8.8.3 Ein Memory Mapped File verwenden

3.9 Vererbung und Polymorphie

Ein zentrales OOP-Thema ist die *Vererbung*, die es ermöglicht, Klassen zu definieren, die von anderen Klassen abhängen. Eng mit der Vererbung verknüpft ist die *Polymorphie* (Vielgestaltigkeit). Man versteht darunter die Fähigkeit von Subklassen, die Methoden der Basisklasse mit unterschiedlichen Implementierungen zu verwenden. Visual Basic unterstützt sowohl Vererbung als auch polymorphes Verhalten, da das Überschreiben (*Overriding*) der Basisklassenmethoden mit alternativen Implementierungen erlaubt ist.

Durch Vererbung können Sie sich die Programmierarbeit wesentlich erleichtern, indem Sie spezialisierte Subklassen verwenden, die den Code zum großen Teil von einer allgemeinen Basisklasse erben. Die Subklassen heißen auch *abgeleitete Klassen, Kind-* oder *Unterklassen*, die Basisklasse wird auch als *Super-* oder *Elternklasse* bezeichnet. In den Subklassen können Sie bestimmte Funktionalitäten überschreiben, um spezielle Prozesse auszuführen.

Lassen Sie uns anhand eines kurzen und dennoch ausführlichen Beispiels die wichtigsten Vererbungstechniken demonstrieren!

3.9.1 Vererbungsbeziehungen im Klassendiagramm

Mittels *Unified Modeling Language* (UML) lassen sich Vererbungsbeziehungen zwischen verschiedenen Klassen grafisch darstellen.

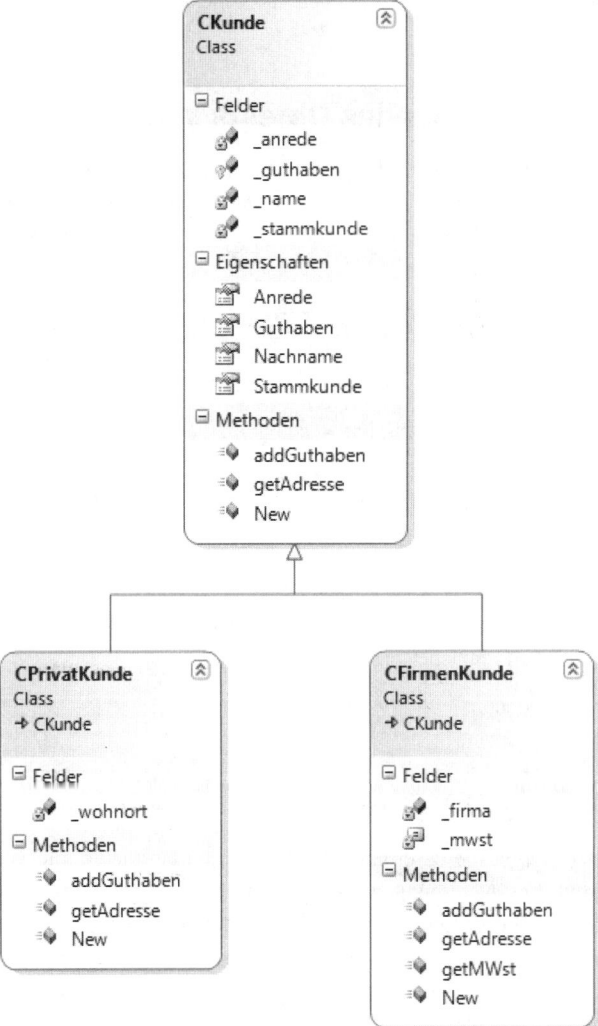

Das obige, mit Visual Studio erzeugte, Klassendiagramm[1] zeigt eine Basisklasse *CKunde*, von der
die Klassen *CPrivatKunde* und *CFirmenKunde* "erben".

Die Basisklasse hat die Eigenschaften *Anrede*, *Nachname*, *StammKunde* (ja/nein) und *Guthaben*
und die Methoden *getAdresse()* und *addGuthaben()* (das Guthaben ist hier als Bonus zu verstehen,

---

[1] Der Umgang mit dem Klassendesigner wird ausführlich in Kapitel 25 beschrieben.

der den Kunden in prozentualer Abhängigkeit von den getätigten Einkäufen gewährt wird). Die *New*-Methoden sind nichts weiter als die Konstruktoren der entsprechenden Klassen.

3.9.2 Überschreiben von Methoden (Method-Overriding)

Die Subklassen *CPrivatKunde* und *CFirmenKunde* können auf sämtliche Eigenschaften und Methoden der Basisklasse zugreifen und fügen selbst eigene Methoden (auch Eigenschaften wären natürlich möglich) hinzu.

Die "geerbten" Methoden *getAdresse* und *addGuthaben* tauchen allerdings nochmals in den beiden Subklassen auf, warum? In unserem Beispiel handelt es sich um so genannte *überschriebene Methoden*, d.h., Adresse und Guthaben sollen für Privatkunden auf andere Weise als für Firmenkunden ermittelt werden. Genaueres dazu erfahren Sie im nächsten Abschnitt.

HINWEIS: Verwechseln Sie das *Überschreiben* von Methoden nicht mit dem in 2.8.5 beschriebenen *Überladen* von Methoden. Beides hat nichts, aber auch gar nichts, miteinander zu tun!

3.9.3 Klassen implementieren

Vorbild für die drei zu implementierenden Klassen ist obiges Klassendiagramm.

Basisklasse CKunde

Die Deklaration entspricht (fast) der einer normalen Klasse. Dass es sich um eine Basisklasse handelt, erkennt man in unserem konkreten Fall eigentlich nur an dem *Protected*-Feld und an den *Overridable*-Methodendeklarationen[1].

```
Public Class CKunde
```

Die privaten Felder:

```
Private _anrede As String
Private _name As String
Private _stammkunde As Boolean
```

Auf das folgende Feld soll auch eine Subklasse zugreifen können:

```
Protected _guthaben As Decimal
```

Der eigene Konstruktor:

```
Public Sub New(Anrede As String, Nachname As String)
    _anrede = Anrede
    _name = Nachname
End Sub
```

---

[1] Eigentlich hätten wir die Klasse auch noch als *MustInherit* deklarieren müssen (siehe dazu 3.6.6).

Die Eigenschaften:

```
Public WriteOnly Property Anrede()
    Set(value)
        _anrede = value
    End Set
End Property


Public WriteOnly Property Nachname()
    Set(value)
        _name = value
    End Set
End Property


Public Property Stammkunde() As Boolean
    Get
        Return _stammkunde
    End Get
    Set(value As Boolean)
        _stammkunde = value
    End Set
End Property


Public ReadOnly Property Guthaben() As Decimal
    Get
        Return _guthaben
    End Get
End Property
```

Die folgenden beiden Methoden sollen von den Subklassen überschrieben werden können:

```
Public Overridable Function getAdresse() As String
    Return _anrede & " " & _name
End Function


Public Overridable Sub addGuthaben(betrag As Decimal)
    If _stammkunde Then _guthaben += betrag
End Sub
```

```
End Class
```

Subklassen

Die erste Methode in der Subklasse ist in der Regel der Konstruktor. Dieser Konstruktor benutzt das *MyBase*-Schlüsselwort, um den Konstruktor der Basisklasse aufzurufen. Falls aber die Basisklasse über keinen eigenen Konstruktor verfügt, wird der Standardkonstruktor automatisch aufgerufen, wenn ein Objekt aus einer Subklasse erzeugt wird.

Das *Overrides*-Schlüsselwort der beiden Funktionen bedeutet, dass hier die in der Basisklasse definierten Funktionen überschrieben werden. Das erlaubt der Subklasse, eine eigene Implementierung der Funktionen zu realisieren.

HINWEIS: Wenn Sie das *Overrides*-Schlüsselwort in der Subklasse vergessen wird angenommen, dass es sich um eine "Schattenfunktion" der originalen Funktion handelt. Eine solche Funktion hat denselben Namen wie das Original, überschreibt dieses aber nicht.

Der Code für die Subklasse *CPrivatKunde:*

```
Public Class CPrivatKunde
    Inherits CKunde
    Private _wohnort As String
```

Der Konstruktor ist notwendig, weil auch die Basisklasse einen eigenen Konstruktor verwendet:

```
    Public Sub New(Anr As String, Name As String, Ort As String)
        MyBase.New(Anr, Name)  ' Aufruf des Konstruktors der Basisklasse
        Me._wohnort = Ort      ' klassenspezifische Ergänzung
    End Sub
```

Die Methoden werden überschrieben:

```
    Public Overrides Function getAdresse() As String
        Return MyBase.Adresse & vbCrLf & _wohnort
    End Function

    Public Overrides Sub addGuthaben(geld As Decimal)
```

5% des Rechnungsbetrags werden als Guthaben angerechnet (Direktzugriff auf die *Protected*-Variable der Basisklasse *CKunde*):

```
        _guthaben += 0.05 * geld
    End Sub
End Class
```

Der Code für die Subklasse *CFirmenKunde* unterscheidet sich in einigen Details:

```
Public Class CFirmenKunde
    Inherits CKunde
    Private _firma As String
    Private Const _mwst As Double = 0.19
```

Konstruktor (notwendig, weil Basisklasse eigenen Konstruktor verwendet):

```
    Public Sub New(Anr As String, Name As String, Frm As String)
        MyBase.New(Anr, Name)          ' Aufruf des ererbten Konstruktors
        Me._firma = Frm
    End Sub
```

Überschreiben der überschreibbaren Methoden:

```
Public Overrides Function getAdresse() As String
    Return MyBase.Adresse & vbCrLf & _firma
End Function


Public Overrides Sub addGuthaben(brutto As Decimal)
    Dim netto As Decimal = brutto / CDec((1 + _mwst))          ' Netto berechnen
    MyBase.addGuthaben(netto * 0.01D)          ' 1% als Guthaben angerechnet
End Sub
```

Eine normale Methode:

```
Public Function getMWst() As Double
    Return _mwst
End Function


End Class
```

Subklasse CPrivatKunde

Diese Klasse erbt alle Eigenschaften und Methoden der Basisklasse, wird also sozusagen um deren Code "erweitert". Das *Overrides*-Schlüsselwort der beiden Methoden bedeutet, dass hier die in der Basisklasse als *Overridable* definierten Funktionen überschrieben werden. Das erlaubt der Subklasse, eine eigene Implementierung der Funktionen zu realisieren.

Der Code für die Subklasse *CPrivatKunde:*

```
Public Class CPrivatKunde
    Inherits CKunde                         ' erbt von der Basisklasse CKunde!
    Private _wohnort As String
```

Ein eigener Konstruktor ist notwendig, weil auch die Basisklasse einen eigenen Konstruktor verwendet:

```
Public Sub New(Anr As String, Name As String, Ort As String)
    MyBase.New(Anr, Name)                        ' Aufruf des Konstruktors der Basisklasse
    Me._wohnort = Ort        ' klassenspezifische Ergänzung
End Sub
```

Die Methode *getAdresse()* wird so überschrieben, dass zusätzlich zu Anrede und Name (von der Basisklasse geerbt) noch der Wohnort des Privatkunden angezeigt wird:

```
Public Overrides Function getAdresse() As String
    Return MyBase.getAdresse & vbCrLf & _wohnort
End Function
```

Die Methode *addGuthaben()* wird komplett neu überschrieben. Ohne Rücksicht auf die Zugehörigkeit zur Stammkundschaft werden jedem Privatkunden 5% vom Rechnungsbetrag als Bonusguthaben angerechnet:

```
Public Overrides Sub addGuthaben(geld As Decimal)
```

Hier erfolgt ein Direktzugriff auf die *Protected*-Variable *_guthaben* der Basisklasse *CKunde*:

```
    _guthaben += 0.05 * geld
  End Sub

End Class
```

Subklasse CFirmenKunde

Der Code für die Subklasse *CFirmenKunde* unterscheidet sich in folgenden Details von der Klasse *CPrivatKunde*:

- Die Methode *getAdresse()* liefert statt des Wohnorts den Namen der Firma des Kunden.

- Die *addGuthaben()*-Methode berechnet zunächst den Nettobetrag und addiert davon 1% zum Bonusguthaben. Damit nur Stammkunden in den Genuss dieser Vergünstigung kommen, wird dazu die gleichnamige Methode der Basisklasse aufgerufen.

- Die neu hinzugekommene "stinknormale" Methode *getMWSt()* erlaubt einen Lesezugriff auf die Mehrwertsteuer-Konstante.

```
Public Class CFirmenKunde
    Inherits CKunde

    Private _firma As String
    Private Const _mwst As Double = 0.19
```

Auch hier ist ein Konstruktor notwendig (weil Basisklasse eigenen Konstruktor verwendet):

```
Public Sub New(Anr As String, Name As String, Frm As String)
    MyBase.New(Anr, Name)          ' Aufruf des ererbten Konstruktors
    Me._firma = Frm
End Sub
```

Überschreiben der überschreibbaren Methoden:

```
Public Overrides Function getAdresse() As String
    Return MyBase.getAdresse & vbCrLf & _firma
End Function

Public Overrides Sub addGuthaben(brutto As Decimal)
    Dim netto As Decimal = brutto / CDec((1 + _mwst))  ' Netto berechnen
    MyBase.addGuthaben(netto * 0.01)                   ' 1% als Guthaben angerechnet
End Sub
```

Und zum Schluss noch eine ganz normale Methode:

```
Public Function getMWst() As Double
    Return _mwst
End Function
End Class
```

Die Implementierung unserer drei Klassen ist geschafft!

Testoberfläche

Um die Funktionsfähigkeit der drei Klassen zu testen, gestalten Sie folgende Benutzerschnittstelle:

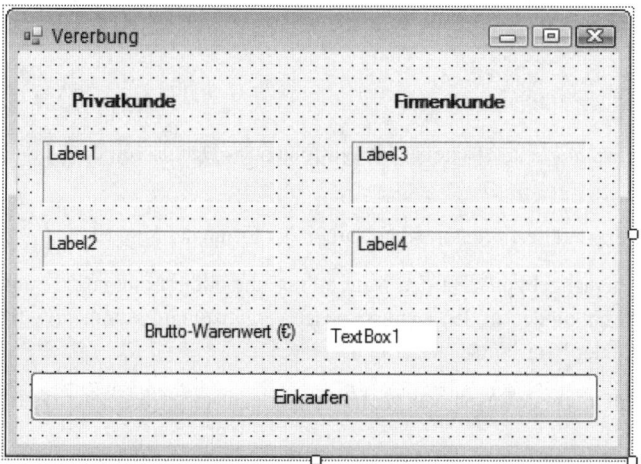

3.9.4 Objekte implementieren

Es genügt, wenn wir mit nur zwei Objekten (ein Privat- und ein Firmenkunde) arbeiten:

```
Public Class Form1
    Private kunde1 As CPrivatKunde
    Private kunde2 As CFirmenKunde
```

Im Konstruktor des Formulars werden die beiden Objekte erzeugt. Fügen Sie zunächst den Rahmencode des Konstruktors hinzu, indem Sie in den beiden Comboboxen am oberen Rand des Codefenster Folgendes einstellen: *Klassenname = Form1*, *Methodenname = New*.

Die Ja-/Nein-Eigenschaft *StammKunde* muss allerdings extra zugewiesen werden, da es dazu keinen passenden Konstruktor gibt.

```
Public Sub New()

    ' Dieser Aufruf ist für den Windows Form-Designer erforderlich.
    InitializeComponent()
    ' Fügen Sie Initialisierungen nach dem InitializeComponent()-Aufruf hinzu.

    kunde1 = New CPrivatKunde("Herr", "Krause", "Leipzig")
    kunde1.Stammkunde = False

    kunde2 = New CFirmenKunde("Frau", "Müller", "Master Soft GmbH")
    kunde2.Stammkunde = True
    TextBox1.Text = "100"
End Sub
```

Bei Klick auf den "Einkaufen"-Button werden für jedes Objekt diverse Eigenschaften abgefragt und Methoden aufgerufen:

```
Private Sub Button1_Click(sender As Object, e As EventArgs) Handles Button1.Click
    Dim brutto As Decimal = Convert.ToDecimal(TextBox1.Text)
    Label1.Text = kunde1.getAdresse()
    kunde1.addGuthaben(brutto)
    Label2.Text = "Bonusguthaben ist " + kunde1.Guthaben.ToString("C")
    Label3.Text = kunde2.getAdresse()
    kunde2.addGuthaben(brutto)
    Label4.Text = "Bonusguthaben ist " + kunde2.Guthaben.ToString("C")
End Sub
End Class
```

Praxistest

Überzeugen Sie sich nun davon, dass die drei Klassen wie gewünscht zusammenarbeiten und dass Vererbung tatsächlich funktioniert.

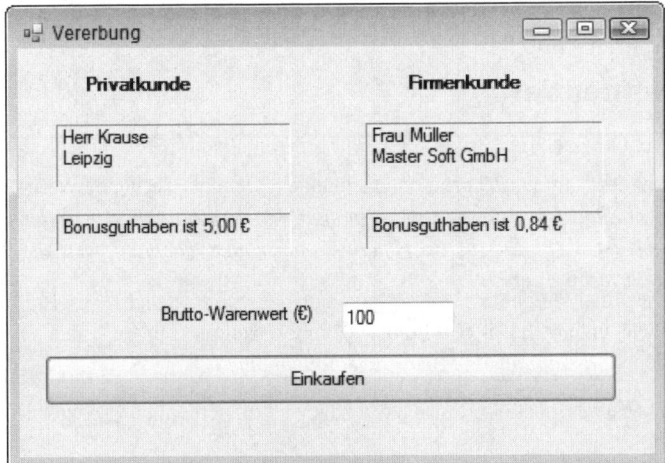

Die Werte in der Laufzeitabbildung sind wie folgt zu interpretieren:

- Dem Privatkunden Krause wurde ein Guthaben von 5 € (5% aus 100 €) zugebilligt (Stammkundschaft spielt bei Privatkunden keine Rolle, da die Methode *addGuthaben()* komplett überschrieben ist).

- Frau Müller ist eine Firmenkundin und erhält – nur weil sie Stammkundin ist – ein mickriges Guthaben von 0,84 € (1% auf den Nettowert).

- Durch wiederholtes Klicken auf "Einkaufen" kumulieren die Bonusguthaben.

3.9.5 Ausblenden von Mitgliedern durch Vererbung

Durch in eine abgeleitete Klasse oder Struktur eingeführte Mitglieder (Konstanten, Felder, Eigenschaften, Methoden, Ereignisse oder Typen) werden alle gleichnamigen Basisklassenelemente verdeckt bzw. ausgeblendet.

BEISPIEL 3.36: Zur Klasse *CKunde* fügen wir eine Methode *test* hinzu

```
Public Class CKunde                    ' Basisklasse
    ...
    Public Sub test()
        MessageBox.Show("Hallo Kunde!")
    End Sub
End Class
```

Eine Methode gleichen Namens fügen wir auch zur Klasse *CPrivatkunde* hinzu:

```
Public Class CPrivatkunde              ' abgeleitete Klasse
    Inherits CKunde

    Public Sub test()
        MessageBox.Show("Hallo Privatkunde!")
    End Sub

End Class
```

Im Quellcode-Editor erscheint der Name *test()* grün unterschlängelt. Der entsprechende Warnhinweis lautet: *Sub "test" führt Shadowing für einen überladbaren Member durch, der in der Basisklasse CKunde deklariert ist. Wenn Sie die Basismethode überladen möchten, muss die Methode als "Overloads" deklariert werden.*

Sie lassen diese Warnung unbeachtet. Der Test erfolgt in *Form1*:

```
Public Class Form1
    Private kunde1 As New CPrivatkunde()

    Private Sub Button1_Click(sender As Object, e As EventArgs) Handles Button1.Click
        kunde1.test()
    End Sub
End Class
```

Wie Sie sehen, wurde die Methode *test()* der Klasse *CKunde* durch die Methode *test()* der Klasse *CPrivatKunde* ausgeblendet:

Um Missverständnissen vorzubeugen (und um obigen Warnhinweis im Quellcode zu vermeiden), sollte man die gleichnamige Methode in der abgeleiteten Klasse mit dem Schlüsselwort *Overloads* markieren.

BEISPIEL 3.37: Die folgende Änderung macht das Vorgängerbeispiel transparenter (Ergebnis bleibt dasselbe)

```
Public Class CPrivatkunde         ' abgeleitete Klasse
   Inherits CKunde

   ...

   Public Overloads Sub test()
      MessageBox.Show("Hallo Privatkunde!")
   End Sub

End Class
```

3.9.6 Allgemeine Hinweise und Regeln zur Vererbung

Nachdem wir nun am praktischen Beispiel die Programmierung von Vererbungsbeziehungen kennen gelernt haben, werden wir auch die folgenden Regeln und Hinweise verstehen:

- Alle öffentlichen Eigenschaften und Methoden der Basisklasse sind auch über die abgeleiteten Subklassen verfügbar.

- Methoden der Basisklasse, die von den abgeleiteten Subklassen überschrieben werden dürfen (so genannte *virtuelle* Methoden), müssen mit dem Schlüsselwort *Overridable* deklariert werden.

- Fehlt das Schlüsselwort *Overridable* bei der Methodendeklaration, so bedeutet das, dass dies die einzige Implementierung der Methode ist.

- Methoden der Subklassen, welche die gleichnamige Methode der Basisklasse überschreiben, müssen mit dem Schlüsselwort *Overrides* deklariert werden.

- Wenn Sie das *Overrides*-Schlüsselwort in der Subklasse vergessen, wird angenommen, dass es sich um eine "Schattenfunktion" der originalen Funktion handelt. Eine solche Funktion hat denselben Namen wie das Original, überschreibt dieses aber nicht.

- Private Felder der Basisklasse, auf die die Subklassen zugreifen dürfen, müssen mit *Protected* deklariert werden.

- Die Basisklasse wird der Subklasse durch das der Klassendeklaration nachgestellte Schlüsselwort *Inherits* bekannt gemacht:

SYNTAX:
```
Public Class SubKlasse
   Inherits Basisklasse
         ' ... Implementierungscode
   End Class
```

- Eine Subklasse kann immer nur von einer einzigen Basisklasse abgeleitet werden (keine multiple Vererbung möglich).

- Mit dem *MyBase*-Objekt kann von den Subklassen auf die Basisklasse zugegriffen werden, mit dem *Me*-Objekt auf die eigene Klasse.

- Wenn die Basisklasse einen eigenen Konstruktor verwendet, so müssen in den Subklassen ebenfalls eigene Konstruktoren definiert werden (Konstruktoren können nicht vererbt werden!).

- Der Konstruktor einer Subklasse muss den Konstruktor seiner Basisklasse aufrufen (*MyBase*-Schlüsselwort).

- Falls aber die Basisklasse über keinen eigenen Konstruktor verfügt, wird der Standardkonstruktor automatisch aufgerufen, wenn ein Objekt aus einer Subklasse erzeugt wird.

3.9.7 Polymorphe Methoden

Untrennbar mit der Vererbung verbunden ist die so genannte Polymorphie (Vielgestaltigkeit). Polymorphes Verhalten bedeutet, dass erst zur Laufzeit einer Anwendung entschieden wird, welche der möglichen Methodenimplementierungen aufgerufen wird, da dies zum Zeitpunkt des Kompilierens noch unbekannt ist.

Im obigen Beispiel hatten wir von den Vorzügen der Polymorphie allerdings noch keinen Gebrauch gemacht, denn Privat- und Firmenkunde wurden in einzelnen Objektvariablen gespeichert und bereits per Programmcode fest mit ihren Methoden *getAdresse()* und *addGuthaben()* verbunden.

Um Polymorphie sichtbar zu machen, müssen wir das bei der Implementierung der Objekte zielgerichtet ausnutzen. Wie wir gleich sehen werden, treten die Vorzüge von Polymorphie besonders augenscheinlich zutage, wenn Objekte unterschiedlicher Klassenzugehörigkeit nacheinander in Arrays oder Auflistungen abgespeichert werden.

BEISPIEL 3.38: Polymorphe Methoden

Wir nehmen die drei Klassen des Vorgängerbeispiels (*CKunde*, *CPrivatKunde*, *CFirmenKunde*) als Grundlage. An deren Implementierungen brauchen wir keinerlei Veränderungen vorzunehmen, denn polymorphes Verhalten ergibt sich als logische Konsequenz aus der Vererbung von Klassen. Änderungen müssen wir lediglich beim Abspeichern der Objektvariablen vornehmen, die diesmal in einem Array mit drei Feldern vom Typ der Basisklasse *CKunde* abgelegt werden sollen:

```
Public Class Form1
    Private Kunden(2) As CKunde          ' Referenz auf Basisklasse CKunde!
```

Im Konstruktorcode des Formulars erzeugen wir einen Privat- und zwei Firmenkunden:

```
Public Sub New()
    InitializeComponent()
    Dim kunde1 As New CPrivatKunde("Herr", "Krause", "Leipzig")
    kunde1.Stammkunde = False
```

BEISPIEL 3.38: Polymorphe Methoden

```
        Dim kunde2 As New CFirmenKunde("Frau", "Müller", "Master Soft GmbH")
        kunde2.Stammkunde = True
        Dim Kunde3 As New CFirmenKunde("Herr", "Maus", "Manfreds Internet AG")
        Kunde3.Stammkunde = False
```

Unser eingangs deklariertes Array nimmt nun Privat- und Firmenkunden in wahlloser Reihenfolge auf:

```
        Kunden(0) = kunde1
        Kunden(1) = kunde2
        Kunden(2) = Kunde3
        TextBox1.Text = "100"
    End Sub
```

Das Array wird zunächst in einer *For-Next*-Schleife durchlaufen. Dabei werden die polymorphen Methoden (das sind die mit *Overridable* bzw. *Overrides* deklarierten) für alle Objekte aufgerufen. Es werden also sowohl die Adressen ausgegeben als auch für jeden Kunden das Guthaben berechnet, nachdem er für 100 € Waren gekauft hat.

```
    Private Sub Button1_Click(sender As Object, e As EventArgs) Handles Button1.Click
        Dim brutto As Decimal = Convert.ToDecimal(TextBox1.Text)
        Label1.Text = String.Empty
        For i As Integer = 0 To Kunden.Length - 1
            Kunden(i).addGuthaben(brutto)
            Label1.Text = Label1.Text & vbCrLf & Kunden(i).getAdresse & vbCrLf &
                        Kunden(i).Guthaben.ToString("C") & vbCrLf

        Next
    End Sub
```

Obwohl im Array die Objekte bunt durcheinander gewürfelt sind, "weiß" das Programm zur Laufzeit genau, welche Implementierung der Methoden *getAdresse* und *addGuthaben* für den Privat- und für den Firmenkunden die richtige ist: Genau darin liegt der springende Punkt zum Verständnis der Polymorphie!

BEISPIEL 3.39: Die alternative Implementierung obigen Codes mittels *For Each*-Schleife bringt das Problem der Polymorphie noch deutlicher auf den Punkt

```
    Private Sub Button2_Click(sender As Object, e As EventArgs) Handles Button2.Click
        Dim brutto As Decimal = Convert.ToDecimal(TextBox1.Text)
        Label1.Text = String.Empty
```

Die Schleifenvariable *ku* ist eine Referenz auf die Basisklasse *CKunde*:

```
        For Each ku As CKunde In Kunden
            ku.addGuthaben(brutto)
            Label1.Text = Label1.Text & vbCrLf & ku.getAdresse & vbCrLf &
                            ku.Guthaben.ToString("C") & vbCrLf

        Next
    End Sub
End Class
```

Praxistest

Das Ergebnis anhand der abgebildeten Testoberfläche beweist, dass Vererbung und Polymorphie tatsächlich untrennbar miteinander verknüpft sind. Egal ob Privat- oder Firmenkunde – es werden immer die passenden Methodenimplementierungen aufgerufen:

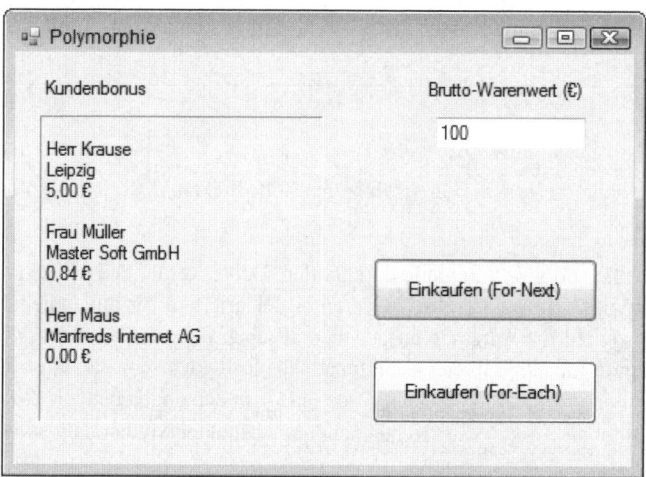

HINWEIS: Das tiefere Verständnis der Polymorphie ist mit Sicherheit der schwierigste Part der OOP, deshalb wurde unser Beispiel bewusst einfach gehalten, damit Sie zunächst zu einem Grundverständnis gelangen, welches Sie später weiter ausbauen können.

3.10   Besondere Klassen und Features

Zum Schluss wollen wir noch auf einige wichtige Klassen und Features eingehen, die in der OOP eine besondere Rolle spielen.

3.10.1   Abstrakte Klassen

Klassen, die lediglich ihr "Erbmaterial" an andere Klassen weitergeben und von denen selbst keine Instanzen gebildet werden, bezeichnet man als *abstrakt*. Typische Beispiele für abstrakte Klassen wären *Fahrzeug*, *Tier* oder *Nahrung*[1]. Um zu verhindern, dass von abstrakten Klassen Instanzen gebildet werden, können diese mit dem Schlüsselwort *MustInherit* gekennzeichnet werden.

> **BEISPIEL 3.40: In unserem Vorgängerbeispiel werden von der Klasse *CKunde* keine Instanzen gebildet, sie kann deshalb als abstrakt deklariert werden.**

```
Public MustInherit Class CKunde
...
```

---

[1] Können Sie sich vielleicht vorstellen, wie eine Instanz der Klasse *Fahrzeug* konkret aussehen soll?

> **BEISPIEL 3.40: In unserem Vorgängerbeispiel werden von der Klasse *CKunde* keine Instanzen gebildet, sie kann deshalb als abstrakt deklariert werden.**

```
End Class
```

Während die Referenzierung nach wie vor möglich ist

```
Dim Kunde As CKunde
```

schlägt der Versuch einer Instanziierung fehl:

```
Kunde = New CKunde("Herr", "Krause")          ' Fehler
```

HINWEIS: Abstrakte Klassen ähneln einem weiteren wichtigen Softwarekonstrukt der OOP, der Schnittstelle (siehe Abschnitt 3.10.1).

3.10.2 Abstrakte Methoden

In Verbindung mit polymorphem Verhalten finden sich innerhalb abstrakter Klassen oft auch *abstrakte Methoden*, diese enthalten grundsätzlich keinen Code, da sie in den abgeleiteten Klassen komplett mit *Overrides* überschrieben werden. Zur Kennzeichnung abstrakter Methoden verwenden Sie das Schlüsselwort *MustOverride*.

HINWEIS: Die Deklaration einer abstrakten Methode erfolgt in einer Zeile, also ohne Rumpf.

> **BEISPIEL 3.41: Die Funktion *getAdresse* einer abstrakten *CKunde*-Klasse wird in den Subklassen komplett überschrieben und kann deshalb anstatt mit *Overridable* mit *MustOverride* deklariert werden.**

```
Public MustInherit Class CKunde
...
    Public MustOverride Function getAdresse() As String       ' abstrakte virtuelle Methode
...
End Class


Public Class CPrivatKunde
    Inherits CKunde
...
    Public Overrides Function getAdresse() As String  ' überschreibt Methode der Basisklasse
        Return _Anrede & " " & _Name & " " & _Wohnort
    End Function
...
End Class
```

3.10.3 Versiegelte Klassen

Wenn Sie unbedingt verhindern möchten, dass andere Programmierer von einer von Ihnen entwickelten Komponente weitere Subklassen ableiten, so müssen Sie Ihre Klasse mit Hilfe des Modifikators *NotInheritable* schützen.

BEISPIEL 3.42: Die Klasse *CPrivatKunde* wird versiegelt und darf deshalb keine Nachkommen haben.

```vb
Public NotInheritable Class CPrivatKunde
    Inherits CKunde
    ...
End Class
```

Beim Versuch, davon eine Subklasse abzuleiten, schlägt Ihnen der Compiler erbarmungslos auf die Pfoten:

```vb
Public Class CStudent          ' Fehler!!!
    Inherits CPrivatKunde
    ...
End Class
```

HINWEIS: Eine versiegelte Klasse kann niemals eine Basisklasse sein. Vererbungsmodifikatoren wie *MustInherit* und *Overridable* führen in einer versiegelten Klasse zum Compilerfehler, da sie keinen Sinn ergeben!

Übrigens: Ein bekanntes Beispiel für eine versiegelte Klasse ist der *String*-Datentyp, was jedweden Begehrlichkeiten einen Riegel vorschiebt.

3.10.4 Partielle Klassen

Das Konzept partieller Klassen ermöglicht es, den Quellcode einer Klasse auf mehrere einzelne Dateien aufzusplitten. In Visual Studio wird zum Beispiel auf diese Weise der vom Designer automatisch erzeugte Layout-Code (z.B. *Form1.Designer.vb*) vom Code des Entwicklers (*Form1.vb*) getrennt, was zu einer gesteigerten Übersichtlichkeit beiträgt, wovon man sich nach Öffnen eines neuen Windows Forms-Projekts selbst überzeugen kann).

Die Programmierung ist denkbar einfach, denn alle Teile der Klasse sind lediglich mit dem Modifizierer *Partial* zu kennzeichnen.

BEISPIEL 3.43: Eine einfache Klasse *CKunde*

```vb
Public Class CKunde
        Private _name As String
        Protected _guthaben As Decimal = 0

        Public Property NachName() As String
            Get
```

BEISPIEL 3.43: Eine einfache Klasse *CKunde*

```
                Return _name
            End Get
            Set(value As String)
                _name = value
            End Set
        End Property

        Public Property Guthaben() As Decimal
            Get
                Return _guthaben
            End Get
            Set(value As Decimal)
                _guthaben = value
            End Set
        End Property
        Public Sub addGuthaben(betrag As Decimal)
            _guthaben += betrag
        End Sub
    End Class
```

Obige Klasse könnte (als eine von mehreren Möglichkeiten) wie folgt in drei partielle Klassen aufgesplittet werden:

```
Partial Public Class CKunde
        Private _name As String
        Protected _guthaben As Decimal = 0
End Class

Public Class CKunde
        Public Property NachName() As String
            Get
                Return _name
            End Get
            Set(value As String)
                _name = value
            End Set
        End Property

        Public Property Guthaben() As Decimal
            Get
                Return _guthaben
            End Get
            Set(value As Decimal)
                _guthaben = value
            End Set
        End Property
End Class
```

BEISPIEL 3.43: Eine einfache Klasse *CKunde*

```
Partial Public Class CKunde
        Public Sub addGuthaben(betrag As Decimal)
            _guthaben += betrag
        End Sub
End Class
```

Wie Sie sehen, kann (muss aber nicht) bei einer der partiellen Definitionen auf *Partial* verzichtet werden, diese Klasse ist dann gewissermaßen die Ausgangsklasse, die durch den Code der anderen partiellen Klassen erweitert wird.

HINWEIS: Auch *Structure*- oder *Interface*-Definitionen können mittels *Partial*-Modifizierer gesplittet werden!

3.10.5 Die Basisklasse System.Object

Jedes Objekt in .NET ist von der Basisklasse *System.Object* abgeleitet. Diese Klasse ist Teil des Microsoft .NET Frameworks und beinhaltet die Basiseigenschaften und -methoden, wie sie für ein .NET-Objekt erforderlich sind.

Alle öffentlichen Eigenschaften und Methoden von *System.Object* stehen automatisch auch in jedem Objekt zur Verfügung, welches Sie erzeugt haben. Beispielsweise ist in *System.Object* bereits ein Standardkonstruktor enthalten. Wenn Sie in Ihrem Objekt keinen eigenen Konstruktor definiert haben, wird es mit diesem Konstruktor erzeugt.

Viele der öffentlichen Eigenschaften und Methoden von *System.Object* haben eine Standard-implementation. Das heißt, Sie brauchen selbst keinerlei Code zu schreiben, um sie zu verwenden.

BEISPIEL 3.44: Die *ToString*-Methode liefert den Namen der Anwendungskomponente (die Windows-Anwendung heißt hier Vererbung) und die Klassenzugehörigkeit von *kunde1*.

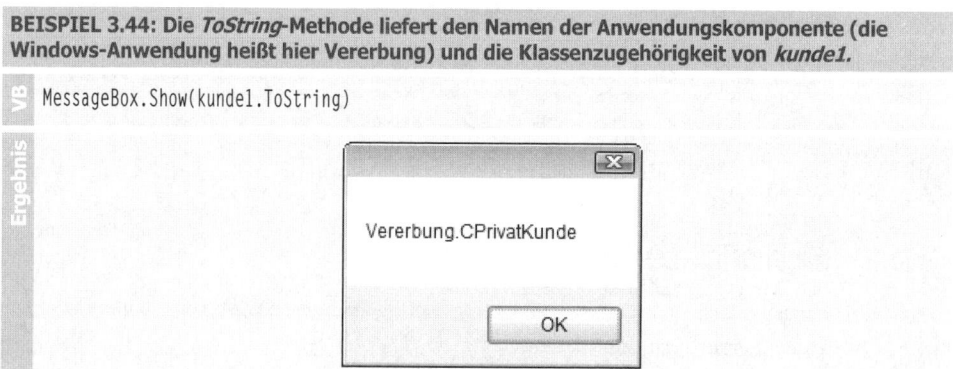

```
MessageBox.Show(kunde1.ToString)
```

Sie können das standardmäßige Verhalten von *ToString* mittels *Overrides*-Schlüsselwort verändern. Dies erlaubt Ihnen eine individuelle Implementierung einiger Eigenschaften bzw. Methoden von *System.Object*.

BEISPIEL 3.45: Die gleiche *ToString*-Methode des Vorgängerbeispiels liefert nun den Namen des Kunden, wenn Sie die folgende Methode zum Klassenkörper von *CKunde* hinzufügen.

```vb
Public Overrides Function ToString() As String
    Return _name
End Function
```

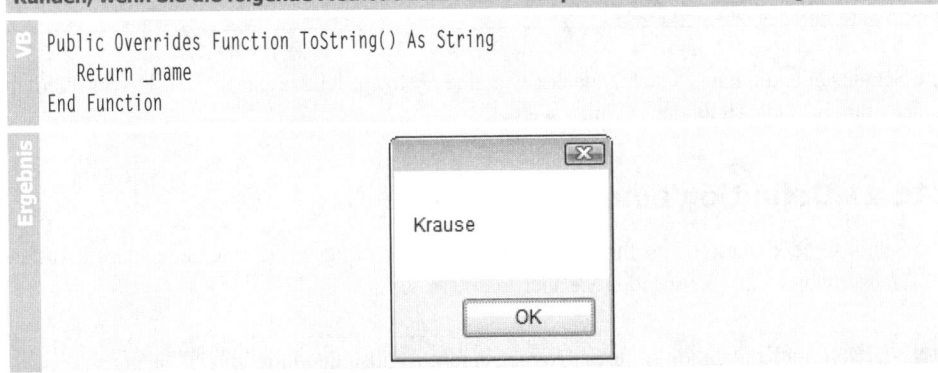

3.10.6 Property-Accessors

Die *Get-* und *Set-* Accessoren von Eigenschaften hatten in den ersten .NET-Versionen von Visual Basic die gleiche Sichtbarkeit wie die Eigenschaft zu der sie gehören. Seit .NET 2.0 ist es möglich, den Zugriff auf einen dieser Accessoren zu beschränken. Meist ist dies für den *Set*-Accessor sinnvoll, während der *Get*-Accessor in der Regel öffentlich bleiben soll.

BEISPIEL 3.46: Eine Eigenschaft mit *Get-* und *Set*-Accessoren. Der *Get*-Accessor besitzt die gleiche Sichtbarkeit wie die *KontoNummer*-Eigenschaft, während der *Set*-Accessor nur einen *Friend*-Zugriff erlaubt.

```vb
Private _knr As String
Public Property KontoNummer() As String
    Get
        Return _knr
    End Get
    Friend Set(value As String)
        _knr = value
    End Set
End Property
```

3.11 Schnittstellen (Interfaces)

Das .NET-Framework (die CLR) unterstützt keine Mehrfachvererbung, d.h., eine Unterklasse kann immer nur von einer einzigen Oberklasse erben. Dies ist wohl mehr ein Segen als ein Fluch, denn allzu leicht würde sonst der Programmierer im Gestrüpp mehrfacher Vererbungsbeziehungen über mehrere Hierarchie-Ebenen hinweg die Übersicht verlieren, instabiler Code und Chaos wären die Folge.

Einen Ausweg bietet die Verwendung von Schnittstellen, diese bieten fast alle Möglichkeiten der Mehrfachvererbung, vermeiden aber deren Nachteile.

> **HINWEIS:** Schnittstellen dienen dazu, um gemeinsame Merkmale ansonsten unabhängiger Klassen beschreiben zu können.

Eine Schnittstelle können Sie sich zunächst wie eine abstrakte Klasse (siehe 3.10.1) vorstellen, in welcher nur abstrakte Methoden definiert werden[1].

3.11.1 Definition einer Schnittstelle

Eine Schnittstelle können Sie zu Ihrem Projekt genauso hinzufügen wie eine neue Klasse. Anstatt des Schlüsselworts *Class* verwenden Sie aber *Interface*.

> **HINWEIS:** Laut Konvention sollte der Namen einer Schnittstelle immer mit "I" beginnen.

BEISPIEL 3.47: Eine Schnittstelle *IPerson*, die zwei Eigenschaften und eine Methode definiert [2]

```vb
Public Interface IPerson
    Property Nachname As String
    Property Vorname As String
    Function getName() As String
End Interface
```

Vielleicht vermissen Sie im obigen Beispiel die Zugriffsmodifizierer (**Public** *Property* ...), diese aber haben in einer Schnittstellendefinition generell nichts zu suchen.

> **HINWEIS:** Die Festlegung der Zugriffsmodifizierer für die Mitglieder der Schnittstelle ist allein Angelegenheit der Klasse, die die Schnittstelle implementiert!

3.11.2 Implementieren einer Schnittstelle

Die implementierende Klasse benutzt anstatt des Schlüsselworts *Inherits* das Schlüsselwort *Implements*.

> **HINWEIS:** Die implementierende Klasse geht die Verpflichtung ein, ausnahmslos **alle** Mitglieder der Schnittstelle zu implementieren!

BEISPIEL 3.48: Die Klasse *CKunde* implementiert die Schnittstelle *IPerson*

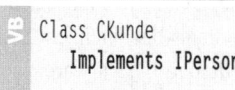

```vb
Class CKunde
    Implements IPerson
        ...
```

---

[1] Dieser Vergleich hinkt natürlich wegen der auch bei abstrakten Klassen nicht möglichen Mehrfachvererbung.

[2] Das Interface verwendet selbstimplementierende Eigenschaften.

BEISPIEL 3.48: Die Klasse *CKunde* implementiert die Schnittstelle *IPerson*

Die von *IPerson* geerbten abstrakten Klassenmitglieder müssen implementiert werden:

```
Public Property Nachname As String Implements IPerson.Nachname
Public Property Vorname As String Implements IPerson.Vorname

Public Function getName() As String Implements IPerson.getName
    Return _Vorname & " " & _Nachname
End Function
```

Es folgen die normalen Klassenmitglieder:

```
    ...
End Class
```

Den kompletten Code finden Sie im Praxisbeispiel

▶ 3.12.4 Schnittstellenvererbung verstehen

Dort wird auch gezeigt, wie man eine mit abstrakten Methoden ausgestattete abstrakte Klasse ganz leicht in eine Schnittstelle überführen kann.

3.11.3 Abfragen, ob eine Schnittstelle vorhanden ist

Manchmal möchte man vor der eigentlichen Arbeit mit einem Objekt wissen, ob dieses eine bestimmte Schnittstelle implementiert hat. Eine Lösung bietet eine Abfrage mit dem *TypeOf*-Operator.

BEISPIEL 3.49: Wir ergänzen die Bedienoberfläche des Vorgängerbeispiels um eine zweite Schaltfläche.

```
Private Sub Button2_Click(sender As Object, e As EventArgs) Handles Button2.Click
    If TypeOf kunde1 Is IPerson Then
        MessageBox.Show("Das Objekt kunde1 hat die Schnittstelle IPerson implementiert!")
    End If
End Sub
```

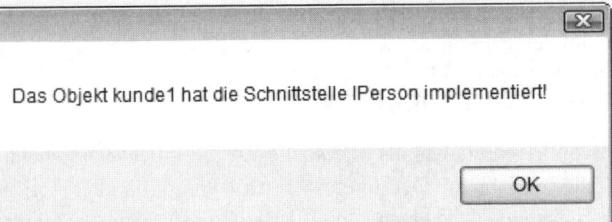

Das Objekt kunde1 hat die Schnittstelle IPerson implementiert!

OK

3.11.4 Mehrere Schnittstellen implementieren

Eine Klasse kann nicht nur eine, sondern auch mehrere Schnittstellen gleichzeitig implementieren, was quasi Mehrfachvererbung bedeutet, wie sie mit der klassischen Implementierungsvererbung unmöglich ist.

BEISPIEL 3.50: Eine Klasse implementiert zwei Schnittstellen

```
Public Class CPrivatkunde
    Implements IPerson, IKunde
    ...
End Class
```

3.11.5 Schnittstellenprogrammierung ist ein weites Feld

... und bis jetzt haben wir nur an der Oberfläche gekratzt. Wichtige Prinzipien hier nochmals in Kürze:

- Anstatt von einer abstrakten Klasse zu erben, werden die abstrakten Methoden über eine Schnittstelle veröffentlicht. Damit erlangt man gewissermaßen die Funktionalität der Mehrfachvererbung und umgeht deren Nachteile.

- Eine Schnittstelle ist wie ein Vertrag: Sobald eine Klasse eine Schnittstelle implementiert, muss sie auch ausnahmslos alle (!) Mitglieder der Schnittstelle implementieren und veröffentlichen.

- Der Name der implementierten Methode sowie deren Signatur muss mit deren Definition in der Schnittstelle exakt übereinstimmen.

- Mehrere Schnittstellen können zu einer neuen Schnittstelle zusammengefasst werden und selbst wieder Schnittstellen implementieren.

HINWEIS: Mehr zur Schnittstellenprogrammierung finden Sie beispielsweise im Kapitel 5 (*IEnumerable*-Interface) oder im Kapitel 25 (Klassen-Designer).

3.12 Praxisbeispiele

3.12.1 Eigenschaften sinnvoll kapseln

Das Deklarieren von Eigenschaften als öffentliche Variablen der Klasse heißt immer, das Brett an der dünnsten Stelle zu bohren. Der fortgeschrittene Programmierer verwendet stattdessen sogenannte Property-Methoden, die einen kontrollierten Zugriff erlauben. Außerdem ermöglichen die Property-Methoden auch die Implementierung von *berechneten Eigenschaften*, die aus den (privaten) Zustandsvariablen ermittelt werden. Im vorliegenden Beispiel handelt es sich um eine Klasse *CKreis* mit den Eigenschaften *Radius*, *Umfang* und *Fläche*. Diese Klasse speichert intern eine einzige Zustandsvariable *radZ*, aus welcher direkt beim Zugriff alle Eigenschaften berechnet werden.

Oberfläche

Um einen weiteren Vorteil der OOP zu demonstrieren, d.h. ohne viel Mehraufwand beliebig viele Instanzen aus einer Klasse bilden, wollen wir mit zwei Objekten (*Kreis1* und *Kreis2*) arbeiten.

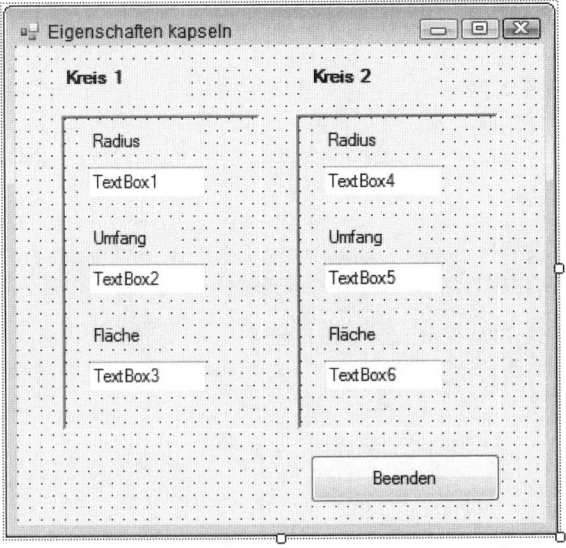

Quellcode CKreis

Unsere Klasse wird außerhalb von *Form1* definiert, wir werden sie sogar in ein separates Klassen-modul auslagern. Wählen Sie das Menü *Projekt|Klasse hinzufügen*... und geben Sie dem Klassen-modul den Namen *CKreis.vb*.

```
Public Class CKreis
```

Die private Zustandsvariable speichert den Wert des Radius:

```
    Private radZ As Double
```

Die Eigenschaft *Radius* (Rahmencode wird automatisch erzeugt!):

```
    Public Property Radius() As String
        Get
            Return radZ.ToString("#,#0.00")
        End Get
        Set(value As String)
            If value <> String.Empty Then
                radZ = CDbl(value)
            Else
                radZ = 0
            End If
        End Set
    End Property
```

Die Eigenschaft *Umfang*:

```
Public Property Umfang() As String
    Get
        Return (2 * Math.PI * radZ).ToString("#,#0.00")
    End Get
    Set(value As String)
        If value <> String.Empty Then
            radZ = CDbl(value) / 2 / Math.PI
        Else
            radZ = 0
        End If
    End Set
End Property
```

Die Eigenschaft *Fläche*:

```
Public Property Fläche() As String
    Get
        Return (Math.PI * Math.Pow(radZ, 2)).ToString("#,#0.00")
    End Get
    Set(value As String)
        If value <> String.Empty Then
            radZ = Math.Sqrt(CDbl(value) / Math.PI)
        Else
            radZ = 0
        End If
    End Set
End Property
End Class
```

Wechseln Sie nun in den Klassencode von *Form1*.

Quellcode Form1

```
Public Class Form1
```

Ein Objekt wird erzeugt:

```
Private Kreis1 As New CKreis()
```

Die folgenden Event-Handler sind einfach und übersichtlich, da die Objekte die inneren Funktionalitäten wegkapseln. Den Radius ändern:

```
Private Sub TextBox1_KeyUp(sender As Object, e As KeyEventArgs) Handles TextBox1.KeyUp
    With Kreis1
        .Radius = TextBox1.Text
        TextBox2.Text = .Umfang
        TextBox3.Text = .Fläche
    End With
End Sub
```

Den Umfang ändern:

```
Private Sub TextBox2_KeyUp(sender As Object, e As KeyEventArgs) Handles TextBox2.KeyUp
    With Kreis1
        .Umfang = TextBox2.Text
        TextBox1.Text = .Radius
        TextBox3.Text = .Fläche
    End With
End Sub
```

Die Fläche ändern:

```
Private Sub TextBox3_KeyUp(sender As Object, e As KeyEventArgs) Handles TextBox3.KeyUp
    With Kreis1
        .Fläche = TextBox3.Text
        TextBox1.Text = .Radius
        TextBox2.Text = .Umfang
    End With
End Sub
```

Der Code für *Kreis2* ist analog aufgebaut und braucht deshalb hier nicht wiederholt zu werden (siehe Beispieldaten).

```
End Class
```

Test

Sobald Sie eine beliebige Eigenschaft ändern, werden die anderen zwei sofort aktualisiert! Wegen der in der Klasse eingebauten Eingabeprüfung verursacht ein leerer Eingabewert keinen Fehler. Aus Gründen der Übersichtlichkeit wurde aber auf das Abfangen weiterer Eingaben, die sich nicht in einen numerischen Wert konvertieren lassen, verzichtet.

HINWEIS: Geben Sie als Dezimaltrennzeichen immer das Komma (,) ein, als Tausender-Separator dürfen Sie den Punkt (.) verwenden.

Objektinitialisierer

Man kann ein Objekt auch dann erzeugen und initialisieren, wenn es dazu keinen Konstruktor gibt. Sie könnten also im Code von *Form1* die Instanziierung der Klasse durch direktes Zuweisen ihrer Eigenschaften wie folgt vornehmen:

```
Private Kreis1 As New CKreis With {.Radius = "1.0"}
```

HINWEIS: Mehr zu Objektinitialisierern erfahren Sie im Abschnitt 3.8.2!

3.12.2   Eine statische Klasse anwenden

Als "statisch" wollen wir hier solche Klassen bezeichnen, die lediglich statische (*Shared*) Mitglieder haben. Solche Klassen eignen sich beispielsweise ideal für Formelsammlungen (siehe *Math*-Klasse), da keine Objekte erzeugt werden müssen, denn es kann gleich "losgerechnet" werden. Das vorliegende Rezept demonstriert dies anhand einer statischen Klasse *CKugel* zur Berechnung des Kugelvolumens bei gegebenem Durchmesser (und umgekehrt).

$V = 4/3 * Pi * r^3$

Nimmt man anstatt des Radius den Durchmesser *d* der Kugel, so ergibt sich daraus nach einigen Umstellungen die folgende Berechnungsformel für das Volumen *V*:

$V = d^3 * Pi/6$

Oberfläche

Lediglich ein *Form*ular mit zwei *TextBox*en zur Eingabe von Kugeldurchmesser und Kugel-volumen ist erforderlich (siehe Laufzeitansicht).

Quellcode CKugel

Statische Funktionen werden mit dem Schlüsselwort *Shared* gekennzeichnet.

```
Public Class CKugel
    Public Shared Function Durchmesser_Volumen(durchmesser As String) As Double
        Dim dur As Double = System.Double.Parse(durchmesser)
        Dim vol As Double = Math.Pow(dur, 3) * Math.PI / 6.0
        Return vol
    End Function

    Public Shared Function Volumen_Durchmesser(volumen As String) As Double
        Dim vol As Double = System.Double.Parse(volumen)
        Dim dur As Double = Math.Pow(6 / Math.PI * vol, 1 / 3.0)
        Return dur
    End Function
End Class
```

Quellcode Form1

Die Verwendung der Klasse im Formularcode:

```
Public Class Form1
```

Die Berechnung startet nach Betätigen der *Enter*-Taste:

```
Private Sub TextBox1_KeyUp(sender As Object, e As KeyEventArgs) Handles TextBox1.KeyUp
    If e.KeyCode = Keys.Enter And TextBox1.Text <> String.Empty Then
        TextBox2.Text = CKugel.Durchmesser_Volumen(TextBox1.Text).ToString("#,##0.000")
    End If
End Sub
```

```
    Private Sub TextBox2_KeyUp(sender As Object, e As KeyEventArgs) Handles TextBox2.KeyUp
        If e.KeyCode = Keys.Enter And TextBox2.Text <> String.Empty Then
            TextBox1.Text = CKugel.Volumen_Durchmesser(TextBox2.Text).ToString("#,##0.000")
        End If
    End Sub
End Class
```

Test

Es ist egal, ob Sie den Radius oder das Volumen eingeben. Nach Betätigen der *Enter*-Taste wird der Inhalt des jeweils anderen Textfelds sofort aktualisiert.

Die Maßeinheit spielt bei der Programmierung keine Rolle, da sie für beide Eingabefelder identisch ist. Um beispielsweise einen Wasserbehälter mit 1 Kubikzentimeter Inhalt zu realisieren, ist eine Kugel mit dem Durchmesser von 1,241 Zentimetern erforderlich, für 1 Kubikmeter (1000 Liter) wären es 1,241 Meter:

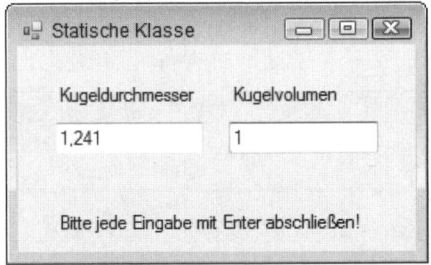

3.12.3 Vom fetten zum dünnen Client

Lassen Sie sich durch den martialischen Titel nicht irritieren, wir wollen damit lediglich Ihr Interesse für eine Methodik wecken, die Ihnen hilft, den Horizont herkömmlicher Programmiertechniken zu überschreiten und damit einen leichteren Zugang zur OOP ermöglicht. Dabei gehen wir von folgender Erfahrung aus:

Typisch für den OOP-Ignoranten ist, dass er getreu der Devise "Hauptsache es funktioniert" mit Ausdauer und Beharrlichkeit immer wieder so genannte "fette" Clients (Fat Clients) programmiert. In einem solchen *Fat Client* ist in der Regel die gesamte Intelligenz (Geschäfts- bzw. Serverlogik) der Anwendung konzentriert, d.h., eine Aufteilung in Klassen bzw. Schichten hat nie stattgefunden.

Ein qualifizierter objektorientierter Entwurf zeichnet sich aber dadurch aus, dass der Client möglichst "dumm" bzw. "dünn" ist. Ein *Thin Client* verwaltet ausschließlich das User-Interface, die Aufgaben beschränken sich auf die Entgegennahme der Benutzereingaben und deren Weiterleitung an die Geschäftslogik bzw. umgekehrt auf die Ausgabe und Anzeige der von der Geschäftslogik ermittelten Ergebnisse.

Der Server hingegen umfasst die Geschäftslogik und kapselt damit die gesamte Intelligenz der Anwendung.

Die Vorteile einer solchen mehrschichtigen "Thin Client"-Strategie sind:

- gesteigerte Übersichtlichkeit und leichte Wiederverwendbarkeit der Software,

- Realisierung als verteilte Anwendung im Netzwerk ist möglich,

- Wartbarkeit und Erweiterbarkeit der Geschäftslogik sind möglich, ohne dass die Clients geändert werden müssten.

In unserem zweiteiligen Beispiel geht es um einen einfachen "Taschenrechner", den wir in zwei Versionen realisieren wollen.

In unserer ersten Windows Forms-Anwendung haben wir es mit einem Musterbeispiel für einen "fetten" Client zu tun. Im zweiten Teil verwandeln wir das Programm in eine mehrschichtige Anwendung mit einem "dünnen" Client. Neugierig geworden?

Oberfläche

So oder ähnlich sollte unser "Rechenkünstler" in der Entwurfsansicht aussehen:

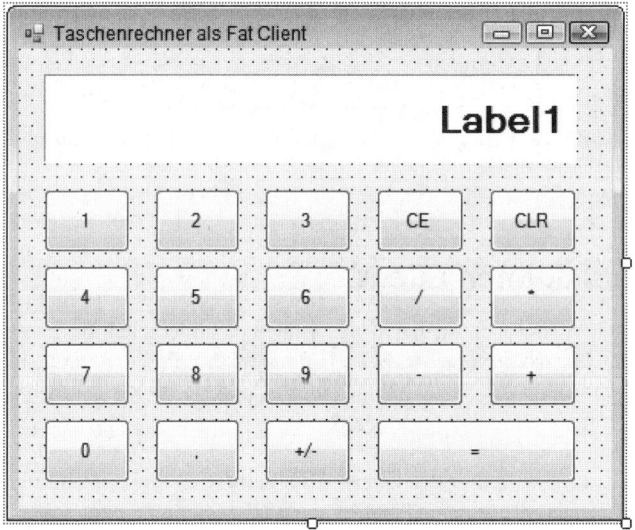

Quellcode (Fat Client)

```
Public Class Form1
```

Über die Bedeutung der folgenden drei globalen Zustandsvariablen brauchen wir wohl keine weiteren Worte zu verlieren:

```
Private op As Char               ' aktueller Operator  (+, - , *, /)
Private reg1 As String = Nothing ' erstes Register  (Operand)
Private reg2 As String = Nothing ' zweites Register  (Operand)
```

Wir wollen zur Steuerung des Programmablaufs eine spezielle Variable *state* verwenden, die den aktuellen Zustand speichert:

```
    Private state As Byte = 1              ' aktuelles Register (1 oder 2)
```

Typisch für die nun folgenden Ereignisbehandlungen ist, dass die durchgeführten Aktionen vom Wert der Zustandsvariablen *state* abhängig sind.

Zur Eingabe einer Ziffer (0...9) benutzt der gesamte Ziffernblock eine gemeinsame Ereignisbehandlung:

```
    Private Sub ButtonZ_Click(sender As Object, e As EventArgs) Handles Button1.Click,
        Button2.Click, Button3.Click, Button4.Click, Button5.Click, Button6.Click,
        Button7.Click, Button8.Click, Button9.Click, Button10.Click, Button11.Click
        Dim cmd As Button = CType(sender, Button)
        Select Case state
            Case 1                      ' zum ersten Operanden hinzufügen:
                reg1 &= cmd.Text.Chars(0)
                Label1.Text = reg1
            Case 2                      ' zum zweiten Operanden hinzufügen:
                reg2 &= cmd.Text.Chars(0)
                Label1.Text = reg1 & " " & op & " " & reg2
        End Select
    End Sub
```

Für die Eingabe der Operation (+, -, *, /) wird ähnlich verfahren:

```
    Private Sub ButtonOp_Click(sender As Object, e As EventArgs) _
            Handles ButtonAdd.Click, ButtonSub.Click, ButtonMult.Click, ButtonDiv.Click
        Dim cmd As Button = CType(sender, Button)
        Select Case state
            Case 1
                op = cmd.Text.Chars(0)      ' neuer Operand ...
                state = 2                   ' ... und Zustandswechsel
            Case 2
                ergebnis()          ' erst Zwischenergebnis mit altem Operand ermitteln ...
                op = cmd.Text.Chars(0)              ' ... dann neuer Operand
        End Select
        Label1.Text = reg1.ToString & " " & op
        reg2 = Nothing                              ' Reg2 löschen
    End Sub
```

Die folgende Hilfsprozedur führt die Rechenoperation aus und speichert deren Ergebnis in *reg1*:

```
    Private Sub ergebnis()
        Dim r1 As Double = Convert.ToDouble(reg1)
        Dim r2 As Double = Convert.ToDouble(reg2)
        Select Case op
            Case "+"c
                reg1 = (r1 + r2).ToString
            Case "-"c
                reg1 = (r1 - r2).ToString
            Case "*"c
                reg1 = (r1 * r2).ToString
            Case "/"c
```

```
            reg1 = (r1 / r2).ToString
    End Select
    reg2 = Nothing    ' löscht zweites Register
End Sub
```

Die Ergebnistaste (=):

```
Private Sub ButtonResult_Click(sender As Object, e As EventArgs) Handles ButtonResult.Click
    If state = 2 Then
        ergebnis()
        Label1.Text &= " = " & reg1
        state = 1
    Else
        Label1.Text = reg1
        reg2 = Nothing    ' löscht zweites Register
    End If
End Sub
```

Letztes eingegebenes Zeichen löschen (CE):

```
Private Sub ButtonCE_Click(sender As Object, e As EventArgs) Handles ButtonCE.Click
    Select Case state
        Case 1
            If Not (reg1 = Nothing) Then
                reg1 = reg1.Remove(reg1.Length - 1, 1)
                Label1.Text = reg1
            End If
        Case 2
            If Not (reg2 = Nothing) Then
                reg2 = reg2.Remove(reg2.Length - 1, 1)
                Label1.Text = reg2
            End If
    End Select
End Sub
```

Alle Register sowie Anzeige löschen und Anfangszustand herstellen:

```
Private Sub ButtonCLR_Click(sender As Object, e As EventArgs) Handles ButtonCLR.Click
    reg1 = Nothing : reg2 = Nothing : Label1.Text = String.Empty
    state = 1
End Sub
```

Schließlich noch der Vorzeichenwechsel (+/-):

```
Private Sub ButtonVZ_Click(sender As Object, e As EventArgs) Handles ButtonVZ.Click
    Dim r As Double
    Select Case state
        Case 1
            r = -Convert.ToDouble(reg1)
            reg1 = r.ToString
            Label1.Text = reg1
        Case 2
```

```
                r = -Convert.ToDouble(reg2)
                reg2 = r.ToString
                Label1.Text = reg1 & " " & op & " " & reg2
            End Select
        End Sub
End Class
```

Test

Der Vorzug gegenüber üblichen Rechnern (oder auch dem im Windows-Zubehör) sticht sofort ins Auge: Man kann den Rechenvorgang mitverfolgen, weil der komplette Ausdruck angezeigt wird.

HINWEIS: Wie bei jedem anderen einfachen Taschenrechner auch, bleibt hier die Rangfolge der Operatoren (Punktrechnung geht vor Strichrechnung) unberücksichtigt. Bei der Eingabe von mehreren Operationen hintereinander, z.B. 3 + 4 * 12, ist deshalb zu beachten, dass erst die höherwertige Operation auszuführen ist (4 * 12).

Bemerkungen zum fetten Client

- Den Programmablauf könnte man in Gestalt eines Zustandsüberführungsdiagramms (*State Chart*) noch anschaulicher darstellen (siehe Kapitel 25).

- Leider ist die gesamte Intelligenz der Anwendung in der Benutzerschnittstelle *Form1* enthalten, also ein typischer "fetter" Client. Transparenz, Wiederverwendbarkeit und Wartbarkeit des Codes sind demzufolge katastrophal! Wie man das Programm auf ein höheres objektorientiertes Niveau heben kann, soll die folgende alternative Realisierung unseres Taschenrechners zeigen.

Abmagerungskur für den fetten Client

Dass es sich bei unserem alten Programm tatsächlich um einen Fat Client handelt, zeigt das zugehörige Klassendiagramm. Klicken Sie dazu im Projektmappen-Explorer mit der rechten Maustaste auf *Form1.vb* und wählen Sie im Kontextmenü *Klassendiagramm anzeigen*. Es vergeht eine kleine Weile und dann bietet sich Ihnen der in der Abbildung nur auszugsweise gezeigt Anblick mit einer schier endlosen Auflistung der in der Klasse implementierten Felder und Methoden.

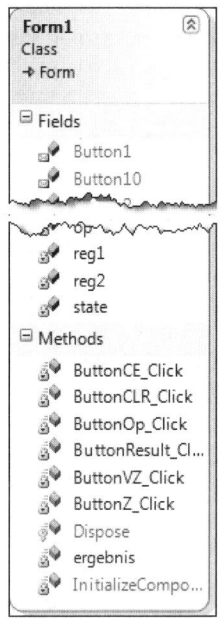

Schluss mit diesem Chaos! Durch Auslagern der Intelligenz in die Klassen *CRechenmodul* und *CRegister* erhalten wir nach einigem Hin und Her als Ergebnis der "Abmagerungskur" schließlich das abgebildete neue Klassendiagramm:

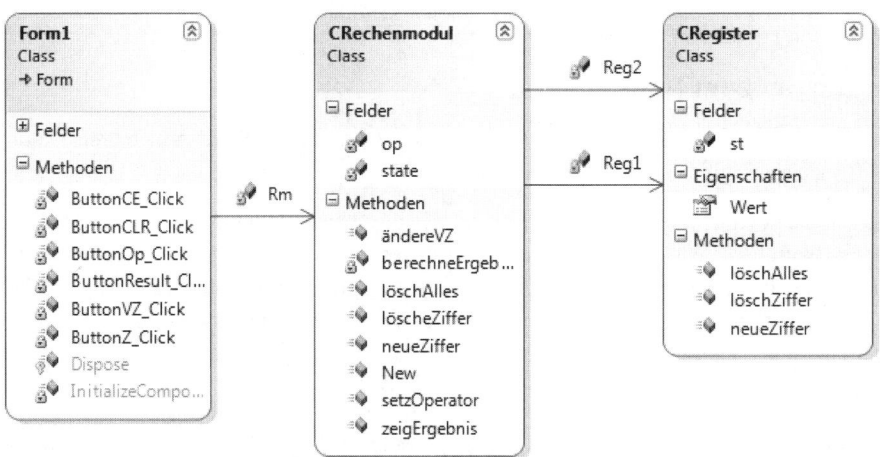

Die Klasse *Form1* (Thin Client) ist gegenüber dem Vorgänger deutlich abgemagert und beschränkt sich nur noch auf ihre eigentliche Aufgabe, nämlich die Verwaltung der Benutzerschnittstelle. Die Klassen *CRechenmodul* und *CRegister* stellen hingegen die zweischichtige Geschäftslogik (Server) der Anwendung dar, kapseln also die Intelligenz der Anwendung.

HINWEIS: Damit Sie im Klassendiagramm die durch Pfeilverbindungen gekennzeichneten Zuordnungen (Assoziationen) zwischen den Klassen sehen, müssen Sie mit der rechten Maustaste auf das Feld *Rm* in der Klasse *Form1* klicken und im Kontextmenü den Eintrag *Als Zuordnung anzeigen* wählen. Analog verfahren Sie mit den Feldern *Reg1* und *Reg2* in *CRechenmodul*.

Eine Erklärung des Klassendiagramms mit anderen Worten: Unser Thin Client benutzt eine Instanz der Klasse *CRechenmodul*. In dieser wiederum sind zwei Instanzen der Klasse *CRegister* enthalten. Hier geht es also noch nicht um Vererbung, Polymorphie etc., sondern nur um das zweckmäßige "Wegkapseln" von Funktionalität, wie das in unserem Fall etwa auch der physikalischen Realität entspricht, denn auch ein "richtiger" Taschenrechner enthält ein Rechenmodul, in diesem wiederum sind ein oder mehrere Register enthalten.

Allerdings stellt diese Thin Client-Lösung nur eine von mehreren Möglichkeiten dar und ist das Ergebnis einer Analyse des Ausgangscodes nach den Kriterien der Wiederverwendbarkeit ("Code Reuse").

HINWEIS: Mehr zu den Fähigkeiten des Klassen-Designers erfahren Sie im Kapitel 25.

Quellcode für CRegister

```
Public Class CRegister
```

Die globale Variable *st* speichert den Registerinhalt als Zeichenkette:

```
Private st As String = Nothing
```

Zugriff auf den numerischen Wert von *st:*

```
Public Property Wert() As Double
    Get
        Try
            Wert = Convert.ToDouble(st)
        Catch
            Wert = 0
        End Try
    End Get
    Set(value As Double)
        st = value.ToString
    End Set
End Property
```

Hinzufügen einer einzelnen Ziffer und Rückgabe des Anzeigestrings:

```
Public Function neueZiffer(z As Char) As String
    If (Char.IsDigit(z) Or z = ",") Then
        st &= z
        Return (st)
    Else
        Return (String.Empty)
    End If
End Function
```

Letzte Ziffer löschen und Anzeigestring zurückgeben:

```
Public Function löschZiffer() As String
    If st.Length > 0 Then
        st = st.Remove(st.Length - 1, 1)
    End If
    Return (st)
End Function
```

Gesamtes Register löschen:

```
Public Sub löschAlles()
    st = String.Empty
End Sub
```

```
End Class
```

Quellcode für CRechenmodul

```
Public Class CRechenmodul

    Private state As Byte = 1        ' Startmodus (Zustandsvariable)
    Private op As Char              ' aktueller Operator
    Private Reg1, Reg2 As CRegister  ' zwei Rechenregister
```

Im Konstruktor werden zwei Register-Objekte erzeugt:

```
Public Sub New()
    Reg1 = New CRegister()
    Reg2 = New CRegister()
End Sub
```

Zifferneingabe in aktuelles Register:

```
Public Function neueZiffer(z As Char) As String
    If state = 1 Then                    ' zum ersten Register hinzufügen:
        Return (Reg1.neueZiffer(z))
    Else                                 ' zum zweiten Register hinzufügen:
        Return (Reg1.Wert.ToString & " " & op & " " & Reg2.neueZiffer(z))
    End If
End Function
```

Letzte Ziffer des aktuellen Registers löschen und resultierenden Registerinhalt zurückgeben:

```
Public Function löscheZiffer() As String
    If state = 1 Then
        Return (Reg1.löschZiffer())
    Else
        Return (Reg2.löschZiffer())
    End If
End Function
```

Vorzeichen des aktuellen Registers umkehren:

```
Public Function ändereVZ() As String
    If state = 1 Then
        Reg1.Wert = -Reg1.Wert
        Return (Reg1.Wert.ToString)
    Else
        Reg2.Wert = -Reg2.Wert
        Return (Reg1.Wert.ToString & " " & op & " " & Reg2.Wert.ToString)
    End If
End Function
```

Der Operator wird übernommen. Rückgabewert ist der String des ersten Operanden mit abschließendem Operatorenzeichen:

```
Public Function setzOperator(o As Char) As String
    If state = 1 Then
        state = 2
    Else
        berechneErgebnis()              ' Zwischenergebnis (mit altem Operator) ermitteln
    End If
    op = o                              ' neuen Operator übernehmen
    Reg2.löschAlles()                   ' zweites Register löschen
    Return (Reg1.Wert.ToString & " " & op)
End Function
```

Die abschließende Rechenoperation ausführen und das Ergebnis liefern:

```
Public Function zeigErgebnis() As String
    Dim s As String = ""
    If state = 1 Then       ' im Startmodus wird noch nichts berechnet, ...
        Reg2.löschAlles()     ' ... lediglich zweites Register gelöscht
    Else
        s = " = " & berechneErgebnis()
        state = 1
    End If
    Return (s)
End Function
```

Eine Hilfsmethode zum Ausführen der Rechenoperation nebst Abspeichern des Ergebnisses im ersten Register (überschreibt erstes Register mit Ergebnis der Operation):

```
Private Function berechneErgebnis() As String
    Select Case op
        Case "+"c
            Reg1.Wert = Reg1.Wert + Reg2.Wert
        Case "-"c
            Reg1.Wert = Reg1.Wert - Reg2.Wert
        Case "*"c
            Reg1.Wert = Reg1.Wert * Reg2.Wert
        Case "/"c
            Reg1.Wert = Reg1.Wert / Reg2.Wert
    End Select
    Reg2.löschAlles()        ' zweites Register löschen
    Return Reg1.Wert.ToString
End Function
```

Alle Register löschen und Startzustand wieder herstellen:

```
Public Sub löschAlles()
    Reg1.löschAlles()
    Reg2.löschAlles()
    state = 1
End Sub
End Class
```

Quellcode für Form1

Die Oberfläche unseres Thin Client entspricht 100%ig der seines "fetten" Vorgängers. Die Programmierung ist allerdings – dank des *CRechenmodul*-Objekts – deutlich einfacher und transparenter geworden:

```
Public Class Form1
```

Einzige globale Variable ist eine Instanz der Klasse *CRechenmodul*:

```
Private Rm As New CRechenmodul()
```

Eine Ziffer eingeben (0..9):

```
Private Sub ButtonZ_Click(sender As Object, e As EventArgs) Handles Button1.Click,
        Button9.Click, Button8.Click, Button7.Click, Button6.Click, Button5.Click,
            Button4.Click, Button3.Click, Button2.Click, ButtonKomma.Click, Button0.Click
    Dim cmd As Button = CType(sender, Button)
    Label1.Text = Rm.neueZiffer(cmd.Text.Chars(0))
End Sub
```

Die Operation eingeben (+, -, *, /):

```
Private Sub ButtonOp_Click(sender As Object, e As EventArgs) _
        Handles ButtonAdd.Click, ButtonSub.Click, ButtonMult.Click, ButtonDiv.Click
    Dim cmd As Button = CType(sender, Button)
```

```
        Label1.Text = Rm.setzOperator(cmd.Text.Chars(0))
    End Sub
```

Ergebnis anzeigen (=):

```
    Private Sub ButtonResult_Click(sender As Object, e As EventArgs) Handles ButtonResult.Click
        Label1.Text &= Rm.zeigErgebnis
    End Sub
```

Letztes eingegebenes Zeichen löschen (CE):

```
    Private Sub ButtonCE_Click(sender As Object, e As EventArgs) Handles ButtonCE.Click
        Label1.Text = Rm.löscheZiffer()
    End Sub
```

Alle Register sowie Anzeige löschen und Anfangszustand wieder herstellen:

```
    Private Sub ButtonCLR_Click(sender As Object, e As EventArgs) Handles ButtonCLR.Click
        Rm.löschAlles()
        Label1.Text = String.Empty
    End Sub
```

Vorzeichenwechsel (+/-):

```
    Private Sub ButtonVZ_Click(sender As Object, e As EventArgs) Handles ButtonVZ.Click
        Label1.Text = Rm.ändereVZ()
    End Sub
```

```
End Class
```

Test

Sie werden keinerlei Unterschied in Aussehen und Funktion unseres "dünnen" Taschenrechners zu seinem "fetten" Vorgänger feststellen, was uns in der Auffassung bestätigt, dass den Hauptnutzen aus der OOP nicht der Anwender, sondern der Programmierer hat!

Bemerkungen

- Unter Einsatz einer Formelparser-Klasse wären auch Klammerrechnungen möglich, das dürfte weniger aufwändig sein als das Hinzufügen weiterer Register.

- Einen wesentlich leistungsfähigeren (wissenschaftlichen) Taschenrechner, der allerdings nach einem völlig anderen Prinzip funktioniert (Code DOM), finden Sie in unserem [Visual Basic 2012 Kochbuch].

3.12.4 Schnittstellenvererbung verstehen

Ein mächtiges Feature der OOP ist das Konzept der Schnittstellenvererbung (siehe Abschnitt 3.11). Die Schnittstellenvererbung erschließt sich dem Einsteiger am leichtesten, wenn er sich vorher das Konzept abstrakter Klassen und Methoden (siehe Abschnitt 3.10.1) verinnerlicht hat.

In unserem Demobeispiel wollen wir Geldbeträge auf das Konto eines Kunden einzahlen bzw. von dort abheben. Die erste Lösung soll mittels einer abstrakten Klasse erfolgen[1]. Die zweite Lösung benutzt eine Schnittstelle (Interface).

Klassendiagramme

Die erste Variante zeigt das links abgebildete Klassendiagramm. Hier erbt die Klasse *CKunde* von der abstrakten Klasse *CPerson*. Letztere verfügt ausschließlich über abstrakte Klassenmitglieder. Diese enthalten nur die Eigenschafts- bzw. Methodendeklaration, also keinerlei Code. Die Implementierung muss komplett in der erbenden Klasse *CKunde* erfolgen.

Das rechte Klassendiagramm zeigt die zweite Lösung, bei welcher die abstrakte Klasse *CPerson* von der Schnittstelle *IPerson* ersetzt wird. Weitere Unterschiede sind auf den ersten Blick nicht zu erkennen, dazu müssen wir uns den Quellcode näher anschauen.

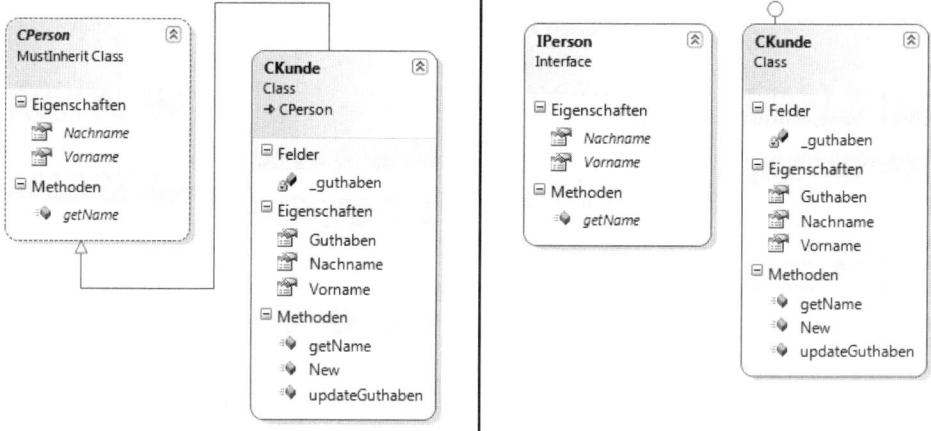

Oberfläche Form1

Öffnen Sie eine neue Windows Forms-Anwendung und gestalten Sie das Startformular wie in der Laufzeitansicht gezeigt.

Lassen Sie uns mit der ersten Variante beginnen!

Quellcode CPerson

Fügen Sie dem Projekt eine neue Klasse *CPerson* hinzu:

```
Public MustInherit Class CPerson
    Public MustOverride Property Nachname As String
    Public MustOverride Property Vorname As String
    Public MustOverride Function getName() As String
End Class
```

---

[1] Dies ist allerdings die extremste Form der Implementierungsvererbung, denn es wird de facto keinerlei Code vererbt.

Wie Sie sehen, ist die Klasse abstrakt und enthält die abstrakten Eigenschaften *Nachname* und *Vorname)* sowie die abstrakte Methode *getName*.

Quellcode CKunde

Fügen Sie dem Projekt eine Klasse *CKunde* hinzu:

```
Public Class CKunde
    Inherits CPerson

    Private _guthaben As Decimal
```

Die drei von *CPerson* geerbten abstrakten Klassenmitglieder müssen überschrieben werden (wir verwenden selbst implementierende Eigenschaften, die die entsprechenden Zustandsvariablen *_Vorname* und *_Nachname* automatisch im Hintergrund anlegen):

```
Public Overrides Property Vorname As String
Public Overrides Property Nachname As String

Public Overrides Function getName() As String
    Return _Vorname & " " & _Nachname
End Function
```

Es folgen die normalen Klassenmitglieder:

```
Public Sub New(vor As String, nach As String)         ' ein Konstruktor
    _Vorname = vor
    _Nachname = nach
End Sub

Public ReadOnly Property Guthaben As Decimal
    Get
        Return _guthaben
    End Get
End Property

Public Sub updateGuthaben(betrag As Decimal)
    _guthaben += betrag
End Sub
End Class
```

HINWEIS: Es müssen **alle** geerbten abstrakten Klassenmitglieder überschrieben werden, ansonsten erfolgt eine Fehlermeldung des Compilers.

Quellcode Form1

```
Public Class Form1
```

Zu Beginn wird ein Kunde erzeugt, initialisiert und angezeigt:

```
Private kunde1 As CKunde
```

```
    Private Sub Form1_Load(sender As Object, e As EventArgs) Handles MyBase.Load
        kunde1 = New CKunde("Max", "Müller")
        TextBox1.Text = kunde1.Vorname
        TextBox2.Text = kunde1.Nachname
        TextBox3.Text = "10,50"
    End Sub
```

Bei jedem Klick auf die Schaltfläche werden Vor- und Nachname des Kunden neu zugewiesen.
Der eingegebene Betrag wird dem Guthaben hinzugefügt bzw. (bei negativem VZ) abgezogen:

```
    Private Sub Button1_Click(sender As Object, e As EventArgs) Handles Button1.Click
        kunde1.Vorname = TextBox1.Text
        kunde1.Nachname = TextBox2.Text
        Dim betrag As Decimal = Convert.ToDecimal(TextBox3.Text)
        kunde1.updateGuthaben(betrag)
```

Die abgeschlossene Buchung wird mit einem Meldungstext quittiert:

```
        Label1.Text = kunde1.getName() & " hat ein Guthaben von " &
                            kunde1.Guthaben.ToString("C") & " !"
    End Sub
End Class
```

Test

Nehmen Sie einige Ein- oder Auszahlungen vor.

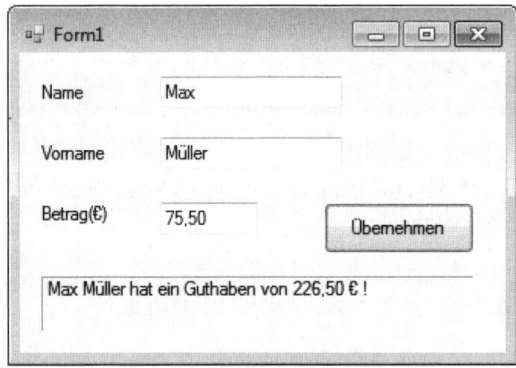

Nach erfolgreichem Test dieser ersten Variante wollen wir die zweite Variante in Angriff nehmen
und die Klasse *CPerson* durch ein Interface *IPerson* ersetzen.

Quellcode IPerson

Benennen Sie einfach im Projektmappenexplorer die Klasse *CPerson* in *IPerson* um und vereinfachen Sie den Code wie folgt:

```
Public Interface IPerson
    Property Nachname As String
    Property Vorname As String
```

```
    Function getName() As String
End Interface
```

Quellcode CKunde

Auch hier sind nur minimale Änderungen erforderlich: An die Stelle von *Inherits* tritt *Implements*. Bei den von *IPerson* geerbten Schnittstellenmitgliedern fehlen die *Overrides*-Modifizierer. Stattdessen werden durch abschließende Kennzeichnung der Methodendeklarationen mit *Implements* und Benennung der Schnittstellenmitglieder Mehrdeutigkeiten vermieden.

```
Public Class CKunde
    Implements IPerson

    Private _guthaben As Decimal

    Public Property Vorname As String Implements IPerson.Vorname
    Public Property Nachname As String Implements IPerson.Nachname

    Public Function getName() As String Implements IPerson.getName
        Return _Vorname & " " & _Nachname
    End Function
...
```

Der restliche Code bleibt unverändert.

```
End Class
```

Das war es auch schon, denn der Quellcode von *Form1*, in welchem die Klasse CKunde instanziiert und verwendet wird, gleicht bis ins letzte Detail dem seines Vorgängers.

Auch beim Testen des Codes werden Sie keinerlei Veränderungen zum Vorgängerprojekt feststellen.

Vergleichen Sie beide Varianten, so stellen Sie fest, dass die Realisierung mittels Schnittstelle die Transparenz und Übersichtlichkeit des Codes deutlich steigert.

3.12.5 Aggregation und Vererbung gegenüberstellen

Jeder Programmierer hat den Ehrgeiz, mit möglichst wenig Schreibarbeit auszukommen und möglichst viel von seinem Code wieder verwenden zu können. Voraussetzung dafür sind optimale Klassendiagramme, für die es unter dem Aspekt der Wiederverwendbarkeit von Code zwei wesentliche Beziehungen gibt:

- Aggregation/Komposition

- Vererbung

Damit sind wir bereits bei zwei fundamentalen Begriffen der OOP angelangt. Ob wir von *Aggregation* oder *Komposition* sprechen ist in diesem Zusammenhang unerheblich, denn die *Komposition* stellt lediglich die stärkere Form der *Aggregation* dar.

Unter Vererbung ist hier genau genommen die *Implementierungsvererbung* gemeint, denn die unter
.NET ebenfalls mögliche *Interfacevererbung* erspart keinerlei Schreibarbeit.

HINWEIS: Sowohl Aggregation/Komposition als auch Vererbung verlangen eine spezifische
Herangehensweise bei der Implementierung, die clientseitige Nutzung der Klasse ist
aber identisch.

In unserem Beispiel soll dies an Hand einer kleinen Personalverwaltung demonstriert werden,
wobei alle Personen in einer Auflistung gespeichert sind, welche die Funktionalität der recht leistungsfähigen *Hashtable*-Klasse nutzt.

In der folgenden Abbildung sind die Klassendiagramme beider Varianten gegenübergestellt.

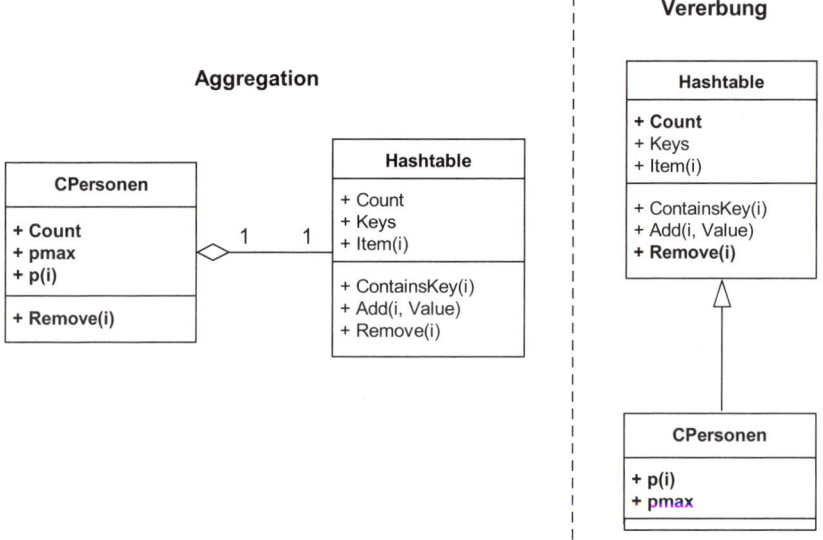

Die Klasse *CPersonen* soll über die Standardeigenschaft *p(i)* einen indizierten Lese- und Schreibzugriff auf die Elemente der Auflistung bereitstellen, um damit die *Item*- und die *Add*-Methode von
Hashtable zu kapseln. Weitere Eigenschaften sind *Count* (Gesamtzahl der abgespeicherten Personen) sowie *pmax* (höchster Index bzw. Schlüsselwert innerhalb der Auflistung). Die von *Hashtable*
direkt geerbte *Remove*-Methode ermöglicht das Löschen einer bestimmten Person.

Bedienoberfläche

Das abgebildete Hauptformular bedarf wohl keiner besonderen Erläuterung:

Variante 1: Klassen CPerson und CPersonen mit Aggregation

```
Public Class Form1
```

Der Übersichtlichkeit halber haben wir hier den Code beider Klassen zum *Form1*-Klassenmodul hinzugefügt, Sie könnten ihn aber auch ohne weiteres in ein oder zwei separate Klassenmodule auslagern.

```
Public Class CPerson
    Public Vorname, Nachname As String
    Public Geburt As Date
    Public student As Boolean
End Class

Public Class CPersonen
```

Innerhalb der Klasse *CPersonen* wird die Klasse *Hashtable* instanziiert – das ist Aggregation pur!

```
Private ht As New Hashtable()
```

Mit einem kleinen Trick, wir definieren eine Eigenschaft *p* als Standardeigenschaft, implementieren wir einen *Quasi-Indexer*[1] für den indizierten Zugriff auf die Personenliste.

HINWEIS: Mittels dieser Standardeigenschaft kann eine *CPersonen*-Collection auf die gleiche Weise wie ein Array indiziert werden!

---

[1] Im Unterschied zu C# erlaubt Visual Basic nicht die direkte Implementierung eines Indexers.

```
Default Public Property p(i As Integer) As CPerson
    Get
        If ht.ContainsKey(i) Then
            Return CType(ht.Item(i), CPerson)
        Else
            Return Nothing
        End If
    End Get
    Set(ByVal value As CPerson)
        If ht.ContainsKey(i) Then
            ht.Item(i) = value         ' überschreiben, falls Schlüssel vorhanden
        Else
            ht.Add(i, value)           ' anhängen, falls Schlüssel noch nicht besetzt
        End If
    End Set
End Property
```

Das Löschen eines Elements der Auflistung:

```
Public Sub Remove(i As Integer)
    ht.Remove(i)
End Sub
End Class
```

Nachdem die Klassen *CPerson* und *CPersonen* implementiert sind, geht es mit dem eigentlichen Code von *Form1* weiter.

Objekte instanziieren:

```
Private pListe As New CPersonen()      ' die Personenliste
Private person As CPerson              ' die aktuelle Person
```

Zustandsvariablen zum Steuern der Anzeige:

```
Private pos As Integer = 1             ' die aktuelle Position
Private pmax As Integer                ' die max. Anzahl von Personen
```

Die Startaktivitäten:

```
Protected Overrides Sub OnLoad(e As EventArgs)
    Label1.Text = pos.ToString()
    anzeigeLöschen()
    MyBase.OnLoad(e)
End Sub
```

Die Anzeige der aktuellen Person:

```
Private Sub anzeigen()
    Label1.Text = pos.ToString()
    person = pListe(pos)                ' Zugriff wie über Indexer!
    Try
        With person
            TextBox1.Text = .Vorname
            TextBox2.Text = .Nachname
```

```
            TextBox3.Text = .Geburt.ToString("dd.MM.yyyy")
            CheckBox1.Checked = .student
        End With
    Catch
        anzeigeLöschen()
    End Try
End Sub
```

Die Hilfsroutine zum Löschen der Anzeige:

```
Private Sub anzeigeLöschen()
    Label1.Text = String.Empty
    TextBox1.Text = String.Empty : TextBox2.Text = String.Empty
    TextBox3.Text = "00:00:00"
    CheckBox1.Checked = False
End Sub
```

Vorwärts blättern:

```
Private Sub Button3_Click(sender As Object, e As EventArgs) Handles Button3.Click
    pos += 1
    anzeigen()
End Sub
```

Rückwärts blättern:

```
Private Sub Button2_Click(sender As Object, e As EventArgs) Handles Button2.Click
    If pos > 1 Then
        pos -= 1
        anzeigen()
    End If
End Sub
```

Zum Anfang:

```
Private Sub Button1_Click(sender As Object, e As EventArgs) Handles Button1.Click
    pos = 1
    anzeigen()
End Sub
```

Zum Ende:

```
Private Sub Button4_Click(sender As Object, e As EventArgs) Handles Button4.Click
    pos = pmax
    anzeigen()
End Sub
```

Speichern der aktuellen Person:

```
Private Sub Button5_Click(sender As Object, e As EventArgs) Handles Button5.Click
    person = New CPerson()          ' nur Instanzen können hinzugefügt werden!!!
    With person
        .Vorname = TextBox1.Text
        .Nachname = TextBox2.Text
```

```
            .Geburt = Convert.ToDateTime(TextBox3.Text)
            .student = CheckBox1.Checked
        End With
        pListe(pos) = person            ' Zugriff wie über Indexer
        If pos > pmax Then pmax = pos   ' max. Schlüsselwert
        anzeigen()
    End Sub
```

Löschen der aktuellen Person:

```
    Private Sub Button6_Click(sender As Object, e As EventArgs) Handles Button6.Click
        pListe.Remove(pos)
        anzeigeLöschen()
    End Sub
    ...
End Class
```

Test

Es können beliebig viele Personen eingegeben werden. Der zugeteilte Schlüsselwert entspricht der "Lfd.Nr"-Anzeige. Wenn unter dem Schlüssel bereits eine Person existiert, wird diese überschrieben, anderenfalls neu angelegt.

HINWEIS: Das Abspeichern passiert nicht automatisch beim Weiterblättern, sondern Sie müssen **vor** dem Weiterblättern die *Speichern*-Schaltfläche klicken (ansonsten sind die Änderungen futsch)!

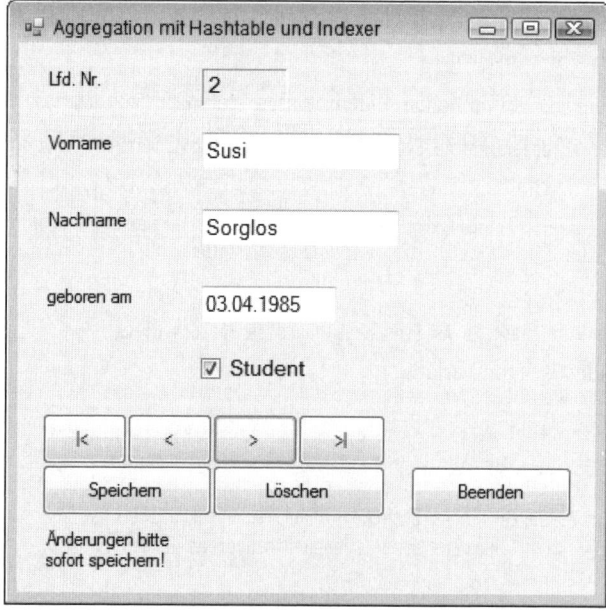

Variante 2: Klasse CPersonen mit Vererbung

Alternativ zur Aggregation können wir die Klasse *CPersonen* auch so implementieren, dass die Eigenschaften/Methoden direkt von der Klasse *Hashtable* "geerbt" werden (siehe Abbildung zu Beginn).

```
Public Class CPersonen
    Inherits Hashtable              ' Vererbung

    Default Public Property p(i As Integer) As CPerson
        Get
            If ContainsKey(i) Then
                Return CType(Item(i), CPerson)
            Else
                Return Nothing
            End If
        End Get
        Set(ByVal value As CPerson)
            If ContainsKey(i) Then
                Item(i) = value              ' überschreiben, falls Schlüssel vorhanden
            Else
                Add(i, value)                ' anhängen, falls Schlüssel noch nicht besetzt
            End If
        End Set
    End Property
End Class
```

Vergleichen Sie diesen Code mit der ersten Variante, so stellen Sie fest, dass eine Instanziierung von *Hashtable* nicht mehr erforderlich ist. Stattdessen können die benötigten Eigenschaften und Methoden der Basisklasse direkt aufgerufen werden.

Da dank Implementierungsvererbung alle öffentlichen Eigenschaften/Methoden von *Hashtable* jetzt auch in der Schnittstelle von *CPersonen* verfügbar sind, entfällt auch die Implementierungen der *Remove*-Methode.

Bis auf die vereinfachte Klasse *CPersonen* sind, gegenüber der ersten Variante (Aggregation) keine weiteren Unterschiede festzustellen, der Client "sieht" die gleiche Schnittstelle.

Test

Das Ergebnis ist erwartungsgemäß identisch mit Variante 1.

HINWEIS: Damit der mühsam eingegebene Personalbestand das Ausschalten des Rechners überlebt, ist das Abspeichern in eine Datei erforderlich.

3.12.6   Eine Klasse zur Matrizenrechnung entwickeln

Eine Matrix ist nichts weiter wie der mathematische Begriff für ein Array. In diesem Rezept soll am Beispiel einer Klasse *CMatrix* die grundlegende Vorgehensweise bei der Entwicklung einer Klasse erläutert werden, die schon etwas anspruchsvoller ist als z.B. eine triviale *CPerson*-Klasse.

Die Schwerpunktthemen sind:

■   überladener Konstruktor

■   überladene Methoden

■   Eigenschaftsmethoden

■   Standardeigenschaft als Indexer

■   Unterschied zwischen statischen (Shared-) Methoden und Instanzen-Methoden

Die Klasse *CMatrix* soll Funktionalität zur Verfügung stellen, die Sie zur Ausführung von Matrixoperationen benötigen (Addition, Multiplikation...).

Obwohl wir hier nur die Addition implementieren werden, kann die Klasse von Ihnen nach dem gezeigten Muster selbständig um weitere Matrizenoperationen erweitert werden, wie z.B. Multiplikation oder Inversion.

HINWEIS: Wer sich nicht für Mathematik interessiert, kann das Beispiel trotzdem sehr gut verwenden, da der Schwerpunkt auf den verwendeten Programmiertechniken im Zusammenhang mit dem Array-Zugriff liegt!

Quellcode der Klasse CMatrix

Wir beginnen diesmal nicht mit dem Startformular (*Form1*), sondern erweitern zunächst über den Menüpunkt *Projekt|Klasse hinzufügen...* unser Projekt um eine neue Klasse mit dem Namen *CMatrix*.

Die Klasse *CMatrix* verwaltet ein zweidimensionales Array aus *Double*-Zahlen. Die Zustandsvariablen *_rows* und *_cols* speichern die Anzahl der Zeilen und Spalten.

```
Public Class CMatrix
    Private _rows, _cols As Integer
    Private _array(,) As Double
```

Ein neues Array wird über den Konstruktor instanziiert, der in zwei Versionen vorliegt. Falls Sie später *New()* ohne Argument aufrufen, wird eine Matrix mit einem einzigen Element generiert, ansonsten mit den gewünschten Dimensionen.

```
Sub New()
    MyBase.New()
    _rows = 1
    _cols = 1
```

```
        ReDim _array(_rows, _cols)
    End Sub

    Sub New(R As Integer, C As Integer)      ' überladener Konstruktor
        MyBase.New()
        _rows = R
        _cols = C
        ReDim _array(_rows, _cols)
    End Sub
```

Der Zugriff auf die (privaten) Zustandsvariablen _rows und _cols wird über die Eigenschaften *Rows* und *Cols* gekapselt.

```
    Public Property Rows() As Integer        ' Eigenschaft zum Zugriff auf Zeilenanzahl
        Get
            Return _rows
        End Get
        Set(Value As Integer)
            _rows = Value
        End Set
    End Property

    Public Property Cols() As Integer        ' Eigenschaft zum Zugriff auf Spaltenanzahl
        Get
            Return _cols
        End Get
        Set(Value As Integer)
            _cols = Value
        End Set
    End Property
```

Der Zugriff auf ein bestimmtes Matrix-Element wird elegant über die Standardeigenschaft realisiert, die hier quasi wie ein Indexer funktioniert:

```
    Default Public Property Cell(row As Integer, col As Integer) As Double
        Get
            Return _array(row, col)
        End Get
        Set(Value As Double)
            _array(row, col) = Value
        End Set
    End Property
```

Die *Add*-Methode akzeptiert entweder ein oder zwei *CMatrix*-Objekte als Parameter, falls Sie nur ein *CMatrix*-Objekt übergeben, wird die aktuelle Instanz der Matrix als zweiter Operand verwendet.

Die erste Überladung der *Add*-Methode ist statisch, sie wird also nicht über einem *CMatrix*-Objekt, sondern direkt über der *CMatrix*-Klasse ausgeführt! Die Methode nimmt beide Operanden (*CMatrix*-Objekte) entgegen und liefert ein *CMatrix*-Objekt zurück.

```
Public Overloads Shared Function Add(A As CMatrix, B As CMatrix) As CMatrix
    If Not (A.Rows = B.Rows And A.Cols = B.Cols) Then
        Add = New CMatrix()
        Exit Function
    End If
    Dim newMatrix As New CMatrix(A.Rows, A.Cols)
    For row As Integer = 0 To A.Rows - 1
        For col As Integer = 0 To A.Cols - 1
            newMatrix(row, col) = A(row, col) + B(row, col)
        Next
    Next
    Return newMatrix
End Function
```

Obige Methode wird mit einer leeren "Verlegenheitsmatrix" verlassen, wenn beide Operanden nicht die gleichen Dimensionen aufweisen sollten.

Bei der zweiten Überladung handelt es sich um eine normale Instanzen-Methode, sie nimmt als Parameter nur ein einziges *CMatrix*-Objekt entgegen. Der zweite Operand ist naturgemäß die aktuelle *CMatrix*-Instanz, die diese Methode aufruft.

```
Public Overloads Function Add(A As CMatrix) As CMatrix
    If Not (A.Rows = MyClass.Rows And A.Cols = MyClass.Cols) Then
        Return New CMatrix()
        Exit Function
    End If
    Dim newMatrix As New CMatrix(MyClass.Rows, MyClass.Cols)
    For row As Integer = 0 To MyClass.Rows - 1
        For col As Integer = 0 To MyClass.Cols - 1
            newMatrix(row, col) = A(row, col) + MyClass.Cell(row, col)
        Next
    Next
    Return newMatrix
End Function
```

```
End Class
```

Der Unterschied zwischen statischen- und Instanzen-Methode dürfte Ihnen so richtig erst beim Sichten des Codes von *Form1* klar werden, wo beide Überladungen aufgerufen werden.

Hier ein Vorgriff auf den Code von *Form1*:

```
Dim A, B, C As CMatrix
...
C = CMatrix.Add(A, B)          ' Aufruf der  statischen Methode
C = A.Add(B)                   ' Aufruf der Instanzen-Methode
```

Oberfläche

Wir benötigen drei *ListView*-Komponenten und drei Schaltflächen. Setzen Sie folgende zwei Eigenschaften für jede *ListView*: *View = Details* und *GridLines = True*.

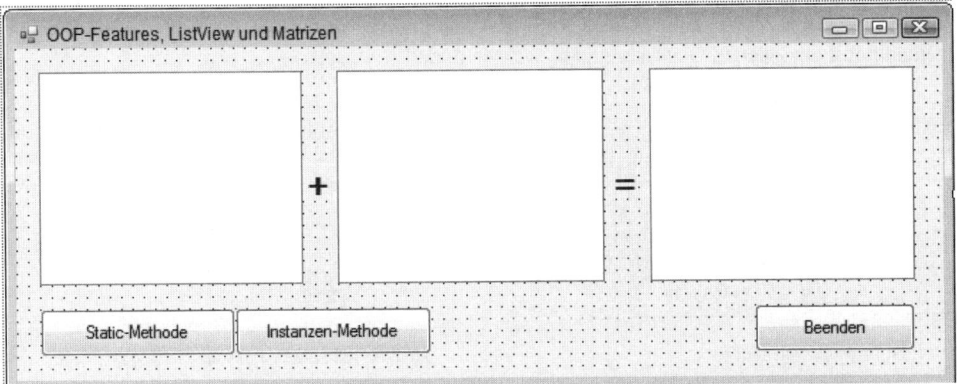

Quellcode von Form1

```
Public Class Form1
```

Wir verwenden für beide Schaltflächen einen gemeinsamen Eventhandler:

```
Private Sub Button_Click(sender As Object, e As EventArgs) _
                                    Handles Button1.Click, Button2.Click
```

Unser Beispiel benutzt Matrizen mit 9 Zeilen und 6 Spalten:

```
Const rows As Integer = 9     ' Anzahl Zeilen
Const cols As Integer = 6     ' Anzahl Spalten
```

Zufallszahlengenerator instanziieren:

```
Dim rnd As New System.Random()
```

Die Matrix *A* instanziieren, mit Zufallszahlen füllen und anzeigen (man beachte den bequemen Zugriff über den Indexer!):

```
Dim A As New CMatrix(rows - 1, cols - 1)
For i As Integer = 0 To A.Rows - 1
    For j As Integer = 0 To A.Cols - 1
        A(i, j) = rnd.Next(100)          ' Zugriff auf Matrixelement über Indexer!
    Next
Next
showListView(A, ListView1)               ' Anzeige in linker ListView
```

Gleiches geschieht mit Matrix *B*:

```
Dim B As New CMatrix(rows - 1, cols - 1)
For i As Integer = 0 To B.Rows - 1
    For j As Integer = 0 To B.Cols - 1
        B(i, j) = rnd.Next(100)
    Next
Next
showListView(B, ListView2)               ' Anzeige in mittlerer ListView
```

Die resultierende Matrix *C* berechnen wir – in Abhängigkeit vom geklickten *Button* – mit der ersten oder mit der zweiten Überladung der *Add*-Methode.

HINWEIS: Beide Überladungen der *Add*-Methode leisten absolut das Gleiche, nur die Aufruf-Syntax ist unterschiedlich!

```
Dim C As CMatrix
If CType(sender, Button) Is Button1 Then
    C = CMatrix.Add(A, B)                   ' Aufruf Shared-Methode
Else
    C = A.Add(B)                            ' Aufruf Instanzen-Methode
End If
showListView(C, ListView3)                  ' Anzeige in rechter ListView
End Sub
```

Der Anzeigeroutine *showListView* werden ein *CMatrix*-Objekt und eine *ListView*-Komponente übergeben:

```
Private Sub showListView(M As CMatrix, lv As ListView)
    With lv
        .Clear()
```

Alle Spalten erzeugen und beschriften:

```
        .Columns.Add("", 20, HorizontalAlignment.Right)     ' linke (leere) Randspalte
        For j As Integer = 0 To M.Cols - 1
```

Spaltennummerierung und Formatierung in Kopfzeile:

```
            .Columns.Add(j.ToString, 30, HorizontalAlignment.Right)
        Next
```

Alle Zeilen erzeugen, beschriften und Zellen füllen:

```
        For i As Integer = 0 To M.Rows - 1
```

Pro Zeile ein *ListViewItem*, Zeilennummerierung in linke Randspalte eintragen:

```
            Dim item As New ListViewItem(i.ToString)
            For j As Integer = 0 To M.Cols - 1
```

Alle Zellen füllen (pro Zelle ein *SubItem*):

```
                item.SubItems.Add(M(i, j).ToString)
            Next
```

Zeile zur *ListView* hinzufügen:

```
            .Items.Add(item)
        Next
    End With
End Sub
End Class
```

Test

Nach Programmstart werden die beiden ersten Matrizen mit Zufallszahlen zwischen 0 und 100 gefüllt. Ob Sie dann *Button1* oder *Button2* klicken ist völlig egal, in beiden Fällen wird die resultierende Summenmatrix mit dem richtigen Ergebnis gefüllt:

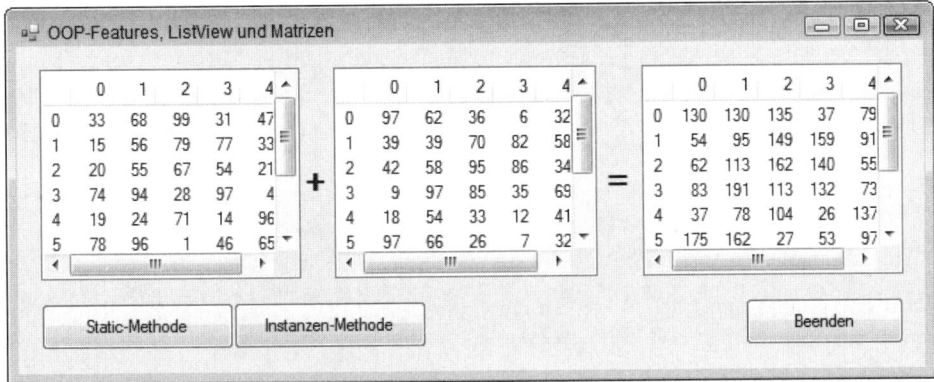

Bemerkung

Das Resultat einer Matrix-Operation ist immer eine neue Matrix, wenn allerdings beide Matrizen inkompatibel sind, wird eine leere Matrix zurückgegeben. Alternativ könnte in einem solchen Fall auch eine Ausnahme innerhalb der Methoden erzeugt werden (*Throw New System.ArgumentException()*).

Kapitel 4

Arrays, Strings, Funktionen

Ausgerüstet mit den in Kapitel 3 vermittelten OOP-Grundkenntnissen können wir nun die sprachlichen Grundlagen von Visual Basic weiter ausbauen.

Wir wollen Ihnen im vorliegenden Kapitel weiteres Handwerkszeug, wie den objektorientierten Umgang mit Arrays und Zeichenketten, Zahlenformatierungen, mathematischen und Datumsfunktionen und anderen Features vermitteln.

4.1 Datenfelder (Arrays)

Arrays eignen sich zum Speichern mehrerer Variablen eines bestimmten Datentyps. Gegenüber der Verwendung vieler einzelner "normaler" Variablen ergibt sich der Vorteil, dass nur ein einziger Variablenname benötigt wird, die Unterscheidung erfolgt über einen Index.

Im Folgenden wollen wir zunächst die für den Einstieg wichtigsten Grundlagen vermitteln und auf die komplexeren (objektbasierten) Array-Features nur am Rand eingehen.

4.1.1 Ein Array deklarieren

Mit der *Dim-, Private-, Public-* oder *Static*-Anweisung kann man nicht nur normale Variablen, sondern auch ein- und mehrdimensionale Arrays definieren.

HINWEIS: Der untere Index eines Arrays ist standardmäßig null (0).

Der Datentyp des Arrays kann beliebig sein. Für ein eindimensionales Array gilt folgende Syntax:

SYNTAX: *Zugriffsmodifizierer arrName(obererIndex) As Datentyp*

BEISPIEL 4.1: Eine Array-Variable *a*, die 101 Gleitkommawerte aufnehmen kann, wird deklariert.

```
Dim A(100) As Single
```

4.1.2 Zugriff auf Array-Elemente

Der Zugriff auf einzelne Elemente des Arrays erfolgt wie bei normalen Variablen, nur dass dem Namen der Array-Variablen der in Klammern stehende Index folgt.

BEISPIEL 4.2: (Fortsetzung) Zugriff auf das im Vorgängerbeispiel deklarierte Array

```
A(0) = 12.5      ' Schreibzugriff auf das unterste Element
Dim b As Single
b = A(100)       ' Lesezugriff auf das oberste Element
```

4.1.3 Oberen Index ermitteln

Wir wissen mittlerweile, dass der untere Index eines Arrays immer null ist. Was aber, wenn der obere Index unbekannt ist? In diesem Fall fragen Sie einfach die *Length*-Eigenschaft des Arrays ab, welche die Anzahl der Feldelemente zurück gibt. Der obere Index ist immer um Eins kleiner als die Länge.

BEISPIEL 4.3: Die Länge des in den Vorgängerbeispielen verwendeten Arrays wird angezeigt.

```
MessageBox.Show(A.Length.ToString)          ' zeigt 101, oberer Array-Index ist 100
```

HINWEIS: Als weitere Alternativen bieten sich die *UBound*-Funktion (für die allerdings die *Microsoft.VisualBasic*-Klassenbibliothek importiert werden muss), sowie die Funktionen *GetLength(0)* und *GetUpperBound(0)* an. Letztere kommen vor allem bei mehrdimensionalen Arrays zum Einsatz (siehe 4.1.7).

4.1.4 Explizite Arraygrenzen

Bei diesem Feature handelt es sich wohl eher um Augenwischerei, denn nach wie vor beginnt in Visual Basic der unterste Index eines Arrays mit 0. Allerdings können Sie bei der Deklaration die 0 explizit hinschreiben, um den Code lesbarer zu machen.

BEISPIEL 4.4: Deklaration eines Integer-Arrays mit sechs Feldern

```
Dim a(5) As Integer        ' alte Schreibweise (gilt nach wie vor!)
Dim b(0 To 5) As Integer   ' neuere Schreibweise
Dim b(1 To 5) As Integer   ' Fehler!!!
```

4.1.5 Arrays erzeugen und initialisieren

In der Regel werden Arrays bei der Erzeugung mit ihrem Leerwert (0 oder Leerstring "") initialisiert, so wie dass auch bei den normalen Datentypen der Fall ist. Um bereits beim Erzeugen Werte zuzuweisen, müssen Sie diese in geschweiften Klammern { }, getrennt durch Kommata, auflisten.

In diesem Fall müssen Sie auf die Angabe der Indexgrenze verzichten, denn diese ergibt sich ja automatisch aus der Anzahl der übergebenen Werte.

BEISPIEL 4.5: Ein *String*-Array mit fünf initialisierten Feldern

```
Dim arbeitsTage() As String = {"Montag", "Dienstag", "Mittwoch", "Donnerstag", "Freitag"}
```

Aber auch die Verwendung eines Collection-Initialisierers ist möglich, was den Code etwas vereinfacht.

BEISPIEL 4.6: Eine alternative Realisierung des Vorgängerbeispiels

```
Dim arbeitsTage = {"Montag", "Dienstag", "Mittwoch", "Donnerstag", "Freitag"}
```

BEISPIEL 4.7: Erzeugen und initialisieren eines *Integer*-Arrays

```
Dim zahlen = {0, 1, 2, 3, 4, 5, 6, 7}
```

4.1.6 Zugriff mittels Schleife

Für den sequenziellen Zugriff auf alle Array-Elemente eignen sich prinzipiell alle Schleifenanweisungen.

BEISPIEL 4.8: Ein *Integer*-Array wird mit den Zahlen 0 ... 100 gefüllt.

```
Dim A(100) As Integer

For i As Byte = 0 To 100
    A(i) = i
Next i
```

For Each-Schleife

Eine weitere wichtige Zugriffsart ist die *For Each*-Schleife, mit welcher alle Elemente des Arrays durchlaufen werden können, ohne dass deren Anzahl bekannt sein müsste.

```
SYNTAX:   For Each Element In Array
              ' Anweisungen
          [Exit For]
              ' Anweisungen
          Next [Element]
```

BEISPIEL 4.9: Das im Vorgängerbeispiel gefüllte Array wird ausgelesen.

```
For Each i As Integer In A
    MessageBox.Show(i.ToString)
Next i
```

HINWEIS: In der Regel ist das Durchlaufen einer Auflistung mit *For-Next* schneller als mit *For Each*.

Eine besonders wichtige Rolle spielt die *For Each*-Schleife im Zusammenhang mit dem Durchlaufen von Objektauflistungen (Collections).

4.1.7 Mehrdimensionale Arrays

Ein Array darf auch mehr als nur eine einzige Dimension haben. Die einzelnen Dimensionen werden bei Deklaration bzw. Zugriff durch Kommas voneinander getrennt. Sie können sich beispielsweise ein zweidimensionales Array als "Regal" vorstellen, welches nach seiner Definition zunächst aus "leeren" Fächern besteht, die in mehreren Reihen übereinander angeordnet sind und die jeweils nur eine Variable des deklarierten Datentyps aufnehmen können.

BEISPIEL 4.10: Ein (zweidimensionales) Gleitkomma-Array mit 10 Zeilen und 20 Spalten wird deklariert.

```
Dim C(9, 19) As Single      ' C(0,0) ... c(9, 19)
```

Mit den folgenden Anweisungen legen Sie in jedes Fach den Wert *5.5* ab:

```
For i As Integer = 0 To 9        ' für alle Zeilen
  For j As Integer = 0 To 19     ' für alle Spalten
    C(i,j) = 5.5
  Next j
Next i
```

Mehrdimensional initialisieren

Auch mehrdimensionale Arrays lassen sich mit Anfangswerten initialisieren, die Werte der einzelnen Dimensionen werden in geschweiften Klammerpaaren hintereinander aufgeführt.

BEISPIEL 4.11: Ein zweidimensionales *String*-Array wird erzeugt und mit Namen und Wohnort von drei Personen initialisiert.

```
Dim Personen(,) As String = {{"Meier", "Berlin"}, {"Schultze", "Leipzig"},
                             {"Krause", "Bonn"}}
Dim s As String = Personen(2,1)
```

Die folgende Anweisung zeigt "Bonn":

```
MessageBox.Show(s)
```

Die Inhalte des Arrays:

	0	**1**	**2**
0	Meier	Schultze	Krause
1	Berlin	Leipzig	Bonn

HINWEIS: Zur Bestimmung der Länge der einzelnen Dimensionen eines mehrdimensionalen Arrays ist die *Length*-Eigenschaft ungeeignet. Verwenden Sie stattdessen die *GetLength*- oder *GetUpperBound*-Methode.

4.1.8 Dynamische Arrays

Wenn die Größe des Arrays nicht konstant bleibt, sondern sich während der Programmausführung ändert, spricht man von einem *dynamischen* Array.

HINWEIS: Grundsätzlich sind alle mit einer .NET-Sprache deklarierten Arrays dynamisch!

ReDim-Anweisung

Man kommt nicht um das Deklarieren dynamischer Arrays herum, wenn die Array-Abmessungen erst zur Laufzeit bekannt sind. Dazu können Sie eine Array-Variable zunächst "leer" deklarieren, indem Sie die Angabe der Dimension in den ()-Klammern einfach leer lassen und erst später mittels *ReDim*-Anweisung die Array-Abmessungen festlegen.

BEISPIEL 4.12: Die Array-Größe wird erst zur Laufzeit festgelegt.

```VB
Dim A() As Integer    ' Array-Variable "leer" deklarieren
Dim i As Byte
...
i = 100
ReDim A(i)            ' Array-Größe festlegen
```

Auch um die Dimension eines Arrays nachträglich zu ändern, verwenden Sie die *ReDim*-Anweisung.

BEISPIEL 4.13: Wir haben eine Array-Variable *a* deklariert, die 100 Gleitkommawerte aufnehmen kann, und wollen später im Programm die Dimension auf 150 erhöhen.

```VB
Dim A(99) As Single   ' Anfangsgröße festlegen
...                   ' mit dem Array arbeiten
ReDim A(150)          ' Array vergrößern, alle Felder werden auf 0 zurückgesetzt
```

HINWEIS: Bei mehrdimensionalen Arrays können Sie nur die letzte Dimension verändern!

Bei einem Umdimensionieren wie im obigen Beispiel gehen die alten Feldinhalte verloren, einen Ausweg zeigt die *Preserve*-Option.

Preserve-Option

Die *Preserve*-Option sorgt dafür, dass durch das Umdimensionieren der alte Feldinhalt nicht zerstört wird.

BEISPIEL 4.14: Das Vorgängerbeispiel wird so geändert, dass der alte Feldinhalt erhalten bleibt.

```
Dim A(99) As Single    ' Anfangsgröße festlegen
...                    ' mit dem Array arbeiten
ReDim Preserve A(150)  ' Array vergrößern, die Felder 0 ... 99 behalten ihren Inhalt
```

HINWEIS: Wesentlich schneller geht das dynamische Hinzufügen mit Instanzen der *Array-List*-Klasse (siehe 5.3.5)!

4.1.9 Zuweisen von Arrays

Ebenso wie Sie den Inhalt einer Variablen einer anderen Variablen zuweisen können, z.B. a = b, können Sie auch einem Array ein anderes Array zuweisen. Doch Achtung – hier ist ein wesentlicher Unterschied zu beachten:

HINWEIS: Alle Arrays unter .NET sind *Referenztypen*, speichern also direkt keine Werte, sondern nur Referenzen (Zeiger) auf einen bestimmten Speicherbereich. Normale Datentypen hingegen zählen zu den *Wertetypen*.

Das gegenseitige Zuweisen von Array-Variablen führt also nicht zu einem Kopieren der Werte, sondern lediglich zum "Verbiegen" eines Zeigers, d.h. zum Zuweisen einer neuen Speicheradresse.

BEISPIEL 4.15: Ein mit den Werten 1, 2 und 3 initialisiertes Array *A* wird einem Array *B* zugewiesen, anschließend wird im Array B ein Feld geändert.

```
Dim A() As Integer = {1, 2, 3}
Dim B(2) As Integer
B = A                              ' kein Kopieren, sondern nur Referenzieren!
B(0) = 5
MessageBox.Show(B(0).ToString)     ' zeigt erwartungsgemäß "5" an
MessageBox.Show(A(0).ToString)     ' zeigt nicht "1", sondern ebenfalls "5" an!
```

Im Beispiel wurde der Zeiger, der vorher das Array *B* referenzierte, "verbogen" und zeigt nun ebenfalls auf *A*. Was aber passiert mit dem Speicherbereich des *B*-Arrays? Er steht nicht mehr zur Verfügung und wird bei nächster Gelegenheit vom Garbage Collector entsorgt.

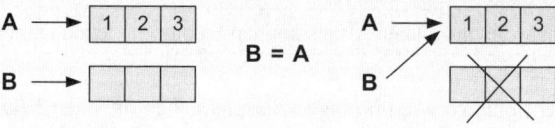

Um ein Array wirklich in ein anderes zu kopieren, könnten Sie zunächst einen umständlichen Weg beschreiten und die Werte einzeln zuweisen.

BEISPIEL 4.16: Das Vorgängerbeispiel wird so geändert, dass ein echtes Kopieren stattfindet.

```vb
Dim A() As Integer = {1, 2, 3}
Dim B(2) As Integer
Dim i As Byte
For i = 0 To 2
  B(i) = A(i)
Next i
B(0) = 5
MessageBox.Show(A(0).ToString)        ' zeigt "1" an
MessageBox.Show(B(0).ToString)        ' zeigt "5" an
```

HINWEIS: Eine elegantere Lösung mittels *Clone*-Methode finden Sie im Abschnitt 4.1.12.

4.1.10   Arrays aus Strukturvariablen

Ist für den Einsteiger der Umgang mit Strukturvariablen schon gewöhnungsbedürftig, so ist deren Einbau in Arrays für manchen eine schier unüberwindliche Barriere. Dabei ist das gar nicht so schwierig zu verstehen, wenn man ein plausibles Beispiel parat hat.

BEISPIEL 4.17: Spieler einer Fußballmannschaft

```vb
Structure Spieler
    Dim name As String
    Dim tore As Integer
    Dim gehalt As Decimal
    Dim auswahlspieler As Boolean
End Structure
```

Deklaration und Zugriff:

```vb
Dim AlleSpieler(10) As Spieler      ' eine Mannschaft
AlleSpieler(0).name = "Kahn"
AlleSpieler(3).name = "Klose"
```

BEISPIEL 4.18: Eine komplette Fußballmannschaft:

```vb
Structure Mannschaft
    Dim verein As String
    Dim alleSpieler() As Spieler  ' Verweis auf Substruktur!
    Dim trainer As String
End Structure
```

Deklaration und Zugriff:

```vb
Dim Mannschaft1 As Mannschaft, Mannschaft2 As Mannschaft
With Mannschaft1
    ReDim .alleSpieler(10)
    .verein = "Bayern München"
```

BEISPIEL 4.18: Eine komplette Fußballmannschaft:

```
    .alleSpieler(0).name = "Lehmann"
    .alleSpieler(3).tore = 12
    .trainer.name = "Magatz"
End With
```

BEISPIEL 4.19: Alle Spieler mit mehr als zehn Toren werden zu Auswahlspielern:

```
For i = 0 To Mannschaft1.alleSpieler.Length - 1
    With Mannschaft1.alleSpieler(i)
        If .tore > 10 Then .auswahlspieler = True
    End With
Next i
```

4.1.11   Löschen von Arrays

Um alle Elemente eines Arrays zu löschen, verwenden Sie die *Erase*-Anweisung. In diesem Fall bleibt die Array-Variable erhalten.

BEISPIEL 4.20: Das Array *A* wird gelöscht und anschließend neu dimensioniert.

```
Erase A
ReDim A(5, 10)
```

Eine weitere Löschalternative zeigt das folgende Beispiel (in diesem Fall wird auch die Arrayvariable zur "Entsorgung" freigegeben).

BEISPIEL 4.21: Setzen einer Array-Variablen auf *Nothing*

```
A = Nothing
```

HINWEIS: Wenn Sie nur die Werte, aber nicht die Elemente des Arrays löschen wollen, können Sie auch die *Clear*-Methode der *Array*-Klasse anwenden (siehe 4.1.12).

4.1.12   Eigenschaften und Methoden von Arrays

Um das Arbeiten mit Arrays zu vereinfachen, müssen wir uns mit deren *Eigenschaften* und *Methoden* anfreunden. Lassen Sie sich nicht verwirren, wenn im Folgenden von zwei verschiedenen Arten von Eigenschaften/Methoden die Rede ist:

- *Instanzeigenschaften und -methoden*
  Diese wenden Sie auf eine Array-Variable an.

- *Klasseneigenschaften und -methoden*
  (auch als *statische* Eigenschaften/Methoden bekannt) Diese wenden Sie direkt auf die ***Array***-Klasse an.

Wenn Sie sich die Beispiele dieses Abschnitts näher anschauen, dürfte Ihnen der Unterschied bald klar werden. Die folgenden Tabellen sollen lediglich einen Überblick vermitteln[1].

Wichtige Instanzeneigenschaften und -methoden

Eigenschaft bzw. Methode	Beschreibung
`Length`	... liefert Gesamtanzahl der Array-Elemente
`Rank`	... liefert die Anzahl der Array-Dimensionen
`Clone() As Array`	... kopiert alle Elemente aus Quell- in Ziel-Array
`CopyTo(arr As Array, index As Integer)`	... kopiert Elemente ab *Index* von Quell- in Ziel-Array
`GetLength(dim As Integer) As Integer`	... liefert die Anzahl Elemente einer bestimmten Dimension
`GetUpperBound(dim As Integer) As Integer`	... liefert den oberen Index einer bestimmten Dimension
`Initialize()`	... initialisiert alle Array-Elemente auf ihre Standardwerte

Array-Dimensionen bestimmen

Es gibt verschiedene Möglichkeiten, um die Anzahl von Elementen, die zu einer bestimmten Array-Dimension gehören, zu ermitteln.

BEISPIEL 4.22: Verschiedene Varianten zur Längenbestimmung eines zweidimensionalen Arrays

```vb
Dim A(10, 12) As Single
Dim n As Integer
n = A.Length            ' 143    (Gesamtzahl der Elemente = 11 x 13 = 143)
n = A.GetLength(0)      ' 11
n = A.GetLength(1)      ' 13
n = A.GetUpperBound(0)  ' 10
n = A.GetUpperBound(1)  ' 12
n = UBound(A)           ' 10
```

Arrays kopieren

Die *Clone*-Methode bietet eine Möglichkeit zum 1:1-Kopieren von Arrays. Die Abmessungen des Ziel-Arrays müssen dabei **nicht** unbedingt mit denen des Quell-Arrays übereinstimmen.

BEISPIEL 4.23: Der Inhalt des Arrays A wird in das Array B kopiert.

```vb
Dim A() As Integer = {1, 2, 3}
Dim B() As Integer
```

---

[1] Die exakte Syntax entnehmen Sie bitte der Dokumentation.

BEISPIEL 4.23: Der Inhalt des Arrays A wird in das Array B kopiert.

```
B = CType(A.Clone(), Integer())        ' man achte auf die Klammern bei Integer()!
B(0) = 5
MessageBox.Show(A(0).ToString)         ' zeigt "1" an
MessageBox.Show(B(0).ToString)         ' zeigt "5" an
```

Da die *Clone*-Methode einen Wert vom *Object*-Datentyp zurückgibt, musste mit *CType* in einen *Integer* konvertiert werden.

Wichtige (statische) Methoden der Array-Klasse

Die folgenden Mitglieder der *Array*-Klasse sind statisch, können also ohne vorhandene Instanz eines Datentyps aufgerufen werden:

Eigenschaft bzw. Methode	Beschreibung
`BinarySearch(`*arr* `As Array,` *val* `As Object` `[,` *comp* `As IComparer]) As Integer`	... dient zur (schnellen) binären Suche in einem sortierten (!) Array
`BinarySearch(`*arr* `As Array,` *index* `As Integer,` *length* `As Integer,` *val* `As Object` `[,` *comp* `As IComparer]) As Integer`	... dient zur (schnellen) binären Suche ab *index* und für *length*-Elemente in einem sortierten (!) Array
`Clear(`*arr* `As Array,` *index* `As Integer,` *length* `As Integer)`	... löscht die Werte der Elemente ab *index* für *length*-Elemente (die Elemente bleiben erhalten!)
`IndexOf(`*arr* `As Array,` *val* `As Object` `[,` *start* `As Integer] [count As Integer])` `As Integer`	... dient zur (langsamen) sequenziellen Suche in einem Array
`Sort(`*arr* `As Array [,` *index* `As Integer,` *len* `As Integer] [comp As IComparer])` `As Array`	... dient zur vollständigen bzw. teilweisen Sortierung eines Arrays

Suchen in Arrays

Das folgende Beispiel bezieht sich auf die statischen Methoden *Sort* und *BinarySearch*.

BEISPIEL 4.24: Ein eindimensionales *Integer*-Array mit 10 Elementen wird nach der Zahl 11 durchsucht. Vorher wird es sortiert, um *BinarySearch* anwenden zu können.

```
Dim A() As Integer = {13, 11, 5, 3, 12, 1, 3, 6, 4, 2}
Dim i As Integer
Array.Sort(A)                  ' neue Reihenfolge {1, 2, 3, 3, 4, 5, 6, 11, 12, 13}
For i = 0 To A.Length - 1
   MessageBox.Show(A(i).ToString)      ' zeigt sortierte Reihenfolge an
Next i
i = Array.BinarySearch(A, 11)  ' Suche nach der Zahl 11
If i > 0 Then
   MessageBox.Show(i.ToString)         ' gefunden an Position 7 im sortierten Array
Else
```

> **BEISPIEL 4.24: Ein eindimensionales *Integer*-Array mit 10 Elementen wird nach der Zahl 11 durchsucht. Vorher wird es sortiert, um *BinarySearch* anwenden zu können.**

```
    MessageBox.Show("Nichts gefunden!")
End If
```

4.1.13 Übergabe von Arrays

In der Parameterliste von Funktionen/Prozeduren können auch Arrays übergeben werden. Dazu deklarieren Sie diese mit leeren Klammern.

> **BEISPIEL 4.25: Eine Funktion berechnet den Mittelwert eines übergebenen *Double*-Arrays.**

```
Public Function Mittelwert(zahlen() As Double) As Double
    Dim i As Integer, sum As Double = 0
    Dim z As Integer = zahlen.Length
    For i = 0 To z - 1
        sum += zahlen(i)
    Next i
    Return sum / z
End Function
```

Die Verwendung:

```
Dim zahlen() As Double = {1.5, 2, 3.8, 0.7}    ' Array mit vier Werten
Dim mw As Double = Mittelwert(zahlen)          ' Aufruf der Funktion
MessageBox.Show(mw.ToString)                    ' zeigt den Durchschnitt "2"
```

Funktionen sind natürlich auch zur Rückgabe von Arrays in der Lage.

> **BEISPIEL 4.26: Die Funktion liefert ein zweidimensionales String-Array.**

```
Public Function Kundenliste() As String(,)
    Dim Kunden(,) As String = {{"Meier", "Berlin"}, {"Schultze", "Leipzig"},{"Krause",
                                "Bonn"}, {"Schneider", "München"}}
    Return Kunden
End Function
```

Bei Verwendung der Funktion achten Sie darauf, dass der untere Feldindex immer mit null beginnt:

```
Dim liste(,) As String = Kundenliste()
MessageBox.Show("Name: " & liste(2, 0) & ", Wohnort: " & liste(2, 1))
```

Name: Krause, Wohnort: Bonn

OK

4.2 Zeichenkettenverarbeitung

Bereits im Kapitel 2 hatten Sie Möglichkeiten kennen gelernt, mit denen Konvertierungen von und in den *String*-Datentyp vorgenommen werden können. Es ist jetzt an der Zeit, dass Sie sich mit weiteren wichtigen Verfahren zur Manipulation von Zeichenketten vertraut machen.

4.2.1 Strings zuweisen

Ebenso wie Arrays sind auch Strings *Referenztypen*, d.h., eine Stringvariable speichert nicht den Wert, sondern nur einen Verweis (Referenz, Adresse) auf die Speicherstelle. Allerdings gilt es, einen wesentlichen Unterschied festzuhalten:

HINWEIS: Mit jeder Änderung an einer *String*-Variablen wird ein neuer String erzeugt!

Durch diese Besonderheit wird ein Verhalten wie bei Wertetypen erreicht, obwohl es sich um Referenztypen handelt. Wer es nicht glaubt, möge folgendes Beispiel ausprobieren.

BEISPIEL 4.27: Ein String *s2* verweist auf einen String *s1*. Anschließend wird *s1* geändert.

```
Dim s1 = "Berlin"
Dim s2 = s1              ' s2 referenziert s1
s1 = "München"          ' legt neues String-Objekt an (ohne Auswirkung auf s2)!
MessageBox.Show(s1)     ' zeigt "München"
MessageBox.Show(s2)     ' zeigt "Berlin"
```

Die folgende Abbildung soll Ihnen das Beispiel noch einmal grafisch verdeutlichen.

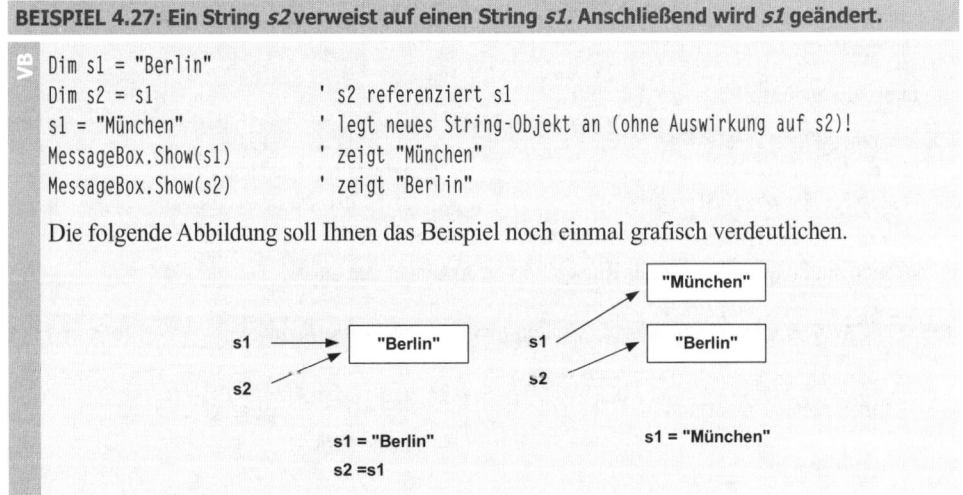

4.2.2 Eigenschaften und Methoden eines Strings

Ähnlich wie beim *Array*-Datentyp haben wir es auch hier mit zwei Gruppen von Eigenschaften/ Methoden zu tun:

- Instanzeigenschaften und -methoden und

- Klasseneigenschaften und -methoden.

Während Erstere auf Objekte des *String*-Datentyps angewendet werden, sind Letztere statische Mitglieder der *String*-Klasse.

Wichtige Instanzeneigenschaften und -methoden

Eigenschaft/Methode	Beschreibung
`Chars()`	... liefert die Zeichen als *Char*-Array
`Length`	.. liefert die Anzahl der Zeichen
`EndsWith(val As String) As Boolean`	... testet, ob String mit einem bestimmten String endet
`IndexOf(val As {String|Char} [, startIndex As Integer][,count As Integer]) As Integer`	... sucht Position eines übergebenen Zeichens/Strings, liefert -1 wenn erfolglos
`Insert(startIndex As Integer, val As String) As String`	... fügt String ab *startIndex* ein
`PadLeft(totalWidth As Integer [,paddingChar As Char]) As String`	... füllt String links mit einer Anzahl Zeichen auf, bis Gesamtbreite *totalWidth* ereicht ist
`PadRight(totalWidth As Integer [,paddingChar As Char]) As String`	... wie *PadLeft*, nur rechts
`Remove(start As Integer, count As Integer) As String`	... löscht eine Anzahl von Zeichen ab einer bestimmten Position
`Replace(alt As Char|String, neu As Char| String) As String`	... ersetzt alle Zeichen bzw. Teilstrings
`Split(separator As Char, count Integer) As String()`	... zerlegt String in Teilstrings auf Basis eines Trennzeichens in ein String-Array
`StartsWidth(val As String) As Boolean`	... testet, ob String mit einem bestimmten String beginnt
`SubString(start As Integer, [length As Integer] As String`	... liefert einen Teilstring ab einer bestimmten Position (in einer bestimmten Länge)
`ToCharArray([start As Integer,] length As Integer]) As Char()`	... liefert String (oder Teilstring) als *Char*-Array
`ToLower([cult As CultureInfo]) As String`	... konvertiert alle Zeichen in Kleinbuchstaben
`ToUpper([cult As CultureInfo]) As String`	... konvertiert alle Zeichen in Großbuchstaben
`Trim([trimChars() As Char]) As String`	... löscht alle vor- oder nachlaufenden Leerzeichen (oder andere)

Einige Beispiele für Instanzeneigenschaften

Um eine einzelne *Char*-Variable aus einer *String*-Variablen herauszukopieren, greifen Sie auf die *Chars*-Eigenschaft des Strings zurück.

BEISPIEL 4.28: Das erste Zeichen (es hat immer den Index 0!) wird herausgefiltert.

```
Dim s As String = "Hallo", c As Char
c = s.Chars(0)          ' liefert "H"
```

BEISPIEL 4.29: Die Anzahl Zeichen einer *TextBox* wird in einem Meldungsfenster angezeigt.

```vb
TextBox1.Text = "Hallo liebe Leute!"
MessageBox.Show(TextBox1.Text.Length.ToString, "Stringlänge")
```

BEISPIEL 4.30: Die Länge eines Strings wird in einer *TextBox* angezeigt.

```vb
Dim s As String, len As Integer
s = "Wie lang ist dieser Text?"
len = s.Length
TextBox1.Text = len.ToString              ' zeigt "25"
```

Einige Beispiele für Instanzenmethoden

BEISPIEL 4.31: Alles herauskopieren ab Position 8

```vb
Dim s As String = "Macht Visual Basic wirklich Spaß?"
TextBox1.Text = s.Substring(8)            ' zeigt "sual Basic wirklich Spaß?"
```

BEISPIEL 4.32: Sechs Zeichen ab Position 8 herauskopieren

```vb
Dim s As String = "Macht Visual Basic wirklich Spaß?"
TextBox1.Text = s.Substring(8, 6)         ' zeigt "sual B"
```

BEISPIEL 4.33: Suchen nach einer bestimmten Zeichenfolge

```vb
Dim s As String = "Das Wetter ist heute warm und sonnig!"
TextBox1.Text = s.IndexOf("warm").ToString          ' zeigt "21"
```

BEISPIEL 4.34: Ersetzen einer bestimmten Zeichenfolge

```vb
Dim s As String = "Ist Visual Basic nicht eine Herausforderung?"
TextBox1.Text = s.Replace("Herausforderung", "Zumutung")
' zeigt "Ist Visual Basic nicht eine Zumutung?"
```

BEISPIEL 4.35: Mehrfaches Ersetzen

```vb
Dim s As String = "Ist Visual Basic nicht eine Herausforderung?"
TextBox1.Text = s.Replace("e", "E")       ' zeigt "Ist Visual Basic nicht EinE
HErausfordErung?"
```

BEISPIEL 4.36: In Groß- oder Kleinbuchstaben verwandeln

```
Dim s As String = "Ist Visual Basic nicht umwerfend schön?"

TextBox1.Text = s.ToUpper    ' zeigt "IST VISUAL BASIC NICHT UMWERFEND SCHÖN?"
TextBox1.Text = s.ToLower    ' zeigt "ist visual basic nicht umwerfend schön?"
```

4.2.3 Kopieren eines Strings in ein Char-Array

BEISPIEL 4.37: *String* in *Char*-Array

```
Dim s As String = "Hallo"
Dim c As Char() = s.ToCharArray()
Dim i As Integer

For i = 0 To c.GetUpperBound(0)
  MessageBox.Show(c(i).ToString)     ' zeigt nacheinander "H", "a", "l", "l", "o"
Next i
```

Obwohl es eigentlich mit den Stringmethoden direkt nichts zu tun hat, soll der Vollständigkeit halber auch der umgekehrte Weg gezeigt werden.

BEISPIEL 4.38: *Char*-Array in *String*

```
Dim c As Char() = {"H"c, "a"c, "l"c, "l"c, "o"c}
Dim s As String = c            ' direkte Zuweisung möglich!
MessageBox.Show(s)             ' zeigt "Hallo"
```

4.2.4 Wichtige (statische) Methoden der String-Klasse

Die folgenden Mitglieder der *String*-Klasse sind statisch, können also ohne vorhandene Instanz eines Datentyps aufgerufen werden:

Methode	Beschreibung
Compare(*str1* As String, *str2* As String [*ignoreCase* As Boolean]) As Integer	... vergleicht zwei Strings mit (oder ohne) Berücksichtigung der Groß-/Kleinschreibung
Copy(*str* As String) As String	... erzeugt neue Stringinstanz
Empty()	... liefert einen Leerstring
Format(*format* As String, *arg0* As Object [, *arg1* As Object] [, *arg2* As Object]) As String	... formatiert einen String aufgrund von Formatierungsargumenten
Join(*separator* As String, *val*() As String [*start* As Integer, *count* As Integer]) As String	... erzeugt aus String-Array einen einzelnen String, Teile werden durch Separator getrennt

Stringvergleich

BEISPIEL 4.39: Vergleich des Inhalts zweier TextBoxen unter Berücksichtigung der Groß-/Klein-schreibung

```vb
Dim i As Integer              ' Rückgabewert der Compare-Methode
i = String.Compare(TextBox1.Text, TextBox2.Text, False)
Select Case i
    Case -1 : Label1.Text = "String 1 ist kleiner als String 2 !"
    Case 0 : Label1.Text = "String 1 ist gleich String 2 !"
    Case 1 : Label1.Text = "String 1 ist größer als String 2 !"
End Select
```

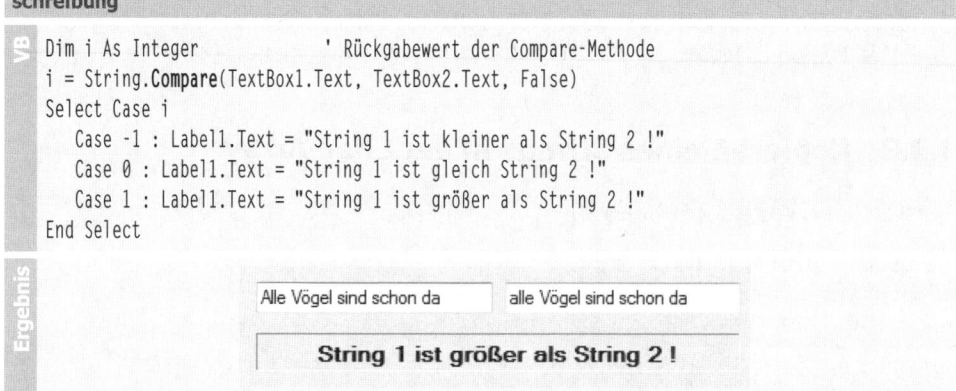

Strings zerlegen und wieder zusammenbauen

Ein gutes Beispiel für das Zusammenwirken von Instanzen- und Klassenmethoden ist das Zerlegen und Zusammenfügen von Zeichenketten. Zum Einsatz kommen die *Split*-Methode (eine Instanzen-methode) und die *Join*-Methode (eine statische Methode der *String*-Klasse).

BEISPIEL 4.40: Ein *String* wird in Teilstrings zerlegt.

```vb
Dim A() As String
Dim s As String = "Heute ist ein wunderschöner Tag!"
A = s.Split(" "c)              ' Trennzeichen ist das Leerzeichen!
Dim i As Integer
For i = 0 To A.GetUpperBound(0)
    MessageBox.Show(A(i))      ' zeigt Array-Elemente nacheinander an
Next i
```

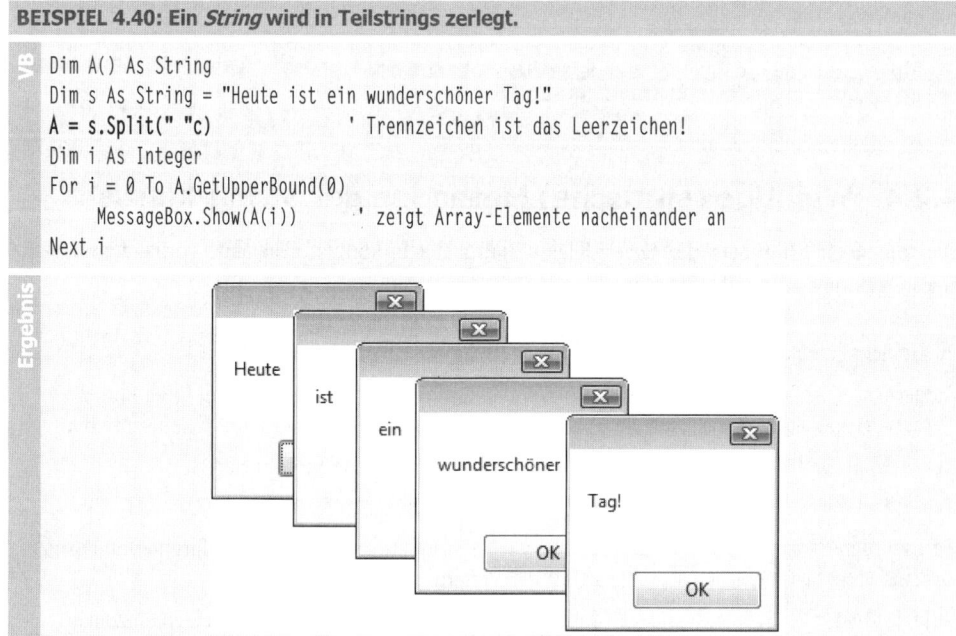

BEISPIEL 4.41: Der *String* wird wieder zusammengefügt, neues Trennzeichen ist "-":

```vb
s = String.Join("-", A)
MessageBox.Show(s)
```

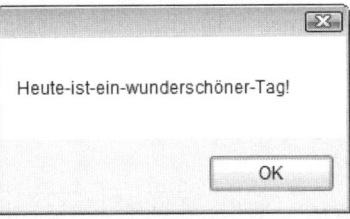

> Heute-ist-ein-wunderschöner-Tag!
>
> OK

BEISPIEL 4.42: Der Inhalt einer mehrzeiligen *TextBox* (*MultiLine*-Eigenschaft ist *True*) wird zeilenweise in einem Array abgelegt und anschließend wieder zurück in die *TextBox* kopiert.

```vb
Dim A() As String
A = TextBox1.Text.Split(CChar(vbCrLf))        ' zeilenweise ab in's Array!
...
TextBox1.Text = String.Join(CChar(vbCrLf), A)  ' marsch zurück in die Anzeige!
```

HINWEIS: Um die Konstante *vbCrLf* (Zeilenrücklauf und neue Zeile) nutzen zu können, müssen Sie die *Microsoft.VisualBasic*-Klassenbibliothek referenzieren (standardmäßig sollte dies bereits der Fall sein).

4.2.5 Die StringBuilder-Klasse

Dass Strings im Speicher als unveränderliche Zeichenketten abgelegt werden, hat natürlich seinen Preis. Wird der Inhalt einer String-Variablen sehr häufig geändert, so kann dies zu einer deutlichen Verringerung der Performance der Anwendung führen. In solchen Fällen sollten Sie auf die Fähigkeiten der *StringBuilder*-Klasse aus dem Namespace *System.Text* zurückgreifen.

BEISPIEL 4.43: Zu einer Stringvariablen wird zwanzigtausendmal ein Wert hinzuaddiert.

Zunächst die Addition auf herkömmliche Weise:

```vb
Dim s As String = String.Empty
For i As Integer = 0 To 20000
  s &= i.ToString
Next i
```

Während obige Schleife mit einem modernen PC ca. 5 Sekunden Zeit beansprucht, kann das gleiche Problem mit einem *StringBuilder* in Bruchteilen einer Sekunde erledigt werden:

```vb
Dim sb As New System.Text.StringBuilder
For i As Integer = 0 To 20000
    sb.Append(i.ToString)
Next i
Dim s As String = sb.ToString
```

Ein ausführliches Testbeispiel zur Stringaddition mit eingebauter Zeitmessung finden Sie im Praxisbeispiel

▶ 4.7.2 Zeichenketten mittels StringBuilder addieren

Da mit jeder Änderung an einer *String*-Variablen ein neuer String erzeugt wird, hat dies besonders dann negative Auswirkungen auf die Performance, wenn der Wert eines Strings sehr häufig geändert wird. Einen eleganten Ausweg zeigt die Klasse *StringBuilder* (Namespace *System.Text*).

Erzeugen

Zum Erzeugen eines *StringBuilder*-Objekts stehen Insgesamt stehen sechs Konstruktoren zur Verfügung, mit denen man in verschiedenen Kombinationen einen Initialisierungsstring und eine Anfangskapazität zuweisen kann.

BEISPIEL 4.44: Ein *StringBuilder*-Objekt für die Zeichenfolge "Heute ist Mittwoch!" wird erzeugt

```
Dim strB As New StringBuilder("Heute ist Mittwoch!")
```

Im obigen Konstruktor wurde die Anfangskapazität nicht explizit zugewiesen, sie wird deshalb automatisch auf einen der Standardwerte 16, 32, 64, ... festgelegt. Da die Zeichenkette 19 Zeichen lang ist wird das *StringBuilder*-Objekt hier mit der Kapazität 32 erzeugt.

Wollen Sie die im *StringBuilder*-Objekt enthaltene Zeichenfolge auslesen, so beachten Sie:

HINWEIS: Ein *StringBuilder*-Objekt repräsentiert keine Zeichenfolge (dazu dient der Datentyp *String*). Um die entsprechende Zeichenfolge zu gewinnen, müssen Sie das *StringBuilder*-Objekt (mittels *ToString*-Methode) in einen *String* konvertieren.

BEISPIEL 4.45: Der Inhalt des im Vorgängerbeispiel erzeugten *StringBuilder*-Objekts wird ausgelesen

```
MessageBox.Show(strB.ToString)
```

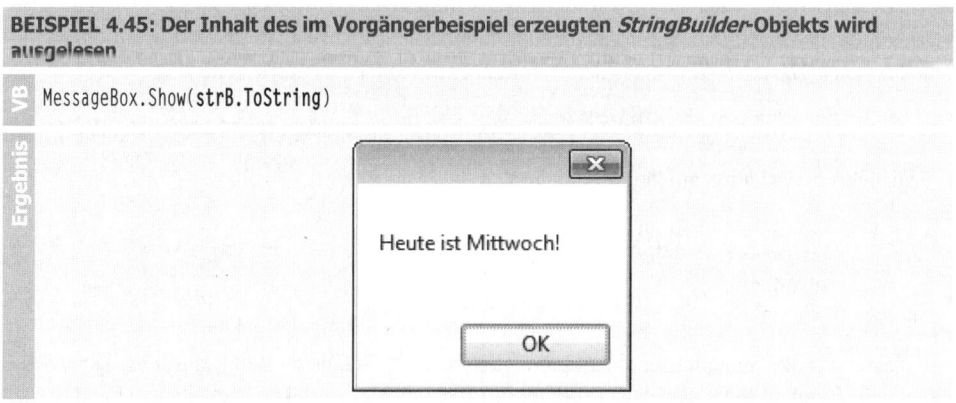

Eigenschaften

Eigenschaft	Beschreibung
Capacity	... liefert oder setzt die Kapazität eines *StringBuilder*-Objekts
Chars	... liefert das Zeichen an einer bestimmten Position (Indexer)
Length	... liefert die Länge der Zeichenfolge
MaxCapacity	... liefert die maximale Kapazität

HINWEIS: Verwechseln Sie die Eigenschaft *Capacity* nicht mit der Ihnen bereits von der *String*-Klasse her bekannten *Length*-Eigenschaft!

BEISPIEL 4.46: Ein *StringBuilder*-Objekt wird erzeugt, dann werden diverse Eigenschaften ausgelesen

```vb
Dim strB As New StringBuilder("Heute ist Mittwoch!", 50)
Dim cap As Integer = strB.Capacity     ' 50
Dim lg As Integer = strB.Length        ' 19
Dim max As Integer = strB.MaxCapacity  ' 2147483647
```

BEISPIEL 4.47: Aus der Zeichenfolge "Heute ist Mittwoch" wird das Zeichen an der 11.Position geliefert

```vb
Dim strB As New StringBuilder("Heute ist Mittwoch")
Dim c As Char = strB(10)
Label1.Text = c.ToString       ' "M"
```

Methoden

Methode	Beschreibung
Append	... fügt eine Zeichenkette zu einem *StringBuilder*-Objekt hinzu
AppendFormat	... fügt eine formatierte Zeichenkette hinzu
AppendLine	... fügt eine Zeile hinzu
CopyTo	... kopiert einen Teil des *StringBuilder*-Objekts in ein *Char*-Array
EnsureCapacity	... sichert ab, dass das *StringBuilder*-Objekts so groß ist wie angegeben
Insert	... fügt ab einer bestimmten Position eine Zeichenkette ein
Remove	... löscht aus der Zeichenfolge eine Zeichenfolge ab einer bestimmten Position
Replace	... ersetzt in der Zeichenfolge ein Zeichen durch ein anderes

BEISPIEL 4.48: Eine Zeichenkette wird einem *StringBuilder*-Objekt zugewiesen

```vb
Dim strB As New StringBuilder()
strB = strB.Append("Heute ist Mittwoch!")
```

BEISPIEL 4.48: Eine Zeichenkette wird einem *StringBuilder*-Objekt zugewiesen

```
Label1.Text = strB.ToString              ' "Heute ist Mittwoch!"
```

BEISPIEL 4.49: In die Zeichenfolge "Heute!" wird ab Position 6 die Zeichenfolge "ist Mittwoch" eingefügt

```
Dim strB AS New StringBuilder("Heute !")
strB = strB.Insert(6, "ist Mittwoch")
Label1.Text = strB.ToString              ' "Heute ist Mittwoch!"
```

BEISPIEL 4.50: In der Zeichenfolge "Heute ist Mittwoch!" wird das letzte Zeichen gelöscht

```
Dim strB As New StringBuilder("Heute ist Mittwoch!")
strB.Remove(strB.Length-1,1)
Label1.Text = strB.ToString                ' "Heute ist Mittwoch"
```

BEISPIEL 4.51: In der Zeichenfolge "Heute ist Mittwoch!" wird der Wochentag ersetzt

```
Dim strB As New StringBuilder("Heute ist Mittwoch!")
strB.Replace("Mittwoch", "Donnerstag")
Label1.Text = strB.ToString                ' "Heute ist Donnerstag!"
```

4.3   Reguläre Ausdrücke

Sie haben im vorhergehenden Teilkapitel zahlreiche (mehr oder weniger raffinierte) Methoden der Zeichenkettenverarbeitung kennengelernt. Einfache Aufgaben, wie zum Beispiel das Ersetzen eines Strings durch einen anderen oder die Suche nach einem bestimmten Teilstring, lassen sich damit relativ einfach lösen (z.B. *Replace, IndexOf* ...). Bei anspruchsvolleren Problemen, wie zum Beispiel die Gültigkeitsüberprüfung einer EMail-Adresse, sind Sie jedoch ziemlich schnell mit Ihrem Latein am Ende. Früher oder später werden Sie deshalb auf die Klassen für reguläre Ausdrücke aus dem Namespace *System.Text.RegularExpressions* stoßen.

Ein *regulärer Ausdruck* bietet eine flexible und effiziente Methode zur Verarbeitung von Text. Die Möglichkeiten sind so umfassend (es handelt sich gewissermaßen um eine eigene Sprache!), dass wir hier lediglich Ihr Interesse für dieses mächtige Werkzeug wecken und die unserer Meinung nach für den Einstieg wichtigsten Sprachelemente vorstellen können.

HINWEIS: Für das vertiefende Selbststudium gibt es genügend Quellen (Spezialliteratur, .NET-
Framework- Dokumentation).

4.3.1   Wozu werden reguläre Ausdrücke verwendet?

Häufig werden reguläre Ausdrücke als Filterkriterien in der Textsuche benutzt, wobei der Text mit dem Muster des regulären Ausdrucks abgeglichen wird (so genanntes Pattern Matching). Wichtige Einsatzgebiete sind:

- Überprüfung von Texteingaben (z.B. Passwörter und Telefonnummern)

- Texte in strukturiertere Formate zerlegen (z.B. Daten von einer HTML Seite extrahieren und in eine Datenbank ablegen)

- Bestimmte Textmuster in einem Dokument ersetzen (z.B. nur ganze Wörter, die mit K beginnen und mit E enden)

Aber nicht nur analytische, auch synthetische Aufgaben können mittels regulärer Ausdrücke gelöst werden. Man kann damit automatisch Mengen von Wörtern erzeugen (z.B. bei einer gegebenen maximalen Zeichenanzahl alle denkbaren Wörter generieren, die mit K beginnen und mit E enden)[1].

4.3.2 Eine kleine Einführung

Womit anfangen? Beginnen wir einfach mal mit einem der gebräuchlichsten Operatoren in regulären Ausdrücken, dem ?-Quantifizierer, der ein optionales Vorkommen des Vorgängerelements definiert (das Element ist genau einmal oder überhaupt nicht vorhanden).

Wenn Sie sich nun die folgende Tabelle betrachten, so dürfte Ihnen das allgemeine Prinzip regulärer Ausdrücke einleuchten:

Regulärer Ausdruck	Beispiel für Teststring	Ergebnis
`Walth?er`	Walter	Treffer
	Walther	Treffer
	Waalter	kein Treffer

4.3.3 Wichtige Methoden der Klasse Regex

Der Namespace *System.Text.RegularExpressions* besteht aus mehreren Klassen, die wichtigste ist *Regex*. Diese repräsentiert einen unveränderlichen regulären Ausdruck und dient dem Erzeugen und Überprüfen regulärer Ausdrücke.

Die folgende Tabelle fasst die wichtigsten Methoden zusammen:

Methode	Beschreibung
IsMatch(str)	... liefert *True/False*
Match(str)	... liefert einen Treffer
Matches(str)	... liefert eine *MatchCollection*
Replace(str1, str2)	... ersetzt Vorkommen von *str1* durch *str2*
Split(str)	... trennt mit *str* zwischen den Fundstellen des regulären Ausdrucks

---

[1] SPAM-Schleudern generieren so systematisch E-Mail-Adressen (den Teil vor dem @).

Die Match-Methode

Für die Überprüfung regulärer Ausdrücke können wir die statische *Match*-Methode der *RegEx*-Klasse verwenden:

BEISPIEL 4.52: Der reguläre Ausdruck "Walth?er" wird getestet

```
...
Imports System.Text.RegularExpressions
...
Dim rgEx As String = "Walth?er"
Dim testStr As String = "Waalther"            ' mit verschiedenen Strings testen
If Regex.Match(testStr, rgEx).Success Then
    MessageBox.Show("Treffer!")
Else
    MessageBox.Show("Kein Treffer!")
End If
```

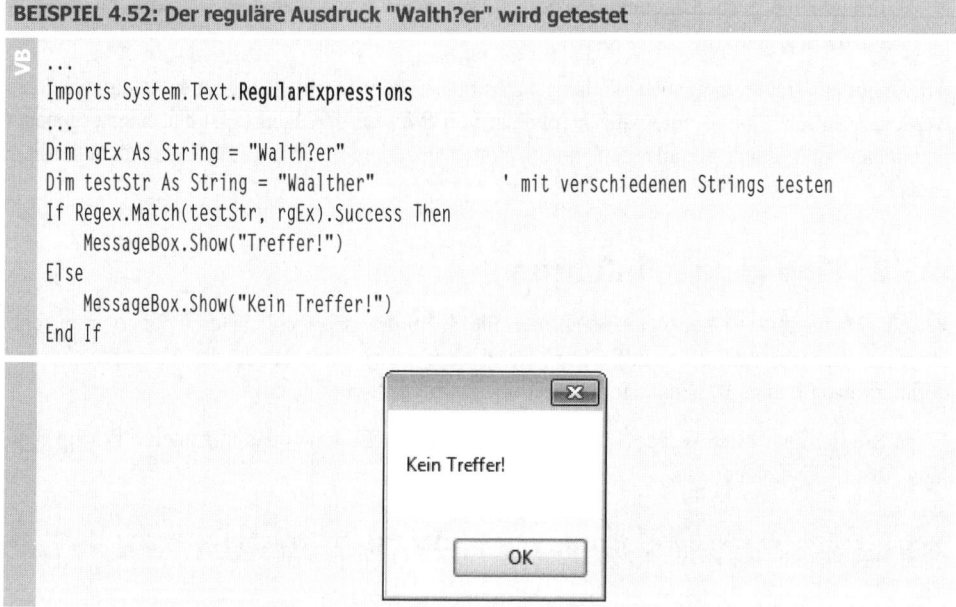

Eigenschaften des Match-Objekts

Das von der *Match*-Methode gelieferte *Match*-Objekt kapselt Eigenschaften für den aktuellen Wert, dessen Index und Länge.

BEISPIEL 4.53: Eigenschaften des Match-Objekts ermitteln

```
Dim m As Match = Regex.Match ("Walter geht in den Garten.", "Walth?er")
m.Success          ' True
m.Value            ' Walter
m.Index            ' 0
m.Length           ' 6
```

Im Vergleich mit der Ihnen aus der klassischen Zeichenkettenverarbeitung bekannten *IndexOf*-Methode ist die *Match*-Methode die leistungsfähigere Variante. Der Unterschied ist, dass jetzt nach einem Muster gesucht wird statt nach einer Zeichenkette.

Die NextMatch-Methode

Standardmäßig wird von links nach rechts gesucht, deshalb wird nur der äußerste linke Treffer zurückgegeben. Verwenden Sie deshalb die *NextMatch*-Methode um mehr Treffer zu erhalten.

BEISPIEL 4.54: NextMatch

```vb
Dim m1 As Match = Regex.Match("Walter oder Walther", "Walth?er")
Dim m2 As Match = m1.NextMatch()
Label1.Text = m1.ToString          ' Walter
Label2.Text = m2.ToString          ' Walther
```

Die Matches-Methode

Die *Matches*-Methode liefert alle Treffer als Array zurück.

BEISPIEL 4.55: Eine erweiterte Version des Vorgängerbeispiels

```vb
For Each m As Match In Regex.Matches("Walter oder Walther", "Walth?er")
    ListBox1.Items.Add(m.ToString)
Next
```

```
Walter
Walther
```

Der Alternator

Ein anderer sehr gebräuchlicher Operator für reguläre Ausdrücke ist der Alternator, ausgedrückt durch einen vertikalen Strich (|). Die Klammern um einen Alternator trennen die Alternativen vom Rest des Ausdrucks.

BEISPIEL 4.56: Der reguläre Ausdruck "Wal(t|th)?er" wird getestet

```vb
Regex.IsMatch("Walther", "Wal(t|th)?er")    ' True
Regex.IsMatch("Walter",  "Wal(t|th)?er")    ' True
Regex.IsMatch("Waler",   "Wal(t|th)?er")    ' True
Regex.IsMatch("Waltter", "Wal(t|th)?er")    ' False
Regex.IsMatch("Walher",  "Wal(t|th)?er")    ' False
Regex.IsMatch("Wal",     "Wal(t|th)?er")    ' False
```

Die *IsMatch*-Methode (siehe obiges Beispiel) stellt gewissermaßen eine Zusammenfassung der *Match*-Methode und der *Success*-Eigenschaft dar.

4.3.4 Kompilierte reguläre Ausdrücke

In einigen der Vorgängerbeispiele haben wir statische *Regex*-Methoden wiederholt mit dem gleichen regulären Ausdruck aufgerufen. Genauso könnten wir aber auch ein *Regex*-Objekt mit diesem Pattern instanziieren und dann die Instanzenmethoden aufrufen.

BEISPIEL 4.57: Eine kompilierte Variante des Vorgängerbeispiels

```vb
Dim r As New Regex("Wal(t|th)?er")
```

BEISPIEL 4.57: Eine kompilierte Variante des Vorgängerbeispiels

```
r.IsMatch("Walter")        ' True
r.IsMatch("Waltter")       ' False
```

Beiden Varianten (Klassen-/Instanzenmethode) unterscheiden sich hinsichtlich der Performance. Eine *Regex*-Instanz verwendet im Hintergrund eine leichtgewichtige Code-Generierung um den erforderlichen Code dynamisch zu erzeugen und zu kompilieren. Dies kann bis zu 10mal schneller sein.

BEISPIEL 4.58: Alle Vorkommen von "xyz" in einer Zeichenkette werden ermittelt und angezeigt

```vb
Dim rx As New Regex("xyz")
Dim mcoll As MatchCollection = rx.Matches("0123xyz4567uvwxyza")
For i As Integer = 0 To mcoll.Count - 1
    ListBox1.Items.Add("Treffer an Position: " & mcoll(i).Index)
    ListBox1.Items.Add("Gefunden wurde: " & mcoll(i).Value)
Next i
```

```
Treffer an Position: 4
Gefunden wurde: xyz
Treffer an Position: 14
Gefunden wurde: xyz
```

HINWEIS: Eine *Regex*-Instanz ist unveränderlich!

4.3.5 RegexOptions-Enumeration

Mit den Flags von *RegexOptions* können Sie das Suchverhalten beeinflussen. Die folgende Tabelle zeigt einige wichtige Mitglieder dieser Enumeration:

Name	Code	Beschreibung
IgnoreCase	i	... ignoriert die Groß-Kleinschreibung (standardmäßig ausgeschaltet)
Multiline	m	... ändert ^ und $, sodass diese sich auf Anfang und Ende einer Zeile statt eines Strings beziehen
ExplicitCapture	n	... erfasst nur explizit benannte Gruppen
IgnorePatternWhitespace	x	... eliminiert Leerzeichen aus dem Muster
RightToLeft	r	... sucht von rechts nach links
CultureInvariant		... kein kulturspezifisches Verhalten beim Stringvergleich
Compiled	c	... erzielt Performance-Gewinn (verlangsamt aber den Programmstart)

BEISPIEL 4.59: Suche ohne Berücksichtigung der Groß-/Kleinschreibung

```vb
Dim m As Match = Regex.Match ("walter", "Walth?er", RegexOptions.IgnoreCase)
Label1.Text = m.ToString                              ' zeigt "walter"
```

Die meisten der *RegexOptions* können innerhalb eines regulären Ausdrucks mittels eines einzelnen Zeichencodes aktiviert werden, damit lässt sich etwas Schreibarbeit sparen.

BEISPIEL 4.60: Verkürzte Notation des Vorgängerbeispiels mittels des Zeichencodes (?i)

```vb
Dim m As Match = Regex.Match ("walter", "(?i)Walth?er")
Label1.Text = m.ToString                  ' zeigt "walter"
```

Oft benutzt man auch die Option*IgnorePatternWhitespace* oder (?x). Damit wird Ihnen das Einfügen von Leerzeichen ermöglicht, um einen regulären Ausdruck lesbarer zu machen (die Leerzeichen werden dabei nicht als Literale interpretiert).

BEISPIEL 4.61: Anwendung der Option *IgnorePatternWhitespace* (?x)

```vb
Regex.Match ("Walter", "(?x)W a l t h ? e r")            ' liefert "Walter"
```

4.3.6 Metazeichen (Escape-Zeichen)

Die folgenden Zeichen haben innerhalb von regulären Ausdrücken eine spezielle Bedeutung und man tut gut daran, sie auswendig zu lernen:

$$\backslash * + ? | \{ [( ) ^ \$. \#$$

Diese so genannten Metazeichen verändern die Bedeutung von normalen Zeichen. Das Pluszeichen (+) ist beispielsweise ein so genannter Quantifizierer (Existenzquantor, siehe dazu den übernächsten Abschnitt).

HINWEIS: Um einem Metazeichen wieder seine ursprüngliche Bedeutung als Zeichenliteral zurückzugeben, muss ein Backslash (\) vorangestellt werden.

BEISPIEL 4.62: Der reguläre Ausdruck "1+1" richtig und falsch geschrieben

```vb
Regex.Match ("1+1=2", "1\+1")       ' "1+1"    (richtig)
Regex.Match ("1+1=2", "1+1"))       ' ""       (falsch)
```

HINWEIS: Falls sich ein Metazeichen innerhalb einer in eckige Klammern [ ] eingeschlossenen Zeichenmenge befindet gilt obige Regel nicht (siehe folgender Abschnitt).

Die Methoden *Escape* und *Unescape* konvertieren einen String, der Metazeichen enthält, in einen regulären Ausdruck, in welchem die Metazeichen mittels Backslash "escaped" werden (und umgekehrt).

BEISPIEL 4.63: Die Methoden *Escape* und *Unescape*

```
...
Label1.Text = Regex.Escape("1+1=2")          ' "1\+1=2"
Label2.Text = Regex.Unescape ("1\+1=2")      ' "1+1=2"
```

4.3.7 Zeichenmengen (Character Sets)

Character Sets stellen Pattern (Wildcards) für bestimmte zu filternde Zeichenfolgen dar. Die folgende Tabelle verdeutlicht die Syntax:

Ausdruck	Beschreibung	Negation
[abcdef]	... trifft ein einzelnes Zeichen in der Liste	[^abcdef]
[a-f]	... trifft ein einzelnes Zeichen in einem Bereich	
\d	... trifft ein Dezimalzeichen (entspricht [0-9])	\D
\w	... trifft ein Zeichen in einem Wort (abhängig von *Culture-Info.CurrentCulture*; z.B. dasselbe wie [a-zA-Z_0-9])	\W
\s	... trifft ein Leerzeichen (dasselbe wie [\n\r\t\f])	\S
.	... trifft standardmäßig jedes Zeichen außer \n	\n
\b	... in einem regulären Ausdruck eine Wortgrenze, in einer Zeichenmenge a[ ] das Backspace-Zeichen!	

Steht beispielsweise ein ^ am Anfang einer Zeichenmenge, so wird diese Menge negiert.

BEISPIEL 4.64: Der gesuchte String muss 2 Zeichen lang sein und mit "W" beginnen, danach kann ein beliebiges Zeichen außer "a" und "e" folgen

```
Dim m As Match m Regex.Match("Walter,Werner,Wolfgang", "W[^ae]")
Dim i As Integer = m.Index          ' 14
Dim s As String = m.Value           ' "Wo"
```

Um ein einzelnes Zeichen aus einer Zeichenmenge zu treffen, muss die Zeichenmenge in eckige Klammern eingeschlossen werden:

BEISPIEL 4.65: Wieviel Strings "Walter" oder "walter" sind enthalten?

```
Dim I As Integer = Regex.Matches ("Walter,wilhelm,walter.", "[Ww]alter").Count      ' 2
```

HINWEIS: Der Ausdruck *[A-Za-z0-9]* ist die Kurzschreibweise für *[A-Z][a-z][0-9]*.

In regulären Ausdrücken gehört der Punkt (.) zu den am häufigsten benutzten Metazeichen. Er steht für ein beliebiges einzelnes Zeichen mit Ausnahme des Zeilenumbruchs (Newline bzw. \n). Logischerweise trifft dann der Punkt auf die negierte Zeichenklasse *[^\r\n]* zu.

BEISPIEL 4.66: Vornamen, die mit "W" beginnen, mit "er" enden und in der Mitte drei beliebige Zeichen haben

```
For Each m As Match In Regex.Matches("Walter,Werner,Wolfgang", "W...er"))
    ListBox1.Items.Add(m.ToString)
Next
```

> Walter
> Werner

Einen Zeichenbereich gibt man mittels Bindestrich an.

BEISPIEL 4.67: Die Gültigkeit eines Schachzugs überprüfen[1]

```
If Regex.Match ("c2-c4", "[a-h]\d-[a-h]\d").Success Then
        MessageBox.Show("Der Zug ist gültig!")
End If
```

4.3.8 Quantifizierer

Quantifizierer beziehen sich auf den direkt davor stehenden Ausdruck und bestimmen die minimale, maximale oder exakte Anzahl von Wiederholungen. In unseren Einführungsbeispielen hatten wir bereits ausgiebigen Gebrauch vom Quantifizierer ? gemacht, die folgende Tabelle gibt eine Übersicht über alle wichtigen Quantifizierer.

Quantifier	Beschreibung	Beispiel
*	Zeichen kommt beliebig oft vor (Allquantor)	*a**
+	mindestens einmaliges Vorkommen (Existenzquantor)	*a+*
?	genau einmal oder kein Vorkommen	*ab?a*
{n}	genau n- maliges Vorkommen	*a{4}*
{n,}	mindestens n- maliges Vorkommen	*a{3,}*
{,m}	maximal n- maliges Vorkommen	*a{,2}*
{n,m}	mindestens n- maliges, maximal m- maliges Vorkommen	*a{1,5}*

Der Quantifizierer * legt fest, dass das vorhergehende Zeichen (oder die Gruppe) überhaupt nicht oder aber beliebig oft vorkommen darf.

BEISPIEL 4.68: Es wird überprüft, ob der Dateiname *bild5.jpg* zu der Serie *bild0.jpg, bild1.jpg, ...* gehört

```
Dim suc As Boolean = Regex.Match ("bild5.jpg", "bild\d*\.jpg").Succes    ' True
```

---

[1] Dieses einfache Pattern entspricht nur bedingt den Schachregeln, aber uns geht es ja hier nur um das Prinzip.

HINWEIS: Beachten Sie den Backslash \ vor dem Punkt in der Datei-Extension, er verhindert die Interpretation des Punkts als Metazeichen!

BEISPIEL 4.69: Es werden alle mit _bild..._ beginnenden _.jpg_-Dateien erfasst

```vb
Dim suc As Boolean = Regex.Match ("bildUrlaub_12.jpg", "bild.*\.jpg").Success     ' True
```

HINWEIS: Beachten Sie, dass hier ein beliebig oft vorkommendes Zeichen mit .* (und nicht *) definiert ist (der Punkt als Metazeichen mit nachfolgendem Quantifizierer).

Der Quantifizierer + erlaubt das ein- oder mehrmalige Vorkommen des vorhergehenden Zeichens (oder der Gruppe).

BEISPIEL 4.70: Alle "Hallo...!" mit einem oder mehreren "o" werden herausgefiltert

```vb
For Each m As Match In Regex.Matches("Hallo! Hallo Hallooo!", "Hallo+!")
        ListBox1.Items.Add(m.ToString)
Next
```

```
Hallo!
Hallooo!
```

Der {} Quantifizierer legt eine Anzahl oder einen Bereich für die Wiederholungen fest.

BEISPIEL 4.71: Es werden die Strings herausgefiltert, die aus einer ein- oder dreistelligen Zahl bestehen, gefolgt von " und "

```vb
For Each m As Match In Regex.Matches("3 und 9 und 100 und 12 ergibt 124", ("\d{1,3} und"))
    ListBox1.Items.Add(m.ToString)
Next
```

```
3 und
9 und
100 und
```

4.3.9 Zero-Width Assertions

Zu den Zero-Width Assertions[1] gehören Elemente wie Ankerzeichen für String-, Zeilen- und Wortgrenzen sowie Lookahead/Lookbehind-Ausdrücke. Der etwas merkwürdige Begriff soll aussagen, dass die Breite eines Treffers durch das Einfügen dieser Elemente nicht vergrößert wird.

---

[1] "Behauptungen der Breite null"

String- und Zeilengrenzen (^ und $)

Bislang hatten wir es in regulären Ausdrücken nur mit Zeichenliteralen und Zeichenmengen zu tun, und die Regex-Engine suchte nach Übereinstimmungen mit einzelnen Zeichen. Ankerzeichen hingegen stimmen mit keinem Zeichen überein, sondern stattdessen mit einer Position vor, nach oder zwischen einzelnen Zeichen, und sie können zum "verankern" des Treffers an einer bestimmten Position benutzt werden. Das Ankerzeichen ^ hat die Position vor dem ersten Zeichen des Strings[1]. Analog dazu trifft das Ankerzeichen $ die Position nach dem letzten Zeichen.

Regulärer Ausdruck	Teststring	Treffer
^a	abc	a
^b		*kein Match!*
c$		c
a$		*kein Match!*
^[Hh]a	Hallo hallo!	Ha
[Ff]$	f = 0.5F	F

Wenn Sie *RegexOptions.Multiline* wählen (oder *(?m)* in den Ausdruck einfügen) bezieht sich ^ auf den Start des Strings oder der Zeile direkt nach einem Zeilenumbruch, hingegen bezieht sich (\n). $ auf das Ende des Strings oder der Zeile direkt vor einem \n.

BEISPIEL 4.72: Alle leeren Zeilen in einem mehrzeiligen Text werden erfasst

```
Dim emptLines As MatchCollection = Regex.Matches (txt, "^(?=\r?$)", RegexOptions.Multiline)
' oder
Dim emptLines As MatchCollection = Regex.Matches (txt, "(?m)^(?=\r?$)")
```

Wortgrenzen (\b)

Genau wie ^ und $ ist auch \b ein Anker, allerdings nicht für Strings, sondern für Wortgrenzen. Es gibt drei unterschiedliche Positionen, die Wortgrenzen sein können:

- Vor dem ersten Zeichen im String, wenn das erste Zeichen ein Wortzeichen ist (\w).
- Nach dem letzten Zeichen im String, wenn das letzte Zeichen ein Wortzeichen ist.
- Zwischen zwei Zeichen im String, wenn das eine ein Wortzeichen ist und das andere nicht.

Der Wortanker \b wird häufig benutzt um ganze Wörter zu herauszufiltern.

BEISPIEL 4.73: Alle Wörter werden aus dem String extrahiert

```
For Each m As Match In Regex.Matches("D-04610 Wintersdorf", "\b\w+\b"))
    ListBox1.Items.Add(m.Value)
Next
```

---

[1] Eine andere Bedeutung von ^ ist die eines Negationsoperators für Zeichenmengen (siehe Abschnitt 4.3.7).

BEISPIEL 4.73: Alle Wörter werden aus dem String extrahiert

```
D
04610
Wintersdorf
```

Das Pattern \w+ innerhalb der Wortbegrenzer \b ist die Kombination einer Zeichenmenge (\w) mit dem Existenzquantor + und bedeutet die mindestens einmalige Wiederholung eines Wortzeichens.

Positiver Lookahead (?=expr)

Das Konstrukt (?=expr) überprüft, ob der Text nach dem Treffer mit dem Ausdruck *expr* übereinstimmt (*expr* erscheint dabei nicht im Resultat!). Im folgenden Beispiel arbeiten wir zur Abwechslung mal wieder mit einer *Regex*-Instanz:

BEISPIEL 4.74: Das Pattern "\s(?=EUR)" steht für ein Leerzeichen, dem der String "EUR" folgt.

```vb
Dim rx As New Regex("\d+\s(?=EUR)")
Dim mcoll As MatchCollection = rx.Matches("Heute 10 EUR, morgen 15EUR, übermorgen 20 EUR")
For i As Integer = 0 To mcoll.Count -1
        ListBox1.Items.Add(mcoll(i).Value)
Next i
```

```
10
20
```

Obwohl als Suchkriterium angegeben, gehört der String "EUR" im obigen Beispiel nicht zur gematchten Zeichenkette!

Das folgende Beispiel hat durchaus praktische Relevanz:

BEISPIEL 4.75: Ein Passwort soll mindestens 8 Zeichen enthalten, davon mindestens eine Ziffer

```vb
Dim password As String = "geheim457"
Dim ok As Boolean = Regex.IsMatch(password, "(?=.*\d).{8,}")     ' True
```

Zunächst wurde eine Vorschau durchgeführt, ob irgendwo im String eine Ziffer auftaucht, vor der kein oder beliebig viele Zeichen stehen. Wenn ja, dann wird nach einem Treffer mit acht oder mehr Zeichen gesucht.

Vielleicht kommen auch Sie auf die Idee, im obigen Lookahead-Ausdruck .*\d den Quantifizierer * durch + auszutauschen, aber dann dürfte ein Passwort nicht mit einer Ziffer beginnen[1].

---

[1] Finden Sie das Warum selbst heraus!

Negativer Lookahead (?!expr)

Hier wird verlangt, dass der Ausdruck nach dem Treffer **nicht** mit *expr* übereinstimmt.

Das folgende und nicht ganz ernst zu nehmende Beispiel versetzt Sie in die Rolle des verzweifelten Personalchefs einer Firma, dem Beurteilungen von unzähligen Bewerbern vorliegen.

BEISPIEL 4.76: Suche nach dem Wort "Aufgaben", wenn danach nicht "fleißig" oder "Fleiß" vorkommen

```vb
Dim rex As String = "Aufgaben(?!.*(fleißig|Fleiß))"
Dim text As String = "Die übertragenen Aufgaben erfüllte er mit viel Fleiß."
Dim m As Match = Regex.Match (text, rex)
If m.Success Then
     MessageBox.Show("Bewerber ist geeignet!", "Treffer", MessageBoxButtons.OK,
                    MessageBoxIcon.Exclamation)
Else
     MessageBox.Show("Bewerber ist ungeeignet!", "Kein Treffer", MessageBoxButtons.OK,
                    MessageBoxIcon.Error)
End If
```

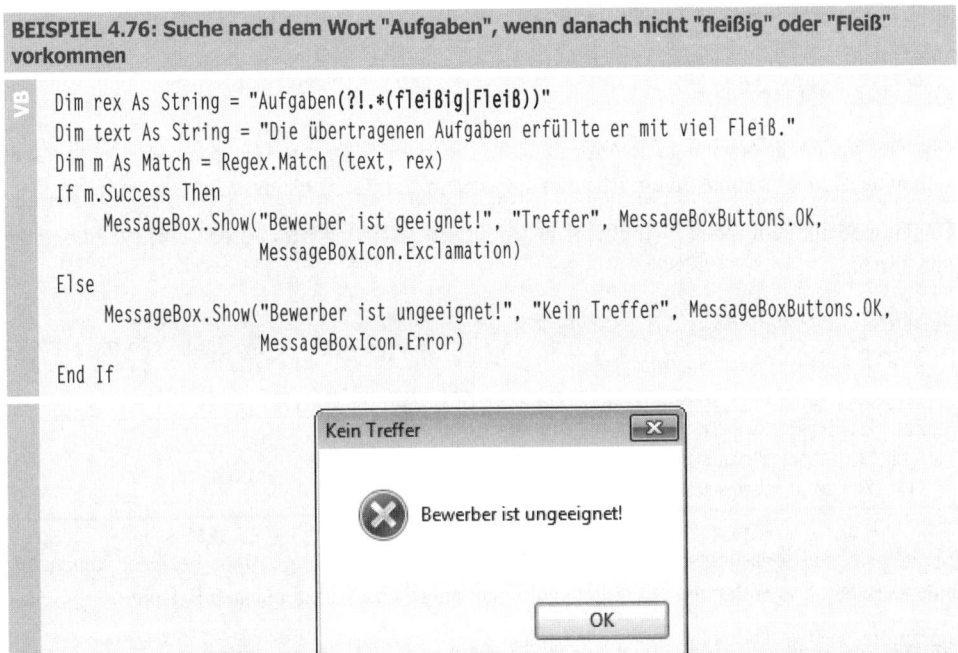

Das Wort "Aufgaben" wird nur dann gefunden, wenn danach nicht irgendwann im Text das Wort "fleißig" oder "Fleiß" vorkommt.

Positiver (?<=expr) und negativer (?<!expr) Lookbehind

Das Konstrukt (?<=expr) bedeutet, dass vor einem Treffer ein spezieller Ausdruck erfüllt sein muss, die Negation gilt für das Konstrukt (?<!expr).

BEISPIEL 4.77: Es wird nach "gut" gesucht, zuvor darf aber nicht "noch..." stehen.

```vb
Dim rex As String = "(?i)(?<!noch.*)gut"
Dim Text As String = "Die Leistung wird noch als Gut eingeschätzt..."

Dim m As Match = Regex.Match (text, rex)
Dim b As Boolean = m.Success                        ' False

text = "Die Leistung ist sehr gut, vielen Dank!"
m = Regex.Match (text, rex)
b = m.Success                                       ' True
```

Das dem regulären Ausdruck vorangestellte (?i) bewirkt, dass die Groß-/Kleinschreibung bei der Suche nach "gut" ignoriert wird. Einen Treffer gibt es nur dann, wenn irgendwo vor dem "gut" nicht "noch" auftaucht. Nach dem "noch" dürfen noch beliebig viele Zeichen stehen (.*).

HINWEIS: Eine weitere Verbesserung dieses Beispiels, wie auch der vorangegangenen, kann durch das Hinzufügen von Wortgrenzen (siehe Seite 273) erreicht werden.

4.3.10 Gruppen

Mitunter wollen Sie einen regulären Ausdruck in Unterausdrücke bzw. Gruppen aufteilen. Das lässt sich mittels runder Klammern erreichen, in die jede einzelne Gruppe eingeschlossen wird.

Die Gruppe mit dem Index 0 repräsentiert den gesamten Treffer, hat also denselben Wert wie der von *Match*.

BEISPIEL 4.78: Wir wollen eine deutsche Postleitzahl in zwei Gruppen aufteilen: PLZ und Ortsnamen

```vb
Dim m As Match = Regex.Match("04610 Wintersdorf", "(\d{5}) (\w.+)")
Label1.Text = m.Groups(1).Value      ' 04610
Label2.Text = m.Groups(2).Value      ' Wintersdorf
Label3.Text = m.Groups(0).Value      ' 04610 Wintersdorf
```

Sie können sich sogar innerhalb eines regulären Ausdrucks auf eine Gruppe beziehen, indem Sie einen Backslash \ gefolgt von der Gruppennummer eingeben (\1 im folgenden Beispiel).

BEISPIEL 4.79: Suche nach allen Wörtern, die mit denselben Buchstaben beginnen und enden. Der Ausdruck \1 bezieht sich auf das aktuelle Wortzeichen der ersten Gruppe (\w).

```vb
For Each m AS Match In Regex.Matches("otto Otto ende NAMEN", "\b(\w)\w+\1\b"))
    ListBox1.Items.Add(m.Value)
Next
```

```
otto
ende
NAMEN
```

4.3.11 Text ersetzen

Die statische Methode *RegEx.Replace* ähnelt der Ihnen bereits bekannten Instanzenmethode *Replace* einer herkömmlichen Stringvariablen, allerdings verwenden wir jetzt als Suchkriterium einen regulären Ausdruck.

BEISPIEL 4.80: Die Großbuchstaben eines Strings werden entfernt

```vb
Dim input As String = "AbCdE-12345"
Dim find As String = "[A-Z]"
```

BEISPIEL 4.80: Die Großbuchstaben eines Strings werden entfernt

```
Dim replace As String = ""
Label1.Text = Regex.Replace(input, find, replace)
```

> bd-12345

BEISPIEL 4.81: Ersetzen von "Haus" durch "Garten"

```
Label1.Text = Regex.Replace("Herr Hausmann sitzt im Haus.", "\bHaus\b", "Garten")
```

> Herr Hausmann sitzt im Garten.

Weil wir im obigen Beispiel die Suche auf ganze Wörter begrenzen (Wortanker \b), erhalten wir nicht das Ergebnis *"Herr Gartenmann sitzt im Garten."*.

Der Ersetzungsstring kann sich mittels der Substitution $0 auf den Original-Treffer beziehen.

BEISPIEL 4.82: Alle Zahlen innerhalb eines Strings werden in spitze Klammern eingeschlossen.

```
Label1.Text = Regex.Replace("7 mal 8 ergibt 56", "\d+", "<$0>")
```

> <7> mal <8> ergibt <56>

4.3.12 Text splitten

Im Vergleich mit der Ihnen bereits aus der herkömmlichen Stringverarbeitung bekannten *Split*-Methode ist die statische Methode *Regex.Split* die leistungsfähigere Variante. *Regex.Split* verwendet zur Definition des Trennmusters einen regulären Ausdruck.

BEISPIEL 4.83: Splitten einer Zeichenkette. Trennzeichen ist irgendeine Ziffer.

```
For Each s As String In Regex.Split ("abc36b5cd", "\d"))
        ListBox1.Items.Add(s)
Next
```

Ergebnis:

```
abc

b
cd
```

Die Leerzeile entsteht dadurch, dass vor dem Trennzeichen "6" kein Textzeichen steht.

Trennzeichen im Ergebnis

Damit das Resultat eines Textsplittings auch die Trennelemente enthält, können wir den Ausdruck in einen positiven Lookahead (siehe Seite 274) einschließen.

> **BEISPIEL 4.84: Trennelemente sind die Großbuchstaben. Diese aber sollen im Ergebnis mit erscheinen.**

```vb
Dim rex As String = "(?=[A-Z])"
Dim text As String = "JanuarFebruar März"
For Each s As String In Regex.Split(text, rex)
        ListBox1.Items.Add(s)
Next
```

Ergebnis

```
Januar
Februar
März
```

Weitere Erfahrungen mit regulären Ausdrücken sammeln Sie im Praxisbeispiel

▶ 4.7.3 Reguläre Ausdrücke testen

4.4 Datums- und Zeitberechnungen

Dieser Datentyp wird benutzt, um ein Datum einschließlich einer Uhrzeit in einer Variablen zu speichern.

4.4.1 Grundlegendes

Eine Variable des Typs *DateTime* kann einen Zeitpunkt zwischen dem 1.Januar des Jahres 1 und dem 31.Dezember des Jahres 9999 darstellen[1]. Der *Tick* ist die dabei verwendete Einheit zur Messung der Zeitwerte. Die Länge eines Ticks beträgt winzige 100 Nanosekunden (0,0000001 sek!), was äußerst präzise Angaben von Zeitpunkten (bzw. Zeitmessungen) ermöglicht.

Zum Erzeugen einer *DateTime*-Variablen stehen insgesamt zwölf Konstruktoren zur Verfügung, mit denen man in verschiedensten Kombinationen ein konkretes Datum (mit und ohne Uhrzeit) zuweisen kann[2].

> **BEISPIEL 4.85: Eine *DateTime*-Variable für den *25.August 2012 12:15* erzeugen und auswerten**

```vb
Dim dat1 As New DateTime(2012, 8, 25, 12, 15, 0)
Dim ts As Long = dat1.Ticks
Dim s As String = "Das Datum ist der " & dat1.ToString & vbCrLf &
s &= "Seit dem 1.Januar des Jahres 1 sind " & ts.ToString & " Ticks vergangen!"
MessageBox.Show(s)
```

---

[1] Gregorianischer Kalender

[2] Sie können auch festlegen, ob sich die Zeitangabe auf die lokale Systemzeit, die koordinierte Weltzeit (UTC) oder eine andere beziehen soll.

BEISPIEL 4.85: Eine *DateTime*-Variable für den *25.August 2012 12:15* erzeugen und auswerten

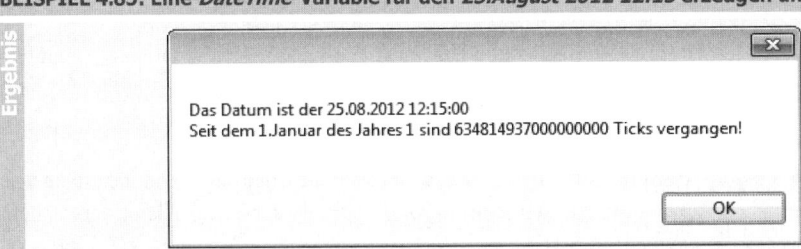

Das Datum ist der 25.08.2012 12:15:00
Seit dem 1.Januar des Jahres 1 sind 634814937000000000 Ticks vergangen!

OK

Um aus den ermittelten Datum und Uhrzeit zu rekonstruieren, verwenden wir einfach einen anderen Konstruktor:

BEISPIEL 4.86: Fortsetzung des Vorgängerbeispiels

```vb
Dim dat2 As New DateTime(ts)
MessageBox.Show(dat2.ToString)          ' "25.08.2012 12:15:00"
```

Nachdem Sie nun einen ersten Eindruck vom Umgang mit *DateTime* gewonnen haben, wollen wir uns im Folgenden den zahlreichen Eigenschaften und Methoden genauer zuwenden. Dabei müssen wir -- wie bereits bei der *Array*- und der *String*-Klasse gezeigt -- unterscheiden, ob die Eigenschaften/Methoden auf eine *DateTime*-Variable oder auf die *DateTime*-Struktur angewendet werden.

4.4.2 Wichtige Eigenschaften von DateTime-Variablen

Eigenschaft	Beschreibung
Ticks	... liefert die Anzahl von *Ticks* einer *DateTime*-Variablen(*long*-Typ)
Second, Minute, Hour, Day, Month, Year	... liefern die Bestandteile eines Datums als *Integer*-Zahl.
DayOfWeek	... liefert den Wochentag als *DayOfWeek*-Enumeration (*Monday, Tuesday, Wednesday, Thursday, Friday, Saturday, Sunday*).
DayOfYear	... liefert die Nummer des Tages im Jahr als *Integer*-Zahl.

BEISPIEL 4.87: Die Eigenschaften eines Datums, welches in eine *TextBox* eingegeben wurde

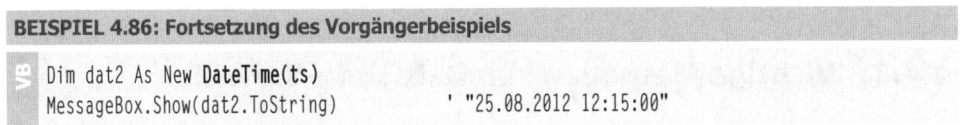

23.8.2012 16:30

```vb
Dim dat As DateTime = Convert.ToDateTime(TextBox1.Text)
Dim h As Integer = dat.Hour        ' h erhält den Wert 16
Dim m As Integer = dat.Minute      ' m erhält den Wert 30
Dim y As Integer = dat.Year        ' y erhält den Wert 2012
```

BEISPIEL 4.88: Der Wochentag für das Datum 23.8.2012 wird ermittelt

```
Dim dat As DateTime = Convert.ToDateTime("23.8.2012")
Dim day As DayOfWeek = dat.DayOfWeek
MessageBox.Show(day.ToString                  ' zeigt "Thursday"
```

Leider wird in obigem Beispiel nur der englische Wochentag angezeigt. Um den deutschen Bezeichner zu erhalten, können Sie die (statische) *Format*-Methode der *String*-Klasse verwenden.

BEISPIEL 4.89: Der wievielte Tag im Jahr ist der 23.8.2012?

```
Dim dat As DateTime = Convert.ToDateTime("23.8.2012")
Dim i As Integer = dat.DayOfYear              ' i erhält den Wert 236
```

4.4.3   Wichtige Methoden von DateTime-Variablen

Methode	Beschreibung
AddDays(*val As Double*) As *DateTime*	... liefert ein neues Datum zurück, welches sich aus der Addition des übergebenen Wertes zum Datum berechnet.
AddHours(*val As Double*) As *DateTime*	
AddMinutes(*val As Double*)As *DateTime*	
AddMonths(*val As Double*) As *DateTime*	*val* ist eine Zahl, die aus ganzen Tagen und den Bruchteilen eines Tages besteht, sie kann auch negativ sein!
AddYears(*val As Double*) As *DateTime*	
ToLongDateString() As *String*	... liefern das Datum als kurzen oder langen Datums-/Zeitstring und können als Alternative zur *ToString*-Methode eingesetzt werden.
ToLongTimeString() As *String*	
ToShortDateString() As *String*	
ToShortTimeString() **As *String***	

BEISPIEL 4.90: Das Datum, was genau 2,5 Tage vor dem 23.8.2012, 16:30, liegt

```
Dim dat As DateTime = Convert.ToDateTime("23.8.2012 16:30")
dat = dat.AddDays(-2.5)
MessageBox.Show(dat.ToString)        ' zeigt "21.08.2012 04:30:00"
```

BEISPIEL 4.91: Formatierte Ausgabe der Zeit

```
Dim dat As DateTime = Convert.ToDateTime("23.8.2012 16:30")
MessageBox.Show(dat.ToShortTimeString)             ' zeigt "16:30"
```

HINWEIS: Zahlreiche weitere Möglichkeiten der Formatierung von *DateTime*-Variablen finden Sie im Abschnitt 4.6 "Datumsformatierungen".

4.4.4 Wichtige Mitglieder der DateTime-Struktur

Eigenschaft/Methode	Erläuterung
Now	... liefert das aktuelle Datum mit Zeit
Today	... liefert aktuelles Datum ohne Zeit
DaysInMonth(*year As Integer, month As Integer*) *As Integer*	... liefert die Anzahl von Tagen eines Monats
IsLeapYear(*year As Integer*) *As Boolean*	... stellt fest, ob das Jahr ein Schaltjahr ist
Parse(*s As String*) *As DateTime*	... dient zum Umwandeln eines Strings in einen *DateTime*-Wert mit optionalen Kulturinformationen

---

BEISPIEL 4.92: Die Tage des Monats Februar 2012

```vb
Dim i As Integer = DateTime.DaysInMonth(2012, 2)        ' i erhält den Wert 29
```

BEISPIEL 4.93: Ist das Jahr 2012 ein Schaltjahr?

```vb
Dim year As Integer = 2012
Dim s As String = "Das Jahr " & year.ToString & " ist kein Schaltjahr!"
If DateTime.IsLeapYear(year) Then   s = s.Replace("kein", "ein")
MessageBox.Show(s)
```

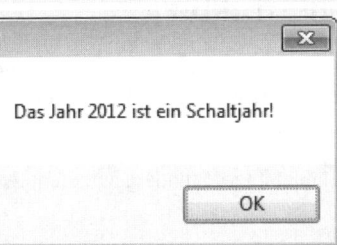

Das Jahr 2012 ist ein Schaltjahr!

OK

BEISPIEL 4.94: Eine Uhr anzeigen

Bestücken Sie ein Formular mit einem *Label* und einem *Timer*-Steuerelement (*Interval* = 1000, *Enabled* = *True*). Erzeugen Sie durch Doppelklick auf den *Timer* den Rahmencode für den *Tick*-Eventhandler:

```vb
Private Sub Timer1_Tick(sender As Object, e As EventArgs)
    Label1.Text = DateTime.Now.ToString("HH:mm:ss")
End Sub
```

17:26:35

4.4.5 Konvertieren von Datumstrings in DateTime-Werte

In Eingabemasken werden Datumswerte häufig als Zeichenketten eingetippt (z.B. in *TextBox*). Deshalb ist nachfolgend eine explizite Konvertierung in den *DataTime*-Typ erforderlich.

BEISPIEL 4.95: Datum und Zeit werden in jeweils eine *TextBox* eingegeben, in einen *DateTime*-Typ konvertiert und in einem *Label* angezeigt

```vb
Dim d As DateTime = Convert.ToDateTime(TextBox1.Text & " " & TextBox2.Text)
Label1.Text = d.ToString("dd.MM.yy HH:mm")
```

25.8.2012

16:30

25.08.12 16:30

Als Alternative zur *Convert*-Klasse lässt sich auch mit der (statischen) *Parse*-Methode ein *String* in einen *DateTime*-Wert umwandeln[1].

BEISPIEL 4.96: Eine äquivalente Realisierung des Vorgängerbeispiels

```vb
Dim d As DateTime = DateTime.Parse(TextBox1.Text & " " & TextBox2.Text)
...
```

4.4.6 Die TimeSpan-Struktur

Im Unterschied zum *DateTime*-Typ, der einen konkreten Zeitpunkt beschreibt, bezieht sich der Typ *TimeSpan* auf eine bestimmte Zeitspanne. Der Wert einer *TimeSpan*-Variablen entspricht der Anzahl von Ticks.

Verschiedene Konstruktoren nehmen Tage, Stunden, Minuten, Sekunden usw. als Parameter entgegen, aber auch Ticks.

BEISPIEL 4.97: Die Zeitdauer zwischen zwei Zeitpunkten wird berechnet und in Tagen, Stunden, Minuten und Sekunden aufgeschlüsselt

```vb
Dim d1 As New DateTime(2012, 8, 25, 15, 35, 10)    ' 25.8.2012 15:35:10
Dim d2 As New DateTime(2012, 8, 28, 8, 55, 0)      ' 28.8.2012 08:55:00

Dim ts As New TimeSpan(d2.Ticks - d1.Ticks)

Dim tg As String = ts.Days.ToString
Dim std As String = ts.Hours.ToString
Dim min As String = ts.Minutes.ToString
Dim sek As String = ts.Seconds.ToString
```

---

[1] Dies hat den Vorteil, dass zusätzlich Kulturinformationen mit übergeben werden dürfen, welche die Besonderheiten des Kalenders eines bestimmten Landes berücksichtigen (Beispiele siehe Hilfe-Dokumentation).

BEISPIEL 4.97: Die Zeitdauer zwischen zwei Zeitpunkten wird berechnet und in Tagen, Stunden, Minuten und Sekunden aufgeschlüsselt

```
MessageBox.Show("Vom " & d1.ToString & " bis zum " & d2.ToString & vbCrLf &
            " sind es " & tg & " Tage, " & std & " Stunden, " & min.ToString &
            " Minuten und " & sek.ToString & " Sekunden!")
```

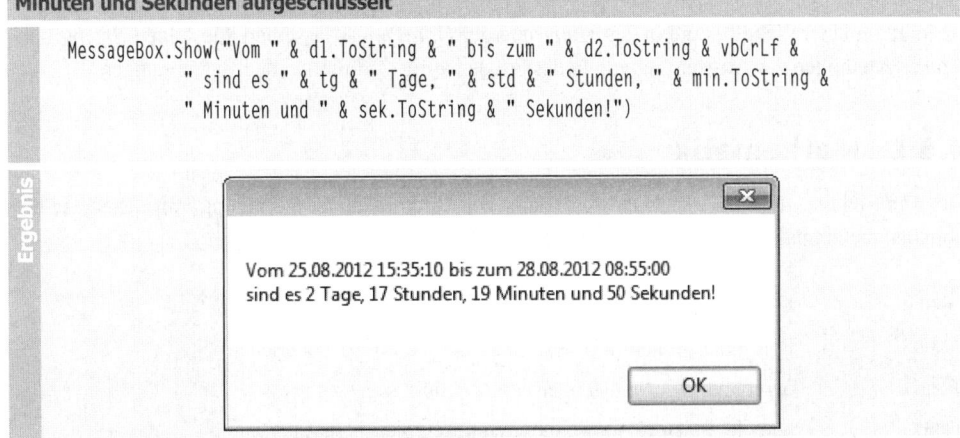

Vom 25.08.2012 15:35:10 bis zum 28.08.2012 08:55:00
sind es 2 Tage, 17 Stunden, 19 Minuten und 50 Sekunden!

Wie Sie obigem Beispiel entnehmen, lassen sich Tage, Stunden usw. als Eigenschaften eines *Time-Span* auslesen.

Andere Eigenschaften, die mit *Total...* beginnen, erlauben hingegen eine Auswertung der Gesamt-stunden, -minuten etc. zwischen zwei Zeitpunkten.

BEISPIEL 4.98: Modifiziertes Vorgängerbeispiel mit ausgetauschten Eigenschaften (Days => TotalDays, Hours => TotalHours usw)

```
...
Dim tg As String = ts.TotalDays.ToString
Dim std As String = ts.TotalHours.ToString
Dim min As String = ts.TotalMinutes.ToString
Dim sek As String = ts.TotalSeconds.ToString
...
```

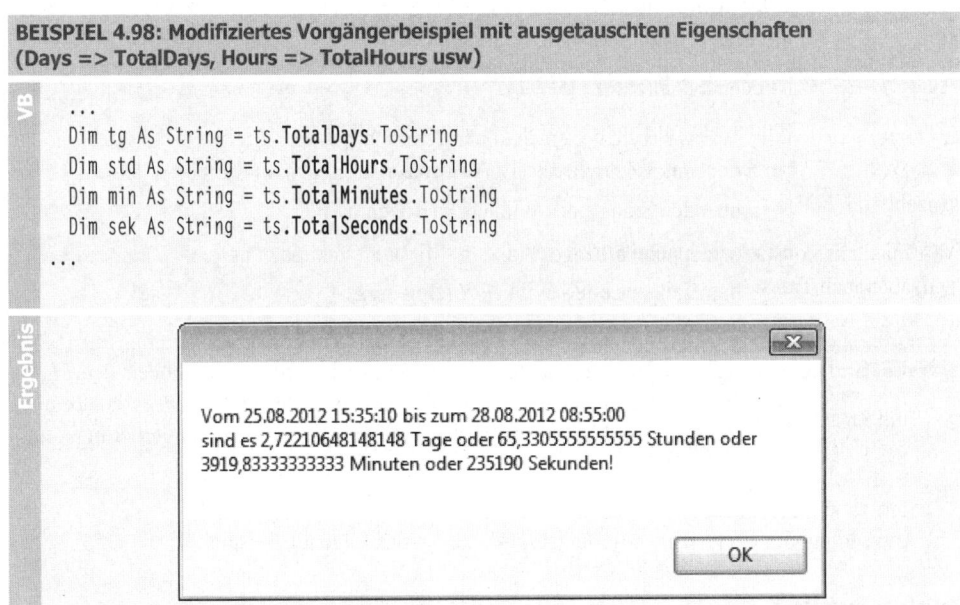

Vom 25.08.2012 15:35:10 bis zum 28.08.2012 08:55:00
sind es 2,72210648148148 Tage oder 65,3305555555555 Stunden oder
3919,83333333333 Minuten oder 235190 Sekunden!

Eine nützliche Anwendung von *TimeSpan* zur Zeitmessung im Millisekundenbereich finden Sie im Praxisbeispiel

▶ 4.7.2 Zeichenketten mittels StringBuilder addieren

4.5 Vordefinierten Funktionen

Es folgt ein Überblick über die in der *Math*- und der *DateTime*-Klasse bereitgestellten Eigenschaften und Methoden zur Ausführung von in der Praxis häufig vorkommenden Berechnungen.

4.5.1 Mathematik

Die *Math*-Klasse stellt eine Vielzahl von (statischen) Methoden zur Verfügung, mit denen Sie die üblichen mathematischen Funktionen aufrufen können:

Methode	Erläuterung
Abs(x)	liefert den Absolutwert einer Zahl x (Wert ohne Vorzeichen)
Atan(x)	berechnet den Arcustangens einer Zahl x
Cos(x)	berechnet den Cosinus eines Winkels x (Bogenmaß)
Exp(x)	liefert e^x (die x-te Potenz zur Basis e)
Log(x)	liefert natürlichen Logarithmus (Basis e)
Log10(x)	liefert dekadischen Logarithmus (Basis 10)
Max(x, y)	liefert Maximum von x und y
Min(x, y)	liefert Minimum von x und y
Pi	die Zahl Pi = 3,1415....
Pow(x, y)	berechnet die Potenz x^y
Round(x,n)	rundet den Ausdruck x auf n Nachkommastellen
Sign(x)	berechnet das Vorzeichen eines Ausdrucks x
Sin(x)	berechnet den Sinus eines Winkels x (Bogenmaß)
Sqrt(x)	ermittelt Quadratwurzel von x
Tan(x)	berechnet Tangens eines Winkels x (Bogenmaß)

HINWEIS: Die zu übergebenden Argumente und der Rückgabewert der Methoden der *Math*-Klasse haben im Allgemeinen den Double-Datentyp. Bei *Option Strict On* (eingeschaltete strenge Typprüfung) sind deshalb die entsprechenden Konvertierungsfunktionen zu bemühen.

Eine Anwendung der *CSng*-Konvertierungsfunktion zeigt das folgende Beispiel.

Zahlen runden

BEISPIEL 4.99: Rundung einer *Single*-Zahl auf zwei Nachkommastellen

```vb
Dim t As Single
t = CSng(Math.Round(12.477, 2))
MessageBox.Show(t.ToString)          ' zeigt "12,48"
```

Winkel umrechnen

Der Winkel wird grundsätzlich im Bogenmaß (*Radian*) angegeben. Die Umrechnungsformel lautet:

Rad = Grad * Pi /180

BEISPIEL 4.100: Der Sinus von 30 Grad

```
Dim d As Double = Math.Sin(30 * Math.PI / 180)          ' liefert 0,5
```

Wurzel- und Potenzoperationen

Für diese Operationen stehen sowohl die *Pow*-Methode als auch der einfache Potenzoperator (^) zur Verfügung.

BEISPIEL 4.101: Die dritte Wurzel aus 10

```
Dim d As Double = 10
d = Math.Pow(10, 1 / 3)
MessageBox.Show(r.ToString("0.0000"))               ' zeigt 2,1544
```

oder einfach mit dem Potenzoperator

```
d = r ^ (1 / 3)
```

Logarithmus und Exponentialfunktionen

Log(x) und *Exp(x)* sind zueinander Umkehrfunktionen. Sie beziehen ihre Basis auf die Zahl *e* (2.718282...). Es gilt der Zusammenhang:

Exp(Log(x)) = Log(Exp(x)) = x

BEISPIEL 4.102: Der "Beweis" für obige Formel[1]

```
Const x As Double = 25
Dim y As Double
y = Math.Exp(Math.Log(x))
MessageBox.Show(y.ToString)      ' zeigt "25"
y = Math.Log(Math.Exp(x))
MessageBox.Show(y.ToString)      ' zeigt "25"
```

BEISPIEL 4.103: Nachbildung des dekadischen Logarithmus (zur Basis 10) durch eine selbst definierte Funktion

```
Function Log10(x As Double) As Double
    Log10 = Math.Log(x) / Math.Log(10)
```

---

[1] Den Mathematikern unter den Lesern werden zwar die Haare zu Berge stehen, aber hier geht es nur um Programmierpraxis.

BEISPIEL 4.103: Nachbildung des dekadischen Logarithmus (zur Basis 10) durch eine selbst definierte Funktion

```
End Function
...
Dim d As Double = Log10(100)
MessageBox.Show(d.ToString)                    ' zeigt "2"
```

Da nicht nur der natürliche, sondern auch der dekadische Logarithmus von der *Math*-Klasse zur Verfügung gestellt wird, ist man auf den "Eigenbau" der *Log10*-Funktion nicht mehr angewiesen.

BEISPIEL 4.104: Das Vorgängerbeispiel wird vereinfacht.

```
Dim d As Double = Math.Log10(100)
MessageBox.Show(d.ToString)                    ' zeigt "2"
```

4.5.2 Datums- und Zeitfunktionen

Wir wollen wir uns hier den zahlreichen Eigenschaften und Methoden zuwenden, mit denen Datums-/Zeitberechnungen möglich sind.

Wie bereits bei der *Array*- und der *String*-Klasse gezeigt, müssen wir auch hier unterscheiden, ob die Eigenschaften/Methoden auf eine *DateTime*-Variable (Instanz) oder direkt auf die *Date-Time*-Klasse angewendet werden.

Wir wollen wir uns hier den zahlreichen Eigenschaften und Methoden zuwenden, mit denen Datums-/Zeitberechnungen möglich sind.

Wie bereits bei der *Array*- und der *String*-Klasse gezeigt, müssen wir auch hier unterscheiden, ob die Eigenschaften/Methoden auf eine *DateTime*-Variable (Instanz) oder direkt auf die *Date-Time*-Klasse angewendet werden.

Wichtige Instanzeneigenschaften und -methoden

Die folgende Tabelle zeigt einen Einblick in das reichhaltige Sortiment:

Eigenschaft/Methode	Beschreibung
Second, Minute, Hour, Day, Month, Year	... liefern die Bestandteile eines Datums als *Integer*-Zahl
DayOfWeek	... liefert den Wochentag als Teil der *DayOfWeek*-Enumeration (*Monday, Tuesday, Wednesday, Thursday, Friday, Saturday, Sunday*)
DayOfYear	... liefert die auf das Jahr bezogene Nummer des Tages als *Integer*-Zahl

Eigenschaft/Methode	Beschreibung
AddDays(*val* As Double) As DateTime AddHours(*val* As Double) As DateTime AddMinutes(*val* As Double) As DateTime AddMonths(*val* As Double) As DateTime AddYears(*val* As Double) As DateTime	... liefert ein neues Datum zurück, welches sich aus der Addition des übergebenen Wertes zum Datum berechnet. *val* ist eine Zahl, die aus ganzen Tagen und den Bruchteilen eines Tages besteht, sie kann auch negativ sein!
ToLongDateString() As String ToLongTimeString() As String ToShortDateString() As String ToShortTimeString() As String	... liefern das Datum als kurzen oder langen Datums- bzw. Zeitstring und können als Alternative zur *ToString*-Methode eingesetzt werden

---

BEISPIEL 4.105: Die Eigenschaften eines Datums, welches in eine *TextBox* eingegeben wurde

```
                         23.8.2012 16:30
```

```
Dim dat As Date = CDate(TextBox1.Text)
Dim h As Integer = dat.Hour          ' h erhält den Wert 16
Dim m As Integer = dat.Minute        ' m erhält den Wert 30
Dim y As Integer = dat.Year          ' y erhält den Wert 2012
```

BEISPIEL 4.106: Der Wochentag für das Datum 23.8.2012 wird ermittelt.

```
Dim dat As Date = #8/23/2012#
Dim day As DayOfWeek
day = dat.DayOfWeek
MessageBox.Show(day.ToString)        ' zeigt "Thursday"
```

BEISPIEL 4.107: Der wievielte Tag im Jahr ist der 23.8.2012?

```
Dim dat As Date = #8/23/2012#
Dim i As Integer
i = dat.DayOfYear                    ' i erhält den Wert 236
```

BEISPIEL 4.108: Das Datum, was genau 2,5 Tage vor dem 18.6.2010, 18:30 liegt

```
Dim dat As Date = #6/18/2010 6:30:00 PM#
dat = dat.AddDays(-2.5)
MessageBox.Show(dat.ToString)        ' zeigt "16.06.2010 06:30:00"
```

BEISPIEL 4.109: Formatierte Ausgabe der Zeit

```vb
Dim dat As Date = #6/18/2010 6:30:00 PM#
MessageBox.Show(dat.ToShortTimeString)   ' zeigt "18:30"
```

Wichtige Klasseneigenschaften und -methoden

Die Tabelle zeigt die wichtigsten, dabei ist auch ein alter Bekannter, die *Now*-Methode.

Eigenschaft/Methode	Erläuterung
Now	... liefert das aktuelle Datum mit Zeit
Today	... liefert aktuelles Datum ohne Zeit
DaysInMonth(*year* As Integer, *month* As Integer) As Integer	... liefert die Anzahl von Tagen eines Monats
IsLeapYear(*year* As Integer) As Boolean	... stellt fest, ob das Jahr ein Schaltjahr ist
Parse(*s* As String[...]) As DateTime	... dient zum Umwandeln eines Strings in einen *DateTime*-Wert mit optionalen Kulturinformationen

---

BEISPIEL 4.110: Die Tage des Monats Februar 2012

```vb
Dim i As Integer = Date.DaysInMonth(2012, 2)     ' i erhält den Wert 29
```

BEISPIEL 4.111: Ist das Jahr 2010 ein Schaltjahr?

```vb
Dim year as Integer = 2012
If Date.IsLeapYear(year) Then
    MessageBox.Show("Das Jahr " & year.ToString & " ist ein Schaltjahr!")
Else
    MessageBox.Show("Das Jahr " & year.ToString & " ist kein Schaltjahr!")
End If
```

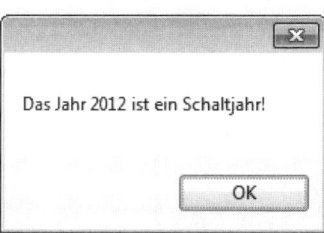

Das Jahr 2012 ist ein Schaltjahr!

HINWEIS: Als Alternative zur *CDate*-Konvertierungsfunktion lässt sich auch mit der statischen *Parse*-Methode ein *String* in einen *DateTime*-Wert umwandeln.

BEISPIEL 4.112: Umwandlung des Inhalts einer *TextBox* in einen *DateTime*-Wert

```
Dim d As DateTime = DateTime.Parse(TextBox1.Text)
```

Die *Parse*-Methode hat den Vorteil, dass in einer weiteren Überladung zusätzlich Kulturinformationen mit übergeben werden dürfen, welche die Besonderheiten eines bestimmten Landes berücksichtigen.

4.6 Zahlen formatieren

Um Daten in Ihrem Programm anzuzeigen, müssen diese meistens vorher in den *String*-Datentyp verwandelt werden. In den meisten Fällen brauchen Sie für die Datenanzeige die hohe Genauigkeit nicht, mit denen VB die Zahlenwerte berechnet hat, oder aber Sie wünschen einfach einige "kosmetische" Korrekturen. Die beiden wichtigsten Möglichkeiten, um sich diese Wünsche zu erfüllen, sind

- Anwenden der *ToString*-Methode der Variablen

- Anwenden der *Format*-Methode der *String*-Klasse

Beide Verfahren lassen sich nicht nur zum Formatieren von Zahlen, sondern auch für Datums-/Zeitangaben verwenden.

HINWEIS: Bei Formatierungen werden die Originalwerte grundsätzlich nicht beeinflusst!

4.6.1 Die ToString-Methode

Alle Datentypen – mit Ausnahme von *String* – verfügen über die *ToString*-Methode, welche nicht nur einen beliebigen Wert in einen *String* konvertiert, sondern ihn auch noch formatieren kann.

SYNTAX: *var*.ToString(*formatString*)

BEISPIEL 4.113: Formatierte Währungsanzeige

```
Private euro As Decimal
TextBox1.Text = euro.ToString("#,##0.00")     ' zeigt z.B. "25.678,50"
```

Für viele übliche Formatierungen können Sie auch standardisierte Formatstrings einsetzen.

BEISPIEL 4.114: Den Formatierungsstring ersetzen wir durch die Standardformatierung "C", die sich auf das in der Systemsteuerung eingestellte Währungs-format bezieht.

```
TextBox1.Text = euro.ToString("C")
```

25.678,50 €

Zahlenformatierungen

Die folgende Tabelle zeigt wichtige Zahlenformatierungen:

Formatstring	Beschreibung	Beispielwert	Ergebnis
C	Währung mit Standard -Dezimalstellen	12345.67	12.345,67 €
E	Wissenschaftliches Format	12345.67	1,234567E+004
F2	Zahl mit zwei festen Dezimalstellen	12345.67	12345,67
F4	Zahl mit vier festen Dezimalstellen	12345.67	12345,6700
G	Allgemeines Format	12345.6789	12345,6789
X	Hexadezimales Format	255	FF
0.00	Nutzerdefiniertes Format	12345.6789	12345,68
#,#0.00	dto.	0.6789	0,68
#,#.00	dto.	0.6789	,68

Datumsformatierungen

Zur Formatierung von Datum und Zeit stehen mit der *ToString*-Methode vielfältige Möglichkeiten zur Verfügung. Auch hier haben Sie die Auswahl zwischen verschiedenen Standardformaten oder benutzerdefinierten Formatierungen.

BEISPIEL 4.115: Das aktuelle Datum wird in einem Meldungsfenster angezeigt.

```vb
Dim d As Date = Date.Now
MessageBox.Show(d.ToString("D"))
```

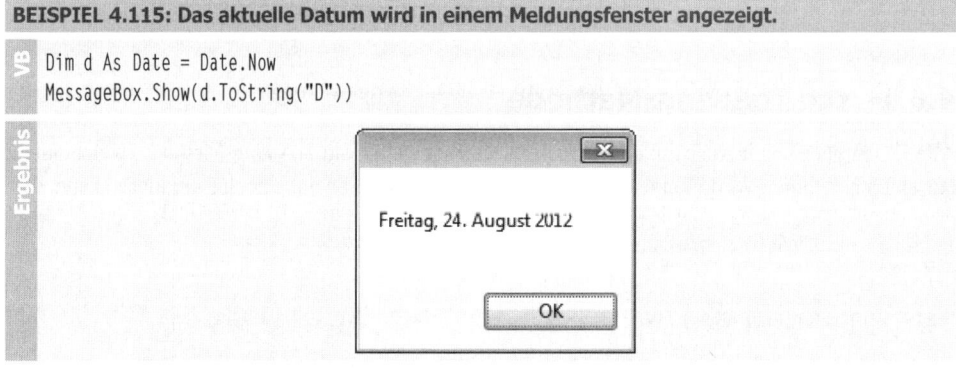

Die folgende Tabelle gibt eine Übersicht über die wichtigsten Möglichkeiten.

Formatstring	Beschreibung	Beispiel
d	kurzes Datumsformat	18.06.2012
D	langes Datumsformat	Freitag, 24.August 2012
f	langes Datum mit kurzer Zeit	Freitag, 24.August 2012 08:39
F	langes Datum mit langer Zeit	Freitag, 24.August 2012 08:39:05
g	kurzes Datum mit kurzer Zeit	24.08.2012 08:39
G	kurzes Datum mit langer Zeit	24.08.2012 08:39:05

Formatstring	Beschreibung	Beispiel
m oder M	Monat-/Tag-Format	24.August
t	kurzes Zeitformat	08:39
T	langes Zeitformat	08:39:05
u	Universelles (ISO-)Format	2012-08-24 08:39:05Z
y oder Y	Jahr Monat	August 2012
dd.MM.yy	nutzerdefiniert	24.08.12
yyyy-MM-dd	dto.	2012-08-24
MM\dd\yy	dto.	08/24/12
hh:mm:ss	dto.	08:39:05
h:mm	dto.	8:39

HINWEIS: Informationen zu Datums-/Zeitfunktionen finden Sie im Abschnitt 4.4.

4.6.2 Die Format-Methode

Hier handelt es sich um eine statische Methode der *String*-Klasse, mit welcher man ziemlich komplexe Formatierungen erzielen kann.

BEISPIEL 4.116: Zwei Datumsformatierungen sind in einem Text eingeschlossen.

```
Dim d As Date = Date.Now
Dim st As String = "Wir treffen uns heute am {0:d} etwa gegen {1:h:mm}!"
MessageBox.Show(String.Format(st, d, #10:45 AM#))
```

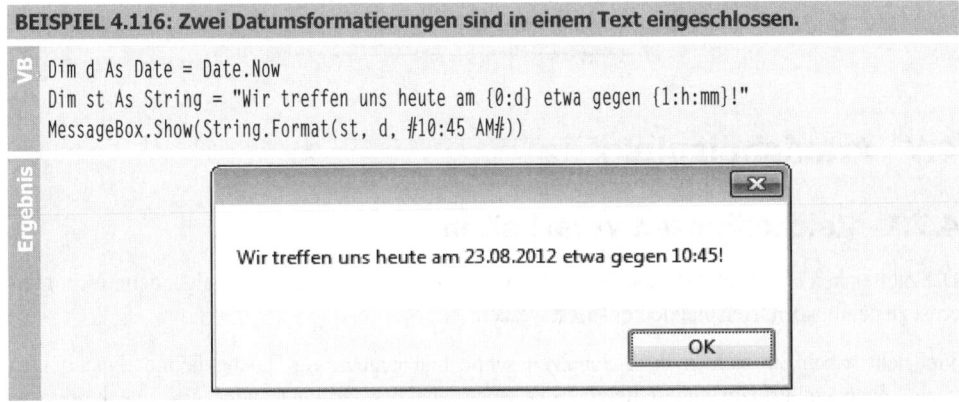

Wir treffen uns heute am 23.08.2012 etwa gegen 10:45!

OK

Zu obigem Beispiel gibt es sicherlich allerhand Klärungsbedarf:

Der String *st* enthält in den geschweiften Klammern zwei Formatspezifikationen, deren allgemeine Syntax wie folgt ist:

SYNTAX: {Index[, Minimalbreite][:Formatstring]}

■ Der **Index** bestimmt das zu formatierende Argument. In unserem Beispiel gibt es zwei Argumente, *d* und *#10:45 AM#*, das erste hat wie immer den Index 0, das zweite den Index 1.

- Mit **Minimalbreite** können Sie optional angeben, wie breit der formatierte Teilstring mindestens sein soll. Für positive Werte wird der String nach links, für negative Werte nach rechts mit Leerzeichen aufgefüllt.

- Der optionale **Formatstring** wird nach denselben Regeln erstellt, wie wir sie bereits im vorhergehenden Abschnitt kennen gelernt haben.

Ein weiteres Beispiel aus dem mathematischen Bereich soll unsere Betrachtungen zur *Format*-Methode abrunden (weitere umfangreiche Informationen finden Sie in der Hilfe-Dokumentation).

BEISPIEL 4.117: Hier werden drei Argumente berechnet und formatiert.

```vb
Dim r As Integer = 10
Const Pi As Double = Math.PI
Dim s As String = "Ein Kreis hat einen Radius von {0} m." & vbCrLf &
                  "Der Umfang beträgt {1:0.00} m." & vbCrLf &
                  "Die Fläche ist {2:0.00} m2."
MessageBox.Show(String.Format(s, r, 2 * Pi * r, Pi * r * r))
```

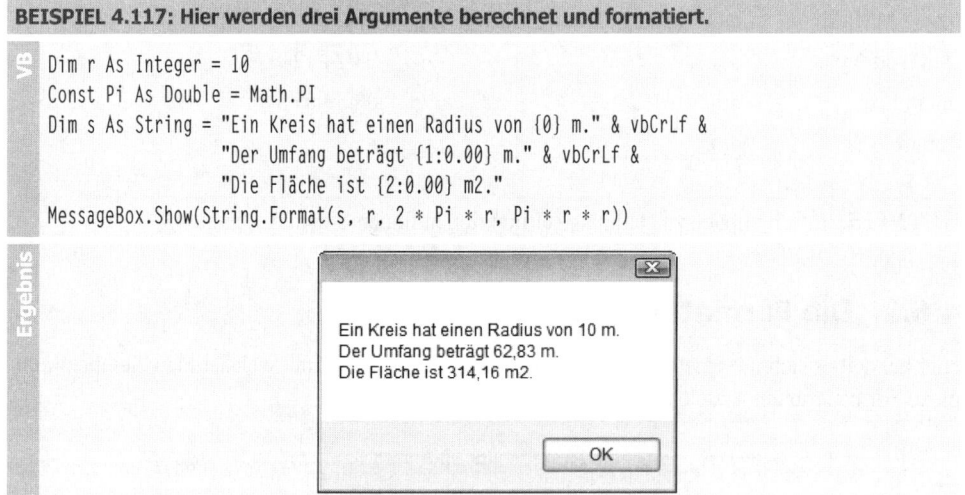

Ein Kreis hat einen Radius von 10 m.
Der Umfang beträgt 62,83 m.
Die Fläche ist 314,16 m2.

OK

4.7 Praxisbeispiele

4.7.1 Zeichenketten verarbeiten

Die zahlreichen Eigenschaften und Methoden von Stringvariablen sollen an folgendem, nicht ganz ernst zu nehmenden, Beispiel demonstriert werden:

Vielleicht haben Sie sich in Ihrer Schulzeit schon mal gegenseitig "hochgeheime" Nachrichten nach folgendem Prinzip zugeschickt: Jeder Buchstabe des Originals wird um eine bestimmte Anzahl Stellen innerhalb der alphabetischen Reihenfolge verschoben. Dem Empfänger teilt man vorher den "Geheimschlüssel" mit, d.h. die Anzahl der Buchstabenverschiebungen nach rechts bzw. links. Beispielsweise wird der Text "hallo" mit einer Verschiebung von drei Stellen als "kdoor" verschlüsselt. Ausgerüstet mit einer Schablone kann man auf diese Weise relativ schnell kleinere Texte chiffrieren und dechiffrieren.

Oberfläche

Die folgende Laufzeitansicht zeigt die benötigten Steuerelemente (von oben nach unten: *TextBox1*, *NumericUpDown1*, *Button1*, *TextBox2*, *Button2*, *TextBox3*, *Button3*):

Die Anpassung der *Font*-Eigenschaft der drei *TextBox*en ist empfehlenswert (*Font.Bold* = *True*). Die Eigenschaften *Value* und *Increment* der *NumericUpDown*-Komponente belassen wir auf ihren Standardwerten (*0* bzw. *1*).

Quellcode

Die fett gedruckten Elemente im Code weisen auf Eigenschaften bzw. Methoden der *String*-Klasse hin, wie wir sie beispielsweise zum Herauskopieren (*Substring*) bzw. Suchen (*IndexOf*) eines bestimmten Zeichens benötigen.

```
Public Class Form1
```

Zu Beginn deklarieren wir den Zeichensatz als Stringkonstante, in welcher alle erlaubten Buchstaben, Zahlen, Leerzeichen etc. enthalten sein müssen. Die Reihenfolge ist von untergeordneter Bedeutung (siehe Bemerkung am Schluss). Außerdem deklarieren wir eine Variable, welche die Länge des Zeichensatzes ermittelt:

```
Private Const s0 As String =
        "abcdefghijklmnopqrstuvwxyzäöüABCDEFGHIJKLMNOPQRSTUVWXYZÄÖÜ1234567890 .,-?!"
Private nmax As Integer = s0.Length
```

Beim Laden des Formulars werden der obere und untere Grenzwert der *NumericUpDown*-Komponente auf die positive bzw. negative Länge des Zeichensatzes gesetzt:

```
Private Sub Form1_Load(sender As Object, e As EventArgs) Handles MyBase.Load
    NumericUpDown1.Maximum = nmax
```

```
        NumericUpDown1.Minimum = -nmax
    End Sub
```

Das Verschlüsseln und das Entschlüsseln des Textes wird von einer einzigen Funktion erledigt. Als Übergabeparameter erhält sie einen String *s* sowie die gewünschte (positive oder negative) Verschiebung *n*. Rückgabewert ist der verschlüsselte bzw. der entschlüsselte String:

```
    Private Function codieren(s As String, n As Integer) As String
        Dim s1 As String = String.Empty        ' zurückgegebener String
```

In der folgenden Schleife wird pro Durchlauf ein Zeichen aus dem übergebenen String "herauskopiert" und seine Position im Zeichensatz gesucht. Anschließend werden das verschobene Zeichen berechnet und der Ergebnisstring stückweise wieder "zusammengebaut":

```
        Dim pos As Integer              ' Originalposition des Zeichens im Zeichensatz
        Dim posN As Integer             ' Position des verschobenen Zeichens im Zeichensatz
        Dim z As Char                   ' einzelnes Zeichen
        For i As Integer = 0 To s.Length - 1      ' für alle Zeichen des übergebenen Strings
            z = CChar(s.Substring(i))             ' i-tes Zeichen herausschneiden
            pos = s0.IndexOf(z)         ' Position im Zeichensatz suchen
            If pos = -1 Then            ' Zeichen nicht gefunden
                MessageBox.Show(z & " ist ein unzulässiges Zeichen!", "Warnung")
                Return String.Empty
            End If
            posN = pos + n                  ' Verschiebeposition berechnen
            If posN > nmax Then posN = posN - nmax     ' bei Überlauf wieder vorn
            If posN < 0 Then posN = posN + nmax        ' ... bzw. hinten weitermachen
            z = CChar(s0.Substring(posN))              ' korrespondierendes Zeichen ermitteln
            s1 = s1 & z                 ' Rückgabestring zusammensetzen
        Next i
        Return s1
    End Function
```

Der Funktionsaufruf beim Verschlüsseln:

```
    Private Sub Button1_Click(sender As Object, e As EventArgs) Handles Button1.Click
        TextBox2.Text = codieren(TextBox1.Text, CInt(NumericUpDown1.Value))
    End Sub
```

Der Aufruf beim Entschlüsseln:

```
    Private Sub Button2_Click(sender As Object, e As EventArgs) Handles Button2.Click
        TextBox3.Text = codieren(TextBox2.Text, CInt(-NumericUpDown1.Value))
    End Sub
End Class
```

Test

Nach dem Programmstart haben Sie die Möglichkeit zu umfassenden Experimenten. Falls Sie ein nicht erlaubtes Zeichen eingeben, erfolgt ein Hinweis:

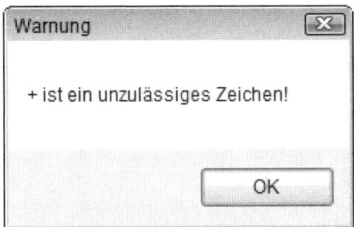

Bemerkungen

▪ Es liegt an Ihnen, den erlaubten Zeichenvorrat zu vergrößern bzw. einzuschränken. Dazu brauchen Sie lediglich die Stringkonstante *s0* zu ändern.

▪ Die "Knackfestigkeit" des Verfahrens lässt sich deutlich steigern, wenn Sie die Zeichen innerhalb *s0* nicht in alphabetischer Reihenfolge, sondern zufällig anordnen.

▪ Die Achillesferse unserer "Chiffriermaschine" soll nicht verschwiegen werden: Der Hacker sucht im Text zunächst nach dem am häufigsten vorkommenden Zeichen, und das ist mit hoher Wahrscheinlichkeit das verschlüsselte "e". In der Laufzeitabbildung kommt deshalb das "-" am häufigsten vor. Fast ist der Code geknackt! Allerdings werden die Tüftler unter Ihnen bald einen Weg finden, wie sich auch dieser Angriffspunkt etwas entschärfen lässt.

4.7.2   Zeichenketten mittels StringBuilder addieren

Unter .NET sind auch Strings Referenztypen, d.h., eine Stringvariable speichert nicht den Wert, sondern lediglich einen Verweis (Referenz, Adresse) auf die Speicherstelle. Allerdings muss ein wichtiger Unterschied beachtet werden:

HINWEIS: Strings werden im Speicher als **unveränderliche** Zeichenketten abgelegt. Mit jeder Änderung einer String-Variablen wird ein **neuer String** erzeugt!

In diesem Rezept können Sie sich davon überzeugen, was für ein gefährlicher Zeit- und Speicherplatzfresser deshalb die einfache Stringaddition mittels "&"-Operator sein kann und welch gewaltige Performancesteigerung man durch Verwendung eines *StringBuilder*-Objekts erreicht. Nebenbei erfahren Sie auch etwas über den Einsatz der *TimeSpan*-Klasse zur Zeitmessung.

Oberfläche

Öffnen Sie eine neue Windows Forms-Anwendung und gestalten Sie die abgebildete Benutzerschnittstelle. Weisen Sie der *TrackBar* die Werte *Maximum = 50000, Minimum = 1000, SmallChange = 1000, LargeChange = 10000* zu.

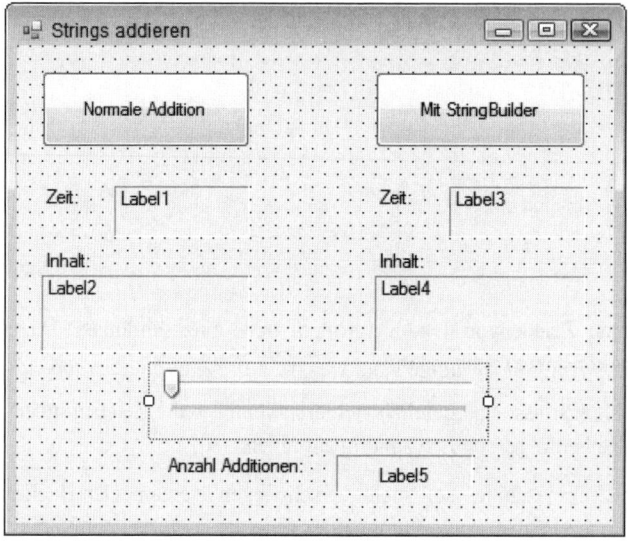

Quellcode Klasse CTest

Über das Menü *Projekt|Klasse hinzufügen...* fügen Sie zum Projekt eine neue Datei mit dem Namen *Test.vb* hinzu.

```
Imports System.Text
```

Die Klasse *CTest* stellt zwei statische Methoden bereit, welche die beiden Verfahren zur *String-addition* demonstrieren sollen. Als Rückgabewert der beiden Methoden dient die Struktur *Test-Result*, deren Felder den Ergebnisstring und die zur Addition benötigte Zeit (in Millisekunden) kapseln:

```
Public Structure TestResult
    Dim inhalt As String
    Dim zeit As Integer
End Structure
```

```
Public Class CTest
```

Beide Methoden addieren in einer Schleife (beginnend mit Eins) die ganzen Zahlen fortlaufend zu einem Teststring. Beim Aufruf wird ein Parameter *nr* übergeben, welcher die Anzahl der Schleifendurchläufe bzw. Additionsoperationen festlegt.

Die erste Methode demonstriert die übliche Stringaddition mittels "&"-Operator. Für die Zeit-messung wird die *TimSpan*-Klasse benutzt:

```
    Public Shared Function addNormal(nr As Integer) As TestResult
        Dim t1 As DateTime = DateTime.Now
        Dim r As TestResult
```

String addieren:

```
        Dim str As String = String.Empty
```

```
    For i As Integer = 0 To nr - 1
        str &= i.ToString & " "
    Next i
    r.inhalt = str
```

Zeitmessung:

```
    Dim t2 As DateTime = DateTime.Now
    Dim ts As New TimeSpan(t2.Ticks - t1.Ticks)
    r.zeit = Convert.ToInt32(ts.TotalMilliseconds)
    Return r
End Function
```

Analog ist die Methode *addWithStringBuilder* aufgebaut, welche zur Addition die *Append*-Methode der *StringBuilder*-Klasse benutzt:

```
Public Shared Function addWithStringBuilder(nr As Integer) As TestResult
    Dim t1 As DateTime = DateTime.Now
    Dim r As TestResult
```

Mit *StringBuilder* addieren:

```
    Dim sb As New StringBuilder()
    For i As Integer = 0 To nr - 1
        sb.Append(i.ToString & " ")
    Next i
    r.inhalt = sb.ToString
```

Zeitmessung:

```
    Dim t2 As DateTime = DateTime.Now
    Dim ts As New TimeSpan(t2.Ticks - t1.Ticks)
    r.zeit = Convert.ToInt32(ts.TotalMilliseconds)
    Return r
    End Function
End Class
```

Quellcode Form1

```
Public Class Form1
```

Die normale Stringaddition:

```
Private Sub Button1_Click(sender As Object, e As EventArgs) Handles Button1.Click
    Label1.Text = String.Empty
    Label2.Text = String.Empty
    Me.Refresh()
    Me.Cursor = Cursors.WaitCursor
    Dim tr As TestResult = CTest.addNormal(TrackBar1.Value)
    Label1.Text = tr.zeit.ToString & " ms"
    Dim s As String = tr.inhalt
```

Da es sinnlos ist, einen tausende Zeichen langen String komplett in einem *Label* anzuzeigen, beschränken wir uns hier auf die letzten hundert Zeichen:

```
        Label2.Text = s.Substring(0, 100)
        Me.Cursor = Cursors.Default
    End Sub
```

Die Addition mittels *StringBuilder*:

```
    Private Sub Button2_Click(sender As Object, e As EventArgs) Handles Button2.Click
        Label3.Text = String.Empty :  Label4.Text = String.Empty
        Me.Refresh()
        Me.Cursor = Cursors.WaitCursor
        Dim tr As TestResult = CTest.addWithStringBuilder(TrackBar1.Value)
        Label3.Text = tr.zeit.ToString & " ms"
        Dim s As String = tr.inhalt
        Label4.Text = s.Substring(0, 100)
        Me.Cursor = Cursors.Default
    End Sub
```

Die Anzeige der Anzahl der Schleifendurchläufe wird aktualisiert:

```
    Private Sub TrackBar1_ValueChanged(sender As Object, e As EventArgs) _
                    Handles TrackBar1.ValueChanged
        Label5.Text = TrackBar1.Value.ToString
    End Sub
End Class
```

Test

Kompilieren Sie das Programm und stellen Sie zuerst die gewünschte Anzahl von Additionen ein. Das Ergebnis ist eindrucksvoll.

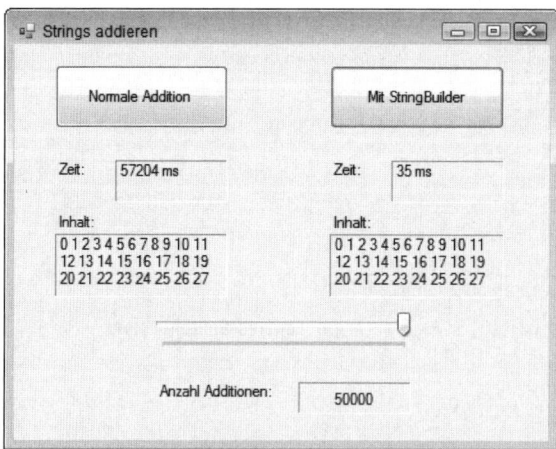

Wie das abgebildete Beispiel zeigt, bringt hier bei 50000 Durchläufen die Verwendung eines *StringBuilders* einen Performancegewinn fast um den Faktor 1000! Allerdings wächst dieses Verhältnis nicht linear. Bei nur 20000 Durchläufen war das Verhältnis immerhin noch 16ms zu 6250ms zugunsten des *StringBuilders* (Pentium 2,6 GHz).

Bemerkungen

- Da jede Änderung an einer *String*-Variablen einen neuen Wert erzeugt, wird dadurch ein Verhalten quasi wie bei Wertetypen erreicht, obwohl es sich bei Strings – genauso wie z.B. bei Arrays – um Referenztypen handelt.

- Bei der einfachen Stringaddition muss pro Addition stets eine Kopie des Strings im Speicher angelegt werden, selbst wenn nur ein einzelnes Zeichen hinzuzufügen ist. Das ist sehr zeit- und speicherplatzaufwändig.

- Werden, wie in unserem Beispiel, viele Additionen nacheinander ausgeführt, so kommen Sie kaum um die Verwendung eines *StringBuilder*s umhin, wenn Sie Ihr Programm nicht total ausbremsen wollen.

Wenn Sie beim Instanziieren der *StringBuilder*-Klasse die möglichst gut geschätzte Anfangsgröße des internen Arrays übergeben, können Sie den Code beschleunigen.

4.7.3 Reguläre Ausdrücke testen

Das folgende kleine Programm eignet sich zum Experimentieren mit unterschiedlichsten regulären Ausdrücken und ist als Ergänzung zu den Ausführungen des Abschnitts 4.3 gedacht.

Oberfläche

Die folgende Laufzeitansicht demonstriert die Gültigkeitsüberprüfung einer EMail-Adresse.

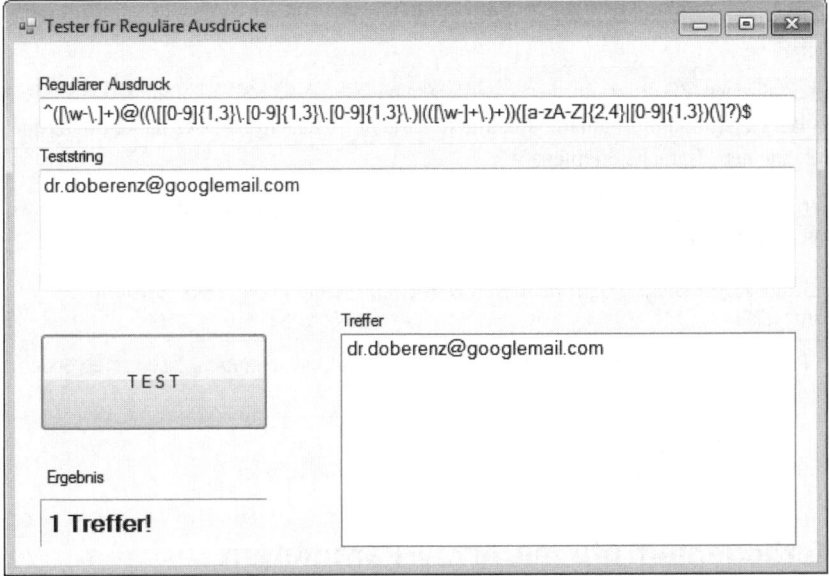

Quellcode

```
...
Imports System.Text.RegularExpressions

Public Class Form1
    Private rex As String = Nothing
    Private text As String = Nothing

    Private Sub Button1_Click(sender As Object, e As EventArgs) Handles Button1.Click
        rex = TextBox1.Text
        txt = TextBox2.Text
        ListBox1.Items.Clear()
        Dim rxcoll As MatchCollection = Regex.Matches(txt, rex)
        Label1.Text = rxcoll.Count.ToString & " Treffer!"
        For Each m As Match In rxcoll
            ListBox1.Items.Add(m.Value)
        Next
    End Sub
End Class
```

Test

In die *TextBox1*(oben) geben Sie den regulären Ausdruck ein, in die darunter liegende *TextBox2*
(*MultiLine=True*) einen beliebigen Teststring. Das *Label* (unten links) zeigt die Anzahl der Treffer,
in der *ListBox* daneben werden die einzelnen Treffer zeilenweise aufgeführt.

Bemerkungen

- Auch dem erfahrenen VB-Programmierer wird es zunächst einige Mühe bereiten, die teilweise
  recht kryptischen Strukturen regulärer Ausdrücke zu durchschauen, muss er dabei doch (quasi
  en passant) eine neue Sprache erlernen.

- Im Internet finden sich ganze Bibliotheken regulärer Ausdrücke unterschiedlichster Komplexität, die sich als Lernbeispiele eignen.

- Ohne Fleiß kein Preis! Beim Experimentieren werden Sie schnell Folgendes feststellen:

HINWEIS: Reguläre Ausdrücke sind eigentlich relativ einfach zu schreiben, lesen und verstehen
hingegen kann sehr mühsam werden!

Eine weitere interessante Anwendung finden Sie im Praxisteil von Kapitel 7!

4.7.4 Methodenaufrufe mit Array-Parametern

Für eine Liste von Zahlen wollen wir den *arithmetischen Mittelwert*, den *geometrischen Mittelwert*
und den *Wert in der Mitte* berechnen. Auch in diesem Beispiel geht es weniger um Mathematik als
um das Festigen grundlegender Sprachkonzepte.

Oberfläche

Für das Startformular *Form1* benötigen wir an Steuerelementen eine *ListBox*, eine *TextBox*, zwei *Button*s und mehrere *Label*s (siehe Laufzeitansicht am Schluss des Beispiels).

Quellcode

Eine von uns später noch zu definierende Hauptmethode *Average* verwendet drei spezialisierte Methoden:

- *MeanAritmetic* (für den arithmetischen Mittelwert)

- *MeanGeometric* (für den geometrischen Mittelwert)

- *MeanMedian* (für den Wert in der Mitte der sortierten Folge)

```
Public Class Form1
```

Welche der drei oben genannten Methoden jeweils gemeint ist, wird durch Übergabe einer von drei Konstanten gesteuert, die in einer Enumeration gekapselt sind.

```
Public Enum enumAvType As Byte
    MeanA = 0            ' arithmetisches Mittel
    MeanG                ' geometrisches Mittel
    Median               ' Wert in der Mitte
End Enum
```

Es folgen die Implementierungen der drei Methoden. Allen ist gemeinsam, dass ihnen als Parameter das mit den auszuwertenden Zahlen gefüllte *Decimal*-Array übergeben wird.

MeanArithmetic-Funktion: Die Summe aller Zahlen geteilt durch deren Anzahl (arithmetischer Mittelwert).

```
Private Function MeanArithmetic(decArray() As Decimal) As Decimal
    Dim anzahl As Integer = decArray.GetLength(0)
    Dim summe As Decimal = 0
    Dim i As Integer = 0
    If anzahl = 0 Then Return 0
    While i <= decArray.GetUpperBound(0)
        summe += decArray(i)
        i += 1
    End While
    Return (summe / anzahl)
End Function
```

MeanGeometric-Funktion: Die n-te Wurzel aus dem Produkt aller Zahlen (geometrischer Mittelwert).

```
Private Function MeanGeometric(arr() As Decimal) As Decimal
    Dim total As Double = 1
    Dim n As Integer = arr.GetLength(0)
    For i As Integer = 0 To n - 1
        total *= Convert.ToDouble(arr(i))
```

```
      Next
      Return Convert.ToDecimal(Math.Pow(total, 1 / n))     ' n-te Wurzel aus total
   End Function
```

MeanMedian-Funktion: Wenn die Liste eine ungerade Anzahl von Einträgen hat, so ist es der in der Mitte der sortierten(!) Zahlenfolge stehende Wert. Bei einer geraden Anzahl von Einträgen ist es die Summe der beiden mittleren Werte geteilt durch zwei.

```
   Private Function MeanMedian(arr() As Decimal) As Decimal
      Dim anzahl As Integer = arr.GetLength(0)
      If anzahl = 0 Then Return 0
      Array.Sort(arr)                    ' Zahlen  sortieren!
      If anzahl Mod 2 = 0 Then           ' geradzahlig
         Return (arr(CInt(anzahl / 2) - 1) + arr(CInt(anzahl / 2))) / 2
      Else                               ' ungeradzahlig
         Return arr(anzahl \ 2)   ' Integer-Division!
      End If
   End Function
```

Die Hauptmethode *Average* entscheidet auf Grundlage der übergebenen Enumerationskonstanten, zu welcher der drei speziellen Funktionen verzweigt werden soll:

```
   Public Function Average(arr() As Decimal,
      Optional AvType As enumAvType = enumAvType.MeanA) As Decimal
      Select Case AvType
         Case enumAvType.MeanA
            Return MeanArithmetic(arr)
         Case enumAvType.MeanG
            Return MeanGeometric(arr)
         Case enumAvType.Median
            Return MeanMedian(arr)
         Case Else
            Throw New Exception("Falscher Mittelwert-Typ (" & AvType.ToString & ").")
      End Select
   End Function
```

Nun endlich kommen wir zur Anwendung (Klick auf den "Start"-Button):

```
   Private Sub Button1_Click(sender As Object, e As EventArgs) Handles Button1.Click
      Dim n As Integer = ListBox1.Items.Count
      Dim arr(n - 1) As Decimal
      For i As Integer = 0 To n - 1
         arr(i) = CDec(ListBox1.Items(i))
      Next i
```

Dreimaliger Aufruf der *Average*-Funktion mit unterschiedlichen Konstanten:

```
      Label1.Text = Average(arr, enumAvType.MeanA).ToString("#.000")    ' arithm. MW
      Label2.Text = Average(arr, enumAvType.MeanG).ToString("#.000")    ' geometr. MWEnter
      Label3.Text = Average(arr, enumAvType.Median).ToString           ' Wert in Mitte
   End Sub
```

Um eine Zahl zur *ListBox* hinzuzufügen, geben Sie diese in die *TextBox* ein und schließen mit der Enter-Taste ab:

```
Private Sub TextBox1_KeyUp(sender As Object, e As KeyEventArgs) Handles TextBox1.KeyUp
    If e.KeyCode = Keys.Enter Then
        ListBox1.Items.Add(TextBox1.Text)
        TextBox1.Clear()
    End If
End Sub
```

Die *ListBox* löschen:

```
Private Sub Button2_Click(sender As Object, e As EventArgs) Handles Button2.Click
    ListBox1.Items.Clear()
    Label1.Text = String.Empty : Label2.Text = String.Empty : Label3.Text = String.Empty
End Sub
End Class
```

Test

Nach dem Programmstart übertragen Sie zunächst in beliebiger Reihenfolge einige Zahlenwerte aus der *TextBox* in die *ListBox*, um anschließend die Auswertung vornehmen zu können:

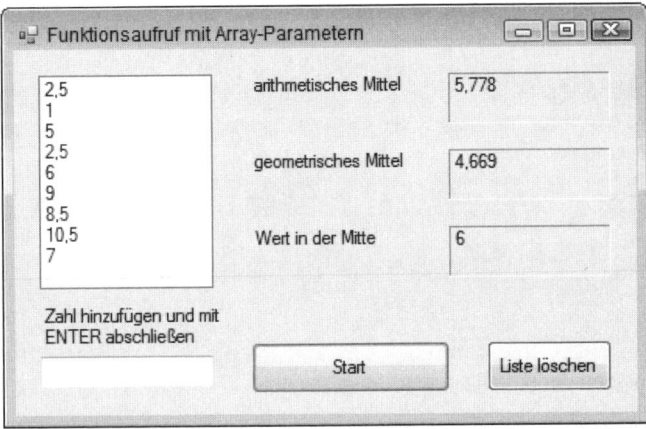

Bemerkungen

- Verwenden Sie zur Zahleneingabe das Dezimalkomma und nicht den Dezimalpunkt.

- Jede Eingabe ist mittels *Enter*-Taste abzuschließen.

Kapitel 5

Weitere Sprachfeatures

Da Sie nun mit den wichtigsten Sprachelementen und OOP-Konzepten vertraut sind, können wir jetzt die sprachlichen Grundlagen von Visual Basic weiter ausbauen und Ihnen weiteres Rüstzeug, wie den Umgang mit Namespaces, Operatorenüberladung, Generics, Collections, Delegates ... mit auf den Weg geben. Auch die dynamische Programmierung soll nicht vergessen werden.

5.1 Namespaces (Namensräume)

Zu Beginn dieses Kapitels wollen wir uns einem Thema widmen, welches unbedingt mit zu den Grundkonzepten von .NET gehört, die Namensräume. Diese bilden eine hierarchisch organisierte Verwaltungsstruktur für die inzwischen fast astronomisch große Anzahl von Klassen des .NET-Frameworks. Andererseits wäre das Chaos vorprogrammiert, denn die Übersicht ginge verloren und Namenskonflikte ließen sich nicht vermeiden.

5.1.1 Ein kleiner Überblick

Namensräume bilden die Kategorien für die Klassendefinitionen, man kann sie näherungsweise mit der Ordnerstruktur eines Dateisystems vergleichen. Demzufolge wird auch jeder Programmcode in Namespaces verwaltet. Eröffnen Sie ein neues Projekt, so wird diesem automatisch von der IDE ein neuer Namensraum zugeordnet (entspricht standardmäßig dem Namen der Projektdatei bzw. Assemblierung).

Damit zu Beginn bereits eine gewisse Grundfunktionalität vorhanden ist, werden standardmäßig bereits die wichtigsten Klassen über ihre Namespaces eingebunden. Die entsprechende Liste findet sich im Projektmappen-Explorer, nachdem Sie den Knoten *Verweise* aufgeklappt haben (Klicken Sie vorher auf die kleine Schaltfläche *Alle Dateien anzeigen* unterhalb der Titelleiste des Projektmappen-Explorers):

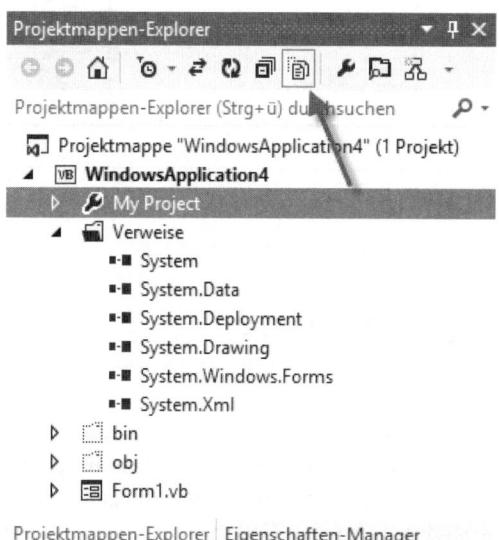

Projektmappen-Explorer | Eigenschaften-Manager

Wenn Sie für Ihre Programmentwicklung noch weitere Klassen benötigen, so öffnen Sie das Kontextmenü *Verweise* im Projektmappen-Explorer und wählen Sie *Verweis hinzufügen...*

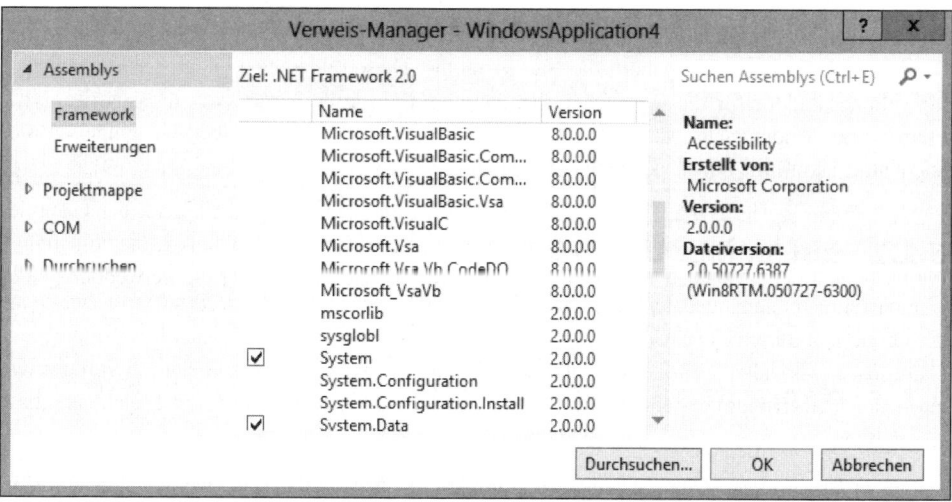

In der Liste der Verweise erkennen Sie auch den Pfad zu der Datei, die die entsprechende Klassenbibliothek enthält (*.dll*). Meist sind inhaltlich verwandte Klassen in einem Namespace zusammengefasst. Es ist aber durchaus üblich, dass eine Datei mehrere Namensräume enthält. Auch der umgekehrte Fall, dass sich ein Namespace über mehrere Dateien erstreckt, ist möglich.

5.1.2 Die Imports-Anweisung

Um einem häufigen Missverständnis vorzubeugen, soll gleich zu Beginn eine Klarstellung erfolgen:

HINWEIS: Die *Imports*-Anweisung "importiert" keine Klassen bzw. Namespaces, sie verkürzt nur die Schreibweise beim Zugriff auf bestimmte Klassen bzw. Namespaces, die bereits über *Verweise* (siehe oben) eingebunden sind.

Klassen, die sich im selben Namespace befinden, "kennen" sich gegenseitig und benötigen deshalb keine voll qualifizierte Namensangabe. Im anderen Fall müssen dem Namen einer Klasse die Namespaces vorangestellt werden, was oft zu langen und unübersichtlichen Ausdrücken führt (so genannte *voll qualifizierte Bezeichner*). Um derartige "Bandwürmer" zu vermeiden, steht am Anfang eines Projekts bzw. vor einer Klassendefinition in der Regel eine mehr oder weniger lange Liste von *Imports*-Anweisungen, was im nachfolgenden Code zu einer verkürzten Typnotation führt, welche meist nur noch den Typbezeichner erforderlich macht.

BEISPIEL 5.1: Die voll qualifizierte Typdeklaration einer generischen Liste

```vb
Dim myList As System.Collections.Generic.List(Of String)
```

... kann wie folgt verkürzt werden:

```vb
Imports System.Collections.Generic
...
Dim myList As List(Of String)
```

Das Haar in der Suppe: Wenn in verschiedenen Namensräumen Klassen mit gleichen Typbezeichnern existieren, so führt die Verwendung von *Imports* zu Mehrdeutigkeiten, denn der Compiler "weiß" nicht, welcher Typ denn nun gemeint ist. In einem solchen Falle sollten Sie die voll qualifizierten Typbezeichner beibehalten. Eine elegantere Möglichkeit bietet aber die Verwendung eines Alias.

5.1.3 Namespace-Alias

Ausgangspunkt ist die vollständige Syntax der *Imports*-Anweisung:

SYNTAX: `Imports [Alias =] Namespace`

BEISPIEL 5.2: Ein Alias für den Namespace *System.Collections.Generic* vereinfacht die Deklaration einer generischen Auflistung

```vb
Imports GColl = System.Collections.Generic
...
Dim myList As GColl.List(Of String)
```

Man kann das sogar noch weiter treiben und selbst komplette Klassenbezeichner durch einen Alias ersetzen.

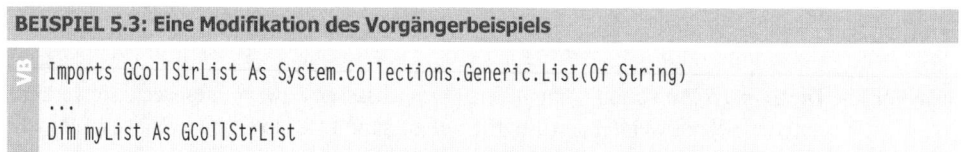

BEISPIEL 5.3: Eine Modifikation des Vorgängerbeispiels

```
Imports GCollStrList As System.Collections.Generic.List(Of String)
...
Dim myList As GCollStrList
```

5.1.4   Namespaces in Projekteigenschaften

Öffnen Sie das Eigenschaftenfenster des Projekts (Menü *Projekt/<Anwendungsname>-Eigenschaften...* bzw. Kontextmenü *Eigenschaften* oder Doppelklick auf den Knoten *MyProject* im Projektmappen-Explorer), so können Sie sich auf der Seite "Verweise" einen Überblick über die eingebundenen Verweise (oben) und die anwendungsweit gültigen Namespaces (unten) verschaffen. Die Liste der Verweise entspricht den im Projektmappen-Explorer aufgeführten Verweisen.

Durch Setzen von Häkchen bei "Importierte Namespaces" können Sie Namensräume einbinden, die dann für die gesamte Anwendung gültig sind.

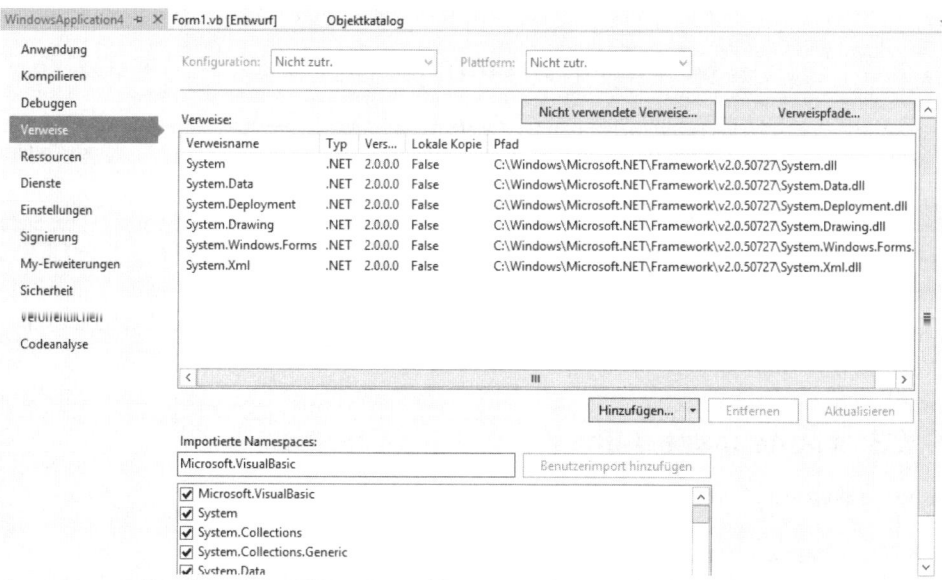

5.1.5   Namespace Alias Qualifizierer

Die Fähigkeit des Zugriffs auf ein Mitglied im globalen Namespace ist nützlich wenn ein Mitglied möglicherweise von einem anderen mit gleichem Namen verdeckt wird. Das führt dazu, dass zunächst im globalen Namespace "nachgeschaut" wird, anstatt im direkt zugeordneten Namespace.

Das Schlüsselwort *Global* ermöglicht den Zugriff auf den Stamm-Namespace (oder leeren Namespace) an erster Stelle in der Namespace-Hierarchie.

BEISPIEL 5.4: *Global*

Bisher war es Ihnen unmöglich, einen *System.IO*-Namespace in der Namespace-Hierarchie Ihrer Firma zu definieren ...

```
Namespace MeineFirma.System.IO        ' nicht möglich!
```

... denn dies hätte zu Konflikten mit den Verweisen auf den *System*-Namespace in Ihrer Anwendung geführt.

Mit dem Schlüsselwort *Global* können Sie die Namespaces nun unterscheiden:

```
Dim aFile As Global.System.IO.File
```

Natürlich wäre es ziemlich unsinnig, wenn nicht gar lächerlich, wenn Sie – wie im obigen Beispiel – einen eigenen Namespace mit *System* benennen würden. Trotzdem ist es in größeren Projekten durchaus möglich, dass die Namen von Namespaces doppelt auftreten. In solchen Situationen ist ein globaler Namespace-Qualifizierer durchaus hilfreich, da er den direkten Zugriff auf den Root-Namespace ermöglicht.

5.1.6　Eigene Namespaces einrichten

Den von der Entwicklungsumgebung für Ihr neues Projekt automatisch vergebenen Namespace (Stammnamespace) können Sie auf der Seite *Anwendung* des Projekteigenschaften-Dialogs ändern.

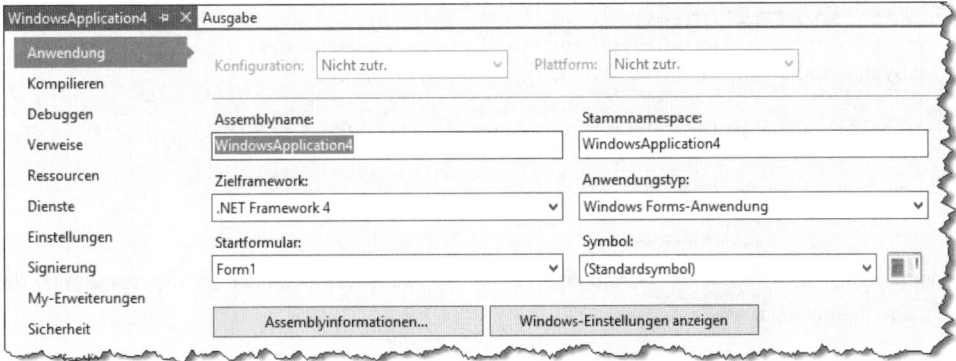

Ein neues Windows Forms-Projekt erhält standardmäßig von der IDE den Namen *WindowsApplication1,* falls nicht bereits ein gleichnamiges Projekt existiert. Folglich wird es automatisch in den Stammnamespace *WindowsApplication1* eingebunden.

HINWEIS: Sie können aber auch neue eigene Namespaces eröffnen, das natürlich nicht innerhalb, sondern nur außerhalb von Klassendeklarationen. Das Einbetten in einen anderen Namespace ist hingegen möglich.

BEISPIEL 5.5: Zwei verschachtelte Namespaces werden innerhalb des Stammnamespace eingerichtet.

```vb
Namespace myNamespace1
    Public Class meineKlasse1
        ...
    End Class

    Namespace myNamespace2
        Public Class meineKlasse2
            ...
        End Class
    End Namespace
End Namespace
```

Und vergessen Sie niemals:

HINWEIS: Ein Typ in einem übergeordneten Namespace hat **nicht** automatisch Zugriff auf einen Typ im untergeordneten Namespace!

5.2 Überladen von Operatoren

Das Überladen von Operatoren ermöglicht es, den bereits in VB vorhandenen Standardoperatoren (+, -, ...) eine beliebige andere Bedeutung zuzuweisen.

5.2.1 Syntaxregeln

Die Syntax basiert auf dem Schlüsselwort *Operator*.

SYNTAX:
```vb
Public Shared Operator Operator (Operand1, Operand2) As Ergebnistyp
    ...
    Return ergebnis
End Operator
```

Obige Syntax gilt für binäre Operatoren (+,-, *, /, ...), die zwei Operanden für die Ausführung der Operation brauchen.

Für unäre Operatoren (+=, ...) gilt:

SYNTAX:
```vb
Public Shared Operator Operator (Operand) As Ergebnistyp
    ...
    Return ergebnis
End Operator
```

5.2.2 Praktische Anwendung

Wie bereits erwähnt, können nur die in VB bereits vorhandenen Standard-Operatoren überladen werden. Im folgenden Beispiel erhält der "+"-Operator eine neue Bedeutung:

Zwei gleichgroße eindimensionale *Double*-Arrays sollen mittels einer Überladung des "+"-Operators addiert werden. Es folgt eine Beschreibung der dazu notwendigen Klassen.

Klasse CArray

Die Klasse *CArray* kapselt den Zugriff auf ein internes eindimensionales Array:

```
Public Class CArray
    Public Shared N As Integer      ' Anzahl der Elemente
    Private arr() As Double         ' 1-dim. Array
```

Der Konstruktor erzeugt das Array in entsprechender Größe:

```
    Public Sub New(nr As Integer)    ' Konstruktor
        N = nr
        ReDim arr(nr)
    End Sub
```

Ein als Standardeigenschaft getarnter Indexer ermöglicht den bequemen indizierten Zugriff auf die Elemente der Instanzen der Klasse *CArray*:

```
    Default Public Property Index(i As Integer) As Double
        Get
            Return arr(i)
        End Get
        Set(value As Double)
            arr(i) = value
        End Set
    End Property
```

Eine Überladung des "+"-Operators wird definiert. Rückgabewert ist eine neue Instanz von *CArray*:

```
    Public Shared Operator +(a1 As CArray, a2 As CArray) As CArray
        Dim a As New CArray(N)
        For i As Integer = 0 To N - 1
            a(i) = a1(i) + a2(i)
        Next i
        Return a
    End Operator
End Class
```

Klasse Form1

Anwendung der Operatorenüberladung bei der Addition von zwei Instanzen von *CArray*:

```
Public Class Form1
    Private Sub Button1_Click(sender As Object, e As EventArgs) Handles Button1.Click
```

```
        Dim A1 As New CArray(3)
        A1(0) = 1.5 : A1(1) = 5.25 : A1(2) = -0.75
        Dim A2 As New CArray(3)
        A2(0) = 0 : A2(1) = 2.3 : A2(2) = -7.1
        Dim A3 As CArray = A1 + A2              ' Anwendung des überladenen "+"-Operators!
        For i As Integer = 0 To CArray.N - 1
            MessageBox.Show(A3(i).ToString)    '  "1,5", "7,55", "-7,85"
        Next i
    End Sub
End Class
```

5.2.3 Konvertierungsoperatoren überladen

Nicht nur "normale" Operatoren, sondern auch Konvertierungsoperatoren wie *CType*, können überladen werden. Hier muss allerdings noch das Schlüsselwort *Widening* oder *Narrowing* angeben werden:

■ *Widening* "versichert" dem Compiler, dass die Umwandlung auf jeden Fall fehlerfrei durchgeführt wird und dass kein Informationsverlust eintritt (implizite Typumwandlung, z.B. bei Umwandlungen von *Integer* nach *Long*).

■ *Narrowing* bedeutet genau das Gegenteil: hier muss damit gerechnet werden, dass ein Fehler auftritt oder dass Informationen verloren gehen (explizite Typumwandlung).

BEISPIEL 5.6: Konvertierungsoperatoren überladen

(Fortsetzung) Wenn Sie im obigen Beispielcode den Wert einer Instanz von *CArray* mit *CType(A3, String)* in einen String konvertieren wollen, gibt es einem Compilerfehler, denn der Typ *CArray* kann nicht in *String* umgewandelt werden. Durch eine Überladung des *CType*-Konvertierungsoperators können Sie aber ein wunschgemäßes Ergebnis erhalten:

```
    Public Shared Widening Operator CType(Value As CArray) As String
        Dim s As String = String.Empty
        For i As Integer = 0 To N - 1
            s &= Value(i) & " "
        Next
        Return s
    End Operator
```

Der Test:

```
MessageBox.Show(CType(A3, String))
```

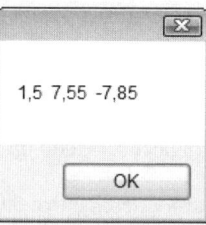

5.3 Auflistungen (Collections)

Wenn Sie mehrere Objekte speichern wollen, so ist es häufig günstiger, dies statt in einem Array in einer Auflistung (Collection) zu tun. Eine Collection verhält sich "intelligenter" als ein Array, es gibt. z.B. keine unbelegten Speicherstellen, wie sie bei einem Array nach dem Löschen eines Eintrags entstehen. Die Größe einer Collection passt sich dynamisch den jeweiligen Erfordernissen an, das Hinzufügen und Löschen von Einträgen wird über spezielle Eigenschaften und Methoden gesteuert. In der Regel ist auch die Performance besser.

Das .NET-Framework stellt zu diesem Zweck über den Namensraum *System.Collections* zahlreiche Auflistungsklassen zur Verfügung, von denen wir hier nur auf zwei wichtige Typen, *ArrayList* und *Hashtable*, näher eingehen wollen. Doch zunächst einige vorbereitende Betrachtungen.

5.3.1 Beziehungen zwischen den Schnittstellen

Alle Auflistungsklassen verfügen über gemeinsame Methoden, die durch Schnittstellen beschrieben werden, welche von der Schnittstelle *IEnumerable* abgeleitet sind. Die folgende Abbildung zeigt die Beziehungen zwischen diesen Schnittstellen.

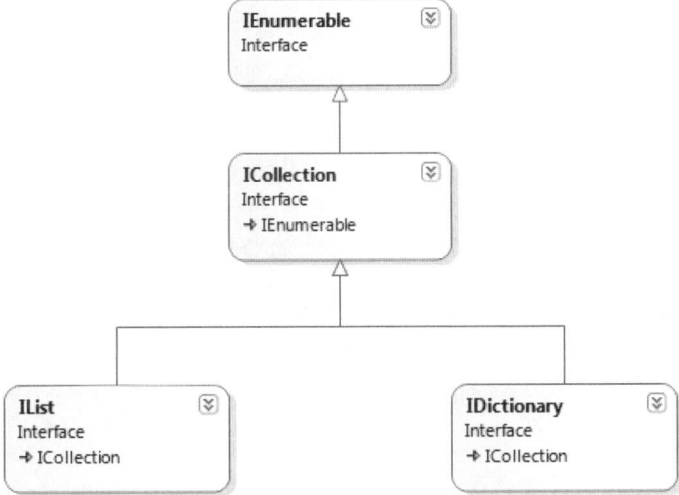

Wie Sie erkennen, wird *ICollection* direkt aus *IEnumerable* abgeleitet, wobei beide Schnittstellen die Grundfunktionalität für jede Art von Auflistungsklassen bereitstellen. Nachfolgend spalten sich die Schnittstellen in die Typen *IList* (für Auflistungsklassen auf die per Index zugegriffen wird) und *IDictionary* (für Auflistungen, auf die über eine Schlüssel-Wert-Kombination zugegriffen wird).

5.3.2 IEnumerable

Diese Schnittstelle stellt die Kernfunktionalität einer Collection bereit und macht einen Enumerator verfügbar, der ein einfaches Iterieren durch eine Auflistung unterstützt.

Die einzige Methode *GetEnumerator()* liefert einen Enumerator-Objekt zurück, welches die Methoden *Current()*, *MoveNext()* und *Reset()* hat.

Nach dem Erstellen eines Enumerators oder nach dem Aufrufen der *Reset*-Methode wird ein Enumerator zunächst vor dem ersten Element der Auflistung positioniert. Der erste Aufruf der *MoveNext*-Methode legt den Enumerator auf das erste Element der Auflistung fest.

Wenn *MoveNext* das Ende der Auflistung erreicht, wird der Enumerator hinter dem letzten Element in der Auflistung positioniert, und *MoveNext* gibt *False* zurück. Wenn sich der Enumerator an dieser Position befindet, liefern nachfolgende Aufrufe von *MoveNext* ebenfalls *False*, bis *Reset* aufgerufen wird.

BEISPIEL 5.7: Der Inhalt einer mit *String*-Objekten gefüllten Auflistung *coll* wird in einer *ListBox* angezeigt.

```vb
Dim en As IEnumerator = coll.GetEnumerator()            ' Enumerator-Objekt referenzieren
Do While en.MoveNext()
    ListBox1.Items.Add(en.Current)
Loop
```

Wie wichtig der im Hintergrund agierende Enumerator ist, wird am Beispiel der *For Each*-Schleife deutlich, mit welcher eine beliebige Auflistung komplett durchlaufen werden kann.

BEISPIEL 5.8: Das Vorgängerbeispiel wird mit einer *For Each*-Schleife gelöst.

```vb
For Each str As String in coll
    ListBox1.Items.Add(str)
Next
```

HINWEIS: Verwechseln Sie nicht *IEnumerable* mit *IEnumerator*. *IEnumerable* ist die Schnittstelle, die von der Auflistungsklasse implementiert wird. *IEnumerator* hingegen ist die Schnittstelle eines Enumerators, wie er von der *GetEnumerator*-Methode der Auflistungsklasse geliefert wird.

5.3.3 ICollection

Diese Schnittstelle erweitert *IEnumerable* um weitere Funktionalität. Hier die wichtigsten Eigenschaften bzw. Methoden:

Member	Beschreibung
Count	... liefert die Anzahl der Elemente in der Auflistung
IsSynchronized	... liefert *True*, wenn das Auflistungsobjekt synchronisiert (threadsicher) ist
SyncRoot	... liefert eine Objektreferenz, die den Objektzugriff synchronisiert
CopyTo()	... kopiert die Elemente der Auflistung in ein Array

5.3.4 IList

Diese Schnittstelle wird von besonders vielen Klassen des .NET-Frameworks implementiert. Hier ihre wichtigsten Mitglieder:

Member	Beschreibung
Item	... ermöglicht den Zugriff auf ein Element der Liste (ist Indexer für *IList*)
Add	... fügt ein Element am Ende der Auflistung hinzu
Clear	... löscht alle Elemente der Auflistung
Contains	... stellt fest, ob ein bestimmtes Element zur Auflistung gehört
IndexOf	... liefert den Index eines bestimmten Objekts
Insert	... fügt ein Objekt an eine bestimmte Position in die Auflistung ein
IsFixedSize	... stellt fest, ob die Kapazität der Auflistung vergrößert werden kann
IsReadOnly	... stellt fest, ob die Auflistung schreibgeschützt ist
Remove	... entfernt ein Element aus der Auflistung unter Angabe der Referenz
RemoveAt	... entfernt ein Element aus der Auflistung unter Angabe des Index

Die *Add*-Methode hat keinerlei Einfluss auf die Positionierung des Elements innerhalb der Liste, denn ein neu hinzugefügtes Element wird immer an das Listenende gesetzt. Der Rückgabewert der *Add*-Methode liefert den Index, den das Element erhalten hat.

HINWEIS: Ein mittels *Remove* oder *RemoveAt* freigegebener Index bleibt nicht unbelegt, sondern bewirkt eine Indexverschiebung aller nachfolgenden Elemente.

5.3.5 Iteratoren

Die Schnittstelle *IEnumerator* unterstützt bekanntlich eine Methode mit dem Namen *GetEnumerator* (siehe 5.3.2). Für die Rückgabe der einzelnen Werte kann das Schlüsselwort *Yield* benutzt werden.

BEISPIEL 5.9: Eine Klasse *CMonate* implementiert *GetEnumerator*

```VB
Private Class CMonate
        Public Iterator Function GetEnumerator() As IEnumerator
            Yield "Januar"
            Yield "Februar"
            Yield "März"

            ...

            Yield "Dezember"
        End Function
End Class
```

> **BEISPIEL 5.9: Eine Klasse *CMonate* implementiert *GetEnumerator***
>
> Dank *Yield* kann die Klasse kann mittels *For Each*-Schleife durchlaufen werden:
>
> ```
> Dim monate As New CMonate()
> For Each s As String In monate
>     ListBox1.Items.Add(s)
> Next
> ```
>
> Wie nicht anders zu erwarten, erscheinen in der *ListBox* untereinander die zwölf Monate.

5.3.6   Die ArrayList-Collection

Die *ArrayList* ist eine nullbasierte Collection, der mittels *Add*-Methode beliebige Elemente hinzugefügt werden können. Beim Erzeugen einer *ArrayList* können Sie eine Startkapazität angeben.

Überschreitet die Anzahl der Elemente die Startkapazität, so wird die *ArrayList* automatisch vergrößert. Erzeugen Sie eine *ArrayList* ohne Startkapazität, so wird automatisch der Wert 16 eingestellt.

> **BEISPIEL 5.10: Drei Nachkommen der Klasse *CKunde* unterschiedlichen Typs werden in einer *ArrayList* gespeichert:**
>
> ```
> Dim kunde1 As New CPrivatKunde("Herr", "Krause", "Leipzig")
> Dim kunde2 As New CFirmenKunde("Frau", "Müller", "Master Soft GmbH")
> Dim kunde3 As New CFirmenKunde("Herr", "Maus", "Manfreds Internet AG")
>
> Dim kunden As New ArrayList(3)        ' Startkapazität 3
> kunden.Add(kunde1)
> kunden.Add(kunde2)
> kunden.Add(kunde3)
> ```
>
> Für alle Kunden Objekte wird die (polymorphe) *addGuthaben*-Methode aufgerufen:
>
> ```
> For Each ku As CKunde In kunden
>     ku.addGuthaben(brutto)
> Next ku
> ```

HINWEIS: Im Vergleich mit einem normalen Array, das Sie nur ziemlich umständlich dynamisch vergrößern können, schneidet eine *ArrayList* deutlich schneller ab (zum Teil mehr als Faktor 100!).

Weitere Eigenschaften und Methoden

Ein Direktzugriff auf die einzelnen Elemente entspricht dem bei einem normalen Array, allerdings ist dazu explizite Typkonvertierung erforderlich.

> **BEISPIEL 5.11: (Fortsetzung) Das Guthaben des ersten Kunden soll angezeigt werden.**
>
> Die folgende Anweisung führt zu einem Konvertierungsfehler:
>
> ```
> Label1.Text = kunden(0).Guthaben.ToString("C")              ' Fehler!
> ```
>
> Das aber funktioniert:
>
> ```
> Dim kd As CKunde = CType(kunden(0), CKunde)                 ' Typecasting
> Label1.Text = kd.Guthaben.ToString("C")
> ```

Mit *AddRange* fügen Sie Elemente aus einer anderen Auflistung hinzu.

> **BEISPIEL 5.12: Zwei Personen werden der Kundenliste hinzugefügt.**
>
> ```
> Dim personen As ArrayList = New ArrayList(2)
> ...
> kunden.AddRange(personen)
> ```

Interessant dürften weiterhin die Methoden *Clear* (entfernt alle Elemente), *RemoveAt* (entfernt Element am angegebenen Index), *Sort* (Sortieren) und *BinarySearch* (Suchen in sortierter Auflistung) sein, die so wie bei einem normalen Array funktionieren.

5.3.7 Die Hashtable

Die *Hashtable* ist eine Auflistung, die das schnelle Auffinden von Objekten erlaubt. Beim Hinzufügen von Elementen muss allerdings von Ihnen ein eindeutiger (also nicht mehrfach vorkommender) Schlüsselwert angegeben werden. Für den Schlüssel sind beliebige Datentypen möglich, meistens nimmt man dafür *Integer*- oder *String*-Werte. Allerdings wird in der *Hashtable* nicht der Schlüssel gespeichert, sondern dessen so genannter *Hashcode* (eine automatisch ermittelte Integer-Zahl zur eindeutigen Identifizierung des Schlüsselwerts).

> **BEISPIEL 5.13: *Hashtable***
>
> Die drei im Vorgängerbeispiel erzeugten Instanzen der Klassen *CPrivatKunde* bzw. *CFirmenKunde* werden mit den Integer-Schlüsseln 101, 102, 103 in einem *Hashtable*-Objekt gespeichert.
>
> ```
> Dim kunden As New Hashtable()
> kunden.Add(101, kunde1)
> kunden.Add(102, kunde2)
> kunden.Add(103, kunde3)
> ```
>
> Für alle Kunden-Objekte wird die *addGuthaben*-Methode aufgerufen:
>
> ```
> For Each ku As CKunde In kunden.Values
>     ku.addGuthaben(brutto)
> Next ku
> ```

BEISPIEL 5.13: *Hashtable*

Der direkte Zugriff auf das Element mit dem Schlüssel 102:

```
Dim kd As CKunde = CType(kunden(102), CKunde)
Label1.Text = kd.Guthaben.ToString("C")
```

HINWEIS: Weil Sie die Felder einer *Hashtable* nicht normal indizieren können, ist das Durchlaufen mittels *For-Next*-Schleife nicht möglich, Sie müssen also immer die *For Each*-Schleife verwenden.

5.4 Generische Datentypen

Generics muten zunächst wie ein Paradoxon an, erlauben sie doch dem Programmierer die typsichere Verwendung von Klassen, die nicht an einen bestimmten Typ gebunden sind. Die Anwendung ist nicht nur auf Klassen beschränkt, sondern auch auf andere .NET-Typen wie Strukturen, Schnittstellen, Delegaten und Methoden übertragbar.

Gemeinsames Merkmal aller Generics ist die Übergabe von variablen Datentypen (Parametrisierung von Klassen- oder Methodendefinitionen). Der Nutzer einer Klasse gibt also die Datentypen vor, die die Klasse intern verarbeiten soll.

HINWEIS: Die variablen Datentypen werden in Klammern (*Of Datentyp*) unmittelbar nach dem Klassen- bzw. Methodenbezeichner angegeben.

BEISPIEL 5.14: Erzeugen einer generischen Liste zum Speichern von *Integer*-Zahlen

```
Dim gL As New System.Collections.Generic.List(Of Integer)
```

Um die Vorzüge der Generics richtig würdigen zu können, wollen wir uns zunächst noch einmal an frühere Zeiten erinnern (unter .NET 1.x).

5.4.1 Wie es früher einmal war

Vor Einführung der Generics mussten wir unsere Typen immer in bzw. aus ein(em) *System.Object* casten und verloren so alle Vorzüge einer typorientierten Entwicklungsstrategie. So verlangt auch die bekannte *System.Collection.ArrayList* -Klasse, dass die Elemente der *ArrayList* als *System.-Object* gespeichert werden.

BEISPIEL 5.15: *CKunde*-Objekte werden in einer *ArrayList* gespeichert und ausgelesen.

```
Public Class CKunde
        Private _nachName As String


        Public Sub New(nN As String, a As Integer)
```

BEISPIEL 5.15: *CKunde*-Objekte werden in einer *ArrayList* gespeichert und ausgelesen.

```
            Me._nachName = nN
        End Sub

        Public Property NachName() As String
            Get
                Return Me._nachName
            End Get
            Set(value As String)
                _nachName = value
            End Set
        End Property
End Class
```

ArrayList erzeugen und zwei Objekte hinzufügen:

```
Dim aList As New System.Collections.ArrayList()
aList.Add(New CKunde("Müller"))
aList.Add(New CKunde("Meier"))
```

Beim Zugriff auf den Inhalt der *ArrayList* ist explizites Typecasting erforderlich:

```
For i As Integer = 0 To aList.Count - 1
    Dim kd As CKunde = CType(aList(i), CKunde)
    ListBox1.Items.Add(kd.NachName)
Next i
```

Miserable Typsicherheit bei den alten Collections

Die "alten" Collections garantieren keinerlei Typsicherheit. So können Sie zu einer Liste beliebige Objekte unterschiedlichen Typs hinzufügen, ohne dass Ihnen dabei der Compiler auf die Finger haut.

BEISPIEL 5.16: Zu unserer obigen Kundenliste lassen sich problemlos auch Zahlen hinzufügen.

```
Dim aList As New System.Collections.ArrayList()
aList.Add(New CKunde("Lehmann"))
aList.Add(44)      ' kein Fehler!
```

Das böse Erwachen kommt beim Zugriff:

```
For Each kd As CKunde In aList
  ListBox1.Items.Add(kd.NachName)      ' Fehler!
Next kd
```

Eine eigene generische Collection-Klasse bedeutet viel Arbeit

Natürlich kann der Profi *IEnumerable* und *IEnumerator* auch selbst implementieren, um eine eigene typsichere Collection für einen gegebenen Typ, z.B. *CKunde*, zu erzeugen. Das kostet allerdings einiges an Arbeit, und Sie fangen damit immer wieder von vorn an, wenn Sie eine weitere typsichere Auflistung benötigen.

Warum uns auch ein Array nicht weiterhilft

Der scheinbar einfachste Weg zu einer typsicheren Collection ist das Erzeugen eines Arrays des gewünschten Typs.

BEISPIEL 5.17: Ein *Kunden*-Array wird erzeugt und mit zwei Elementen initialisiert.

```vb
Dim kunden() As CKunde = New CKunde() {New CKunde("Müller"), New CKunde("Meier")}
For Each kd As CKunde In kunden
        ListBox1.Items.Add(kd.NachName)
Next kd
```

Das garantiert zwar Typsicherheit, die Wiederverwendbarkeit des Codes ist aber miserabel und auch das Arbeiten mit einem solchen Array ist umständlich und ziemlich fehleranfällig. Wenn Sie z.B. einen neuen Kunden hinzufügen wollen, müssen Sie zunächst ein temporäres Array erzeugen und alle Kunden dort hineinkopieren, anschließend das alte Array vergrößern, die Kunden dorthin zurück kopieren und dann den neuen Kunden am Ende des Arrays einfügen.

5.4.2　Typsicherheit durch Generics

Seit Einführung der Generics steht endlich eine Vorlage zum Erzeugen typsicherer Collections für Elemente beliebigen Typs zur Verfügung. Eine solche generische Klasse ist in der Lage, alle wesentlichen Aufgaben zu erfüllen, die wir für unsere Auflistungen brauchen: Hinzufügen, Löschen, Einfügen, etc. Auch andere Collection-Typen, mit denen wir es allgemein zu tun haben, werden berücksichtigt, so wie z.B. *Stack* (First in, Last out) oder eine *Queue* (First in, First out), etc. Im Folgenden soll das Prinzip der Generics erklärt werden.

Einen einfachen generischen Typ deklarieren

Anhand einer sehr einfachen generischen Klasse wollen wir demonstrieren, wie diese als Container für eine Vielzahl anderer Typen verwendet werden kann.

Die Syntax der Deklaration ist ähnlich wie bei der Verwendung der Klasse, nach dem *Of*-Schlüsselwort folgen ein Platzhalter für einen oder mehrere Datentypen. Diese Platzhalter können wir nun dort verwenden, wo wir ansonsten einen Typen verwendet hätten.

BEISPIEL 5.18: Aufgabe der Klasse *CStore(Of T)* ist es, den Wert eines beliebigen Typs *T* zu speichern.

```vb
Public Class CStore(Of T)
    Dim tp As T
    Public Property Val As T
        Get
            Return tp
        End Get
```

> **BEISPIEL 5.18: Aufgabe der Klasse *CStore(Of T)* ist es, den Wert eines beliebigen Typs *T* zu speichern.**

```
        Set (value As T)
            tp = value
        End Set
    End Property
End Class
```

Der Klassennamen *CStore(Of T)* ist der erste Hinweis, dass es sich um einen generischen Typ handelt, die runden Klammern umschließen das *Of*-Schlüsselwort und den Typen-Platzhalter *T*. Die Variablendeklaration *Dim tp As T* erzeugt eine Mitgliedsvariable mit dem Typ *T*, bzw. dem generischen Typ, der erst später mit der Konstruktion der Klasse spezifiziert wird.

Einziges öffentliches Klassenmitglied ist die Eigenschaft *Val*, wobei *T* auch hier den generischen Typ der Eigenschaft repräsentiert.

Generischen Typ verwenden

Um eine generische Klasse für einen beliebigen Typen zu verwenden, brauchen Sie nur eine neue Instanz zu erzeugen, wobei Sie den Namen des gewünschten Typs übergeben.

> **BEISPIEL 5.19: *(Fortsetzung)* Verwenden der Klasse *CStore* mit verschiedenen Datentypen und Anzeige in einer *ListBox*.**

Für *String*-Datentyp:

```
Dim aString As New CStore(Of String)
aString.Val = "Hallo"
ListBox1.Items.Add(aString.Val)
```

Für Datentyp *CKunde*:

```
Dim kunde As New CStore(Of CKunde)
kunde.Val = New CKunde("Müller")
ListBox1.Items.Add(kunde.Val.NachName)
```

Obwohl wir in diesem Beispiel ein und dieselbe Klasse *CStore* verwendet haben um einen String oder einen Kunden zu speichern, bleibt ihr ursprünglicher Typ unverändert. Und das alles funktioniert, ohne dass wir *System.Object* verwenden mussten!

5.4.3 List-Collection ersetzt ArrayList

Das wohl wichtigste Einsatzgebiet für Generics sind Collections jeglicher Art. Aus Gründen der Abwärtskompatibilität zu .NET 1.1 musste allerdings auf eine Änderung/Erweiterung der im Namespace *System.Collections* bereits vorhandenen Klassen verzichtet werden. Als Alternative zur *ArrayList* bietet sich jetzt die generische *List* Klasse an.

BEISPIEL 5.20: Erzeugen einer generischen List für den benutzerdefinierten Typ *CKunde* (Deklaration der Klasse *CKunde* siehe oben).

```vb
Dim kunden As New System.Collections.Generic.List(Of CKunde)
```

HINWEIS: Achten Sie darauf, dass der *Generic*-Namespace (innerhalb des *System.Collections* Namespace) eingebunden ist.

Dort werden Sie alle neuen (generischen) Klassen wie *List*, *SortedList*, Dictionary, *Queue*, *Stack*, ... finden. Die *List*-Klasse in diesem Namespace ähnelt der *System.Collections.ArrayList* Klasse, allerdings gibt es einige wichtige Unterschiede.

BEISPIEL 5.21: (*Fortsetzung*)

Um die Verwendung der generischen *List* zu zeigen, wollen wir dreimal eine Schleife durchlaufen in welcher wir einen neuen Kunden (*Müller1*, *Müller2*, *Müller3*) erzeugen und diesen zur Collection hinzufügen:

```vb
For i As Integer = 0 To 2
    Dim Kunde As New CKunde("Müller" + (i+1).ToString)
    kunden.Add(kunde)
Next i
```

Durch die Collection iterieren und jedes Element in einer *ListBox* ausgeben:

```vb
For Each kd As CKunde In kunden
    ListBox1.Items.Add(kd.NachName)
Next kd
```

Eine andere Möglichkeit zur Ausgabe der Liste wäre eine einfache *For*-Schleife.

BEISPIEL 5.22: Die Nachnamen aller Kunden in einer *ListBox* anzeigen

```vb
For i As Integer = 0 To kunden.Count - 1
    ListBox1.Items.Add(kunden(i).NachName)
Next i
```

5.4.4 Über die Vorzüge generischer Collections

Die Arbeit mit einer generischen *List* unterscheidet sich deutlich von unseren durch die *ArrayList* geprägten Gewohnheiten. Wir brauchen uns keinerlei Gedanken mehr über den zu speichernden Datentyp machen, weil unsere generische Collection typsicher arbeitet. Stellvertretend für die anderen generischen Collections sollen die Vorteile der generischen *List*-Klasse hier noch einmal zusammengefasst werden:

- Das Boxing von Wertetypen ist nicht mehr erforderlich, weil die generische Liste "weiß", welcher Datentyp zu speichern und wie viel Speicher dafür zu reservieren ist.

- Anstatt eines Laufzeitfehlers erhalten Sie bereits einen Compiler-Fehler, falls Sie einen falschen Datentyp in der *List* speichern wollen.

- Ein Typecasting entfällt, wenn Sie auf die Werte der generischen *List* zugreifen wollen.

Das folgende Beispiel soll unsere Betrachtungen abrunden. Zwar gibt es bereits im Namespace *System.Collection.Generic* eine Klasse *Stack*, wir aber wollen eine generische Collection *CStack* mit ähnlicher Funktionalität selbst programmieren.

BEISPIEL 5.23: Unsere Klasse *CStack* speichert beliebige Datentypen nach dem Push/Pop-Prinzip und benutzt selbst die generische *List*-Klasse (siehe oben).

```vb
Public Class CStack(Of Type)
        Private _list As New List(Of Type)          ' generische List-Klasse
        Public Function Pop() As Type
                Dim index As Integer = _list.Count - 1
                Dim val As Type = _list(index)
                _list.RemoveAt(index)
                Return val
        End Function

        Public Sub Push(item As Type)
                _list.Add(item)
        End Sub
End Class
```

Der Zugriff am Beispiel des Speicherns von *Integer*-Zahlen:

```vb
Private Sub Button1_Click(sender As Object, e As EventArgs) Handles Button1.Click
        Dim s1 As New CStack(Of Integer)
        For i As Integer = 1 To 5
            s1.Push(i)
        Next i
        For i As Integer = 1 To 5
            MessageBox.Show(s1.Pop.ToString)          ' zeigt 5, 4, 3, 2, 1
        Next i
End Sub
```

5.4.5 Typbeschränkungen durch Constraints

Mitunter ist es ein Nachteil, dass eine (generische) Klasse beliebige Datentypen verarbeiten kann. Mit so genannten *Constraints* kann man festlegen, welche Typen als Typ-Platzhalter infrage kommen. Man verwendet dazu das der Klassendefinition nachgestellte *As*-Schlüsselwort.

BEISPIEL 5.24: Typbeschränkung

Die Klasse *CStack* kann nur noch Objekte (Referenztypen) speichern, die das *IComparable*-Interface unterstützen. Ein Speichern von Integer-Zahlen ist also nicht mehr möglich.

```vb
Class CStack(Of Type As {Class, IComparable})
```

BEISPIEL 5.25: Der generischen Typ *Dictionary* mit einem *Constraint*

```vb
Public Class Dictionary(Of T As IComparable)
```

Die *As*-Klausel beschränkt den *T*-Typ auf den Typ *IComparable*. Falls *T* das *IComparable*-Interface nicht implementiert, gibt es einen Compiler-Fehler.

5.4.6 Collection-Initialisierer

Collection-Initialisierer ermöglichen eine verkürzte Syntax beim Erzeugen von Auflistungen, die mit vorhandenen Werten gefüllt werden sollen.

Ein Collection-Initialisierer besteht aus einer kommaseparierten Werteliste, die in geschweiften Klammern einzuschließen ist und der das Schlüsselwort *From* vorangestellt wird.

BEISPIEL 5.26: Eine einfache Namensliste

```vb
Dim names As New List(Of String) From {"Günther", "Erhard", "Michael"}
```

BEISPIEL 5.27: Eine Liste für Menüeinträge

```vb
Dim dateiMenü = New List(Of MenuOption) From {{1, "Neu"}, {2, "Öffnen"},
                                             {3, "Speichern"}, {4, "Beenden"}}
```

Wenn Sie eine generische Collection wie *List(Of T)* oder *Dictionary(Of TKey, TValue)* erzeugen wollen, so müssen Sie den Typ der Collection vor dem Collection-Initializer deklarieren.

BEISPIEL 5.28: Deklaration einer generischen Collection als Eigenschaft

```vb
Public Property Items As List(Of String) = New List(Of String) From {"Eier", "Butter",
                                                                      "Käse"}
```

HINWEIS: Collection-Initialisierer lassen sich nicht mit Objekt-Initialisierern (siehe 3.8.2) kombinieren!

5.4.7 Generische Methoden

Eine Methode mit Typ-Parameter ist generisch (*Generic Method*). Ähnlich wie bei der Klasse wird der Typ in runden Klammern (mit vorangestelltem *Of*-Schlüsselwort) angegeben.

BEISPIEL 5.29: Generische Methode für Vertauschen von zwei beliebigen Objekten

```vb
Private Sub genSwap(Of T)(ByRef a As T, ByRef b As T)
    Dim tmp As T = a
    a = b
    b = tmp
End Sub
```

BEISPIEL 5.29: Generische Methode für Vertauschen von zwei beliebigen Objekten

Anwendung für *Image*-und für *String*-Objekte:

```
Dim im1, im2 As Image
Dim s1, s2 As String
...
Private Sub Button1_Click(sender As Object, e As EventArgs) Handles Button1.Click
    genSwap(im1, im2)
    PictureBox1.Image = im1
    PictureBox2.Image = im2
    genSwap(s1, s2)
    Label1.Text = s1
    Label2.Text = s2
End Sub
```

5.5 Delegates

Die Delegate-Technologie gehört zweifelsfrei zu den tragenden Säulen von .NET. Jeder, der tiefer in .NET eindringen will, muss sich mit dieser Technik anfreunden, bildet sie doch die Basis für andere wichtige .NET-Features, wie zum Beispiel das Ereignismodell, Callbacks oder die Lambda Expressions bis hin zu LINQ.

5.5.1 Delegates sind Methodenzeiger

Der Begriff "Delegate" bedeutet "delegieren" bzw. "weiterleiten". Damit ist bereits das Wesentliche gesagt, denn ein Delegate macht nichts anderes, als einen Methodenaufruf an eine konkrete Methode weiterzuleiten. Man kann also einen Delegate durchaus auch als typisierten Funktionszeiger (Pointer) bezeichnen. Pointer, wie man sie beispielsweise auch von der Sprache C her kennt, sind ein leistungsfähiges Werkzeug, um Algorithmen flexibel zu gestalten.

Pointer und .NET – das müsste Sie eigentlich stutzig machen, denn das passt nicht so recht zusammen. Die althergebrachte Zeigertechnik ist ziemlich unübersichtlich, nicht selten kommt es zu Speicherzugriffsfehlern und damit zu bösen Programmabstürzen. Aus diesem Grund haben die .NET-Entwickler die klassische Pointertechnologie kategorisch ausgeschlossen. Stattdessen wurden – in konsequenter Weiterführung des objektorientierten Paradigmas des .NET-Frameworks -Methodenzeiger in Objekten gekapselt.

HINWEIS: Ein Delegate ist ein Objekt, das den Zeiger auf die Methode eines anderen Objekts enthält.

Damit wird, wie bei jedem anderen Objekt auch, ein Delegate gewissermaßen als Instanz einer Klasse, d.h. eines Objekttyps, erzeugt.

Um von vornherein begriffliche Klarheit zu schaffen, wollen wir gleich von Beginn an die Bezeichnungen "Delegate-Typ" und "Delegate-Objekt" sauber voneinander trennen. Ersterer ist vergleichbar mit dem Begriff der Klasse und der zweite mit dem des Objekts (also der Instanz, die auf eine konkrete Methode zeigt).

Das Arbeiten mit einem Delegate unterscheidet sich prinzipielle nicht von der gewohnten OOP-Strategie (Klasse bzw. Typ definieren, Objektvariable referenzieren, erzeugen und initialisieren). Insgesamt sind folgende Schritte erforderlich:

1. Definition des Delegattypen mittels *Delegate*-Schlüsselwort.

2. Deklaration eines Objekts vom Typ des Delegaten.

3. Instanziieren der Delegaten mittels *New* (erst hier wird das Delegate-Objekt erzeugt, welches auf die konkrete Methode zeigt. Als Argument wird die Adresse der Methode übergeben, die vom Delegaten aufgerufen werden soll.

4. Der Aufruf des Delegate-Objekts (an die Stelle der konkreten Methode tritt das Delegate-Objekt).

Die Schritte im Einzelnen:

5.5.2 Delegate-Typ definieren

Ein Delegate-Typ beschreibt die Signatur der Methode, auf welche der daraus instanziierte Delegate zeigen soll. Die Deklaration eines Delegate-Typs hat folgendes Format:

SYNTAX: *<Sichtbarkeit>* **Delegate** Function *Name([<Parameterliste>])* As *Rückgabetyp*

SYNTAX: *<Sichtbarkeit>* **Delegate** Sub *Name([<Parameterliste>])*

HINWEIS: Die Parameterliste einer Delegate-Typdefinition entspricht der Parameterliste der Funktionen/Prozeduren, auf die die daraus erzeugten Delegate-Objekte zeigen sollen.

BEISPIEL 5.30: Eine Delegate für eine Funktion *compA*, die zwei *Integer*-Zahlen vergleicht

```vb
Private Function compA(x As Integer, y As Integer) As Boolean
    If y < x Then
        Return True
    Else
        Return False
    End If
End Function
```

Delegate-Typ für obige Funktion definieren:

```vb
Private Delegate Function CompDlg(x As Integer, y As Integer) As Boolean
```

5.5.3   Delegate-Objekt erzeugen

Ein Delegate kann entweder mit einer benannten Methode oder aber auch mit einer anonymen Methode oder einem Lambda Expression instanziiert werden.

> **BEISPIEL 5.31:** *(Fortsetzung)* Delegate-Objekt des Typs *CompDlg* für die Methode *compA* erzeugen.

```vb
Dim compMethod As CompDlg = Nothing          ' referenzieren
compMethod = New CompDlg(AddressOf compA)    ' instanziieren
```

Mit dem Delegate-Objekt arbeiten

Die Verwendung unseres Delegate-Objekts unterscheidet sich nicht von der Verwendung einer herkömmlichen benannten Methode.

> **BEISPIEL 5.32:** *(Fortsetzung)* Funktionsaufruf des Delegate-Objekts *compMethod*

```vb
MessageBox.Show(compMethod(5, 4).ToString)   ' zeigt "True"
```

Zum Vergleich der Aufruf der benannten Methode *compA*:

```vb
MessageBox.Show(compA(5, 4).ToString)        ' zeigt "True"
```

5.5.4   Delegates vereinfacht instanziieren

Wie auch bei normalen Objekten üblich, können auch bei Delegates das Referenzieren und das Instanziieren in einer einzigen Anweisung realisiert werden.

> **BEISPIEL 5.33:** Vereinfachtes Referenzieren und Instanziieren des Delegate-Objekts aus dem Vorgängerbeispiel

```vb
Dim compMethod As New CompDlg(AddressOf compA)
```

Auch auf den *New*-Operator kann verzichtet werden!

> **BEISPIEL 5.34:** *(Fortsetzung)* Das Vorgängerbeispiel lässt sich weiter vereinfachen.

```vb
Dim compMethod As CompDlg = AddressOf compA
```

Da das Delegate-Konzept auch für Generics gilt, sorgt auch hier die vereinfachte Instanziierung für mehr Übersicht.

> **BEISPIEL 5.35:** Obiges Beispiel mit einem generischen Delegaten für den Vergleich von *Double*-Zahlen

```vb
Private Delegate Function CompDlg(Of T)(x As Integer, y As Integer) As Boolean
Dim compMethod As CompDlg(Of Double) = AddressOf compA
...
```

5.5.5 Relaxed Delegates

Seit VB 9.0 gibt es ein weniger streng typisiertes Delegatenkonzept. In den Vorgängerversionen mussten beim Binden einer Methode an einen Delegaten die Signaturen von Methode und Delegate exakt übereinstimmen. Diese Einschränkung wurde aufgehoben (Relaxed Delegates).

BEISPIEL 5.36: Relaxed Delegates

Zu einem Formular soll per Code ein *Button* zum Schließen des Formulars hinzugefügt werden. Dabei musste bislang die Signatur der *OnClick*-Ereignisbehandlungsroutine exakt mit der des (im Hintergrund deklarierten) Eventhandler-Delegaten der *Button*-Klasse übereinstimmen:

```
Delegate Sub EventHandler(sender As Object, e As EventArgs)
```

Zunächst der klassische Code:

```
Private WithEvents btn As New Button

Private Sub OnClick1(sender As Object, e As EventArgs) Handles btn.Click
        Me.Close()
End Sub

Private Sub Form1_Load(sender As Object, e As EventArgs) Handles Me.Load
        btn.Text = "Beenden"
        Me.Controls.Add(btn)
End Sub
```

Ab VB 9.0 lässt sich derselbe Code wie folgt vereinfachen:

```
Private WithEvents btn As New Button

Private Sub OnClick1() Handles btn.Click
        Me.Close()
End Sub

Private Sub Form1_Load() Handles Me.Load
        btn.Text = "Beenden"
        Controls.Add(btn)
End Sub
```

5.5.6 Anonyme Methoden

Bei komplexeren Programmen kann der Aufruf benannter Methoden durch einen Delegaten schnell zu unübersichtlichem Code führen. Anonyme Methoden schaffen hier Abhilfe, indem der Methodenkörper direkt an die Instanziierung des Delegate-Objekts angefügt wird. Der Code ist nun nicht mehr namentlich mit einem Methodenbezeichner verbunden und wird deshalb als "anonyme" Methode bezeichnet.

BEISPIEL 5.37: Anonyme Methoden für Addition und Multiplikation zweier *Integer*-Zahlen.

```vb
Delegate Function opIntDlg(x As Integer, y As Integer) As Integer
```

Instanziierung mittels anonymer Methoden:

```vb
Dim addMethod As opIntDlg = Function(x As Integer, y As Integer)
                              Return x + y
                            End Function

Dim multMethod As opIntDlg = Function(x As Integer, y As Integer)
                               Return x * y
                             End Function
```

Beispiele für Aufrufe:

```vb
Label1.Text = addMethod(4, 7).ToString      ' zeigt 11
Label2.Text = multMethod(4, 7).ToString     ' zeigt 28
```

HINWEIS: Bei einer anonymen Methode handelt es sich nicht mehr um eine eigenständige Methode! Vielmehr geht es hier nur um eine vereinfachte Instanziierung eines Delegate-Objekts!

Anonyme Methoden erlauben es, auf das explizite Deklarieren der Methode zu verzichten und stattdessen den Programmcode in Verbindung mit einem passenden Delegaten direkt zuzuweisen.

5.5.7 Lambda-Ausdrücke

Eng verwandt mit den anonymen Methoden sind die so genannten Lambda-Ausdrücke. Die Syntax basiert auf dem Schlüsselwort *Function*.

SYNTAX: `Function(Inputparameter) Expression`

Die *Inputparameter* werden im *Expression* ausgewertet und liefern so gewissermaßen den Rückgabewert des Lambda-Ausdrucks[1].

Ein Lambda-Ausdruck ist quasi eine namenlose Funktion, von der ein einzelner Wert berechnet und zurückgegeben wird. Im Gegensatz zu benannten Funktionen kann ein Lambda-Ausdruck gleichzeitig definiert und ausgeführt werden. Im folgenden Beispiel wird *True* angezeigt.

BEISPIEL 5.38: Das Vorgängerbeispiel wird anstatt mit anonymen Methoden mit Lambda-Ausdrücken realisiert.

```vb
Delegate Function opIntDlg(x As Integer, y As Integer) As Integer
```

---

[1] Seit VB 10 dürfen sich Lambda-Ausdrücke auch über mehrere Zeilen erstrecken und aus beliebigen Functions/Subs bestehen. Im alten Visual Basic 8 war der Umgang mit Lambdas eingeschränkt, da diese nur einzeilig sein durften und grundsätzlich Funktionsergebnisse zurückliefern mussten.

> **BEISPIEL 5.38: Das Vorgängerbeispiel wird anstatt mit anonymen Methoden mit Lambda-Ausdrücken realisiert.**
>
> Instanziierung mittels Lambda Ausdrücken:
>
> ```vb
> Dim addMethod As opIntDlg = Function(x As Integer, y As Integer) x + y
> Dim multMethod As opIntDlg = Function(x As Integer, y As Integer) x * y
> ...
> MessageBox.Show(addMethod(5, 4).ToString)          ' zeigt 9
> ...
> ```

Lambda-Ausdrücke haben ihr Haupteinsatzgebiet innerhalb der LINQ-Technologie (siehe Kapitel 6). Einen kleinen Vorgeschmack liefert das folgende Beispiel.

> **BEISPIEL 5.39: Definition einer Abfrage über eine (generische) Liste.**
>
> ```vb
> Dim employees As List(Of Employee) = New List(Of Employee)
> Dim query = employees.FindAll(Function(c) c.City = "London")
> ```

HINWEIS: In LINQ liegen vielen der Standardabfrageoperatoren Lambda-Ausdrücke zugrunde, diese werden vom Compiler erstellt, um Berechnungen zu erfassen, die in grundlegenden Abfragemethoden wie *Where*, *Select*, *Order By*, *TakeWhile* usw. definiert sind.

5.5.8 Lambda-Ausdrücke in der Task Parallel Library

Auch beim Schreiben von Code für die neue Task Parallel Library (TPL) bzw. für Parallel LINQ (PLINQ) werden Sie häufig Lambda-Ausdrücke verwenden.Wenn beispielsweise eine Methode wie *Parallel.For* einen *Func*- oder *Action*-Delegate als Inputparameter entgegennimmt, so können Sie diesen Parameter als Lambda-Ausdruck bereitstellen. Der Compiler erkennt die Variablentypen innerhalb des Lambda Ausdrucks und konvertiert den Lambda Expression in eine Instanz des Delegaten.

HINWEIS: Ausführlich gehen wir auf die *Task Parallel Library* und die parallele Programmierung erst im Kapitel 13 ein.

Um Ihnen dennoch einen ersten Eindruck zu vermitteln, sollen zwei Beispiele gegenübergestellt werden.

> **BEISPIEL 5.40: Eine einfache *For*-Schleife in klassischer Programmiertechnik**
>
> ```vb
> Dim N As Integer = 100
> For i As Integer = 1 To N - 1
>     Debug.Write(i.ToString & " ")
>     If i > 30 Then
>         Exit For
> ```

BEISPIEL 5.40: Eine einfache *For*-Schleife in klassischer Programmiertechnik

```
            End If
    Next i
```

Die Ausgabe (Menü *Ansicht|Ausgabe*):

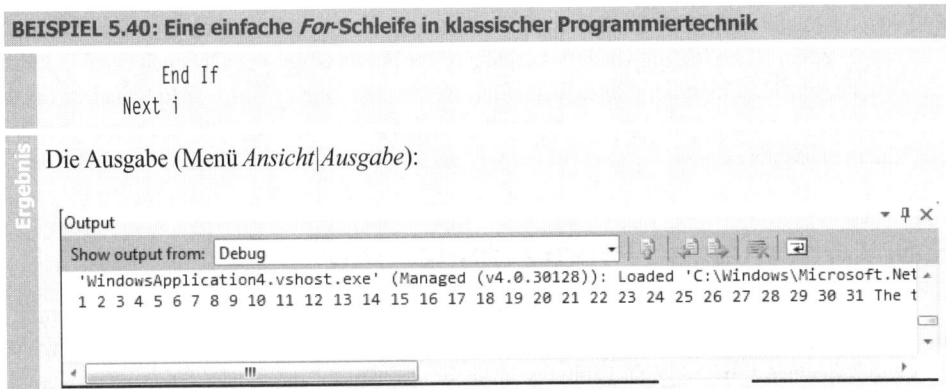

Das analoge "Problem" soll nun mittels Parallelprogrammierung gelöst werden.

BEISPIEL 5.41: Anwendung eines Lambda-Ausdrucks in der *Parallel.For*-Methode

```
Imports System.Threading.Tasks
...
    Private N As Integer = 100
    Parallel.For(0, N, Sub(i, lState)
                        Debug.Write(i.ToString & " ")
                        If (i > 50) Then lState.Break()
                    End Sub)
...
```

Das Ausgabefenster:

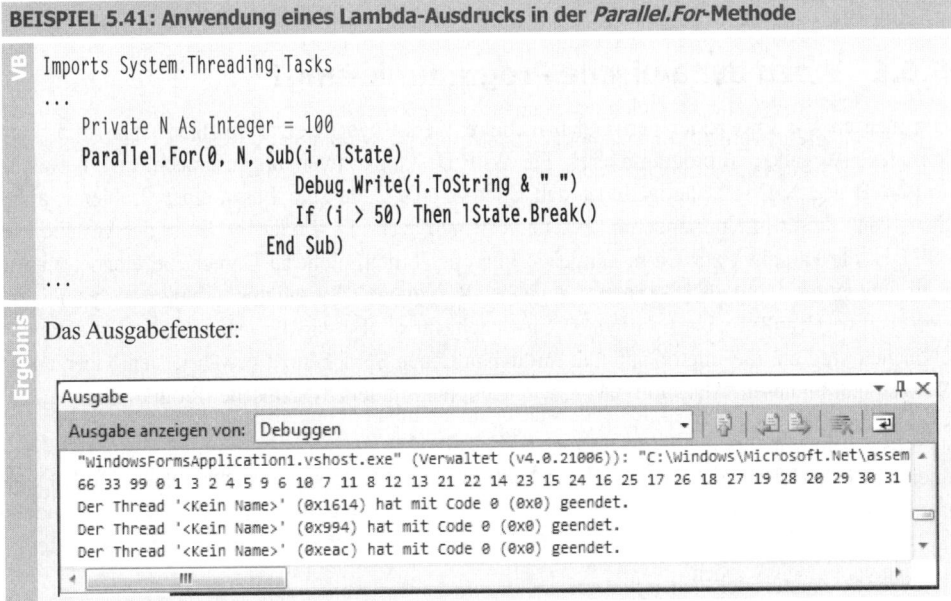

Wie Sie dem Ergebnis entnehmen, läuft die Schleife in mehreren Threads, die Reihenfolge der Zahlen scheint allerdings chaotisch zu sein (siehe Bemerkungen).

Bemerkungen

- Der Aufruf von *ParallelLoopState.Break()* informiert die *For*-Operation dass nach der aktuellen Iteration keine weitere mehr ausgeführt werden soll. Jedoch sind alle Iterationen vor der aktuellen noch auszuführen, falls dies noch nicht geschehen ist. Deshalb ist der Aufruf von *Break* vergleichbar mit der Verwendung von *Break* innerhalb einer konventionellen *For*-Schleife, aber es ist kein perfekter Ersatz: es gibt beispielsweise keine Garantie dafür, dass nach der aktuellen Iteration keine weitere mehr ausgeführt wird.

■ Falls die Ausführung aller Iterationen vor der aktuellen nicht erforderlich ist, sollte *Parallel-LoopState.Stop()* den Vorzug vor *Break* erhalten. Wie bei *Break* gibt es aber auch bei *Stop* keine Garantie, ob zukünftige Iterationen ausgeführt werden oder nicht. Wurde eine Schleife vorzeitig beendet, enthält der Rückgabewert von *ParallelLoopstate* relevante Informationen über den Schleifenabschluss.

5.6 Dynamische Programmierung

Sie gehört zweifelsfrei zu den Highlights von .NET 4.0 – die so genannte *dynamische* Programmierung. Zu ihren wichtigsten Vorteilen zählen die gravierenden Vereinfachungen bei Verwendung des Reflection-Mechanismus, bei COM-Interop und beim Zugriff auf das HTML-DOM. Zur Kompilierzeit erlaubt Ihnen Visual Basic jetzt die Ausführung beliebiger Operationen mit Variablen eines dynamischen Typs bzw. bei der Definition eigener Typen. Doch ehe wir ins Detail gehen, sollen zunächst einige allgemeine Dinge geklärt werden.

5.6.1 Wozu dynamische Programmierung?

Die meisten VB Entwickler verwenden mehrere Werkzeuge in einer einzigen Applikation, um komplexe Aufgaben zu programmieren. Für WPF Desktop-Anwendungen braucht man beispielsweise VB und XAML. Häufig findet sich Open-Source-Code zum Lösen eines Problems, allerdings kann dieser in einer anderen Sprache vorliegen, z.B. in C# oder F#. Einer der Vorteile von .NET ist die Fähigkeit zur Cross-Language-Interoperabilität, nicht zu Unrecht bezeichnet man ja die Laufzeitumgebung als "Common Language" Runtime (CLR). Microsoft hat zwar dynamische Sprachen wie IronRuby und IronPython entwickelt, für die Entwickler gab es bislang aber keinen einfachen Weg um die Interoperabilität mit dynamischen Sprachen zu gewährleisten. Überzeugen Sie sich nun in diesem Abschnitt davon, wie leicht man mittels dynamischer Programmierung dieses Ziel erreichen kann.

■ Wenn Sie mit Hilfe des Reflection-Mechanismus eine Methode auf einem Objekt aufrufen wollen, dann müssen Sie dazu eine Objektreferenz gewinnen, den Typ der verwendeten Bindung ermitteln und dann das Objekt aufrufen. All diese Schritte können mittels dynamischer Methoden vereinfacht werden.

■ Bei Silverlight-Anwendungen müssen Sie früher oder später auf das HTML-DOM zugreifen, welches Ihr Silverlight-Control enthält. Auch diese Aufgabe kann die dynamische Programmierung erleichtern.

■ Dynamische Objekte gestatten einen bequemen Zugriff auf dynamische Sprachen wie IronPython und IronRuby. Sie können beispielsweise ein dynamisches Objekt verwenden, um ein dynamisches Skript zu referenzieren, welches erst zur Laufzeit interpretiert wird.

5.6.2 Das Prinzip der dynamischen Programmierung

Dynamische Objekte entscheiden über ihre Eigenschaften und Methoden erst zur Laufzeit anstatt bereits beim Kompilieren. Der Programmierer hat dadurch die Möglichkeit, mit Objekten zu arbeiten, deren Typ vorher nicht festliegt und erst zur Laufzeit interpretiert wird.

HINWEIS: Ein dynamisches Objekt wird wird durch spätes Binden referenziert, unter Visual Basic wird der Typ als *Object* spezifiziert[1].

Die Klasse DynamicObject

Für die dynamische Programmierung ist der Namespace *System.Dynamic* einzubinden, über welchen die abstrakte Klasse *DynamicObject* verfügbar wird. Um Runtime-Funktionalität bereitzustellen müssen Sie einige Methoden dieser Klasse überschreiben (siehe folgende Tabelle).

Methode	Wird aufgerufen wenn ...
TryBinaryOperation	... binäre Operationen, wie Addition oder Multiplikation, ausgeführt werden sollen.
TryConvert	... Typkonvertierungen vorgenommen werden sollen.
TryCreateInstance	... der Typ initialisiert wird.
TryGetIndex	... ein Wert per Index abgerufen werden soll (Indexer).
TryGetMember	... der Wert einer Eigenschaft abgerufen werden soll.
TryInvokeMember	... wenn eine Methode aufgerufen werden soll.
TrySetIndex	... ein Wert per Index gesetzt werden soll (Indexer).
TrySetMember	... der Wert einer Eigenschaft gesetzt werden soll.

Auskunft über die vorhandenen (dynamischen) Member gibt Ihnen die Enumeration *GetDynamicMemberNames*.

Ein kleines Beispiel soll für einen ersten Einblick genügen.

BEISPIEL 5.42: Eine dynamische Klasse *CDynFile* wird deklariert. In der Klasse wird die von *DynamicObject* geerbte Methode *TryInvokeMember* überschrieben.

```
Imports System.Dynamic

Public Class CDynFile
    Inherits DynamicObject
    ...
    Public Overrides Function TryInvokeMember(binder As InvokeMemberBinder,
                        args() As Object, ByRef result As Object) As Boolean
        Dim trim = True
        Try
```

---

[1] In C# gibt es dafür den Datentyp *dynamic*.

BEISPIEL 5.42: Eine dynamische Klasse *CDynFile* wird deklariert. In der Klasse wird die von *DynamicObject* **geerbte Methode** *TryInvokeMember* **überschrieben.**

```
        If args.Length > 0 Then trim = Convert.ToBoolean(args(0))
    Catch
        MessageBox.Show("Trim-Argument muss Boolescher Wert sein!")
    End Try
    result = getPropValue(binder.Name, trim)
    Return If(result Is Nothing, False, True)
End Function
End Class
```

Die *TryInvokeMember*-Methode der Klasse *DynamicObject* wird aufgerufen, wenn ein Mitglied der daraus abgeleiteten dynamischen Klasse angefordert wird und dabei Argumente übergeben werden sollen. *True* wird zurückgegeben, wenn das referenzierte Mitglied vorhanden ist, ansonsten *False*.

Die Parameter:

- *binder*

    ... liefert Infos über das referenzierte Mitglied, z.B. dessen Name,

- *result*

    ... übergibt das Resultat der Abfrage des spezifizierten Mitglieds per Referenz,

- *args*

    ... beinhaltet ein Array von Argumenten, die bei Aufruf an das dynamische Mitglied übergeben werden.

Wer bis jetzt nur "Bahnhof" verstanden hat – keine Panik:

HINWEIS: Den kompletten Code finden Sie im Praxisbeispiel 5.8.3!

Die Klasse ExpandoObject

Hierbei handelt es sich um eine Klasse, deren Instanzen Sie zur Laufzeit fast beliebige Eigenschaften, Methoden (per Lambda-Ausdruck) und Ereignisse hinzufügen können. Diese lassen sich nach der Definition natürlich auch dynamisch aufrufen bzw. abfragen. Last, but not least: die definierten Member lassen sich auch löschen.

HINWEIS: Die Klasse unterstützt eine ganze Reihe von Erweiterungsmethoden, mit denen Sie den Funktionsumfang der Klasse beträchtlich erweitern können.

Auch hier soll ein kleines Beispiel für mehr Klarheit sorgen.

BEISPIEL 5.43: Verwendung von *ExpandoObject*

Den Namespace nicht vergessen:

```
Imports System.Dynamic
...
```

Zunächst eine Instanz erzeugen:

```
Dim myExO As Object = New ExpandoObject()
```

Wir erzeugen dynamisch einige Eigenschaften mit frei gewählten Namen:

```
myExO.ErsteEigenschaft = "Hallo User"
myExO.ZweiteEigenschaft = 4711
myExO.xyzEigenschaft = Me
```

Wir definieren ein neues Ereignis, dazu muss dieses zunächst erzeugt werden:

```
myExO.EinEreignis = Nothing
```

Nachfolgend können wir (etwas umständlich) den Ereignishandler zuweisen:

```
Dim myhandler As EventHandler = AddressOf MeinEreignisHandler
myExO.EinEreignis = Delegate.Combine(myExO.EinEreignis, myhandler)
```

Abschließend wollen wir noch eine Methode per Lambda-Ausdruck definieren:

```
myExO.EineMethode = New Action(Sub()
                    MessageBox.Show("Hallo User! Es ist " &
                                    System.DateTime.Now.ToShortTimeString)
                    myExO.EinEreignis.Invoke(myExO, New EventArgs())
                End Sub)
```

Wie Sie sehen, löst unsere neue Methode auch gleich noch unser Ereignis aus!

Das Abfragen der Eigenschaften zu einem späteren Zeitpunkt:

```
MessageBox.Show(myExO.ZweiteEigenschaft)
MessageBox.Show(myExO.ErsteEigenschaft)
MessageBox.Show(myExO.xyzEigenschaft.Text)   ' -> entspricht Me.Text
```

Eine Methode müssen Sie in VB leider mit *Invoke* aufrufen[1]:

```
myExO.EineMethode.Invoke()
```

---

[1] Hier haben es C#-Programmierer einfacher, diese können die Methode direkt aufrufen. Auch die Definition der Ereignisse ist in C# etwas eleganter gelöst.

> **BEISPIEL 5.43: Verwendung von *ExpandoObject***
>
> Zur Laufzeit dürften die Messageboxen in folgender Reihenfolge erscheinen:
>
>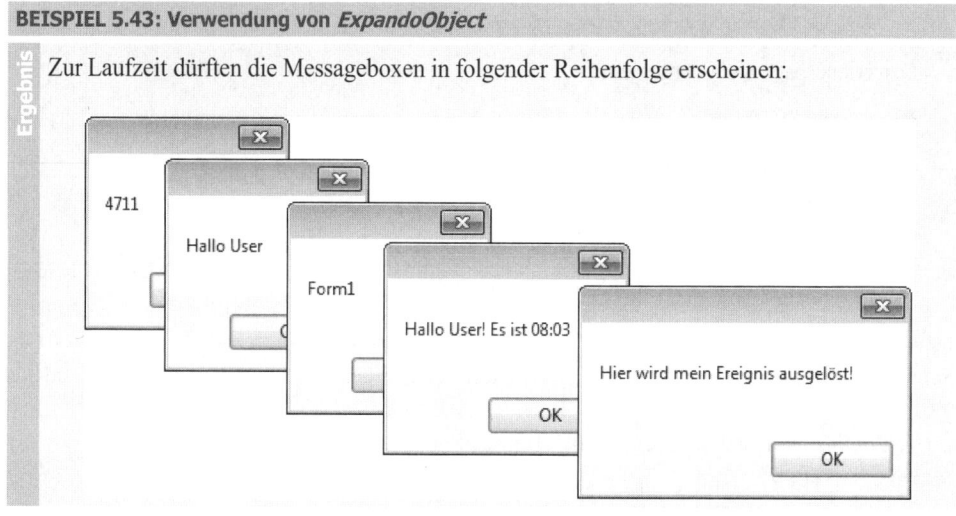

HINWEIS: Mehr zum Thema "Dynamische Programmierung" finden Sie in unserem [Visual Basic 2012 Kochbuch].

Late Binding

Das Binden eines dynamischen Typs erfolgt erst zur Laufzeit (spätes Binden) unter Verwendung des *IDynamicMetaObjectProvider* Interface. Die Klassen *DynamicObject* und *ExpandoObject* implementieren dieses Interface. Falls das schiefgeht, benutzt VB stattdessen den klassischen späten Bindungsmechanismus der VB-Runtime.

HINWEIS: Um spätes Binden zu ermöglichen, muss die strenge Typprüfung abgeschaltet werden (*Option Strict Off*).

5.6.3   Kovarianz und Kontravarianz

Das Füllen eines allgemeineren ("breiteren") Typs mit den Werten eines tiefer abgeleiteten ("schmaleren") Typs bezeichnet man als *Kovarianz*. Im umgekehrten Fall, also wenn Sie einem "schmaleren" Typ einen "breiteren" Typ zuweisen, spricht man von *Kontravarianz*.

In Visual Basic erlauben Kovarianz und Kontravarianz eine implizite Konvertierung von Referenzen für Array- und Delegate-Typen sowie für generische Typargumente.

> **BEISPIEL 5.44: Einem Objektarray wird ein Stringarray zugewiesen und umgekehrt.**
>
> ```vb
> Option Strict On
> ...
> Dim strings1() = New String {"Günther", "Erhard", "Michael"}
> ```

BEISPIEL 5.44: Einem Objektarray wird ein Stringarray zugewiesen und umgekehrt.

Kovarianz:

```
Dim objects() As Object = strings1
```

Kontravarianz:

```
Dim strings2() = CType(objects, String)
MessageBox.Show(strings2(1))      ' "Erhard"
```

Wenn man Kovarianz und Kontravarianz in Arrays realisieren kann, so möchte man das verständlicherweise mit der gleichen Semantik auch mit Collections tun. Das folgende Beispiel benutzt die Schnittstelle *IEnumerable* anstatt eines Arrays, um so Kovarianz und Kontravarianz zu demonstrieren.

BEISPIEL 5.45: (Fortsetzung) Kovarianz und Kontravarianz mit Collections

```
VB
...
Dim strings3 As IEnumerable(Of String) = strings1
```

Kovarianz:

```
Dim objects3 As IEnumerable(Of Object) = strings3
```

Kontravarianz:

```
Dim strings4 As IEnumerable(Of String) = CType(objects3, IEnumerable(Of String))
MessageBox.Show(strings4(2))      ' "Michael"
```

HINWEIS: Ab .NET 4.0 unterstützen alle Collection-Typen Kovarianz und Kontravarianz.

5.7 Weitere Datentypen

Die folgenden Datentypen werden erst ab der Version 4.0 des .NET-Frameworks unterstützt.

5.7.1 BigInteger

Der Typ *System.Numerics.BigInteger* steht für beliebig große ganzzahlige Werte und gestattet das Arbeiten mit einer rein theoretisch unendlich großen Ziffernfolge.

HINWEIS: Fügen Sie, falls noch nicht vorhanden, einen Verweis auf die *System.Numerics.dll* hinzu (Kontextmenü *Verweis hinzufügen...* im Projektexplorer).

Eine neue *BigInteger*-Instanz kann

- mit dem *New*-Schlüsselwort oder

- mit der statischen *Parse()*-Methode erzeugt werden.

BEISPIEL 5.46: Erzeugen eines *BigInteger* aus einem *long*-Wert

```vb
Imports System.Numerics
...
Dim bi1 As New BigInteger(1234566)
```

BEISPIEL 5.47: (Fortsetzung) Erzeugen eines *BigInteger* aus einer Zeichenkette

```vb
Dim bi2 = BigInteger.Parse("123456789012345678901234567890123456789001123456")
```

Auch die mathematischen Operatoren für Addition, Multiplikation, Subtraktion und Division wurden für diese Klasse überladen.

BEISPIEL 5.48: (Fortsetzung) Multiplikation zweier *BigInteger*

```vb
Dim bi3 As BigInteger = bi2 * bi1
```

Die folgende Tabelle zeigt die wichtigsten Eigenschaften einer *BigInteger*-Zahl.

Eigenschaft	Beschreibung
Sign	... liefert Vorzeichen des Wertes (-1, 0, 1)
IsEven	... prüft, ob der Wert gerade ist
IsOne	... prüft, ob der Wert Eins ist
IsZero	... prüft, ob der Wert gleich 0 ist
IsPowerOfTwo	... prüft, ob der Wert eine Zweierpotenz ist

BEISPIEL 5.49: Es wird bewiesen, dass die Zahl 2097152 eine Potenz von 2 ist

```vb
Dim bi4 As New BigInteger(2097152)
If bi4.IsPowerOfTwo Then                        ' liefert True
    MessageBox.Show(bi4.ToString & " ist eine Potenz von 2 !")
End If
```

Die folgende Tabelle zeigt einige wichtige statische Methoden der *BigInteger*-Klasse

Methode	Beschreibung
Add, Subtract, Multiply, Divide	... liefern das Ergebnis der vier Grundrechenarten.
Abs	... ermittelt den Absolutwert einer *BigInteger*-Zahl.
DivRem	... dividiert einen *BigInteger*-Wert durch einen anderen und liefert in einem Output-Parameter das Ergebnis und den Rest.
GreatestCommonDivisor	... liefert den größten gemeinsamen Teiler zweier *BigInteger*-Zahlen.

Methode	Beschreibung
Log, Log10	... ermittelt den natürlichen bzw. dekadischen Logarithmus.
Min, Max	... bestimmt Maximum bzw. Minimum zweier *BigInteger*-Zahlen.
Parse	... konvertiert die Stringdarstellung einer Zahl in ihr *BigInteger*-Äquivalent.
TryParse	... versucht, die Stringdarstellung einer Zahl in ihr *BigInteger*-Äquivalent zu konvertieren. Der Rückgabewert zeigt an, ob die Konvertierung erfolgreich war.
Pow	... berechnet eine bestimmte Potenz für einen *BigInteger*-Wert.
Reminder	... realisiert die Integer-Division von zwei *BigInteger*-Werten und gibt den Rest zurück.

Wie man sieht, können die mathematischen Grundoperationen auch mit entsprechenden Methodenaufrufen realisiert werden.

BEISPIEL 5.50: Alternative Durchführung des Vorgängerbeispiels (Multiplikation zweier *BigInteger*-Zahlen)

```vb
Dim bi3 = BigInteger.Multiply(bi1, bi2)
```

BEISPIEL 5.51: Die ganzzahlige Division *1000000/300000* mit zusätzlicher Ermittlung des Rests

```vb
Dim bi1 As New BigInteger(1000000)
Dim bi2 As New BigInteger(300000)
Dim bi3 As New BigInteger()

Dim bi4 = BigInteger.DivRem(bi1, bi2, bi3)
```

bi3 hat jetzt den Wert *100000* und *bi4* den Wert *3*

BEISPIEL 5.52: Die 20.-te Potenz von 10 wird berechnet

```vb
Dim bi1 As New BigInteger(10)
Dim bi2 = BigInteger.Pow(bi1, 20)
```

bi2 hat jetzt einen schier unendlich großen Wert von 100000000000000000000

5.7.2 Complex

Der Datentyp *System.Numeric.Complex* repräsentiert eine komplexe Zahl[1]. Auch für diesen Datentyp stehen, wie im folgenden ganz einfachen Beispiel zu sehen ist, die gewöhnlichen mathematischen Operatoren zur Verfügung.

---

[1] Eine komplexe Zahl liegt in der Form $a + bj$ vor, dabei ist a der Real- und b der Imaginärteil.

BEISPIEL 5.53: Addition von zwei komplexen Zahlen

Zwei Instanzen von *Complex* erzeugen:

```
Dim c1 As New Complex(1.5, -0.3)
Dim c2 As New Complex(-5, 2.1)
```

Operation durchführen:

```
Dim c3 As Complex = c1 + c2
```

Ergebnis auswerten

in kartesischen Koordinaten:

```
Dim re As Double = c3.Real       ' -3,5
Dim im As Double = c3.Imaginary  ' 1,8
```

und in Polarkoordinaten:

```
Dim m As Double = c3.Magnitude   ' 3,9357 ...
Dim p As Double = c3.Phase       ' -0,475 ...
```

Den mathematisch interessierten Leser wird es freuen, dass die Klasse *Complex* auch zahlreiche statische Methoden (*Cos*, *Cosh*, *Exp* ...) bereitstellt, mit denen eine Vielzahl weiterer Berechnungen durchführbar ist.

5.7.3 Tuple(Of T)

Die generische *System.Tuple(Of T)*-Klasse ermöglicht es, bis zu acht Elemente unterschiedlichen Typs gemeinsam in einem Tupel typsicher abzuspeichern. Mittels der Eigenschaften *Item1* ... *Item8* kann dann auf die einzelnen Elemente zugegriffen werden.

BEISPIEL 5.54: Anwendung der *Tuple*-Klasse

Zwei einfache Klassen definieren:

```
Public Class CLektor
    Public Property Name As String
End Class

Public Class CAutor
    Public Property Name As String
End Class
```

Alle Objekte erzeugen (mittels Objektinitialisierer):

```
Dim le1 As New CLektor With {.Name = "Fernando"}
Dim au1 As New CAutor With {.Name = "Walter"}
Dim au2 As New CAutor With {.Name = "Thomas"}
```

Jetzt wird ein *Tuple*-Objekt erzeugt:

```
Dim tuple1 As New Tuple(Of CLektor,CAutor, CAutor) (le1, au1, au2)
```

BEISPIEL 5.54: Anwendung der *Tuple*-Klasse

Der Zugriff erfolgt über die entsprechenden *Item*-Eigenschaften:

```
Dim le As CLektor = tuple1.Item1
MessageBox.Show(le.Name)            ' zeigt "Fernando"
```

oder

```
Dim au As CAutor = tuple1.Item3
MessageBox.Show(au.Name)            ' zeigt "Thomas"
```

HINWEIS: Die Elemente eines Tupels sind schreibgeschützt, können also zur Laufzeit nicht verändert werden.

5.7.4 SortedSet(Of T)

Mit der generischen *System.Collections.Generic.SortedSet(Of T)*-Klasse lassen sich Mengen sortieren. Das Hinzufügen und Einsortieren geschieht mittels *Add*-Methode.

BEISPIEL 5.55: Erstellen einer Namensliste und Ausgabe in einer *ListBox*

Eine Instanz erzeugen:

```
Dim Namen As New SortedSet(Of String)()
```

Elemente hinzufügen:

```
Namen.Add("Fernando")
Namen.Add("Thomas")
Namen.Add("Max Walter")
```

Ausgabe:

```
For Each s As String In Namen
    ListBox1.Items.Add(s)
Next
```

Die alphabetisch geordnete Ausgabe entspricht dem Standard für Zeichenketten:

```
Fernando
Max Walter
Thomas
```

Dem Konstruktor kann auch ein benutzerdefiniertes Objekt vom generischen Typ *System.Collections.Generic.IComparer(Of T)* übergeben werden, mit welchem Sie selbst die Sortierfolge bestimmen können.

BEISPIEL 5.56: Die Sortierung soll nach der Zeichenkettenlänge erfolgen

Diese Klasse definiert die neue Sortierung:

```
Public Class CSortierfolge
    Implements IComparer(Of String)

    Public Function Compare(a As String, b As String) As Integer _
                                    Implements IComparer(Of String).Compare
        Return a.Length - b.Length
    End Function
End Class
```

Die Instanz der sortieren Menge wird nun so erstellt:

```
Dim Namen As New SortedSet(Of String) (New CSortierfolge())
...
```

Im Vergleich zum Vorgängerbeispiel sieht die Ausgabe jetzt so aus:

```
Thomas
Fernando
Max Walter
```

5.8   Praxisbeispiele

5.8.1   ArrayList versus generische List

Bei einer *ArrayList* handelt es sich um eine universell einsetzbare (nicht generische) Sammlung (Collection) von Objekten, die vom standardmäßig eingebundenen Namensraum *System.Collections* bereitgestellt wird (siehe Abschnitt 5.3.6).

Generics hingegen sind Klassen bzw. Methoden, denen die Typinformationen erst zur Laufzeit zugewiesen werden. Die variablen Datentypen werden unmittelbar nach dem Klassen- bzw. Methodenbezeichner angegeben. Im Namespace *System.Collections.Generic* finden sich zahlreiche generische Klassen, wie z.B. die *List*, welche als Alternative zur altbekannten *ArrayList* infrage kommt (siehe Abschnitt 5.4.3).

Das vorliegende Beispiel besteht aus zwei getrennten Windows Forms-Anwendungen. In der ersten zeigen wir, wie man in der *ArrayList* sortiert und sucht und wie man deren Inhalt ausliest und in einer *ListBox* zur Anzeige bringt. Die zweite Anwendung löst das gleiche Problem mittels einer generischen *List*.

Oberfläche

Die Oberflächen für beide Anwendungen sind identisch. Auf dem Startformular *Form1* platzieren Sie eine *ListBox*, eine *TextBox* und drei *Button*s (siehe Laufzeitabbildung am Schluss).

Quellcode (mit ArrayList)

```
Public Class Form1
    Private aL As ArrayList = Nothing
```

Nach Programmstart wird die *ArrayList* erzeugt, mit Werten gefüllt und angezeigt. Den entsprechenden Code fügen wir in den Konstruktor des Formulars ein:

```
Public Sub New()
    InitializeComponent()
```

Ab hier fügen Sie den Code zum Instanziieren und Initialisieren der *ArrayList* ein:

```
    aL = New ArrayList()
    aL.Add("Das") : aL.Add("ist") : aL.Add("ein") : aL.Add("Test") : aL.Add("mit")
    aL.Add("der") : aL.Add("ArrayList.") : aL.Add("Das") : aL.Add("ist") : aL.Add("ok.")
    listeAnzeigen()
End Sub
```

Die Routine zur Anzeige des Inhalts in der *ListBox*:

```
Private Sub listeAnzeigen()
    ListBox1.Items.Clear()
    For Each str As String In aL
        ListBox1.Items.Add(str)
    Next str
End Sub
```

Aufsteigend sortieren:

```
Private Sub Button2_Click(sender As Object, e As EventArgs)  Handles Button2.Click
    aL.Sort()
    listeAnzeigen()
End Sub
```

Absteigend sortieren:

```
Private Sub Button3_Click(sender As Object, e As EventArgs) Handles Button3.Click
    aL.Reverse()
    listeAnzeigen()
End Sub
```

Suchen:

```
Private ix As Integer = -1                      ' Index des letztmaligen Vorkommens

Private Sub Button1_Click(sender As Object, e As EventArgs) Handles Button1.Click
    Dim i As Integer = aL.IndexOf(TextBox1.Text, ix + 1)    ' Suche wird ab ix fortgesetzt
    If i < 0 Then
        MessageBox.Show("Das Element wurde nicht (mehr) gefunden!")
        ix = -1
        ListBox1.SelectedIndex = -1       ' Zeilenmarkierung entfernen
    Else
        ListBox1.SelectedIndex = i        ' gefundenes Wort markieren
```

```
            ix = i
         End If
      End Sub
End Class
```

Quellcode (mit generischer List)

Alle Änderungen gegenüber dem *ArrayList*-Beispiel sind fett hervorgehoben. Wie Sie sehen, können *ArrayList* und *List* direkt ausgetauscht werden, da sie über dieselben Methoden (*Add*, *Sort*, *Reverse*, *IndexOf*) verfügen.

```
Public Class Form1
    Private gL As List(Of String) = Nothing

    Public Sub New()
        InitializeComponent()
        gL = New List(Of String)()              ' Instanziierung der generischen Liste
        gL.Add("Das")
        gL.Add("ist")
        gL.Add("ein")
        gL.Add("Test")
        gL.Add("mit")
        gL.Add("der")
        gL.Add("ArrayList.")
        gL.Add("Das")
        gL.Add("ist")
        gL.Add("ok.")
        listeAnzeigen()
    End Sub

    Private Sub listeAnzeigen()
        ListBox1.Items.Clear()
        For Each str As String In gL
            ListBox1.Items.Add(str)
        Next str
    End Sub
    ...
```

Auch der restliche Code ist analog zum Vorgängerbeispiel.

```
    ...
End Class
```

Test

Beide Programme zeigen dasselbe Verhalten. Die Abbildung zeigt eine erfolgreiche Suche ohne vorherige Sortierung:

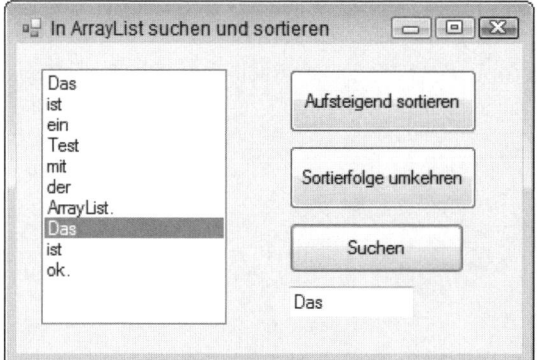

Ansichten der sortierten Listen:

Bemerkungen

Gegenüber der *ArrayList* bietet die generische *List* alle Vorzüge einer typsicheren Programmierung:

- Das Boxing von Wertetypen ist nicht mehr erforderlich, weil *List(Of String)* in unserem Beispiel jetzt "weiß", welcher Datentyp zu speichern ist und wie viel Speicher man dafür reservieren muss.

- Statt eines Laufzeitfehlers erhalten Sie bereits einen Compiler-Fehler, falls Sie einen falschen Datentyp in der List speichern wollen.

- Eine Typumwandlung (Typecasting) entfällt, wenn Sie auf die Werte der generischen List zugreifen wollen.

5.8.2 Delegates und Lambda Expressions

Dieses Beispiel will dem Einsteiger den Weg zu den etwas schwierigeren Sprachelementen von Visual Basic ebnen, an denen aber kein Weg vorbei führt, will man sich in die höheren Regionen der Programmentwicklung begeben. Grundlage bildet die Addition und Multiplikation von Fließkommazahlen. Dieses Problem wird auf vier verschiedene und voneinander unabhängige Arten realisiert, wodurch sich gute Vergleichsmöglichkeiten ergeben, um das Wesen von Delegaten (Methodenzeiger) und Lambda Expressions zu erfassen.

Oberfläche

Ein Formular mit fünf *Button*s, zwei in einer *GroupBox* befindlichen RadioButtons und drei Text-Boxen bildet unsere Testoberfläche (siehe folgende Laufzeitabbildung).

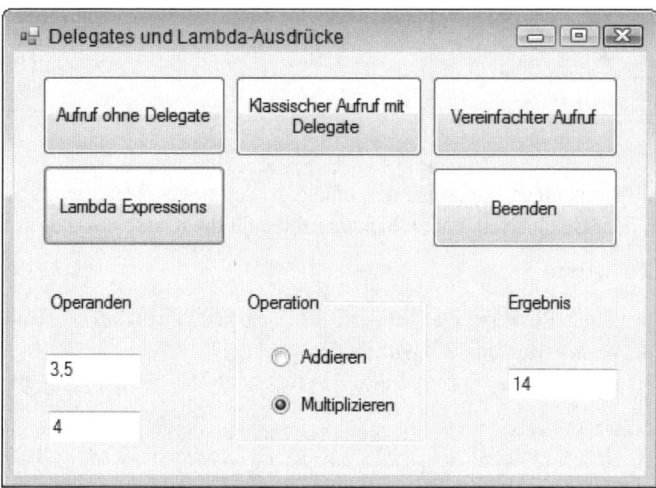

Über jede der Schaltflächen (außer der zum Beenden) werden die Rechenoperationen auf unter-schiedliche Weise ausgeführt.

Quellcode

```
Public Class Form1
```

Zunächst deklarieren wir den Delegaten-Typ *opDeleg*, welcher der Signatur der beiden Methoden *add()* und *mult()* entsprechen muss, die wir danach anschließend deklarieren:

```
Public Delegate Function opDeleg(x As Single, y As Single) As Double
Private Function add(x As Single, y As Single) As Double
    Return x + y
End Function

Private Function mult(x As Single, y As Single) As Double
    Return x * y
End Function
```

Gewissermaßen als "Aufwärmübung" werden über den *Button* "Aufruf ohne Delegate" die Rechenoperationen zunächst auf herkömmliche Weise (also ohne Verwendung von Delegates) ausgeführt.

```
Private Sub Button1_Click(sender As Object, e As EventArgs) Handles Button1.Click
    Dim a As Single = Convert.ToSingle(TextBox1.Text)
    Dim b As Single = Convert.ToSingle(TextBox2.Text)
    Dim res As Double = 0
    If RadioButton1.Checked Then
```

```
        res = add(a, b)
    Else
        res = mult(a, b)
    End If
    TextBox3.Text - res.ToString
End Sub
```

Nun wollen wir zeigen, wie dieselben Operationen unter Verwendung von Delegate-Objekten realisiert werden können:

```
Private Sub Button2_Click(sender As Object, e As EventArgs) Handles Button2.Click
```

Der erste Schritt ist das Deklarieren einer Variablen des eingangs definierten Delegatentyps *opDeleg* (das Prinzip entspricht dem Deklarieren einer Objektvariablen für die Klasse *opDeleg*):

```
        Dim myDlg As opDeleg = Nothing
```

In Abhängigkeit von der eingestellten Rechenoperation wird das Delegate-Objekt *myDlg* entweder mit der *add()*- oder mit der *mult()*-Methode erzeugt:

```
    If RadioButton1.Checked Then
        myDlg = New opDeleg(AddressOf add)
    Else
        myDlg = New opDeleg(AddressOf mult)
    End If
    Dim a As Single = Convert.ToSingle(TextBox1.Text)
    Dim b As Single = Convert.ToSingle(TextBox2.Text)
```

Aufruf des *Delegate*-Objekts und Ergebnisanzeige:

```
    Dim res As Double = myDlg(a, b)
    TextBox3.Text = res.ToString
End Sub
```

Der Schreibaufwand für den Code ist keinesfalls geringer als bei der ersten Variante. Eine gewisse Vereinfachung, die allerdings erst auf den zweiten Blick ersichtlich ist, bringt die dritte Variante, sie verwendet eine vereinfachte Instanziierung des Delegaten (ohne *New*):

```
Private Sub Button3_Click(sender As Object, e As EventArgs) Handles Button3.Click
    Dim myDlg As opDeleg = Nothing
    If RadioButton1.Checked Then
        myDlg = AddressOf add
    Else
        myDlg = AddressOf mult
    End If
    ...
End Sub
```

Alle drei bisherigen Varianten erforderten den Aufruf der (benannten) Methoden *add()* und *mult()*, die wir oben implementiert haben. Ganz ohne diese Methoden kommt die folgende Variante aus, die so genannte *Lambda Expression*s verwendet:

```
Private Sub Button4_Click(sender As Object, e As EventArgs) Handles Button4.Click
    Dim myDlg As opDeleg = Nothing
```

Die Instanziierung der *Delegate*-Objekte erfolgt mittels Lambda-Expressions (diese werden durch das Schlüsselwort *Function* gekennzeichnet):

```
    If RadioButton1.Checked Then
        myDlg = Function(x As Double, y As Double) x + y       ' Lambda-Expr.
    Else
        myDlg = Function(x As Double, y As Double) x * y       ' Lambda-Expr.
    End If
    ...
  End Sub

End Class
```

Test

Geben Sie in die beiden linken Textfelder irgendwelche Zahlen ein (bei der standardmäßigen deutschen Kultureinstellung ist das Dezimaltrennzeichen das Komma und das Tausender-Trennzeichen der Punkt). Wählen Sie anschließend die auszuführende Operation (Addition/Multiplikation) und starten Sie die Ausführung über eine beliebige Schaltfläche. Jede dieser vier Varianten muss zum exakt gleichen Ergebnis führen.

5.8.3   Mit dynamischem Objekt eine Datei durchsuchen

Dieses Beispiel soll das Prinzip der mit .NET 4.0 eingeführten dynamischen Programmierung veranschaulichen (siehe Abschnitt 5.6). Wir wollen mit einem benutzerdefinierten dynamischen Objekt den Inhalt einer Textdatei durchsuchen. Die zu suchende Zeichenkette wird durch den Namen einer *dynamischen Eigenschaft* festgelegt, ruft man z.B. *dynObj.Autor* auf, so wird eine generische Stringliste mit allen Zeilen geliefert, die mit "Autor" beginnen. Die dynamische Klasse unterstützt ein dynamisches Argument, es legt fest, ob vor der Suche führende oder nachfolgende Leerzeichen von jeder Zeile entfernt werden sollen.

Oberfläche

Ein Windows Forms-Formular *Form1* mit einer *ListBox* und einem *Button* genügen.

Quellcode CDynFile

Fügen Sie zum Projekt eine neue Klasse *CDynFile* hinzu.

```
Imports System.IO
```

Für die dynamische Programmierung ist der Namespace *System.Dynamic* einzubinden, über den die abstrakte Klasse *DynamicObject* verfügbar ist.

```
Imports System.Dynamic
```

Unsere Klasse muss von *DynamicObject* erben:

```
Public Class CDynFile
    Inherits DynamicObject
```

```
    Private _pfad As String
```

Im Konstruktor wird der Pfad für die zu durchsuchende Textdatei übergeben:

```
    Public Sub New(pfad As String)
        If Not File.Exists(pfad) Then
            Throw New Exception("Datei nicht vorhanden!")
        End If
        _pfad = pfad
    End Sub
```

Die folgende Funktion liefert eine generische *String*-Liste, welche all die Zeilen der Textdatei enthält, in denen die gesuchte Zeichenkette vorkommt. Als Parameter *propName* nimmt die Funktion den Namen der gesuchten Zeichenkette entgegen, dieser tritt hier als dynamische "Eigenschaft" auf[1]. Der Parameter *trimLZ* legt fest, ob die Leerzeichen vor und nach der Zeile, die den Suchtext enthält, entfernt werden sollen.

```
    Public Function getPropValue(propName As String,
                          Optional trimLZ As Boolean = True) As List(Of String)
        Dim strR As StreamReader = Nothing
        Dim result As New List(Of String)
        Dim line = String.Empty
        Dim lineGB = String.Empty
        Try
            strR = New StreamReader(_pfad)
```

Zeilenweises Einlesen der Textdatei:

```
            While Not strR.EndOfStream
                line = strR.ReadLine
```

Suche in Zeile ohne Beachtung der Groß-/Kleinschreibung:

```
                If trimLZ Then line = line.Trim      ' führende und abschließende LZ entfernen
                lineGB = line.ToUpper                ' in Großbuchstaben verwandeln
                If lineGB.Contains(propName.ToUpper) Then result.Add(line)
            End While
        Catch
            result = Nothing
        Finally
            If strR IsNot Nothing Then strR.Close()
        End Try
        Return result
    End Function
```

Um Runtime-Funktionalität bereitzustellen folgt eine Überschreibung der *TryInvokeMember*-Methode der abstrakten *DynamicObject*-Klasse. Diese Methode wird aufgerufen, wenn ein Mitglied einer dynamischen Klasse angefordert und dabei Argumente übergeben werden:

---

[1] An eine solche freizügige Definition des Eigenschaftsbegriffs muss man sich erst gewöhnen, dies ist aber typisch für die dynamische Programmierung.

```
Public Overrides Function TryInvokeMember(binder As InvokeMemberBinder,
                        args() As Object, ByRef result As Object) As Boolean
```

Zur Bedeutung der Parameter:

binder: Infos über das referenzierte Mitglied, z.B. dessen Name

result: Resultat des spezifizierten Mitglieds (per Referenz!)

args: Array von Argumenten, die beim Aufruf der dyn. Eigenschaft übergeben werden können

```
Dim trim = True
Try
    If args.Length > 0 Then trim = Convert.ToBoolean(args(0))
Catch
    MessageBox.Show("Trim-Argument muss Boole'scher Wert sein!")
End Try
```

Hier erfolgt der Aufruf obiger *getPropValue*-Funktion mit Übergabe des Namens der gesuchten Zeichenkette (= Eigenschaft!) und ob LZ-Entfernung gewünscht:

```
result = getPropValue(binder.Name, trim)
```

True wird zurückgegeben, wenn das referenzierte Mitglied vorhanden ist, ansonsten *False*:

```
    Return If(result Is Nothing, False, True)
End Function
```

```
End Class
```

Textdatei hinzufügen

Klicken Sie auf *Projekt/Neues Element hinzufügen...* und wählen Sie im Dialogfenster "Textdatei", die Sie auf dem standardmäßigen Namen "TextFile1" belassen können. Tragen Sie in die Textdatei mehrere Zeilen in der Art einer Liste ein (siehe folgende Abbildung).

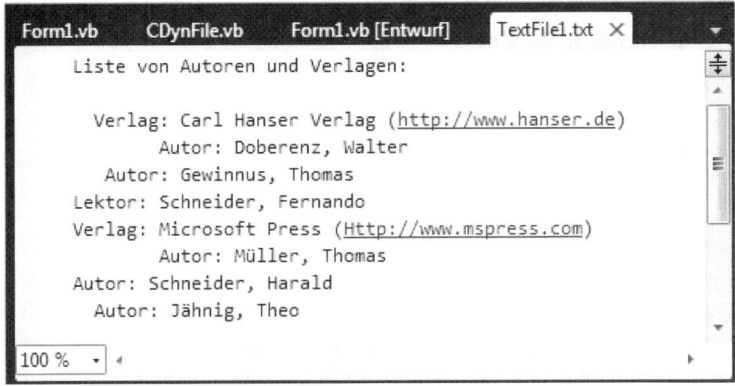

Quellcode Form1

```
Option Strict Off                    ' wegen Late Binding!

Public Class Form1

    Private Sub Button1_Click(sender As Object, e As EventArgs) Handles Button1.Click
```

Das dynamische Objekt wird erzeugt:

```
        Dim dynObj As Object = New CDynFile("..\..\TextFile1.txt")
```

Das dynamische Objekt wird benutzt:

Suche nach "Doberenz" überall in der Zeile (Standardsuche, führende und nachfolgende LZ werden entfernt):

```
        For Each line In dynObj.Doberenz
            ListBox1.Items.Add(line) '
        Next


        ListBox1.Items.Add("-----------------------")
```

Suche nach "Autor" überall in der Zeile, führende und nachfolgende LZ werden **nicht** entfernt:

```
        For Each line In dynObj.Autor(False)
            ListBox1.Items.Add(line)
        Next
        ...
```

Hier können Sie weitere "Suchexperimente" einfügen:

```
        ...
    End Sub
End Class
```

Test

So etwa dürfte das Ergebnis aussehen[1]:

```
Autor: Doberenz, Walter

Liste von Autoren und Verlagen:
      Autor: Doberenz, Walter
    Autor: Gewinnus, Thomas
      Autor: Müller, Thomas
Autor: Schneider, Harald
  Autor: Jähnig, Theo

Lektor: Schneider, Fernando
```

---

[1] Wie Sie sehen, haben wir hier auch unserem langjährigen Lektor ein Denkmal gesetzt.

Bemerkungen

▪ Dynamische Objekte verlangen spätes Binden und das geht leider nicht mit eingeschalteter strenger Typprüfung, deshalb ist (zumindest für die Klasse *Form1*) die *Option Strict Off* einzuschalten.

▪ Der Nachteil des späten Bindens ist, dass Sie bei der Auswahl eines Mitglieds für ein dynamisches Objekt keinerlei IntelliSense-Unterstützung haben, also "auf gut Glück" zuweisen müssen.

Kapitel 6

Einführung in LINQ

LINQ (Language Integrated Query) ist ein relativ junges Visual Basic-Sprachfeature. Bei *LINQ to Objects* handelt es sich um die allgemeinste und grundlegendste LINQ-Implementierung, welche auch die wichtigsten Bausteine für die übrigen LINQ-Implementierungen liefert. In einer SQL-ähnlichen Syntax können miteinander verknüpfte Collections/Auflistungen abgefragt werden, die über die *IEnumerable*-Schnittstelle verfügen.

6.1 LINQ-Grundlagen

Der wichtigste Vorteil von LINQ ist die standardisierte Möglichkeit, nicht nur Tabellen in einer relationalen Datenbank abzufragen, sondern auch Textdateien, XML-Dateien und andere Datenquellen, die eine identische Syntax verwenden. Ein zweiter Vorteil ist die Fähigkeit, diese standardisierten Methoden von jeder .NET-konformen Sprache (wie zum Beispiel VB oder C#) aus aufrufen zu können.

6.1.1 Die LINQ-Architektur

Die folgende Abbildung soll die grundsätzliche Architektur von LINQ verdeutlichen.

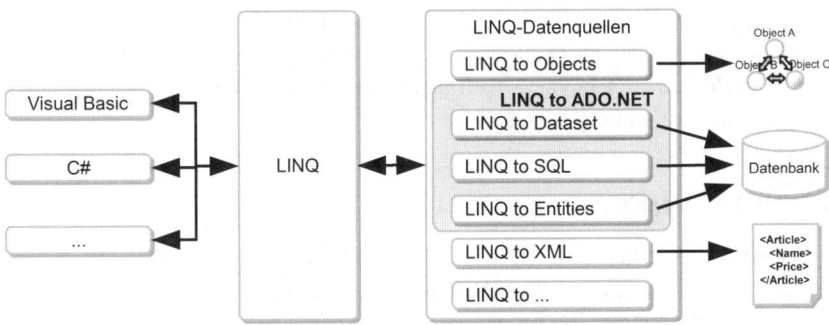

Je nach Standort des Betrachters besteht LINQ einerseits aus einer Menge von Werkzeugen zur Arbeit mit Daten, was in den verschiedenen LINQ-Implementationen (LINQ to Objects, LINQ to

DataSets, LINQ to SQL, LINQ to Entities und LINQ to XML) zum Ausdruck kommt. Andererseits besteht LINQ aus einer Menge von Spracherweiterungen (momentan für C# und VB).

6.1.2 LINQ-Implementierungen

LINQ eröffnet zahlreiche Varianten für den Zugriff auf verschiedenste Arten von Daten. Diese sind in den verschiedenen LINQ-Implementationen (auch als "LINQ Flavors" d.h. "Geschmacksrichtungen" bezeichnet) enthalten. Folgende LINQ-Provider werden als Bestandteil des .NET-Frameworks bereitgestellt (siehe obige Abbildung):

- LINQ to Objects (arbeitet mit Collections die *IEnumerable* implementieren),

- LINQ to XML (Zugriff auf XML Strukturen),

- LINQ to SQL (Zugriff auf SQL Datenbanken),

- LINQ to DataSet (arbeitet auf Basis von DataSets) und

- LINQ to Entities (verwendet das ADO.NET Entity Framework als ORM).

Diese LINQ-Provider/Implementationen bilden eine Familie von Tools, die einzeln für bestimmte Aufgaben eingesetzt oder aber auch für leistungsfähige Lösungen mit einem Mix aus Objekten, XML und relationalen Daten kombiniert werden können.

HINWEIS: Wir werden uns in diesem Kapitel hauptsächlich auf **LINQ to Objects** beschränken, da dieser Provider die grundlegende Technologie bereitstellt und die übrigen Flavours mehr eine Angelegenheit der Datenbankliteratur sind (siehe unser Buch [Datenbankprogrammierung mit Visual Basic 2012]).

Nochmals sei hier betont, dass LINQ eine offene Technologie ist, der jederzeit neue Provider hinzugefügt werden können. Die im .NET-Framework enthaltenen Implementierungen bilden lediglich eine Basis, die eine Menge von Grundbausteinen (Abfrage-Operatoren, Abfrageausdrücke, Abfragebäume) bereitstellt.

Die Einführung von LINQ machte mehrere Ergänzungen der .NET-Programmiersprachen erforderlich, von denen einige bereits in diesem Kapitel (Lambda-Ausdrücke) bzw. im einführenden Sprachkapitel 2 (Typinferenz) bzw. im OOP-Kapitel 3 (Objektinitialisierer) besprochen wurden. Auf zwei weitere Sprachfeatures (anonyme Typen und Erweiterungsmethoden), ohne die LINQ nicht möglich wäre, wollen wir im Folgenden kurz eingehen.

6.1.3 Anonyme Typen

Darunter verstehen wir einfache namenlose Klassen, die vom Compiler automatisch erzeugt werden und die nur über Eigenschaften und dazugehörige private Felder verfügen. "Namenlos" bedeutet, dass uns der Name der Klasse nicht bekannt ist und man deshalb keinen direkten Zugriff auf die Klasse hat. Lediglich eine Instanz steht zur Verfügung, die man ausschließlich lokal, d.h. im Bereich der Deklaration, verwenden kann.

Die Deklaration anonymer Typen erfolgt mittels eines anonymen Objekt-Initialisierers, d.h., man lässt beim Initialisieren einfach den Klassennamen weg. Der Compiler erzeugt die anonyme Klasse anhand der Eigenschaften im Objekt-Initialisierer und anhand des jeweiligen Typs der zugewiesenen Werte.

BEISPIEL 6.1: Eine Objektvariable *person* wird aus einer anonymen Klasse instanziiert.

```vb
Dim person = New With {.Nachname = "Müller", .Alter = 53}
```

Der Compiler generiert hierfür intern (in MSIL-Code) die folgende Klasse:

```
Friend Class ??????
    Private _nachname As String
    Private _alter As Integer

    Public Property Nachname() As String
        Get
            Return _nachname
        End Get
        Set(value As String)
            _nachname = value
        End Set
    End Property

    Public Property Alter() As Integer
        Get
            Return _alter
        End Get
        Set(value As Integer)
            _alter = value
        End Set
    End Property
End Class
```

HINWEIS: Da der Typ der Eigenschaften aus der jeweiligen Klasse bzw. Struktur des im Objekt-Initialisierer zugewiesenen Wertes abgeleitet wird, darf man hier nicht *Nothing* zuweisen, denn der Compiler kann in diesem Fall den Datentyp der Eigenschaft nicht bestimmen.

BEISPIEL 6.2: Fehlerhafter Code, der Compiler kann den Typ der Eigenschaft *Alter* nicht ableiten.

```vb
Dim person = New With {.Nachname = "Müller", .Alter = Nothing}    ' Fehler!
```

Sobald eine weitere anonyme Klasse deklariert wird, bei der im Objektinitialisierer Eigenschaften mit gleichem Namen, Typ und in der gleichen Reihenfolge wie bei einer anderen bereits vorhandenen anonymen Klassen angegeben sind, verwendet der Compiler die gleiche anonyme Klasse und es sind untereinander Zuweisungen möglich.

BEISPIEL 6.3: Da Name, Typ und Reihenfolge der Eigenschaften im Objektinitialisierer bei *person* **(siehe oben) und** *kunde* **identisch sind, ist eine direkte Zuweisung möglich.**

```
Dim kunde = New With {.Nachname = "Krause", .Alter = 29}
person = kunde
```

6.1.4 Erweiterungsmethoden

Normalerweise erlaubt eine objektorientierte Programmiersprache das Erweitern von Klassen durch Vererbung. Ab VB 9.0 wurde eine neue Syntax eingeführt, die das direkte Hinzufügen neuer Methoden zu einer vorhandenen Klasse erlaubt. Mit anderen Worten: Mit Erweiterungsmethoden können Sie einem Datentyp oder einer Schnittstelle Methoden außerhalb der Definition hinzufügen.

HINWEIS: In Visual Basic müssen sowohl die Erweiterungsmethode als auch das Modul, welches die Erweiterungsmethode enthält, mit dem Attribut *System.Runtime.Compiler-Services.Extension* versehen werden.

BEISPIEL 6.4: Die Klasse *System.Int32* **wird um die Methoden** *mult()* **und** *abs()* **erweitert.**

```
Imports System.Runtime.CompilerServices
...
<Extension()>
Public Module IntExtension
    <Extension()>
    Public Function mult(i As Integer, faktor As Integer) As Integer
        Return i * faktor
    End Function

    <Extension()>
    Public Function abs(i As Integer) As Integer
        If i < 0 Then i = -1 * i
        Return i
    End Function
End Module
```

Der Test:

```
Private Sub Button1_Click(sender As Object, e As EventArgs) Handles Button1.Click
    Dim zahl As Integer = -95
    TextBox1.Text = zahl.mult(7).ToString          ' -665
    TextBox2.Text = zahl.abs.ToString              '   95
End Sub
```

In diesem Beispiel kann man nun die Erweiterungsmethoden *mult* und *abs* für jede Integer Variable so nutzen, als wären diese Methoden direkt in der Basisklasse *System.Int32* als Instanzen-Methoden implementiert.

> **HINWEIS:** Falls in *System.Int32* bereits eine *abs*-Methode mit der gleichen Signatur wie die gleichnamige Erweiterungsmethode existieren würde, so hätte die in *System.Int32* bereits vorhandene Methode Vorrang vor der Erweiterungsmethode.

Erweiterungsmethoden ermöglichen es Ihnen, einem vorhandenen Typ neue Methoden hinzuzufügen, ohne den Typ tatsächlich zu ändern. Die Standardabfrageoperatoren in LINQ stellen eine Reihe von Erweiterungsmethoden dar, die Abfragefunktionen für jeden Typ bieten, der die generische *IEnumerable(Of T)*-Schnittstelle implementiert.

> **BEISPIEL 6.5: Durch die folgende Erweiterungsmethode wird der *String*-Klasse eine *Print*-Methode hinzugefügt.**
>
> ```
> <Extension()>
> Public Sub Print(s As String)
>     Console.WriteLine(s)
> End Sub
> ```
>
> Die Methode wird wie jede normale Instanzenmethode von *String* aufgerufen:
>
> ```
> Dim msg As String = "Hallo"
> msg.Print()
> ```

6.2 Abfragen mit LINQ to Objects

LINQ stellt bekanntlich grundlegende Abfragefunktionen in einer SQL-ähnlichen Syntax bereit. Dazu gehören zunächst als wichtigster Standard das Angeben einer Quelle (*From*), das Festlegen der zurückzugebenden Daten (*Select*), das Filtern (*Where*) und das Sortieren (*Order By*). Hinzu kommt eine Fülle weiterer Operatoren, wie z.B. für das Gruppieren, Verknüpfen und Sammeln von Datensätzen, auf welche wir aber erst später eingehen wollen.

6.2.1 Grundlegendes zur LINQ-Syntax

Die LINQ-Abfrageoperatoren sind als Erweiterungsmethoden (siehe Abschnitt 6.1.4) definiert und in der Regel auf beliebige Objekte anwendbar, die das generische Interface *IEnumerable(Of T)* implementieren.

> **BEISPIEL 6.6: Gegeben sei die Auflistung**
>
> ```
> Dim monate = {"Januar", "Februar", "März", "April", "Mai", "Juni",
>               "Juli", "August", "September", "Oktober", "November", "Dezember"}
> ```
>
> Die folgende LINQ-Abfrage selektiert die Monatsnamen mit einer Länge von 6 Buchstaben, wandelt sie in Großbuchstaben um und ordnet sie alphabetisch.
>
> ```
> Dim expr = From s In monate
>                 Where s.Length = 6
>                 Order By s
> ```

```
            Select s.ToUpper
```

Die Ergebnisanzeige:

```
For Each item As String In expr
    ListBox1.Items.Add(item)
Next item
```

Das Resultat:

```
AUGUST
JANUAR
```

Obiges Beispiel demonstriert das allgemeine Format einer LINQ-Abfrage:

SYNTAX: `From ... < Where ... Order By ... > Select ...`

Eine LINQ-Abfrage muss immer mit *From* beginnen. Im Wesentlichen durchläuft *From* eine Liste von Daten. Dazu wird eine Variable benötigt, die jedem einzelnen Datenelement in der Quelle entspricht.

HINWEIS: Wer die Sprache SQL kennt, der wird zunächst darüber irritiert sein, warum eine LINQ-Abfrage mit *From* und nicht mit *Select* beginnt. Der Grund hierfür ist der, dass nur so ein effektives Arbeiten mit der IntelliSense von Visual Studio möglich ist. Da zuerst die Datenquelle ausgewählt wird, kann die IntelliSense geeignete Typmitglieder für die Objekte der Auflistung anbieten.

Weiterhin erkennen Sie, wie vom neuen Sprachfeature der lokalen Typinferenz (implizite Variablendeklaration) Gebrauch gemacht wird, denn die Anweisung

```
Dim expr = From s In monate ...
```

ist für den Compiler identisch mit

```
Dim expr As IEnumerable(Of String) = From s In monate ...
```

6.2.2 Zwei alternative Schreibweisen von LINQ-Abfragen

Grundsätzlich sind für LINQ Abfragen zwei gleichberechtigte Schreibweisen möglich:

- Query Expression-Syntax (Abfrage-Syntax)

- Extension Method-Syntax[1] (Erweiterungsmethoden-Syntax)

Bis jetzt haben wir aber nur die Query Expression-Syntax verwendet. Um die volle Leistungsfähigkeit von LINQ auszuschöpfen, sollten Sie aber beide Syntaxformen verstehen.

---

[1] Die *Extension Method-Syntax* wird auch als *Dot Notation Syntax* bezeichnet.

BEISPIEL 6.7: Die LINQ-Abfrage des obigen Beispiels in Extension Method-Syntax.

```vb
Dim expr = monate.Where(Function(s) s.Length = 6).
               OrderBy(Function(s) s).
               Select(Function(s) s.ToUpper())
```

Oder kompakt in einer Zeile:

```vb
Dim expr = monate.Where(Function(s) s.Length = 6).OrderBy(Function(s) s).
                                              Select(Function(s)
s.ToUpper())
```

Wie Sie sehen, verwenden wir bei dieser Notation Erweiterungsmethoden und Lambda-Ausdrücke. Aber auch eine Kombination von *Query Expression-Syntax* mit *Extension Method-Syntax* ist möglich.

BEISPIEL 6.8: Obiges Beispiel in gemischter Syntax:

```vb
Dim expr = (From s In monate
              Where s.Length = 6
              Select s.ToUpper()).
              OrderBy(Function(s) s)
```

Hier wurde ein Abfrageausdruck in runde Klammern eingeschlossen, gefolgt von der Erweiterungsmethode *OrderBy*. Solange wie der Abfrageausdruck ein *IEnumerable* zurückgibt, kann darauf eine ganze Kette von Erweiterungsmethoden folgen.

Die Query Expression-Syntax (Abfragesyntax) ermöglicht das Schreiben von Abfragen in einer SQL-ähnlichen Weise. Wo immer es möglich ist, empfehlen wir, vor allem der besseren Lesbarkeit wegen, die Verwendung dieser Syntax. Letztendlich konvertiert jedoch der Compiler alle Queries in die andere, auf Erweiterungsmethoden basierende, Syntaxform. Dabei wird z.B. die Filterbedingung *Where* einfach in den Aufruf einer Erweiterungsmethode namens *Where* der *Enumerable*-Klasse übersetzt, die im Namespace *System.Linq* definiert ist.

Allerdings unterstützt die Query Expression-Syntax nicht jeden standardmäßigen Abfrage-Operator bzw. kann nicht jeden unterstützen den Sie selbst hinzufügen. In einem solchen Fall sollten Sie direkt die Extension Method-Syntax verwenden.

Abfrageausdrücke unterstützen eine Anzahl verschiedener "Klauseln", z.B. *Where, Select, Order By, Group By* und *Join*. Wie bereits erwähnt, lassen sich diese Klauseln in die gleichwertigen Operator-Aufrufe übersetzen, die wiederum über Erweiterungsmethoden implementiert werden. Die enge Beziehung zwischen den Abfrageklauseln und den Erweiterungsmethoden, welche die Operatoren implementieren, erleichtert ihre Kombination, falls die Abfragesyntax keine direkte Klausel für einen erforderlichen Operator unterstützt.

6.2.3   Übersicht der wichtigsten Abfrage-Operatoren

Die Klasse *Enumerable* im Namespace *System.Linq* stellt zahlreiche Abfrageoperatoren für LINQ to Objects bereit und definiert diese als Erweiterungsmethoden für Typen die *IEnumerable(Of T)* implementieren.

HINWEIS: Kommen bei der Extension Method-Syntax (Erweiterungsmethoden-Syntax) Abfrage-Operatoren bzw. -Methoden zur Anwendung, so sollten wir bei der Query Expression-Syntax (Abfrage-Syntax) präziser von Abfrage-Klauseln bzw. -Statements sprechen.

Die folgende Tabelle zeigt die wichtigsten standardmäßigen Abfrage-Operatoren von LINQ.

Bezeichnung der Gruppe	Operator
Beschränkungsoperatoren (Restriction)	*Where*
Projektionsoperatoren (Projection)	*Select, Select Many*
Sortieroperatoren (Ordering)	*Order By, Then By*
Gruppierungsoperatoren (Grouping)	*GroupBy*
Quantifizierungsoperatoren (Quantifiers)	*Any, All, Contains*
Aufteilungsoperatoren (Partitioning)	*Take, Skip, Take While, Skip While*
Mengenoperatoren (Sets)	*Distinct, Union, Intersect, Except*
Elementoperatoren (Elements)	*First, FirstOrDefault, ElementAt*
Aggregatoperatoren (Aggregation)	*Count, Sum, Min, Max, Average*
Konvertierungsoperatoren (Conversion)	*ToArray, ToList, ToDictionary*
Typumwandlungsoperatoren (Casting)	*OfType T*

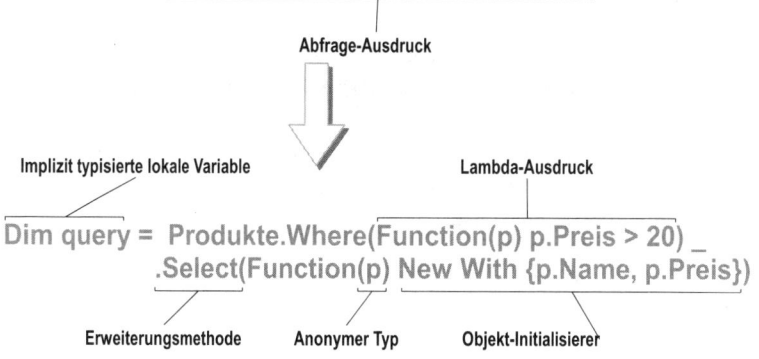

Die obige Abbildung illustriert an einem Beispiel, wie einige der bereits im Vorgängerabschnitt diskutierten neuen Sprach-Features in LINQ-Konstrukten zur Anwendung kommen und wie die Abfrage-Syntax vom Compiler in die äquivalente Erweiterungsmethoden-Syntax umgesetzt wird.

Der Let-Zuweisungsoperator

Um innerhalb einer LINQ-Abfrage bestimmte Zwischenergebnisse zuweisen zu können, verwenden Sie den *Let*-Operator.

BEISPIEL 6.9: LINQ-Abfrage zum Durchsuchen eines Verzeichnisbaums

```vb
Dim qryMatchFiles = From f In fList
                    Where f.Extension = ext
                    Let fText = File.ReadAllText(f.FullName)
                    Let matches = rgx.Matches(fText)
                    Where (matches.Count > 0)
                    Select Name = f.FullName,
                           Matches = From match As Match In matches
                                     Select match.Value
...
```

Das komplette Programm finden Sie im Praxisbeispiel

▶ 7.7.3 Mit LINQ und RegEx Verzeichnisbäume durchsuchen

6.3 LINQ-Abfragen im Detail

Das Ziel der folgenden Beispiele ist nicht die vollständige Erläuterung aller in obiger Tabelle aufgeführten Operatoren und deren Überladungen, sondern vielmehr eine Demonstration des prinzipiellen Aufbaus von Anweisungen zur Abfrage von Objektauflistungen.

In der Regel werden beide Syntaxformen (Query Expression-Syntax und Extension Method-Syntax) gegenübergestellt, denn nur so erschließt sich am ehesten das allgemeine Verständnis für die auch für den SQL-Kundigen nicht immer leicht durchschaubare Logik der LINQ-Operatoren bzw. -Abfragen.

Für die Beispiele zu LINQ to Objects wird überwiegend auf eine Datenmenge zugegriffen, deren Struktur das folgende, mit dem Klassendesigner von Visual Studio entwickelte, Diagramm zeigt.

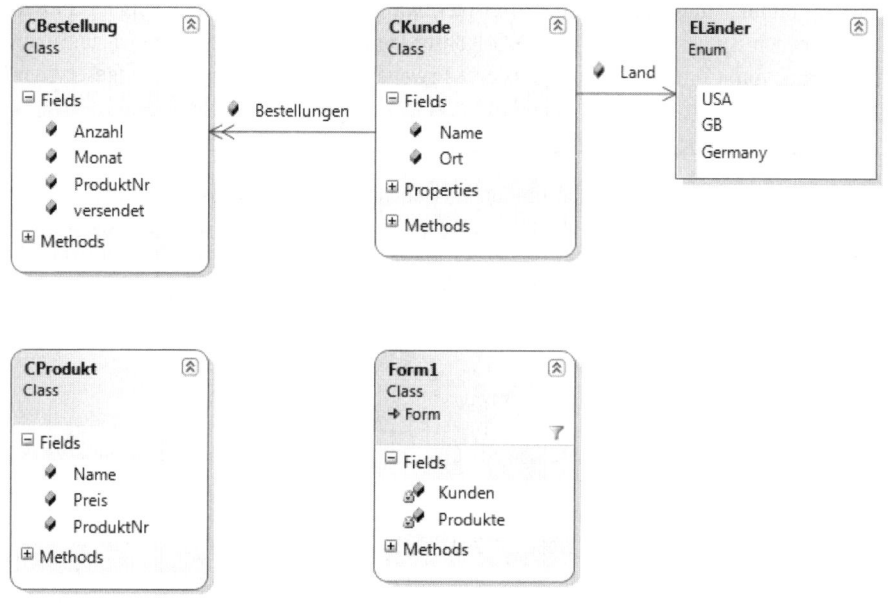

HINWEIS: Die verwendeten Daten haben ihren Ursprung nicht in einer Datenbank, sondern werden per Code erzeugt (Listing siehe Beispieldaten zum Buch).

6.3.1 Die Projektionsoperatoren Select und SelectMany

Diese Operatoren "projizieren" die Inhalte einer Quell-Auflistung in eine Ziel-Auflistung, die das Abfrageergebnis repräsentiert.

Select

Der Operator macht die Abfrageergebnisse über ein Objekt verfügbar, welches *IEnumerable(Of T)* implementiert.

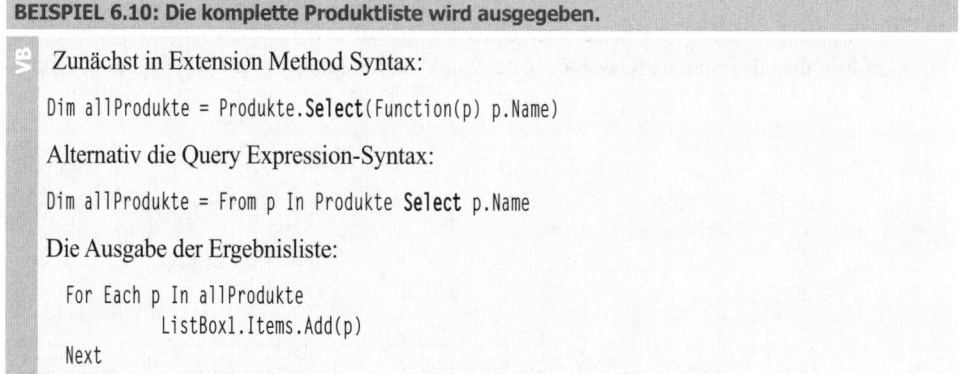

BEISPIEL 6.10: Die komplette Produktliste wird ausgegeben.

Zunächst in Extension Method Syntax:

```
Dim allProdukte = Produkte.Select(Function(p) p.Name)
```

Alternativ die Query Expression-Syntax:

```
Dim allProdukte = From p In Produkte Select p.Name
```

Die Ausgabe der Ergebnisliste:

```
For Each p In allProdukte
        ListBox1.Items.Add(p)
Next
```

BEISPIEL 6.10: Die komplette Produktliste wird ausgegeben.

Der Inhalt der *ListBox* sollte dann etwa folgenden Anblick bieten:

```
Marmelade
Quark
Mohrrüben
...
```

BEISPIEL 6.11: Das Abfrageergebnis wird auf einen anonymen Typ projiziert, der als Tupel (Datensatz) definiert ist.

```
Dim expr = Kunden.Select(Function(k) New With {k.Name, k.Ort})
```

Die Ausgabeschleife:

```
For Each k In expr
    ListBox1.Items.Add(k)
Next
```

Das Ergebnis:

```
{Name = Walter, Ort = Altenburg}
{Name = Thomas, Ort = Berlin} ...
```

SelectMany

Stände nur der *Select*-Operator zur Verfügung, so hätte man zum Beispiel bei der Abfrage der Bestellungen für alle Kunden eines bestimmten Landes das Problem, dass das Ergebnis vom Typ *IEnumerable(Of CBestellung)* wäre, wobei es sich bei jedem Element um ein Array mit den Bestellungen eines einzelnen Kunden handeln würde. Um einen praktikableren, d.h. weniger tief geschachtelten, Ergebnistyp zu erhalten, wurde der Operator *SelectMany* eingeführt.

BEISPIEL 6.12: Die Bestellungen aller Kunden aus Deutschland sollen ermittelt werden.

```
Dim bestellungen = Kunden.Where(Function(k) k.Land = ELänder.Germany).
                              SelectMany(Function(k) k.Bestellungen)
```

Alternativ der Abfrageausdruck in Query Expression Syntax:

```
Dim bestellungen = From k In Kunden
                   Where k.Land = ELänder.Germany
                   From b In k.Bestellungen
                   Select b
```

Das Auslesen des Ergebnisses der Abfrage:

```
For Each b In bestellungen
    ListBox1.Items.Add(b)
Next
```

BEISPIEL 6.12: Die Bestellungen aller Kunden aus Deutschland sollen ermittelt werden.

Das Ergebnis (Voraussetzung ist eine entsprechende Überschreibung der *ToString*-Methode der Klasse *CBestellung*):

```
ProdNr: 2 , Anzahl: 4 , Monat: März, Versand: False
ProdNr: 1 , Anzahl: 11, Monat: Juni , Versand: True
...
```

6.3.2 Der Restriktionsoperator Where

Dieser Operator schränkt die Ergebnismenge anhand einer Bedingung ein. Sein prinzipieller Einsatz wurde bereits in den Vorgängerbeispielen hinreichend demonstriert. Außerdem können auch Indexparameter verwendet werden, um die Filterung auf bestimmte Indexpositionen zu begrenzen.

BEISPIEL 6.13: Die Kunden an den Positionen 2 und 3 der Kundenliste sollen angezeigt werden.

```
Dim expr = Kunden.Where(Function(k, index) (index >= 2) And (index < 4)).
                                            Select(Function(k) k.Name)
```

Die Ausgabe:

```
For Each kd In expr
    ListBox1.Items.Add(kd)
Next
```

Das Ergebnis:

```
Holger
Fernando
```

6.3.3 Die Sortierungsoperatoren OrderBy und ThenBy

Diese Operatoren bewirken ein Sortieren der Elemente innerhalb der Ergebnismenge.

OrderBy/OrderByDescending

Das Pärchen ermöglicht Sortieren in auf- bzw. absteigender Reihenfolge.

BEISPIEL 6.14: Alle Produkte mit einem Preis kleiner gleich 20 sollen ermittelt und nach dem Preis sortiert ausgegeben werden (der teuerste zuerst).

```
Dim prod = Produkte.
           Where(Function(p) p.Preis <= 20).
           OrderByDescending(Function(p) p.Preis).
           Select(Function(p) New With {p.Name, p.Preis})
```

Oder alternativ als Abfrageausdruck:

```
Dim prod = From p In Produkte
           Where (p.Preis <= 20)
```

BEISPIEL 6.14: Alle Produkte mit einem Preis kleiner gleich 20 sollen ermittelt und nach dem Preis sortiert ausgegeben werden (der teuerste zuerst).

```
Order By p.Preis Descending
Select p.Name, p.Preis
```

Die Ausgabeschleife:

```
For Each p In prod
    ListBox1.Items.Add(p)
Next
```

```
{Name = Käse, Preis = 20}
{Name = Mohrrüben, Preis = 15}
...
```

ThenBy/ThenByDescending

Diese Operatoren verwendet man, wenn nacheinander nach mehreren Schlüsseln sortiert werden soll. Da *ThenBy* und *ThenByDescending* nicht auf den Typ *IEnumerable(Of T)*, sondern nur auf den Typ *IOrderedSequence(Of T)* anwendbar sind, können diese Operatoren nur im Anschluss an *OrderBy/ OrderByDescending* eingesetzt werden.

BEISPIEL 6.15: Alle Kunden sollen zunächst nach ihrem Land und dann nach ihren Namen sortiert werden.

```
Dim knd = Kunden.OrderBy(Function(k) k.Land).
            ThenBy(Function(k) k.Name).
            Select(Function(k) New With {k.Land, k.Name})
```

Der alternative Abfrageausdruck:

```
Dim knd = From k In Kunden
            Order By k.Land, k.Name
            Select k.Land, k.Name
```

Die Ausgabe

```
For Each ku In knd
    ListBox1.Items.Add(ku)
Next
```

... führt in beiden Fällen zu einem Ergebnis wie diesem:

```
{Land = USA, Name = Fernando}
{Land = USA, Name = Holger}
{Land = GB, Name = Alice}
{Land = Germany, Name = Thomas}
{Land = Germany, Name = Walter}
```

Reverse

Dieser Operator bietet eine einfache Möglichkeit, um die Aufeinanderfolge der Elemente im Abfrageergebnis umzukehren.

BEISPIEL 6.16: Das Vorgängerbeispiel mit umgekehrter Reihenfolge der Ergebniselemente:

```
Dim knd = Kunden.OrderBy(Function(k) k.Land).
          ThenBy(Function(k) k.Name).
          Select(Function(k) New With {k.Land, k.Name}).
          Reverse()
```

```
{Land = Germany, Name = Walter}
{Land = Germany, Name = Thomas}
...
```

6.3.4 Der Gruppierungsoperator GroupBy

Dieser Operator kommt dann zum Einsatz, wenn das Abfrageergebnis in gruppierter Form zur Verfügung stehen soll. *GroupBy* wählt die gewünschten Schlüssel-Elemente-Zuordnungen aus der abzufragenden Auflistung aus.

BEISPIEL 6.17: Alle Kunden nach Ländern gruppieren

```
Dim knd = Kunden.GroupBy(Function(k) k.Land)
```

Der alternative Abfrageausdruck:

```
Dim knd = From k In Kunden Group By k.Land Into Group
```

Durchlaufen der Ergebnismenge:

```
For Each kdGroup In knd
    ListBox1.Items.Add(kdGroup.Land)
    For Each kd In kdGroup.Group
        ListBox1.Items.Add("   " & kd.Name)
    Next
Next
```

Der Gruppenschlüssel (*kdGroup.Key*) ist hier das Land. Die Standardausgabe der Gruppenelemente erfolgt entsprechend der überschriebenen *ToString*-Methode der Klasse *CKunden* (siehe Beispieldaten zum Buch):

```
Germany
    Walter - Altenburg - Germany
    Thomas - Berlin - Germany
USA
    Holger - Washington - USA
    Fernando - New York - USA
GB
    Alice - London - GB
```

Der *GroupBy*-Operator existiert in mehreren Überladungen, die alle den Typ *IEnumerable(Of IGrouping(Of K, T)* liefern. Die generische Schnittstelle *IGrouping(Of K, T)* definiert einen spezifischen Schlüssel vom Typ *K* für die Gruppenelemente (Typ *T*).

BEISPIEL 6.18: Alle Produkte werden nach ihren Anfangsbuchstaben gruppiert

```vb
Dim prodGroups = Produkte.GroupBy(Function(p) p.Name(0), Function(p) p.Name)
```

Die (verschachtelte) Ausgabeschleife:

```vb
For Each pGroup In prodGroups
    ListBox1.Items.Add(pGroup.Key)
    For Each p In pGroup
        ListBox1.Items.Add("  " & p)
    Next
Next
```

```
M
  Marmelade
  Mohrrüben
  Mehl
Q
  Quark
K
  Käse
H
  Honig
```

BEISPIEL 6.19: Zum gleichen Resultat wie das Vorgängerbeispiel führt der folgende Code unter Verwendung eines Abfrageausdrucks

```vb
Dim prodGroups = From p In Produkte
                 Group By FirstLetter = p.Name(0)
                 Into prods = Group
```

Die (verschachtelte) Ausgabeschleife:

```vb
For Each pGroup In prodGroups
    ListBox1.Items.Add(pGroup.FirstLetter)
    For Each pr In pGroup.prods
        ListBox1.Items.Add("  " & pr.Name)
    Next
Next
```

6.3.5 Verknüpfen mit Join

Mit diesem Operator definieren Sie Beziehungen zwischen verschiedenen Auflistungen. Im folgenden Beispiel werden Bestelldaten auf Produkte projiziert.

BEISPIEL 6.20: Die Bestellungen aller Kunden werden aufgelistet.

```
Dim bestprod = Kunden.
                SelectMany(Function(k) k.Bestellungen).
                Join(Produkte, Function(b) b.ProduktNr,
                Function(p) p.ProduktNr, Function(b, p) New With {b.Monat, p.ProduktNr,
                p.Name, p.Preis, b.versendet})
```

Alternativ die Notation in Abfragesyntax:

```
Dim bestprod = From k In Kunden
                From b In k.Bestellungen
                Join p In Produkte On b.ProduktNr Equals p.ProduktNr
                Select New With {b.Monat, p.ProduktNr, p.Name, p.Preis, b.versendet}
```

Beim Vergleich (*Equals*) ist zu beachten, dass zuerst der Schlüssel der äußeren Auflistung (*b.ProduktNr*) und dann der der inneren Auflistung (*p.ProduktNr*) angegeben werden muss.

Die Anzeigeroutine:

```
For Each bp In bestprod
    ListBox1.Items.Add(bp)
Next
```

Das Ergebnis liefert die Übersicht über alle Bestellungen:

```
{Monat = März, ProduktNr = 2, Name = Quark, Preis = 10, versendet = False}
{Monat = Juni, ProduktNr = 1, Name = Marmelade, Preis = 5, versendet = False}
{Monat = November, ProduktNr = 3, Name = Mohrrüben, Preis = 15, versendet = True}
{Monat = November, ProduktNr = 5, Name = Honig, Preis = 25, versendet = True}

{Monat = Juni, ProduktNr = 6, Name = Mehl, Preis = 30, versendet = False}
{Monat = Februar, ProduktNr = 4, Name = Käse, Preis = 20, versendet = True} ...
```

6.3.6　Aggregat-Operatoren

Zum Abschluss unserer Stippvisite bei den LINQ-Operatoren wollen wir noch einen kurzen Blick auf eine weitere wichtige Familie werfen. Diese Operatoren, zu denen *Count*, *Sum*, *Max*, *Min*, *Average* etc. gehören, setzen Sie ein, wenn Sie verschiedenste Berechnungen mit den Elementen der Datenquelle durchführen wollen.

Count

Die von diesem Operator durchzuführende Aufgabe ist sehr einfach, es wird die Anzahl der Elemente in der abzufragenden Auflistung ermittelt.

BEISPIEL 6.21: Alle Kunden sollen, zusammen mit der Anzahl der von ihnen aufgegebenen Bestellungen, angezeigt werden.

```
Dim kdn = Kunden.
            Select(Function(k) New With {k.Name, k.Ort, .AnzahlBest = k.Bestellungen.Count})
```

BEISPIEL 6.21: Alle Kunden sollen, zusammen mit der Anzahl der von ihnen aufgegebenen Bestellungen, angezeigt werden.

Oder das Gleiche in Abfrage-Syntax:

```
Dim kdn = From k In Kunden
          Select k.Name, k.Ort, AnzahlBest = k.Bestellungen.Count()
```

Wir iterieren durch die Ergebnismenge:

```
For Each ku In kdn
    ListBox1.Items.Add(ku)
Next
```

```
{Name = Walter, Ort = Altenburg, AnzahlBest = 1}
{Name = Thomas, Ort = Berlin, AnzahlBest = 2}
...
```

Wie Sie sehen, scheint die Anwendung dieser Operatoren einfach und leicht verständlich zu sein.

Sum

Wie es der Name schon vermuten lässt, können mit diesem Operator verschiedenste Summen aus den Elementen der Quell-Auflistung gebildet werden. Zunächst ein einfaches Beispiel.

BEISPIEL 6.22: Die Summe aller Preise der Produktliste

```
Dim total = Produkte.Sum(Function(p) p.Preis)
```

Die alternative Abfrage-Syntax (eigentlich gemischte Syntax):

```
Dim total = (From p In Produkte Select p.Preis).Sum()
```

Die Ausgabe

```
ListBox1.Items.Add(total)
```

... liefert mit den ursprünglichen Beispieldaten den Wert *105*.

Das folgende Beispiel ist nicht mehr ganz so trivial, da sich hier der *Sum*-Operator innerhalb einer verschachtelten Abfrage versteckt.

BEISPIEL 6.23: Die Gesamtsumme der von allen Kunden aufgegebenen Bestellungen wird ermittelt

```
Dim expr = From k In Kunden
           Join b In
           (From k In Kunden
            From b In k.Bestellungen
            Join p In Produkte
            On b.ProduktNr Equals p.ProduktNr
            Select New With {k.Name, .BestellBetrag = b.Anzahl * p.Preis})
           On k.Name Equals b.Name
```

BEISPIEL 6.23: Die Gesamtsumme der von allen Kunden aufgegebenen Bestellungen wird ermittelt

```
For Each k In expr
    ListBox1.Items.Add(k.b)
Next
```

{Name = Walter, BestellBetrag = 40}
{Name = Thomas, BestellBetrag = 340}
...

6.3.7 Verzögertes Ausführen von LINQ-Abfragen

Normalerweise werden LINQ-Ausdrücke nicht bereits bei ihrer Definition, sondern erst bei Verwendung der Ergebnismenge ausgeführt. Damit hat man die Möglichkeit, nachträglich Elemente zu der abzufragenden Auflistung hinzuzufügen bzw. zu ändern, ohne dazu die Abfrage nochmals neu erstellen zu müssen.

BEISPIEL 6.24: Alle Produkte, die mit dem Buchstaben "M" beginnen, sollen ermittelt werden.

```
Dim MProds = From p In Produkte Where p.Name(0) = "M" Select p.Name
```

Die Ergebnismenge wird das erste Mal durchlaufen und angezeigt:

```
For Each prod In MProds
    ListBox1.Items.Add(prod)
Next prod
ListBox1.Items.Add("----------")
```

Anschließend ändern wir ein Element in der der Abfrage zugrundeliegenden Quelle:

```
Produkte(0).Name = "Milch"
```

... und durchlaufen die Ergebnismenge ein zweites Mal:

```
For Each prod In MProds
    ListBox1.Items.Add(prod)
Next prod
```

Die Ausgabe im Listenfeld zeigt, dass in der zweiten Ergebnismenge das geänderte Element erscheint:

```
Marmelade
Mohrrüben
Mehl
----------
Milch
Mohrrüben
Mehl
```

Wir sehen, dass die definierte Abfrage immer dann neu ausgeführt wird, wenn wir (wie hier in der *For Each*-Schleife) auf das Abfrageergebnis (*MProds*) zugreifen.

Abfragen dieser Art bezeichnet man deshalb auch als "verzögerte Abfragen". Mitunter aber ist dieses Verhalten nicht erwünscht, d.h., man möchte das Abfrageergebnis nicht verzögert, sondern sofort nach Definition der Abfrage zur Verfügung haben. Das hätte auch den Vorteil, dass sich die Performance verbessert, weil die Abfrage nicht (wie im Beispiel innerhalb der *For Each*-Schleife) immer wieder zur Ausführung kommt. Abhilfe schafft hier die im nächsten Abschnitt beschriebene Anwendung von Konvertierungsmethoden.

6.3.8 Konvertierungsmethoden

Zu dieser Gruppe gehören *ToArray*, *ToList*, *ToDictionary*, *AsEnumerable*, *Cast* und *ToLookup*. Sowohl die Methoden *ToArray* als auch *ToList* forcieren ein sofortiges Durchführen der Abfrage.

BEISPIEL 6.25: Das Vorgängerbeispiel wird wiederholt, diesmal aber wird das Abfrageergebnis in einem Array zwischengespeichert.

```vb
Dim MProds = (From p In Produkte Where p.Name(0) = "M" Select p.Name).ToArray
...
```

Die Änderung der Quellfolge bleibt jetzt ohne Konsequenz für das Abfrageergebnis:

```vb
Produkte(0).Name = "Milch"
...
```

```
Marmelade
Mohrrüben
Mehl
----------
Marmelade
Mohrrüben
Mehl
```

6.3.9 Abfragen mit PLINQ

PLINQ ist eine parallele Implementierung von LINQ to Objects und kombiniert die Einfachheit und Lesbarkeit der LINQ Syntax mit der Leistungsfähigkeit der parallelen Programmierung. PLINQ besitzt das komplette Angebot an Standard-Abfrageoperatoren und hat zusätzliche Operatoren für parallele Operationen.

Als Reaktion auf die zunehmende Verfügbarkeit von Mehrprozessorplattformen bietet PLINQ eine einfache Möglichkeit, die Vorteile paralleler Hardware einschließlich herkömmlicher Mehrprozessorcomputer und der neueren Generation von Mehrkernprozessoren zu nutzen.

HINWEIS: In vielen Szenarien kann PLINQ signifikant die Geschwindigkeit von LINQ to Objects-Abfragen steigern, da es alle verfügbaren Prozessoren des Computers effizient nutzt.

Wer bereits mit LINQ vertraut ist, dem wird der Umstieg auf PLINQ kaum Sorgen bereiten. Die Verwendung von PLINQ entspricht meistens exakt der von LINQ-to-Objects und LINQ-to-XML. Sie können beliebige der bereits bekannten Operatoren nutzen, wie zum Beispiel *Join*, *Select*, *Where* usw.

Damit können Sie auch unter PLINQ Ihre bereits vorhandenen LINQ-Abfragen auf gewohnte Weise weiter verwenden, wenn Sie dabei einen wesentlichen Unterschied beachten:

HINWEIS: Parallelisieren Sie die Abfrage durch Aufruf der Erweiterungsmethode *AsParallel*!

Die Erweiterungsmethode *AsParallel* gehört zur *System.Linq.ParallelQuery*-Klasse, diese ist in der *System.Core.dll* enthalten und repräsentiert eine parallele Sequenz. *AsParallel* kann auf jeder Datenmenge ausgeführt werden, die *IEnumerable(Of T)* implementiert.

Der Aufruf von *AsParallel* veranlasst den VB-Compiler, die parallele Version der Standard-Abfrageoperatoren zu binden. Damit übernimmt PLINQ die weitere Verarbeitung der Abfrage.

BEISPIEL 6.26: Eine einfache LINQ-Abfrage über eine Liste von Integer-Zahlen

```vb
Dim zahlen = { 0, 1, 2, 3, 4, 5, 6, 7, 8, 9 }
```

Oder auch:

```vb
Dim q = From x in zahlen
        Where x > 3
        Order By x Descending
        Select x
```

Erst beim Iterieren über die Liste wird die Abfrage ausgeführt:

```vb
For Each z In q
    ListBox1.Items.Add(z.ToString)          ' 9, 8, 7, 6, 5, 4
Next
```

Um dieselbe Abfrage mittels PLINQ auszuführen, ist lediglich *AsParallel* auf den Daten aufzurufen:

BEISPIEL 6.27: Die Abfrage im obigen Beispiel mit PLINQ

```vb
...
Dim q = From x in zahlen.AsParallel
        Where x > 3
        Order By x Descending
        Select x
...
```

Die Abfragen in obigen Beispielen wurden in Query Expression-Syntax geschrieben. Alternativ kann man natürlich auch die Extension Method-Syntax[1] verwenden.

BEISPIEL 6.28: Beide obigen Abfragen in Erweiterungsmethoden-Syntax

Einfache LINQ-Version:

```
...
Dim q = zahlen.
        Where(Function(x) x > 3).
        OrderByDescending(Function(x) x).
        Select(Function(x) x)
...
```

PLINQ-Version:

```
...
Dim q = zahlen.AsParallel.
        Where(Function(x) x > 3).
        OrderByDescending(Function(x) x).
        Select(Function(x) x)
...
```

Nach dem Aufruf der *AsParallel*-Methode führt PLINQ transparent die Erweiterungsmethoden (*Where*, *OrderBy*, *Select*,...) auf allem verfügbaren Prozessoren aus. Genauso wie LINQ realisiert auch PLINQ eine verzögerte Ausführung von Abfragen, d.h., erst beim Durchlaufen der *For Each*-Schleife, beim Direktaufruf von *GetEnumerator*, oder beim Eintragen der Ergebnisse in eine Liste (*ToList*, *ToDictionary*,...) wird die Datenmenge abgefragt. Dann kümmert sich PLINQ darum, dass bestimmte Teile der Abfrage auf verschiedenen Prozessoren laufen, was mit versteckten multiplen Threads umgesetzt wird. Sie als Programmierer brauchen das nicht zu verstehen, Sie merken lediglich an der höheren Performance, dass die Prozessoren besser ausgelastet werden.

Probleme mit der Sortierfolge

Wie sollte es anders sein, bei genauerem Hinsehen werden Sie feststellen, dass es doch nicht ganz so unkompliziert ist, LINQ-Abfragen zu parallelisieren. Ganz abgesehen davon, dass die Parallelisierung nicht immer den erhofften Geschwindigkeitszuwachs bringt, habe wir es noch mit einem schwierigen und vor allem nicht gleich erkennbaren Problem zu tun: der Sortierfolge. Diese bereitet im Zusammenhang mit der parallelen Verarbeitung teilweise recht große Probleme, da auch bei einer geordneten Ausgangsmenge nicht eindeutig ist, in welcher Reihenfolge die Elemente durch PLINQ verarbeitet werden. Je nach LINQ-Operator kann es zu recht merkwürdigen Ergebnissen kommen[2].

---

[1] Der Compiler konvertiert die Query Expression-Syntax ohnehin in die Extension Method-Syntax, sodass letztendlich bei beiden Syntaxformen Erweiterungsmethoden aufgerufen werden.

[2] Dies ist auch von der Anzahl der Prozessoren und der Größe der Datenmenge abhängig.

Aus diesem Grund wurde die Erweiterungsmethode *AsOrdered* eingeführt. Verwenden Sie diese im Zusammenhang mit *AsParallel,* wird die Sortierfolge der Ausgangsmenge in jedem Fall beibehalten.

BEISPIEL 6.29: Verwendung von *AsOrdered*

```
Dim zahlen = {7, 4, 2, 3, 1, 6, 11, 5, 10, 8, 9, 13, 12}
Dim q = (From x In zahlen.AsParallel.AsOrdered
    Where x > 3
    Select x).
    Take(5)                                    ' nur die ersten fünf
```

Das Ergebnis wird in jedem Fall

```
7, 4, 6, 11, 5
```

sein. Lassen Sie *AsOrdered* weg, sind weder die obige Reihenfolge noch die Zahlen eindeutig bestimmbar. Unter Umständen könnte auch

```
13, 7, 11, 6, 5
```

ausgegeben werden.

Wie sich Sortierfolgen auf bestimmte Operatoren auswirken, beschreibt im Detail die folgende Webseite:

LINK: http://msdn.microsoft.com/en-us/library/dd460677(v=vs.110).aspx

---

HINWEIS: Grundsätzlich jedoch gilt: Vermeiden Sie im Zusammenhang mit PLINQ die Anwendung von Sortieroperationen, diese machen die Vorteile von PLINQ durch erhöhten Verwaltungsaufwand meist wieder zunichte.

6.4 Praxisbeispiele

6.4.1 Die Syntax von LINQ-Abfragen verstehen

In diesem Rezept lernen Sie den prinzipiellen Aufbau von LINQ[1]-Abfragen kennen. Im Zusammenhang damit kommen Sprachfeatures wie Typinferenz, Lambda-Ausdrücke und Erweiterungsmethoden zum Einsatz.

Prinzipiell gibt es zwei verschiedene Syntaxformen für LINQ-Abfragen

- *Query Expression-Syntax*
  Hier werden Standard-Query-Operatoren verwendet.

- *Extension Method-Syntax*
  Hier kommen Erweiterungsmethoden zur Anwendung.

---

[1] *Language Integrated Query*

Im Folgenden werden beide Syntaxformen demonstriert, um den Inhalt eines Integer-Arrays zu verarbeiten. Außerdem wird eine Mischform vorgeführt.

Oberfläche

Auf dem Startformular *Form1* finden eine *ListBox* und vier *Button*s ihren Platz (siehe Laufzeitansicht).

Quellcode

In der Regel ist der *System.Linq* Namespace bereits standardmäßig eingebunden, sodass die folgende Anweisung entfallen kann:

```
Imports System.Linq
```

```
Public Class Form1
```

Das abzufragende Integer-Array enthält irgendwelche ganzzahligen Werte:

```
Private zahlen() As Integer = {5, -4, 18, 26, 0, 19, 16, 2, -1, 0, 9, -5, 8, 15, 19}
```

Die Abfrage in Query Expression Syntax:

```
Private Sub Button1_Click(sender As Object, e As EventArgs) Handles Button1.Click
```

Im Abfrageergebnis sollen alle Zahlen, die größer als 10 sind, enthalten sein und nach ihrer Größe sortiert werden. Im Abfrageausdruck kommen die SQL-ähnlichen Standard-Abfrageoperatoren (*From*, *Where*, *Order By*, *Select*) zum Einsatz:

```
Dim expr = From z In zahlen
           Where z > 10
           Order By z
           Select z
```

HINWEIS: Obige Definition hat noch nicht die Ausführung der Abfrage zur Folge (siehe Bemerkungen)! Gleiches gilt auch für die späteren zwei Abfrageausdrücke.

Ausführen der Abfrage und Anzeige des Abfrageergebnisses:

```
For Each z As Integer In expr
    ListBox1.Items.Add(z.ToString)
Next z
End Sub
```

Dieselbe Abfrage in Extension Method Syntax:

```
Private Sub Button2_Click(sender As Object, e As EventArgs) Handles Button2.Click
```

Hier werden im Abfrageausdruck so genannte Erweiterungsmethoden (*Where*, *OrderBy*, *Select*) zusammen mit Lambda-Ausdrücken (*Function(z) z*) benutzt:

```
Dim expr = zahlen.Where(Function(z) z > 10).
               OrderBy(Function(z) z).
```

```
        Select(Function(z) z)
```

Ausführen der Abfrage und Anzeige des Abfrageergebnisses:

```
    For Each z As Integer In expr
        ListBox1.Items.Add(z.ToString)
    Next z
End Sub
```

Schließlich die gleiche Abfrage in gemischter Syntax:

```
    Private Sub Button3_Click(sender As Object, e As EventArgs) Handles Button3.Click
```

Hier wird der erste (geklammerte) Teil des Abfrageausdrucks in Query Expression Syntax, und der zweite (mit einem Punkt eingeleitete) Teil in Extension Method Syntax geschrieben:

```
    Dim expr = (From z In zahlen
                Where z > 10
                Select z).
                OrderBy(Function(z) z)
```

Ausführen der Abfrage und Anzeige des Abfrageergebnisses:

```
    For Each z As Integer In expr
        ListBox1.Items.Add(z.ToString)
    Next z
End Sub
```

ListBox-Inhalt löschen:

```
    Private Sub Button4_Click(sender As Object, e As EventArgs) Handles Button4.Click
        ListBox1.Items.Clear()
    End Sub
End Class
```

Test

Egal, welche der drei Schaltflächen Sie klicken, das Ergebnis wird stets dasselbe sein:

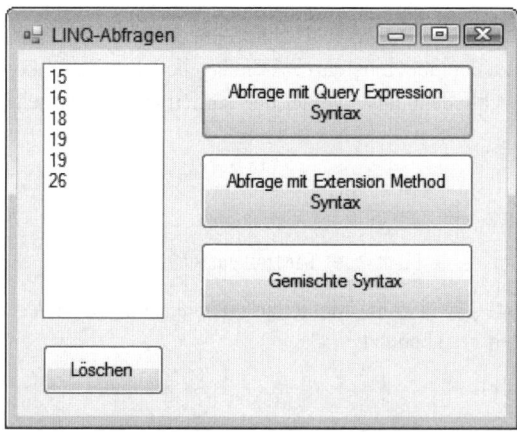

Bemerkungen

■ Die Abfrage wird mit Definition des Abfrageausdrucks *expr* noch nicht ausgeführt! Sie können
   sich leicht selbst davon überzeugen, indem Sie **nach** Definition von *expr* den Inhalt der *zahlen*-
   Collection manipulieren. Das angezeigte Ergebnis bezieht sich immer auf den aktuellen Inhalt
   der Collection.

■ Unter *Typinferenz* versteht man ein Sprachmerkmal welches es erlaubt, dass der Datentyp **lokaler** Variablen bei der Deklaration vom Compiler automatisch ermittelt wird, ohne dass explizit
   der Typ angegeben werden muss Wie wir gesehen haben, erweist sich dieses Feature vor allem
   für *anonyme Typen* als praktisch bzw. notwendig.

■ Bei den *Lambda-Ausdrücken* handelt es sich vom Prinzip her um nichts weiter als um funktio-
   nal erweiterte *anonyme Methoden*. Der offensichtlichste Unterschied zeigt sich in der Syntax,
   auf die Parameterliste folgt das Schlüsselwort *Function*, danach kommt eine einzelne Anweisung oder ein Anweisungsblock.

■ Normalerweise erlaubt eine objektorientierte Programmiersprache das Erweitern von Klassen
   durch Vererbung. VB führt eine Syntax ein, die das direkte Hinzufügen neuer Methoden zu
   einer vorhandenen Klasse erlaubt. Diese so genannten *Erweiterungsmethoden* werden als statische Methoden in einer neuen statischen Klasse implementiert und können dann wie eine
   normale Methode (d.h. Instanzmethode) des erweiterten Datentyps aufgerufen werden.

■ Nicht nur Zahlen-Auflistungen, wie im vorliegenden Rezept, sondern jede Collection, die das
   System.Collections.Generic.IEnumerable Interface (oder das generische Interface *IEnume-
   rable(Of T)* unterstützt, kann mit LINQ verarbeitet werden.

6.4.2 Aggregat-Abfragen mit LINQ

Im vorliegenden Rezept demonstrieren wir, wie anhand von Aggregat-Abfragen eine Auflistung
von Gleitkommazahlen (z.B. eine Messwertliste) nach verschiedenen Kriterien ausgewertet werden
kann. Gewissermaßen als "Nebeneffekt" wird die Liste auch noch sortiert.

Oberfläche

Diesmal wollen wir das Array nicht fest kodieren, sondern dem Benutzer die Möglichkeit überlassen, eine beliebige Menge von Gleitkommazahlen über eine *TextBox* einzugeben. Die Zahlenkolonne wird in einer *ListBox* dargestellt und anschließend ausgewertet und sortiert angezeigt (siehe
Laufzeitansicht).

Quellcode

```
Public Class Form1
```
Start:
```
    Private Sub Button1_Click(sender As Object, e As EventArgs) Handles Button1.Click
```

Länge der Zahlenliste wird bestimmt:

```
Dim n As Integer = ListBox1.Items.Count        ' Anzahl der Werte
If n = 0 Then Exit Sub
```

Zahlen werden aus der *ListBox* an ein *Single*-Array übergeben:

```
Dim zahlen(n - 1) As Single
For i As Integer = 0 To n - 1
    zahlen(i) = Convert.ToSingle(ListBox1.Items(i))
Next i
```

Die Abfrage wird definiert:

```
Dim expr = From z In zahlen
           Order By z
           Select z
```

Nacheinander wird der Abfrage-Ausdruck für verschiedene Aggregat-Methoden ausgewertet:

```
Dim count = expr.Count()            ' Anzahl
Label1.Text = count.ToString
Dim sum = expr.Sum()                ' Summe
Label2.Text = sum.ToString
Dim avg = expr.Average()            ' Durchschnitt
Label3.Text = avg.ToString
Dim max = expr.Max()                ' Maximum
Label4.Text = max.ToString
Dim min = expr.Min()                ' Minimum
Label5.Text = min.ToString
```

Sortierte Anzeige in der *ListBox*:

```
ListBox1.Items.Clear()
For Each z As Single In expr
    ListBox1.Items.Add(z.ToString)
Next z
End Sub
```

Eine in die *TextBox* eingegebene Zahl wird mittels Enter-Taste in die *ListBox* übernommen:

```
Private Sub TextBox1_KeyUp(sender As Object, e As KeyEventArgs) Handles TextBox1.KeyUp
    If e.KeyCode = Keys.Enter Then
        ListBox1.Items.Add(TextBox1.Text)
        TextBox1.Clear()
    End If
End Sub
```

ListBox-Inhalt löschen:

```
Private Sub Button2_Click(sender As Object, e As EventArgs) Handles Button2.Click
    ListBox1.Items.Clear()
End Sub
End Class
```

Test

Nach Eingabe einer Zahlenkolonne (Dezimaltrennzeichen ist natürlich das Komma!) können Sie Auswertung und Sortierung starten:

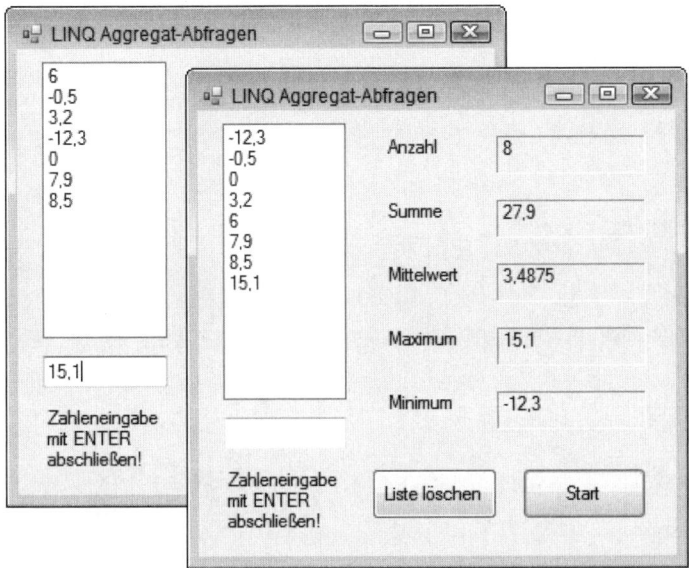

Bemerkungen

- Um die Zahlenreihe anstatt in aufsteigender, in absteigender Reihenfolge zu sortieren, ist im Abfrageausdruck die Klausel ***Order By z*** zu ersetzen durch ***Order By z Descending***.

- Die Wirkung der Aggregatmethoden (*Count, Sum, Average, Min, Max*) ist völlig unabhängig davon, ob die zugrunde liegende Zahlenmenge sortiert ist oder nicht.

Teil **II**

Teil II: Technologien

- **Zugriff auf das Dateisystem**
- **Dateien lesen und schreiben**
- **Asynchrone Programmierung**
- **Die Task Parallel Library**
- **Fehlersuche und Behandlung**

Kapitel 7

Zugriff auf das Dateisystem

Gewissermaßen als "Vorläufer" der Datenbanken dienen Dateien dazu, Daten auf Festplatte (oder anderen Speichermedien) dauerhaft zu sichern bzw. Daten zwischen einer Quelle und einem Ziel zu transportieren.

Inhalt des vorliegenden Kapitels ist aber zunächst nur die Arbeit auf Verzeichnisebene, womit das Erstellen, Löschen, Kopieren, Verschieben, Umbenennen, Durchsuchen und Überwachen von Verzeichnissen und Dateien gemeint ist.

HINWEIS: Zum Lesen und Abspeichern von Datei-Inhalten sowie zum Arbeiten mit Streams kommen wir erst im nachfolgenden Kapitel!

7.1 Grundlagen

Wenn Sie an Dateien denken, so fallen Ihnen dazu meist Begriffe wie Dateinamen, Dateigröße, Dateiattribute und Dateiverzeichnis ein. Als Programmierer sollten Sie aber auch den tieferen Sinn des Datei-Systems von Windows verstanden haben:

- Eine **Datei** unter Windows ist eine geordnete und benannte Sammlung von Byte-Folgen, die persistent (meist auf Festplatte) abgespeichert sind.

- Ein **Verzeichnis** (bzw. Ordner) in Windows ist einfach ein anderer Dateityp, der wiederum andere Dateien und Unterverzeichnisse enthalten kann.

In früheren Programmiersprachen waren Sie meist auf das *FileSystemObject* oder den Direktzugriff auf die Win32 API angewiesen, um Ihre Datei-Operationen zu implementieren.

HINWEIS: Das .NET-Framework stellt im Namespace *System.IO* eine Anzahl leistungsfähiger Klassen zur Verfügung, die den Zugriff auf das Windows-Dateisystem vereinfachen.

7.1.1 Klassen für Verzeichnis- und Dateioperationen

Die wichtigsten Klassen für Manipulationen mit Verzeichnissen und Dateien sind die Pärchen *Directory/DirectoryInfo* und *File/FileInfo*, die sich vor allem hinsichtlich ihrer Instanziierbarkeit unterscheiden. Weitere interessante Klassen des *System.IO*-Namespace entnehmen Sie der folgenden Tabelle.

Übersicht

Klasse	Beschreibung
Directory	Die statischen Methoden erlauben das Erstellen, Verschieben und Benennen von Verzeichnissen und Unterverzeichnissen.
DirectoryInfo	Ähnelt der *Directory*-Klasse, enthält aber nur Instanz-Methoden.
Path	Die statischen Methoden erlauben die plattformübergreifende Arbeit mit Verzeichnissen.
File	Die statischen Methoden erlauben das Erzeugen, Kopieren, Löschen, Verschieben und Öffnen von Dateien.
FileInfo	Ähnelt der *File*-Klasse, enthält aber nur Instanz-Methoden.
FileSystemWatcher	Löst Ereignisse zum Überwachen des Dateisystems aus.
DriveInfo	Liefert Laufwerksinformationen

Die Methoden der Klassen *File* und *FileInfo* liefern auch die Voraussetzungen für den Schreib- und Lesezugriff auf Dateien.

HINWEIS: Beachten Sie auch die Unter-Namensräume wie *System.IO.Compression* (Komprimieren von Daten) und *System.IO.Ports* (Zugriff auf die serielle Schnittstelle).

7.1.2 Statische versus Instanzen-Klasse

Bei den **statischen** Klassen *File*, *Directory* und *Path* müssen Sie jeder Methode den Dateinamen oder den Verzeichnispfad übergeben. Das kann dann ziemlich lästig werden, wenn Sie diese Methoden öfters hintereinander aufrufen müssen. Die entsprechenden Eigenschaften der **Instanzen**-Klassen *FileInfo* und *DirectoryInfo* hingegen erlauben es Ihnen, den Datei- oder Verzeichnisnamen bereits im Konstruktor einmalig zu spezifizieren.

BEISPIEL 7.1: Zwei alternative Möglichkeiten zum Anzeigen von Erstellungsdatum und Zeitpunkt des letzten Zugriffs auf die Datei *c:\test\info.txt*

```
Imports System.IO

Mit statischer Klasse:

Label1.Text = File.GetCreationTime("c:\test\info.txt").ToString
Label2.Text = File.GetLastAccessTime("c:\test\info.txt").ToString
```

> **BEISPIEL 7.1: Zwei alternative Möglichkeiten zum Anzeigen von Erstellungsdatum und Zeitpunkt des letzten Zugriffs auf die Datei *c:\test\info.txt***
>
> Oder mit Instanzen-Klasse:
>
> ```
> Dim myFile As New FileInfo("c:\test\info.txt")
> Label1.Text = myFile.CreationTime.ToString
> Label2.Text = myFile.LastAccessTime.ToString
> ```

Ein weiterer wichtiger Unterschied zwischen beiden Klassen soll keinesfalls verschwiegen werden:

HINWEIS: Wenn Sie mit den Methoden der statischen Klassen *File*, *Directory* und *Path* arbeiten, werden Sicherheitsüberprüfungen bei **jedem** Methodenaufruf vorgenommen, bei den Instanzen-Methoden der Klassen *FileInfo* und *DirectoryInfo* geschieht dies nur ein einziges Mal.

7.2 Übersichten

Die folgenden Zusammenstellungen sind keinesfalls vollständig und sollen Ihnen lediglich die Orientierung im Gewirr der vielfältigen Methoden und Eigenschaften erleichtern.

HINWEIS: Zu praktischen Beispielen kommen wir in den Abschnitten 7.3 und 7.7.

7.2.1 Methoden der Directory-Klasse

Die folgende Tabelle gibt eine Übersicht über wichtige statische Methoden:

Methode	Beschreibung
CreateDirectory	... erzeugt ein Verzeichnis oder ein Unterverzeichnis
Delete	... löscht ein Verzeichnis
Exists	... überprüft die Existenz eines Verzeichnisses
GetCreationTime	... liefert Zeitpunkt der Erstellung
GetDirtectories	... liefert die Namen aller Unterverzeichnisse eines bestimmten Ordners
GetFiles	... liefert alle Dateinamen eines bestimmten Ordners
GetParent	... liefert den Namen des übergeordneten Verzeichnisses
Move	... verschiebt ein Verzeichnis inkl. Dateien in ein anderes Verzeichnis
SetCreationTime	... legt den Zeitpunkt der Erstellung eines Verzeichnisses fest

7.2.2 Methoden eines DirectoryInfo-Objekts

In der folgenden Tabelle wurden einige wichtige Methoden weggelassen, da es diese mit gleicher bzw. ähnlicher Bedeutung bereits in der *Directory*-Klasse gibt.

Methode	Beschreibung
CreateSubdirectory	... erstellt ein oder mehrere Unterverzeichnis(se) im angegebenen Pfad (Pfad kann relativ sein)
GetFileSystemInfos	... ruft ein Array von *FileSystemInfo*-Objekten mit Dateien und Unterverzeichnissen ab
MoveTo	... verschiebt ein *DirectoryInfo*-Objekt nebst Inhalt in einen neuen Pfad

7.2.3 Eigenschaften eines DirectoryInfo-Objekts

Die meisten der folgenden Eigenschaften wurden von der Basisklasse *FileSystemInfo* geerbt und finden sich deshalb auch beim *FileInfo*-Objekt.

Eigenschaft	Beschreibung
CreationTime	... liest oder schreibt den Erstellungszeitpunkt des Verzeichnisses
Exists	... liest einen Wert, der angibt, ob das Verzeichnis vorhanden ist
FullName	... liest den vollständigen Pfad des Verzeichnisses
LastAccessTime	... liest oder schreibt den Zeitpunkt des letzten Zugriffs auf das aktuelle Verzeichnis
LastWriteTime	... liest oder schreibt den Zeitpunkt des letzten Schreibzugriffs auf das aktuelle Verzeichnis
Parent	... liest das übergeordnete Verzeichnis eines angegebenen Unterverzeichnisses
Root	... liest das Stammverzeichnis eines Pfads

7.2.4 Methoden der File-Klasse

Die folgende Tabelle gibt eine Übersicht über wichtige statische Methoden:

Methode	Typ	Beschreibung
AppendAllText	*Sub*	... öffnet die Datei und hängt eine Zeichenfolge an
AppendText	*StreamWriter*	... hängt Text an eine vorhandene Datei an
Copy	*Sub*	... kopiert eine Datei an einen anderen Speicherort
Create	*FileStream*	... erzeugt eine Datei in einem bestimmten Pfad
CreateText	*StreamWriter*	... erzeugt und öffnet eine Textdatei
Delete	*Sub*	... löscht eine Datei

Methode	Typ	Beschreibung
Exists	*Boolean*	... prüft die Existenz einer Datei
GetAttributes	*FileAttributes*	... liefert die Dateiattribute
GetCreationTime *GetLastAccessTime* *GetLastWriteTime*	*DateTime*	... liefert Zeitpunkt der Erstellung, ... des letzten Zugriffs, ... des letzten Schreibzugriffs
Move	*Sub*	... verschiebt eine Datei oder benennt sie um
Open	*FileStream*	... öffnet eine Datei
OpenRead	*FileStream*	... öffnet eine Datei zum Lesen.
OpenText	*StreamReader*	... öffnet eine Textdatei zum Lesen
OpenWrite	*FileStream*	... öffnet eine Datei zum Schreiben
ReadAllBytes	*Byte()*	... öffnet Binärdatei und liest Inhalt in in Byte-Array
ReadAllLines	*String()*	... öffnet Textdatei und liest alle Zeilen in String-Array
ReadAllText	*String*	... öffnet Textdatei, liest alle Zeilen in einen String ein und schließt Datei
SetAttributes	*Sub*	... setzt die Dateiattribute
SetCreationTime *SetLastAccesTime* *SetLastWriteTime*	*Sub*	... setzt Zeitpunkt der Erstellung, ... des letzten Zugriffs, ... des letzten Schreibzugriffs
WriteAllBytes	*Sub*	... erzeugt neue Datei und schreibt Byte-Array hinein
WriteAllLines	*Sub*	... erzeugt neue Datei und schreibt String-Array hinein
WriteAllText	*Sub*	... erzeugt neue Datei und schreibt String hinein

7.2.5 Methoden eines FileInfo-Objekts

Viele Methoden des *FileInfo*-Objekts haben gleichnamige statische Pendants in der *File*-Klasse.

Methode	Typ	Beschreibung
AppendText	*StreamWriter*	... fügt Text einer vorhandenen Datei hinzu
CopyTo	*FileInfo*	... kopiert die Datei in ein anderes Verzeichnis
Create	*FileStream*	... erzeugt eine Datei
CreateText	*StreamWriter*	... erzeugt eine Textdatei
Delete	*Sub*	... löscht eine Datei
Exists	*Boolean*	... prüft das Vorhandensein einer Datei
MoveTo	*Sub*	... verschiebt die Datei oder benennt sie um
Open	*FileStream*	... öffnet eine Datei

Methode	Typ	Beschreibung
OpenRead	*FileStream*	... öffnet eine Datei für den Lesezugriff
OpenText	*StreamReader*	... öffnet eine Textdatei für den Lesezugriff
OpenWrite	*FileStream*	... öffnet eine Datei für den Schreibzugriff

7.2.6 Eigenschaften eines FileInfo-Objekts

Die meisten der folgenden Eigenschaften von *FileInfo* finden Sie ebenfalls beim *DirectoryInfo*-Objekt, da beide von der Basisklasse *FileSystemInfo* abgeleitet sind:

Eigenschaft	Beschreibung
Attributes	... liest oder schreibt die Dateiattribute (*ReadOnly*, *Hidden* usw.)
CreationTime	... liest oder schreibt Zeitpunkt der Erstellung einer Datei
Directory	... liefert Instanz des übergeordneten Verzeichnisses
DirectoryName	... liefert den vollständigen Dateipfad
Extension	... liefert Dateiextension (z.B. *txt* für Textdateien)
FullName	... liefert den vollständigen Dateipfad plus Dateinamen
LastAccessTime	... liest oder schreibt den Zeitpunkt des letzten Zugriffs
LastWriteTime	... liest oder schreibt den Zeitpunkt des letzten Schreibzugriffs
Length	... liefert die Dateigröße in Bytes
Name	... liefert den vollständigen Dateinamen

7.3 Operationen auf Verzeichnisebene

Wir behandeln hier die Existenzprüfung, das Erstellen, Löschen, Kopieren, Verschieben, Umbenennen, Durchsuchen und Überwachen von Dateien und Verzeichnissen.

HINWEIS: Bei allen folgenden Beispielen ist der Namespace *System.IO* einzubinden!

7.3.1 Existenz eines Verzeichnisses/einer Datei feststellen

Für diese häufig zu lösende Aufgabenstellung eignet sich die statische *Exists*-Methode der *Directory*- bzw. *File*-Klasse (auch *DirectoryInfo*- und *FileInfo*-Objekte verfügen über diese Methode):

BEISPIEL 7.2: Die Existenz einer Datei feststellen

```VB
Dim pfad As String = "c:\TestXY.txt"
If Not File.Exists(pfad)) Then Throw New FileNotFoundException()
```

BEISPIEL 7.2: Die Existenz einer Datei feststellen

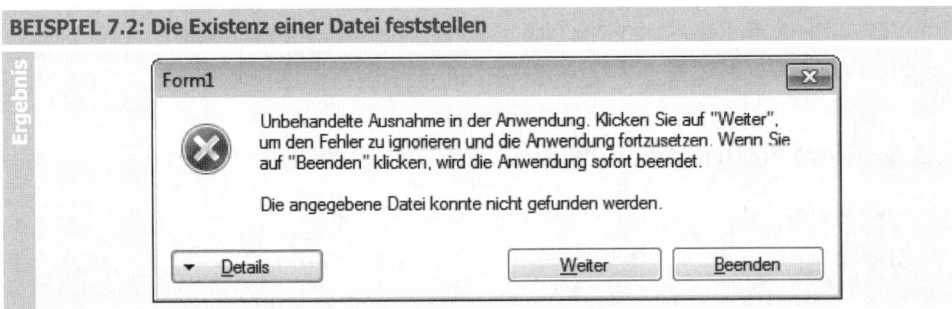

Der Code zur Existenzprüfung eines Verzeichnisses ist äquivalent, nur dass Sie diesmal die *Directory*-Klasse verwenden und im Fehlerfall eine *DirectoryNotFound*-Exception ausgelöst wird.

7.3.2 Verzeichnisse erzeugen und löschen

Wie es für viele Dateioperationen typisch ist, haben Sie auch hier die Qual der Wahl zwischen zwei Klassen.

Mit Directory-Klasse

Die einfachsten Möglichkeiten zum Erzeugen und Löschen von Verzeichnissen bieten die statischen Methoden *CreateDirectory* und *Delete* der *Directory*-Klasse.

BEISPIEL 7.3: Ein Verzeichnis erzeugen und anschließend wieder löschen

```vb
Imports System.IO
...
Dim pfad As String = "C:\Temp"
Directory.CreateDirectory(pfad)      ' falls Verzeichnis bereits vorhanden, passiert nichts!
Directory.Delete(pfad, True)         ' löscht auch vorhandene Unterverzeichnisse und Dateien
```

Mit DirectoryInfo-Klasse

Das gleiche Ziel, allerdings etwas umständlicher, erreicht man mit der *Create*-Methode der instanziierbaren *DirectoryInfo*-Klasse, wobei mittels *CreateSubdirectory* auch das Hinzufügen von Unterverzeichnissen möglich ist.

BEISPIEL 7.4: Ein Verzeichnis und ein Unterverzeichnis anlegen und wieder löschen

```vb
Imports System.IO
...
Dim di As New DirectoryInfo("C:\Temp")
di.Create()
di.CreateSubdirectory("Temp1")
di.Delete(True)              ' löscht inklusive vorhandener Unterverzeichnisse und Dateien
```

> **HINWEIS:** Der Aufruf von *Delete* ohne Parameterangabe funktioniert nur, wenn das Verzeichnis leer ist!

7.3.3 Verzeichnisse verschieben und umbenennen

Für diese Aufgaben verwenden Sie am besten die *Move*-Methode der statischen *Directory*-Klasse.

BEISPIEL 7.5: Verzeichnis *C:\TempX* wird nach *C:\Beispiele* verschoben und umbenannt in *TempY*

```vb
Imports System.IO
...
Directory.Move("C:\TempX", "C:\Beispiele\TempY")
```

> **HINWEIS:** Leider gibt sowohl in der *Directory*- als auch in der *DirectoryInfo*-Klasse noch keine Methode, die das Kopieren eines kompletten Verzeichnisses ermöglicht.

7.3.4 Aktuelles Verzeichnis bestimmen

Verwenden Sie dazu die *GetCurrentDirectory*- bzw. *SetCurrentDirectory*-Methode der (statischen) *Directory*-Klasse.

BEISPIEL 7.6: Festlegen und Anzeigen des aktuellen Arbeitsverzeichnisses

```vb
Imports System.IO
...
Directory.SetCurrentDirectory("C:\Test")
Label1.Text = Directory.GetCurrentDirectory()    ' zeigt "C:\Test"
```

> **HINWEIS:** Wenn der Dateiname **ohne** Pfad angegeben wird, bezieht sich die Datei automatisch auf das Projekt- bzw. Arbeitsverzeichnis.

BEISPIEL 7.7: Im Projektverzeichnis wird ein Verzeichnis *\Temp* angelegt

```vb
Imports System.IO
...
Directory.CreateDirectory("Temp")
```

7.3.5 Unterverzeichnisse ermitteln

Um **alle** Unterverzeichnisse zu ermitteln, verwenden Sie die *GetDirectories*-Methode der *DirectoryInfo*-Klasse.

BEISPIEL 7.8: Es werden alle Unterverzeichnisse von *C:* in einer *ListBox* angezeigt

```vb
Imports System.IO
...
Dim myDir As New DirectoryInfo("C:\")       ' neues DirectoryInfo-Objekt
Dim myDirs() As DirectoryInfo               ' Array zum Speichern der Unterverzeichnisse

myDirs = myDir.GetDirectories()             ' Unterverzeichnisse ermitteln und im Array ablegen
For i As Integer = 0 To  myDirs.Length-1    ' alle Unterverzeichnisse durchlaufen ...
    ListBox1.Items.Add(myDirs(i).Name)      ' ... und Verzeichnisnamen zur ListBox hinzufügen
Next i
```

Eine alternative Lösung bietet sich mit der gleichnamigen Methode der (statischen) *Directory*-Klasse:

BEISPIEL 7.9: Lösung des gleichen Problems wie im Vorgängerbeispiel

```vb
Imports System.IO
...
Dim myDirs() As String = Directory.GetDirectories("C:\")
For i As Integer = 0 To myDirs.Length-1
    ListBox1.Items.Add(myDirs(i))
Next i
```

7.3.6 Alle Laufwerke ermitteln

Die Klasse *DriveInfo* ermöglicht den Zugriff auf diverse Laufwerksinformationen. Alles Weitere soll direkt am Beispiel erklärt werden.

BEISPIEL 7.10: Auflisten aller Laufwerke des Systems inklusive dazugehöriger Informationen

```vb
For Each di As System.IO.DriveInfo In System.IO.DriveInfo.GetDrives()
    With ListBox1.Items
        .Add("Laufwerk: " & di.Name)
        If di.IsReady Then
            .Add("Bezeichnung: " & di.VolumeLabel)
            .Add("Typ: " & di.DriveType)
            .Add("Bezeichnung: " & di.DriveFormat)
            .Add("Größe: " & di.TotalSize)
            .Add("Freier Platz: " & di.TotalFreeSpace)
            .Add("--------------------------------")
        Else
            .Add("Laufwerk ist nicht bereit!")
            .Add("--------------------------------")
        End If
    End With
Next di
```

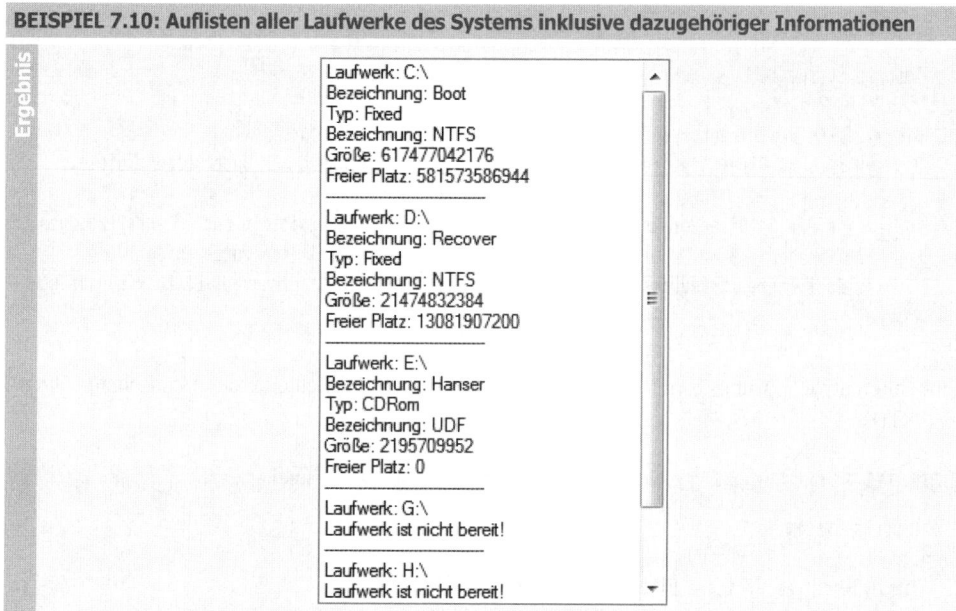

```
Laufwerk: C:\
Bezeichnung: Boot
Typ: Fixed
Bezeichnung: NTFS
Größe: 617477042176
Freier Platz: 581573586944
------------------------------
Laufwerk: D:\
Bezeichnung: Recover
Typ: Fixed
Bezeichnung: NTFS
Größe: 21474832384
Freier Platz: 13081907200
------------------------------
Laufwerk: E:\
Bezeichnung: Hanser
Typ: CDRom
Bezeichnung: UDF
Größe: 2195709952
Freier Platz: 0
------------------------------
Laufwerk: G:\
Laufwerk ist nicht bereit!
------------------------------
Laufwerk: H:\
Laufwerk ist nicht bereit!
```

7.3.7 Dateien kopieren und verschieben

Am einfachsten realisieren Sie diese Aufgabe mit den statischen *Copy*- bzw. *Move*-Methoden der
File-Klasse.

BEISPIEL 7.11: Datei kopieren und anschließend verschieben

```vb
Imports System.IO
...
Dim sourcePath As String = "C:\Sample.txt"
Dim destPath As String = "C:\Sample1.txt"
Dim movePath As String = "C:\Temp\Sample1.txt"

File.Copy(sourcePath, destPath)          ' kopieren
File.Move(sourcePath, movePath)          ' verschieben
```

Falls Sie lieber mit Instanzen arbeiten, können Sie die Methoden *CopyTo* und *MoveTo* der Klasse
FileInfo verwenden.

BEISPIEL 7.12: Obiges Beispiel wird mit Methoden der *FileInfo*-Klasse realisiert

```vb
Imports System.IO
...
Dim sourcePath As String = "C:\Sample.txt"
Dim destPath As String = "C:\Sample1.txt"
Dim movePath As String = "C:\Temp\Sample1.txt"
Dim myFile As New FileInfo(sourcePath)
```

> **BEISPIEL 7.12: Obiges Beispiel wird mit Methoden der *FileInfo*-Klasse realisiert**
>
> ```
> myFile.CopyTo(destPath)      ' kopieren
> myFile.MoveTo(movePath)      ' verschieben
> ```

7.3.8 Dateien umbenennen

Leider bietet das .NET-Framework keinerlei Möglichkeit zum direkten Umbenennen einer Datei, da die *Name*-Eigenschaft der *FileInfo*-Klasse schreibgeschützt ist und eine *Rename*-Methode fehlt. Verwenden Sie zum Umbenennen also die Methoden *Move* der Klasse *File* bzw. *MoveTo* der Klasse *FileInfo*.

> **BEISPIEL 7.13: Umbenennen der Datei *info.txt* in *info_1.txt***
>
> ```
> Imports System.IO
> ...
> Dim myFile As New FileInfo("C:\Test\Info.txt")
> myFile.MoveTo("C:\Test\Info_1.txt")
> ```

7.3.9 Dateiattribute feststellen

Um die Dateiattribute zu ermitteln, kann man entweder auf die Eigenschaften der *FileInfo*-Klasse oder aber auch auf die entsprechenden (statischen) Methoden der *File*-Klasse zugreifen:

Eigenschaft *FileInfo*-Klasse	Methode *File*-Klasse	Beschreibung
Attributes	*GetAttributes()* *SetAttributes()*	Wert basiert auf Dateiattribute-Flags (*Archive, Compressed, Directory, Hidden* ...)
CreationTime	*GetCreationTime()* *SetCreationTime()*	Datum/Uhrzeit der Erstellung
LastAccessTime	*GetLastAccessTime()* *SetLastAccessTime()*	Datum/Uhrzeit des letzten Zugriffs
LastWriteTime	*GetLastWriteTime()* *SetLastWriteTime()*	Datum/Uhrzeit des letzten Schreibzugriffs
Exists	*Exists()*	Liefert *True*, falls Datei physikalisch existiert

> **BEISPIEL 7.14: Anzeige des Erstellungsdatums einer Datei**
>
> ```
> Imports System.IO
> ...
> Label1.Text = File.GetCreationTime("Liesmich.txt").ToString()
> ```

BEISPIEL 7.15: Feststellen, ob Datei im Arbeitsverzeichnis existiert

```vb
Imports System.IO
...
If File.Exists("Liesmich.txt") Then MessageBox.Show("Datei ist vorhanden!")
```

oder

```vb
Dim myFile As New FileInfo("Liesmich.txt")
If myFile.Exists Then MessageBox.Show("Datei ist vorhanden!")
```

Die FileAttribute-Enumeration

Die verschiedenen Attribute für Dateien und Verzeichnisse sind in der *FileAttribute*-Enumeration anzutreffen. Die folgende Tabelle zeigt die wichtigsten:

Mitglied	Beschreibung
Archive	Entspricht dem Archiv-Status der Datei, wie er häufig zum Markieren einer zu löschenden oder einer Backup-Datei verwendet wird
Compressed	Entspricht einer gepackten Datei
Directory	Zeigt an, dass die Datei in Wirklichkeit ein Verzeichnis ist
Encrypted	Die Datei ist verschlüsselt
Hidden	Die Datei ist versteckt und demzufolge in einem gewöhnlichen Verzeichnis unsichtbar
Normal	Es wurden keine Datei-Attribute gesetzt
ReadOnly	Die Datei kann nicht verändert, sondern nur gelesen werden
System	Die Datei gehört zum Betriebssystem oder wird exklusiv von diesem benutzt
Temporary	Die Datei ist temporär, sie wird vom Programm angelegt und wieder gelöscht

Um das Vorhandensein eines bestimmten Datei-Attributes festzustellen, muss eine bitweise ODER-Verknüpfung durchgeführt werden.

BEISPIEL 7.16: In einer *CheckBox* wird angezeigt, ob es sich um eine Archiv-Datei handelt

```vb
Dim attbs As FileAttributes = File.GetAttributes("C:\Beispiele\Test.dat")
If attbs = (attbs Or FileAttributes.Archive) Then
    CheckBox2.Checked = True
Else
    CheckBox2.Checked = False
End If
```

7.3.10 Verzeichnis einer Datei ermitteln

> **BEISPIEL 7.17: Das Verzeichnis der Datei *liesmich.txt* wird in einem Label angezeigt**
>
> ```
> Dim myFile As New FileInfo("Liesmich.txt")
> Label1.Text = myFile.DirectoryName
> ```

7.3.11 Alle im Verzeichnis enthaltene Dateien ermitteln

Gewissermaßen als Ergänzung zu *GetDirectories* können Sie mit der *GetFiles*-Methode der Klasse *DirectoryInfo* alle in einem Verzeichnis enthaltenen Dateien ermitteln.

> **BEISPIEL 7.18: Alle im Rootverzeichnis *c:* abgelegten Dateien werden in einer *ListBox* angezeigt**
>
> ```
> Dim myDir As New DirectoryInfo("c:\")         ' neues DirectoryInfo-Objekt
> Dim myFiles() As FileInfo = myDir.GetFiles()  ' Dateien ermitteln und im Array ablegen
>
> For i As Integer = 0 To myFiles.Length - 1    ' alle Dateien durchlaufen ...
>     ListBox1.Items.Add(myFiles(i).Name)       ' ... und Dateinamen zur ListBox hinzufügen
> Next i
> ```

Noch kürzer ist der Code bei Verwendung der (statischen) *Directory*-Klasse.

> **BEISPIEL 7.19: Das gleiche Problem wie im Vorgängerbeispiel wird gelöst**
>
> ```
> Dim myFiles() As String = Directory.GetFiles("c:\")   ' String-Array füllen
>
> For i As Integer = 0 To myFiles.Length -1             ' alle Einträge durchlaufen
>     ListBox1.Items.Add(myFiles(i))                    ' ... und anzeigen
> Next i
> ```

Sollen nicht nur die Dateien im angegebenen Verzeichnis, sondern auch die in allen Unterverzeichnissen vorhandenen Dateien mit angezeigt werden, so sind die Suchoptionen zu spezifizieren.

> **BEISPIEL 7.20: Es werden alle *.htm*-Dateien im Verzeichnis *c:\doberenz* und alle darunter liegenden Verzeichnisse angezeigt**
>
> ```
> Dim topDir As String = "c:\doberenz"
> Dim myFiles() AS String = Directory.GetFiles(topDir, "*.htm", SearchOption.AllDirectories)
> For I As Integer = 0 To myFiles.Length - 1     ' alle Einträge durchlaufen
>     ListBox1.Items.Add(myFiles(i))             ' ... und anzeigen
> Next i
> ```

7.3.12 Dateien und Unterverzeichnisse ermitteln

Im Zusammenhang mit der *Directory*-Eigenschaft der *FileInfo*-Klasse verdient die *GetFileSystemInfos*-Methode der *DirectoryInfo*-Klasse besondere Aufmerksamkeit.

> **BEISPIEL 7.21: In einer *TextBox* (*MultiLine* = *True*) werden neben dem Verzeichnis einer Datei alle weiteren sich im gleichen Verzeichnis befindlichen Dateien und Unterverzeichnisse angezeigt.**

```vb
Imports System.IO
...
Dim myFile As New FileInfo("Test.txt")  ' öffnet oder erzeugt Datei im Anwendungsverzeichnis
Dim myDir As DirectoryInfo = myFile.Directory          ' Verweis auf Verzeichnis erzeugen
Dim fsi() As FileSystemInfo = myDir.GetFileSystemInfos()     ' alle Einträge ermitteln
TextBox1.Text = myDir.FullName & Environment.NewLine       ' vollständigen Pfad anzeigen
For Each info As FileSystemInfo In fsi   ' ... alle weiteren Unterverzeichnisse und Dateien
    TextBox1.Text &= info.Name & Environment.NewLine
Next info
```

HINWEIS: Wer seine Erkundungen zu Datei- und Verzeichnisoperationen mit einem komplexeren Beispiel beenden möchte, dem sei das PB 7.7.1 "Infos über Verzeichnisse und Dateien gewinnen" nahe gelegt, an welchem er viele der in diesem Abschnitt besprochenen Features der *FileInfo*-Klasse noch einmal in ihrem Zusammenspiel erleben kann.

7.4 Zugriffsberechtigungen

Die Klassenpärchen *Directory-/DirectoryInfo*- und *File-/FileInfo* verfügen über die *GetAccessControl*-Methode. Diese liefert ein *DirectorySecurity*- bzw. *FileSecurity*-Objekt, welches die *Access Control List* (ACL) der Datei bzw. des Verzeichnisses kapselt (Namespace *System.Security.AccessControl*).

7.4.1 ACL und ACE

Eine ACL enthält *Access Control Entries* (ACE), welche die Zugriffsregeln von Benutzern oder Benutzergruppen zur Ausführung spezieller Aktionen für eine gegebene Datei oder ein Verzeichnis beschreiben.

Die *AddAccessRule*-Method des *DirectorySecurity*- bzw. *FileSecurity*-Objekts fügt eine neue ACE zur vorhandenen ACL hinzu. Analog dazu entfernt die *RemoveAccessRule*-Methode diese Zugriffsregel wieder.

Eine Zugriffsregel wird in einer Instanz der *FileSystemAccessRule*-Klasse gekapselt, sie spezifiziert den User Account, den Zugriffstyp (read, write usw.) und ob dieses Recht gewährt oder abgelehnt wird.

HINWEIS: Im Namespace *System.Security.AccessControl* finden sich zahlreiche weitere Klassen zum Verwalten von Zugriffsberechtigungen (ACLs).

7.4.2 SetAccessControl-Methode

Um eine neue oder geänderte ACL-Information dauerhaft für ein Verzeichnis oder eine Datei zu speichern verwenden Sie die *SetAccessControl*-Methode.

BEISPIEL 7.22: *SetAccessControl*-**Methode**

Ein neues Verzeichnis wird angelegt. Jedem Benutzer werden die uneingeschränkten Zugriffsrechte auf dieses Verzeichnisses verwehrt. Es wird also nicht gelingen, das angelegte Verzeichnis zu löschen.

```vb
Imports System.IO
Imports System.Security.AccessControl

...

Dim dir As String = "Testverzeichnis"
Directory.CreateDirectory(dir)
Dim account As String = "Jeder"
Dim dsc As DirectorySecurity = Directory.GetAccessControl(dir)
Dim rights As FileSystemRights = FileSystemRights.FullControl
Dim controlType As AccessControlType = AccessControlType.Deny
Dim fsar As New FileSystemAccessRule(account, rights, controlType)

dsc.AddAccessRule(fsar)              ' Zugriffsrechte hinzufügen
Directory.SetAccessControl(dir, dsc) ' ... und speichern
```

7.4.3 Zugriffsrechte anzeigen

Die einzelnen Zugriffsrechte (ACEs) sind in der *AuthorizationRuleCollection* des *DirectorySecurity*- bzw. *FileSecurity*-Objekts enthalten.

BEISPIEL 7.23: Die ACL des im Vorgängerbeispiel erzeugten Verzeichnisses wird ausgelesen, die einzelnen ACEs werden in einer *ListBox* angezeigt.

```vb
Imports System.IO
Imports System.Security.AccessControl

...

Dim dir As String = "Testverzeichnis"
Dim fsc As DirectorySecurity = Directory.GetAccessControl(dir)
Dim arcoll As AuthorizationRuleCollection = fsc.GetAccessRules(True, True,
                    Type.GetType("System.Security.Principal.NTAccount"))
For Each fsar As FileSystemAccessRule In arcoll
    With ListBox1.Items
        .Add(fsar.IdentityReference.ToString())
        .Add(fsar.FileSystemRights.ToString())
        .Add(fsar.AccessControlType.ToString())
        .Add("------------------------")
    End With
Next
```

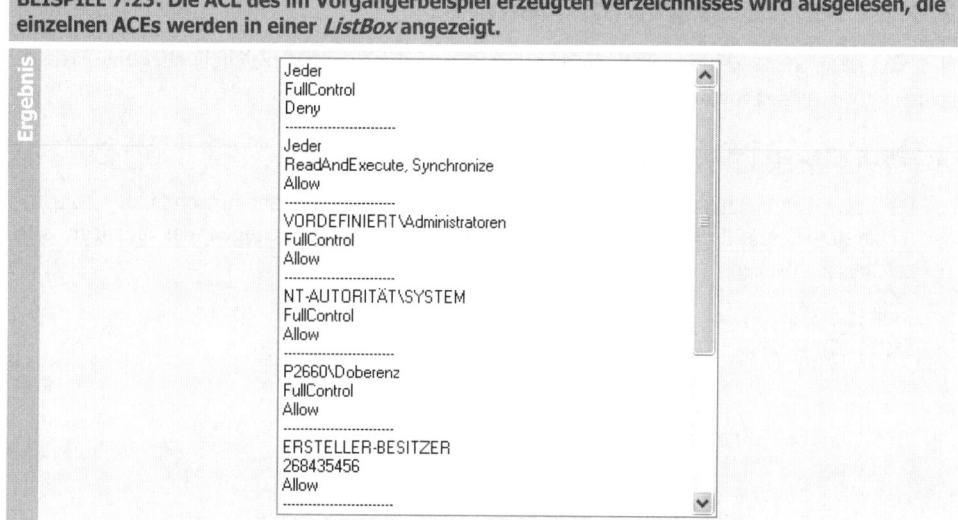

BEISPIEL 7.23: Die ACL des im Vorgängerbeispiel erzeugten Verzeichnisses wird ausgelesen, die einzelnen ACEs werden in einer *ListBox* angezeigt.

7.5 Weitere wichtige Klassen

Mit *Path* und *FileSystemWatcher* sollen die Ausführungen dieses Kapitels abgerundet werden.

7.5.1 Die Path-Klasse

Als Alternative zur *Directory*-Klasse kommt auch die *Path*-Klasse infrage. Allerdings ist hier Vorsicht geboten, denn die meisten Member der *Path*-Klasse wirken nicht mit dem Dateisystem zusammen und überprüfen deshalb nicht, ob die durch eine Pfadzeichenfolge angegebene Datei auch tatsächlich vorhanden ist.

Methode	Beschreibung
GetDirectoryName	... extrahiert aus dem übergebenen Dateipfad das Verzeichnis
GetExtension	... liefert aus dem übergebenen Dateipfad die Extension[1]
GetFileName	... liefert den vollständigen Dateinamen
GetFileNameWithoutExtension	... liefert Dateinamen ohne Extension
GetFullPath	... liefert den kompletten Pfadnamen
GetPathRoot	... liefert das Wurzelverzeichnis

Die zahlreichen (statischen) Methoden sollen hier lediglich anhand eines Beispiels demonstriert werden.

---

[1] ... einschließlich des führenden Punkts

BEISPIEL 7.24: Ausgabe von Dateiinfos in einer *ListBox*

```vb
Imports System.IO.Path
...
Dim verz As String = "C:\Test\Info.txt"
With ListBox1.Items
    .Add("Verzeichnis : " & GetDirectoryName(verz))
    .Add("Dateiname : " & GetFileName(verz))
    .Add("Dateiname ohne Extension : " & GetFileNameWithoutExtension(verz))
    .Add("Dateiextension : " & GetExtension(verz))
    .Add("Rootverzeichnis : " & GetPathRoot(verz))
    .Add("Temporäres Verzeichnis : " & GetTempPath())
    .Items.Add("Neues Tempfile : " & GetTempFileName())
End With
```

7.5.2 Die Klasse FileSystemWatcher

Die Klasse *FileSystemWatcher* dient dem einfachen Beobachten des Dateisystems. So löst sie beispielsweise Ereignisse aus, wenn Dateien oder Verzeichnisse geändert werden.

Die folgende Tabelle zeigt einige wichtige Eigenschaften:

Eigenschaft	Beschreibung
NotifyFilter	Typ der zu überwachenden Änderung
Filter	Filterzeichenfolge für die zu überwachenden Dateien
EnableRaisingEvents	Aktivieren der Komponente (*True*/*False*)

Die verschiedenen Werte der *NotifyFilter*-Eigenschaft sind in der *NotifyFilters*-Enumeration enthalten:

Mitglied	Typ der zu überwachenden Änderung
Attributes	Attribute der Datei oder des Verzeichnisses
CreationTime	Zeitpunkt der Erstellung der Datei oder des Verzeichnisses
DirectoryName	Name des Verzeichnisses
FileName	Name der Datei
LastAccess	Datum des letzten Öffnens der Datei oder des Verzeichnisses
LastWrite	Datum des letzten Schreibzugriffs auf die Datei oder das Verzeichnis
Security	Sicherheitseinstellungen der Datei oder des Verzeichnisses
Size	Größe der Datei oder des Verzeichnisses

Die folgende Tabelle zeigt wichtige Ereignisse:

Ereignis	... tritt ein wenn im übergebenen Pfad ...
Changed	... eine Datei oder ein Verzeichnis geändert wird
Created	... eine Datei oder ein Verzeichnis erzeugt wird
Deleted	... eine Datei oder ein Verzeichnis gelöscht wird
Renamed	... eine Datei oder ein Verzeichnis umbenannt wird

BEISPIEL 7.25: Überwachen von vier Ereignissen von *.txt*-**Dateien im Verzeichnis** *c:\Beispiele*

```vb
Private fsWatcher As New System.IO.FileSystemWatcher
```

Alle erforderlichen Eigenschaftszuweisungen und das Anmelden der Ereignisbehandlungen werden bequemlichkeitshalber gleich mit im Konstruktorcode des Formulars erledigt:

```vb
Public Sub New()
    InitializeComponent()
    With fsWatcher
    .Path = System.IO.Directory.GetCurrentDirectory
    .NotifyFilter = System.IO.NotifyFilters.LastAccess Or System.IO.NotifyFilters.FileName
    .Filter = "*.txt"
    AddHandler .Changed, AddressOf Me.OnChanged      ' Datei wurde geändert
    AddHandler .Created, AddressOf Me.OnChanged      ' Datei wurde neu hinzugefügt
    AddHandler .Deleted, AddressOf Me.OnChanged      ' Datei wurde gelöscht
    AddHandler .Renamed, AddressOf Me.OnRenamed      ' Datei wurde umbenannt
    End With
End Sub
```

Die beiden folgenden Event-Handler spezifizieren die Reaktion auf die vier Ereignisse, die Anzeige erfolgt in einer *ListBox*:

```vb
Public Sub OnChanged(Source As Object, e As FileSystemEventArgs)
    Try
        MessageBox.Show("Datei: " & e.FullPath & " " & e.ChangeType.ToString,
                        "Meldung vom FileSystemWatcher")
    Catch ex As Exception
        MessageBox.Show(ex.Message, "Fehler")
    End Try
End Sub


Public Sub OnRenamed(Source As Object, e As RenamedEventArgs)
    Try
        MessageBox.Show("Datei: " & e.OldFullPath & " umbenannt in " & e.FullPath,
                                    "Meldung vom FileSystemWatcher")
    Catch ex As Exception
        MessageBox.Show(ex.Message)
    End Try
End Sub
```

7.6 Datei- und Verzeichnisdialoge

Fast jedes Windows-Programm hat eine Menüoption zum Laden (Öffnen) bzw. Sichern (Speichern) von Dateien. Sollten Sie einen solchen Dateidialog schon einmal "zu Fuß" programmiert haben, so wissen Sie, welcher Aufwand dafür nötig ist. .NET bietet Ihnen dafür die Controls *Open-FileDialog* und *SaveFileDialog*, welche direkt die Windows-Ressourcen "anzapfen". Ihre eigenen Programmschöpfungen erhalten damit die gleichen Dateidialoge wie auch andere "professionelle" Windows-Applikationen.

7.6.1 OpenFileDialog und SaveFileDialog

Anzeige und Auswertung

Durch Aufruf der Methode *ShowDialog* wird die entsprechende Dialogbox angezeigt. Über den Rückgabewert können Sie auswerten, welche Taste (OK/Abbruch) der Nutzer gedrückt hat, die Eigenschaft *FileName* enthält den Namen und den kompletten Pfad der ausgewählten Datei.

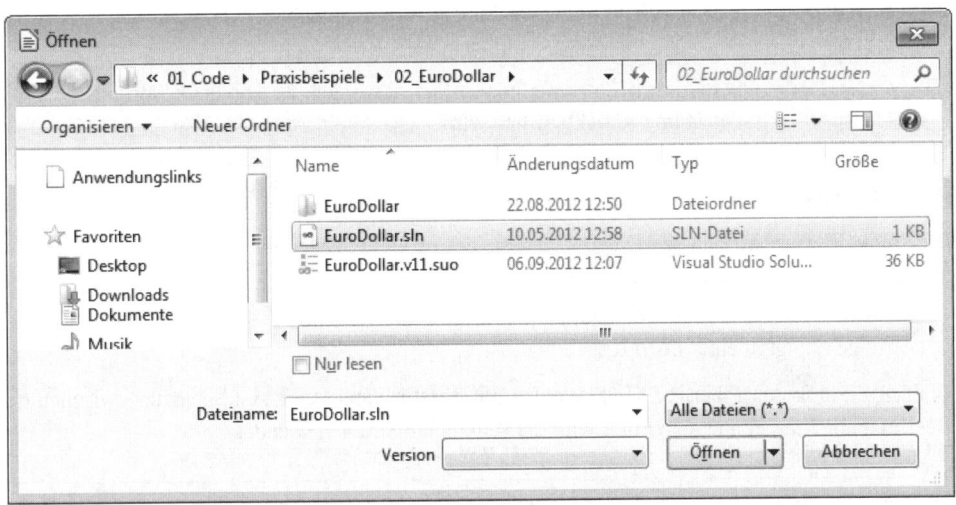

> **BEISPIEL 7.26: Auswahl einer einzelnen Datei**
>
> ```vb
> Dim dateiname As String = String.Empty
> If OpenFileDialog1.ShowDialog() = DialogResult.OK Then
>     dateiname = OpenFileDialog1.FileName
>     ...
> End If
> ```

> **BEISPIEL 7.27: Auswahl von mehreren Dateien (*MultiSelect=True*)**
>
> ```vb
> If OpenFileDialog1.ShowDialog() = DialogResult.OK Then
>     For i As Integer = 0 To OpenFileDialog1.FileNames.GetUpperBound(0)
> ```

BEISPIEL 7.27: Auswahl von mehreren Dateien (*MultiSelect=True*)

```
        MessageBox.Show(OpenFileDialog1.FileNames(i))
    Next
End If
```

Wichtige Eigenschaften

Eigenschaft	Beschreibung
Title	Die Beschriftung des Dialogfeldes
FileName	Das Ausgangsverzeichnis bzw. ein bereits vorgegebener Dateiname
Filters	Über diese Eigenschaft werden alle Dateifilter für das Dialogfeld bestimmt
FilterIndex	... legt den Standardfilter beim Öffnen des Dialogs fest
InitialDirectory	... legt das Startverzeichnis fest
MultiSelect	Mit *True* legen Sie fest, dass mehr als eine Datei markiert werden kann
CheckFileExists	... prüft, ob die Datei auch physikalisch vorhanden ist
CheckPathExits	... prüft, ob der Pfad vorhanden ist
DereferenceLinks	... bestimmt, ob Hyperlinks aufgelöst werden, d.h., ob der Ursprungs-dateiname zurückgegeben wird

Dateifilter

Die *Filter*-Eigenschaft legt die Dateitypen fest, die im Feld "Dateityp" zur Auswahl stehen. Die Syntax bietet einige Besonderheiten:

SYNTAX: Dialog.**Filter**[= descr1 |filter1 |descr2 |filter2 ...]

Wählen Sie z.B. den Filter *.TXT*, so werden nur Textfiles angezeigt. Als Separator zwischen der Beschreibung (*descr*) und dem Filter wird der senkrechte Strich verwendet.

HINWEIS: Vor und nach diesem Trennstrich dürfen keine Leerzeichen stehen!

BEISPIEL 7.28: Mehrfachauswahl

```
OpenFileDialog1.Filter = "Text (*.txt)|*.txt|Bild(*.bmp;*.ico)|*.bmp;*.ico"
```

Dieser Filter erlaubt es, sowohl Textdateien als auch Grafiken (Bitmaps und Icons) zur Anzeige auszuwählen. Die *FilterIndex*-Eigenschaft legt fest, welcher Filter der aktuelle ist.

7.6.2   FolderBrowserDialog

Geht es nur um die Auswahl eines Verzeichnisses, so ist dieser einfache Dialog angesagt. Die Funktionalität ähnelt (stark abgerüstet) obigen Dateidialogen.

BEISPIEL 7.29: Verzeichnisauswahl (Start ist der Ordner des Benutzers)

```vb
FolderBrowserDialog1.RootFolder = System.Environment.SpecialFolder.UserProfile
Dim result As DialogResult = folderBrowserDialog1.ShowDialog()
If result = DialogResult.OK Then
    startFolder = folderBrowserDialog1.SelectedPath
    Label1.Text = startFolder          ' Anzeige des ausgewählten Verzeichnisses
End If
```

Die SpecialFolder-Enumeration

Im obigen Beispiel wurde das Startverzeichnis (*RootFolder*) des *FolderBrowserDialogs* mit einer Konstanten der *SpecialFolder*-Enumeration festgelegt. Mit dieser Enumeration aus der Klasse *System.Environment* haben Sie bequemen Zugriff auf Windows-spezifische Verzeichnisse bzw. Ordner.

HINWEIS: Eine nahezu äquivalente Alternative wäre der Einsatz der Klasse *SpecialDirectories*, dazu ist aber ein Verweis auf *Microsoft.VisualBasic.dll* erforderlich (Namespace *Microsoft.VisualBasic.FileIO*).

Die folgende Tabelle zeigt eine kleine Auswahl aus einem reichhaltigen Angebot:

SpecialFolder	Beschreibung
DesktopDirectory	Verzeichnis für Desktop-Dateien
Fonts	Ein virtueller Ordner mit Schriftarten
LocalApplicationData	Der Ordner für lokale Anwendungsdaten
MyComputer	Der *Arbeitsplatz*-Ordner
MyDocuments	Der Ordner *Eigene Dateien*
MyMusic	Der Ordner *Eigene Musik*
MyPictures	Der Ordner *Eigene Bilder*
MyVideos	Der Ordner *Eigene Videos*
System	Das *System*-Verzeichnis
UserProfile	Der Ordner des aktuellen Benutzers
Windows	Das *Windows*-Verzeichnis

Eine konkrete Anwendung des *FolderBrowserDialogs* finden Sie im Praxisbeispiel

▶ 7.7.3 Mit LINQ und RegEx Verzeichnisbäume durchsuchen

7.7   Praxisbeispiele

7.7.1   Infos über Verzeichnisse und Dateien gewinnen

Dieses Beispiel zeigt Ihnen nicht nur den Einsatz der *DirectoryInfo-* und *FileInfo*-Klasse, sondern auch weiteres nützliches Handwerkszeug wie z.B. die sinnvolle Verknüpfung zweier *ListBox*-Komponenten oder das Auswerten der Eingabetaste bei einer *TextBox*.

Oberfläche

Auf *Form1* platzieren Sie eine *TextBox-*, zwei *ListBox-* und zwei große *Label*-Komponenten im 3D-Outfit (siehe Laufzeitabbildung am Schluss).

Quelltext

```
Imports System.IO

Public Class Form1
```

Globale Deklarationen auf Form-Ebene:

```
    Private myRoot As String = "C:\"                ' übergeordnetes Verzeichnis
    Private myDirName, myFileName As String
    Private CrLf As String = Environment.NewLine    ' für Zeilenumbruch in den Labels
```

Die Startaktivitäten können beim Laden des Formulars erledigt werden:

```
    Protected Overrides Sub OnLoad(e As EventArgs)
        TextBox1.Text = myRoot
        showDirectories()
        MyBase.OnLoad(e)
    End Sub
```

Die folgende Methode zeigt alle zu *myRoot* untergeordneten Verzeichnisse in *ListBox1* an:

```
    Private Sub showDirectories()
        Dim myDirectories() As DirectoryInfo    ' Array zum Speichern der Unterverzeichnisse
```

Erzeugen eines neuen *DirectoryInfo*-Objekts, welches auf das Rootverzeichnis zeigt:

```
        Dim myDirectory As New DirectoryInfo(myRoot)
```

Alle Unterverzeichnisse ermitteln und abspeichern (vorher Anzeige löschen):

```
        myDirectories = myDirectory.GetDirectories()
        ListBox1.Items.Clear()
```

Alle Verzeichnisse durchlaufen ...

```
        For i As Integer = 0 To myDirectories.Length - 1
```

... und Verzeichnisnamen zur *ListBox* hinzufügen:

```
            ListBox1.Items.Add(myDirectories(i).Name)
```

Der erste Eintrag in der Verzeichnis-*ListBox* wird selektiert, dadurch wird das *SelectedIndex-Changed*-Event ausgelöst:

```
        ListBox1.SelectedIndex = 0
    Next i
```

Synchronisieren aller Files in der Datei-*ListBox* mit dem selektierten Verzeichnis und Anzeige der Verzeichnis-Informationen:

```
Private Sub ListBox1_SelectedIndexChanged(sender As Object,
                    e As EventArgs) Handles ListBox1.SelectedIndexChanged
    Dim dirInfo As String = String.Empty
    Dim myFiles() As FileInfo          ' Array für alle Dateiinformationen
    ListBox2.Items.Clear()             ' aktuellen Inhalt löschen
```

DirectoryInfo-Objekt aufgrund des selektierten *ListBox*-Eintrags erzeugen:

```
    myDirName = ListBox1.SelectedItem.ToString() & "/"
    Dim myDirectory As New DirectoryInfo(myRoot & myDirName)    ' aktuelles Verzeichnis
```

Verzeichnis-Infos zusammensetzen:

```
    dirInfo &= "Pfad: " & myDirectory.FullName & CrLf
    dirInfo &= "Erstellungsdatum: " & myDirectory.CreationTime.ToString & CrLf
    dirInfo &= "Attribute: " & myDirectory.Attributes.ToString() & CrLf
    Label1.Text = dirInfo
```

Alle im Verzeichnis enthaltenen Dateien dem *FileInfo*-Array zuweisen:

```
    myFiles = myDirectory.GetFiles()
```

File-Array durchlaufen und die Dateien zur *ListBox* hinzufügen:

```
    If myFiles.Length > 0 Then
        For i As Integer = 0 To myFiles.Length - 1
            ListBox2.Items.Add(myFiles(i).Name)
        Next i
```

Ersten Eintrag in der Datei-*ListBox* selektieren, dadurch wird deren *SelectedIndexChanged*-Event von *ListBox2* ausgelöst:

```
        ListBox2.SelectedIndex = 0
    End If
End Sub

Private Sub ListBox2_SelectedIndexChanged(sender As Object,
                    e As EventArgs) Handles ListBox2.SelectedIndexChanged
    Dim fileInf As String = String.Empty
```

Dateinamen zuweisen:

```
    myFileName = ListBox2.SelectedItem.ToString()
```

Neues File-Objekt erzeugen:

```
    Dim myFile As New FileInfo(myRoot & myDirName & myFileName)
```

Datei-Infos zusammensetzen und anzeigen:

```
        fileInf &= "Verzeichnis: " & myFile.DirectoryName & CrLf
        fileInf &= "Erstellungsdatum: " & myFile.CreationTime & CrLf
        fileInf &= "Größe: " & myFile.Length & " Byte" & CrLf
        fileInf &= "Letzter Zugriff: " & myFile.LastAccessTime & CrLf
        fileInf &= "Attribute: " & myFile.Attributes.ToString() & CrLf
        Label2.Text = fileInf
    End Sub
```

Nachdem Sie das übergeordnete Verzeichnis editiert haben, kann die Eingabetaste ausgewertet werden, um die Eingabe abzuschließen:

```
    Private Sub TextBox1_KeyUp(sender As Object, e As KeyEventArgs) Handles TextBox1.KeyUp
        If e.KeyCode = Keys.Enter Then
            myRoot = TextBox1.Text
```

Letzten Slash ergänzen, falls notwendig:

```
            If Not myRoot.EndsWith("/") Then myRoot &= "/"
            showDirectories()
        End If
    End Sub
End Class
```

Test

Bei Programmstart erscheinen zunächst in der linken *ListBox* alle Unterverzeichnisse zur Root *C:*. Klicken Sie nun auf ein Unterverzeichnis, um sich in der rechten *ListBox* die darin enthaltenen Dateien anzeigen zu lassen.

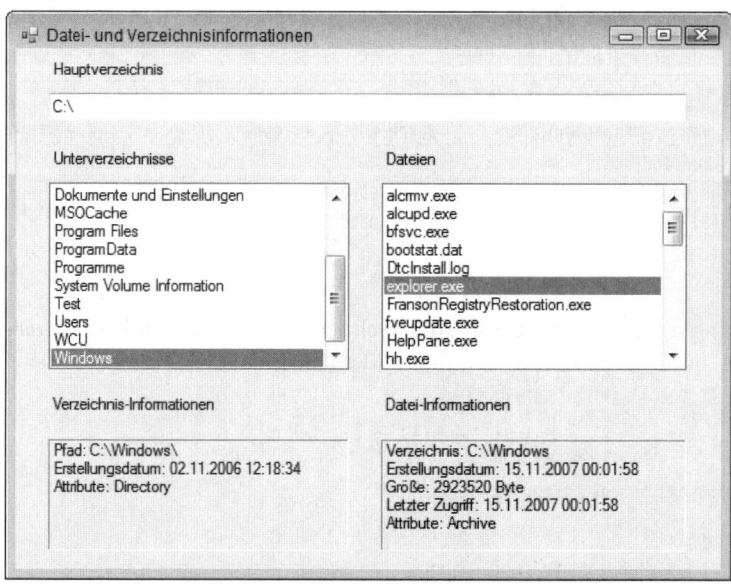

Wenn Sie sich in der Verzeichnishierarchie von oben nach unten weiterbewegen wollen, müssen Sie das Hauptverzeichnis in der *TextBox* per Hand ergänzen und die Eingabe mittels Entertaste abschließen.

HINWEIS: Um den Code überschaubar zu halten, wurde auf eine Fehlerbehandlung (z.B. bei Eingabe ungültiger Verzeichnisse) verzichtet (siehe Kapitel 11).

7.7.2 Die Verzeichnisstruktur in eine TreeView einlesen

Sie möchten eine ähnliche Funktionalität wie im Windows-Explorer bereitstellen? Nichts ist dazu besser geeignet als das *TreeView*-Control! Das rekursive Durchsuchen des Dateisystems ist allerdings ziemlich zeitaufwändig, sodass es recht lange dauern kann, bis der Verzeichnisbaum vollständig ist.

Das vorliegende Beispiel nutzt das Ereignis *BeforeExpand* der *ListView*, um die benötigten Verzeichnisinformationen zur Laufzeit erst dann zu ermitteln, wenn sie tatsächlich benötigt werden, was allerhand Zeit sparen kann.

Oberfläche

Auf dem Startformular *Form1* platzieren Sie links eine *TreeView* und rechts eine *ListBox* – das genügt!

Quellcode

```
Imports System.IO

Public Class Form1
```

Die Startaktivitäten:

```
    Protected Overrides Sub OnLoad(e As EventArgs)
        Dim rootNode As New TreeNode("C:\")      ' Wurzelknoten erzeugen
        TreeView1.Nodes.Add(rootNode)
        addChildNodes(rootNode)                  ' untergeordnete Ebene füllen und
        TreeView1.Nodes(0).Expand()              ' ... expandieren
        MyBase.OnLoad(e)
    End Sub
```

Die Hauptarbeit erledigt die Methode *addChildNodes*, welcher als Parameter ein Knoten (*dirNode*) übergeben wird. Im Ergebnis werden alle Knoten der untergeordneten Verzeichnisebene hinzugefügt:

```
    Private Sub addChildNodes(dirNode As TreeNode)
        Dim dir As New DirectoryInfo(dirNode.FullPath)
        Try
```

Alle Unterverzeichnisse durchlaufen:

```
For Each dirItem As DirectoryInfo In dir.GetDirectories()
```

Einen Child-Knoten für jedes Unterverzeichnis hinzufügen:

```
Dim newNode As New TreeNode(dirItem.Name)
dirNode.Nodes.Add(newNode)
```

Jeder Child-Knoten erhält selbst wiederum einen einzelnen Child-Knoten, der mit einem Platzhalterzeichen (*) gekennzeichnet ist:

```
        newNode.Nodes.Add("*")
    Next dirItem
Catch err As UnauthorizedAccessException
    MessageBox.Show(err.ToString())
End Try
End Sub
```

Ein Knoten wird expandiert (aber die untergeordnete Ebene noch nicht gezeichnet):

```
Private Sub TreeView1_BeforeExpand(sender As Object, e As TreeViewCancelEventArgs) _
                                        Handles TreeView1.BeforeExpand
```

Falls es sich beim ersten Child-Knoten um einen Platzhalterknoten handelt, wird dieser gelöscht und die Verzeichnisebene neu erstellt:

```
If e.Node.Nodes(0).Text = "*" Then    ' falls es sich um einen Platzhalterknoten handelt
    TreeView1.BeginUpdate()   ' erneutes Zeichnen deaktivieren
    e.Node.Nodes.Clear()      ' Platzhalterknoten löschen
    addChildNodes(e.Node)     ' alle untergeordneten Knoten hinzufügen
    TreeView1.EndUpdate()     ' erneutes Zeichnen aktivieren
End If
End Sub
```

Die Knoten-Auswahl wurde durch den Anwender geändert:

```
Private Sub TreeView1_AfterSelect(sender As Object, e As TreeViewEventArgs) _
                                        Handles TreeView1.AfterSelect
```

Alle im entsprechenden Verzeichnis enthaltene Dateien werden in der *ListBox* angezeigt:

```
    Dim dir As New DirectoryInfo(e.Node.FullPath)
    ListBox1.Items.Clear()
    ListBox1.Items.AddRange(dir.GetFiles())
End Sub
End Class
```

Test

Bewegen Sie sich durch die *TreeView*! Klicken Sie links auf ein bestimmtes Verzeichnis, werden rechts die darin enthaltenen Dateien angezeigt.

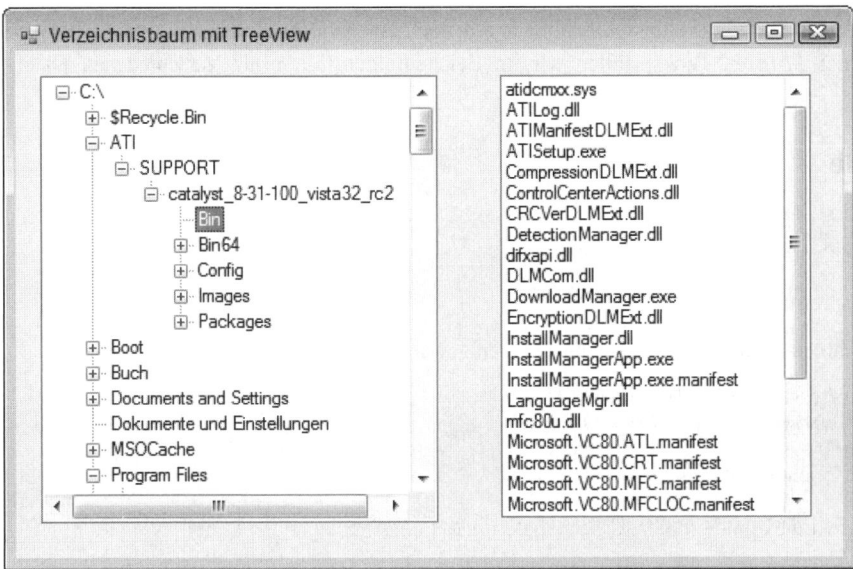

7.7.3 Mit LINQ und RegEx Verzeichnisbäume durchsuchen

Mit dem Know-how dieser ausbaufähigen und durchaus praxistauglichen Demo lassen sich große Mengen von Textdokumenten in einem kompletten Verzeichnisbaum nach bestimmten Begriffen und Kriterien durchsuchen. Dabei geht es um den kombinierten Einsatz von Datei-Operationen zusammen mit LINQ-Abfragen, die von regulären Ausdrücken unterstützt werden.

Oberfläche

Auf dem Startformular *Form1* platzieren wir je zwei *Button*s, *TextBox*en und *ListBox*en (siehe Laufzeitansicht).

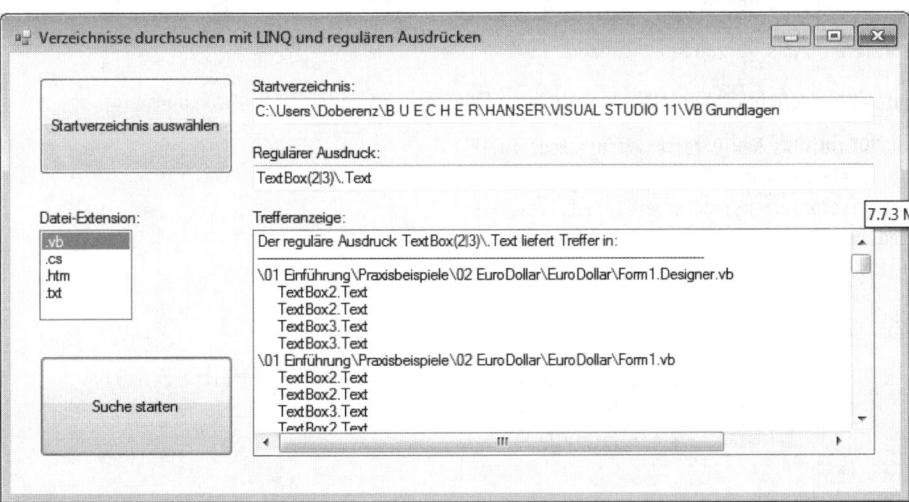

Zur Auswahl des Startverzeichnissen benötigen wir noch einen *FolderBrowserDialog. Die Items-*
Auflistung der *ListBox2* (links) füllen wir im Zeichenfolgen-Editor mit verschiedenen Datei-
extensions.

Quellcode

```
Imports System.Text.RegularExpressions
Imports System.IO


Public Class Form1
```

Private Variablen für das Startverzeichnis und den gewählten Datei-Typ:

```
    Private startFolder As String = ""
    Private ext As String = ""
```

Das Startverzeichnis auswählen:

```
    Private Sub Button1_Click(sender As Object, e As EventArgs) Handles Button1.Click
```

Anfangseinstellung ist Ihr Benutzer-Verzeichnis:

```
        FolderBrowserDialog1.RootFolder = System.Environment.SpecialFolder.MyComputer
        Dim res As DialogResult = Me.FolderBrowserDialog1.ShowDialog()
        If res = DialogResult.OK Then
          startFolder = Me.FolderBrowserDialog1.SelectedPath
          TextBox1.Text = startFolder
          Button2.Enabled = True
        End If
    End Sub
```

Die folgende (generische) Hilfs-Methode liefert eine Liste aller *FileInfo*-Objekte in allen Unterverzeichnissen des Startverzeichnisses, dabei wird vorausgesetzt, dass die Anwendung über die
entsprechenden Zugriffsrechte verfügt:

```
    Private Function getAllFiles(path As String) As IEnumerable(Of FileInfo)
```

Überprüfen, ob das Verzeichnis vorhanden ist:

```
        If Not Directory.Exists(path) Then Throw New DirectoryNotFoundException
```

Der Puffer für die Dateinamen:

```
        Dim fileNames As String() = Nothing
```

Die generische Liste:

```
        Dim files As List(Of FileInfo) = New List(Of FileInfo)
```

Alle Dateien in allen Unterverzeichnissen werden ermittelt:

```
        fileNames = Directory.GetFiles(path, "*" & ext, SearchOption.AllDirectories)
        For Each name As String In fileNames
            files.Add(New FileInfo(name))
        Next
```

```
        Return files
    End Function
```

Die Schaltfläche "Suche starten":

```
Private Sub Button2_Click(sender As Object, e As EventArgs) Handles Button2.Click
    ListBox1.Items.Clear()
```

Den regulären Ausdruck zuweisen:

```
Dim rxPattern As String = TextBox2.Text
Dim rgx As Regex = New Regex(rxPattern)
```

Datei-Extension zuweisen:

```
ext = ListBox2.SelectedItem.ToString
```

Alle Dateien in eine generische Liste laden (siehe obige Hilfsmethode):

```
Dim fList As IEnumerable(Of FileInfo) = getAllFiles(startFolder)
```

Die LINQ-Abfrage erzeugt eine Liste der Dateien, in denen es Treffer gibt, und eine Liste der Treffer in jeder Datei:

```
Dim qryMatchFiles = From f In fList
```

Eine *Where*-Klausel ist eigentlich überflüssig, da die Dateiliste bereits nach Dateityp gefiltert ist:

```
' Where f.Extension = ext
```

ReadAllText öffnet die Textdatei, liest alle Zeilen und schließt die Datei wieder:

```
Let fText = File.ReadAllText(f.FullName)
```

Jetzt erfolgt in der Datei die Suche nach Treffern unseres regulären Ausdrucks:

```
Let matches = rgx.Matches(fText)
Where (matches.Count > 0)
Select Name = f.FullName,
```

Im folgenden LINQ-Ausdruck ist eine explizites Typecasting erforderlich, da *Match* kein Mitglied einer generische *IEnumerable* Collection ist:

```
Matches = From match As Match In matches
          Select match.Value
```

```
ListBox1.Items.Add("Der reguläre Ausdruck " & "" & rxPattern & _
    "" & " liefert Treffer in:")
```

In zwei verschachtelten Schleifen werden alle Pfade der Fundstellen und alle Treffer durchfahren (dabei wird obige LINQ-Abfrage ausgeführt[1]):

```
For Each fMatch In qryMatchFiles
```

Pfad der Fundstelle (ohne Startverzeichnis):

```
Dim s As String = fMatch.Name.Substring(startFolder.Length)
```

---

[1] LINQ nutzt standardmäßig *deferred query execution* (verzögerte Ausführung einer Abfrage, siehe Kapitel 6).

Verzeichnisnamen ausgeben:

```
ListBox1.Items.Add(s)
```

Alle Treffer in dieser Datei ausgeben:

```
            For Each match In fMatch.Matches
                ListBox1.Items.Add("       " & match)
            Next
        Next
    End Sub
End Class
```

Test

Wählen Sie zunächst den Dateityp und dann das Startverzeichnis aus (das ist die Wurzel des zu durchsuchenden Verzeichnisbaums).

HINWEIS: Stellen Sie vorher sicher, dass die Zugriffsrechte vorhanden sind und dass alle zu durchsuchenden Dateien geschlossen sind.

Jetzt geben Sie Ihren Suchbegriff in Form eines regulären Ausdrucks ein, z.B: *TextBox(2|3)\.Text*. Nach Klick auf die Schaltfläche *Suche starten* vergeht mehr oder weniger viel Zeit, bis alle Unterverzeichnisse durchforstet und alle Fundstellen aufgelistet sind. Wie Sie der Laufzeitansicht (siehe Beginn des Beispiels) entnehmen, wurde nach allen Vorkommen von *TextBox2.Text* oder *TextBox3.Text* in allen (*.vb*) Quellcode-Dateien unterhalb des Startverzeichnisses gesucht.

Bemerkungen

■ Wie Sie bereits an diesem einfachen Beispiel sehen können, sind für eine sinnvolle Arbeit mit diesem Programm Grundkenntnisse der Syntax regulärer Ausdrücke unverzichtbar, vor allem die Kenntnis der Metazeichen ( ), |, \ , ., ?, + usw. (siehe Kapitel 4).

■ Wenn Sie beispielsweise nach dem String "1+1=2" suchen, müssen Sie dazu den regulären Ausdruck "1\+1=2" verwenden, da das Pluszeichen ein Metazeichen ist und mit dem Backslash "unescaped" werden muss.

■ Durch Voranstellen der Zeichen *(?i)* ignorieren Sie bei der Suche die Groß-/Kleinschreibung.

Kapitel 8

Dateien lesen und schreiben

Haben wir uns bislang nur mit Operationen auf Verzeichnisebene beschäftigt, so kommen wir jetzt endlich zur eigentlichen Dateiarbeit.

Zu den wichtigsten Dateitypen gehören:

- Textdateien,

- Binärdatei (Bilddateien etc.),

- sequenzielle Dateien und

- Dateien mit wahlfreiem Zugriff (Random-Access).

HINWEIS: Da .NET keine typisierten bzw. strukturierten Dateien unterstützt, müssen sequenzielle und Random-Access-Dateien durch geeignete Programmiermaßnahmen auf Binärdateien zurückgeführt werden.

8.1 Grundprinzip der Datenpersistenz

Während ein Programm mit *temporären* bzw. *transienten* Daten arbeitet, die im Arbeitsspeicher abgelegt sind, bezeichnet man die in einer Datei auf Festplatte, CDROM, Stick etc. dauerhaft gespeicherten Informationen als *persistente* Daten.

8.1.1 Dateien und Streams

Wie Sie der folgenden Abbildung entnehmen können, gewährleisten Streams quasi als "Verbindungskanäle" die Kommunikation zwischen Datei und Programm.

Ganz allgemein ist ein Stream eine Aufeinanderfolge von Bytes. Gemeinsame Basisklasse für alle Stream-Klassen ist *System.IO.Stream*. Die wichtigsten der davon abgeleiteten Klassen sind *System.IO.FileStream* (Inhalt einer Text- oder Binärdatei), *System.IO.MemoryStream* (Bytefolge im Hauptspeicher), *System.Security.Cryptography.CryptoStream* (verschlüsselte Bytefolge), *System.-*

IO.Compression.GZipStream (komprimierte Bytefolge) oder *System.Net.Sockets.NetworkStream* (Bytefolge, die über ein Netzwerk gesendet wird).

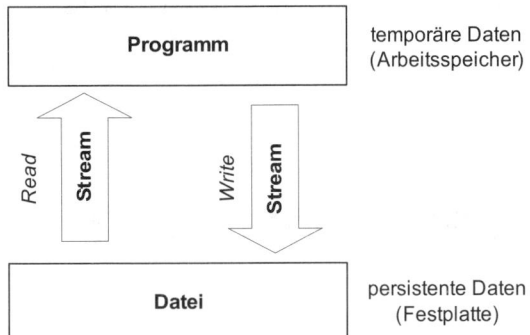

Die Basisklasse *System.IO.Stream* stellt einfache Operationen wie *Read*, *Write* und *Close* sowie Eigenschaften wie *CanRead* und *CanWrite* zur Verfügung. Für komplexere Operationen wie *Read-Line*, *WriteLine*, *Peek* gibt es spezielle Reader-/Writer-Klassenpärchen, z.B. *StreamReader/Stream-Writer* für ASCII-Streams oder *BinaryReader/BinaryWriter* für beliebige Bytefolgen.

8.1.2 Die wichtigsten Klassen

Nicht nur zum Kopieren, Löschen und Verschieben von Dateien, sondern auch für das Erzeugen von Stream-Objekten werden in der Regel die Klassen *File* bzw. *FileInfo* benötigt. Die folgende Tabelle zeigt weitere wichtige Klassen für Stream-Operationen.

Klasse	Beschreibung
File	Unterstützt das Erstellen von *FileStream*-Objekten (statisch)
FileInfo	Unterstützt das Erstellen von *FileStream*-Objekten (instanziierbar)
FileStream	Erlaubt, basierend auf einer Datei, das Erstellen einer *Stream*-Instanz
StreamReader	Implementiert ein *TextReader*-Objekt, welches Zeichen von einem Byte-Stream in einer bestimmten Kodierung liest
StreamWriter	Implementiert ein *TextWriter*-Objekt, welches Zeichen in einen Stream in einer speziellen Kodierung liest
StringReader	Implementiert ein *TextReader*-Objekt, das Daten von einem String liest
StringWriter	Implementiert ein *TextWriter*-Objekt, das Daten in einen String schreibt, die Daten werden in einer darunter liegenden *StringBuilder*-Klasse gespeichert
BinaryReader	Erlaubt das binäre Lesen von Dateien
BinaryWriter	Erlaubt das binäre Schreiben in Dateien
BinaryFormatter	Kann Objekte in einen Stream serialisieren bzw. von dort deserialisieren

8.1.3 Erzeugen eines Streams

Voraussetzung für jeglichen Dateizugriff ist das Vorhandensein eines *Stream*-Objekts. Letzteres kann entweder über die *Open*-Methode eines *FileInfo*-Objekts oder der (statischen) *File*-Klasse erzeugt werden.

> **BEISPIEL 8.1:** Die (im Arbeitsverzeichnis befindliche) Datei *temp.txt* soll für den exklusiven Schreib-/ Lesezugriff geöffnet werden. Falls nicht vorhanden, wird sie neu erzeugt.

```
Imports System.IO
...
Dim myFile As New FileInfo("tmp.txt")
Dim myStream As FileStream = myFile.Open(FileMode.OpenOrCreate, FileAccess.ReadWrite,
                                                                FileShare.None)
```

oder

```
Dim myStream As FileStream = File.Open("tmp.txt", FileMode.OpenOrCreate,
                                       FileAccess.ReadWrite, FileShare.None)
```

Zur Bedeutung der einzelnen Parameter kommen wir im folgenden Abschnitt.

8.2 Dateiparameter

In den Methoden bzw. Konstruktoren der Klassen *File, FileInfo* und *FileStream* werden bestimmte Dateiparameter übergeben, die in Aufzählungstypen (Enumerationen) gekapselt sind.

8.2.1 FileAccess

Diese Enumeration bezeichnet den Zugriffslevel auf eine Datei.

Mitglied	Beschreibung
Read	Erlaubt Lesezugriff
ReadWrite	Erlaubt Lese- und Schreibzugriff
Write	Erlaubt Schreibzugriff

8.2.2 FileMode

Diese Enumeration bestimmt den Öffnungsmodus einer Datei.

Mitglied	Beschreibung
Append	Eine existierende Datei wird geöffnet und der Dateizeiger an das Ende bewegt, oder eine neue Datei wird erstellt (*FileAccess.Write* ist erforderlich, Leseversuche schlagen fehl)

Mitglied	Beschreibung
Create	Eine neue Datei wird erzeugt. Falls die Datei bereits existiert, wird sie überschrieben
Open	Eine existierende Datei wird geöffnet
OpenOrCreate	Falls die Datei existiert, wird sie geöffnet, andernfalls wird sie neu erzeugt
Truncate	Eine existierende Datei wird geöffnet und die Dateigröße auf null Bytes beschnitten

8.2.3 FileShare

Diese Enumeration verwenden Sie, um festzulegen, ob auf eine Datei gleichzeitig von mehreren Prozessen aus zugegriffen werden kann.

Mitglied	Beschreibung
None	Die Datei ist für den gleichzeitigen Zugriff gesperrt. Alle weiteren Anforderungen zum Öffnen werden abgelehnt, es sei denn, die Datei ist geschlossen
Read	Auch andere Benutzer bzw. Prozesse dürfen die Datei lesen. Versuche zum Schreiben bzw. Abspeichern schlagen fehl
ReadWrite	Die Datei kann von mehreren Benutzern bzw. Prozessen sowohl zum Lesen als auch zum Schreiben geöffnet werden (problematisch, da der letzte Benutzer auch die Änderungen anderer Benutzer abspeichert)
Write	Die Datei ist für den gleichzeitigen Schreibzugriff geöffnet. In Kombination mit Read kann das den *ReadWrite*-Parameter ersetzen

BEISPIEL 8.2: Mittels *FileStream*-Konstruktor wird eine vorhandene Datei geöffnet und weiteren Benutzern der schreibgeschützte Zugriff gewährt (*FileShare.Read*).

```
Imports System.IO
...
Dim myStream As New FileStream("c:\test.txt", FileMode.Open,
                               FileAccess.Read, FileShare.Read)
```

8.3 Textdateien

Das Lesen und Schreiben von Textdateien gestaltet sich im .NET-Framework mit den Klassen *StreamReader* und *StreamWriter* (beide von *TextReader*/*TextWriter* abgeleitet) ziemlich einfach.

8.3.1 Eine Textdatei beschreiben bzw. neu anlegen

Um eine neue Textdatei anzulegen, verwenden Sie die Methode *CreateText* der *File*- bzw. *FileInfo*-Klasse.

BEISPIEL 8.3: Textdatei im Arbeitsverzeichnis erzeugen und mit dem Inhalt einer *TextBox* füllen.

```vb
Imports System.IO
...
Dim writer As StreamWriter = File.CreateText("Liesmich.txt")
For Each s As String In TextBox1.Lines
    writer.WriteLine(s)
Next
writer.Close()
```

Die *AppendText*-Methode erstellt einen *StreamWriter* zum Hinzufügen von Text zu einer Textdatei. Falls die Datei nicht vorhanden ist, wird sie neu erzeugt.

BEISPIEL 8.4: Zehnmal "Hallo" an das Ende einer vorhandenen Textdatei schreiben.

```vb
...
Dim pfad As String =  "Liesmich.txt"
Dim file As New FileInfo(pfad)
Dim writer As StreamWriter = file.AppendText()
For i As Integer = 0 To 9
    writer.Write("Hallo")
    writer.Write(Environment.NewLine)
Next i
writer.Close()
```

WriteAllLines/AppendAllText

Die *WriteAllLines*-Methode erstellt eine neue Datei (ist die Zieldatei bereits vorhanden, wird sie überschrieben). Die in einem Array übergebene Zeichenfolge wird in die Datei geschrieben, danach wird die Datei geschlossen.

Ähnlich verhält sich die *AppendAllText*-Methode, sie öffnet eine Datei, um eine übergebene Zeichenfolge an deren Ende hinzuzufügen und schließt die Datei wieder.

BEISPIEL 8.5: *WriteAllLines/AppendAllText*

Wenn die Datei nicht vorhanden ist, wird sie angelegt, mit drei Textzeilen gefüllt und wieder geschlossen. Anschließend wird sie nochmals geöffnet, um eine weitere Zeile anzufügen.

```vb
Dim pfad As String = "Liesmich.txt"
If Not File.Exists(pfad) Then
  Dim text() As String = {"Liebe VB-Freunde", "dies hier ist eine Textdatei", "zum Testen "}
  File.WriteAllLines(pfad, text)
End If
```

Datei nochmals öffnen, um eine weitere Textzeile hinzuzufügen:

```vb
Dim text2 As String = "... und hier wird noch etwas" & Environment.NewLine &
                      "an das Ende der Datei angehängt!"
File.AppendAllText(pfad, text2)
```

8.3.2 Eine Textdatei lesen

Sowohl die *File-* als auch die *FileInfo*-Klasse bieten eine Methode *OpenText*, die das Öffnen einer Textdatei und das Auslesen mit Hilfe der zurückgegebenen *StreamReader*-Instanz ermöglicht.

BEISPIEL 8.6: Der Inhalt einer Textdatei wird in einer *TextBox* angezeigt.

```vb
Imports System.IO
...
TextBox1.Text = String.Empty
Dim reader As StreamReader = File.OpenText("Liesmich.txt")
While reader.Peek() > -1
    TextBox1.Text &= reader.ReadLine() & Environment.NewLine
End While
reader.Close()
```

Die *ReadToEnd*-Methode vereinfacht den Leseprozess.

BEISPIEL 8.7: Eine alternative Variante des Vorgängerbeispiels

```vb
...
Dim reader As New StreamReader("Liesmich.txt")
TextBox1.Text &= reader.ReadToEnd()
reader.Close()
```

Noch einfacher geht es allerdings mit der *ReadAllText*-Methode der *File*-Klasse, die den *StreamReader* überflüssig macht:

BEISPIEL 8.8: Die kürzeste Variante des Vorgängerbeispiels

```vb
...
TextBox1.Text = File.ReadAllText("Liesmich.txt")
```

ReadAllLines/ReadLines

ReadAllLines liest **alle** Zeilen der Testdatei in ein String-Array ein und schließt dann die Datei.

BEISPIEL 8.9: Auslesen einer Textdatei und Anzeige des Inhalts in einer *ListBox*

```vb
Dim lines() As String = File.ReadAllLines("Liesmich.txt")
For Each line In lines
  ListBox1.Items.Add(line)
Next line
```

Doch die Sache hat einen Haken: Bevor die Methode *ReadAllLines* ihren Rückgabewert abliefern kann, muss sie **alle** Zeilen gelesen und ein Array für alle Werte reserviert und gefüllt haben. Das kann bei großen Textdateien zu Zeit- und Speicherplatzproblemen führen.

Eine Lösung wäre der Einsatz eines *TextReader* um die Datei zu öffnen und diese zeilenweise in den Speicher einzulesen.

BEISPIEL 8.10: Alternative Lösung des Vorgängerbeispiels, die für größere Textdateien geeigneter ist

```vb
Using reader As TextReader = New StreamReader("Liesmich.txt")
  Dim line As String = reader.ReadLine()
  Do While line IsNot Nothing
    ListBox1.Items.Add(line)
    line = reader.ReadLine()
  Loop
End Using
```

HINWEIS: Da obiger Code etwas umständlich ist, wurde ab .NET 4.0 die Methode *ReadLines* eingeführt, die das Gleiche leistet, aber übersichtlicher zu programmieren ist.

ReadLines liefert einen *IEnumerable(Of T)* anstatt eines Arrays und man muss nicht mehr warten bis alle Zeilen in den Speicher gelesen wurden, bevor man über die Zeilen iterieren kann. Der Aufruf von *ReadLines* kommt sofort zurück!

BEISPIEL 8.11: Eine einfachere Lösung des Vorgängerbeispiels

```vb
Dim lines As IEnumerable(Of String) = File.ReadLines(pfad)
For Each line In lines
  ListBox1.Items.Add(line)
Next line
```

Die Methode *File.ReadLines* hat noch einen weiteren Vorteil: man kann die Schleife zu einem beliebigen Zeitpunkt wieder verlassen, ohne wertvolle Zeit durch das Einlesen zusätzlicher Zeilen zu verlieren.

BEISPIEL 8.12: Abbruch des Lesevorgangs wenn die Zeile mehr als 30 Zeichen hat

```vb
Dim lines As IEnumerable(Of String) = File.ReadLines(pfad)
For Each line In lines
  ListBox1.Items.Add(line)
  If line.Length > 30 Then  Exit For
Next line
```

8.4   Binärdateien

Der Zugriff auf binäre Daten ist dem auf die zuvor beschriebenen Textdateien sehr ähnlich.

8.4.1   Lese-/Schreibzugriff

Auf Basis einer Instanz der *FileStream*-Klasse können die Klassen *BinaryReader* und *Binary-Writer* zum Lese-/Schreibzugriff instanziiert werden.

Zum Auslesen des jeweils nächsten Zeichens stellt Ihnen *BinaryReader* vielfältige Methoden zur Verfügung (*ReadBoolean*, *ReadByte, ReadInt32*, *ReadDouble*, *ReadChar*, *ReadString* ...).

HINWEIS: Über die Methode *PeekChar* kann das Dateiende abgeprüft werden (liefert dann –1).

Der Schreibzugriff ist über eine der zahlreichen Überladungen der *Write*-Methode des *Binary-Writer* möglich.

BEISPIEL 8.13: Byteweises Auslesen eines Bildes und Kopieren in ein anderes[1].

```vb
Dim file_A As New FileStream("c:\Bild_A.bmp", FileMode.Open)
Dim reader As New BinaryReader(file_A)
Dim file_B As New FileStream("c:\Bild_B.bmp", FileMode.OpenOrCreate)
Dim writer As New BinaryWriter(file_B)
While reader.PeekChar() > -1
     writer.Write(reader.ReadByte())          ' liest und schreibt ein Byte
End While
writer.Close()
reader.Close()
```

8.4.2   Die Methoden ReadAllBytes und WriteAllBytes

Mit Einführung der *ReadAllBytes/WriteAllBytes*-Methodenpärchens wurde seit .NET 2.0 auch hier den Zugriff vereinfacht:

BEISPIEL 8.14: Alternative Realisierung des Vorgängerbeispiels (der Dateiinhalt wird in einem *Byte*-Array zwischengespeichert).

```vb
Dim bytes() As Byte = File.ReadAllBytes("c:\Bild_A.bmp")
File.WriteAllBytes("c:\Bild_B.bmp", bytes)
```

---

[1] Eine komplette Datei lässt sich natürlich auch durch Anwenden der (statischen) *Copy*-Methode der *File*-Klasse kopieren.

8.4.3 BinaryReader/BinaryWriter erzeugen

Der Konstruktor von *BinaryReader/BinaryWriter* erwartet als Argument ein *FileStream*-Objekt. Es bleibt Ihnen überlassen, ob Sie dieses direkt erzeugen oder aber indirekt über die *OpenRead/Open-Write*-Methode eines *FileInfo*-Objekts.

BEISPIEL 8.15: Zwei Varianten zum Erzeugen eines *BinaryReader*-Objekts

Variante 1:

```
Dim readStream As New FileStream(pfad, FileMode.OpenOrCreate, FileAccess.Read)
Dim reader As New BinaryReader(readStream)
```

Variante 2:

```
Dim file As New FileInfo(pfad)
Dim reader As New BinaryReader(file.OpenRead())
```

8.5 Sequenzielle Dateien

Sequenzielle Dateien sind gewöhnlich auch typisiert, d.h., sie enthalten gleichartig aufgebaute Datensätze. Ein wahlfreier Zugriff (Random Access) ist in der Regel nicht möglich, um z.B. einen bestimmten Datensatz zu erreichen, müssen zunächst die davor stehenden Datensätze hintereinander ausgelesen werden.

8.5.1 Lesen und Schreiben von strukturierten Daten

Da .NET typisierte Dateien nicht direkt unterstützt, müssen Sie sich selbst um deren Strukturierung kümmern, Sie müssen also typisierte Dateien quasi wie Binärdateien behandeln.

BEISPIEL 8.16: Lesen und schreiben von strukturierten Daten

Ein Array *pListe*, welches die Daten eines *Structure*-Datentyps (*Nachname, Geburtsdatum, Student (Ja/Nein)*) speichert, wird in einer sequenziellen Datei zwischengespeichert. Diese Methode schreibt den Arrayinhalt in die Datei:

```
Private Structure Person
    Dim Vorname, NachName As String
    Dim Geburt As Date
    Dim Student As Boolean
End Structure
```

Die Datei befindet sich einfachheitshalber gleich mit im Projektverzeichnis:

```
Private pfad As String = "Personen.dat"
...
```

BEISPIEL 8.16: Lesen und schreiben von strukturierten Daten

Diese Methode schreibt den Arrayinhalt in die Datei:

```
Private Sub writeFile()
    Dim wStream As New FileStream(pfad, FileMode.OpenOrCreate, FileAccess.Write)
    Dim binWriter As New BinaryWriter(wStream)
    For i As Integer = 0 To pmax - 1           ' alle Datensätze durchlaufen
        With pListe(i)
```

Die *Write*-Methode des *BinaryWriter* verfügt über eine Überladung für fast jeden Datentyp:

```
            binWriter.Write(.Vorname)
            binWriter.Write(.Nachname)
            binWriter.Write(.Geburt.ToShortDateString())
            binWriter.Write(.Student)
        End With
    Next i
    binWriter.Flush()    ' Puffer => Disk
    binWriter.Close()
    wStream.Close()
End Sub
```

Die folgende Methode macht es umgekehrt, sie füllt ein Array mit dem Dateiinhalt:

```
Private Sub readFile()
    Dim rStream As New FileStream(pfad, FileMode.OpenOrCreate, FileAccess.Read)
    Dim binReader As New BinaryReader(rStream)
    If (rStream.Length > 0) Then            ' nicht bei neu erzeugter Datei
        For i As Integer = 0 To pmax - 1       ' alle Datensätze durchlaufen
            With pListe(i)
```

Der *BinaryReader* verfügt für fast jeden Datentyp über eine spezielle Lesemethode:

```
            .Vorname = binReader.ReadString()
            .Nachname = binReader.ReadString()
            .Geburt = Convert.ToDateTime(binReader.ReadString())
            .Student = binReader.ReadBoolean()
        End With
    Next i
    End If
    binReader.Close()
    rStream.Close()
End Sub
```

8.5.2 Serialisieren von Objekten

Nicht nur einfache und strukturierte Datentypen, auch komplette Objekte können in eine Datei geschrieben bzw. von dort gelesen werden. Voraussetzung ist eine Serialisierung, wie sie durch Voranstellen des *Serializable*-Attributs vor die Klassendeklaration vorbereitet wird. Eine zentrale

Rolle spielt dabei das *BinaryFormatter*-Objekt, welches hier quasi *BinaryReader* und *BinaryWriter* ersetzt.

BEISPIEL 8.17: Ein *CKunde*-Objekt in eine sequenzielle Datei schreiben und wieder lesen.

```VB
Imports System.IO
Imports System.Runtime.Serialization.Formatters.Binary
...
<Serializable> Public Class CKunde          ' Wichtig!

    ...            ' irgendeine Klassenimplementierung

End Class
```

Initialisiertes Objekt erzeugen, serialisieren und in Datei schreiben:

```VB
Dim kunde As New CKunde(10, Max, Müller, 100.65)
Dim fileOutput As New FileStream("c:\Kunden.dat", FileMode.OpenOrCreate, FileAccess.Write)
Dim binFttr As New BinaryFormatter()
binFttr.Serialize(fileOutput, kunde)
```

Objekt aus Datei zurück lesen und wieder "zusammenbauen" (deserialisieren):

```VB
Dim kunde As New CKunde()                    ' leeres Record-Objekt erzeugen
Dim fileInput As New FileStream("c:\Kunden.dat", FileMode.Open, FileAccess.Read)
```

Explizite Typumwandlung erforderlich:

```VB
kunde = CType(binFttr.Deserialize(fileInput), CPerson)
```

Das Serialisieren/Deserialisieren von Daten – auch als Marshalling/Unmarshalling bekannt – ermöglicht die Datenübertragung über Prozessgrenzen hinweg.

Die drei .NET-Serialisierer (Binär, SOAP, XML) unterstützen nicht nur die Serialisierung einzelner Objekte, sondern auch die kompletter Objektbäume, siehe Praxisbeispiel

▶ 8.8.2 Einen Objektbaum speichern

8.6 Dateien verschlüsseln und komprimieren

Das einfache Verschlüsseln von Dateien wird z.B. den Windows-Nutzern bekannt sein. Der Benutzer, der die Datei verschlüsselt hat, merkt davon allerdings nichts und muss kein Kennwort eingeben um den Inhalt zu sehen. Will aber ein anderer Benutzer die Datei lesen, kommt eine Fehlermeldung, und der Zugriff auf die Datei wird verweigert.

HINWEIS: Wenn man die Dateiverschlüsselung nutzt, sollte man auf jeden Fall das so genannte "Zertifikat zur Datenverschlüsselung" sichern, da es ohne dieses nicht möglich ist nach einem Systemcrash mit folgender Neuinstallation an die verschlüsselten Daten heranzukommen.

8.6.1 Das Methodenpärchen Encrypt-/Decrypt

Die *File*-Klasse verfügt über die Methoden *Encrypt* und *Decrypt*, mit denen eine Datei auf einfache Weise verschlüsselt und entschlüsselt werden kann.

BEISPIEL 8.18: Die Datei *Beispiel.txt* wird ver- und entschlüsselt

```
Imports System.IO
...
File.Encrypt("Beispiel.txt")
File.Decrypt("Beispiel.txt")
```

HINWEIS: Erkennen kann man die Verschlüsselung durch die grüne Farbe des Dateinamens und – wenn die Dateiattribute angezeigt werden – durch das E-Attribut (für *Encrypted*).

8.6.2 Verschlüsseln unter Windows Vista/Windows 7/8

Um eine Datei oder einen Ordner zu verschlüsseln wählen Sie im Kontextmenü den Eintrag *Eigenschaften* und klicken im Eigenschaftenfenster auf die Schaltfläche "Erweitert...". Es öffnet sich das Dialogfenster "Erweiterte Attribute", in welchem Sie das Häkchen bei "Inhalt verschlüsseln, um Daten zu schützen" setzen (siehe folgende Abbildung). Um die Verschlüsselung wieder aufzuheben, gehen Sie den umgekehrten Weg.

Wie aber können Sie Ihre verschlüsselten Dateien anderen Anwendern zugänglich machen?

Klicken Sie dazu auf die Schaltfläche "Details" im Fenster "Erweiterte Attribute". Im Fenster "Verschlüsselungsdetails" können Sie sich über die "Hinzufügen"-Schaltfläche die Benutzer anzeigen lassen, für die auf dem Rechner ein Benutzerkonto angelegt ist und die schon mindestens eine Datei verschlüsselt haben. Selektieren Sie den gewünschten User mit der Maus und klicken Sie die "OK"-Schaltfläche.

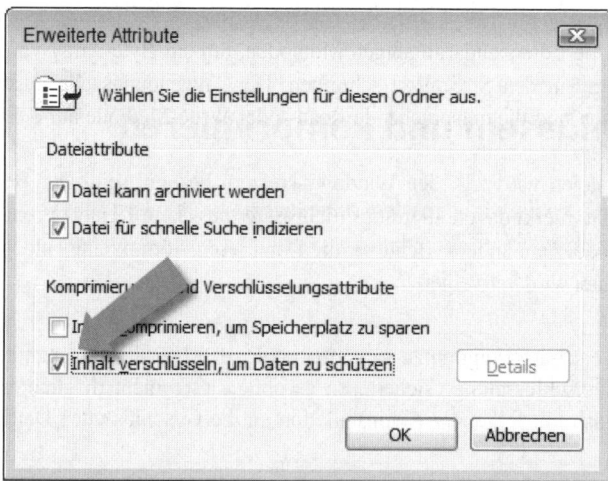

HINWEIS: Kopiert man eine verschlüsselte Datei auf ein anderes Laufwerk, bleibt die Verschlüsselung nur erhalten, wenn auch dieses mit NTFS formatiert ist, andernfalls entschlüsselt Windows die Datei.

Auf eine andere Art von Verschlüsselung kommen wir im folgenden Abschnitt zu sprechen.

8.6.3 Verschlüsseln mit der CryptoStream-Klasse

Die *CryptoStream*-Klasse im *System.Security.Cryptography*-Namespace ermöglicht das Verschlüsseln und Entschlüsseln des Inhalts eines beliebigen Datenstreams.

Der Konstruktor ist wie folgt definiert:

SYNTAX:
```
Public Sub New (stream As Stream, transform As ICryptoTransform,
                mode As CryptoStreamMode )
```

Zu den einzelnen Parametern:

- *stream*
  ... definiert den Stream, auf welchem die kryptografische Transformation ausgeführt wird, das kann ein beliebiger von *System.IO.Stream* abgeleiteter Stream sein, beispielsweise eine Instanz von *System.IO.-FileStream,* um eine Datei zu verschlüsseln.

- *transform*
  ... definiert die kryptografische Transformation, die auf dem Stream ausgeführt wird. Alle symmetrischen Encryption-/Decryption-Algorithmen, die von der *SymmetricAlgorithm*-Klasse abgeleitet sind, besitzen *CreateEncryptor*- und *CreateDecryptor*-Methoden, die eine Instanz einer *ICryptoTransform*-Implementierung zurückgeben.

- *mode*
  ... definiert, ob Sie auf dem Stream lesend oder schreibend zugreifen wollen, übergeben Sie also entweder die Konstante *CryptoStreamMode.Write* oder *CryptoStreamMode.Read*.

Die *CryptoStream*-Klasse implementiert die standardmäßigen Methoden, um ein Byte-Array vom Stream zu lesen oder ein Byte-Array in den Stream zu schreiben. Der Anwendungscode muss lediglich den Byte-Puffer bereitstellen und die entsprechende Read- oder Write-Methode auf dem Stream aufrufen.

BEISPIEL 8.19: Der Inhalt eines Byte-Arrays wird nach dem Data Encryption Standard (DES) verschlüsselt und in der Datei *EncryptedFile.txt* abgelegt.

```vb
Imports System.IO
Imports System.Security.Cryptography
...
Private des As New DESCryptoServiceProvider()
Dim desEncrypt As ICryptoTransform = des.CreateEncryptor()
Dim fs As New FileStream("EncryptedFile.txt", FileMode.Create, FileAccess.Write)
Dim cryptoStrm As New CryptoStream(fs, desEncrypt, CryptoStreamMode.Write)
```

> **BEISPIEL 8.19: Der Inhalt eines Byte-Arrays wird nach dem Data Encryption Standard (DES) verschlüsselt und in der Datei *EncryptedFile.txt* abgelegt.**

```
cryptoStrm.Write(byteArr, 0, byteArr.Length)
cryptoStrm.Close()
```

8.6.4 Dateien komprimieren

Mit den Klassen des *System.IO.Compression*-Namespace ist es möglich, Daten zu komprimieren und zu dekomprimieren.

> **BEISPIEL 8.20: Mit der *GZipStream*-Klasse wird der Inhalt einer Datei gepackt und entpackt[1].**

```
Imports System.IO
Imports System.IO.Compression

Public Class Form1
    Private QuellDatei As String = "Test1.txt"
    Private KompDatei As String = "Test.zip"
    Private ZielDatei As String = "Test2.txt"
```

Ein Puffer-Array zum Zwischenspeichern:

```
    Private fileBytes() As Byte = Nothing
```

QuellDatei in den Puffer einlesen:

```
    Private Sub Button1_Click(sender As Object, e As EventArgs) Handles Button1.Click
        Dim strm1 As New FileStream(QuellDatei, FileMode.Open)
        Dim len As Integer = CType(strm1.Length, Integer)
        ReDim fileBytes(len)
        strm1.Read(fileBytes, 0, fileBytes.Length)
        strm1.Close()
    End Sub
```

Datei komprimieren:

```
    Private Sub Button2_Click(sender As Object, e As EventArgs) Handles Button2.Click
        Dim strm2 As New FileStream(KompDatei, FileMode.Create)
        Dim compStrm As New GZipStream(strm2, CompressionMode.Compress)
        compStrm.Write(fileBytes, 0, fileBytes.Length)
        compStrm.Flush()            ' internen Puffer leeren
        compStrm.Close()
        strm2.Close()
    End Sub
```

Datei dekomprimieren:

```
    Private Sub Button3_Click(sender As Object, e As EventArgs) Handles Button3.Click
        Dim strm3 As New FileStream(KompDatei, FileMode.Open)
```

---

[1] Seit .NET 4.0 eignet sich die *GZipStream* Klasse auch zum Komprimieren von Dateien größer 4 GB!

BEISPIEL 8.20: Mit der *GZipStream*-Klasse wird der Inhalt einer Datei gepackt und entpackt.

```
        Dim decompStrm As New GZipStream(strm3, CompressionMode.Decompress)
        Dim reader As New StreamReader(decompStrm)
        File.WriteAllText(ZielDatei, reader.ReadToEnd())
        reader.Close()
        strm3.Close()
    End Sub
End Class
```

8.7 Memory Mapped Files

Was früher nur mit umständlichen API-Aufrufen möglich war, ist seit .NET 4 auch direkt per managed Code möglich, dazu bietet der Namespace *System.IO.MemoryMappedFiles* einige spezielle Klassen, welche die Arbeit mit Memory Mapped Files vereinfachen.

Doch was ist eigentlich ein Memory Mapped File (MMF) und wofür können Sie dieses verwenden?

8.7.1 Grundprinzip

Memory Mapped Files (kurz MMF) stellen eine Möglichkeit dar, physische Dateien in den Adressraum einer oder auch mehrerer Anwendungen einzublenden.

Wozu das Ganze? Die Antwort findet sich im Zugriffsprinzip auf derartige "Dateien". Sie verwenden statt umständlicher *Read-* und *Write*-Anweisungen einfach ganz normale Speicheroperationen.

HINWEIS: Obwohl Sie bei MMFs in einem "Speicherbereich" arbeiten, befindet sich die Datei prinzipiell auf der Festplatte, nur der aktuell bearbeitete Abschnitt liegt im Speicher.

Ein weiterer Pluspunkt für die Verwendung von MMFs resultiert aus der strikten Trennung der Anwendungsadressräume. MMFs stellen eine der wenigen Möglichkeiten dar, auf große Datenmengen gleichzeitig von unterschiedlichen Anwendungen aus zuzugreifen, d.h., das MMF wird auch für die Kommunikation zwischen verschiedenen Prozessen (IPC)[1] genutzt.

Ein MMF erlaubt es Ihnen, einen Adressenbereich zu reservieren und physikalischen Speicher zur Verfügung zu stellen. Das hat zumindest zwei Vorteile:

- Es ist günstig, auf Dateien zuzugreifen, die sich auf der Disk befinden, ohne dazu I/O-Operationen durchführen und den Dateiinhalt puffern zu müssen. Das ist besonders bei sehr großen Dateien vorteilhaft.

- Sie können MMFs verwenden um es multiplen Prozessen zu ermöglichen, auf der gleichen Maschine zu laufen und gemeinsam auf dieselben Daten zuzugreifen.

---

[1] IPC = Interprocess Communication

HINWEIS: Ein MMF ist der effektivste Weg für multiple Prozesse, um auf einer einzigen Maschine miteinander zu kommunizieren!

8.7.2 Erzeugen eines MMF

Dazu verwenden Sie verschiedene Methoden der statischen *MemoryMappedFile*-Klasse. Ein MMF wird immer mit einem Namen assoziiert.

CreateFromFile-Methode

Die verschiedenen Überladungen der *CreateFromFile* Methode erzeugen ein MMF von einem spezifischen Pfad oder Filestream einer existierenden Datei auf der Disk. Die Änderungen werden automatisch auf die Disk übertragen, wenn das Mapping aufgehoben wird.

BEISPIEL 8.21: Ein MMF von der Datei *Bild1.bmp* generieren

```vb
Imports System.IO.MemoryMappedFiles          ' neu ab.NET 4.0
Imports System.IO
...
Private MemoryMappedFile mmf = MemoryMappedFile.CreateFromFile("Bild1.bmp", FileMode.Open,
                                                               "MMF1")
```

Wir haben einen der einfachsten Konstruktoren benutzt, um die MMF-Datei *MMF1* zu erzeugen.

Doch das Beste an den MMFs ist ihre eingebaute Datenpersistenz:

HINWEIS: Sobald das MMF geschlossen wird, wird der Inhalt auf der Disk gesichert. Das ist ideal, wenn verschiedene Anwendungen auf Informationen zugreifen wollen.

CreateNew-Methode

Mit *CreateNew* erzeugen Sie ein MMF das nicht auf eine existierende Datei gemappt ist.

BEISPIEL 8.22: Erzeugen eines MMF mit der maximalen Kapazität von 10000 Bytes

```vb
Dim cap As Long = 10000
Dim mmf As MemoryMappedFile = MemoryMappedFile.CreateNew("MMF2", cap))
```

8.7.3 Erstellen eines Map View

Für den Zugriff auf das MMF brauchen Sie einen so genannten Map View (statische Klasse *MemoryMappedViewAccessor*), den Sie mit Hilfe der Methode *CreateViewAccessor* erzeugen. Sie können mehrere Views für ein MMF erstellen oder auch Views auf Teilbereiche der Datei.

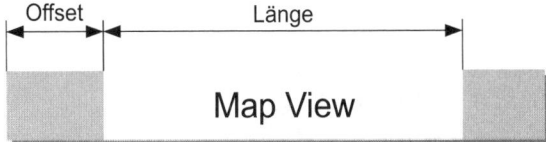

```
Dim offset As Long = &H100000 ' 1 MB
Dim länge As Long = &HA00000 ' 10 MB
Dim vacc As MemoryMappedViewAccessor = mmf.CreateViewAccessor(offset, länge)
```

Wollen Sie Informationen lesen oder schreiben, dann rufen Sie einfach die Map View-Methoden mit dem korrekten Offset auf:

```
Dim nr As Integer = 12345
vacc.Write(0, nr)
```

```
vacc.Write(Of Container)(4, MyContainer)
```

```
vacc.Read(i, color)
```

Es ist möglich, den gleichen Teil einer Datei an mehrere Adressbereiche zu mappen (konkurrierender Speicher). Damit zwei Views konkurrierend sind, müssen sie vom selben MMF erzeugt werden. Hingegen fügt das Erzeugen von zwei MMFs von derselben Datei zu keiner Konkurrenz.

Im Praxisbeispiel

▶ 8.8.3 Ein Memory Mapped File (MMF) verwenden

wird eine Bilddatei mit Hilfe eines MMF manipuliert.

8.8 Praxisbeispiele

8.8.1 Auf eine Textdatei zugreifen

Das vorliegende Beispiel demonstriert das Öffnen und Speichern einer einfachen Textdatei in Zusammenarbeit mit einer Menükomponente und den Dateidialogen (siehe 8.3.1).

Oberfläche

Ziehen Sie vom Werkzeugkasten eine *TextBox* (*MultiLine=True*), eine *MenuStrip-*, eine *OpenFile-Dialog-* und eine *SaveFileDialog*-Komponente auf das Startformular *Form1*.

Das Erstellen des Hauptmenüs ist nach Doppelklick auf die Menükomponente sehr intuitiv und braucht deshalb hier nicht extra erklärt zu werden:

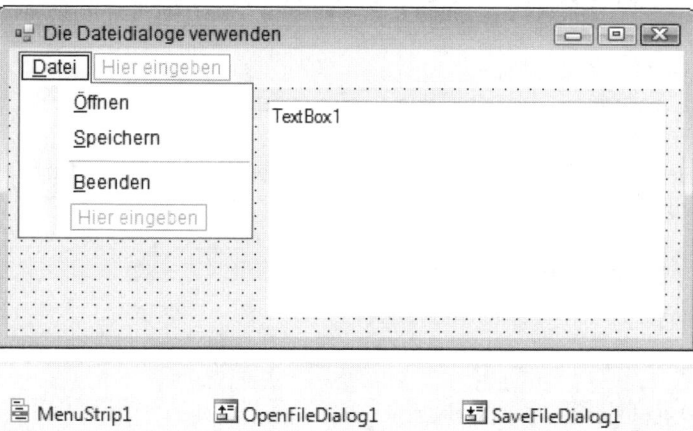

Quellcode

```
Imports System.IO
```

```
Public Class Form1
```

Der Dateipfad wird zweckmäßig auf Klassenebene deklariert:

```
    Private pfad As String
```

Die zahlreichen Anfangseigenschaften der beiden Dateidialoge legen wir beim Laden von *Form1* fest. Die meisten Eigenschaften gelten sowohl für *OpenFileDialog* als auch für *Save-FileDialog*, weshalb wir sie nur einmal zu erklären brauchen:

```
    Private Sub Form1_Load(sender As Object, e As EventArgs) Handles MyBase.Load
```

Zunächst der Öffnen-Dialog, wir beginnen mit dem Festlegen der Standard-Dateinamens-erweiterung:

```
        With OpenFileDialog1
            .DefaultExt = "txt"
```

Die Filterzeichenfolge:

```
            .Filter = "Textdateien (*.txt)|*.txt|Alle Dateien (*.*)|*.*"
```

Warnung, wenn der Namen einer nicht vorhandenen Datei eingegeben wird:

```
            .CheckFileExists = True
```

Das Anfangsverzeichnis:

```
.InitialDirectory = Application.ExecutablePath
```

Die Beschriftung der Titelleiste des Dialogs:

```
.Title = "Bitte öffnen Sie eine Textdatei!"
End With
```

Nun zum Speichern-Dialog:

```
With SaveFileDialog1
    .DefaultExt = "txt"
```

Der standardmäßig eingetragene Dateiname:

```
.FileName = "Beispiel.txt"
```

Automatisches Anhängen der *DefaultExt*, falls diese weggelassen wird:

```
.AddExtension = True
```

Warnung, wenn bereits eine gleichnamige Datei vorhanden ist:

```
.OverwritePrompt = True
```

Überprüfen, ob Dateiname erlaubte Zeichen enthält:

```
.ValidateNames = True
```

Weitere Einstellungen:

```
.Filter = "Textdateien (*.txt)|*.txt|Alle Dateien (*.*)|*.*"
.InitialDirectory = Application.ExecutablePath
.Title = "Bitte speichern Sie die Textdatei!"
    End With
End Sub
```

Den Rahmencode für die *Click*-Eventhandler der einzelnen Menüeinträge erzeugen wir am einfachsten durch Doppelklick auf den entsprechenden Eintrag:

Der Menüpunkt *Datei|Öffnen*:

```
Private Sub öffnenToolStripMenuItem_Click(sender As Object, e As EventArgs) _
                                Handles öffnenToolStripMenuItem.Click
    If OpenFileDialog1.ShowDialog() = System.Windows.Forms.DialogResult.OK Then
        pfad = OpenFileDialog1.FileName
        TextBox1.Text = String.Empty
        Try
            TextBox1.Text = File.ReadAllText(pfad)
        Catch
        End Try
```

Dateipfad in der Titelleiste des Formulars anzeigen:

```
        Me.Text = pfad
    End If
End Sub
```

Der Menüpunkt *Datei|Speichern*:

```
Private Sub speichernToolStripMenuItem_Click(sender As Object, e As EventArgs) _
                                    Handles speichernToolStripMenuItem.Click
    If SaveFileDialog1.ShowDialog() = System.Windows.Forms.DialogResult.OK Then
        pfad = SaveFileDialog1.FileName
        File.WriteAllText(pfad, TextBox1.Text)
        Me.Text = pfad
    End If
End Sub
```

Der Menüpunkt *Datei|Beenden*:

```
Private Sub beendenToolStripMenuItem_Click(sender As Object, e As EventArgs) _
                                    Handles beendenToolStripMenuItem.Click
    Me.Close()
End Sub
End Class
```

Test

Durch eigene Experimente lässt sich am besten die Wirksamkeit der zahlreichen Eigenschaften der Dateidialoge erkunden:

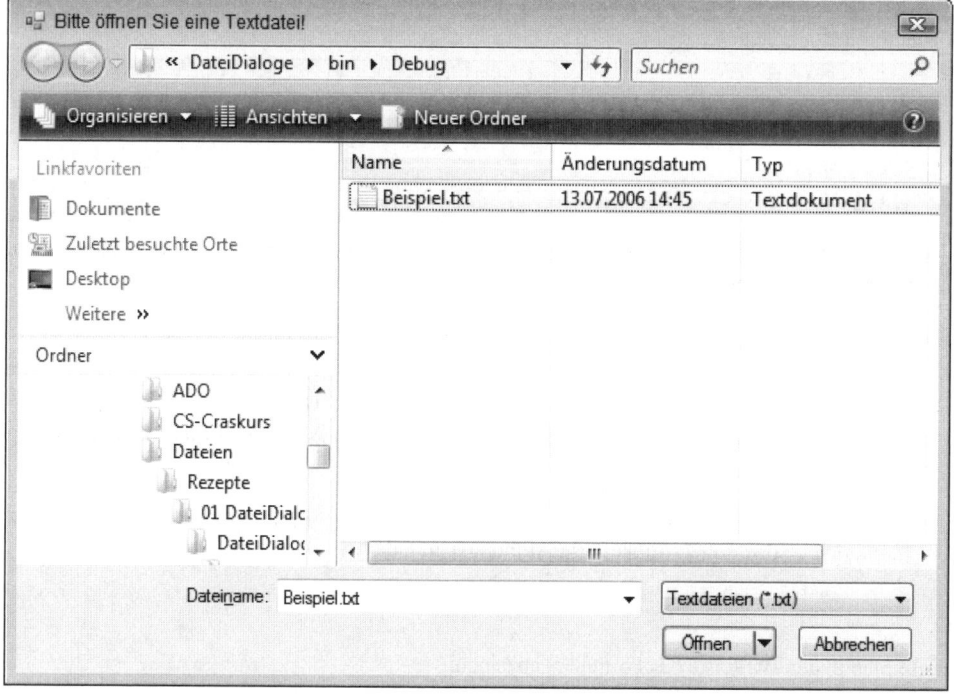

Beim Öffnen und Speichern wird der Dateipfad in der Titelleiste des Formulars angezeigt:

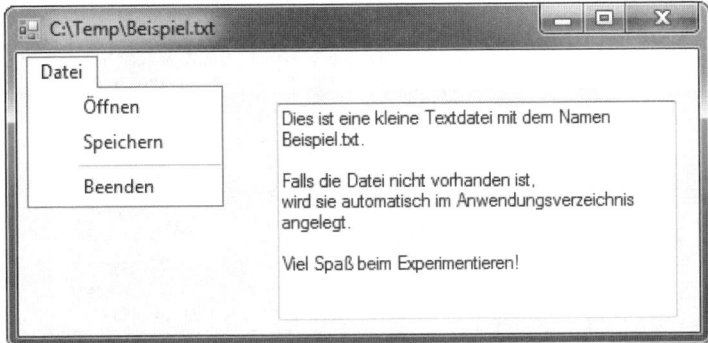

Warnung bei Eingabe eines nicht vorhandenen Dateinamens im Öffnungsdialog:

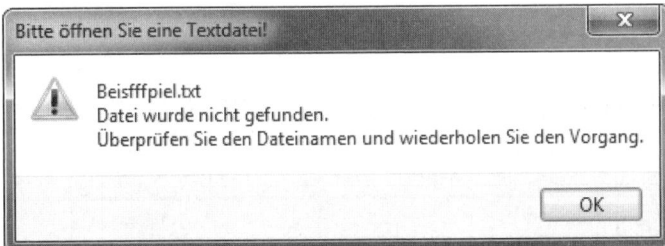

8.8.2 Einen Objektbaum speichern

In diesem Beispiel soll gezeigt werden, wie man auch ohne Datenbank und ADO.NET komplexere Datenstrukturen mittels *BinaryFormatter* auf der Festplatte speichern kann und wie einfach die Benutzerschnittstelle die Datenbindung mittels *BindingSource*- und *BindingNavigator*-Komponenten realisiert.

Klassendiagramm

Ausgangspunkt ist das mit dem Klassendesigner von Visual Studio erstellte Klassendiagramm (siehe Kapitel 25), welches neben dem Startformular *Form1* die Klassen *CFirma, CKunde, CPerson, CBestellung* und *CPersistent* enthält.

Wie Sie sehen, verwaltet die Benutzerschnittstelle *Form1* eine Instanz der Klasse *CFirma,* die über eine multiple Assoziation (Auflistungszuordnung[1]) mit der Klasse *CKunde* verbunden ist (eine Firma kann keinen, einen oder mehrere Kunden haben).

Eine gleichartige Beziehung besteht auch zwischen den Klassen *CKunde* und *CBestellung* (ein Kunde kann keine, eine oder mehrere Bestellungen haben). Man erkennt aus diesen Zusammen-

---

[1] Eine Auflistungszuordnung ist – im Unterschied zur einfachen Zuordnung – im Klassen Designer an den doppelten Pfeilspitzen erkennbar.

hängen, dass sich – ausgehend von einer Instanz von *CFirma* – die Objekte über Auflistungen von
CKunde zu *CBestellung* baumartig verzweigen.

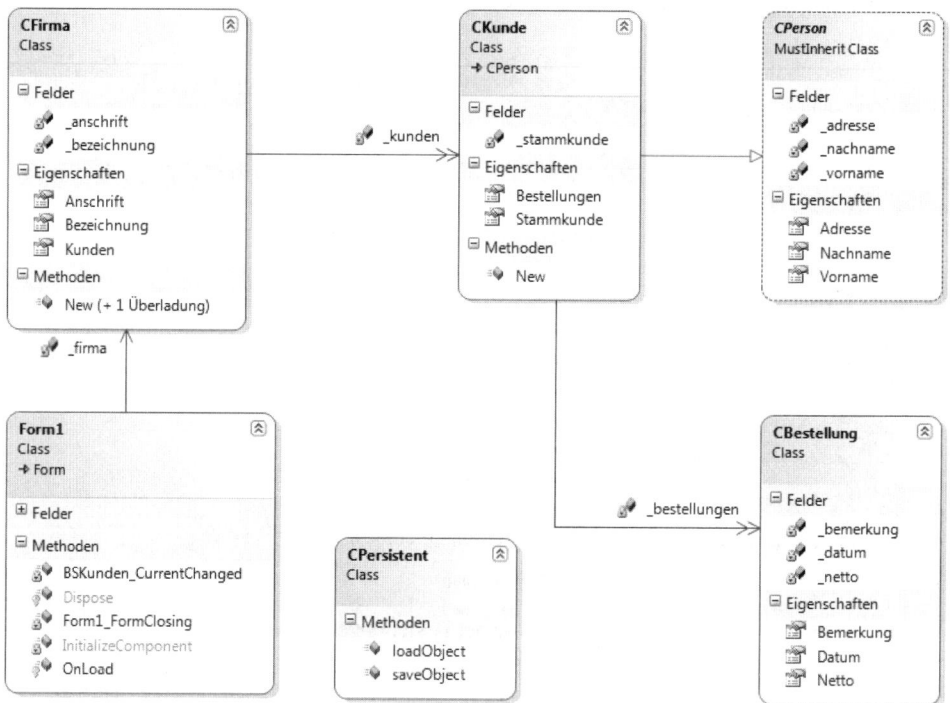

Die Klasse *CKunde* erbt von der abstrakten Klasse *CPerson*. Weiterhin gibt es eine statische Klasse
CPersistent, welche Methoden zum Speichern und Laden des Objektbaums – dieser wird von der
in *Form1* erzeugten Instanzenvariablen *_firma* gekapselt – bereitstellt.

Wer bereits über Erfahrungen mit dem in Visual Studio integrierten Klassen Designer verfügt (er ist
kinderleicht zu bedienen!) kann ihn schon zu Beginn in die Codeentwicklung einbinden und sich
dadurch mancherlei Arbeit ersparen, denn der Designer generiert z.B. den Rahmencode für Klassen
und Methoden und kapselt Felder zu Eigenschaften. Der Quellcode wird automatisch mit dem
Klassendiagramm synchronisiert.

Klasse CBestellung

Jede am Objektbaum beteiligte Klasse muss mit dem *<Serializable>*-Attribut markiert sein.

```
<Serializable> Public Class CBestellung
    Public Property Datum As DateTime
    Public Property Netto As Decimal
    Public Property Bemerkung As String
End Class
```

Klasse CPerson

Diese abstrakte Klasse stellt ihren Nachkommen vier allgemeine Eigenschaften als "Erbmaterial" zur Verfügung:

```
<Serializable()> Public MustInherit Class CPerson
```

Selbst implementierende Eigenschaften sparen Schreibarbeit:

```
    Public Property Vorname As String
    Public Property Nachname As String
    Public Property Adresse() As String
End Class
```

Klasse CKunde

Die Klasse *CKunde* erbt von *CPerson*. Die Bestellungen des Kunden werden in einer generischen Liste vom Typ *CBestellung* gekapselt.

```
<Serializable()>
Public Class CKunde
    Inherits CPerson
```

Eine generische Collection speichert die Bestellungen eines Kunden:

```
    Private _bestellungen As IList(Of CBestellung)
```

Im Konstruktor wird die (zunächst leere) Liste der Bestellungen erzeugt:

```
Sub New()
    _bestellungen = New List(Of CBestellung)
End Sub
```

Der Lese- und Schreibzugriff:

```
Public Property Bestellungen() As IList(Of CBestellung)
    Get
        Return _bestellungen
    End Get
    Set(value As IList(Of CBestellung))
        _bestellungen = value
    End Set
End Property
```

Eine selbst implementierende Eigenschaft:

```
    Public Property Stammkunde() As Boolean
End Class
```

Klasse CFirma

Diese Klasse ist die Wurzelklasse des Objektbaums und kapselt neben allgemeinen Eigenschaften (*Bezeichnung* und *Anschrift*) lediglich die Kundenliste (generische Liste vom Typ *CKunde*).

```
<Serializable()> Public Class CFirma
```

Eine generische Collection speichert die Kunden der Firma:

```
Private _kunden As IList(Of CKunde)
```

Im Konstruktor wird die (zunächst leere) Liste der Kunden erzeugt:

```
Sub New()
    _kunden = New List(Of CKunde)
End Sub
```

Der Zugriff auf die Kundenliste:

```
Public Property Kunden As IList(Of CKunde)
    Get
        Return _kunden
    End Get
    Set(value As IList(Of CKunde))
        _kunden = value
    End Set
End Property
```

Zwei selbst implementierende Eigenschaften:

```
    Public Property Bezeichnung As String
    Public Property Anschrift As String
End Class
```

Klasse CPersistent

Diese Klasse exportiert die statischen Methoden *saveObject* und *loadObject*, mit denen die Serialisierung/-Deserialisierung beliebiger Objekte möglich ist. Die Methode *saveObject* übernimmt als Parameter das Objekt und den Dateipfad, serialisiert das Objekt und speichert es auf der Festplatte ab. Die Methode *loadObject* erwartet als Parameter den Dateipfad, holt sich das Objekt von der Festplatte und liefert es deserialisiert zurück.

```
Imports System.IO
Imports System.Runtime.Serialization.Formatters.Binary

Public Class CPersistent
    Public Shared Sub saveObject(o As Object, pfad As String)
        Dim fs As New FileStream(pfad, FileMode.Create, FileAccess.Write, FileShare.None)
        Dim bf As New BinaryFormatter()
        bf.Serialize(fs, o)
        fs.Close()
    End Sub

    Public Shared Function loadObject(pfad As String) As Object
        Dim fs As New FileStream(pfad, FileMode.Open, FileAccess.Read, FileShare.Read)
        Dim bf As New BinaryFormatter()
        Dim o As Object = bf.Deserialize(fs)
```

```
        fs.Close()
        Return o
    End Function
End Class
```

Form1

Die Bedienelemente zu Kunden und Bestellungen sind in jeweils einer *GroupBox* angeordnet, an deren Fuß eine *BindingNavigator*-Komponente angedockt hat.

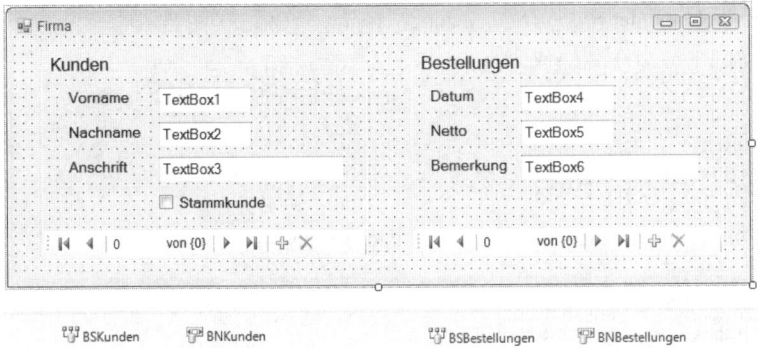

Weiterhin werden zwei *BindingSource*-Komponenten benötigt. Verknüpfen Sie im Eigenschaften-fenster die *BindingSource*-Property von *BNKunden* mit *BSKunden* und von *BNBestellungen* mit *BSBestellungen*.

```
Public Class Form1
```

Man sieht es dieser Variablen nicht an, dass sie den kompletten Objektbaum kapselt:

```
Private _firma As New CFirma()
```

Der Dateipfad verweist in unserem Fall auf das Ausgabeverzeichnis des Projekts:

```
Private Const PFAD As String = "Bestellungen.dat"
```

Beim Laden des Formulars wird versucht, die Datei zu laden (falls die Datei nicht vorhanden ist, wird eine neue leere Datei angelegt):

```
Protected Overrides Sub OnLoad(e As EventArgs)
    Try
        _firma = CType(CPersistent.loadObject(PFAD), CFirma)
    Catch ex As Exception
        MessageBox.Show(ex.Message)
    End Try
```

Die erste *BindingSource* wird an die Kundenliste gebunden:

```
BSKunden.DataSource = _firma.Kunden
```

Die Steuerelemente an die *BindingSource* koppeln:

```
TextBox1.DataBindings.Add(New Binding("Text", BSKunden, "Vorname", True))
TextBox2.DataBindings.Add(New Binding("Text", BSKunden, "Nachname", True))
TextBox3.DataBindings.Add(New Binding("Text", BSKunden, "Adresse", True))
CheckBox1.DataBindings.Add(New Binding("Checked", BSKunden, "Stammkunde", True))

MyBase.OnLoad(e)
End Sub
```

Wenn zu einem anderen Kunden gewechselt wird, müssen auch die zu diesem Kunden gehören-
den Bestellungen ermittelt und der *BindingSource* zugewiesen werden:

```
Private Sub BSKunden_CurrentChanged(sender As Object, e As EventArgs) _
                                          Handles BSKunden.CurrentChanged
```

Der Kunde wird ermittelt:

```
Dim kunde As CKunde = CType(BSKunden.Current, CKunde)
```

Die zweite *BindingSource* wird an die Liste der Bestellungen gebunden:

```
BSBestellungen.DataSource = kunde.Bestellungen
```

Die Steuerelemente müssen neu angebunden werden:

```
TextBox4.DataBindings.Clear()
TextBox4.DataBindings.Add("Text", BSBestellungen, "Datum", True)
TextBox5.DataBindings.Clear()
TextBox5.DataBindings.Add("Text", BSBestellungen, "Netto", True)
TextBox6.DataBindings.Clear()
TextBox6.DataBindings.Add("Text", BSBestellungen, "Bemerkung", True)
End Sub
```

Beim Schließen des Formulars wird der komplette Objektbaum abgespeichert:

```
Private Sub Form1_FormClosing(sender As Object,
                              e As FormClosingEventArgs) Handles Me.FormClosing
    Try
        CPersistent.saveObject(_firma, PFAD)
    Catch ex As Exception
        MessageBox.Show(ex.Message)
    End Try
End Sub
```

```
End Class
```

Test

Um einen Kunden hinzuzufügen, muss zunächst die "+"-Schaltfläche des *BindingNavigator*s
geklickt werden. Analog ist beim Hinzufügen einer Bestellung zu verfahren.

Wundern Sie sich nicht, dass in der folgenden Laufzeitabbildung auch eine *DataGridView*-Kompo-
nente enthalten ist (siehe Bemerkung am Schluss).

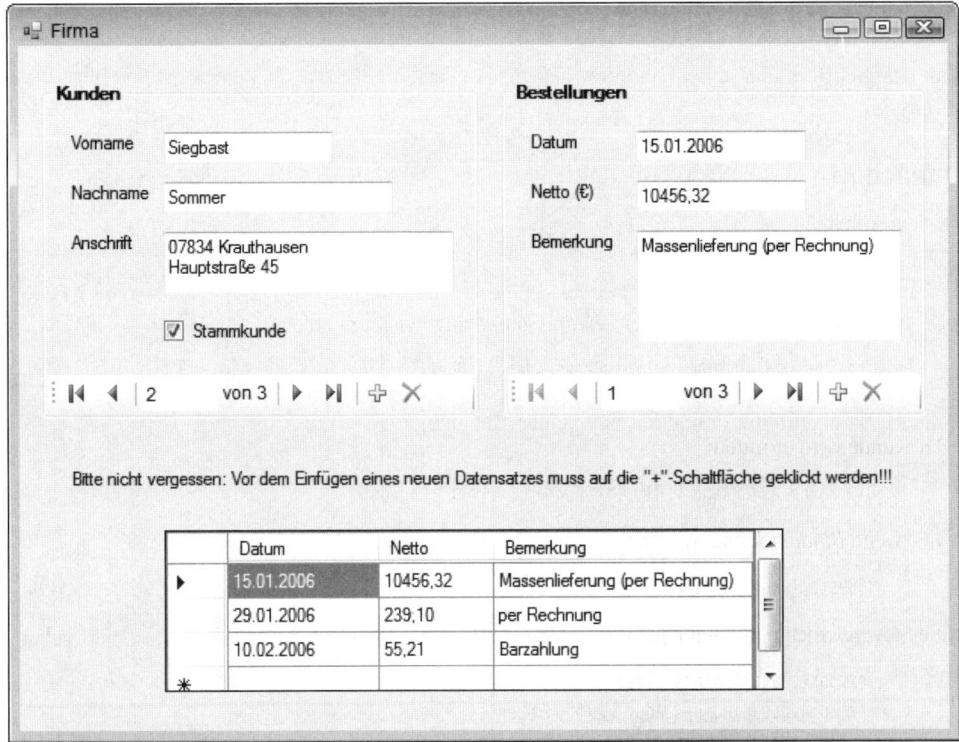

Die eingegebenen Datensätze gehen nicht verloren, da sie beim Schließen des Formulars automatisch gespeichert werden, um nach einem erneuten Programmstart wieder zur Verfügung zu stehen.

Anzeige mit DataGridView

- Eine einzige Codezeile genügt, um alle Bestellungen eines Kunden in einer zusätzlich hinzugefügten *DataGridView*-Komponente anzuzeigen:

```
DataGridView1.DataSource = BSBestellungen
```

- Da das *DataGridView* auch editierbar ist, könnte auf die Detailanzeige in den *TextBox*en und auf den zweiten *BindingNavigator* auch verzichtet werden. Gleiches gilt natürlich auch für die Anzeige der Kundenliste.

8.8.3 Ein Memory Mapped File (MMF) verwenden

Ein MMF (siehe Abschnitt 8.7) mappt den Inhalt einer Datei an den logischen Adressraum einer Anwendung und versetzt den Programmierer in die Lage, mit sehr großen Dateien zu arbeiten, weil der Speicher konkurrierend verwaltet werden kann. Außerdem ist ein wahlfreier Zugriff (Random Access) ohne langwierige Suchoperationen möglich.

Das vorliegende Beispiel demonstriert den Einsatz eines MMF beim Manipulieren einer Bilddatei. Ganz nebenbei lernt man auch die Bedeutung der *Using*-Klausel kennen.

Oberfläche

Auf das Startformular einer Windows Forms-Anwendung setzen Sie einen *Button* und eine *PictureBox*.

Quellcode

```
Imports System.IO
Imports System.IO.MemoryMappedFiles
Imports System.Runtime.InteropServices

Public Class Form1
    ...
```

Eine RGB-Farbstruktur definieren (inkl. einer Methode):

```
Public Structure MyRGB
    Public Red As Short
    Public Green As Short
    Public Blue As Short
    Public Alpha As Short
```

Jetzt werden die Farbanteile verfälscht (der Einsatz der mathematischen *Min*-Funktion verhindert hier eine Bereichsüberschreitung):

```
Public Sub changeRGB(value As Short)
    Red = CShort(Fix(Math.Min(Short.MaxValue, CInt(Fix(Red)) + value)))
    Green = CShort(Fix(Math.Min(Short.MaxValue, CInt(Fix(Green)) + value)))
    Blue = CShort(Fix(Math.Min(Short.MaxValue, CInt(Fix(Blue)) + value)))
    Alpha = CShort(Fix(Math.Min(Short.MaxValue, CInt(Fix(Alpha)) + value)))
    End Sub
End Structure
```

Die Start-Schaltfläche:

```
Private Sub Button1_Click(sender As Object, e As EventArgs) Handles Button1.Click
```

Die MMF-Datei für die sich im Anwendungspfad befindliche Datei *Bild1.bmp* wird nun erzeugt. Übergeben werden auch der Zugriffsmodus und der Namen des MMF (im weiteren Verlauf bedeutungslos). Die *Using*-Klausel definiert hier einen Bereich, an dessen Ende ein Objekt sofort wieder freigegeben wird.

```
Using mmf = MemoryMappedFile.CreateFromFile("Bild1.bmp", FileMode.Open, "MMF1")
```

Für den Zugriff auf die MMF müssen wir einen Map View definieren, dieser soll den Speicherbereich zwischen den Adressen 1MByte und 11MByte (Offset plus Länge) abdecken.

Die Hex-Adressen werden durch den Präfix *0x* gekennzeichnet:

```
Dim offset As Long = &H100000    ' 1 MB
Dim länge As Long = &HA00000    ' 10 MB

Using vacc = mmf.CreateViewAccessor(offset, länge)
```

Anzahl der Bytes pro Farbwert ermitteln:

```
Dim colorSize As Integer = Marshal.SizeOf(GetType(MyRGB))
```

Eine Puffervariable für den einzulesenden Farbwert:

```
Dim color As MyRGB
```

Den Map View manipulieren:

```
For i As Long = 0 To länge - 1 Step colorSize
```

Vom MMF in *color*-Variable einlesen

```
vacc.Read(i, color)
```

Die *color*-Variable manipulieren:

```
color.changeRGB(20)
```

Die *color*-Variable zurück ins MMF schreiben:

```
        vacc.Write(i, color)
      Next i
    End Using
  End Using
```

Bild anzeigen:

```
    PictureBox1.Load("Bild1.bmp")
  End Sub
End Class
```

Test

Starten Sie das Programm und klicken Sie dann mehrfach hintereinander auf die Schaltfläche. Beobachten Sie, wie sich die Farbwerte des Bildes verändern.

Bemerkungen

- Für ein MMF können auch mehrere Map Views definiert werden, womit ein einfacher Datenaustausch zwischen verschiedenen Prozessen möglich wird.

- Die *Using*-Anweisung ist besonders dann zweckmäßig, wenn es um das sofortige Freigeben von Objekten geht, die viel Speicherplatz belegen (ansonsten erledigt das irgendwann der Garbage Collector[1]).

- Einen praktischen Rechner zur Dezimal-Hexadezimal-MByte-Konvertierung finden Sie in unserem [Visual Basic 2012-Kochbuch].

---

[1] ... und der nimmt sich manchmal recht viel Zeit.

Kapitel **9**

Asynchrone Programmierung

In diesem und dem folgenden Kapitel werden wir uns den (positiven und negativen) Aspekten der asynchronen Programmierung mit dem .NET-Framework zuwenden. Wir beschäftigen uns mit

- der Verwendung von Threads,

- den Möglichkeiten von Sperren (*SyncLock*, *Monitor*, *Mutex*),

- der *BackgroundWorker*-Komponente,

- dem asynchronen Programmierentwurfsmuster (*Asynchronous Programming Model Design Pattern*),

- dem asynchronen Aufruf mittels Delegate und, last but not least,

- dem Einsatz der *Task Parallel Library* (siehe Extra-Kapitel 10).

- Die unter .NET 4.5 eingeführten Vereinfachungen (Schlüsselwörter *Async* und *Await*) sowie ein komplexes Anwendungsbeispiel runden das Kapitel ab.

HINWEIS: Auch wenn mit der *Task Parallel Library* viele Aufgaben schneller und mit weniger Aufwand gelöst werden können, wollen wir uns zunächst mit den klassischen Varianten der asynchronen Programmierung auseinandersetzen, da die o.g. Library final und komplett erst ab dem .NET-Framework 4, verfügbar ist. Viele bereits bekannte Konzepte, wie z.B. der Zugriff auf den Vordergrund-Thread (Oberfläche), haben sich auch bei Verwendung der *Task Parallel Library* nicht geändert, ein Blick auf diese Details schadet deshalb nicht, sondern verhilft zum dringend erforderlichen Grundverständnis der neueren Technologien[1].

---

[1] Ein gutes Beispiel dafür ist der asynchrone Datenzugriff in Silverlight-Anwendungen.

9.1 Übersicht

Threads stehen im Mittelpunkt der so genannten "asynchronen" Programmierung. Darunter wollen wir all jene Technologien verstehen, die es einer Anwendung ermöglichen, Code auszuführen ohne das aktuelle Programm, d.h. meist den Vordergrundthread mit der Oberfläche, an dieser Stelle anzuhalten. In der Regel ist dies im Zusammenhang mit dem Warten auf relativ unbestimmte Ereignisse oder lang andauernde Vorgänge/Berechnungen von Belang. Die Anwendung soll weiter durch den Nutzer bedienbar bleiben, gleichzeitig wird im Hintergrund zum Beispiel eine Grafik konvertiert oder eine Dateioperation abgeschlossen.

Im Zusammenhang mit dem gerade beschriebenen, quasi parallelen, Abarbeiten von Aufgaben durch den Computer tauchen immer wieder einige Begriffe auf, die Sie unbedingt unterscheiden und kennen sollten:

- *Multitasking*

- *Multithreading*

- *Parallel-Programmierung*

- *Deadlocks*

- *Racing*

Im Folgenden wollen wir diese Begriffe im Zusammenhang erklären.

9.1.1 Multitasking versus Multithreading

Während beim Multitasking jedem Prozess (eigener Speicherbereich, eigener Heap, eigene Variablen) durch das System eine bestimmte Prozessorzeit zugeteilt wird[1], werden beim Multithreading einzelne Ablaufstränge (Fäden → Threads) **innerhalb** des Prozesses gesteuert.

HINWEIS: Leider taucht im Zusammenhang mit der neuen *Task Parallel Library* auch eine andere Bedeutung des Begriffs "Task" auf. Hier ist die einzelne **Aufgabe** innerhalb eines Programms (Prozesses) gemeint, derartige *Task*-Objekte sind eigentlich Threads, die um ein paar Verwaltungsfunktionen (Scheduler) bereichert wurden. Es handelt sich definitiv nicht um die vom System-"Taskmanager" verwalteten Prozesse. Wir gehen auf diese Thematik allerdings erst im folgenden Kapitel 10 ein.

Die folgende Abbildung zeigt die grundsätzliche Aufteilung (unterschiedlich viele Threads können zu unterschiedlichen Zeiten innerhalb der Prozesse ausgeführt werden).

---

[1] Echte parallele Ausführung ist nur auf Mehrprozessorsystemen möglich.

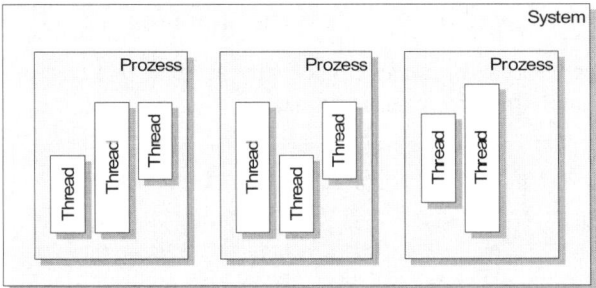

9.1.2 Deadlocks

Mit diesem Begriff wird ein Szenario bezeichnet, in welchem mindestens zwei Threads gegenseitig aufeinander oder auf die Freigabe eines Objekts warten, ohne je zu einem Ende zu kommen.

BEISPIEL 9.1: Deadlock

Thread1 möchte die Objekte *A* und *B* bearbeiten und zu diesem Zweck sperren. *Thread2* hat die gleiche Aufgabe, sperrt jedoch erst Objekt *B* und dann Objekt *A*. Kommt es durch die Verteilung der Prozessorzeit dazu, dass *Thread1* Objekt *A* gesperrt hat und nachfolgend *Thread2* Objekt *B* sperrt, wartet *Thread1* bis in alle Ewigkeit auf die Freigabe von Objekt *B* und *Thread2* wartet ebenfalls auf die Freigabe von Objekt *A*.

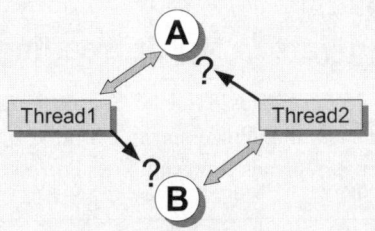

Lösen lässt sich dieses Problem zum Beispiel durch eine konsequente Festlegung der Reihenfolge für die einzelnen Sperren oder eine maximale Wartezeit für das Sperren von Objekten.

9.1.3 Racing

Racing bezeichnet den Vorgang, wenn zwei Threads auf die gleiche Ressource (z.B. Datei, Ausgabegerät, Variable etc.) zugreifen wollen. Durch unterschiedlich schnelle Verarbeitung der Threads kommt es zu undefinierten Zuständen, d.h. es ist nicht vorhersehbar, welcher Thread das "Rennen" gewinnt.

Derartige Probleme können lange unentdeckt bleiben, bis zum Beispiel die Anwendung auf ein Mehrprozessorsystem verlagert wird oder das System sehr stark ausgelastet ist, was zu einer verlangsamten Abarbeitung einzelner Threads führt. Erst unter diesen Umständen wird aus dem bisherigen korrekten Verhalten, ein Fehler, der schwer zu reproduzieren ist.

BEISPIEL 9.2: Racing

Ein kleines Testprogramm (mit der neuen *Task Parallel Library*, siehe ab Seite 511) zeigt die Problematik eines "Wettrennens" am Beispiel der Ausgabekonsole.

```
Imports System.Threading
Imports System.Threading.Tasks

Module Module1
    Sub Main()
        Console.WriteLine("Start")
```

Zwei Tasks (Threads) erzeugen und starten:

```
        Dim thread1 = Task.Factory.StartNew(AddressOf MethodeA)
        Dim thread2 = Task.Factory.StartNew(AddressOf MethodeB)
```

Hier synchronisieren wir und warten bis **beide** Threads beendet sind:

```
        Task.WaitAll(thread1, thread2)
        Console.WriteLine("Ende")
        Console.Read()
    End Sub
```

Die beiden "anspruchsvollen" Methoden für die jeweiligen Threads:

```
    Sub MethodeA()
        Console.Write("Hallo")
    End Sub

    Sub MethodeB()
        Console.WriteLine(" Leser")
    End Sub
End Module
```

Der Normalfall zeigt folgende Ausgabe:

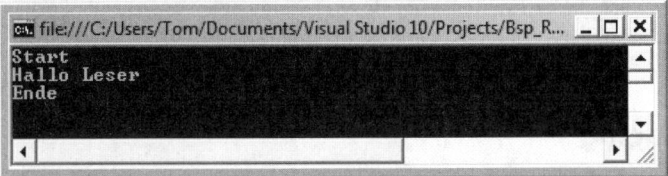

Aber nach x Programmstarts finden Sie statt obigem Ergebnis die folgende Ausgabe vor:

In diesem Fall war *Thread2*, also *MethodeB*, etwas schneller, obwohl *Thread1* vorher erzeugt und gestartet wurde. Beachten Sie jedoch, dass Ihr Programm nicht unabhängig vom restlichen System agiert, auch andere Prozesse haben Einfluss auf die Verteilung der Prozessorzeit und so kann es sein, dass *Thread1* erst einmal in eine kleine Warteschleife geschickt wurde und *Thread2* so günstig erzeugt wurde, dass er sofort ausgeführt werden konnte.

In obigem Beispiel handelt es sich lediglich um ein triviales Problem, bei Datenbankabfragen bzw. Einfüge-Operationen kann ein Racing schnell zum Showstopper werden und Ihre Geduld bei der Fehlersuche auf eine harte Probe stellen.

HINWEIS: Die Lösung im obigen Fall wäre eine Synchronisierung von *Thread2* auf *Thread1*, allerdings ist dann das Beispiel sinnfrei, da wir *MethodeB* auch gleich in *MethodeA* integrieren könnten.

9.2 Programmieren mit Threads

Die Multithreading-Funktionalität, d.h. die dafür notwendigen Klassen, werden vom Namespace *System.Threading* bereitgestellt. Im Mittelpunkt steht die Klasse *Thread*, mit der Sie Threads erzeugen und steuern können.

9.2.1 Einführungsbeispiel

Bevor wir Sie mit trockenen Ausführungen langweilen, zunächst ein kleines Beispiel der Thread-Programmierung.

BEISPIEL 9.3: Verwendung der *Thread*-Klasse um eine Methode Berechne als eigenständigen Thread auszuführen. Zusätzlich übergeben wir noch einen Parameter (*anzahl*) an die Methode.

```
...
Imports System.Threading
Imports System.Media

Public Class Form1
    Private myThread As Thread

    Private Sub Button1_Click(sender As Object, e As EventArgs) _
                                        Handles Button1.Click
```

Einen neuen Thread erzeugen (wir übergeben einen Delegaten, d.h. die Adresse der Methode, die als eigener Thread ausgeführt werden soll):

```
    myThread = New Thread(AddressOf Berechne)
```

Wir starten den Thread:

```
    myThread.Name = "Test-Thread"
```

BEISPIEL 9.3: Verwendung der *Thread*-Klasse um eine Methode Berechne als eigenständigen Thread auszuführen. Zusätzlich übergeben wir noch einen Parameter (*anzahl*) an die Methode.

```
        myThread.IsBackground = True
        Debug.Print("Thread gestartet")
        myThread.Start(5)
```

Nach dem Aufruf der Methode *Start* wird die Programmausführung asynchron fortgesetzt, d.h., noch vor dem Ende des Threads wird die nachfolgende Anweisung ausgeführt.

```
        Debug.Print("Nach Thread.Start")
    End Sub
```

Die eigentliche Arbeit verrichtet die folgenden Methode:

```
    Private Sub Berechne(anzahl As Object)
```

Eine Schleife, um den Thread etwas warten zu lassen:

```
        For i As Integer = 0 To DirectCast(anzahl, Integer) - 1
            Thread.Sleep(1000)
            Debug.Print("Thread arbeitet ({0})", i)
            SystemSounds.Beep.Play()
        Next
        Debug.Print("Thread ist am Ende")
    End Sub
```

Nach dem Start wird im Ausgabefenster der Text "Thread Gestartet" erscheinen, sofort darauf "Nach Thread.Start" (es ist nun mal eine asynchrone Ausführung) und danach die Meldungen aus dem eigentlichen Thread:

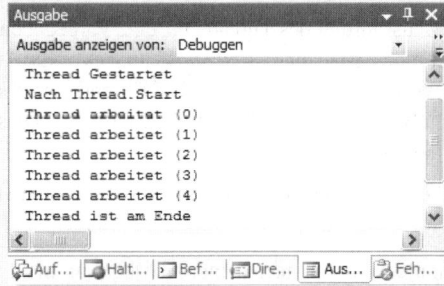

Ganz nebenbei werden Sie aus dem Lautsprecher mit Tönen gefoltert, aber so schlafen Sie beim Ausprobieren dieses Trivialbeispiels wenigstens nicht ein.

9.2.2 Wichtige Thread-Methoden

Mit einigen Methoden der *Thread*-Klasse hatten wir es im vorhergehenden Beispiel bereits zu tun, nun zu den Einzelheiten:

Methode	Beschreibung
Thread	Der Konstruktor erwartet einen Delegate, der auf die auszuführende Methode verweist. Dieser Delegate kann parameterlos sein oder die Übergabe eines *Object*-Typs ermöglichen.
Start	Die Ausführung des Threads beginnt. Vorher haben Sie noch die Möglichkeit, zum Beispiel den Namen oder die Priorität des Threads festzulegen.
Suspend	Hält den Thread an. Der Thread verbraucht keine Prozessorzeit mehr. Achtung: Diese Methode ist veraltet!
Resume	Setzt die Ausführung des Threads fort, egal wie oft vorher *Suspend* aufgerufen wurde. Achtung: Diese Methode ist veraltet!
Interrupt	Unterbricht einen Thread, der sich im Wait-, Sleep- oder Join-Zustand befindet. Hierdurch wird eine *ThreadInterruptedException* ausgelöst, die Sie abfangen sollten.
Join	Blockiert die Ausführung des aktuellen Threads, bis der angegebene Thread beendet ist.

Sleep	Hält die Ausführung des Threads für eine vorgegebene Anzahl von Millisekunden oder eine Zeitspanne (*TimeSpan*) an, bevor die Ausführung automatisch fortgesetzt wird. Der Thread verbraucht währenddessen keine Prozessorzeit. Achtung: Sie können nur *Thread.Sleep* aufrufen. Dies bezieht sich immer auf den aktuellen Thread.
Abort	Beginnt den Abbruch des Threads. Ein erneuter Start ist nicht mehr möglich.

HINWEIS: Generell kann ein Thread nach seiner Abarbeitung nicht wieder gestartet werden. Sie müssen eine neue Instanz erzeugen und diese starten.

HINWEIS: Wenn Sie auf Codebeispiele treffen, bei denen im Konstruktoraufruf noch ein *ThreadStart*- oder *ParameterizedThreadStart*-Delegate erzeugt wird, vergessen Sie diese einfach, denn das übernimmt der VB-Compiler für Sie.

```
Private Sub button1_Click(ByVal sender As Object, ByVal e As EventArgs)
    Me.myThread = New Thread(New ParameterizedThreadStart(Me, CType(Me.Berechne, IntPtr)))
    Me.myThread.Name = "Test-Thread"
    Me.myThread.IsBackground = True
    Debug.Print("Thread Gestartet")
    Me.myThread.Start(5)
    Debug.Print("Nach Thread.Start")
End Sub
```

Eine Übersicht, wie Sie die Methoden einsetzen um zwischen den einzelnen Zuständen des Threads zu wechseln, zeigt die folgende Abbildung.

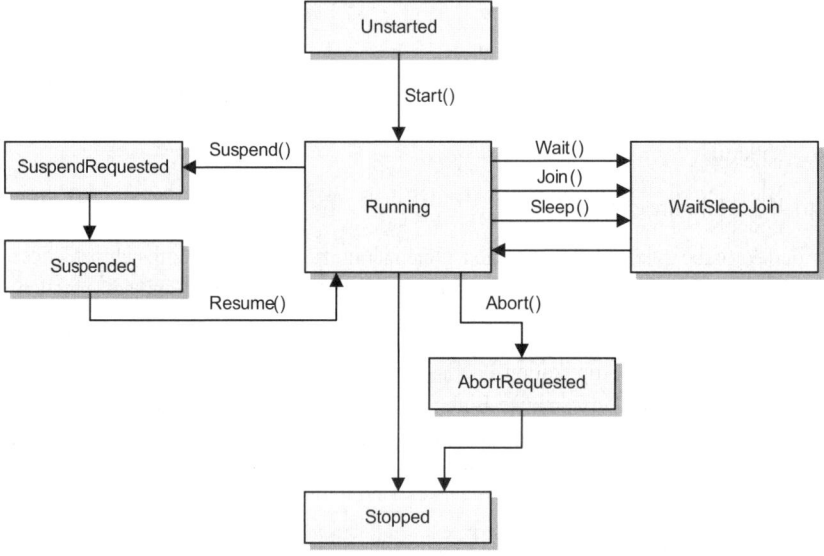

HINWEIS: Mehrere Zustände können gleichzeitig aktiv sein (z.B. *WaitSleepJoin* und *Abort-
            Requested*).

9.2.3   Wichtige Thread-Eigenschaften

Folgende Eigenschaften sind von Interesse:

Eigenschaft	Beschreibung
IsAlive	*True*: Der Thread ist gestartet und noch nicht beendet. Dieser Wert ist auch *True*, wenn sich der Thread im Sleep-Zustand befindet.
Name	Ein Name für den Thread, diesen können Sie aus dem Thread heraus mit *Thread.CurrentThread.Name* auslesen. Diese Eigenschaft ist beim Debuggen ganz nützlich, um die einzelnen Threads voneinander zu unterscheiden.
Priority	Die Ausführungspriorität des Threads: *Highest, AboveNormal, Normal, BelowNormal, Lowest.*

Eigenschaft	Beschreibung
ThreadState	Der aktuelle Status des Threads: *Aborted, AbortRequested, Background, Running, Stopped, StopRequested, Suspended, SuspendRequested, Unstarted, WaitSleepJoin.*
IsBackGround	Es handelt sich um einen Hintergrund-Thread, d.h., der Thread wird beim Beenden der Anwendung (Vordergrund-Thread) automatisch von der CLR beendet. Sie können diese Eigenschaft für Ihre Threads selbst festlegen.
	Ist die Eigenschaft auf *False* gesetzt, wird die Anwendung erst nach dem Ende des Threads beendet. Dies kann zu unerwünschten Nebeneffekten führen, wenn Sie zu diesem Zeitpunkt noch auf den Vordergrund-Thread zugreifen wollen.

Eine umfangreiche Anwendung, in welcher Sie den Einsatz der *Thread*-Klasse "spielend" lernen, finden Sie im Praxisbeispiel

▶ 9.10.1 Spieltrieb & Multithreading erleben

Stehen Sie vor der Aufgabe, viele Anforderungen gleichzeitig zu bearbeiten und nehmen diese nicht allzu viel Zeit in Anspruch, können Sie entweder selbst eine Collection von Threads erstellen, oder Sie nutzen gleich die Vorteile eines vorhandenen Threadpools.

Bleibt es dem Anwender oder der Applikation überlassen, wie viele Threads angefordert werden können, kann es schnell zu einem Performance-Einbruch kommen, denn die meiste Prozessorzeit wird für die Verwaltung der Threads verbraucht und nicht für deren Bearbeitung. Anders beim Threadpool, hier ist die Anzahl der Threads begrenzt, neue Threads werden erst erstellt, wenn ein Thread wieder frei ist.

HINWEIS: Auf das explizite Erzeugen und Parametrieren der Threads müssen Sie hier zugunsten ihrer einfacheren Verwendung allerdings verzichten.

9.2.4 Einsatz der ThreadPool-Klasse

BEISPIEL 9.4: Anwendung eines ThreadPool

```vb
Imports System.Threading

Public Class Form1
    Public Sub Berechne(obj As Object)
        Dim n1 As Integer, n2 As Integer, n3 As Integer
        Debug.Print("-> Thread {0} gestartet", DirectCast(obj, Integer))
        For i As Integer = 0 To 9
            Thread.Sleep(100)
        Next
```

BEISPIEL 9.4: Anwendung eines ThreadPool

Abrufen der maximalen Anzahl von Threads:

```
System.Threading.ThreadPool.GetMaxThreads(n3, n2)
```

Abrufen der noch verfügbaren Threads:

```
System.Threading.ThreadPool.GetAvailableThreads(n1, n2)
Debug.Print(" <- Thread {0} beendet! (frei {1} von {2})",
                                DirectCast(obj, Integer), n1 + 1, n3)
    End Sub
```

Wir addieren 1, da der aktuelle Thread ja auch gleich beendet wird.

Das eigentliche Verwenden des Threadpools:

```
Private Sub Button1_Click(sender As Object, e As EventArgs) Handles Button1.Click
    Dim n2 As Integer, n3 As Integer
```

Maximale Anzahl von Threads bestimmen:

```
System.Threading.ThreadPool.GetMaxThreads(n3, n2)
```

Wir erzeugen ein paar mehr Threads als in den Threadpool passen:

```
For i As Integer = 0 To (n3 + 10) - 1
    Debug.Print("Thread {0} in Warteschlange aufgenommen", i)
    System.Threading.ThreadPool.QueueUserWorkItem(AddressOf Berechne, i)
Next
    End Sub
End Sub
```

Die Ausführung beginnt mit dem Aufruf der Methode *QueueUserWorkItem*. Rufen Sie die Methode wie oben auf, werden lediglich die Threads aus dem Pool verwendet. Die restlichen Anforderungen werden erst dann bearbeitet, wenn wieder ein Thread aus dem Threadpool verfügbar ist.

Starten Sie das Programm (siehe Beispieldaten), werden zunächst alle Anforderungen in die Warteschlange gestellt, die ersten Threads werden bearbeitet.

Auszug aus dem Protokoll des Ausgabefensters:

```
Thread 0 in Warteschlange aufgenommen
Thread 1 in Warteschlange aufgenommen
Thread 2 in Warteschlange aufgenommen
Thread 3 in Warteschlange aufgenommen
-> Thread 0 gestartet
Thread 4 in Warteschlange aufgenommen
...
Thread 59 in Warteschlange aufgenommen
-> Thread 2 gestartet
  <- Thread 0 beendet! (frei 48 von 50)
-> Thread 3 gestartet
```

> **BEISPIEL 9.4: Anwendung eines ThreadPool**
>
> ```
>  <- Thread 1 beendet! (frei 48 von 50)
> -> Thread 4 gestartet
> -> Thread 5 gestartet
> -> Thread 6 gestartet
>  <- Thread 2 beendet! (frei 46 von 50)
> -> Thread 7 gestartet
> ...
>  <- Thread 55 beendet! (frei 46 von 50)
>  <- Thread 56 beendet! (frei 47 von 50)
>  <- Thread 57 beendet! (frei 48 von 50)
>  <- Thread 58 beendet! (frei 49 von 50)
>  <- Thread 59 beendet! (frei 50 von 50)
> ```
>
> Nachdem wieder Threads frei sind, werden die restlichen Anforderungen bearbeitet.

9.3 Sperrmechanismen

Nicht in jedem Fall sind Threads ein Segen für den Programmierer. Da einzelne Methodenaufrufe oder Operationen wiederum auf unzähligen Maschinenanweisungen basieren können und die Threadumschaltung zu unvorhergesehenen Zeitpunkten erfolgen kann, sind unter gewissen Umständen undefinierte Zustände möglich und das Programm verhält sich nicht wie gewünscht. Meist ist dieses Verhalten nicht reproduzierbar, da weitere Prozesse und Systemeinstellungen Einfluss auf die Rechenzeitverteilung haben.

In diesem Fall ist es sinnvoll, die Threadumschaltung so lange zu unterbrechen, bis die kritischen Operationen ausgeführt wurden. Das .NET-Framework stellt dafür verschiedene Mechanismen bereit.

9.3.1 Threading ohne SyncLock

> **BEISPIEL 9.5: Wir erzeugen zwei Threads, die auf die gleiche Variable *summe* zugreifen. Ein Thread versucht zu inkrementieren, der andere zu dekrementieren.**

```
...
Imports System.Threading

Public Class Form1

    Public summe As Integer = 0
```

Die Thread-Methode:

```
    Public Sub Berechne(anzahl As Object)
        For i As Integer = 0 To 4
            Thread.Sleep(100)
```

BEISPIEL 9.5: Wir erzeugen zwei Threads, die auf die gleiche Variable *summe* zugreifen. Ein
Thread versucht zu inkrementieren, der andere zu dekrementieren.

Auch wenn die folgende Anweisung im VB-Code trivial aussieht, auf Maschinenebene wird
diese Anweisung in mehreren Schritten ausgeführt (Register laden, Verarbeitung, Register
auslesen), was dazu führt, dass diese Anweisung, bedingt durch das Multithreading, auch
mitten in der Operation unterbrochen werden kann (man spricht von einer **nicht** atomaren
Operation). In diesem Fall sind Rechenfehler bei konkurrierendem Zugriff auf dieselbe Variable *(summe)* vorprogrammiert.

```
        summe += DirectCast(anzahl, Integer)
        Debug.Print("Thread {0}: Summe = {1}", Thread.CurrentThread.Name, summe)
    Next
End Sub
```

Erzeugen zweier Threads:

```
Private Sub Button1_Click(sender As Object, e As EventArgs) Handles Button1.Click
    Dim t1 As Thread = New Thread(AddressOf Berechne)
    t1.Name = "T1"
    Dim t2 As Thread = New Thread(AddressOf Berechne)
    t2.Name = "T2"
    t1.Start(1)
    t2.Start(-1)
End Sub
```
...

Das Ergebnis im Ausgabefenster:

```
Thread T2: Summe = 1
Thread T1: Summe = 1
Thread T2: Summe = 0
Thread T1: Summe = 1
Thread T2: Summe = 0
Thread T1: Summe = 1
Thread T2: Summe = 0
Thread T1: Summe = 1
Thread T2: Summe = 0
Der Thread 0x5a4 hat mit Code 0 (0x0) geendet.
Thread T1: Summe = 1
Der Thread 0xec8 hat mit Code 0 (0x0) geendet.
```

Beim erneuten Aufruf ist der Wert von *summe* plötzlich *0*, was eigentlich auch korrekt ist (das
klassische Problem, wenn zwei das Gleiche machen wollen). Die Ursache ist, wie schon
beschrieben, dass die Threadumschaltung zu so ungünstigen Zeitpunkten erfolgen kann, dass
zwar die Prozessorregister mit dem Variableninhalt geladen wurden, aber noch nicht das
Inkrementieren oder Dekrementieren erfolgt ist.

> **HINWEIS:** Sollten Sie dieses Problem auch bei mehrfachem Start nicht reproduzieren können, erhöhen Sie einfach mal die Prozessorlast, indem Sie zum Beispiel ein oder zwei HD-Videos im Hintergrund laufen oder rendern lassen.

9.3.2 Threading mit SyncLock

Unter Visual Basic bietet sich als einfachste Möglichkeit das *SyncLock*-Schlüsselwort an, das den folgenden Anweisungsblock als kritischen Abschnitt markiert. Das Ergebnis dieser Bemühungen: nur ein Thread kann gleichzeitig auf diesen Abschnitt zugreifen, alle anderen müssen warten, bis das Objekt (dieses geben Sie im *SyncLock*-Statement an) freigegeben wird.

BEISPIEL 9.6: Besser läuft es mit einem *SyncLock*-Statement:

```vb
Public Sub BerechneSicher(anzahl As Object)
    SyncLock Me
        For i As Integer = 0 To 4
            Thread.Sleep(100)
            summe += DirectCast(anzahl, Integer)
            Debug.Print("Thread {0}: Summe = {1}", Thread.CurrentThread.Name, summe)
        Next
    End SyncLock
End Sub
```

Das Ergebnis im Ausgabefenster:

```
Thread T2: Summe = -1
Thread T2: Summe = -2
Thread T2: Summe = -3
Thread T2: Summe = -4
Thread T2: Summe = -5
Der Thread 0x86c hat mit Code 0 (0x0) geendet.
Thread T1: Summe = -4
Thread T1: Summe = -3
Thread T1: Summe = -2
Thread T1: Summe = -1
Thread T1: Summe = 0
Der Thread 0x414 hat mit Code 0 (0x0) geendet.
```

Zunächst kommt der erste Thread *T2* zum Zug, dann *T1*, aber nicht beide durcheinander und schon garnicht gleichzeitig.

> **HINWEIS:** Ob erst *T1* und dann *T2* ausgeführt wird, oder umgekehrt, ist nicht vorhersagbar, beim erneuten Aufruf kann es schon wieder umgekehrt sein!

Allerdings ist obige Lösung aus zeitlicher Sicht nicht optimal, da zunächst fünf mal *T1* und nachfolgend fünf mal *T2* abgearbeitet wird. Die Pausen (*Thread.Sleep*) summieren sich, was wohl kaum im Sinne des Erfinders ist. Besser ist deshalb folgende Lösung, bei der lediglich das Summieren und die Ausgabe in das *SyncLock*-Statement eingeschlossen werden.

BEISPIEL 9.7: Bessere Lösung

```vb
...
        For i As Integer = 0 To 4
            Thread.Sleep(100)
            SyncLock Me
                summe += DirectCast(anzahl, Integer)
                Debug.Print("Thread {0}: Summe = {1}", Thread.CurrentThread.Name, summe)
            End SyncLock
        Next
...
```

In diesem Fall können beide Threads fast parallel ausgeführt werden, während der Pause des einen kann der andere arbeiten. Die Ausgabe im Debug-Fenster:

```
Thread T1: Summe = 1
Thread T2: Summe = 0
Thread T1: Summe = 1
Thread T2: Summe = 0
Thread T1: Summe = 1
Thread T2: Summe = 0
Thread T1: Summe = 1
Thread T2: Summe = 0
Thread T1: Summe = 1
The thread 'T1' (0x126c) has exited with code 0 (0x0).
Thread T2: Summe = 0
The thread 'T2' (0x17d0) has exited with code 0 (0x0).
```

Beim Test werden Sie durch die quasi parallele Abarbeitung eine Beschleunigung der Ausgabegeschwindigkeit bemerken.

HINWEIS: Wie Sie sehen, ist es mit der schnellen Verwendung von gesperrten Abschnitten nicht getan, schnell machen Sie die Vorzüge von Threads wieder zunichte. Beschränken Sie diese Sperren auf die unbedingt notwendige Anzahl und nehmen Sie gegebenenfalls Zeitmessungen vor.

In obigem Beispiel könnten Sie auch die Anzeige aus dem *SyncLock*-Statement herausnehmen, die Berechnung würde in diesem Fall zwar korrekt ablaufen, die Ausgabe auf dem Bildschirm wäre jedoch fehlerhaft.

Ein anschauliches Beispiel

Bereits an dieser Stelle wollen wir Sie an ein Alltagsbeispiel heranführen, das wir in den weiteren Abschnitten noch ausbauen wollen, um auf anschauliche Weise die Funktionsweise der verschiedenen Sperrmechanismen zu verdeutlichen:

Vergleichsbeispiel

Stellen Sie sich zwei oder mehrere Gäste einer Bar als Threads vor, die sich am Tresen einen Drink holen und diesen natürlich auch austrinken wollen. Sie können natürlich alle gleichzeitig auf den Barkeeper (Prozessor) einstürmen, die Folge wird sein, dass kaum einer den gewünschten Drink erhält und die Ausgabe auch recht lange dauern kann (kein Sperrmechanismus).

Alternativ könnten Sie auch dem Barkeeper zurufen, dass Sie einen Drink wünschen. In dieser Zeit ist der Barkeeper für andere Wünsche nicht erreichbar. Allerdings ist es wenig sinnvoll sich so lange mit dem Barkeeper zu unterhalten, bis Sie das nächste Glas bestellen wollen. Besser ist es, wenn Sie auch die anderen Gäste zum Zuge kommen lassen (möglichst kurze Sperre).

9.3.3 Die Monitor-Klasse

Gehen Ihnen die Möglichkeiten des *SyncLock*-Statements nicht weit genug, verwenden Sie doch einen *Monitor*. Auch diese Klasse finden Sie im Namenspace *System.Threading*. Auf das Instanziieren können Sie verzichten, da alle Methoden statisch deklariert sind:

- *Enter*

- *TryEnter*

- *Exit*

- *Pulse*

- *PulseAll*

- *Wait*

Die Verwendung scheint zunächst relativ einfach: Mit *Monitor.Enter* markieren Sie den Beginn eines kritischen Abschnitts, d.h., Sie sperren diesen Abschnitt für alle anderen Threads. Mit *Monitor.Exit* wird das Ende dieses Abschnitts gekennzeichnet.

HINWEIS: Reduzieren Sie die Länge des Abschnitts auf das unbedingt Notwendige, anderenfalls ist es besser, die Threads mit *Join* zu synchronisieren.

BEISPIEL 9.8: Ausschnitt aus dem Praxisbeispiel 9.10.1 (Spieltrieb & Multithreading erleben)

```vb
Public Sub Beladen()
    Monitor.Enter(Me)
    Wartezeit = 0
    Ladung += 1
    myForm.FormRefresh("Schiff: Beladen (" & Ladung.ToString() & ")")
    If Ladung = 5 Then Transport()
    Monitor.Exit(Me)
End Sub
```

Tritt innerhalb des markierten Abschnitts ein Laufzeitfehler auf und wird dieser nicht abgefangen, wird auch *Monitor.Exit* nie aufgerufen, und die anderen Threads bekommen keine Mög-

---

BEISPIEL 9.8: Ausschnitt aus dem Praxisbeispiel 9.10.1 (Spieltrieb & Multithreading erleben)

lichkeit, auf den Abschnitt zuzugreifen.

Deshalb besser so:

```
...
    Try
        Monitor.Enter(Me)
    Catch
    Finally
        Monitor.Exit(Me)
    End Try
...
```

HINWEIS: Auch wenn Sie ein *SyncLock*-Statement verwenden: Intern erzeugt der Compiler Code, der mittels *Monitor*-Klasse und zusätzlicher Fehlerbehandlung diesen Abschnitt absichert. Allerdings können Sie in diesem Fall nicht von den zusätzlichen Möglichkeiten der *Monitor*-Klasse Gebrauch machen.

Wait und Pulse/PulseAll

Neben der direkten Umsetzung des *SyncLock*-Statements über die Methoden *Enter* und *Exit* der *Monitor*-Klasse sind auch die Methoden *Wait* und *Pulse* für den einen oder anderen Spezialfall interessant. Auch hier soll eine "Bar"-Analogie die Funktionsweise verdeutlichen:

Vergleichsbeispiel

Stellen Sie sich vor, Sie sind am Tresen, haben den Drink bestellt und wollen kurzfristig tanzen gehen. In diesem Fall können Sie dem Barkeeper sagen, dass er etwas warten soll (Methode *Wait*). Der Barkeeper kann jetzt die Wünsche anderer Gäste erfüllen. Doch wie kommen Sie an Ihren bereits bestellten Drink? Drei Möglichkeiten bestehen: Sie warten darauf, dass der Gast, der gerade am Tresen steht (und quasi den Monitor besitzt), Sie persönlich darauf hinweist, dass Ihr Drink da ist (Methode *Pulse*). Alternativ kann dieser Gast auch in den Raum rufen, dass noch Gläser abgeholt werden müssen (Methode *PulseAll*). Die dritte Variante: Sie sagen dem Barkeeper vorher Bescheid, dass Sie in einer bestimmten Zeit wieder da sein werden um den Drink abzuholen (Übergabe eines Zeitwertes an die *Wait*-Methode).

Nun aber weg vom Alkohol und hin zur Praxis ...

BEISPIEL 9.9: Verwendung *Wait* und *Pulse*

Zwei Methoden *BerechneSicherMonitorA* und *BerechneSicherMonitorB* sollen konkurrierend ausgeführt werden. Beide greifen auf die Variable *Summe* zu. Zu diesem Zweck wird eine entsprechende Monitor-Sperre verwendet. So weit so bekannt. Doch nach dem fünften Schleifendurchlauf in *BerechneSicherMonitorA* soll diese Methode angehalten werden (Methode *Wait*), um zunächst der Methode *BerechneSicherMonitorB* die Vorfahrt zu lassen. Hat diese

---

BEISPIEL 9.9: Verwendung *Wait* und *Pulse*

50 Schleifendurchläufe absolviert, heben wir die Sperre für die Methode *BerechneSicher-MonitorA* mit *Pulse* wieder auf. Jetzt laufen beide Methoden im Wechsel ab.

Methode *BerechneSicherMonitorA*:

```
Public Sub BerechneSicherMonitorA(anzahl As Object)
    For i As Integer = 0 To 9
        Thread.Sleep(100)
        Monitor.Enter(Me)
        summe += DirectCast(anzahl, Integer)
```

Nach fünf Durchläufen warten wir zunächst (hier könnten Sie auch einen Zeitwert übergeben):

```
        If (i = 5) Then Monitor.Wait(Me)
        Debug.Print("Thread {0}: i = {1}  Summe = {2}", Thread.CurrentThread.Name,
                    i, summe)
        Monitor.Exit(Me)
    Next
End Sub
```

Methode *BerechneSicherMonitorB*:

```
Public Sub BerechneSicherMonitorB(anzahl As Object)
    For i As Integer = 0 To 99
        Thread.Sleep(100)
        Monitor.Enter(Me)
        summe += DirectCast(anzahl, Integer)
```

Nach 50 Durchläufen wird die Sperre in *BerechneSicherMonitorA* wieder aufgehoben:

```
        If (i = 50) Then Monitor.Pulse(Me)
        Debug.Print("Thread {0}: i = {1}  Summe = {2}", Thread.CurrentThread.Name,
                    i, summe)
        Monitor.Exit(Me)
    Next
End Sub
```

Die Ausgabe (in Auszügen):

```
Thread T2: i = 0  Summe = -1
Thread T1: i = 0  Summe = 0
Thread T2: i = 1  Summe = -1
Thread T1: i = 1  Summe = 0
Thread T1: i = 2  Summe = 1
Thread T2: i = 2  Summe = 0
Thread T1: i = 3  Summe = 1
Thread T2: i = 3  Summe = 0
Thread T1: i = 4  Summe = 1
```

Ab hier ist T1 angehalten, nur noch T2 arbeitet *(Wait)*.

BEISPIEL 9.9: Verwendung *Wait* und *Pulse*

```
Thread T2: i = 4  Summe = 0
Thread T2: i = 5  Summe = 0
Thread T2: i = 6  Summe = -1
...
Thread T2: i = 50  Summe = -45
```

Und hier läuft T1 wieder los *(Pulse)*:

```
Thread T1: i = 5  Summe = -45
Thread T2: i = 51  Summe = -46
Thread T1: i = 6  Summe = -45
Thread T2: i = 52  Summe = -46
...
Thread T2: i = 98  Summe = -89
Thread T2: i = 99  Summe = -90
The thread 'T2' (0x11c0) has exited with code 0 (0x0).
```

Das korrekte Endergebnis ist -90 (10 Schleifendurchläufe mit Addition und 100 Schleifendurchläufe mit Subtraktion). Über *Wait* und *Pulse* haben wir lediglich die Rechenzeit zwischen den Threads anders aufgeteilt.

TryEnter

Sicher ist Ihnen auch schon aufgefallen, dass je nach Anwendungsfall ein *Monitor.Enter* eine recht lange Wartezeit nach sich ziehen kann. Auch hier wollen wir wieder auf unsere "Bar"-Analogie zurückkommen:

Vergleichsbeispiel

TryEnter können Sie mit einem Blick zum Tresen der Bar vergleichen. Ist der Barkeeper nicht beschäftigt, können Sie Ihre Wünsche sofort loswerden. Alternativ bietet *TryEnter* auch die Möglichkeit, einige Zeit zu warten, d.h., Sie setzen sich an den Tresen und warten x Minuten, ob Sie bedient werden. Ist dies nicht der Fall, gehen Sie einfach wieder weg.

9.3.4 Mutex

Neben dem *Monitor*-Objekt bietet sich auch ein *Mutex* (*mutually exclusive*) für das Locking von Codeabschnitten an. Win32-Programmierern wird dieser Begriff sicher bekannt vorkommen, denn ein analoger Mechanismus war auch dort vorhanden.

HINWEIS: Im Unterschied zum *Monitor* kann ein *Mutex* auch prozessübergreifend verwendet werden.

Im Unterschied zum *Monitor*-Objekt müssen Sie hier jedoch zunächst eine Instanz erzeugen. Dazu stehen Ihnen fünf überladene Konstruktoren zur Verfügung:

```
Mutex ()
Mutex (Boolean)
Mutex (Boolean, String)
Mutex (Boolean, String, Boolean)
Mutex (Boolean, String, Boolean, MutexSecurity)
```

Hier können Sie bereits bestimmen, ob der aktuelle Thread gleich zum Besitzer des Mutex wird und welcher Name verwendet wird.

Leiten Sie den entsprechenden Abschnitt mit der *WaitOne*-Methode ein, um den Mutex zu erhalten. Freigeben können Sie den Mutex mit der *ReleaseMutex*-Methode.

BEISPIEL 9.10: Anwendung eines Mutex

Mutex deklarieren:

```
Public Class Form1
    Private myMutex As Mutex = New System.Threading.Mutex()
...
    Public Sub BerechneMutex(anzahl As Object)
        myMutex.WaitOne()
        For i As Integer = 0 To 4
            Thread.Sleep(200)
            summe += DirectCast(anzahl, Integer)
            Debug.Print("Thread {0}: Summe = {1}", Thread.CurrentThread.Name, summe)
        Next
        myMutex.ReleaseMutex()
    End Sub
```

Aufruf der Threads:

```
    Private Sub Button4_Click(sender As Object, e As EventArgs) Handles Button4.Click
        Dim t1 As Thread = New Thread(AddressOf BerechneMutex)
        Dim t2 As Thread = New Thread(AddressOf BerechneMutex)
        t1.Name = "T1" : t2.Name = "T2"
        t1.Start(1)
        t2.Start(-1)
    End Sub
```

```
Thread T1: Summe = 1
Thread T1: Summe = 2
Thread T1: Summe = 3
Thread T1: Summe = 4
Thread T1: Summe = 5
Der Thread 0x754 hat mit Code 0 (0x0) geendet.
Thread T2: Summe = 4
Thread T2: Summe = 3
Thread T2: Summe = 2
Thread T2: Summe = 1
Thread T2: Summe = 0
Der Thread 0xc28 hat mit Code 0 (0x0) geendet.
```

9.3.5 Methoden für die parallele Ausführung sperren

Neben obigen Sperr-Varianten können Sie auch gleich die ganz große Keule herausholen. Die Rede ist vom Attribut *MethodImpl*, das Sie auf einzelne Methoden anwenden können. In diesem Fall ist die **gesamte Methode** für den Aufruf eines weiteren Threads gesperrt. Sinnvollerweise sollten Sie in dieser Methode nicht allzu viel Code unterbringen, sondern nur die wirklich relevanten Routinen, sonst wird aus Ihrem asynchronen Programm schnell eine ganz normale synchrone Anwendung.

BEISPIEL 9.11: Verwendung des Attributs

```vb
...
Imports System.Runtime.CompilerServices
...
    <MethodImpl(MethodImplOptions.Synchronized)>
    Public Sub Berechne(anzahl As Object)
        For i As Integer = 0 To 4
            Thread.Sleep(100)
            summe += DirectCast(anzahl, Integer)
            Debug.Print("Thread {0}: Summe = {1}", Thread.CurrentThread.Name, summe)
        Next
    End Sub
```

Obige Methode wird in keinem Fall durch andere Threadaufrufe unterbrochen, sondern immer komplett abgearbeitet.

Vergleichsbeispiel

Übertragen auf unsere "Bar"-Analogie können Sie sich obiges Beispiel auch als alleiniger Gast in der Bar vorstellen. Es kann immer nur einer eintreten und sich betrinken. Alle anderen warten am Eingang (vor der Methode).

9.3.6 Semaphore

Da wir gerade bei Analogien sind, auch hierzu gleich eine passende:

Vergleichsbeispiel

Vergleichen Sie eine Semaphore mit den Sitzplätzen an der Bar. Sie legen beim Erzeugen einer Semaphore fest, wie viele Sitzplätze es gibt und wie viele davon frei sind. Mit *WaitOne* können Sie prüfen ob ein Platz frei ist und wenn ja, diesen auch gleich belegen. Dieser wird erst beim Verlassen (*Release*) wieder freigegeben. Ist kein Platz frei, blockiert *WaitOne* bis ein Platz frei ist. Alternativ können Sie auch maximale Wartezeiten als Zeitwert übergeben.

Der Nutzen dieses Objekts wird bei begrenzten Ressourcen und einer hohen Anforderungszahl durch verschiedene Threads deutlich.

BEISPIEL 9.12: Die Routine *BerechneMitSemaphore* soll von maximal drei Threads gleichzeitig genutzt werden.

Die Semaphore erzeugen und initialisieren:

```
Private sem As New Semaphore(3, 3)        ' 3 frei, 3 insgesamt verfügbar
...
```

Wir starten 10 Threads, von denen aber maximal 3 gleichzeitig zum Zuge kommen:

```
Private Sub Button8_Click(sender As Object, e As EventArgs) Handles Button8.Click
    For i As Integer = 0 To 9
        Dim t As New Thread(AddressOf BerechneMitSemaphore)
        t.Name = "Thread" + i.ToString()
        t.Start()
    Next
End Sub
```

Die eigentliche Routine:

```
Public Sub BerechneMitSemaphore(anzahl As Object)
```

Nur wenn noch nicht 3 angemeldete Threads vorliegen, kommen wir hier weiter:

```
    sem.WaitOne()
    For i As Integer = 0 To 4
        Thread.Sleep(100)
        Debug.Print("Thread {0}: ", Thread.CurrentThread.Name)
    Next
```

Wir geben die Semaphore (bzw. einen Platz) wieder frei:

```
    sem.Release()
End Sub
```

Die Ausgabe: Bei einem Blick ins Ausgabefenster werden Sie feststellen, dass sich maximal 3 Threads gleichzeitig abmühen.

HINWEIS: Natürlich gibt es noch weitere Sperr- und Synchronisationsmechanismen (Reader-WriterLock, Wait-Handles ...) und mehr Methoden als die oben aufgeführten, doch wir wollten hier lediglich einen ersten Einstieg vermitteln. Beachten Sie, dass Sie von den o.g. Sperrmechanismen auch bei der neuen *Task Parallel Library* Gebrauch machen müssen, wenn dies für den Programmablauf erforderlich ist.

Wichtiger ist ein weiteres Problem, mit dem sich der Thread-Programmierer herumschlagen muss: die Interaktion mit dem Vordergrund-Thread, d.h., mit unserer Programmoberfläche.

9.4   Interaktion mit der Programmoberfläche

Wie bereits für einige Beispiele angemerkt, sind diese teilweise nicht threadsicher programmiert. Das Problem: Die Steuerelemente eines Windows Forms- bzw. WPF-Programms, d.h. deren Eigenschaften und Methoden, sind nicht threadsicher. Wenn wir aus einem anderen Thread als dem erstellenden (Anwendungs-Thread) auf die Komponenten zugreifen (z.B. Aktualisieren einer *List-Box*), kommt es bereits beim ersten Test in Visual Studio zu folgendem unerfreulichen Dialog:

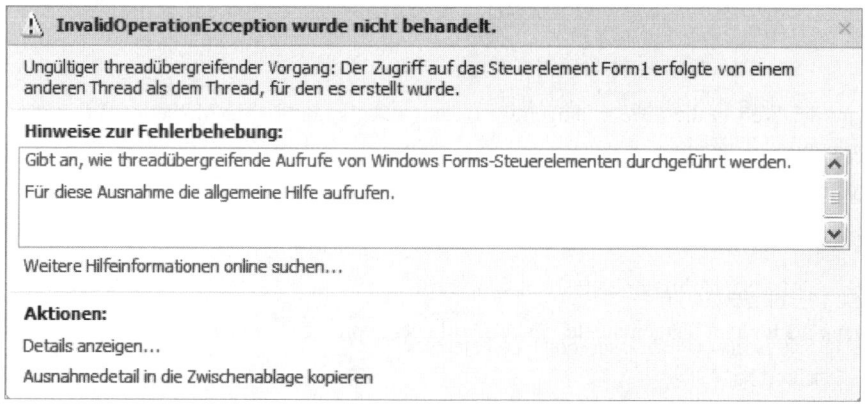

HINWEIS: Starten Sie allerdings das Programm direkt aus dem Explorer heraus, wird die Anwendung mehr oder weniger korrekt ausgeführt, ohne dass eine Fehlermeldung auftritt. Dabei kann es zu unerwünschten Effekten kommen, da die Windows Forms bzw. auch WPF-Controls nicht threadsicher sind.

9.4.1   Die Werkzeuge

Dass der direkte Weg aus einem Thread zum User-Interface versperrt ist, bedeutet noch lange nicht, dass es keine Möglichkeit für eine Interaktion gäbe. Die Lösung heißt in diesem Fall *Invoke* oder *BeginInvoke*. Beide Methoden gestatten es, eine Methode im Kontext des aufrufenden Controls (das kann auch ein Fenster sein) auszuführen. Während *Invoke* synchron ausgeführt wird, d.h. auf die Beendigung der aufgerufenen Methode wartet, stellt *BeginInvoke* nur eine neue Anforderung in die Message-Queue des Anwendungs-Threads und unterbricht die Ausführung des aufrufenden Threads nicht.

9.4.2   Einzelne Steuerelemente mit Invoke aktualisieren

Geht es darum, auf die Eigenschaften eines einzelnen Controls zuzugreifen, übergeben Sie einen Delegaten an die *Invoke*-Methode des gewünschten Controls. Diese Methode wird synchron abgearbeitet, d.h., die Programmausführung des aktuellen Threads wird hier zunächst gestoppt.

HINWEIS: Da die Anzeige in den Steuerelementen ja kaum Selbstzweck ist, müssen in der Regel auch Daten übermittelt werden. Dazu bietet sich die zweite Überladung der *Invoke*-Methode an, der Sie neben dem Delegaten auch ein Objekt übergeben können. Dieses steht dann in der Callback-Methode zur Verfügung und muss nur noch entsprechend typisiert werden.

BEISPIEL 9.13: In einer *ListBox* sollen Ergebnisse aus verschiedenen Threads angezeigt werden.

Definition des Delegaten:

```
Public Delegate Sub MyAnzeigeDelegate(msg As String)
```

Hier wird der Wert in die *ListBox* eingetragen, dank aufrufender *Invoke*-Methode im Kontext des Vordergrund-Threads:

```
Public Sub myAnzeige(msg As String)
    ListBox1.Items.Add(msg)
End Sub
```

Unsere Callback-Funktion:

```
Public Sub BerechneMitAnzeige(anzahl As Object)
    SyncLock Me
        For i As Integer = 0 To 4
            Thread.Sleep(200)
            summe += 1
            Dim s As String = "Thread " & Thread.CurrentThread.Name &
                              ": Summe = " & summe.ToString
```

Zuweisen des Delegaten für die *Invoke*-Methode:

```
            ListBox1.Invoke(New MyAnzeigeDelegate(AddressOf myAnzeige), New Object() {s})
        Next
    End SyncLock
End Sub
```

Der Threadaufruf:

```
Private Sub Button5_Click(sender As Object, e As EventArgs) Handles Button5.Click
    Dim t1 As Thread = New Thread(AddressOf BerechneMitAnzeige)
    t1.Name = "T" & Id.ToString
    Id += 1
    t1.Start()

End Sub
```

HINWEIS: Alternativ können Sie die Methode auch asynchron mit *BeginInvoke* aufrufen. Warten auf die Abarbeitung können Sie mit *EndInvoke*.

9.4.3 Mehrere Steuerelemente aktualisieren

Wer mehr als ein Control aktualisieren will und die aufwändige Schreiberei mit *Invoke* nicht jedesmal neu erfinden möchte, der kann auch eine zentrale Anzeige-Routine im Kontext des Formulars erstellen. Da die Steuerelemente im gleichen Kontext laufen, können Sie hier schalten und walten wie Sie es für notwendig halten.

BEISPIEL 9.14: Aktualisieren mehrerer Steuerelemente

```vb
Public Delegate Sub MyAnzeigeDelegate(msg As String)

Public Sub myAnzeige(msg As String)
    ListBox1.Items.Add(msg)
    Label1.Text = "Bla Bla"
    ProgressBar1.Value += 2
End Sub

Public Sub Anzeige(msg As String)
    Me.Invoke(New MyAnzeigeDelegate(AddressOf myAnzeige), New Object() {msg})
End Sub
```

Der spätere Aufruf beschränkt sich auf:

```vb
Form1.Anzeige("Hallo")
```

9.4.4 Ist ein Invoke-Aufruf nötig?

Wer eine universelle Methode schreiben will, die sowohl aus dem Hintergrundthread als auch aus dem Vordergrundthread aufgerufen werden kann, sollte sich die Eigenschaft *InvokeRequired* näher ansehen. Da jedes Control über diese Eigenschaft verfügt, können Sie schnell ermitteln, ob ein *Invoke-Aufruf* erforderlich ist oder nicht.

BEISPIEL 9.15: Verwendung von *InvokeRequired*

```vb
Sub MeineAnzeige()
    If (ListBox1.InvokeRequired) Then
```

Falls nötig, rufen wir die Methode im Kontext des Controls erneut auf:

```vb
        ListBox1.Invoke(New MethodInvoker(AddressOf MeineAnzeige))
    Else
        ListBox1.Items.Add("Hello World!")
    End If
End Sub
```

9.4.5 Und was ist mit WPF?

In den bisherigen Ausführungen war immer von den Windows Forms die Rede. Wie bereits erwähnt, sind jedoch auch die WPF-Controls nicht threadsicher, was die Frage aufwirft, wie wir in diesem Fall den Zugriff auf die Oberfläche realisieren.

Die grundsätzliche Vorgehensweise unterscheidet sich nur geringfügig von der Windows Forms-Lösung, statt der Methode *Control.Invoke* verwenden Sie in diesem Fall *Control.**Dispatcher**.Invoke*. Die *InvokeRequired*-Eigenschaft der Windows Forms-Controls wird durch die *CheckAccess*-Methode ersetzt.

HINWEIS: Beachten Sie, dass die *CheckAccess*-Methode *True* zurückliefert, wenn der Aufruf im Vordergrund-Thread erfolgt (die Logik negiert gegenüber *InvokeRequired*).

BEISPIEL 9.16: Verwendung von *Dispatcher.Invoke* in einer WPF-Anwendung

```vb
...
Imports System.Threading
Imports System.Threading.Tasks

Class MainWindow
    Private id As Integer
```

Definition des Delegaten:

```vb
Public Delegate Sub MyAnzeigeDelegate(msg As String)
```

Hier wird der Wert in die *ListBox* eingetragen, dank aufrufender *Invoke*-Methode im Kontext des Vordergrund-Threads:

```vb
Public Sub myAnzeige(msg As String)
    ListBox1.Items.Add(msg)
End Sub
```

Unsere Thread-Methode:

```vb
Public Sub BerechneMitAnzeige(anzahl As Object)
    SyncLock Me
        For i As Integer = 0 To 4
            Thread.Sleep(200)
            Dim s As String = ("Thread " & Thread.CurrentThread.Name & ": Durchlauf = ") +
                                                                        i.ToString()
```

Wird die Methode aus dem Vordergrund-Thread aufgerufen, greifen wir direkt auf die *ListBox* zu, andernfalls per *Invoke*:

```vb
If ListBox1.Dispatcher.CheckAccess() Then
    ListBox1.Items.Add(s)
Else
    ListBox1.Dispatcher.Invoke(New MyAnzeigeDelegate(AddressOf myAnzeige),
                                                        New Object() {s})
```

BEISPIEL 9.16: Verwendung von *Dispatcher.Invoke* in einer WPF-Anwendung

```
          End If
       Next
    End SyncLock
End Sub
...
```

Thread erzeugen und starten:

```
Private Sub Button1_Click(sender As Object, e As RoutedEventArgs) _
                                          Handles Button1.Click
    Dim t1 As New Thread(AddressOf BerechneMitAnzeige)
    t1.Name = "T" & id.ToString()
    id += 1
    t1.Start()
End Sub
```

Der XAML-Code für die "Oberfläche" (ein *Button* und eine *ListBox*):

```
<Window x:Class="WPF_UI.MainWindow"
        xmlns="http://schemas.microsoft.com/winfx/2006/xaml/presentation"
        xmlns:x="http://schemas.microsoft.com/winfx/2006/xaml"
        Title="MainWindow" Height="350" Width="525">

    <DockPanel  Name="dockPanel1" >
        <Button DockPanel.Dock="Bottom" Content="Button" Height="23" Name="Button1"
              Click="Button1_Click" />
        <ListBox Name="ListBox1" />
    </DockPanel>
</Window>
```

9.5 Timer-Threads

Einen Nachteil hatten die bisherigen Thread-Varianten: Die Methode wird lediglich einmal abge-arbeitet, nachfolgend ist der Thread im *Stopped*-Zustand und damit nicht wieder nutzbar. Einige der gezeigten Beispiele versuchten mit Schleifen und der *Sleep*-Anweisung so etwas wie ein zyk-lisches Verhalten nachzuahmen, dies führt jedoch nur teilweise zum Erfolg und ist auch nicht besonders genau.

Abhilfe verspricht die Klasse *Timer*, die Sie ebenfalls im Namespace *System.Threading* vorfinden. Die übergebene Methode wird in einem Thread aus dem Threadpool ausgeführt.

BEISPIEL 9.17: Verwendung eines Timer-Threads

```
...
Imports System.Threading

Public Class Form1
```

BEISPIEL 9.17: Verwendung eines Timer-Threads

```
    Private myTimer As System.Threading.Timer
```

Beim Instanziieren der *Timer*-Klasse übergeben Sie folgende Parameter: den Delegaten, eventuell ein Objekt, das als Parameter für die Timer-Callback-Methode verwendet werden kann
(sonst *Nothing*), die Wartezeit bis zum Start des Timers (*Timeout.Infinite* um den sofortigen
Start zu verhindern) sowie das Zeitintervall in Millisekunden (oder als *TimeSpan*).

```
    Private Sub Button6_Click(sender As Object, e As EventArgs) Handles Button6.Click
        myTimer = New System.Threading.Timer(AddressOf MeinTimer, "Timer", 1000, 500)
    End Sub
```

Die Callback-Routine (mit dem Parameter-Objekt):

```
    Public Sub MeinTimer(obj As Object)
        Dim s As String = DirectCast(obj, String)
        ListBox1.Invoke(New MyAnzeigeDelegate(AddressOf myAnzeige), New Object() {s})
    End Sub
```

Anzeige in der *ListBox*:

```
    Public Delegate Sub MyAnzeigeDelegate(msg As String)

    Public Sub myAnzeige(msg As String)
        ListBox1.Items.Add(msg)
    End Sub
```

HINWEIS: Mit der *Change*-Methode können Sie Startzeit und Intervall nachträglich ändern!

9.6 Die BackgroundWorker-Komponente

Fast hätten wir es vergessen, im Werkzeugkasten findet sich auch noch etwas, was im Zusammenhang mit der asynchronen Programmausführung von Interesse sein könnte. Die Rede ist
vom *BackgroundWorker*-Steuerelement:

backgroundWorker1

Dieses Control ermöglicht es Ihnen, die Routineaufgaben, die im Zusammenhang mit einem Hintergrund-Thread anfallen, in einem vorgegebenen Grundgerüst zu programmieren:

- Bereitstellen eines Threads
- Übergabe und Rückgabe von Objekten
- Fortschrittsmeldung im Vordergrund-Thread
- Abbruchmöglichkeit
- Fehlerabfrage

Dass bei dieser Vielfalt die Programmierung nicht mit zwei Zeilen abgetan ist, ahnen Sie bereits. Ein Beispiel zeigt die Verwendung.

BEISPIEL 9.18: Hintergrundberechnung mit Hilfe eines *BackgroundWorker*-Steuerelements

```vb
Imports System.Threading
Imports System.Diagnostics

Public Class Form1
```

Die Hintergrund-Routine:

```vb
Private Sub BackgroundWorker1_DoWork(sender As Object,
                    e As DoWorkEventArgs) Handles BackgroundWorker1.DoWork
    Dim res As Int32 = 0
```

Über *e.Argument* können Sie den Startparameter abfragen. Sie können beliebige Objekte verwenden, müssen diese jedoch typisieren:

```vb
For i As Integer = 0 To DirectCast(e.Argument, Integer) - 1
```

Hat der Nutzer einen Abbruch angefordert (*CancelAsync*-Methode), können Sie dies über *CancellationPending* auswerten:

```vb
If (TryCast(sender,System.ComponentModel.BackgroundWorker).
                        CancellationPending Then
        e.Cancel = True
        Exit For
    End If
    res += i
```

Hier produzieren wir etwas Luft:

```vb
        Thread.Sleep(100)
        Debug.Print("BackgroundWorker: " & res.ToString())
```

Soll ein Fortschritt angezeigt werden (*WorkerReportsProgress=True*), können Sie hier den Wert übergeben:

```vb
        TryCast(sender, System.ComponentModel.BackgroundWorker).ReportProgress(
                    i / e.Argument * 100)
    Next
```

Das Ergebnis lässt sich per *e.Result* gewinnen, auch hier sind beliebige Objekte möglich:

```vb
    e.Result = res
End Sub
```

In obiger Ereignisprozedur ist kein Zugriff auf die Oberfläche zulässig, verwenden Sie dafür das *ProgressChanged*-Ereignis!

Den Fortschritt Ihrer Bemühungen können Sie im folgenden Ereignis auswerten lassen:

```vb
Private Sub BackgroundWorker1_ProgressChanged(sender As Object,
                    e As ProgressChangedEventArgs) _
```

BEISPIEL 9.18: Hintergrundberechnung mit Hilfe eines *BackgroundWorker*-Steuerelements

```
                            Handles BackgroundWorker1.ProgressChanged
        ProgressBar1.Value = e.ProgressPercentage
    End Sub
```

Wurde der Thread abgearbeitet oder findet ein Nutzerabbruch statt, wird das folgende Ereignis ausgeführt:

```
    Private Sub BackgroundWorker1_RunWorkerCompleted(sender As Object,
                        e As RunWorkerCompletedEventArgs) _
                                Handles BackgroundWorker1.RunWorkerCompleted
```

Falls ein Fehler aufgetreten ist:

```
        If e.Error IsNot Nothing Then
            MessageBox.Show(e.Error.Message)
```

Oder es handelt sich um einen Nutzerabbruch:

```
        Else
            If e.Cancelled Then
                ListBox1.Items.Add("Nutzerabbruch")
```

Oder es ist alles in Ordnung und wir können das Ergebnis auswerten:

```
            Else
                ListBox1.Items.Add("ERGEBNIS:" & e.Result.ToString())
            End If
        End If
        Button1.Enabled = True
        Button2.Enabled = False
        progressBar1.Value = 0
    End Sub
```

Last, but not least müssen wir den Thread auch noch starten:

```
    Private Sub Button1_Click(sender As Object, e As System.EventArgs) Handles Button1.Click
        Button1.Enabled = False
        Button2.Enabled = True
        BackgroundWorker1.RunWorkerAsync(100)
    End Sub
```

Hier können Sie ein Objekt als Parameter an den Thread übergeben.

Ist Ihnen nach Abbruch zumute, hilft die Methode *CancelAsync*:

```
    Private Sub Button2_Click(sender As Object, e As EventArgs) Handles Button2.Click
        BackgroundWorker1.CancelAsync()
        Button2.Enabled = False
    End Sub
```

Wie Sie sehen, ganz trivial ist die Verwendung der Komponente nicht, dafür erhalten Sie aber gleich einen recht umfangreichen Rahmen, der fast alle Eventualitäten abdeckt.

9.7 Asynchrone Programmier-Entwurfsmuster

Nachdem wir uns mit den Grundlagen der Thread-Programmierung vertraut gemacht haben, wollen wir einen Blick auf weitere Möglichkeiten asynchroner Programmierung mittels Delegates werfen. Einerseits bietet das .NET-Framework bereits einige Klassen mit integriertem Multithreading, andererseits können Sie auch selbst beliebige Methoden per Delegate asynchron aufrufen (mehr dazu im Abschnitt 9.8).

9.7.1 Kurzübersicht

Mit dem asynchronen Programmierentwurfsmuster (*Asynchronous Design Pattern*) bietet sich dem Nutzer diverser .NET-Klassen die Entscheidungsmöglichkeit, ob eine Methode synchron oder asynchron aufgerufen werden soll.

Dazu werden neben der synchronen Methode (z.B. *Read*) noch zwei zusätzliche Methoden mit der Bezeichnung **Begin**<*MethodenName*> und **End**<*Methodenname*> eingeführt.

Begin...-Methode

Die **Begin**<*MethodenName*>-Methode gibt dem Aufrufer ein Objekt vom Typ *IAsyncResult* zurück, über das der Status der jetzt im Hintergrund laufenden Operation ausgewertet werden kann (zum Beispiel durch Polling).

An die Methode übergeben Sie zunächst ebenfalls die gleichen Parameter wie für das synchrone Pendant, zusätzlich werden noch ein Rückrufdelegate vom Typ *AsyncCallback* und ein beliebiges Objekt für die Datenübergabe an den Thread übergeben.

BEISPIEL 9.19: *BeginRead*-Methode

```
Dim res As IAsyncResult = stateobj.fs.BeginRead(stateobj.Bytes, 0,
                Convert.ToInt32(stateobj.fs.Length), AddressOf Fertig, stateobj)
```

Fertig ist der Rückrufdelegate, *stateobj* ist ein nutzerdefiniertes Objekt.

End...-Methode

Diese können Sie in der Rückruf-Methode aufrufen, um das Endergebnis des asynchronen Methodenaufrufs zu ermitteln.

Alternativ kann die Methode auch nach dem Eintreten der Bedingung *IsCompleted* aufgerufen werden.

BEISPIEL 9.20: *EndRead*-Methode

```
    While Not res.IsCompleted
        ...
    End While
    Dim BytesGelesen As Integer = fs.EndRead(res)
```

Die Rückrufmethode

Die Rückrufmethode wird nach dem Ende der asynchronen Methode aufgerufen. Sie muss folgendem Muster entsprechen:

```
Public Sub <Methodenname>(asyncResult As IAsyncResult)
```

Über *asyncResult.AsyncState* können Sie auf das eventuell übergebene Nutzer-Objekt zugreifen:

```
Dim state As myState = DirectCast(asyncResult.AsyncState, myState)
```

In dieser Methode rufen Sie im Allgemeinen das Funktionsergebnis per *End<Methodenname>* ab. Dafür benötigen Sie den Parameter *asyncResult*:

```
state.BytesGelesen = state.fs.EndRead(asyncResult)
```

Wie Sie das Entwurfsmuster konkret einsetzen, sollen Ihnen die folgenden vier kurzen Beispiele demonstrieren.

9.7.2 Polling

Es wurde bereits erwähnt, dass eine der Möglichkeiten, auf das Endergebnis der asynchronen Operation zu warten, die Statusabfrage der Operation per Polling ist. Dazu wird der Rückgabewert (Typ *IAsyncResult*) der jeweiligen *Begin...*-Methode ausgewertet, dessen Eigenschaft *IsCompleted* gibt über den aktuellen Zustand der asynchronen Operation Auskunft. Die Abfrage kann per Schleife oder auch zu festgelegten Zeitpunkten mit einem *Timer* erfolgen. Ein kleines Beispiel zeigt die Vorgehensweise.

BEISPIEL 9.21: Polling

Den notwendigen Namespace einbinden:

```
Imports System.IO

Public Class Form1
...
    Private Sub Button1_Click(sender As Object, e As EventArgs) Handles Button1.Click
        ListBox1.Items.Add("Starte Lese-Vorgang ...")
```

Einen *FileStream* erzeugen:

```
Dim fs As FileStream = New FileStream("01.jpg", FileMode.Open,
                            FileAccess.Read, FileShare.Read, 1000, True)
```

Das Byte-Array anlegen:

```
Dim Bytes As Byte() = New Byte(fs.Length) {}
```

Den asynchronen Aufruf starten:

```
Dim res As IAsyncResult = fs.BeginRead(Bytes, 0, Convert.ToInt32(fs.Length),
                            Nothing, Nothing)
```

BEISPIEL 9.21: Polling

Der Rückgabewert ist vom Typ *IAsyncResult*. Mit einer Schleife fragen wir den Status solange ab, bis die Operation abgeschlossen ist:

```
While Not res.IsCompleted
    ListBox1.Items.Add("IsCompleted = " & res.IsCompleted.ToString())
End While
ListBox1.Items.Add("IsCompleted = " & res.IsCompleted.ToString())
```

Mit einem synchronen Dateizugriff hätten wir mit weniger Aufwand dasselbe erreicht, aber es geht hier ja um asynchrone Aufrufe und die Abfrage könnte ja auch per Timer etc. erfolgen.

Bestimmen der Anzahl gelesener Bytes:

```
    Dim BytesGelesen As Integer = fs.EndRead(res)
    ListBox1.Items.Add("Gelesen: " & BytesGelesen.ToString() & " Bytes")
    End Sub
End Class
```

Ein Start des Programms zeigt, was passiert:

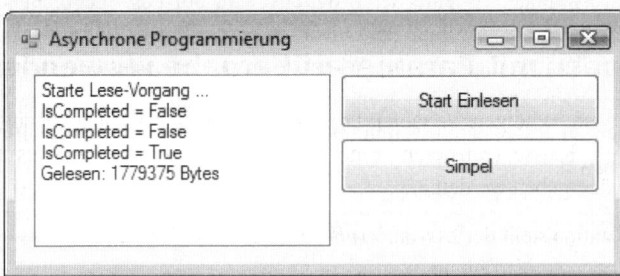

Nach dem Start der *BeginRead*-Methode wird in diesem Fall die *While*-Schleife zweimal durchlaufen. Danach können wir die Anzahl der gelesenen Bytes bestimmen.

Wie oft die *While*-Schleife durchlaufen wird, hängt von der Zugriffsgeschwindigkeit auf den *FileStream* ab. Es könnten also auch mehr oder weniger Durchläufe notwendig sein.

Wie es besser (und sinnvoller) geht, zeigt der nächste Abschnitt.

9.7.3 Callback verwenden

Mit einer Callback-Methode kann die asynchrone Operation ohne Unterbrechung durch den aufrufenden Thread (Polling) durchgeführt werden. Ist die Operation zu Ende, ruft sie die Callback-Methode auf.

HINWEIS: Die Callback-Methode muss einem bestimmten Muster entsprechen, als Parameter wird ein *IAsyncResult*-Objekt erwartet.

BEISPIEL 9.22: Callback

Wir schreiben das Beispiel aus dem vorhergehenden Abschnitt so um, dass wir per Callback auf das Ende reagieren können.

```
Public Sub Fertig(asyncResult As IAsyncResult)
    ' hier ist die Operation zu Ende
End Sub
...
fs.BeginRead(Bytes, 0, fs.Length, AddressOf Fertig, Nothing)
...
```

Folgende Einschränkungen sind allerdings zu beachten:

- Da die Methode *Fertig* in einem anderen Thread als die aufrufende Routine läuft, können wir nicht sicher auf deren Eigenschaften zugreifen.

- Auch der Zugriff auf die Steuerelemente des Formulars (in diesem Fall die *ListBox*) bleibt uns aus diesem Grund verwehrt.

Deshalb wagen wir einen zweiten Anlauf.

9.7.4 Callback mit Parameterübergabe verwenden

Die Übergabe der notwendigen Variablen/Eigenschaften an die Callback-Routine lässt sich mit Hilfe einer eigenen Klasse realisieren. Eine Instanz dieser Klasse kann als Parameter an die *Begin...*-Methode übergeben werden.

In der Callback-Routine stellt der *IAsyncResult*-Parameter mit der Eigenschaft *AsyncState* das übergebene Objekt wieder zur Verfügung.

HINWEIS: Sie müssen das Objekt erst typisieren!

BEISPIEL 9.23: Callback mit Parameterübergabe

```
Imports System.IO

Public Class Form1
```

Die Hilfsklasse:

```
Public Class myState
    Public Bytes As Byte()
    Public fs As FileStream
    Public BytesGelesen As Integer
End Class
```

Die neue Callback-Routine:

```
Public Sub Fertig(asyncResult As IAsyncResult)
```

BEISPIEL 9.23: Callback mit Parameterübergabe

Hilfsobjekt typisieren und verwenden:

```
    Dim state As myState = DirectCast(asyncResult.AsyncState, myState)
    state.BytesGelesen = state.fs.EndRead(asyncResult)
    Me.Invoke(New FormRefreshDelegate(AddressOf FormRefresh), state)
    state.fs.Close()
End Sub
```

Das Starten des asynchronen Dateizugriffs:

```
Private Sub Button1_Click(sender As Object, e As EventArgs) Handles Button1.Click
    ListBox1.Items.Add("Starte Lese-Vorgang ...")
```

Hier erzeugen wir unser Hilfsobjekt:

```
    Dim stateobj As myState = New myState()
```

Die nötigen Daten speichern:

```
    stateobj.fs = New FileStream("01.jpg", FileMode.Open, FileAccess.Read,
                                                FileShare.Read, 1000, True)

    stateobj.Bytes = New Byte(stateobj.fs.Length) {}
```

Asynchronen Aufruf mit Hilfsobjekt als Parameter starten:

```
    Dim res As IAsyncResult = stateobj.fs.BeginRead(stateobj.Bytes, 0,
                Convert.ToInt32(stateobj.fs.Length), AddressOf Fertig, stateobj)
End Sub
```

Das sieht doch schon wesentlich besser aus als im letzten Beispiel! In der Callback-Methode können die geschriebenen Bytes bestimmt und der *FileStream* geschlossen werden.

Doch etwas fehlt noch: die Interaktion mit der Programmoberfläche!

9.7.5 Callback mit Zugriff auf die Programm-Oberfläche

Um aus dem Callback-Thread auf die Programmoberfläche (Main-Thread) zugreifen zu können, müssen wir per *Invoke* oder *BeginInvoke* mittels Delegate die gewünschte Methode des Formulars aufrufen.

BEISPIEL 9.24: Zugriff auf die Programmoberfläche

```
Public Class Form1
```

Unsere Routine, die auf die Steuerelemente zugreifen kann:

```
    Public Sub FormRefresh(obj As myState)
        ListBox1.Items.Add("CallBack: --- Fertig ---")
        ListBox1.Items.Add("CallBack: Gelesen: " & obj.BytesGelesen.ToString() & " Bytes")
    End Sub
```

BEISPIEL 9.24: Zugriff auf die Programmoberfläche

Wie Sie sehen, übergeben wir auch unser Hilfsobjekt gleich noch als Parameter, so können wir bequem mit dessen Informationen arbeiten.

Wir deklarieren einen Delegate für den Aufruf der *Invoke*-Methode:

```
Private Delegate Sub FormRefreshDelegate(obj As myState)
```

Und zum Schluss ändern wir noch die Callback-Routine:

```
Public Sub Fertig(asyncResult As IAsyncResult)
    Dim state As myState = DirectCast(asyncResult.AsyncState, myState)
    state.BytesGelesen = state.fs.EndRead(asyncResult)
```

Übergabe des Delegates und des Hilfsobjekts:

```
    Me.Invoke(New FormRefreshDelegate(AddressOf FormRefresh), state)
    state.fs.Close()
End Sub
```

Jetzt funktioniert auch unser Programm mittels Callback-Routine:

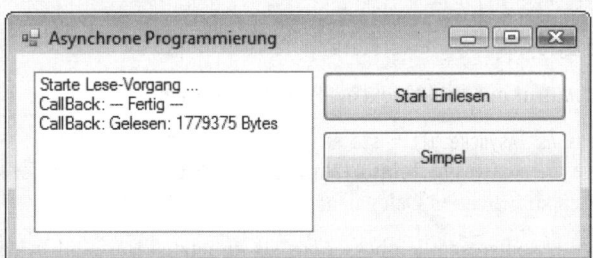

Egal wie lange der Einlesevorgang für die Datei ist, die Oberfläche bleibt bedienbar. Ist die Operation abgeschlossen, sorgt die Callback-Routine für die Anzeige der Werte.

HINWEIS: Die *Invoke*-Methode wird synchron aufgerufen, d.h., erst wenn der Thread des Fensters abgearbeitet ist, wird die Programmausführung fortgesetzt.

9.8 Asynchroner Aufruf beliebiger Methoden

Möchten Sie nicht nur die vom .NET-Framework bereitgestellten asynchronen Methoden aufrufen, sondern auch beliebige Methoden eigener Klassen parallel verarbeiten? Wenn ja, dann sind Sie hier richtig.

9.8.1 Die Beispielklasse

Um Sie nicht mit trockener Theorie zu langweilen, fangen wir lieber gleich mit einer übersichtlichen Beispielklasse an, die eine synchrone Methode *Berechne* zur Verfügung stellen soll:

BEISPIEL 9.25: Beispielklasse definieren

```vb
Imports System.Threading
Imports System.Media
```

Die Klassendefinition:

```vb
Class LangeBerechnung
```

Eine Eigenschaft für das Endergebnis der "Berechnung":

```vb
    Public Ergebnis As Integer
```

Die eigentliche Funktion:

```vb
    Public Function Berechne(anzahl As Integer) As Integer
        Ergebnis = 0
```

Wir produzieren etwas Laufzeit und eine akustische Rückmeldung:

```vb
        For i As Integer = 0 To anzahl - 1
            Thread.Sleep(1000)
            SystemSounds.Beep.Play()
            Ergebnis += i
        Next
        Return Ergebnis
    End Function
End Class
```

Die Grundlage für den asynchronen Aufruf einer Methode ist die Definition und Instanziierung eines entsprechenden Delegaten!

Deshalb an dieser Stelle:

```vb
Public Delegate Function BerechneDelegate(anzahl As Integer) As Integer
```

Der Delegate muss mit der Definition der aufzurufenden Methode übereinstimmen. Der Compiler erzeugt uns für diesen Delegate automatisch die drei Methoden *BeginInvoke*, *Invoke* und *EndInvoke*, wie ein Blick in die spätere Assembly zeigt:

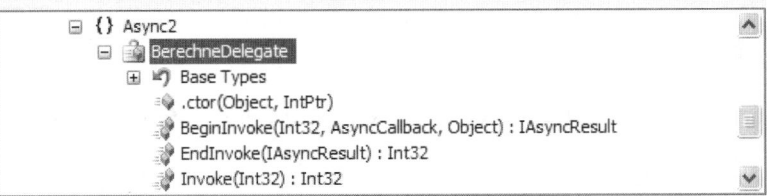

Beachten Sie auch die *EndInvoke*-Methode, diese gibt das Funktionsergebnis zurück.

HINWEIS: Wie Sie obige Methode synchron aufrufen, brauchen wir Ihnen sicher nicht zu demonstrieren.

9.8.2 Asynchroner Aufruf ohne Callback

Im ersten Schritt wollen wir uns zunächst von der asynchronen Funktionsweise überzeugen, bevor wir mit Callbacks und Userinterface arbeiten.

BEISPIEL 9.26: Fortsetzung des Vorgängerbeispiels

Mit dem Button-Klick wird folgender Code abgearbeitet:

```
ListBox1.Items.Clear()
ListBox1.Items.Add("Start")
```

Instanz bilden:

```
Dim lb As LangeBerechnung = New LangeBerechnung()
```

Delegate instanziieren und Methode zuweisen:

```
Dim dg As BerechneDelegate = New BerechneDelegate(AddressOf lb.Berechne)
ListBox1.Items.Add("Vor Invoke")
```

Hier erfolgt der asynchrone Aufruf, die *BeginInvoke*-Methode hat der Compiler für uns erzeugt:

```
dg.BeginInvoke(5, Nothing, Nothing)

ListBox1.Items.Add("Nach Invoke")
```

Ein Test lässt uns lediglich anhand der *ListBox*-Einträge (diese werden ohne Unterbrechung sofort ausgegeben) ...

```
Start
Vor Invoke
Nach Invoke
```

... und den Tönen aus dem "Untergrund" ahnen, dass die gewünschte Funktionalität (der Vordergrund-Thread läuft ungestört weiter) realisiert worden ist.

9.8.3 Asynchroner Aufruf mit Callback und Anzeigefunktion

BEISPIEL 9.27: Modifizieren des Vorgängerbeispiels durch Einfügen von Callback- und Anzeige-Funktion

Wir deklarieren zunächst eine Callback-Funktion (Parameter nicht vergessen):

```
Private Sub MyCallback(res As IAsyncResult)
    Me.Invoke(New anzeigedelegate(AddressOf anzeige), New Object() {"Callback: Fertig"})
End Sub
```

BEISPIEL 9.27: Modifizieren des Vorgängerbeispiels durch Einfügen von Callback- und Anzeige-Funktion

Wie Sie sehen, müssen wir wieder etwas Aufwand treiben, um Bildschirmausgaben zu produzieren (per *Invoke* wechseln wir in den Vordergrundthread):

```
Public Delegate Sub anzeigedelegate(msg As String)
Public Sub anzeige(msg As String)
    ListBox1.Items.Add(msg)
End Sub
```

Unsere Vorbereitungen für den Aufruf der *BeginInvoke*-Methode sind fast gleich geblieben:

...

```
Dim lb As New LangeBerechnung()
Dim dg As BerechneDelegate = AddressOf lb.Berechne
ListBox1.Items.Add("Vor Invoke")
dg.BeginInvoke(5, AddressOf MyCallback, Nothing)
```

...

Ein Test bringt jetzt endlich auch etwas auf den Bildschirm:

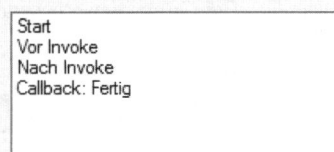

```
Start
Vor Invoke
Nach Invoke
Callback: Fertig
```

Die fünf Töne, die ausgegeben werden, sollten Sie von der Funktionsfähigkeit überzeugen.

9.8.4 Aufruf mit Rückgabewerten (per Eigenschaft)

Doch etwas fehlt noch: Die Funktion hat ja keinen Selbstzweck sondern soll auch ein Berechnungsergebnis zurückgeben. Zwei Varianten bieten sich an:

- Entweder Sie verwenden Eigenschaften der Berechnungsklasse (wie in unserem Beispiel (*Ergebnis*) bzw. durch Definition einer kapselnden Hilfsklasse).

- Oder Sie nutzen die Möglichkeit per *EndInvoke* den Rückgabewert zu ermitteln.

Wir stellen Ihnen zunächst die erste Variante am Beispiel vor.

BEISPIEL 9.28: Rückgabewert per Eigenschaft

Anpassen der Callback-Routine:

```
Private Sub MyCallback(res As IAsyncResult)
    If res.AsyncState IsNot Nothing Then
        Me.Invoke(New anzeigedelegate(AddressOf anzeige),
                            New Object() {"Callback: Fertig"})
```

BEISPIEL 9.28: Rückgabewert per Eigenschaft

Rückgabewert per Eigenschaft:

```
        Me.Invoke(New anzeigedelegate(AddressOf anzeige), New Object() {"Ergebnis" &
                (TryCast(res.AsyncState, LangeBerechnung)).Ergebnis.ToString()})
    Else
        Me.Invoke(New anzeigedelegate(AddressOf anzeige),
                                    New Object() {"Callback: Fertig"})
    End If
End Sub
```

Im Beispiel wird *res.AsyncState* als Objekt vom Typ *LangeBerechnung* typisiert und abgefragt. Natürlich müssen wir jetzt auch das erforderliche Objekt beim *BeginInvoke*-Aufruf mit übergeben:

```
Dim lb As LangeBerechnung = New LangeBerechnung()
Dim dg As BerechneDelegate = New BerechneDelegate(AddressOf lb.Berechne)
ListBox1.Items.Add("Vor Invoke")
dg.BeginInvoke(5, AddressOf MyCallback, lb)
```

Unser Objekt *lb* wird am Ende des Methodenaufrufs an die Callback-Routine im Parameter *res* durchgereicht und kann nach der Typisierung entsprechend ausgewertet werden.

9.8.5 Aufruf mit Rückgabewerten (per EndInvoke)

Wie schon erwähnt, stellt das Framework mit der *EndInvoke*-Methode einen Weg zur Verfügung, direkt an das Funktionsergebnis des asynchronen Methodenaufrufs zu gelangen.

Allerdings müssen Sie in diesem Fall den Delegaten an die *BeginInvoke*-Methode übergeben und auch die Callback-Routine entsprechend anpassen.

BEISPIEL 9.29: Rückgabewert per *EndInvoke*

```
Dim lb As LangeBerechnung = New LangeBerechnung()
Dim dg As BerechneDelegate = New BerechneDelegate(AddressOf lb.Berechne)
ListBox1.Items.Add("Vor Invoke")
dg.BeginInvoke(5, AddressOf MyCallback2, dg)
```

Die Callback-Methode:

```
Private Sub MyCallback2(res As IAsyncResult)
    If res.AsyncState IsNot Nothing Then
        Me.Invoke(New anzeigedelegate(AddressOf anzeige),
                New Object() {"Callback: Fertig"})
        Dim Result As Integer = (DirectCast(res.AsyncState,
                        BerechneDelegate)).EndInvoke(res)
        Me.Invoke(New anzeigedelegate(AddressOf anzeige), New Object() {"Ergebnis" &
                                                    Result.ToString})
    End If
End Sub
```

> **HINWEIS:** Welche der beiden Varianten zur Auswertung des Funktionsergebnisses Sie bevorzugen bleibt Ihnen überlassen, das Ergebnis ist dasselbe!

9.9 Es geht auch einfacher – Async und Await

Sicher haben Sie bereits gemerkt, dass es teilweise schon richtig Arbeit macht, wenn Sie von den Vorteilen der asynchronen Programmierung profitieren wollen. Schnell verlieren Sie den Überblick in einem Gestrüpp aus Threads und Delegates und zum Schluss verliert damit mancher auch die Lust am asynchronen Programmieren.

Dass ist auch den Microsoft-Entwicklern nicht verborgen geblieben, und so führt Visual Basic 2012 im Zusammenhang mit der asynchronen Programmierung zwei neue Schlüsselwörter ein[1]:

- den *Async*-Modifizierer und

- den *Await*-Operator.

Eine mit *Async* markierte Methode wird als "asynchrone Methode" bezeichnet, d.h. die Programmausführung wartet nicht nach deren Aufruf auf das Ende der Methode, sondern setzt die Ausführung fort. Mit dem *Await*-Operator haben Sie die Möglichkeit, auf das Ende der Methode zu warten und gleichzeitig können Sie den Rückgabewert der Methode auswerten.

> **HINWEIS:** Die neue Windows Runtime (siehe dazu ab Kapitel 18) treibt dass Ganze auf die Spitze: Um die Oberfläche von Rucklern und Wartezeiten zu befreien, sind alle WinRT-Aufrufe mit einer Laufzeit von mehr als 50ms asynchron programmiert.

Die sich aus obigen Neuerungen ergebenden Erleichterungen für den Programmierer wollen wir zunächst anhand zweier Beispiele demonstrieren, in welchen wir den synchronen mit dem asynchrone Dateizugriff vergleichen.

In einem zweiten Schritt sehen wir uns an, was man dabei alles falsch machen kann, bevor wir abschließend einen Blick darauf werfen, wie Sie Ihre eigenen Routinen in asynchrone Methoden verwandeln können.

9.9.1 Der Weg von synchron zu asynchron

Stellen Sie sich vor, Ihre Anwendung soll viele Daten speichern. Der "Flaschenhals" ist, wie nicht anders zu erwarten, die Festplatte mit ihrem begrenzten Datendurchsatz.

> **HINWEIS:** Haben Sie einen langsamen Computer empfehlen wir Ihnen die obigen Schleifen etwas zu kürzen. Besitzer einer SSD sollten die Werte erhöhen.

---

[1] Das ist eigentlich nicht ganz richtig, unter der Adresse *http://www.microsoft.com/en-us/download/details.aspx?id=9983* finden Sie das *Visual Studio Async CTP* auch für Visual Studio 2010.

BEISPIEL 9.30: Synchrones Speichern von Daten

```
...
Imports System.IO
```

Unsere Dummy-Daten zum Speichern (500 KB-String):

```
    Private dummy As String = "#".PadLeft(5000000, "#")
...
    Private Sub Button1_Click(sender As Object, e As EventArgs) Handles Button1.Click
        ListBox1.Items.Clear()
        ListBox1.Items.Add("Start")
```

Datei erzeugen:

```
        Using writer As StreamWriter = File.CreateText("VieleDaten.txt")
            For i As Integer = 0 To 1000
```

Wir speichern den Dummy-String mehrfach mit der *Write*-Methode:

```
                writer.Write(System.DateTime.Now.ToString & dummy)
                ListBox1.Items.Add("Block " + i.ToString)
            Next
        End Using
        ListBox1.Items.Add("FERTIG")
```

Datei wieder löschen, sonst ist Ihre Festplatte bald voll:

```
        File.Delete("VieleDaten.txt")
    End Sub
...
```

```
Start
Block 0
Block 1
Block 2
Block 3
Block 4
Block 5
Block 6
Block 7
```

Nach dem Klick auf die Schaltfläche ist das Formular "eingefroren", eine Bedienung ist nicht möglich, da die Routine im Vordergrundthread läuft und die Kontrolle nicht abgegeben wird. Auch die Anzeige der Zwischenschritte in der *ListBox* erfolgt nicht.

Obiges Beispiel werden wir nun so umschreiben, dass der Benutzer auch während der Ausführung mit dem Formular arbeiten kann.

BEISPIEL 9.31: Asynchrones Speichern

Wir markieren unsere Methode als asynchron:

```
    Private Async Sub Button1_Click(sender As Object, e As EventArgs) Handles Button1.Click
        ListBox1.Items.Clear()
        ListBox1.Items.Add("Start")
```

BEISPIEL 9.31: Asynchrones Speichern

```
    Using writer As StreamWriter = File.CreateText("VieleDaten.txt")
        For i As Integer = 0 To 1000
```

Wir verwenden die asynchrone Variante der *Write*-Methode und warten an dieser Stelle auf das Ende der Ausführung:

```
            Await writer.WriteAsync(System.DateTime.Now.ToString & dummy)
            ListBox1.Items.Add("Block " & i.ToString)
        Next
    End Using
    ListBox1.Items.Add("FERTIG")
    File.Delete("VieleDaten.txt")
End Sub
```

Im Unterschied zur synchronen Variante wird ein "Einfrieren" der Anwendung gänzlich vermieden, d.h., Sie können auch direkt nach dem Klick auf die Schaltfläche das Formular verschieben, Eingaben vornehmen etc.

HINWEIS: Wie Sie sehen, halten sich die Änderungen gegenüber dem letzten Beispiel in Grenzen, eine Threading-Variante wäre viel aufwändiger, zumal Sie bei obigem Beispiel jederzeit die Ausgaben im Formular nachverfolgen können. Bei Verwendung eines Threads müssten Sie erst mühevoll in den Vordergrundthread umschalten.

Sehen wir uns obiges Beispiel nochmals genauer an.

Die gesamte Methode *Button1_Click* wird im Vordergrund-Thread ausgeführt (vorteilhaft für die uneingeschränkte Interaktion mit der Userinterface), der *WriteAsync*-Aufruf läuft hingegen in einem extra Thread und gibt damit Rechenzeit für den Vordergrund (und damit für das Userinterface) frei. Der *Await*-Operator ermöglicht uns eine synchrone Verarbeitung innerhalb der asynchronen Methode.

Doch was passiert eigentlich, wenn wir auf den *Await*-Operator verzichten?

In diesem Fall würde die gesamte Methode *Button1_Click* synchron ausgeführt, der Methodenaufruf *WriteAsync* jedoch asynchron. Es kommt zum Laufzeitfehler, da die Schleife die Methode mehrfach aufruft und damit ein mehrfacher Dateizugriff erfolgt.

9.9.2   Achtung: Fehlerquellen!

Ja, es könnte so schön sein, einfach alles in einer Methode kapseln und diese dann asynchron aufrufen! Auf obiges Beispiel übertragen, ist jedoch eine potenzielle Fehlerquelle ganz schnell feststellbar. Klicken Sie doch während des Speicherns der Datei noch einmal auf die Schaltfläche. Die Folge ist ein zweiter, paralleler Aufruf. In diesem Fall kommt es zu einem IO-Fehler, da die Datei durch den ersten Aufruf noch gesperrt ist:

IOException wurde nicht von Benutzercode behandelt.   ✕

Der Prozess kann nicht auf die Datei "C:\Asynchrone Methode\Asynchrone
Methode\bin\Debug\VieleDaten.txt" zugreifen, da sie von einem anderen Prozess
verwendet wird.

Hinweise zur Fehlerbehebung:

Sie müssen also Sorge dafür tragen, dass in diesem Fall die Schaltfläche nicht mehrfach gedrückt werden kann (*Enabled=False*).

Ganz ähnlich stellt sich der Fall dar, wenn Sie ein "sauberes" Programm schreiben wollen, und dazu die Routine in eine extra Methode auslagern:

BEISPIEL 9.32: Das gibt Ärger

Der ausgelagerte, asynchrone Code in einer extra Routine:

```vb
Async Private Sub DateiSpeichern()
    Using writer As StreamWriter = File.CreateText("VieleDaten.txt")
        For i As Integer = 0 To 1000
            Await writer.WriteAsync(System.DateTime.Now.ToString & dummy)
            ListBox1.Items.Add( "Block " & i.ToString)
        Next
    End Using
End Sub
```

Der Aufruf obiger Methode:

```vb
Private Sub Button2_Click(sender As Object, e As RoutedEventArgs)
    ListBox1.Items.Clear()
    ListBox1.Items.Add("Start")
    DateiSpeichern()
    ListBox1.Items.Add("FERTIG")            ' logischer Fehler
    File.Delete("VieleDaten.txt")           ' Fehler beim Datei-Zugriff
End Sub
```

Raten Sie mal, was hier falsch läuft? Der IO-Fehler wird bei *File.Delete* auftreten, der logische Fehler bereits eine Zeile höher, da hier ein "FERTIG" angezeigt wird, obwohl die Routine *DateiSpeichern* noch läuft. Wie stand es doch weiter oben? Es handelt sich um eine **asynchrone** Routine (*Async*)!

Wer jetzt an den *Await*-Operator denkt, liegt nicht ganz falsch. Aber leider, leider wird das so nichts:

```vb
Private Async Sub Button2_Click(sender As Object, e As EventArgs) Handles Button2.Click
    ListBox1.Items.Clear()
    ListBox1.Items.Insert(0, "Start")
    Await DateiSpeichern()
    ListBo  'DateiSpeichern' gibt keine Task zurück und kann nicht erwartet werden. Ziehen Sie eine Änderung in eine Async-Funktion in Betracht.
    File.D
End Sub
```

Unsere asynchrone Methode muss schon einer speziellen Konvention folgen, um den *Await*-Operator nutzen zu können. Die Methode muss in diesem Fall ein *Thread* oder ein *Thread(Of T)* zurückgeben.

BEISPIEL 9.33: Diese Funktion kann mit *Await* genutzt werden

```vb
...
    Private Async Function DateiSpeichern2() As Task
        Using writer As StreamWriter = File.CreateText("VieleDaten.txt")
            For i As Integer = 0 To 1000
                Await writer.WriteAsync(System.DateTime.Now.ToString & dummy)
                ListBox1.Items.Add("Block " & i.ToString)
            Next
        End Using
    End Function
```

Erst jetzt lässt sich die Methode korrekt verwenden:

```vb
    Private Async Sub Button2_Click(sender As Object, e As EventArgs) Handles Button2.Click
        ...
        Await DateiSpeichern2()
        ...
    End Sub
```

Um den Rückgabewert, d.h. den Thread, kümmert sich in diesem Fall der Compiler (eine *Return* suchen Sie vergeblich).

9.9.3   Eigene asynchrone Methoden entwickeln

Sicher nicht ganz uninteressant ist die Frage, wie Sie Ihren eigenen Code so umschreiben/konvertieren können, dass Sie (oder auch Anwender Ihrer Libraries) die neuen *Async*-Features nutzen können.

BEISPIEL 9.34: Alter, synchroner Code

```vb
...
Imports System.Threading
Imports System.Threading.Tasks
```

Ausgangspunkt soll folgende Routine sein:

```vb
    Private Function MeineLangeBerechnung() As Integer
        Dim res As Integer = 0
        For i As Integer = 0 To 50
            res += i
```

Zeitbedarf im aktuellen Thread simulieren:

```vb
            Thread.Sleep(200)
            Debug.WriteLine("Rechne + " & i.ToString)
        Next i
```

BEISPIEL 9.34: Alter, synchroner Code

```
        Return res
    End Function
```

Sie sehen schon, die obige Routine müht sich, möglichst langsam zu sein und gibt einen Integer-Wert zurück.

Der Aufruf wird erwartungsgemäß die Oberfläche für eine gewisse Zeit in den Tiefschlaf versetzen:

```
Private Sub Button1_Click(sender As Object, e As EventArgs) Handles Button1.Click
    ListBox1.Items.Clear()
    ListBox1.Items.Add("Start")
    Dim summe As Integer = MeineLangeBerechnung()
    ListBox1.Items.Add("Summe = " & summe.ToString)
    ListBox1.Items.Add("Ende")
End Sub
```

Wir wollen es nun besser machen:

BEISPIEL 9.35: Neuer, asynchroner Code

```
...
Private Async Function MeineLangeBerechnungAsync1() As Task(Of Integer)
    Dim res As Integer = 0
    For i As Integer = 0 To 50
        res += i
```

Der simulierte Zeitbedarf landet jetzt automatisch in einem extra Thread, die Programmoberfläche hat damit genügend Zeit, Nutzereingaben zu verarbeiten:

```
        Await Task.Delay(200)        ' Zeitbedarf simulieren
        ListBox1.Items.Add("Rechne + " & i.ToString)
    Next i
    Return res
End Function
```

Eine kleine Änderung im obigem Code haben Sie vielleicht schon bemerkt: In der Schleife der Berechnungsfunktion brauchen Sie jetzt nicht mit *Debug.WriteLine* zu arbeiten, Sie können auch Ausgaben direkt in die aktuelle Oberfläche schreiben, und das ohne einen Threadwechsel!

Die asynchrone Verwendung:

```
Private Async Sub Button2_Click(sender As Object, e As EventArgs) Handles Button2.Click
    ListBox1.Items.Clear()
    ListBox1.Items.Add("Start")
    Dim summe As Integer = Await MeineLangeBerechnungAsync1()
    ListBox1.Items.Add("Summe = " & summe.ToString)
    ListBox1.Items.Add("Ende")
End Sub
```

BEISPIEL 9.35: Neuer, asynchroner Code

```
Start
Rechne + 0
Rechne + 1
Rechne + 2
Rechne + 3
Rechne + 4
Rechne + 5
Rechne + 6
```

Das war doch gar nicht so schlimm – mit geringsten Änderungen haben Sie asynchron ausführbaren Code produziert, ohne sich mit Threads herumärgern zu müssen!

Doch was ist, wenn Sie nicht in Ihren alten Libraries herumfrickeln wollen und trotzdem die *Async*-Features unterstützen wollen? Auch das ist möglich, in diesem Fall kapseln Sie einfach den ganzen alten Code (bzw. den Methodenaufruf dorthin) in einen extra Thread:

BEISPIEL 9.36: Alten synchronen Code kapseln

```vb
...
    Public Function MeineLangeBerechnungAsync2() As Task(Of Integer)
```

Die alte Methode *MeineLangeBerechnung()* wird in einen neuen Thread mittels Lambda-Ausdruck eingebunden:

```vb
    Return Task.Factory.StartNew(Of Integer)(Function() MeineLangeBerechnung())
End Function
...
```

Der asynchrone Aufruf:

```vb
    Private Async Sub Button3_Click(sender As Object, e As EventArgs) Handles Button3.Click
    ...
    Dim summe As Integer = Await MeineLangeBerechnungAsync2()
    ...
    End Sub
```

Ausgerüstet mit diesem Grundwissen dürfte nun einer Erweiterung Ihrer Libraries um asynchrone Methoden nichts mehr im Wege stehen.

9.10   Praxisbeispiele

9.10.1   Spieltrieb & Multithreading erleben

Ein neugieriger Blick auf das Endergebnis dieses Beispiels wird in Ihnen die Vermutung nähren, dass diesmal die Autoren einem geradezu lächerlichen Spieltrieb hoffnungslos erlegen sind. Doch wir wollen Ihnen eigentlich nur vermitteln wie Sie

- Objekte mit Threads verbinden,

- Threads initialisieren und parametrieren,

- Threads synchronisieren,

- Thread-Zustände auswerten,

- kritische Abschnitte sichern,

- Callback-Timer ververwenden,

- die Anwendung threadsicher programmieren.

Alles staubtrockene Themen – aber ein bisschen Spaß muss sein und hilft auch in einem solchen Fall, die Langeweile zu vertreiben!

HINWEIS: Für alle notorischen Besserwisser: Überblättern Sie ganz schnell das "Beispiel", denn Sie haben dafür ganz sicher eine wesentlich effektivere Lösung parat und haben auch bereits erkannt, dass Threads **nicht** die allerbeste Lösung für dieses Problem sind. Uns geht es hier jedoch nur um die Demonstration des Multithreading und nicht um eine superoptimale Realisierung.

Aufgabenstellung

Ausgehend von der Benutzereingabe sollen in einem Lager Kisten hinzugefügt werden. Diese werden von drei LKWs zu einem Schiff transportiert. Ist das Schiff mit fünf Kisten beladen, transportiert es diese weiter, löscht die Ladung und kehrt zurück, um erneut Kisten zu laden usw. Einzige Ausnahme: Ist mindestens eine Kiste an Bord und nach 10 Sekunden keine neue Ladung zu erwarten, legt das Schiff trotzdem ab. Ist das Schiff nicht da, müssen die LKWs natürlich am Hafen warten.

Ganz grob können wir das "Problem" zunächst auf drei Klassen aufteilen:

- LKW

- Schiff

- *Controller* (Lager-Controller)

Jede Klasse verfügt über einen fest zugeordneten Thread, auf den wir auch von außen (*Public*) zugreifen können.

HINWEIS: Wir werden darauf verzichten, Eigenschaften und enthaltene Objekte zu kapseln, so bleibt der Blick frei für das Wesentliche. Eine threadsichere Programmierung haben wir zwar weitgehend angestrebt, können aber keine Gewähr für die volle Funktionstüchtigkeit unter allen Umständen geben.

Oberfläche

Auf das Startformular *Form1* einer Windows Forms-Anwendung setzen Sie zwei *Panels*, einige *PictureBox*en sowie diverse *Labels* und *Buttons* entsprechend folgender Abbildung.

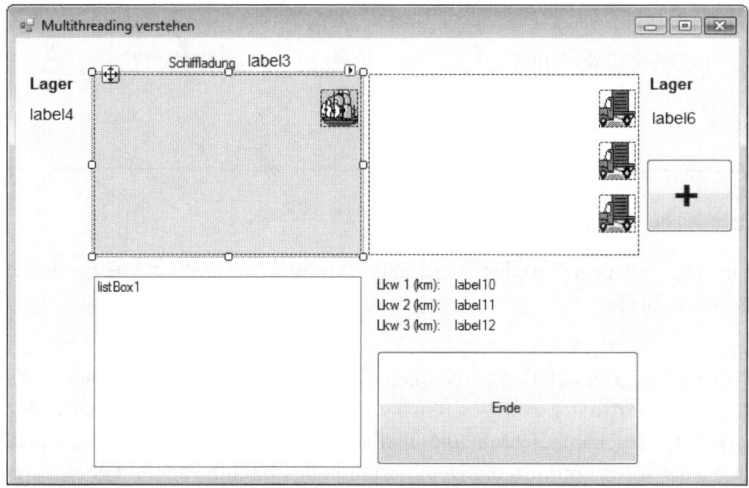

Die Bilder selbst fügen Sie als Ressourcen in das Projekt ein:

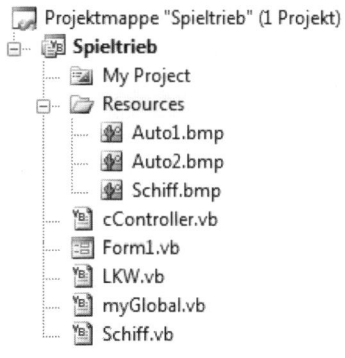

In den *Label*s wird der jeweilige Füllstand bzw. der Kilometerstand angezeigt, die *ListBox* meldet
Ihnen wichtige Ereignisse, so behalten Sie immer die Übersicht.

Quelltext LKW

Beginnen wir mit der Klasse *LKW*. Neben seinem *Thread*-Objekt speichert die Klasse noch die
zugeordneten Images, d.h. die Bildchen für Hin- und Rückfahrt. Die Zuordnung des Bildes aus den
Anwendungsressourcen erfolgt bereits mit dem Aufruf des Konstruktors.

Die öffentliche Methode *Abtransport()* wird später vom Controller-Objekt ausgelöst, diese startet
wiederum den Thread mit der Methode *Fahrt()*.

```
Imports System.Text
Imports System.Threading
Imports System.Drawing
Imports System.Drawing.Imaging

Class cLKW
```

Die Fahrzeugnummer:

```
    Public Nr As Integer
```

Die aktuelle Position:

```
    Public Pos As Integer
```

Der Kilometerstand:

```
    Public kmStand As Integer
```

Der Thread:

```
    Public myThread As Thread
```

Die Bilder:

```
    Private Img1 As Image
    Private Img2 As Image
```

Das aktuelle Bild:

```
    Public Image As Image
```

Ein Verweis auf das aufrufende Formular:

```
    Private myForm As Form1
```

Grundzustand initialisieren und *Thread*-Objekt erzeugen:

```
    Public Sub New(nr As Integer, myf As Form1)
        nr = nr
        kmStand = 0
        Pos = 280
        myForm = myf
        myThread = New Thread(AddressOf Fahren)
        myThread.IsBackground = True
        Img1 = My.Resources.Auto1
        Img2 = My.Resources.Auto2
        Image = Img1
    End Sub
```

Die spätere Thread-Methode:

```
    Public Sub Fahren()
```

Bild und Position zuweisen:

```
Image = Img1
Pos = 280
```

Die Fahrt beginnt:

```
For posi As Integer = 280 To 1 Step -2
```

Damit es nicht ganz so schnell geht, werden ein paar Pausen eingelegt:

```
Thread.Sleep(30)
Pos = posi
kmStand += 1
```

Hier rufen wir die zentrale Anzeigeroutine in *Form1* auf:

```
myForm.FormRefresh("")
Next
```

HINWEIS: Obige Methode greift nicht direkt auf die Steuerelemente von *Form1* zu, was auch nicht zu empfehlen ist, da der Aufruf aus einem Hintergrund-Thread erfolgen wird. Per *Invoke* erfolgt das Weiterreichen des Aufruf an den Vordergrund-Thread.

Ankunft im Hafen und Warten auf das Schiff:

```
If myGlobal.Schiff.myThread.IsAlive Then
    myGlobal.Schiff.myThread.Join()
End If
```

Ist der Thread des Schiffs aktiv[1], können wir davon ausgehen, dass das Schiff unterwegs ist, andernfalls liegt es im Hafen und wir können es beladen:

```
myGlobal.Schiff.Beladen()
```

Rückfahrt (Bildwechsel und langsam nach rechts verschieben):

```
Image = Img2
For posi As Integer = 0 To 279 Step 2
    Thread.Sleep(20)
    Pos = posi
    kmStand += 1
    myForm.FormRefresh("")
Next
```

Letzte Statusmeldung für den LKW ausgeben, dann ist der Thread am Ende:

```
myForm.FormRefresh("Lkw_" & Nr.ToString() & ": Fahrtende")
End Sub
```

---

[1] Um den Thread abfragen zu können, muss das Objekt auch vorhanden sein. Deshalb werden die Threads schon in den Konstruktoren der Objekte erzeugt.

Ruft der Controller die Methode *Abtransport* auf, wird eine Kiste umgeladen (Lagerbestand verringert sich), die Änderung wird angezeigt und der Thread gestartet:

```
Public Sub Abtransport()
    myGlobal.Controller.Lagerbestand -= 1
    myForm.FormRefresh("Lkw_" & Nr.ToString() & ": Fahrtbeginn")
    myThread = New Thread(AddressOf Fahren)
    myThread.IsBackground = True
    myThread.Start()
End Sub
End Class
```

Quelltext Schiff

Das Schiff muss neben der reinen Fahrt (wie beim LKW) noch eine Zusatzaufgabe erfüllen. Gemeint ist die Abfahrt bei mindestens einer Kiste und 10 Sekunden Inaktivität. Hierfür bietet sich ein *CallbackTimer* an.

```
Imports System.Text
Imports System.Threading


Class Schiff
```
Die Eigenschaften:
```
    Public Ladung As Integer
    Public Transportiert As Integer
    Private Wartezeit As Integer
    Public myForm As Form1
    Public pos As Integer
```

Timer und *Thread*:
```
    Public tim As Timer
    Public myThread As Thread
```

Der Konstruktor:
```
Public Sub New(mf As Form1)
```

Position festlegen, *Thread* und *Timer* erzeugen:
```
    pos = 200
    myThread = New Thread(AddressOf Me.Main)
    myThread.IsBackground = True
    tim = New Timer(AddressOf OnTimer, Nothing, 0, 3000)
    Wartezeit = 0
```

Verweis auf *Form1* abspeichern (für die Anzeige der Daten):
```
    myForm = mf
    Transportiert = 0
End Sub
```

Die Hauptroutine (Thread-Methode):

```
Private Sub Main()
```

Benutzerschnittstelle aktualisieren:

```
myForm.FormRefresh("Schiff: Abfahrt")
```

Nach links fahren:

```
For posi As Integer = 200 To 1 Step -2
    Thread.Sleep(100)
    pos = posi
    myForm.FormRefresh("")
Next
```

Im Hafen die Ladung löschen:

```
myForm.FormRefresh("Schiff: Ladung löschen")
While Ladung > 0
    Thread.Sleep(400)
```

Absichern:

```
        Monitor.Enter(Me)
        Ladung -= 1
        Transportiert += 1
        myForm.FormRefresh("")
        Monitor.Exit(Me)
    End While
```

Rückfahrt:

```
For posi As Integer = 0 To 199 Step 2          'Rückfahrt
    Thread.Sleep(60)
    pos = posi
    myForm.FormRefresh("")
Next
Wartezeit = 0
myForm.FormRefresh("Schiff: Warten ...")
End Sub
```

Starten des Threads:

```
Public Sub Transport()
    myThread = New Thread(AddressOf Main)
    myThread.IsBackground = True
    myThread.Start()
End Sub
```

Das Schiff wird durch die LKWs "beladen":

```
Public Sub Beladen()
    Monitor.Enter(Me)
    Wartezeit = 0
```

```
        Ladung += 1
        myForm.FormRefresh("Schiff: Beladen (" & Ladung.ToString() & ")")
```

Fünf Kisten an Bord, dann Abtransport:

```
        If Ladung = 5 Then Transport()
        Monitor.Exit(Me)
    End Sub
```

HINWEIS: Verzichten Sie auf das Sichern des Abschnitts, werden Sie später den visuellen Schwund von Kisten bemerken. Dies ist der Fall, wenn bereits LKWs am Hafen warten (*Join*). Alle LKW-Threads werden gleichzeitig freigegeben und es kommt zu Überschneidungen beim Aufruf der *Beladen*-Methode!

Der *Timer* ist mal wieder abgelaufen:

```
    Private Sub OnTimer(state As Object)
```

Absichern des Abschnitts, sonst kommen uns noch andere Threads in die Quere:

```
        Monitor.Enter(Me)
```

Ist der eigene Thread inaktiv (Hafen!) verlängert sich die Wartezeit:

```
        If Not Me.myThread.IsAlive Then Wartezeit += 1
```

Ist die Wartezeit abgelaufen und mehr als eine Kiste vorhanden:

```
        If (Wartezeit > 9) And (Ladung > 0) Then
```

Abfahrt:

```
            myForm.FormRefresh("Schiff: Zeit abgelaufen")
            Wartezeit = 0
            Transport()
        End If
```

Der sichere Abschnitt wird verlassen:

```
        Monitor.Exit(Me)
    End Sub
End Class
```

Quelltext Controller

Hier haben wir es mit "Big Brother" zu tun. Unermüdlich, d.h. in einer Endlosschleife, wird der Lagerbestand überprüft und, wenn möglich, auf die LKWs verladen.

```
Imports System.Text
Imports System.Threading

Class cController
    Public Lagerbestand As Integer
    Public myThread As Thread
```

Wir sind am Leben:

```
Public IsAlive As Boolean
Private myForm As Form1
```

Das Objekt startet bereits im Konstruktor seinen Endlos-Thread:

```
Public Sub New(mf As Form1)
    myForm = mf
    myThread = New Thread(AddressOf Main)
```

Wir sind nicht ganz so wichtig, deshalb etwas weniger Rechenzeit:

```
    myThread.Priority = ThreadPriority.BelowNormal
    myThread.IsBackground = True
    myThread.Start()
    IsAlive = True
End Sub
```

Unser "Hauptprogramm":

```
Private Sub Main()
```

Ein paar Aktualisierungen des Formulars:

```
    myForm.FormRefresh(String.Empty)
    myForm.FormRefresh("Controller: Gestartet")
    Dim i As Integer = 0
```

Die Endlosschleife:

```
    While True And IsAlive
```

Es ist was im Lager:

```
        While Lagerbestand > 0
```

Einen der drei LKWs aussuchen[1]:

```
            If i > 2 Then i = 0
```

Ist der LKW nicht unterwegs (kein laufender Thread), dann beladen:

```
            If Not myGlobal.LKWs(i).myThread.IsAlive Then
                myForm.FormRefresh("Controller: Lkw beladen")
                Thread.Sleep(200)
                ' Ladezeit
                myGlobal.LKWs(i).Abtransport()
            Else
```

Sonst warten wir etwas (0,5 Sekunden) auf diesen LKW:

```
                myGlobal.LKWs(i).myThread.Join(500)
```

---

[1] Bei den späteren Tests werden Sie feststellen, dass die LKWs durch diese Auswahl recht gleichmäßig belastet werden, kein LKW ist im Dauereinsatz.

Ist er jetzt da, dann beladen:

```
                If Not myGlobal.LKWs(i).myThread.IsAlive Then
                    myForm.FormRefresh("Controller: Lkw beladen")
                    Thread.Sleep(200)
                    ' Ladezeit
                    myGlobal.LKWs(i).Abtransport()
                End If
            End If
            i += 1
        End While
```

Hier "ruht" sich der Controller etwas aus (Mittagsschlaf):

```
        Thread.Sleep(100)
        End While
        myForm.FormRefresh("Controller: Gestoppt")
    End Sub
End Class
```

Wer aufmerksam war hat sicher erkannt, dass wir es – abgesehen von der Oberfläche – bei obiger Routine mit dem Hauptprogramm zu tun haben. Der Controller wartet auf LKWs und belädt diese. Damit wird der gesamte Kreislauf immer wieder angestoßen sobald Kisten vorhanden sind. Die Oberfläche unserer Anwendung agiert völlig unabhängig von diesen Hintergrundereignissen!

Quelltext MyGlobal

Wie Sie sicher bemerkt haben, rufen die Objekte/Klassen untereinander Methoden auf und greifen auf zentrale Objekte zu. Dies lässt sich zum Beispiel mit einigen statischen Membern realisieren:

```
...
Class myGlobal
    Public Shared Controller As cController
    Public Shared Schiff As Schiff
    Public Shared LKWs As cLKW() = New cLKW(3) {}
End Class
```

Quelltext Form1

Wer hier noch viel Quellcode erwartet, den müssen wir leider enttäuschen. Außer dem Initialisieren der Objekte, dem Erhöhen des Lagerbestands und der Anzeige bleiben keine Aufgaben übrig. Um alles andere kümmern sich die Objekte selbst.

```
Imports System.Threading

Public Class Form1
```

Für den *Invoke*-Aufruf von *MyRefresh* (auf die Steuerelemente können wir nur aus dem Vordergrund-Thread zugreifen) brauchen wir einen Delegate:

```
    Private Delegate Sub MyRefreshDelegate(msg As String)
```

Die "sichere" Methode für die Anzeige:

```
Private Sub MyRefresh(msg As String)
```

Nochmal absichern:

```
SyncLock Me
```

Handelt es sich um eine Textmeldung, dann nur die *ListBox* aktualisieren:

```
If msg <> "" Then
    ListBox1.Items.Add(msg)
Else
```

Sonst die allgemeinen Daten abfragen und setzen:

```
Label3.Text = myGlobal.Schiff.Ladung.ToString()
Label4.Text = myGlobal.Schiff.Transportiert.ToString()
Label6.Text = myGlobal.Controller.Lagerbestand.ToString()
Label10.Text = myGlobal.LKWs(0).kmStand.ToString()
Label11.Text = myGlobal.LKWs(1).kmStand.ToString()
Label12.Text = myGlobal.LKWs(2).kmStand.ToString()
PictureBox2.Image = myGlobal.LKWs(0).Image
PictureBox3.Image = myGlobal.LKWs(1).Image
PictureBox4.Image = myGlobal.LKWs(2).Image
PictureBox1.Left = myGlobal.Schiff.pos
PictureBox2.Left = myGlobal.LKWs(0).Pos
PictureBox3.Left = myGlobal.LKWs(1).Pos
PictureBox4.Left = myGlobal.LKWs(2).Pos
        End If
    End SyncLock
End Sub
```

Für den Aufruf aus den Threads:

```
Public Sub FormRefresh(msg As String)
```

Fehlerbehandlung ist wichtig, da teilweise noch Meldungen kommen, wenn das Formular schon abgebaut wird (*Close*):

```
Try
```

Und ab mit dem Aufruf in den Vordergrund-Thread:

```
Me.Invoke(New MyRefreshDelegate(AddressOf MyRefresh), New Object() {msg})
    Catch
    End Try
End Sub
```

Und hier erzeugen wir die Objekte (nicht im Konstruktor, sonst fehlt für den Controller das Fensterhandle):

```
Private Sub Form1_Load(sender As Object, e As EventArgs) Handles MyBase.Load
    PictureBox1.Image = My.Resources.Schiff
```

```
        myGlobal.LKWs(0) = New cLKW(0, Me) :  myGlobal.LKWs(1) = New cLKW(1, Me)
        myGlobal.LKWs(2) = New cLKW(2, Me) :  myGlobal.Schiff = New Schiff(Me)
        myGlobal.Controller = New cController(Me)
    End Sub
```

Das ist unser ganzer Eingriff ins System, wir füllen das Lager mit Kisten:

```
    Private Sub Button1_Click(sender As Object, e As EventArgs) Handles Button1.Click
        myGlobal.Controller.Lagerbestand += 1
    End Sub
```

Und hier kommt unser Sorgenkind. Dass wir exzessiv von Threads Gebrauch machen, rächt sich an dieser Stelle. Der Nutzer drückt irgendwann auf die "Ende"-Schaltfläche. Doch was machen wir mit unseren ganzen "herumlaufenden" Threads?

Ein paar Lösungsansätze zeigt die folgende Routine:

```
    Private Sub Button2_Click(sender As Object, e As EventArgs) Handles Button2.Click
```

Die LKW-Threads werden "brutal" zerstört:

```
        If myGlobal.LKWs(0).myThread IsNot Nothing Then myGlobal.LKWs(0).myThread.Abort()
        If myGlobal.LKWs(1).myThread IsNot Nothing Then myGlobal.LKWs(1).myThread.Abort()
        If myGlobal.LKWs(2).myThread IsNot Nothing Then myGlobal.LKWs(2).myThread.Abort()
```

Beim Schiff bevorzugen wir die sanfte Variante:

```
        myGlobal.Schiff.tim.Dispose()
        If myGlobal.Schiff.Ladung > 0 Then
            myGlobal.Schiff.Transport()
            MessageBox.Show("Bitte erneut versuchen, Schiff muss noch arbeiten ...")
            Return
        End If
        If myGlobal.Schiff.myThread IsNot Nothing Then myGlobal.Schiff.myThread.Abort()
```

Unseren Controller beenden wir ganz sauber:

```
        myGlobal.Controller.IsAlive = False
        While myGlobal.Controller.IsAlive
            Thread.Sleep(200)
        End While
        Close()
    End Sub
End Class
```

Test

Und jetzt geht es los. Starten Sie das Programm und fügen Sie reichlich Kisten hinzu.

Prüfen Sie, ob auch der Timer funktioniert (nur eine Kiste versenden). Entfernen Sie ruhig einmal die *Monitor*-Objekte und lassen Sie mehrere LKWs am Hafen warten. Sehen Sie sich dabei die "Schiffsladung" an.

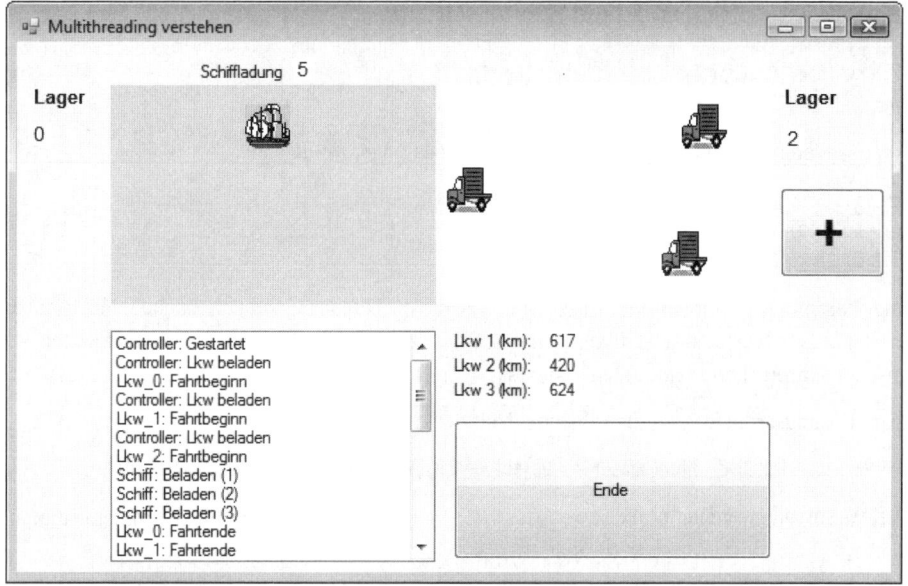

Bemerkungen

▪ Verbesserungen und Erweiterungen sind natürlich immer möglich. Insbesondere der direkte Zugriff auf die jeweiligen Threads ist nicht sonderlich empfehlenswert. Auch die Verwendung eines Thread-Pools (z.B. für die LKWs) wäre denkbar.

▪ Es gibt noch eine weitere Methode um die noch existenten Threads auf schnelle Art und Weise loszuwerden. Dazu genügt es, wenn Sie beim Erzeugen des Threads dessen *IsBackground*-Eigenschaft auf *True* setzen. Wird der Vordergrund-Thread (Fenster etc.) beendet, werden automatisch auch alle Hintergrundthreads beendet.

Einen "moderneren" Lösungsansatz mit den seit .NET 4.0 eingeführten neueren Sprachkonstrukten bietet das Beispiel am Ende des nachfolgenden Kapitels.

9.10.2 Prozess- und Thread-Informationen gewinnen

Dieses Universalbeispiel demonstriert Ihnen nicht nur die Verwendung der *Process*- und *Process-Thread*-Objekte in VB, sondern ist auch für den täglichen Gebrauch des Entwicklers durchaus von Nutzen.

Oberfläche

Wir brauchen zwei *ListView*-Komponenten (*View = Details*), zwei *Label*s und einen *Button*.

Quellcode

```
Public Class Form1
```

Unsere Haupt-Referenz auf die Process-Klasse (*System.Diagnostics*-Namespace):

```
    Private ProcObj As Process = New Process()    ...
```

Einige Ergänzungen im *Load*-Ereignis des Formulars:

```
    Private Sub Form1_Load(sender As Object, e As EventArgs) Handles Me.Load
        With ListView1.Columns
            .Add("Base Name", 110, HorizontalAlignment.Left)
            .Add("Modules", 70, HorizontalAlignment.Right)
            .Add("Full Path", 150, HorizontalAlignment.Left)
            .Add("PID", 40, HorizontalAlignment.Right)
            .Add("CPU Time", 70, HorizontalAlignment.Right)
            .Add("Mem Usage", 80, HorizontalAlignment.Right)
            .Add("Thread ID", 85, HorizontalAlignment.Right)
            .Add("State", 100, HorizontalAlignment.Right)
            .Add("WaitReason", 258, HorizontalAlignment.Left)
            .Add("CPU Time", 70, HorizontalAlignment.Right)
        End With
```

Der Aufruf unserer "Haupt-Methode" *enumProcs()*, die wir im Anschluss implementieren werden:

```
        Me.enumProcs()
    End Sub
```

Die *enumProc()*-Methode ermittelt alle laufenden Prozesse:

```
    Public Sub enumProcs()
        Dim lvItem As ListViewItem
        Dim ts As System.TimeSpan
```

Laufende Prozesse besorgen und in einem Array ablegen:

```
        Dim allProcs As Process() = Process.GetProcesses()
```

Alle Prozesse und ihre Beschreibung in *ListView1* ausgeben:

```
        For i As Integer = 0 To allProcs.Length - 1
            lvItem = Me.ListView1.Items.Add(allProcs(i).ProcessName)
```

Alle Prozesse, in denen mindestens ein Modul läuft, von den Idle-Prozessen trennen:

```
            Try
                lvItem.SubItems.Add(allProcs(i).Modules.Count.ToString())
                lvItem.SubItems.Add(allProcs(i).MainModule.FileName)
            Catch
                lvItem.SubItems.Add("0")
                lvItem.SubItems.Add("0")
            Finally
                lvItem.SubItems.Add(allProcs(i).Id.ToString())
                Try
                    ts = allProcs(i).TotalProcessorTime
                    lvItem.SubItems.Add(String.Format("{0:00}", ts.TotalHours) & ":" &
                                    String.Format("{0:00}", ts.Minutes) & ":" &
                                    String.Format("{0:00}", ts.Seconds))
```

```
        Catch
            lvItem.SubItems.Add("Err")
        End Try
        lvItem.SubItems.Add((allProcs(i).WorkingSet64 / 1000).ToString() & "K")
        Label1.Text = "Prozesse: " & allProcs.Length.ToString()
      End Try
  Next
End Sub
```

Diese Methode ermittelt alle Threads zu einem laufenden Prozess:

```
Public Sub EnumThreads(ProcID As Integer)
    Dim ts As System.TimeSpan
    Dim lvItem As ListViewItem
```

Den *ListView*-Inhalt löschen:

```
    ListView2.Items.Clear()
```

Den Prozess referenzieren (mittels seiner ID):

```
    Dim aProc As Process = Process.GetProcessById(ProcID)
    Try
```

Anzeige der Anzahl von Threads:

```
        Label2.Text = "Threads: " & aProc.Threads.Count.ToString()
    Catch ex As Exception
        MessageBox.Show(ex.Message)
    End Try
```

Alle Threads des Prozesses durchlaufen:

```
    For Each aThread As ProcessThread In aProc.Threads
        lvItem = ListView2.Items.Add(aThread.Id.ToString())
        Select Case aThread.ThreadState
            Case ThreadState.Initialized
                lvItem.SubItems.Add("Initialized")
            Case ThreadState.Ready
                lvItem.SubItems.Add("Ready")
            Case ThreadState.Running
                lvItem.SubItems.Add("Running")
            Case ThreadState.Standby
                lvItem.SubItems.Add("Standby")
            Case ThreadState.Terminated
                lvItem.SubItems.Add("Terminated")
            Case ThreadState.Transition
                lvItem.SubItems.Add("In Transition")
            Case ThreadState.Unknown
                lvItem.SubItems.Add("Unkwown")
            Case ThreadState.Wait
                lvItem.SubItems.Add("Waiting")
        End Select
```

Falls der Thread im Wartezustand ist, soll eine Info ausgegeben werden:

```
If aThread.ThreadState = ThreadState.Wait Then
    lvItem.SubItems.Add(ListReason(aThread.WaitReason))
Else
    lvItem.SubItems.Add("N/A")
End If
```

TimeSpan-Objekt abholen:

```
ts = aThread.TotalProcessorTime
```

Zeit formatieren:

```
lvItem.SubItems.Add(String.Format("{0:00}", ts.TotalHours) & ":" &
                    String.Format("{0:00}", ts.Minutes) & ":" &
                    String.Format("{0:00}", ts.Seconds))
    Next
End Sub
```

Die folgende Methode dechiffriert lediglich die *ThreadWaitReason*-Enumeration:

```
Private Function ListReason(waitingReason As System.Diagnostics.ThreadWaitReason) _
                                                                    As String

Dim s As String = ""
Select Case waitingReason
    Case ThreadWaitReason.EventPairHigh
        s = "Waiting For Event Pair High"
    Case ThreadWaitReason.EventPairLow
        s = "Waiting For Event Pair Low"
    Case ThreadWaitReason.ExecutionDelay
        s = "Execution Delay"
    Case ThreadWaitReason.Executive
        s = "Waiting for Scheduler"
    Case ThreadWaitReason.FreePage
        s = "Waiting For Free Virtual Mem. Page"
    Case ThreadWaitReason.LpcReceive
        s = "Waiting For A Local Proc. Call To Arrive"
    Case ThreadWaitReason.LpcReply
        s = "Waiting For A Reply To A Local Proc. Call"
    Case ThreadWaitReason.PageIn
        s = "Waiting For Virtual Mem. Page To Arrive In Memory"
    Case ThreadWaitReason.PageOut
        s = "Waiting For Virtual Mem. Page To Write To Disk"
    Case ThreadWaitReason.Suspended
        s = "Execution Suspended"
    Case ThreadWaitReason.SystemAllocation
        s = "Waiting For A System Allocation"
    Case ThreadWaitReason.Unknown
        s = "Waiting For Unknown Reason"
    Case ThreadWaitReason.UserRequest
        s = "Waiting For A User Request"
```

```
            Case ThreadWaitReason.VirtualMemory
                s = "Waiting For Virtual Memory"
        End Select
        Return s
    End Function
```

Ein neuer Prozess wird angeklickt:

```
    Private Sub ListView1_SelectedIndexChanged(sender As Object, e As EventArgs) _
                                        Handles ListView1.SelectedIndexChanged
        Try
            EnumThreads(Convert.ToInt32(ListView1.SelectedItems(0).SubItems(3).Text))
        Catch
        End Try
    End Sub
    ...
End Class
```

Test

Nach Programmstart werden alle laufenden Prozesse oben aufgelistet. Klicken Sie auf einen Prozess, so werden die zugehörigen Threads angezeigt.

In der Abbildung erkennen Sie, dass momentan 50 Prozesse auf dem PC laufen und das Programm Word (mit dem der Autor gerade **nicht** arbeitet) hier 50 Module beansprucht und in 4 verschiedenen Threads läuft.

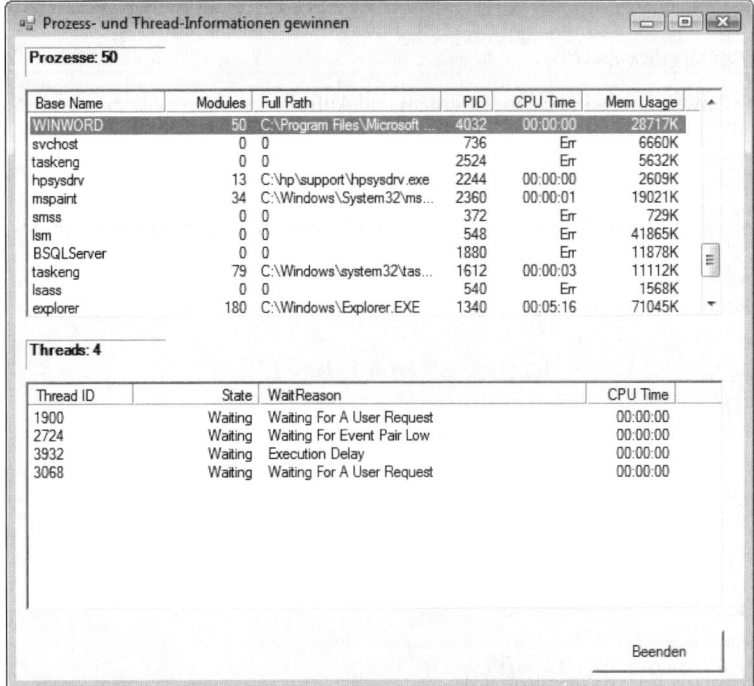

9.10.3   Ein externes Programm starten

Möchten Sie aus Ihrer .NET-Anwendung heraus andere Prozesse[1], d.h. Programme, starten, bieten sich Ihnen unter Visual Basic zahlreiche Möglichkeiten und Optionen an. Das vorliegende Beispiel soll Ihnen einen schnellen Einstieg vermitteln.

Oberfläche

Erstellen Sie eine Oberfläche entsprechend folgender Abbildung:

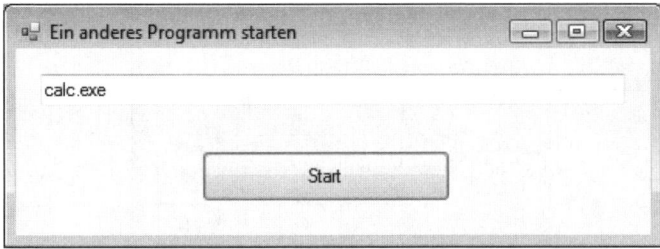

Über die *TextBox* kann zur Laufzeit Name und Pfad für eine Anwendung eingegeben werden.

Quelltext

```
Public Class Form1
    Private Sub Button1_Click(sender As Object, e As EventArgs) Handles Button1.Click
```

Erzeugen eines *Process*-Objekts:

```
        Dim proc As Process = New Process()
```

Parametrieren (welche Anwendung soll gestartet werden) und Aufruf:

```
        proc.StartInfo.FileName = TextBox1.Text
        proc.Start()
```

Diese Methode wartet nicht auf das Prozess-Ende, die Programmausführung wird direkt fortgesetzt.

Mit der folgenden Methode erreichen wir, dass die Anwendung solange wartet, bis der Prozess beendet ist:

```
        proc.WaitForExit()
        MessageBox.Show("Fertig")
    End Sub
```

HINWEIS: Möchten Sie die Anwendung bzw. den Prozess asynchron starten, lassen Sie einfach die Methode *WaitForExit()* weg.

---

[1] Hier ist wirklich von Prozessen und nicht von Threads die Rede.

Test

Geben Sie in die *TextBox* einen Anwendungsnamen (z.B. *Calc.exe*, *MSPaint.exe*, ...) ein und klicken Sie auf die "Start"-Schaltfläche:

HINWEIS: Die Messagebox mit der Meldung "Fertig" sollte erst angezeigt werden, wenn die aufgerufene Anwendung beendet ist.

Ergänzungen

Eine besonders einfache Variante bietet sich mit dem direkten Aufruf der Methode *Start* an:

```
System.Diagnostics.Process.Start("calc.exe")
```

Beachten Sie jedoch, dass Sie in diesem Fall nicht mit *WaitForExit* auf das Programmende warten können, für viele Anwendungszwecke reicht diese Verfahrensweise jedoch aus.

Über die *StartInfo*-Eigenschaft können Sie unter anderem folgende Optionen für den zu startenden Prozess vorgeben:

Eigenschaft	Beschreibung
Arguments	... die Kommandozeilenparameter für den neuen Prozess (beispielsweise eine zu öffnende Datei)
CreateNoWindow	... Start in einem neuen Fenster (*True/False*)
FileName	... die eigentliche Anwendung
WindowStyle	... der Startmodus für das Anwendungsfenster (maximiert, minimiert, versteckt etc.)
WorkingDirectory	... das Arbeitsverzeichnis der Anwendung

BEISPIEL 9.37: Verwendung von Argumenten beim Aufruf der *Start*-Methode

```
System.Diagnostics.Process.Start("notepad.exe","c:\test.txt")
```

BEISPIEL 9.38: Eine Webseite im Explorer öffnen

```
System.Diagnostics.Process.Start("http://www.microsoft.com")
```

BEISPIEL 9.39: Eine E-Mail erzeugen

```
System.Diagnostics.Process.Start("mailto:max_musterman@nirgendwo.de")
```

Bemerkung

In diesem Beispiel haben wir Ihnen lediglich die grundsätzliche Methodik zum Starten von externen Anwendungen vorgestellt, Visual Basic bietet jedoch auch die Möglichkeit, das Ende des Prozesses mit einem Ereignis zu überwachen. Der Vorteil: Sie können mit Ihrer Anwendung normal weiterarbeiten (beim synchronen Ausführen wird nicht einmal das Fenster aktualisiert) und dennoch auf das Prozess-Ende reagieren.

Weitere Beispiele finden Sie in unserem [Visual Basic 2012 Kochbuch].

Kapitel 10

Die Task Parallel Library

Nachdem Sie sich im vorhergehenden Kapitel 9 bereits intensiv mit den Möglichkeiten der asynchronen Programmierung und deren Grundlagen vertraut gemacht haben, wollen wir uns nun ausgiebig mit den praktischen Möglichkeiten der neuen **Task Parallel Library** beschäftigen.

10.1 Überblick

Sicher stellt sich Ihnen jetzt die Frage, warum Sie sich überhaupt mit den neuen Multithreading-Sprachkonstrukten herumplagen sollen, wenn es davon doch bereits ein reichliches Angebot gibt.

Der Vorteil den Ihnen die *Task Parallel Library* liefert: Sie müssen sich als Programmierer keinen Kopf über die spätere Anzahl von Prozessoren machen, die Library passt die Anzahl der erzeugten Threads automatisch an die Anzahl der verfügbaren Prozessorkerne an. Ihre Anwendung ist also z.B. nicht explizit für ein 4-Kern-System kompiliert, sondern funktioniert auch problemlos auf einem Einkern-Prozessor (wenn auch langsamer). Sinnloser Verwaltungsoverhead durch zu viele Threads fällt in diesem Fall jedoch nicht an. Würden Sie die gleiche Aufgabenstellung mit den Mitteln von .NET 2.x bzw. 3.x realisieren, müssten Sie sich selbst darum kümmern, die Threadanzahl an die Anzahl der verfügbaren Prozessorkerne anzupassen und die Prioritäten der einzelnen Threads zu bestimmen. All diese Aufgaben werden intern über den CLR-Threadpool abgewickelt, wir kommen auf dieses Thema später noch einmal zurück.

10.1.1 Parallel-Programmierung

Sicher ist Ihnen beim Blick in diverse Computer-Prospekte bereits aufgefallen, dass sich in den neueren Systemen mittlerweile meist mehr als ein Prozessor bzw. Prozessorkern befindet. Systeme mit zwei oder vier Kernen (teilweise zusätzlich mit Hyperthreading) sind keine Exoten mehr, was die Frage aufwirft, wie Ihre Programme von diesem Mehr an Prozessorleistung profitieren können.

Ganz allgemein kann hier auf das bereits angesprochene Multithreading verwiesen werden, mehrere Threads in Ihrem Programm werden im Zweifel auch auf mehrere Prozessorkerne verteilt. Allerdings hat die explizite Verwendung von Threads auch Nachteile. So müssen Sie zum Beispiel wissen, wie viele Prozessorkerne vorhanden sind, um Ihr Programm optimal an diese Anzahl anzupassen. Der Aufwand, eine komplexe Aufgabe in mehrere Threads zu zerlegen, kann schnell ausufern und das erzeugte Programm ist meist nur noch für den Profi durchschaubar.

An dieser Stelle kommt das Konzept der "Parallel-Programmierung" ins Spiel: Ohne dass Sie sich um das Erstellen und Verwalten der Threads kümmern müssten, lassen sich wiederkehrende und voneinander unabhängige Aufgaben parallel abarbeiten und damit wesentlich beschleunigen. Als Beispiel sei an dieser Stelle die Verarbeitung von Arrays und Collections genannt, die entsprechenden neuen Sprachkonstrukte *Parallel.For* und *Parallel.ForEach* besprechen wir ab Seite 517 im Detail.

BEISPIEL 10.1: Unterschiede bei der Verarbeitung einer Schleife

Die konventionelle Version mit einer ganz normalen *For*-Schleife:

```
Dim res As Double = 0
For i As Integer = 0 To 3999999
    res += (Math.Sin(New Random().NextDouble()) * Math.Acos(
                New Random().NextDouble()))
Next i
```

Die Laufzeit beträgt auf einem 3,5 GHz i7 ganze 22.897 ms bei recht ungleichmäßiger Prozessorlast. Die Aufgabe wechselt im Laufe der Zeit den Kern des Prozessors, die restlichen Kerne werden in dieser Zeit nicht für die Berechnung genutzt:

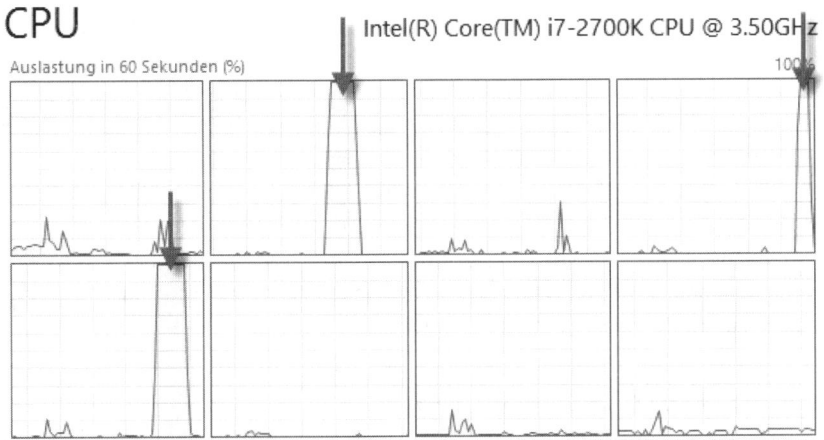

Beachten Sie, dass obige Prozessornutzung zeitversetzt ist, d.h. nur immer ein Prozessor läuft auf "Volllast".

Die parallelisierte Version (zu den Details später mehr):

```
Dim res As Double = 0
Parallel.For(0, 4000000, Sub(i) res += (Math.Sin(New Random().NextDouble()) *
                Math.Acos(New Random().NextDouble()))))
```

BEISPIEL 10.1: Unterschiede bei der Verarbeitung einer Schleife

Die Laufzeit beträgt jetzt nur noch 6.128 ms (rund ein Viertel) bei nahezu 100% Prozessorlast und gleichmäßiger Verteilung auf alle Kerne:

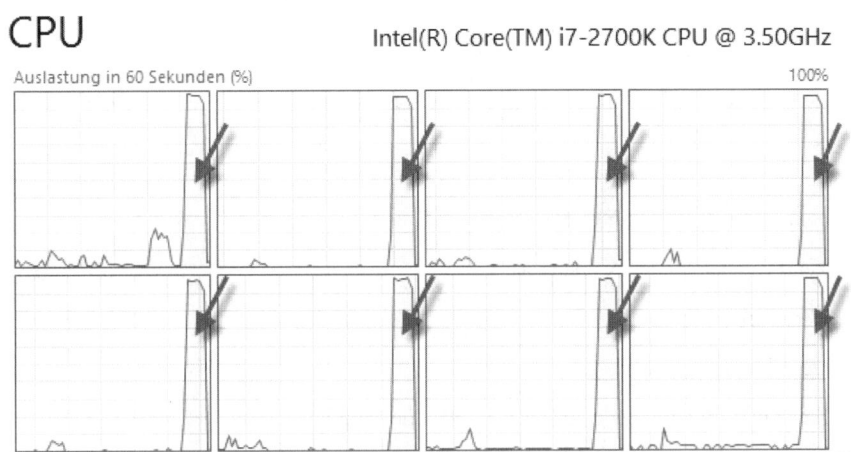

Je mehr Kerne bzw. Prozessoren, desto schneller kann jetzt die Aufgabe realisiert werden.

Ein Quadcore-Prozessor dürfte die obige Aufgabenstellung noch etwas mehr beschleunigen, können in diesem Fall doch die Threads auf 4 Kerne verteilt werden.

HINWEIS: Um Missverständnissen gleich vorzubeugen: Eine Anwendung wird durch die Verwendung der doppelten Anzahl von Prozessoren nicht automatisch doppelt so schnell. Zum einen profitiert Ihre Anwendung nur im parallelisierten Abschnitt davon, zum anderen ist das im Hintergrund erforderliche Erzeugen und Verwalten von Threads auch mit zeitlichem Aufwand verbunden[1]. Ganz nebenbei muss die Anwendung in den meisten Fällen auch mit dem Nutzer kommunizieren.

Leider wird die auf den ersten Blick einfache Verwendung der neuen Sprachkonstrukte auch zu einem "Parallelisierungswahn" führen, bei dem viele Entwickler vergessen, dass bei der parallelen Verarbeitung von Aufgaben auch gewissen Spielregeln eingehalten werden müssen. So kann das Parallelisieren von Zugriffen auf mehrere Webserver bei entsprechenden Antwortzeiten recht sinnvoll sein, der parallele Zugriff auf die Festplatte des System jedoch zu unnötigem "Festplattenrasseln" (Positionierungen des Schreib-Lesekopfes) führen, im Extremfall wird Ihre Anwendung dadurch nicht schneller sondern eher langsamer.

Ganz anders kann dies jedoch beim Parallelisieren einer komplexen Berechnung aussehen. Sollen beispielsweise die Koordinaten eines 3D-Modells neu berechnet werden, bietet sich diese Aufgabe fast schon automatisch für eine Parallelisierung an: Jede Koordinate kann unabhängig von den

---

[1] Mehr dazu unter *http://de.wikipedia.org/wiki/Amdahlsches_Gesetz*

anderen neu berechnet werden. Hier führt schon der Ersatz des bisherigen *For* durch ein *Parallel.- For* zu einer wesentlichen Beschleunigung der **Berechnung**. Beachten Sie jedoch auch in diesem Fall, dass meist auch noch eine Anzeige erforderlich ist, und da verliert sich der Zeitvorteil teilweise wieder.

Auf den Punkt "unabhängige Aufgaben" sollten wir auch noch kurz eingehen. Lässt sich eine Aufgabe nicht in voneinander unabhängige Aufgaben zerlegen (siehe obiges Beispiel), vergessen Sie die Parallelisierung ganz schnell wieder. Das in diesem Fall nötige Sperren von Objekten und deren Freigabe kann ganz schnell im Chaos (Deadlocks, Racing) enden, von längeren Laufzeiten ganz zu schweigen.

10.1.2　Möglichkeiten der TPL

Ausgehend von den beiden Namenspaces

- *System.Threading* und

- *System.Threading.Tasks*

bietet Ihnen die TPL[1] folgende neue bzw. erweiterte Möglichkeiten:

- Parallele Verarbeitung von Methoden und deren Synchronisation mit *Parallel.Invoke*,

- Parallele Verarbeitung von Arrays und Collections mit *Parallel.For* und *Parallel.ForEach*.

- Einführung der *Task*-Klasse als Ersatz für *Thread* bei automatischer Verwendung des Threadpools.

- Die neuen Klassen *Barrier, CountdownEvent, ManualResetEventSlim, SemaphoreSlim, SpinLock* und *SpinWait* für die Synchronisation von Threads.

- Parallel-LINQ als parallel verarbeitendes Pendant zu LINQ to Objects.

In den folgenden Abschnitten wollen wir uns mit den Details und der Verwendung der TPL beschäftigen, doch bevor es soweit ist, werfen wir noch schnell einen Blick auf den CLR[2]-Threadpool.

10.1.3　Der CLR-Threadpool

Die grundsätzliche Aufgabe des internen CLR-Threadpools ist die möglichst effiziente Verteilung der angeforderten Aufgaben (Tasks/Threads) auf die vorhandene Hardware, d.h. auf die verfügbaren Prozessoren bzw. Cores. Im Vordergrund steht die Vermeidung von unnötigem Overhead beim Erzeugen bzw. Zerstören der Threads. Beide Aufgaben erfordern im Normalfall einen relativ hohen Verwaltungsaufwand und entsprechende Prozessorzeit.

---

[1] Sie ahnen es sicher, es handelt sich um die *Task Parallel Library.*

[2] *Common Language Runtime* = .NET-Laufzeitumgebung

Ganz nebenbei sorgt der CLR-Threadpool auch dafür, dass mit einem recht effizienten Algorithmus anstehende Aufgaben so verteilt werden, dass kein Prozessor bzw. Kern im "Leerlauf" ist, d.h., sind die für einen Kern anstehenden Aufgaben abgearbeitet und hat ein anderer Kern noch ausstehende Aufgaben, werden diese an den freien Kern übergeben. In der einschlägigen Literatur finden Sie dafür den Begriff "work stealing".

Anders als beim bisherigen Einsatz des Threadpools wird bei Verwendung der TPL ein zusätzlicher lokaler Thread-Pool erzeugt, dessen anstehende Aufgaben in LIFO-Art (letzte Aufgaben zuerst) abgearbeitet werden. Der Hintergrund für dieses Verhalten ist eine optimalere Verwendung der bereits im Cache befindlichen Daten.

HINWEIS: Diese Verfahrensweise können Sie über das *PreferFairness*-Flag des übergeordneten Tasks beeinflussen.

Auf weitere interne Details des Threadpools wollen wir nicht weiter eingehen, ist es doch die Aufgabe der TPL, den Programmierer möglichst nicht mit derartigen Feinheiten zu belästigen.

10.2 Parallele Verarbeitung mit Parallel.Invoke

Wer sich durch das vorherige Kapitel gearbeitet hat, ist bereits mit vielen Varianten vertraut, wie eine oder mehrere Methoden in einem extra Thread ausgeführt werden können. Die vorliegende TPL-Lösung dürfte auf Grund ihrer einfachen Verwendbarkeit aber alle anderen Alternativen in den Schatten stellen. Doch gleich ein wichtiger Hinweis vorweg:

HINWEIS: *Parallel.Invoke* kann nicht dazu verwendet werden, einen zum Hauptthread parallelen Thread zu erzeugen. *Parallel.Invoke* blockiert den Ablauf solange, bis **alle** übergebenen Methoden abgearbeitet sind (synchonisiert) und setzt erst dann den Programmablauf fort.

Damit dürfte sich auch gleich das klassische Szenario für die Verwendung der Methode ableiten: Sie haben eine Reihe von Aufgaben, die teilweise zeitintensiv sind und die sich jedoch nicht gegenseitig beeinflussen. Erst wenn alle Aufgaben abgearbeitet sind, wird die Programmausführung fortgesetzt (Datenbankinitialisierung, Abfrage von Webdiensten, Laden von Grafiken, Durchsuchen des Dateisystems etc.).

SYNTAX: `Parallel.Invoke(ParamArray actions As Action())`

Übergeben Sie einfach eine Reihe von Methodennamen bzw. nutzen Sie die Möglichkeit, gleich Lambda-Ausdrücke aufzurufen. Doch jetzt zur praktischen Verwendung.

10.2.1 Aufrufvarianten

Namespace einbinden:

```
Imports System.Threading
Imports System.Threading.Tasks
```

Die drei Methoden definieren (ohne sinnvolle Aufgabe):

```
Private Sub AufgabeA()
    Thread.Sleep(5000)
End Sub

Private Sub AufgabeB()
    Thread.Sleep(5000)
End Sub

Private Sub AufgabeC()
    Thread.Sleep(5000)
End Sub
```

Der eigentliche Aufruf:

```
Private Sub Form1_Load(sender As Object, e As EventArgs)  Handles MyBase.Load
    MessageBox.Show("Methoden parallel aufrufen ...")
    Parallel.Invoke(AddressOf AufgabeA, AddressOf AufgabeB, AddressOf AufgabeC)
    MessageBox.Show("Alle Methoden abgearbeitet!")
End Sub
```

Sie werden feststellen, dass die Verarbeitungsdauer ungefähr fünf Sekunden beträgt, bei sequenzieller Abarbeitung sind es erwartungsgemäß 15 Sekunden.

Die oben gezeigte Lösung kann problemlos auch 5 oder 10 Methoden aufrufen, alternativ lassen sich die zu verarbeitenden Methoden auch per Array übergeben, so haben Sie beispielsweise zur Laufzeit die Möglichkeit, die gewünschten Methoden festzulegen.

```
...
    System.Action[] aufgaben = New System.Action[] { AufgabeA, AufgabeB, AufgabeC }
    Parallel.Invoke(aufgaben)
...
```

Selbstverständlich können Sie auch direkt Lambda-Ausdrücke an die *Parallel.Invoke*-Methode übergeben, wie es das folgende Beispiel zeigt:

BEISPIEL 10.4: Parallele Verarbeitung dreier Lambda-Ausdrücke

```
...
        Parallel.Invoke(
            Sub() Thread.Sleep(3000),
            Sub() Thread.Sleep(3000),
            Sub() Thread.Sleep(3000))
...
```

Dass aus den Lambda-Ausdrücken heraus auch wieder Methoden aufgerufen werden können, dürfte sicher bekannt sein.

10.2.2 Einschränkungen

Folgende Einschränkungen sollten Sie bei Verwendung von *Parallel.Invoke* beachten:

- Es muss sich um parameterlose Methoden/Delegates handeln, die keinen Rückgabewert haben.

- Die Methoden dürfen nicht gleichzeitig auf die gleichen Variablen zugreifen.

- Beim Zugriff auf gemeinsame Ressourcen müssen Sie Deadlocks vermeiden.

- Aus den aufgerufenen Methoden dürfen Sie nicht direkt auf das User-Interface zugreifen (dieses läuft in einem anderen Thread).

HINWEIS: Wie Sie sehen, handelt es sich wieder um die gleichen allgemeinen Belehrungen, wie sie auch schon im vorhergehenden Kapitel eine Rolle gespielt haben.

Damit sind wir bereits beim nächsten neuen Sprachkonstrukt angelangt.

10.3 Verwendung von Parallel.For

Und hier haben wir es auch schon mit einer der interessantesten Neuerungen in .NET-Framework zu tun. Das *Parallel.For*-Konstrukt bietet neben *Parallel.ForEach* eine konkurrenzlos einfache Möglichkeit, aufwändige Berechnungen zu parallelisieren und damit auf geeigneten Systemen teilweise dramatisch zu beschleunigen, ohne sich große Gedanken um Multithreading etc. machen zu müssen.

Der grundsätzliche Aufruf entspricht in etwa einer *For*-Anweisung (Ähnlichkeiten sind nicht zufällig, sondern beabsichtigt):

SYNTAX: `Parallel.For(startIndex, endIndex, body As Action(Of Integer))`

Ein kleines Beispiel soll Ihnen das Grundprinzip demonstrieren.

BEISPIEL 10.5: Parallele Verarbeitung eines Arrays

```vb
Imports System.Threading
Imports System.Threading.Tasks
...
    Sub Main()
        Dim Vornamen() As String = {"anton", "berta", "cäsar", "dora", "emil", "friedrich"}
        Parallel.For(0, 5, Sub(i) Console.WriteLine(Vornamen(i).ToUpper()))
        Console.ReadKey()
    End Sub
```

Wie Sie sehen, steht dem Lambda-Ausdruck ein Parameter *i* zur Verfügung, über den der betreffende Index identifiziert werden kann.

Der Code des obigen Lambda-Abschnitts wird gleichmäßig auf alle Kerne aufgeteilt, je mehr es davon gibt, umso besser.

Im Folgenden sehen Sie das Ergebnis des ersten Programmaufrufs:

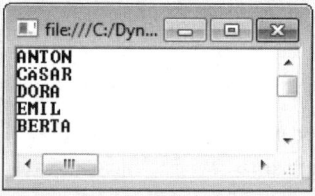

Ein weiterer Aufruf zeigt jedoch folgendes Ergebnis:

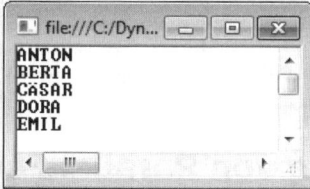

Bei genauem Vergleich werden Sie feststellen, dass die Reihenfolge der Ausgabe nicht mit der Reihenfolge im Array übereinstimmt. Die Ausgabe ist vielmehr rein zufällig, da die einzelnen Aufgaben vom internen Threadpool frei an die verfügbaren Prozessorkerne verteilt werden.

BEISPIEL 10.6: Nur zum Vergleich die konventionelle Lösung per *For*-Schleife:

```vb
...
    For i As Integer = 0 To 5
        Console.WriteLine(Vornamen(i).ToUpper())
    Next
...
```

In diesem Fall wird lediglich ein Prozessor-Kern ausgelastet, die restlichen Kerne stehen für die obige Aufgabe nicht zur Verfügung, was im Zweifel zu einer deutlich längeren Laufzeit führt[1].

10.3.1 Abbrechen der Verarbeitung

Wie bei jeder *For*-Schleife besteht in einigen Situationen manchmal der Wunsch nach einem vorzeitigen Abbruch der Schleife. Mit einer solchen haben wir es in diesem Fall aber gar nicht zu tun, sondern vielmehr mit einer internen Liste von Threads, die durch den internen Threadpool abgearbeitet werden.

Um Einfluss auf die Verarbeitung nehmen zu können, bietet *Parallel.For* eine weitere Überladung, die einen zusätzlichen Parameter an den Lambda-Ausdruck übergibt:

SYNTAX: `Parallel.For(`*startIndex*`, `*endIndex*`, `*body*` As Action(Of Integer, ParallelLoopState) )`

BEISPIEL 10.7: "Schleifenabbruch" realisieren

```
Imports System.Threading
Imports System.Threading.Tasks
...
    Sub Main()
        Dim Vornamen() As String = {"anton", "berta",
                            "cäsar", "dora", "emil", "friedrich"}
        Parallel.For(0, 5, Sub(i, loopstate)
```

Vorzeitiges Ende, wenn in einer Zelle der Name "dora" gefunden wird:

```
                    If Vornamen(i) = "dora" Then loopstate.Stop()
                    If loopstate.IsStopped Then Console.Write("STOP ")
                    Console.WriteLine(Vornamen(i).ToUpper())
                End Sub)
    End Sub
...
```

Es ist nicht sicher, dass nach der Verarbeitung des aktuellen Threads nicht doch noch ein anderer Thread ausgeführt wird, wie es auch die folgenden Abbildungen zeigen.

Die optimale Version:

Ein Problemfall:

---

[1] Das muss nicht unbedingt auf unser "anspruchsvolles" Beispiel zutreffen, etwas mehr Logik sollte schon in den betreffenden Abschnitten parallelisiert werden.

HINWEIS: Über den *ParallelLoopState*-Parameter können Sie auch Informationen über Fehler in den parallelen Threads abrufen. Verwenden Sie dazu die Eigenschaft *Parallel-LoopState.IsExceptional*.

10.3.2 Auswerten des Verarbeitungsstatus

Sicher ist es für den Programmierer in einigen Fällen interessant, den Verarbeitungsstatus nach dem Durchlaufen der "Schleife" zu bestimmen. Hier hilft Ihnen die *ParallelLoopResult*-Struktur weiter, die von *Parallel.For* zurückgegeben wird.

BEISPIEL 10.8: Verwendung von *ParallelLoopResult*

```vb
Dim res = Parallel.For(0, 5, Sub(i, loopstate)
                            If Vornamen(i) = "dora" Then loopstate.Stop()
                            If loopstate.IsStopped Then Console.Write("STOP ")
                            Console.WriteLine(Vornamen(i).ToUpper())
                        End Sub)
```

Wurden alle Durchläufe erfolgreich abgeschlossen, können Sie dies mit der Eigenschaft *IsCompleted* bestimmen:

```vb
If res.IsCompleted Then
    Console.WriteLine("Kein Abbruch")
Else
```

Falls nicht, können Sie auswerten wann der Abbruch erfolgte:

```vb
Console.WriteLine("Abbruch bei " + res.LowestBreakIteration.Value.ToString())
End If
```

Wird über *IsCompleted False* zurückgegeben und gibt *LowestBreakIteration* den Wer *Nothing* zurück, wurde die *Stop*-Methode aufgerufen. Bei einem Aufruf von *Break* können Sie über *LowestBreakIteration* den betreffenden Indexwert auslesen.

HINWEIS: Es gibt noch weitere Überladungen der *Parallel.For*-Methode, auf die wir im Rahmen dieses Buchs jedoch nicht eingehen können.

10.3.3 Und was ist mit anderen Iterator-Schrittweiten?

Sicher wird der eine oder andere beim Konvertieren seines bisherigen Schleifencodes auch über den Fakt stolpern, dass bei *Parallel.For* nur Long/Integer-Werte für den Iterator zulässig sind. Mit einer kleinen zusätzlichen Berechnung können Sie sich aber schnell weiterhelfen[1]:

---

[1] Beachten Sie jedoch, dass in unserem Fall etwas Prozessorzeit für die Division "verschwendet" wird, dies aber sollte nicht den Vorteil der parallelen Verarbeitung zunichte machen.

```
Imports System.Threading
Imports System.Threading.Tasks
...
        Parallel.For(0, 1000, Sub(i)
                                 Dim d As Double = i / 1000.0
                                 MeineMethode(d)
                              End Sub)
```

HINWEIS: Ganz nebenbei sei auch erwähnt, dass Sie nur positive Iterationen realisieren können,
d.h., der Startindex muss kleiner als der Endindex sein.

10.4 Collections mit Parallel.ForEach verarbeiten

Neben der indexbasierten Verarbeitung mit *Parallel.For* bietet sich mit *Parallel.ForNext* der Pendant für den parallelen Zugriff auf Collections an.

SYNTAX: `Parallel.ForEach(Of TSource) (source As IEnumerable(Of TSource),`
`body As Action(Of TSource) )`

Übergabewerte sind in diesem Fall eine Collection vom Typ *IEnumerable* sowie ein Lambda-Ausdruck mit dem einzelnen Element als Parameter.

```
Imports System.Threading
Imports System.Threading.Tasks
...
    Sub Main()
        Dim Vornamen() As String = {"anton", "berta", "cäsar",
                                    "dora", "emil", "friedrich"}
```

Der Aufruf gestaltet sich einfacher als bei der *Parallel.For*-Lösung:

```
        Parallel.ForEach(Vornamen, Sub(vn) Console.WriteLine(vn.ToUpper()))
        Console.ReadKey()
    End Sub
...
```

HINWEIS: Weitere Ausführungen zu *Parallel.ForEach* sparen wir uns, da wir an dieser Stelle
auf den Abschnitt 10.3 verweisen können. Die Möglichkeiten zum Abbruch und zur
Auswertung entsprechen den dort vorgestellten Lösungen.

10.5 Die Task-Klasse

Haben Sie das vorhergehenden Kapitel eingehend studiert, dürfte Ihnen die Verwendung bzw. das Konzept der *Task*-Klasse[1] nicht unbekannt vorkommen. Diese bietet in etwa die gleichen Möglichkeiten wie die schon bekannte *Thread*-Klasse, das allerdings auf einem höheren Abstraktionsniveau und, im Gegensatz zum Thread, unter Verwendung des CLR-Threadpools. Neben dem einfacheren Handling ermöglicht diese Klasse auch eine bessere Fehlerbehandlung.

10.5.1 Einen Task erzeugen

Eine Instanz der *Task*-Klasse können Sie entweder über den gewohnten Weg mittels *New* oder über die statische *Task.Factory.StartNew*-Methode erzeugen. Während Sie bei *New* den Task explizit starten müssen/können, wird in letzterem Fall der Task bereits automatisch gestartet.

Für die Parametrierung bzw. die Zuweisung des Codes bieten sich zwei Varianten an:

- Zuweisen eines benannten Delegates,

- Verwendung eines Lambda-Ausdrucks, dieser kann wiederum benannte Methoden aufrufen.

BEISPIEL 10.11: Die drei Möglichkeiten für die Zuweisung des Task-Codes

```VB
Imports System.Threading
Imports System.Threading.Tasks
...
```

Direkter Methodenaufruf:

```VB
    Sub test()
        Console.WriteLine("Methodenaufruf !")
    End Sub
...
    Sub Main()
        Dim mytask = New Task(AddressOf test)
        mytask.Start()
...
```

Verwendung eines Lambda-Ausdrucks:

```VB
        Dim mytask1 = New Task(Sub() Console.WriteLine("Anonyme Methode !"))
        mytask1.Start()
```

Für welche der beiden Varianten Sie sich entscheiden, hängt neben den eigenen Vorlieben sicher auch vom Umfang der Aufgabe ab.

---

[1] Hier ist mit "Task" die Aufgabe und nicht der Task aus dem Task-Manager gemeint.

10.5.2 Task starten

Wie schon erwähnt, wird bei Verwendung der Methode *Task.Factory.StartNew* der Task automatisch gestartet, weitere Anweisungen sind also nicht erforderlich.

BEISPIEL 10.12: Automatischer Start mit Task.Factory.StartNew

```vb
...
Imports System.Threading
Imports System.Threading.Tasks
...
    Sub Main()
        Console.WriteLine("Start")
```

Ab hier läuft bereits der Task, den Rückgabewert der Methode *StartNew* können Sie zum Steuern und Abfragen des Task verwenden:

```vb
        Dim t = Task.Factory.StartNew(Sub()
                                Thread.Sleep(1000)
                                Console.WriteLine("Stop Task")
                          End Sub
                      )
        Console.WriteLine("Stop")
        Console.Read()
    End Sub
...
```

Das erwartete Ergebnis:

Möchten Sie beim Erzeugen die Art der Task-Verwaltung beeinflussen, können Sie zusätzliche Optionen übergeben.

BEISPIEL 10.13: Verwendung von *TaskCreationOptions.LongRunning*

```vb
        Dim mytask = Task.Factory.StartNew(AddressOf MeineMethode,
                            TaskCreationOptions.LongRunning)
```

BEISPIEL 10.14: Variante 2 explizites Starten

```vb
Imports System.Threading
Imports System.Threading.Tasks
...
```

```
Sub Main()
    Console.WriteLine("Start")
    Dim t = New Task(Sub()
                         Thread.Sleep(1000)
                         Console.WriteLine("Stop Task")
                     End Sub)
    Console.WriteLine("Start Task")
    t.Start()
    Console.WriteLine("Stop")
    Console.Read()
End Sub
...
```

Die Ausgabe:

10.5.3   Datenübergabe an den Task

Starten Sie einen extra Task ist es vielfach wünschenswert, Daten an diesen zu übergeben. Nichts leichter als dies, definieren Sie einfach einen Parameter (*Object*) für den Lambda-Ausdruck und übergeben Sie die Daten als weiteren Parameter an die *StartNew*-Methode bzw. den Task-Konstruktor.

```
Imports System.Threading
Imports System.Threading.Tasks
...
    Sub Main()
```

Instanz der Klasse definieren (Klassendefinition siehe am Ende des Listings):

```
        Dim kontakt As CKontakte = New CKontakte With {.Nachname = "Müller",
                                    .Vorname = "Heinz", .Telefon = "01901234567"}
        Console.WriteLine("Start")
```

Hier definieren wir einen Eingabeparameter für die Lambda-Funktion:

```
        Dim t = New Task(Sub(myData)
```

BEISPIEL 10.15: Übergabe eines Objekts vom Typ *CKontakte*

Wir müssen den Übergabewert typisieren:

```
Dim myLocalObject As CKontakte = CType(myData, CKontakte)
Thread.Sleep(1000)
```

Verwenden der Daten:

```
Console.WriteLine(myLocalObject.Nachname)
Console.WriteLine(myLocalObject.Vorname)
Console.WriteLine(myLocalObject.Telefon)
Console.WriteLine("Stop Task")
```

Hier findet die Übergabe der Daten an den Task statt:

```
        End Sub, kontakt)
    Console.WriteLine("Start Task")
    t.Start()
    Console.WriteLine("Stop")
    Console.Read()
End Sub
```

Die Klassendefinition:

```
Public Class CKontakte
    Public Nachname As String
    Public Vorname As String
    Public Telefon As String
End Class
```

Ergebnis

file:///C:/DynData/B...
```
Start
Start Task
Stop
Müller
Heinz
01901234567
Stop Task
```

HINWEIS: Möchten Sie Daten aus dem Task zurückgeben, sollten Sie sich noch etwas gedulden, ab Seite 536 finden Sie die Lösung.

10.5.4 Wie warte ich auf das Taskende?

Alles hat ein Ende und, wie die Wurst, kann auch der Task mit zwei "Enden" aufwarten:

- das reguläre Ende nach der kompletten Abarbeitung der Routine
- das weniger schöne Ende durch eine auftretende Exception

In diesem Abschnitt wollen wir uns mit der normalen Abarbeitung des Task beschäftigen, Gründe für das Warten bieten sich einige an, so das Synchronisieren mit anderen Tasks oder die Auswertung von Berechnungs- oder Abfrageergebnissen aus dem Task.

Die naheliegendste Lösung bietet die *Wait*-Methode, die Sie über die aktuelle *Task*-Instanz aufrufen können.

BEISPIEL 10.16: Warten auf das Task-Ende

```vb
Imports System.Threading
Imports System.Threading.Tasks
...
    Sub Main()
        Console.WriteLine("Start")
        Dim t = New Task(Sub()
                             Thread.Sleep(5000)
                             Console.WriteLine("Stop Task")
                         End Sub)
        Console.WriteLine("Start Task")
        t.Start()
```

Hier warten wir 2 Sekunden auf das Taskende (die Zeit wird nicht reichen, da wir den Task 5 Sekunden lang am Leben lassen) und werten das Ergebnis der Warterei aus:

```vb
        If t.Wait(2000) Then
            Console.WriteLine("Warten erfolgreich")
        Else
            Console.WriteLine("Warten abgebrochen")
        End If
        Console.WriteLine("Stop")
        Console.ReadKey()
    End Sub
...
```

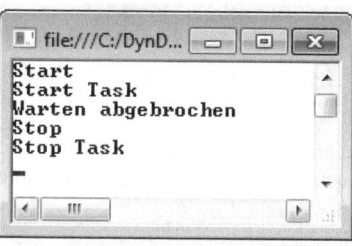

Wer das vorhergehende Kapitel aufmerksam gelesen hat, wird sich sicher an entsprechende Konstrukte bei den Threads erinnern.

HINWEIS: Werden aus einem Task heraus weitere Tasks gestartet, wartet die *Wait*-Methode auch
auf das Ende dieser Child-Tasks.

Alternativ kann es auch vorkommen, dass Sie nicht nur auf einen, sondern auf mehrere Tasks warten müssen, z.B. um diese miteinander zu synchronisieren. In diesem Fall nutzen Sie bitte die Methode *WaitAll*.

HINWEIS: Soll nur auf einen Task aus einer Liste von Tasks gewartet werden, nutzen Sie die *WaitAny*-Methode.

BEISPIEL 10.17: Verwendung von *WaitAll*

```
...
    Dim t1 = Task.Factory.StartNew(Sub() Thread.Sleep(3000))
    Dim t2 = Task.Factory.StartNew(Sub() Thread.Sleep(5000))
    Dim t3 = Task.Factory.StartNew(Sub() Thread.Sleep(2000))
    Task.WaitAll(t1, t2, t3)
...
```

10.5.5 Tasks mit Rückgabewerten

Was liegt näher, als einen Task für umfangreiche Berechnungen oder Auswertungen zu verwenden? Doch damit tritt auch die Frage in den Vordergrund, wie ich die ermittelten Werte an das aufrufende Programm zurückgeben kann. Für diese Aufgabenstellung bietet sich die *Task<>*-Klasse an. Diese bietet über die *Result*-Eigenschaft einen typisierten Zugriff auf den Rückgabewert des Tasks.

Statt vieler Worte zunächst ein einfaches Beispiel.

BEISPIEL 10.18: Rückgabe eines Integerwertes

```
Imports System.Threading
Imports System.Threading.Tasks
...
    Sub Main()
```

Datentyp für die Rückgabe definieren:

```
        Dim t As New Task(Of Integer)(Function()
                                        Thread.Sleep(5000)
```

Hier erfolgt das Zuweisen des Rückgabewertes:

```
                                        Return 27
                                      End Function)
        Console.WriteLine("Start Task")
```

Task starten:

```
        t.Start()
```

BEISPIEL 10.18: Rückgabe eines Integerwertes

Ergebnis auswerten:

```
    Console.WriteLine("Rückgabewert = " & t.Result.ToString())
End Sub
...
```

HINWEIS: Der eine oder andere wird sich jetzt vielleicht fragen, warum wir direkt nach dem Start bereits auf das Ergebnis zugreifen können. Die Antwort ist recht einfach: Jeder Zugriff auf *Result* synchronisiert die Ausführung des Task, d.h. es wird gewartet, bis der Task beendet ist.

Alternativ können Sie beispielsweise auch mit der *IsCompleted*-Eigenschaft abfragen, ob das Ergebnis schon vorliegt, und dann entsprechend auf den Ergebniswert zugreifen (quasi Polling).

HINWEIS: Wie es auch besser geht, zeigt der Abschnitt 10.6, wo Sie mit der Erweiterungs-methode *ContinueWith* auf das Ende des Tasks reagieren können.

Dass sich die Rückgabewerte nicht auf einfache Datentypen beschränken, soll das folgende Beispiel zeigen, bei dem eine Collection von *Files*-Objekten im Task abgerufen und später aufgelistet wird.

BEISPIEL 10.19: Task mit Rückgabewert (Collection)

```vb
...
Imports System.IO
Imports System.Threading
Imports System.Threading.Tasks
...
    Sub Main()
```

Hier wir der Task definiert:

```vb
    Dim t1 As New Task(Of FileInfo())(Function()
                            Dim di As New DirectoryInfo("c:\")
                            Return di.GetFiles()
                        End Function)
```

Optional könnten Sie auch rekursiv durch die Verzeichnisse iterieren, dies dauert je nach Plattenfüllstand entsprechend lange und dürfte einen Hintergrundtask in jedem Fall rechtfertigen.

```vb
    Console.WriteLine("Start Task")
```

Task starten:

```vb
    t1.Start()
```

BEISPIEL 10.19: Task mit Rückgabewert (Collection)

Rückgabewerte abrufen (hier verläuft die Verarbeitung synchron):

```
Console.WriteLine("Rückgabewerte")
For Each f As FileInfo In t1.Result
    Console.WriteLine(f.FullName)
Next f
Console.ReadKey()
```

...

Natürlich können Sie auch mit den Funktionsergebnissen aus mehreren Tasks Berechnungen realisieren, in diesen Fällen wird so lange gewartet, bis alle erforderlichen Funktionsergebnisse vorliegen.

BEISPIEL 10.20: Wer es etwas einfacher mag, kann auch die folgende Lösung mit der *Task.Factory.StartNew*-Methode wählen.

VB ...

```
Dim t1 = Task.Factory.StartNew(Function()
                                   Dim di As New DirectoryInfo("c:\")
                                   Return di.GetFiles()
                               End Function)
Console.WriteLine("Rückgabewerte")
For Each f As FileInfo In t1.Result
    Console.WriteLine(f.FullName)
Next f
```

...

HINWEIS: In diesem Fall kann die Typangabe weggelassen werden.

Doch was ist, wenn Sie mehr als einen Rückgabewert haben? Auch hier hilft Ihnen die obige Lösung weiter, erzeugen Sie einfach ein neues Objekt mit den Rückgabewerten als Eigenschaften.

BEISPIEL 10.21: Mehrere (drei) Rückgabewerte definieren

VB Indem Sie neue Objekte erzeugen, ist es problemlos möglich, jede Art von Informationen aus den Tasks zurückzugeben:

```
Dim t2 = Task.Factory.StartNew(Function() New With {.Zeit = Date.Now,
                                                    .Wert = 4711,
                                                    .Zeichenkette = "abcdefg"})
```

Sie sollten sich auch die Zeit nehmen, Bezeichner für die einzelnen Eigenschaften zu vergeben, die spätere Lesbarkeit beim Zugriff auf die Rückgabewerte entschädigt Sie für den Mehraufwand.

```
Console.WriteLine("Rückgabewerte")
```

BEISPIEL 10.21: Mehrere (drei) Rückgabewerte definieren

Rückgabewerte anzeigen:

```
Console.WriteLine(t2.Result.Wert)
Console.WriteLine(t2.Result.Zeichenkette)
Console.WriteLine(t2.Result.Zeit)
Console.ReadKey()
```

Wer jetzt glaubt, auf Intellisense und Typprüfung beim späteren Zugriff auf die Ergebnisse verzichten zu müssen, wird schnell eines besseren belehrt:

```
t2.Result.
```

Damit dürfte auch die Rückgabe umfangreicher (Datenbank-)Informationen kein Problem darstellen. Womit wir bereits bei zwei recht diffizilen Themen angekommen sind: Dem Abbrechen der Taskverarbeitung und einer entsprechenden Fehlerbehandlung.

10.5.6   Die Verarbeitung abbrechen

Auch wenn es sich nicht um den Regelfall handelt, zählt doch der Abbruch eines Task zu den gelegentlich anfallenden Aufgaben des Programmierers. Grundsätzlich bestehen die folgenden Möglichkeiten zum Task-Abbruch:

- Sie beenden den Task, indem Sie aus der Task-Logik heraus die *Return*-Anweisung aufrufen.

- Sie verwenden einen von der *CancellationTokenSource*-Klasse bereitgestellten *CancellationToken*, um eine Exception auszulösen, die Sie natürlich im weiteren Verlauf abfangen müssen[1].

HINWEIS: Die zweite Variante ist auch für den Abbruch von *Parallel.For* bzw. *Parallel.ForEach*-Statements anwendbar.

Abbruch per Return

Diese Variante dürfte Sie nicht vor große Herausforderungen stellen, es genügt, wenn Sie innerhalb der Task-Logik die *Return*-Anweisung aufrufen. Beachten Sie allerdings, dass der Rückgabestatus des Tasks (*IsCompleted*-Eigenschaft) in diesem Fall ein reguläres *True* liefert.

---

[1] Das Auslösen einer Exception soll bereits andeuten, dass es sich eben nicht um den regulären Abbruch des Tasks handelt.

BEISPIEL 10.22: Reguläres Abbrechen eines Tasks (nach 10 Schleifendurchläufen)

```vb
Imports System.Threading
Imports System.Threading.Tasks

Public Class Form1

    Private Sub Button1_Click(sender As Object, e As EventArgs) Handles Button1.Click
        ListBox1.Items.Insert(0, "Task starten ...")
```

Task definieren und starten:

```vb
        Dim myTask = Task.Factory.StartNew(Function()
                                    Dim i As Integer = 0
                                    Do
```

Hier steigen wir später aus:

```vb
                                        If i = 10 Then Return 0
```

Ein paar Lebenszeichen an das Consolenfenster senden:

```vb
                                        Debug.WriteLine("Wert von i = " &
                                                        i.ToString())
                                        Thread.Sleep(500)
                                        i += 1
                                    Loop
                                End Function)
```

Hier warten wir auf den Task[2], um später den Status auszulesen:

```vb
        myTask.Wait()
        ListBox1.Items.Add("Status: " & myTask.Status.ToString())
        ListBox1.Items.Add("IsCanceled: " & myTask.IsCanceled)
        ListBox1.Items.Add("IsCompleted: " & myTask.IsCompleted)
    End Sub
```

```
Task starten ...
Status: RanToCompletion
IsCanceled: False
IsCompleted: True
```

Wie zu erwarten, lässt sich über den Task-Status nicht der Grund für die Beendigung in Erfahrung bringen. Eventuell könnten Sie eine eigene Statusvariable für diesen Fall über *Return* zurückgeben.

Abbruch per CancellationToken

Damit sind wir auch schon bei der neuen Standard-Lösung für das Abbrechen von Tasks (und parallelen Threads) angelangt. Wie das folgende Beispiel zeigt, handelt es sich nicht um eine

---

[2] Eigentlich recht sinnlos, da dadurch die Oberfläche blockiert wird.

Lösung, die Sie mit zwei Codezeilen realisieren können, dafür bietet diese Variante jedoch auch Ihre Vorteile.

Das Grundprinzip basiert auf der Verwendung eines *CancellationTokenSource*-Objekts. Dieses stellt einen *CancellationToken* bereit, den Sie in einem oder auch in mehreren Tasks verwenden können. Der Token selbst bietet zum einen die Eigenschaft *IsCancellationRequested*, die Auskunft darüber gibt, ob das besitzende *CancellationTokenSource*-Objekt einen Abbruch per *Cancel*-Methode eingeleitet hat. "Eingeleitet" bedeutet nichts mehr und nichts weniger als die Aufforderung zum Abbruch, ob Sie diesen im Task wirklich einleiten ist Ihre Entscheidung.

Ist die Eigenschaft *IsCancellationRequested* auf *True* gesetzt, können Sie noch Code zum "Aufräumen" realisieren, bevor Sie final einen Exception auslösen, indem Sie die Token-Methode *ThrowIfCancellationRequested* aufrufen.

Nachfolgend sind Sie dafür verantwortlich, diesen Fehler abzufangen. Dies kann zum einen im Rahmen eines *Wait*-Statements oder bei der Auswertung eines Task-Rückgabewertes erfolgen (siehe folgendes Beispiel).

BEISPIEL 10.23: Task per Exception abbrechen

```
Imports System.Threading
Imports System.Threading.Tasks
Public Class Form1
```

Zunächst brauchen wir eine zentrale *CancellationTokenSource* und einen *CancellationToken*:

```
    Private cts As CancellationTokenSource
    Private token As CancellationToken
    Private myTask As Task

    Private Sub Form1_Load(sender As Object, e As EventArgs) Handles MyBase.Load
```

CancellationTokenSource und *CancellationToken* initialisieren:

```
        cts = New CancellationTokenSource()
        token = cts.Token
    End Sub
```

Hier kommen wir zum Starten des eigentlichen Tasks:

```
    Private Sub Button1_Click(sender As Object, e As EventArgs) Handles Button1.Click
        ListBox1.Items.Insert(0, "Task starten ...")
        myTask = Task.Factory.StartNew(Sub()
                                           Dim i As Integer = 0
                                           Do
```

Etwas Aktivität im Ausgabefenster realisieren:

```
                                               Debug.WriteLine("Wert von i = " &
                                                               i.ToString())
```

BEISPIEL 10.23: Task per Exception abbrechen

Hier reagieren wir auf eine Abbruchanforderung:

```
If token.IsCancellationRequested Then
' Hier noch sinnvolles Beenden möglich
```

Hier wir eine Exception ausgelöst, der Task endet damit:

```
token.ThrowIfCancellationRequested()
End If
Thread.Sleep(500)
i += 1
Loop
```

Wichtig: Der Token muss an den Task beim Erstellen übergeben werden:

```
End Sub, token)
End Sub
```

Die Routine zum Abbruch des Task:

```
Private Sub Button2_Click(sender As Object, e As EventArgs) Handles Button2.Click
ListBox1.Items.Insert(0, "Abbruch anfordern ...")
```

Hier wird die Aufforderung ausgelöst:

```
cts.Cancel()
```

Im Rahmen eines *Wait*-Statements fangen wir den Fehler auf und zeigen den Fehler an:

```
Try
    myTask.Wait()
Catch ex As AggregateException
    For Each v In ex.InnerExceptions
        ListBox1.Items.Insert(0, "Meldung: " & v.Message)
    Next v
End Try
ListBox1.Items.Add("Status: " & myTask.Status.ToString())
ListBox1.Items.Add("IsCanceled: " & myTask.IsCanceled)
ListBox1.Items.Add("IsCompleted: " & myTask.IsCompleted)
End Sub
```

Das Ergebnis in der Anzeige:

```
Meldung: Eine Aufgabe wurde abgebrochen.
Abbruch anfordern ...
Task starten ...
Status: Canceled
IsCanceled: True
IsCompleted: True
```

Wie Sie sehen, meldet zwar *IsCompleted* einen erfolgreichen Abschluss des Tasks, aber sowohl *Status* als auch *IsCanceled* zeigen den Abbruch des Tasks an.

10.5.7   Fehlerbehandlung

Wie Sie nach Lektüre des vorhergehenden Abschnitts vielleicht schon erkannt haben, wurde in diesem Zusammenhang auch gleich en passant die Fehlerbehandlung bei Task-Exceptions aufgezeigt.

Da Tasks auch verschachtelt realisiert werden können[1], werden ausgelöste Exceptions in einem *AggregateException* "verpackt". Die Ausführung wird an den aufrufenden Thread zurückgegeben und dieser hat die Aufgabe, den Fehler entsprechend zu behandeln. Allerdings stellt sich hier die Frage, zu welchem Zeitpunkt dies geschehen soll, läuft doch der Task in der Regel asynchron, sodass Sie kein *Try-Catch*-Statement sinnvoll aufbauen können.

Der Grundansatz ist deshalb die Fragestellung, zu welchem Zeitpunkt eine Fehlerbehandlung überhaupt einen Sinn macht. Allgemein wird dies immer dann der Fall sein, wenn auf den Task bzw. dessen Ergebnisse gewartet wird. Hier sollten Sie sich die Methoden *Wait*, *WaitAll* und *WaitAny* sowie die Abfrage der *Result*-Eigenschaft vormerken. Diese Anweisungen kapseln Sie in einen *Try-Catch*-Block und lesen mit einer *For Each*-Schleife die *InnerExceptions* aus.

> **BEISPIEL 10.24: (Auszug aus dem vorhergehenden Beispiel)**
>
> ```vb
> Try
>     myTask.Wait()
> Catch ex As AggregateException
>     For Each v In ex.InnerExceptions
>         ListBox1.Items.Insert(0, "Meldung: " & v.Message)
>     Next v
> End Try
> ```

HINWEIS: Beachten Sie, dass Sie die Fehlermeldungen in der Visual Studio-IDE in diesem Fall ausschalten müssen, andernfalls unterbricht der Debugger bereits in der Task-Routine und zeigt die auftretende Exception an.

10.5.8   Weitere Eigenschaften

Bevor wir zu weiteren wichtigen Themen übergehen, wollen wir noch einen Blick auf einige weitere Eigenschaften und Optionen von Tasks werfen.

Task-Id

Da findet sich zum einen die *Id*, die eine eindeutige Identifikation jedes Tasks (zum Beispiel im Debugger) ermöglicht.

HINWEIS: Die Zuweisung des Wertes erfolgt bei der ersten Verwendung der Eigenschaft, spätere Programmaufrufe können also andere Werte zurückgeben.

---

[1] Ein Umstand, der sicher viele gute, aber leider auch unlesbare Programme hervorbringen wird ...

Mehr zu diese Thematik finden Sie im Abschnitt 11.2, wo wir uns speziell dem Debugging widmen wollen.

Status

Diese Eigenschaft bietet detaillierte Informationen über den aktuellen Status des Tasks:

Wert	Beschreibung
Created *WaitingForActivation* *WaitingToRun*	Task wurde erzeugt, wird jedoch noch nicht ausgeführt (verschiedene Zwischenzustände werden unterschieden).
Running	Der Task läuft gerade.
WaitingForChildrenToComplete	Der Task selbst ist mit der Verarbeitung fertig, es wird noch auf Child-Tasks gewartet.
RanToCompletion	Der Task wurde regulär beendet.
Canceled	Der Task wurde per Token abgebrochen.
Faulted	Im Task ist eine Exception aufgetreten, die Verarbeitung wurde abgebrochen.

IsCanceled, IsCompleted, IsFaulted

Über diese Eigenschaften können Sie sich ebenfalls ein Bild vom aktuellen Status des Task machen. Wie schon erwähnt, ist *IsCompleted* auch dann *True*, wenn der Task abgebrochen wurde. *IsCanceled* wird auf *True* gesetzt wenn der Task per Token abgebrochen wird, *IsFaulted* ist bei jedem anderen auftretendem Fehler *True*.

TaskCreationOptions

Mit den *TaskCreationOptions* können Sie beim Erstellen des Tasks dessen Verhalten bzw. die Steuerung durch den Task-Scheduler beeinflussen.

Wert	Beschreibung
None	Keine weitere Spezifikation.
PreferFairness	Beeinflusst den Scheduler: Eher erstellte Aufgaben werden auch eher verarbeitet, gleiches gilt im Umkehrschluss für später erstellte Aufgaben.
LongRunning	Spezifiziert einen Task als lang laufende Aufgabe.
AttachedToParent	Der spezifizierte Task wird als Child dem aktuellen Task zugeordnet.

10.6   Zugriff auf das Userinterface

Auch bei Verwendung der TPL stehen Sie vor dem Problem, dass ein direkter Zugriff aus dem jeweiligen Thread/Task auf Elemente der Programmoberfläche (Controls) ausgeschlossen ist.

Zunächst können wir Sie guten Gewissens auf den Abschnitt 9.4 verweisen, wo sowohl auf die Problematik selbst als auch auf die Lösung mittels *Invoke/BeginInvoke* eingegangen wird. Die dort vorgestellte Lösung sollten Sie immer dann verwenden, wenn es sich um Aktualisierungen der Oberfläche während der Laufzeit des Threads bzw. Tasks handelt.

Im Folgenden stellen wir Ihnen ergänzend zwei Lösungen vor, mit denen Sie

1. auf das Ende des Tasks reagieren können,

2. aus dem Task heraus auf die Oberfläche zugreifen können.

10.6.1   Task-Ende und Zugriff auf die Oberfläche

Eine wohl häufig auftretende Aufgabe ist die Reaktion auf das Task-Ende. Meist geht es darum, Ergebnisse auf den Bildschirm zu bringen oder die Ergebnisse des Tasks anderweitig zu verarbeiten.

In diesem Fall bietet sich für den Task die Erweiterungsmethode *ContinueWith* an, der Sie neben einem Delegate/Lambda-Ausdruck auch ein *TaskScheduler*-Objekt übergeben können. Der Clou daran: Sie können das *TaskScheduler*-Objekt des aktuellen UI-Threads über die Methode *From-CurrentSynchronizationContext* abrufen und verwenden. Damit finden alle Ausgaben aus *ContinueWith* heraus im Context des Userinterface statt, umständliche *Invoke*-Aufrufe entfallen gänzlich.

BEISPIEL 10.25: Warten auf Task-Ende

Abrufen aller Dateien aus dem Verzeichnis[1] "C:\Windows\System32" in einem Hintergrund-Task und Anzeige in einer *ListBox*, wenn alle Dateien abgerufen wurden.

```
...
Imports System.IO
Imports System.Threading
Imports System.Threading.Tasks
...
    Private Sub Button1_Click(sender As Object, e As EventArgs) Handles Button1.Click
```

Wir ermitteln den Task-Scheduler des UI-Threads:

```
    Dim uiSched = TaskScheduler.FromCurrentSynchronizationContext()
```

Neuen Task definieren und starten:

```
    Task.Factory.StartNew(Function()
                        Dim di As New DirectoryInfo("c:\windows\system32")
                        Thread.Sleep(3000)
```

---

[1] Eventuell anpassen ...

BEISPIEL 10.25: Warten auf Task-Ende

Rückgabewert ist die Liste der Dateinamen:

```
Return di.GetFiles()
```

Die folgende Aktion wird ausgeführt, wenn der Task beendet ist (der Parameter entspricht dem Rückgabewert des Tasks):

```
End Function).ContinueWith(Sub(t)
    ListBox1.Items.Clear()
```

Task-Rückgabewert auswerten:

```
For Each f As FileInfo In t.Result
    ListBox1.Items.Add(f.FullName)
Next f
```

Achtung: Wir müssen noch den passenden Task-Scheduler angeben:

```
        End Sub, uiSched)
    End Sub
End Class
```

HINWEIS: Die Programmausführung wird zunächst unabhängig vom Task-Ende weitergeführt, die Aktion in *ContinueWith* wird später asynchron aufgerufen.

Wer diese Version mit den *Invoke*-Orgien bei den Threads vergleicht, dürfte sich schnell mit dieser Lösung anfreunden können. Doch ein Wunsch bleibt vermutlich immer noch offen: Zugriff auf das Userinterface aus dem Task heraus.

10.6.2 Zugriff auf das UI aus dem Task heraus

Neben der oben genannten Lösung können Sie auch einen neuen Task erstellen, der im Context eines anderen Threads (und hier denken wir natürlich gleich an die Oberfläche) läuft. Genau diese Möglichkeit bietet sich auch für das Aktualisieren der Oberfläche aus dem Task heraus an.

BEISPIEL 10.26: Aktualisieren einer *ListBox* aus einem laufenden Task heraus.

```
Imports System.Threading
Imports System.Threading.Tasks
...
    Private Sub Button1_Click(sender As Object, e As EventArgs) Handles Button1.Click
```

Zunächst ermitteln wir wieder das *TaskScheduler*-Objekt für die Oberfläche:

```
Dim uiSched = TaskScheduler.FromCurrentSynchronizationContext()
```

Ganz nebenbei benötigen wir noch einen *CancellationToken* (eigentlich benötigen wir diesen nicht, die Parameterliste für das Erzeugen eines Task mit vorgegebenem TaskScheduler erfordert jedoch diese Angabe):

BEISPIEL 10.26: Aktualisieren einer *ListBox* aus einem laufenden Task heraus.

```
Dim token = Task.Factory.CancellationToken
```

Hier starten wir unseren Arbeits-Task:

```
Task.Factory.StartNew(Sub()
                For i As Integer = 0 To 9
```

Wir wollen die Oberfläche bei jedem Schleifendurchlauf aktualisieren und erzeugen dazu einen neuen Anzeige-Task, der im Context der Oberfläche läuft:

```
Task.Factory.StartNew(Sub() ListBox1.Items.Insert(0,
    "Wert von i = " & i.ToString()), token,
TaskCreationOptions.None, uiSched)
```

Hier legen wir eine Verschnaufpause im Arbeits-Task ein:

```
Thread.Sleep(1000)
Next i
```

Ist der Arbeits-Task beendet, zeigen wir noch eine Abschlussmeldung an:

```
End Sub).ContinueWith(Sub(t) _
    ListBox1.Items.Insert(0, "Fertig"), uiSched)
End Sub
End Class
```

Ein Start des Programms wird Ihnen zyklisch die Zwischenergebnisse in der *ListBox* anzeigen, die Oberfläche ist in dieser Zeit nicht blockiert:

```
Fertig
Wert von i = 9
Wert von i = 8
Wert von i = 7
Wert von i = 6
Wert von i = 5
Wert von i = 4
Wert von i = 3
Wert von i = 2
Wert von i = 1
Wert von i = 0
```

Verschieben Sie ruhig einmal die *Thread.Sleep*-Anweisung vor das Erzeugen des Anzeige-Task. Sie dürften wahrscheinlich ebenfalls ein ähnliches Ergebnis in der *ListBox* erhalten:

```
Fertig
Wert von i = 10
Wert von i = 9
Wert von i = 8
Wert von i = 7
Wert von i = 6
Wert von i = 5
Wert von i = 4
Wert von i = 3
Wert von i = 2
Wert von i = 0
```

Nanu, da stimmt doch etwas nicht! Die Lösung für dieses "Durcheinander": Da der Anzeige-Task nicht synchron mit dem Arbeits-Task läuft, ist auch der Zugriff auf die Schleifen-

> **BEISPIEL 10.26: Aktualisieren einer *ListBox* aus einem laufenden Task heraus.**
>
> variable i nicht "threadsicher", die Anzeige erfolgt mal mit dem alten und mal mit dem neuen
> Schleifenwert, je nach Laufzeitdauer des Anzeige-Threads. Beachten Sie dieses bei Verwen-
> dung der o.g. Lösung in Ihren Programmen. Eventuell müssen Sie sogar ihren Anzeige-Task
> mit *Wait* entsprechend synchronisieren:
>
> ```
> Task.Factory.StartNew(Sub()
>                 For i As Integer = 0 To 9
>                     Thread.Sleep(1000)
>                     Dim t = Task.Factory.StartNew(Sub() _
>                             ListBox1.Items.Insert(0, "Wert von i = " &
>                             i.ToString()), token,
>                             TaskCreationOptions.None, uiSched)
>                     t.Wait()
> ```
>
> Jetzt wartet der Arbeits-Thread auf den Anzeige-Thread!
>
> ```
>                 Next i
>             End Sub).ContinueWith(Sub(t) _
>                             ListBox1.Items.Insert(0,
>                             "Fertig"), uiSched)
> ```
> ...

Mit den Lösungen aus den beiden vorhergehenden Abschnitten dürften zwei Herzenswünsche des
Task-Programmierers in Erfüllung gehen, vermutlich werden diese Lösungen aber auch dazu bei-
tragen, dass einige Entwickler wieder etwas entnervt auf den Bildschirm starren und Ihre eigenen
Programme nicht mehr verstehen.

10.7 Weitere Datenstrukturen im Überblick

Nachdem wir uns durch den Hauptteil der neuen TPL gewühlt haben, wollen wir abschließend
noch einen kurzen Blick auf die neuen Datenstrukturen werfen, die entweder die Arbeit des Pro-
grammieres erleichtern sollen oder einfach nur Nachfolger für bereits bekannte Strukturen aus der
Thread-Programmierung sind.

HINWEIS: Leider ist es uns aus Umfangsgründen nicht möglich, dieses Thema in aller Ausführ-
lichkeit zu behandeln, wir verweisen Sie stattdessen auf die entsprechende Online-
Hilfe.

10.7.1 Threadsichere Collections

Sicher ist Ihnen nach Lektüre der letzten beiden Kapitel der teilweise recht hohe Aufwand beim
threadübergreifenden Zugriff auf Variablen und Collections aufgefallen. Ist ein Schreibzugriff nötig,
müssen die entsprechenden Anweisungen akribisch gesichert und damit threadsicher gemacht werden (z.B. mit *Synclock*). Um dem Programmierer dieses Arbeit abzunehmen und gleichzeitig ein

zeitoptimales Ergebnis zu erzielen, bietet die TPL einige threadsichere Collections für Standardaufgaben an (Namespace *System.Collections.Concurrent*):

- *BlockingCollection*

- *ConcurrentBag*

- *ConcurrentDictionary*

- *ConcurrentQueue*

- *ConcurrentStack*

Die Verwendung dürfte sich weitgehend aus den Bezeichnern ergeben, weitere Informationen finden Sie im Kapitel 6.

10.7.2 Primitive für die Threadsynchronisation

Wie schon im Abschnitt 9.3 ab Seite 455 beschrieben, werden für die Steuerung von Threads/Tasks diverse Möglichkeiten bereitgehalten, um zum Beispiel Threads miteinander zu synchronisieren oder Ressourcen gemeinsam zu nutzen. Auch hier bietet die TPL einige Neuerungen, die wir lediglich aufzählen wollen:

- *Barrier,*

- *CountdownEvent,*

- *ManualResetEventSlim,*

- *SemaphoreSlim,*

- *SpinLock* und *SpinWait.*

10.8 Parallel LINQ (PLINQ)

Nachdem Sie mittlerweile vermutlich alles parallelisiert haben, was sich nur ansatzweise dafür anbietet, fällt Ihr Blick sicher früher oder später auch auf Collections und damit auf die sich in diesem Zusammenhang anbietenden LINQ-Anweisungen. Bevor Sie jetzt anfangen, hier mühsam etwas zu parallelisieren, sollten Sie sich mit dem bereist verfügbaren Werkzeugen besser vertraut machen und einen Blick auf PLINQ bzw. Parallel-LINQ werfen.

HINWEIS: Bevor wir uns an dieser Stelle wiederholen, möchten wir Sie zurück ins Kapitel 6 Abschnitt 6.3.9 schicken, wo wir uns der Thematik "PLINQ" bereits angenommen haben.

10.9 Die Parallel Diagnostic Tools

Sicher ist Ihnen bei einigen Beispielen der letzten beiden Kapitel schon der Gedanke gekommen, dass Ihre Programme im Chaos versinken und Sie den Überblick restlos verlieren könnten. Doch keine Angst, nicht nur die Sprachen bzw. das Framework haben sich weiterentwickelt, sondern auch die Visual Studio IDE und dort speziell die Tools zu Überwachung paralleler Abläufe.

Zwei gänzlich neue Fenster finden sich unter dem Menüpunkt *Debugger|Fenster*:

- Parallele Aufgaben

- Parallele Stapel

Beide sollen Sie bei der Analyse von Tasks unterstützen. Ein weiteres, bei der Analyse von asynchronen Programmen recht interessantes Feature ist die IntelliTrace-Funktion, die es Ihnen ermöglicht, Informationen über zurückliegende Ereignisse/Ausnahmen etc. zu sammeln und zu einem späteren Zeitpunkt auszuwerten.

10.9.1 Fenster für parallele Aufgaben

Wie bereits erwähnt, erreichen Sie dieses Fenster über den Menüpunkt *Debugger|Fenster*. Haben Sie die Programmausführung über einen Breakpoint oder zum Beispiel durch eine auftretende Exception unterbrochen, können Sie sich in diesem Fenster über die aktuell laufenden (oder auch pausierenden) Tasks informieren:

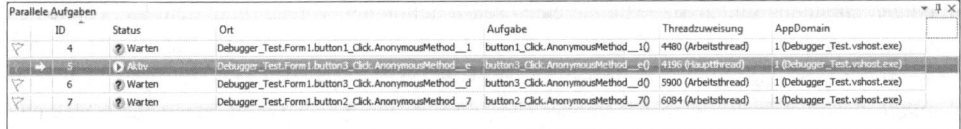

Angezeigt werden neben der Task-Id der aktuelle Status, der Ort sowie die ausgeführte Aufgabe (Lambda-Ausdrücke werden zu anonymen Methoden). Für die bessere Analyse bietet dieses Fenster die Möglichkeit, den aktuellen Task oder alle weiteren angezeigten Task "einzufrieren".

Interessant sind die Statusinformationen, bei denen folgende Zustände unterschieden werden:

- **Scheduled**   Der Task wurde lediglich erstellt aber noch nicht ausgeführt. Er verfügt über keinen Call Stack, zugeordnete Threads oder sonstige Informationen.

- **Running**   Dieser Task wurde vor der Unterbrechung durch den Debugger ausgeführt.

- **Waiting**   Der betreffende Task ist blockiert, da er auf einen anderen Task, das Aufheben einer Sperre oder auf ein Signal wartet.

- **Deadlocked**   Der Thread dieses Tasks befindet sich in einem Deadlock mit einem anderen Thread.

Bei den beiden letzten Zuständen werden Zusatzinformationen angezeigt, wenn Sie die Maus in die Statuszelle bewegen.

HINWEIS: Sie können zusätzlich auch die Spalte *Parent* einblenden, hier können Sie Informationen über die Hierarchie voneinander abhängiger Tasks erhalten.

10.9.2   Fenster für parallele Stacks

Das Fenster für parallele Stacks zeigt Ihnen Call Stack-Informationen für alle Threads der aktuellen Anwendung, dazu gehören auch die standardmäßig für die Anwendung laufenden Threads, die unabhängig von den User-Threads erzeugt werden:

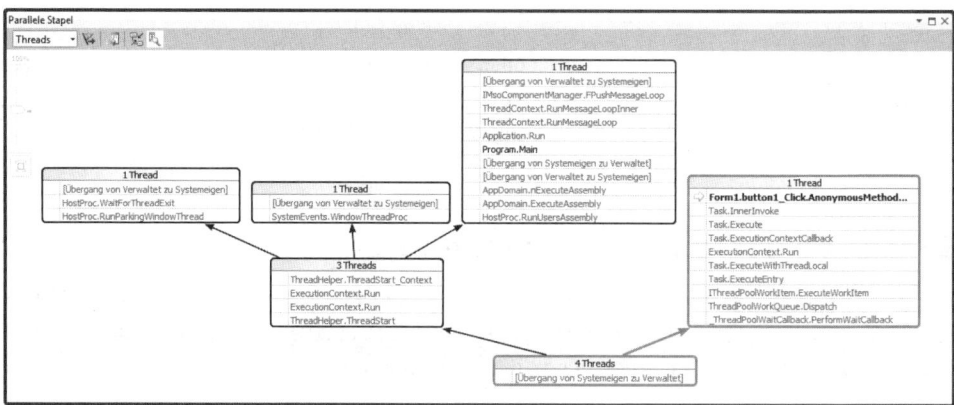

In obiger Abbildung finden Sie lediglich einen selbst definierten Thread (in diesem Fall handelt es sich um einen Task basierend auf einem Lambda-Ausdruck) auf der rechten Seite. Aus den fetten (blauen) Linien können Sie den Aufruf-Pfad des aktuellen Threads erkennen. Der gelbe Pfeil zeigt den gerade aktive Stack Frame, Sie können diesen wechseln, indem Sie auf eine andere Methode klicken. Dabei ist es egal, ob es sich um den aktuellen oder um einen anderen Thread handelt.

Alternativ können Sie über die ComboBox am linken oberen Rand auch in die Task-Ansicht wechseln, hier finden sich dann lediglich die von Ihnen definierten und gestarteten Tasks mit den jeweiligen Statusinformationen wieder.

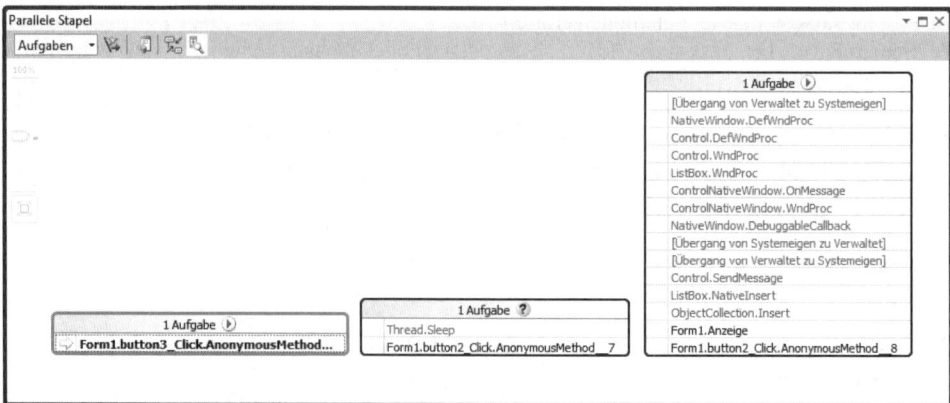

10.9.3 IntelliTrace

Eine erst mit Visual Studio 2010 eingeführte Funktion ist das sogenannte IntelliTrace, eine Möglichkeit, nach der Ausführung des Programms Ausnahmen und deren Kontext näher zu untersuchen (siehe folgende Abbildung).

Klicken Sie auf einen der angezeigten Einträge, wird Ihnen die entsprechende Codezeile Ihrer Anwendung angezeigt.

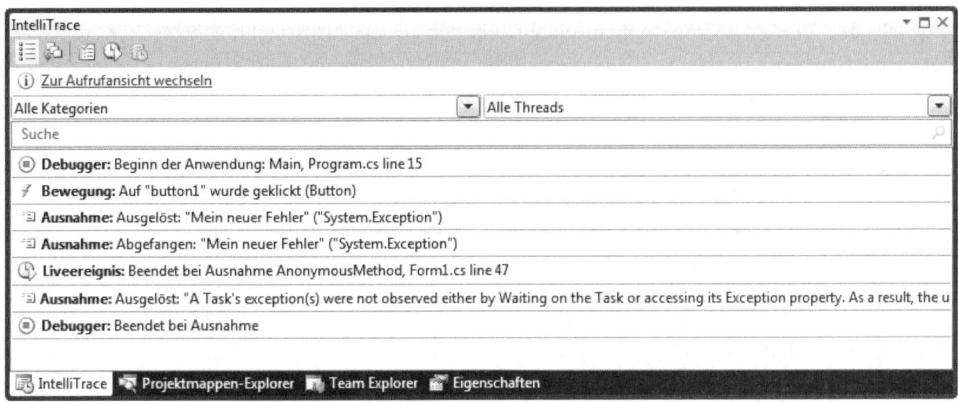

HINWEIS: Alternativ können Sie über *Extras|Optionen|IntelliTrace* (Rubrik "Ereignisse und Aufrufinformationen") weitere Informationen aufzeichnen lassen. Dies kann allerdings die Performance Ihrer Anwendung negativ beeinflussen.

10.10 Praxisbeispiel: Spieltrieb – Version 2

Auch am Ende dieses Kapitels wollen wir es nicht versäumen, die besprochenen Sprachkonstrukte mehr oder weniger vollständig an einem etwas komplexeren Beispiel vorzuführen. Wer bereits das vorherige Kapitel 9 durchgearbeitet hat, wird sicher auch auf das Multi-Threading-Beispiel am Schluss des Kapitels gestoßen sein. Anhand einer einfachen Verkehrs-Simulation wurden dort diverse thread-spezifische Funktionen erörtert.

An dieser Stelle wollen wir uns dieses Beispiel noch einmal vorknöpfen und mit Hilfe der neuen Task-spezifischen Sprachelemente neu programmieren. Auf entsprechende Abbildungen und Erklärungen zur Oberfläche wollen wir an dieser Stelle verzichten, dies wurde alles beibehalten, lediglich die Logik hinter den Kulissen musste teilweise komplett umgebaut werden.

10.10.1 Aufgabenstellung

Zur Erinnerung noch einmal die Kurzbeschreibung: Ausgehend von der Benutzereingabe sollen in einem Lager Kisten hinzugefügt werden. Diese werden von drei LKWs zu einem Schiff transportiert. Ist das Schiff mit fünf Kisten beladen, transportiert es diese weiter, löscht die Ladung und kehrt zurück, um erneut Kisten zu laden usw. Einzige Ausnahme: Ist mindestens eine Kiste an Bord und nach 15 Sekunden keine neue Ladung zu erwarten, legt das Schiff trotzdem ab. Ist das Schiff nicht da, müssen die LKWs natürlich am Hafen warten.

Auch diesmal werden wir das "Problem" auf drei Klassen aufteilen:

- *LKW*

- *Schiff*

- *Controller* (Lager-Controller)

Innerhalb der Klassen werden wir ausgiebig von den neuen Tasks Gebrauch machen, doch im Unterschied zur vorhergehenden Version sind diese Tasks komplett innerhalb der Klassen gekapselt, ein Zugriff von außen ist weder möglich noch nötig.

10.10.2 Global-Klasse

Auch in diesem Fall können/wollen wir nicht auf eine globale statische Klasse verzichten, die uns eine übergreifende Kommunikation zwischen den einzelnen o.g. Klassen ermöglicht.

```
Imports System.Threading
Imports System.Threading.Tasks

Friend NotInheritable Class myGlobal
```

Die Instanzen unserer obigen Klassen:

```
    Public Shared Controller As cController
    Public Shared Schiff As Schiff
    Public Shared LKWs(2) As cLKW
```

Den Zugriff auf die Oberfläche ermöglicht uns die folgende Variable, in der wir die Instanz von *Form1* speichern werden:

```
    Public Shared myForm As Form1
```

Den *TaskScheduler* des UI speichern wir ebenfalls, so können wir aus den Tasks heraus auf die Oberfläche zugreifen, ohne explizit *Invoke* zu verwenden:

```
    Public Shared uiSched As TaskScheduler
```

Für die Vollständigkeit aller Parameter beim Erstellen einiger Tasks benötigen wir noch einen *CancellationToken*:

```
    Private Shared token As CancellationToken = Task.Factory.CancellationToken
```

Für die threadsichere Anzeige der Statusmeldungen bzw. zum Aktualisieren der Oberfläche nutzen wir einen extra Task, der mit dem *TaskScheduler* des UI gestartet wird:

```
    Public Shared Sub Anzeige(msg As String)
```

Task erzeugen und starten:

```
        Task.Factory.StartNew(Sub()
                            If msg <> "" Then
```

```
                        myForm.ListBox1.Items.Insert(0, Date.Now & " : " & msg)
                    Else
                        myForm.Label3.Text = myGlobal.Schiff.Ladung.ToString()
                        myForm.Label4.Text =
                            myGlobal.Schiff.Transportiert.ToString()
                        myForm.Label6.Text =
                            myGlobal.Controller.Lagerbestand.ToString()
                        myForm.Label10.Text = myGlobal.LKWs(0).kmStand.ToString()
                        myForm.Label11.Text = myGlobal.LKWs(1).kmStand.ToString()
                        myForm.Label12.Text = myGlobal.LKWs(2).kmStand.ToString()
                        myForm.PictureBox2.Image = myGlobal.LKWs(0).Image
                        myForm.PictureBox3.Image = myGlobal.LKWs(1).Image
                        myForm.PictureBox4.Image = myGlobal.LKWs(2).Image
                        myForm.PictureBox1.Left = myGlobal.Schiff.pos
                        myForm.PictureBox2.Left = myGlobal.LKWs(0).Pos
                        myForm.PictureBox3.Left = myGlobal.LKWs(1).Pos
                        myForm.PictureBox4.Left = myGlobal.LKWs(2).Pos
                    End If
                End Sub, token, TaskCreationOptions.None, uiSched)
    End Sub
End Class
```

10.10.3 Controller

Für die übergreifende Steuerung sorgt unser Controller, den wir ebenfalls "runderneuert" haben:

```
Imports System.Threading
Imports System.Threading.Tasks

Class cController
```

Der interne Lagerbestand, bevor die Ware von den LKWs abgeholt wird:

```
    Public Lagerbestand As Integer
```

Um keine CPU-Zeit zu verschwenden, warten wir mit einem *AutoResetEvent* bis neue Ware ins Lager gestellt wird:

```
    Private NeueWareDa As New AutoResetEvent(False)
```

Im Grunde handelt es sich um so etwas wie ein Flag, auf das mit *Wait* gewartet werden kann. Jeder Aufruf von *Set* setzt das Flag erneut, nach einem *Wait*-Duchlauf wird das Flag automatisch zurückgesetzt.

Die vom UI aufzurufenden Methode, wenn neue Ware ins Lager gestellt wird:

```
    Public Sub NeueWare()
        Lagerbestand += 1
```

Hier geben wir die Sperre frei, der Controller kann wieder arbeiten:

```
        NeueWareDa.Set()
    End Sub
```

Unser "Hauptprogramm":

```
Public Sub New()
```

Task mit Endlosschleife erzeugen:

```
Task.Factory.StartNew(Sub()
                        myGlobal.Anzeige("")
                        myGlobal.Anzeige("Controller: Gestartet")
                        Dim i As Integer = 0
                        Do
```

Ist der Lagerbestand größer null, wird versucht, die LKWs zu beladen:

```
Do While Lagerbestand > 0
    If myGlobal.LKWs(i).ImLager Then
        myGlobal.Anzeige("Controller: Lkw beladen")
        myGlobal.LKWs(i).Abtransport()
    End If
```

Falls der gewünschte LKW nicht vorhanden ist, versuchen wir es mit dem nächsten, etwas Pause zwischendurch verhindert unsinnige CPU-Belastung[1]:

```
    i += 1
    If i > 2 Then i = 0
    Thread.Sleep(100)
Loop
```

Falls keine Ware da ist gehen wir hier in den Dämmerschlaf über, erst wenn neue Ware herein-kommt, wird diese Sperre wieder freigegeben:

```
                        NeueWareDa.WaitOne()
                    Loop
                End Sub)
    End Sub
End Class
```

10.10.4 LKWs

```
Imports System.Threading
Imports System.Threading.Tasks

Friend Class cLKW
    Public Nr As Integer
    Public Pos As Integer
    Public kmStand As Integer
    Public ImLager As Boolean
    Private Img1 As Image
    Private Img2 As Image
    Public Image As Image
```

---

[1] Wie im echten Leben ...

LKW initialisieren:

```
Public Sub New(nr As Integer)
    Me.Nr = nr
    kmStand = 0
    Pos = 280
    ImLager = True
    Img1 = My.Resources.Auto1
    Img2 = My.Resources.Auto2
    Image = Img1
End Sub
```

Diese Methode wird durch den Controller aufgerufen und gewährleistet sowohl Hinfahrt/Rück-fahrt, als auch die reibungslose Übergabe der Ware an das Schiff:

```
Public Sub Abtransport()
    ImLager = False
```

Den Lagerbestand verringern:

```
        myGlobal.Controller.Lagerbestand -= 1
```

Neuer Task:

```
        Task.Factory.StartNew(Sub()
                        Thread.Sleep(200)
                        myGlobal.Anzeige("Lkw_" & Nr.ToString() & ": Fahrtbeginn")
                        Image = Img1
```

Hinfahrt:

```
                        For Pos = 280 To 1 Step -2
                            Thread.Sleep(30)
                            kmStand += 1
                            myGlobal.Anzeige("")
                        Next Pos
```

Ankunft im Hafen, auf Schiff warten:

```
                        myGlobal.Schiff.Beladen()
```

Im Gegensatz zur vorhergehenden Variante ist die obige Methode blockierend, wenn kein Schiff vorhanden ist. Ein Zugriff auf den Status des Schiffs (interner Task) ist deshalb nicht mehr nötig, wir können uns auf das Wesentliche beschränken.

Rückfahrt:

```
                        Image = Img2
                        For Pos = 0 To 279 Step 2
                            Thread.Sleep(20)
                            kmStand += 1
                            myGlobal.Anzeige("")
                        Next Pos
                        ImLager = True
```

```
                              myGlobal.Anzeige("Lkw_" & Nr.ToString() & ": Fahrtende")
                    End Sub)
        End Sub

End Class
```

10.10.5 Schiff-Klasse

"Ein Schiff wird kommen ...", was im Schlager einfach so dahingesagt/gesungen wird, erfordert dann doch etwas mehr Aufwand, wie das folgende Listing zeigt:

```
Imports System.Threading
Imports System.Threading.Tasks

Friend Class Schiff
    Public Ladung As Integer = 0
    Public Transportiert As Integer = 0
    Public pos As Integer = 200
```

In dieser Klasse benötigen wir zwei Sperren, *ImHafen* wird manuell gesteuert (Abfahrt und Ankunft des Schiffs, *NeueWareDa* löst den Beladevorgang aus, wenn ein LKW angekommen ist):

```
    Public ImHafen As New ManualResetEvent(True)
    Private NeueWareDa As New AutoResetEvent(False)
```

Die zentrale Transport-Routine:

```
    Public Sub Transport()
```

Die Sperre manuell setzen:

```
        ImHafen.Reset()
```

Abfahrt:

```
        myGlobal.Anzeige("Schiff: Abfahrt")
        For pos = 200 To 1 Step -2
            Thread.Sleep(100)
            myGlobal.Anzeige("")
        Next pos
```

Im Hafen die Ladung löschen:

```
        myGlobal.Anzeige("Schiff: Ladung löschen")
        Do While Ladung > 0
            Thread.Sleep(400)
```

Da nur noch ein *Task* auf *Ladung* bzw. *Transportiert* zugreifen kann, können wir jetzt auf einen *Monitor/SyncLock*-Abschnitt verzichten:

```
            Ladung -= 1
            Transportiert += 1
            myGlobal.Anzeige("")
        Loop
```

Die Rückfahrt:

```
For pos = 0 To 199 Step 2
    Thread.Sleep(60)
    myGlobal.Anzeige("")
Next pos
myGlobal.Anzeige("Schiff: Warten ...")
```

Sperre manuell zurücksetzen:

```
    ImHafen.Set()
End Sub
```

Die blockierende Methode *Beladen:*

```
Public Sub Beladen()
```

Hier warten wir auf das Schiff:

```
ImHafen.WaitOne()
Ladung += 1
myGlobal.Anzeige("Schiff: Beladen (" & Ladung.ToString() & ")")
```

Sperre für den Haupt-Task freigeben:

```
    NeueWareDa.Set()
End Sub
```

Der Konstruktor:

```
Public Sub New()
```

Neuen Task erstellen:

```
Task.Factory.StartNew(Sub())
```

Eine Endlosschleife:

```
Do
```

Wenn keine Ware geladen ist warten wir, bis neue Ladung per LKW heran transportiert wird (unbegrenzt):

```
If Ladung = 0 Then
    NeueWareDa.WaitOne()
```

Wenn bereits Ware geladen ist, warten wir auf Ladung, jedoch maximal 15 Sekunden:

```
Else
```

Wurde neue Ware angeliefert, Transport wenn fünf Stück geladen sind:

```
If NeueWareDa.WaitOne(15000) Then
    If Ladung = 5 Then
        Transport()
    End If
```

Andernfalls ist nur ein Timeout aufgetreten, wir fahren im Zweifel auch mit einem Stück weg:

```
                    Else
                        myGlobal.Anzeige("Schiff: Zeit abgelaufen")
                        Transport()
                    End If
                End If
            Loop
        End Sub)
    End Sub
End Class
```

10.10.6   Oberfläche

Schon beim Vorgängerbeispiel war hier wenig Code erforderlich, jetzt aber ist es noch weniger, was der Funktionalität sicherlich keinen Abbruch tut und für noch mehr Übersicht sorgen dürfte:

```
Imports System.Threading
Imports System.Threading.Tasks
Public Class Form1
    Private Sub Form1_Load(sender As Object, e As EventArgs) Handles MyBase.Load
```

Unsere Objekte initialisieren:

```
        myGlobal.uiSched = TaskScheduler.FromCurrentSynchronizationContext()
        myGlobal.LKWs(0) = New cLKW(0)
        myGlobal.LKWs(1) = New cLKW(1)
        myGlobal.LKWs(2) = New cLKW(2)
        myGlobal.Schiff = New Schiff()
        myGlobal.Controller = New cController()
```

Achtung: Die Referenz für das Formular speichern:

```
        myGlobal.myForm = Me          ' Referenz für das Formular speichern
    End Sub
```

HINWEIS: Vergessen Sie in diesem Zusammenhang bitte nicht, dass die Oberflächen-Steuerelemente, die von der Klasse *myGlobal* angesprochen werden, auch als *Public* markiert sein müssen, andernfalls haben Sie von dort keinen Zugriff!

Mit einem Klick auf die "+"-Schaltfläche fügen Sie neue Waren zum Lager hinzu. Dies sollte für hektische Betriebsamkeit beim Controller sorgen, nachfolgend bekommen die LKWs etwas zu tun und, last but not least, auch das Schiff.

```
    Private Sub Button1_Click(sender As Object, e As EventArgs) Handles Button1.Click
        myGlobal.Controller.NeueWare()
    End Sub
```

Das Schließen des Formulars gestaltet sich recht unkompliziert, das Beenden der Task wollen wir ohne extra Aufwand bewerkstelligen:

```
    Private Sub Button2_Click(sender As Object, e As EventArgs) Handles Button2.Click
        Close()
    End Sub
End Class
```

HINWEIS: Wer die Task "sauber" beenden will, sollte sich mit dem Abschnitt 10.5.6 vertraut machen.

Damit sind wir auch schon am Ende unseres Beispiels und auch des Kapitels angelangt. Wer die beiden Beispiele miteinander vergleicht wird feststellen, dass die neue Version wesentlich weniger Ressourcen verbraucht und auch eleganter programmiert ist. Allerdings ist die Grafikausgabe jetzt etwas ruckeliger geworden, da wir auf die Rechenzeitverteilung per Task-Scheduler keinen direkten Einfluss haben, aber dies war ja auch nicht Gegenstand unserer Betrachtungen.

Kapitel 11

Fehlersuche und Behandlung

Ein Programm, das auf Anhieb 100%-ig funktioniert, gibt es so gut wie nicht. Besonders tückisch sind die logischen Fehler, die nur zur Laufzeit auftreten und die sich lediglich in einer fehlerhaften Funktion des Programms (z.B. falsche Rechenergebnisse, mysteriöse Abstürze) äußern. Für uns Grund genug, im ersten Teil dieses Kapitels den in Visual Studio integrierten Debugger genauer unter die Lupe zu nehmen.

Während das Debugging nur im Stadium der Programmentwicklung von Interesse ist, sollte eine "wasserdichte" Fehlerbehandlung allen zur Laufzeit nur denkbaren Missgeschicken mit geeigneten Mitteln begegnen. Dieser Problematik widmet sich der zweite Teil des Kapitels.

11.1 Der Debugger

Der in Visual Studio 2012 integrierte Debugger ist ein recht komplexes Werkzeug, ausgestattet mit einer Fülle von Features und Fenstern. Zumindest den Umgang mit den elementaren Debug-Funktionen (auf diese wollen wir uns im Folgenden beschränken) sollte der Programmierer im Schlaf beherrschen, spart er sich doch dadurch viel Zeit und Nerven.

11.1.1 Allgemeine Beschreibung

Beim Debugging spielt der aktuelle Modus des Programms (Entwurfsmodus, Ausführungsmodus oder Unterbrechungs- bzw. Debuggingmodus) eine entscheidende Rolle.

Die Beschriftung der Visual Studio-Titelleiste informiert Sie, in welchem der drei Modi sich das Programm gegenwärtig befindet. Gleichzeitig zeigt Ihnen der Zustand der Schaltflächen *Starten* ▶, *Unterbrechen* ❚❚ und *Beenden* ■ die möglichen Alternativen zum Wechseln des aktuellen Modus.

Modus	Titelleiste und Schaltflächen
Entwurfsmodus	WindowsFormsApplication5 - Microsoft Visual Studio (Administrator) Datei Bearbeiten Ansicht Projekt Erstellen Debuggen Team SQL Tools Te ▶ Starten ▾ Debug ▾

Modus	Titelleiste und Schaltflächen
Ausführungsmodus	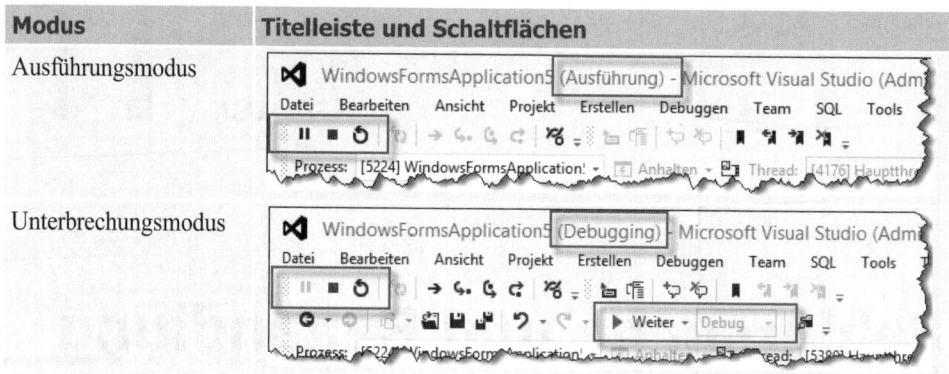
Unterbrechungsmodus	

Das eigentliche Debugging wird in der Regel im Unterbrechungsmodus vollzogen. Die Zeile, an welcher die Programmausführung unterbrochen ist, erscheint dabei gelb hinterlegt:

HINWEIS: Sie können auch im Debugging-Modus Ihren Code editieren und danach das Programm fortsetzen. Allerdings kann nicht alles Mögliche editiert werden, so können Sie zum Beispiel private Felder oder Methoden hinzufügen, entfernen dürfen Sie aber keine.

11.1.2   Die wichtigsten Fenster

Über das Menü *Ansicht\Weitere Fenster* bzw. *Debuggen\Fenster* lässt sich eine verwirrende Vielfalt von Fenstern aufrufen, die mit dem Debugging irgendwie im Zusammenhang stehen und die in der Regel am unteren Rand der IDE erscheinen. Die für den Einstieg zunächst wichtigsten Fenster sind:

- Befehlsfenster (*Ansicht\Weitere Fenster\Befehlsfenster*)

- Direktfenster (*Debuggen\Fenster\Direkt*)

- Lokalfenster (*Debuggen\Fenster\Lokal*)

- Überwachungsfenster (*Debuggen\Fenster\Überwachen*)

- Autofenster (*Debuggen\Fenster\Auto*)

- Ausgabefenster (*Ansicht \Ausgabe* oder *Debuggen\Fenster\ Ausgabe*)

HINWEIS: Einige dieser Fenster werden nur im Ausführungs- bzw. Unterbrechungs-Modus angeboten!

Befehlsfenster

Unabhängig vom aktuellen Programm können Sie in diesem Fenster nach Belieben mit VB-Anweisungen experimentieren.

BEISPIEL 11.1: Ausführen einer Rechenaufgabe (10+20*3,45=79,0) im unmittelbaren Modus

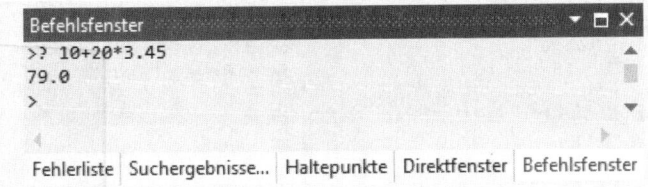

HINWEIS: Nützlich ist das Befehlsfenster unter anderem auch für das schnelle Ausprobieren diverser Optionen (zum Beispiel *Format*-Anweisungen o.ä.).

Direktfenster

Das Direktfenster erlaubt es Ihnen, sich während des Debugging-Prozesses Werte von Variablen oder Ausdrücken ausgeben zu lassen, oder sogar diese Werte zu ändern.

HINWEIS: Das Programm muss sich dazu im Unterbrechungsmodus befinden, den Sie z.B. durch Setzen eines Haltepunktes erzwingen können.

BEISPIEL 11.2: Sie erzeugen im Entwurfsmodus einen Haltepunkt (einfach durch Klick auf die linke graue Randleiste) und gelangen so in den Unterbrechungsmodus:

```
Private Sub Button1_Click(sender As Object, e As EventArgs) Handles Button1.Click
    Dim a, b, c As Integer
    a = 20
    b = 10
    c = a * b
End Sub
```

Im Direktfenster können Sie nun verschiedene Operationen durchführen:

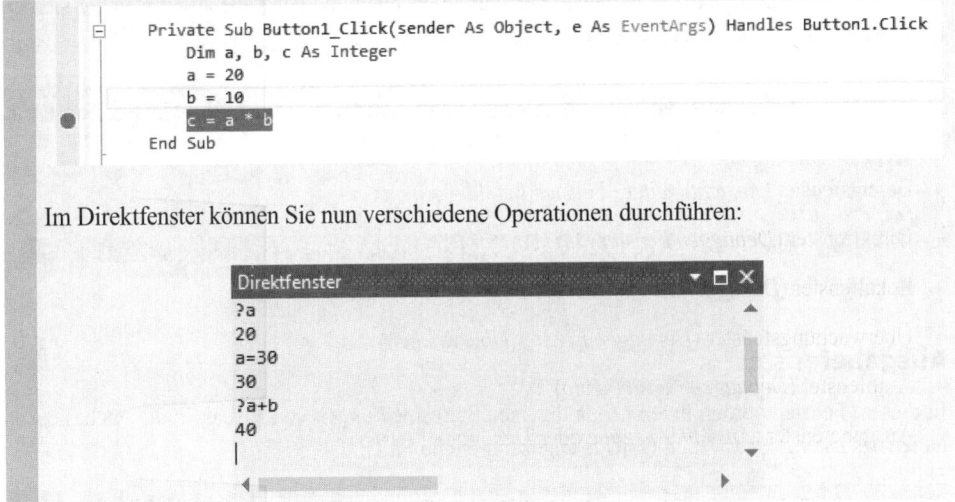

Lokal-Fenster

Hier lassen sich – vorausgesetzt das Programm befindet sich im Unterbrechungsmodus – Namen, Wert und Typ aller aktuellen Variablen und Objekte anzeigen:

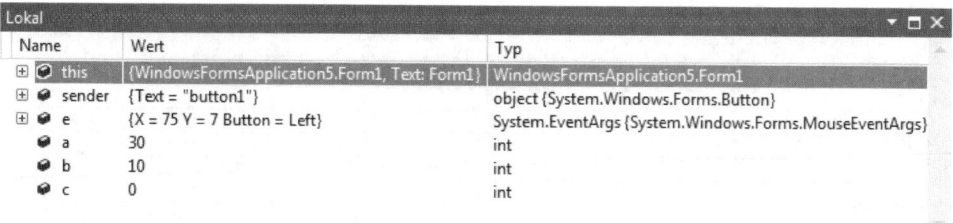

Überwachungsfenster

Der Wert bestimmter Variablen bzw. Ausdrücke (Watch-Expressions) kann hier während der Laufzeit überwacht werden. Welche Variablen oder Ausdrücke Sie überwachen wollen, bestimmen Sie durch die Eingabe in die Spalte *Name*:

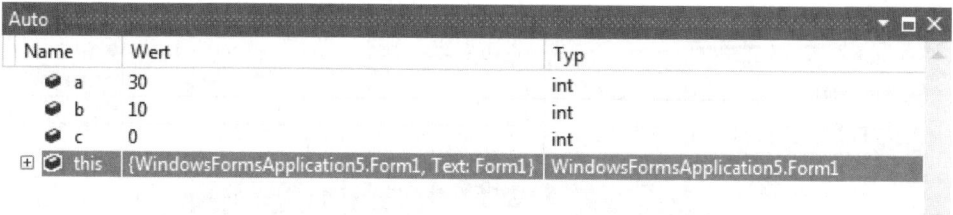

Autofenster

Dieses Fenster zeigt Ihnen alle Variablen der vorhergehenden und der Zeile an, in welcher sich der Haltemodus gerade befindet.

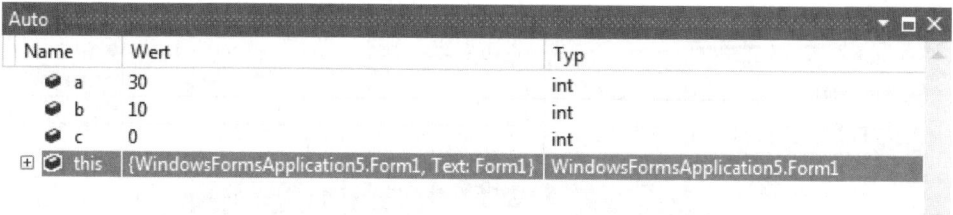

Ausgabefenster

In diesem Fenster werden Ihnen neben diversen Statusmeldungen von Visual Studio auch die Ausgaben des *Debug*- bzw. *Trace*-Objekts angezeigt (siehe 11.2).

BEISPIEL 11.3: Anzeige von Werten im Ausgabefenster

```vb
Imports System.Diagnostics
...
    Dim a,b As Integer
    a = 20
    Debug.WriteLine("Wert von a:" & a)
```

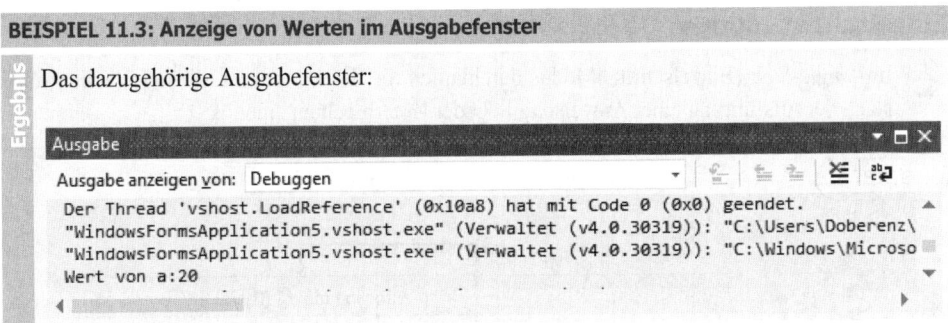

BEISPIEL 11.3: Anzeige von Werten im Ausgabefenster

Das dazugehörige Ausgabefenster:

11.1.3 Debugging-Optionen

An der Anzahl der Einträge im Menü *Debuggen* erahnen Sie bereits die Vielfalt der Debugging-Möglichkeiten:

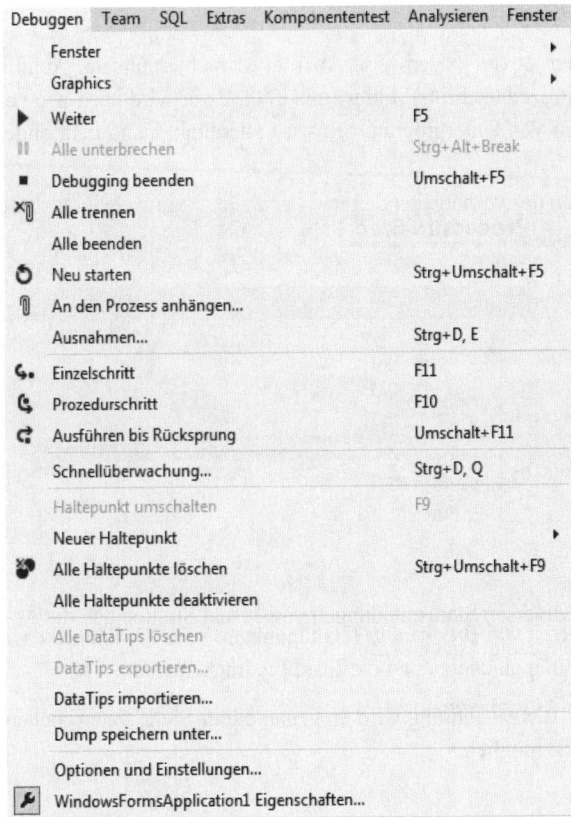

Viele Fehler lassen sich nur durch schrittweises Abarbeiten des Quelltextes eingrenzen, Sie können dabei zwischen mehreren Varianten wählen:

Einzelschritt-Modus

Im *Single-Step*-(Einzelschritt-)Modus durchlaufen Sie das Programm (mit *F11*) zeilenweise.
Nach der Ausführung einer Anweisung liegt der Unterbrechungsmodus vor.

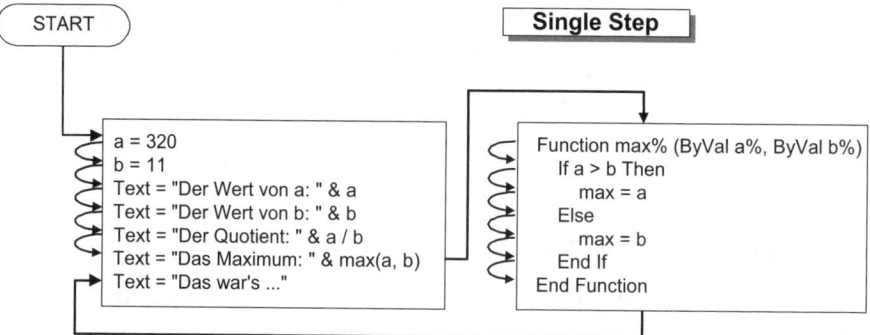

Prozedurschritt-Modus

Bei umfangreicheren Programmen ist das zeilenweise Abarbeiten recht mühsam. Abhilfe
schafft hier der *Procedure-Step*-(Prozedurschritt-)Modus (mit *F10*). Zwar wird nach wie vor
jede einzelne Zeile verarbeitet, innerhalb von Unterprogrammen wird allerdings nicht mehr angehalten.

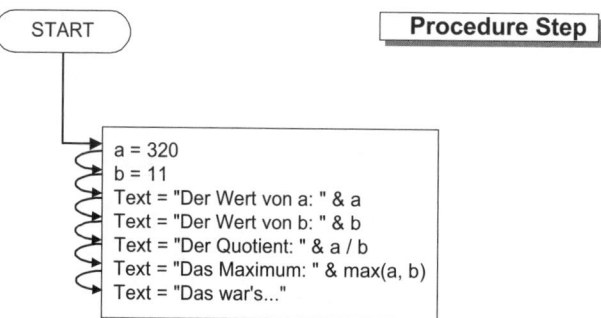

Breakpoints

Am komfortabelsten dürfte wohl das Setzen von *Breakpoints* (Haltepunkten) sein. Sie können dazu
den Kursor in die entsprechende Anweisung platzieren und die Taste *F9* drücken.

Starten Sie das Programm wie gewohnt, die Ausführung wird an genau dieser Stelle unterbrochen.
Auch das Setzen mehrerer Haltepunkte ist möglich.

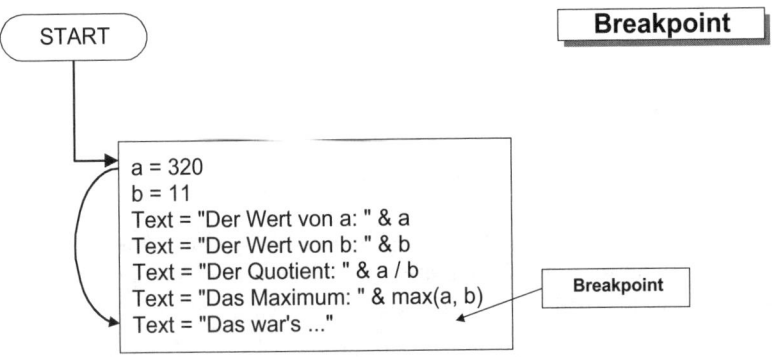

11.1.4 Praktisches Debugging am Beispiel

Um die einzelnen Betriebsarten auszuprobieren, können Sie natürlich eine beliebige Anwendung nehmen. Die folgenden Ausführungen beziehen sich auf ein sehr einfaches Windows Forms-Programm, das sich an obige Abbildungen anlehnt und das lediglich aus einem *Form*ular besteht.

BEISPIEL 11.4: Einfache Debugging-Demo

Nach dem Programmstart werden die folgenden Anweisungen ausgeführt:

```vb
Private Sub Form1_Load(sender As Object, e As EventArgs) Handles MyBase.Load
        Dim a, b As Integer
        a = 320
        b = 11
        For i As Integer = 0 To 14
            b = b + a + 10
            b = b - 12 * a
        Next i
        ' hier wird später Code ergänzt!
End Sub
```

HINWEIS: Das Programm hat, wie Sie sehen, keinerlei sinnvolle Funktion – hier geht es lediglich um die Erläuterung eines Prinzips.

Haltepunkte setzen

Einen Breakpoint setzen Sie entweder über das Menü *Debuggen|Neuer Haltepunkt* oder Sie klicken einfach mit der Maus auf den linken grauen Rand des Codefensters, und es erscheint ein fetter dunkelroter Punkt, auch die gesamte Zeile wird markiert[1]. Genauso einfach lassen sich die Haltepunkte wieder entfernen – Sie brauchen nur darauf zu klicken.

---

[1] Sie können den Breakpoint auch mit *F9* setzen.

```
a = 320
b = 11
For i As Integer = 0 To 14
    b = b + a + 10
    b = b - 12 * a
Next i
```

Nach dem Programmstart (*F5*) werden alle Anweisungen bis **vor** die Breakpoint-Zeile ausgeführt. Anschließend können Sie schrittweise mit *F11* (Einzelschritt) bzw. *F10* (Prozedurschritt) fortfahren. Natürlich lassen sich auch mehrere Breakpoints setzen.

Eine sehr praktikable Möglichkeit ist das Setzen von Haltepunkten nicht zur Entwurfs-, sondern erst zur Laufzeit. Sie starten dazu Ihr Programm ganz normal mit *F5*. Nachdem z.B. das Eröffnungsformular erschienen ist, holen Sie das entsprechende Codefenster nach vorne und setzen den oder die Haltepunkt(e). Nun klicken Sie z.B. auf einen Button, und das Programm setzt die Ausführung bis zum Haltepunkt fort.

Besonders dann, wenn Sie mehrere Breakpoints gesetzt haben, sind Sie für eine Übersicht dankbar. Wählen Sie dazu das Menü *Debuggen|Fenster|Haltepunkte*. Es erscheint die Liste aller Haltepunkte. Wie Sie der folgenden Abbildung entnehmen, werden die Haltepunkte anhand ihrer Zeilennummer und des Moduls unterschieden.

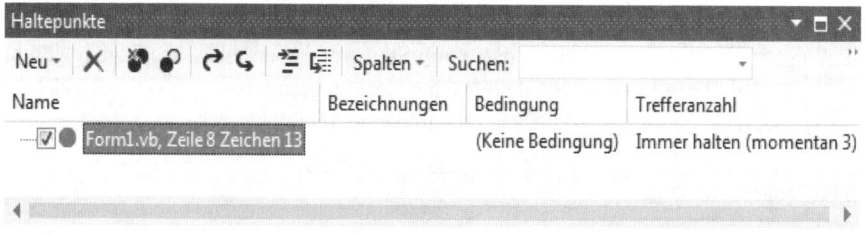

HINWEIS: Um zu einem bestimmten Breakpoint zu springen, klicken Sie einfach doppelt auf den Eintrag, der Kursor springt automatisch zur gewünschten Stelle.

Abbruchbedingung setzen

Jeder Haltepunkt kann mit einer Abbruchbedingung verknüpft werden. Öffnen Sie zunächst die Liste der Haltepunkte und klicken Sie dann mit der rechten Maustaste auf den Breakpoint, dem Sie eine Bedingung zuordnen möchten. Im PopUp-Menü wählen Sie *Eigenschaften*. In das sich öffnende Dialogfenster wird von Ihnen z.B. die Bedingung *b > 850* eingetragen und mit *OK* bestätigt:

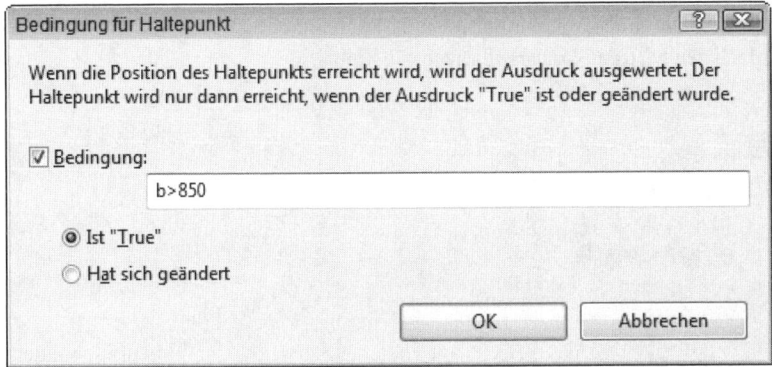

Wenn Sie jetzt unser Demoprogramm normal starten (*F5*), dürfte der Debugger erst dann die Programmausführung anhalten, wenn *c* einen Wert größer zwei hat (*b* ist zu diesem Zeitpunkt größer als *850*).

HINWEIS: Alternativ können Sie den Breakpoint auch setzen wenn sich eine Bedingung ändert.

Trefferanzahl verwenden

Reichen Ihnen die bisherigen Bedingungen nicht aus, können Sie zusätzlich auch eine Trefferzahl als Stopp-Bedingung festlegen. Unabhängig davon, ob Sie bereits eine Abbruchbedingung gesetzt haben, kann hier das Erreichen des Breakpoints bei der Programmausführung berücksichtigt werden. Welche Bedingungen zulässig sind, zeigt die folgende Abbildung:

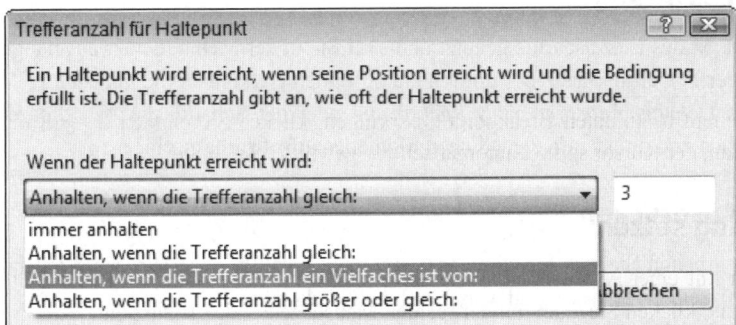

Nach obiger Einstellung und bei Beibehaltung unserer Abbruchbedingung stoppt der Debugger, wenn die Variable *b* den Wert fünf hat (zwei Durchläufe für die Abbruchbedingung und drei für die Trefferanzahl).

Einzelschritt-Modus

Haben Sie einen Breakpoint auf eine bestimmte Anweisung gesetzt, können Sie ab hier mit *F11* zeilenweise den Programmfortschritt beobachten (gelber Pfeil und gelbe Zeilenmarkierung).

Die Werte einzelner Variablen in der Ausführungsposition können Sie nun per QuickInfo kontrollieren, indem Sie einfach den Mauskursor darauf setzen:

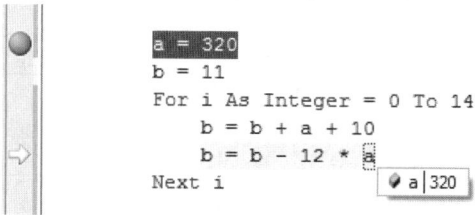

```
a = 320
b = 11
For i As Integer = 0 To 14
     b = b + a + 10
     b = b - 12 * a
Next i                ● a | 320
```

Parallel dazu können Sie im Überwachungs- und im Lokalfenster die (rot eingefärbten) aktuellen Überwachungsausdrücke bzw. Variablenwerte verfolgen.

Für diese wie für alle anderen Betriebsarten des Debuggers gilt, dass Sie über *Shift+F5* (bzw. das Menü *Debuggen|Debuggen beenden*) den Debug-Modus verlassen können, um in den normalen Entwurfsmodus zurückzukehren.

Prozedurschritt

Bei dieser Variante verfahren Sie völlig analog zum Einzelschritt, nur dass Sie diesmal die *F10*-Taste (oder die Schaltfläche) verwenden. Sie werden in unserem Beispiel beobachten, dass bei den Anweisungen innerhalb der *Max*-Methode **nicht** angehalten wird. Den Prozedurschritt werden Sie also nur dann verwenden, wenn es schnell gehen muss und Sie die Fehlerursache außerhalb einer aufgerufenen Methode vermuten.

Ausführen bis Rücksprung

Haben Sie die Möglichkeit des Einzelschritts genutzt und sind Sie in der Methode *Max* angelangt, stellen aber fest, dass der Fehler hier ganz bestimmt nicht zu finden ist, können Sie mit *Shift+F11* (bzw. dem Menüpunkt *Debuggen|Ausführen bis Rücksprung* oder der Schaltfläche) die gesamte Prozedur übergehen und direkt zum eigentlichen Methodenaufruf zurückspringen.

Auswerten von Ausdrücken

Im Einzelschrittmodus arbeiten Sie sich bis zu einer bestimmten Quelltextzeile vor, anschließend markieren Sie den gewünschten Ausdruck und warten auf die Quick-Info:

```
For i As Integer = 0 To 14
     b = b + a + 10
     b = b - 12 * a
Next i              ● b - 12 * a | -3499
```

Insbesondere für mehrfach verschachtelte Funktionsaufrufe und umfangreichere Berechnungen ist dies das Mittel der Wahl, um dem Fehler auf die Schliche zu kommen.

HINWEIS: Ist der Ausdruck zu umfangreich oder möchten Sie die Funktion direkt editieren, können Sie das Befehlsfenster aufrufen, um den Ausdruck auszuwerten. Dabei können Sie auf alle aktiven Variablen zugreifen und diese gegebenenfalls auch ändern.

11.2 Arbeiten mit Debug und Trace

Um das Verhalten einer Anwendung zur Laufzeit zu überprüfen, sind Sie nicht nur auf den in Visual Studio integrierten Debugger angewiesen, sondern Sie können auch selbst Programmcode schreiben, der auf den statischen Klassen *Debug* und *Trace* basiert.

Beide Klassen ähneln sich fast so wie ein Ei dem anderen[1].und gehören zum (standardmäßig eingebundenen) Namespace *System.Diagnostics*.

11.2.1 Wichtige Methoden von Debug und Trace

Über diese Methoden verfügen sowohl die *Debug*-, als auch die *Trace*-Klasse.

Write, WriteLine, WriteIf und WriteLineIf

Die folgende Tabelle erklärt die vier Methoden, die Sie an fast jeder gewünschten Stelle des Programms unterbringen können.

Methode	Beschreibung
Write	... schreibt Debug-Ausgaben ohne Zeilenumbruch
WriteLine	... schreibt Debug-Ausgaben mit Zeilenumbruch
WriteIf	... schreibt Debug-Ausgaben ohne Zeilenumbruch, wenn eine bestimmte Bedingung erfüllt ist
WriteLineIf	... schreibt Debug-Ausgaben mit Zeilenumbruch, wenn eine bestimmte Bedingung erfüllt ist

Zumindest die Methoden *Write* und *WriteLine* dürften Ihnen von der Klasse *Console* bereits bekannt sein. In unserem Fall wird aber nicht in die Konsole, sondern in das Ausgabe-Fenster von Visual Studio geschrieben, welches sich normalerweise am unteren Rand der IDE befindet (siehe Seite 556). Falls es nicht sichtbar ist, können Sie das Fenster über das Menü *Ansicht|Ausgabe* zur Anzeige bringen.

BEISPIEL 11.5: Ergänzung der Debugging-Demo von Seite 559

Fügen Sie an das Ende des *Form1_Load*-Eventhandlers folgenden Code ein:

```
Debug.WriteLine("Der Wert von a: " & a.ToString)
Debug.WriteLine("Der Wert von b: " & b.ToString)
Dim f As Single = Convert.ToSingle(a / b)
```

---

[1] Auf den "feinen" Unterschied zwischen beiden Klassen werden wir erst an späterer Stelle eingehen.

BEISPIEL 11.5: Ergänzung der Debugging-Demo von Seite 559

```
Debug.WriteLine("Der Quotient: " + f.ToString("#0.00000"))
Debug.WriteLine("Das Maximum: " & Max(a, b).ToString)
Debug.WriteLine("Das war's ...")
```

Die dazu erforderliche Funktion *Max*:

```
Private Function Max(a As Integer, b As Integer) As Integer
    If b > a Then
        Return b
    Else
        Return a
    End If
End Function
```

Nach Programmstart finden sich im Ausgabefenster folgende Zeilen:

```
Ausgabe                                                    ▾ □ ✕
Ausgabe anzeigen von:  Debuggen                                ▾
  Der Wert von a: 320                                          ▲
  Der Wert von b: -52639
  Der Quotient: -0,00608
  Das Maximum: 320
  Das war's ...                                                ▾
  ◀ ▬▬▬                                                      ▶
```

Wie Sie sehen ist – im "feinen" Unterschied zur Konsolenanwendung – auch eine formatierte Zahlenausgabe möglich.

Alternativ können Sie auch die *Write*-Methode (kein Zeilenumbruch) oder *WriteIf*- bzw. *WriteLineIf*- (Ausgabe, wenn eine anzugebende Bedingung *True* ist) nutzen.

BEISPIEL 11.6: Ausgabe erfolgt nur, wenn die Schleifenvariable c größer gleich 10 ist

Fügen Sie an das Ende der *For*-Schleife im Vorgängerbeispiel folgende Zeile ein:

```
Debug.WriteLineIf(b < -30000, "a = " & a.ToString & " , b = " + b.ToString)
```

Das Ausgabefenster:

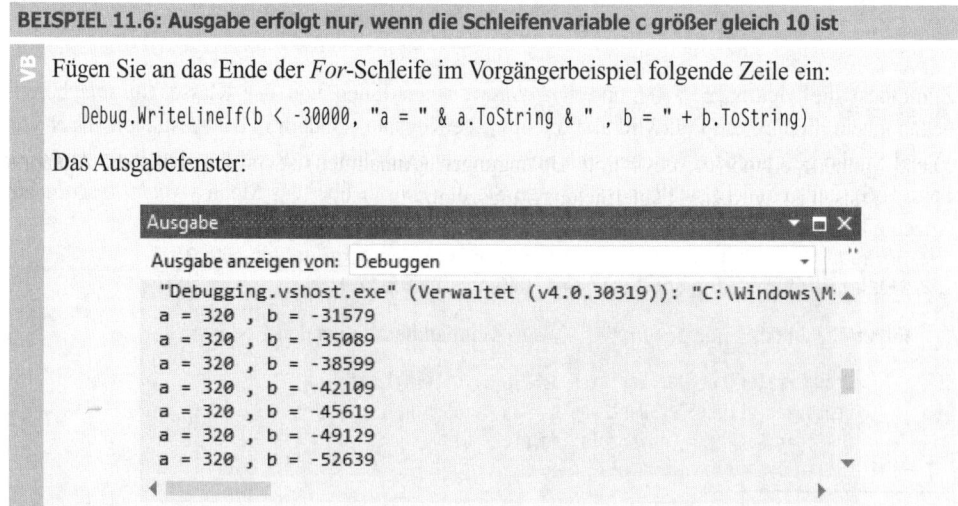

```
Ausgabe                                                    ▾ □ ✕
Ausgabe anzeigen von:  Debuggen                                ▾
  "Debugging.vshost.exe" (Verwaltet (v4.0.30319)): "C:\Windows\M ▲
  a = 320 , b = -31579
  a = 320 , b = -35089
  a = 320 , b = -38599
  a = 320 , b = -42109
  a = 320 , b = -45619
  a = 320 , b = -49129
  a = 320 , b = -52639                                         ▾
  ◀ ▬▬▬                                                      ▶
```

IndentLevel, Indent, IndentSize und UnIndent

Zur Strukturierung der Ausgabe können Sie verschiedene *Indent*-Methoden verwenden:

Methode/Eigenschaft	Beschreibung
Indent()	... erhöht die aktuelle Einzugsebene um Eins
UnIndent()	... verringert die aktuelle Einzugsebene um Eins
IndentLevel	... liest oder schreibt die Einzugsebene
IndentSize	... liest oder schreibt die Anzahl Leerzeichen eines Einzugs

Das folgende Beispiel soll für Klarheit sorgen:

BEISPIEL 11.7: Demonstration verschiedener Texteinzüge

```vb
Debug.WriteLine("Ausgabe 1")
Debug.Indent()
Debug.WriteLine("Ausgabe 2")
Debug.IndentLevel = 3
Debug.WriteLine("Ausgabe 3")
Debug.Unindent()
Debug.WriteLine("Ausgabe 4")
Debug.IndentSize = 2
Debug.IndentLevel = 1
Debug.WriteLine("Ausgabe 5")
```

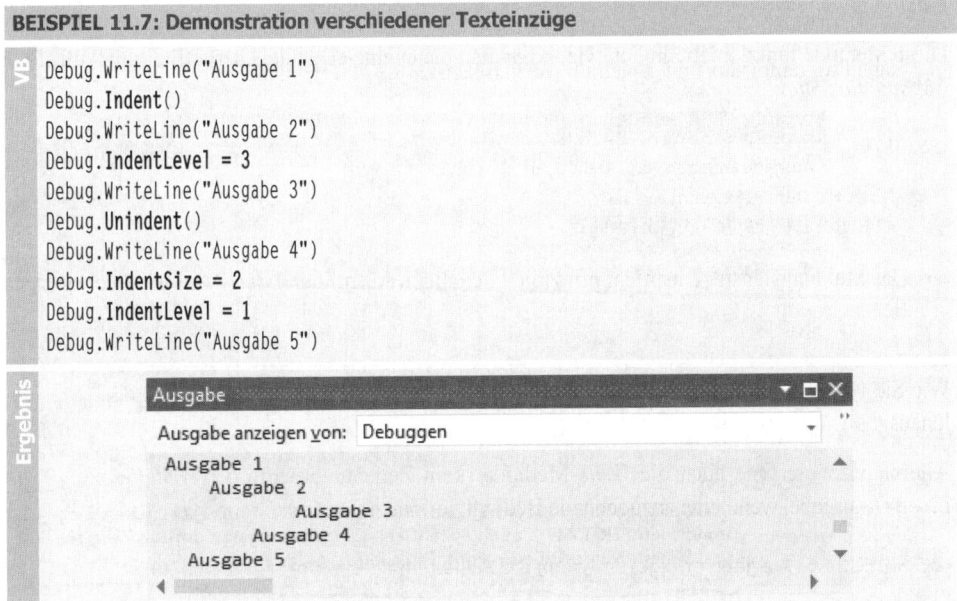

Assert

Diese Methode erlaubt es, bestimmte Bedingungen (Annahmen) zu prüfen. Falls die Annahme (Assert) falsch ist, wird eine Fehlermeldung angezeigt.

BEISPIEL 11.8: Meldung bei Verletzung der Annahme, dass a größer als 10000 sei

```vb
Dim a As Integer = 5500
Debug.Assert(a > 10000, "Der Wert von a ist kleiner als 10000!")
```

Nach dem Programmstart erscheint ein monströses Meldungsfenster, das hier nur in stark reduzierter Form dargestellt werden soll:

BEISPIEL 11.8: Meldung bei Verletzung der Annahme, dass a größer als 10000 sei

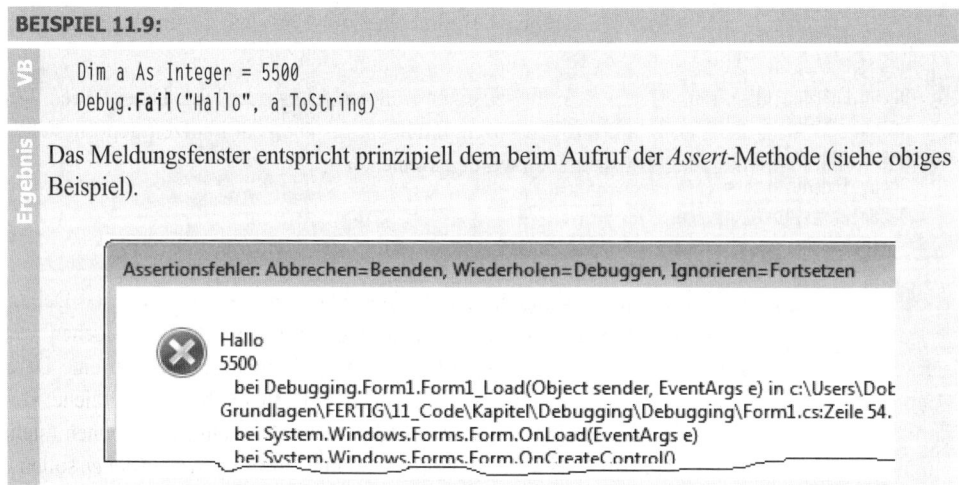

> Assertionsfehler: Abbrechen=Beenden, Wiederholen=Debuggen, Ignorieren=Fortsetzen   ⊠
>
> ❌ Der Wert von a ist kleiner als 10000!
>
>   bei Debugging.Form1.Form1_Load(Object sender, EventArgs e) in c:\Users\Doberenz\B U Đ 11\CS
>   Grundlagen\FERTIG\11_Code\Kapitel\Debugging\Debugging\Form1.cs:Zeile 52.
>   bei System.Windows.Forms.Form.OnLoad(EventArgs e)
>   bei System.Windows.Forms.Form.OnCreateControl()
>
>   [Abbrechen] [Wiederholen] [Ignorieren]

Fail

Diese Methode funktioniert ähnlich wie *Assert* und bietet eine elegante Alternative zum Aufruf von *MessageBox.Show.*

BEISPIEL 11.9:

```vb
Dim a As Integer = 5500
Debug.Fail("Hallo", a.ToString)
```

Das Meldungsfenster entspricht prinzipiell dem beim Aufruf der *Assert*-Methode (siehe obiges Beispiel).

> Assertionsfehler: Abbrechen=Beenden, Wiederholen=Debuggen, Ignorieren=Fortsetzen
>
> ❌ Hallo
>   5500
>   bei Debugging.Form1.Form1_Load(Object sender, EventArgs e) in c:\Users\Dob
>   Grundlagen\FERTIG\11_Code\Kapitel\Debugging\Debugging\Form1.cs:Zeile 54.
>   bei System.Windows.Forms.Form.OnLoad(EventArgs e)
>   bei System.Windows.Forms.Form.OnCreateControl()

Gegenüber *MessageBox.Show* hat die *Fail*-Methode den Vorteil, dass Sie die Auswahl haben zwischen Abbruch, Debugging oder Fortsetzung des Programms.

11.2.2 Besonderheiten der Trace-Klasse

Bislang hatten wir keinerlei Unterschiede zwischen den Klassen *Debug* und *Trace* festgestellt. Und dennoch gibt es einen, der sich allerdings erst beim Wechsel der Build-Konfiguration bemerkbar macht. Diese stellen Sie mit der kleinen Klappbox in der Symbolleiste von Visual Studio ein (standardmäßig *Debug*).

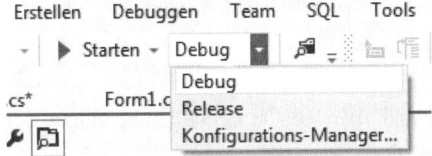

Sicher haben Sie im *bin*-Unterverzeichnis Ihres Projektordners bereits die Unterverzeichnisse *Debug* und *Release* entdeckt. Je nach gewählter Build-Konfiguration wird das Kompilat in einen dieser beiden Ordner abgelegt.

Und nun kommen wir zum "feinen" Unterschied: Grundsätzlich werden Aufrufe der Klasse *Trace* immer kompiliert, also unabhängig von der Build-Konfiguration. Wenn Sie aber *Release* wählen, werden vom Compiler nur noch Aufrufe der Klasse *Trace* verarbeitet, die der Klasse *Debug* werden ignoriert.

HINWEIS: Standardmäßig sind in der Release-Build keinerlei Debug-Informationen enthalten!

Es ist zu beachten, dass *Trace*-Aufrufe immer zu einer größeren EXE- oder DLL-Datei führen. Der Vorteil aber ist, dass auch später am fertigen Programm noch Zustände zur Laufzeit geprüft, Fehler lokalisiert und Fehlermeldungen ausgegeben werden können.

11.2.3 TraceListener-Objekte

Nicht immer ist das Ausgabefenster in Visual Studio der ideale Ort, um die Ergebnisse des Debuggings auszuwerten, denn nach Beenden der Anwendung sind sie auf Nimmerwiedersehen verschwunden. Mit Hilfe von *TraceListener*-Objekten kann man die Meldungen auch in eine Datei oder in das Windows-Ereignisprotokoll umleiten. Das .NET-Framework bietet zahlreiche vordefinierte Listener an, auf die wir aber hier aus Platzgründen nicht näher eingehen können (siehe Online-Hilfe). Lediglich die Klassen *TextWriterTraceListener* und *EventLogTraceListener* sollen – aufgrund ihrer Wichtigkeit – hier kurz beschrieben werden:

TextWriterTraceListener

Sie können diese Klasse verwenden, um um Debug-Meldungen in eine Textdatei zu schreiben. Das ermöglicht es Ihnen, Ihre Applikation auch außerhalb der Entwicklungsumgebung zu verwenden und trotzdem ein Fehlerprotokoll zu erhalten.

BEISPIEL 11.10: Debugausgaben in eine Textdatei umleiten

```vb
Dim myListener As New TextWriterTraceListener("C:\debugProtocol.txt")
Trace.Listeners.Add(myListener)
Trace.WriteLine("Hier ist eine Debug-Meldung!")
myListener.Flush()        ' leert Ausgabepuffer und schreibt Inhalt in Datei
myListener.Close()        ' schließt den Listener
```

Die *Flush*-Methode leert den Ausgabepuffer und schreibt dessen Inhalt in die im Konstruktor angegebene Datei. Alternativ könnten Sie aber auch die *AutoFlash*-Eigenschaft auf *True* setzen.

App.config zur Definition verwenden

Einfacher und eleganter ist es, wenn Sie den Listener nicht per VB-Quellcode (siehe obiges Beispiel), sondern direkt in der *Anwendungskonfigurationsdatei* definieren.

Falls für Ihr Projekt eine *App.config* noch nicht existiert, können Sie eine solche über das Menü
Projekt/Neues Element hinzufügen... erstellen lassen. Unter dem Knoten *Gemeinsame Elemente/
Allgemein* wählen Sie die Vorlage *Anwendungskonfigurationsdatei*. Im Projektmappen-Explorer
müsste jetzt eine *App.config* zu sehen sein.

Zwischen beiden *system.diagnostics*-Tags fügen Sie dann den im Folgenden fett hervorgehobenen
XML-Code ein:

```xml
<?xml version="1.0" encoding="utf-8" ?>
<configuration>
    <system.diagnostics>
        <sources>
            <source name="DefaultSource" switchName="DefaultSwitch">
                <listeners>
                    <add name="FileLog"/>
                </listeners>
            </source>
        </sources>
    ...
    <trace autoflush="true">
        <listeners>
            <add name="debugListener"
            type="System.Diagnostics.TextWriterTraceListener"
            initializeData="DebugProtokoll.txt" />
        </listeners>
    </trace>
    ...
    </system.diagnostics>
</configuration>
```

HINWEIS: Je nach Build-Konfiguration wird die Protokolldatei in das *\bin\Debug*- oder in
das *\bin\Release*-Unterverzeichnis Ihres Projektordners geschrieben.

Nachdem Sie obige *App.config* erstellt bzw. ergänzt haben, können Sie beliebige Ausgaben der
Klassen *Debug* oder *Trace* in der Protokolldatei ablegen.

BEISPIEL 11.11: Test der obigen App.config

```vb
Trace.WriteLine("Trace-Hallo!!!")
```

BEISPIEL 11.11: Test der obigen App.config

Öffnen Sie die im *\bin\Debug*-Unterverzeichnis angelegte Datei mit einem Texteditor:

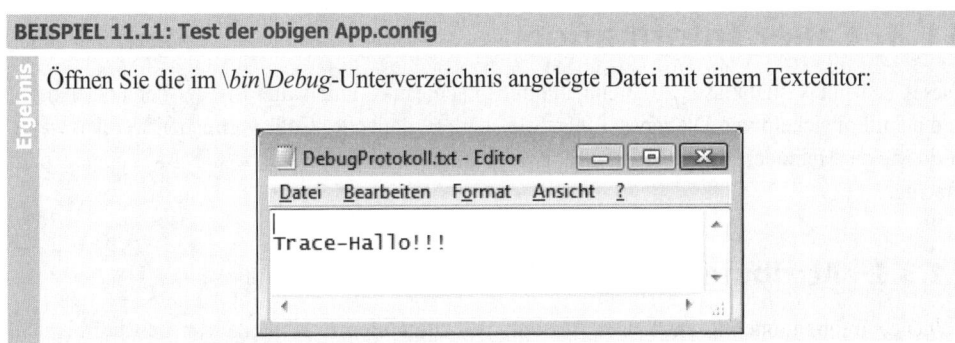

Solange Visual Studio noch geöffnet ist, dürfte auch das Ausgabefenster (*Fenster/Ausgabe*) einen (bis auf den Vorspann) identischen Inhalt wie obige Textdatei anzeigen.

EventLogTraceListener

Wem eine simple Textdatei zu schnöde ist, der kann die Ausgaben von *Debug*- und *Trace*-Objekt auch direkt in die Ereignisanzeige von Windows schreiben lassen.

BEISPIEL 11.12: *Trace*-Ausgaben in das Ereignisprotokoll schreiben

Das gewünschte Protokoll aussuchen:

```
Dim log As New EventLog("Application")
```

Anwendungsname hinzufügen:

```
log.Source = Assembly.GetEntryAssembly().GetName().Name
```

EventLogTraceListener erzeugen und nutzen:

```
EventLogTraceListener myListener = New EventLogTraceListener(log)
Trace.Listeners.Add(myListener)
Trace.WriteLine("Hier ist eine Debug-Meldung!")
myListener.Close()
```

...

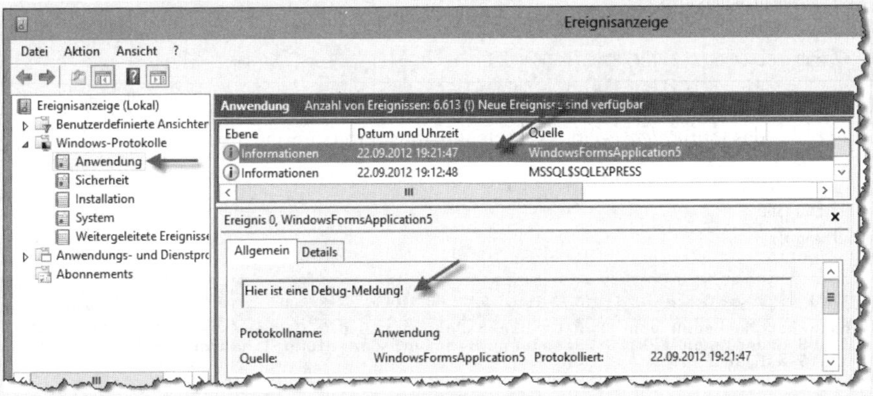

11.3 Caller Information

Dieses erst mit Visual Basic 2012 eingeführte Sprachfeature unterstützt Sie bei der Fehlersuche und beim Entwickeln von Diagnose-Tools. So kann z.B. doppelter Code vermieden werden, wenn er in vielen Methoden für den gleichen Zweck aufgerufen wird, wie z.B. beim Logging und Tracing.

11.3.1 Attribute

Folgende Informationen können über Attribute der aufgerufenen Methode von der aufrufenden Methode (Caller) gewonnen werden:

- **CallerFilePath**   der komplette Pfad der Quelldatei ,die den Aufrufer enthält (Dateipfad zur Kompilierzeit).

- **CallerLineNumber**   Zeilennummer in der Quelldatei, in welcher die Methode aufgerufen wird.

- **CallerMemberName**   Name des Aufrufers (Methode oder Property)

11.3.2 Anwendung

Ein einfaches Konsolenprogramm soll das Prinzip verdeutlichen:

BEISPIEL 11.13: Abfragen der Caller Information

```
Imports System.Runtime.CompilerServices
Module Module1
```

Main ist die aufrufende Methode (Caller):

```
Sub Main()
    MethodeA()                  ' Aufruf
    Console.ReadLine()
End Sub
```

Die aufgerufene Methode:

```
Sub MethodeA(<CallerMemberName> Optional callerName As String = "",
             <CallerFilePath> Optional callerFilePath As String = "",
             <CallerLineNumber> Optional callerLineNumber As Integer = 0)
    Console.WriteLine("{0} hat MethodeA von Pfad {1} in Zeile {2} aufgerufen!",
                      callerName, callerFilePath, callerLineNumber.ToString)
    End Sub
End Module
```

file:///C:/Users/Doberenz/B U E C H E R/HANSER/VISUAL STUDIO 11/VB Grundlagen/FERTIG/Consol...

```
Main hat MethodeA von Pfad C:\Users\Doberenz\B U E C H E R\HANSER\VISUAL STUDIO
11\VB Grundlagen\FERTIG\ConsoleApplication1\ConsoleApplication1\Module1.vb in Ze
ile 6 aufgerufen!
```

11.4 Fehlerbehandlung

Neben den logischen Fehlern, die Sie mit dem Debugger aufspüren können, enthält jeder Code auch eine ganze Reihe weiterer potenzieller Fehlermöglichkeiten, auf die Sie als Programmierer gefasst sein müssen. Beispiele für solche Fehler gibt es viele:

- falsche bzw. unerwartete Anwendereingaben in einem Formular

- eine fehlerhafte Anmeldung am SQL Server

- gesperrte Dateien, fehlende Datenträger etc.

- zu wenig Speicher

- die gute alte Division durch null und andere mathematische Unwägbarkeiten

11.4.1 Anweisungen zur Fehlerbehandlung

Ist Ihr Programm auf einen Fehler nicht vorbereitet, wird der bedauernswerte Anwender zum Beispiel mit folgender Meldung konfrontiert:

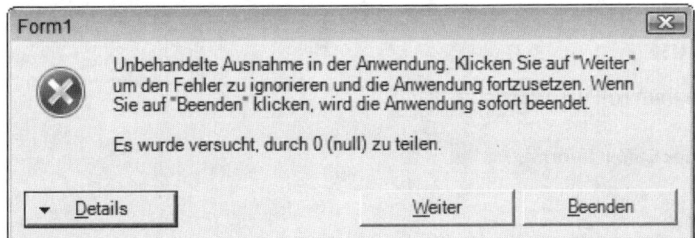

Sicherlich wollen Sie einen solchen Anblick nicht zum Markenzeichen Ihrer Programme werden lassen. Das haben Sie auch nicht nötig, denn Visual Basic bietet genügend Möglichkeiten für eine angemessene Fehlerbehandlung.

Drei Konstrukte zur Fehlerbehandlung werden unterstützt:

- *Try-Catch*-Blöcke

- *Try-Finally*-Blöcke

- das *Application.OnThreadException*-Ereignis

11.4.2 Try-Catch

Programmblöcke, die einen Fehler auslösen können, werden in so genannten *Try-Catch*-Blöcken "gekapselt":

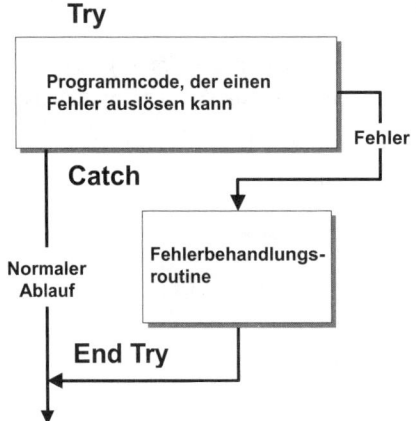

Tritt innerhalb des geschützten Blocks (d.h. zwischen *Try* und *Catch*) ein Fehler auf, wird die Programmausführung in diesem Block unterbrochen und hinter *Catch* fortgesetzt. Sollte wider Erwarten doch kein Fehler auftreten, wird der *Catch*-Block **nie** durchlaufen.

BEISPIEL 11.14: *Try-Catch*

```
Dim a, b, c As Integer
a = 10
b = 0
Try
    c = a / b
    Me.Text = c.ToString
Catch
    Me.Text = "Fehler"
End Try
```

Tritt im *Try-Catch*-Block ein Fehler auf, werden alle Anweisungen im *Catch*-Block ausgeführt, d.h., es wird hier statt des Ergebnisses der String "Fehler" in der Titelleiste des Formulars angezeigt.

Ausnahmen über Fehlerklassen auswerten

Neben der pauschalen Anzeige einer Dialogbox können Sie auch gezielt einzelne Fehlerklassen behandeln. Verwenden Sie dazu das folgende Konstrukt.

BEISPIEL 11.15: "Gezielte" Fehlerbehandlung

```
Dim a, b, c As Integer
a = 10
b = 0
Try
    c = a / b
    Me.Text = c.ToString
```

BEISPIEL 11.15: "Gezielte" Fehlerbehandlung

```
Catch mye As Exception
    MessageBox.Show(mye.Message)
    Me.Text = "Fehler"
End Try
```

In diesem Fall wird der Fehler über ein *Exception*-Objekt ausgewertet, Sie können sich die systeminterne Fehlermeldung anzeigen lassen:

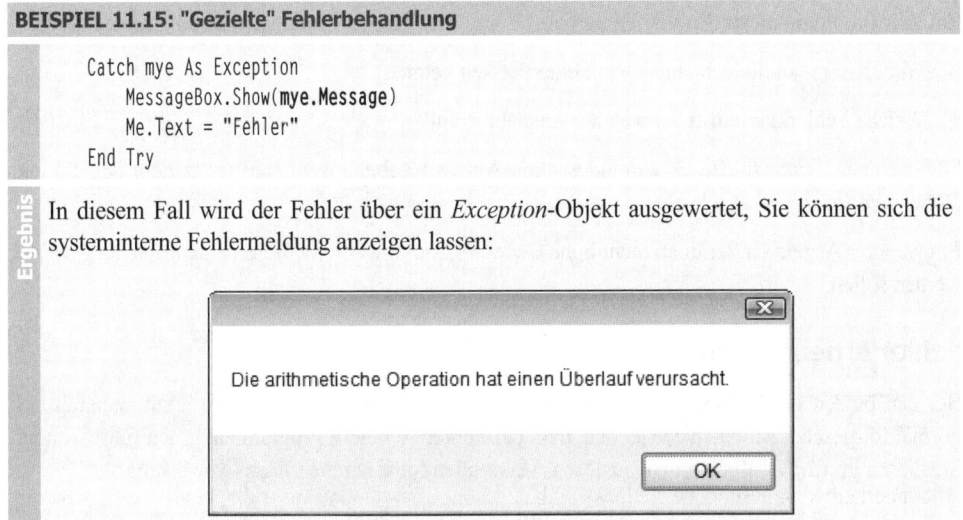

Die arithmetische Operation hat einen Überlauf verursacht.

OK

Spezifische Fehlerklassen auswerten

Tritt ein Fehler in einem größeren Codeblock auf, ist es sicher interessant festzustellen, um welche Art von Fehler es sich denn handelt. Bei den bisher vorgestellten Varianten wurde Ihnen zwar der Fehlertext übergeben, dessen Auswertung dürfte jedoch viel zu aufwändig sein. Besser ist die Verwendung von spezifischen Fehlerklassen, mit denen Sie Fehler in bestimmte Kategorien einordnen und getrennt behandeln können.

BEISPIEL 11.16: Spezifische Fehlerklasse verwenden

```
Dim a, b, c As Integer
a = 10
b = 0
Try
    c = a / b
    Me.Text = c.ToString
```

Spezielle(Fehlerklasse)

```
Catch mye As System.OverflowException
    MessageBox.Show("Mal wieder eine Division durch null!")
```

Zur Sicherheit auch noch eine allgemeine Fehlerbehandlung:

```
Catch mye As Exception
    MessageBox.Show(mye.Message)
    Me.Text = "Fehler"
End Try
```

Ein paar Probleme dieser Art von Fehlerbehandlung werden Sie sicher auch schon erkannt haben:

- Woher soll man die verschiedenen Fehlerklassen kennen?

- Welche Fehlerklasse tritt bei welcher Ausnahme auf?

Für die erste Frage dürfte es zumindest eine Antwort geben, wenn Sie unter dem Menüpunkt *Debuggen|Ausnahmen* nachsehen.

Ein weiterer Aspekt ist der doch recht hohe Code-Aufwand, wenn mehrere Fehlerarten ausgewertet werden sollen.

Fehler erneut auslösen

Bei den beiden oben genannten Varianten der Fehlerbehandlung wird die Programmausführung normal fortgesetzt. Möchten Sie jedoch, dass der Fehler zu einem Programmabbruch führt, können Sie diesen im *Catch*-Block erneut auslösen. Verwenden Sie dazu die *Throw*-Anweisung.

BEISPIEL 11.17: Fehler erneut auslösen

```
Dim a, b, c As Integer
a = 10
b = 0
Try
    c = a / b
    Me.Text = c.ToString
Catch mye As System.OverflowException
    MessageBox.Show("Mal wieder eine Division durch null!")
    Throw mye
End Try
```

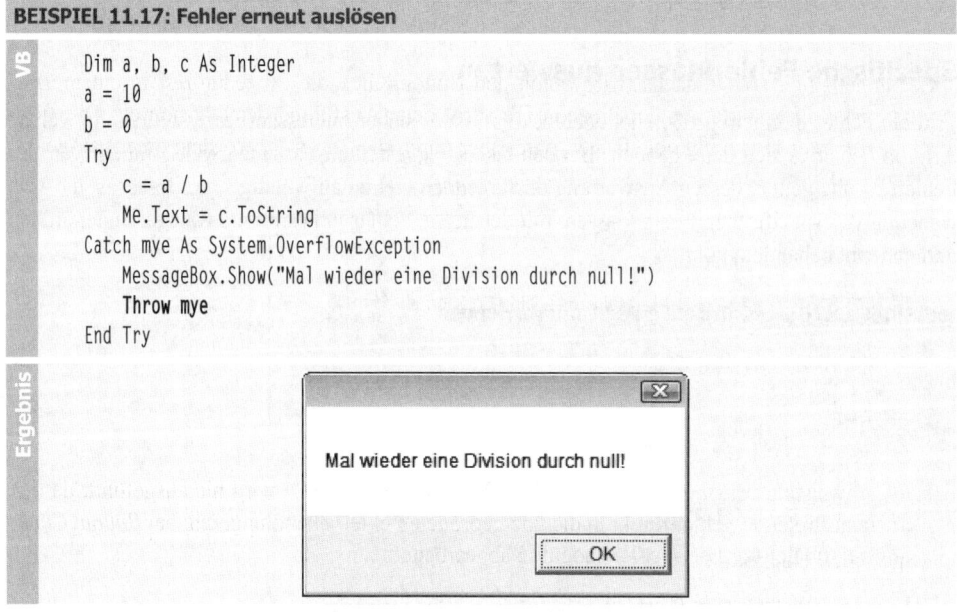

Ihre eigene Fehlermeldung wird nun zwar angezeigt, nach dem Aufruf von *Throw* verhält sich das Programm jedoch so, als ob keinerlei Fehlerbehandlung vorhanden ist, es sei denn, Sie haben eine übergeordnete Fehlerbehandlung realisiert.

BEISPIEL 11.18: Weiterreichen eines Fehlers an eine übergeordnete Fehlerbehandlung

```
Private Sub Test()
    Dim a, b, c As Integer
    a = 10
    b = 0
    Try
```

BEISPIEL 11.18: Weiterreichen eines Fehlers an eine übergeordnete Fehlerbehandlung

```
            c = a / b
            Me.Text = c.ToString
        Catch mye As System.OverflowException
            MessageBox.Show("Mal wieder eine Division durch null!")
            Throw mye
        End Try
        MessageBox.Show("Alles OK in Testprozedur!")
    End Sub

    Private Sub Button5_Click(sender As Object, e As EventArgs) Handles Button5.Click
        Try
            Test()
        Catch
            MessageBox.Show("Fehler in Testprozedur!")
        End Try
        MessageBox.Show("Alles Ok im Hauptprogramm!")
    End Sub
```

Was läuft hier ab? Zunächst wird durch den Button-Klick die Prozedur *Test* in einem *Try-Catch*-Block gestartet. In der Prozedur Test tritt beim Ausführen der Division ein Overflow auf, der zwar kurzzeitig abgefangen wird, aber durch die *Throw*-Anweisung erneut ausgelöst wird.

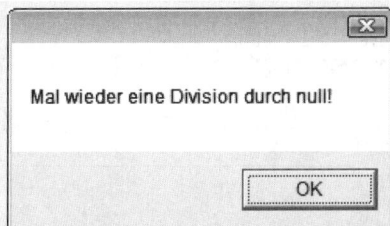

Die Anweisung *MessageBox.Show("Alles OK in Testprozedur!")* wird nie ausgeführt, da der erneut auftretende Fehler direkt in die übergeordnete Fehlerbehandlung, d.h. bei *Button_Click*, verzweigt. Hier wird der Fehler endgültig abgearbeitet:

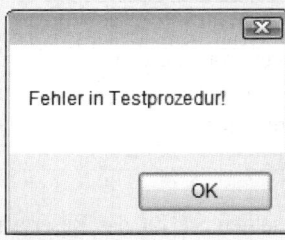

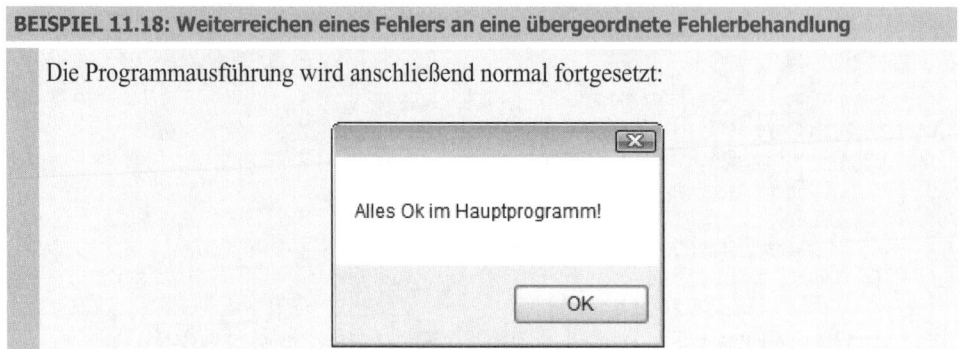

BEISPIEL 11.18: Weiterreichen eines Fehlers an eine übergeordnete Fehlerbehandlung

Die Programmausführung wird anschließend normal fortgesetzt:

11.4.3 Try-Finally

Ein weiteres Konstrukt zur Fehlerbehandlung ist dann von Interesse, wenn das "Kind schon in den Brunnen gefallen ist". Nach dem Motto "Retten, was zu retten ist" geht es darum, Systemressourcen etc. auch im Fehlerfall sicher wieder freizugeben. Die Rede ist von den *Try-Finally*-Blöcken.

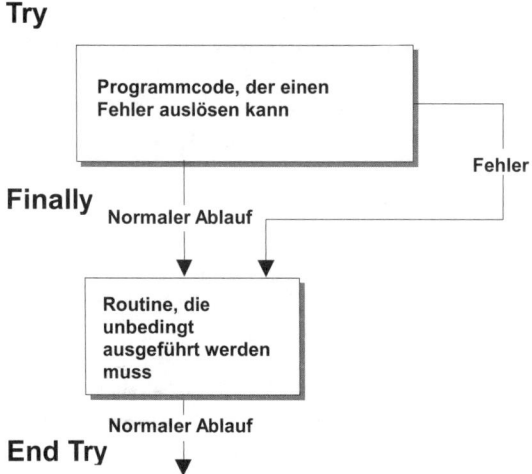

Sollte ein Fehler den gewohnten Ablauf stören, wird die Programmausführung im geschützten Block unterbrochen und **nach** *Finally* in jedem Fall fortgesetzt.

HINWEIS: Dieser Teil wird auch beim "normalen" Programmablauf ausgeführt.

Diese Art der Fehlerbehandlung sollten Sie für das Reservieren/Freigeben von Ressourcen verwenden (Speicher, Objekte und dergleichen).

BEISPIEL 11.19: *Try-Finally* beim Versuch, eine Access-Datenbank zu öffnen

```vb
Imports System.Data.OleDb
...
    Dim conn1 As New OleDbConnection("Provider=Microsoft.Jet.OLEDB.4.0;Data Source=Test.mdb")
    Try
        conn1.Open()
    Finally
        MessageBox.Show("Dateien schließen!")
        conn1.Close()
    End Try
```

Der Versuch, die Connection zu öffnen, wird fehlschlagen, da die Datei nicht vorhanden ist.

Nachfolgend werden folgende Dialogboxen angezeigt[1]:

Ob es zu einem Programmabbruch kommt, hängt von der Reaktion des Nutzers in der zweiten Dialogbox ab.

HINWEIS: Sie können diese Art von Fehlerbehandlung auch mit der *Try-Catch*-Fehlerbehandlung verbinden, um die Fehlerdialogbox zu vermeiden.

BEISPIEL 11.20: *Try-Catch-Finally* (siehe Vorgängerbeispiel)

```vb
    Dim conn1 As New OleDbConnection("Provider=Microsoft.Jet.OLEDB.4.0 Data Source=Test.mdb")
    Try
        conn1.Open()
```

---

[1] In der Visual Studio-IDE erscheinen die Dialoge in einer anderen Reihenfolge, für uns ist jedoch das reine Laufzeitverhalten von Interesse.

BEISPIEL 11.20: *Try-Catch-Finally* (siehe Vorgängerbeispiel)

```
Catch
    MessageBox.Show("Leider konnte die Datei nicht gefunden werden!")
Finally
    MessageBox.Show("Datei schließen!")
    conn1.Close()
End Try
MessageBox.Show("Fertig!")
```

Die Reihenfolge der Dialogboxen:

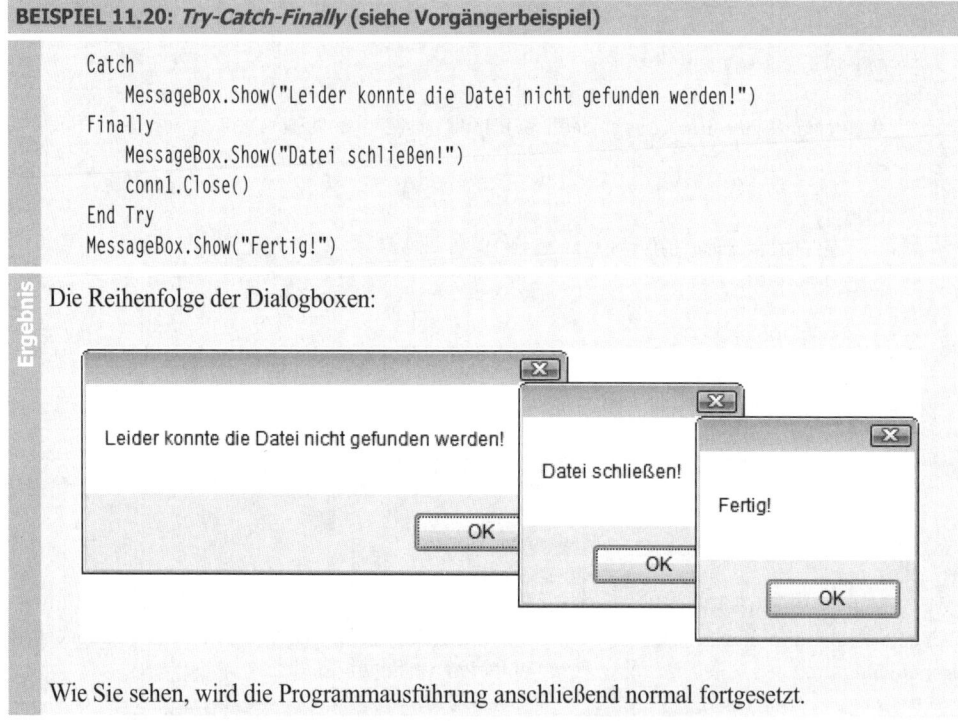

Wie Sie sehen, wird die Programmausführung anschließend normal fortgesetzt.

11.4.4 Das Standardverhalten bei Ausnahmen festlegen

Ganz kurz hatten wir ihn schon angesprochen, den Menüpunkt *Debuggen|Ausnahmen...*, hinter dem sich die in der folgenden Abbildung gezeigte Dialogbox versteckt.

Neben der reinen Darstellung einer hierarchisch gegliederten Liste der möglichen Ausnahmen bietet die Dialogbox auch die Möglichkeit, das Verhalten des Debuggers bei Ausnahmen anzupassen. Zwei Optionen sind zu unterscheiden:

■ das Verhalten, wenn eine Ausnahme ausgelöst wird (also noch vor der eigentlichen Fehlerbehandlung)

■ das Verhalten, wenn eine Ausnahme nicht durch das Programm behandelt wird (z.B. *Try-Catch*)

HINWEIS: Alle hier vorgenommenen Einstellungen gelten nur für den Entwurf. Die Release-Version wird davon nicht beeinflusst.

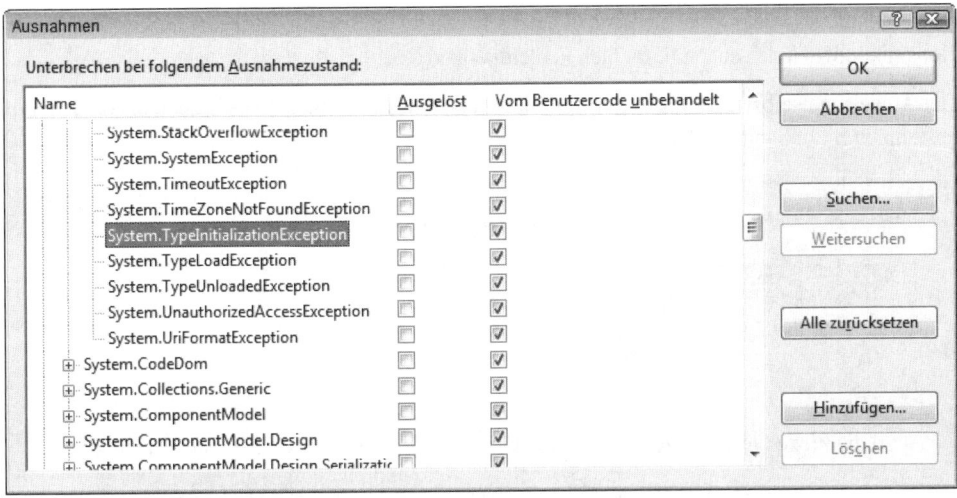

11.4.5 Die Exception-Klasse

Was genau ist eigentlich eine Exception? In .NET ist die Antwort schnell gefunden, wie immer handelt es sich um eine Klasse bzw. ein Objekt, das über seine Eigenschaften Informationen zur gerade aufgetretenen Ausnahme bzw. zum Fehler zur Verfügung stellt:

Eigenschaft	Beschreibung
HelpLink	... Verweis (z.B. URL, Link) auf eine ausführliche Beschreibung des Fehlers (z.B. Hilfedatei)
HResult	... eine eindeutige Fehlernummer
InnerException	... ein Verweis auf die ursprüngliche Exception
Message	... ein beschreibender Text
Source	... Anwendung bzw. Objekt, in dem der Fehler aufgetreten ist
StackTrace	... liefert Informationen vom Aufruf-Stack
TargetSite	... ein Verweis auf die Methode, die die Ausnahme verursacht hat

Wie Sie eine Ausnahme auslösen bzw. wie Sie neue Ausnahmen erzeugen, zeigen Ihnen die folgenden Abschnitte. Ausgangspunkt für eigene *Exceptions* ist in jedem Fall die *Exception*-Klasse mit den o.g. Eigenschaften.

11.4.6 Fehler/Ausnahmen auslösen

Neben den vom System bzw. vom Framework ausgelösten *Exceptions* können Sie auch selbst Ausnahmen auslösen. Die dafür notwendige Anweisung *Throw* hatten Sie bereits in einem der vorhergehenden Abschnitte kennen gelernt. Ziel in den vorhergehenden Abschnitten war das erneute Auslösen einer *Exception*, nachdem eine Fehlerbehandlung eingesetzt hatte. Der Fehler führte in diesem Fall entweder zur erneuten Fehlerbehandlung in einem übergeordneten *Try-Catch*-Konstrukt oder zu den schon bekannten Fehlerdialogboxen.

Der Anweisung selbst wird als Parameter ein initialisiertes *Exception*-Objekt übergeben. Den Typ bestimmen Sie anhand der Ausnahme.

BEISPIEL 11.21: Eine Prozedur *Test* erwartet zwei Argumente *a* und *b*, die einen festgelegten Wertebereich haben. Wird dieser überschritten, löst die Prozedur eine Exception aus.

```vb
Private Sub Test(a As Integer, b As Integer)
    If (a > 80000) Or (b > 100000) Then
        Throw New System.Exception("Wertebereich nicht eingehalten")
    End If
End Sub
```

Wird die Prozedur mit ungültigen Parametern gestartet, erhalten Sie folgende Meldung:

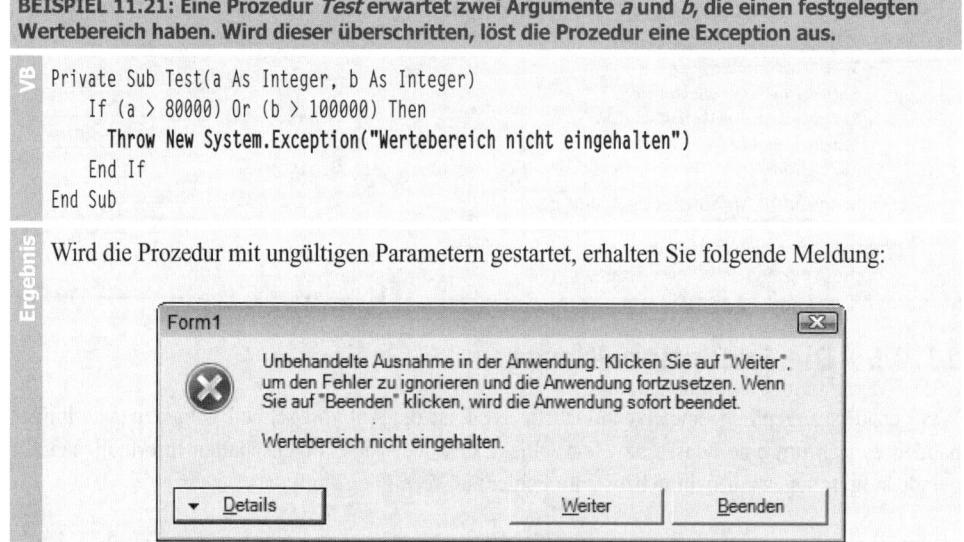

11.4.7 Eigene Fehlerklassen

So schön auch die bisherigen Varianten sind, in einigen Fällen möchte man doch eigene Fehlerklassen erzeugen, sei es, dass spezielle Parameter übergeben werden oder das Verhalten geändert werden soll. Auch die Auswertung der Fehler kann wesentlich differenzierter erfolgen. Last, but not least, sind eigene Fehlerklassen im Zusammenhang mit der Komponentenentwicklung interessant.

Ein vielleicht etwas abwegiges, dafür aber leicht verständliches Beispiel soll Ihnen die Vorgehensweise vermitteln.

BEISPIEL 11.22: Es soll eine neue Fehlerklasse entwickelt werden, die in der Lage ist, eine E-Mail über den aktuellen E-Mail-Client zu versenden bzw. dort zunächst anzuzeigen.

Die Klasse (wir leiten von der *Exception*-Klasse ab):

```vb
Public Class CMyError
Inherits Exception
```

Der Konstruktor:

```vb
    Public Sub New(message As String)
        MyBase.New()
    End Sub
```

BEISPIEL 11.22: Es soll eine neue Fehlerklasse entwickelt werden, die in der Lage ist, eine E-Mail über den aktuellen E-Mail-Client zu versenden bzw. dort zunächst anzuzeigen.

Eine zusätzliche Methode zum Versenden der E-Mail:

```
Public Sub SendMailMessage()
    System.Diagnostics.Process.Start("mailto:support@nirgendwo.de?subject" &
                                     "=Fehler&Body=" & Me.Message)
End Sub
End Class
```

Selbstverständlich könnten Sie hier auch weitere Parameter definieren, zum Beispiel eine Zieladresse etc.

Die Verwendung (Auslösen der neuen Exception):

```
Private Sub test1(a As Integer, b As Integer)
    If (a > 80000) Or (b > 100000) Then _
                            Throw New CMyError("Wertebereich nicht eingehalten")
End Sub
```

Die Verwendung (Fehlerbehandlung):

```
Private Sub Button8_Click(sender As Object, e As EventArgs) Handles Button8.Click
    Try
        Test1(77777777, 8)
    Catch mye As CMyError
        mye.SendMailMessage()
    End Try
End Sub
```

Nach dem Aufruf der Methode *SendMailMessage* öffnet sich der aktuelle E-Mail-Client, die Meldungstexte und die Adresse sind bereits eingetragen.

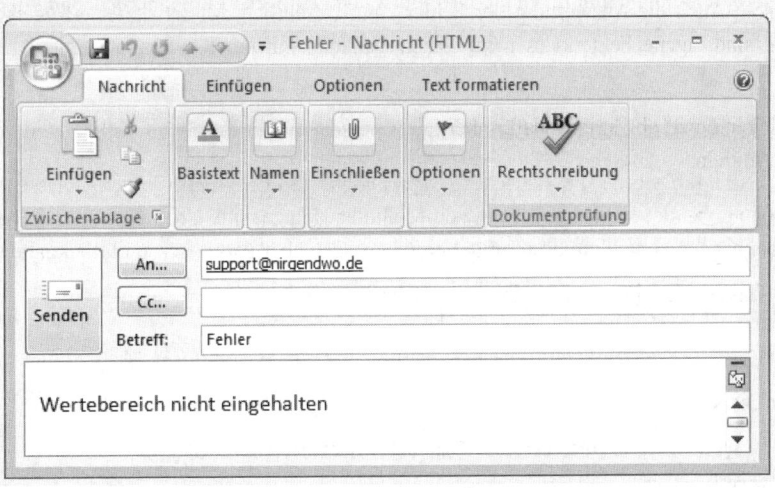

11.4.8 Exceptionhandling zur Entwurfszeit

Auch während der Programmentwicklung erhalten Sie durch Visual Studio eine komfortable Unterstützung bei der Fehlersuche. Der Exception-Dialog ist nicht modal, d.h., Sie können mit Ihrer Arbeit am Quellcode fortfahren, ohne den Dialog vorher schließen zu müssen. Falls der Dialog stört, verschieben Sie ihn einfach in eine beliebige Ecke des Codefensters (während des Verschiebens erscheint der Dialog transparent).

BEISPIEL 11.23: Exception-Dialog beim Versuch, eine Verbindung zum SQL Server herzustellen

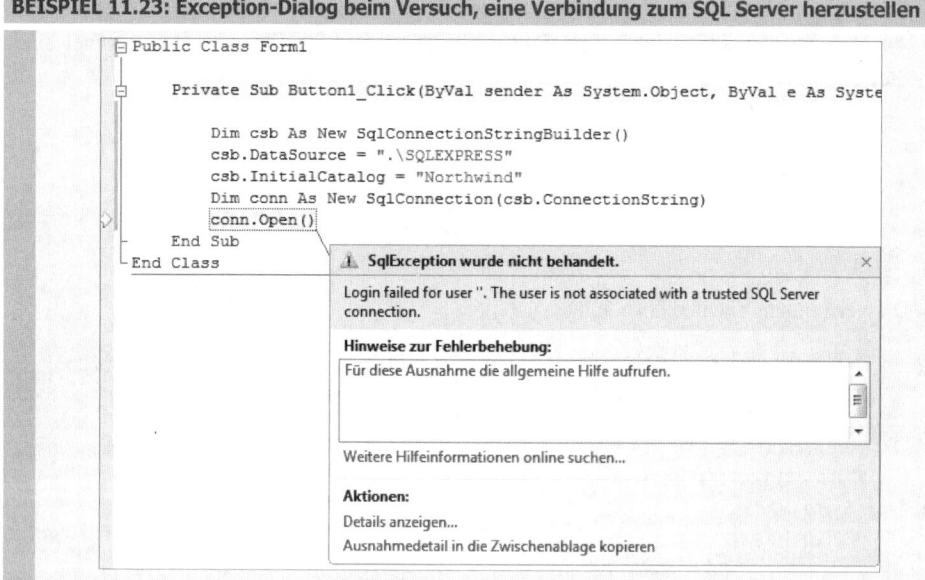

Klicken Sie auf "Details anzeigen ...", um weitere Informationen zu erhalten. Außer einer Fehlerbeschreibung gibt Ihnen die Dialogbox auch Hinweise zur Fehlerbehebung mit diversen Links.

11.4.9 Code Contracts

Erst mit .NET 4.0 wurde die statische *System.Diagnostics.Contracts.Contract*-Klasse eingeführt. Damit können bei der Implementierung von Methoden so genannte *Code Contracts* festgelegt werden. Dabei handelt es sich um bestimmte Vereinbarungen über Parameter- und Rückgabewerte.

BEISPIEL 11.24: Eine Methode zur Division von zwei Gleitkommazahlen

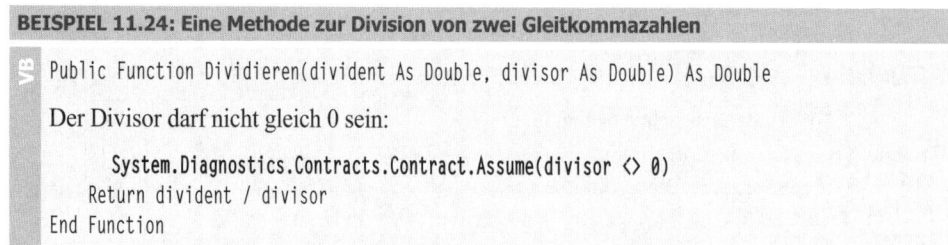

```
Public Function Dividieren(divident As Double, divisor As Double) As Double
```

Der Divisor darf nicht gleich 0 sein:

```
    System.Diagnostics.Contracts.Contract.Assume(divisor <> 0)
    Return divident / divisor
End Function
```

In älteren .NET-Versionen hätte man das allerdings auch mittels der *System.Diagnostics.Debug.-Assert()*-Methode realisieren können (siehe Seite565). Neu ist, dass man das jetzt auch schon beim Kompilieren erkennen kann.

HINWEIS: Durch den Einsatz von Code Contracts kann man die Programmqualität spürbar verbessern, da einige Fehler nicht erst beim Testen auffallen.

Teil

Teil III: WPF-Anwendungen

- Einführung in WPF

- Übersicht WPF-Controls

- Wichtige WPF-Techniken

- Grundlagen WPF-Datenbindung

- Drucken/Druckvorschau in WPF

Kapitel 12

Einführung in WPF

Wer innovative und optisch anspruchsvolle Windows Desktop-Anwendungen entwerfen will, kommt nicht mehr um die Verwendung von WPF, dem Nachfolger der Windows Forms, herum[1].

WPF ist die Abkürzung für *Windows Presentation Foundation*. Hierbei handelt es sich im weitesten Sinne um eine weitere Windows Präsentations-Schnittstelle bzw. ein Framework für die Entwicklung interaktiver Anwendungen. Eines der wesentlichsten Merkmale ist die strikte Trennung von Präsentations- und Geschäftslogik, basierend auf der neuen Beschreibungssprache XAML.

Wenn Sie bisher lediglich Windows Forms-Anwendungen entwickelt haben, sollten Sie sich zunächst die Frage stellen, welchen Typ von Anwendung Sie eigentlich jetzt entwickeln wollen:

- Windows Desktop-Anwendungen (lauffähig auf allen Windows Versionen ab Windows XP)

- Windows Store Apps (nur Windows 8 bzw. Windows RT)

Für die Entwicklung von Windows Store-Apps müssen Sie auf WinRT setzen, eine Technologie, die in weiten Teilen auf den Grundkonzepten von WPF basiert. Mehr dazu ab Kapitel 18.

HINWEIS: Wir setzen im Teil "WinRT" weitgehende Kenntnisse von WPF-Techniken voraus, Sie können die folgenden Kapitel also auch getrost als Einführung für die WinRT-Entwicklung betrachten.

Wer den Umstieg von Windows Forms nach WPF wagt, muss mit beträchtlichem Portierungsaufwand rechnen, da vielfach gänzlich andere Konzepte zum Einsatz kommen. Eine Teilmigration Ihrer Anwendung wird von Microsoft durch das *ElementHost*-Control unterstützt, dieses kann WPF-Elemente innerhalb einer Windows Forms-Anwendung darstellen. Im Umkehrschluss lassen sich Windows Forms-Elemente per *WindowsFormsHost* auch in WPF-Anwendungen nutzen.

Bei Neuentwicklungen für den Desktop sollten Sie jedoch in jedem Fall die Verwendung von WPF in Betracht ziehen, dies auch im Hinblick auf eine Wiederverwendbarkeit Ihres Codes im Rahmen einer Webapplikation, d.h. in diesem Fall als Silverlight-Anwendung.

---

[1] Aus diesem Grund haben wir auch die "altbackenen" Windows Forms-Kapitel in das E-Book "verbannt".

Und was ist mit Silverlight?

Da die Konzepte und Technologien von WPF- und Silverlight-Anwendungen weitgehend übereinstimmen, haben wir das Kapitel zur Entwicklung von Silverlight-Anwendungen an das Ende dieses Teils unseres Buch gestellt. Es ist empfehlenswert, sich zunächst die Ausführungen über WPF zu Gemüte zu führen, bevor Sie sich den speziellen Silverlight-Features zuwenden.

12.1 Neues aus der Gerüchteküche

Leider ist die Produktpolitik von Microsoft in den letzten Jahren immer verworrener geworden. Für den Entwickler steht meist die Frage im Vordergrund, welche Technologie auch noch in einigen Jahren verfügbar ist und unterstützt wird.

Nach stürmischen Entwicklungen bei WPF und Silverlight mit teilweise rasanten Versionswechseln, hat Microsoft nun mit WinRT ein neues Pferd in den Stall gestellt. Gleichzeitig ist die Entwicklung bei Silverlight (aktuell Version 5) und WPF fast zum Erliegen gekommen.

12.1.1 Silverlight

Für Silverlight lässt sich sagen, dass es sich vermutlich um die letzte offizielle Version handeln wird. Ein Support ist seitens Microsofts jedoch bis ins Jahr 2021 gesichert. Es spricht also nichts dagegen, auch heute noch Projekte oder Teilprojekte in Silverlight zu realisieren, zumal die potenzielle Installationsbasis (ab Windows XP) auch auf Jahre hinaus noch wesentlich größer sein wird als zum Beispiel für eine reine WinRT-App, die nur auf Windows 8-Systemen lauffähig ist. Ein Blick in die Praxis zeigt recht schnell, dass auch heute noch viele Unternehmen auf Windows XP setzen bzw. derzeit am Umstieg auf Windows 7 arbeiten. Wer hier Intranet-Anwendungen realisieren will, sollte auf jeden Fall einen Blick auf Silverlight werfen.

Etwas anders sieht es mit der Unterstützung für die Entwicklung von Windows Phone-Apps aus. Hier hält Microsoft mit dem Umstieg auf die Version 8 eine Überraschung bereit, die neue Basis ist WinRT und nicht mehr XNA bzw. Silverlight.

12.1.2 WPF

Auch dem WPF-Programmierer wird nicht verborgen geblieben sein, dass sich die Neuerungen in der aktuellen Version in recht engen Grenzen bewegen. Dies kann zum einen auf fehlende Ressourcen (WinRT-Entwicklung), zum anderen aber auch auf einen Paradigmenwechsel zurückzuführen sein. Microsoft hat ein großes Interesse daran, am Tablet-Markt und am Verkauf von WinRT-Apps über den Microsoft Store zu partizipieren. Ob dieser Wunsch auch mit den Realitäten und den Vorstellungen der Entwickler übereinstimmt, ist eine andere Frage. Ihnen muss klar sein, dass Sie auf nicht absehbare Zeit sowohl WinRT- als auch Windows-Desktop-Anwendungen parallel entwickeln müssen, wenn Sie nicht auf große Zielgruppen verzichten wollen. Eine umfangreiche Business-Anwendung ausschließlich für Windows 8 zu erstellen ist sicher keine gute Idee. Nutzen Sie also für die Desktop-Entwicklung am besten WPF und profitieren Sie von den vielen Gemeinsamkeiten mit WinRT.

12.2 Einführung

Bevor wir uns im Gestrüpp der WPF-Programmierung verirren, wollen wir zunächst einen Blick auf die Grundkonzepte, Vor- und Nachteile sowie die möglichen Anwendungstypen werfen.

12.2.1 Was kann eine WPF-Anwendung?

Nachdem Sie die letzten 10-15 Jahre mit fast den gleichen Bibliotheken und APIs (GDI32, User32) gekämpft haben, stellt sich bei einer so radikalen Änderung zunächst die Frage, was kann WPF bzw. was macht den Unterschied zur bisherigen Vorgehensweise aus? Statt vieler Worte also zunächst eine kurze Liste der Highlights:

- Hierarchische Oberflächenbeschreibung mit XAML (XML), alternativ können die Oberflächen auch per Code beschrieben werden,

- Codebehind-Modell, ähnlich wie bei ASP.NET-Anwendungen,

- Strikte Trennung von Design und Logik,

- Desktop- (Fenster-basiert) oder Browser-Anwendung (Seiten-basiert) möglich,

- vektorbasierte Grafikausgabe (Fließkomma-Arithmetik), damit frei skalierbare Oberflächen unabhängig vom Ausgabegerät,

- schnelle Grafikausgabe dank Hardwarebeschleunigung und Ausgabe per DirectX,

- umfangreiche Unterstützung für 2D- und 3D-Grafik,

- hervorragende Layout-Optionen für Texte und Steuerelemente,

- umfangreiche Unterstützung für Grafik-Effekte (Schatten, Transparenz, Rotation, Scherung etc.) bei der Oberflächengestaltung,

- komplexe grafische Animationen für Elemente,

- Unterstützung von Medien (Videos, Bilder, Audio),

- einfache Datenbindung für fast alle Eigenschaften möglich

- ClickOnce oder XCopy-Deployment,

- teilweise Abwärtskompatibilität durch Windows Forms-Integration,

- Unterstützung für Webanwendungen in Form von Silverlight-Applikationen.

Sicherlich haben Sie in obiger Liste bereits ein Feature gefunden, das Sie bisher schmerzlich vermisst haben oder nur recht umständlich realisieren konnten.

WPF soll nun all diese Möglichkeiten nicht nur unter einem Dach vereinigen, sondern die einzelnen Konzepte auch sinnvoll miteinander verzahnen. Microsoft teilt die einzelnen Funktionen dazu in eine Reihe von Diensten auf, die Sie als Entwickler in Anspruch nehmen können. Die folgende Abbildung zeigt eine entsprechende Übersicht:

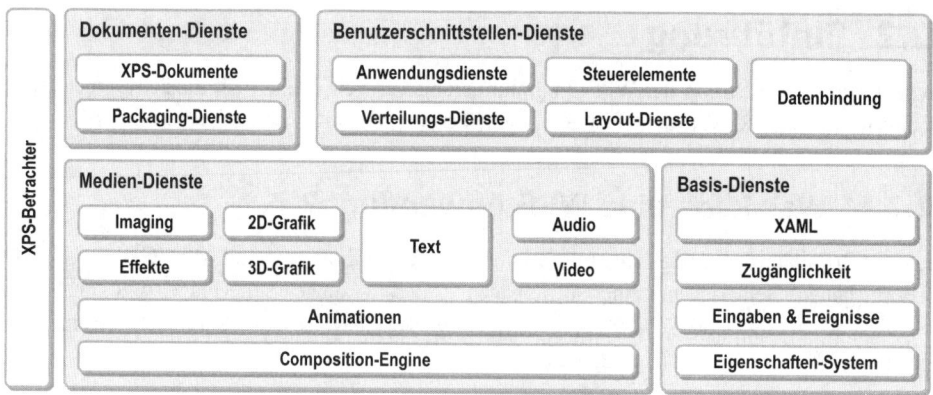

Alle obigen Dienste liegen als managed Code vor, verwenden das .NET-Framework und setzen auf
DirectX für die Grafikausgabe auf.

HINWEIS: Auf die Besonderheit von *Silverlight* gehen wir im Rahmen des Kapitels 43 ge-
sondert ein, dazu fehlt an dieser Stelle einfach der Platz.

Die folgende Abbildung zeigt Ihnen in einer Übersicht, welche Teile von WPF als managed Code
vorliegen und welche Abhängigkeiten zwischen den einzelnen Ebenen bestehen.

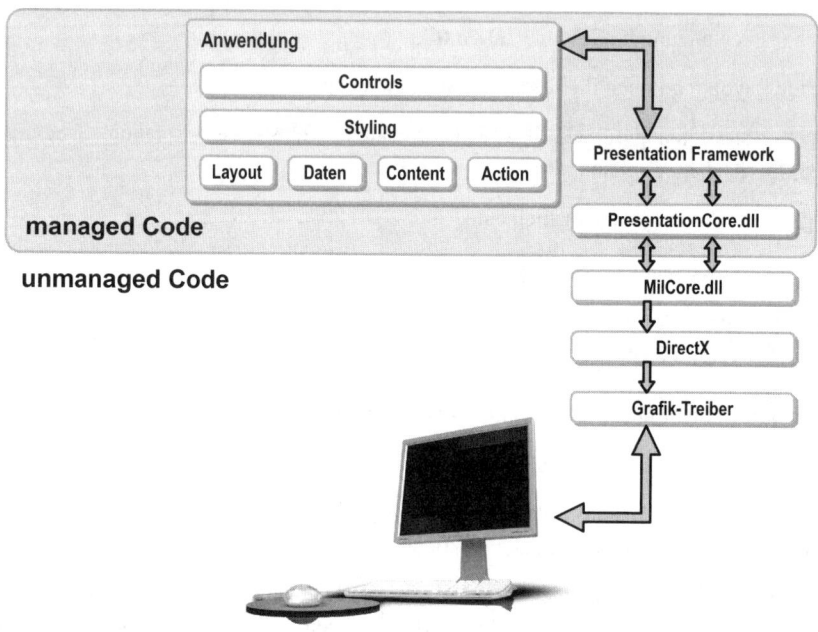

HINWEIS: Aus Performance-Gründen ist die *MilCore.dll* in unmanged Code geschrieben, hier
laufen alle Grafikausgaben der Anwendung durch.

12.2.2 Die eXtensible Application Markup Language

Wie schon kurz erwähnt, basieren WPF-Anwendungen im Normalfall[1] auf einer Trennung von Oberflächenbeschreibung und Quellcode, wie Sie es auch von ASP.NET-Anwendungen her kennen. Die Oberfläche selbst wird mit einer XML-basierten Beschreibungssprache namens XAML (*eXtensible Application Markup Language* (gesprochen "Xemmel") definiert, die Programmlogik schreiben Sie wie gewohnt in VB oder C#.

Diese strikte Trennung ermöglicht es auch, die Oberfläche von einem Designer und die Logik von einem Programmierer erstellen zu lassen. Wer jetzt denkt, als Programmierer arbeitslos zu werden, braucht keine Sorge zu haben. Das grundsätzliche Programmgerüst werden Sie nach wie vor entwerfen, die optische Gestaltung (Aussehen von Controls, Animationen Grafiken etc.) kann dann ein Grafiker übernehmen.

HINWEIS: Über grundlegende XAML-Kenntnisse sollten Sie als Programmierer ebenfalls verfügen. Auch wenn Ihnen der Visual Studio-Designer viel Arbeit abnimmt ist es häufig wesentlich einfacher, ein paar Tags in das XAML-Dokument einzufügen, als mühevoll die Oberfläche zusammenzuklicken und per Eigenschafteneditor zu konfigurieren. Diese Tatsache scheint auch Microsoft nicht entgangen zu sein, der XAML-Code wird im Editor parallel zum Designer angezeigt, Änderungen in einem der beiden Editoren wirken sich wechselseitig aus (siehe folgende Abbildung).

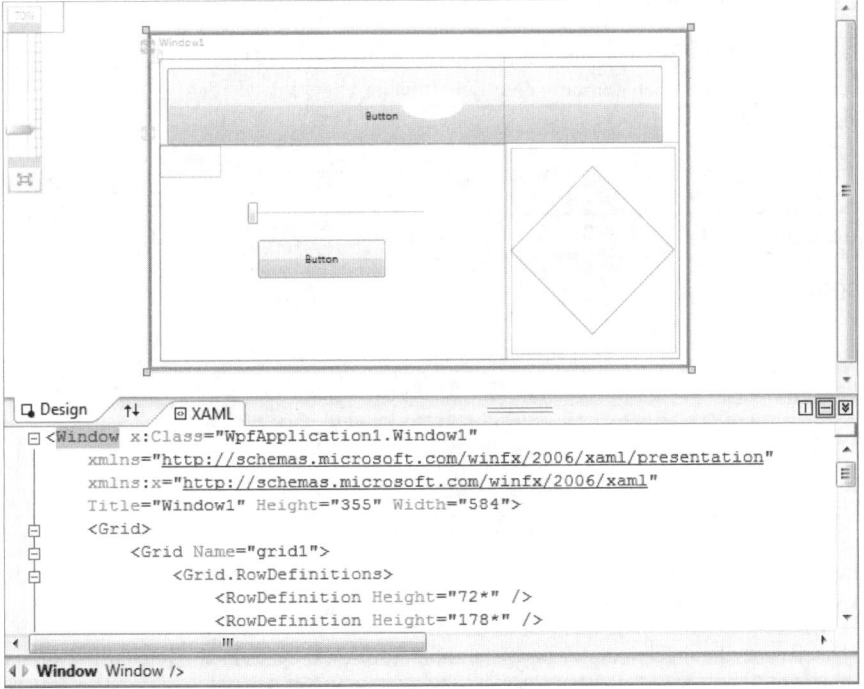

---

[1] Sie können auch eine Anwendung nur per Code erzeugen, aber dann gehen Sie vermutlich auch nur zu Fuß und verwenden kein Auto.

HINWEIS: Da Microsoft zwei Zielgruppen (Designer und Entwickler) mit WPF ansprechen möchte, sind auch zwei getrennte Entwicklungsumgebungen verfügbar. Vor einer sitzen Sie vermutlich gerade (Visual Studio 2012), die zweite nennt sich *Expression Blend* und richtet sich vornehmlich an Designer. Mehr Informationen zu den beiden Entwicklungsumgebungen finden Sie im Abschnitt 14.9.1 (ab Seite 783).

Eine erste XAML-Anwendung

Statt vieler Worte wollen wir uns zunächst mit einem einfachen XAML-Beispiel beschäftigen, bevor wir uns in den Details verlieren.

BEISPIEL 12.1: Eine erste XAML-Anwendung

Öffnen Sie einen Texteditor (*Notepad*) und tippen Sie folgenden Code ein.

```
<Button xmlns="http://schemas.microsoft.com/winfx/2006/xaml/presentation">
   Hallo Welt
</Button>
```

Speichern Sie nachfolgend die "Anwendung" unter dem Namen *Test1.xaml* ab.

HINWEIS: Die Angabe des Namespaces (*xmlns*=...) in obigem Beispiel macht dem Interpreter klar, um was für einen Button es sich eigentlich handelt. "Hallo Welt" ist der im Button enthaltenen Content, darauf kommen wir später noch zurück.

Mit einem Doppelklick können wir den ersten Test starten. Ist das Framework ab Version 3 installiert, sollte im Internet-Explorer eine Schaltfläche angezeigt werden, die den gesamte Clientbereich ausfüllt:

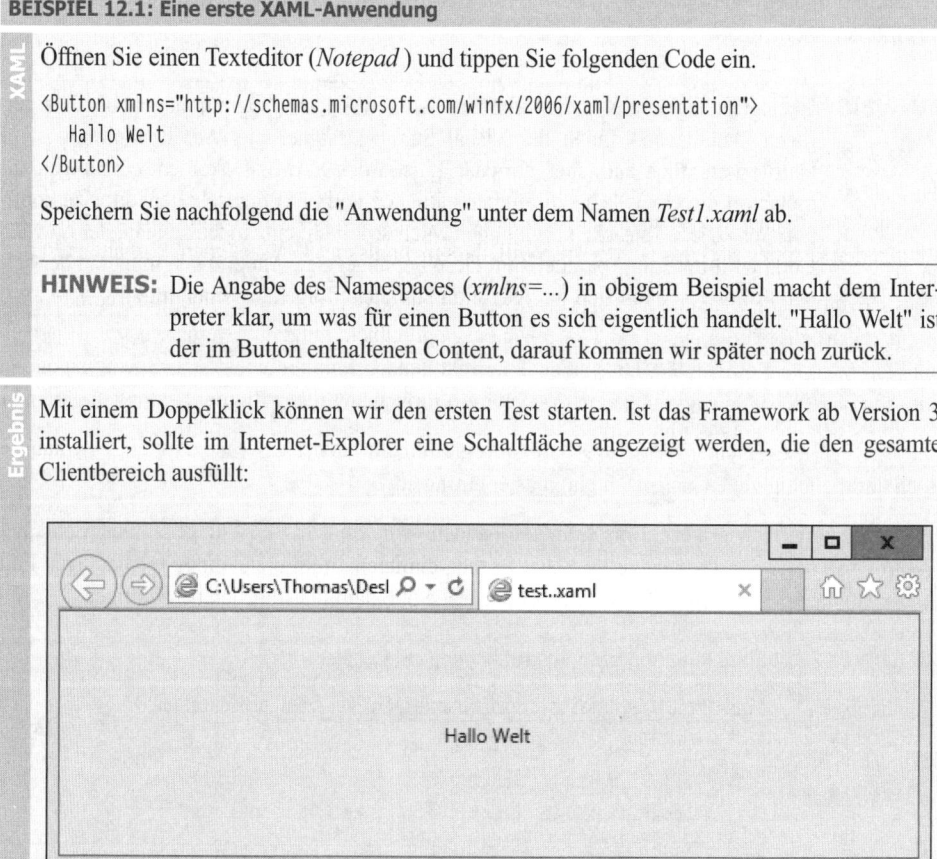

So, das ging ja schon recht schnell, auch wenn wir noch keine Funktionalität implementiert haben. Ein paar Worte zu den Hintergründen der neuen XAML-Anwendung:

- Obige Datei wird als ungebundenes bzw. stand-alone XAML bezeichnet. Dateien mit dieser Extension sind automatisch mit dem *PresentationHost* verknüpft und werden durch diesen interpretiert.

- Da es sich um kein komplettes Programm handelt, wird automatisch ein Objekt vom Typ *Page* erzeugt, dem obiger XAML-Code als Content (Inhalt) zugewiesen wird.

- Die so erzeugten *Page*-Objekte können im Internet-Explorer angezeigt werden.

Probleme mit dem Stammelement

Mutig geworden, wollen wir nun versuchen, noch einen zweiten Button in unser Programmchen einzufügen.

BEISPIEL 12.2: Darstellung von zwei Schaltflächen

```xaml
<Button xmlns="http://schemas.microsoft.com/winfx/2006/xaml/presentation">
    Hallo Welt
</Button>
<Button xmlns="http://schemas.microsoft.com/winfx/2006/xaml/presentation">
    Hallo XAML
</Button>
```

Statt der erwarteten Schaltflächen taucht im Browser eine Fehlermeldung auf, die uns mit vielen Worten den knappen Sachverhalt erklären will, dass mehr als ein Stammelement vorhanden ist.

Dass scheint zwar auf den ersten Blick auch korrekt (siehe obiges Listing), aber kurz vorher hatten wir ja erklärt, dass diese Daten als Content in ein *Page*-Objekt eingefügt werden, damit ist ja wohl ein Stammelement vorhanden. Dies ist auch korrekt, jedoch schreibt die XAML-Spezifikation vor, dass sowohl ein *Window* als auch eine *Page* nur **ein untergeordnetes Element** enthalten dürfen[1].

Dieses Regel ist für einen Windows Forms-Programmierer sicher gewöhnungsbedürftig, kann er doch dort beliebig viele Controls in ein Fenster einfügen.

Umgehen können wir diese Einschränkung, indem wir zunächst ein so genanntes Container-Control definieren, in das wir unsere Schaltflächen einfügen. WPF bietet einen reichhaltigen Fundus an Container-Klassen an, wir werden uns ab Seite 606 damit ausführlich beschäftigen.

BEISPIEL 12.3: Darstellung von zwei Schaltflächen (zweiter Versuch)

```xaml
<StackPanel xmlns="http://schemas.microsoft.com/winfx/2006/xaml/presentation">
    <Button>Hallo Welt</Button>
    <Button>Hallo XAML</Button>
</StackPanel>
```

HINWEIS: Da der Namespace bereits beim *StackPanel* festgelegt wurde, können wir bei den untergeordneten Schaltflächen darauf verzichten.

---

[1] Darüber werden Sie sicher mehr als einmal stolpern ...

BEISPIEL 12.3: Darstellung von zwei Schaltflächen (zweiter Versuch)

Ein Testlauf bringt jetzt auch die erwarteten zwei Schaltflächen auf den Bildschirm:

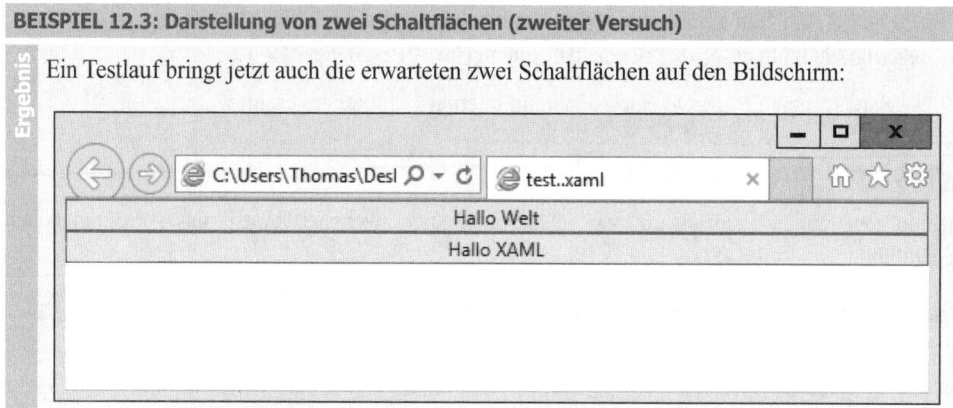

Aus obigem Beispiel können wir auch noch zwei weitere Erkenntnisse ableiten:

- XAML-Oberflächen sind hierarchisch aufgebaut (*Page → StackPanel → Button, Button*)
- Der Content (Inhalt) bestimmt die Abmessungen des Controls (Höhe der Schaltflächen[1])

Ein kleines Experiment

Nach so viel Erkenntnissen wollen wir ein kleines Experiment wagen. XAML-Oberflächen sind hierarchisch aufgebaut. Das wollen wir auf etwas eigenwillige Art überprüfen, indem wir einen Button in den anderen einfügen.

BEISPIEL 12.4: Button im Button

```
<StackPanel  xmlns="http://schemas.microsoft.com/winfx/2006/xaml/presentation" >
    <Button>
        <Button>
            Hallo XAML
        </Button>
    </Button>
</StackPanel>
```

Ein Testlauf zeigt das gewünschte Ergebnis:

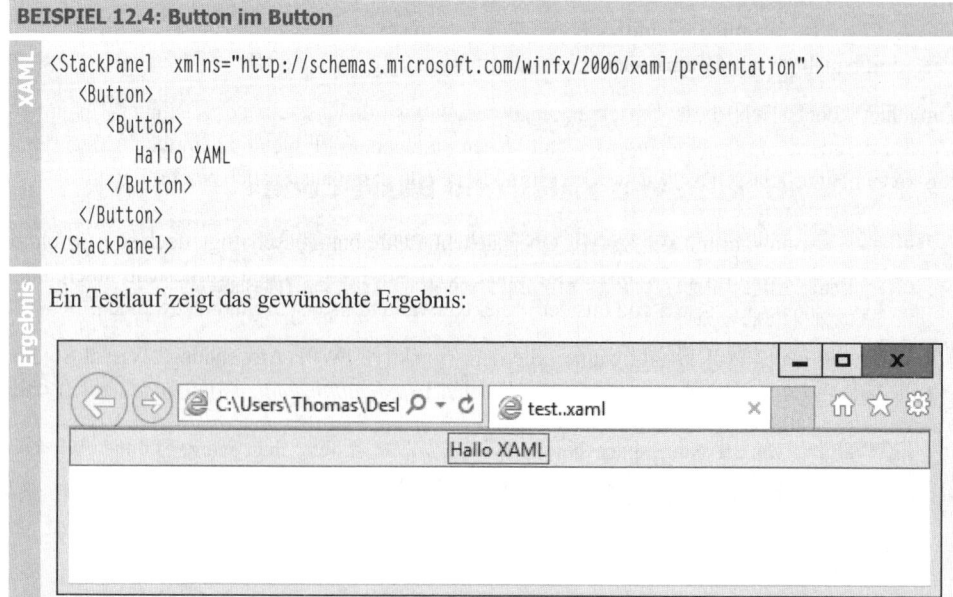

---

[1] Die Breite wird in diesem Fall durch das umgebende *StackPanel* bestimmt.

Für alle Ungläubigen: Der innere Button ist wirklich im Content des äußeren Buttons enthalten, nicht darüber. Das merken Sie schon daran, dass eine Mausbewegung über den inneren Button auch die äußere Schaltfläche aktiviert. Dies bedeutet auch, dass ein Mausklick sich auf beide Controls auswirkt (mehr dazu später).

Soll ich das alles von Hand eintippen?

Nein, natürlich nicht, wir wollten nur demonstrieren, dass Sie WPF-Oberflächen auch mit einem einfachen Editor programmieren können. Für die Eingabe stehen Ihnen in Visual Studio entweder die XAML-Ansicht oder die bekannte Design-Ansicht zur Verfügung.

Der XAML-Editor bietet mit der integrierten Intellisense bereits eine gute Grundlage, um Controls und deren Eigenschaften (Attribute) zu definieren bzw. Ereignismethoden zuzuweisen.

Sie werden im Laufe der Zeit feststellen, dass Sie mit dem XAML-Editor recht häufig arbeiten, da dies intuitiver als die mühsame Klickerei mit dem Designer ist.

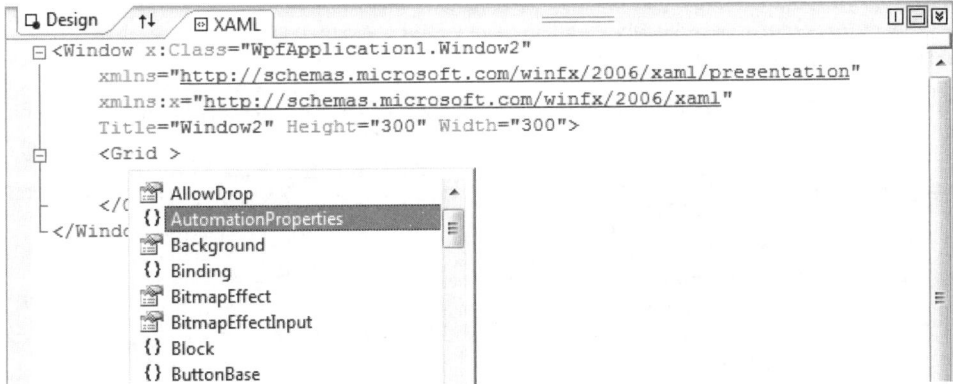

12.2.3 Verbinden von XAML und Basic-Code

Bisher haben wir uns nur mit der XAML-Oberflächenbeschreibung beschäftigt, doch so ganz ohne Code wird Ihr Programm wohl kaum auskommen. An dieser Stelle wollen wir deshalb unsere bisherigen Experimente abbrechen und uns der Projektverwaltung in Visual Studio zuwenden.

Öffnen Sie ein neues Projekt und wählen Sie den Projekttyp "WPF-Anwendung". Visual Studio erstellt daraufhin vier Dateien, zwei XAML-Dateien (*Application.xaml*, *MainWindow.xaml*) und zwei dazugehörige Klassendefinitionen (*Application.xaml.vb*, *MainWindow.xaml.vb*) in VB.

Schauen wir uns diese Dateien einmal im Detail an.

Application.xaml

In dieser Datei wird, neben der Einbindung der beiden obligatorischen Namespaces, die Klasse *Application* konfiguriert. Im vorliegenden Fall wird mit dem Attribut *StartupUri* festgelegt, welches Fenster als erstes angezeigt wird.

BEISPIEL 12.5: *Application.xaml*

```xaml
<Application x:Class="WpfApplication1.App"
    xmlns="http://schemas.microsoft.com/winfx/2006/xaml/presentation"
    xmlns:x="http://schemas.microsoft.com/winfx/2006/xaml"
    StartupUri="MainWindow.xaml">
    <Application.Resources>

    </Application.Resources>
</Application>
```

HINWEIS: Der Bezug zur Hintergrundcodedatei wird über das Attribut *x:Class* hergestellt
(*Namespace.<Klassennamen>*).

Ganz nebenbei nimmt diese Datei auch noch die Definition von Anwendungsressourcen (globale
Ressourcen) auf, wir kommen ab Seite 743 darauf zurück.

Application.xaml.vb

Hierbei handelt es sich um die Hintergrundcodedatei zu obiger XAML-Datei mit der noch leeren
Klassendefinition:

BEISPIEL 12.6: Application.xaml.vb

```vb
Class Application
    ' Ereignisse auf Anwendungsebene wie Startup, Exit und DispatcherUnhandledException
    ' können in dieser Datei verarbeitet werden.

    Public Sub New()

    End Sub
End Class
```

Die derart definierte *Application*-Klasse können Sie zur Laufzeit über *Application.Current* abrufen.
Die Klasse selbst stellt bereits einen umfangreichen Satz an Ereignissen und Eigenschaften zur Verfügung (mehr dazu ab Seite 627).

Wer das eigentliche Hauptprogramm in dieser Datei vermutet hat, liegt falsch, denn dieses wird
von Visual Studio automatisch erzeugt. Zusätzlich wird noch eine Methode *InitializeComponent*
angelegt, in der das Startformular entsprechend der Optionen in *Application.xaml* festgelegt wird.

Wer es nicht glaubt, der kann sich mit dem ILSpy davon überzeugen, dass die finale Assembly
über ein Hauptprogramm verfügt (siehe folgende Abbildung).

HINWEIS: Das obige *STAThread*-Attribute gibt an, dass das COM-Threadingmodell für die
Anwendung *Singlethread-Apartment* ist. Dieses Attribut muss vorhanden sein,
andernfalls funktionieren die Controls/Windows nicht richtig.

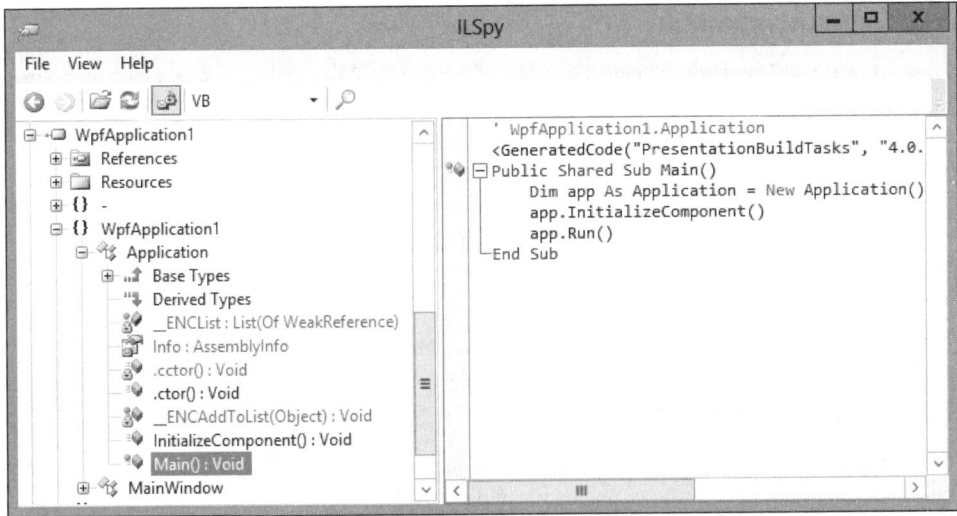

BEISPIEL 12.7: Der Inhalt der Methode _InitializeComponent_

```vb
<GeneratedCode("PresentationBuildTasks", "4.0.0.0"), DebuggerNonUserCode()>
Public Sub InitializeComponent()
    Me.StartupUri = New Uri("MainWindow.xaml", UriKind.Relative)
End Sub
```

MainWindow.xaml

Hier haben wir es mit der XAML-Beschreibung des ersten bereits automatisch erzeugten Fensters zu tun. Den Bezug zum VB-Sourcecode stellt das _x:Class_-Attribut her, die Einbindung der beiden obligaten Namespaces dürfte Ihnen bereits aus der _Application.xaml_ bekannt sein:

BEISPIEL 12.8: MainWindow.xaml

```vb
<Window x:Class="Window1"
    xmlns="http://schemas.microsoft.com/winfx/2006/xaml/presentation"
    xmlns:x="http://schemas.microsoft.com/winfx/2006/xaml"
    Title="Window1" Height="300" Width="300">
    <Grid>

    </Grid>
</Window>
```

Mit dem Attribut _Title_ wird der Inhalt der Kopfzeile definiert, _Width,_ und _Height_ dürften selbsterklärend sein.

Das _Grid_-Element definiert bereits den grundlegenden Container (und damit das Layout) für das neue Fenster, dieses Element können Sie bei Bedarf löschen und durch eines der anderen Container-Elemente ersetzen (siehe Seite 606).

MainWindow.xaml.vb

Die letzte der vier Dateien dürfte die "Spielwiese" für Sie als Programmierer sein, hier haben Sie es mit der Code-Hintergrunddatei für das mit *MainWindow.xaml* definierte Fenster zu tun.

BEISPIEL 12.9: MainWindow.xaml.vb

```vb
Class Window1

End Class
```

In dieser Datei werden die Ereignis-Handler, zusätzliche Methoden und lokale Variablen abgelegt.

Ein erster Ereignis-Handler

Sicher wollen Sie endlich auch etwas Aktivität in unser Programm bringen, fügen Sie dazu einen einfachen *Button* in den Designer und damit in das *Grid*!!! von *MainWindow* ein. Alternativ können Sie auch die XAML-Datei von *MainWindow* bearbeiten:

BEISPIEL 12.10: Ein erster Ereignis-Handler

```xaml
...
    <Grid>
        <Button>Ein erster Test</Button>
    </Grid>
...
```

Nach einem Doppelklick auf den Button erzeugt Visual Studio für Sie bereits den nötigen Ereignis-Handler. Fügen Sie jetzt noch eine kurzes *MessageBox.Show ...* ein, und Sie haben ein funktionstüchtiges Programm, bei dem XAML-Oberfläche und VB-Code miteinander verbunden sind.

```vb
    Private Sub Button_Click_1(sender As Object, e As RoutedEventArgs)
        MessageBox.Show("Hallo Welt")
    End Sub
```

Sicher nicht ganz uninteressant ist jetzt die XAML-Datei, hier muss ja ein Verweis auf die zugehörige Ereignis-Routine eingefügt werden. Und siehe da, dem Attribut *Click* wird der Name der Ereignis-Methode übergeben (im Gegensatz zur vorhergehenden Version):

```
...
  <Grid>
    <Button Click="Button_Click">Ein erster Test</Button>
  </Grid>
...
```

Und wo ist mein Button-Objekt?

Versuchen Sie jetzt einmal per Code auf den Button zuzugreifen, um zum Beispiel dessen Beschriftung (Content) zu ändern. Haben Sie den Button per XAML erzeugt, dürfte Ihnen dies schwerfallen, denn ein derartiges Objekt ist nicht zu finden. Ursache ist die fehlende Zuweisung des *Name*-Attributs in der XAML-Datei.

HINWEIS: Ein XAML-Element muss nur dann benannt werden, wenn Sie es auch per Code ansprechen wollen.

Die folgende Abbildung zeigt die Zusammenhänge zwischen Code und XAML:

```
<Window x:Class="WpfApplication2.Window1"
    xmlns="http://schemas.microsoft.com/winfx/2006/xaml/presentation"
    xmlns:x="http://schemas.microsoft.com/winfx/2006/xaml"
    Title="Window1" Height="300" Width="300">
    <Grid>
        <Button Name="button1" Click="Button_Click">Ein erster Test</Button>
    </Grid>
</Window>


Class Window1

    Private Sub Button_Click(sender As Object,
                   e As RoutedEventArgs)
        button1.Content = "Das funktioniert also auch ..."
    End Sub

End Class
```

Erweitern Sie also die XAML-Definition des Buttons um ein *Name*-Attribut mit eindeutigem Namen:

```
...
  <Grid>
    <Button Name="Button1" Click="Button_Click">Ein erster Test</Button>
  </Grid>
...
```

Jetzt können Sie in der Codedatei wie gewohnt mit dem Objekt *Button1* arbeiten und zum Beispiel dessen Beschriftung ändern:

```
Private Sub Button_Click_1(sender As Object, e As RoutedEventArgs)
    Button1.Content = "Das funktioniert also auch ..."
End Sub
```

Brauche ich unbedingt eine Trennung von Code und XAML?

Im Prinzip nein, aber eine Mischung von Code und XAML dürfte der Übersichtlichkeit Ihrer Programme sicher nicht zuträglich sein, ganz abgesehen davon, dass in diesem Fall eine getrennte Bearbeitung von Oberfläche und Logik nicht mehr sinnvoll realisierbar ist.

Aus diesen Gründen gehen wir auf die Möglichkeit, Code und XAML in einer Datei unterzubringen, nicht ein.

Kann ich Oberflächen auch per Code erzeugen?

Im Prinzip ja, der Aufwand ist jedoch teilweise recht beträchtlich, da sich die Eigenschaften und Zuweisungen leichter per XAML konfigurieren lassen.

BEISPIEL 12.11: Einen neuen *Button* in *Button1* erzeugen

```
Private Sub Button_Click_1(sender As Object, e As RoutedEventArgs)
    Dim btn As New Button()
    btn.Content = "Test für Button2"
    btn.Name = "Button2"
    btn.Background = Brushes.Coral
    Button1.Content = btn
End Sub
```

Das Resultat zeigt die folgende Abbildung:

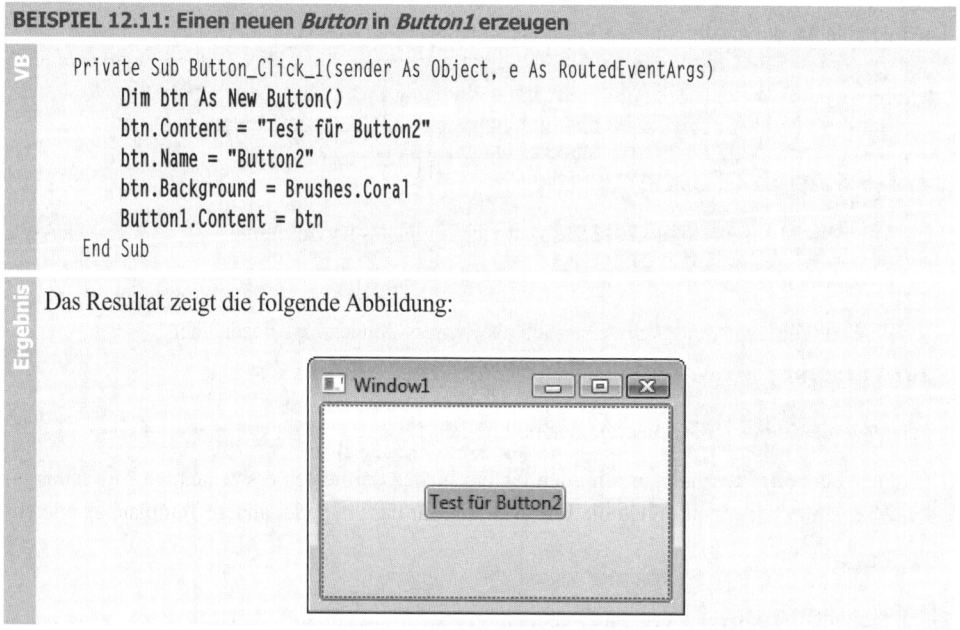

Dabei wollen wir es an dieser Stelle belassen, auf weitere Details werden wir im Verlauf des Kapitels zu sprechen kommen.

12.2.4 Zielplattformen

Für den Entwickler sicher nicht ganz uninteressant dürfte die Frage nach den Zielplattformen für die erstellten WPF-Anwendungen sein. Hier müssen Sie sich auf Plattformen beschränken, auf denen das .NET-Framework mindestens ab der Version 3.0 läuft.

HINWEIS: In diesem Fall müssen Sie die Zielplattform in den Projekteigenschaften explizit auf 3.0 festlegen. Möchten Sie neuere Feature in Ihrer Anwendung unterstützen, wählen Sie als Zielplattform ".NET Framework 4.5 Client" oder ".NET Framework 4.5", wie wir es auch für dieses Buch voraussetzen.

Folgende unterstützte Betriebssysteme kommen nach obiger Forderungen infrage:

- Windows 8

- Windows Server 2012

- Windows 7

- Windows Server 2008

- Windows Vista

Windows XP (ab SP 3) und Windows 2003 Server (hier müssen Sie das .NET-Framework erst noch installieren)

12.2.5 Applikationstypen

Microsoft bietet in Visual Studio 2012 zur Zeit vier Templates im Zusammenhang mit WPF an:

- WPF-Anwendung

- WPF-Browseranwendung, teilweise auch als Express-Anwendung bezeichnet

- WPF-Benutzersteuerelementebibliothek

- Benutzerdefinierte WPF-Steuerelementebibliothek

Im Folgenden wollen wir uns kurz mit den Unterschieden der beiden erstgenannten Anwendungstypen auseinandersetzen, um Ihnen die Entscheidung für das eine oder andere Template zu erleichtern.

WPF-Anwendung

Dieser Anwendungstyp entspricht im Wesentlichen den bisherigen Windows Forms-Anwendungen mit folgenden Möglichkeiten:

- Die Installation erfolgt per Setup (MSI) oder ClickOnce auf dem Zielcomputer.

- Ein Verweis kann im Start-Menü bzw. in der Systemsteuerung unter *Software* erfolgen.

- Die Anwendung läuft per Default im Full Trust-Mode, d.h., Sie können auf die Registry, das Dateisystem, WCF etc. zugreifen.

- Die Anwendung läuft in einem eigenen Fenster (Windows).

- Die Anwendung läuft offline.

- Updates müssen explizit installiert werden (per ClickOnce automatisierbar).

WPF-Browseranwendungen

Auch wenn sie so heißt, handelt es sich doch um keine Web-Anwendung, der Name bezieht sich lediglich auf den Anzeigeort der Anwendung.

- Diese Anwendungen laufen nur im Internet Browser mit wizardartiger Oberfläche (Navigation zwischen Pages[1]).

- Die Anwendung läuft mit stark eingeschränkten Rechten in einer Sandbox.

- Die Anwendung wird **nicht** auf dem Zielcomputer installiert.

- Ein Verweis im Start-Menü bzw. in der Systemsteuerung unter Software ist **nicht** möglich.

- Die Anwendungen werden automatisch per ClickOnce verteilt.

- Obwohl der überwiegende Teil der WPF-Features genutzt werden kann, gibt es einige Einschränkungen bei der Darstellung.

12.2.6   Vorteile und Nachteile von WPF-Anwendungen

Über die Vorteile von WPF-Anwendungen wissen Sie ja bereits eine ganze Menge (siehe Abschnitt 12.2.1). Der wichtigste Vorteil dürfte für die meisten sicher die phantastische Oberflächengestaltung sein. Hier handelt es sich um einen echten Quantensprung gegenüber den teilweise recht tristen Windows Forms-Anwendungen.

Doch wo viel Licht ist, da ist auch Schatten, und so werden Sie früher oder später auch einige "Haare in der Suppe" finden:

- WPF-Anwendungen sind nicht auf älteren Betriebssystemen (Windows 2000 etc.) lauffähig, was jedoch mittlerweile vernachlässigbar ist.

- Komplexere Anwendungen erfordern schnell umfangreiche Kenntnisse (steile Lernkurve).

- Nicht alle Windows Forms-Steuerelemente sind vorhanden, einige Standarddialoge fallen schnell durch ihr "altbackenes" Äußeres auf.

- Viele Konzepte in WPF richten sich an den Designer und nicht an den Entwickler.

- Das Setzen von Eigenschaften per Code ist teilweise recht aufwändig.

---

[1] Die freie Navigation durch den Anwender kann den Entwickler schnell in den Wahnsinn treiben.

- Trennung von Code und Oberfläche kann Probleme beim dynamischen Erstellen von Oberflächenelemente bereiten.

- WPF-Anwendungen werden schnell zum "Selbstbedienungsladen", sowohl der VB-Code als auch die XAML-Oberflächenbeschreibung können relativ einfach aus den Anwendungen extrahiert werden (Decompiler).

- Last, but not least, ist nicht jeder Anwender davon begeistert, wenn er eine zwar bunte aber kaum funktionale Anwendung vorgesetzt bekommt. WPF "erleichtert" es dem Entwickler, konfuse und wenig intuitive Oberflächen zu gestalten, aber das haben Sie ja selbst in der Hand.

Tja, wann also sollten Sie WPF verwenden und die Lektüre dieses Kapitels fortsetzen? Immer dann, wenn Sie obige Einschränkungen nicht stören, Sie sowieso ein neues Projekt beginnen und, das sollte wohl der Hauptgrund sein, Sie einen echten Nutzen mit WPF erzielen. Ansonsten schadet es sicher nicht, wenn Sie noch eine Versionsnummer abwarten oder eventuell zu den neuen Windows Store-Apps wechseln.

12.2.7 Weitere Dateien im Überblick

Sicher sind Ihnen bei Nachforschungen in den Projektverzeichnissen auch einige Dateien aufgefallen, mit denen Sie auf die Schnelle nichts anfangen können. Wir wollen uns mit *.baml* und *.g.vb* zwei der wichtigsten Typen herausgreifen und näher anschauen.

Was sind .BAML-Dateien und was passiert damit?

Bei den im Verzeichnis *\obj\...\Debug* enthaltenen Dateien handelt es sich um binäre Repräsentationen (*Binary Application Markup Language*) der einzelnen XAML-Dateien (Windows/Pages). Diese sind nicht für die Betrachtung oder Bearbeitung vorgesehen, sondern werden als Ressourcen in die finale Assembly gelinkt.

.BAML-Dateien liegen bereits in einem Zwischenformat vor, was zur Laufzeit eine schnellere Verarbeitung des Objekt-Graphen ermöglicht.

HINWEIS: Mit einem extra Add-In ist der .NET-Reflector in der Lage, diese Ressourcen sichtbar zu machen und als lesbaren XAML-Code anzuzeigen:

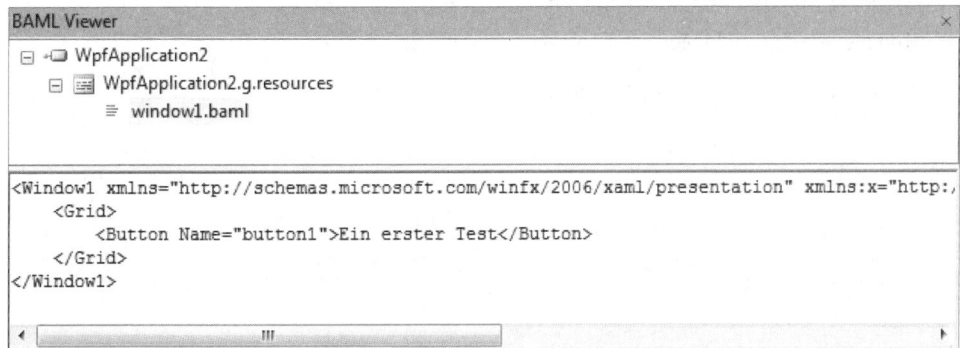

Den BAML-Viewer können Sie unter folgender Adresse herunterladen:

LINK: `http://reflectoraddins.codeplex.com/releases/view/1805`

Alternativ können Sie natürlich auch ILSpy verwenden:

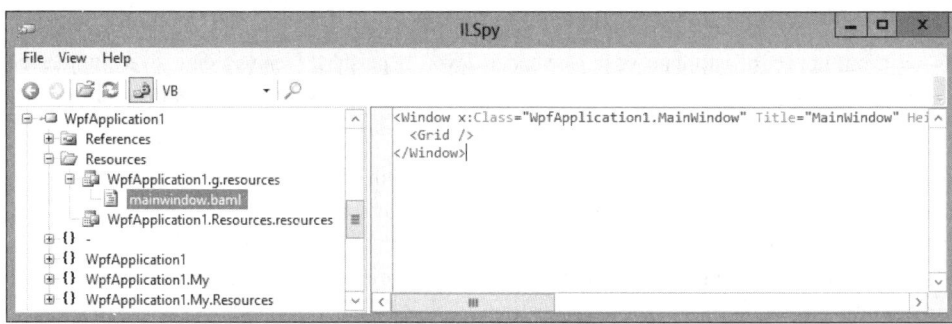

Worum handelt es sich bei den .G.VB-Dateien?

Das ".G" steht zunächst für "Generated". Im Detail handelt es sich um die Klassendefinition in der jeweiligen Projekt-Programmiersprache, die automatisch zu jedem XAML-File (Window/Page) angelegt wird. Diese Datei stellt den genauen Zusammenhang zwischen XAML-Elementen (Controls) und den jeweiligen VB-Klassen her.

BEISPIEL 12.12: Eine .G.VB-Datei für Windows1.xaml

```vb
#ExternalChecksum("..\..\Window1.xaml","{406ea660-64cf-4c82-b6f0-
42d48172a799}","850B471C1F1EFF880EC01B87CEEAD705")
...
Option Strict Off
Option Explicit On

Imports System
...
Imports System.Windows.Shapes
```

Die bereits in XAML definierte Klasse:

```vb
<Microsoft.VisualBasic.CompilerServices.DesignerGenerated()>
Partial Public Class Window1
    Inherits System.Windows.Window
    Implements System.Windows.Markup.IComponentConnector
```

Haben Sie in die XAML-Datei benannte Controls eingefügt (*Name*-Attribut), finden Sie hier den VB-Pendant:

```vb
#ExternalSource("..\..\Window1.xaml",6)
Friend WithEvents Button1 As System.Windows.Controls.Button
#End ExternalSource
```

BEISPIEL 12.12: Eine .G.VB-Datei für Windows1.xaml

```
      Private _contentLoaded As Boolean
```

Der eigentliche Initialisierungsvorgang:

```
      <System.Diagnostics.DebuggerNonUserCodeAttribute()>
      Public Sub InitializeComponent()
          Implements Markup.IComponentConnector.InitializeComponent
          If _contentLoaded Then
              Return
          End If
          _contentLoaded = True
          Dim resourceLocater As System.Uri =
                  New System.Uri("/WPF1;component/window1.xaml", System.UriKind.Relative)
          #ExternalSource("..\..\Window1.xaml",1)
          System.Windows.Application.LoadComponent(Me, resourceLocater)
          #End ExternalSource
      End Sub
```

Mit der folgenden Methode werden die Objekte und die Ereignisse zugeordnet:

```
      <System.Diagnostics.DebuggerNonUserCodeAttribute(),
       System.ComponentModel.EditorBrowsableAttribute(
              System.ComponentModel.EditorBrowsableState.Never),
       System.Diagnostics.CodeAnalysis.SuppressMessageAttribute("Microsoft.Design",
              "CA1033:InterfaceMethodsShouldBeCallableByChildTypes")>

      Sub System_Windows_Markup_IComponentConnector_Connect(connectionId As Integer,
                                                              target As Object)
              Implements System.Windows.Markup.IComponentConnector.Connect
          If (connectionId = 1) Then
              Me.Button1 = CType(target,System.Windows.Controls.Button)

              #ExternalSource("..\..\Window1.xaml",6)
              AddHandler CType(target,System.Windows.Controls.Button).Click, _
                  New System.Windows.RoutedEventHandler(AddressOf Me.Button_Click_1)

              #End ExternalSource
              Return
          End If
          Me._contentLoaded = True
      End Sub
  End Class
```

12.3   Alles beginnt mit dem Layout

Vielleicht erscheint Ihnen diese Überschrift etwas merkwürdig, aber nachdem Sie sich über den Typ der WPF-Anwendung (siehe Seite 601) im Klaren sind, sollten Sie sich in Erinnerung rufen, dass sowohl eine *Page* als auch ein *Window* nur über **ein** untergeordnetes Stammelement verfügen dürfen – ganz im Gegensatz zu einer Windows Forms-Anwendung, bei der Sie recht unbekümmert Controls in den Formularen verteilen können.

Aus diesem Grund werden wir uns in diesem Abschnitt zunächst mit einigen recht speziellen Controls, den Panel-Elementen oder auch Containern beschäftigen, bevor wir auf die eigentlichen Elemente der Bedienoberfläche zu sprechen kommen (Schaltflächen, Listenfelder etc.).

12.3.1   Allgemeines zum Layout

Erster Schritt nach dem Erstellen eines neuen *Window* oder einer neuen *Page* ist die Auswahl einer passenden Panel-Klasse[1], die das spätere Layout der Seite vorgibt. WPF bietet hier eine reiche Auswahl an, die folgende Tabelle zeigt einige wichtige Panels:

Layout-Control	Kurzbeschreibung
Canvas	In diesem Panel können Sie eine absolute Positionierung realisieren.
Dockpanel	Controls können im Panel andocken (*Top, Bottom, Left, Right, Fill*).
Grid	Ein Tabellen-Layout wie es auch bei HTML-Seiten verwendet wird.
Stackpanel	Controls werden übereinander (vertikal) oder nebeneinander (horizontal "gestapelt". Die Richtung kann vorgegebenen werden.
TabPanel	Entspricht einem *TabControl*, enthält untergeordnete *TabItem*s, die wiederum andere Panel-Controls aufnehmen können.
UniformGrid	Formatiert enthaltene Controls in ein festes Raster aus Zeilen und Spalten, alle Controls sind gleich groß.
ViewBox	Enthaltene Grafiken können verschiedenartig skaliert werden.
WrapPanel	Dieses Panel verhält sich ähnlich wie ein *StackPanel,* allerdings werden die enthaltenen Controls bei Bedarf in die nächste "Zeile" umgebrochen.

Wie Sie sehen, besitzt jedes dieser Elemente spezielle Verhaltensweisen für die Anordnung der darin abgelegten Controls. Doch warum brauchen wir überhaupt ein Layout?

Die Antwort findet sich in der Möglichkeit von WPF-Anwendungen, Dialoge frei zu skalieren, d.h., eine Größenänderung des Formulars soll sich auch **sinnvoll** auf die darin enthaltenen Controls auswirken. Absolute Positions- und Größenangaben sind in diesem Zusammenhang ungeeignet, vielmehr soll das Layout durch geschickte Auswahl und Parametrierung von Panel-Controls erzeugt werden. Dabei ist es auch möglich, die Panel-Controls ineinander zu verschachteln, um die gewünschten Effekte zu erreichen.

---

[1] Per Default ist in Visual Studio bereits ein *Grid* enthalten (keine Zeile/Spalten).

BEISPIEL 12.13: Darstellung eines einfachen Taschenrechners (auszugsweise)

Zunächst das komplette Fenster definieren:

```
<Window x:Class="WpfApplication2.Window2"
...
```

Ein *Grid* mit zwei Zeilen, einer Spalte teilt die Grundfläche im Verhältnis 1:4:

```
<Grid>
  <Grid.RowDefinitions>
    <RowDefinition Height="*" />
    <RowDefinition Height="4*" />
  </Grid.RowDefinitions>
```

In die obere Zelle des Grids wird eine Textbox zur Ausgabe der Werte eingefügt, diese definiert ihre Randabstände über das Attribut *Margin*:

```
<TextBox Grid.Row="0" Margin="4,4,4,10" Name="TextBox1" />
```

In die untere Zelle des Grids fügen wir ein *UniformGrid* ein, enthaltene Steuerelemente werden in ihrer Größe automatisch an ein per *Columns* bzw. *Rows* festgelegtes Raster angepasst:

```
<UniformGrid Name="UniformGrid1" Columns="5" Rows="4" Grid.Row="1">
```

Was fehlt sind unsere Schaltflächen, die durch das *UniformGrid* automatisch skaliert und positioniert werden. Wir können also auf all diese Angaben verzichten:

```
    <Button  Name="Button1" >7</Button>
    <Button  Name="Button2" >8</Button>
...
    <Button  Name="Button20" >=</Button>
  </UniformGrid>
 </Grid>
</Window>
```

Dieses noch recht einfache Beispiel hat bereits vier Hierarchieebenen, wie sie in der folgenden Abbildung noch einmal gezeigt werden:

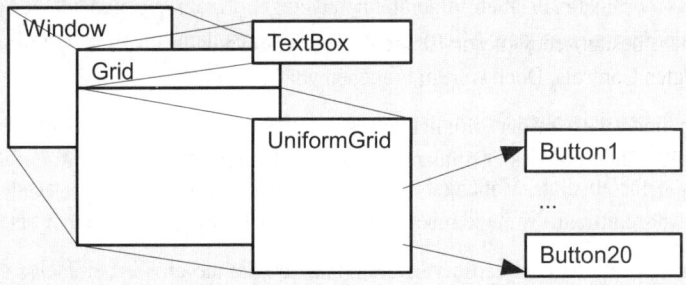

Zur Laufzeit können Sie das Fenster jetzt beliebig vergrößern/verkleinern bzw. im Seitenverhältnis verändern, das Grundlayout des Fensters bleibt erhalten:

BEISPIEL 12.13: Darstellung eines einfachen Taschenrechners (auszugsweise)

HINWEIS: Vergessen Sie in diesem Zusammenhang nicht die Regel, dass Controls in einigen Panels ohne explizite Größenangabe ihre Abmessungen nach dem Inhalt (Content) bestimmen.

12.3.2 Positionieren von Steuerelementen

Wer sich obiges Beispiel bereits genauer angesehen hat, wird festgestellt haben, dass wir trotz allem einige absolute Maßangaben im XAML-Code versteckt haben. Die Rede ist hier von der *TextBox,* deren äußere Ränder wir mit *Margin* fest definiert haben.

Was sind das überhaupt für Maßangaben?

Um was für Maßangaben bzw. Einheiten (Pixel, Inch ...) handelt es sich eigentlich? Die Lösung: In WPF werden Koordinatenangaben in geräteunabhängigen Pixeln angegeben! Wer jetzt auch nicht schlauer ist, dem sei gesagt, dass Microsoft die Größe eines derartigen Pixels mit genau 1/96 Zoll festgelegt hat.

Dieser Wert leitet sich aus der "angenommenen" Standard-Bildschirmauflösung von 96 DPI (Pixel/Inch) ab, im Idealfall entspricht also 1 logischer Pixel einem Pixel auf dem Bildschirm. Dass diese Annahme für absolute Maßangaben ziemlicher Blödsinn ist, dürfte spätestens nach einem Wechsel der Bildschirmauflösung klar sein, ein Pixel ist jetzt viel größer/kleiner als vorher.

Denken sie also nicht allzuviel darüber nach und nutzen Sie diesen Wert einfach so wie die allseits bekannten Pixel.

Wer Probleme mit der Umrechnung zwischen dieser schönen neuen Einheit und den konventionellen Einheiten hat, kann sich mit folgenden Umrechungsfaktoren behelfen:

Masseinheit	Von WPF-Pixel nach ...	Von ... in WPF-Pixel
Inch	0,01041666	96
Millimeter	0,26458333	3,779527
Point	0,75	1,333333

Top/Left/Width/Height

Wenn Sie sich ein Control bzw. dessen Eigenschaften näher ansehen, werden Sie schnell feststellen, dass weder *Top* noch *Left* vorhanden sind. Wozu auch, in den meisten Layout-Controls findet sowieso eine automatische Positionierung statt.

Einzige Ausnahme: das *Canvas*-Control, wo eine absolute Positionierung möglich ist. In diesem Fall helfen Ihnen so genannte "angehängte Eigenschaften" (*Attached Properties*) weiter. Diese beziehen sich jeweils auf das übergeordnete Control, in diesem speziellen Fall auf das *Canvas*-Control.

BEISPIEL 12.14: Positionieren einer Schaltfläche in einem *Canvas*-Control

```xaml
<Canvas Name="canvas1" >
  <Button Canvas.Left="74" Canvas.Top="70" Height="45" Name="Button1"
          Width="89">Beschriftung
  </Button>
</Canvas>
```

HINWEIS: Mehr zum *Canvas* finden Sie ab Seite 611.

Zu *Width* und *Height* brauchen wir Ihnen sicher nicht viel zu sagen, beachten Sie jedoch, dass in den meisten Fällen die Breite/Höhe des Controls durch den umgebenden Container bestimmt wird. Dies ist auch im Sinne einer layout-orientierten Programmierung, in der die Gestaltung vom übergeordneten Layout und nicht vom einzelnen Control bestimmt wird.

MinWidth/MaxWidth/MinHeight/MaxHeight

Mit diesen Attributen/Eigenschaften können Sie Mindestgrößen für das Control vorgeben. Sind diese nicht realisierbar (zu wenig Platz), wird das Control abgeschnitten, ist mehr Platz, wird das Control in der Größe beschränkt.

BEISPIEL 12.15: Höhenbeschränkung einer Schaltfläche

```xaml
<Grid>
  <Grid.RowDefinitions>
    <RowDefinition />
    <RowDefinition />
  </Grid.RowDefinitions>
  <Button Grid.Row="0" MinHeight="50" MaxHeight="75">Button1</Button>
```

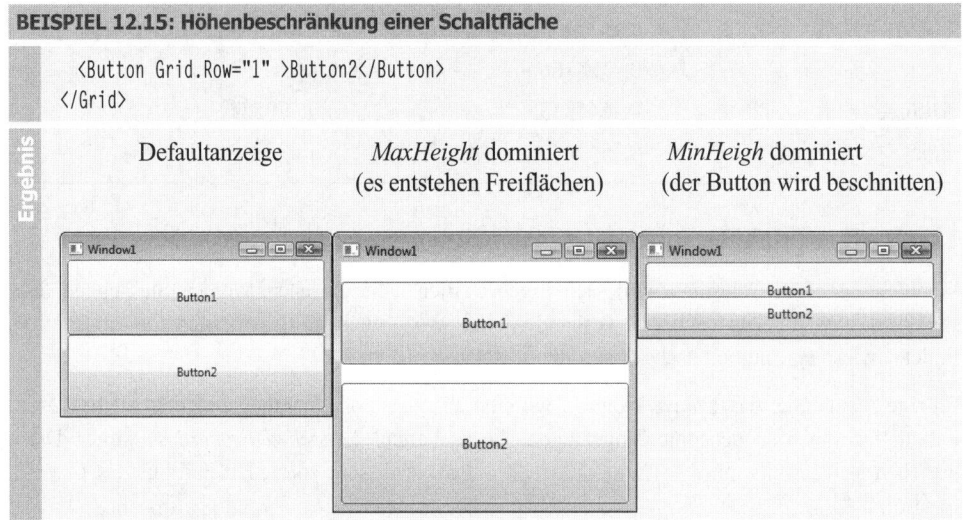

BEISPIEL 12.15: Höhenbeschränkung einer Schaltfläche

Margin/Padding

Im Zusammenhang mit der Ausrichtung von Controls sind auch zwei Eigenschaften interessant, die zum einen den Abstand des Controls zum umgebenden Elternfenster/-Control angeben (Margin), zum anderen den Abstand des Control-Contents zu den Control-Außengrenzen (Padding).

Die folgende Abbildung zeigt die entsprechenden Bereiche:

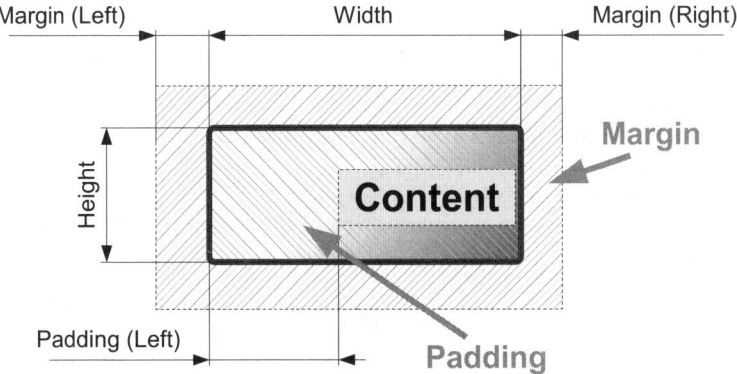

BEISPIEL 12.16: Verwendung von *Padding* und *Margin* für die Gestaltung einer Schaltfläche

```
...
<Button Margin="5,10,20,40" Padding="16,8,4,2" Name="Button2">
  <Image Width="50" Height="50" Source="Bilder/Cabo.jpg" />
</Button>
...
```

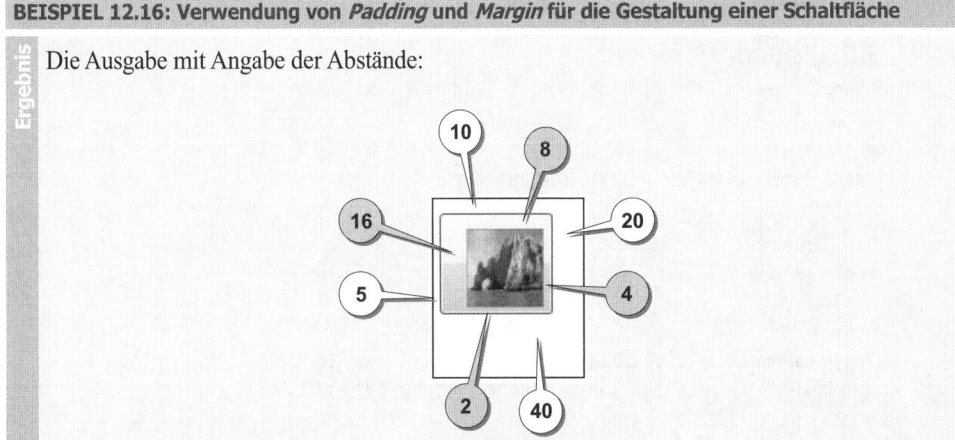

BEISPIEL 12.16: Verwendung von *Padding* und *Margin* für die Gestaltung einer Schaltfläche

Die Ausgabe mit Angabe der Abstände:

Beide Eigenschaften können Sie vollständig (4 Werte) oder auch vereinfacht angeben (1 Wert, 2 Werte).

Werte	Beispiel	Bedeutung
1 Wert	Margin="5"	der Wert gilt für alle Ränder
2 Werte	Margin="5,10"	der erste Wert bestimmt den linken und rechten Rand, der zweite Wert bestimmt den oberen und unteren Rand
4 Werte	Margin="1,5,10,20"	Einzelangaben für linken, oberen, rechten, unteren Rand

HINWEIS: Die Angabe von 3 oder mehr als vier Werten führt zu einem Laufzeitfehler.

HorizontalAlignment/VerticalAlignment

Vielleicht wundern Sie sich an dieser Stelle, warum wir uns mit der horizontalen bzw. vertikalen Ausrichtung von Controls beschäftigen, wenn diese doch meist in die übergeordneten Layout-Controls hineinskaliert werden.

Der Grund für dieses Verhalten ist die Defaulteinstellung für beide Eigenschaften, diese ist mit *Stretch* festgelegt. Alternativ können Sie für *HorizontalAlignment* auch *Left*, *Right*, *Center* auswählen bzw. für *VerticalAlignment* die Werte *Top*, *Bottom* oder *Center*.

Ist ein Wert ungleich *Stretch* festgelegt, bestimmt der enthalten Content des Controls die Größe bzw. die Angaben von *Width* und *Height*.

12.3.3 Canvas

Mit diesem Control haben Sie die Möglichkeit, die klassische Variante für die Positionierung von Steuerelementen zu realisieren. Dazu stehen Ihnen mit *Top, Left, Right, Bottom* vier angehängte Eigenschaften zur Verfügung.

BEISPIEL 12.17: Freies Positionieren von Controls in einem *Canvas* mit *Left* und *Top*

```xaml
<Canvas Height="196" Width="396">
  <Button Canvas.Left="56" Canvas.Top="46" Height="23" Width="75">
     Button
  </Button>
  <Button Canvas.Left="24" Canvas.Top="85" Height="39" Width="107">
     Button
  </Button>
  <Button Canvas.Left="160" Canvas.Top="22" Height="23" Width="75">
     Button
  </Button>
  <Button Canvas.Left="120" Canvas.Top="85" Height="91" Width="115">Button</Button>
  <ComboBox Canvas.Left="206" Canvas.Top="55" Height="28" Width="169" />
</Canvas>
```

Die Laufzeitansicht:

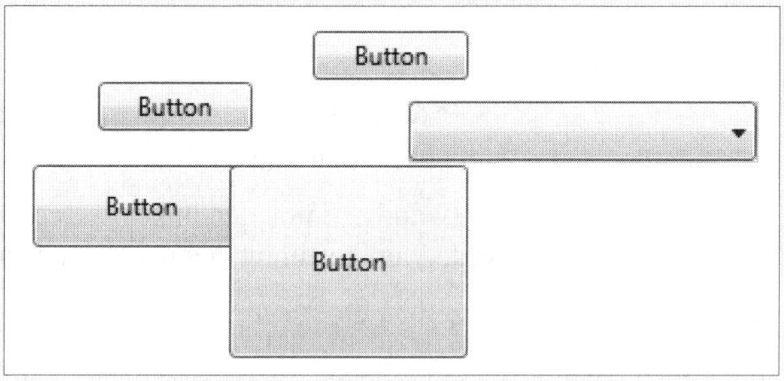

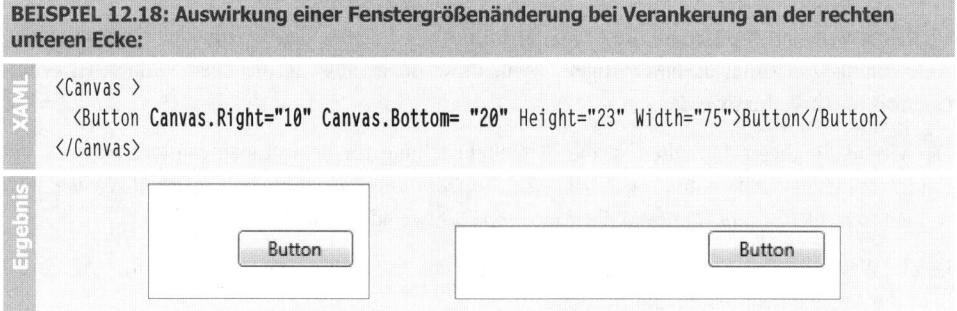

Beachten Sie, dass bei einer Verankerung am rechten oder unteren Rand, im Gegensatz zur *Anchor*-Eigenschaft bei den Windows Forms, die Breite und Höhe des Controls unverändert bleibt:

BEISPIEL 12.18: Auswirkung einer Fenstergrößenänderung bei Verankerung an der rechten unteren Ecke:

```xaml
<Canvas >
  <Button Canvas.Right="10" Canvas.Bottom= "20" Height="23" Width="75">Button</Button>
</Canvas>
```

| Button | Button |

12.3.4   StackPanel

Das *StackPanel* ermöglicht das einfache "Stapeln" der enthaltenen Controls. Die Richtung dieses Stapels können Sie über die *Orientation*-Eigenschaft steuern.

BEISPIEL 12.19: *StackPanel* mit vertikaler Ausrichtung (Default)

```XAML
<StackPanel>
  <Button>Button1</Button>
  <Button>Button2</Button>
  <Button>Button3</Button>
  <Button>Button4</Button>
</StackPanel>
```

Da keine der enthaltenen Schaltflächen eine Größenangabe enthält, werden die Schaltflächen automatisch an die Breite des *StackPanel*s angepasst, die Höhe ergibt sich aus dem Content der jeweiligen Schaltfläche, wie es auch die folgende Abbildung zeigt:

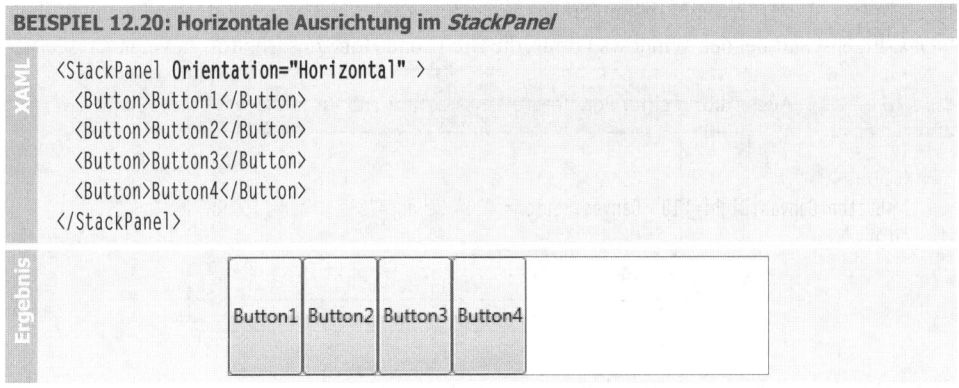

Änderungen der Breite des *StackPanel*s wirken sich unmittelbar auf die Breite der enthaltenen Controls aus. Wird die Defaultgröße der enthaltenen Controls unterschritten, werden diese abgeschnitten.

Bei horizontaler Ausrichtung kehrt sich das Verhalten um, jetzt wird die Höhe der Controls durch das *StackPanel* bestimmt, die Breite bestimmt sich aus dem Content.

BEISPIEL 12.20: Horizontale Ausrichtung im *StackPanel*

```XAML
<StackPanel Orientation="Horizontal" >
  <Button>Button1</Button>
  <Button>Button2</Button>
  <Button>Button3</Button>
  <Button>Button4</Button>
</StackPanel>
```

| Button1 | Button2 | Button3 | Button4 | |

HINWEIS: Über die Eigenschaft *FlowDirection* steuern Sie bei horizontaler Ausrichtung die Fließrichtung (*RightToLeft, LeftToRight*), d.h. die Anzeigereihenfolge.

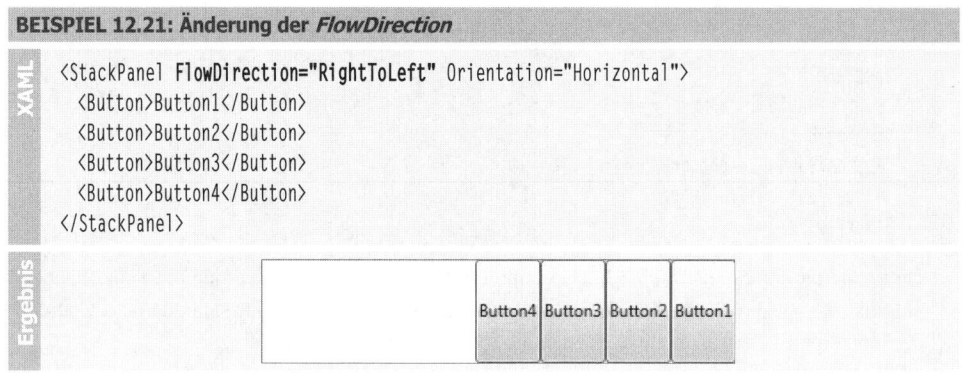

BEISPIEL 12.21: Änderung der *FlowDirection*

```xaml
<StackPanel FlowDirection="RightToLeft" Orientation="Horizontal">
  <Button>Button1</Button>
  <Button>Button2</Button>
  <Button>Button3</Button>
  <Button>Button4</Button>
</StackPanel>
```

12.3.5 DockPanel

Eines der wichtigsten Controls für das Erzeugen Explorer-ähnlicher Oberflächen dürfte das *Dock-Panel* sein. Hier können Sie festlegen, an welcher Seite des *DockPanels* die enthaltenen Controls ausgerichtet werden sollen. Die Ausrichtung wird bei jedem eingelagerten Control über die angehängte Eigenschaft *DockPanel.Dock* bestimmt.

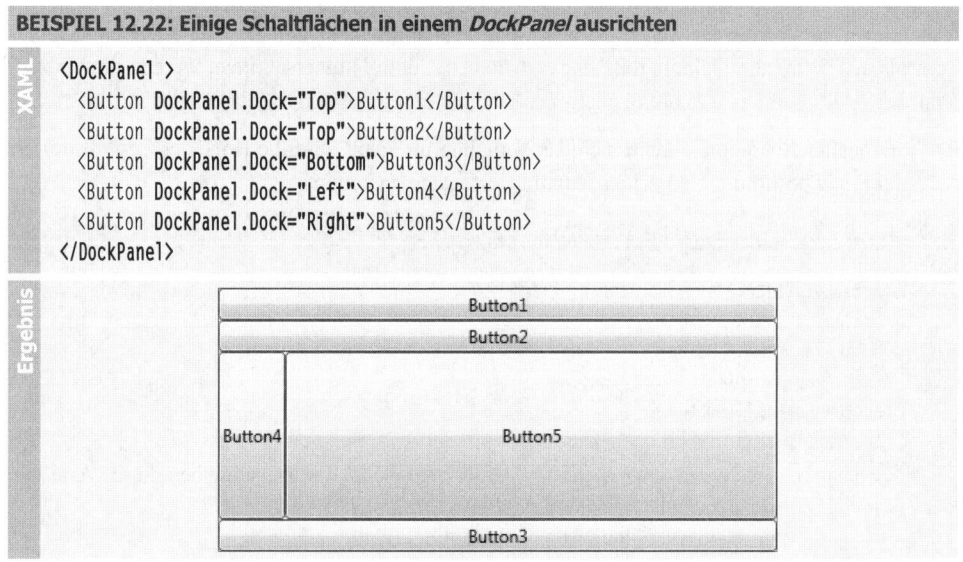

BEISPIEL 12.22: Einige Schaltflächen in einem *DockPanel* ausrichten

```xaml
<DockPanel >
  <Button DockPanel.Dock="Top">Button1</Button>
  <Button DockPanel.Dock="Top">Button2</Button>
  <Button DockPanel.Dock="Bottom">Button3</Button>
  <Button DockPanel.Dock="Left">Button4</Button>
  <Button DockPanel.Dock="Right">Button5</Button>
</DockPanel>
```

Drei Regeln lassen sich bereits aus obigem Beispiel erkennen:

- Controls mit gleicher Ausrichtung werden gestapelt (*Button1, Button2*).

- Die Reihenfolge der Controls bestimmt, welches Control "dominant" ist (siehe folgendes Beispiel).

- Das letzte Control in der Liste füllt den verbliebenen Platz komplett aus, egal welche Angaben gemacht wurden (*Button5).*

BEISPIEL 12.23: Einfluss der Reihenfolge auf die Anzeige (wir tauschen lediglich *Button3* und *Button4* miteinander)

```xaml
<DockPanel >
  <Button DockPanel.Dock="Top">Button1</Button>
  <Button DockPanel.Dock="Top">Button2</Button>
  <Button DockPanel.Dock="Left">Button4</Button>
  <Button DockPanel.Dock="Bottom">Button3</Button>
  <Button DockPanel.Dock="Right">Button5</Button>
</DockPanel>
```

Wie Sie sehen, ist jetzt *Button4* dominanter und bestimmt damit auch die Breite von *Button3* und *Button5*:

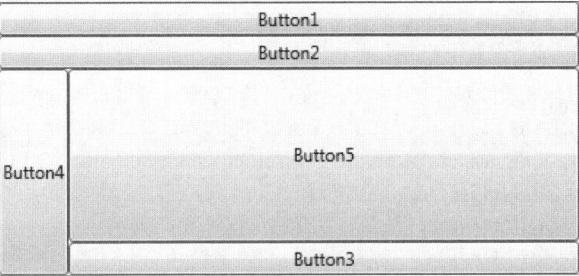

Soll das letzte enthaltene Control nicht per Default den gesamten verbliebenen Platz ausfüllen, können Sie dieses Verhalten mit *LastChildFill=False* abschalten.

BEISPIEL 12.24: Änderung des Füllverhaltens und der Breite von Elementen

```xaml
<DockPanel LastChildFill="False">
  <Button DockPanel.Dock="Top" Width="70">Button1</Button>
  <Button DockPanel.Dock="Top">Button2</Button>
  <Button DockPanel.Dock="Left">Button4</Button>
  <Button DockPanel.Dock="Bottom">Button3</Button>
  <Button DockPanel.Dock="Right">Button5</Button>
</DockPanel>
```

Geben Sie bei den enthaltenen Controls *Height* oder *Width* an, überschreiben diese Werte die automatisch vorgegebenen Werte des *DockPanels* (*Button1*):

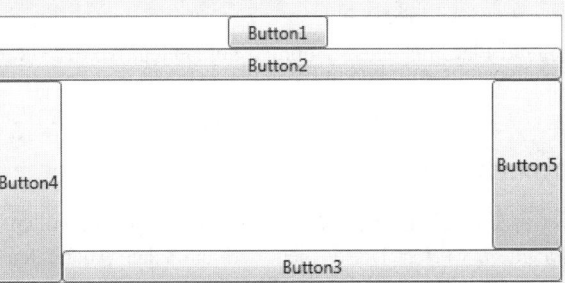

Im obigen Beispiel wurde *Button1* per Default horizontal zentriert dargestellt. Mit *Horizontal-Aligment* bzw. *VerticalAligment* können Sie dieses Verhalten ändern.

HINWEIS: Controls in einem *DockPanel* können sich nicht überlappen, notfalls werden diese
abgeschnitten.

12.3.6   WrapPanel

Hier haben wir es mit einem nahen Verwandten des *StackPanels* zu tun, das Verhalten ist recht ähnlich, mit dem Unterschied, dass bei fehlendem Platz die enthaltenen Elemente in die nächste
"Zeile" umgebrochen werden.

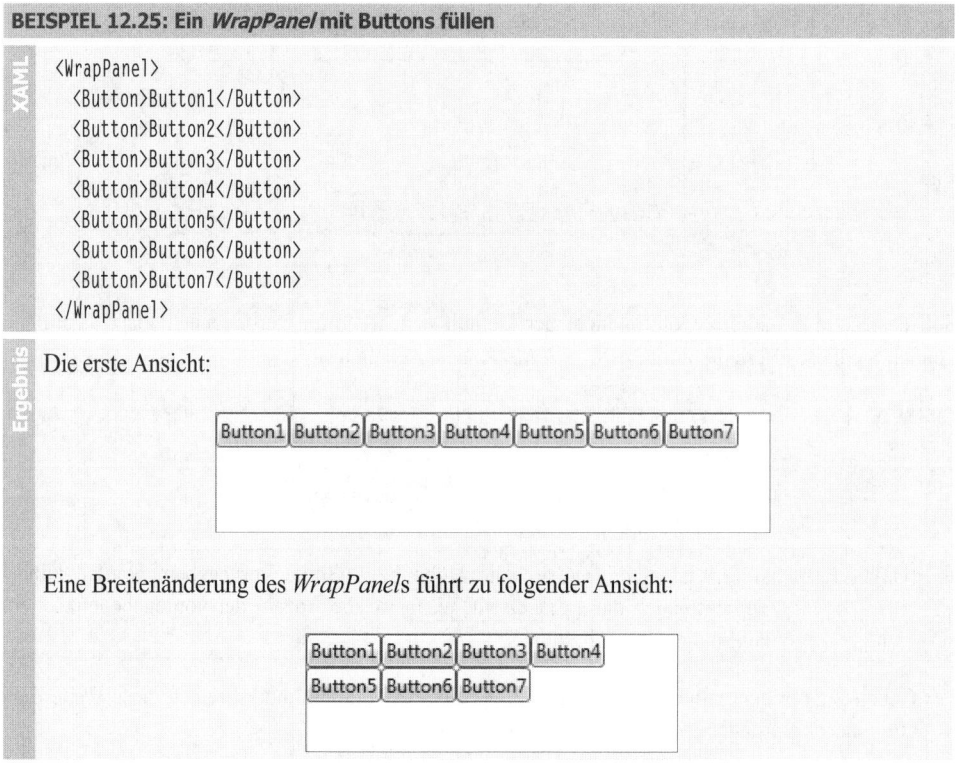

BEISPIEL 12.25: Ein *WrapPanel* mit Buttons füllen

```
<WrapPanel>
  <Button>Button1</Button>
  <Button>Button2</Button>
  <Button>Button3</Button>
  <Button>Button4</Button>
  <Button>Button5</Button>
  <Button>Button6</Button>
  <Button>Button7</Button>
</WrapPanel>
```

Die erste Ansicht:

| Button1 | Button2 | Button3 | Button4 | Button5 | Button6 | Button7 |

Eine Breitenänderung des *WrapPanel*s führt zu folgender Ansicht:

| Button1 | Button2 | Button3 | Button4 |
| Button5 | Button6 | Button7 |

Ist nicht mehr genügend Platz für einen Umbruch vorhanden, werden die betreffenden Elemente
abgeschnitten.

12.3.7   UniformGrid

Bevor wir uns dem wesentlich komplexeren Verwandten zuwenden, wollen wir noch einen kurzen
Blick auf das *UniformGrid* werfen. Dieses dient dem einfachen Ausrichten von Elementen, wenn
diese alle die gleiche Größe erhalten und in einer Rasterstruktur angeordnet werden sollen.

Die Verwendung ist relativ einfach: Definieren Sie über die Eigenschaften *Columns* und *Rows* zunächst die Anzahl der Zeilen und Spalten und fügen Sie die gewünschten Elementen ein.

HINWEIS: Eine gezielte Zuordnung zu den einzelnen Gridzellen ist nicht möglich, hier entscheidet die Reihenfolge der Definition über die Position im *UniformGrid*. Die Zellen werden von links nach rechts und dann von oben nach unten gefüllt.

BEISPIEL 12.26: Verwendung des *UniformGrid*

```
<UniformGrid Name="uniformGrid1" Columns="2" Rows="3" Grid.Row="1" Height="170"
             Width="226">
  <Button>Text</Button>
  <CheckBox Height="16" Name="checkBox1" Width="120">CheckBox</CheckBox>
  <Label Height="23" Name="Label1" Width="120">Label</Label>
  <Rectangle Name="rectangle1" Stroke="Black" />
  <TextBox Height="21" Name="TextBox1" />
  <Image Name="image1" Source="Crater.jpg" />
</UniformGrid>
```

Das angezeigte *UniformGrid:*

HINWEIS: Ist für das *UniformGrid* eine Höhe bzw. Breite vorgegeben, werden Kind-Elemente auch dann dargestellt, wenn sie die Anzahl der vorgegebenen Zeilen und Spalten überschreiten.

12.3.8   Grid

Hier haben wir es mit einem recht komplexen Control zu tun, bei dem Kind-Elemente in Zeilen und Spalten angeordnet werden können. Im Unterschied zum *UniformGrid* ist das *Grid* jedoch wesentlich flexibler, was die Definition von Zeilen und Spalten anbelangt. Auch die enthaltenen Elemente können freier positioniert werden, es ist sogar möglich, Elemente zellübergreifend zu definieren. Doch der Reihe nach:

Definition des Grundlayouts

Fügen Sie ein neues *Grid* in ein *Window* ein, verfügt dieses zunächst nur über eine einzige Zelle. Neue Zeilen bzw. Spalten definieren Sie über einen gesonderten Bereich *RowDefinitions* bzw. *ColumnDefinitions*.

BEISPIEL 12.27: Ein *Grid* mit zwei Spalten und drei Zeilen definieren

```xaml
<Window x:Class="WpfApplication2.Window1"
    xmlns="http://schemas.microsoft.com/winfx/2006/xaml/presentation"
    xmlns:x="http://schemas.microsoft.com/winfx/2006/xaml"
    Title="Window1" Height="215" Width="294"  >
  <Grid>
    <Grid.RowDefinitions>
      <RowDefinition/>
      <RowDefinition/>
      <RowDefinition/>
    </Grid.RowDefinitions>
    <Grid.ColumnDefinitions>
      <ColumnDefinition/>
      <ColumnDefinition/>
    </Grid.ColumnDefinitions>
  </Grid>
</Window>
```

Wie Sie sehen, sind bei dieser Art der Definition alle Zellen gleich groß, vergrößern Sie das *Grid*, werden die Spalten und Zeilen im gleichen Verhältnis vergrößert.

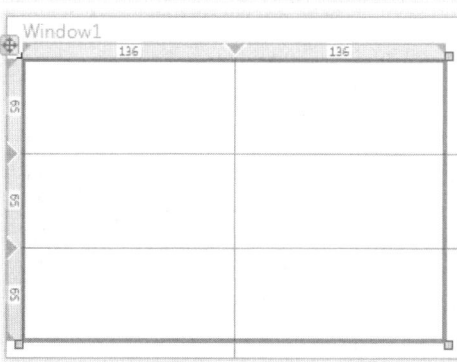

Für die Definition spezifischer Zeilenhöhen bzw. Spaltenbreiten hat sich Microsoft einige Varianten ausgedacht:

BEISPIEL 12.28: Spaltenbreite entsprechend dem Inhalt festlegen (das breiteste bzw. höchste Element bestimmt die Breite bzw. Höhe)

```xml
<Grid>
...
  <Grid.ColumnDefinitions>
    <ColumnDefinition Width="Auto"/>
    <ColumnDefinition Width="Auto"/>
  </Grid.ColumnDefinitions>
  <Button Grid.Column="0" Height="23" Name="Button1" Width="175"
          Grid.Row="0">Button</Button>
  <Button Grid.Column="1" Height="23" Name="Button2" Width="175"
          Grid.Row="0">Button</Button>
</Grid>
```

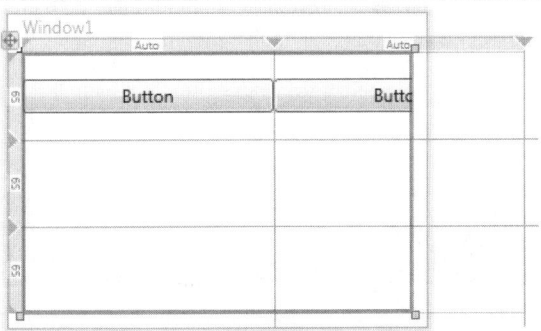

BEISPIEL 12.29: Festlegen einer bestimmten Breite

```xml
<Grid>
...
  <Grid.ColumnDefinitions>
    <ColumnDefinition Width="100"/>
    <ColumnDefinition Width="Auto"/>
  </Grid.ColumnDefinitions>
...
</Grid>
```

BEISPIEL 12.30: Festlegen eines Anteils am verfügbaren Platz

```xml
<Grid>
  <Grid.RowDefinitions>
    <RowDefinition Height="*"/>
    <RowDefinition Height="2*"/>
    <RowDefinition Height="0.5*"/>
  </Grid.RowDefinitions>
```

```
    <Grid.ColumnDefinitions>
      <ColumnDefinition Width="*"/>
      <ColumnDefinition Width="2*"/>
    </Grid.ColumnDefinitions>
  </Grid>
```

In diesem Fall kommen Sie um etwas Rechnerei nicht herum. Für obiges Beispiel gilt: Es gibt 3,5 Zeilenanteile (entspricht 175 Einheiten) und 3 Spaltenanteile (entspricht 270 Einheiten). Die daraus resultierenden Spaltenbreiten bzw. Zeilenhöhen können Sie der folgenden Laufzeitansicht entnehmen:

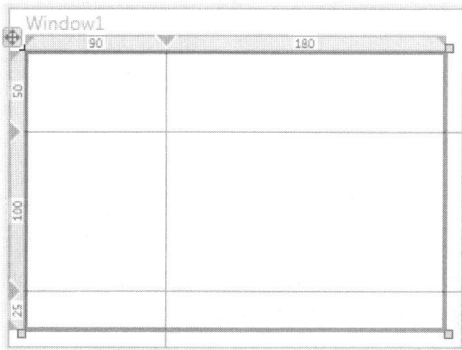

Wie Sie sehen, können die Zellgrößen im *Grid* recht flexibel definiert werden.

Zuordnen von Kind-Elementen

Die Zuordnung der Kindelemente zu den einzelnen Gridzellen erfolgt über die angehängten Eigenschaften *Grid.Column* und *Grid.Row*, die Sie bei jedem der Kindelemente setzen können.

Zunächst definieren wir das *Grid* und dessen Hintergrundfarbe:

```
<Grid Background="AliceBlue">
```

Die Spalten und Zeilen festlegen:

```
    <Grid.RowDefinitions>
      <RowDefinition Height="*"/>
      <RowDefinition Height="2*"/>
      <RowDefinition Height="0.5*"/>
    </Grid.RowDefinitions>
    <Grid.ColumnDefinitions>
      <ColumnDefinition Width="*"/>
      <ColumnDefinition Width="2*"/>
    </Grid.ColumnDefinitions>
```

BEISPIEL 12.31: Erstellen einer einfachen Oberfläche

Und hier kommen die Inhalte:

```
<Label Grid.Column="0" Grid.Row="0">Kurztext:</Label>
<Label Grid.Column="0" Grid.Row="1">Beschreibung:</Label>
<TextBox Grid.Column="1" Grid.Row="0" Margin="4" Name="TextBox1" />
<TextBox Grid.Column="1" Grid.Row="1" Margin="4" Name="TextBox2" AcceptsReturn="True"/>
<Button Grid.Column="1" Grid.Row="2"  Name="Button1">Sichern</Button>
</Grid>
```

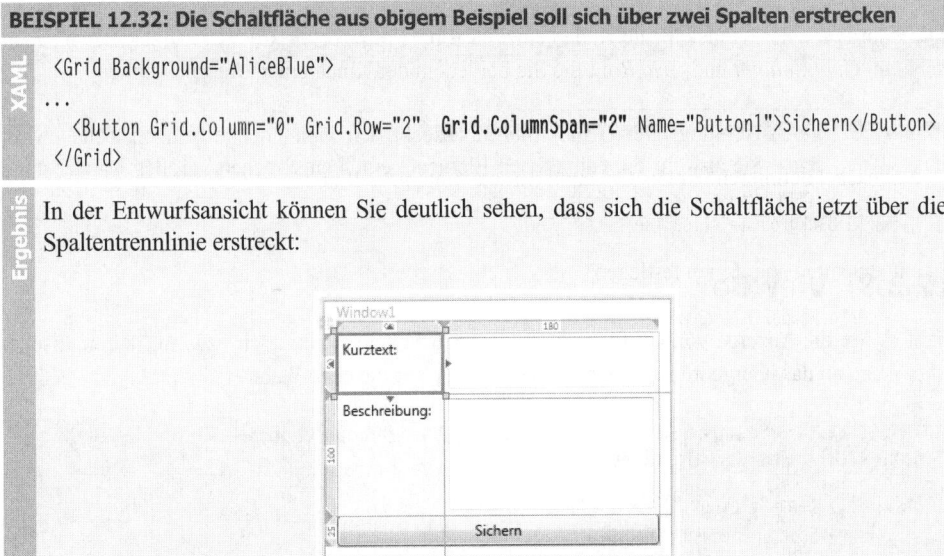

HINWEIS: Für das Ausrichten der Inhalte können Sie die Eigenschaften *VerticalAlignment* und *HorizontalAlignment* verwenden.

Doch was, wenn sich ein Element über zwei oder drei Spalten bzw. Zeilen erstrecken soll? Auch kein Problem, verwenden Sie dafür die Eigenschaften *Grid.ColumnSpan* bzw. *Grid.RowSpan*, um für das jeweilige Element mehrere Spalten/Zeilen zusammenzufassen.

BEISPIEL 12.32: Die Schaltfläche aus obigem Beispiel soll sich über zwei Spalten erstrecken

```
<Grid Background="AliceBlue">
...
    <Button Grid.Column="0" Grid.Row="2"  Grid.ColumnSpan="2" Name="Button1">Sichern</Button>
</Grid>
```

In der Entwurfsansicht können Sie deutlich sehen, dass sich die Schaltfläche jetzt über die Spaltentrennlinie erstreckt:

Verwendung des GridSplitters

Möchten Sie zur Laufzeit Einfluss auf die Spaltenbreiten bzw. Zeilenhöhen nehmen, können Sie einen so genannten *GridSplitter* in eine oder auch mehrere Zellen (*ColumnSpan, RowSpan*) einfügen. Dessen Breite bestimmen Sie mit *Width,* die Farbe können Sie über das *Background-* Attribut festlegen.

HINWEIS: Per Default ist der *GridSplitter* am rechten Rand der Zelle verankert, Sie können dieses Verhalten aber auch über die *HorizontalAlignment*-Eigenschaft ändern.

BEISPIEL 12.33: Verwendung *GridSplitter* für obiges Beispiel

```xaml
<Grid Background="AliceBlue">
...
    <GridSplitter Grid.Column="0" Grid.RowSpan="2" HorizontalAlignment="Right" Width="5"
                  Background="Cyan" />
</Grid>
```

Die Entwurfsansicht zeigt bereits, dass der *GridSplitter* nur in den ersten beiden Zeilen des Grids angezeigt wird:

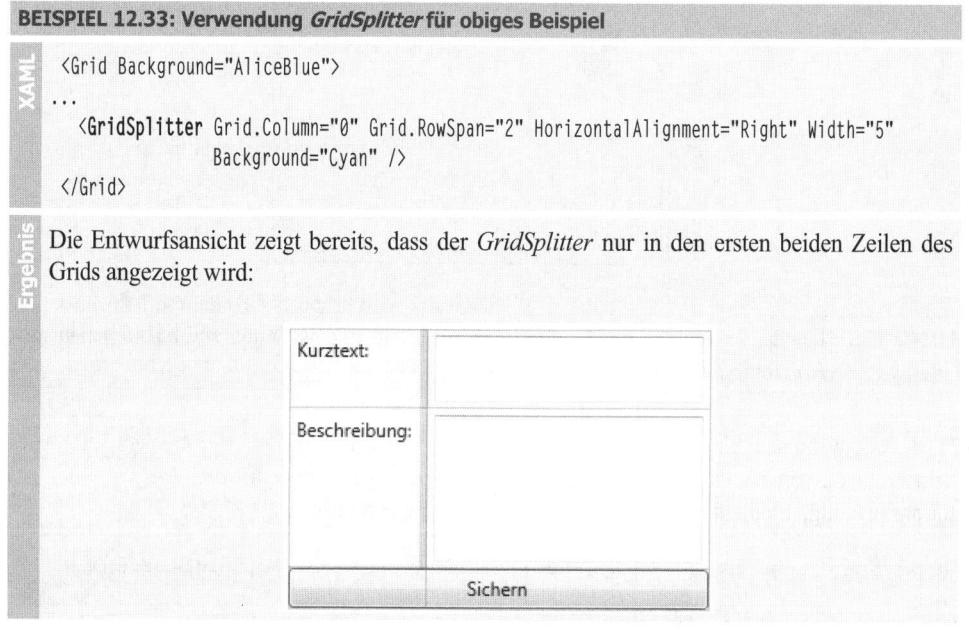

HINWEIS: Doch Achtung: Der *GridSplitter* überdeckt den Inhalt der jeweiligen Zelle etwas, legen Sie also für die enthaltenen Elemente einen entsprechend großen Randabstand fest (*Margin*).

12.3.9   ViewBox

Geht es um die Anzeige von Grafiken in bestimmten Seitenverhältnissen bzw. mit automatischer Anpassung an das übergeordnete Element, ist die *ViewBox* die erste Wahl.

BEISPIEL 12.34: Platzieren Sie einfach die gewünschte Grafik im Clientbereich und legen Sie per *Stretch*-Attribut das Verhalten fest.

```xaml
<Viewbox Name="viewbox1" Stretch="UniformToFill" >
  <Image Source="browser.png"/>
</Viewbox>
```

Die folgende Tabelle zeigt die Auswirkung der *Stretch*-Eigenschaft auf das Aussehen der enthaltenen Grafik:

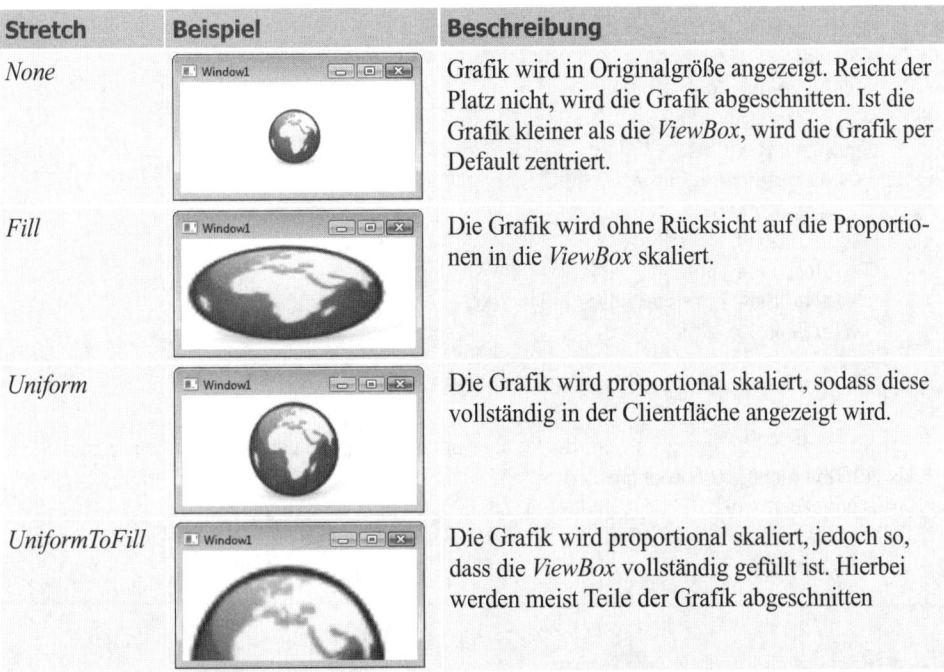

Stretch	Beispiel	Beschreibung
None		Grafik wird in Originalgröße angezeigt. Reicht der Platz nicht, wird die Grafik abgeschnitten. Ist die Grafik kleiner als die *ViewBox*, wird die Grafik per Default zentriert.
Fill		Die Grafik wird ohne Rücksicht auf die Proportionen in die *ViewBox* skaliert.
Uniform		Die Grafik wird proportional skaliert, sodass diese vollständig in der Clientfläche angezeigt wird.
UniformToFill		Die Grafik wird proportional skaliert, jedoch so, dass die *ViewBox* vollständig gefüllt ist. Hierbei werden meist Teile der Grafik abgeschnitten

Dass auch beliebige andere Elemente problemlos mit der *ViewBox* skaliert werden können, zeigt das folgende Beispiel eines Buttons:

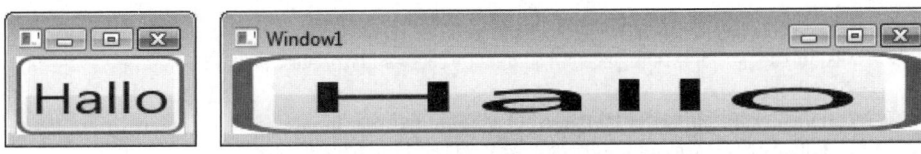

HINWEIS: Da es sich um Vektorgrafik handelt, sind auch starke Vergrößerungen ohne Qualitätsverlust möglich.

12.3.10 TextBlock

Im Gegensatz zu den bisher vorgestellten Elementen nimmt der *TextBlock* eine Sonderstellung ein. Auch wenn dieser prinzipiell weitere Steuerelemente aufnehmen kann, ist doch seine Hauptaufgabe die Ausgabe von formatierten Texten. Damit empfiehlt sich dieses Control als "großer Bruder" des guten alten *Label*-Controls, mit wesentlich erweiterten Möglichkeiten.

BEISPIEL 12.35: Ausgabe von Text in einer Gridzelle mit Hilfe eines *TextBlock*-Elements

```xaml
...
<Grid>
  <Grid.ColumnDefinitions>
    <ColumnDefinition/>
    <ColumnDefinition/>
  </Grid.ColumnDefinitions>
  <Grid.RowDefinitions>
    <RowDefinition/>
    <RowDefinition/>
  </Grid.RowDefinitions>
  <TextBlock Grid.Column="1" Grid.Row="0">
     Hallo User, hier steht jede Menge Text!
  </TextBlock>
</Grid>
...
```

Ein Ergebnis ist bereits zu sehen, dürfte aber noch nicht ganz den Erwartungen entsprechen, da der Text nicht umgebrochen wird

	Hallo User, hier steht j

BEISPIEL 12.36: Umbrechen des Textes mit dem Attribut *TextWrapping*

```xaml
...
<TextBlock TextWrapping="Wrap" Grid.Column="1" Grid.Row="0">
    Hallo User, hier steht jede Menge Text! ABCDEFGHIJKLMNOPQRSTUVW
  </TextBlock>
<TextBlock TextWrapping="WrapWithOverflow" Grid.Column="0" Grid.Row="1">
  Hallo User, hier steht jede Menge Text! ABCDEFGHIJKLMNOPQRSTUVW
</TextBlock>
...
```

Die beiden möglichen Umbruch-Varianten unterscheiden sich nur beim Umbruch langer Wörter, die nicht in eine Zeile passen (*Wrap* trennt das Wort, *WrapWithOverflow* schneidet es ab).

	Hallo User, hier steht jede Menge Text! ABCDEFGHIJKLMNOP QRSTUVW
Hallo User, hier steht jede Menge Text! ABCDEFGHIJKLMNOP(	

Textformatierungen

Der auffälligste Unterschied zum *Label* besteht in den umfangreichen Formatierungsmöglichkeiten, die ein *TextBlock* anbietet:

BEISPIEL 12.37: Einfache Vorgabe eines Textformats für den gesamten *TextBlock*

```
XAML
...
    <TextBlock FontFamily="Arial" FontSize="18" FontWeight="Bold" TextWrapping="Wrap">
        Hallo User, hier steht jede Menge Text! ABCDEFGHIJKLMNOPQRSTUVW
    </TextBlock>
...
```

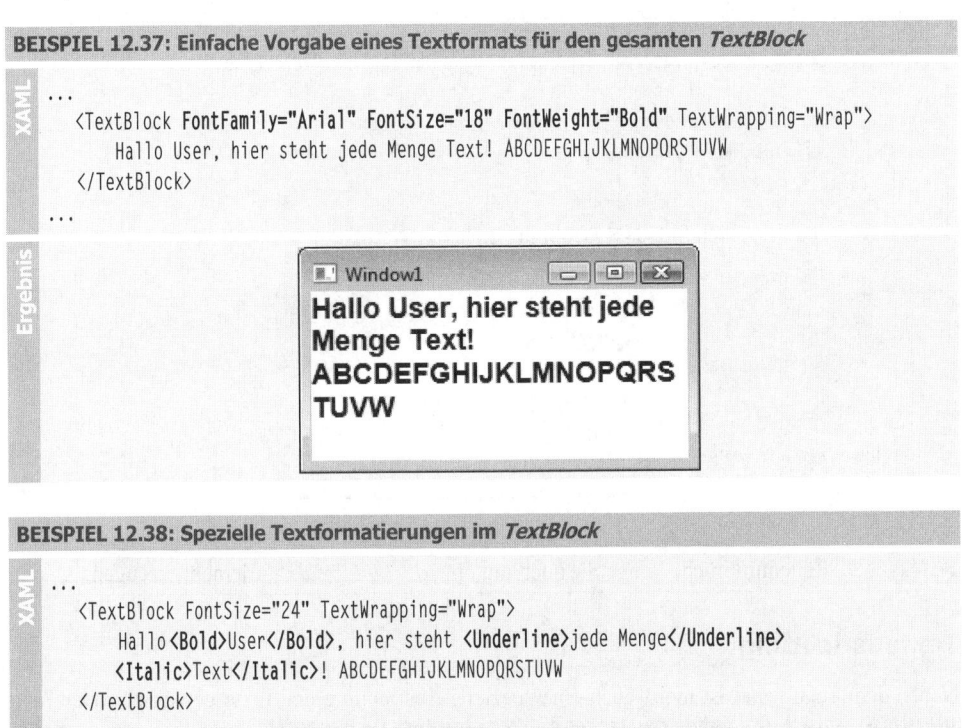

BEISPIEL 12.38: Spezielle Textformatierungen im *TextBlock*

```
XAML
...
    <TextBlock FontSize="24" TextWrapping="Wrap">
        Hallo<Bold>User</Bold>, hier steht <Underline>jede Menge</Underline>
        <Italic>Text</Italic>! ABCDEFGHIJKLMNOPQRSTUVW
    </TextBlock>
...
```

Der formatierte Text:

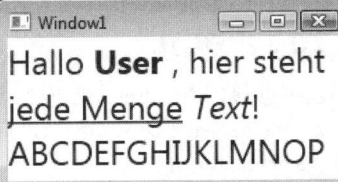

Besonderheit von Leerzeichen/Zeilenumbrüchen

Auf ein Thema der Textausgabe müssen wir unbedingt noch eingehen, da es sich hier um eine
Besonderheit des XAML-Compilers handelt. Die Rede ist von der Ausgabe mehrfacher Leerzeichen und von Zeilenumbrüchen, die per Default nicht berücksichtigt werden.

Mit dem Attribut *xml:space* können Sie das Verhalten des Compilers beeinflussen, sodass auch
mehrfache Leerzeichen und Zeilenumbrüche richtig interpretiert werden.

HINWEIS: Doch Achtung: In diesem Fall werden auch die Formatierungen im XAML-Quelltext (Einrückungen) berücksichtigt.

BEISPIEL 12.39: Ausgabe mehrfacher Leerzeichen und Zeilenumbrüche

```
<TextBlock xml:space="preserve" FontFamily="Arial" FontSize="18">Hallo User,

hier    steht    jede Menge
Text! ABCDEFGHIJKLMNOPQRSTUVW
</TextBlock>
```

Die Ausgabe (beachten Sie, dass Wrapping nicht aktiviert ist):

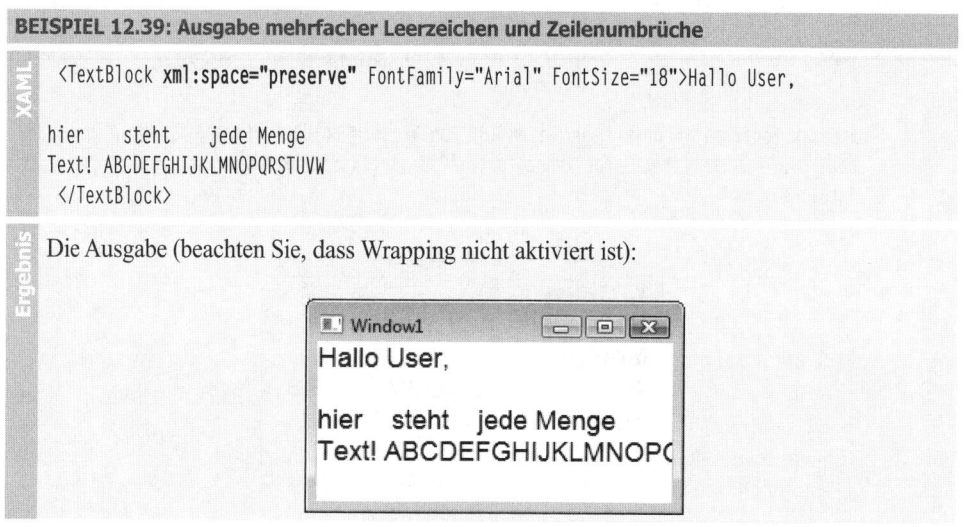

HINWEIS: Zeilenumbrüche könne Sie auch mit einem *<LineBreak/>*-Element erzeugen.

Textausrichtung

Neben dem Textformat ist meist auch eine spezielle Ausrichtung der Texte gewünscht. Der *TextBlock* verwendet dafür, wie wohl nicht anders zu erwarten, das Attribut *TextAligment*.

Die möglichen Werte: *Left, Right, Center* (mittig zentriert), *Justify* (Blocksatz).

12.4   Das WPF-Programm

Da zeigen wir Ihnen im vorhergehenden Abschnitt schon diverse WPF-Elemente und kümmern uns garnicht um das eigentliche Programmgerüst! Das wollen wir nun nachholen, bevor wir uns mit weiteren Details der WPF-Controls beschäftigen.

Wie bereits im Abschnitt 12.1.5 erwähnt, müssen Sie zwischen zwei grundsätzlichen WPF-Anwendungstypen unterscheiden:

- WPF-Windows Anwendung

- XAML Browser Anwendung

Erstere ist eine Ansammlung von einzelnen Windows, wie Sie es auch aus den altgedienten Windows Forms-Anwendungen kennen[1], XAML Browser Anwendungen verwenden statt einzelner Fenster so genannte Pages zwischen denen navigiert werden kann (ähnlich ASP.NET).

---

[1] SDI-Anwendung, MDI-Anwendungen werden (noch) nicht unterstützt.

HINWEIS: Im Folgenden wollen wir uns aus Platzgründen auf den WPF Windows-Anwendungstyp beschränken.

12.4.1 Die Application-Klasse

Auf die in der Datei *Application.xaml.vb* definierte *Application*-Klasse[1] sind wir bereits kurz auf Seite 595 eingegangen. Eine zugehörige Instanz dieser Klasse können Sie zur Laufzeit über die statische Methode *Application.Current* abrufen.

Interessant ist diese Klasse vor allem für den Lebenszyklus des Programms:

- Festlegen des Startobjekts

- Auswerten von Kommandozeilenparametern

- Beenden der Anwendung

- Auswerten von Anwendungsereignissen

Wir wollen uns die einzelnen Punkte im Folgenden etwas näher ansehen.

12.4.2 Das Startobjekt festlegen

Wie schon erwähnt, wird das Hauptprogramm der WPF-Anwendung automatisch vom Compiler erzeugt. Doch wo legen wir dann das Startobjekt bzw. das Startfenster fest?

Hier hilft uns die Datei *Application.xaml* weiter, in dieser wird mit dem *StartupUri*-Attribut das erste Fenster festgelegt:

```
<Application x:Class="WpfApplication2.App"
    xmlns="http://schemas.microsoft.com/winfx/2006/xaml/presentation"
    xmlns:x="http://schemas.microsoft.com/winfx/2006/xaml"
    StartupUri="Window1.xaml">
    <Application.Resources>

    </Application.Resources>
</Application>
```

Diesen Eintrag können Sie ohne Probleme auf ein beliebiges anderes Fenster festlegen. Der Compiler nutzt diese Information für die später automatisch erzeugte Methode *Initialize-Component:*

```
<DebuggerNonUserCode>
Public Sub InitializeComponent()
    Me.StartupUri = New Uri("Window2.xaml", UriKind.Relative)
End Sub
```

---

[1] Die Ableitung findet in der Datei *Application.g.vb* statt (partielle Klasse).

HINWEIS: Sie können diesen Wert auch erst zur Laufzeit ändern, überschreiben Sie dazu beispielsweise die *OnStartup*-Methode.

BEISPIEL 12.40: Zur Laufzeit ein Startformular festlegen (*Application.xaml.vb*)

```vb
...
Class Application
    Protected Overrides Sub OnStartup(e As StartupEventArgs)
        If (e.Args.Count() = 0) Then
            Me.StartupUri = New Uri("Window2.xaml", UriKind.Relative)
        Else
            Me.StartupUri = New Uri("Window1.xaml", UriKind.Relative)
        End If
        MyBase.OnStartup(e)
    End Sub
End Class
```

BEISPIEL 12.41: Alternative zum Überschreiben der *OnStartup*-Methode

Alternativ können Sie auch das entsprechende Ereignis Startup verwenden. Fügen Sie dazu in der Datei *Application.xaml* einen entsprechenden Tag hinzu:

```xaml
<Application x:Class="WpfApplication2.App"
            xmlns="http://schemas.microsoft.com/winfx/2006/xaml/presentation"
            xmlns:x="http://schemas.microsoft.com/winfx/2006/xaml"
            StartupUri="MainWindow.xaml" Startup="Application_Startup">
    <Application.Resources>
    </Application.Resources>
</Application>
```

Anschließend editieren Sie die Datei *Application.xaml.vb*:

```vb
Class Application

    Private Sub Application_Startup(sender As Object, e As StartupEventArgs)
        MessageBox.Show("Und hier ist das Ereignis")
    End Sub
End Class
```

HINWEIS: Sie können in diesem Ereignis bzw. in der überschriebenen Methode auch weitere Fenster erzeugen und anzeigen, diese erscheinen zeitgleich mit dem Hauptformular, das per *Application.xaml* definiert wurde.

12.4.3 Kommandozeilenparameter verarbeiten

Auch wenn die Verwendung von Kommandozeilenparametern immer mehr aus der Mode kommt, ist es in dem einen oder anderen Fall doch erforderlich.

In der *OnStartUp*-Methode bzw. im *Startup*-Ereignis wird ein Parameter vom Typ *StartupEventArgs* übergeben. Über dessen Eigenschaft *Args* können Sie auf die Liste der übergebenen Parameter zugreifen.

> **BEISPIEL 12.42: Überschreiben der Methode *OnStartUp*, um die Kommandozeilenparameter auszuwerten (*Application.xaml.vb*) und anzuzeigen:**

```vb
    Protected Overrides Sub OnStartup(e As StartupEventArgs)
```
Zunächst auf Vorhandensein von Argumenten prüfen:
```vb
    If (e.Args.Count() = 0) Then
        MessageBox.Show("Das Programm muss mit Parametern gestartet werden!")
        Me.Shutdown()
    Else
```
Argumente anzeigen:
```vb
        For Each arg As String In e.Args
            MessageBox.Show(arg)
        Next
    End If
    MyBase.OnStartup(e)
End Sub
...
```

12.4.4 Die Anwendung beenden

Eigentlich eine dumme Aufgabenstellung, werden die meisten denken, wird doch die Anwendung per Default geschlossen, wenn das letzte Fenster vom Anwender geschlossen wird. Dies ist zunächst korrekt, doch dieses Verhalten ist nicht immer gewünscht, und es soll auch Fälle geben, wo die Anwendung aus sich heraus geschlossen wird.

Die Art wie eine Anwendung beendet wird, beeinflussen Sie über die Eigenschaft *ShutdownMode* des *Application*-Objekts. Neben dem Standardwert *OnLastWindowClose* (wenn kein offenes Fenster mehr vorhanden ist) können Sie auch *OnMainWindowClose (*beim Schließen des Startfensters) oder *OnExplicitShutdown* wählen.

Die letzte Variante erwartet den expliziten Aufruf der *Shutdown*-Methode des *Application*-Objekts.

> **BEISPIEL 12.43: Explizites Beenden der Anwendung per Schaltfläche**

```vb
    Private Sub Button1_Click(sender As Object, e As RoutedEventArgs)
        Application.Current.Shutdown()
    End Sub
```

12.4.5 Auswerten von Anwendungsereignissen

Für den Programmierer hält die *Application*-Klasse noch einige interessante Ereignisse bereit, mit denen Sie auf bestimmt Anwendungszustände reagieren können.

Ereignis	Beschreibung
Activated	Die Applikation wird zur Vordergrundanwendung.
Deactivated	Die Applikation ist nicht mehr die Vordergrundanwendung.
DispatcherUnhandledException	Ein nicht behandelter Fehler ist aufgetreten.
Exit	Das Anwendungsende ist ausgelöst.
SessionEnding	Windows wird beendet (Logout oder Shutdown). Sie können den Grund über den Parameter *e.ReasonSessionEnding* ermitteln. Mit *e.Cancel* können Sie versuchen den Shutdown aufzuhalten, dies ist jedoch nicht in allen Fällen möglich.
Startup	Die Anwendung wurde gestartet.

BEISPIEL 12.44: Eine zentrale Fehlerbehandlung implementieren

VB

In der Datei *Application.xaml.vb* erzeugen Sie den Ereignishandler für *DispatcherUnhandled-Exception*:

```
...
Class Application
    Private Sub ZentraleFehlerbehandlung(sender As Object,
            e As System.Windows.Threading.DispatcherUnhandledExceptionEventArgs)
        MessageBox.Show("Mal wieder ein Fehler: " & e.Exception.Message)
        e.Handled = True
    End Sub
End Class
...
```

XAML

In der Datei *Application.xaml* fügen Sie das Attribut *DispatcherUnhandledException* hinzu, um Ereignis und Ereignismethode miteinander zu verknüpfen:

```
<Application x:Class="WpfApplication2.App"
    xmlns="http://schemas.microsoft.com/winfx/2006/xaml/presentation"
    xmlns:x="http://schemas.microsoft.com/winfx/2006/xaml"
    StartupUri="Window1.xaml"
    DispatcherUnhandledException="Fehlerbehandlung" >
...
```

Tritt jetzt in Ihrem Programm ein unbehandelter Fehler auf, wird obige Ereignisprozedur ausgeführt und das Programm anschließend fortgesetzt.

12.5 Die Window-Klasse

Die eigentliche "Spielwiese" des Programmierers ist sicherlich das einzelne Fenster innerhalb der Anwendung. In WPF-Anwendungen handelt es sich dabei um Instanzen der Klasse *Window*, dem Pendant zu *Form* von Windows Forms-Anwendungen.

Bevor wir jetzt der Versuchung erliegen, alle Eigenschaften, Methoden und Ereignisse detailliert aufzulisten, wollen wir uns lieber einige spezifische Aufgabenstellungen herauspicken, vieles kennen Sie ja bereits von den Windows Forms.

12.5.1 Position und Größe festlegen

Haben Sie per Visual Studio ein neues Window erzeugt, sind bereits die Attribute für Breite und Höhe vorhanden (*Width, Height*) und müssen nur noch angepasst werden.

Die Position des Fensters können Sie zum einen mit dem Attribut *WindowStartupLocation* festlegen (*CenterOwner, CenterScreen, Manual*), zum anderen können Sie *Top* oder *Left* für die Ausrichtung verwenden.

Für die Position in der Liste der angezeigten Windows ist die Eigenschaft *Topmost* verantwortlich.

12.5.2 Rahmen und Beschriftung

Die Art des Rahmens beeinflussen Sie mit dem Attribut *WindowStyle (None, ToolWindow, Single-BorderWindow, ThreeDBorderWindow)*:

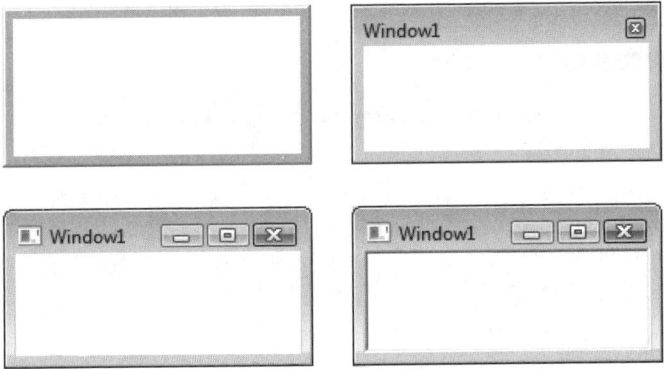

Die Beschriftung des Fensters lässt sich mit dem Attribut *Title* festlegen:

```
<Window x:Class="WpfApplication3.Window1"
    xmlns="http://schemas.microsoft.com/winfx/2006/xaml/presentation"
    xmlns:x="http://schemas.microsoft.com/winfx/2006/xaml"
    Title="Window1" Height="100" Width="200">
```

12.5.3 Das Fenster-Icon ändern

Über das Attribut *Icon* lässt sich dem *Window* auch ein neues Icon (linke obere Ecke bzw. Task-leistenansicht) zuordnen.

BEISPIEL 12.45: Das Fenster-Icon festlegen

Ziehen Sie per Drag & Drop eine Icon-Datei in Ihr Projekt und legen Sie die *Icon*-Eigenschaft des Window auf deren Namen fest:

```
<Window x:Class="WpfApplication3.Window1"
    xmlns="http://schemas.microsoft.com/winfx/2006/xaml/presentation"
    xmlns:x="http://schemas.microsoft.com/winfx/2006/xaml"
    Title="Window1" Height="100" Width="200" Icon="Sign.ico">
...
```

Öffnen Sie jetzt das Fenster, wird das neue Icon angezeigt:

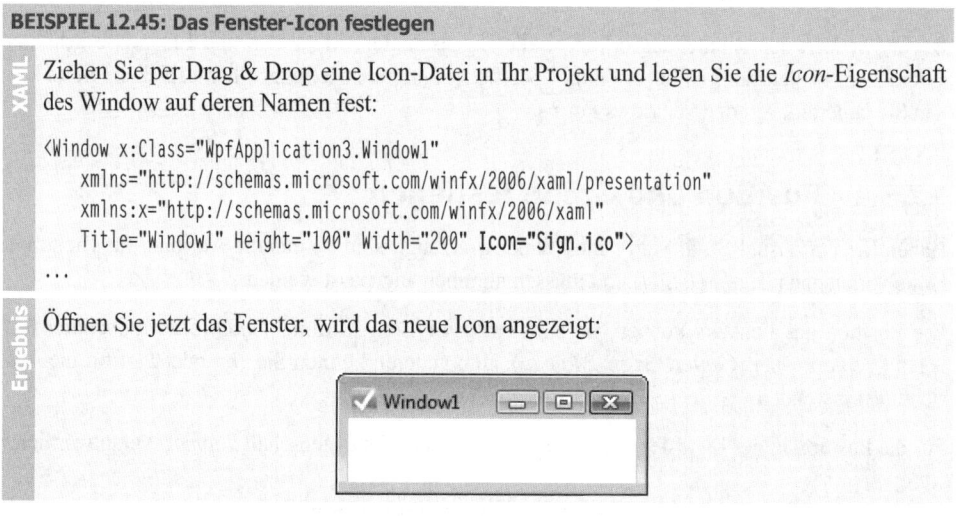

HINWEIS: Es ist besser, wenn Sie derartige Ressourcen in einem Unterverzeichnis Ihres Projekts speichern, so geht der Überblick nicht verloren. In diesem Fall müssen Sie für *Icon* auch den relativen Pfad angeben (z.B. "*Images\Sign.ico*").

12.5.4 Anzeige weiterer Fenster

WPF-Windows zeigen Sie, wie auch die Windows Forms, nach dem Instanziieren mit den Methoden *Show* oder *ShowDialog* (modal) an.

BEISPIEL 12.46: Aufruf eines zweiten Fensters

```
...
    Private Sub Button1_Click(sender As Object, e As RoutedEventArgs)
        Dim w2 As New Window2()
        w2.ShowDialog()
    End Sub
...
```

12.5.5 Transparenz

Legen Sie die Eigenschaft *Opacity* auf den gewünschten Wert der Transparenz (0 ... 1) fest, werden Sie sicher zunächst enttäuscht sein, denn es wird lediglich eine Graustufe angezeigt:

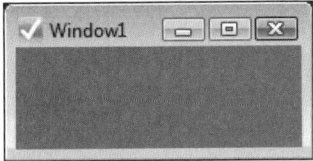

Der Grund: dieses Attribut wird nur im Zusammenhang mit dem Attribut *AllowsTransparency* berücksichtigt.

HINWEIS: Zusätzlich muss der Rahmentyp (*WindowStyle*) auf *None* festgelegt sein.

BEISPIEL 12.47: Teiltransparentes Window

```xaml
<Window x:Class="WpfApplication3.Window1"
    xmlns="http://schemas.microsoft.com/winfx/2006/xaml/presentation"
    xmlns:x="http://schemas.microsoft.com/winfx/2006/xaml"
    Title="Window1" Height="100" Width="200" Top="10" Left="10"
    Opacity="0.7" AllowsTransparency="True" WindowStyle="None">
```

Das erzeugte Fenster über dem Desktop:

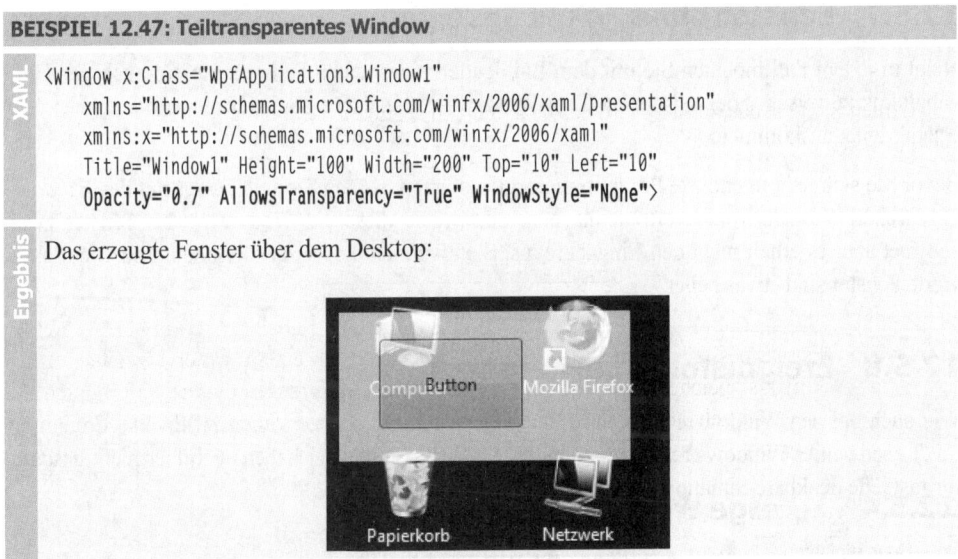

12.5.6 Abstand zum Inhalt festlegen

Über die Eigenschaft *BorderThickness* legen Sie fest, wie groß der Rahmen um den Clientbereich des Formulars ist. Die Rahmenfarbe legen Sie mit *BorderBrush* fest.

BEISPIEL 12.48: Verwendung von *BorderThickness*

```xaml
<Window x:Class="WpfApplication2.MainWindow"
        xmlns="http://schemas.microsoft.com/winfx/2006/xaml/presentation"
        xmlns:x="http://schemas.microsoft.com/winfx/2006/xaml"
        Title="MainWindow" Height="350" Width="525" Loaded="Window_Loaded"
        BorderThickness="27" BorderBrush="Red">
    <Grid>
        <Button Content="Button" Name="Button1" />
    </Grid>
</Window>
```

BEISPIEL 12.48: Verwendung von *BorderThickness*

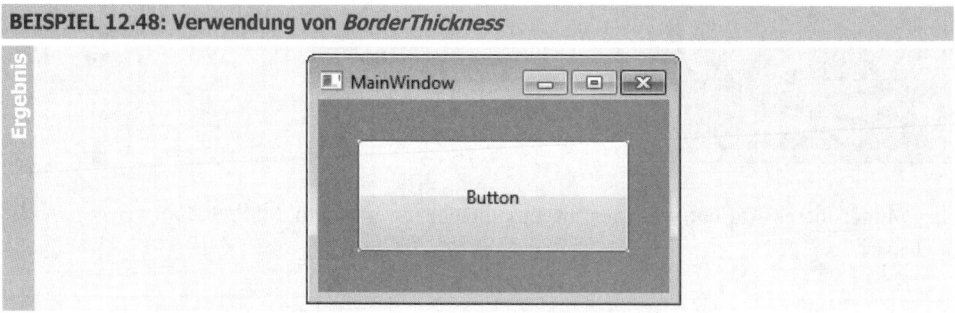

12.5.7 Fenster ohne Fokus anzeigen

Nicht in jedem Fall möchten Sie mit dem Einblenden eines neuen Fensters diesem auch den Eingabefokus zuweisen. Hier sei nur an Tool-Windows oder andere Statusfenster erinnert, die ohne Useraktivität auskommen.

Bevor Sie sich jetzt in endlose Programmierorgien stürzen, sollten Sie sich besser mit der *Window*-Eigenschaft *ShowActivated* vertraut machen. Setzen Sie diese auf *True*, wird das Fenster zwar geöffnet aber es erhält nicht den Eingabefokus. Sie erkennen dies an der Rahmenfarbe, nicht aktivierte Fenster sind etwas heller.

12.5.8 Ereignisfolge bei Fenstern

Wie auch bei den Windows Forms, möchten Sie als Programmierer sicher auf diverse Ereignisse im "Leben" eines Windows reagieren können. Die WPF-Entwickler haben auch hier nicht gespart, für fast jede denkbare Situation steht ein Ereignis zur Verfügung:

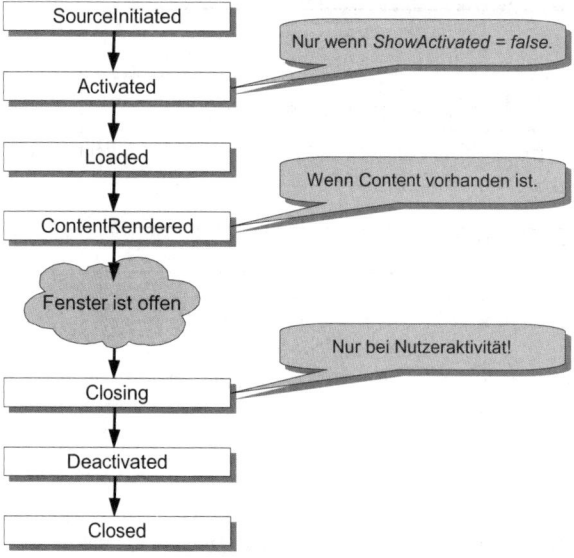

HINWEIS: Weitere Informationen zum Ereignismodell von WPF finden Sie im Abschnitt 14.3 ab Seite 748.

12.5.9 Ein paar Worte zur Schriftdarstellung

Nachdem die ersten Versionen von WPF noch mit einer rudimentären Textausgabe aufgewartet haben[1], hatten die Entwickler wohl ein Einsehen und spendierten der Version 4.0 eine verbesserte Textausgabe, die vor allem bei kleinen Schriften nicht gleich zu "Augenkrebs" führt.

Ursache des Übels war der Algorithmus für das Rendern der Schriftarten. Dieser war zwar aus Programmiersicht akkurat (geräteneutral), auf TFTs mit ihrer beschränkten Auflösung führte diese Darstellung jedoch zu selten unlesbaren Ergebnissen.

Über die neue Eigenschaft *TextOptions* bietet sich nun die Möglichkeit, die Darstellung von Schriftarten in Ihren Formularen zu optimieren. Zwei Optionen sind in diesem Zusammenhang von Bedeutung:

- *TextOptions.TextFormattingMode* und

- *TextOptions.TextRenderingMode*

HINWEIS: Beide Optionen können Sie für das gesamte Formular (wie im weiteren beschrieben) oder auch nur für einzelne Controls zuweisen.

TextOptions.TextFormattingMode

Bevor wir lange um den heißen Brei herumreden, ein Beispiel für die Auswirkung von *Text-Options.TextFormattingMode* auf die Darstellung (Abbildung vergrößert):

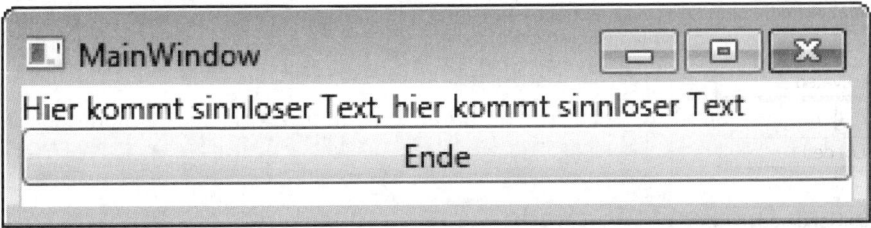

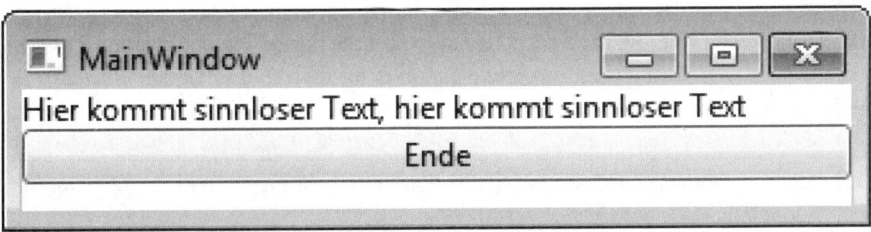

---

[1] Für einige Entwickler war die schlechte und verschwommene Textausgabe der alten Version **das** Killerargument gegen WPF.

Die obere Abbildung zeigt die Standarddarstellung von Schriften ("Ideal"), bei der unteren ist die Eigenschaft *Options.TextFormattingMode* auf "Display" gesetzt.

Beachten Sie bei der Darstellung insbesondere die senkrechten Linien (bei "H", "i" etc.). In der unteren Abbildung werden die teils grausigen Antialiasing-Artefakte drastisch entschärft, dies allerdings zu Lasten der Genauigkeit (siehe folgende Vergrößerung, links "Ideal" rechts "Display"):

Das folgende Beispiel zeigt, wie Sie die Option für das gesamte Formular setzen:

BEISPIEL 12.49: *TextOptions.TextFormattingMode* **setzen**

```
<Window x:Class="WpfApplication2.MainWindow"
        xmlns="http://schemas.microsoft.com/winfx/2006/xaml/presentation"
        xmlns:x="http://schemas.microsoft.com/winfx/2006/xaml"
        Title="MainWindow" Height="84" Width="340" Loaded="Window_Loaded"
        TextOptions.TextFormattingMode="Display">
    <StackPanel>
        <TextBlock Text="Hier kommt sinnloser Text, hier kommt sinnloser Text"/>
        <Button>Ende</Button>
    </StackPanel>
</Window>
```

Doch wann sollten Sie welche Option verwenden? Eine allgemeingültige Antwort lässt sich kaum geben, entweder Sie experimentieren etwas herum (unterschiedliche Bildschirme) oder Sie halten sich an folgende Pauschalaussagen:

■ Verwenden Sie "Display" grundsätzlich bei kleinen Texten (< 15pt).

■ Verwenden Sie die Standardeinstellung bzw. "Ideal" bei großen Texten, bei Transformationen, Zoom etc.

TextOptions.TextRenderingMode

Nach der Kritik an der Textdarstellung wollten es die Entwickler wohl besonders gut machen und haben gleich noch eine weitere "Stellschraube" spendiert, die Sie für die Textoptimierung einsetzen können. Die Rede ist von *TextOptions.TextRenderingMode* für das die drei Optionen *ClearType*, *Grayscale* und *Aliased* zur Verfügung stehen.

HINWEIS: Alle drei Optionen sind nur von Bedeutung, wenn die Eigenschaft *TextOptions.Text-FormattingMode* auf *Display* gesetzt ist.

Ein Beispiel soll Ihnen die Unterschiede demonstrieren.

BEISPIEL 12.50: Verwendung von *TextOptions.TextRenderingMode*

```
Window x:Class="WpfApplication2.MainWindow"
        xmlns="http://schemas.microsoft.com/winfx/2006/xaml/presentation"
        xmlns:x="http://schemas.microsoft.com/winfx/2006/xaml"
        Title="MainWindow" Height="84" Width="340" Loaded="Window_Loaded"
        TextOptions.TextFormattingMode="Display">
    <StackPanel>
        <TextBlock>
            Hier kommt sinnloser Text (ClearType)
        </TextBlock>
        <TextBlock TextOptions.TextRenderingMode="Grayscale">
            Hier kommt sinnloser Text (Grayscale)
        </TextBlock>
        <TextBlock TextOptions.TextRenderingMode="Aliased">
            Hier kommt sinnloser Text (Aliased)
        </TextBlock>
    </StackPanel>
```

Hier kommt sinnloser Text (ClearType)
Hier kommt sinnloser Text (Grayscale)
Hier kommt sinnloser Text (Aliased)

Bei der Standard-Option "ClearType" wird Antialiasing mit diversen Farbabstufungen (Grau-, Brauntöne) realisiert, "Grayscale" nutzt hingegen lediglich Graustufen für die Kantenglättung. "Aliased" kommt ganz ohne Kantenglättung aus.

Wer jetzt auf die Idee kommt, "Cleartype" sei die Ideallösung für alle Einsatzfälle, sollte sich einmal die folgende Darstellung der Schriftart "Courier New" ansehen:

```
Hier kommt sinnloser Text (ClearType)
Hier kommt sinnloser Text (Grayscale)
Hier kommt sinnloser Text (Aliased)
```

In diesem Fall dürfte der "klare" Sieger wohl eindeutig feststehen.

12.5.10 Ein paar Worte zur Controldarstellung

Nachdem wir uns bereits einige Seiten über die Schriftdarstellung ausgelassen haben, müssen wir auch noch kurz auf die Antialiasing-Effekte bei der Darstellung von Controls durch die Layoutengine eingehen. Auch hier gilt, das die Auflösung von Bildschirmen begrenzt ist, und so bleibt der Layoutengine manchmal nichts anderes übrig, als eine berechnete Position/Breite durch einen Antialiasing-Effekt anzudeuten. Soweit so gut, aber nicht jeder Anwender (insbesondere bei TFT-

Bildschirmen) honoriert es, wenn Kanten nicht mehr klar sondern verschwommen dargestellt werden, wie es das folgende Beispiel zeigt:

BEISPIEL 12.51: Antialiasing-Effekte bei Controls

XAML

```
...
    <Grid Background="Yellow">
        <Grid.ColumnDefinitions>
            <ColumnDefinition Width="*" /><ColumnDefinition Width="*" />
            <ColumnDefinition Width="*" />
        </Grid.ColumnDefinitions>
        <Rectangle Stroke="Blue" StrokeThickness="1" Fill="Aqua" Width="50.5"/>
        <Rectangle Stroke="Blue" StrokeThickness="1" Fill="Aqua" Grid.Column="1"/>
        <Rectangle Stroke="Blue" StrokeThickness="1" Fill="Aqua" Grid.Column="2"/>
    </Grid>
...
```

Ergebnis

Beachten Sie die verschwommenen senkrechten Kanten der Rechtecke:

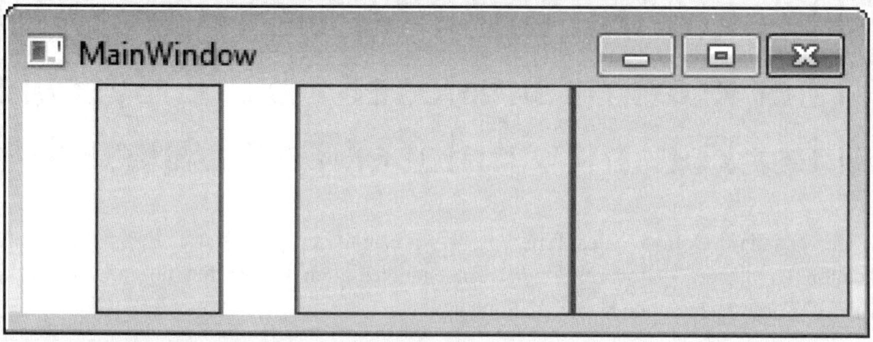

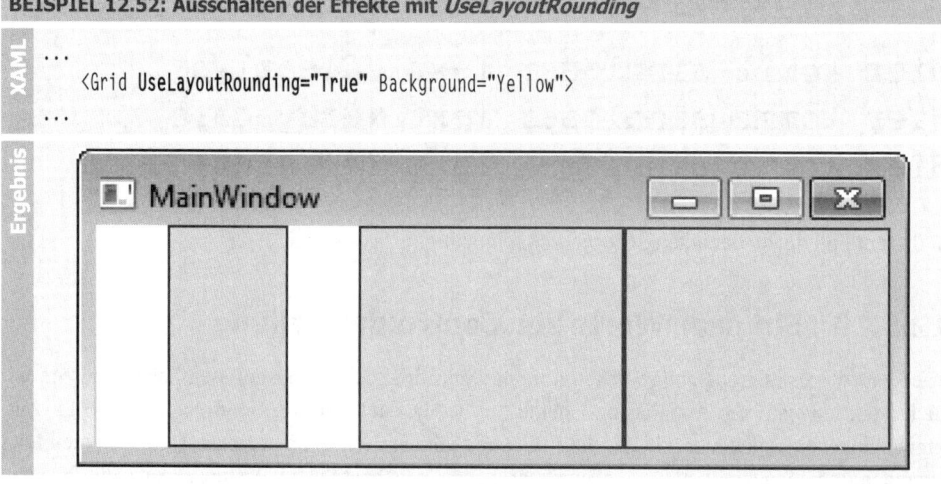

BEISPIEL 12.52: Ausschalten der Effekte mit *UseLayoutRounding*

XAML

```
...
    <Grid UseLayoutRounding="True" Background="Yellow">
...
```

Ergebnis

Wie Sie dem zweiten Beispiel entnehmen können, führt das Setzen von *UseLayoutRounding* auf *True* dazu, dass kritische Kanten so verschoben werden, dass sie mit den Bildschirmpixeln übereinstimmen. Die geht zwar zu Lasten der Genauigkeit, im Interesse einer klaren Darstellung können wir aber sicher ein "Auge zudrücken".

12.5.11 Wird mein Fenster komplett mit WPF gerendert?

Nein, Rahmen und Kopfzeile werden nach wie vor durch GDI-Anweisungen generiert, was auch erklärt, warum viele WPF-Features (Styles, Transparenz, Rotation ...) nicht auf das eigentliche Fenster angewendet werden können.

Damit haben wir uns mit den nötigsten Grundkenntnissen über die WPF-Anwendung versorgt, wenden wir uns im nächsten Kapitel zunächst den wichtigsten WPF-Controls zu, bevor wir auf die speziellen WPF-Features eingehen.

HINWEIS: In den weiteren Kapiteln wollen wir uns zunächst den wichtigsten Controls zuwenden (Kapitel 13), bevor wir zu speziellen Themen wie Ereignisbehandlung Styles etc. kommen (Kapitel 14). Das Spezialthema "Datenbindung finden Sie im Kapitel 15, Kapitel 16 widmet sich abschließend der Druckausgabe in WPF.

Kapitel 13

Übersicht WPF-Controls

Bei den WPF-Controls handelt es sich, ähnlich wie bei den Windows Forms-Steuerelementen, um ein recht komplexes Thema. Angesichts der erdrückenden Vielfalt unterschiedlichster Controls und deren Features können wir keinen Anspruch auf Vollständigkeit erheben.

13.1 Allgemeingültige Eigenschaften

Da die meisten Controls direkt oder indirekt von der Klasse *Control* (*System.Windows.Controls*) abgeleitet sind (und diese wiederum von *FrameworkElement* ...), verfügen sie auch über einige gemeinsame Eigenschaften, die wir an dieser Stelle kurz besprechen wollen.

Eigenschaft	Beschreibung
Background	die Füll-/Hintergrundfarbe, z.B. `<Button Background="Blue">`
BorderBrush	die Rahmenfarbe, z.B. `<Button BorderBrush="Blue">`
Cursor	der Mauszeiger für das Control, z.B. `<Button Cursor="Wait">`
FontFamily, FontSize, FontStyle, FontWeight	Schriftart, -größe, -schnitt (*Normal, Italic, Oblique*), -breite (*Light, Normal, UltraBold*), z.B. `<Button FontFamily="Arial" FontSize="12" FontStyle="Italic" FontWeight="UltraBold">`
Foreground	Vordergrundfarbe, z.B. `<Button Foreground="Coral">`
HorizontalAlignment, VerticalAlignment	Horizontale/vertikale Ausrichtung bezüglich des übergeordneten Elements, z.B. `<Button HorizontalAlignment="Left">`

Eigenschaft	Beschreibung
HorizontalContentAlignment, VerticalContentAlignment	Horizontale/vertikale Ausrichtung der Inhalte, z.B. `<Button HorizontalContentAlignment="Left">`
Height/Width	Höhe und Breite des Controls, siehe auch Seite 608
Margin	Außenabstände, siehe auch Seite 610
MaxHeight, MaxWidth, MinHeight, MinWidth	maximale bzw. minimale Abmessungen des Controls
Name	Name der Komponente, z.B. `<Button Name="Button1">`
Opacity	Transparenz (ein Wert zwischen 0 und 1), z.B. `<Button Opacity="0.5">`
Padding	Innenabstände, siehe auch Seite 610
Parent	das übergeordnete Element
Resources	Verweis auf Ressourcen, dazu mehr ab Seite 743
Style	Verweis auf einen Style, dazu mehr ab Seite 757
TabIndex	Index in der Tabulatorreihenfolge
Tag	Frei definierbare Eigenschaft vom Typ *object*, hier können Sie eigene Informationen speichern
ToolTip	Die beliebten kleinen Fähnchen, die dem Endanwender "unnötige" Informationen aufdrängen
Visibility	Die Sichtbarkeit des Controls (*Collapsed*, *Hidden*, *Visible*), Achtung: Bei *Hidden* beansprucht das Control nach wie vor seinen Platz, ist nur nicht sichtbar. Mit *Collapsed* verschwindet auch die "Leerstelle".

BEISPIEL 13.1: Der Unterschied zwischen *Hidden* (links) und *Collapsed* (rechts) für *Button2*

```
<StackPanel>
  <Button>Button1</Button>
  <Button Visibility="Collapsed">Button2</Button>
  <Button>Button3</Button>
</StackPanel>
```

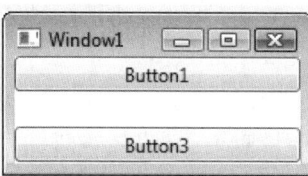
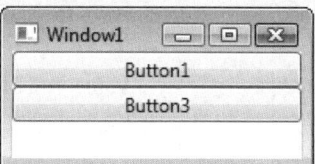

HINWEIS: Umsteiger werden sicher darauf hereinfallen: Die Höhe und Breite des Controls rufen Sie nicht über *Height* bzw. *Width,* sondern über *ActualHeight* und *ActualWidth* ab. Der Grund ist in der Verwendung der Layouts zu finden, d.h., die übergeordneten Elemente bestimmen die Abmessungen des Controls. Eine Vorgabe für Breite und Höhe wird jedoch nach wie vor über *Width* und *Height* realisiert.

13.2 Label

Dieses "innovative" Control kennen Sie sicher noch zur Genüge aus Ihrer "Vor"-WPF-Ära, der Verwendungszweck ist zum einen das Beschriften von Controls (z.B. *TextBox)* zum anderen lassen sich so zum Beispiel Access-Keys einer *TextBox* zuordnen. Die Zuordnung zwischen *Label* und Control erfolgt mit dem Attribut *Target*, wie es das folgende Beispiel zeigt.

BEISPIEL 13.2: Festlegen eines Access-Key (Alt+E) und Zuordnen der TextBox1 (Ziel des Eingabefokus)

```
...
    <StackPanel Grid.Column="0" Grid.Row="0" >
        <Label Target="{Binding ElementName=TextBox1}" Name="Label1" >_Edit</Label>
        <TextBox Name="TextBox1" />
    </StackPanel>
...
```

Die Laufzeitansicht (nach dem Drücken der Alt-Taste[1]):

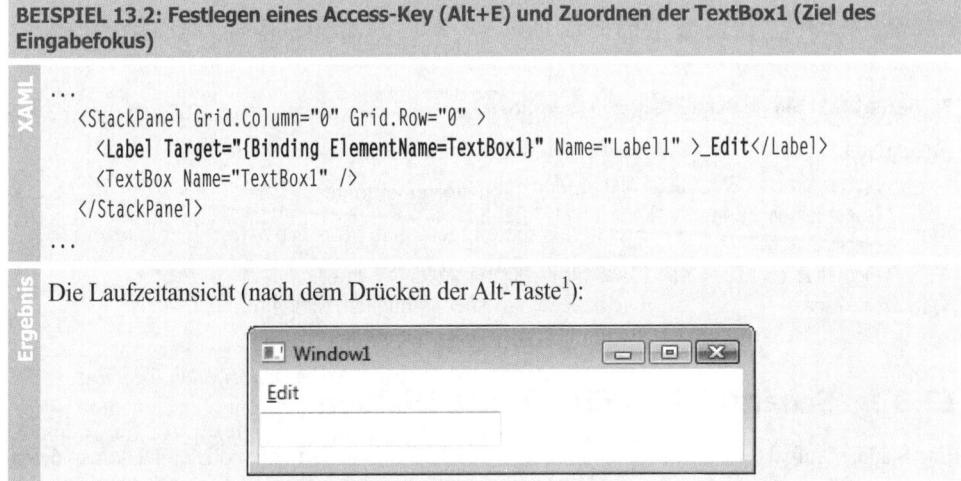

13.3 Button, RepeatButton, ToggleButton

Der Verwendungszweck von *Button, RepeatButton* und *ToggleButton* als Schaltfläche mit *Click*-Ereignis dürfte schnell klar sein. Doch es gibt einige Unterschiede, wie die folgende Tabelle zeigt:

Element	Beschreibung
Button	Ein einzelnes *Click*-Ereignis nach Betätigung.
RepeatButton	Mehrfache *Click*-Ereignisse bei Betätigung, die Frequenz wird mit der Eigenschaft *Intervall* (Millisekunden) bestimmt, der Abstand zwischen dem ersten Klick (resultiert aus dem Niederdrücken) und der Wiederholung kann mit *Delay* (Millisekunden) festgelegt werden (siehe folgende Abbildung).

---

[1] Ohne Alt-Taste sind die Access-Keys nicht sichtbar!

Element	Beschreibung
ToggleButton	Einzelnes *Click*-Ereignis nach Betätigung, die Schaltfläche schaltet jedoch mit jedem Klick zwischen den Zuständen "gedrückt" und "nicht gedrückt" um. Zur Auswertung des Status stehen die beiden Ereignisse *Checked* und *Un-Checked* sowie die Eigenschaft *IsChecked* zur Verfügung.

Das Verhalten des *RepeatButton*:

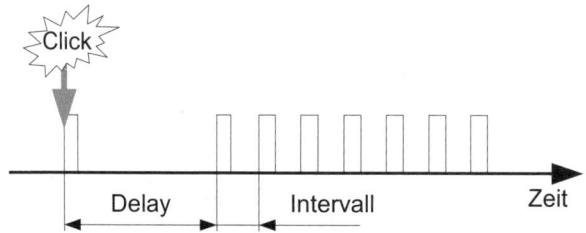

BEISPIEL 13.3: Einige Schaltflächendefinitionen

```xaml
<StackPanel>
  <Button Margin="6" Click="Button_Click">Button</Button>
  <RepeatButton Delay="2000" Interval="500" Click="RepeatButton_Click">RepeatButton
  </RepeatButton>
  <ToggleButton Name="tb" Click="RepeatButton_Click">ToggleButton</ToggleButton>
</StackPanel>
```

13.3.1 Schaltflächen für modale Dialoge

Eine Standardaufgabe für den Programmierer ist häufig das Erstellen von modalen Dialogen, deren Ergebnis (OK, Abbruch) im übergeordneten Fenster ausgewertet werden muss. Wird das Window mit *Alt+F4*, der Schließen-Schaltfläche oder per Systemmenü geschlossen, wird die *DialogResult*-Eigenschaft des betreffenden Windows auf *False* gesetzt. Den Wert *True* müssen Sie z.B. über die OK-Schaltfläche explizit setzen.

Die standardmäßige Zuordnung der beiden Tasten (OK/Abbruch) können Sie mit den Eigenschaften *IsDefault* (Verknüpfung mit Enter-Taste) und *IsCancel* (Verknüpfung mit *ESC*-Taste) realisieren. *IsCancel=True* führt zum automatischen Schließen des Fensters.

BEISPIEL 13.4: Aufruf eines modalen Dialogs und Auswertung von OK/Abbruch

Das modale Window:

```xaml
<Window x:Class="WpfApplication3.Window2"
    xmlns="http://schemas.microsoft.com/winfx/2006/xaml/presentation"
    xmlns:x="http://schemas.microsoft.com/winfx/2006/xaml"
    Title="Window2" Height="300" Width="300">
    <Grid>
```

BEISPIEL 13.4: Aufruf eines modalen Dialogs und Auswertung von OK/Abbruch

```
      <Grid.RowDefinitions>
       <RowDefinition Height="216*" />
       <RowDefinition Height="46*" />
      </Grid.RowDefinitions>
      <Button IsDefault="True" Grid.Row="1" Margin="89,6,104,8" Name="Button1"
      Click="Button1_Click">Ok</Button>
      <Button IsCancel="True" Grid.Row="1" HorizontalAlignment="Right" Margin="0,6,14,10"
      Name="Button2" Width="79">Abbruch</Button>
     </Grid>
  </Window>
```

Die Ereignisprozedur für den OK-Button:

```
   Private Sub Button1_Click(sender As Object, e As RoutedEventArgs)
       Me.DialogResult = True
       Me.Close()
   End Sub
```

Der Aufruf des modalen Window und Auswertung:

```
   Dim w2 As New ModalWindow()
   w2.ShowDialog()
   If w2.DialogResult Then
       MessageBox.Show("OK")
   Else
       MessageBox.Show("Abbruch")
   End If
```

13.3.2 Schaltflächen mit Grafik

Wer jetzt verzweifelt nach einer Image-Eigenschaft Ausschau hält, dürfte enttäuscht sein. Keine der Schaltflächen verfügt darüber, was jedoch kein Problem ist, da Sie in WPF-Anwendungen den Content des Controls selbst bestimmen können (*ContentControl*).

Doch wie müssen wir vorgehen? Ausschlaggebend für die Zusammenstellung unserer Schaltfläche ist das zukünftige Layout (Grafik oben, Texte unten oder anders herum). Mit den bereits im Abschnitt 12.3 vorgestellten Layout-Controls können Sie zunächst ein geeignetes Layout für den Inhalt der Schaltfläche entwerfen und dann die eigentlichen Image- und Text-Elemente[1] anordnen.

BEISPIEL 13.5: Schaltfläche mit Text und Grafik

```
   <Button Click="Button_Click">
```

Ein *StackPanel* bestimmt das innere Layout der Schaltfläche:

```
   <StackPanel Orientation="Horizontal" Margin="10">
```

---

[1] Statt einer Grafik könnten Sie auch gleich ein komplettes Video in der Schaltfläche anzeigen. Ob dies sinnvoll ist, ist eine andere Frage.

BEISPIEL 13.5: Schaltfläche mit Text und Grafik

Die Grafik festlegen (ziehen Sie vorher einfach eine Grafik per Drag & Drop in Ihr Projekt):

```
<Image Source="Annie in the Sink.jpg" Width="56" Height="46" Margin="0,0,10,0"/>
```

Der Beschriftungstext (hier könnten Sie auch mit Textformatierungen arbeiten):

```
<TextBlock VerticalAlignment="Center">Katze</TextBlock>
  </StackPanel>
</Button>
```

HINWEIS: Statt dieser Lösung können Sie natürlich auch die *Button*-Klasse ableiten, oder Sie nutzen die Möglichkeit eines UserControls. Beide Varianten sollen aber nicht im Mittelpunkt dieses Abschnitts stehen, siehe dazu auch unser [Visual Basic 2012 Kochbuch].

13.4 TextBox, PasswortBox

Beide Controls dürften Ihnen als wichtige Möglichkeiten für die Texteingabe sicher bekannt sein. An dieser Stelle wollen wir deshalb nur auf einige Eigenschaften zur Konfiguration dieser Eingabefelder eingehen.

13.4.1 TextBox

Die wichtigsten Eigenschaften auf einen Blick:

Eigenschaft	Beschreibung
Text	Der Inhalt der *TextBox*.
TextWrapping	Einzeilige (*NoWrap*) oder mehrzeilige (*Wrap, WrapWithOverFlow*) Darstellung. *Wrap* bricht bei jedem Zeichen um, *WrapWithOverFlow* nur an Leerzeichen.
AcceptReturn	Wenn *True* erzeugt die *Enter*-Taste eine neue Zeile, andernfalls wird Enter ignoriert.
IsReadOnly	Schreibschutz ja/nein.
VerticalScrollBarVisibility, HorizontalScrollBarVisibility	Sichtbarkeit der Scrollbars vorgeben. Mögliche Werte: *Auto, Disabled, Hidden, Visible*

Eigenschaft	Beschreibung
MaxHeight, MaxWidth, MinHeight, MinWidht	Maximale/minimale Abmessungen der *TextBox* vorgeben.
MaxLines, MinLines	Minimale/maximale Anzahl von angezeigten Zeilen in der *TextBox*. Nur sinnvoll mit *TextWrapping*.
MaxLength	Die maximale Zeichenzahl.
CaretIndex	Position des Eingabekursors.
SpellCheck.IsEnabled	Ein-/Ausschalten der integrierten Rechtschreibkorrektur (siehe Beispiel).

BEISPIEL 13.6: Setzen der *Text*-Eigenschaft per XAML

```xaml
<TextBox Text="Meine Vorgabe">
</TextBox>
```

oder

```xaml
<TextBox>
   Meine Vorgabe
</TextBox>
```

BEISPIEL 13.7: Verwendung der Rechtschreibkorrektur

```xaml
<TextBox SpellCheck.IsEnabled="True" Name="TextBox1" >TextBox1</TextBox>
```

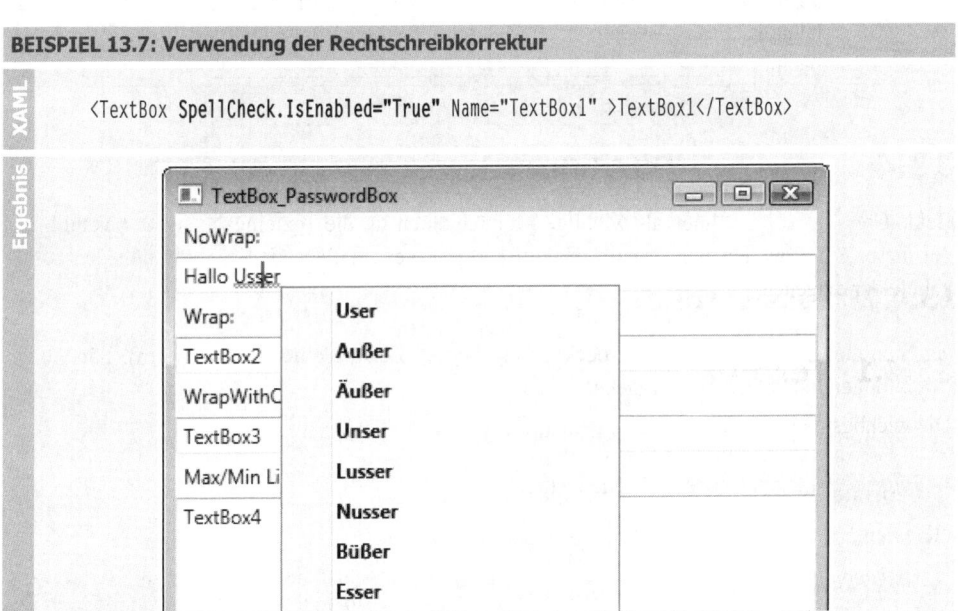

Zur Laufzeit wird jetzt, je nach aktueller Landeseinstellung, eine automatische Rechtschreibprüfung durchgeführt, Fehler werden rot unterstrichen und Alternativen per Kontextmenü angezeigt.

Und da Deutsch eine Sprache mit andauernden Änderungen ist, findet sich auch eine Möglichkeit, die aktuelle Rechtschreibreform zu berücksichtigen. Verwenden Sie einfach die Eigenschaft

SpellingReform und setzen Sie einen der folgenden Werte (*Prerefrom*, *Postrefrom*, *PreAndPost-refrom*)[1].

Wahrscheinlich haben Sie dieses Feature noch gar nicht vermisst, seit WPF 4 können Sie sowohl für den Eingabekursor als auch für die Kursorauswahl einen extra *Brush* verwenden, was Ihren gestalterischen Fähigkeiten natürlich jede Menge Raum gibt.

BEISPIEL 13.8: Texteingabe- und Auswahlkursor ändern

Hier zunächst der geänderte Eingabekursor:

```
<TextBox FontSize="20" CaretBrush="Green">
```

Und hier ein etwas komplexerer Auswahlkursor:

```
<TextBox.SelectionBrush>
    <LinearGradientBrush StartPoint="0.5,0" EndPoint="0.5,1">
        <GradientStop Color="Transparent" Offset="-.2" />
        <GradientStop Color="Red" />
        <GradientStop Color="Yellow" Offset=".9" />
        <GradientStop Color="Transparent" Offset="1.2" />
    </LinearGradientBrush>
</TextBox.SelectionBrush>
Hallo User
</TextBox>
```

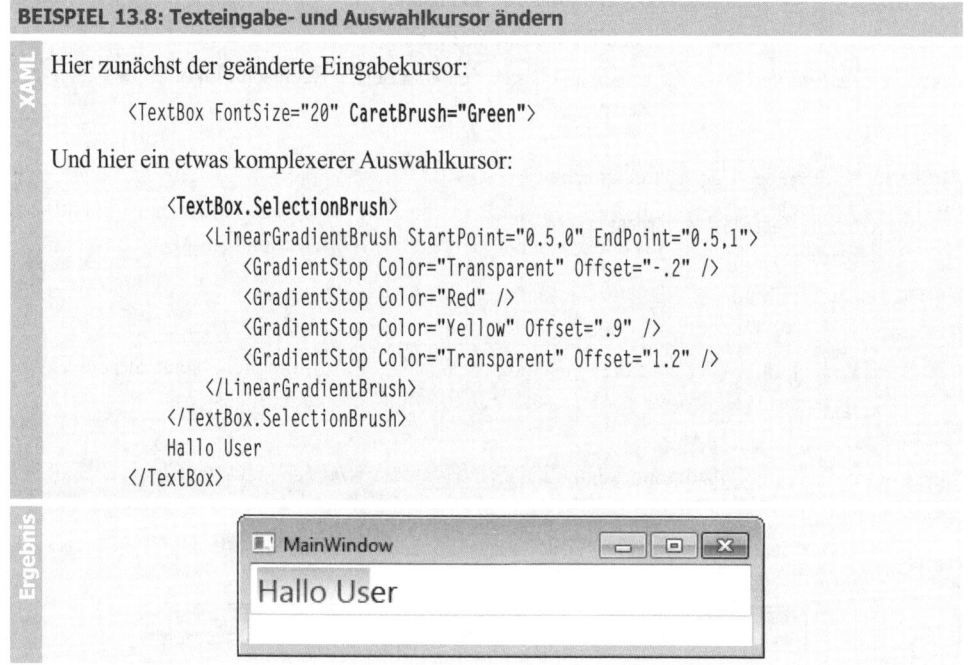

13.4.2 PasswordBox

Der Sinn dieses Controls ist die verdeckte Eingabe von Zeichenketten (Passwörtern). Für Sie als Programmierer sind die beiden Eigenschaften

- ▪ *PasswordChar* (das Maskierungszeichen) und

- ▪ *Password* (die eingegebene Zeichenkette)

interessant.

BEISPIEL 13.9: Verwendung *PasswordBox*

```
<PasswordBox Name="Pwd1" MaxLength="6" Password="geheim" PasswordChar="?"
             KeyUp="PasswordBox_KeyUp"/>
```

---

[1] In .NET 5.x findet sich dann sicher auch ein *PostPostNextPreReform*

BEISPIEL 13.9: Verwendung *PasswordBox*

Die Ereignis-Routine:

```
Private Sub Pwd1_KeyUp(sender As Object, e As KeyEventArgs)
    If (e.Key = Key.Enter) Then MessageBox.Show(Pwd1.Password)
End Sub
```

13.5 CheckBox

Geht es um die Auswahl bzw. Darstellung boolescher Werte (*True/False*), bietet sich neben dem *ToggleButton* die gute alte *CheckBox* an.

Die Beschriftung des Controls bestimmen Sie über die *Content*-Eigenschaft, hier ist stattdessen z.B. auch ein *Image* möglich, was optisch sicher viel hergibt (siehe Beispiel am Abschnittsende).

Den aktuellen Status können Sie über die Eigenschaft *IsChecked* bestimmen.

HINWEIS: Achtung: Hier sind drei Zustände (*Null, True, False*) möglich, wenn Sie die Eigenschaft *IsThreeState* auf *True* setzen (unbestimmte Angabe).

Die Auswertung einer Änderung kann in den Ereignissen *Checked* bzw. *UnChecked* erfolgen, besser ist jedoch *Click*, da Sie hier beide Zustände auswerten können.

BEISPIEL 13.10: Verwendung der *CheckBox*

```
<StackPanel Margin="5">
```

Variante 1:

```
<CheckBox Checked="CheckBox_Checked" Unchecked="CheckBox_Unchecked"
        Click="CheckBox_Click" Name="checkBox1" Foreground="Blue">
    Ich kann lesen </CheckBox>
```

Variante 2:

```
<CheckBox Name="checkBox2" Foreground="Green">Ich kann schreiben</CheckBox>
```

Hier mit drei Zuständen:

```
<CheckBox Name="checkBox3" IsThreeState="True" IsChecked="">Schwanger</CheckBox>
```

CheckBox mit Grafik statt Text:

```
<CheckBox Name="checkBox4" Foreground="Green">
    <Image Source="Images\rudi.gif" Width="50" Height="50"/>
</CheckBox>
```

Natürlich könnte es auch jedes andere Control sein, das Sie als Content der *CheckBox* festlegen, aber einen Sinn sollte es schon machen.

```
</StackPanel>
```

BEISPIEL 13.10: Verwendung der *CheckBox*

Die Ereignisroutinen:

```
Private Sub CheckBox1_Unchecked(sender As Object, e As RoutedEventArgs)
    MessageBox.Show("False")
End Sub


Private Sub CheckBox1_Checked(sender As Object, e As RoutedEventArgs)
    MessageBox.Show("True")
End Sub
```

Nur *True/False* auswerten:

```
Private Sub CheckBox1_Click(sender As Object, e As RoutedEventArgs)
    If CheckBox1.IsChecked Then
        MessageBox.Show("True")
    Else
        MessageBox.Show("False")
    End If
End Sub
```

Unbestimmten Zustand auswerten:

```
Private Sub CheckBox3_Click(sender As Object, e As RoutedEventArgs)
    If CheckBox3.IsChecked Is Nothing Then MessageBox.Show("Etwas Schwanger!")
End Sub
```

Beachten Sie die obige Option "Schwanger": angezeigt wird der unbestimmte Zustand, d.h. in diesem Fall "etwas schwanger".

13.6 RadioButton

Möchten Sie mehr als nur eine *True/False*-Auswahl anbieten (siehe *CheckBox),* können Sie eine Reihe von RadioButtons verwenden, bei der jeweils nur ein *RadioButton* markiert sein kann.

Um die einzelnen RadioButtons miteinander zu verbinden, steht Ihnen die Eigenschaft *GroupName* zur Verfügung. Alle Controls mit übereinstimmenden Namen werden zu einer Gruppe zusammengefasst, nur ein Element der Gruppe kann markiert sein (*IsChecked*).

BEISPIEL 13.11: Verwendung *RadioButton*

```xaml
<StackPanel Margin="5">
    <Label Content="---------------RadioButton ----------------------" Margin="4,10"/>
```

Die einfachste Variante:

```xaml
<RadioButton Name="RB1">Option1</RadioButton>
```

Mit gesetzter *IsChecked*-Option:

```xaml
<RadioButton Name="RB2" IsChecked="True">Option2</RadioButton>
```

Als Content ist auch ein Image oder jedes andere Control zulässig:

```xaml
<RadioButton Name="RB3">
    <Image Source="Images\frosch.gif" Width="50" Height="50"/>
</RadioButton>
<RadioButton Name="RB4">Option4</RadioButton>
```

Und hier beginnt eine neue Gruppe, da anderer Parent:

```xaml
<StackPanel>
    <RadioButton Name="RB5">Option1</RadioButton>
    <RadioButton Name="RB6" IsChecked="True">Option2</RadioButton>
    <RadioButton Name="RB7">Option3</RadioButton>
    <RadioButton Name="RB8">Option4</RadioButton>
</StackPanel>
</StackPanel>
```

Wie Sie sehen können, sind bei diesem Beispiel zwei *RadioButton*s markiert:

HINWEIS: Geben Sie keinen *GroupName* an, werden alle *RadioButton*s mit gemeinsamem Parent (z.B. *StackPanel*) zu einer Gruppe zusammengefasst.

13.7 ListBox, ComboBox

Für die Auswahl aus Listen mit mehreren Einträgen bieten sich statt der *RadioButton*s besser eine *ListBox* oder eine *ComboBox* an. Erstere gestattet die gleichzeitige Anzeige mehrerer Werte, die *ComboBox* stellt nur einen Wert aus der Liste dar.

13.7.1 ListBox

Jede *ListBox* kann mehrere Einträge, d.h. *ListBoxItems*, enthalten, von denen wiederum ein oder mehr Einträge ausgewählt sein können.

Sollen mehrere Einträge ausgewählt werden können, setzen Sie *SelectionMode* auf *Multiple* (Auswahl durch einfachen Klick) oder *Extended* (Auswahl durch Klick + Shift-Taste).

BEISPIEL 13.12: Definition einer *ListBox* mit 6 Einträgen inklusive zweier Grafiken (statt der normalen Beschriftung)

```xaml
<ListBox SelectionMode="Extended">
  <ListBoxItem IsSelected="True">Zeile 1</ListBoxItem>
  <ListBoxItem>Zeile 2</ListBoxItem>
  <ListBoxItem>Zeile 3</ListBoxItem>
  <ListBoxItem>Zeile 4</ListBoxItem>
  <ListBoxItem>
     <Image Source="Images\rudi.gif" Width="50" Height="50"/>
  </ListBoxItem>
  <ListBoxItem>
     <Image Source="Images\frosch.gif" Width="50" Height="50"/>
  </ListBoxItem>
</ListBox>
```

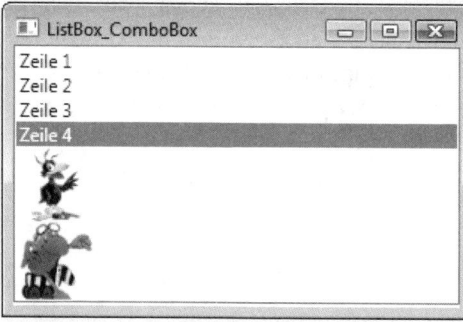

Alternativ können Sie die Beschriftung auch mit einer etwas kürzeren Schreibweise zuweisen:

```
<ListBoxItem Content="Zeile 4"/>
```

HINWEIS: Im Gegensatz zu den Windows Forms-ListBoxen können Sie jeden Eintrag individuell (Farbe, Hintergrundfarbe, Schrift etc.) formatieren. Ob dies sinnvoll und der Übersicht dienlich ist, sei dahingestellt.

Wem diese Möglichkeiten nicht ausreichen, der kann auch andere Controls der *ListBox* als Einträge hinzufügen.

BEISPIEL 13.13: Controls in der *ListBox* (eine einfache "CheckListBox"):

```xaml
<ListBox SelectionMode="Multiple" Height="75">
  <CheckBox Name="Item1">Zeile 1</CheckBox>
  <CheckBox Name="Item2">Zeile 2</CheckBox>
  <CheckBox Name="Item3">Zeile 3</CheckBox>
  <CheckBox Name="Item4">Zeile 4</CheckBox>
</ListBox>
<ListBox >
  <Image Source="Images\frosch.gif" Width="50" Height="50"/>
  <CheckBox Name="Item7">Zeile 2</CheckBox>
  <Image Source="Images\frosch.gif" Width="50" Height="50"/>
</ListBox>
```

Die beiden erzeugten *ListBox*en:

Doch wie können Sie die aktuelle Markierung bzw. die Auswahl ermitteln? Die *ListBox* stellt zu diesem Zweck eine Reihe von Eigenschaften zur Verfügung, von denen *SelectedIndex* (die erste markierte Zeile, nullbasiert) und *SelectedItems* (Collection von *ListBoxItems*) am nützlichsten sind.

HINWEIS: Prüfen Sie vor der Verwendung gegebenenfalls, ob überhaupt ein Eintrag markiert wurde. In diesem Fall muss *SelectedIndex* einen Wert ungleich -1 aufweisen.

BEISPIEL 13.14: *ListBox* mit Einträgen füllen und später die markierten abfragen

XAML-Code zum Füllen der *ListBox*:

```xaml
<ListBox Name="ListBox1" SelectionMode="Extended">
  <ListBoxItem>Zeile 1</ListBoxItem>
  <ListBoxItem>Zeile 2</ListBoxItem>
  <ListBoxItem>Zeile 3</ListBoxItem>
  <ListBoxItem>Zeile 4</ListBoxItem>
```

BEISPIEL 13.14: *ListBox* mit Einträgen füllen und später die markierten abfragen

Eintrag mit Grafik:

```
<ListBoxItem>
    <Image Source="Images\rudi.gif" Width="50" Height="50"/>
</ListBoxItem>
<ListBoxItem>
    <Image Source="Images\frosch.gif" Width="50" Height="50"/>
</ListBoxItem>
</ListBox>
```

Auswerten per Ereigniscode:

```
Private Sub Button_Click(sender As Object, e As RoutedEventArgs)
    If (ListBox1.SelectedIndex <> -1) Then
        MessageBox.Show("Es ist mindestens ein Eintrag markiert!")
        MessageBox.Show("Zeile " & ListBox1.SelectedIndex.ToString & " ist markiert!")
        For Each item As ListBoxItem In ListBox1.SelectedItems
            MessageBox.Show(item.Content.ToString())
        Next
    End If
End Sub
```

HINWEIS: Für normale Textzeilen wird obiger Code die sichtbare Beschriftung zurückgeben, für markierte Grafik-Einträge kommt der Text "System.Windows.Controls.Image".

BEISPIEL 13.15: ListBoxeintrag zur Entwurfszeit markieren

```
...
    <ListBoxItem IsSelected="True">Four</ListBoxItem>
...
```

Natürlich müssen Sie nicht unbedingt auf XAML zurückgreifen, wenn Sie eine *ListBox* füllen wollen. Dies funktioniert genauso gut auch per Code.

BEISPIEL 13.16: *ListBox* zur Laufzeit füllen

```
Private Sub Button_Click_1(sender As Object, e As RoutedEventArgs)
    ListBox2.Items.Clear()
    Dim cb As New CheckBox()
    cb.Content = "Ein Test"
    ListBox2.Items.Add(cb)
    ListBox2.Items.Add(New CheckBox With {.Content = "asdasdasda"})
    For i = 1 To 49
        ListBox2.Items.Add("Zeile" & i.ToString())
    Next
End Sub
```

> **Ergebnis**
>
> | ☐ Ein Test | ▲ |
> | Zeile1 | ☐ |
> | Zeile2 | |
> | Zeile3 | |
> | ~~Zeile 4~~ | ▼ |

HINWEIS: Möchten Sie die Einträge einzeln formatieren, verwenden Sie *ListBoxItems* beim Aufruf von *Add*.

13.7.2 ComboBox

Das Handling aus Sicht des Programmierers entspricht weitgehend der *ListBox*, mit dem wesentlichen Unterschied, dass der Anwender nur ein Element der Auswahlliste markieren kann. Dieses wird nachfolgend in der *ComboBox* angezeigt (Eigenschaft *Text)*.

Neben der reinen Auswahl von vorgegebenen Werten können Sie auch neue Einträge zulassen. Dazu müssen Sie die Eigenschaft *IsEditable* auf *True* setzen. In diesem Fall erscheint eine Textbox, die der Nutzer nach Wunsch füllen kann.

BEISPIEL 13.17: Einfache *ComboBox*

XAML
```
<ComboBox Name="ComboBox1" SelectionChanged="ComboBox1_SelectionChanged">
   <ComboBoxItem>Zeile 1</ComboBoxItem>
   <ComboBoxItem>Zeile 2</ComboBoxItem>
   <ComboBoxItem>Zeile 3</ComboBoxItem>
   <ComboBoxItem>Zeile 4</ComboBoxItem>
   <ComboBoxItem>Zeile 5</ComboBoxItem>
   <ComboBoxItem>
      <Image Source="Images\rudi.gif" Width="50" Height="50"/>
   </ComboBoxItem>
   <ComboBoxItem>
      <Image Source="Images\frosch.gif" Width="50" Height="50"/>
   </ComboBoxItem>
</ComboBox>
```

VB
Ereignisauswertung:
```
Private Sub ComboBox1_SelectionChanged(sender As Object,
                              e As SelectionChangedEventArgs)
   MessageBox.Show("Markierte Zeile: " & ComboBox1.SelectedIndex.ToString())
End Sub
```

In obiger Ereignisprozedur ist die *Text*-Eigenschaft noch nicht auf den neuen Wert gesetzt, dies erfolgt (aus unerfindlichen Gründen) erst zu einem späteren Zeitpunkt.

BEISPIEL 13.17: Einfache *ComboBox*

Die *ComboBox* in Aktion:

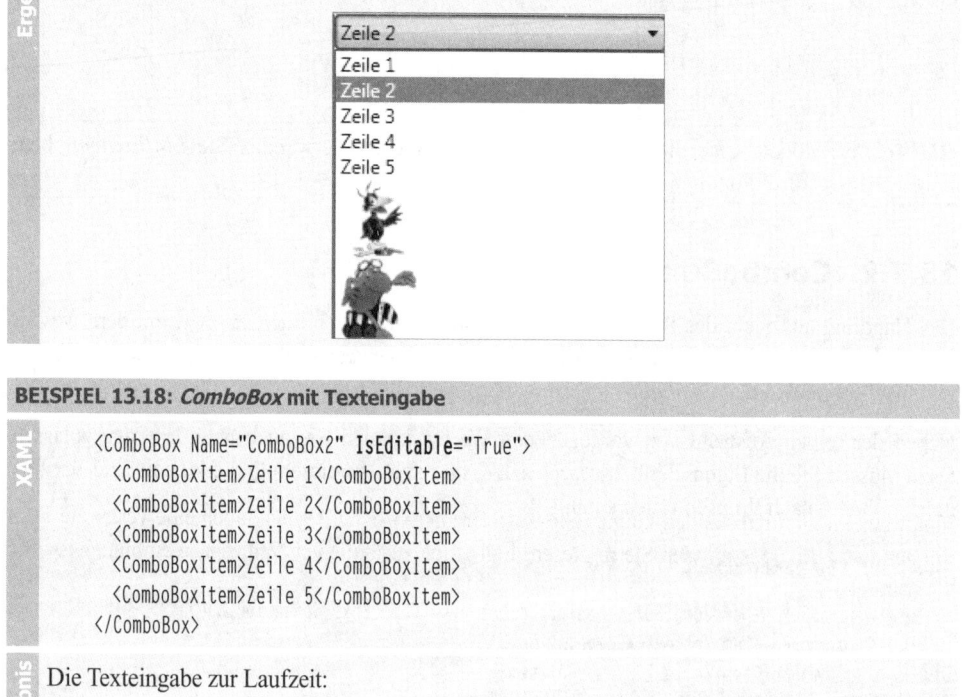

BEISPIEL 13.18: *ComboBox* mit Texteingabe

```
<ComboBox Name="ComboBox2" IsEditable="True">
   <ComboBoxItem>Zeile 1</ComboBoxItem>
   <ComboBoxItem>Zeile 2</ComboBoxItem>
   <ComboBoxItem>Zeile 3</ComboBoxItem>
   <ComboBoxItem>Zeile 4</ComboBoxItem>
   <ComboBoxItem>Zeile 5</ComboBoxItem>
</ComboBox>
```

Die Texteingabe zur Laufzeit:

HINWEIS: Auf das Füllen per Datenbindung gehen wir erst in Kapitel 15 (ab Seite 789) ein.

13.7.3 Den Content formatieren

Gut und schön werden Sie sicher sagen, vieles davon kann auch Windows Forms. Doch da täuschen Sie sich vermutlich etwas. Die einzelnen *ComboBoxItem*- bzw. *ListBoxItem*-Einträge verfügen nicht nur über die Content-Eigenschaft sondern bieten darüber hinaus auch noch reichlich Optionen für das gezielte Formatieren des Inhalts an.

Statt endloser Aufzählungen soll ein Beispiel einige Anregungen bieten:

BEISPIEL 13.19: Formatieren von *ComboBox*-Einträgen

```xaml
<ComboBox Width="150" FontSize="16" BorderThickness="2" BorderBrush="Blue">
    <ComboBoxItem HorizontalAlignment="Right" Foreground="Green">Zeile 1
    </ComboBoxItem>
    <ComboBoxItem FontWeight="Bold" FontFamily="Courier New">Zeile 2</ComboBoxItem>
    <ComboBoxItem Width="50" Background="Yellow">Zeile 3</ComboBoxItem>
    <ComboBoxItem FontSize="8">Zeile 4</ComboBoxItem>
    <ComboBoxItem Background="Gray" Content="Zeile 5" />
</ComboBox>
```

Unter bestimmten Umständen können Sie statt der ausführlichen Syntax auch eine verkürzte Form verwenden, allerdings müssen Sie in diesem Fall einen zusätzlichen Namespace einbinden und die Einträge typisieren:

BEISPIEL 13.20: String-Formatierung in einer *ComboBox*

```xaml
<Window x:Class="WpfApplication2.MainWindow"
        xmlns="http://schemas.microsoft.com/winfx/2006/xaml/presentation"
        xmlns:x="http://schemas.microsoft.com/winfx/2006/xaml"
        xmlns:sys="clr-namespace:System;assembly=mscorlib" Height="127" Width="340">
    <StackPanel>
        <ComboBox Width="150" HorizontalContentAlignment="Center" ItemStringFormat="0.00 €">
            <sys:String>Kein Wert</sys:String>
            <sys:Decimal>0.1</sys:Decimal>
            <sys:Decimal>1</sys:Decimal>
            <sys:Decimal>1.1</sys:Decimal>
            <sys:Decimal>1.11</sys:Decimal>
            <sys:Decimal>1.111</sys:Decimal>
        </ComboBox>
    </StackPanel></Window>
```

13.8   Image

Ganz nebenbei haben wir in den vorhergehenden Beispielen bereits einen Blick auf das *Image*-Control geworfen. Wie Sie sicher schon festgestellt haben, können Sie damit Grafiken auf einfache Weise sowohl in einem Window als auch in ListBoxen, ComboBoxen, Buttons etc. anzeigen.

Zur Verfügung stehen neben den altbekannten Formaten BMP, GIF, ICO JPG, PNG, TIFF auch das WDP-Format[1]. Leider wird sowohl das WMF als auch das EMF-Format nicht unterstützt, hier hilft nur die Verwendung von Windows Forms.

13.8.1   Grafik per XAML zuweisen

Zugewiesen wird die Grafik über das *Source*-Attribut. Die genaue Form der Adressierung von Programmressourcen besprechen wir ausführlich erst in Kapitel 14 (ab Seite 743), an dieser Stelle soll uns ein Beispiel genügen.

BEISPIEL 13.21: Grafik aus Ressource laden

Erstellen Sie zunächst per Kontextmenü einen neuen Ordner[2] (*Images)* für Ihr WPF-Projekt. Fügen Sie nachfolgend per Drag & Drop eine Grafik (z.B. *Frosch.gif*) in dieses Verzeichnis ein.

Der XAML-Code:

```
<Window x:Class="BSP_Controls.Image_Bsp"
    xmlns="http://schemas.microsoft.com/winfx/2006/xaml/presentation"
    xmlns:x="http://schemas.microsoft.com/winfx/2006/xaml"
    Title="Image_Bsp" Height="300" Width="300">
        <Image Source="Images\frosch.gif"/>
</Window>
```

13.8.2   Grafik zur Laufzeit zuweisen

Im Gegensatz zu den guten alten Windows Forms ist das Laden von Grafiken per Code in WPF etwas mühevoller geworden.

BEISPIEL 13.22: Laden der im vorhergehenden Beispiel erzeugten Ressource

```
Private Sub Window_Loaded(sender As Object, e As RoutedEventArgs)
    Dim bi As New BitmapImage()
    bi.BeginInit()
    bi.UriSource = New Uri("pack://application:,,,/images/frosch.gif")
```
Alternativ:
```
    bi.UriSource = New Uri("images/frosch.gif", UriKind.Relative)
```

---

[1] Windows Media Photo-Format

[2] Dies ist nicht zwingend erforderlich, verbessert aber die Übersicht im Projekt.

BEISPIEL 13.22: Laden der im vorhergehenden Beispiel erzeugten Ressource

```
        bi.EndInit()
        Image5.Source = bi
    End Sub
```

Der *Source*-Eigenschaft können Sie entweder ein initialisiertes *BitmapImage*-Objekt übergeben, in diesem Fall muss das eigentlich Laden der Datei (egal ob extern oder intern) mit den Methoden *BeginInit* und *EndInit* eingeleitet bzw. beendet werden, oder Sie erzeugen ein *BitmapFrame*-Objekt wie im folgenden Beispiel gezeigt.

BEISPIEL 13.23: Laden der Ressource per *BitmapFrame*

```
Image5.Source = BitmapFrame.Create(New Uri("pack://application:,,,/images/frosch.gif"))
```

HINWEIS: In den Microsoft-Dokumentationen finden Sie beim *BitmapImage* noch die Eigenschaften *DecodePixelWidth* und *DecodePixelHeight*. Damit können Sie schon beim Laden des Bildes eine Skalierung durchführen (z.B. entsprechend der Anzeigefläche). Im Speicher wird jetzt nur ein Bild dieser Größe gehalten, eine dauernde Skalierung ist nicht mehr notwendig (weniger Speicher, weniger Rechenzeit).

BEISPIEL 13.24: Maximale Anzeigebreite ist 50, die Originalgröße ist 200

```
...
        Dim bi As New BitmapImage()
        bi.BeginInit()
        bi.DecodePixelWidth = 50
        bi.UriSource = New Uri("images/frosch.gif",UriKind.Relative)
...
```

HINWEIS: Die Anzeige sollte in diesem Fall mit *Stretch = None* erfolgen.

13.8.3 Bild aus Datei laden

Hier müssen wir auf die uralten Dateidialoge zugreifen, WPF hat derzeit noch keine eigenen Dateidialoge.

BEISPIEL 13.25: Laden einer Grafik per Dateidialog

Zunächst den Namespace einbinden:

```
Imports Microsoft.Win32
...
    Private Sub Window_Loaded(sender As Object, e As RoutedEventArgs)
```

BEISPIEL 13.25: Laden einer Grafik per Dateidialog

Instanz erzeugen:

```
Dim Dlg As New OpenFileDialog()
Dlg.Title = "Dateiauswahl"
Dlg.DefaultExt = "jpg"
```

Anzeige und Auswertung, wenn Öffnen angeklickt wurde:

```
If Dlg.ShowDialog() Then
    Dim file As String = Dlg.FileName
    Image6.Source = BitmapFrame.Create(New Uri(file))
End If
End Sub
```

Der gute alte Dateiauswahl-Dialog erscheint beim Öffnen des Fensters:

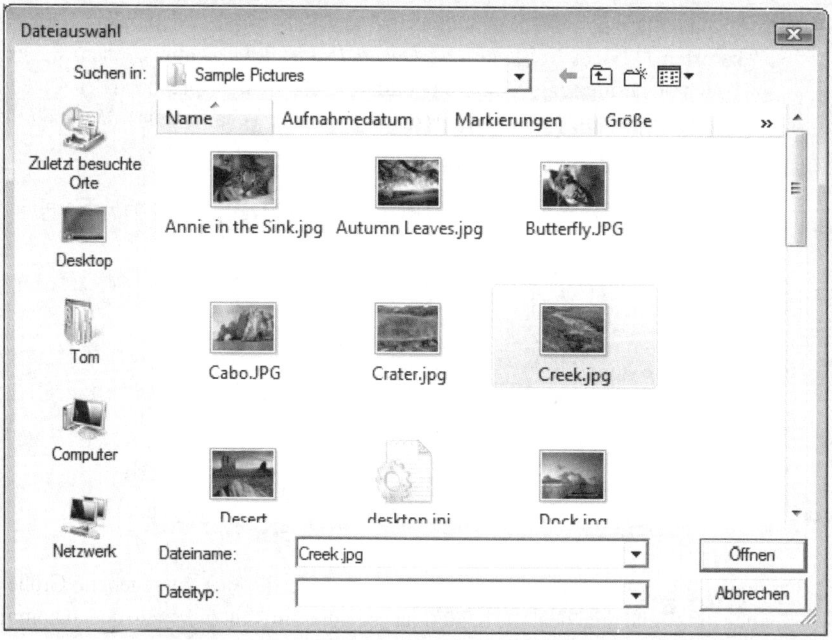

13.8.4 Die Grafikskalierung beeinflussen

Nicht jede Grafik hat bereits die Größe, die wir für die Anzeigefläche benötigen. Das *Image*-Control stellt aus diesem Grund zwei Eigenschaften zur Verfügung, mit denen Sie das Skalieren konfigurieren können:

- *Stretch* (*None, Fill, Uniform, UniformToFill*)
- *StretchDirection* (*Both, DownOnly, UpOnly*)

BEISPIEL 13.26: Verwendung von *Stretch*

```
<Grid>
  <Grid.RowDefinitions>
    <RowDefinition Height="*" />
    <RowDefinition Height="*" />
  </Grid.RowDefinitions>
  <Grid.ColumnDefinitions>
    <ColumnDefinition Width="*" />
    <ColumnDefinition Width="*" />
  </Grid.ColumnDefinitions>
```

Originalgröße:

```
<Image Grid.Column="0" Grid.Row="0" Source="Images\Rudi.gif" Stretch="None"/>
```

Skalierung ohne Rücksicht auf Proportionen:

```
<Image Grid.Column="1" Grid.Row="0" Source="Images\rudi.gif" Stretch="Fill"/>
```

Skalierung mit Rücksicht auf Proportionen, längste Seite bestimmt die Größe:

```
<Image Grid.Column="0" Grid.Row="1" Source="Images\rudi.gif" Stretch="Uniform"/>
```

Skalierung mit Rücksicht auf Proportionen, kürzeste Seite bestimmt die Größe:

```
<Image Grid.Column="1" Grid.Row="1" Source="Images\rudi.gif" Stretch="UniformToFill"/>
</Grid>
```

Wird das *Image* frei positioniert (z.B. *Canvas),* sollten Sie für eine vorgegebene Größe entweder die Höhe **oder** die Breite angeben, nie beides, da es in diesem Fall zu Verzerrungen kommen kann.

HINWEIS: Beachten Sie in diesem Fall auch die Eigenschaften *ActualWidth* und *ActualHeight*, beide liefern erst nach dem Laden des Bildes einen sinnvollen Wert.

13.9 MediaElement

Für die Anzeige von Videos bzw. die Wiedergabe von Audiodateien bietet sich in WPF das *Media-Element* an. Für die Steuerung verwenden Sie die Methoden *Play, Pause* und *Stop*, zuweisen können Sie das Video über die *Source*-Eigenschaft. Doch Achtung:

HINWEIS: Sie können keine als Ressourcen eingebetteten Videos wiedergeben. Kopieren Sie die Videos stattdessen in das Ausgabeverzeichnis (*Build Action=Content, CopyToOutput-Directory=PreserveNewest*).

Nach dem Öffnen der Videodatei stehen Ihnen einige wichtige Eigenschaften zur Verfügung:

- *NaturalDuration (*Laufzeit des Videos)

- *NaturalVideoHeight, NaturalVideoWidth* (die Originalabmessungen des Videos)

- *ActualWidth, ActualHeight* (die im Window realisierten Abmessungen des Controls)

Über die Eigenschaft *SpeedRatio* können Sie Einfluss auf die Wiedergabegeschwindigkeit nehmen, Werte größer eins beschleunigen die Wiedergabe, Werte kleiner eins verlangsamen sie.

Wer es gern ruhig mag, der kann *IsMuted* auf *True* setzen, das schont die Ohren.

HINWEIS: Die *LoadedBehavior*-Eigenschaft müssen Sie auf *Manual* setzen, wenn Sie die obigen Methoden zur Steuerung des Controls verwenden wollen.

BEISPIEL 13.27: Verwendung der *MediaElements*

```xaml
<StackPanel>
  <StackPanel Orientation="Horizontal">
    <Button Click="Button_Click">Start</Button>
    <Button Click="Button_Click_1">Pause</Button>
    <Button Click="Button_Click_2">Stop</Button>
```

Der Lautstärkeregler:

```xaml
    <Slider Name="VSlider" VerticalAlignment="Center" ValueChanged="VSlider_ValueChanged"
            Minimum="0" Maximum="1" Value="0.5" Width="70"/>
```

Die Geschwindigkeit:

```xaml
    <Slider Name="SSlider" VerticalAlignment="Center" ValueChanged="SSlider_ValueChanged"
            Value="1" Maximum="5" Minimum="0.1" Width="70" />
  </StackPanel>
```

Das eigentliche *MediaElement*:

```xaml
    <MediaElement LoadedBehavior="Manual" UnloadedBehavior="Stop" Width="400" Name="Media1"
        Stretch="Uniform" Source="butterfly.wmv" MediaOpened="Media1_MediaOpened"
        MediaEnded="Media1_MediaEnded">
    </MediaElement>
</StackPanel>
```

```vb
    Private Sub Button_Click(sender As Object, e As RoutedEventArgs)
        Media1.Play()
    End Sub
```

BEISPIEL 13.27: Verwendung der *MediaElements*

```
Private Sub Button_Click_1(sender As Object, e As RoutedEventArgs)
    Media1.Pause()
End Sub

Private Sub Button_Click_2(sender As Object, e As RoutedEventArgs)
    Media1.Stop()
End Sub
```

Lautstärke regeln:

```
Private Sub VSlider_ValueChanged(sender As Object,
        e As RoutedPropertyChangedEventArgs(Of Double))
    If (Media1 IsNot Nothing) Then Media1.Volume = VSlider.Value
End Sub
```

Geschwindigkeit regeln:

```
Private Sub SSlider_ValueChanged(sender As Object,
            e As RoutedPropertyChangedEventArgs(Of Double))
    If (Media1 IsNot Nothing) Then Media1.SpeedRatio = SSlider.Value
End Sub
```

Nach dem Öffnen des Videos bzw. am Ende:

```
Private Sub Media1_MediaOpened(sender As Object, e As RoutedEventArgs)
    MessageBox.Show("Start")
End Sub

Private Sub Media1_MediaEnded(sender As Object, e As RoutedEventArgs)
    MessageBox.Show("Ende")
End Sub
```

13.10   Slider, ScrollBar

Im Folgenden wollen wir uns mit zwei Controls beschäftigen, die für die Eingabe von Werten innerhalb eines bestimmten Wertebereichs geeignet sind.

13.10.1   Slider

Im vorhergehenden Abschnitt hatten wir bereits auf das *Slider*-Control zugegriffen, um die Lautstärke und die Abspielgeschwindigkeit zu regeln (siehe obige Abbildung). Damit dürfte auch schon der Verwendungszweck erkennbar sein:

■   Auswahl eines Wertes durch Verschieben des Reglers (*Value*)

■   Vorgabe eines minimalen Wertes (*Minimum*)

■   Vorgabe eines maximalen Wertes (*Maximum*)

Beachten Sie, dass es sich beim *Value* um einen Double-Wert handelt, Sie also gegebenenfalls eine Typisierung/Rundung durchführen müssen, um den Wert in Ihrem Programm sinnvoll nutzen zu können. Änderungen der Auswahl können Sie über das *ValueChanged*-Ereignis auswerten.

HINWEIS: Natürlich können Sie den *Slider* auch als Ausgabemedium zur Wertanzeige missbrauchen.

Neben den drei genannten Eigenschaften bieten sich auch noch weitere Möglichkeiten zur Konfiguration an:

■   **Ausrichtung**
Verwenden Sie *Orientation*, um die Ausrichtung des Controls zu beeinflussen (*Vertical, Horizontal*).

■   **Anzeige von Werten**
Hier bietet sich die Verwendung von Tooltips an. Setzen Sie *AutoToolTipPlacement* auf *BottomRight* oder *TopLeft,* um den jeweils aktuellen Wert beim Verschieben des Sliders anzuzeigen. Die Genauigkeit bestimmen Sie mit *AutoToolTipPrecision*.

■   **Werteverlauf**
Standardmäßig finden Sie die kleinsten Werte links bzw. unten. Sollen sich diese rechts bzw. oben befinden, müssen Sie *IsDirectionReversed* auf *True* setzen.

■   **Markierungsbereich**
Mit *IsSelectionRangeEnabled* aktivieren Sie die Anzeige eines Markierungsbereichs. Den Bereich selbst definieren Sie über *SelectionStart* und *SelectionEnd*.

■   **Markierung, Skala**
Mit *TickPlacement* (*Both, BottomRight, TopLeft*) können Sie die Anzeige von Markierungsstrichen einschalten. Da per Default die Striche für jeden ganzzahligen Wert gesetzt werden, sollten Sie mit *TickFrequency* ein anderes Intervall festlegen.

■ **Schrittweite**

Haben Sie *TickFrequency* festgelegt, können Sie mit *IsSnapToTickEnabled=True* erreichen, dass nur Werte genau an den Markierungsstrichen ausgewählt werden können.

BEISPIEL 13.28: Horizontaler *Slider* mit Markierungsbereich und Tooltip

```xaml
<Slider AutoToolTipPlacement="TopLeft" IsSelectionRangeEnabled="True" SelectionStart="10"
        SelectionEnd="20" Minimum="1" Maximum="50" Value="25" Canvas.Left="11"
        Canvas.Top="55" Height="26" Name="slider1" Width="179" />
```

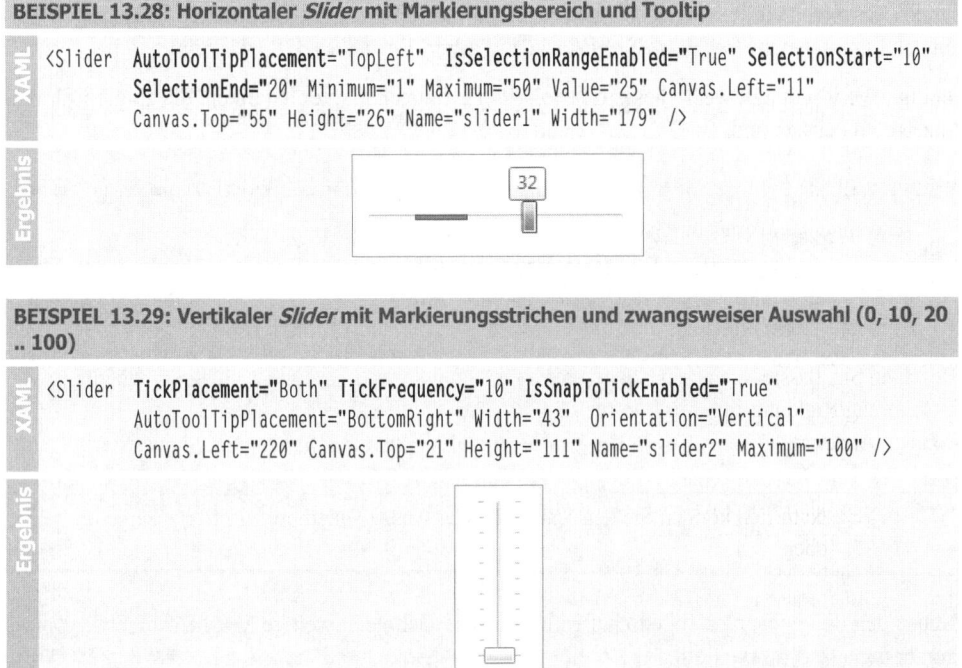

BEISPIEL 13.29: Vertikaler *Slider* mit Markierungsstrichen und zwangsweiser Auswahl (0, 10, 20 .. 100)

```xaml
<Slider TickPlacement="Both" TickFrequency="10" IsSnapToTickEnabled="True"
        AutoToolTipPlacement="BottomRight" Width="43" Orientation="Vertical"
        Canvas.Left="220" Canvas.Top="21" Height="111" Name="slider2" Maximum="100" />
```

13.10.2 ScrollBar

Ähnlich wie beim *Slider* bietet ein *ScrollBar* die Möglichkeit, Werte (*Value*) aus einem Wertebereich (*Minimum, Maximum*) auszuwählen. Scrollbars können mit *Orientation* ebenfalls horizontal oder vertikal ausgerichtet werden. Die Auswertung kann mit dem Ereignis *Scroll* erfolgen, alternativ kommt jedoch meist eine direkte Datenbindung (siehe ab Seite 789) in Frage.

Im Gegensatz zum *Slider* fehlen jedoch alle weiteren Möglichkeiten zur Konfiguration (Wertanzeige, Skala etc.).

BEISPIEL 13.30: Verwendung *ScrollBar*

```xaml
<ScrollBar Maximum="10" Scroll="ScrollBar_Scroll" Orientation="Horizontal" Canvas.Left="42"
           Canvas.Top="182" Height="25" Name="scrollBar1" Width="214" />
```

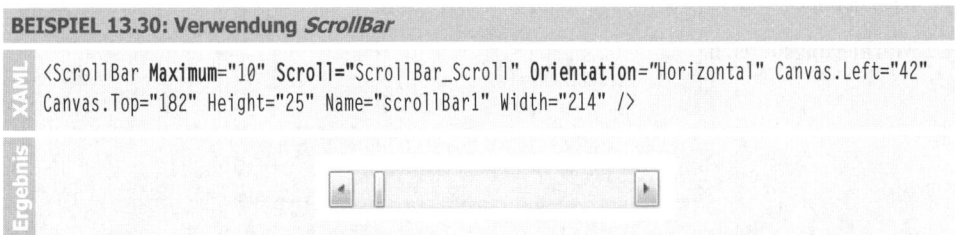

13.11 ScrollViewer

Nicht genug der Scroller, mit dem *ScrollViewer* können Sie direkt ein im *Content* enthaltenes Container-Control horizontal und vertikal verschieben, wenn es nicht in den sichtbaren Client-bereich des ScrollViewers passt. Ob und wann die ScrollBars angezeigt werden, entscheiden Sie mit den Eigenschaften *HorizontalScrollBarVisibility* und *VerticalScrollBarVisibility*.

Häufiger Verwendungszweck dieses Controls ist die Darstellung von Grafiken, die zu groß für die Anzeige im Fenster sind.

BEISPIEL 13.31: Ein *Grid* mit fester Größe soll in einem *ScrollViewer* angezeigt werden

```
<ScrollViewer Name="scrollViewer1" HorizontalScrollBarVisibility="Visible"
              VerticalScrollBarVisibility="Visible">
  <Grid Width="500" Height="500" ShowGridLines="True">
    <Grid.RowDefinitions>
      <RowDefinition Height="*" />
      <RowDefinition Height="*" />
      <RowDefinition Height="*" />
...
    </Grid.RowDefinitions>
    <Grid.ColumnDefinitions>
      <ColumnDefinition Width="*" />
      <ColumnDefinition Width="*" />
      <ColumnDefinition Width="*" />
...
    </Grid.ColumnDefinitions>
  </Grid>
</ScrollViewer>
```

Entsprechend der Größe des enthaltenen Controls (*Grid*) wird der Scrollbereich angepasst.

13.12 Menu, ContextMenu

Nachdem wir uns schon eine Reihe der geläufigsten Controls angesehen haben, wollen wir uns endlich an ein wesentliches Oberflächenelement wagen, das wohl in fast keinem Programm fehlt: die Menüleiste. An dieser Stelle gleich ein kleiner Dämpfer, damit Ihre Ambitionen nicht zu weit gehen:

HINWEIS: WPF unterstützt keine MDI-Anwendungen!

Eine Alternative finden Sie jedoch hier:

LINK: `http://wpfmdi.codeplex.com/`

13.12.1 Menu

Ein eigenes Menü erstellen Sie recht einfach per XAML mit dem *<Menu>*-Element, in das Sie ineinander geschachtelte *<MenuItem>*-Elemente einfügen. Zusätzlich können Sie zum Gruppieren noch *<Separator>*-Elemente verwenden. Die Auswertung können Sie, wie nicht anders zu erwarten, mit dem *Click*-Ereignis vornehmen.

BEISPIEL 13.32: Ein einfaches Menü erstellen

```
<Window x:Class="BSP_Controls.Menu_ToolBar_StatusBar"
    xmlns="http://schemas.microsoft.com/winfx/2006/xaml/presentation"
    xmlns:x="http://schemas.microsoft.com/winfx/2006/xaml"
    Title="Menu_ToolBar_StatusBar" Height="300" Width="300">
```

Zunächst ein *DockPanel* um das Menü auch oben zu verankern:

```
<DockPanel>
```

Hier das Menü:

```
<Menu DockPanel.Dock="Top" Height="22" Name="menu1">
```

Die erste Gruppe von *MenuItem*s:

```
<MenuItem Header="_Datei">
  <MenuItem Header="Neu"/>
  <MenuItem Header="Öffnen"/>
  <MenuItem Header="Sichern"/>
```

Hier ein Separator (Trennstrich):

```
  <Separator/>
  <MenuItem Header="Ende"/>
</MenuItem>
```

Noch zwei Hauptmenüpunkte:

```
<MenuItem Header="_Bearbeiten"/>
<MenuItem Header="_Hilfe"/>
```

BEISPIEL 13.32: Ein einfaches Menü erstellen

```
    </Menu>
```

Das folgende *StackPanel* füllt den verbliebenen Platz im *DockPanel*:

```
    <StackPanel>
    </StackPanel>
  </DockPanel>
</Window>
```

Im Endergebnis dürfte folgendes *Window* angezeigt werden:

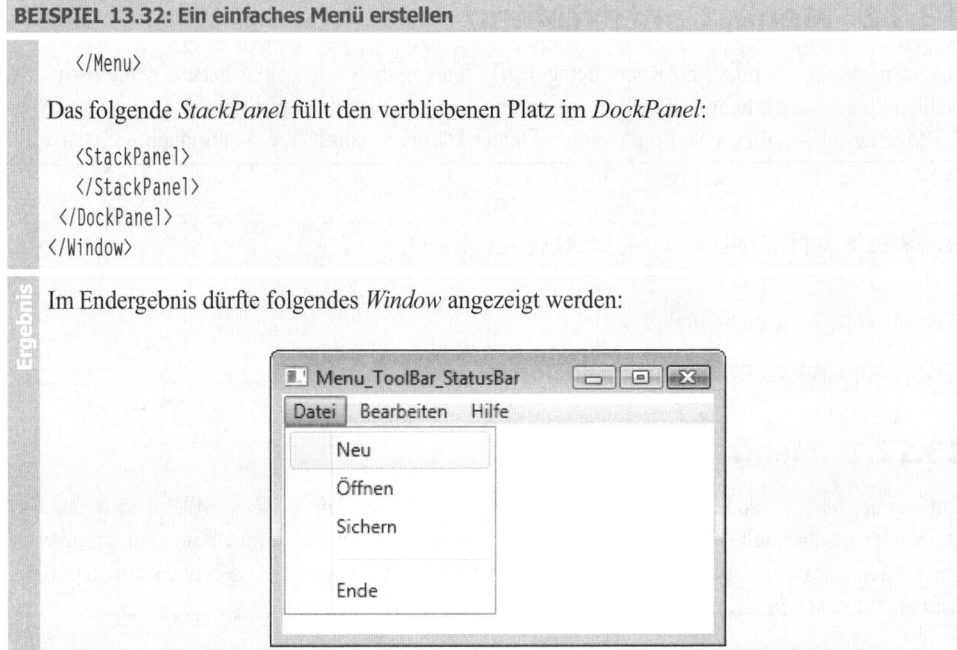

13.12.2 Tastenkürzel

Wie Sie sicher bereits im obigen Beispiel bemerkt haben, werden die Alt-Tasten-Shortcuts durch einen Unterstrich markiert. Möchten Sie erweiterte Tastenkombinationen verwenden, können Sie diese über das *InputGestureText*-Attribut einem Menüpunkt zuweisen.

BEISPIEL 13.33: Verwendung von *InputGestureText*

```
        <MenuItem Header="Neu" InputGestureText="Strg+N" Click="MenuItem_Click">
          <MenuItem.Icon>
            <Image Source="Images/filenew.png" Width="22"/>
          </MenuItem.Icon>
        </MenuItem>
```

Doch ein erster Test wird Sie auf den harten Boden der Realität zurückholen, die Tastenfolge wird zwar im Menü angezeigt

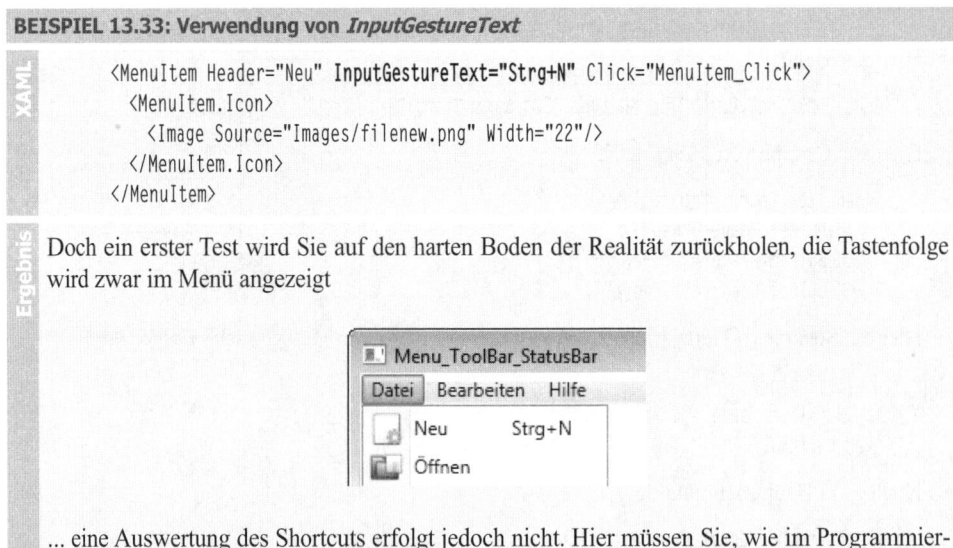

... eine Auswertung des Shortcuts erfolgt jedoch nicht. Hier müssen Sie, wie im Programmier-mittelalter, die Tastenfolgen im Window auswerten.

HINWEIS: Alternativ können Sie in WPF sogenannte Commands verwenden, wir gehen in Kapitel 14 (ab Seite 751) darauf ein.

13.12.3 Grafiken

Bisher sehen unsere Menüpunkte noch recht trist aus, es fehlen die bekannten Grafiken. Doch auch dies ist kein Problem, WPF bietet zwei Varianten für die Anzeige von Grafiken an:

- Ein zusätzliches Icon links neben dem Texteintrag

- Eine beliebige Kombination von Grafik/Elementen innerhalb des Menüeintrags

---

BEISPIEL 13.34: Einblenden eines zusätzlichen Icons links neben dem Menüeintrag

```xaml
<Menu DockPanel.Dock="Top" Height="22" Name="menu1">
  <MenuItem Header="_Datei">
    <MenuItem Header="Neu">
```

Hier weisen Sie die Grafik zu:

```xaml
      <MenuItem.Icon>
        <Image Source="Images/filenew.png" Width="22"/>
      </MenuItem.Icon>
    </MenuItem>
    <MenuItem Header="Öffnen">
      <MenuItem.Icon>
        <Image Source="Images/fileopen.png" Width="22"/>
      </MenuItem.Icon>
    </MenuItem>
    ...
```

Ergebnis

BEISPIEL 13.35: Ein grafischer Menüeintrag mit freier Gestaltung (zusätzliche *ComboBox*)

```xaml
<Menu DockPanel.Dock="Top" Height="22" Name="menu1">
  <MenuItem Header="_Datei">
    ...
    <MenuItem>
```

BEISPIEL 13.35: Ein grafischer Menüeintrag mit freier Gestaltung (zusätzliche *ComboBox*)

Mit einem *MenuItem.Header*-Element bietet sich die Möglichkeit, beliebige Elemente in einem Menüeintrag unterzubringen:

```
<MenuItem.Header>
```

Fügen Sie zunächst ein Layout-Element ein, danach ist die Positionierung von Grafiken oder anderen Elementen ein Kinderspiel:

```
<StackPanel>
  <Image Source="images/frosch.gif" Height="40" Margin="4"/>
  <ComboBox>
    <ComboBoxItem>Zeile 1</ComboBoxItem>
    <ComboBoxItem>Zeile 2</ComboBoxItem>
    <ComboBoxItem>Zeile 3</ComboBoxItem>
    <ComboBoxItem>Zeile 4</ComboBoxItem>
    <ComboBoxItem>Zeile 5</ComboBoxItem>
  </ComboBox>
</StackPanel>
</MenuItem.Header>
</MenuItem>
...
```

Die folgende Abbildung zeigt des Ergebnis unserer Bemühungen, ob Sie eine *ComboBox* unbedingt im Menü unterbringen müssen, ist allerdings fraglich.

13.12.4 Weitere Möglichkeiten

Neben den bereits vorgestellten Varianten bietet sich mit den Eigenschaften *IsCheckable* und *IsChecked* die Möglichkeit, Optionen innerhalb des Menüs zu aktivieren bzw. zu deaktivieren.

Den Menüpunkt selbst können Sie mit *IsEnabled=False* deaktivieren.

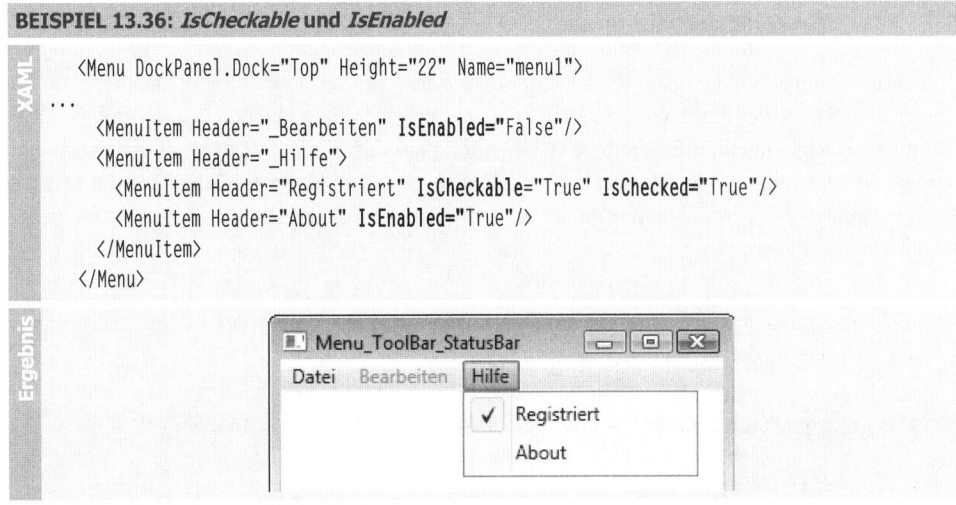

BEISPIEL 13.36: *IsCheckable* **und** *IsEnabled*

```xaml
<Menu DockPanel.Dock="Top" Height="22" Name="menu1">
...
  <MenuItem Header="_Bearbeiten" IsEnabled="False"/>
  <MenuItem Header="_Hilfe">
    <MenuItem Header="Registriert" IsCheckable="True" IsChecked="True"/>
    <MenuItem Header="About" IsEnabled="True"/>
  </MenuItem>
</Menu>
```

13.12.5 ContextMenu

Auf das Kontextmenü trifft weitgehend das bereits Gesagte zu, mit dem Unterschied, dass ein *ContextMenu* einem spezifischen Control zugeordnet wird.

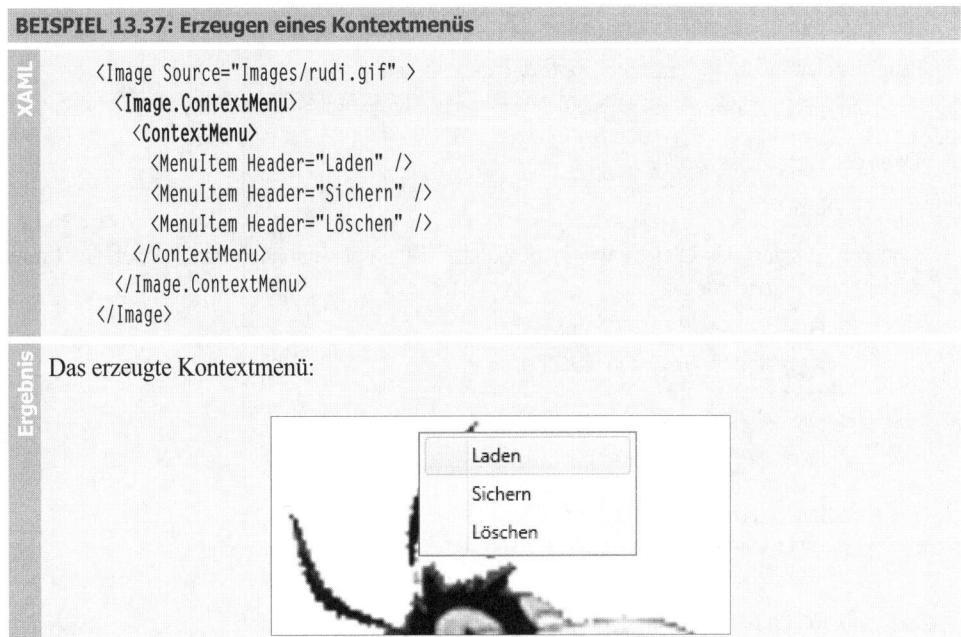

BEISPIEL 13.37: Erzeugen eines Kontextmenüs

```xaml
<Image Source="Images/rudi.gif" >
  <Image.ContextMenu>
    <ContextMenu>
      <MenuItem Header="Laden" />
      <MenuItem Header="Sichern" />
      <MenuItem Header="Löschen" />
    </ContextMenu>
  </Image.ContextMenu>
</Image>
```

Das erzeugte Kontextmenü:

13.13 ToolBar

WPF-Anwendungen können eine Werkzeugleiste mit dem *ToolBar*-Control implementieren, allerdings haben Sie es hier nicht, wie vielleicht erwartet, mit einem hoch komplexen Control, sondern "lediglich" einem Container für die bereits aufgeführten Controls zu tun. Das beginnt bereits beim Einfügen des Controls, Sie als Programmierer müssen sich darum kümmern, dass der *ToolBar* auch dahin kommt wo er hin soll. Verwenden Sie dazu ein *DockPanel* und richten Sie das Control an der gewünschten Seite aus.

HINWEIS: Optional können Sie einen/mehrere Toolbar(s) in einem *ToolBarTray* unterbringen, hier ist dann ein Positionieren und Verschieben möglich.

BEISPIEL 13.38: Ein einfacher *ToolBar* mit drei Schaltflächen und einer *ComboBox*

```
<Window x:Class="BSP_Controls.Menu_ToolBar_StatusBar"
    xmlns="http://schemas.microsoft.com/winfx/2006/xaml/presentation"
    xmlns:x="http://schemas.microsoft.com/winfx/2006/xaml"
    Title="Menu_ToolBar_StatusBar" Height="300" Width="300">

<DockPanel>
  <Menu DockPanel.Dock="Top" Height="22" Name="menu1">
...
  </Menu>
```

Zunächst der äußere Rahmen (ein *ToolBarTray*):

```
  <ToolBarTray DockPanel.Dock="Top">
```

Dann der eigentliche *Toolbar*:

```
  <ToolBar>
```

Und jetzt passiert das Gleiche wie in den anderen Layout-Containern (z.B. *StackPanel* mit horizontaler Ausrichtung):

```
    <Button Width="30" Height="30">
      <Image Source="Images/filenew.png"/>
    </Button>
    <Button Width="30" Height="30">
      <Image Source="Images/fileopen.png"/>
    </Button>
    <Button Width="30" Height="30">
      <Image Source="Images/filesave.png"/>
    </Button>
```

Das funktioniert natürlich auch mit einer *ComboBox*:

```
    <ComboBox Width="80" Height="30">
      <ComboBoxItem>Zeile 1</ComboBoxItem>
      <ComboBoxItem>Zeile 2</ComboBoxItem>
      <ComboBoxItem>Zeile 3</ComboBoxItem>
```

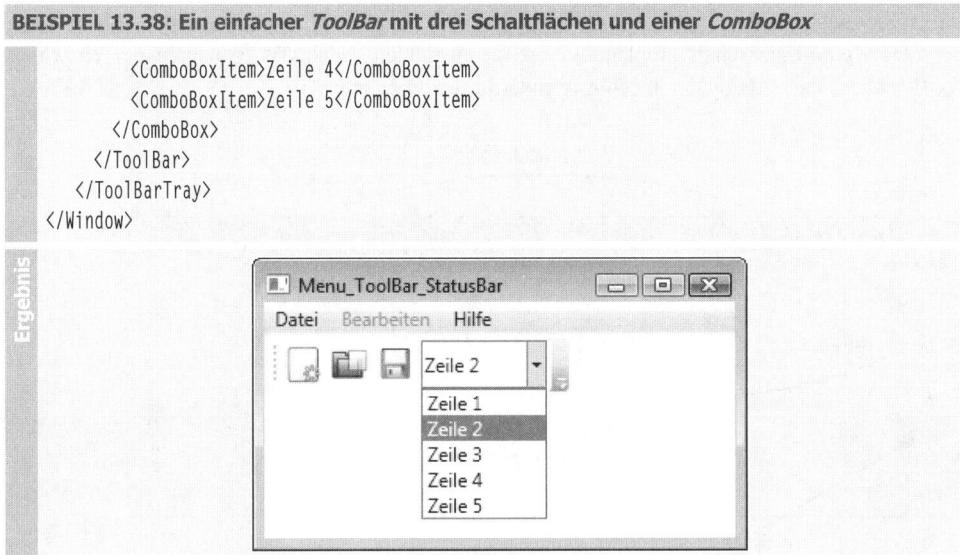

BEISPIEL 13.38: Ein einfacher *ToolBar* mit drei Schaltflächen und einer *ComboBox*

```
            <ComboBoxItem>Zeile 4</ComboBoxItem>
            <ComboBoxItem>Zeile 5</ComboBoxItem>
        </ComboBox>
      </ToolBar>
    </ToolBarTray>
</Window>
```

Der ToolBarTray

Warum fügen wir eigentlich den *ToolBar* in einen *ToolBarTray* ein? Die Antwort finden Sie schnell, wenn Sie beispielsweise den *ToolBar* am rechten oder linken Rand des Windows platzieren möchten.

Mit den folgenden Anweisungen

```
<ToolBar DockPanel.Dock="Right">
  <Button Width="30" Height="30">
    <Image Source="Images/filenew.png"/>
  </Button>
...
```

... wird zwar der *ToolBar* rechts platziert, es erfolgt aber keine vertikale Ausrichtung. Eine entsprechende Eigenschaft ist nicht vorhanden.

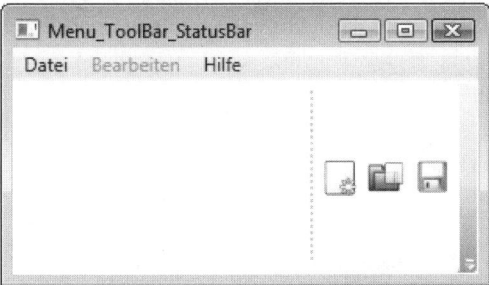

Auch das Platzieren (per Code oder Drag & Drop) mehrerer einzelner *ToolBar*s wird so schnell zum Geduldspiel.

Fügen Sie hingegen die einzelnen *ToolBar*-Controls in einen *ToolBarTray* ein, können Sie diesen per *Orientation*-Eigenschaft problemlos vertikal ausrichten. Auch das Platzieren der einzelnen *ToolBar*s per Drag & Drop durch den Anwender ist jetzt möglich:

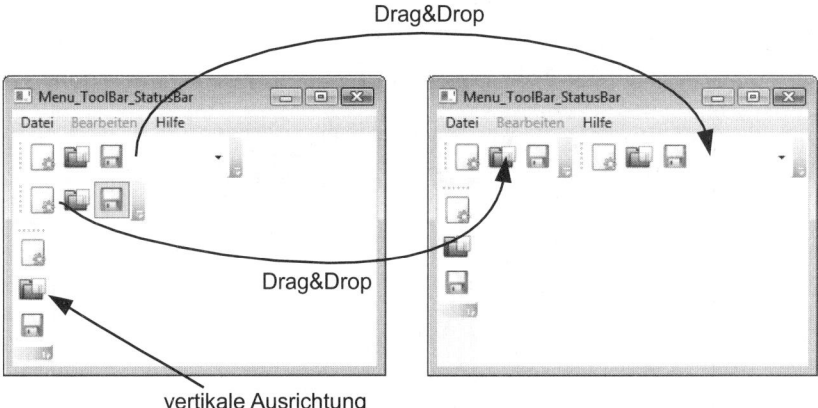

Mit der Verwendung des *ToolBarTray* ergeben sich jedoch noch weitere Möglichkeiten:

- Mit der *ToolBar*-Eigenschaft *Band* legen Sie die Zeile innerhalb des *ToolbarTray* fest (siehe obige Abbildung mit zweizeiligem *ToolBarTray*.

- Die Reihenfolge mehrerer *ToolBar*-Controls innerhalb einer Zeile legen Sie über die Eigenschaft *BandIndex* fest.

- Möchten Sie das Verschieben von *ToolBar*s innerhalb des *ToolBarTray* verhindern, setzen Sie deren *IsLocked* auf *True*.

HINWEIS: Blenden Sie nicht benötigte *ToolBar*-Controls mit *Visibility=Collapsed* aus, wenn Sie den vom *ToolBar* benötigten Platz freigeben möchten. Andernfalls genügt ein *Hidden*, der *ToolBarTray* bleibt in diesem Fall sichtbar.

Was passiert eigentlich, wenn nicht genügend Platz für die komplette Darstellung des *ToolBar*s bleibt? In diesem Fall werden normalerweise die nicht mehr darstellbaren Controls in einem extra Menü (Überlaufbereich) angezeigt:

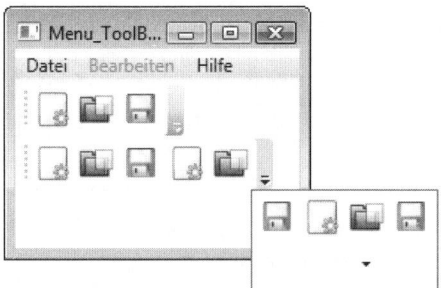

Sie als Programmierer können darüber entscheiden, wann welche Controls im Überlaufbereich angezeigt werden sollen. Dazu steht die angehängte Eigenschaft *ToolBar.OverflowMode* zur Verfügung. Für jedes einzelnen Control können Sie festlegen, ob es niemals (*Never*) bei Bedarf (*AsNeeded*) oder immer (*Always*) im Überlaufbereich angezeigt wird.

BEISPIEL 13.39: Eine *ComboBox* soll nie im Überlaufbereich angezeigt werden

```xml
<ToolBarTray DockPanel.Dock="Top">
  <ToolBar Band="1" >
    <Button Width="30" Height="30">
      <Image Source="Images/filenew.png"/>
    </Button>
    <ComboBox ToolBar.OverflowMode="Never" Width="80" Height="30">
      <ComboBoxItem>Zeile 1</ComboBoxItem>
      <ComboBoxItem>Zeile 2</ComboBoxItem>
      <ComboBoxItem>Zeile 3</ComboBoxItem>
      <ComboBoxItem>Zeile 4</ComboBoxItem>
      <ComboBoxItem>Zeile 5</ComboBoxItem>
    </ComboBox>
  </ToolBar>
```

Obwohl die *ComboBox* das letzte Control innerhalb des *ToolBar*s ist, wird diese jetzt niemals im Überlaufbereich erscheinen. Stattdessen wird sie im "Notfall" einfach abgeschnitten:

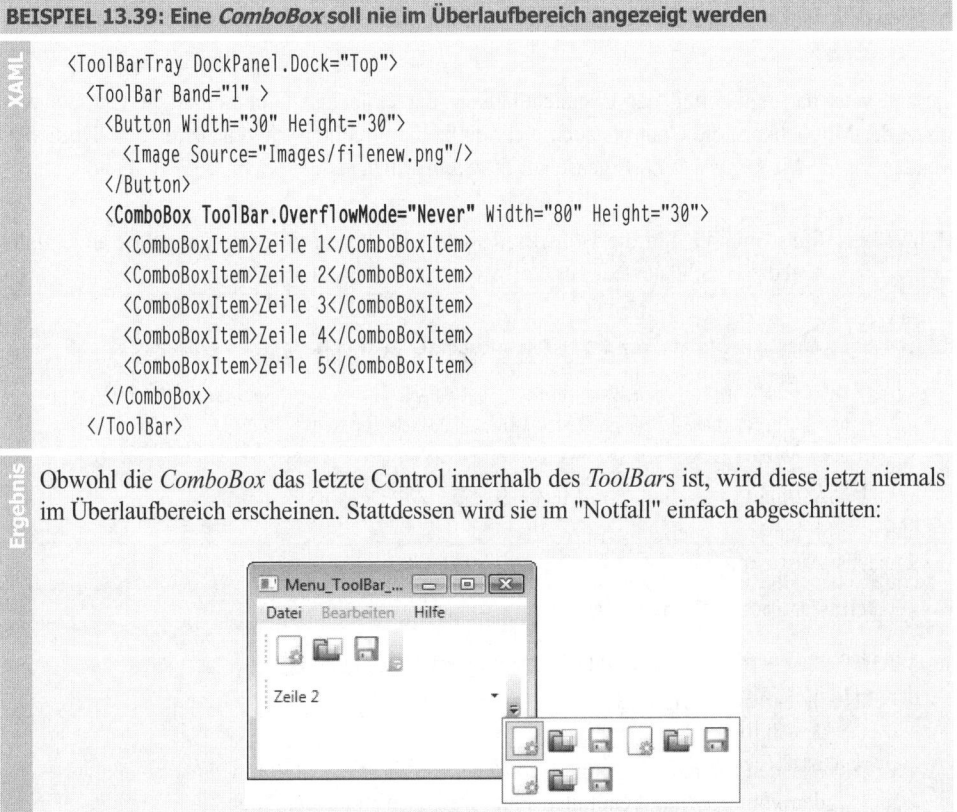

Bleibt eine letzte Frage   wie reagiere ich auf Ereignisse? Die Antwort ist ganz einfach: wie bei jedem anderen Control auch, d.h. mit *Click* oder *SelectionChanged*.

13.14 StatusBar, ProgressBar

Nach dem Menü und der Werkzeugleiste fehlt zu einer "kompletten" Oberfläche meist noch eine Statusleiste für die Ausgabe von Programminformationen.

13.14.1 StatusBar

Wie auch beim Menü oder bei der Werkzeugleiste sind **Sie** dafür verantwortlich, den *StatusBar* an den gewünschten Platz zu bringen. Üblicherweise werden Sie diese Aufgabe mit einem *DockPanel* realisieren, dieses benötigen Sie sowieso für die beiden anderen genannten Controls.

Zwei Varianten zur Nutzung des *StatusBar* bieten sich an:

■ Sie verwenden innerhalb des *StatusBar*s so genannte *StatusBarItems,* in die Sie wiederum per
   Layout-Control (*StackPanel, Grid*) weitere Controls (*Label, TextBox, Button* etc.) einfügen
   können, oder

■ Sie verzichten auf die *StatusBarItem*s und setzen einfach die benötigen Controls in den Content
   des *StatusBar.*

Variante eins hat den Vorteil der Übersichtlichkeit, der einfachen Gruppierbarkeit von Controls
sowie der Möglichkeit, die Controls auch recht einfach am rechten Rand auszurichten. Dazu verwenden Sie die *DockPanel.Dock*-Eigenschaft des *StatusBarItems*[1].

HINWEIS: Meist müssen Sie die Höhe/Breite von enthaltenen Controls vorgeben, andernfalls
              sind diese nicht sichtbar.

BEISPIEL 13.40: Verwendung des *StatusBar* mit rechter Ausrichtung eines *ProgressBar*

```
<Window x:Class="BSP_Controls.Menu_ToolBar_StatusBar" Title="Menu_ToolBar_StatusBar"
    xmlns="http://schemas.microsoft.com/winfx/2006/xaml/presentation"
    xmlns:x="http://schemas.microsoft.com/winfx/2006/xaml" Height="300" Width="300">
  <DockPanel>
...
```

Zunächst Ausrichtung im Fenster:

```
    <StatusBar DockPanel.Dock="Bottom">
```

Ein paar einfach positionierte Controls:

```
    <Label Content="Suchtext"/>
    <TextBox Width="50">*</TextBox>
    <Button>Suchen</Button>
```

Sie könne auch einen Trenner einfügen:

```
    <Separator/>
```

Wir richten ein *StatusBarItem* am rechten Rand aus

```
    <StatusBarItem DockPanel.Dock="Right">
```

... und fügen einen *ProgressBar* ein:

```
      <ProgressBar Width="100" Height="20" Value="45"/>
    </StatusBarItem>
  </StatusBar>
  <StackPanel>
  </StackPanel>
  </DockPanel>
</Window>
```

---

[1] Der *StatusBar* ist ein verkapptes *DockPanel.*

BEISPIEL 13.40: Verwendung des *StatusBar* mit rechter Ausrichtung eines *ProgressBar*

Die Laufzeitansicht unseres *StatusBar*s:

```
Menu_ToolBar_StatusBar
Datei   Bearbeiten   Hilfe

Suchtext        *          Suchen
```

13.14.2 ProgressBar

Nicht alles läuft so schnell wie wir es gern hätten, und so hat auch in Zeiten von Quad-Core-Prozessorsystemen der gute alte Fortschrittsbalken seine Daseinsberechtigung behalten.

In WPF-Anwendungen verwenden Sie dazu das *ProgressBar*-Control, das zwei Modi kennt:

■ *IsIndeterminate=True*,
der Fortschrittsbalken stellt eine endlose Animation dar, um "Bewegung" zu zeigen[1]:

■ *IsIndeterminate=False*,
der bekannte Fortschrittsbalken, der mit *Minimum, Maximum* und *Value* konfiguriert wird:

Das Control selbst kann horizontal oder vertikal angeordnet werden (*Orientation*), bester Aufbewahrungsort für den *ProgressBar* dürfte sicher der *StatusBar* sein.

BEISPIEL 13.41: Verwendung des *ProgressBar*-Controls

```xml
<StatusBar DockPanel.Dock="Bottom">
  <Label Content="Suchtext"/>
  <TextBox Width="50">*</TextBox>
  <StatusBarItem DockPanel.Dock="Right">
    <ProgressBar Width="100" Height="20" Value="45"/>
  </StatusBarItem>
  <Button>Suchen</Button>
  <Separator/>
</StatusBar>
```

---

[1] Das ideale Control für den *Datei kopieren*-Dialog unter Windows (gleich fertig, gleich fertig ...)

13.15 Border, GroupBox, BulletDecorator

Nachdem wir uns bisher mit ganz praktischen Controls beschäftigt haben, wollen wir auch etwas für die Ordnung bzw. fürs Auge vorstellen. Die im Folgenden gezeigten Controls haben eigentlich nur den einen Zweck, die Optik des Programms zu verbessern.

13.15.1 Border

Möchten Sie einen (fast) frei definierbaren Rahmen um einzelne Controls zeichnen, bietet sich die Verwendung eines *Border*-Controls an.

Fügen Sie in den *Content* dieses Controls ein eigenes Layout-Control ein, um die darin enthaltenen Controls sinnvoll anzuordnen. Bei der Konfiguration des Borders können Sie neben Vorder- und Hintergrundfarbe/-muster auch die Rahmenbreite (*BorderThickness*) und den Eckradius (*Corner-Radius*) festlegen. Letzteres kann für jede Ecke einzeln erfolgen, geben Sie in diesem Fall einfach vier statt einem Wert an (links oben, rechts oben, rechts unten, links unten). Gleiches gilt auch für die Rahmenbreite (links, oben, rechts, unten).

Die Abstände zum Rand bzw. zum Inhalt legen Sie wie gewohnt mit *Margin* bzw. *Padding* fest.

BEISPIEL 13.42: Verwendung *Border*

```xaml
<UniformGrid Margin="4" Columns="3" Rows="3">
```
Variante 1:
```xaml
    <Border Margin="4" BorderThickness="2" CornerRadius="12" BorderBrush="Black"/>
```
Variante 2:
```xaml
    <Border Margin="4" BorderThickness ="2,7,10,3" CornerRadius="50,5,15,5"
            Background="Chartreuse" BorderBrush="DarkOrchid"/>
```
Variante 3:
```xaml
    <Border Padding="30,5,5,5" BorderThickness="2,7,10,3" CornerRadius="50,5,15,5"
            Background="Chartreuse" BorderBrush="DarkOrchid">
    <StackPanel>
      <Button>Bla Bla</Button>
      <Button>Bla Bla Bla</Button>
      <Button>Bla Bla Bla</Button>
    </StackPanel>
    </Border>
</UniformGrid>
```

13.15.2 GroupBox

Ein naher Verwandter des *Border*-Controls ist die *GroupBox*. Statt der Möglichkeit, den Eckradius zu beeinflussen, können Sie hier eine Kopfzeilenbeschriftung *(Header)* realisieren. Dabei müssen Sie sich nicht auf reinen Text beschränken, Sie können auch andere Controls und damit zum Beispiel auch Grafiken etc. in den Kopfbereich einfügen.

BEISPIEL 13.43: Verwendung der *GroupBox*

```xaml
<UniformGrid Margin="4" Columns="3" Rows="3">
```

Zunächst die einfachste Variante mit reinem Text:

```xaml
<GroupBox Header="Stammdaten" BorderThickness="2" BorderBrush="HotPink" Padding="5">
  <StackPanel>
    <Button>Bla Bla</Button>
    <Button>Bla Bla Bla</Button>
    <Button>Bla Bla Bla</Button>
  </StackPanel>
</GroupBox>
```

Hier die Variante mit einer *CheckBox* im Header:

```xaml
<GroupBox BorderThickness="2" BorderBrush="HotPink" Padding="5" Background="AliceBlue">
  <GroupBox.Header>
    <CheckBox>Fahrzeugdaten</CheckBox>
  </GroupBox.Header>
  <StackPanel>
  <Label>Kennzeichen</Label>
  <TextBox>LOS LW 77</TextBox>
  </StackPanel>
</GroupBox>
```

Es geht auch mit einer Grafik und Text:

```xaml
<GroupBox BorderThickness="2" BorderBrush="Black" Padding="5" Background="Yellow">
  <GroupBox.Header>
    <StackPanel Orientation="Horizontal">
        <Image Source="Images/Filenew.png"  Width="20" />
        <TextBlock> Daten</TextBlock>
    </StackPanel>
  </GroupBox.Header>
  <StackPanel>
    <Label>Kennzeichen</Label>
    <TextBox>LOS LW 77</TextBox>
  </StackPanel>
</GroupBox>
<StackPanel>
</UniformGrid>
```

BEISPIEL 13.43: Verwendung der *GroupBox*

Die drei Varianten:

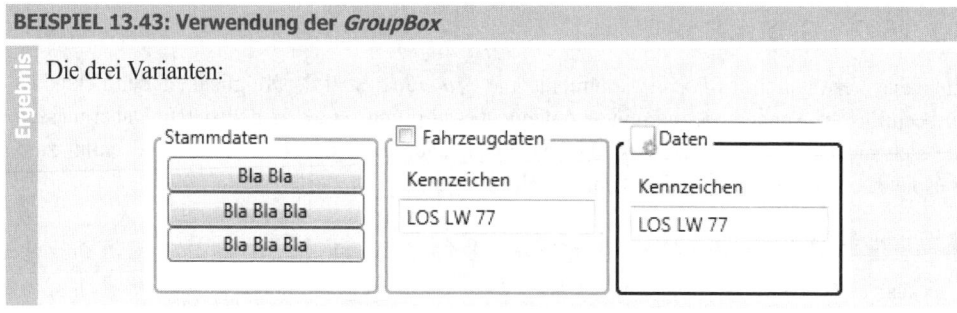

HINWEIS: Setzen Sie *RadioButton*s in eine *GroupBox,* um diese als logische Gruppe zu organisieren. So brauchen Sie nicht die *GroupName*-Eigenschaft festzulegen, und die
Zusammenhänge fallen auch optisch auf.

13.15.3   BulletDecorator

Dieses Control dient der Anzeige von Aufzählungen, d.h. einem Aufzählungszeichen/-grafik
(*BulletDecorator.Bullet*) und einem beschreibenden Text[1].

BEISPIEL 13.44: Verwendung *BulletDecorator*

```
<UniformGrid Margin="4" Columns="3" Rows="3">
```

Variante 1 (Ellipse + Text):

```
<StackPanel>
  <BulletDecorator Margin="5">
```

Das Aufzählungszeichen definieren:

```
    <BulletDecorator.Bullet>
      <Ellipse Width="10" Height="10" Fill="Red" />
    </BulletDecorator.Bullet>
```

Den Textteil definieren:

```
    <TextBlock Margin="5 0 0 0" TextWrapping="NoWrap">
    Zeile 1
    </TextBlock>
  </BulletDecorator>
```

Und jetzt die nächste Aufzählung:

```
  <BulletDecorator Margin="5">
    <BulletDecorator.Bullet>
      <Ellipse Width="10" Height="10" Fill="Red" />
    </BulletDecorator.Bullet>
    <TextBlock Margin="5 0 0 0" TextWrapping="NoWrap">
```

---

[1] Mit einem *Grid* können Sie derartige Aufgaben sicher einfacher realisieren.

BEISPIEL 13.44: Verwendung *BulletDecorator*

```
      Zeile 2
    </TextBlock>
  </BulletDecorator>
</StackPanel>
```

Variante 2 (mit *CheckBox*):

```
<BulletDecorator Margin="0,5,0,0">
  <BulletDecorator.Bullet>
   <CheckBox/>
  </BulletDecorator.Bullet>
  <TextBlock Width="100" TextWrapping="Wrap" HorizontalAlignment="Left" Margin="5,0,0,0">
   Mit CheckBox
  </TextBlock>
</BulletDecorator>
```

Variante 3 (mit Grafik):

```
<StackPanel>
  <BulletDecorator Margin="0,5,0,0">
   <BulletDecorator.Bullet>
    <Image Source="Images/frosch.gif" Width="30"/>
   </BulletDecorator.Bullet>
   <TextBlock Width="100" TextWrapping="Wrap" HorizontalAlignment="Left"
             Margin="5,0,0,0">
    auch Grafiken sind möglich
   </TextBlock>
  </BulletDecorator>
```

Und hier der nächste Eintrag:

```
  <BulletDecorator Margin="0,5,0,0">
   <BulletDecorator.Bullet>
    <Image Source="Images/rudi.gif" Width="30"/>
   </BulletDecorator.Bullet>
   <TextBlock Width="100" TextWrapping="Wrap" HorizontalAlignment="Left"
             Margin="5,0,0,0">
    auch Grafiken sind möglich
   </TextBlock>
  </BulletDecorator>
 </StackPanel>
</UniformGrid>
```

Ergebnis

13.16 RichTextBox

Um es gleich vorweg zu sagen, dieses Control ist nicht mit seinen doch recht rudimentär entwickelten Vorgängern bei den Windows Forms oder den Win32-Controls zu vergleichen. Aufgabe des Controls ist das komfortable Bearbeiten von formatierten Dokumenten. Basis ist dabei ein so genanntes *FlowDocument,* in dem Sie neben den bekannten Zeichenformatierungen (Fett, Kursiv, Unterstrichen, Hochstellen ...) auch wesentlich komplexere Formate, wie Grafiken, Absätze, Listen, Tabellen etc., realisieren können.

Das Control selbst unterstützt beim Im-/Export die Formate RTF, TEXT, XAML und XAML-Packages.

HINWEIS: Statt Sie auf den folgenden Seiten mit endlosen Eigenschaftsauflistungen zu foltern (und davon hat das Control reichlich), wollen wir es uns "aufgaben-orientiert" ansehen.

13.16.1 Verwendung und Anzeige von vordefiniertem Text

Eine *RichTextBox* ist mit dem gleichnamigen Element schnell definiert, doch was ist mit dem Inhalt?

Einzig gültiges Element im Content der *RichTextBox* ist ein *FlowDocument,* auf dieses können Sie zur Laufzeit über die *Document*-Eigenschaft des Controls zugreifen. Innerhalb dieses *FlowDocuments* können Sie

- *BlockUIContainer-*

- *List-*

- *Paragraph-*

- *Section-*

- oder *Table*-Elemente

definieren. Mehr dazu ab Seite 693 *(FlowDocument),* an dieser Stelle beschränken wir uns auf einen simplen Absatz mit einfachen Formatierungen.

BEISPIEL 13.45: Eine *RichTextBox* mit vordefiniertem Text anzeigen

```xaml
<RichTextBox>
  <FlowDocument>
    <Paragraph>
       Hier ist schon ein erster Absatz mit <Bold>fetter</Bold> Schrift.
    </Paragraph>
  </FlowDocument>
</RichTextBox>
```

BEISPIEL 13.45: Eine *RichTextBox* mit vordefiniertem Text anzeigen

Ergebnis

Hier ist schon ein erster Absatz mit **fetter** Schrift.

BEISPIEL 13.46: (Fortsetzung)

XAML

Natürlich ist auch die Definition weiterer Absätze mit anderen Formatierungen möglich:

```
...
    <Paragraph FontSize="24">
    Hallo
    <Bold>User</Bold> , hier steht
    <Underline>jede Menge</Underline>
    <Italic>Text</Italic>
    <LineBreak/>
    <Hyperlink NavigateUri="http://www.doko-buch.de/">
        Die Autoren-Website ...
    </Hyperlink>
    <LineBreak />
    </Paragraph>
...
```

Ergebnis

Hier ist schon ein erster Absatz mit **fetter** Schrift.

Hallo **User** , hier steht
<u>jede Menge</u> *Text*
<u>Die Autoren-Website ...</u>

Beachten Sie:

- Hyperlinks sind in den hier vorgestellten WPF-Windows-Anwendungen nicht funktionsfähig, hier müssen Sie für die Logik selbst sorgen. Nutzen Sie dazu die Möglichkeit, die *Hyperlink*-Klasse abzuleiten und in der neuen Klasse das *RequestNavigate*-Ereignis für die Navigation zu verwenden.

- Formatierungen, wie Fett, Kursiv und Unterstrichen, können Sie in der *RichTextBox* zur Laufzeit problemlos per Tastatur-Befehl realisieren. Wählen Sie einfach *Strg+Shift+F*, *Strg+Shift+K* oder *Strg+Shift+U*[1].

---

[1] Die Tastenbelegung unterscheidet sich von der in der Hilfe angegebenen US-Belegung.

13.16.2 Neues Dokument zur Laufzeit erzeugen

Nachdem der Anwender mehr oder weniger ziellos mit dem Editor gearbeitet hat, kommt häufig der Wunsch auf, das Dokument komplett zu löschen.

Diese Aufgabe lösen Sie, indem Sie der *Document*-Eigenschaft einfach ein neues leeres *FlowDocument*-Objekt zuweisen.

BEISPIEL 13.47: Komplettes Dokument löschen bzw. erstellen

```vb
Private Sub newb_Click(sender As Object, e As RoutedEventArgs)
    rtb1.Document = New FlowDocument()
End Sub
```

13.16.3 Sichern von Dokumenten

Was nützt der beste Editor, wenn man den Inhalt nicht sichern kann? Eine direkte *Save*-Methode werden Sie sowohl am Control als auch beim *Document*-Objekt vergeblich suchen.

Gesichert werden kann das komplette Dokument (oder auch nur einzelne Abschnitte), indem Sie ein *TextRange*-Objekt aus dem Dokument erzeugen. Dazu müssen Sie den Beginn und das Ende des Textbereichs definieren. Der *TextRange* selbst bietet uns dann die gewünschte *Save*-Methode, bei der Sie auch das Datenformat (Text, RTF, XAML, XAML-Package) angeben können.

HINWEIS: Sichern können Sie in einen geöffneten Stream, damit stehen Ihnen alle Wege (Memory, Datenbank, Datei ...) offen.

BEISPIEL 13.48: Sichern des kompletten Inhalts des *RichtTextBox*

```vb
    Private Sub Saveb_Click(sender As Object, e As RoutedEventArgs)
```
Den nötigen Datei-Sichern-Dialog einblenden:
```vb
        Dim dialog As New SaveFileDialog()
        dialog.Filter = "Xaml(*.xaml)|*.xaml"
```
Im Erfolgsfall:
```vb
        If dialog.ShowDialog() Then
```
Stream erzeugen:
```vb
            Dim fs As FileStream = dialog.OpenFile()
```
Das komplette Dokument als *TextRange* erfassen:
```vb
            Dim tr As New TextRange(rtb1.Document.ContentStart,
                            rtb1.Document.ContentEnd)
```
Sichern:
```vb
            tr.Save(fs, DataFormats.XamlPackage)
```

BEISPIEL 13.48: Sichern des kompletten Inhalts des *RichtTextBox*

```
            rtb1.Selection.Save(fs, DataFormats.XamlPackage)
            fs.Close()
      End If
End Sub
```

Bei der im Beispiel erzeugte XAML-Package-Datei handelt es sich um ein komprimiertes Format (ZIP), in dem sowohl die textuellen Inhalte als auch Grafiken etc. gesichert werden.

Möchten Sie den Inhalt dieser Dateien betrachten, genügt es, wenn Sie die Datei in .ZIP umbenennen und mit einem Entpacker-Programm öffnen:

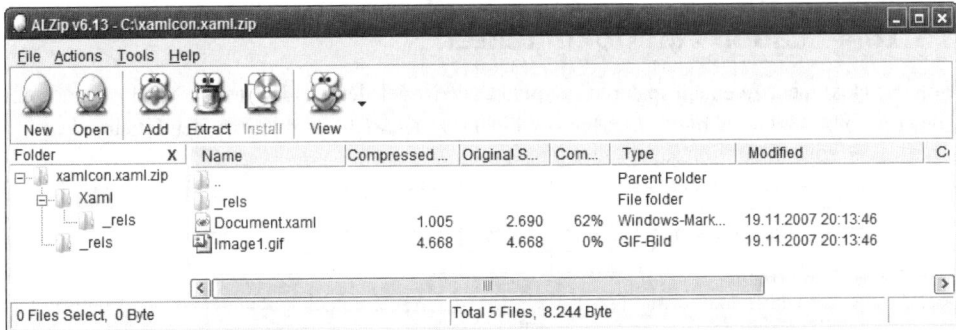

Das Sichern im RTF-Format erfordert nur unwesentliche Änderungen an obigem Beispielcode. Sie müssen für den Dateidialog nur eine andere Extension vergeben und beim Aufruf der *Save*-Methode die Konstante *DataFormats.rtf* nutzen.

Dass der Export ganz gut funktioniert, sehen Sie an folgendem Beispiel, selbst der Hyperlink arbeitet wie gewünscht:

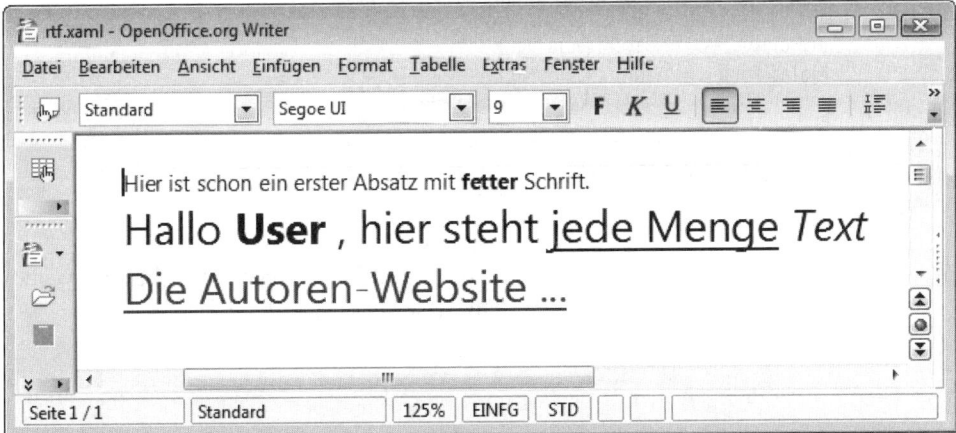

> **HINWEIS:** Soll nur die aktuelle Auswahl gesichert werden, können Sie sich den Aufwand mit dem *TextRange*-Objekt sparen, die Eigenschaft *Selection* ist bereits ein *TextRange,* den Sie mit der Methode *Save* sichern können.

BEISPIEL 13.49: Aktuelle Auswahl sichern

```
...
        Dim fs As FileStream = dialog.OpenFile()
        rtb1.Selection.Save(fs, DataFormats.XamlPackage)
        fs.Close()
...
```

13.16.4   Laden von Dokumenten

Soll das Dokument zu einem späteren Zeitpunkt wieder geladen werden, gehen wir im Grunde den selben Weg. Auch hier wird ein *TextRange*-Objekt erzeugt, in das wir diesmal den Inhalt laden.

BEISPIEL 13.50: Laden eines Dokuments (XAML-Package)

```
    Private Sub openb_Click(sender As Object, e As RoutedEventArgs)
```
Dateidialog öffnen:
```
        Dim dialog As New OpenFileDialog()
        dialog.Filter = "Xaml(*.xaml)|*.xaml"
```
Im Erfolgsfall (Datei ausgewählt):
```
        If dialog.ShowDialog Then
```
Stream erzeugen und Bereich festlegen:
```
        Dim fs As FileStream = dialog.OpenFile()
        Dim tr As New TextRange(rtb1.Document.ContentStart,
                                rtb1.Document.ContentEnd)
```
Laden:
```
        tr.Load(fs, DataFormats.XamlPackage)
        fs.Close()
    End If
End Sub
```

> **HINWEIS:** Soll das geöffnete Dokument an der aktuellen Kursorposition eingefügt werden, nutzen Sie die *Selection*-Eigenschaft (siehe vorhergehendes Beispiel).

13.16.5 Texte per Code einfügen/modifizieren

Nicht alle Texte werden ausschließlich "von Hand" bearbeitet, viele Funktionen werden in Textverarbeitungen automatisiert. Und so stellt auch die *RichTextBox* reichlich Möglichkeiten zur codegesteuerten Bearbeitung der Texte zur Verfügung.

BEISPIEL 13.51: Einfügen des Tagesdatums an der aktuellen Kursor-Position

Die aktuelle Position des Kursors können Sie mit *Selection.End* ermitteln, diese Eigenschaft stellt ein *TextPointer*-Objekt zur Verfügung, über das sich unter anderem auch Texte einfügen lassen:

```
Private Sub Button_Click(sender As Object, e As RoutedEventArgs)
    rtb1.Selection.End.InsertTextInRun(DateTime.Now.ToLongDateString())
End Sub
```

BEISPIEL 13.52: Einfügen neuer Absatz

Auch hier nutzen wir wieder ein *TextPointer*-Objekt, um die Methode *InsertParagraphBreak* aufzurufen:

```
rtb1.Selection.End.InsertParagraphBreak()
```

BEISPIEL 13.53: Absatzfarbe ändern

Über ein *TextPointer*-Objekt haben Sie auch Zugriff auf den aktuellen Absatz, d.h., Sie können dessen Eigenschaften bearbeiten:

```
rtb1.Selection.End.Paragraph.Background = Brushes.AliceBlue
```

BEISPIEL 13.54: Neuen Absatz mit Fließtext am Dokumentende einfügen

Alle Absätze/Objekte werden über die *Blocks*-Collection verwaltet. Hängen Sie neue Absätze einfach an diese Auflistung an. Allerdings können Sie nicht wie in XAML direkt den Text im *Paragraph*-Objekt ausgeben, sondern Sie müssen einen Fließtext (*Run*) erzeugen und diesem den Text übergeben.

```
rtb1.Document.Blocks.Add(New Paragraph(New Run("Mein neuer Absatz")))
```

BEISPIEL 13.55: Text vor dem aktuellen Absatz einfügen

Auch hier hilft Ihnen die *Blocks*-Auflistung, allerdings müssen Sie in diesem Fall die *InsertBefore*-Methode aufrufen. Als Referenz ist die aktuelle Position des Textkursors wichtig. Die ermitteln wir, wie schon in den vorhergehenden Beispielen, über das *Selection*-Objekt.

```
rtb1.Document.Blocks.InsertBefore(rtb1.Selection.Start.Paragraph,
                         New Paragraph(New Run("Neuer Absatz im Text")))
```

13.16.6   Texte formatieren

Sicher ist Ihnen auch schon aufgefallen, dass unsere *RichTextBox* einen entscheidenden Makel hat: es fehlt ein vernünftiger *ToolBar*, der uns zum Beispiel die bekannten Zeichenformatierungsfunktionen zur Verfügung stellt.

BEISPIEL 13.56: *ToolBar*-Funktionalität für "Fett" und "Kursiv" realisieren.

Zunächst die Definition des *ToolBars*, wir verwenden *ToggleButtons*, da es sich um einen Umschaltprozess handelt*:*

```
<Window x:Class="BSP_Controls.RichTextBox_Bsp"
    xmlns="http://schemas.microsoft.com/winfx/2006/xaml/presentation"
    xmlns:x="http://schemas.microsoft.com/winfx/2006/xaml"
    Title="RichTextBox_Bsp" Height="300" Width="481">


<DockPanel>
    <ToolBarTray DockPanel.Dock="Top">
        <ToolBar >
```

Variante 1: Wir verwenden so genannte Commands, um die entsprechende Funktion (Fett/ NichtFett) zu realisieren. Dazu muss die Schaltfläche mit dem Zielcontrol (*RichTextBox*) über die Eigenschaft *CommandTarget* verbunden werden. Die eigentliche Funktion wird mit der Eigenschaft *Command* festgelegt:

```
<ToggleButton Name="boldb" Height="32" Width="32"
              Command="EditingCommands.ToggleBold"
              CommandTarget="{Binding ElementName=rtf1}">
    <Image Source="Images/boldhs.png" />
</ToggleButton>
```

Variante 2: Wir nutzen das *Click*-Ereignis, um die Funktion zu realisieren:

```
<ToggleButton Name="italicb" Height="32" Width="32" Click="italicb_Click">
    <Image Source="Images/italicHS.png" />
</ToggleButton>
    </ToolBar>
</ToolBarTray>
```

Die erzeugte Werkzeugleiste:

Das *Click*-Ereignis für die zweite Variante:

```
Private Sub italicb_Click(sender As Object, e As RoutedEventArgs)
```

Mit *ApplyPropertyValue* können Sie gezielt einzelne Eigenschaften des Textes beeinflussen. Übergeben wird der Name der Eigenschaft und der neue Wert:

BEISPIEL 13.56: *ToolBar*-Funktionalität für "Fett" und "Kursiv" realisieren.

```
        rtb1.Selection.ApplyPropertyValue(FlowDocument.FontStyleProperty,
                                           FontStyles.Italic)
  End Sub
```

Starten Sie jetzt das Programm, führt ein Klick auf die *Kursiv*-Schaltfläche dazu, dass die entsprechende Formatierung auf den Text angewendet wird. Allerdings beschränkt sich der obige Code darauf, die Formatierung einmalig zu setzen. Ein Löschen ist so nicht möglich. Dazu müssten wir vorher den aktuellen Wert abfragen.

Alternativ bot sich die Variante mit der Verwendung von *Commands* an. Hier ist das Kommando "EditingCommands.ToggleBold", d.h., jeder Klick führt zum Umschalten des bisherigen Zustands. Auf Quellcode können wir bei dieser Version gänzlich verzichten, damit dürfte diese Version der sinnvollste Weg sein.

Ein Problem haben wir jedoch nach wie vor, bewegen wir den Kursor durch die *RichTextBox,* werden die aktuellen Formatierungen nicht im ToolBar angezeigt. Über das *Selection-Changed*-Ereignis der *RichTextBox* können wir auf die Änderung der Kursorposition reagieren und den Status der Schaltflächen an die aktuelle Formatierung anpassen:

```
  Private Sub rtb1_SelectionChanged(sender As Object, e As RoutedEventArgs)
    On Error Resume Next
```

Zunächst ermitteln wir den aktuellen Formatierungsstatus für Fett:

```
    Dim propval As Object = rtb1.Selection.GetPropertyValue(FontWeightProperty)
```

Wenn die Eigenschaft bereits gesetzt ist,

```
    If (propval IsNot Nothing) Then
```

können wir deren Wert auswerten:

```
        boldb.IsChecked = (CType(propval, FontWeight) = FontWeights.Bold)
    End If
```

Das Gleiche für Kursiv:

```
    propval = rtb1.Selection.GetPropertyValue(FontStyleProperty)
    If (propval IsNot Nothing) Then
        italicb.IsChecked = (Ctype(propval, FontStyle) = FontStyles.Italic)
    End If
  End Sub
```

HINWEIS: Obige Auswertung ist leider recht code-intensiv, da müssen sich die Microsoft-Programmierer sicherlich noch etwas Sinnvolleres einfallen lassen.

13.16.7 EditingCommands

Wie im vorhergehenden Beispiel gezeigt, ist mit der Verwendung von Commands eine recht einfache Möglichkeit gegeben, Aktoren (Schaltflächen etc.) mit Aktionen (*Command*) zu verknüpfen, die auf ein spezifisches Control wirken (*CommandTarget*).

HINWEIS: Mehr zu Commands im Abschnitt 14.4, wir wollen hier nicht zu viel vorgreifen.

Welche Commands Ihnen für die *RichTextBox* zur Verfügung stehen, soll die folgende Auflistung zeigen (die Bezeichner dürften selbsterklärend sein):

- **Cursorbewegung**
  (*Backspace, MoveDownByLine, MoveDownByPage, MoveDownByParagraph, MoveLeftByCharacter, MoveLeftByWord, MoveRightByCharacter, MoveRightByWord, MoveToLineEnd, MoveToLineStart, MoveToDocumentEnd, MoveToDocumentStart, MoveUpByLine, MoveUpByPage, MoveUpByParagraph, TabBackward, TabForward*)

- **Markierung**
  (*SelectDownByLine, SelectDownByPage, SelectDownByParagraph, SelectLeftByCharacter, SelectLeftByWord, SelectRightByCharacter, SelectRightByWord, SelectToDocumentEnd, SelectToDocumentStart, SelectToLineEnd, SelectToLineStart, SelectUpByLine, SelectUpByPage, SelectUpByParagraph*)

- **Schrift**
  (*DecreaseFontSize, IncreaseFontSize, ToggleBold, ToggleItalic, ToggleSubscript, ToggleSuperscript, ToggleUnderline*)

- **Absatzausrichtung**
  (*AlignCenter, AlignJustify, AlignLeft, AlignRight*)

- **Absatzformat**
  (*ToggleBullets, ToggleNumbering, DecreaseIndentation, IncreaseIndentation*)

- **Rechtschreibung**
  (*CorrectSpellingError, IgnoreSpellingError*)

- **Befehle**
  (*Delete, DeleteNextWord, DeletePreviousWord, EnterLineBreak, EnterParagraphBreak*)

- **Sonstiges**
  (*ToggleInsert*)

13.16.8 Grafiken/Objekte einfügen

Dass neben Text auch andere Objekte in die *RichTextBox* eingefügt werden können, soll das folgende Beispiel zeigen, bei dem zur Laufzeit eine Grafik aus den Programmressourcen eingefügt und mit einem Ereignis verknüpft wird.

BEISPIEL 13.57: Grafik einfügen

```vb
Private Sub imageb_Click(sender As Object, e As RoutedEventArgs)
```

Neues *Image*-Objekt erzeugen:

```vb
Dim img As New Image()
```

Die eigentliche Bitmap zuweisen:

```vb
img.Source = BitmapFrame.Create(New Uri("pack://application:,,,/images/frosch.gif"))
```

Größe bestimmen und Ereignis zuweisen:

```vb
img.Height = 100
img.Width = 100
AddHandler img.MouseDown, AddressOf myMouseDown
```

Und jetzt Grafik als neuen letzten Absatz einfügen:

```vb
rtb1.Document.Blocks.Add(New Paragraph(New InlineUIContainer(img)))
End Sub
```

Die Ereignismethode für *Click*:

```vb
Private Sub myMouseDown(sender As Object, e As RoutedEventArgs)
MessageBox.Show("Finger weg!")
End Sub
```

HINWEIS: Controls wie *Image* etc., müssen in einem so genannten *InlineUIContainer* gekapselt werden, bevor sie im *Paragraph* eingefügt werden.

Sichern Sie jetzt das Dokument, wird die Grafik ebenfalls abgespeichert (z.B. in einem XAML-Package).

13.16.9   Rechtschreibkontrolle

Dass Sie die Rechtschreibkontrolle der *RichTextBox* mit

```
<RichTextBox Name="rtb1" SpellCheck.IsEnabled="True" ...
```

aktivieren können, dürfte Ihnen bereits von der einfachen *TextBox* her bekannt sein. Doch ein Blick in den Editor wird für lange Gesichert sorgen: alles Fehler und das trotz korrekter Schreibweise! Hier hilft das zusätzliche Setzen der Sprache:

```
<RichTextBox Name="rtb1" SpellCheck.IsEnabled="True" Language="de" ...
```

13.17   FlowDocumentPageViewer & Co.

Neben dem Editieren von formatierten Texten steht häufig auch deren Anzeige auf der Wunschliste des Programmierers. Neben der bereits vorgestellten *RichTextBox* bietet WPF hier mit

- *FlowDocumentPageViewer*,

- *FlowDocumentReader* und

- *FlowDocumentScrollViewer*

ein reichhaltiges Arsenal, um Flow-Dokumente anzuzeigen.

13.17.1   FlowDocumentPageViewer

Für die seiten-orientierte Anzeige von Dokumenten bietet sich das *FlowDocumentPage-Viewer*-Control an. Über die Navigationstasten am unteren Rand können Sie zwischen den Seiten blättern, der Zoomfaktor lässt sich über einen Schieberegler vorgeben:

HINWEIS: Das Textfeld für die Suchfunktion blenden Sie über die Tastenkombination *Strg+F* oder über die Methode *Find* ein.

13.17.2 FlowDocumentReader

Im Gegensatz zum vorhergehenden Control können Sie beim *FlowDocumentReader* zwischen verschiedenen Anzeigemodi wechseln (ein- und mehrseitig, sowie fortlaufend), die Textsuchfunktion steht per eigener Schaltfläche zur Verfügung.

Zoom- und Blätter-Funktion entsprechen dem *FlowDocumentPageViewer.*

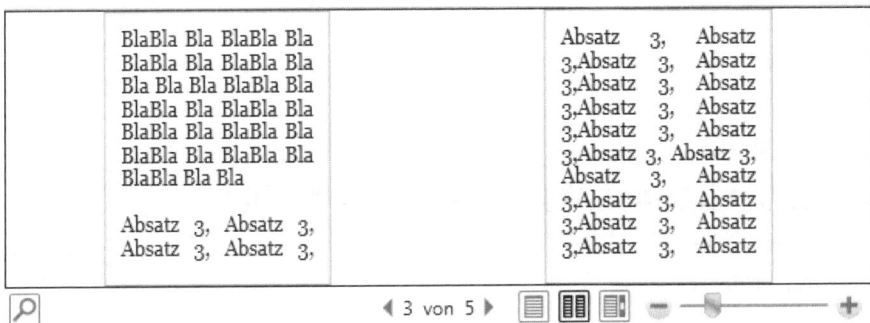

Durch die Unterstützung der verschiedenen Anzeigemodi ist dieser Viewer zwar leistungsfähiger, aber leider auch etwas langsamer.

13.17.3 FlowDocumentScrollViewer

Für die reine Fließtextdarstellung ohne Seiten sollten Sie den *FlowDocumentScrollViewer* einsetzen. Dieser verfügt lediglich über einen Scrollbar, um im Text zu blättern, der Zoomfaktor ist nur per Code (*Zoom*) einstellbar:

> Hier ist schon ein erster Absatz mit **fetter** Schrift. Fülltext Fülltext
> Fülltext Fülltext Fülltext Fülltext Fülltext Fülltext Fülltext Fülltext
> Fülltext Fülltext Fülltext Fülltext Fülltext Fülltext Fülltext Fülltext
> Fülltext Fülltext Fülltext Fülltext Fülltext Fülltext Fülltext Fülltext
> Fülltext Fülltext Fülltext Fülltext Fülltext Fülltext Fülltext Fülltext
> Fülltext Fülltext Fülltext Fülltext Fülltext Fülltext Fülltext Fülltext
> Fülltext Fülltext Fülltext Fülltext Fülltext Fülltext Fülltext Fülltext
> Fülltext Fülltext Fülltext Fülltext Fülltext Fülltext Fülltext

13.18 FlowDocument

Obwohl es eigentlich kein eigenes Control ist, wollen wir dennoch kurz auf das *FlowDocument* eingehen, verwenden wir dieses doch in der *RichTextBox* bzw. in den *FlowDocumentPageViewer, -Reader, -ScrollViewer*-Controls.

Ein *FlowDocument* stellt das Objektmodell eines formatierten Fließtextes dar, der in den o.g. Controls in unterschiedlichen Modi angezeigt oder auch editiert werden kann.

FlowDocument-Objekte können folgende untergeordneten Elemente enthalten:

- *Paragraph* (Absätze, die wiederum Texte, Floater, Figures etc. enthalten können)

- *BlockUIContainer* (Kapseln von Controls, z.B *Image*)

- *List* (eine Auflistung)

- *Section* (Zusammenfassung von Abschnitten)

- *Table* (eine Tabelle)

13.18.1   FlowDocument per XAML beschreiben

Zunächst wollen wir Ihnen an einem Beispiel die Beschreibung des *FlowDocuments* per XAML-Code demonstrieren, dieses können Sie direkt als *Content* einem der obigen Reader zuweisen:

BEISPIEL 13.58: Ein etwas umfangreicheres *FlowDocument*, das einige Möglichkeiten aufzeigt.

Zunächst das *FlowDocument* definieren (minimale Spaltenbreite, automatische Silbentrennung)

```
<FlowDocument ColumnWidth="400" IsHyphenationEnabled="True">
```

Für die folgenden Abschnitte gilt eine Schriftgröße von 12:

```
<Section FontSize="12">
```

Ein erster Abschnitt mit Fließtext und verschiedenen Formatierungen:

```
<Paragraph>
   <Bold>Fette Schrift</Bold> Hier steht Fließtext. Hier steht Fließtext.
   Hier steht Fließtext. <Underline>Hier steht Fließtext.</Underline> Hier steht
   Fließtext. Hier steht Fließtext.
   Hier steht Fließtext. Hier steht Fließtext. Hier steht Fließtext. Hier steht
Fließtext.
```

Ein frei positionierbarer Rahmen, in dem wiederum andere Elemente (in diesem Fall ein Absatz) enthalten sein können:

```
<Figure Width="150" Height="100" Background="CornflowerBlue"
    HorizontalAnchor="PageLeft" HorizontalOffset="100" VerticalOffset="20">
   <Paragraph FontStyle="Italic" Foreground="White">
     Ein freier Bereich, der über Koordinatenangaben positioniert wird.
   </Paragraph>
</Figure>
```

Auch dies ein Rahmen, der jedoch nicht absolut positioniert werden kann:

```
<Floater Background="LightYellow" Width="300" HorizontalAlignment="Right">
   <Paragraph>
```

> **BEISPIEL 13.58:** Ein etwas umfangreicheres *FlowDocument*, das einige Möglichkeiten aufzeigt.

```
              Noch ein freier Bereich, der horizontal über HorizontalAlignment positioniert
              werden kann.
          </Paragraph>
        </Floater>
      </Paragraph>
```

Ein normaler Absatz:

```
      <Paragraph>
        Bla Bla Bla Bla Bla Bla Bla Bla Bla Bla Bla Bla Bla Bla Bla  ...
      </Paragraph>
```

Eine Liste:

```
      <List MarkerStyle="Disc">
        <ListItem>
          <Paragraph>Listeneintrag 1</Paragraph>
        </ListItem>
        <ListItem>
          <Paragraph>Listeneintrag 2</Paragraph>
        </ListItem>
      </List>
```

Eine Liste mit Aufzählung:

```
      <List MarkerStyle="Decimal">
        <ListItem>
          <Paragraph>Listeneintrag 1</Paragraph>
        </ListItem>
        <ListItem>
          <Paragraph>Listeneintrag 2</Paragraph>
        </ListItem>
      </List>
  ...
    </Section>
  </FlowDocument>
```

13.18.2   FlowDocument per Code erstellen

Neben der recht übersichtlichen Möglichkeit, Flow-Dokumente per XAML-Code zu erstellen (zum Beispiel auch direkt aus der *RichTextBox* heraus), können Sie natürlich auch Ihre Programmierfähigkeiten zum Einsatz bringen. Ein einfaches Beispiel zeigt die Vorgehensweise:

BEISPIEL 13.59: Ein *FlowDocument* per Code erstellen

Fügen Sie in die Oberfläche zunächst einen *FlowDocumentPageViewer* ein und geben Sie diesem den Bezeichner "FlowDocumentPageViewer1".

Mit dem Laden des Fensters schreiten wir zur Tat:

```
Private Sub Window_Loaded(sender As Object, e As RoutedEventArgs)
```

Eine *FlowDocument*-Instanz erzeugen:

```
Dim flowDoc As New FlowDocument()
```

Einen ersten Absatz hinzufügen, dieser enthält zunächst einen einfachen Text der fett ausgeben wird:

```
Dim para As New Paragraph(New Bold(New _
        Run("Wir schreiben etwas Text in den ersten Absatz.")))
```

An den bestehenden Absatz hängen wir noch etwas Text an:

```
para.Inlines.Add(New Run(" Hier kommt noch mehr Text im selben Absatz"))
```

Den Absatz an das *FlowDocument* anhängen:

```
flowDoc.Blocks.Add(para)
```

Eine Liste erzeugen:

```
Dim liste As New List()
liste.ListItems.Add(New ListItem(New Paragraph(New Run("Zeile 1"))))
liste.ListItems.Add(New ListItem(New Paragraph(New Run("Zeile 2"))))
liste.ListItems.Add(New ListItem(New Paragraph(New Run("Zeile 3"))))
flowDoc.Blocks.Add(liste)
```

Das *FlowDocument* zur Anzeige bringen:

```
FlowDocumentPageViewer1.Document = flowDoc
End Sub
```

Wir schreiben etwas Text in den ersten Absatz. Hier kommt noch mehr Text im selben Absatz

- Zeile 1
- Zeile 2
- Zeile 3

13.19 DocumentViewer

Neben den auf die Flow-Dokumente festgelegten Controls findet sich auch ein *Document-Viewer*-Control, das ausschließlich zur Anzeige von XPS-Dokumenten verwendet werden kann. Neben einer Druckoption können Sie die Daten auch in die Zwischenablage kopieren, die Ansicht skalieren und zwischen unterschiedlichen Seitendarstellungen wechseln. Last, but not least verfügt das Control auch über ein einfache Suchfunktion innerhalb des Textes.

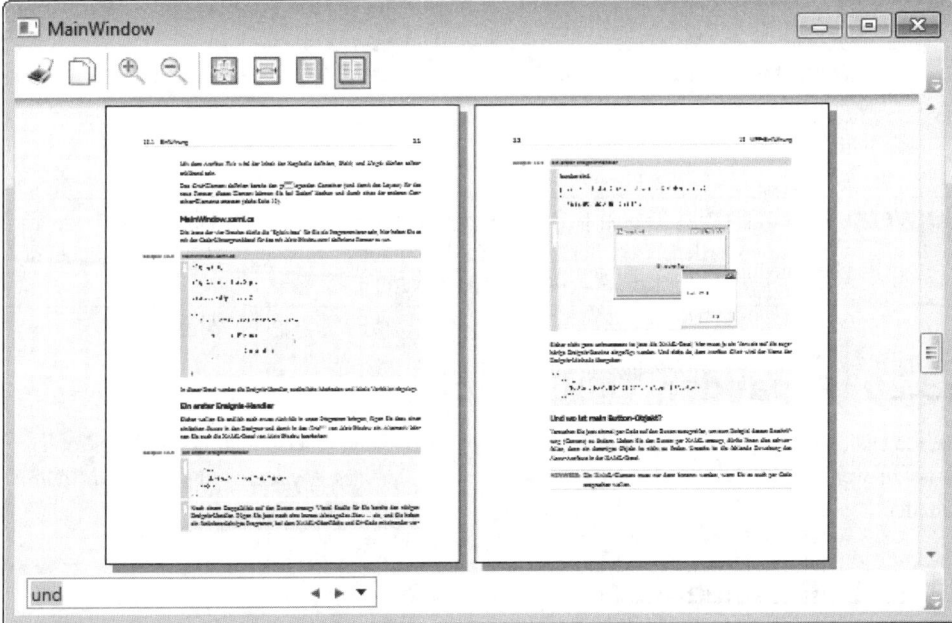

Wie Sie ein externes XPS-Dokument laden, zeigt das folgende Beispiel:

BEISPIEL 13.60: Laden eines XPS-Dokuments in den *DocumentViewer*

```
<Window x:Class="WpfApplication2.MainWindow"
        xmlns="http://schemas.microsoft.com/winfx/2006/xaml/presentation"
        xmlns:x="http://schemas.microsoft.com/winfx/2006/xaml"
        xmlns:sys="clr-namespace:System;assembly=mscorlib"
        Title="MainWindow" Height="238" Width="348" Loaded="Window_Loaded"
        WindowStartupLocation="CenterScreen">
    <DocumentViewer Name="DocumentViewer1" />
</Window>
```

BEISPIEL 13.60: Laden eines XPS-Dokuments in den *DocumentViewer*

Fügen Sie zunächst die Assembly *ReachFramework.dll* als Verweis zu Ihrem Projekt hinzu. Nachfolgend können Sie den entsprechenden Ereigniscode übernehmen.

Namespaces importieren:

```
Imports System.Windows.Xps.Packaging
Imports System.IO
```

```
Public Class DocumentViewer_Bsp
    Private Sub Window_Loaded(sender As Object, e As RoutedEventArgs)
```

Zunächst ein *XpsDocument* aus der Datei "c:\Test.xps" erstellen, nachfolgend können wir eine *FixedDocumentSequence* für die Anzeige abrufen:

```
        Dim doc As New XpsDocument("c:\test.xps", FileAccess.Read)
        DocumentViewer1.Document = doc.GetFixedDocumentSequence()
    End Sub
End Class
```

HINWEIS: Mehr zu diesem Thema finden Sie im Abschnitt 16.1.1 "XPS-Dokumente", wo wir uns sowohl dem Erstellen von XPS-Dokumenten als auch der Verwendung der *DocumentViewer*-Komponente zuwenden werden.

13.20   Expander, TabControl

Gerade Dialogfenster mit vielen Eingabefeldern/Optionen leiden unter immer demselben Problem: es ist zu wenig Platz vorhanden. Diesem Missstand sollen das *Expander*- und das *TabControl* abhelfen.

13.20.1   Expander

Das *Expander*-Control ermöglicht es, zwischen einem aufgeklappten und einem geschlossenen Zustand hin- und herzuschalten. Die Höhe des Controls im aufgeklappten Zustand bestimmt sich aus der Höhe des enthaltenen Layout-Containers bzw. des enthaltenen Controls.

Sichtbar bleibt in jedem Fall die per *Header* definierte Beschriftung und eine Schaltfläche, mit der Sie das Control aufklappen können. Die Aufklapprichtung wird mit *ExpandedDirection* (*Down, Left, Right, Up*) definiert.

BEISPIEL 13.61: Verwendung Expander

Zunächst ordnen wir alle drei *Expander* in einem *StackPanel* an:

```
<StackPanel>
```

Die Beschriftung, Hintergrundfarbe und die Aufklapprichtung festlegen:

```
<Expander Header="Private Daten" Background="LightGray" ExpandDirection="Right" >
```

Der Inhalt des Expanders ist z.B. ein weiteres *StackPanel*, mit dem die Eingabefelder beschriftet bzw. angeordnet werden:

```
<StackPanel Margin="5">
  <Label Content="Vorname:" />
  <TextBox></TextBox>
  <Label Content="Nachname:"/>
  <TextBox></TextBox>
```

Die Höhe des Expanders wird durch die Summe der einzelnen Controls bestimmt:

```
</StackPanel>
</Expander>
<Expander Header="Gehaltsdaten" Background="LightYellow">
  <StackPanel Margin="5">
    <Label Content="Gehalt:" />
    <TextBox></TextBox>
    <Label Content="Steuerklasse:"/>
    <TextBox></TextBox>
  </StackPanel>
</Expander>
```

Hier blenden wir statt eines Layout-Controls gleich eine *TextBox* im *Expander* ein und legen die Höhe der *TextBox* entsprechend der gewünschten Höhe fest:

```
<Expander Header="Bemerkungen" Background="AliceBlue">
  <TextBox Margin="5" Height="150">
  </TextBox>
</Expander>
</StackPanel>
```

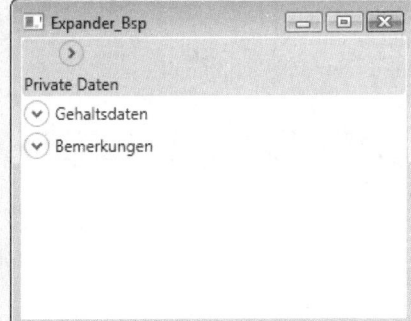
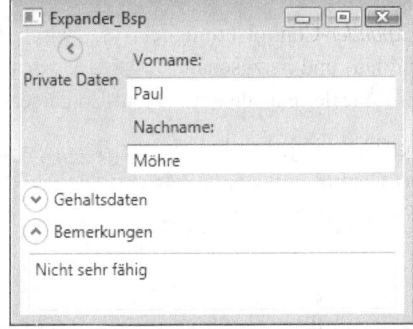

HINWEIS: Über die *IsExpanded*-Eigenschaft können Sie per Code den aktuellen Zustand abfragen bzw. beeinflussen (z.B. Schließen bei Fokusverlust).

13.20.2 TabControl

Statt wie beim *Expander* einzelne Bereich einzublenden, werden beim *TabControl* die einzelnen
Registerkarten (*TabItem*s) komplett umgeschaltet, es ist also immer nur eine Seite sichtbar. Wo das
Register angezeigt wird, bestimmen Sie mit der Eigenschaft *TabStripPlacement* (*Left*, *Right*, *Top*,
Bottom). Die Auswahl des aktiven *TabItem*s erfolgt mit der Maus oder über die Eigenschaften
SelectedIndex bzw. *SelectedItem*. Alternativ können Sie mit *IsSelected* den Status eines *TabItem*s
abfragen.

BEISPIEL 13.62: Ein *TabControl* mit drei *TabItems*

```
<Window x:Class="BSP_Controls.Tab_Bsp" ...>
```

Das *TabControl*:

```
<TabControl>
```

Und hier auch schon die erste Registerkarte mit einfacher Beschriftung:

```
<TabItem Header="Tabseite 1">
  Hier steht der Content!
</TabItem>
```

Die zweite Registerkarte mit einem Layout-Control im Content:

```
<TabItem Header="Tabseite 2">
  <StackPanel>
    <Label>Beliebige Controls ...</Label>
  </StackPanel>
</TabItem>
```

Die dritte Registerkarte macht von der Möglichkeit Gebrauch, im Header auch Grafiken bzw.
beliebige Controls anzuzeigen:

```
<TabItem>
  <TabItem.Header>
    <StackPanel Orientation="Horizontal">
      <Image Source="Images/rudi.gif" Height="30"/>
      <TextBlock  VerticalAlignment="Center">Tabseite 3</TextBlock>
    </StackPanel>
  </TabItem.Header>
```

Der Content besteht wiederum aus einem Layout-Control und den darin enthaltenen Controls:

```
    <StackPanel Margin="5">
      <Label Content="Vorname:" />
      <TextBox></TextBox>
      <Label Content="Nachname:"/>
      <TextBox></TextBox>
    </StackPanel>
  </TabItem>
 </TabControl>
</Window>
```

BEISPIEL 13.62: Ein *TabControl* mit drei *TabItems*

Das *TabControl* zur Laufzeit:

HINWEIS: Möchten Sie per Programm auf Änderungen reagieren, nutzen Sie das *Selection-Changed*-Ereignis für die Auswertung.

13.21 Popup

Für die Anzeige von Zusatzinformationen können Sie den *ToolTip* eines Controls verwenden. Dieser hat allerdings den Nachteil, dass er einem spezifischen Control zugeordnet ist. Anders das Popup-Fenster (ja es handelt sich um ein eigenes Fenster!), das zwar nicht automatisch eingeblendet wird, dafür aber an jeder beliebigen Stelle stehen kann.

HINWEIS: Einmal eingeblendet, bleibt das Fenster an der aktuellen Position stehen, auch wenn das übergeordnete Fenster verschoben wird.

BEISPIEL 13.63: Einfaches *Popup* einblenden

```xml
...
<Canvas>
   <Button Canvas.Left="206" Canvas.Top="37" Height="30" Name="Button1" Width="43"
           Click="Button1_Click">...</Button>
   <Popup Name="pop2" Placement="MousePoint" VerticalOffset="25" HorizontalOffset="25"
          Width="100">
     <TextBlock Height="50" Margin="1" TextWrapping="Wrap" Background="LightBlue" >
       Bla Bla Bla ...
     </TextBlock>
   </Popup>
```

Das Ein-/Ausblenden des Popup-Fensters wird mit der Eigenschaft *IsOpen* realisiert:

```vb
Private Sub Button1_Click(sender As Object, e As RoutedEventArgs)
```

BEISPIEL 13.63: Einfaches *Popup* einblenden

```
    pop2.IsOpen = Not pop2.IsOpen
End Sub
```

Klicken Sie zur Laufzeit auf den Button, wird das Popup-Fenster relativ zur aktuellen Cursor-
postion (siehe *Placement*) eingeblendet:

Weitere Möglichkeiten zum Platzieren bieten sich mit den folgenden Eigenschaften:

▪ *Placement* (*Absolute, Bottom, Mouse, Relative ...*)

▪ *PlacementTarget* (ein Control, auf das sich relative Angaben beziehen)

▪ *PlacementRectangle* (optionales Rechteck, zu dem das Popup relativ angezeigt wird)

▪ *HorizontalOffset* (zusätzliche horizontale Verschiebung der Koodinaten)

▪ *VerticalOffset (*zusätzliche vertikale Verschiebung der Koordinaten)

Neben der Positionierung bietet sich auch die Möglichkeit, das Popup-Fenster animiert einzublenden. Setzen Sie dazu die Eigenschaft *PopupAnimation* auf *Fade, Scroll* oder *Slide.*

HINWEIS: Damit die Animation auch sichtbar ist, muss *AllowsTransparency* auf *True* gesetzt
werden.

BEISPIEL 13.64: Weitere Möglichkeiten für die Konfiguration des *Popup*

Relative Platzierung zu einer *TextBox*, automatisches Einblenden mit Animation (wenn die
TextBox den Fokus erhält) bzw. Ausblenden (wenn Fokusverlust).

```
...
    <TextBox Canvas.Left="28" Canvas.Top="37" Height="31" Name="TextBox1" Width="168"/>
    <Popup Name="pop1" Width="180"
```

Das Bezugselement für die Koordinatenangaben festlegen:

```
        PlacementTarget="{Binding ElementName=TextBox1}" Placement="Relative"
```

Die relative Platzierung:

```
        VerticalOffset="35" HorizontalOffset="130"
```

Die Animation festlegen:

```
        PopupAnimation="Slide" AllowsTransparency="True"
```

BEISPIEL 13.64: Weitere Möglichkeiten für die Konfiguration des *Popup*

Mittels Datenbindung an die *IsFocused*-Eigenschaft der *TextBox* öffnen/schließen wir das Popup-Fenster:

```
IsOpen="{Binding ElementName=TextBox1, Path=IsFocused, Mode=OneWay}">
```

Hier folgen die Inhalte des Popup-Fensters:

```
<StackPanel Background="LightBlue">
    <TextBlock Height="50" Margin="4" TextWrapping="Wrap" Background="LightBlue" >
        Hier könnten weitere Funktionen realisiert werden, z.B. ein
        Kalender/Taschenrechner
    </TextBlock>
    <Button Margin="4">OK</Button>
</StackPanel>
</Popup>
```

Nachdem die *TextBox* den Fokus erhalten hat, dürfte das Popup-Fenster eingeblendet werden:

13.22 TreeView

Sicher jedem vom Explorer her bekannt, darf auch in WPF ein *TreeView*-Control nicht fehlen. Allerdings könnte die Verwendung dieses Controls viele gestandene Windows-Forms und Win32-Programmierer schnell in den Wahnsinn treiben, unterscheidet sich doch die Programmierung in vielen Punkten vom bisherigen Vorgehen. Dies ist vor allem der freien Programmierbarkeit dieses Controls geschuldet. Was Sie in den einzelnen *TreeViewItems* anzeigen ist, wie in WPF üblich, von Ihnen frei definierbar.

Doch ganz so kompliziert wollen wir nicht anfangen, ein einfaches Beispiel zeigt zunächst, wie Sie eine rein textorientierte *TreeView* per XAML-Code definieren:

BEISPIEL 13.65: Grundprinzip der Schachtelung der *TreeViewItem*-Elemente

Definition der eigentlichen *TreeView*:

```
<TreeView>
```

Der erste Knoten, über die *Header*-Eigenschaft bestimmen Sie die Beschriftung:

```
<TreeViewItem Header ="Root" IsExpanded="True">
```

BEISPIEL 13.65: Grundprinzip der Schachtelung der *TreeViewItem*-Elemente

Unter-Knoten schachteln Sie einfach:

```
<TreeViewItem Header ="Untereintrag 1" IsExpanded="True"/>
<TreeViewItem Header ="Untereintrag 2" IsExpanded="True"/>
<TreeViewItem Header ="Untereintrag 3" IsExpanded="True"/>
<TreeViewItem Header ="Untereintrag 4" IsExpanded="True">
```

Eine weitere Unterebene:

```
    <TreeViewItem Header ="Untereintrag 4.1" IsExpanded="True"/>
    <TreeViewItem Header ="Untereintrag 4.2" IsExpanded="True"/>
    <TreeViewItem Header ="Untereintrag 4.3" IsExpanded="True"/>
    <TreeViewItem Header ="Untereintrag 4.4" IsExpanded="True"/>
  </TreeViewItem>
 </TreeViewItem>
</TreeView>
```

Die Darstellung der so definierten *TreeView*:

BEISPIEL 13.66: Alternativ können Sie die *TreeView* auch per Code füllen:

```
Private Sub Btn1_Click(sender As Object, e As RoutedEventArgs)
    Dim tvi As TreeViewItem
```

Bisherige Inhalte löschen:

```
    Tv1.Items.Clear()
```

Den ersten Eintrag erzeugen und weitere Untereinträge hinzufügen:

```
    tvi = New TreeViewItem() With {.Header = "Root"}
    tvi.Items.Add(New TreeViewItem() With {.Header = "Untereintrag 1"})
    tvi.Items.Add(New TreeViewItem() With {.Header = "Untereintrag 2"})
    tvi.Items.Add(New TreeViewItem() With {.Header = "Untereintrag 3"})
    tvi.Items.Add(New TreeViewItem() With {.Header = "Untereintrag 4"})
    Tv1.Items.Add(tvi)
End Sub
```

Was ist daran so kompliziert, werden Sie sicher nach den bisherigen Beispielen fragen. Die Antwort kommt spätestens bei der Aufgabenstellung, Grafiken in die Einträge einzufügen.

BEISPIEL 13.67: Frei definierte *TreeViewItems* mit Grafiken bzw. mit Schaltfläche

```
<TreeView>
```

Hier nochmal ein ganz "normaler" Knoten:

```
    <TreeViewItem Header ="Root" IsExpanded="True" Tag="0">
```

Und jetzt wird es kompliziert:

```
    <TreeViewItem>
```

Eine Image-Eigenschafte gibt es nicht, stattdessen erzeugen wir den kompletten Eintrag per *StackPanel*, das wiederum aus einem *Image* und einem *TextBlock* besteht:

```
        <TreeViewItem.Header>
          <StackPanel Orientation="Horizontal">
           <Image Source="images\frosch.gif" Height="40"/>
           <TextBlock Text="Ein Frosch" VerticalAlignment="Center"/>
          </StackPanel>
        </TreeViewItem.Header>
      </TreeViewItem>
      <TreeViewItem>
        <TreeViewItem.Header>
          <StackPanel Orientation="Horizontal">
            <Image Source="images\rudi.gif" Height="40"/>
            <TextBlock Text="Ein Rabe" VerticalAlignment="Center"/>
          </StackPanel>
        </TreeViewItem.Header>
      </TreeViewItem>
```

Dass es auch mit ganz beliebigen Controls geht, zeigt die folgende Variante, bei der wir einen *Button* im *TreeViewItem* einblenden:

```
      <TreeViewItem>
        <TreeViewItem.Header>
         <Button>Eine Schaltfläche</Button>
        </TreeViewItem.Header>
      </TreeViewItem>
    </TreeView>
```

Nach all den "Oberflächlichkeiten" wollen wir uns jetzt den "inneren Werten" des Controls zuwenden:

- Den aktuellen Knotenzustand können Sie mit *IsExpanded* abfragen oder setzen.

- Der aktuell gewählte Eintrag lässt sich über die Eigenschaft *SelectedItem* ermitteln, alternativ können Sie auch die Liste der Einträge durchlaufen und die *IsSelected*-Eigenschaft abfragen.

- Auf Änderungen der Auswahl können Sie mit *SelectedItemChanged* bzw. *Selected* (für *TreeViewItem*) reagieren.

- Um bei Bedarf Scrollbars einzublenden, sollten Sie *Width* und *Height* der *TreeView* explizit setzen.

- Mit der Methode *BringIntoView* können Sie gezielt einen *TreeViewItem* einblenden, d.h., bei Bedarf werden Knoten geöffnet und die *TreeView* scrollt den gewünschten Eintrag in den sichtbaren Bereich.

- Nutzen Sie die *Tag*-Eigenschaft, um einzelnen *TreeViewItem*s zusätzliche Informationen zuzuordnen, oder erzeugen Sie gleich eine neue Klasse, die Sie von *TreeViewItem* ableiten und um zusätzliche Eigenschaften und Methoden bereichern.

HINWEIS: Um der Thematik "DataBinding" in Kapitel 15 nicht vorzugreifen, verzichten wir an dieser Stelle auf weitere Erläuterungen.

13.23 ListView

Die *ListView* als Ableitung der schon vorgestellten *ListBox* zeigt zunächst das gleiche Verhalten, wenn Sie einem *ListView*-Element weitere *ListViewItems* hinzufügen.

BEISPIEL 13.68: *ListView* mit *ListViewItems*

```
<ListView>
    <ListViewItem>Zeile 1</ListViewItem>
    <ListViewItem>Zeile 2</ListViewItem>
    <ListViewItem>Zeile 3</ListViewItem>
</ListView>
```

Die erzeugte Ansicht dürfte Sie nicht überraschen:

```
Zeile 1
Zeile 2
Zeile 3
```

Doch im Gegensatz zur einfachen *ListBox* lassen sich für einen *ListView* so genannte Ansichten (Views) definieren, die auch recht einfach austauschbar sind. Eine dieser Ansichten ist die von WPF bereits vordefinierte *GridView,* die eine Collection in Tabellenform darstellen kann.

> **HINWEIS:** Die einzelnen Elemente innerhalb diese Ansicht werden nicht per XAML/Code, sondern per Datenbindung zugeordnet.

BEISPIEL 13.69: Prinzip der Datenbindung in einem *ListView*-Control

Zunächst die Datenquelle zuordnen:

```
<ListView Name="lv1" ItemTemplate="{DynamicResource CustomerTemplate}"
          ItemsSource="{Binding Path=Table}">
```

Hier wird die spezielle View, in diesem Fall die *GridView*, definiert:

```
<ListView.View>
  <GridView>
```

Die Spalten der *GridView* mit den Spalten der obigen Datenquelle verbinden:

```
<GridViewColumn Header="Id" DisplayMemberBinding="{Binding Path=Id}"/>
<GridViewColumn Header="Vorname" DisplayMemberBinding="{Binding Path=VName}"/>
<GridViewColumn Header="Nachname" DisplayMemberBinding="{Binding Path=NName}"/>
  </GridView>
</ListView.View>
</ListView>
```

Per Code müssen Sie zur Laufzeit noch die *Table* eines *DataSet*s zuweisen:

```
lv1.DataContext = ds.Tables(0).DefaultView
```

13.24 DataGrid

Welcher Programmierer hat es bisher nicht vermisst? Für viele war das Fehlen eines leistungsfähigen *DataGrid*s, das im Gegensatz zur *ListView* auch das Editieren der Daten beherrscht, ein entscheidender Faktor für das Festhalten an "alten" Windows Forms-Anwendungen. Doch das Warten hat sich gelohnt, das früher nur im zusätzlichen WPF-Toolkit enthaltene *DataGrid* findet sich seit der Framework-Version 4.0 auch im WPF-Werkzeugkasten.

> **HINWEIS:** Da das Control mit einem recht großem Funktionsumfang aufwarten kann, beschränken wir uns im Rahmen dieses Buchs auf einige praktische Aufgabenstellungen, die wir aber aus naheliegenden Gründen im Kapitel 15 untergebracht haben.

13.25 Calendar/DatePicker

Seit WPF 4 gibt es auch zwei Controls für die Anzeige/Eingabe von Kalenderdaten. Während der *Calendar* für die Anzeige von Jahres- bzw. Monatsübersichten geeignet ist, steht der *DatePicker* lediglich für die Eingabe eines Datums zur Verfügung.

Die beiden Controls:

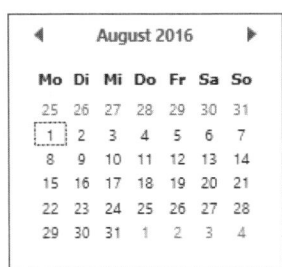

Einige Anwendungsbeispiele zeigen Ihnen die Verwendung.

DisplayMode

Wie schon erwähnt, lässt das *Calendar*-Control über die *DisplayMode*-Eigenschaft unterschiedliche Anzeigemodi (*Decade, Year, Month*) zu:

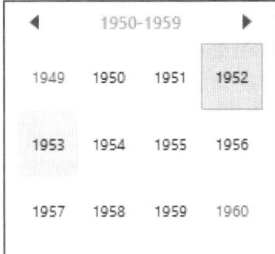
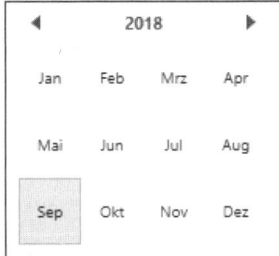

DisplayDate, SelectedDate und SelectedDates

Diese wohl wichtigsten Eigenschaften geben Auskunft über die aktuelle Auswahl im jeweiligen
Control:

■ Bei *DisplayDate* handelt es sich um den Anzeigewert des Controls nach dem Start. Dies ist
   meist das aktuelle Datum.

■ *SelectedDate* entspricht der Benutzerauswahl, es handelt sich um **einen** Datumswert (Voraussetzung ist der *SingleDate*-Auswahlmodus).

■ Die *SelectedDates*-Collection können Sie nutzen, wenn das *Calendar*-Control eine Mehrfachauswahl zulässt.

Auswahlmodi

Für den *DatePicker* steht die Frage nicht, hier können Sie immer nur ein einziges Datum wählen,
wohingegen der *Calendar* mittels *SelectionMode*-Eigenschaft zwischen folgenden Modi unterscheiden kann:

- *None* (nur Anzeige von *DisplayDate*)

- *SingleDate* (Einzeldatum; per *SelectedDate* auslesen)

- *SingleRange* (Datumsbereich; per *SelectedDates* auslesen) und

- *MultipleRange* (mehrere Datumsbereiche; per *SelectedDates* auslesen)

SingleRange: *MultipleRange:*

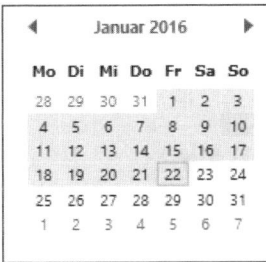

Die Auswahl der Bereiche per XAML-Code erfordert etwas Schreibarbeit:

BEISPIEL 13.70: Bereichsauswahl per XAML-Code

```xaml
<Window x:Class="BSP_Controls.Calendar_Bsp"
        xmlns="http://schemas.microsoft.com/winfx/2006/xaml/presentation"
        xmlns:x="http://schemas.microsoft.com/winfx/2006/xaml"
        xmlns:sys="clr-namespace:System;assembly=mscorlib"
        Title="Calendar_Bsp" Height="300" Width="300">
    <StackPanel>
        <Calendar Name="Calendar1" DisplayMode="Month" SelectionMode="MultipleRange">
            <Calendar.SelectedDates>
                <sys:DateTime>2/15/2010</sys:DateTime>
                <sys:DateTime>2/16/2010</sys:DateTime>
                <sys:DateTime>2/18/2010</sys:DateTime>
            </Calendar.SelectedDates>
        </Calendar>
```

Der Nutzer hat jetzt die Möglichkeit, diese Bereiche zu belassen oder zu erweitern. Die Abfrage der Bereiche erfolgt per *SelectedDates*-Collection:

BEISPIEL 13.71: Abfrage der gewählten Datumswerte

```vb
Private Sub Button_Click(sender As Object, e As RoutedEventArgs)
    For Each datum In Calendar1.SelectedDates
        MessageBox.Show(datum.ToString())
    Next datum
End Sub
```

Sperrtage

Zu einem guten Kalender gehört auch die Möglichkeit, einzelne Datumswerte zu sperren. Über die Collection *BlackoutDates* steht Ihnen diese Funktionalität zur Verfügung.

HINWEIS: In diesem Fall müssen Sie *DateRange*-Eigenschaften setzen (von/bis).

BEISPIEL 13.72: Auswahl von Sperrtagen

```xaml
<Window x:Class="BSP_Controls.Calendar_Bsp"
        xmlns="http://schemas.microsoft.com/winfx/2006/xaml/presentation"
        xmlns:x="http://schemas.microsoft.com/winfx/2006/xaml"
        xmlns:sys="clr-namespace:System;assembly=mscorlib"
        Title="Calendar_Bsp" Height="300" Width="300">
    <StackPanel>
        <Calendar Name="Calendar1" DisplayMode="Month" SelectionMode="MultipleRange">
```

Setzen der Bereiche:

```xaml
            <Calendar.BlackoutDates>
                <CalendarDateRange Start="2/1/2010" End="2/4/2010"/>
                <CalendarDateRange Start="2/11/2010" End="2/12/2010"/>
                <CalendarDateRange Start="2/16/2010" End="2/16/2010"/>
            </Calendar.BlackoutDates>
        </Calendar>
```

◀		Februar 2010			▶	
Mo	**Di**	**Mi**	**Do**	**Fr**	**Sa**	**So**
25	26	27	28	29	30	31
1	2	3	4	5	6	7
8	9	10	11	12	13	14
15	16	17	18	19	20	21
22	23	24	25	26	27	28
1	2	3	4	5	6	7

Alternativ steht Ihnen ein entsprechender Auflistungseditor zur Verfügung (siehe folgende Abbildung).

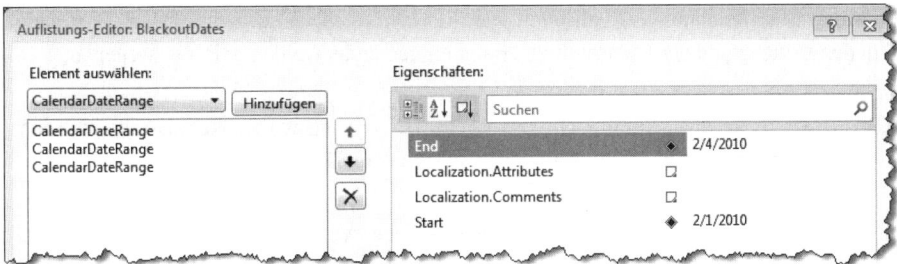

Calendar skalieren

Wollen Sie das *Calendar*-Control skalieren (*Width/Height*) werden Sie sicher zunächst enttäuscht sein, das Control ändert seine Größe keine Millimeter (bzw. Pixel). Doch nicht verzagen, mit zwei Alternativen bekommen Sie das Control schon auf die gewünschte Größe:

BEISPIEL 13.73: Skalieren mit der *ViewBox*

```
<Viewbox>
    <Calendar x:Name="CalendarControl"
            HorizontalAlignment="Left" VerticalAlignment="Top">
    </Calendar>
</Viewbox>
```

BEISPIEL 13.74: Skalieren mit Transformation

```
<Calendar  HorizontalAlignment="Left" VerticalAlignment="Top">
    <Calendar.RenderTransform>
        <ScaleTransform ScaleX="1.5" ScaleY=".5" />
    </Calendar.RenderTransform>
</Calendar>
```

HINWEIS: Weitere Anpassungsmöglichkeiten für das Control bestehen durch die Verwendung von Templates, wir gehen ab Seite 757 darauf ein.

Damit wollen wir die Thematik "Kalender" abschließen.

13.26 InkCanvas

Mit dem *InkCanvas* möchten wir Ihnen noch ein zunächst recht unscheinbares Control vorstellen, das im Zuge der größer werdenden Verbreitung von Tablet-PCs sicher noch an Bedeutung gewinnen wird. Das Control stellt eine Zeichenfläche zur Verfügung, in der Sie mit einem Stift (oder auch der Maus) freie Zeichnungen realisieren oder Markierungen vornehmen können. Dazu kann optional in den Hintergrund des Controls eine Grafik eingeblendet werden (z.B. ein Wegeplan).

HINWEIS: Auf das Thema "Multitouch" (ab Windows 7) gehen wir im Rahmen dieses Buchs nicht ein, es mangelt den Autoren schlicht an der nötigen Hardware.

Die von Maus, Stift oder Code erzeugten Linien/Striche werden in einer internen *Strokes*-Collection verwaltet. Einzelne *Stroke*-Objekte bestehen wiederum aus Zeichenpunkten (*Stylus-Points*), haben eine Stiftform (*StylusTip),* eine Größe (*Width, Height*) und weisen eine Farbe auf.

Die Größe des Controls richtet sich beim Entwurf zunächst nach dem umgebenden Layout-Control. Handelt es sich bei diesem zum Beispiel um einen *ScrollViewer,* wird die Größe des *Ink-Canvas* zur Laufzeit an die maximalen Stiftpositionen angepasst. Das heißt, zeichnen Sie über den "Rand" des Controls hinweg, werden die Stiftbewegungen zunächst aufgezeichnet. Erst nach dem Zeichenende werden die Abmessungen des Controls an die nun neuen maximalen Ausdehnungen angepasst.

13.26.1 Stift-Parameter definieren

Wie schon erwähnt, kann der Zeichenstift verschiedene Eigenschaften aufweisen, die zusammen mit den Eingabekoordinaten in der *Strokes*-Collection abgespeichert werden.

Einstellen können Sie diese Werte über die *DefaultDrawingAttributes*-Eigenschaft des *InkCanvas*:

Eigenschaft	Beschreibung
Color	Die für den Stift verwendete Farbe.
FitToCurve	Sollen die Linien geglättet werden[1], setzen Sie den Wert auf *True*. Nach der Zeichenoperation wird in diesem Fall die Linie automatisch an einen Kurvenverlauf angepasst.
Height, Width	Bestimmt die Höhe und Breite des Zeichenstifts.
StylusTip	Bestimmt die Grundform des Zeichenstifts (Rectangle, Ellipse).

BEISPIEL 13.75: Linienverlauf ohne und mit *FitToCurve*

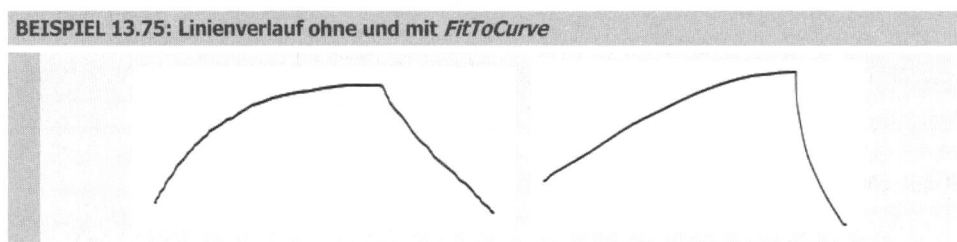

---

[1] z.B. um Zitterbewegungen und Ruckler auszugleichen ...

BEISPIEL 13.76: Linie mit rundem und eckigem Stift

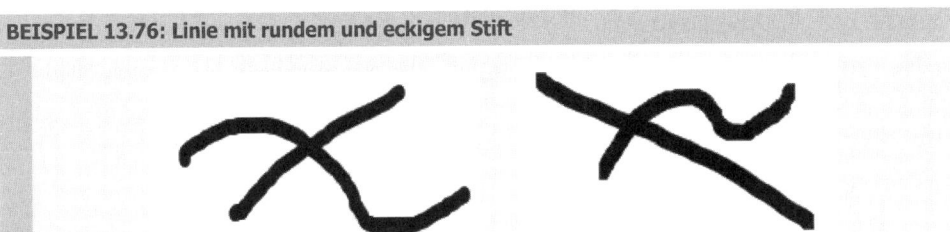

13.26.2 Die Zeichenmodi

Der *InkCanvas* kennt verschiedene Zeichenmodi (*EditingMode*), über die Sie die jeweils ausführbare Aktion vorgeben:

EditingMode	Beschreibung
None	Keine Reaktion auf Stifteingaben.
Ink	Normales Zeichnen.
GestureOnly	Während der Stiftbewegung ist die Figur sichtbar, diese wird nach dem Zeichenende gelöscht. Dieser Modus dient der Auswertung der Gestik (z.B. ein gezeichneter Kreis, eine Linie etc.).
InkAndGesture	Zeichnen und Gestikauswertung.
Select	Auswahl von *Stroke*-Objekten, diese können zum Beispiel verschoben oder gelöscht werden.
EraseByPoint	Löschen von Linienstücken (ähnlich Radiergummi in einem Malprogramm).
EraseByStroke	Löschen kompletter *Stroke*-Objekte (ähnlich einem Vektorgrafikprogramm).

BEISPIEL 13.77: Markierte (Select) *Stroke*-Objekte (markieren können Sie per Klick oder durch umranden)

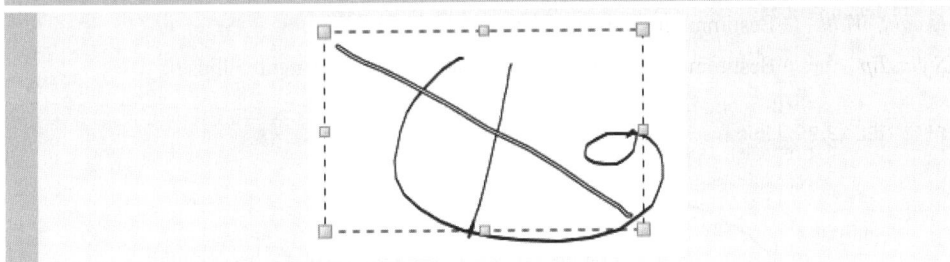

13.26.3 Inhalte laden und sichern

Möchten Sie die Zeichnung sichern bzw. zu einem späteren Zeitpunkt erneut laden, müssen Sie sich mit der *Strokes*-Collection beschäftigen. Diese verfügt über die erforderliche *Save*-Methode bzw. einen geeigneten Konstruktor, um die Daten aus einem Stream einzulesen.

BEISPIEL 13.78: Sichern der Daten

```vb
Private Sub Button_Click_1(sender As Object, e As RoutedEventArgs)
    Dim fs As New FileStream("c:\test.ink", FileMode.Create, FileAccess.Write)
    InkCanvas1.Strokes.Save(fs)
    fs.Close()
End Sub
```

BEISPIEL 13.79: Laden der Daten

```vb
Private Sub Button_Click_2(sender As Object, e As RoutedEventArgs)
    InkCanvas1.Strokes.Clear()
    Dim fs As New FileStream("c:\test.ink", FileMode.Open, FileAccess.Read)
    InkCanvas1.Strokes = New StrokeCollection(fs)
    fs.Close()
End Sub
```

13.26.4   Konvertieren in eine Bitmap

Außer im *InkCanvas* können Sie mit den gesicherten Daten nichts anfangen. Da stellt sich schnell die Frage, wie Sie Ihre Kunstwerke in einem lesbaren Format sichern können. Am Beispiel des BMP-Formats wollen wir Ihnen die Vorgehensweise aufzeigen.

BEISPIEL 13.80: Sichern der aktuellen Zeichnung im BMP-Format.

```vb
Private Sub Button_Click(sender As Object, e As RoutedEventArgs)
    Dim fs As New FileStream("c:\test.bmp", FileMode.Create, FileAccess.Write)
```

Zielbitmap entsprechend der Größe der Zeichenfläche erzeugen:

```vb
    Dim rtb As New RenderTargetBitmap(InkCanvas1.ActualWidth,
                        InkCanvas1.ActualHeight, 0, 0, PixelFormats.Default)
```

Daten ausgeben:

```vb
    rtb.Render(InkCanvas1)
```

Mit dem BMP-Encoder kodieren:

```vb
    Dim encoder As New BmpBitmapEncoder()
    encoder.Frames.Add(BitmapFrame.Create(rtb))
```

Speichern:

```vb
    encoder.Save(fs)
    fs.Close()
End Sub
```

13.26.5 Weitere Eigenschaften

Mit Hilfe der Eigenschaft *IsHighlighter* schalten Sie den Stift in einen teiltransparenten Modus, sodass darunter liegende Zeichnungen sichtbar bleiben.

Verwenden Sie Zeichentablets (z.B. von Watcom), hat der Anpressdruck des Stift einen Einfluss auf die Linienbreite. Setzen Sie *IgnorePressure* auf *True,* um dies zu verhindern.

Nicht in jedem Fall ist die aktuelle Zeichnung komplett zu sehen, bzw. Einzelheiten sind so klein, dass sie nicht sichtbar sind. Hier hilft die Verwendung einer Layout-Transformation weiter (Sie erinnern sich, dass es sich bei allen WPF-Controls um Vektorgrafiken handelt).

BEISPIEL 13.81: Skalieren des *InkCanvas* mit Hilfe eines *Slider*-Controls

```xaml
<InkCanvas Name="InkCanvas1">
  <InkCanvas.LayoutTransform>
    <ScaleTransform ScaleX="{Binding ElementName=slider2,Path=Value}"
                    ScaleY="{Binding ElementName=slider2,Path=Value}" />
  </InkCanvas.LayoutTransform>
</InkCanvas>
...
<Slider Height="26" Name="slider2" Maximum="5" Minimum=".1" Value="1"  Width="120" />
```

Die Skalierung in Aktion:

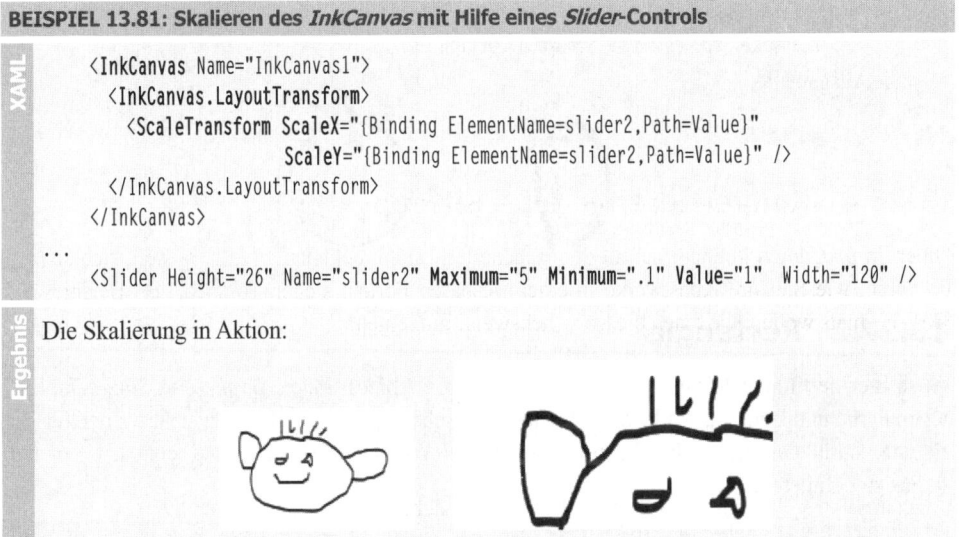

13.27 Ellipse, Rectangle, Line und Co.

Fast hätten wir Sie vergessen, aber für die Oberflächengestaltung werden neben den komplexeren Controls auch die einfachen Elemente wie

- Ellipse/Kreis (*Ellipse*),

- Rechteck (*Rectangle*) und

- Linien (*Line*)

benötigt. Wie jedem anderen Control auch, können Sie diesen grafischen Primitiven auch Ereignisse zuordnen, um zum Beispiel auf einen Maus-Klick zu reagieren.

13.27.1 Ellipse

Für das Zeichnen von Kreisen oder Ellipsen nutzen Sie das *Ellipse*-Control. Die Eigenschaften *Height* und *Width* sind, sicher wenig überraschend, für die Abmessungen der Ellipse verantwortlich, die Linienfarbe stellen Sie über die Eigenschaft *Stroke,* die Linienstärke mit *StrokeThickness* ein. Die Füllung bestimmen Sie über *Fill.*

BEISPIEL 13.82: Verwendung *Ellipse*

```
<Ellipse Width="50" Height="80" Stroke="Blue" StrokeThickness="5" Fill="Aqua"/>
<Ellipse Width="80" Height="80" Stroke="Black" StrokeThickness="2" Fill="Yellow"
         MouseDown="Ellipse_MouseDown"/>
```

Die Ereignismethode:

```
Private Sub Ellipse_MouseDown(sender As Object, e As MouseButtonEventArgs)
    MessageBox.Show("MouseDown")
End Sub
```

Die Ausgaben:

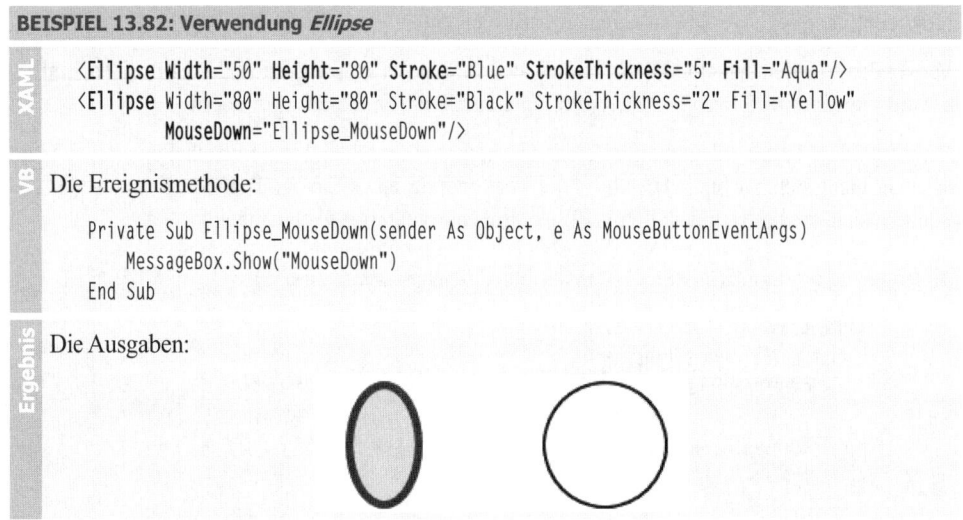

13.27.2 Rectangle

Auch hier bestimmen *Height* und *Width* die äußeren Abmessungen, *Stroke* und *StrokeThickness* legen Farbe und Linienstärke fest. Auch eine Eigenschaft *Fill* für die Füllung steht wieder zur Verfügung. Zusätzlich bieten die Eigenschaften *RadiusX* und *RadiusY* die Möglichkeit, einen Eckradius zu definieren.

BEISPIEL 13.83: Verwendung *Rectangle*

```
<Rectangle Width="50" Height="80" Stroke="Red" StrokeThickness="5" Fill="Green"/>
<Rectangle Width="80" Height="80" RadiusX="30" RadiusY="20" Stroke="Red"
           StrokeThickness="3" Fill="WhiteSmoke"/>
```

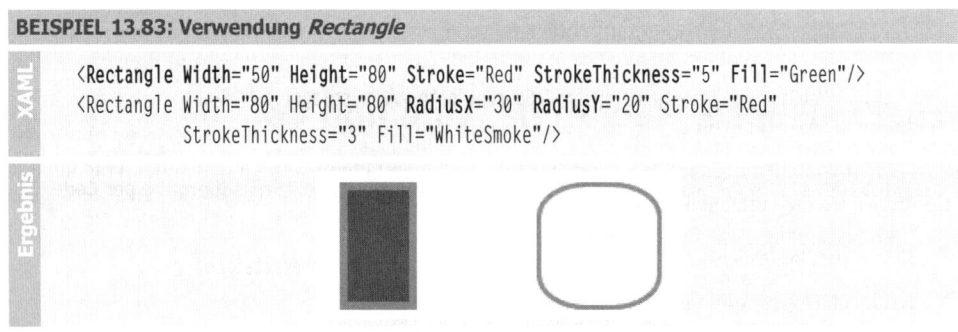

13.27.3 Line

Auch das Zeichnen von Linien wollen wir nicht vergessen, mit *X1,Y1* und *X2,Y2* legen Sie Start- und Endpunkt der Linie fest. *Stroke* und *StrokeThickness* stellen auch hier Farbe und Linienstärke ein.

BEISPIEL 13.84: Verwendung *Line*

```xaml
<Line X1="10" Y1="10" X2="100" Y2="100" Stroke="Black" StrokeThickness="3"/>
<Line X1="10" Y1="100" X2="100" Y2="10" Stroke="Red" StrokeThickness="5"/>
```

Die beiden gezeichneten Linien:

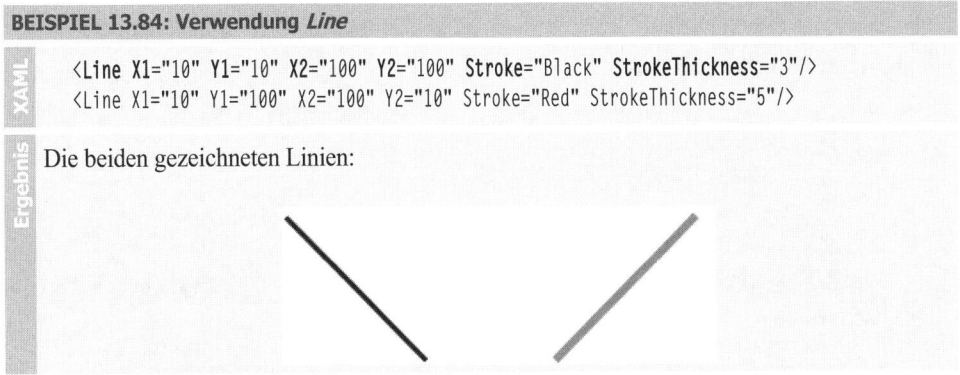

HINWEIS: Mehr Informationen zur Grafikausgabe und zu den grafischen Primitiven finden Sie in unserem [Visual Basic 2012 Kochbuch].

13.28 Browser

Wie kann es anders sein, auch in WPF findet der ambitionierte Programmierer ein entsprechendes Control wieder, das die Funktionalität des Microsoft Internet Explorers kapselt. Im Gegensatz zu seinem Windows Forms Pendant verfügt das still und heimlich mit der .NET-Version 3.5 SP1 eingeführte Control über einige recht interessante Methoden, die im Zusammenhang mit der Darstellung von Datenbankinhalten von Interesse sind.

Die Verwendung selbst ist recht einfach, es genügt, wenn Sie der Eigenschaft *Source* eine entsprechende Webadresse zuweisen, damit deren Inhalte dargestellt werden.

BEISPIEL 13.85: Adresse per XAML-Code zuweisen

```xaml
<WebBrowser Name="webBrowser1" Source="http://www.spiegel.de" />
```

BEISPIEL 13.86: Einfaches Browserformular mit Eingabezeile und Adressübergabe per Code

```xaml
<Window x:Class="BSP_Controls.Browser_Bsp"
        xmlns="http://schemas.microsoft.com/winfx/2006/xaml/presentation"
        xmlns:x="http://schemas.microsoft.com/winfx/2006/xaml"
        Title="Browser_Bsp" Height="362" Width="635">
    <DockPanel>
        <StackPanel DockPanel.Dock="Top" Orientation="Horizontal">
            <TextBox Name="txt1" FontSize="14" Margin="0,0,0,5"
                KeyDown="txt1_KeyDown">http://www.doko-buch.de</TextBox>
        </StackPanel>
        <WebBrowser Name="webBrowser1" />
    </DockPanel>
</Window>
```

BEISPIEL 13.86: Einfaches Browserformular mit Eingabezeile und Adressübergabe per Code

Die Adressübergabe zur Laufzeit:

```
Private Sub txt1_KeyDown(sender As Object, e As KeyEventArgs)
    If (e.Key = Key.Enter) Then
        webBrowser1.Source = New Uri(txt1.Text)
    End If
End Sub
```

Alternativ können Sie die Navigation zur Zielseite auch mit den Methoden

- *Navigate* (Uri übergeben),

- *NavigateToStream* (lädt die Inhalte aus einem *Stream*) oder

- *NavigateToString* (lädt die Inhalte aus dem übergebenen *String*)

starten. Interessant ist hier vor allem *NavigateToStream,* was im Zusammenhang mit der Darstellung von Blob-Daten aus Ressourcen, Datenbanken oder Webdiensten recht interessant ist.

BEISPIEL 13.87: Laden von Ressourcedaten

Laden einer eingebetteten HTML-Seite (*info.htm*):

```
Imports System.IO
...
    Private Sub Button2_Click(sender As Object, e As RoutedEventArgs)
        Dim uri As New Uri("pack://application:,,,/info.htm", UriKind.Absolute)
        Dim src As Stream = Application.GetResourceStream(uri).Stream
```

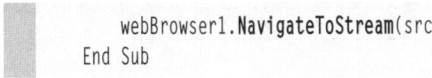

```
        webBrowser1.NavigateToStream(src)
    End Sub
```

Wie Sie auch direkt Strings für das Erstellen der HTML-Seite verwenden können, zeigt folgendes einfaches Beispiel:

BEISPIEL 13.88: Verwendung von *NavigateToString*

```
VB  Private Sub Button1_Click(sender As Object, e As RoutedEventArgs)
        webBrowser1.NavigateToString("<HTML><BODY>Ein einfaches <b>" &
            "HTML-Dokument</b><br> mit wenig <u>Text</u>.</BODY></HTML>")
    End Sub
```

Ergebnis

Ein einfaches **HTML-Dokument**
mit wenig Text.

Auch die *Refresh*-Methode, für das erneute Laden einer Seite, sollten wir nicht vergessen.

Über den aktuellen Stand der Dinge können Sie sich mit Hilfe der drei Ereignisse *Navigating*, *Navigated* und *LoadCompleted* informieren.

Die Navigation zwischen mehreren Seiten ist über die Methoden *GoBack* und *GoForward* möglich, ob der Aufruf der Methoden zulässig ist bestimmen Sie mit den Eigenschaften *CanGoBack* und *CanGoForward*.

13.29 Ribbon

Bereits mit Office 2007 wurde von Microsoft das weit verbreitete Menü- und Toolbar-Konzept komplett über den Haufen geworfen, seitdem übernimmt der *Ribbon* (bzw. auf Neudeutsch das Menüband) diese Funktion.

Aus guten Gründen scheiden sich an diesem Konzept die Geister – der angeblich intuitiven Funktionsweise steht auf der anderen Seite ein wesentlich erhöhter Platzbedarf und eine geringe Übersichtlichkeit mit langen Mauswegen gegenüber. Aber natürlich ist der Ribbon viel bunter und moderner, ein Trend der auch bei den neuen Windows 8-Oberflächen zu beobachten ist ...

Auch Ihre WPF-Anwendungen können von den Vorzügen des *Ribbon* profitieren, bietet doch Microsoft eine entsprechende Library.

13.29.1 Allgemeine Grundlagen

Bevor wir uns der eigentlichen Programmierung widmen, wollen wir uns zunächst einmal näher mit einem *Ribbon* und den entsprechenden Begrifflichkeiten beschäftigen, andernfalls kann es schnell zu Missverständnissen kommen. Die folgende Abbildung zeigt das "Opfer" unserer anschließenden Programmierversuche am Beispiel von Microsoft Access 2010:

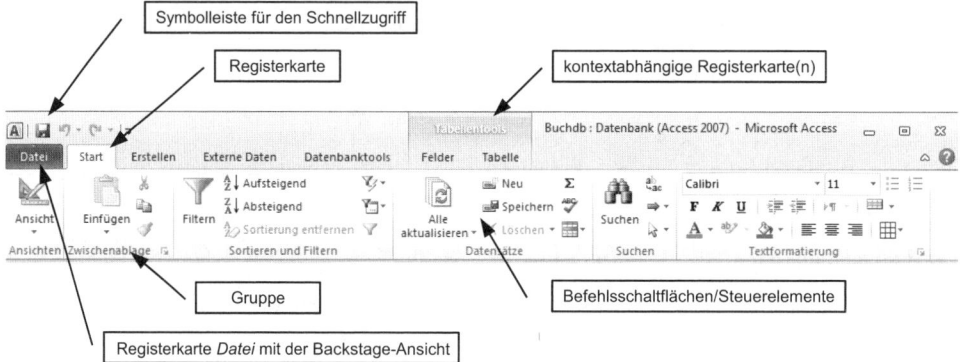

- Registerkarte *Datei*
  Diese ersetzt im Wesentlichen den früheren Office-Button bzw. das noch ältere *Datei*-Menü. Hinter der Registerkarte verbirgt sich in den neueren Office-Versionen die so genannte *Backstage*-Ansicht. **Diese können Sie mit dem vorliegenden Ribbon-Control nicht realisieren.** Sie haben nur die Möglichkeit, ein Anwendungsmenü zu erstellen, dieses entspricht der Ansicht in den Office 2007-Applikationen.

- Symbolleiste für den Schnellzugriff
  Hier können Sie kleine Schaltflächen einblenden, die dem Anwender immer zur Verfügung stehen sollen.

- Registerkarten
  Diese stellen aufgabenorientierte Funktionen zur Verfügung.

- Gruppen
  Diese teilen die Funktionen innerhalb der Registerkarten in einzelne Bereiche.

- Befehlsschaltflächen und andere Steuerelemente

Das Anwendungsmenü selbst gliedert sich in eine Reihe von Menüeinträgen (*Menu Items*), den Zusatzbereich (Auxiliary Pane) sowie den Fußzeilenbereich (*Footer Pane*):

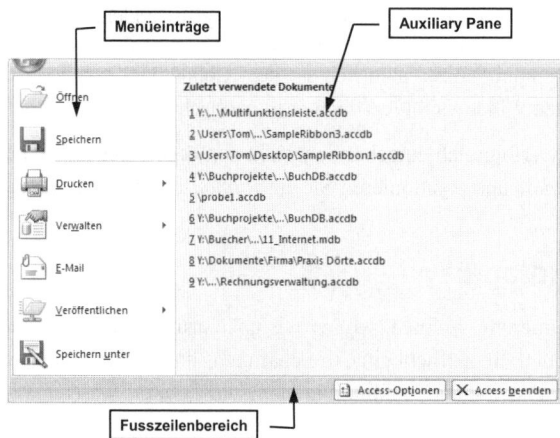

Damit schließen wir unsere kurzen theoretischen Erörterungen zum *Ribbon* ab und wenden uns der Praxis zu.

13.29.2 Download/Installation

Waren Sie in den bisherigen Versionen darauf angewiesen, sich die Ribbon-Library nachträglich herunterzuladen und zu installieren, ist diese seit Visual Studio 2012 bereits in der Standardinstallation enthalten.

Wer noch mit einer früheren Version von Visual Studio arbeitet, muss die Library nachinstallieren. Sie finden diese unter der folgenden Adresse:

LINK: http://www.microsoft.com/en-us/download/details.aspx?id=11877

Für das erfolgreiche Einbinden des Ribbons in Ihr WPF-Projekt müssen Sie diesem noch einen Verweis auf *System.Windows.Controls.Ribbon* hinzufügen:

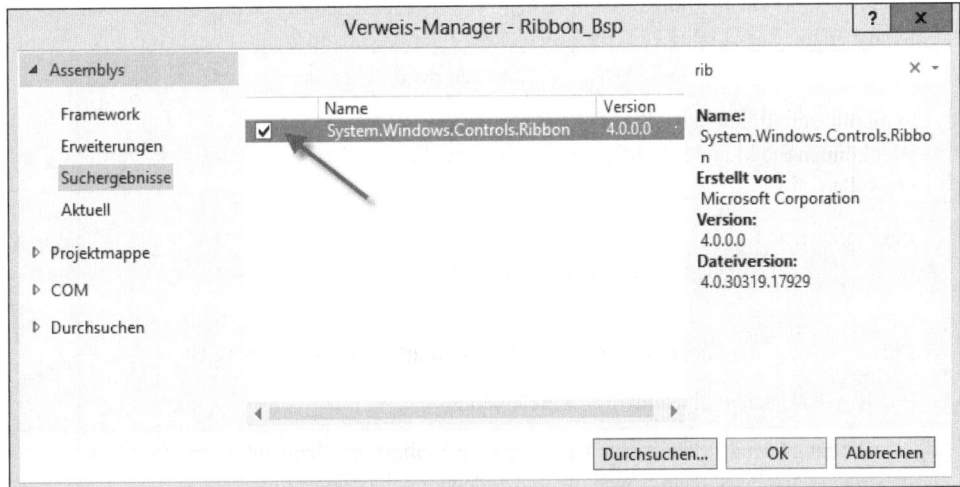

Damit sind die Vorbereitungen abgeschlossen, wir können uns der Umsetzung zuwenden.

13.29.3 Erste Schritte

Haben Sie den Verweis auf die Assembly erfolgreich eingebunden, steht den ersten Gehversuchen nichts mehr im Weg. Öffnen Sie ein *Window* und positionieren Sie ein *Ribbon*-Element am oberen Fensterrand. Sie können dazu ein *DockPanel* oder ein *Grid* nutzen. Wir haben uns für die zweite Variante entschieden:

BEISPIEL 13.89: Einfacher *Ribbon* im Standard-Window

```xaml
<Window x:Class="Ribbon_Bsp.MainWindow"
        xmlns="http://schemas.microsoft.com/winfx/2006/xaml/presentation"
        xmlns:x="http://schemas.microsoft.com/winfx/2006/xaml"
```

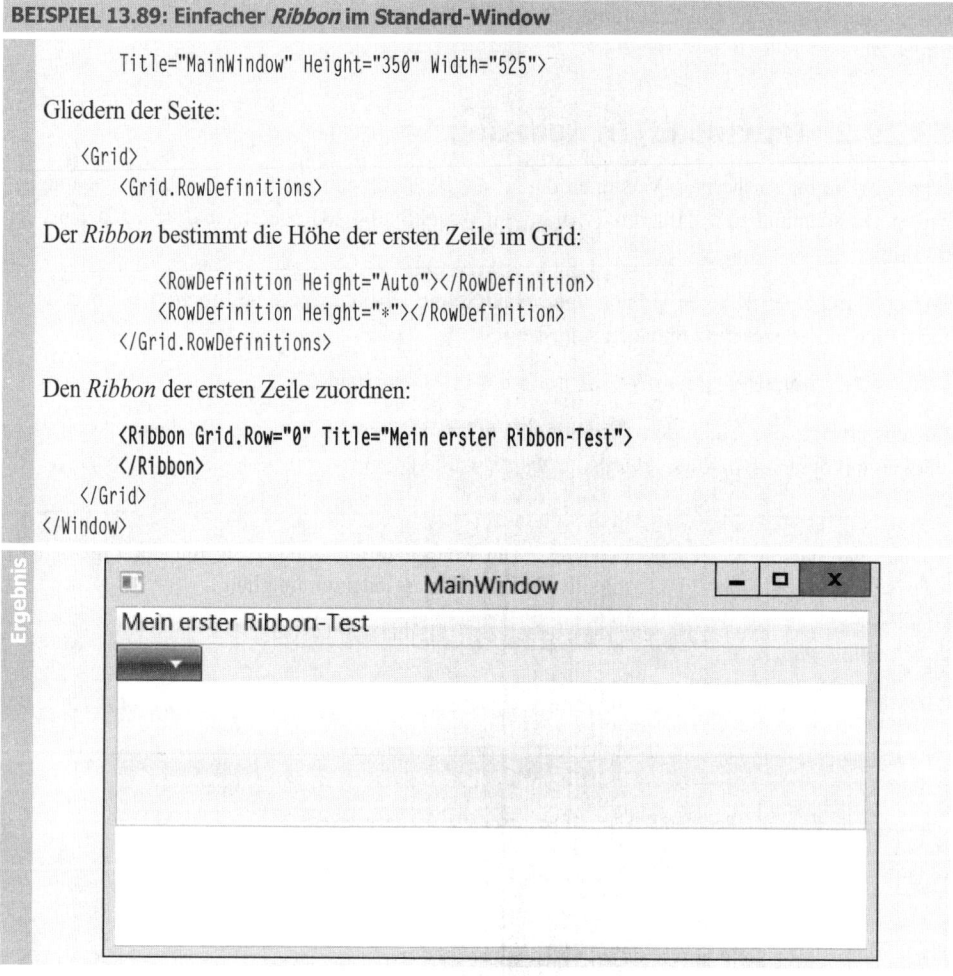

BEISPIEL 13.89: Einfacher *Ribbon* im Standard-Window

```
        Title="MainWindow" Height="350" Width="525">
```

Gliedern der Seite:

```
<Grid>
    <Grid.RowDefinitions>
```

Der *Ribbon* bestimmt die Höhe der ersten Zeile im Grid:

```
        <RowDefinition Height="Auto"></RowDefinition>
        <RowDefinition Height="*"></RowDefinition>
    </Grid.RowDefinitions>
```

Den *Ribbon* der ersten Zeile zuordnen:

```
        <Ribbon Grid.Row="0" Title="Mein erster Ribbon-Test">
        </Ribbon>
    </Grid>
</Window>
```

Wie Sie sehen, sehen Sie zunächst nicht viel. Lediglich ein Titel, die Schaltfläche für das Anwendungsmenü (funktionslos) und die Platzhalter für die späteren Registerkarten werden dargestellt.

Auf den Titel sollten Sie im Allgemeinen verzichten, dieser kostet nur Platz und hat keinen echten Nutzen (der Window-Titel sollte eigentlich reichen).

13.29.4 Registerkarten und Gruppen

Nächster Schritt ist das Erzeugen eigener Registerkarten, in die wiederum die Gruppen eingefügt werden. Die eigentlichen Befehlselemente sind dann den Gruppen zuzuordnen.

BEISPIEL 13.90: Registerkarten und Gruppen erzeugen

```
...
    <Ribbon Grid.Row="0" >
```

BEISPIEL 13.90: Registerkarten und Gruppen erzeugen

Erst die Registerkarte:

```
<RibbonTab Header="Registerkarte 1" >
```

Dann die Gruppen:

```
            <RibbonGroup Header="Gruppe 1">
            </RibbonGroup>
            <RibbonGroup Header="Gruppe 2" Width="300">
            </RibbonGroup>
            <RibbonGroup Header="Grupp 3">
            </RibbonGroup>
        </RibbonTab>
        <RibbonTab Header="Registerkarte 2">
        </RibbonTab>
        <RibbonTab Header="Registerkarte 3">
        </RibbonTab>
```

Die Sichtbarkeit von Gruppen oder ganzen Registerkarten können Sie mit der Eigenschaft *Visibility* steuern, ein Ein-/Ausblenden zur Laufzeit ist jederzeit möglich:

```
        <RibbonTab Header="Registerkarte 4" Visibility="Collapsed">
        </RibbonTab>
    </Ribbon>
...
```

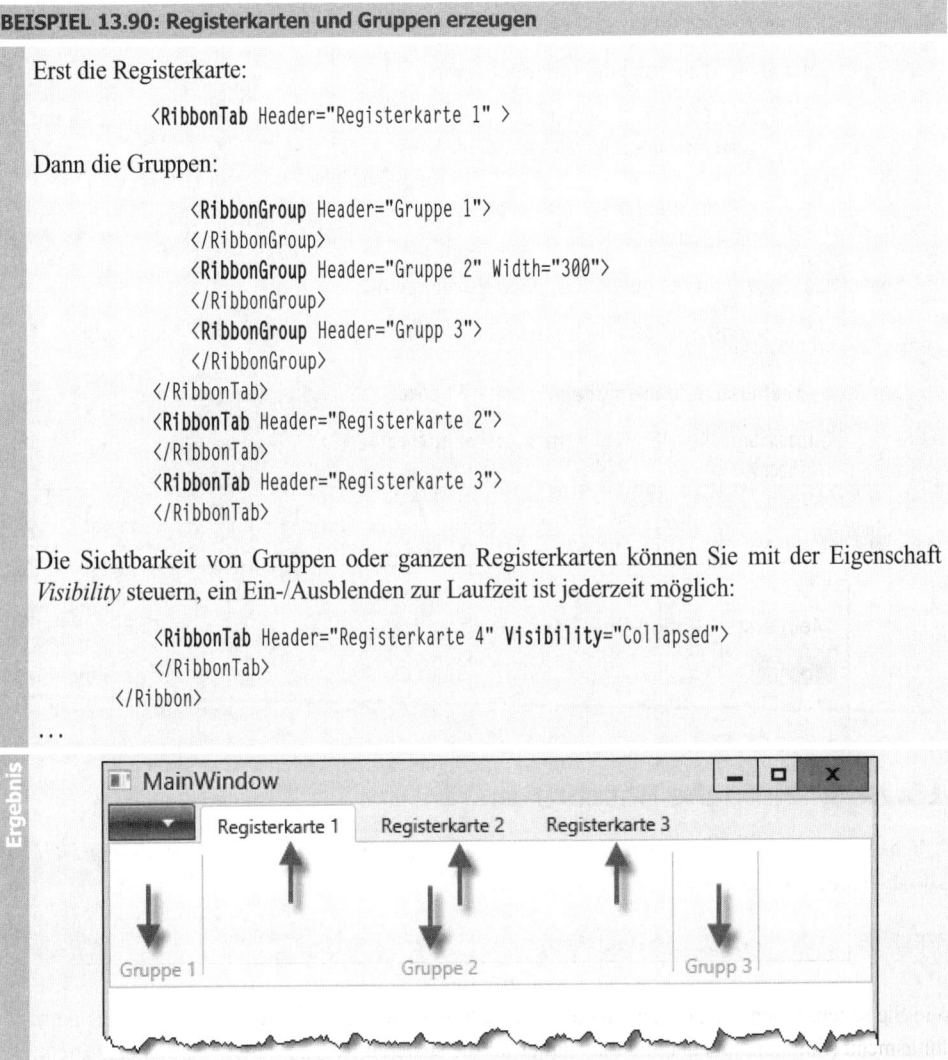

13.29.5   Kontextabhängige Registerkarten

Neben den meist standardmäßig angezeigten Registerkarten gibt es auch kontextabhängige Registerkarten (meist farblich markiert), die im Zusammenhang mit Auswahlvorgängen oder Selektionen des Nutzers zusätzlich eingeblendet werden. Auch diese können Sie selbst realisieren:

BEISPIEL 13.91: Kontextabhängige Registerkarten erzeugen

```
...
    <Ribbon Grid.Row="0" >
```

BEISPIEL 13.91: Kontextabhängige Registerkarten erzeugen

Hier definieren wir die Gruppen mit ihren Farben:

```
<Ribbon.ContextualTabGroups>
    <RibbonContextualTabGroup Header="Kontextgruppe 1"
                              Visibility="Visible" Background="#FFFFE90C" >
    </RibbonContextualTabGroup>
</Ribbon.ContextualTabGroups>
```

Später können wir auf die obigen Gruppen Bezug nehmen:

```
<RibbonTab Header="Registerkarte 5" ContextualTabGroupHeader="Kontextgruppe 1">
</RibbonTab>
<RibbonTab Header="Registerkarte 6" ContextualTabGroupHeader="Kontextgruppe 1">
</RibbonTab>
```
...

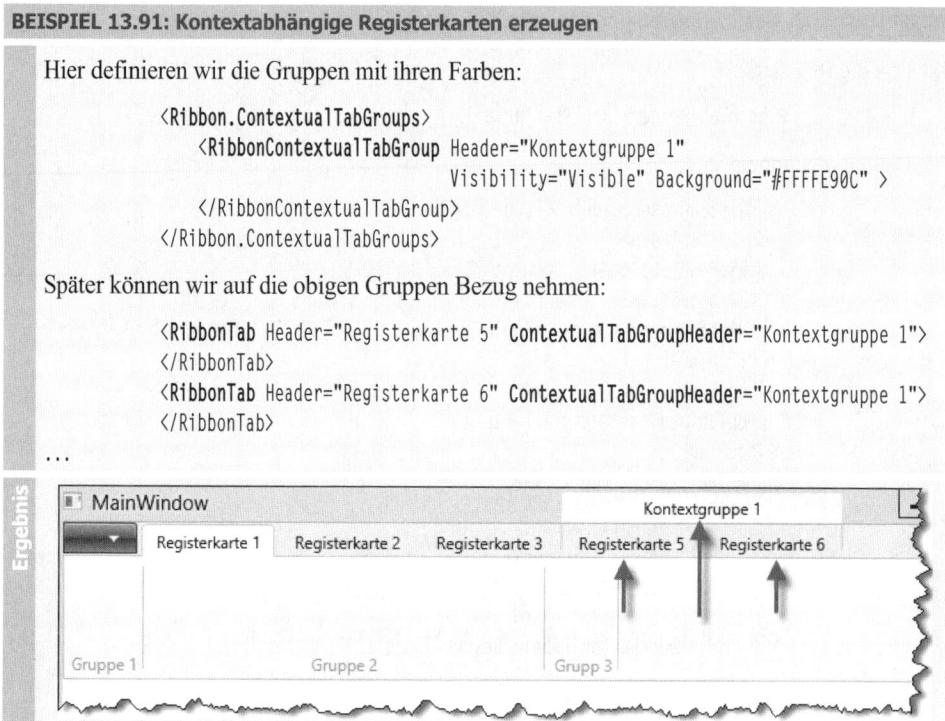

13.29.6   Einfache Beschriftungen

Möchten Sie innerhalb der Gruppen kurze Texte anzeigen, können Sie dafür das *RibbonTwoLine-Text*-Element nutzen:

BEISPIEL 13.92: Beschriftungen realisieren

```
...
<Ribbon Grid.Row="0" >
    <RibbonTab Header="Registerkarte 1" >
...
        <RibbonGroup Header="Gruppe 2" Width="300">
            <RibbonTwoLineText Text="Textzeile 1"/>
            <RibbonTwoLineText Text="Textzeile 2"/>
        </RibbonGroup>
...
```

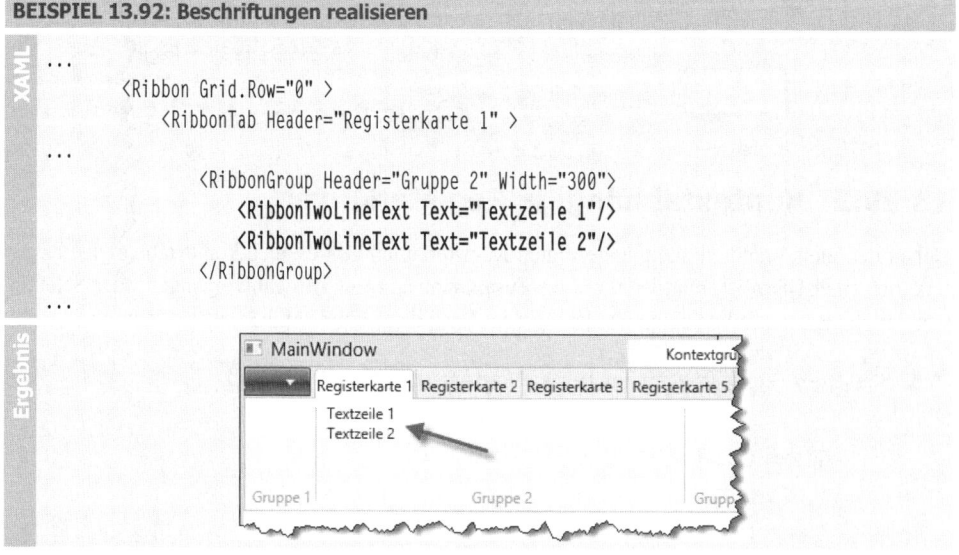

13.29.7 Schaltflächen

Die Ribbon-Library bietet vier verschiedene Varianten von Schaltflächen an:

- kleines Bild (16x16 Pixel)

- kleines Bild und Text

- großes Bild (32x32 Pixel)

- großes Bild und Text

Steuern können Sie das Aussehen über die Attribute *Label* (die Beschriftung), *SmallImageSource* und/oder *LargeImageSource*.

BEISPIEL 13.93: Schaltflächen definieren

```xaml
...
        <Ribbon Grid.Row="0" >
            <Ribbon.ContextualTabGroups>
...

            <RibbonTab Header="Registerkarte 1" >
                <RibbonGroup Header="Gruppe 1">
                    <RibbonButton Label="Beschriftung 1"
                                  LargeImageSource="Images/printer.png" />
                    <RibbonButton Label="Beschriftung 2"
                                  SmallImageSource="Images/page_paste.png" />
                    <RibbonButton Label="Beschriftung 3" />
                    <RibbonButton SmallImageSource="Images/arrow_down.png"/>
                </RibbonGroup>
                <RibbonGroup Header="Gruppe 2" Width="300">
...
```

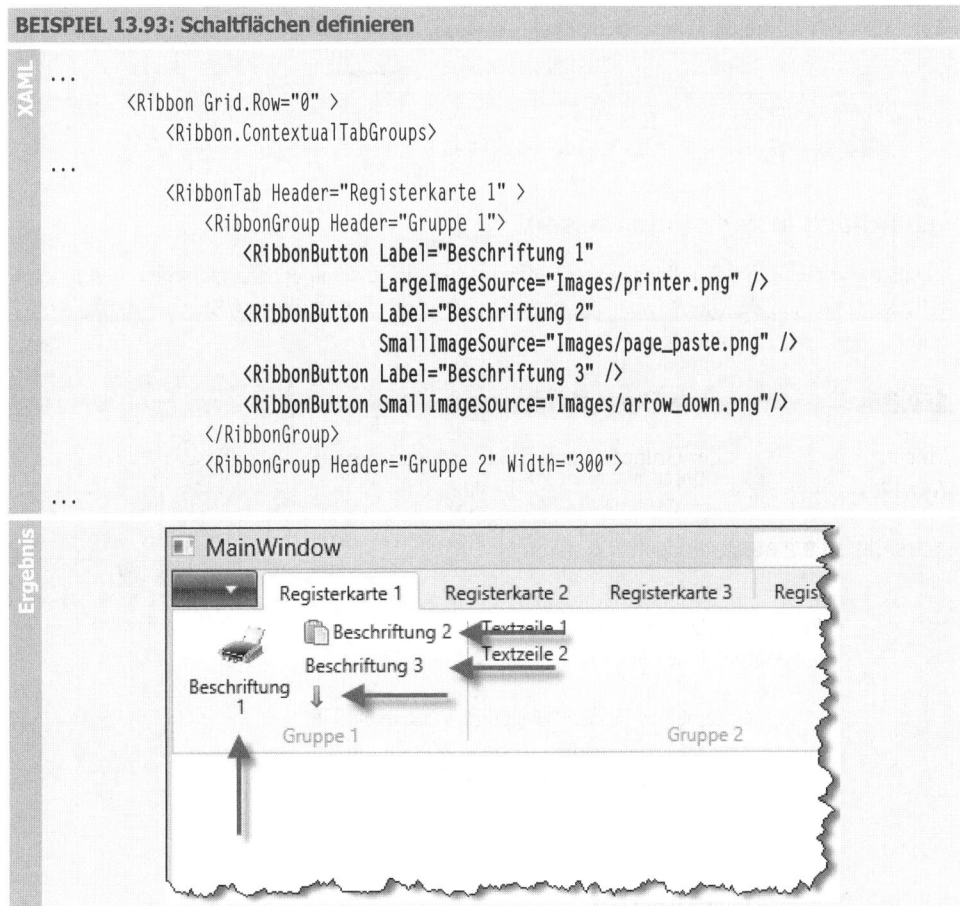

Als Alternative für den einfachen *RibbonButton* bietet sich noch der *RibbonToggleButton* an. Dieser hat prinzipiell das gleiche Aussehen und dieselben Konfigurationsmöglichkeiten, kann aber zwei Schaltzustände darstellen:

BEISPIEL 13.94: Verwendung *RibbonToggleButton*

XAML

```
...
            <RibbonGroup Header="Gruppe 2" Width="300">
                <RibbonTwoLineText Text="Textzeile 1"/>
                <RibbonTwoLineText Text="Textzeile 2"/>
                <RibbonTwoLineText Text="Textzeile 3"/>
                <RibbonToggleButton Label="Beschriftung 1"
                        SmallImageSource="Images/lock.png"  IsChecked="True" />
                <RibbonToggleButton Label="Beschriftung 2"
                        SmallImageSource="Images/lock.png" />
            </RibbonGroup>
...
```

Ergebnis

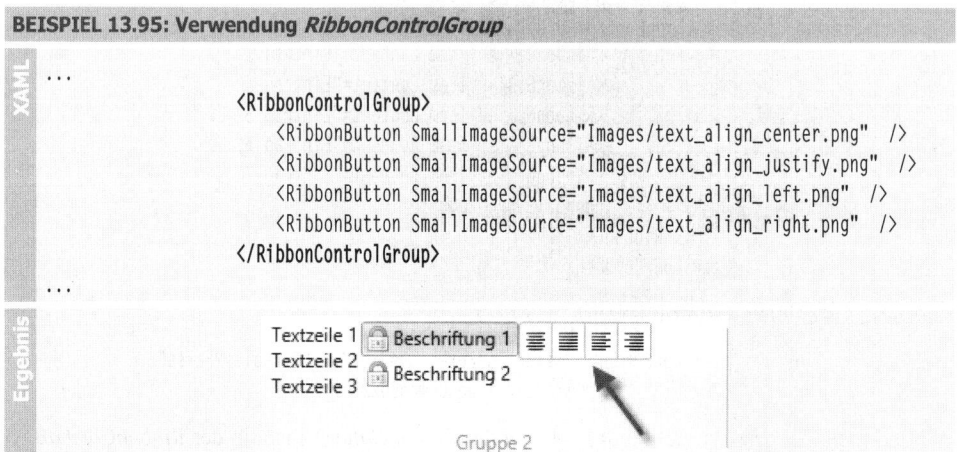

Schaltflächen zusammenfassen

Möchten Sie mehrere Schaltflächen so anordnen, dass ein Zusammenhang zwischen diesen hergestellt wird, können Sie die *RibbonControlGroup* verwenden. Prominentes Beispiel dürfte die Zuordnung der Textausrichtung sein:

BEISPIEL 13.95: Verwendung *RibbonControlGroup*

XAML

```
...
            <RibbonControlGroup>
                <RibbonButton SmallImageSource="Images/text_align_center.png" />
                <RibbonButton SmallImageSource="Images/text_align_justify.png" />
                <RibbonButton SmallImageSource="Images/text_align_left.png" />
                <RibbonButton SmallImageSource="Images/text_align_right.png" />
            </RibbonControlGroup>
...
```

Ergebnis

13.29.8 Auswahllisten

Hier bietet sich die *RibbonComboBox* an. Diese wird im *Ribbon* mit einer *RibbonGallery* kombiniert. Dies hat den Vorteil, dass die Einträge auch mehrspaltig und gruppiert dargestellt werden können.

BEISPIEL 13.96: Darstellen von Listen im Ribbon

```
...
```

Wir kombinieren *RibbonComboBox* und *RibbonGallery*:

```
<RibbonComboBox SelectionBoxWidth="100" IsEditable="True"
    Name="RibbonComboBox1">
  <RibbonGallery SelectedValue="Eintrag 4" SelectedValuePath="Content">
```

Eine erste Rubrik erzeugen:

```
<RibbonGalleryCategory Header="Wählen Sie einen Eintrag"
        MaxColumnCount="2">
  <RibbonGalleryItem Content="Eintrag 1" Foreground="Green" />
  <RibbonGalleryItem Content="Eintrag 2" Foreground="Red" />
  <RibbonGalleryItem Content="Eintrag 3" Foreground="Blue" />
  <RibbonGalleryItem Content="Eintrag 4" Foreground="Black" />
  <RibbonGalleryItem Content="Eintrag 5" Foreground="Black" />
  <RibbonGalleryItem Content="Eintrag 6" Foreground="Black" />
  <RibbonGalleryItem Content="Eintrag 7" Foreground="Black" />
</RibbonGalleryCategory>
```

Eine zweite Rubrik erzeugen:

```
<RibbonGalleryCategory  Header="Rubrik 2"  MaxColumnCount="2">
  <RibbonGalleryItem Content="Eintrag 1"/>
  <RibbonGalleryItem Content="Eintrag 2" />
  <RibbonGalleryItem Content="Eintrag 3" />
  <RibbonGalleryItem Content="Eintrag 4" />
  <RibbonGalleryItem Content="Eintrag 5" />
  <RibbonGalleryItem Content="Eintrag 6" />
  <RibbonGalleryItem Content="Eintrag 7" />
</RibbonGalleryCategory>
  </RibbonGallery>
</RibbonComboBox>
```

Diese Liste füllen wir zur Laufzeit:

```
<RibbonComboBox SelectionBoxWidth="100" IsEditable="False"
    Name="RibbonComboBox2" >
```

Beachten Sie, dass wir auf Änderungen in der *RibbonGallery*, nicht in der *RibbonComboBox* reagieren müssen:

```
<RibbonGallery SelectedValue="Zeile 4"
        SelectedValuePath="Content"
        SelectionChanged="RibbonGallery_SelectionChanged_1" >
  <RibbonGalleryCategory Header="Kategorie 1"
    MaxColumnCount="1" Name="RibbonGalleryCategory1"/>
```

BEISPIEL 13.96: Darstellen von Listen im Ribbon

```
                    <RibbonGalleryCategory  Header="Kategorie 2"
                            MaxColumnCount="1" Name="RibbonGalleryCategory2"/>
                </RibbonGallery>
            </RibbonComboBox>
...
```

```
Imports System.Windows.Controls.Ribbon

Class MainWindow
    Public Sub New()
        InitializeComponent()
```

Die *RibbonGallery* in zwei Kategorien füllen:

```
        For i As Integer = 0 To 9
            RibbonGalleryCategory1.Items.Add("Zeile " & i.ToString())
        Next
        For i As Integer = 0 To 5
            RibbonGalleryCategory2.Items.Add("Zeile " & i.ToString())
        Next
```

Anzeige der neuen Auswahl:

```
    Private Sub RibbonGallery_SelectionChanged_1(sender As Object,
                        e As RoutedPropertyChangedEventArgs(Of Object))
```

Bestimmen der Auswahl:

```
        MessageBox.Show(e.NewValue.ToString())
    End Sub
End Class
```

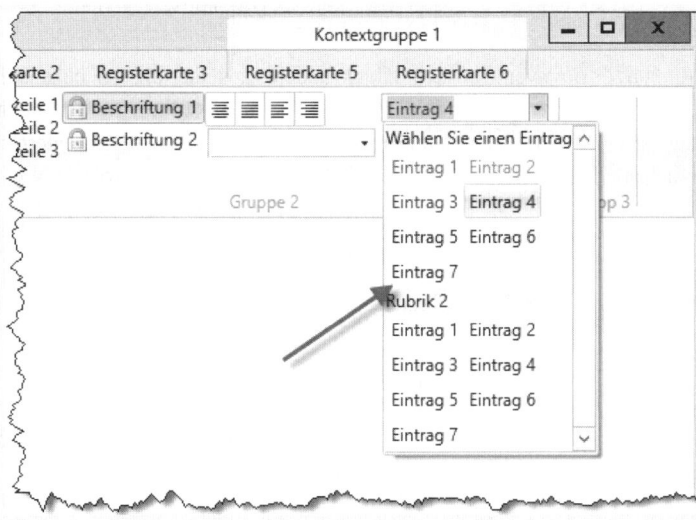

Eine *RibbonGallery* können Sie auch in den folgenden Steuerelementen definieren:

- *RibbonSplitMenuButton*

- *RibbonApplicationSplitMenuItem*

- *RibbonSplitMenuItem*

Wir gehen nicht im Einzelnen darauf ein, dies würde den Rahmen diese Kapitels sprengen.

13.29.9 Optionsauswahl

Als Alternative zum *RibbonToggleButton* bietet sich die *RibbonCheckBox* an. Diese wird wie ihr WPF-Pendant konfiguriert und ausgewertet:

BEISPIEL 13.97: Verwendung *RibbonCheckBox*

```
...
         <RibbonGroup Header="Gruppe 3">
             <RibbonCheckBox Label="Option 1"/>
             <RibbonCheckBox Label="Option 2" IsChecked="True"/>
             <RibbonCheckBox Label="Option 3"/>
         </RibbonGroup>
...
```

```
             ☐ Option 1
             ☑ Option 2
             ☐ Option 3
                Gruppe 3
```

13.29.10 Texteingaben

Hinter der *RibbonTextBox* verbirgt sich nichts anderes als das allseits bekannte Textfeld, das bekanntlich der Eingabe von Zeichenketten dient. Allerdings sollten Sie hier nicht allzu viel erwarten, die diversen Beschränkungen und Ereignisse wie bei normalen Textfeldern sind nicht realisierbar. Aber das ist sicher auch nicht der eigentliche Zweck dieses Controls.

BEISPIEL 13.98: Verwendung *RibbonTextBox*

```
...
         <RibbonGroup Header="Gruppe 3">
             <RibbonCheckBox Label="Option 1"/>
             <RibbonCheckBox Label="Option 2" IsChecked="True"/>
             <RibbonCheckBox Label="Option 3"/>
             <RibbonTextBox Text="Eingabe" MaxLength="10"  />
         </RibbonGroup>
...
```

BEISPIEL 13.98: Verwendung *RibbonTextBox*

Ergebnis

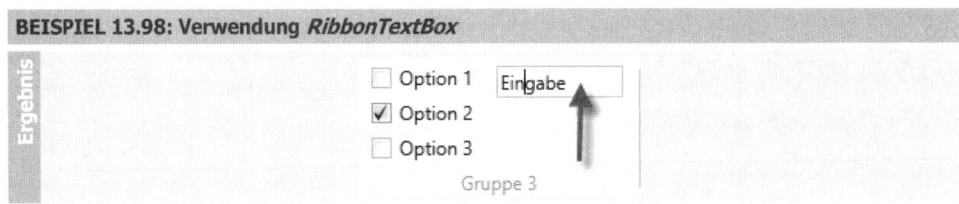

13.29.11 Screentips

Auch wenn Sie es mitunter lästig finden, für den unerfahrenen Endanwender sind die kleinen Hilfetexte, die in den Screentips angezeigt werden, meist unentbehrlich. Steuern können Sie die Inhalte über die Attribute *ToolTipTitle*, *ToolTipImageSource*, *ToolTipDescription*, *ToolTipFooterTitle*, *ToolTipFooterImageSource* und *ToolTipFooterDescription.*

BEISPIEL 13.99: Einen Screentip realisieren

XAML

```
...
    <RibbonButton Label="Beschriftung 1"
                  LargeImageSource="Images/printer.png"
                  ToolTipTitle="ToolTip-Überschrift"
                  ToolTipImageSource="Images/user.png"
                  ToolTipDescription="Hier folgt die eigentliche Beschreibung"
                  ToolTipFooterTitle="Ein zusätzlicher Fusszeilentipp"
                  ToolTipFooterImageSource="Images/help.png"
                  ToolTipFooterDescription="Fusszeile: Hier folgt die Beschreibung" />
...
```

Ergebnis

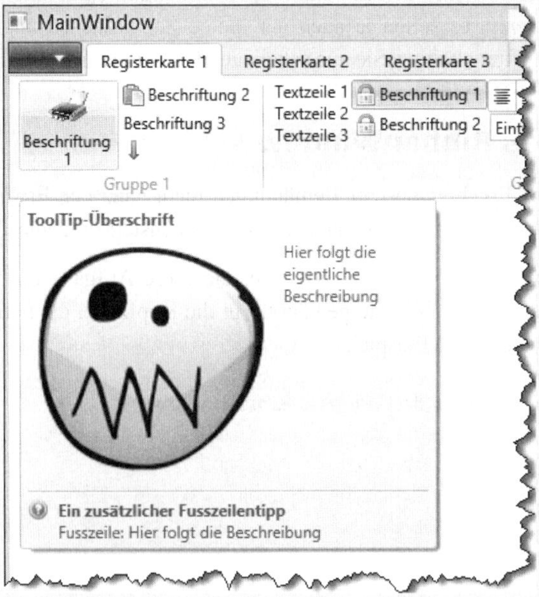

13.29.12 Symbolleiste für den Schnellzugriff

Die Symbolleiste für den Schnellzugriff stellt dem Anwender jederzeit einige wichtige Funktionen im oberen Fensterbereich zur Verfügung. Fügen Sie in den *Ribbon* ein *RibbonQuickAccessToolBar*-Element ein, dieses enthält dann die *RibbonButton*- oder *RibbonSplitButton*-Elemente.

BEISPIEL 13.100: Symbolleiste für den Schnellzugriff implementieren

```
...
    <Ribbon Grid.Row="0" >
        <Ribbon.QuickAccessToolBar>
            <RibbonQuickAccessToolBar>
                <RibbonButton SmallImageSource="Images/page_copy.png"/>
                <RibbonSplitButton SmallImageSource="Images/page_paste.png"/>
            </RibbonQuickAccessToolBar>
        </Ribbon.QuickAccessToolBar>
    </Ribbon>
...
```

Achten Sie darauf, dass Sie den beiden Schaltflächen die Eigenschaft *SmallImageSource* zuweisen, nicht *LargeImageSource*, es sollen ja auch nur kleine Schaltflächen angezeigt werden. Auf die Angabe einer Beschriftung können Sie aus naheliegenden Gründen ebenfalls verzichten.

13.29.13 Das RibbonWindow

Leider entspricht das Ergebnis unserer Bemühungen nicht ganz den Erwartungen, die Schnellzugriffsleiste wird nicht, wie erwartet, in der Titelzeile des Fensters eingeblendet, sondern darunter.

Besser klappt es mit der *RibbonWindow*-Klasse, die diese Aufgabe übernimmt. *RibbonWindow* integriert die Schnellzugriffsleiste wie gewünscht in die Kopfzeile, die nötigen Anpassungen Ihres Programms zeigt das folgende Beispiel.

BEISPIEL 13.101: Verwenden der *RibbonWindow*-Klasse

```
<RibbonWindow x:Class="Ribbon_Bsp.MainWindow"
        xmlns="http://schemas.microsoft.com/winfx/2006/xaml/presentation"
        xmlns:x="http://schemas.microsoft.com/winfx/2006/xaml"
        Title="MainWindow" Height="250" Width="500" WindowStartupLocation="CenterScreen">
    ...
</RibbonWindow>
```

BEISPIEL 13.101: Verwenden der *RibbonWindow*-Klasse

Das hier sieht schon eher nach dem bekannten Ribbon aus:

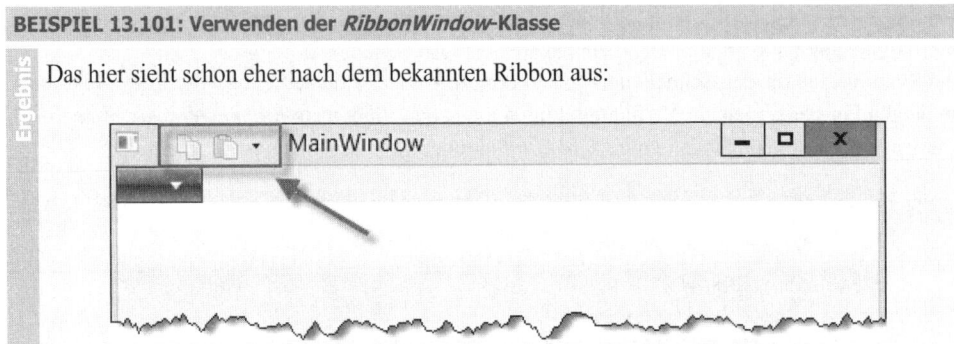

Ist einer Schaltfläche im normalen Ribbon ein *Command* zugeordnet und setzen Sie die Eigenschaft *CanAddToQuickAccessToolBarDirectly* dieser Schaltfläche auf *True*, kann der Anwender diese Schaltfläche zur Laufzeit der Schnellzugriffsleiste hinzufügen (Kontextmenü, rechte Maustaste).

BEISPIEL 13.102: Schnellzugriffsleiste zur Laufzeit erweitern

```
...
<RibbonButton SmallImageSource="Images/arrow_down.png"
              CanAddToQuickAccessToolBarDirectly="True"
              Command="ApplicationCommands.Close"/>
...
```

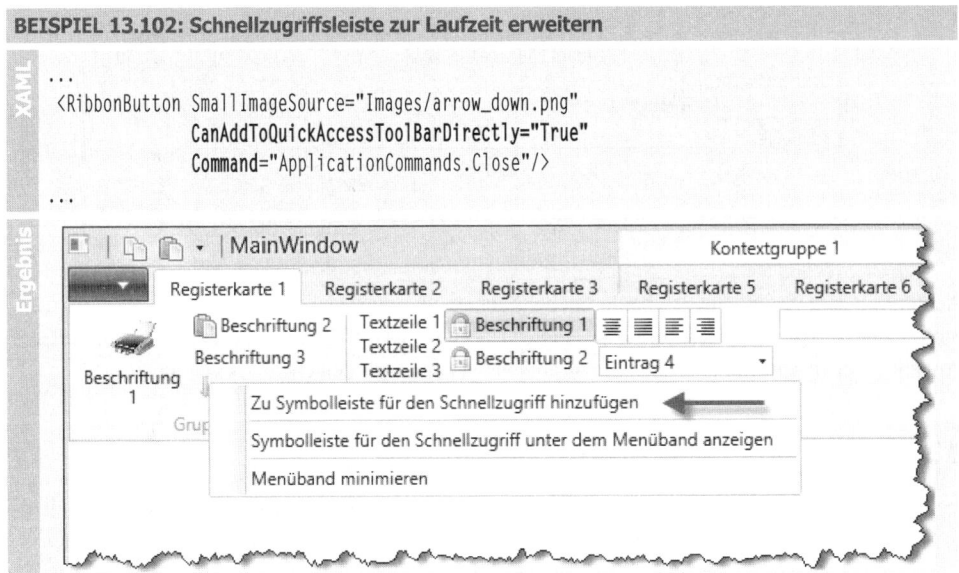

13.29.14 Menüs

Ganz nebenbei hat der *Ribbon* auch einen *RibbonMenuButton* zu bieten, was allerdings gleich die Frage nach dem Sinn auslöst, soll das Menüband doch die guten alten Menüs ersetzen.

Sie können dieses Steuerelement als Container für eingelagerte *RibbonMenuItem*-Elemente nutzen oder aber auch die schon bekannten Ribbon-Controls darin unterbringen. Zusätzlich bietet ein *RibbonSeparator* die Möglichkeit, die einzelnen Controls optisch voneinander zu trennen. Dies kann als simpler Strich oder auch als Beschriftung erfolgen, wie es das folgende Beispiel zeigt.

Genügt Ihnen eine Menüebene nicht, lassen sich weitere *RibbonMenuItem*-Steuerelemente hierarchisch eingliedern, Sie erhalten dann die bekannten Untermenüs.

BEISPIEL 13.103: Ein Menü implementieren

```xaml
...
<RibbonMenuButton Label="Menü">
    <RibbonMenuButton.Items>
        <RibbonMenuItem Header="Menüzeile 1" />
        <RibbonMenuItem Header="Menüzeile 2" />
        <RibbonButton Label="Ein Button"/>
        <RibbonMenuItem Header="Menüzeile 3" />
        <RibbonMenuItem Header="Menüzeile 4" />
        <RibbonSeparator/>
        <RibbonMenuItem Header="Menüzeile 5" >
            <RibbonMenuItem Header="Menüzeile 5.1" />
            <RibbonMenuItem Header="Menüzeile 5.2" />
            <RibbonMenuItem Header="Menüzeile 5.3" />
        </RibbonMenuItem>
    </RibbonMenuButton.Items>
</RibbonMenuButton>
...
```

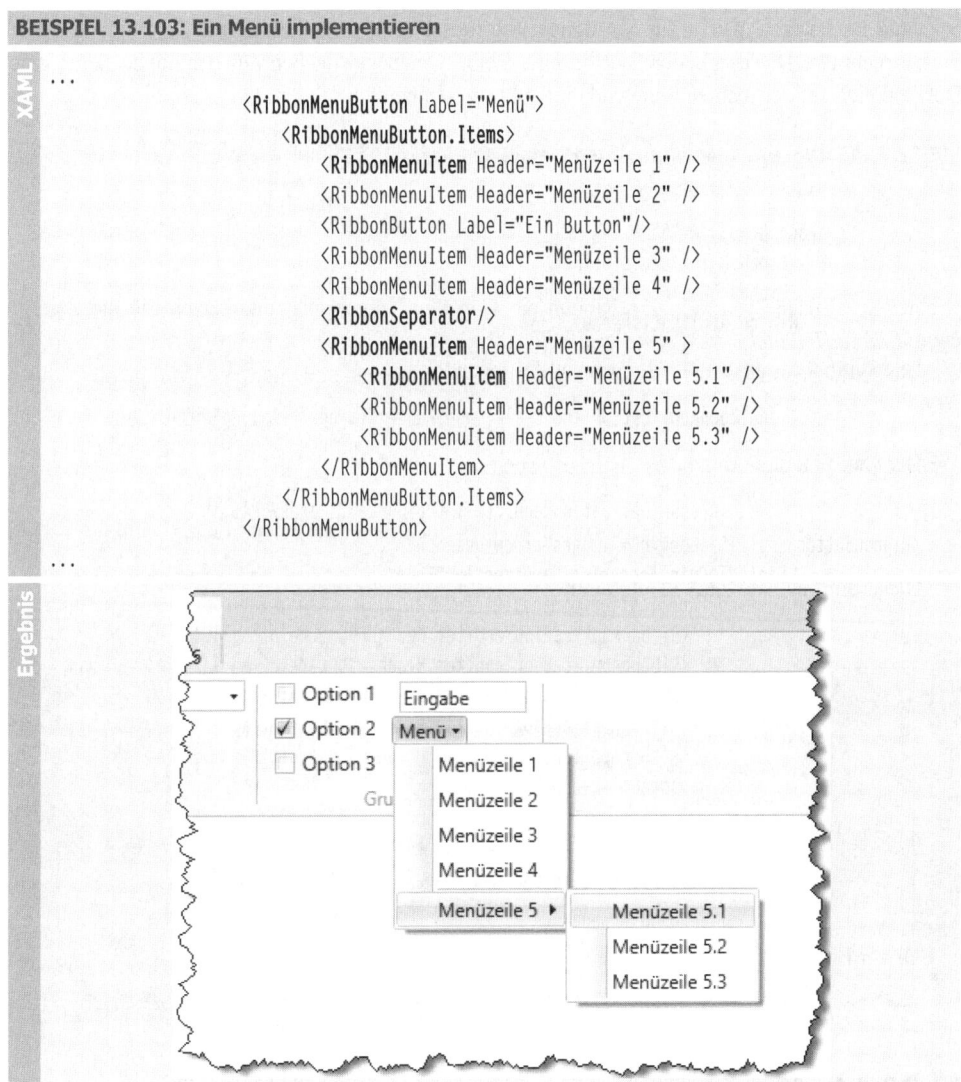

HINWEIS: Erliegen Sie bitte nicht der Versuchung, ein mehrfach geschachteltes Menü zu erzeugen, dies ist der Übersicht sicher nicht zuträglich und widerspricht dem Grundkonzept des Menübands!

Nach diesem "Rundflug" über die verfügbaren Steuerelemente wollen wir uns noch mit einem Menü-Bereich beschäftigen, den wir bisher in unseren Betrachtungen sträflich vernachlässigt haben.

13.29.15 Anwendungsmenü

Leider steht in der vorliegenden Form des Ribbons nicht die vom aktuellen Microsoft Office
bekannte Backstage-Ansicht zur Verfügung, Sie müssen mit dem einfacheren Anwendungsmenü
Vorlieb nehmen. Dieses gliedert sich in eine Reihe von Schaltflächen auf der linken Seite, eine
Detailbereich auf der rechten Seite und einem Fusszeilenbereich.

BEISPIEL 13.104: Ein Anwendungsmenü implementieren

```
...
    <Ribbon Grid.Row="0" >
        <Ribbon.QuickAccessToolBar>
        </Ribbon.QuickAccessToolBar>
        <Ribbon.ApplicationMenu>
```

Das Symbol für das Anwendungsmenü festlegen:

```
        <RibbonApplicationMenu SmallImageSource="Images/help.png">
```

Der erste Haupteintrag:

```
            <RibbonApplicationMenuItem ImageSource="Images/CP45.ico"
                Header="Eintrag 1">
```

Dieser Eintrag hat weitere Untereinträge:

```
                <RibbonApplicationMenuItem Header="Untereintrag 1.1" />
                <RibbonApplicationMenuItem Header="Untereintrag 1.2" />
                <RibbonApplicationMenuItem Header="Untereintrag 1.3" />
                <RibbonApplicationMenuItem Header="Untereintrag 1.4" />
                <RibbonApplicationMenuItem Header="Untereintrag 1.5" />
            </RibbonApplicationMenuItem>
```

Zweiter Haupteintrag:

```
            <RibbonApplicationMenuItem ImageSource="Images/CP49.ico"
                                        Header="Eintrag 2"/>
```

Dritter Haupteintrag:

```
            <RibbonApplicationMenuItem ImageSource="Images/CP09.ico"
                                        Header="Eintrag 3"/>
```

In den Detailbereich blenden wir eine Liste der zuletzt geöffneten Dateien ein:

```
        <RibbonApplicationMenu.AuxiliaryPaneContent>
```

Ein *Grid*, um Überschrift und Liste zu trennen:

```
            <Grid ScrollViewer.VerticalScrollBarVisibility="Auto">
```

Verzichten Sie nicht auf die automatische Anzeige der Scrollbars, ist die Liste länger, würden
sonst Einträge abgeschnitten werden.

```
                <Grid.RowDefinitions>
                    <RowDefinition Height="Auto"/>
```

BEISPIEL 13.104: Ein Anwendungsmenü implementieren

```
                        <RowDefinition Height="*"/>
                    </Grid.RowDefinitions>
```

Die kleine Kopfzeile:

```
                    <Border Grid.Row="0" BorderBrush="DarkBlue"
                            BorderThickness="0,0,0,1">
                        <Label Content="Zuletzt geöffnete Dateien"  />
                    </Border>
```

Die Liste befüllen wir zur Laufzeit:

```
                    <ListBox Grid.Row="1" Name="DateiListe1" />
                </Grid>
            </RibbonApplicationMenu.AuxiliaryPaneContent>
```

In der Fußzeile des Anwendungsmenüs blenden wir einen Copyright-Vermerk und eine Schaltfläche zum Beenden ein:

```
            <RibbonApplicationMenu.FooterPaneContent>
                <Grid Margin="2" >
                    <Grid.ColumnDefinitions>
                        <ColumnDefinition Width="*"/>
                        <ColumnDefinition Width="Auto"/>
                    </Grid.ColumnDefinitions>
```

Der Text:

```
                    <TextBlock Grid.Column="0" VerticalAlignment="Stretch">
                            (c) DOKO·Buch</TextBlock>
```

Die Schaltfläche:

```
                    <RibbonButton Grid.Column="1" Label="Beenden"
                            SmallImageSource="Images/arrow_down.png"/>
                </Grid>
            </RibbonApplicationMenu.FooterPaneContent>
        </RibbonApplicationMenu>
    </Ribbon.ApplicationMenu>
...
```

Die Liste zur Laufzeit füllen:

```
Imports System.Windows.Controls.Ribbon

Class MainWindow
    Public Sub New()
        InitializeComponent()
        DateiListe1.Items.Add("Kündigung Müller.doc")
        DateiListe1.Items.Add("Kündigung Maier.doc")
        DateiListe1.Items.Add("Kündigung Lorenz.doc")
        DateiListe1.Items.Add("Kündigung Schmidt.doc")
```

BEISPIEL 13.104: Ein Anwendungsmenü implementieren

```
        DateiListe1.Items.Add("Kündigung Heinze.doc")
        DateiListe1.Items.Add("Kündigung Koch.doc")
        DateiListe1.Items.Add("Kündigung Walter.doc")
        DateiListe1.Items.Add("Kündigung Gewinnus.doc")
    End Sub
...
```

Das geöffnete Anwendungsmenü:

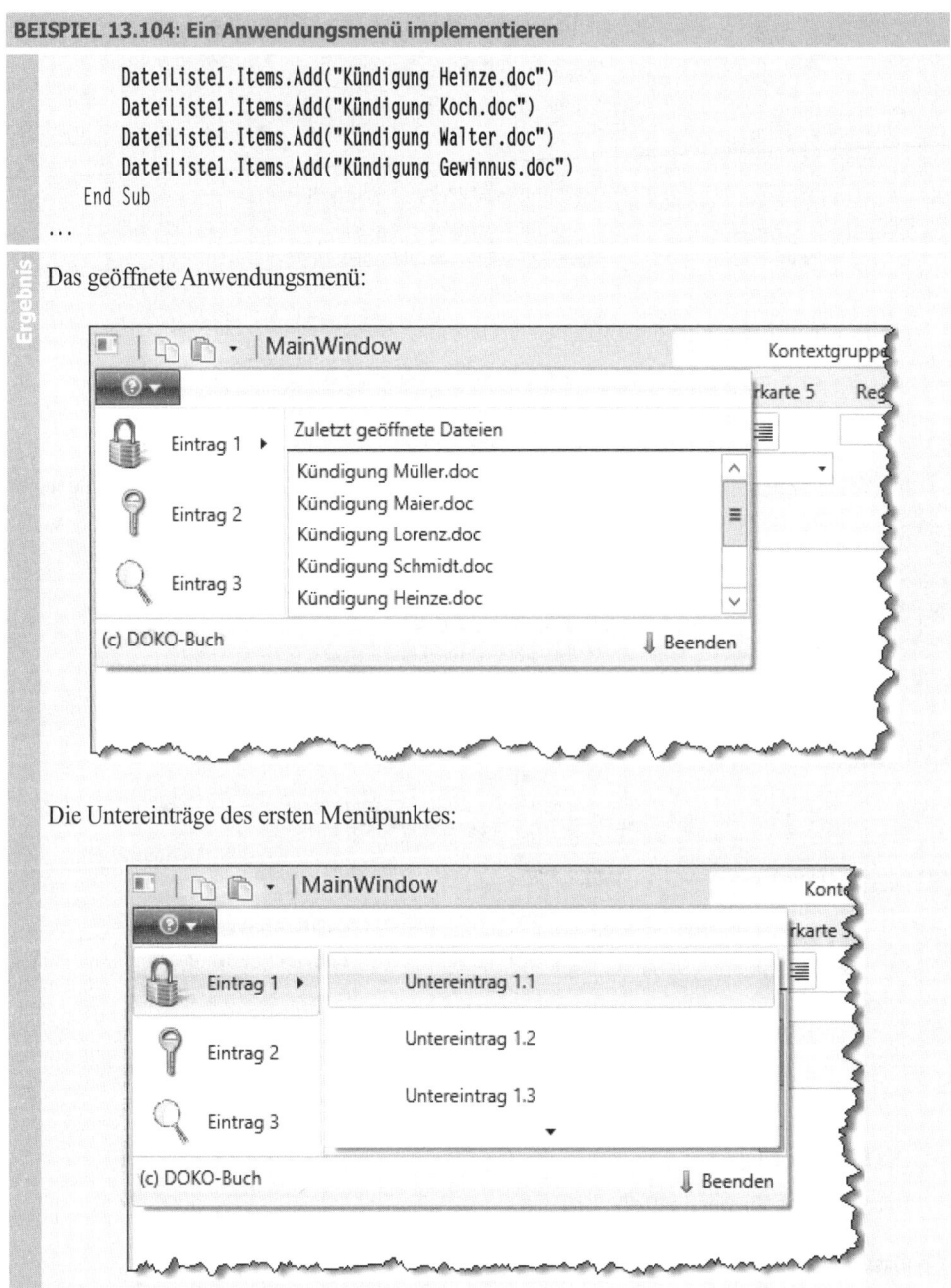

Die Untereinträge des ersten Menüpunktes:

Gerade beim Aufklappen der Menüeinträge wird schnell klar, dass hier die Übersichtlichkeit massiv leidet, da die Liste der letzten Dateien verdeckt wird. Verzichten Sie also besser auf derartige Verschachtelungen, zumal die Höhe des Untermenüs durch das Anwendungsmenü beschränkt ist.

13.29.16 **Alternativen**

Sie haben es vielleicht schon bemerkt – auch bei der aktuellen Ribbon-Library ist bei Microsoft der erste Elan frühzeitig erloschen, und so fehlen einige Funktionen, andere sind fehlerhaft etc. Eine relevante Pflege scheint auch nicht mehr stattzufinden.

Eine sinnvolle (kostenlose) Alternative finden Sie unter der folgenden Adresse:

LINK: `http://fluent.codeplex.com/`

13.30 **Chart**

Auch hier scheinen die Entwickler unter akutem Zeitmangel zu leiden, denn in Visual Studio 2012 ist die Komponente immer noch nicht enthalten, stattdessen finden Sie diese unter der Adresse

LINK: `http://wpf.codeplex.com/releases/view/40535`

bzw. per NuGet unter "WPF Toolkit".

Nach der Installation binden Sie einen Verweis auf *System.Windows.Controls.DataVisualization.Toolkit* in Ihr Projekt ein (*Projekt|Verweis hinzufügen*).

Ein kleines Beispiel zeigt die Möglichkeiten:

BEISPIEL 13.105: Kuchendiagramm erzeugen

```xaml
...
<Window x:Class="WpfApplication2.MainWindow"
        xmlns="http://schemas.microsoft.com/winfx/2006/xaml/presentation"
        xmlns:x="http://schemas.microsoft.com/winfx/2006/xaml"
```

Namespace einbinden:

```xaml
        xmlns:tk="clr-namespace:System.Windows.Controls.DataVisualization.Charting;
                assembly=System.Windows.Controls.DataVisualization.Toolkit"
        Title="MainWindow" Height="350" Width="525">
    <Grid>
```

Chart erzeugen:

```xaml
        <tk:Chart Name="Chart1" Title="Kuchendiagramm">
            <tk:PieSeries DependentValuePath="Value" IndependentValuePath="Key"
                        ItemsSource="{Binding}" IsSelectionEnabled="True" />
        </tk:Chart>
    </Grid>
</Window>
...
```

```vb
...
Class MainWindow
    Public Sub New()
        InitializeComponent()
```

BEISPIEL 13.105: Kuchendiagramm erzeugen

```
Dim liste As New Dictionary(Of String, Integer)()
liste.Add("Dollar", 2733)
liste.Add("Pfund", 687)
liste.Add("Euro", 1344)
liste.Add("Taler", 200)
```

Daten zuweisen:

```
        Me.DataContext = liste
    End Sub
End Class
```

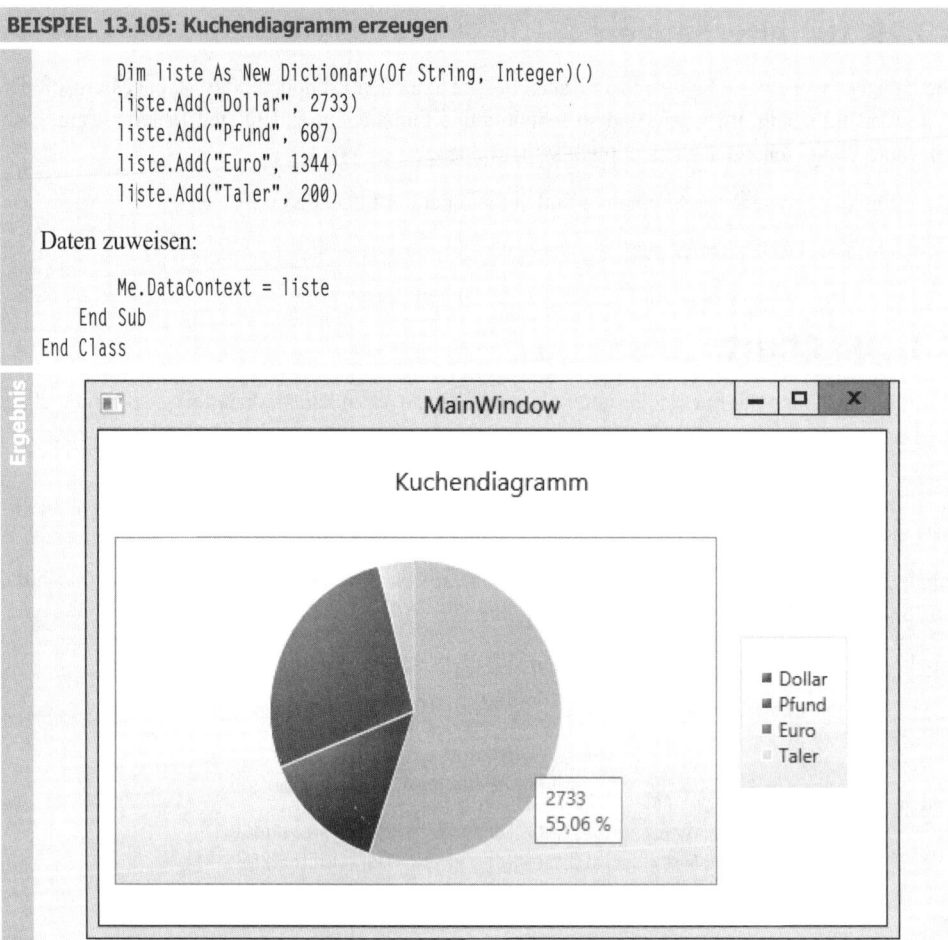

Bitte haben Sie Verständnis dafür, dass wir an dieser Stelle nicht alle Charttypen und Eigenschaften in epischer Breite vorstellen können. Im Internet finden Sie einige, mehr oder weniger aussagekräftige, Beispiele für die Arbeit mit dieser Library.

13.31 WindowsFormsHost

Wer immer noch seinen geliebten Windows Forms Controls nachtrauert bekommt mit dem WindowsFormsHost die Möglichkeit, diese in eine WPF-Anwendung zu integrieren. Die Vorgehensweise entspricht in Etwa beim entsprechenden Windows Forms Pendant.

Fügen Sie Ihrem Projekt zunächst einen Verweis auf die Assembly *System.Windows.Forms.dll* hinzu. Fügen Sie diesen Namespace sowohl der XAML als auch der Klassendefinition des gewünschten Fensters hinzu (siehe folgende Abbildung)

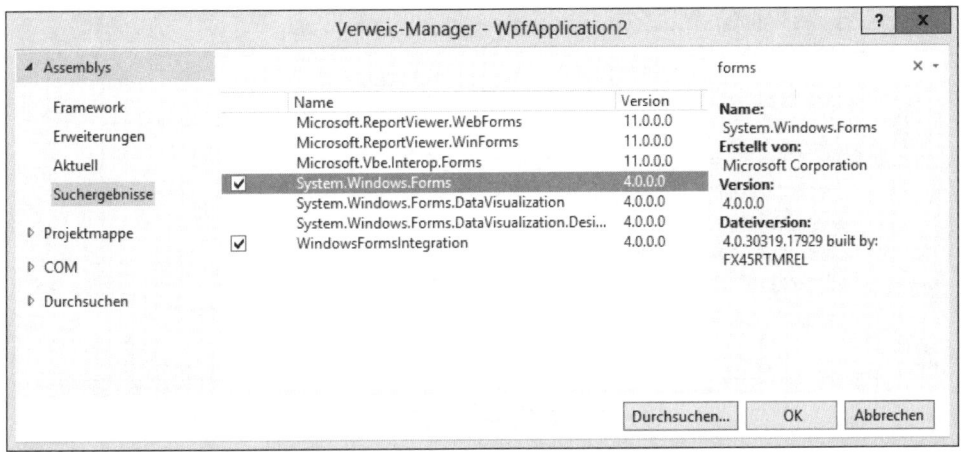

und setzen Sie das gewünschte Windows Forms-Control in ein WindowsFormsHost-Control (quasi als Container). Vergeben Sie einen Namen für das Windows Forms-Control, um im Quellcode auf dieses Zugreifen zu können.

BEISPIEL 13.106: Die Windows Forms *CheckedListbox* in WPF nutzen

```xaml
<Window x:Class="WindowsFormsHost_Bsp.MainWindow"
        xmlns="http://schemas.microsoft.com/winfx/2006/xaml/presentation"
        xmlns:x="http://schemas.microsoft.com/winfx/2006/xaml"
```

Namespace einfügen für die Verwendung der Windows Forms-Controls:

```xaml
        xmlns:wf="clr-namespace:System.Windows.Forms;assembly=System.Windows.Forms"
        Title="Verwendung Windows Forms Host" Height="207" Width="266">
    <Grid>
```

Hier kommt der Host:

```xaml
        <WindowsFormsHost Name="WindowsFormsHost1">
```

Und hier können Sie das Windows Forms-Control einfügen (vergessen Sie nicht der Verweis auf den WindowsForms-Namenspace):

```xaml
            <wf:CheckedListBox x:Name="CheckedListbox1"
                Width="200" Height="150" BackColor="Red" />
```

Beachten Sie die Namensvergabe über das *x:Name*-Attribut, andernfalls wird Ihr Control später nicht gefunden!

```xaml
        </WindowsFormsHost>
    </Grid>
</Window>
```

BEISPIEL 13.106: Die Windows Forms *CheckedListbox* in WPF nutzen

```
...
Public Class WindowsFormHost_Bsp

    Private Sub Window_Loaded(sender As Object, e As RoutedEventArgs)
        CheckedListbox1.Items.Add("Zeile 1")
        CheckedListbox1.Items.Add("Zeile 2")
        CheckedListbox1.Items.Add("Zeile 3")
        CheckedListbox1.Items.Add("Zeile 4")
    End Sub

End Class
```

Kapitel 14

Wichtige WPF-Techniken

Nachdem wir im vorhergehenden Kapitel einige ganz praktische Erfahrungen mit den WPF-Controls gesammelt haben, wollen wir uns jetzt mit den Besonderheiten der WPF-Programmierung im Vergleich zur Windows Forms-/Win32-Programmierung beschäftigen.

Um die WPF-Philosophie zu verstehen, wollen wir zunächst einige wichtige Eckpfeiler dieser neuen Technologie erklären.

14.1 Eigenschaften

Da die Definition und Verwendung von Eigenschaften in WPF etwas anders organisiert ist als in den bekannten Windows Forms-Anwendungen wollen wir zunächst auf dieses Thema näher eingehen.

14.1.1 Abhängige Eigenschaften (Dependency Properties)

Mit den abhängigen (Dependency) und angehängten (Attached) Eigenschaften erweitert WPF das Spektrum der CLR-Eigenschaften. Abhängige Eigenschaften bieten gegenüber den "normalen" Eigenschaften folgende erweiterte Möglichkeiten:

- eine interne Prüfung (Validierung),

- automatisches Aktualisieren von Werten,

- die Verwendung von Callback-Methoden zur Signalisierung von Wertänderungen

- sowie die Vorgabe von Defaultwerten.

Notwendig wurde diese Erweiterung des Eigenschaftensystems, um viele der WPF-Features (Animationen, Datenbindung Styles etc.) zu realisieren. So werden beispielsweise Werte von Eigenschaften überwacht, Änderungen führen automatisch zu Änderungen an den abhängigen Objekten.

Abhängige Eigenschaften werden nicht als private Felder definiert, sondern als statische, öffentliche Instanzen der Klasse *System.Windows.DependencyProperty*, die über *Get-* und *Set-*Methoden angesprochen werden. Die Verwaltung der Eigenschaft wird vom WPF-Subsystem übernommen (daher auch die *Register*-Methode, siehe folgendes Beispiel), die der Eigenschaft übergeordnete Klasse stellt quasi nur noch eine Schnittstelle zu dieser Eigenschaft zur Verfügung.

Neben dem Wert können mit dem Default-Wert und der Callback-Methode auch weitere Metadaten zu einer Eigenschaft gespeichert werden.

BEISPIEL 14.1: Definition einer abhängigen Eigenschaft *Durchmesser* für ein Objekt *Kreis*

Wir definieren eine neue Klasse *Kreis* und leiten diese gleich von *DependencyObject* ab:

```
Public Class Kreis
    Inherits DependencyObject
```

Hier die eigentliche Definition der abhängigen Eigenschaft (übergeben werden der Name, der Datentyp, das abhängige Objekt, optional die Metadaten, d.h. der Defaultwert und eine Callback-Methode):

```
    Public Shared ReadOnly DurchmesserProperty As DependencyProperty =
    DependencyProperty.Register("Durchmesser", GetType(Double), GetType(Kreis),
                        New FrameworkPropertyMetadata(11.1,
                        AddressOf OnDurchmesserChanged))
```

Wie Sie sehen, handelt es sich nicht mehr um ein privates Feld, vielmehr wird die bisher übliche Kapselung aufgegeben, die Verwaltung des Zustands wird von WPF übernommen, die Instanz meldet seine "lokalen Speicher" nur noch an (*Register*).

Die folgende Definition ist nur noch die allgemeine Schnittstelle nach außen, wie Sie es auch von den normalen Eigenschaften kennen:

```
    Public Property Durchmesser() As Double
        Get
            Return DirectCast(GetValue(DurchmesserProperty), Double)
        End Get
        Set(value As Double)
            SetValue(DurchmesserProperty, value)
        End Set
    End Property
```

Hier eine Callback-Methode, mit der eine Wertänderung überwacht werden kann:

```
    Private Shared Sub OnDurchmesserChanged(obj As DependencyObject,
                            args As DependencyPropertyChangedEventArgs)
        MessageBox.Show(CType(obj, Kreis).Durchmesser.ToString())
    End Sub
End Class
```

14.1.2 Angehängte Eigenschaften (Attached Properties)

Mit den angehängten Eigenschaften (*Attached Properties*), einer speziellen Form der Dependency Properties, wird der Versuch unternommen, die Flut an WPF-Element-Eigenschaften etwas einzudämmen. Das Problem: Wird ein Element/Control in einem Container platziert, hängt beispielsweise dessen Position vom umgebenden Container (*Grid, Canvas, DockPanel* etc.) ab. Für jede Art von Container werden aber andere Eigenschaften zur Positionierung benötigt. Aus diesem Grund stellen die übergeordneten Elemente die zum Positionieren nötigen Eigenschaften zur Verfügung (*Canvas.Top, Canvas.Left, DockPanel.Dock, Grid.Column* ...), das eingelagerte Element nutzt diese lediglich in seinem Kontext. Der Vorteil: nur wenn sich beispielsweise ein *Button* in einem *Canvas* befindet, werden auch die Eigenschaften *Canvas.Top, Canvas.Left* bereitgestellt und verwendet.

BEISPIEL 14.2: Positionieren einer Schaltfläche in einem *Canvas*-Control mit Attached Properties

```xaml
<Canvas Name="canvas1" >
  <Button Canvas.Left="74" Canvas.Top="70" Height="45" Name="Button1"
          Width="89">Beschriftung
  </Button>
</Canvas>
```

14.2　Einsatz von Ressourcen

Bevor wird uns im Weiteren mit Styles etc. beschäftigen, müssen wir zunächst noch einen Blick auf die Ressourcen-Verwaltung in WPF-Anwendungen werfen, da diese die Voraussetzung für die Zuordnung darstellt.

14.2.1　Was sind eigentlich Ressourcen?

In WPF-Anwendungen zählen nicht nur Grafiken, Strings, Sprachinformationen oder beliebige binäre Informationen zu den Ressourcen, sondern auch die Beschreibung von Styles, Füllmustern oder sogar ganzer Controls.

Eine Ressource besteht immer aus einem eindeutigen Schlüssel (Key) und dem eigentlichen Content, der jederzeit austauschbar ist, da Bezüge auf die Ressource immer nur den Schlüssel verwenden.

14.2.2　Wo können Ressourcen gespeichert werden?

Eine Möglichkeit, Ressourcen in Ihrer Anwendung abzulegen, haben Sie sicher ganz unbewusst schon zur Kenntnis genommen. Die Rede ist von der Datei *Application.xaml*, in der bereits ein *Resources*-Abschnitt vordefiniert ist:

```xaml
<Application x:Class="BSP_Controls.App"
    xmlns="http://schemas.microsoft.com/winfx/2006/xaml/presentation"
    xmlns:x="http://schemas.microsoft.com/winfx/2006/xaml"
    StartupUri="Test.xaml">
    <Application.Resources>

    </Application.Resources>
</Application>
```

Hierbei handelt es sich um anwendungsweit verfügbare Ressourcen, die allen Windows/Pages und deren Elementen zur Verfügung stehen.

Neben diesen Ressourcen können Sie auch jedem Element und jedem Window eigene Ressourcen zuordnen, zusätzlich sind auch so genannte System-Ressourcen (z.B. Systemfarben) verfügbar.

Die folgende Abbildung zeigt die mögliche Hierarchie von Ressourcen:

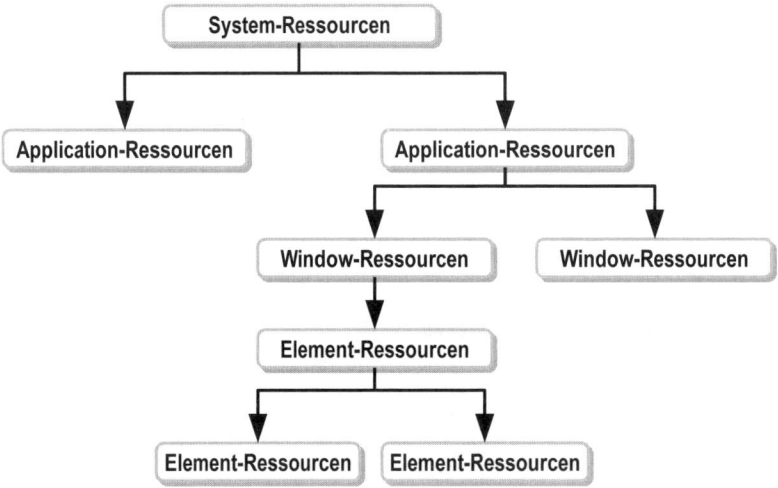

HINWEIS: Wird eine Ressource referenziert und damit auch gesucht, beginnt die Suche immer beim aktuellen Element. Wird die Ressource hier nicht gefunden, wird im übergeordneten Element (Container → Window → Application → System) gesucht. Damit ist auch klar, dass untergeordnete Elemente gleichnamige Ressourcen von übergeordneten Elementen überschreiben können. Innerhalb einer Hierarchieebene ist dies nicht möglich, da es sich in diesem Fall nicht um einen eindeutigen Schlüssel handelt.

Im XAML-Quellcode stellt sich die Definition von *Resources*-Abschnitten wie folgt dar:

Die Window-Ressourcen:

```
<Window>
  <Window.Resources>
    ...
  </Window.Resources>

  <StackPanel>
```

Die Ressourcen eines Containers:

```
    <StackPanel.Resources>
      ...
    </StackPanel.Resources>
...
    <Button>
```

Die Ressourcen eines Elements:

```
<Button.Resources>
    ...
</Button.Resources>
  </Button>
 </StackPanel>
</Window>
```

14.2.3 Wie definiere ich eine Ressource?

Haben Sie sich dafür entschieden, auf welcher Ebene Sie die Ressource definieren, können Sie zur Tat schreiten:

- Zunächst müssen Sie sich über die Art der Ressource im Klaren sein, diese bestimmt den Elementnamen (z.B. ein *ImageBrush,* mit dem ein Hintergrund festgelegt werden kann).

- Neben dieser Information müssen Sie sich noch für einen eindeutigen Schlüssel entscheiden, über den die Ressource angesprochen werden soll.

- Last, but not least müssen Sie auch noch die eigentlichen Informationen zur Ressource (beim *ImageBrush* ist dies die *ImageSource)* festlegen.

BEISPIEL 14.3: Erzeugen und Verwenden einer Ressource auf Fenster-Ebene

```
<Window x:Class="Konzepte.Ressourcen_Bsp"
    xmlns="http://schemas.microsoft.com/winfx/2006/xaml/presentation"
    xmlns:x="http://schemas.microsoft.com/winfx/2006/xaml"
    Title="Ressourcen_Bsp" Height="329" Width="464">
 <Window.Resources>
  <ImageBrush x:Key="bck" ImageSource="back.jpg" />
 </Window.Resources>
...
```

Die Verwendung:

```
<StackPanel>
 <Button Background="{StaticResource bck}">Hallo</Button>
</StackPanel>
...
```

Die Unterschiede in der Darstellung dürften Ihnen sicher auffallen:

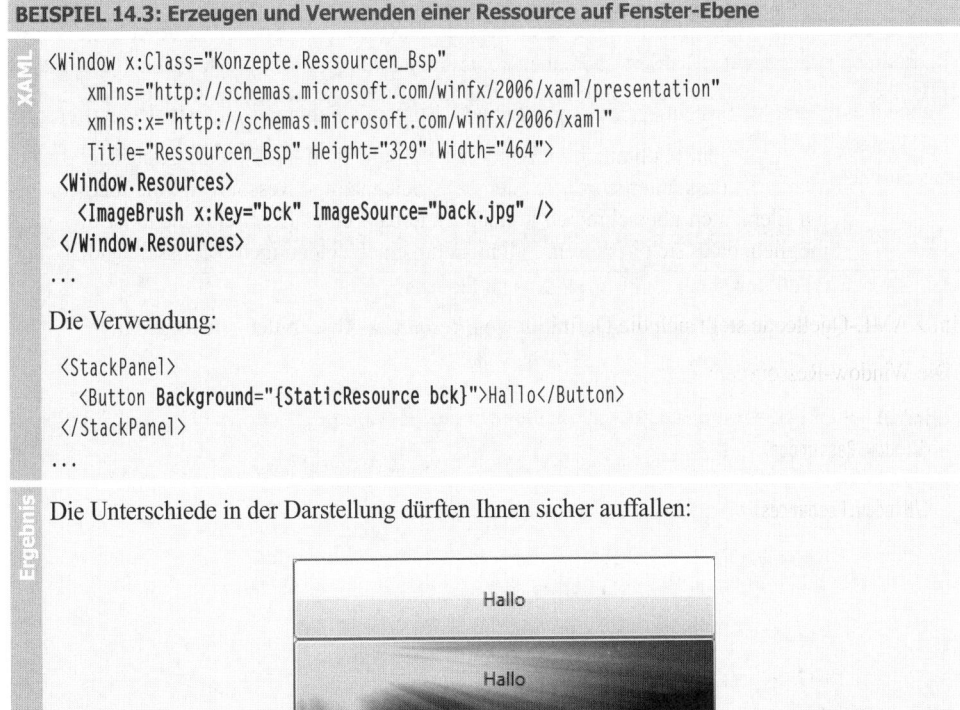

HINWEIS: Beim Einsatz von (statischen) Ressourcen ist es wichtig, dass diese **vor** der Verwendung definiert wurden, andernfalls kann die Ressource nicht gefunden werden. Zusätzlich müssen Sie auf die Schreibweise achten, hier wird die Groß-/Kleinschreibung berücksichtigt!

Alternativ können Sie bei der Verwendung der Ressource auch die folgende Syntax nutzen:

```
<Button Height="50">
  <Button.Background>
    <StaticResource ResourceKey="bck" />
  </Button.Background>
  Hallo
</Button>
```

14.2.4 Statische und dynamische Ressourcen

Wie Sie im vorhergehenden Beispiel bereits gesehen haben, können Ressourcen statisch, d.h unveränderlich, über den Schlüssel zugeordnet werden:

```
<StackPanel>
  <Button Background="{StaticResource bck}">Hallo</Button>
</StackPanel>
```

Voraussetzung war das vorherige Definieren dieser Ressource. Spätere Änderungen an der Ressource werden nicht registriert und haben keine Auswirkung auf das verwendende Element.

Neben dieser Variante besteht auch die Möglichkeit, Ressourcen dynamisch festzulegen. In diesem Fall können Sie die Ressourcen zur Laufzeit zuordnen bzw. bereits vorhandene Ressourcen einfach austauschen.

BEISPIEL 14.4: Verwendung einer noch nicht definierten dynamischen Ressource

Zunächst die Zuordnung von Eigenschaft und Ressource:

```
<Button Height="50" Background="{DynamicResource bck1}"
        Click="Button_Click">Hallo</Button>
```

Mit dem Klick auf die Schaltfläche wollen wir eine Ressource zuordnen:

```
Private Sub Button_Click(sender As Object, e As RoutedEventArgs)
```

Neuen *ImageBrush* erzeugen und Bitmap zuweisen:

```
Dim imgbck As New ImageBrush()
imgbck.ImageSource = New BitmapImage(New Uri("pack://application:,,,/back2.jpg"))
```

Die Ressource erzeugen (Window-Ressource):

```
Me.Resources.Add("bck1", imgbck)
End Sub
```

BEISPIEL 14.4: Verwendung einer noch nicht definierten dynamischen Ressource

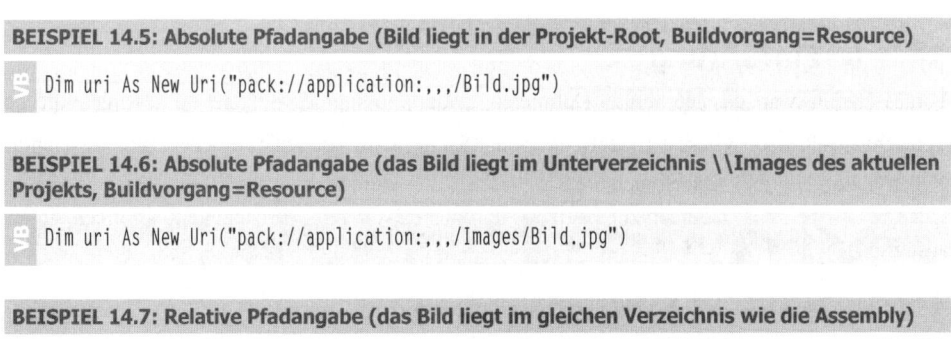

Und warum verwenden wir nicht einfach immer dynamische Ressourcen? Da die Verwaltung dynamischer Ressourcen deutlich aufwändiger ist, würden hier unnötigerweise Systemressourcen verschwendet werden.

14.2.5 Wie werden Ressourcen adressiert?

Möchten Sie auf eingebundene Ressourcen (z.B. Grafiken) Ihrer Anwendung zugreifen, müssen Sie beispielsweise bei der Zuordnung von Grafiken per Code eine bestimmte Syntax einhalten, andernfalls wird die Ressource an der falschen Stelle gesucht und dann wohl auch nicht gefunden.

Die dazu erforderliche URI können Sie absolut, d.h. mit voller Pfadangabe, inklusive der aktuellen Assembly angeben oder relativ zur aktuellen Assembly.

BEISPIEL 14.5: Absolute Pfadangabe (Bild liegt in der Projekt-Root, Buildvorgang=Resource)

```
Dim uri As New Uri("pack://application:,,,/Bild.jpg")
```

BEISPIEL 14.6: Absolute Pfadangabe (das Bild liegt im Unterverzeichnis \\Images des aktuellen Projekts, Buildvorgang=Resource)

```
Dim uri As New Uri("pack://application:,,,/Images/Bild.jpg")
```

BEISPIEL 14.7: Relative Pfadangabe (das Bild liegt im gleichen Verzeichnis wie die Assembly)

```
Dim uri As New Uri(".\Back3.jpg", UriKind.Relative)
```

BEISPIEL 14.8: Relative Pfadangabe (das Bild liegt im relativen Unterverzeichnis \\Images der Assembly)

```
Dim uri As New Uri(".\Images\Back3.jpg", UriKind.Relative)
```

Neben den gezeigten Möglichkeiten können Sie unter anderem auch auf eingebundene Assemblies zugreifen, eine Dokumentation zu dieser Gesamtthematik finden Sie unter der folgenden Adresse:

LINK: http://msdn.microsoft.com/de-de/library/aa970069.aspx

14.2.6   System-Ressourcen einbinden

Neben den in Ihrer Anwendung definierten Ressourcen können Sie auch System-Ressourcen verwenden. Die Einbindung erfolgt entweder statisch oder dynamisch, im erstem Fall reagiert die Anwendung jedoch nicht auf aktuelle Änderungen an den Systemeinstellungen.

BEISPIEL 14.9: Einbinden von System-Ressourcen

Anzeige der *VirtualScreenWidth* in einem *Label* (Ressourcenabfrage):

```
<Label Content="{StaticResource {x:Static SystemParameters.VirtualScreenWidthKey}}"/>
```

Anzeige, ob User-Interface-Effekte aktiviert sind (Wertabfrage):

```
<CheckBox IsChecked="{x:Static SystemParameters.UIEffects}" Content="UIEffects" />
```

14.3   Das WPF-Ereignis-Modell

Nachdem wir in den bisherigen Beispielen recht sparsam mit der Verwendung von Event-Handlern umgegangen sind, wollen wir uns jetzt diesem Thema etwas intensiver widmen.

14.3.1   Einführung

Sicher haben Sie auch schon mehr oder weniger unbewusst von den Ereignissen in WPF Gebrauch gemacht. Nach dem Klick, z.B. auf eine Schaltfläche, wird der entsprechende Ereignis-Handler von Visual Studio bereitgestellt.

BEISPIEL 14.10: *Button* mit zugehöriger Ereignisbehandlung

```
<StackPanel>
  <Button Content="Klick mich!" Click="Button_Click"/>
</StackPanel>
```

Der Ereignis-Handler:

```
Private Sub Button_Click(sender As Object, e As RoutedEventArgs)
    MessageBox.Show("Hallo")
End Sub
```

Soweit so gut, das kennen Sie sicher auch schon von der Programmierung in Win32-/Windows Forms-Anwendungen so. Doch was passiert, wenn Sie in WPF eine Schaltfläche aus einzelnen Elementen "zusammenbasteln"?

BEISPIEL 14.11: Button mit Text und Grafik

```
<Button Click="Button_Click_1">
  <StackPanel Orientation="Horizontal" Margin="10">
    <Image Source="Images/Flash.png" Width="56" Height="46" />
    <TextBlock VerticalAlignment="Center">Klick mich!</TextBlock>
```

Ergebnis

```
    </StackPanel>
  </Button>
```

Rein intuitiv haben Sie sicher auch das *Click*-Ereignis dem Button zugeordnet. Doch warum sollte das eigentlich funktionieren? Was passiert, wenn der Nutzer auf das *Image* oder den *TextBlock* klickt, zusätzlich befindet sich "darunter" ja noch das *StackPanel*.

Das Zauberwort heißt hier "Routed Events", ein Verfahren, um auftretende Ereignisse in der Element-Hierarchie weiterzugeben.

14.3.2 Routed Events

WPF unterscheidet bei den Routed Events zwei verschiedene Varianten, die Sie als Programmierer auch auseinander halten sollten:

- **Tunneling Events**
  Ausgehend vom Wurzelelement (*Window/Page*) werden die Ereignisse bis zum auslösenden Element weitergereicht. Diese Events werden vor den zugehörigen Bubbling Events ausgelöst.

- **Bubbling Events**
  Ausgehend vom aktivierten Element werden die Ereignisse zum jeweils übergeordneten Element weitergereicht, d.h. im Endeffekt bis zum *Window* oder zur *Page*.

HINWEIS: Tunneling Events sind durch den Vorsatz "Preview..." gekennzeichnet, Bubbling Events verzichten auf einen Vorsatz.

XAML

```
<Window x:Class="Konzepte.Ereignisse"
...
    Title="Ereignisse" MouseLeftButtonDown="Window_MouseLeftButtonDown"
                    PreviewMouseLeftButtonDown="Window_PreviewMouseLeftButtonDown">
    <Button MouseLeftButtonDown="Button_MouseLeftButtonDown"
            PreviewMouseLeftButtonDown="Button_PreviewMouseLeftButtonDown">
      <StackPanel Orientation="Horizontal" Margin="10"
              MouseLeftButtonDown="StackPanel_MouseLeftButtonDown"
              PreviewMouseLeftButtonDown="StackPanel_PreviewMouseLeftButtonDown">
        <Image Source="Images/Flash.png" Width="56" Height="46"
            MouseLeftButtonDown="Image_MouseLeftButtonDown"
            PreviewMouseLeftButtonDown="Image_PreviewMouseLeftButtonDown" />
        <TextBlock VerticalAlignment="Center"
```

```
            MouseLeftButtonDown="TextBlock_MouseLeftButtonDown"
            PreviewMouseLeftButtonDown="TextBlock_PreviewMouseLeftButtonDown">Klick mich!
    </TextBlock>
   </StackPanel>
  </Button>
</Window>
```

Die Ereigniskette nach einem Klick auf das *Image*:

1. Window: *PreviewMouseLeftButtonDown*

2. Button: *PreviewMouseLeftButtonDown*

3. StackPanel: *PreviewMouseLeftButtonDown*

4. Image: *PreviewMouseLeftButtonDown*

5. Image: *MouseLeftButtonDown*

6. StackPanel: *MouseLeftButtonDown*

Wie Sie sehen können, wird zunächst die komplette Tunneling-Ereigniskette durchlaufen, nachfolgend die Bubbeling-Events[1].

Im Normalfall werden Sie wohl nur Bubbling-Events verwenden, Tunneling-Events nutzen Sie beispielsweise, um Ereignisse bzw. deren Weiterleitung zu blockieren.

BEISPIEL 14.13: Das Weiterleiten der Ereignisse verhindern

Wir werten gleich das erste Ereignis aus (das Tunneling Event beginnt an der Root, d.h. dem Window):

```
Private Sub Window_PreviewMouseLeftButtonDown(sender As Object,
                                    e As MouseButtonEventArgs)

   e.Handled = True
```

Ereignis behandelt (Klappe zu, Affe tot):

```
    List1.Items.Add("Window_PreviewMouseLeftButtonDown")
End Sub
```

BEISPIEL 14.14: Das auslösende Element bestimmen

Den Ursprung für ein Ereignis können Sie über den *...EventArgs.Source*-Parameter bestimmen:

```
Private Sub Window_PreviewMouseLeftButtonDown(sender As Object,
                                    e As MouseButtonEventArgs)
```

---

[1] Der Button löst ein *Click*-Ereignis aus, die dazu nötige Logik verhindert das Auslösen entsprechender *MouseLeftButton-Down*-Ereignisse, deshalb ist hier die Ereigniskette zu Ende.

BEISPIEL 14.14: Das auslösende Element bestimmen

```
        MessageBox.Show(e.Source.ToString())
        List1.Items.Add("Window_PreviewMouseLeftButtonDown")
    End Sub
```

Beim Klick auf das Image wird auch dieses als *Source* übermittelt:

14.3.3 Direkte Events

Auch diese Form der Ereignisse ist nach wie vor präsent, hierbei handelt es sich um die ganz normalen .NET-Ereignisse, wie Sie auch in Windows-Forms-Anwendungen auftreten.

Direkte Events werden eingesetzt, wenn die Verwendung von Bubbling oder Tunneling keinen Sinn macht, beispielsweise beim *MouseLeave*-Ereignis, das sehr objektbezogen ausgelöst wird.

Sie erkennen diese Ereignisse an einem fehlenden *Preview...*-Pendant.

14.4 Verwendung von Commands

Im Zusammenhang mit der Entwicklung von Anwendungen ist es Ihnen sicher auch schon passiert, dass Sie eine Menüfunktion zum x-ten Male neu programmiert haben. Das Gleiche trifft sicher ebenfalls auf den Toolbar zu. Das Prozedere ist doch immer gleich:

1. Methode mit der eigentlichen Logik erstellen

2. Menüpunkt erstellen

3. Menüpunkt Tastenkürzel zuweisen, Tastaturabfrage implementieren

4. Menüpunkt Ereignismethode zuweisen und Methode von 1. aufrufen

5. Toolbar-Button bereitstellen

6. Toolbar-Button Ereignismethode zuweisen und Methode von 1. aufrufen

7. Logik für das Sperren von 2. und 5. erstellen, wenn die Funktion nicht zur Verfügung steht.

14.4.1 Einführung in Commands

In WPF-Anwendungen können Sie diesen Aufwand wesentlich verringern, indem Sie entweder die von WPF vordefinierten Commands verwenden, oder indem Sie selbst eigene Commands implementieren.

Die neue Vorgehensweise (vordefinierte Commands, z.B. Einfügen in die Zwischenablage) im Vergleich zum bisherigen Vorgehen:

1. entfällt, da für viele Controls bereits implementiert

2. **Menüpunkt erstellen und Command zuweisen**

3. entfällt, da per Command automatisch zugewiesen

4. entfällt, da per Command automatisch zugewiesen

5. **Toolbar-Button bereitstellen und Command zuweisen**

6. entfällt, da per Command automatisch zugewiesen

7. entfällt, da Command diese Logik bereitstellt.

Das sieht doch schon wesentlich freundlicher aus als die mühsame und fehleranfällige erste Variante. Ähnlich einfach gestaltet sich die Wiederverwendung von selbst erstellten Kommandos, wenn Sie diese bereits einmal erstellt haben.

14.4.2 Verwendung vordefinierter Commands

Statt vieler Worte wollen wir Ihnen zunächst an einem Beispiel die Vorgehensweise bei der Verwendung von Commands demonstrieren.

BEISPIEL 14.15: Programmieren der Funktionen "Kopieren und Einfügen" für ein Formular mit zwei TextBoxen

Der XAML-Code der Oberfläche:

```xaml
<Window x:Class="Konzepte.Commands_Bsp"
    xmlns="http://schemas.microsoft.com/winfx/2006/xaml/presentation"
    xmlns:x="http://schemas.microsoft.com/winfx/2006/xaml"
    Title="Commands_Bsp" Height="373" Width="411">
<DockPanel>
```

Die Menüdefinition:

```xaml
    <Menu DockPanel.Dock="Top" Height="22" Name="menu1">
...
        <MenuItem Header="_Bearbeiten">
```

Hier werden die beiden Menüpunkte "Kopieren" und "Einfügen" definiert:

```xaml
        <MenuItem Command="ApplicationCommands.Copy"/>
        <MenuItem Command="ApplicationCommands.Paste"/>
```

Sie können auf die Angabe des Headers sowie der Tastenkürzel verzichten, dies stellt die obige *Command*-Definition automatisch zur Verfügung[1].

```
    </MenuItem>
  </Menu>
  <ToolBarTray DockPanel.Dock="Top">
    <ToolBar>
```

Hier findet sich bereits die Definition für die *ToolBar*-Buttons, auch in diesem Fall genügt die Zuordnung der *Command*-Eigenschaft:

```
      <Button Width="30" Height="30" Command="ApplicationCommands.Copy">
        <Image Source="Images/editcopy.png"/>
      </Button>
      <Button Width="30" Height="30" Command="ApplicationCommands.Paste">
        <Image Source="Images/editpaste.png"/>
      </Button>
    </ToolBar>
  </ToolBarTray>
  <StackPanel>
```

Hier noch die beiden *TextBox*en, für die die Funktionen implementiert werden:

```
    <TextBox Name="txt1" Height="100">TextBox1 Bla Bla</TextBox>
    <TextBox Name="txt2" Height="100">TextBox2 Bla Bla</TextBox>
...
  </StackPanel>
</DockPanel>
</Window>
```

Und wo bleibt der Code? Kurze Antwort: Ihr Programm ist an dieser Stelle bereits fertig.

Nach dem Start können Sie sich von der Funktionstüchtigkeit überzeugen:

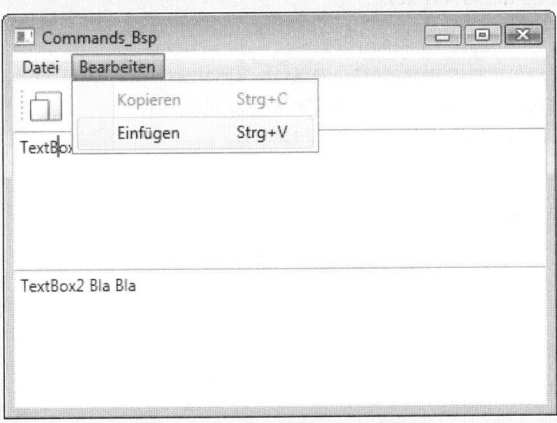

---

[1] Geben Sie trotzdem einen Wert an, überschreibt dies die vom Command bereitgestellten Werte.

BEISPIEL 14.15: Programmieren der Funktionen "Kopieren und Einfügen" für ein Formular mit zwei TextBoxen

> Beide Menüpunkte verfügen über eine Beschriftung und ein Tastenkürzel, befindet sich Text in der Zwischenablage, ist das Menü *Einfügen* aktiviert, andernfalls ist der Menüpunkt gesperrt. Der Menüpunkt *Kopieren* ist nur aktiv, wenn Sie in einer der *TextBox*en Text markieren und diese *TextBox* den Eingabefokus besitzt.

Nicht schlecht, wenn Sie dies mit der konventionellen Variante vergleichen, bei der Sie sicher wesentlich mehr Code produziert hätten.

14.4.3   Das Ziel des Commands

Doch gerade bei obigem Beispiel wird sicher bei manchem die Frage aufkommen, wohin denn eigentlich der Text eingefügt wird, haben wir doch zwei Textfelder. Die Frage ist sicher berechtigt, aber im obigen Beispiel noch recht einfach lösbar: Ziel des jeweils gewählten Commands ist per Default immer das gerade aktive Control, d.h. die *TextBox*, die den Eingabefokus besitzt.

Schwieriger wird es, wenn die Zwischenablageinhalte gezielt in ein bestimmtes Control eingefügt werden sollen. In diesem Fall müssen Sie neben der *Command-* auch die *CommandTarget*-Eigenschaft definieren. Allerdings genügt in diesem Fall nicht die reine Angabe des Element-Namens, Sie müssen die Binding-Syntax verwenden.

BEISPIEL 14.16: Zwischenablageinhalte sollen immer in *TextBox2* eingefügt werden

Wir fügen dem betreffenden Menüpunkt ein *CommandTarget* hinzu:

```
<MenuItem Header="_Bearbeiten">
  <MenuItem Command="ApplicationCommands.Copy"/>
  <MenuItem Command="ApplicationCommands.Paste" CommandTarget="{Binding ElementName=txt2}"/>
</MenuItem>
...
```

Starten Sie jetzt das Programm, ist es egal, welches Control den Fokus besitzt, drücken Sie die Tastenkombination *Strg+V* oder wählen Sie den entsprechenden Menüpunkt, wird der Text immer in die *TextBox2* eingefügt.

HINWEIS: Diese Vorgehensweise müssen Sie auch wählen, wenn Sie Commands von einzelnen Schaltflächen aus starten wollen. Da diese den Fokus erhalten können, würde nie klar sein, welches Ziel die Aktion haben soll.

BEISPIEL 14.17: "Freistehender" *Button* für das Einfügen des Zwischenablageinhalts

```
<Button Command="ApplicationCommands.Paste" CommandTarget="{Binding ElementName=txt2}">
    Paste (TextBox 2)
</Button>
```

14.4.4   Vordefinierte Commands

WPF bietet bereits "ab Werk" eine ganze Reihe von Commands, die in der täglichen Programmier-praxis immer wieder anfallen. Diese Commands gliedern sich in die folgenden Gruppen:

- ApplicationCommands
  (z.B. *Cut, Past, Help, New, Print, Save, Stop, Undo*)

- ComponentCommands
  (z.B. *ExtendSelectionLeft, MoveLeft*)

- NavigationCommands
  (z.B. *FirstPage, GotoPage, Refresh, Search*)

- MediaCommands
  (z.B. Play, *Pause, FastForward, IncreaseVolume*)

- EditingCommands
  (z.B. *Delete, MoveUpByLine, ToggleBold*[1])

HINWEIS: Doch Achtung: Nicht das Command an sich stellt die Logik, z.B. für das Einfügen von Zwischenablageinhalten, zur Verfügung, sondern das jeweilige Ziel-Objekt, d.h., ein spezifisches Control wie *TextBox* oder *Image*.

Ob, und wenn ja welche, Commands implementiert sind, müssen Sie von Fall zu Fall ausprobieren. Sehr umfassend ist z.B. die Unterstützung bei *TextBox* und *RichTextBox* sowie beim *Media-Element*.

14.4.5   Commands an Ereignismethoden binden

Wie schon erwähnt, implementiert nicht jedes Control alle verfügbaren Commands. So steht zwar ein *ApplicationCommand.Open* (d.h. Beschriftung und Tastaturkürzel) zur Verfügung, im Normal-fall passiert allerdings nichts, da kein Control eine entsprechende Logik implementiert hat, was bei derart komplexen Abläufen sicher auch nicht möglich ist.

Aus diesem Grund besteht die Möglichkeit, einem Command eine entsprechenden Ereignisbehand-lung per *CommandBinding* zuzuordnen. Zwei Ereignisse sind hier von zentraler Bedeutung:

- *Execute (*die eigentlich auszuführende Logik) und

- *CanExecute* (eine Abfrage, ob die Funktion überhaupt zur Verfügung steht)

BEISPIEL 14.18: Implementieren des *ApplicationCommand.Open*

Nutzen Sie für die Zuordnung der beiden Ereignismethoden am besten das Wurzel-Element (*Windows/Page*):

---

[1] siehe dazu auch ab Seite 682 (*RichTextBox*)

BEISPIEL 14.18: Implementieren des *ApplicationCommand.Open*

```
<Window x:Class="Konzepte.Commands_Bsp"
...
    Title="Commands_Bsp" Height="373" Width="411">
<Window.CommandBindings>
  <CommandBinding Command="ApplicationCommands.Open"
             Executed="OpenCmdExecuted" CanExecute="OpenCmdCanExecute"/>
</Window.CommandBindings>
...
```

Die beiden zugehörigen Ereignismethoden aus der Klassendefinition des Windows:

```
Private Sub OpenCmdExecuted(sender As Object, e As ExecutedRoutedEventArgs)
    MessageBox.Show("Was soll ich öffnen????")
End Sub
```

Nur wenn die erste *TextBox* auch leer ist, ist das Öffnen neuer Dateien möglich:

```
Private Sub OpenCmdCanExecute(sender As Object, e As CanExecuteRoutedEventArgs)
    If (txt1.Text.Length = 0) Then
        e.CanExecute = True
    Else
        e.CanExecute = False
    End If
End Sub
```

Ein Test zur Laufzeit zeigt, dass die entsprechende Schaltfläche nur freigegeben ist, wenn die *TextBox* leer ist:

Klicken Sie auf den obigen Menüpunkt oder verwenden Sie die Tastenkombination *Strg+O*, wird unsere MessageBox aus der Methode *OpenCmdExecuted* ausgeführt.

Selbstverständlich können Sie CommandBinding auch per Code realisieren, wie es das folgende Beispiel zeigt.

BEISPIEL 14.19: Ereignismethode per Code zuweisen

```
Private Sub Window_Loaded(sender As Object, e As RoutedEventArgs)
    Dim cmdOpen As New CommandBinding(ApplicationCommands.Open)
    AddHandler cmdOpen.Executed, AddressOf cmdOpen_Executed
End Sub
```

> **BEISPIEL 14.19: Ereignismethode per Code zuweisen**
>
>
> ```
> Sub cmdOpen_Executed(sender As Object, e As ExecutedRoutedEventArgs)
>     Throw New NotImplementedException()
> End Sub
> ```

14.4.6 Wie kann ich ein Command per Code auslösen?

Neben der bereits beschriebenen Variante, Commands per Zuordnung im XAML-Code auszulösen, besteht auch die Möglichkeit, diese direkt mit der *Execute*-Methode aufzurufen.

> **BEISPIEL 14.20: Direkter Aufruf eines Commands in einer Ereignismethode**
>
>
> ```
> Private Sub Button_Click(sender As Object, e As RoutedEventArgs)
>     ApplicationCommands.Paste.Execute(Nothing, txt2)
> End Sub
> ```

Im zweiten Parameter übergeben Sie das *CommandTarget*.

14.4.7 Command-Ausführung verhindern

Nicht immer und zu jeder Zeit können Kommandos einfach ausgeführt werden. Unter bestimmten Bedingungen steht eine Funktion nicht zur Verfügung, in diesem Fall sollen die Menüpunkte/ Schaltflächen abgeblendet sein, um den Anwender nicht unnötig zu verwirren.

Die Lösungsmöglichkeit haben wir Ihnen bereits beim Zuordnen von Ereignismethoden gezeigt. Im *...CanExecute*-Ereignis wird mit dem Parameter *e.CanExecute* entschieden, ob eine Aktion ausführbar ist oder nicht.

> **BEISPIEL 14.21: Command-Ausführung verhindern**
>
> ```
> Private Sub OpenCmdCanExecute(sender As Object, e As CanExecuteRoutedEventArgs)
>     e.CanExecute = False
> End Sub
> ```

14.5 Das WPF-Style-System

Mit den WPF-Styles kommen wir jetzt zu einem Thema, das sicher von ganz zentraler Bedeutung für die oberflächenorientierten WPF-Anwendungen ist und auch einen der wesentlichsten Unterschiede zu den konventionellen Windows-Anwendungen darstellt.

14.5.1 Übersicht

Doch worum geht es eigentlich? Sicher haben Sie nach der Lektüre der beiden vorhergehenden Kapitel festgestellt, dass WPF-Controls mit Bergen von Eigenschaften ausgestattet sind, die es möglich machen, fast alle Aspekte der Darstellung zu beeinflussen.

Doch gerade für aufwändige Oberflächen ergeben sich einige Fragen:

1. Wie kann ich mehr als einem Control ein spezifisches Aussehen zuweisen?

2. Wie kann ich das Aussehen unter bestimmten Bedingungen ändern?

3. Wie kann ich das grundsätzliche Aussehen eines Controls komplett ändern?

4. Wie kann ich einfache Animationen realisieren?

Für alle diese Fragen bietet WPF eine Antwort:

1. Verwendung von benannten oder Typ-Styles

2. Verwendung von Triggern

3. Verwendung von Templates

4. Verwendung von StoryBoards

HINWEIS: Im Rahmen dieses Abschnitts werden wir die o.g. Themen nur recht oberflächlich streifen, da dies eigentlich ein Hauptarbeitsgebiet für den Designer und nicht für den Programmierer ist[1]. Außerdem ist Visual Studio für einige der obigen Aufgaben das falsche Tool. Hier kommen Sie mit *Microsoft Expression Blend* (siehe Seite 783) wesentlich weiter, da der Designer teilweise komfortabler ist. Wir weisen Sie an den entsprechenden Stellen darauf hin.

14.5.2   Benannte Styles

In den bisherigen Beispielen haben wir die Eigenschaften jedes Controls einzeln gesetzt, was bei größeren Ansammlungen recht schnell zum Geduldsspiel ausarten kann. Denken Sie nur an unseren Taschenrechner aus dem WPF-Einführungskapitel, wo ca. zwanzig einzelne Tasten zu konfigurieren sind (Schrift, Randabstände, Farben etc.). Viel schöner wäre doch hier eine zentrale Vorschrift, wie ein derartiger Button auszusehen hat.

Genau diese Aufgabe übernimmt ein *benannter Style*. Dieser wird einmal definiert und kann dann per Key den einzelnen Elementen zugewiesen werden.

BEISPIEL 14.22: Alle Schaltflächen für den Taschenrechner sollen einen Randabstand von 2, eine fette Schrift und eine gelbe Hintergrundfarbe bekommen.

```
<Window x:Class="Konzepte.Taschenrechner_1"
    xmlns="http://schemas.microsoft.com/winfx/2006/xaml/presentation"
    xmlns:x="http://schemas.microsoft.com/winfx/2006/xaml"
    Title="Window2" Height="199" Width="388">
```

Oh, jetzt wird auch klar, warum wir uns in diesem Kapitel bereits mit Ressourcen beschäftigt haben. Hoffentlich haben Sie diesen Abschnitt nicht gelangweilt überblättert!

```
<Window.Resources>
```

---

[1] Hier ist die Borderline zwischen Designer und Programmierer, mit teilweise diffusem Verlauf ...

Wir definieren einen neuen Style und legen dessen *Key* fest (über diesen können wir später auf den Style zugreifen bzw. auf diesen verweisen):

```
<Style x:Key="myBtnStyle">
```

Innerhalb des *Style*-Elements können Sie per *Setter* die gewünschten Eigenschaften beeinflussen:

```
<Setter Property="Control.Margin" Value="2" />
<Setter Property="Control.Background" Value="Yellow" />
<Setter Property="Control.FontWeight" Value="UltraBold" />
```

Legen Sie jeweils *Property* und *Value* fest.

```
</Style>
</Window.Resources>
```

Und jetzt kommt unser neuer Style zum Einsatz (setzen Sie diesen nur bei den Ziffertasten):

```
<UniformGrid Name="uniformGrid1" Columns="5" Rows="4" Grid.Row="1">
   <Button  Name="Button1"  Style="{StaticResource myBtnStyle}">7</Button>
   <Button  Name="Button2"  Style="{StaticResource myBtnStyle}">8</Button>
   <Button  Name="Button3"  Style="{StaticResource myBtnStyle}">9</Button>
...
```

Schon im Designer dürfte sich jetzt etwas getan haben:

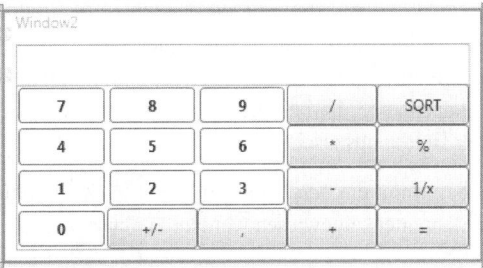

Was passiert eigentlich, wenn wir den Style einer *TextBox* zuweisen? Probieren Sie es ruhig aus, es kann nichts passieren. Vielleicht sind Sie überrascht, aber auch die *TextBox* wird nach dieser Aktion im grässlichen gelben Outfit erscheinen und fette Schrift anzeigen.

Warum dies so ist? Ganz einfach, auch die *TextBox* verfügt über die aufgeführten Eigenschaften und übernimmt diese automatisch vom Style.

14.5.3 Typ-Styles

Ein "fauler" Programmierer wird immer einen einfacheren Weg suchen, und so ist es sicher mühsam, den Style jedem Button einzeln zuzuweisen, zumal die Syntax auch recht umfangreich ist. Aus diesem Grund gibt es noch eine zweite Art von Styles, die nicht über einen Key, sondern über den Klassennamen zugeordnet werden.

Der Vorteil: Alle WPF-Elemente, die Instanzen dieser Klasse sind, übernehmen automatisch diesen Style, ohne dass dies explizit angegeben werden muss.

BEISPIEL 14.23: (Fortsetzung) Mit Ausnahme der Zifferntaste sollen alle Tasten einen grünen Hintergrund und weiße Schrift bekommen.

```
<Window.Resources>
```

Hier der benannte Style für die Zifferntasten:

```
<Style x:Key="myBtnStyle">
...
</Style>
```

Und hier der Default-Style für alle Elemente vom Typ *Button*:

```
<Style TargetType="{x:Type Button}">
    <Setter Property="Margin" Value="2" />
    <Setter Property="Background" Value="Green" />
    <Setter Property="FontWeight" Value="UltraBold" />
    <Setter Property="Foreground" Value="White" />
</Style>
```

Ohne weitere Änderungen im XAML-Code dürfte sich jetzt bereits folgender Anblick bieten:

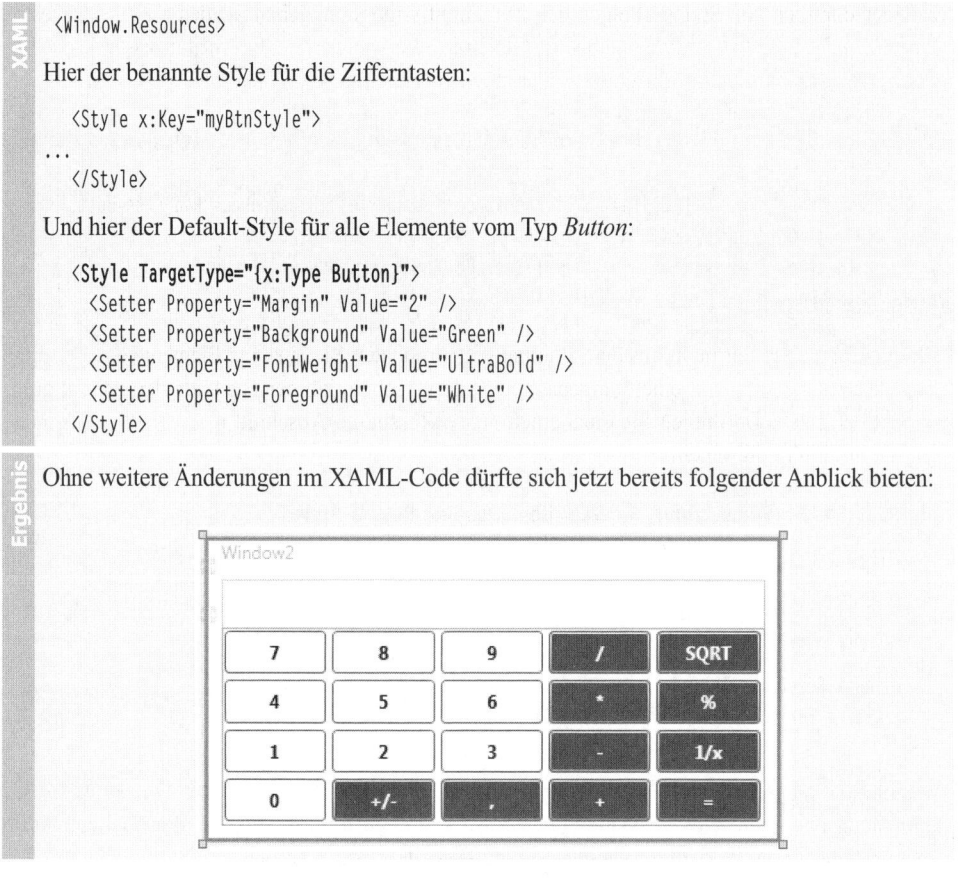

HINWEIS: Hätten Sie die Style-Definition in der Datei *Application.xaml* eingefügt, würde es sich um einen anwendungsweiten Style handeln, alle Windows bzw. die enthaltenen Schaltflächen würden dieses Outfit bekommen.

Doch was, wenn sich auf Ihrem Formular zum Beispiel ein paar *ToggleButton*-Controls befinden? Diese sind von obiger Styledefinition nicht betroffen, handelt es sich doch um eine andere Klasse.

14.5.4 Styles anpassen und vererben

Es gibt immer wieder Ausnahmen von der Regel, und so kommen Sie meist nicht darum herum, den Style einzelner Controls speziell anzupassen. Drei Varianten bieten sich dazu an:

1. Sie überschreiben einzelne Attribute direkt im Element.

2. Sie ersetzen den Style auf einer niedrigeren Ebene (statt *Application* z.B. in einem *StackPanel*).

3. Sie vererben den Style und passen ihn unter neuem Namen an.

Styles anpassen (überschreiben)

Das Überschreiben von Styles ist eigentlich ganz intuitiv möglich, geben Sie den Key des Styles an oder nutzen Sie einen Typ-Style wie bisher. Gleichzeitig erweitern Sie die Attribut-Liste des betreffenden Elements, um die gewünschten Änderungen vorzunehmen.

BEISPIEL 14.24: (Fortsetzung) Die Taste "0" soll rot hinterlegt werden (der Style gibt gelb vor)

```xml
<Button Name="Button16" Style="{StaticResource myBtnStyle}" Background="Red" >0</Button>
```

Style ersetzen

Fällt ein komplettes Formular aus dem Rahmen, oder möchten Sie einzelne Elemente einer Gruppe (*StackPanel*, *Grid* etc.) mit einem angepassten Style versehen, können Sie auch den zentral gültigen Style ersetzen. Definieren Sie dazu einen neuen Ressource-Abschnitt und fügen Sie die neue Style-Definition in diesen ein.

BEISPIEL 14.25: (Fortsetzung) Ersetzen des zentralen Button-Styles

```xml
<Window x:Class="Konzepte.Taschenrechner_1"
...
```

Hier die übergreifende Definition:

```xml
<Window.Resources>
  <Style TargetType="{x:Type Button}">
...
  </Style>
</Window.Resources>
...
    <UniformGrid Name="uniformGrid1" Columns="5" Rows="4" Grid.Row="1">
```

Hier wir der Style **ersetzt**, d.h., alle obigen Einstellungen gehen verloren:

```xml
    <UniformGrid.Resources>
      <Style TargetType="{x:Type Button}">
        <Setter Property="Margin" Value="2" />
        <Setter Property="Background" Value="Blue" />
        <Setter Property="FontWeight" Value="UltraBold" />
```

BEISPIEL 14.25: (Fortsetzung) Ersetzen des zentralen Button-Styles

```
        <Setter Property="Foreground" Value="White" />
      </Style>
    </UniformGrid.Resources>
    ...
```

HINWEIS: Elemente, die sich in der Hierarchie oberhalb des *UniformGrids* befinden sind nicht von dieser Anpassung betroffen, hier gilt wieder die zentrale Version.

Styles vererben

Wer schreibfaul ist und beispielsweise nicht den kompletten Style austauschen will, kann diesen auch einfach vererben. Dazu wird in die Definition des Styles das Attribut *BasedOn* aufgenommen, das per Binding auf den Basisstyle verweist.

Ob Sie in diesem neuen Style bestehende Eigenschaften überschreiben (einfach erneut definieren) oder neue Eigenschaften hinzufügen, bleibt Ihnen überlassen.

BEISPIEL 14.26: Vererben eines Styles

```
<Window.Resources>
```

Das Original:

```
<Style x:Key="myBtnStyle">
  <Setter Property="Control.Margin" Value="2" />
  <Setter Property="Control.Background" Value="Yellow" />
  <Setter Property="Control.FontWeight" Value="UltraBold" />
</Style>
```

Der "Erbe" mit geringfügiger Änderung:

```
<Style x:Key="myBtnStyle2" BasedOn="{StaticResource myBtnStyle}">
```

Hier wird eine Eigenschaft überschrieben:

```
  <Setter Property="Control.Margin" Value="5" />
```

Hier wird eine neue Eigenschaft gesetzt:

```
    <Setter Property="Control.FontStyle" Value="Italic" />
  </Style>
</Window.Resources>
```

Links der neue Style, rechts der Basis-Style:

7	8

Styleänderung per Code

Ihr Programm ist nicht darauf angewiesen, immer den gleichen Style zu verwenden. So ist es problemlos möglich, auch zur Laufzeit einen Style per Code neu zu setzen (z.B. unter bestimmten Bedingungen).

BEISPIEL 14.27: Der Style von *Button10* wird geändert

```
Private Sub Window_Loaded(sender As Object, e As RoutedEventArgs)
    Button10.Style = FindResource("myBtnStyle2")
End Sub
```

HINWEIS: Den Style bzw. dessen Instanz finden Sie mit der Methode *FindResource* über dessen Key.

Bevor Sie sich weiter in diese Thematik vertiefen, sollten Sie zunächst einen Blick auf den folgenden Abschnitt werfen, wahrscheinlich löst das Ihre Aufgabenstellung wesentlich eleganter.

14.6 Verwenden von Triggern

In unseren bisherigen Experimenten waren die vom Style vorgenommenen Änderungen immer statischer Natur, d.h., einmal gesetzt, blieb die Optik immer gleich. Doch dies kann sicher nicht der Weisheit letzter Schluss sein.

Wenn jetzt in Ihnen der Programmierer wieder durchkommt und Sie an VB und Ereignisprozeduren denken, vergessen Sie es gleich wieder. Für (fast) alle Aufgabenstellungen ist auch hier XAML die beste Lösung.

Für die Reaktion auf Eigenschaftsänderungen, Ereignisse, Datenänderungen etc. können Sie in WPF-Anwendungen so genannte Trigger verwenden und damit zum Beispiel den Style ändern. Dabei sind Sie nicht auf einen einzelnen Trigger angewiesen, sondern Sie können der Trigger-Collection auch mehrere Ereignisse mit unterschiedlichen Bedingungen zuweisen.

Im Folgenden wollen wir uns die verschiedenen Triggerarten näher ansehen.

14.6.1 Eigenschaften-Trigger (Property triggers)

Sicher kennen Sie auch das eine oder andere Programm, das exzessiv Gebrauch von diversen optischen Spielereien macht. Wird beispielsweise mit dem Mauskursor auf ein Control gezeigt, ändert sich dessen Rahmen oder die Hintergrundfarbe. Gleiches gilt für Eingabefelder die den Focus erhalten etc. In all diesen Fällen ändern sich Eigenschaften (*IsMouseOver*, *IsFocused*), auf die Sie bei der konventionellen Programmierung mit Ereignismethoden reagieren können. Mit Eigenschaften-Triggern können Sie Ihren VB-Quellcode von derartigem Ballast befreien und direkt per XAML-Code Änderungen am Control vornehmen.

BEISPIEL 14.28: Eine *TextBox* soll auf Änderungen von *IsMouseOver* und *IsFocused* mit Farbänderungen reagieren

```
<Window x:Class="Konzepte.Trigger_Bsp"
    xmlns="http://schemas.microsoft.com/winfx/2006/xaml/presentation"
    xmlns:x="http://schemas.microsoft.com/winfx/2006/xaml"
    Title="Trigger_Bsp" Height="300" Width="300">
```

Einen Style für die *TextBox* erzeugen:

```
<Window.Resources>
    <Style x:Key="myStyle" TargetType="{x:Type TextBox}">
```

Der Außenabstand soll immer 2 betragen:

```
    <Setter Property="Margin" Value="2" />
```

Hier werden die Trigger definiert:

```
    <Style.Triggers>
```

Unter der Bedingung ...

```
        <Trigger Property="IsMouseOver" Value="True">
```

... wird die folgende Eigenschaft gesetzt:

```
            <Setter Property="Background" Value="Yellow" />
        </Trigger>
```

Unter der Bedingung ...

```
        <Trigger Property="IsFocused" Value="True">
```

... werden die folgenden Eigenschaften gesetzt:

```
            <Setter Property="Background" Value="Blue" />
            <Setter Property="Foreground" Value="White" />
        </Trigger>
    </Style.Triggers>
    </Style>
</Window.Resources>
<Grid>
    <StackPanel>
```

Hier verwenden wir den Style:

```
    <TextBox Style="{StaticResource myStyle}" >Hallo</TextBox>
    <TextBox Style="{StaticResource myStyle}" >Hallo</TextBox>
    </StackPanel>
</Grid>
</Window>
```

Änderungen, die durch einen Trigger vorgenommen wurden, werden automatisch wieder rückgängig gemacht, wenn die Bedingung nicht mehr eingehalten wird (automatisches Wiederherstellen des Defaultwertes).

BEISPIEL 14.28: Eine *TextBox* soll auf Änderungen von *IsMouseOver* und *IsFocused* mit Farbänderungen reagieren

Die folgende Abbildung zeigt die Laufzeitansicht, die erste *TextBox* erfüllt die Bedingung *IsMouseOver=True*, die zweite *TextBox* hat den Eingabefokus und die dritte *TextBox* ist im Defaultzustand:

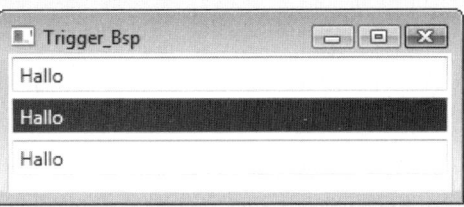

Doch was, wenn Sie mehr als eine Bedingung benötigen? Auch das ist kein Problem, in diesem Fall erzeugen Sie einfach einen "multi-condition property trigger".

BEISPIEL 14.29: Der *TextBox*-Hintergrund soll rot werden, wenn die *TextBox* den Eingabefokus besitzt und wenn kein Text enthalten ist.

```
<Window.Resources>
  <Style x:Key="myStyle" TargetType="{x:Type TextBox}">
...
```

Einen Multi-Condition-Trigger definieren:

```
    <MultiTrigger>
      <MultiTrigger.Conditions>
```

Die beiden folgenden Bedingungen müssen zutreffen:

```
        <Condition Property="IsFocused" Value="True"/>
        <Condition Property="Text" Value="" />
      </MultiTrigger.Conditions>
```

Hier die Aktion:

```
        <Setter Property="Background" Value="Red" />
      </MultiTrigger>
    </Style.Triggers>
  </Style>
</Window.Resources>
```

14.6.2 Ereignis-Trigger

Ereignis-Trigger werden durch bestimmte Ereignisse (vom Typ *RoutedEvent*) ausgelöst. Im Gegensatz zu den Eigenschaften-Triggern können Sie über derartige Trigger jedoch direkt keine Eigenschaften ändern, Sie können "lediglich" Animationen starten, die sich wiederum auf Eigenschaften auswirken.

HINWEIS: Ereignis-Trigger setzen geänderte Eigenschaften nicht wieder zurück, dafür sind **Sie** als Programmierer verantwortlich (z.B. im Pendant des betreffenden Ereignisses).

BEISPIEL 14.30: Wird der Mauskursor über einen Button bewegt, wird dieser transparent.

Zunächst die Style-Definition:

```
<Style TargetType="{x:Type Button}">
  <Style.Triggers>
```

Hier kommt unser Ereignis-Trigger:

```
<EventTrigger RoutedEvent="Button.MouseEnter">
```

Wir reagieren mit einer Aktion über die Hintergründe:

```
<EventTrigger.Actions>
  <BeginStoryboard>
```

Hier die eigentliche Aktion, die Eigenschaft *Opacity* soll in 4 Sekunden von 1 auf 0.25 verringert werden:

```
<Storyboard>
  <DoubleAnimation From="1" To="0.25" Duration="0:0:4"
                   Storyboard.TargetProperty="(Opacity)"/>
</Storyboard>
     </BeginStoryboard>
   </EventTrigger.Actions>
 </EventTrigger>
```

Beim *MouseLeave*-Ereignis gehen wir den umgekehrten Weg und stellen die ursprüngliche Transparenz wieder her:

```
<EventTrigger RoutedEvent="Button.MouseLeave">
  <EventTrigger.Actions>
    <BeginStoryboard>
      <Storyboard>
        <DoubleAnimation From="0.25" To="1" Duration="0:0:4"
                         Storyboard.TargetProperty="(Opacity)"/>
      </Storyboard>
     </BeginStoryboard>
   </EventTrigger.Actions>
 </EventTrigger>
   </Style.Triggers>
 </Style>
```

14.6.3 Daten-Trigger

Mit diesen Triggern können Sie auf das Ändern beliebiger Eigenschaften reagieren, die Verbindung zu den entsprechenden Eigenschaften stellen Sie per Bindung her. Als Reaktion auf eine Eigenschaftsänderung können Sie, wie auch bei den Eigenschaften-Triggern, mit einem *Setter*-Element bestimmte Eigenschaften ändern.

HINWEIS: Die durch den Trigger geänderten Eigenschaften werden automatisch zurückgesetzt, wenn die Bedingung nicht mehr übereinstimmt.

> **BEISPIEL 14.31: Beträgt die Textlänge in einer *TextBox* zehn Zeichen, wird der Hintergrund grün eingefärbt.**

```xaml
<Window.Resources>
  <Style x:Key="myStyle" TargetType="{x:Type TextBox}">
...

      <DataTrigger Binding="{Binding RelativeSource={RelativeSource Self},
                      Path=Text.Length}" Value="10">
        <Setter Property="Background" Value="Green" />
      </DataTrigger>
    </Style.Triggers>
  </Style>
</Window.Resources>
```

14.7 Einsatz von Templates

Im Folgenden möchten wir Sie zunächst mit ein paar Grundaussagen konfrontieren, bevor wir uns der Thematik "Templates" bzw. "Vorlagen" widmen:

- WPF-Controls haben prinzipiell keine Zeichenlogik, es handelt sich um Lookless Controls.

- WPF-Controls stellen lediglich eine Sammlung von Verhalten dar.

Spinnen hier die Autoren? Wo kommen denn sonst die ganzen optischen Spielereien her? Die Antwort auf dieses Paradoxon: Die Zeichenlogik eines Controls wird nur vom Layout/Styling bestimmt, jedes Control besitzt ein Standardaussehen (Default-Template), das komplett ersetzt werden kann.

Hier haben Sie es mit der Spielwiese der Designer zu tun, aus dem guten alten viereckigen Button kann ein gänzlich anderes Objekt werden, das jedoch nach wie vor das wesentliche Verhalten eines Buttons (Klick) besitzt. Aus Sicht des Programmierers kann dieser neue Button wie der Standard-Button verwendet werden. Damit ersparen Templates uns vielfach die Mühe, Controls umständlich abzuleiten und deren Zeichenlogik per VB-Code komplett neu zu implementieren.

HINWEIS: Im Gegensatz zu den Styles können Sie bei den Templates nicht nur die vorhandenen Eigenschaften beeinflussen, sondern das Control auch von Grund auf neu zusammenbauen.

Ein etwas komplexeres Beispiel soll die prinzipielle Vorgehensweise verdeutlichen, eine Komplettübersicht dieses Themas können wir Ihnen an dieser Stelle leider nicht geben.

BEISPIEL 14.32: Erzeugen und Verwenden eines Templates

Unsere Schaltflächen sollen ellipsenförmig sein und einen Farbverlauf aufweisen. Ist die Maus über dem Control, soll sich die Schriftstärke ändern. Ein Niederdrücken der Schaltfläche führt zu einem umgekehrten Farbverlauf im Control.

```
<Window.Resources>
```

Zunächst erstellen wir einen neuen Type-Style für *Button*-Elemente (Sie können auch einen benannten Style verwenden):

```
<Style TargetType="{x:Type Button}">
```

Hier greifen wir erstmals auf das Template zu, die Definition ist etwas verschachtelt, da es sich um eine recht komplexe Zuweisung handelt:

```
<Setter Property="Template">
  <Setter.Value>
```

Der Eigenschaft *Template* wird ein *ControlTemplate* zugewiesen:

```
<ControlTemplate TargetType="{x:Type Button}">
```

Für die innere Ausrichtung nutzen wir zunächst ein Grid:

```
<Grid HorizontalAlignment="Stretch" VerticalAlignment="Stretch"
ClipToBounds="False">
```

Und hier haben wir es schon mit der Optik zu tun, wir erzeugen eine Ellipse mit einem Farbverlauf (dies ist der Defaultzustand):

```
<Ellipse Name="elli">
  <Ellipse.Fill>
    <LinearGradientBrush StartPoint="0,0" EndPoint="0,1" >
      <LinearGradientBrush.GradientStops>
        <GradientStop Color="#fff399" Offset="0.1"/>
        <GradientStop Color="#ffe100" Offset="0.5"/>
        <GradientStop Color="#feca00" Offset="0.9"/>
      </LinearGradientBrush.GradientStops>
    </LinearGradientBrush>
  </Ellipse.Fill>
</Ellipse>
```

In unserem Button soll auch etwas angezeigt werden, dafür ist das *ContentPresenter*-Element verantwortlich:

```
<ContentPresenter x:Name="PrimaryContent" HorizontalAlignment="Center"
                  VerticalAlignment="Center"
```

Den eigentlichen Inhalt holen wir uns wiederum vom ursprünglichen Element (dem *Button*), deshalb auch die etwas umständliche Bindung:

```
Content="{Binding Path=Content, RelativeSource={RelativeSource TemplatedParent}}"
  />
</Grid>
```

Nicht nur die Default-Anzeige unseres Buttons wollen wir beeinflussen, sondern auch die Reaktion auf Maus und Klicken:

```
<ControlTemplate.Triggers>
```

Es wird geklickt, d.h., wir zeichnen einen neuen Hintergrund. Dazu benötigen wir allerdings den Namen der Ellipse:

```
<Trigger Property="Button.IsPressed" Value="True">
    <Setter Property="Fill" TargetName="elli" >
```

HINWEIS: Diese Namen sind nur innerhalb des Templates verwendbar!

```
<Setter.Value>
  <LinearGradientBrush StartPoint="0,1" EndPoint="0,0" >
    <LinearGradientBrush.GradientStops>
      <GradientStop Color="#fff399" Offset="0.1"/>
      <GradientStop Color="#ffe100" Offset="0.5"/>
      <GradientStop Color="#feca00" Offset="0.9"/>
    </LinearGradientBrush.GradientStops>
  </LinearGradientBrush>
</Setter.Value>
</Setter>
</Trigger>
```

Die Maus wird über das Control bewegt, in diesem Fall wird lediglich die Schriftstärke geändert:

```
<Trigger Property="Button.IsMouseOver" Value="True">
    <Setter Property="FontWeight" Value="Bold" />
</Trigger>
```

Hier könnten Sie noch auf weitere Eigenschaftsänderungen reagieren ...

```
    </ControlTemplate.Triggers>
  </ControlTemplate>
</Setter.Value>
</Setter>
```

Last, but not least setzen wir noch ein paar Eigenschaften:

```
<Setter Property="Foreground" Value="Black" />
<Setter Property="FontFamily" Value="Arial" />
<Setter Property="FontSize" Value="14" />
</Style>
</Window.Resources>
```

BEISPIEL 14.32: Erzeugen und Verwenden eines Templates

Und wie sieht nun unsere neue Schaltfläche aus? Hier die Antwort:

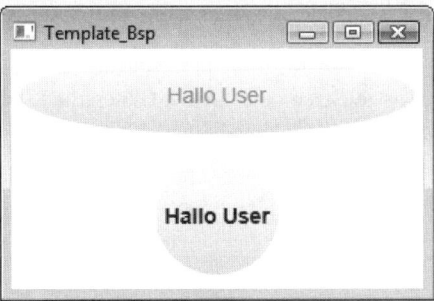

Doch wie können Sie innerhalb des Templates auf die ursprüngliche Definition von Eigenschaften zugreifen? Hier hilft Ihnen ebenfalls Binding weiter.

BEISPIEL 14.33: Verwendung der *Button.Background*-Eigenschaft für ein Rechteck im Hintergrund des Controls.

```
<ControlTemplate TargetType="{x:Type Button}">
    <Grid HorizontalAlignment="Stretch" VerticalAlignment="Stretch"
        ClipToBounds="False">
        <Rectangle Fill="{TemplateBinding Property=Background}"/>
        <Ellipse Name="elli">
```

Starten Sie das Programm mit dieser Änderung, taucht im Hintergrund zunächst der Default-Farbverlauf eines Buttons auf (so ist *Background* für einen *Button* auch gesetzt).

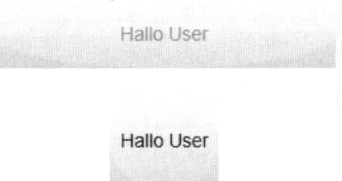

Sie können aber über den Style gleich noch eine andere Hintergrundfarbe auswählen:

```
<Setter Property="FontSize" Value="14" />
<Setter Property="Background" Value="Blue" />
</Style>
```

Werfen wir noch einen Blick auf das *ContentPresenter*-Element in unserem obigen Template. Dessen Content stammt vom ursprünglichen Element ab und bietet damit ebenfalls die Möglichkeit, komplexe Controls "zusammenzubasteln".

BEISPIEL 14.34: Wir definieren einen zusätzlichen Button mit einer Grafik, der Button übernimmt den vorliegenden Style.

```xaml
<Button Height="76" Margin="10" Width="113">
  <StackPanel Orientation="Horizontal">
    <Image Source="Images/flash.png" Width="26" Height="26" Margin="0,0,10,0"/>
    <TextBlock VerticalAlignment="Center">Action</TextBlock>
  </StackPanel>
</Button>
```

Das zusammengewürfelte Endergebnis (Grafik und Text per *Content,* Grundlayout per *Template)* präsentiert sich nach wie vor als vollwertiger Button:

14.7.1 Template abrufen und verändern

Möchten Sie von einem vorhandenen Control das Template abrufen und eventuell verändern, so ist dies seit Visual Studio 2012 kein Problem mehr.

Sie können von jedem Control direkt aus dem Designer heraus eine Kopie des Default-Templates editieren. Markieren Sie das betreffende Control im WPF-Editor-Fenster und klicken Sie auf die rechte Maustaste. Über das Kontextmenü rufen Sie *Vorlage bearbeiten|Kopie bearbeiten* auf:

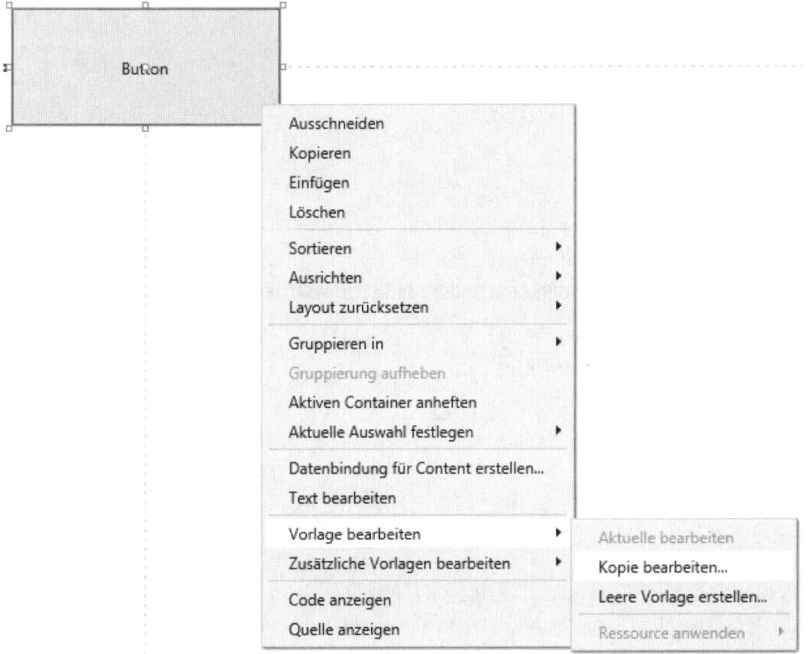

Im folgenden Dialog bestimmen Sie, ob der Style per Key (benannt) oder per Typ zugeordnet werden soll und wo der Style erstellt wird (siehe folgende Abbildung). Auf das Speichern im aktuellen Window sollten Sie aus Gründen der Übersichtlichkeit verzichten.

BEISPIEL 14.35: Die derart erstellte Kopie sieht wie folgt aus (Beispiel _Button_):

```xaml
<Application x:Class="WpfApplication2.App"
             xmlns="http://schemas.microsoft.com/winfx/2006/xaml/presentation"
             xmlns:x="http://schemas.microsoft.com/winfx/2006/xaml"
             StartupUri="MainWindow.xaml">
    <Application.Resources>
```

Hier geht es mit der eigentlichen Definition des Buttons los, bei der zunächst einige Einstellungen zugewiesen werden:

```xaml
        <Style TargetType="{x:Type Button}">
            <Setter Property="FocusVisualStyle">
                <Setter.Value>
                    <Style>
                        <Setter Property="Control.Template">
                            <Setter.Value>
                                <ControlTemplate>
                                    <Rectangle Margin="2" SnapsToDevicePixels="True"
                                        Stroke="{DynamicResource {x:Static
                                        SystemColors.ControlTextBrushKey}}"
                                        StrokeThickness="1" StrokeDashArray="1 2"/>
                                </ControlTemplate>
                            </Setter.Value>
                        </Setter>
                    </Style>
                </Setter.Value>
            </Setter>
            <Setter Property="Background" Value="#FFDDDDDD"/>
            <Setter Property="BorderBrush" Value="#FF707070"/>
```

Hier wird direkt eine Systemressource genutzt, die Anpassung erfolgt dynamisch, d.h. bei Änderungen in der Systemsteuerung:

```
<Setter Property="Foreground"
        Value="{DynamicResource {x:Static SystemColors.ControlTextBrushKey}}"/>
<Setter Property="BorderThickness" Value="1"/>
<Setter Property="HorizontalContentAlignment" Value="Center"/>
<Setter Property="VerticalContentAlignment" Value="Center"/>
<Setter Property="Padding" Value="1"/>
<Setter Property="Template">
    <Setter.Value>
```

Das Default-Template als Kopie:

```
<ControlTemplate TargetType="{x:Type Button}">
    <Border x:Name="border" BorderBrush="{TemplateBinding BorderBrush}"
        BorderThickness="{TemplateBinding BorderThickness}"
        Background="{TemplateBinding Background}"
        SnapsToDevicePixels="True">
        <ContentPresenter x:Name="contentPresenter"
          ContentTemplate="{TemplateBinding ContentTemplate}"
          Content="{TemplateBinding Content}"
          ContentStringFormat="{TemplateBinding ContentStringFormat}"
          Focusable="False" HorizontalAlignment="{TemplateBinding
          HorizontalContentAlignment}" Margin="{TemplateBinding Padding}"
          RecognizesAccessKey="True"
          SnapsToDevicePixels="{TemplateBinding SnapsToDevicePixels}"
          VerticalAlignment="{TemplateBinding
        VerticalContentAlignment}"/>
    </Border>
```

Die Reaktion auf Eigenschaften-Trigger:

```
<ControlTemplate.Triggers>
    <Trigger Property="IsDefaulted" Value="True">
        <Setter Property="BorderBrush" TargetName="border"
Value="{DynamicResource {x:Static SystemColors.HighlightBrushKey}}"/>
    </Trigger>
```

Reaktion auf Mausbewegung:

```
<Trigger Property="IsMouseOver" Value="True">
    <Setter Property="Background" TargetName="border"
        Value="#FFBEE6FD"/>
    <Setter Property="BorderBrush" TargetName="border"
        Value="#FF3C7FB1"/>
</Trigger>
```

Reaktion auf Klicken:

```
<Trigger Property="IsPressed" Value="True">
```

BEISPIEL 14.35: Die derart erstellte Kopie sieht wie folgt aus (Beispiel *Button*):

```
                        <Setter Property="Background" TargetName="border"
                                Value="#FFC4E5F6"/>
                        <Setter Property="BorderBrush" TargetName="border"
                                Value="#FF2C628B"/>
                    </Trigger>
                    <Trigger Property="IsEnabled" Value="False">
                        <Setter Property="Background" TargetName="border"
                                Value="#FFF4F4F4"/>
                        <Setter Property="BorderBrush" TargetName="border"
                                Value="#FFADB2B5"/>
                        <Setter Property="TextElement.Foreground"
                                TargetName="contentPresenter" Value="#FF838383"/>
                    </Trigger>
                </ControlTemplate.Triggers>
            </ControlTemplate>
        </Setter.Value>
      </Setter>
    </Style>

    </Application.Resources>
</Application>
```

HINWEIS: Ändern Sie in diesem Template beispielsweise die Farben im *IsMouseOver*-Trigger (siehe fett hervorgehobene Zeilen), wird sich das Aussehen aller Schaltflächen in Ihrer Anwendung ändern.

Hauptzielgruppe dieses Features dürfte jedoch nicht der Programmierer sondern der Designer der Anwendung sein. Gleiches trifft ebenfalls auf das im folgenden Abschnitt behandelte Storyboard zu.

14.8 Transformationen, Animationen, StoryBoards

Im Folgenden wollen wir in einem "Schnelldurchlauf für Programmierer" noch einen Blick auf WPF-typische-Features werfen, auch wenn diese im Allgemeinen nicht zum Hauptarbeitsgebiet des Programmierers gehört.

14.8.1 Transformationen

Mit Hilfe von Transformationen können Sie in WPF das optische Standardverhalten problemlos verändern, ohne sich um Templates oder Styles kümmern zu müssen. Sie können die Größe, Position, Drehung und Verzerrung der betroffenen Controls über die einfache Zuweisung einer entsprechenden Transformation ändern (statische Änderung).

HINWEIS: Damit sind diese Operationen natürlich auch die Vorstufe für einfache Animationen (dynamische Änderung in Abhängigkeit von der Zeit).

Folgende Möglichkeiten stehen Ihnen zur Verfügung:

Transformation	Beschreibung
RotateTransform	Element um einen bestimmten Winkel drehen
ScaleTransform	Element vergrößern/verkleinern..
SkewTransform	Element verformen.
TranslateTransform	Element verschieben.
MatrixTransform	Zusammenfassung der obigen Transformationen per 3x3 Transformationsmatrix

Lassen Sie uns nun an einfachen Beispielen die Wirkung der jeweiligen Transformation demonstrieren.

Drehen mit RotateTransform

Mit *RotateTransform* realisieren Sie eine Drehung des Elements im Uhrzeigersinn. Den Drehpunkt können Sie optional festlegen, per Default ist dies die linke obere Ecke.

BEISPIEL 14.36: Button um 40° drehen

```
<Canvas>
    <Button Canvas.Left="100" Canvas.Top="100" Content="Button" Height="50"
        Name="Button1" Width="100" >
      <Button.RenderTransform>
        <RotateTransform Angle="40"/>
      </Button.RenderTransform>
    </Button>
    <Rectangle Canvas.Left="100" Canvas.Top="100" Height="50" Name="rectangle1"
        Stroke="Red" Width="100" />
</Canvas>
```

Das *Angle*-Attribut bestimmt den Drehwinkel um den per *CenterX*- und *CenterY*-Attribut festgelegten Drehpunkt. Natürlich können Sie für eine andere Drehrichtung auch negative Werte übergeben.

HINWEIS: Durch die Rotation wird das Koordinatensystem des gedrehten Elements verändert!

Skalieren mit ScaleTransform

Soll ein Element skaliert werden, nutzen Sie eine *ScaleTransform*.

BEISPIEL 14.37: Button skalieren

```xaml
<Canvas>
    <Button Canvas.Left="100" Canvas.Top="100" Content="Button" Height="50"
            Name="Button1" Width="100" >
        <Button.RenderTransform>
            <ScaleTransform ScaleX="1.5" ScaleY="2"/>
        </Button.RenderTransform>
    </Button>
    <Rectangle Canvas.Left="100" Canvas.Top="100" Height="50" Name="rectangle1"
            Stroke="Red" Width="100" />
</Canvas>
```

Mit den *ScaleX*- und *ScaleY*-Attributen bestimmen Sie den Skalierungsfaktor für die X- bzw. Y-Achse. Mit *CenterX*- und *CenterY* bestimmen Sie den Fixpunkt von dem die Skalierung gestartet wird, dies ist per Default die linke obere Ecke.

Verformen mit SkewTransform

Mit *SkewTransform* verformen Sie das Koordinatensystem um bestimmten Winkel.

BEISPIEL 14.38: Verformen des Koordinatensystems

```xaml
<Canvas>
    <Button Canvas.Left="100" Canvas.Top="100" Content="Button" Height="50"
            Name="Button1" Width="100" >
        <Button.RenderTransform>
            <SkewTransform AngleY="25" AngleX="15" />
        </Button.RenderTransform>
    </Button>
    <Rectangle Canvas.Left="100" Canvas.Top="100" Height="50" Name="rectangle1"
            Stroke="Red" Width="100" />
</Canvas>
```

BEISPIEL 14.38: Verformen des Koordinatensystems

Ergebnis

Den Verformungsgrad bestimmen Sie mit den Attributen *AngleX-* und *AngleY. CenterX-* und *CenterY* legen den Ursprungspunkt fest.

Verschieben mit TranslateTransform

Auch die Verschiebung eines Elements ist mit *TranslateTransform* kein Problem. Sie können mit den X- und Y-Attributen die horizontale bzw. vertikale Verschiebung bestimmen.

BEISPIEL 14.39: Button verschieben

XAML

```
<Canvas>
    <Button Canvas.Left="100" Canvas.Top="100" Content="Button" Height="50"
            Name="Button1" Width="100" >
        <Button.RenderTransform>
            <TranslateTransform X="50" Y="25"/>
        </Button.RenderTransform>
    </Button>
    <Rectangle Canvas.Left="100" Canvas.Top="100" Height="50" Name="rectangle1"
               Stroke="Red" Width="100" />
</Canvas>
```

Ergebnis

Und alles zusammen mit TransformGroup

Sicher wollten Sie auch schon mal mehrere der obigen Effekte gleichzeitig realisieren. Allerdings dürfte Ihnen die Syntax-Prüfung des XAML-Editors hier einen Strich durch die Rechnung gemacht haben.

HINWEIS: Um mehrere Transformationen gleichzeitig zuzuweisen, müssen Sie eine *Transform-Group* verwenden.

BEISPIEL 14.40: Mehrere Transformationen gleichzeitig anwenden

```xaml
<Canvas>
    <Button Canvas.Left="100" Canvas.Top="100" Content="Button" Height="50"
            Name="Button1" Width="100" >
        <Button.RenderTransform>
            <TransformGroup>
                <ScaleTransform ScaleX=".75" ScaleY="1.5"/>
                <RotateTransform Angle="45"></RotateTransform>
                <TranslateTransform X="50" Y="25"/>
            </TransformGroup>
        </Button.RenderTransform>
    </Button>
    <Rectangle Canvas.Left="100" Canvas.Top="100" Height="50" Name="rectangle1"
            Stroke="Red" Width="100" />
</Canvas>
```

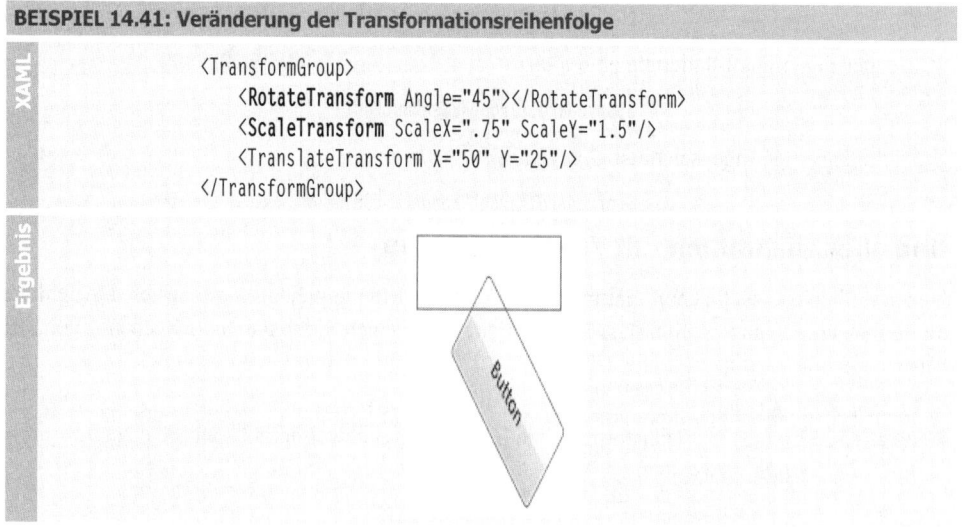

Doch Achtung: Hier spielt die Reihenfolge in der Gruppe eine bedeutende Rolle, wie folgende kleine Änderung (erst Drehung, dann Skalierung) zeigt:

BEISPIEL 14.41: Veränderung der Transformationsreihenfolge

```xaml
<TransformGroup>
    <RotateTransform Angle="45"></RotateTransform>
    <ScaleTransform ScaleX=".75" ScaleY="1.5"/>
    <TranslateTransform X="50" Y="25"/>
</TransformGroup>
```

Ursache ist die Veränderung des Koordinatensystems des betroffenen Controls.

14.8.2 Animationen mit dem StoryBoard realisieren

Für die Realisierung von Animationen werden in WPF so genannte Storyboards verwendet, die wiederum einzelne oder mehrere Animationen (zeitliche Veränderungen von Eigenschaften) enthalten können. Storyboards können wiederum über bestimmte Ereignis-Trigger ausgelöst, angehalten, fortgesetzt oder auch beendet werden (alternativ natürlich auch per Code).

Ein erstes einfaches Beispiel soll die prinzipielle Vorgehensweise beim Animieren einer Eigenschaft (in diesem Fall der Transparenz) demonstrieren.

BEISPIEL 14.42: Ausblenden eines Buttons, wenn die Maus darüber bewegt wird

```XAML
<Canvas>
```

Zunächst den Button definieren:

```
    <Button Canvas.Left="100" Canvas.Top="100" Content="Button" Height="50"
            Name="Button1" Width="100" >
```

Wir reagieren mit einem *Trigger* auf das Hineinbewegen der Maus:

```
        <Button.Triggers>
            <EventTrigger RoutedEvent="Button.MouseEnter">
```

In Folge des ausgelösten Trigger-Ereignisses wird das folgende *StoryBoard* ausgeführt:

```
                <BeginStoryboard>
                    <Storyboard x:Name="Storyboard1">
```

Das *StoryBoard* enthält eine *DoubleAnimation* (Verändern einer *Double*-Eigenschaft) mit einer Zeitdauer (*Duration*) von 4 Sekunden:

```
                        <DoubleAnimation Duration="0:0:4"
```

Ziel der Eigenschaftsänderung ist *Button1*:

```
                            Storyboard.TargetName="Button1"
```

Die zu ändernde Eigenschaft ist *Opacity*:

```
                            Storyboard.TargetProperty="Opacity"
```

Die Eigenschaft wird in der o.g. Zeitdauer von 1 auf 0 geändert:

```
                            From="1" To="0" />
                    </Storyboard>
                </BeginStoryboard>
            </EventTrigger>
        </Button.Triggers>
    </Button>
    <Rectangle Canvas.Left="100" Canvas.Top="100" Height="50" Name="rectangle1"
            Stroke="Red" Width="100" />
</Canvas>
```

Das war hoffentlich nicht allzu abschreckend, es geht teilweise auch einfacher und alternativ können Sie auch mit sinnvolleren Werkzeugen den obigen XAML-Code erstellen.

Animation per VB-Code realisieren

Im obigen Fall müssen Sie immer ein StoryBoard einsetzen, um die Animation(en) zu kapseln. Etwas einfacher geht es, wenn Sie lediglich eine Animation per VB-Code realisieren wollen. In diesem Fall erstellen Sie einfach eine Instanz der gewünschten Animation (davon gibt es je nach Zieleigenschaft unterschiedliche), parametrieren diese und starten die Animation, indem Sie diese an die *BeginAnimation*-Methode des gewünschten Controls übergeben.

BEISPIEL 14.43: Eine einfache Animation per Code definieren und ausführen

```
...
Imports System.Windows.Media.Animation
...
    Private Sub Button2_Click(sender As Object,  e As RoutedEventArgs)
```
Instanz erstellen:
```
        Dim ani As New DoubleAnimation()
```
Parametrieren:
```
        ani.From = 1
        ani.To = 0
```
Starten (Transparenz ändern):
```
        Button2.BeginAnimation(Button.OpacityProperty, ani)
    End Sub
```

Das war doch gar nicht so schwierig, oder?

Animation per Code steuern

Sicher dämmert es Ihnen schon, komplexe Animationen bzw. die Zusammenfassung mehrerer Animationen als Storyboard sind kaum für die tägliche Praxis des VB-Programmierer geeignet. Abgesehen davon, dass Sie Unmengen von VB-Code erzeugen, fehlt bei vielen Animationen einfach die Vorstellungskraft. Dauernde Programmstarts zum Ausprobieren der Effekte zehren auch an den Nerven und kosten Zeit. Ganz nebenbei ist auch die Parametrierung vieler Eigenschaften mit VB eine Pein, hier kann XAML seine Vorteile deutlich ausspielen.

Viel besser ist es, die Storyboards mit einem Programm wie Microsoft Blend zu erstellen und nachträglich in Ihre Anwendung einzufügen. Zum Starten können der Animationen können Sie entweder, wie bereits gezeigt, einen Trigger verwenden oder Sie nutzen das *Storyboard* per Code. Dazu stellt die *Storyboard*-Klasse mehrere Methoden bereit, mit denen Sie die Animation gezielt kontrollieren können:

Methode	Beschreibung
Begin	Animationen des *Storyboards* starten.
Pause	Wiedergabe anhalten.
Resume	Wiedergabe fortsetzen.
Seek	Bei der Wiedergabe zu einer Position im *Storyboard* springen. Verwenden Sie eine *TimeSpan-Wert*.
Stop	Wiedergabe anhalten und Wiedergabeposition zurücksetzen.

HINWEIS: Auf den Ablauf der Animationen im *Storyboard* können Sie mit dessen *Completed*-Ereignis reagieren.

BEISPIEL 14.44: Als Ressource definierte Animation per Code starten

```
<Window x:Class="Animation_Bsp.MainWindow"
...
        Title="MainWindow" Height="350" Width="525">
```

Als Window-Ressource definieren wir ein *Storyboard*:

```
<Window.Resources>
```

Achten Sie darauf, einen *Key* zu vergeben:

```
<Storyboard x:Key="storyboard2">
    <DoubleAnimation Duration="0:0:4" Storyboard.TargetName="Button1"
                     Storyboard.TargetProperty="Width" To="300" />
</Storyboard>
</Window.Resources>
<Canvas>
<Button Canvas.Left="100" Canvas.Top="100" Content="Button" Height="50"
        Name="Button1" Width="100" Click="Button1_Click">
</Button>
...
```

Zunächst den Namespace importieren:

```
Imports System.Windows.Media.Animation
...
```

Zur Laufzeit können wir unser *Storyboard* suchen und mit der *Begin*-Methode starten:

```
Private Sub Button1_Click(sender As Object, e As RoutedEventArgs)
    Dim sb As Storyboard = TryCast(FindResource("storyboard2"), Storyboard)
    If sb IsNot Nothing Then sb.Begin()
```

Ist für das *Storyboard* kein *TargetName* vorgegeben, können Sie das *Storyboard* auch auf jedes andere Control anwenden, wenn Sie dieses an die *Begin*-Methode übergeben:

```
    If sb IsNot Nothing Then sb.Begin(Button2)
End Sub
```

> **HINWEIS:** Ein Klick auf eine andere Taste könnte beispielsweise mit *Storyboard.Stop* die Animation anhalten.

Selbstverständlich können Sie ein in den Ressourcen abgelegtes Storyboard auch per XAML einbinden bzw. starten. In diesem Fall benötigen Sie nicht eine Zeile VB-Code, können aber die Animationen (bzw. die übergeordneten Storyboards) zentral verwalten.

BEISPIEL 14.45: Alternative zum vorhergehenden Beispiel

```xaml
<Window x:Class="Animation_Bsp.MainWindow"
...

    <Window.Resources>
        <Storyboard x:Key="storyboard2">
            <DoubleAnimation Duration="0:0:4" Storyboard.TargetName="Button1"
                        Storyboard.TargetProperty="Width" To="300" />
        </Storyboard>
    </Window.Resources>
...

        <Button Canvas.Left="50" Canvas.Top="206" Content="Button" Height="23"
            Name="Button4" Width="75" >
```

Per Trigger starten wir ein *Storyboard*:

```xaml
        <Button.Triggers>
            <EventTrigger RoutedEvent="Button.MouseEnter">
```

Hier weisen wir die Ressource zu:

```xaml
                <BeginStoryboard Storyboard="{StaticResource storyboard2}" />
            </EventTrigger>
        </Button.Triggers>
    </Button>
    </Canvas>
</Window>
```

Haben Sie ein *Storyboard* ohne *TargetName* (universelle Verwendung), müssen Sie diesen beim Einbinden der Ressource angeben, um auch das Ziel der Animation zu bestimmen:

BEISPIEL 14.46: Ziel bestimmen

```xaml
...
    <EventTrigger RoutedEvent="Button.MouseEnter">
        <BeginStoryboard Storyboard="{StaticResource storyboard4}"
                    Storyboard.TargetName="Button4" />
    </EventTrigger>
...
```

Mehrere Animationen zusammenfassen

Dass eine Animation nur auf der linearen Änderung einer Eigenschaft basiert, dürfte wohl selten der Fall sein. Meist werden mehrere Eigenschaften gleichzeitig geändert. Auch das ist mit dem Storyboard kein Problem, wie das folgende Beispiel zeigt:

BEISPIEL 14.47: *Storyboard* mit drei Animationen

```
<Window x:Class="Animation_Bsp.MainWindow"
        xmlns="http://schemas.microsoft.com/winfx/2006/xaml/presentation"
        xmlns:x="http://schemas.microsoft.com/winfx/2006/xaml"
        Title="MainWindow" Height="350" Width="525">
    <Window.Resources>
        <Storyboard x:Key="storyboard3">
            <DoubleAnimation Duration="0:0:4" Storyboard.TargetProperty="Width" To="300" />
            <DoubleAnimation Duration="0:0:4"
                    Storyboard.TargetProperty="RenderTransform.Angle" To="360" />
            <ColorAnimation  Duration="0:0:3"
                    Storyboard.TargetProperty="Foreground.Color" From="Red" To="Blue" />
        </Storyboard>
    </Window.Resources>
</Window>
```

Das soll zu diesem Thema genügen. Auch wenn WPF im Bereich "Animationen" fast unbegrenzte Möglichkeiten bietet, so sprechen diese doch kaum den Programmierer sondern eher den Designer der Anwendung an. Machen Sie sich also nicht die Mühe, komplexe Storyboards per XAML oder gar VB-Quellcode zu erstellen, sondern nutzen Sie hier die Vorteile von Microsoft Expression Blend, erstellen Sie damit interaktiv den entsprechende XAML-Code und fügen Sie diesen in die Ressourcen Ihrer Anwendung ein. Damit ersparen Sie sich viele graue Haare und haben mehr Zeit für die eigentliche Anwendungsentwicklung.

14.9 Praxisbeispiel

14.9.1 Arbeiten mit Microsoft Expression Blend

Seit der Einführung von WPF bietet Microsoft neben Visual Studio auch eine zweite Entwicklungsumgebung an, die sich jedoch gezielt an den Designer wendet. Die Rede ist von *Expression Blend*, das in der aktuellen Version 4 vorliegt.

Für den Visual Studio-Entwickler dürfte die Oberfläche von Expression Blend auf den ersten Blick etwas gewöhnungsbedürftig sein, was sicher auch an der "eigenartigen" Farbgebung liegt:

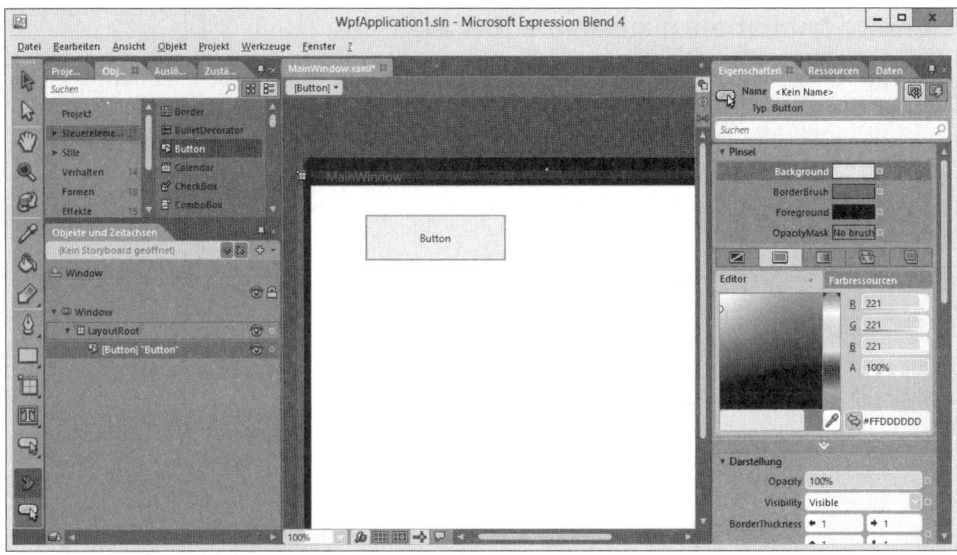

Der wesentlichste Unterschied zu Visual Studio zeigt sich zunächst im Grundansatz, dass die Entwicklung von Aktionen (Trigger) quasi per Assistent und nicht per Quellcode abläuft. VB-Quelltext wird von Expression Blend stiefmütterlich behandelt, der Designer soll mit den vorhandenen Triggern etc. arbeiten.

Eine Animation realisieren

Mit dem Klick auf eine Schaltfläche soll eine Animation gestartet werden. Dazu wählen Sie zunächst im "Triggers"-Bereich die Taste "+Event" und bestimmen nachfolgend über die beiden Auswahllisten welches Objekt (Button) und welche Aktion (Click) zugeordnet werden:

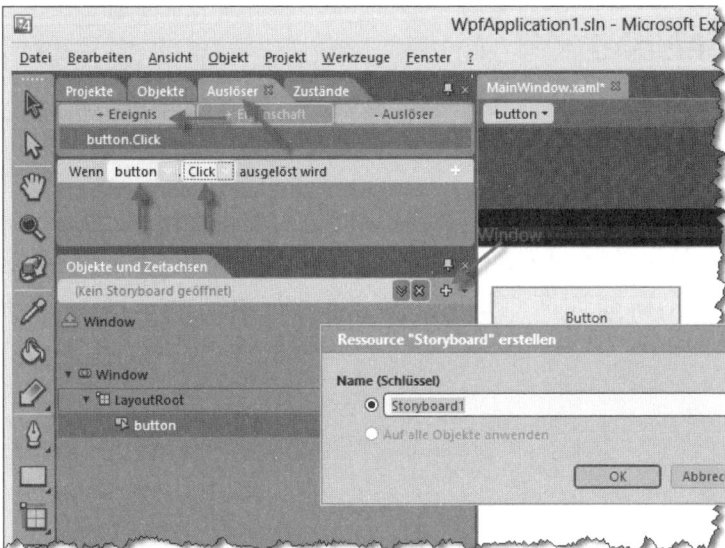

Nachfolgend steht die Frage, ob Sie eine neue Timeline (Storyboard Ressource) erstellen wollen. Diese Timeline dürfte Hobbyfilmern sicher bekannt vorkommen, handelt es sich doch um eine Zeitachse, bei der Sie Objekt-Eigenschaften zu bestimmten Zeitpunkten definiert setzen können:

Die Verwendung ist recht simpel, wählen Sie beispielsweise in der Timeline den Zeitpunkt 5 (Sekunden) und verschieben Sie jetzt ein Control und ändern Sie dessen Größe[1].

Der XAML-Code

Nach dem Umschalten in die XAML-Ansicht können Sie bereits den erzeugten Code (Storyboard) einsehen:

```
...
<Window.Resources>
  <Storyboard x:Key="Storyboard1">
```

Eine Transformation (Verschiebung X-Achse):

```
<DoubleAnimationUsingKeyFrames BeginTime="00:00:00" Storyboard.TargetName="Button"
  Storyboard.TargetProperty="(UIElement.RenderTransform).(TransformGroup.Children)[3].
  (TranslateTransform.X)">
  <SplineDoubleKeyFrame KeyTime="00:00:05" Value="96.5"/>
</DoubleAnimationUsingKeyFrames>
```

Eine Transformation (Verschiebung Y-Achse):

```
<DoubleAnimationUsingKeyFrames BeginTime="00:00:00" Storyboard.TargetName="Button"
  Storyboard.TargetProperty="(UIElement.RenderTransform).(TransformGroup.Children)[3].
  (TranslateTransform.Y)">
  <SplineDoubleKeyFrame KeyTime="00:00:05" Value="97.5"/>
</DoubleAnimationUsingKeyFrames>
...
  </Storyboard>
```

---

[1] Im Kopf der Design-Ansicht sollte "Zeitachse-Aufzeichnung ist an" angezeigt werden.

```
</Window.Resources>
```

Und hier werden Storyboard und Ereignis miteinander verknüpft:

```
<Window.Triggers>
  <EventTrigger RoutedEvent="ButtonBase.Click" SourceName="Button">
    <BeginStoryboard x:Name="OnClick2_BeginStoryboard"
                     Storyboard="{StaticResource OnClick1}"/>
  </EventTrigger>
</Window.Triggers>
```

VB oder C#-Code für die Ereignisbehandlung sind an dieser Stelle nicht erzeugt worden und auch
nicht notwendig.

Test

Starten Sie das Projekt mit F5 und klicken Sie auf die Schaltfläche. Diese sollte sich jetzt mit einer
Animation bewegen und gleichzeitig drehen. Sollen diese Aktionen getrennt ablaufen, müssen Sie
in der Timeline mehrere Zwischenpunkte setzen und die jeweiligen Aktionen ausführen.

Bemerkung

Auch die Parametrierung von Effekten über das Eigenschaftenfenster oder den XAML-Quellcode
geht dank interaktiver Anzeige schnell von der Hand.

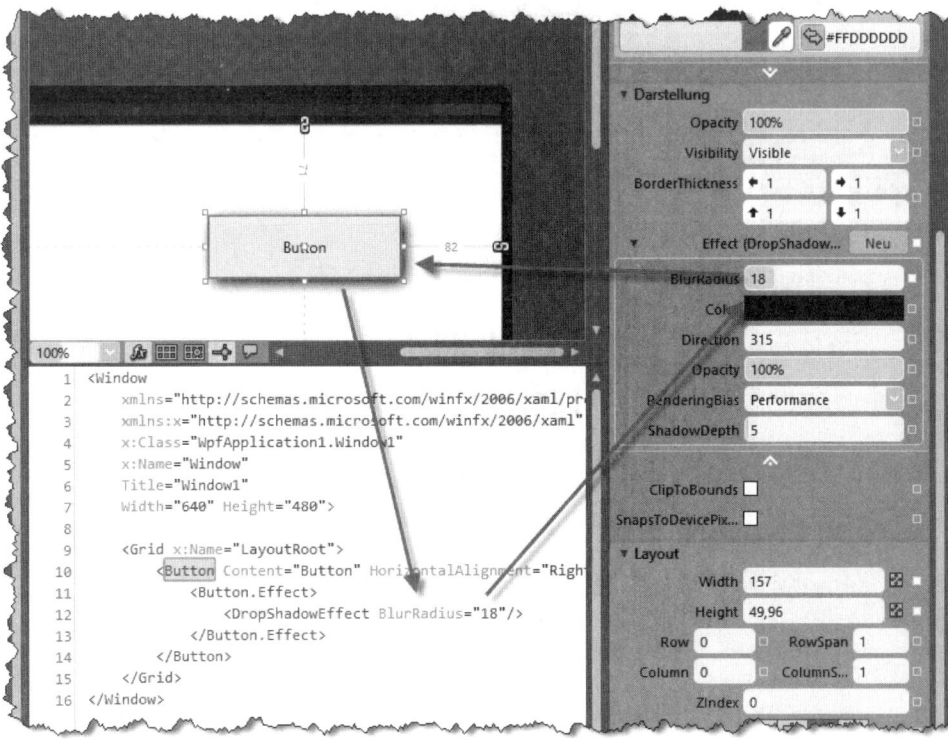

Doch was nützen Ihnen als VB-Programmierer all diese Möglichkeiten?

Zwei Szenarien sind denkbar:

■ Sie erstellen die WPF-Anwendung komplett selbst und nutzen die erweiterten Möglichkeiten von Expression Blend, um Storyboards und komplexe Oberflächendefinitionen zu erstellen. Die erzeugten XAML-Daten können Sie in Ihr Visual Studio-Projekt (z.B. per Zwischenablage) importieren, oder Sie öffnen das betreffende Expression Blend-Projekt gleich mit Visual Studio 2012.

■ Sie arbeiten mit einem Designer zusammen, der das Projekt in Expression Blend optisch aufbereitet und Sie können den erforderlichen Quellcode beitragen. Ein Doppelklick auf die dem Window zugeordnete VB-Datei bewirkt, dass diese gleich in Visual Studio geöffnet wird, alternativ öffnen Sie das Projekt komplett mit Visual Studio.

Kapitel 15

WPF-Datenbindung

Nachdem wir schon an der einen oder anderen Stelle auf Datenbindung zurückgegriffen haben, wollen wir uns jetzt direkt mit dieser Thematik beschäftigen.

Im Unterschied zu den Windows Forms-Anwendungen sind Sie bei der Datenbindung nicht auf spezielle Controls angewiesen, in einer WPF-Anwendung kann fast jede Eigenschaft (Abhängigkeitseigenschaft) an andere Eigenschaften gebunden werden.

Als Datenquelle können Sie beispielsweise

- Eigenschaften anderer WPF-Controls (Elemente),
- Ressourcen,
- XML-Elemente oder
- beliebige Objekte (auch ADO.NET-Objekte, z.B. *DataTable)*

verwenden.

HINWEIS: Im Rahmen dieses Buchs werden wir uns auf einen ersten Überblick beschränken, zu den Details und Hintergründen verweisen wir auf unser Buch [Datenbankprogrammierung mit Visual Basic 2012].

15.1 Grundprinzip

Zunächst wollen wir Ihnen das Grundprinzip der Datenbindung in WPF an einem recht einfachen Beispiel demonstrieren.

BEISPIEL 15.1: Datenbindung zwischen *Slider* und *ProgressBar*

Fügen Sie in ein *Window* einen *ProgressBar* und einen *Slider* ein. Mit dem *Slider* soll der aktuelle Wert des *ProgressBar* direkt und ohne zusätzlichen Quellcode verändert werden.

```
<StackPanel>
```

BEISPIEL 15.1: Datenbindung zwischen *Slider* und *ProgressBar*

Hier sehen Sie auch schon den Ablauf: Das Ziel (*ProgressBar*) bindet seine Eigenschaft *Value* an die Quelle (*Slider*) mit deren Eigenschaft *Value*.

```
<ProgressBar Height="20" Name="progressBar1" Maximum="100"
            Value="{Binding ElementName=slider1, Path=Value}"/>
<Separator Height="10"/>
<Slider Name="slider1" Maximum="100" />
</StackPanel>
```

Zur Laufzeit können Sie den *Slider* beliebig verändern, der *ProgressBar* passt sofort seinen Wert an:

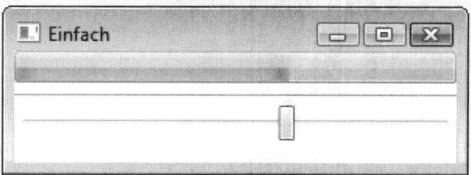

Sehen wir uns noch einmal die Syntax im Detail an:

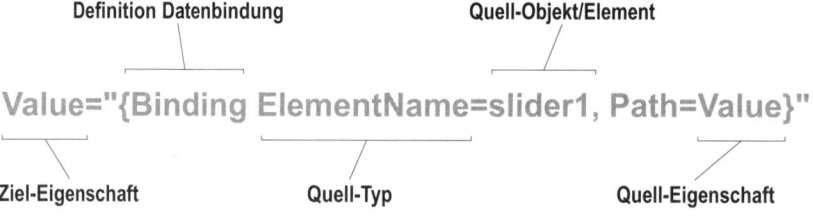

HINWEIS: Kann die Quelleigenschaft nicht automatisch in den Datentyp der Zieleigenschaft konvertiert werden, können Sie zusätzlich einen Typkonverter angeben (siehe dazu Seite 822).

15.1.1 Bindungsarten

Das vorhergehende Beispiel zeigte bereits recht eindrucksvoll, wie einfach sich Eigenschaften verschiedener Objekte miteinander verknüpfen lassen. Doch das ist noch nicht alles. Über ein zusätzliches Attribut *Mode* lässt sich auch bestimmen, in welche Richtungen die Bindung aktiv ist, d.h., ob die Werte nur von der Quelle zum Ziel oder auch umgekehrt übertragen werden. Die folgende Tabelle zeigt die möglichen Varianten:

Typ	Beschreibung
OneTime	Mit der Initialisierung wird der Wert einmalig von der Quelle zum Ziel kopiert. Danach wird die Bindung aufgehoben.
OneWay	Der Wert wird nur von der Quelle zum Ziel übertragen (readonly). Ändert sich der Wert des Ziels, wird die Bindung aufgehoben.
OneWayToSource	Der Wert wird vom Ziel zur Quelle übertragen (writeonly). Ändert sich der Wert der Quelle, bleibt die Bindung erhalten, eine Wertübertragung findet jedoch nicht statt.
TwoWay	(meist Defaultwert[1]) Werte werden zwischen Quelle und Ziel in beiden Richtungen übertragen.

BEISPIEL 15.2: Testen der verschiedenen Bindungsarten

```
...
    <StackPanel Grid.Column="2">
      <Slider Name="sl2" Maximum="100" Height="30"
              Value="{Binding ElementName=sl1, Path=Value, Mode=OneTime}"/>
      <Slider Name="sl4" Maximum="100" Height="30"
              Value="{Binding ElementName=sl3, Path=Value, Mode=OneWay}"/>
      <Slider Name="sl6" Maximum="100" Height="30"
              Value="{Binding ElementName=sl5, Path=Value, Mode=OneWayToSource}"/>
      <Slider Name="sl8" Maximum="100" Height="30"
              Value="{Binding ElementName=sl7, Path=Value, Mode=TwoWay}"/>
    </StackPanel>
...
```

Verschieben Sie ruhig einmal die *Slider* im Testprogramm. Jeweils der linke und der rechte *Slider* bilden eine Datenbindung und sollten auch das entsprechende Verhalten zeigen:

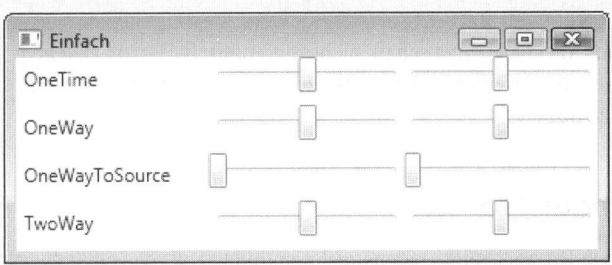

15.1.2 Wann wird eigentlich die Quelle aktualisiert?

Im obigen Beispiel scheint alles ganz einfach zu sein, Sie ziehen an einem Schieberegler und der andere bewegt sich mit. Doch was, wenn Sie beispielsweise eine *TextBox* in einer Datenbindung verwenden? Hier steht die Frage, **wann** der "gewünschte" Wert wirklich in der *TextBox* steht. Eine eingegebene Ziffer ist vielleicht nicht der richtige Wert, kann aber schon als gültiger Inhalt inter-

---

[1] Bei Bindung an eine *ItemsSource* wird per Default OneWay -Binding verwendet.

pretiert werden. Nicht in jedem Fall möchte man deshalb sofort einen Datenaustausch zwischen Ziel und Quelle zulassen (bei *TwoWay* oder *OneWayToSource*).

Über das optionale Attribut *UpdateSourceTrigger* haben Sie direkten Einfluss darauf, wann die Aktualisierung **der Quelle** durchgeführt wird. Vier Varianten bieten sich dabei an:

- *Default*
  Meist wird das *PropertyChanged*-Ereignis für die Datenübernahme genutzt, bei einigen Controls kann es auch *LostFocus* sein.

- *Explicit*
  Die Datenübernahme muss "manuell" per *UpdateSource*-Methode ausgelöst werden.

- *LostFocus*
  Die Datenübernahme erfolgt bei Fokusverlust des Ziels.

- *PropertyChanged*
  Die Datenübernahme erfolgt mit jeder Werteänderung. Dies kann bei komplexeren Abläufen zu Problemen führen, da der Abgleich, z.B. bei einem Schieberegler/Scrollbar, recht häufig vorgenommen wird.

BEISPIEL 15.3: Explizite Datenübernahme nur mit der Enter-Taste

```xaml
<StackPanel>
  <TextBox Name="txt1">Hallo</TextBox>
  <TextBox Name="txt2"
      Text="{Binding ElementName=txt1, Path=Text, UpdateSourceTrigger=Explicit}"
      KeyDown="TextBox_KeyDown"/>
</StackPanel>
```

```vb
Private Sub TextBox_KeyDown(sender As Object, e As KeyEventArgs)
    If (e.Key = Key.Enter) Then
        txt2.GetBindingExpression(TextBox.TextProperty).UpdateSource()
    End If
End Sub
```

HINWEIS: Da die Bindung im XAML-Code vorgenommen wurde, müssen wir im VB-Code erst mit *GetBindingExpression* das *BindingExpression*-Objekt abrufen, um die *UpdateSource*-Methode aufzurufen.

15.1.3   Geht es auch etwas langsamer?

Am obigen Beispiel konnten Sie es ja schon beobachten: Sie verschieben den *Slider* und der zweite *Slider* reagiert sofort. Was aber, wenn Sie erst nach einiger Zeit auf die Veränderung reagieren wollen?

Hier hilft die mit WPF 4.5 eingeführte Eigenschaft *Delay* weiter. Diese verzögert die Datenübergabe um den angegebenen Wert (Millisekunden). Das heißt, erst wenn die Zeit nach einer Änderung verstrichen ist, wird der Wert weitergegeben, jede Änderung in dieser Zeitspanne setzt den internen Timer zurück und lässt die Zeit erneut laufen. Bewegen Sie also den *Silder* dauernd hin und her passiert nichts, erst nach der letzten Bewegung und dem Ablaufen der Zeit wird auch die Änderung berücksichtigt.

BEISPIEL 15.4: Zeitverzögerung bei Datenbindung

```
XAML
...
    <Slider Name="sl0" Maximum="100" Height="30" Value="{Binding ElementName=sl9,
        Path=Value, Mode=TwoWay, Delay=500 }"/>
...
```

Was dem Einen oder Anderen als reine Spielerei vorkommen mag, ist ein fast unverzichtbares Feature im Zusammenhang mit größeren Datenmengen oder langsamen Datenverbindungen. Folgende Szenarien sind denkbar:

- 1:n-Beziehung,
  Änderungen in einer *ListBox* sollen sich nicht sofort auf die Detaildaten auswirken, sondern erst nachdem sich der Anwender für einen Datensatz final entschieden hat (Scrollen per Tastatur durch die Liste). Andernfalls kann es schnell zum Ruckeln oder Springen zwischen den Datensätzen kommen.

- Texteingaben,
  Nutzen Sie laufende Eingaben als Filter oder Suchwert, kann gerade bei großen Ergebnismengen eine Verzögerung bei der Eingabe auftreten (ein kurzer Filter mit Platzhalter hat meist große Ergebnismengen zur Folge).

- Anzeige großer Datenmengen,
  Mit der Auswahl in einer Liste soll eine größere Grafik angezeigt werden. Jede Änderung, z.B. beim Scrollen, führt im Normalfall zum Laden der Grafik. Hier ist eine entsprechende Verzögerung sinnvoll.

Alle obigen Fälle lassen sich natürlich auch mit einem eigenen *Timer* realisieren, aber warum kompliziert, wenn es jetzt auch wesentlich einfacher geht?

Eine Einschränkung sollten Sie allerdings beachten, auch wenn sie meist nicht von Bedeutung ist:

HINWEIS: Die Verzögerung gilt nur für eine Richtung der Datenbindung, d.h. nur für das Control, dem auch die Verzögerung zugeordnet ist.

15.1.4 Bindung zur Laufzeit realisieren

Nicht immer werden Sie mit den schon zur Entwurfszeit definierten Datenbindungen auskommen. Es ist aber auch kein Problem, die Datenbindung erst zur Laufzeit per VB-Code zu realisieren. Alles was Sie dazu benötigen ist ein *Binding*-Objekt, dessen Konstruktor Sie bereits den Binding-Path zuweisen können. Legen Sie anschließend noch die *BindingSource* sowie gegebenenfalls den *Mode* (z.B. *OneWay*) fest. Letzter Schritt ist das eigentliche Binden mit der *SetBinding*-Methode des jeweiligen Controls.

BEISPIEL 15.5: Bindung zur Laufzeit realisieren

Unsere Testoberfläche:

```
<Window x:Class="Datenbindung.Bindung_Laufzeit"
...
        Title="Bindung_Laufzeit" Height="300" Width="300" Loaded="Window_Loaded">
    <StackPanel>
        <Label Name="Label1"></Label>
        <Button Name="Button1" Click="Button_Click">Test</Button>
    </StackPanel>
</Window>
```

Mit dem Laden des Fensters erzeugen wir die Bindung wie oben beschrieben:

```
Public Sub New()
    InitializeComponent()
```

Wir binden an die Beschriftung eines Buttons:

```
    Dim binding As New Binding("Content")
    binding.Source = Button1
    binding.Mode = BindingMode.OneWay
```

Binden an den Content:

```
    Label1.SetBinding(Label.ContentProperty, binding)
End Sub
```

Und hier verändern wir die Beschriftung des Buttons:

```
Private Sub Button_Click(sender As Object, e As RoutedEventArgs)
    Button1.Content = "Ein neuer Text"
End Sub
End Class
```

Nach dem Start dürfte im Label zunächst "Test" stehen, die ursprüngliche Button-Beschriftung. Nach einem Klick auf die Schaltfläche ändert sich sowohl die Button-Beschriftung als auch die Label-Beschriftung.

Die Bindung selbst können Sie recht einfach wieder aufheben, indem Sie der Ziel-Eigenschaft der Bindung einen neuen Wert zuweisen.

BEISPIEL 15.6: Bindung zur Laufzeit aufheben

Entweder so:

```
Label1.Content = "Bindung beendet"
```

Oder so:

```
Label1.ClearValue(Label.ContentProperty)
```

15.2 Binden an Objekte

Nachdem wir uns bereits mit dem Binden an Oberflächen-Elemente vertraut gemacht haben, wollen wir jetzt den Schritt hin zu selbstdefinierten Objekten gehen.

Prinzipiell bieten sich zwei Varianten der Instanziierung von Objekten an:

- Sie instanziieren die Objekte in XAML (in einem Ressource-Abschnitt).

- Sie instanziieren wie bisher die Objekte im Quellcode.

HINWEIS: Von der Möglichkeit, Objekte im XAML-Code zu instanziieren, halten die Autoren nicht allzu viel. Einerseits wird mit Klassen gearbeitet, die per Code definiert und verarbeitet werden, andererseits wird die Instanz in der Oberfläche, d.h. im XAML-Code, erzeugt. Das ist sicher nicht der Weisheit letzter Schluss. Gerade die üble Vermischung von Code und Oberfläche sollte eigentlich vermieden werden.

Fragwürdig werden Beispielprogramme dann, wenn im VB-Quellcode das zunächst in XAML erzeugte Objekt per *FindResource* gesucht wird (siehe folgender Abschnitt). Da pervertiert doch jede Form der sauberen Programmierung.

Wohlgemerkt wollen wir nicht die komplette Datenbindung im Code realisieren. Das ist sicher zu aufwändig und auch nicht notwendig. Doch aus Sicht des Programmierers sollte nicht die Oberfläche (XAML) sondern der Code im Mittelpunkt des Programms stehen.

15.2.1 Objekte im Code instanziieren

Erster Schritt, nach der Definition der Klasse, ist das Importieren des entsprechenden Namespaces in die XAML-Datei.

BEISPIEL 15.7: Import des aktuelle Namespace *Datenbindung* in die XAML-Datei

```
<Window x:Class="Datenbindung.Window1"
    xmlns="http://schemas.microsoft.com/winfx/2006/xaml/presentation"
    xmlns:x="http://schemas.microsoft.com/winfx/2006/xaml"
    xmlns:local="clr-namespace:Datenbindung"
...
```

Nachdem in XAML die entsprechende Klasse bekannt ist, kann diese auch verwendet werden, um eine eigene Instanz zu erzeugen.

BEISPIEL 15.8: Erzeugen der Instanz im XAML-Code (wir nutzen eine fiktive Klasse *Schüler*)

```
...
<Window.Resources>
  <local:Schüler x:Key="sch1" Nachname="Gurkenkopf" Vorname="Sigfried" />
</Window.Resources>
```

BEISPIEL 15.8: Erzeugen der Instanz im XAML-Code (wir nutzen eine fiktive Klasse *Schüler*)

Die Werte im Einzelnen:

- *local*: Der Bezug auf den Namespace

- *Schüler:* Der Klassenname

- *x:Key*: Der Schlüssel unter dem die Instanz verwendet werden kann

- Nachname, Vorname: Das Setzen einzelner Eigenschaften für die Instanz von *Schüler*

Letzter Schritt: wir nutzen die Möglichkeiten der Datenbindung und binden zwei *TextBox*en an die Eigenschaften *Nachname* und *Vorname*.

BEISPIEL 15.9: Bindung an das neue Objekt erzeugen

```xaml
<StackPanel Name="StackPanel1">
    <TextBox Text="{Binding Source={StaticResource sch1}, Path=Nachname}" />
    <TextBox Text="{Binding Source={StaticResource sch1}, Path=Vorname}" />
</StackPanel>
```

Schon zur Entwurfszeit dürfte in den beiden *TextBox*en der gewünschte Inhalt auftauchen:

Wem das zuviel Schreibarbeit ist, der kann mit dem *DataContext* auch eine alternative Variante der Zuweisung nutzen. Diese Eigenschaft bietet zunächst eine Alternativ zur Zuweisung von *Source*, hat jedoch zusätzlich die Fähigkeit, von übergeordneten auf untergeordnete Elemente vererbt zu werden. Damit können Sie beispielsweise einem *Panel* oder sogar dem gesamten *Window* einen *DataContext* zuweisen und diesen in allen enthaltenen Elementen nutzen.

BEISPIEL 15.10: Vereinfachung durch Verwendung eines *DataContext*

```xaml
<StackPanel Name="StackPanel1" DataContext="{StaticResource sch1}">
    <TextBox Text="{Binding Path=Nachname}" />
    <TextBox Text="{Binding Path=Vorname}" />
...
```

Sie sparen sich die Angabe von *Source* bei jedem einzelnen Element.

15.2.2 Verwenden der Instanz im VB-Quellcode

Sicher nicht ganz abwegig ist der Wunsch, zur Laufzeit per VB-Code mit dem Objekt zu arbeiten, um z.B. die Werte in einer MessageBox anzuzeigen.

Hier wird die Programmierung dann schon recht windig, müssen Sie doch zunächst die entsprechende Ressource des *Window* suchen und typisieren.

BEISPIEL 15.11: Anzeige der Werte eines per XAML instanziierten Objekts

```vb
Private Sub Button_Click(sender As Object, e As RoutedEventArgs)
    Dim mySch As Schüler = CType(FindResource("sch1"), Schüler)
    MessageBox.Show(mySch.Nachname & ", " & mySch.Vorname)
End Sub
```

Aus Sicht eines Programmierers sieht das doch ziemlich merkwürdig aus, auch wenn sich hier der XAML-Profi freut, dass er sogar eine Instanz plus Wertzuweisung per XAML-Code realisiert hat.

Doch was passiert eigentlich mit der Datenbindung, wenn wir der Instanz ein paar neue Werte zuweisen? Ein Test ist schnell realisiert:

```vb
Private Sub Button_Click(sender As Object, e As RoutedEventArgs)
    Dim mySch As Schüler = CType(FindResource("sch1"), Schüler)
    mySch.Nachname = "Strohkopf"
End Sub
```

Der nachfolgende Blick auf die Oberfläche dürfte in den meisten Fällen für Ernüchterung sorgen, haben Sie Ihre .NET-Klasse (in diesem Fall *Schüler*) nicht entsprechend angepasst, passiert überhaupt nichts und in den *TextBox*en stehen nach wie vor die alten Werte.

15.2.3 Anforderungen an die Quell-Klasse

Was ist hier schief gelaufen? Eigentlich nichts, die neuen Werte stehen wirklich im Objekt, werden aber nicht angezeigt, weil die darstellenden Elemente von einer Wertänderung nichts mitbekommen haben. Wir müssen diese quasi "wecken", und was eignet sich dafür besser als ein Ereignis?

Auch hier gibt es bereits eine fertige Lösung:

HINWEIS: Implementieren Sie in Ihre Klasse das Interface *INotifyPropertyChanged* (Namespace *System.ComponentModel*).

BEISPIEL 15.12: Unsere Klasse *Schüler* mit implementiertem *NotifyPropertyChanged*-Ereignis

```vb
Imports System.ComponentModel
Imports System.Collections.Specialized

Public Class Schüler
    Implements INotifyPropertyChanged

    Private _Nachname As String
    Private _Vorname As String
    Private _Geburtstag As DateTime
```

```
    Public Event PropertyChanged As PropertyChangedEventHandler _
                                    Implements INotifyPropertyChanged.PropertyChanged

    Public Property Geburtstag() As DateTime
        Get
            Return _Geburtstag
        End Get
        Set(value As DateTime)
            _Geburtstag = value
            NotifyPropertyChanged("Geburtstag")
        End Set
    End Property
...
    Public Property Nachname() As String
        Get
            Return _Nachname
        End Get
        Set(value As String)
            _Nachname = value
            NotifyPropertyChanged("Nachname")
        End Set
    End Property

    Public Overloads Overrides Function ToString() As String
        Return Me._Nachname & ", " & Me._Vorname
    End Function

    Private Sub NotifyPropertyChanged(info As String)
        RaiseEvent PropertyChanged(Me, New PropertyChangedEventArgs(info))
    End Sub

End Class
```

Alternativ können Sie natürlich auch Abhängigkeitseigenschaften definieren, diese verfügen "ab Werk" über die erforderliche Benachrichtigung an die gebundenen Elemente.

HINWEIS: Damit die Klasse auch im XAML-Code instanziiert werden kann, muss diese über einen parameterlosen Konstruktor verfügen.

Einzige sinnvolle Ausnahme: Sie erzeugen per XAML Objekte und nutzen diese auch nur dort (z.B. Zugriff auf XML-Ressourcen per Url).

15.2.4   Instanziieren von Objekten per VB-Code

Eigentlich könnten wir Ihnen an dieser Stelle noch weitere Möglichkeiten zeigen, wie Sie in XAML Objekte erzeugen bzw. zuweisen können, aber dies ist weder sinnvoll noch besonders übersichtlich. Wir wollen uns stattdessen mit der Vorgehensweise bei vorhandenen, d.h. per Code erzeugten, .NET-Objekten beschäftigen.

Zunächst bleiben wir bei unserem einfachen Beispiel mit der Instanz der Klasse *Schüler*.

BEISPIEL 15.13: Verwendung von instanziierten Objekten in XAML

Zunächst die Instanziierung:

```
Partial Public Class Objects_Collections

    Public Schueler As Schüler

    Private Sub Window_Loaded(sender As Object, e As RoutedEventArgs)
```

Instanz erzeugen und Werte zuweisen:

```
        Schueler = New Schüler With {.Nachname = "Möhre", .Vorname = "Willi",
                            .Geburtstag = New DateTime(1919, 1, 1)})
```

Hier legen wir per VB-Code den DataContext fest:

```
        StackPanel1.DataContext = Schueler
    End Sub
```

Die spätere Abfrage des Objekts stellt jetzt überhaupt kein Problem dar, die Instanz liegt ja bereits vor:

```
    Private Sub Button_Click(sender As Object, e As RoutedEventArgs)
        MessageBox.Show(Schueler.Nachname & ", " & Schueler.Vorname)
    End Sub
...
```

Der vollständige XAML-Code:

```
<Window x:Class="Datenbindung.Window1"
    xmlns="http://schemas.microsoft.com/winfx/2006/xaml/presentation"
    xmlns:x="http://schemas.microsoft.com/winfx/2006/xaml"
    Title="Window1" Height="300" Width="300">
<StackPanel Name="StackPanel1">
  <TextBox Text="{Binding Path=Nachname}" />
  <TextBox Text="{Binding Path=Vorname}" />
  <Button Click="Button_Click">Prüfen</Button>
</StackPanel>
</Window>
```

Der Vorteil dieser Vorgehensweise: Sie entscheiden, wie und wann die Instanz erzeugt wird, können vorher noch diverse Methoden aufrufen, profitieren von der Syntaxprüfung und haben einen lesbaren Code.

Der einzige Nachteil: Sie haben keine Wertanzeige zur Entwurfszeit, im XAML-Code ist es nicht sofort erkennbar, welches Objekt zugeordnet wird. Dies ist allerdings auch gleich wieder der Vorteil, mit einem Klick können Sie einen neuen *DataContext* zuweisen und eine andere Instanz bearbeiten.

15.3 Binden von Collections

Die bisherigen Ausführungen dürften zwar schon das Potenzial der Datenbindung demonstriert haben, doch nach der Pflicht kommt jetzt die Kür, d.h. die Arbeit mit einer Reihe von Objekten (Collections). Diese sind vor allem dann interessant, wenn Sie Objekte von Datenbanken abrufen, um diese in Eingabedialogen oder gleich in Listenfeldern darzustellen. Ausgangspunkt können hier Geschäftsobjekte, LINQ-Abfragen, Webdienste etc. sein.

HINWEIS: Im vorliegenden Abschnitt werden wir uns zunächst auf eine "selbstgestrickte" Collection beziehen (wir verwenden das *Schüler*-Objekt aus dem vorhergehenden Abschnitt). Ab Seite 814 geht es dann mit Datenbindung in Verbindung mit LINQ to SQL-Abfragen weiter.

15.3.1 Anforderung an die Collection

Wie auch bei der Klassendefinition für das einzelne Objekt, werden auch an die Collection einige Anforderungen gestellt. Zwar können die WPF-Elemente durch die Verwendung der *INotifyPropertyChanged*-Schnittstelle auf Änderungen einzelner Objekteigenschaften reagieren, das Hinzufügen oder Löschen von ganzen Objekten ist davon aber nicht betroffen. Aus diesem Grund bietet WPF auch hier ein genormtes Interface für die Rückmeldung an: *INotifyCollectionChanged*.

HINWEIS: Grundvoraussetzung für die Anzeige von Listen ist die Verwendung des *IEnumerable*-Interfaces.

Wollen Sie es sich leicht machen, können Sie direkt Objekte der Klasse *ObservableCollection* (Namespace *System.Collections.ObjectModel*) erzeugen.

BEISPIEL 15.14: (Fortsetzung) Erzeugen und Verwenden einer geeigneten Klasse für die Datenbindung von Collections

```
Partial Public Class Objects_Collections
```

Eine Collection von Schülern:

```
    Public klasse As ObservableCollection(Of Schüler)
```

Im Loaded-Ereignis des Window erzeugen wir eine Instanz und füllen diese mit einigen

---

BEISPIEL 15.14: (Fortsetzung) Erzeugen und Verwenden einer geeigneten Klasse für die Datenbindung von Collections

Datensätzen:

```
Private Sub Window_Loaded(sender As Object, e As RoutedEventArgs)
    klasse = New ObservableCollection(Of Schüler)
    klasse.Add(New Schüler With {.Nachname = "Mayer", .Vorname = "Alexander",
                                 .Geburtstag = New DateTime(2001, 11, 7)})
    klasse.Add(New Schüler With {.Nachname = "Müller", .Vorname = "Thomas",
                                 .Geburtstag = New DateTime(2001, 10, 18)})
    klasse.Add(New Schüler With {.Nachname = "Lehmann", .Vorname = "Walter",
                                 .Geburtstag = New DateTime(2001, 1, 21)})
```

Hier dürften Sie die Verbindung zur bisherigen Vorgehensweise sehen, die Collection wird als DataContext für das Fenster und damit für alle untergeordneten Elemente ausgewählt:

```
    Me.DataContext = klasse
End Sub
```

15.3.2 Einfache Anzeige

Damit können wir uns zunächst der einfachen Anzeige, z.B. in *TextBox*en, widmen.

BEISPIEL 15.15: (Fortsetzung) Binden von TextBoxen an die Collection

```
<StackPanel Grid.Column="1" Background="Aqua">
<Label Content="Nachname:" />
```

Hier werden die *TextBox*en an die Eigenschaften der Collection bzw. an das aktive Objekt der Collection gebunden:

```
<TextBox Name="txt1" Text="{Binding Path=Nachname}" />
<Label Content="Vorname:" />
```

Beachten Sie auch diese mögliche Kurzsyntax, die auf die Angabe von *Path* verzichtet:

```
<TextBox Name="txt2" Text="{Binding Vorname}" />
<Label Content="Geburtstag:" />
<TextBox Name="txt3" Text="{Binding Geburtstag}" />
```

Einige Schaltflächen definieren:

```
<StackPanel Orientation="Horizontal">
  <Button Content=" &lt; " Click="Button_Click_1" />
  <Button Content=" &gt; " Click="Button_Click"/>
  <Button Content=" New " Click="Button_Click_2"/>
  <Button Content=" Del " Click="Button_Click_3"/>
</StackPanel>
</StackPanel>
```

Das erzeugte Formular:

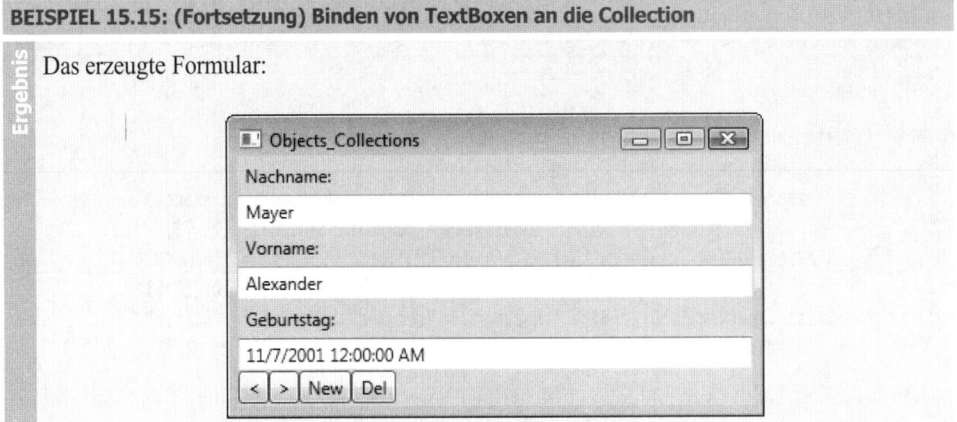

Nach dem Start dürfte schon etwas in den Textfeldern angezeigt werden, ein Navigieren zwischen den einzelnen Datensätzen (Objekten) ist allerdings noch nicht möglich.

15.3.3 Navigation zwischen den Objekten

HINWEIS: An dieser Stelle müssen wir etwas vorgreifen, Abschnitt 15.4 ab Seite 810 geht auf dieses Thema im Detail ein.

Navigation zwischen Datensätzen bedeutet, dass auch irgendwo ein aktueller Datensatz gespeichert wird und entsprechende Navigationsmethoden zur Verfügung stehen. Auch bei intensiver Suche werden Sie aber derartige Eigenschaften zunächst nicht finden.

WPF erzeugt beim Binden von Collections automatisch eine Sicht auf die eigentliche Collection. Diese Sicht verwaltet den aktuellen Datensatz, bietet Navigationsmethoden an und ermöglicht das Filtern und Sortieren der Daten[1].

Diese automatisch erzeugte Sicht können Sie mit der Methode *CollectionViewSource.GetDefault-View* für eine spezifische Collection abrufen.

Wir erweitern die Liste der lokalen Variablen, um die Sicht zu speichern:

```
Private view As ICollectionView
...
Private Sub Window_Loaded(sender As Object,e As RoutedEventArgs)
    klasse = New ObservableCollection(Of Schüler)
    ...
```

---

[1] Derartige Sichten können Sie auch selbst erstellen und quasi als Schicht zwischen Daten und DataContext schieben.

BEISPIEL 15.16: (Fortsetzung) Abrufen und Verwenden der *DefaultView* für unsere Collection

Im *Loaded*-Ereignis rufen wir die Sicht ab:

```
    Me.view = CollectionViewSource.GetDefaultView(klasse)
End Sub
```

Jetzt können wir mit dieser Sicht auch die Navigation zwischen den einzelnen Elementen der Collection realisieren.

Nächstes Objekt:

```
Private Sub Button_Click(sender As Object, e As RoutedEventArgs)
    view.MoveCurrentToNext()
    If (view.IsCurrentAfterLast) Then view.MoveCurrentToLast()
End Sub
```

Vorhergehendes Objekt:

```
Private Sub Button_Click_1(sender As Object, e As RoutedEventArgs)
    view.MoveCurrentToPrevious()
    If (view.IsCurrentBeforeFirst) Then view.MoveCurrentToFirst()
End Sub
```

Wir fügen zum Testen ein neues Objekt zur Laufzeit in die Collection ein:

```
Private Sub Button_Click_2(sender As Object, e As RoutedEventArgs)
    klasse.Add(New Schüler With {.Nachname = "Möhre", .Vorname = "Willi",
                        .Geburtstag = New DateTime(1919, 1, 1)})
End Sub
```

Auch das Löschen von Objekten ist auf diesem Wege möglich:

```
Private Sub Button_Click_3(sender As Object, e As RoutedEventArgs)
    klasse.Remove(CType(view.CurrentItem, Schüler))
End Sub
```

Nach dem Start des Beispiels können Sie zwischen den Objekten "navigieren", Objekte hinzufügen und diese auch wieder löschen. Das Ganze kommt Ihnen sicherlich unter dem Stichwort "Datenbanknavigator" bekannt vor.

15.3.4 Einfache Anzeige in einer ListBox

Das Anzeigen von Einzeldatensätzen ist ja schon ganz gut, wie aber steht es mit dem Füllen von ganzen Listenfeldern?

Auch hier können Sie, dank Datenbindung, schnell zu brauchbaren Ergebnissen kommen.

BEISPIEL 15.17: (Fortsetzung) Anbinden einer *ListBox* an unsere Collection

Es genügt zunächst die einfache Zuweisung von "{Binding}" an die *ItemsSource:*

```
<ListBox Height="100"  IsSynchronizedWithCurrentItem="True" Name="ListBox1"
```

BEISPIEL 15.17: (Fortsetzung) Anbinden einer *ListBox* an unsere Collection

```
ItemsSource="{Binding}"/>
```

Der Hintergrund: Da die Collection bereits direkt an das Formular gebunden ist, brauchen wir hier nicht weitere Eigenschaften zu spezifizieren. Alternativ könnten Sie hier auch die Collection per *DataContext* zuweisen.

Und wofür ist das Attribut *IsSynchronizedWithCurrentItem* verantwortlich? Hier sollten Sie sich an unsere Sicht erinnern, die auch den aktuellen "Satzzeiger" verwaltet. Nur wenn Sie das Attribut auf *True* setzen, wird das aktuelle Item mit dem "Satzzeiger" synchronisiert (dies gilt für beide Richtungen).

Die angezeigte *ListBox* zur Laufzeit:

> Mayer, Alexander
> Müller, Thomas
> Lehmann, Walter
> Möhre, Willi

HINWEIS: Die *ItemsSource*-Eigenschaft kann nur verwendet werden, wenn die *Items*-Collection eines *ItemsControl* leer ist. Falls nicht, wird Ihre Anwendung eine *InvalidOperationException* auslösen.

Doch woher "weiß" die *ListBox* eigentlich, welche Eigenschaften des *Schüler*-Objekts in der Liste darzustellen sind? Antwort: Sie weiß es nicht und verwendet in diesem Fall einfach die *ToString*-Methode des betreffenden Objekts. Wenn Sie jetzt mal kurz auf Seite 797 nachschlagen, werden Sie feststellen, dass wir in weiser Vorahnung bereits die *ToString*-Methode überschrieben haben und damit jetzt eine Kombination aus *Nachname* und *Vorname* zurückgeben (siehe oben).

Verwendung von DisplayMemberPath

Natürlich ist das Überschreiben der *ToString*-Methode nicht der Weisheit letzter Schluss und so ist es sicher sinnvoll noch einen anderen Weg zur Auswahl des anzuzeigenden Members zu unterstützen. Genau für diesen Zweck wird die *DisplayMemberPath*-Eigenschaft angeboten, diese bestimmt, welcher Member für den Text des Listeneintrags verwendet wird.

BEISPIEL 15.18: Verwendung von *DisplayMemberPath* für die Auswahl der anzuzeigenden Eigenschaft

```xaml
<ListBox Height="100" IsSynchronizedWithCurrentItem="True" Name="ListBox1"
         ItemsSource="{Binding}" DisplayMemberPath="Nachname"/>
```

BEISPIEL 15.18: Verwendung von *DisplayMemberPath* für die Auswahl der anzuzeigenden Eigenschaft

```
EinfacheListe
Mayer
Müller
Lehmann
```

Leider genügt jedoch auch diese Version der Anzeigeformatierung nicht immer und so landen wir unweigerlich bei den *DataTemplates*.

15.3.5 DataTemplates zur Anzeigeformatierung

Obige Art der Datenbindung dürfte in vielen Fällen wohl kaum genügen. Die WPF-Entwickler haben auch für für diesen Fall vorgesorgt und mit dem *DataTemplate* ein mächtiges Werkzeug geschaffen.

Das Prinzip: Jeder *ListBox/ComboBox* können Sie ein *DataTemplate* zuweisen, das dafür verantwortlich ist, wie das einzelne Item aufgebaut ist (quasi eine Schablone in die die Daten eingefügt werden). Und da WPF im Content eines Items fast jede Zusammenstellung von Elementen akzeptiert, können Sie hier Formatierungen beliebiger Art erzeugen (natürlich im Rahmen der XAML-Vorgaben).

BEISPIEL 15.19: (Fortsetzung) Wir wollen in der *ListBox* eine zweispaltige Anzeige realisieren (links der Nachname, rechts der Nachname und der Vorname).

In den Ressourcen (z.B. Window) erzeugen Sie das erforderliche *DataTemplate*:

```
<Window.Resources>
    <DataTemplate x:Key="SchülerListTemplate">
```

Das Layout bestimmen Sie:

```
<StackPanel Orientation="Horizontal">
```

Bei der Zuweisung von Inhalten können Sie jetzt direkt auf die Eigenschaften zugreifen:

```
<TextBlock VerticalAlignment="Top" Width="100" Text="{Binding Path=Nachname}" />
<StackPanel>
    <TextBlock Text="{Binding Path=Nachname}" />
    <TextBlock Text="{Binding Path=Vorname}" />
</StackPanel>
</StackPanel>
</DataTemplate>
</Window.Resources>
...
```

Last, but not least müssen Sie der *ListBox* auch noch das Template zuweisen:

```
<ListBox Height="100" IsSynchronizedWithCurrentItem="True" Name="ListBox2"
         ItemsSource="{Binding}" ItemTemplate="{StaticResource SchülerListTemplate}"/>
```

Die erzeugte *ListBox:*

Mayer	Mayer
	Alexander
Müller	Müller
	Thomas
Lehmann	Lehmann
	Walter

Dass Sie hier auch mit Grafiken, optischen Effekten, KontextMenüs etc. arbeiten können, sollte nach den Darstellungen der vorhergehenden Kapitel klar sein.

15.3.6   Mehr zu List- und ComboBox

An dieser Stelle wollen wir uns noch einige spezielle Eigenschaften von *List-* und *ComboBox* ansehen, die in der täglichen Programmierpraxis von Bedeutung sind.

SelectedIndex

Möchten Sie Einträge in der *ListBox* auswählen bzw. bestimmen der wievielte Eintrag (Index) in der Liste markiert ist, können Sie die *SelectedIndex*-Eigenschaft verwenden.

```
Private Sub Button_Click(sender As Object, e As RoutedEventArgs)
    ListBox1.SelectedIndex = 1
End Sub
```

SelectedItem/SelectedItems

Möchten Sie das markierte Listenelement selbst abrufen bzw. das damit verbundene Objekt, verwenden Sie die *SelectedItem*-Eigenschaft. Alternativ können Sie auch eine Liste der markierten Einträge mit *SelectedItems* abrufen.

HINWEIS: Die Collection *SelectedItems* steht Ihnen nur zur Verfügung, wenn Sie *SelectionMode* auf *Multiple* festgelegt haben.

BEISPIEL 15.21: Verwendung *SelectedItem*/*SelectedItems*

Wir nutzen unsere überschriebene *ToString*-Methode:

```
MessageBox.Show(ListBox1.SelectedItem.ToString)
```

Wir greifen direkt auf einen Member (typisieren nicht vergessen) zu:

```
MessageBox.Show(CType(ListBox1.SelectedItem, Schüler).Nachname)
```

Wir zeigen alle markierten Einträge:

```
For Each s As Schüler In ListBox1.SelectedItems
    MessageBox.Show(s.Nachname)
Next
```

SelectedValuePath und SelectedValue

Mit *SelectedValuePath* können Sie festlegen, welcher Member von der Eigenschaft *SelectedValue* zurückgegeben wird. Dies ist im Zusammenhang mit Datenbanken meist der Primärindex der Tabelle, mit dem Sie einen Datensatz eindeutig identifizieren können.

HINWEIS: Ist *SelectedValuePath* nicht festgelegt, gibt *SelectedValue* das komplette Objekt zurück (entspricht *SelectedItem*).

BEISPIEL 15.22: Verwendung *SelectedValuePath* und *SelectedValue*

```
<ListBox  IsSynchronizedWithCurrentItem="True" Name="ListBox1"
          ItemsSource="{Binding}" DisplayMemberPath="Nachname"
          SelectedValuePath="Geburtstag"/>
```

```
Private Sub Button2_Click(sender As Object, e As RoutedEventArgs)
    MessageBox.Show(ListBox1.SelectedValue.ToString())
End Sub
```

Das Ergebnis zur Laufzeit:

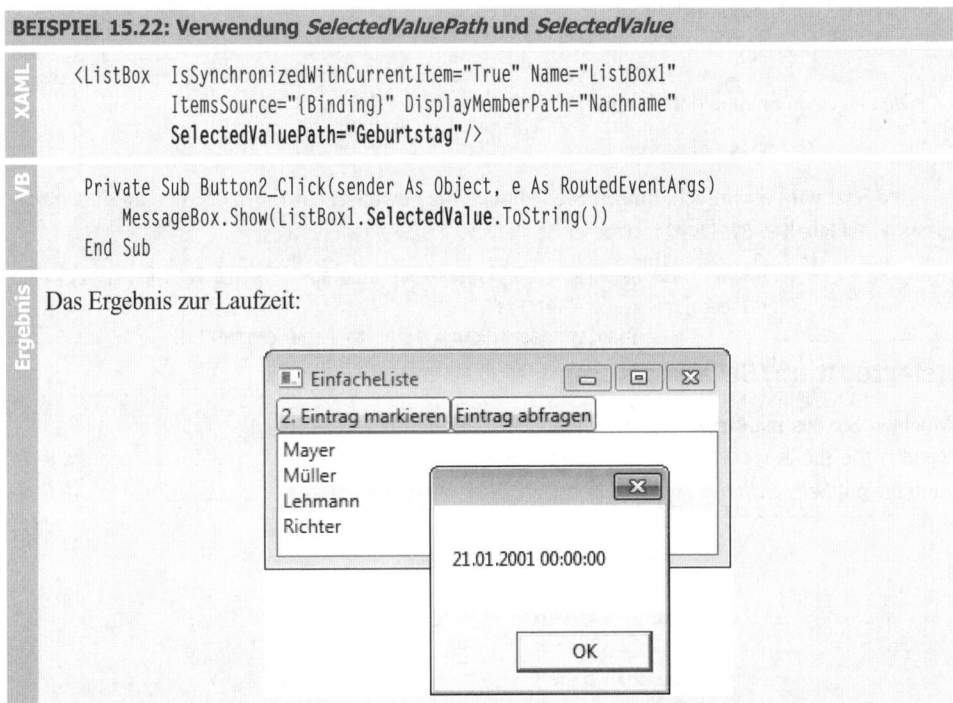

15.3.7 Verwenden der ListView

Im vorhergehenden Kapitel hatten wir die *ListView* ja bereits kurz gestreift (Trockenschwimmen), an dieser Stelle zeigen wir Ihnen die *ListView* "in Action".

Einfache Bindung

Prinzipiell ist die *ListView* der *ListBox* recht ähnlich, die Anbindung der Einträge erfolgt ebenfalls per *ItemsSource,* die Auswahl bzw. Bestimmung (*SelectedItem, SelectedValue* etc.) der markierten Einträge ist analog realisiert.

Neu ist, dass die *ListView* über Spaltenköpfe verfügt, die Sie getrennt konfigurieren können (*Grid-ViewColumnHeader*) und gegebenenfalls auch für das Sortieren (siehe 2. Beispiel) verwenden können.

Ein weiterer Unterschied ist die Unterstützung von verschiedenen Ansichten, von denen jedoch nur die *GridView* vordefiniert ist. Im weiteren werden wir uns auch nur auf diese Ansicht beschränken.

BEISPIEL 15.23: (Fortsetzung) Anzeige der Collection-Daten in einer *ListView*

Zuweisen der Datenquelle (Übernahme von *Window.DataContext*):

```
<ListView Height="100" IsSynchronizedWithCurrentItem="True" ItemsSource="{Binding}">
    <ListView.View>
```

Hier wird die *GridView* definiert:

```
<GridView>
```

Die einzelnen Spalten definieren:

```
<GridView.Columns>
```

Und jetzt wird es einfach, binden Sie lediglich die gewünschten Eigenschaften an die einzelnen Spalten der *GridView:*

```
<GridViewColumn Header="Name" DisplayMemberBinding="{Binding Path=Nachname}" />
<GridViewColumn Header="Vorname"
                DisplayMemberBinding="{Binding Path=Vorname}" />
        </GridView.Columns>
    </GridView>
    </ListView.View>
</ListView>
```

Das Endergebnis zur Laufzeit:

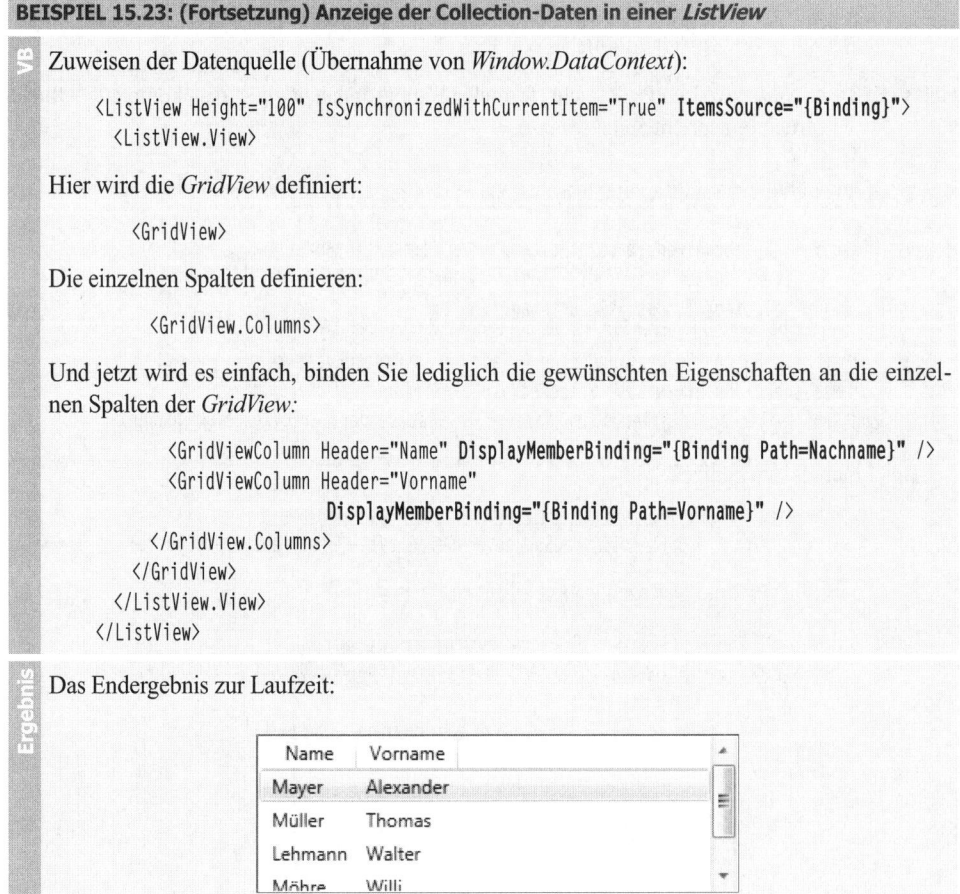

Sortieren der Einträge

Wie schon erwähnt, können Sie die Spaltenköpfe auch für das Sortieren der Einträge nutzen. Ein einfaches Beispiel zeigt die Vorgehensweise:

BEISPIEL 15.24: Sortieren nach Klick auf den jeweiligen Spaltenkopf

Unsere Änderung in der Seitenbeschreibung:

```xaml
<ListView Name="ListView1" IsSynchronizedWithCurrentItem="True"
        ItemsSource="{Binding}">
    <ListView.View>
        <GridView>
            <GridView.Columns>
                <GridViewColumn DisplayMemberBinding="{Binding Path=Nachname}" >
                    <GridViewColumnHeader Click="SortClick" Content="Nachname" />
                </GridViewColumn>
                <GridViewColumn DisplayMemberBinding="{Binding Path=Vorname}" >
                    <GridViewColumnHeader Click="SortClick" Content="Vorname" />
                </GridViewColumn>
            </GridView.Columns>
        </GridView>
    </ListView.View>
</ListView>
```

Der nötige Quellcode fällt recht kurz aus:

```vb
Imports System.ComponentModel
Imports System.Collections.ObjectModel
...
    Private Sub SortClick(sender As Object, e As RoutedEventArgs)
```

Zunächst die betreffende Spalte bestimmen:

```vb
    Dim spalte As GridViewColumnHeader = TryCast(sender, GridViewColumnHeader)
```

Die Defaultview bestimmen:

```vb
    Dim view As ICollectionView =
            CollectionViewSource.GetDefaultView(ListView1.ItemsSource)
```

Eine neue Sortierfolge festlegen:

```vb
    view.SortDescriptions.Clear()
    view.SortDescriptions.Add(New SortDescription(spalte.Content.ToString(),
            ListSortDirection.Ascending))
```

Und aktualisieren:

```vb
    view.Refresh()
End Sub
```

Auf weitere Experimente mit der *ListView* verzichten wir an dieser Stelle, mit dem *DataGrid* steht uns ein wesentlich mächtigeres Control zur Verfügung. Mehr dazu ab Seite 826.

Wie Sie auch größere Collections bändigen, zeigt das Praxisbeispiel

▶ 15.9.1 Collections in Hintergrundthreads füllen

15.4 Noch einmal zurück zu den Details

Nachdem wir in den vorhergehenden Abschnitten schon mehrfach vorgegriffen haben, wollen wir an dieser Stelle noch einmal kurz auf einige Details der Datenbindung eingehen.

Interessant für den Datenbankprogrammierer ist vor allem eine Zwischenschicht, die vom WPF quasi zwischen die Daten (Collections) und die reinen Anzeige-Controls (z.B. *ListView*) geschoben wird, um einige datenbanktypische Operationen zu ermöglichen:

- Verwaltung des aktuellen Satzzeigers

- Navigation zwischen den Datensätzen

- Sortierfunktion

- Filterfunktion.

Die Rede ist von der Klasse *CollectionView,* um deren Erzeugung Sie sich nicht selbst kümmern müssen, da Sie diese automatisch erstellte View recht einfach abrufen können.

BEISPIEL 15.25: Abrufen der *CollectionView*

```vb
...
    Private view As ICollectionView
...
    Private Sub Window_Loaded(sender As Object, e As RoutedEventArgs)
        lvOrder.DataContext = db.Orders
        Me.view = CollectionViewSource.GetDefaultView(lvOrder.DataContext)
    End Sub
```

Mit dieser *CollectionView* stellt es jetzt kein Problem dar, die oben gewünschten Datenbankfunktionen zu implementieren.

15.4.1 Navigieren in den Daten

Wie schon in den vorhergehenden Abschnitten gezeigt, ist eine der Hauptaufgaben der *Collection-View* die Verwaltung des "Satzzeigers". Dazu steht Ihnen zunächst die Eigenschaft *CurrentItem* zur Verfügung, die das aktuell ausgewählte Element der gebundenen Collection zurückgibt.

Weitere interessante Eigenschaften:

Eigenschaften	Beschreibung
CurrentItem	Aktuelles Element der Auflistung.
CurrentPosition	Ordinalposition des aktuellen Elements in der Auflistung.
IsCurrentAfterLast	Befindet sich der "Satzzeiger" hinter dem Ende der Auflistung.
IsCurrentBeforeFirst	Befindet sich der "Satzzeiger" vor dem Beginn der Auflistung.

Die eigentliche Navigation realisieren Sie mit den folgenden Methoden:

Methoden	Beschreibung
MoveCurrentTo	Das übergebene Element wird als *CurrentItem* festgelegt.
MoveCurrentToFirst	"Satzzeiger" auf das erste Element verschieben.
MoveCurrentToLast	"Satzzeiger" auf das letzte Element verschieben.
MoveCurrentToNext	"Satzzeiger" auf das folgende Element verschieben.
MoveCurrentToPosition	"Satzzeiger" auf den angegebenen Index verschieben.
MoveCurrentToPrevious	"Satzzeiger" auf das vorhergehende Element verschieben.

BEISPIEL 15.26: Navigationstasten für "Vor" und "Zurück"

```vb
Private Sub Button_Click(sender As Object, e As RoutedEventArgs)
    view.MoveCurrentToNext()
    If (view.IsCurrentAfterLast) Then view.MoveCurrentToLast()
End Sub

Private Sub Button_Click_1(sender As Object, e As RoutedEventArgs)
    view.MoveCurrentToPrevious()
    If (view.IsCurrentBeforeFirst) Then view.MoveCurrentToFirst()
End Sub
```

BEISPIEL 15.27: Verwendung von *CurrentItem*

Löschen eines Listeneintrags per *CurrentItem* und Typisierung:

```vb
Private Sub Button_Click_3(sender As Object, e As RoutedEventArgs)
    klasse.Remove(CType(view.CurrentItem, Schüler))
End Sub
```

15.4.2 Sortieren

Das sich die *CollectionView* auch zum Sortieren eignet, haben wir ja bereits am Beispiel der *List-View* gezeigt, wo durch Klicken auf den Spaltenkopf die Collection nach der jeweiligen Spalte sortiert wurde.

Zum Einsatz kommt die Collection *SortDescriptions,* die neben den Membernamen auch die Sortierfolge enthält. Da es sich um eine Collection handelt, können Sie auch mehrere Elemente angeben:

BEISPIEL 15.28: Sortieren einer Collection

```vb
Private Sub SortClick(sender As Object, e As RoutedEventArgs)
    Dim spalte As GridViewColumnHeader = TryCast(sender, GridViewColumnHeader)
```

CollectionView abrufen:

```vb
Dim view As ICollectionView =
            CollectionViewSource.GetDefaultView(ListView1.ItemsSource)
```

Bisherige Sortiervorgaben löschen:

```vb
view.SortDescriptions.Clear()
```

Eine neue Sortierfolge (Spaltenname, Aufsteigend) festlegen:

```vb
view.SortDescriptions.Add(New SortDescription(spalte.Content.ToString(),
                    ListSortDirection.Ascending))
```

Ansicht aktualisieren:

```vb
view.Refresh()
End Sub
```

15.4.3   Filtern

Auch wenn Sie mit dieser Variante vorsichtig sein sollten (Daten werden vor der Anzeige gefiltert, um unnötigen Traffic zu vermeiden), so besteht doch die Möglichkeit, zur Laufzeit gezielt Daten aus der gebundenen Collection herauszufiltern. Nutzen Sie dazu die *Filter*-Eigenschaft, der Sie eine selbst zu definierende Methode zuweisen.

BEISPIEL 15.29: Filter festlegen

Zunächst unsere Filterfunktion (alle Einträge die mit "T" beginnen):

```vb
Protected Function MeinFilter(value As Object) As Boolean
    Dim s As Schüler = TryCast(value, Schüler)
    Return s.Vorname.StartsWith("T")
End Function
```

Und hier wird der Filter zugewiesen (ein Aktualisieren ist nicht nötig):

```vb
Private Sub Button3_Click(sender As Object, e As RoutedEventArgs)
    Dim view As ICollectionView =
                    CollectionViewSource.GetDefaultView(ListBox1.ItemsSource)
    view.Filter = AddressOf MeinFilter
End Sub
```

HINWEIS: Möchten Sie den Filter löschen, weisen Sie der Eigenschaft einfach *Nothing* zu.

15.4.4 Live Shaping

Die vorhergehenden Funktionen zum Sortieren, Filtern und auch Gruppieren funktionieren recht gut, auch wenn Sie zum Beispiel neue Einträge zur Collection hinzufügen. Alternativ können Sie auch die *Refresh*-Methode der *CollectionView* aufrufen.

Doch was, wenn Sie lediglich ein Objekt der Collection bearbeiten und sich so z.B. die Filterbedingung für dieses Objekt ändert? In diesem Fall werden Sie schnell feststellen, dass Anzeige und Inhalt der Collection nicht mehr übereinstimmt.

BEISPIEL 15.30: (Fortsetzung) Fehlende Aktualisierung

...

Filtern Sie die Daten und rufen Sie folgende Methode auf, passiert nichts:

```
Private Sub Button5_Click(sender As Object, e As RoutedEventArgs)
    Dim schueler As Schüler = Klasse.Where(
                          Function(sch) sch.Vorname = "Thomas").FirstOrDefault()
    schueler.Vorname = "aaaa"
```

Erst nach einem Refresh sind die gefilterten Daten auch aktuell:

```
'   Dim view As ICollectionView =
            CollectionViewSource.GetDefaultView(ListBox1.ItemsSource)
'   view.Refresh()
End Sub
```

...

Hier hilft Ihnen Live Shaping weiter. Über das Interface *ICollectionViewLiveShaping* können Sie bestimmte Spalten zur Überwachung anmelden.

Jeweils drei neue Member sind für die weitere Arbeit interessant:

- Die Eigenschaft *CanChangeLiveFiltering* (... *Sorting,* ...*Grouping*) bestimmt, ob die Überwachung möglich ist.

- Die Eigenschaft *IsLiveFiltering* (... *Sorting,* ...*Grouping*) bestimmt, ob die Überwachung eingeschaltet ist

- Die Collection *LiveFilteringProperties* (... *Sorting...,* ...*Grouping...*) enthält die Namen der zu überwachenden Eigenschaften.

BEISPIEL 15.31: Filtern mit Live Shaping

...

```
Private Sub Button6_Click(sender As Object, e As RoutedEventArgs)
```

BEISPIEL 15.31: Filtern mit Live Shaping

Filter wie bekannt festlegen:

```
Dim view As ICollectionView =
            CollectionViewSource.GetDefaultView(ListBox1.ItemsSource)
view.Filter = AddressOf MeinFilter
```

Wir rufen das neue Interface ab:

```
Dim viewls As ICollectionViewLiveShaping = TryCast(view, ICollectionViewLiveShaping)
```

Test auf Interface:

```
If viewls Is Nothing Then
    MessageBox.Show("Nicht unterstützt!")
End If
```

Ist die Überwachung möglich:

```
If viewls.CanChangeLiveFiltering Then
```

Feld *Vorname* soll überwacht werden:

```
        viewls.LiveFilteringProperties.Add("Vorname")
        viewls.IsLiveFiltering = True
    End If
End Sub
...
```

HINWEIS: Da diese Form der Überwachung recht ressourcenintensiv ist, sollten Sie davon nur
Gebrauch machen, wenn es unbedingt nötig ist.

15.5   Anzeige von Datenbankinhalten

Die Anzeige eigener Collections ist gut und schön, aber wir wollen auch noch kurz einen Blick auf
das große Ganze werfen und damit sind wir schon bei der "Königsdisziplin", den Datenbanken,
angelangt.

HINWEIS: Wer jetzt Berge von ADO.NET-Quellcode erwartet, den werden wir enttäuschen. Für
den Zugriff auf unsere *Northwind*-Beispieldatenbank werden wir LINQ to SQL verwenden, den kleinen Bruder des Entity Frameworks. Mehr dazu finden Sie in unserem Buch [Datenbankprogrammierung mit Visual Basic 2012].

15.5.1   Datenmodell per LINQ to SQL-Designer erzeugen

Fügen Sie Ihrem WPF-Projekt eine neue "LINQ to SQL Klasse" hinzu, um den LINQ to SQL-
Designer zu öffnen (*Projekt|Neues Element hinzufügen*). Damit haben Sie bereits die zentrale

DataContext-Klasse[1] erstellt. Den Namen dieser Klasse können Sie jetzt gegebenenfalls über das Eigenschaftenfenster anpassen (wir wählen *NWDataContext*).

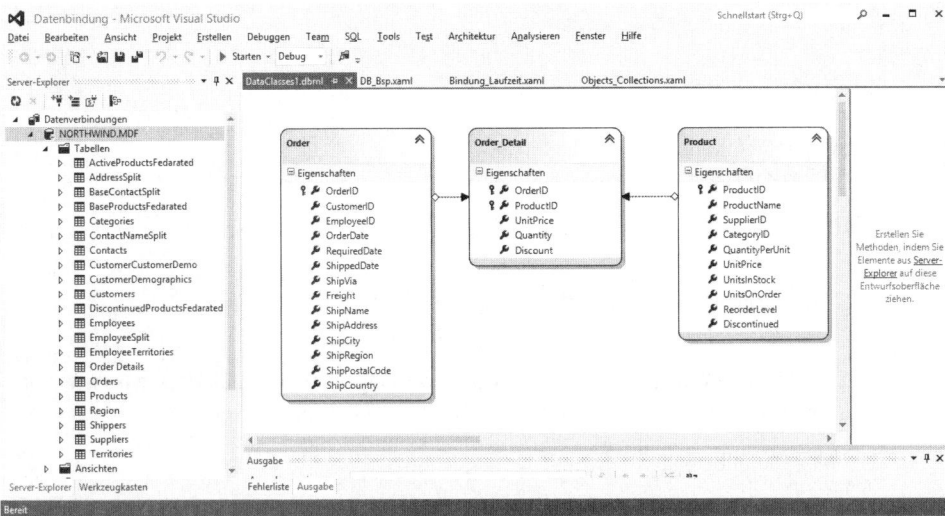

In die noch leere Arbeitsfläche (diese ähnelt dem Klassendesigner) fügen Sie die benötigten SQL-Server-Tabellen ein. Nutzen Sie dazu den Server-Explorer (siehe linke Seite).

HINWEIS: Für unser Beispiel fügen Sie die Tabellen *Order, Order_Detail* und *Product* ein.

Der Designer erstellt nachfolgend automatisch die erforderlichen VB-Mapperklassen für die einzelnen Tabellen sowie deren Associations.

HINWEIS: Sie können neben reinen Tabellen auch Views bzw. Gespeicherte Prozeduren in den Designer einfügen. Views werden wie Tabellen behandelt, Gespeicherte Prozeduren werden als Methoden der *DataContext*-Klasse mit typisierten Rückgabewerten gemappt.

15.5.2 Die Programm-Oberfläche

Nach Schließen des Designers wollen wir uns mit einem einfachen WPF-Projekt von der Funktionsfähigkeit überzeugen.

```
<Window x:Class="Datenbindung.DB_Bsp"
    xmlns="http://schemas.microsoft.com/winfx/2006/xaml/presentation"
    xmlns:x="http://schemas.microsoft.com/winfx/2006/xaml"
```

---

[1] Ja, das ist wieder eine der "glücklich" gewählten Namensübereinstimmungen. Dieser *DataContext* hat rein garnichts mit dem WPF-DataContext zu tun!

Eine Ereignisprozedur beim Öffnen des Window:

```
Title="DB_Bsp" Height="300" Width="476" Loaded="Window_Loaded">
```

Zweispaltiges Layout per *Grid*:

```
<Grid>
  <Grid.ColumnDefinitions>
    <ColumnDefinition Width="75" />
    <ColumnDefinition Width="*" />
  </Grid.ColumnDefinitions>
```

Hier die *ListView* mit den vorhandenen Bestellungen (Tabelle *Order*):

```
<ListView Grid.Column="0" Name="lvOrder" IsSynchronizedWithCurrentItem="True"
          ItemsSource="{Binding}" SelectionChanged="lvOrder_SelectionChanged"
          HorizontalAlignment="Left" >
```

Die eigentlich Bindung erfolgt per *DataContext*-Zuweisung im VB-Code. Über das *Selection-Changed*-Ereignis werden wir die Detaildaten in die zweite *ListView* "zaubern".

```
<ListView.View>
  <GridView>
    <GridView.Columns>
```

Wir zeigen nur die Spalte mit der Bestellnummer an:

```
      <GridViewColumn Header="OrderID" DisplayMemberBinding="{Binding OrderID}" />
    </GridView.Columns>
  </GridView>
</ListView.View>
</ListView>
```

Die *ListView* für die Detaildaten (die *DataContext*-Eigenschaft setzen wir im *Selection-Changed*-Ereignis der obigen *ListView*):

```
<ListView Grid.Column="1" Name="lvOrderDetails" IsSynchronizedWithCurrentItem="True"
          ItemsSource="{Binding}" >
<ListView.View>
  <GridView>
    <GridView.Columns>
      <GridViewColumn Header="OrderId" DisplayMemberBinding="{Binding OrderID}" />
      <GridViewColumn Header="ID" DisplayMemberBinding="{Binding ProductID}" />
```

Wer jetzt erwartet, dass die Autoren sich die Mühe machen und noch eine dritte *GridView* für die Artikelnamen einbinden, hat nicht mit der Leistungsfähigkeit von LINQ to SQL gerechnet. Es genügt die Abfrage der untergeordneten Collection *Product*:

```
      <GridViewColumn Header="Artikelname"
                      DisplayMemberBinding="{Binding Product.ProductName}" />
```

Endlich einmal ein sinnvoller Vorteil von objekt-relationalen Mapper-Klassen!

```
    </GridView.Columns>
  </GridView>
```

```
      </ListView.View>
    </ListView>
  </Grid>
</Window>
```

15.5.3 Der Zugriff auf die Daten

Jetzt müssen wir noch den erforderlichen VB-Code erstellen, um die Daten auch aus der Datenbank abzurufen.

```
Imports System.ComponentModel

Partial Public Class DB_Bsp
```

Die meiste Arbeit nimmt uns der LINQ to SQL-DataContext ab, den wir gleich zu Beginn instanziieren:

```
    Dim db As New NWDataContext()
```

Wir wollen auch die Default-View zwischenspeichern, da wir diese für das Abrufen der Detaildatensätze benötigen:

```
    Dim view0 As ICollectionView
...
```

Beim Laden des Fensters:

```
    Private Sub Window_Loaded(sender As Object, e As RoutedEventArgs)
```

Dem *DataContext* der linken *ListView* wird die Tabelle *Orders* zugewiesen:

```
        lvOrder.DataContext = db.Orders
```

Die Default-View abrufen:

```
        view0 = CollectionViewSource.GetDefaultView(lvOrder.DataContext)
    End Sub
```

So, das wäre schon alles, wenn da nicht noch die Detaildatenanzeige fehlen würde. Im *SelectionChanged*-Ereignis der linken *ListView* kümmern wir uns zunächst um das Abrufen des aktuellen Datensatzes und leiten aus diesem Objekt die *OrderDetails* ab (als Collection enthalten):

```
    Private Sub lvOrder_SelectionChanged(sender As Object,
                     e As Controls.SelectionChangedEventArgs)
        lvOrderDetails.DataContext = CType(view0.CurrentItem, Order).Order_Details
    End Sub
End Class
```

Wer jetzt beim Zugriff auf den MS SQL Server noch Wert auf ADO.NET-Objekte legt, dem ist nicht zu helfen. Kürzer kann das Beispiel kaum ausfallen.

Ach ja, wie kommen eigentlich neue Datensätze in die Tabellen? Hier genügt es, wenn Sie z.B. ein neues *Product*-Objekt erstellen und es an die *Products*-Collection anhängen. Mit einen *Submit-Changes* des *DataContext*-Objekts (der LINQ to SQL *DataContext*) ist die Änderung dann auch schon zum Server übertragen.

15.6 Drag & Drop-Datenbindung

Na, die in den vorhergehenden Abschnitten gezeigte Vorgehensweise war doch recht einfach und mit wenig Schreibaufwand verbunden. Wenn Sie hier weiterlesen, sind Sie vermutlich daran interessiert, nochmal etwas weniger Code zu produzieren und statt dessen die Assistenten für sich arbeiten zu lassen. Mal sehen, ob Sie mit dem Ergebnis und der Vorgehensweise zufrieden sind.

15.6.1 Vorgehensweise

Die Vorgehensweise orientiert sich sicher nicht ganz zufällig an der Arbeitsweise bei den Windows Forms:

* Wählen Sie zunächst den Menüpunkt *Daten|Datenquellen anzeigen*.

* Ist die gewünschte Datenquelle noch nicht vorhanden, erzeugen Sie diese über den Klick auf den Hinzufügen-Button. In diesem Fall sollte jetzt der Datenquellen-Assistent erscheinen:

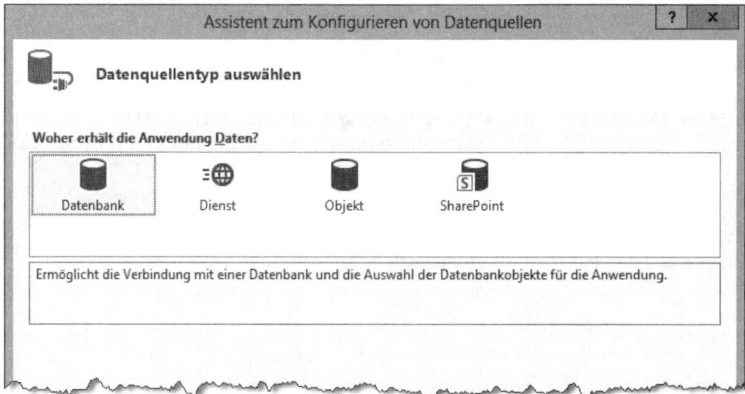

- Wählen Sie den Eintrag "Database", wenn Sie eine Datenbank gänzlich neu einfügen wollen oder "Objekt", wenn Sie bereits über ein Datenmodell (z.B. LINQ to SQL) verfügen.

- Haben Sie die Datenquelle bzw. die Datenobjekte erfolgreich eingebunden, dürften diese im Datenquellen-Fenster angezeigt werden:

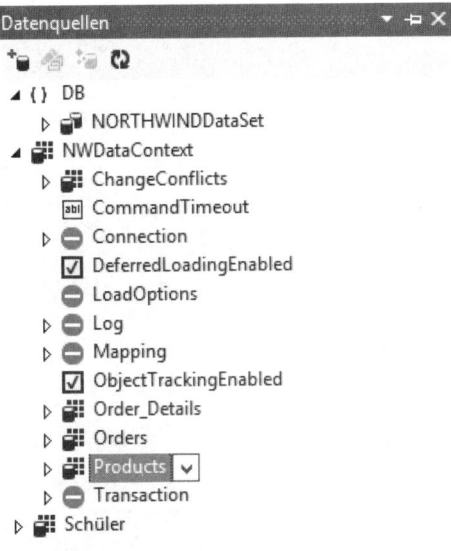

Obige Abbildung zeigt ein eingebundenes DataSet und einen LINQ to SQL-DataContext.

- Wählen Sie jetzt beispielsweise eine Collection "Products" im Datenquellen-Fenster aus, wird Ihnen per *ComboBox* folgende Auswahl angezeigt:

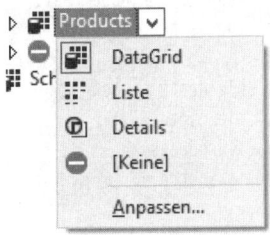

Die Auswahl bestimmt, welche Controls nach einer Drag & Drop-Operation mit dieser Collection in das Fenster eingefügt werden. Wählen Sie die erste Option, wird automatisch ein komplett fertig konfiguriertes *DataGrid* in Ihr WPF-Formular eingefügt:

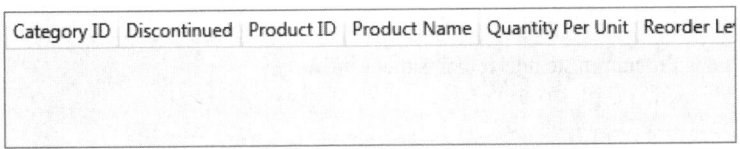

Analog gilt dieses auch für die Auswahl "List", hier kommt eine *ListView* zum Einsatz, die jedoch auf Templates aufbauend, statt statischem Text Textfelder verwendet.

Mit der Auswahl "Details" wird Ihnen ein *Grid* mit den nötigen *Label-, TextBox-* und *CheckBox*-Controls generiert:

Category ID:	
Discontinued:	☐ CheckBox
Product ID:	
Product Name:	
Quantity Per Unit:	
Reorder Level:	
Supplier ID:	
Unit Price:	
Units In Stock:	
Units On Order:	

■ Abschließend sollten Sie ein Blick auf den VB-Quellcode des Formulars werfen, hier ist teilweise noch mit etwas Arbeit zu rechnen:

```
Private Sub Window_Loaded(sender As Object, e As RoutedEventArgs)

        Dim NORTHWINDDataSet As Datenbindung.NORTHWINDDataSet =
            CType(Me.FindResource("NORTHWINDDataSet"), Datenbindung.NORTHWINDDataSet)
        'Load data into the table Products. You can modify this code as needed.
        Dim NORTHWINDDataSetProductsTableAdapter As _
            Datenbindung.NORTHWINDDataSetTableAdapters.ProductsTableAdapter = New _
            Datenbindung.NORTHWINDDataSetTableAdapters.ProductsTableAdapter()
        NORTHWINDDataSetProductsTableAdapter.Fill(NORTHWINDDataSet.Products)
        Dim ProductsViewSource As System.Windows.Data.CollectionViewSource =
            CType(Me.FindResource("ProductsViewSource"),
            System.Windows.Data.CollectionViewSource)
        ProductsViewSource.View.MoveCurrentToFirst()
    End Sub
```

Im obigen Beispiel (Anbindung eines DataSets) brauchen Sie keine Änderung vorzunehmen, bei der Anbindung von LINQ to SQL/Entity-DataContext-Objekten müssen Sie sich jedoch selbst um das Erstellen des *DataContext* kümmern.

■ Einen Probelauf des Programm steht jetzt nichts mehr im Wege:

15.6.2   Weitere Möglichkeiten

Selbstverständlich können Sie jetzt noch den XAML-Code nachbearbeiten und Spalten ein-/aus-blenden bzw. umformatieren. Dazu genügt es meist, wenn Sie ein neues *DataTemplate* mit dem gewünschten Eingabe-Control zuweisen:

Statt einer einfachen *TextBox*:

```
<DataGridTextColumn Binding="{Binding Path=OrderDate}" Header="Order-Date"
                    Width="SizeToHeader" />
```

können Sie zum Beispiel auch einen Kalender einblenden:

```
<DataGridTemplateColumn Header="Order Date" Width="SizeToHeader">
    <DataGridTemplateColumn.CellTemplate>
        <DataTemplate>
            <DatePicker SelectedDate="{Binding Path=OrderDate}" />
        </DataTemplate>
    </DataGridTemplateColumn.CellTemplate>
</DataGridTemplateColumn>
```

Dass Sie auch alle anderen Formatierungsmöglichkeiten des *DataGrid* nutzen können, brauchen wir an dieser Stelle sicher nicht extra zu erwähnen.

Interessant für den Programmierer ist noch der automatisch erstellte *<Window.Resources>*-Abschnitt, in dem sowohl das nötige *DataSet* als auch eine *CollectionViewSource* erzeugt wird:

```
<Window x:Class="Datenbindung.DragDrop_Bsp"
...
    xmlns:my1="clr-namespace:Datenbindung">
    <Window.Resources>
        <my:NORTHWINDDataSet x:Key="NORTHWINDDataSet" />
        <CollectionViewSource x:Key="productsViewSource"
            Source="{Binding Path=Products, Source={StaticResource NORTHWINDDataSet}}" />
    </Window.Resources>
```

Letztere können Sie dazu nutzen, um zum Beispiel eine Navigation zwischen den Datensätzen zu realisieren:

Instanz ermitteln:

```
...
   Dim ProductsViewSource As System.Windows.Data.CollectionViewSource =
      CType(Me.FindResource("ProductsViewSource"), System.Windows.Data.CollectionViewSource)
```

Über die *View* stehen Ihnen alle Navigationsmöglichkeiten zur Verfügung:

```
ProductsViewSource.View.MoveCurrentToFirst()
```

15.7 Formatieren von Werten

In unseren Beispielen haben wir uns bisher erfolgreich davor gedrückt, Datumswerte, Währungen etc. in einem sinnvollen Format anzuzeigen bzw. zu formatieren.

Binden Sie beispielsweise einen Datumswert an eine *TextBox,* wird zunächst das Standardformat angezeigt:

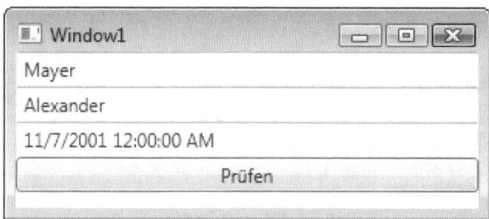

Das sieht aus deutscher Sicht zunächst wenig erfreulich aus, aber mit dem *Language*-Attribut können Sie hier etwas nachhelfen.

BEISPIEL 15.32: Verwendung *Language*-Attribut

```
<TextBox Text="{Binding Path=Geburtstag}" Language="de"/>
```

Nachfolgend sollte zumindest ein deutscher Datumswert angezeigt werden:

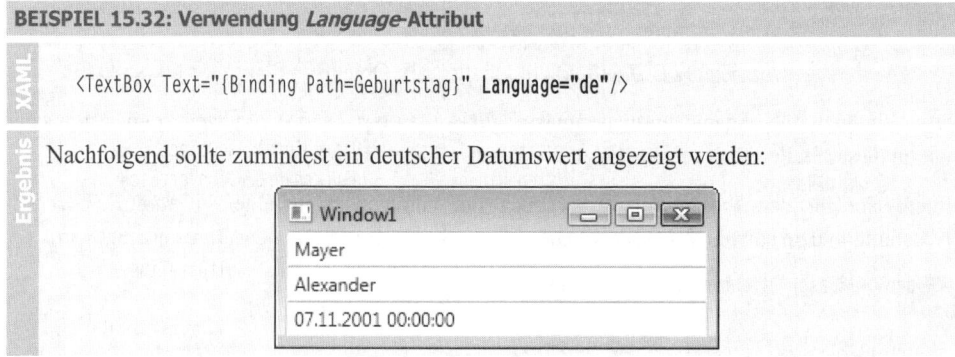

Doch auch dies ist noch nicht der Weisheit letzter Schluss.

15.7.1 IValueConverter

Mit Hilfe der WPF-Wertkonvertierer können Sie jede beliebige Konvertierung zwischen Quelle und Ziel einer Datenbindung realisieren. Dazu erstellen Sie eine Klasse, die das *IValueConverter*-Interface unterstützt. Diese Klasse muss zwei Methoden implementieren:

- *Convert* (von der Quelle zum Ziel)

- *ConvertBack* (vom Ziel zur Quelle)

Sicher können Sie sich denken, dass die *ConvertBack*-Methode den höheren Programmieraufwand erfordert, hat doch hier der User die Möglichkeit, zunächst beliebige Werte in die Textfelder einzugeben, die Sie dann mühsam in den geforderten Datentyp umwandeln müssen.

BEISPIEL 15.33: Implementieren und Verwenden eines Wert-Konvertierers

An dieser Stelle wollen wir allerdings nicht das Rad neu erfinden, sondern ein Beispiel aus dem Microsoft MSDN diskutieren.

Hier die neue Klasse *DateConverter,* die Sie mit entsprechenden Attributen versehen sollten:

```
Imports System.Globalization

<ValueConversion(GetType(DateTime), GetType(String))>
Public Class DateConverter
    Implements IValueConverter
```

Konvertieren von der Quelle zum Ziel (übergeben werden die Quelleigenschaft, der Zieleigenschaft-Typ, ein Konverter-Parameter sowie die aktuellen Landeseinstellungen):

```
Public Function Convert(value As Object, targetType As System.Type,
                parameter As Object, culture As CultureInfo) As Object _
                            Implements System.Windows.Data.IValueConverter.Convert
    Dim date As DateTime = DirectCast(value, DateTime)
    Return date.ToShortDateString()
End Function
```

Konvertieren vom Ziel (z.B. *TextBox*) zur Quelle (z.B. Objekt):

```
Public Function ConvertBack(value As Object, targetType As System.Type,
                parameter As Object, culture As CultureInfo) As Object _
                Implements System.Windows.Data.IValueConverter.ConvertBack
    Dim strValue As String = value.ToString()
    Dim resultDateTime As DateTime
    If DateTime.TryParse(strValue, resultDateTime) Then Return resultDateTime
    Return value
End Function

End Class
```

BEISPIEL 15.33: Implementieren und Verwenden eines Wert-Konvertierers

Die Verwendung im XAML-Code:

```
<Window x:Class="Datenbindung.Window1"
    xmlns="http://schemas.microsoft.com/winfx/2006/xaml/presentation"
    xmlns:x="http://schemas.microsoft.com/winfx/2006/xaml"
```

Zunächst den lokalen Namespace einbinden:

```
    xmlns:local="clr-namespace:Datenbindung"
    Title="Window1" Height="300" Width="300" >
```

Die Einbindung der Klasse erfolgt per Ressource:

```
<Window.Resources>
  <local:DateConverter x:Key="dateConverter"/>
</Window.Resources>

<StackPanel Name="StackPanel1">
  <TextBox Text="{Binding Path=Nachname}" Name="txt1" />
  <TextBox Text="{Binding Path=Vorname}" />
```

Und hier verwenden wir den Konverter bei der Bindung:

```
  <TextBox Text="{Binding Path=Geburtstag, Converter={StaticResource dateConverter}}" />
  <Button Click="Button_Click">Prüfen</Button>
</StackPanel>
</Window>
```

Das neue Ergebnis sieht schon viel ansprechender aus:

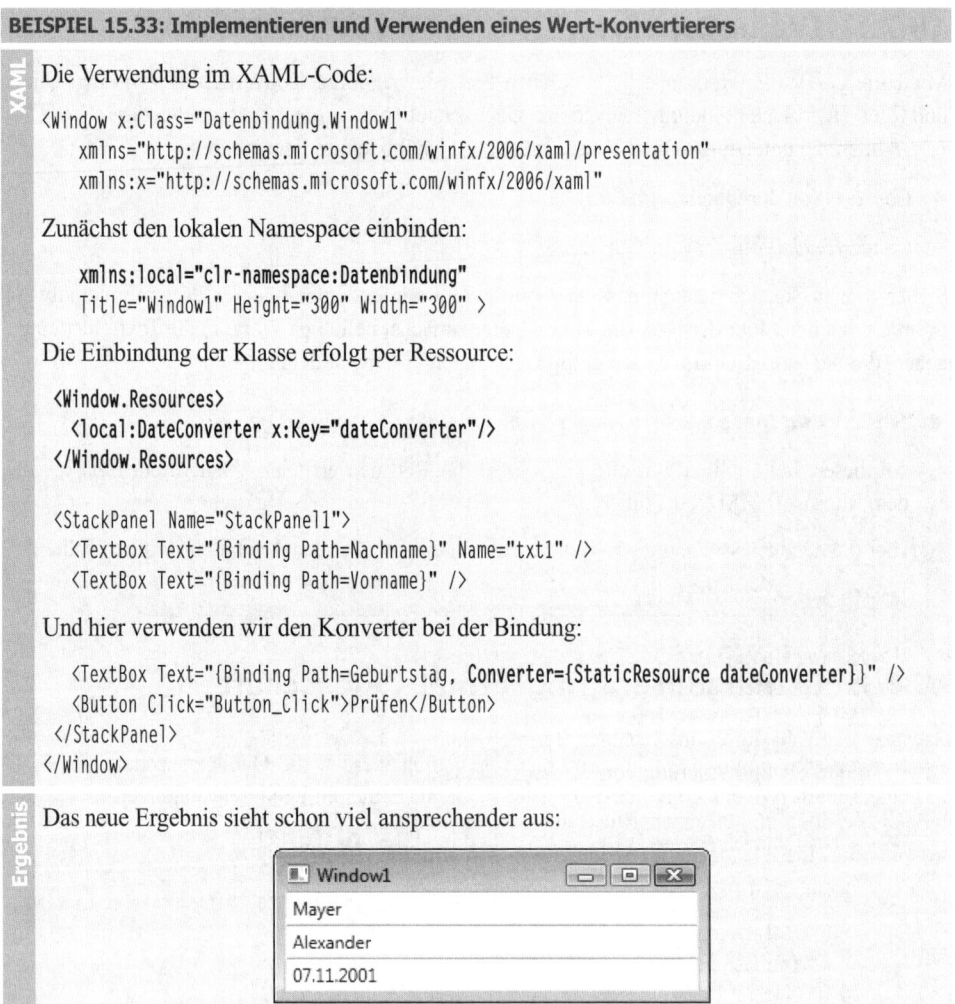

HINWEIS: Zusätzlich besteht die Möglichkeit, vorhandene Wertkonvertierer per Eigenschaften-editor (siehe folgende Abbildung) zuzuweisen. Der Eigenschafteneditor erstellt, falls erforderlich, die entsprechenden Einträge im *<Window.Resources>*-Abschnitt des Formulars und weist das Attribut "Converter" zu.

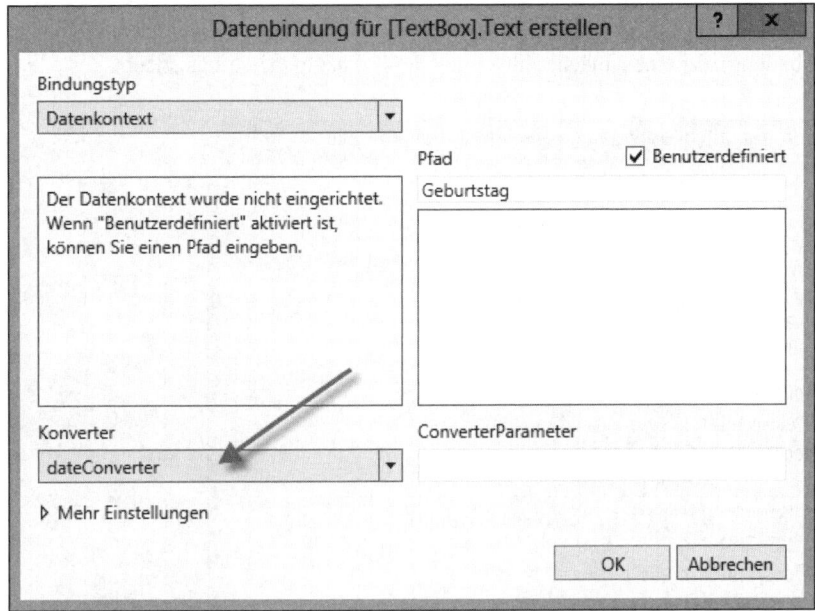

15.7.2 BindingBase.StringFormat-Eigenschaft

Nachdem Sie sich durch unser obiges Beispiel gekämpft haben, wollen wir Ihnen auch nicht die dritte Variante zur Formatierung von Werten vorenthalten.

Werfen Sie doch einmal einen Blick auf die *BindingBase.StringFormat*-Eigenschaft, welche die Verwendung eines *IValueConverters* in vielen Standardfällen überflüssig macht.

BEISPIEL 15.34: Zwei verschiedene Datumsformate zuweisen

```xaml
...
<TextBox Text="{Binding Path=Geburtstag, StringFormat= d. MMM yyyy}" />
...
<TextBox Text="{Binding Path=Geburtstag, StringFormat= dd.MM.yyyy }" />
...
```

Das Ergebnis:

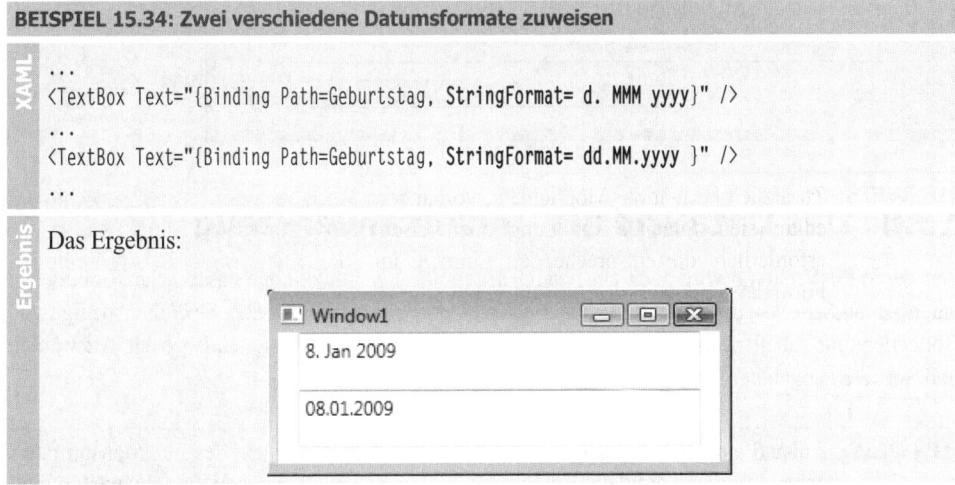

HINWEIS: Alternativ können Sie auch hier den Eigenschafteneditor nutzen (siehe folgende Abbildung), der eine einfache Zuweisung des Formatierungsstrings erlaubt.

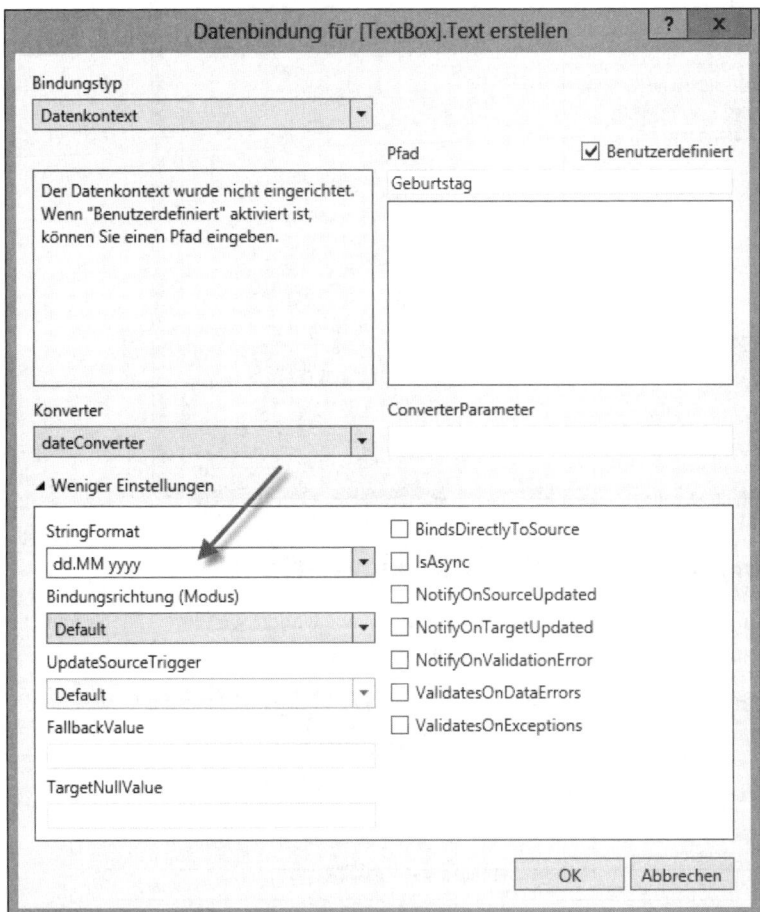

15.8   Das DataGrid als Universalwerkzeug

Seit der WPF-Version 4 wird auch ein *DataGrid* regulär unterstützt, ohne zusätzliche Toolkits etc. laden zu müssen. Wie die schon besprochene *ListView* erlaubt auch das *DataGrid* die Anzeige von Collections im Tabellenformat. Zusätzlich werden Funktionen zum Editieren, Löschen, Auswählen und Sortieren angeboten.

HINWEIS: Anhand einiger Fallbeispiele wollen wir Ihnen ein Übersicht des Funktionsumfangs geben, für eine komplette Beschreibung aller Eigenschaften bzw. Möglichkeiten fehlt uns hier jedoch der Platz und wir verweisen auf die recht umfangreiche Hilfe zum *DataGrid*-Control.

15.8.1 Grundlagen der Anzeige

Wie fast nicht anders zu erwarten, erfolgt die Anbindung an die Datenquelle mittels *Items-Source*-Eigenschaft, wir erzählen Ihnen an dieser Stelle also nichts Neues und verweisen auf die vorhergehenden Abschnitte.

Im Gegensatz zu den bereits beschriebenen Controls bietet das *DataGrid* jedoch einen wesentlichen Vorteil – Sie brauchen sich nicht um das Erstellen der einzelnen Spalten zu kümmern, dank *AutoGenerateColumns*-Eigenschaft (Default *True*) werden automatisch die nötigen Spalten erzeugt.

BEISPIEL 15.35: Anbinden des *DataGrid* an LINQ to SQL-Daten

```xaml
<DataGrid Name="DataGrid1" />
```

```vb
Partial Public Class DB_Bsp

    Dim db As New NWDataContext()

    Private Sub Window_Loaded(sender As Object, e As RoutedEventArgs)
    ...
        DataGrid1.ItemsSource = db.Products
    End Sub
```

Das Ergebnis dürfte den Erwartungen bereits entsprechen:

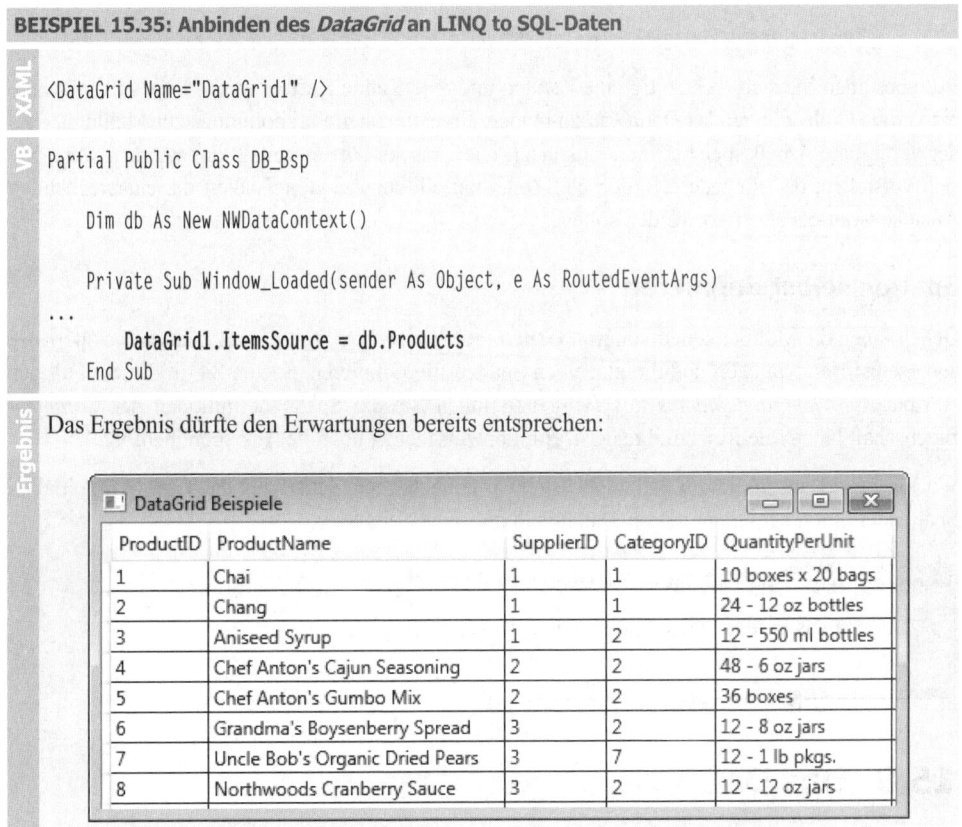

Die Verwendung der *AutoGenerateColumns*-Eigenschaft ist sicher recht praktisch, doch haben Sie in diesem Fall keinen Einfluss auf Anzahl, Reihenfolge und Aussehen der Spalten.

Das *DataGrid* selbst unterscheidet in diesem Fall lediglich zwischen Spalten der Typen *DataGridTextColumn* und *DataGridCheckBoxColumn* deren Bedeutung sich bereits durch den Namen erklärt.

UI-Virtualisierung

Sicher interessiert es Sie auch, wie leistungsfähig das *DataGrid* ist. Erstellen Sie ruhig einmal eine Collection mit 1.000.000 Datensätzen und weisen Sie diese als *ItemsSource* zu. Sie werden feststellen, dass das Erzeugen der Collection wesentlich länger dauert, als die Anzeige der Daten. Der Grund für dieses Verhalten basiert auf der UI-Virtualisierung, die mit Hilfe eines *VirtualizingStack-Panel* als Layoutpanel innerhalb des *DataGrid* (auch *ListView*, *ListBox* etc.) verwendet wird.

Das *VirtualizingStackPanel* sorgt dafür, dass nur die gerade sichtbaren Einträge (bzw. die dazu nötigen Controls) erzeugt werden. Was passiert, wenn dies nicht so ist, können Sie ganz einfach ausprobieren. Es genügt, wenn Sie das folgende Attribut in die Elementedefinition einfügen:

```
<DataGrid VirtualizingStackPanel.IsVirtualizing="False" Name="DataGrid1" />
```

Bitte besorgen Sie sich rechtzeitig eine Zeitung und eine Kanne Kaffee, wenn Sie jetzt versuchen, eine große Collection an das *DataGrid* zu binden. Im extremsten Fall kommt es zur Meldung, dass der verfügbare Arbeitsspeicher nicht ausreicht. Die Ursache dürfte schnell klar werden, wenn Sie sich vorstellen, das für jede erforderliche Zeile und alle angezeigten Spalten die entsprechenden Anzeige-Controls generiert werden sollen.

Spalten selbst definieren

Gehen Ihnen die Möglichkeiten von *AutoGenerateColumns* nicht weit genug, können Sie alternativ auch selbst Hand anlegen und die einzelnen Spalten frei definieren. Setzen Sie in diesem Fall das Attribut *AutoGenerateColumns* auf *False* und fügen Sie die Spaltendefinitionen der *Columns*-Eigenschaft hinzu (die Reihenfolge der Definition entscheidet über die Anzeigereihenfolge).

Wir machen es uns in diesem Fall zunächst etwas einfacher und generieren das *DataGrid* mit allen Spaltendefinition per Drag & Drop-Datenbindung (siehe Seite 818).

BEISPIEL 15.36: *DataGrid* mit einzeln definierten Spalten

Zunächst das Erzeugen der *CollectionViewSource*:

```
...

    <CollectionViewSource x:Key="schülerViewSource" d:DesignSource=
                  "{d:DesignInstance my:Schüler, CreateList=True}" />
</Window.Resources>
<DockPanel DataContext="{StaticResource schülerViewSource}">
```

Hier das *DataGrid*:

```
<DataGrid AutoGenerateColumns="False" EnableRowVirtualization="True"
          ItemsSource="{Binding}" Name="DataGrid1"
          RowDetailsVisibilityMode="VisibleWhenSelected" >
```

Und hier folgen die Definitionen der einzelnen Spalten:

```
<DataGrid.Columns>
```

Eine Textspalte erzeugen, Bindung an den Member *Nachname* herstellen, die Kopfzeile mit "Nachname" beschriften und eine Größenanpassung vornehmen::

BEISPIEL 15.36: *DataGrid* mit einzeln definierten Spalten

```
                  <DataGridTextColumn x:Name="nachnameColumn"
                     Binding="{Binding Path=Nachname}" Header="Nachname" Width="SizeToHeader" />
```

Gleiches für den Vornamen:

```
                  <DataGridTextColumn x:Name="vornameColumn" Binding="{Binding Path=Vorname}"
                                 Header="Vorname" Width="SizeToHeader" />
```

An dieser Stelle war der Assistent schon ganz "pfiffig", statt einer einfachen Textspalte wurde bereits ein *DataTemplate* erzeugt, dass einen *DatePicker* für die Datumsanzeige verwendet:

```
                  <DataGridTemplateColumn x:Name="geburtstagColumn"
                                      Header="Geburtstag" Width="SizeToHeader">
               <DataGridTemplateColumn.CellTemplate>
                   <DataTemplate>
                       <DatePicker SelectedDate="{Binding Path=Geburtstag}" />
                   </DataTemplate>
               </DataGridTemplateColumn.CellTemplate>
           </DataGridTemplateColumn>
       </DataGrid.Columns>
   </DataGrid>
</DockPanel>
```

Das erzeugte *DataGrid*:

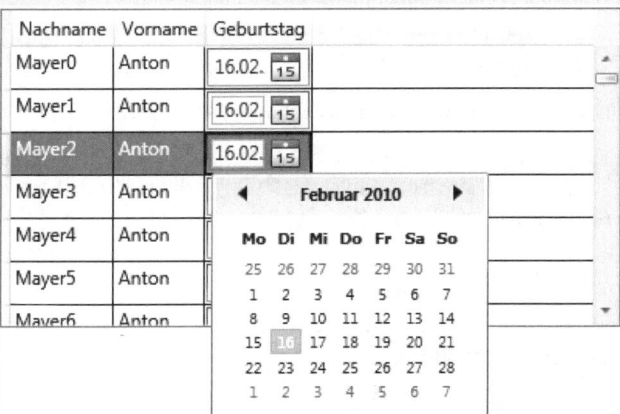

Im obigen Beispiel ist die Datumsspalte noch zu schmal, weisen Sie einfach der Eigenschaft *Width* einen größeren Wert zu:

```
   <DataGridTemplateColumn x:Name="geburtstagColumn" Header="Geburtstag" Width="100">
```

HINWEIS: Sie können die Spaltenbreite auch mit "*" angeben, in diesem Fall verwendet die Spalte den restlichen verfügbaren Platz.

Wie Sie gesehen haben, stehen Ihnen neben den Standard-Spaltentypen

- *DataGridTextColumn,*

- *DataGridCheckBoxColumn,*

- *DataGridComboBoxColumn,*

- *DataGridHyperlinkColumn,*

auch die recht flexible *DataGridTemplateColumn* zur Verfügung. Welche Controls Sie hier einbinden (*Image, Chart, RichtextBox* etc.) bleibt Ihrer Phantasie überlassen.

Weitere Gestaltungsmöglichkeiten bieten sich mit dem Ein- und Ausblenden der Trennlinien, der Konfiguration der Spaltenköpfe per Template usw.

Zusatzinformationen in den Zeilen anzeigen

Nicht alle Informationen sollen immer gleich in einem Grid sichtbar sein, vielfach werden Detailfenster etc. eingeblendet um nach der Auswahl eines Datensatzes weitere Informationen einzublenden. An dieser Stelle bietet das *DataGrid* mit dem *RowDetailsTemplate* ein recht interessantes Feature, versetzt Sie dieses Template doch in die Lage unter bestimmten Umständen (*RowDetails-VisibilityMode*-Eigenschaft) zusätzliche Inhalte einzublenden.

BEISPIEL 15.37: Verwendung von *RowDetailsTemplate*

Zunächst müssen Sie bestimmen, wann die Details eingeblendet werden:

```
<DataGrid AutoGenerateColumns="False" EnableRowVirtualization="True"
    ItemsSource="{Binding}" RowDetailsVisibilityMode="VisibleWhenSelected" >
    <DataGrid.Columns>
...
    </DataGrid.Columns>
```

Nach der Spaltendefinition können Sie dann das *RowDetailsTemplate* einfügen und mit den gewünschten Informationen füllen:

```
<DataGrid.RowDetailsTemplate>
    <DataTemplate>
        <StackPanel Orientation="Horizontal" Background="AliceBlue">
            <TextBlock>Nachname: </TextBlock>
            <TextBlock Text="{Binding Path=Nachname}" FontSize="11" />
            <TextBlock> Vorname: </TextBlock>
            <TextBlock Text="{Binding Path=Vorname}" FontSize="11" />
        </StackPanel>
    </DataTemplate>
</DataGrid.RowDetailsTemplate>
</DataGrid>
```

BEISPIEL 15.37: Verwendung von *RowDetailsTemplate*

Nachname	Vorname	Geburtstag	
Mayer0	Anton	16.02.2010 [15]	
Nachname:Mayer0Vorname:Anton			
Mayer1	Anton	16.02.2010 [15]	
Mayer2	Anton	16.02.2010 [15]	
Mayer3	Anton	16.02.2010 [15]	
Mayer4	Anton	16.02.2010 [15]	
Mayer5	Anton	16.02.2010 [15]	

Mit *RowDetailsVisibilityMode* bestimmen Sie, wann die Zeilendetails angezeigt werden. Standardwert ist *Collapsed* (nicht sichtbar) alternativ steht *Visible* (immer sichtbar) oder *VisibleWhenSelected* zur Verfügung (nur die aktuelle Zeile).

15.8.2 Vom Betrachten zum Editieren

Auch wenn die umfangreichen Anzeigeoptionen das *DataGrid* für diverse Aufgaben prädestinieren, Hauptaufgabe dürfte in den meisten Fällen auch das Editieren der Inhalte sein.

Grundsätzlich entscheidet zunächst die übergreifende Eigenschaft *IsReadOnly* über die Fähigkeit, Inhalte des DataGrids zu editieren oder nur zu betrachten. Gleiches gilt auch auf Spaltenebene, auch hier können Sie mit *IsReadOnly* darüber entscheiden, welche Spalten editierbar sind und welche nicht. Zusätzlich unterstützen Sie diverse Ereignisse vor, während und nach dem Editiervorgang (*BeginningEdit, PreparingCellForEdit, CellEditEnding* ...).

HINWEIS: An dieser Stelle wollen wir uns jedoch aus Platzgründen vom *DataGrid* verabschieden und verweisen Sie auf unser [Visual Basic 2012 – Kochbuch].

15.9 Praxisbeispiele

15.9.1 Collections in Hintergrundthreads füllen

In den vorhergehenden Beispielen haben wir es uns recht einfach gemacht. Eine Collection wurde erzeugt, gefüllt und angezeigt. Soweit so gut, aber was, wenn das Erzeugen der Collection etwas länger dauert? Ein kleines Beispielprogramm zeigt das Problem und natürlich auch die Lösung dafür. Dabei trennen wir aber zwischen der bisherigen Lösung und einer mit .NET 4.5 eingeführten Neuerung.

Oberfläche

Ein einfaches *Window* mit einigen Schaltflächen und einer *ListView* zur Anzeige der Daten:

```
<Window x:Class="Datenbindung.Laden_im_Hintergrund"
        xmlns="http://schemas.microsoft.com/winfx/2006/xaml/presentation"
        xmlns:x="http://schemas.microsoft.com/winfx/2006/xaml"
        Title="Laden_im_Hintergrund" Height="300" Width="530">
    <DockPanel>
        <StackPanel DockPanel.Dock="Top" Orientation="Horizontal">
            <Button Click="Button_Click_2">Laden Vordergrund-Thread</Button>
            <Button Click="Button_Click_3">Laden Hintergrund-Thread</Button>
            <Button Click="Button_Click_4">Laden Hintergrund Lösung</Button>
            <Button Click="Button_Click_1">Laden neu</Button>
        </StackPanel>
        <ListView Name="ListView1" IsSynchronizedWithCurrentItem="True"
                  ItemsSource="{Binding}" VirtualizingPanel.IsVirtualizing="True" />
    </DockPanel>
</Window>
```

Das Problem

Stellen Sie sich folgendes Szenario vor: Sie füllen eine Liste von *Schüler*-Objekten[1], leider dauert der Abruf jedes einzelnen Objekts etwas länger:

```
Imports System.Collections.ObjectModel
Imports System.Threading
Imports System.Threading.Tasks


Public Class Laden_im_Hintergrund
    Public _klasse As ObservableCollection(Of Schüler)

    Public Sub New()
        InitializeComponent()
        _klasse = New ObservableCollection(Of Schüler)()
        Me.DataContext = _klasse
    End Sub

    Private Sub Datenabrufen()
        _klasse.Clear()
        For i As Integer = 0 To 99
```

Hier simulieren wir eine Zeitverzögerung, z.B. eine langsame Datenverbindung:

```
            _klasse.Add(New Schüler() With { _
                .Nachname = "Mayer" & i.ToString(), _
                .Vorname = "Alexander", _
                .Geburtstag = New DateTime(2001, 11, 7) _
            })
```

---

[1] Definition siehe Seite 800.

```
        Next
    End Sub


    Private Sub Button_Click_2(sender As Object, e As RoutedEventArgs)
        Datenabrufen()
    End Sub
```

Starten Sie die Anwendung, werden Sie nach einem Klick auf die Schaltfläche feststellen, dass Ihre Anwendung "einfriert". Diese Lösung wollen Sie dem Endanwender sicher nicht zumuten. Was liegt also näher, als diese Aufgabe in einen Hintergrundthread zu verlagern.

Gesagt, getan, wir kapseln obigen Methodenaufruf in einem extra Thread:

```
    Private Sub Button_Click_3(sender As Object, e As RoutedEventArgs)
        Task.Factory.StartNew(AddressOf Datenabrufen)
    End Sub
```

Doch nach einem Start der Anwendung werden Sie schnell wieder auf den Boden zurückgeholt:

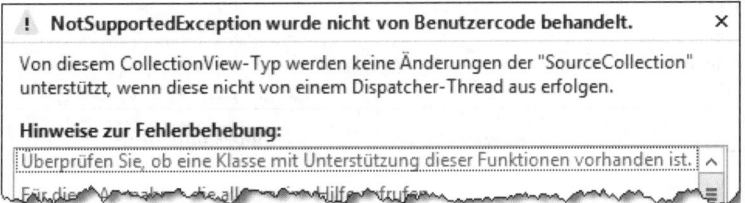

Sie können auf die Collection nicht per Hintergrundthread zugreifen. Das ist erstmal ein Show-Stopper. Doch es gibt zwei Lösungen:

- Laden einer extra Collection im Hintergrund und kopieren dieser Collection in den Vordergrund. Nachfolgend Abgleich mit der gebundenen Collection.

- Laden der Daten im Hintergrund, Einfügen der einzelnen Einträge durch jeweiligen Wechsel in den Vordergrundthread.

Die zweite Lösung ist mit häufigen Threadwechseln verbunden, wir sehen uns also die erste Lösung näher an.

Lösung (bis .NET 4.0)

Wir lagern das Laden der Daten in eine Funktion aus, die eine komplette Liste zurückgibt:

```
    Private Function Datenabrufen_alteLoesung() As ObservableCollection(Of Schüler)
        Dim _threadklasse As New ObservableCollection(Of Schüler)()
        For i As Integer = 0 To 99
            Thread.Sleep(100)
            ' simuliert Laden aus der Quelle
            _threadklasse.Add(New Schüler() With { _
                .Nachname = "Mayer" & i.ToString(), _
                .Vorname = "Alexander", _
```

```
            .Geburtstag = New DateTime(2001, 11, 7) _
        })
    Next
    Return _threadklasse
End Function
```

Unser Aufruf:

```
Private Sub Button_Click_4(sender As Object, e As RoutedEventArgs)
```

Anzeige, dass der Nutzer warten soll:

```
Me.Cursor = Cursors.Wait
```

In einem extra Thread werden die Daten geladen:

```
Task.Factory.StartNew(Of ObservableCollection(Of Schüler))(AddressOf
                    Datenabrufen_alteLoesung).ContinueWith(Sub(t)
```

Ist dies erfolgt, kopieren wir diese in die gebundene Liste:

```
_klasse.Clear()
For Each s In t.Result
    _klasse.Add(s)
Next
```

Und blenden die Sanduhr aus:

```
Me.Cursor = Nothing
End Sub, TaskScheduler.FromCurrentSynchronizationContext())
End Sub
```

Test

Nach dem Start wird die "Sanduhr" angezeigt, nach einigen Sekunden ist die Liste gefüllt. Wie Sie sehen, muss sich der Nutzer auch hier gedulden, die Oberfläche bleibt in dieser Zeit aber voll bedienbar.

Lösung (ab .NET 4.5)

Neu seit .NET 4.5 ist die Möglichkeit, Collections für die gleichzeitige Bearbeitung in Threads quasi anzumelden. Nutzen Sie dazu einen Aufruf der Methode *EnableCollectionSynchronization*.

```
Private Sub Button_Click_1(sender As Object, e As RoutedEventArgs)
```

Anmelden der Collection, wir übergeben noch das aktuelle Window-Objekt als Sperrobjekt[1]:

```
BindingOperations.EnableCollectionSynchronization(_klasse, Me)
```

Wir rufen die Daten per extra Thread ab:

```
Task.Factory.StartNew(AddressOf Datenabrufen)
End Sub
```

---

[1] Es tut auch jede andere Objekt-Instanz.

Test

Nach dem Start werden Sie feststellen, dass die Oberfläche beweglich bleibt, und dass die Daten "tröpfchenweise" in die Liste geladen werden, Sie können beim Füllen quasi zusehen. Eine einfache und recht elegante Lösung für das Einlesen größerer Datenmengen.

15.9.2 Drag & Drop-Bindung bei 1:n-Beziehungen

Grundlage unseres kleinen Beispiels soll in diesem Fall ein Entity Data Model sein, bei dem wir die Beziehung zwischen den Tabellen *Orders* und *Order_Details* mit zwei *DataGrids* visualisieren wollen. Wir machen es uns jetzt jedoch einfach und verwenden für den Entwurf das Datenquellen-Fenster, so kommen wir ohne eine einzige Zeile eigenen Quellcodes aus.

Oberfläche

Erstellen Sie zunächst ein neues WPF-Projekt, in das Sie die Datenbank *Northwind.mdf* einfügen. Bei der Frage nach dem zu erzeugenden Datenbankmodell wählen Sie *Entity Data Model*, um ein entsprechendes Modell zu erzeugen. Bei der Auswahl der Tabellen können Sie sich auf die Tabellen *Orders*, *Order_Details* und *Products* beschränken.

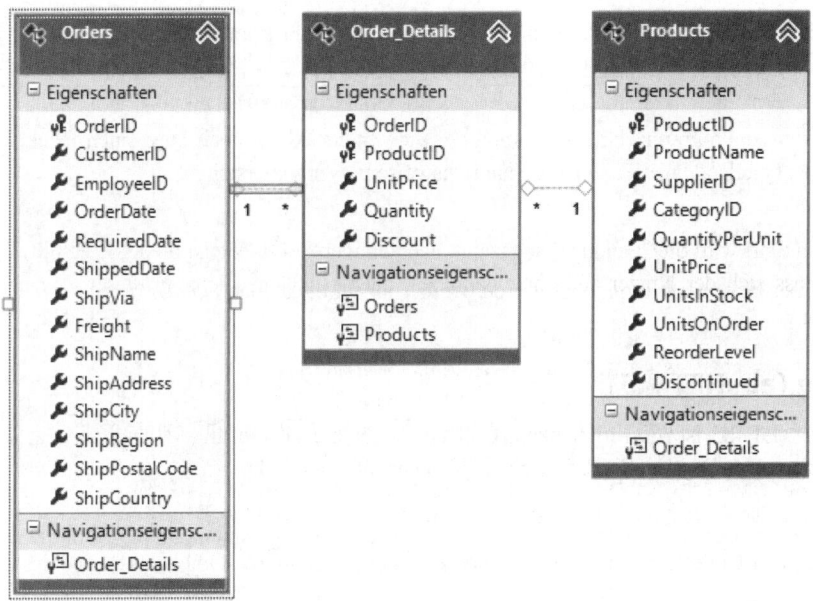

Nachfolgend wenden Sie sich dem Entwurf der Oberfläche zu. Ziehen Sie aus dem Datenquellen-Fenster den Eintrag *Orders* direkt in die Freifläche des WPF-Formulars. Automatisch wird jetzt ein *DataGrid* für die Anzeige der Bestellungen erzeugt (siehe Laufzeitansicht). Für die Anzeige der Bestellungsdetails ziehen Sie einfach den untergeordneten Knoten *Order_Details* ebenfalls in das WPF-Formular.

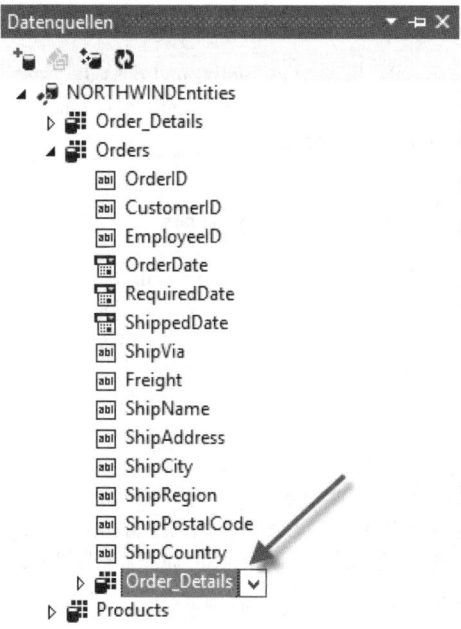

HINWEIS: Verwechseln Sie diesen Knoten nicht mit dem Knoten *Order_Details*, der unabhängig im DataContext definiert ist!

Damit ist unser Programm bereits "komplett", wir wollen jedoch noch kurz einen Blick auf den generierten Quellcode werfen, um die Funktionsweise besser zu verstehen.

Quellcode (XAML)

Bei der Oberflächendefinition interessieren wir uns nur für die beiden *DataGrid*s:

```
<Window x:Class="EDM_WPF.MainWindow"
        xmlns="http://schemas.microsoft.com/winfx/2006/xaml/presentation"
        xmlns:x="http://schemas.microsoft.com/winfx/2006/xaml"
        Title="Master/Detail-Beziehung" Height="456" Width="630" mc:Ignorable="d"
        xmlns:d="http://schemas.microsoft.com/expression/blend/2008"
        xmlns:mc="http://schemas.openxmlformats.org/markup-compatibility/2006"
```

Einbinden des aktuellen Namespace und Zuweisen einer Ereignismethode in der die Daten geladen werden:

```
        xmlns:my="clr-namespace:EDM_WPF" Loaded="Window_Loaded">
    <Window.Resources>
```

Für jedes der beiden DataGrids wird eine *CollectionViewSource* erzeugt:

```
        <CollectionViewSource x:Key="ordersViewSource"
                              d:DesignSource="{d:DesignInstance my:Orders, CreateList=True}" />
        <CollectionViewSource x:Key="ordersOrder_DetailsViewSource"
```

```
                        Source="{Binding Path=Order_Details,
                        Source={StaticResource ordersViewSource}}" />
    </Window.Resources>
```

Den Datenkontext zentral zuweisen, beide *DataGrid*-Objekte befinden sich im *DockPanel* und erben deshalb diese Eigenschaft (Achtung: hier werden die Details zugewiesen):

```
    <DockPanel DataContext="{StaticResource ordersOrder_DetailsViewSource}">
```

Das Master-*DataGrid* an die entsprechende *CollectionViewSource* binden:

```
        <DataGrid DockPanel.Dock="Top" AutoGenerateColumns="False"
                EnableRowVirtualization="True"
            Height="188" ItemsSource="{Binding Source={StaticResource ordersViewSource}}"
            Name="ordersDataGrid" RowDetailsVisibilityMode="VisibleWhenSelected">
...
        </DataGrid>
```

Das Detail-*DataGrid* nutzt die im *DockPanel* definierte Bindung:

```
        <DataGrid AutoGenerateColumns="False" EnableRowVirtualization="True"
                ItemsSource="{Binding}"
            Name="order_DetailsDataGrid" RowDetailsVisibilityMode="VisibleWhenSelected" >
...
        </DataGrid>
    </DockPanel>
</Window>
```

HINWEIS: Obiger Code ist sicher nicht der Weisheit letzter Schluss, besser Sie räumen hier etwas auf und löschen die *DataContext*-Zuweisung beim *DockPanel* und ändern die Definition des Detail-DataGrids wie folgt:

```
        <DataGrid AutoGenerateColumns="False" EnableRowVirtualization="True"
                ItemsSource="{Binding Source={StaticResource ordersOrder_DetailsViewSource}}"
            Name="order_DetailsDataGrid" RowDetailsVisibilityMode="VisibleWhenSelected" >
```

Quellcode (VB)

Das Laden der Daten erfordert wenig Aufwand:

```
Class MainWindow
...
```

Mit dem Laden des Formulars werden die Daten geladen:

```
Private Sub Window_Loaded(sender As Object, e As RoutedEventArgs) Handles MyBase.Loaded
    Dim NORTHWINDEntities As New NORTHWINDEntities()
```

Die *CollectionViewSource*-Instanz (Master) aus der Oberfläche abrufen:

```
    Dim OrdersViewSource As System.Windows.Data.CollectionViewSource =
                    CType(Me.FindResource("OrdersViewSource"),
                        System.Windows.Data.CollectionViewSource)
```

Hier schließen wir die Detaildaten in die Abfrage ein:

```
    OrdersViewSource.Source = NORTHWINDEntities.Orders.Include("Order_Details")
  End Sub
...
```

Test

Ein Test wird Sie von der Funktionsweise überzeugen:

Wie Sie sehen, können Sie bereits mit dem per Drag & Drop erzeugten Programm recht gut leben, einige Änderungen machen jedoch den Quellcode übersichtlicher und besser verständlich.

Kapitel 16

Druckausgabe mit WPF

Mit der Einführung von WPF wurde auch eine grundsätzlich andere Vorgehensweise bei der Druckausgabe von Dokumenten gewählt, die bei mehr als einer Druckausgabeseite schnell an Komplexität gewinnt. Erschwerend kommt hinzu, dass für Druckausgabe und Druckvorschau[1] keine einheitliche Lösung gewählt wurde, was es dem Programmierer auch nicht einfacher macht.

Aus diesem Grund wollen wir Sie zunächst mit der "Trivial-Lösung" für die Ausgabe einzelner Seiten sowie für die Auswahl des Zieldruckers vertraut machen, bevor wir uns den komplexeren Themen wie

- Druckvorschau,

- mehrseitige Dokumente

- und Druckerauswahl/-konfiguration

zuwenden. Doch bevor es soweit ist, wollen wir Sie in einer Kurzübersicht mit den neuen Konzepten der WPF-Druckausgabe vertraut machen.

16.1 Grundlagen

Eine Einführung zum Drucken in WPF wäre nicht komplett, wenn wir nicht kurz auf das Thema XPS-Dokumente eingehen würden.

16.1.1 XPS-Dokumente

Mit XPS (*XML Paper Specification*) versucht Microsoft einen Pendant zum derzeit weit verbreiteten Adobe PDF-Format zu etablieren. Im Grunde handelt es sich um eine geräteunabhängige vektororientierte Seitenbeschreibungssprache, die einen ungehinderten Informationsfluss aus der Anwendung bis zum finalen Ausgabegerät sicherstellen soll. Dafür findet sich nicht zuletzt auch ab Windows Vista ein entsprechender Druckertreiber, dessen Ausgaben in einer Datei landen, die Sie wiederum mit dem entsprechenden Betrachter anzeigen können.

---

[1] Eine direkte Druckvorschau-Komponente werden Sie auch nicht finden, wir nehmen dafür den *DocumentViewer.*

Über die Vor- und Nachteile zum bereits etablierten PDF lässt sicher sicher streiten, was aber nichts an der Tatsache ändert, dass XPS nun mal der zentrale Weg für die Druckausgaben unserer WPF-Anwendungen ist. Allerdings hat auch Microsoft schon richtig eingeschätzt, dass eine relevante XPS-Unterstützung für das neue Format von kaum einem Druckerhersteller zu erwarten ist, und so wird innerhalb der Druckausgabe eine Umwandlung der XPS-Daten in die bekannten GDI- bzw. PDL-Daten vorgenommen, um auch mit den derzeit am Markt befindlichen Geräten sinnvoll arbeiten zu können.

Um all diese Hintergründe müssen Sie sich als Programmierer jedoch nicht selbst kümmern, das für Sie interessante *XpsDocumentWriter*-Objekt nimmt, je nach Endgerät, die erforderliche XPS zu GDI-Umwandlung automatisch vor.

Für die Interaktion mit dem XPS-Ausgabesystem stehen Ihnen die beiden Namespaces

- *System.Printing*

- und *System.Windows.Xps*

mit den entsprechenden Klassen zur Verfügung. Zusätzlich findet sich ganz unscheinbar im Namespace *System.Windows.Controls* auch eine *PrintDialog*-Komponente, die Sie in keinem Fall mit der entsprechenden Windows Forms-Komponente verwechseln sollten. Die *PrintDialog*-Komponente bietet neben der vermuteten Dialog-Funktionalität vor allem einen einfachen Zugriff auf die installierten Drucker, um zum Beispiel Controls (und das kann auch, wie von WPF gewohnt, eine geschachtelte Anordnung sein) oder auch ganze XPS-Dokumente zu drucken. Mehr dazu finden Sie im Abschnitt 16.2 ab Seite 841.

16.1.2   System.Printing

Dieser Namespace bietet mit den enthaltenen Klassen (Auszug)

- *PrintServer*
  (repräsentiert den aktuellen Druckserver, d.h. den Computer)

- *PrintQueue*
  (repräsentiert den aktuellen Drucker und dessen Druckerwarteschlange)

- *PrintSystemJobInfo*
  (ein Druckjob und dessen Status)

- *PrintTicket*
  (die Konfiguration des Druckauftrags, wie Seitenformat, Seitendrehung etc.)

die Grundlage für die Arbeit mit der Druckausgabe in WPF.

Bevor Sie auf diesen Namespace zugreifen können, müssen Sie unter Verweise noch die Assembly *System.Printing.dll* nachträglich einbinden. Je nach Funktionsumfang kann es auch nötig sein, zusätzlich die Assembly *ReachFramework.dll* einzubinden.

Weitere Informationen zu den o.g. Klassen finden Sie im Abschnitt 16.4.

16.1.3 System.Windows.Xps

Wie schon erwähnt, ist XPS der Dreh- und Angelpunkt der WPF-Druckausgabe. Über den Namespace *System.Windows.Xps* stehen Ihnen die nötigen Schnittstellen-Klassen *VisualsToXpsDocument* und *XpsDocumentWriter* zur Verfügung.

Zusätzlich finden sich weitere Namespaces wie *System.IO.Packaging* und *System.Windows.Xps.Packaging*, die im Zusammenhang mit der Ausgabe von XPS-Dateien eine Rollen spielen. Hier auf alle Einzelheiten einzugehen, würde den Rahmen des Kapitels sprengen.

HINWEIS: Bevor Sie auf diesen Namespace komplett zugreifen können, müssen Sie Verweise auf die Assemblies *System.Printing.dll* und *ReachFramework.dll* einbinden.

16.2 Einfache Druckausgaben mit dem PrintDialog

Hoffentlich haben wir Sie mit den Kurzausführungen zu XPS nicht zu sehr verschreckt – nicht in jedem Fall müssen Sie sich mit der Gesamtkomplexität der WPF-Druckausgabe herumschlagen, es geht teilweise auch ganz einfach, wie es das folgende Beispiel zeigt:

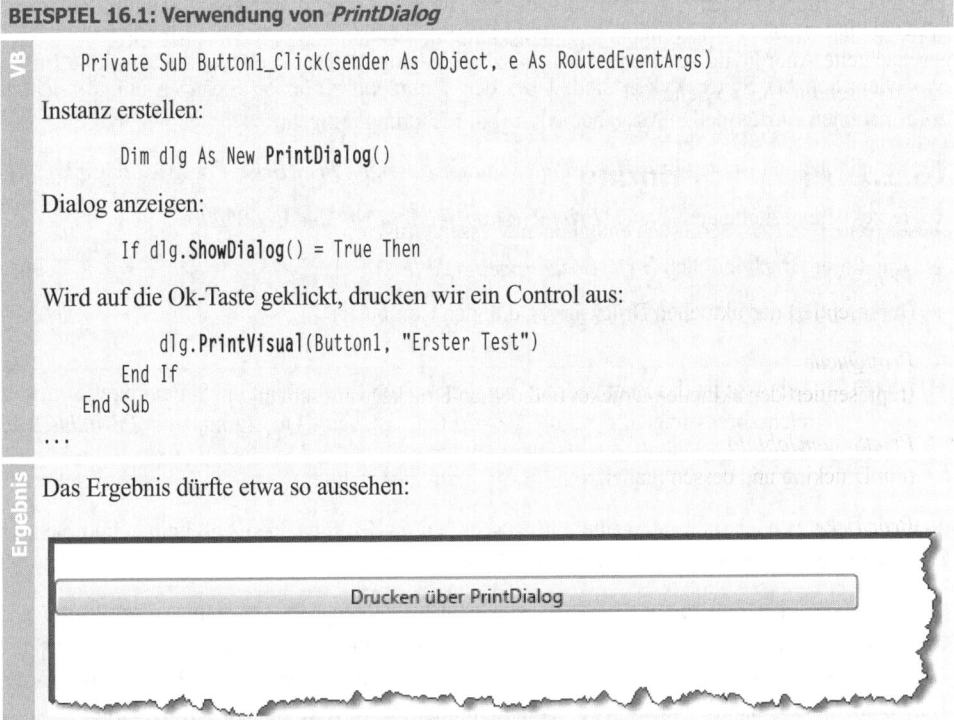

BEISPIEL 16.1: Verwendung von *PrintDialog*

```
VB     Private Sub Button1_Click(sender As Object, e As RoutedEventArgs)
```
Instanz erstellen:
```
        Dim dlg As New PrintDialog()
```
Dialog anzeigen:
```
        If dlg.ShowDialog() = True Then
```
Wird auf die Ok-Taste geklickt, drucken wir ein Control aus:
```
            dlg.PrintVisual(Button1, "Erster Test")
        End If
    End Sub
...
```

Das Ergebnis dürfte etwa so aussehen:

Drucken über PrintDialog

Der Druckdialog selbst wird Ihnen sicher von den Windows Forms her noch bekannt sein, die Funktionalität ist zunächst gleich. Doch nach der Auswahl von Drucker, Seitenbereich etc. geht es hier erst richtig los. Über die Methode *PrintVisual* besteht die Möglichkeit, XAML-Elemente Ihres Formulars (oder auch gleich das ganze Formular) direkt an den Drucker zu senden. Da diese ohnehin vektorbasiert sind, ist auch die Druckqualität im Vergleich zu Windows Forms wesentlich besser.

HINWEIS: Wer jetzt befürchtet, immer den Dialog anzeigen zu müssen, liegt falsch, lassen Sie den Aufruf der Methode *ShowDialog* weg, wird automatisch der Standard-Drucker verwendet.

Doch Vorsicht – der oben gezeigte Aufruf von *PrintVisual* hat einige Einschränkungen, die Sie kennen sollten, bevor Sie darauf basierend Ihre Programme umschreiben:

1. Es wird immer nur **eine** Seite bedruckt, ist der zu druckende Content größer, wird er abgeschnitten.

2. Der Ausdruck wird immer an der linken oberen Blattecke ausgerichtet. Da viele Drucker jedoch einen Seitenoffset besitzen, wird in diesem Fall meist etwas am oberen und linken Rand abgeschnitten.

Als Lösung für 1. bietet sich die komplexere *PrintDocument*-Methode an, auf die wir noch zurückkommen werden, Problem 2 können Sie umgehen, wenn Sie dem zu druckenden Control einen entsprechenden *Margin* verpassen, der automatisch mit den Seitenrändern verrechnet wird.

Wo wir schon bei Seitenrändern sind: Über den *PrintDialog* können Sie auch einige wichtige Informationen zum aktuellen Ausgabemedium[1] in Erfahrung bringen:

- Seitenhöhe und Breite (*PrintTicket.PageMediaSize.Height, PrintTicket.PageMediaSize.Width*)

- Druckbereichshöhe und -breite (*PrintableAreaHeight, PrintableAreaWidth*)

- Randloser Druck möglich (*PrintTicket.PageBorderless*)

- Seitenausrichtung (*PrintTicket.PageOrientation*)

HINWEIS: Achtung: Ist das Blatt gedreht, hat dies keinen Einfluss auf die Seiten- bzw. Druckbereichsabmessungen, d.h., die Papierbreite ist beim Querformat mit *PrintableAreaHeight* zu bestimmen.

Natürlich gibt es noch dutzende weitere Eigenschaften, in den folgenden Abschnitten kommen wir noch darauf zurück.

Doch was ist eigentlich mit reiner Textausgabe? Hier sollten Sie den Namen der *PrintVisual*-Methode nicht zu genau nehmen, mit dieser Methode können Sie natürlich auch Text bzw. ein *TextBlock*-Objekt ausgeben und das auf wesentlich komfortablere Art als bei den Windows Forms. Der *TextBlock* darf natürlich auch über Formatierungen etc. verfügen (siehe Seite 623).

---

[1] tolle Umschreibung für "Blatt"

BEISPIEL 16.2: Textausgabe auf dem Drucker

```
Private Sub Button2_Click(sender As Object, e As RoutedEventArgs)
    Dim dlg As New PrintDialog()
    If dlg.ShowDialog() = True Then
```

Neue *TextBlock*-Instanz unabhängig vom Formular erzeugen:

```
        Dim txt As New TextBlock()
```

Ränder festlegen, so umgehen wir das Problem mit dem Seitenoffset:

```
        txt.Margin = New Thickness(15)
```

Hier der eigentliche Ausgabetext:

```
        txt.Text = "Hier folgt ein selten belangloser Text, den Sie besser nicht " &
            "lesen sollten. Aber so wird Ihnen schnell klar, wie einfach die Textausgabe ist."
```

Schriftgröße und Schriftart bestimmen:

```
        txt.FontSize = 25
        txt.FontFamily = New FontFamily("Arial")
```

Textumbruch aktivieren:

```
        txt.TextWrapping = TextWrapping.Wrap
```

Und jetzt müssen wir uns um die Größe des Controls kümmern (Layout-Aktualisierung), sonst ist es nicht zu sehen:

```
        txt.Measure(New Size(dlg.PrintableAreaWidth, dlg.PrintableAreaHeight))
        txt.Arrange(New Rect(0, 0, txt.DesiredSize.Width, txt.DesiredSize.Height))
```

Last, but no least, die Druckausgabe:

```
        dlg.PrintVisual(txt, "Erster Test")
    End If
End Sub
```

Mit diesem Anblick kann man doch schon ganz zufrieden sein:

> Hier folgt ein selten belangloser Text, den Sie besser nicht lesen sollten. Aber so wird Ihnen schnell klar, wie einfach die Textausgabe ist.

Damit wollen wir uns aus der "Programmierer-Kuschelecke" verabschieden und uns in die "Wildnis" von Druckvorschau und mehrseitiger Ausgabe wagen.

16.3   Mehrseitige Druckvorschau-Funktion

Puh..., ganz schön viele Wünsche auf einmal und WPF lässt uns an dieser Stelle doch etwas im Regen stehen. Ein Blick in den Werkzeugkasten verheißt nichts Gutes, weder für das eine noch für das andere findet sich **die** Standardlösung.

Wer den Blick in die Hilfe bzw. ins Internet wagt, findet sicher auch recht schnell die Standardlösung mit einer abgeleitetem *DocumentPaginator*-Klasse, deren Methoden Sie implementieren müssen. Doch so ganz befriedigend ist diese Lösung nicht, von der Übersicht ganz zu schweigen.

Aus diesem Grund haben sich die Autoren diverse Einzellösungen im Internet angesehen und aus all diesen Hinweisen/Lösungsvorschlägen etc. zwei halbwegs nutzbare Lösungen realisiert, die sowohl unsere Wünsche nach mehrseitigen Dokumenten erfüllen als auch eine Druckvorschau bieten.

Doch wie immer findet sich auch hier ein Haar in der Suppe: Sie müssen sich entscheiden, ob Sie mit einem flexiblen Dokument arbeiten, das über Fließtext mit eingebetteten Grafiken etc. verfügt (ein typisches Flow-Dokument) oder ob Sie die einzelnen Elemente Layout-orientiert bzw. absolut anordnen wollen (Fix-Dokument). Für beides finden Sie im Folgenden die Lösung.

16.3.1   Fix-Dokumente

Sehen wir uns zunächst die layout- und seitenorientierte Ausgabe von Dokumenten an. Wie auch bei den noch zu betrachtenden Flow-Dokumenten wollen wir die erforderliche Funktionalität in einer eigenen Klasse kapseln, um uns ganz auf die reine Ausgabe konzentrieren zu können. Ziel war es, mit so wenig Code wie möglich eine Druckausgabe und eine Druckvorschaufunktion zu implementieren.

Einsatzbeispiel

Bevor wir uns in die Details vertiefen, wollen wir uns ansehen, wie wir die spätere Klasse *FixedPrintManager* einsetzen können und was wir alles zu Papier bringen können. Sie werden sehen, dass viele Konzepte bereits in den vorhergehenden Kapiteln erläutert wurden.

BEISPIEL 16.3: Verwendung der Klasse *FixedPrintManager*

Binden Sie zunächst die beiden Assemblies *System.Printing.dll* und *ReachFramework.dll* ein. Erstellen Sie nachfolgend ein Formular, in das Sie eine Schaltfläche und einen *Document-Viewer*[1] einbinden.

Zunächst die erforderlichen Namespaces:

```
...
Imports System.IO
Imports System.Windows.Xps
Imports System.Windows.Xps.Packaging
Imports System.Windows.Markup
```

---

[1] Sie ahnen es sicher schon, der *DocumentViewer* wird unsere Druckvorschau.

```
Imports System.IO.Packaging
```
...

Nach dem Klick auf die Schaltfläche setzen die hektischen Aktivitäten ein:

```
Private Sub Button1_Click(sender As Object, e As RoutedEventArgs)
```

Als Erstes definieren wir einige Objekte, die wir später zu Papier bringen wollen (nähere Informationen dazu finden Sie in den vorhergehenden Kapiteln.):

```
Dim txt As TextBlock
Dim img As Image
Dim panel As StackPanel
```

Wir erstellen eine Instanz unserer *FixedPrintManager*-Klasse:

```
Dim pm As New FixedPrintManager(borders:=New Thickness(15), ShowPrintDialog:=True)
```

Parameter sind die Breite der Seitenränder und die Option, ob ein Druckerauswahldialog angezeigt werden soll.

Und damit sind wir auch schon beim Darstellen der ersten Seite:

Zentrales Element ist ein *StackPanel*, wie Sie es auch von den WPF-Formularen kennen:

```
panel = New StackPanel()
```

In das *StackPanel* fügen wir einen *TextBlock* ein. Die entsprechende Instanz erzeugen wir allerdings per *NewTextBlock*-Methode unserer *FixedPrintManager*-Instanz:

```
txt = pm.NewTextBlock("Times New Roman", 40)
```

Der Vorteil: Wir müssen uns nicht um das recht umständliche Konfigurieren des *TextBlock*s kümmern, Defaultparameter ermöglichen das einfache und komfortable Setzen der Eigenschaften.

Noch etwas Text definieren und den *TextBlock* dem *StackPanel* hinzufügen:

```
txt.Text =
    "Hier steht zum Beispiel jede Menge Text. Hier steht zum Beispiel
    jede Menge Text.Hier steht zum Beispiel jede Menge Text. ......... "
panel.Children.Add(txt)
```

Ein weiterer *TextBlock:*

```
txt = pm.NewTextBlock(text: "Hier steht zum Beispiel jede Menge Text.
    Hier steht zum Beispiel jede Menge Text.Hier steht zum ......... ")
txt.Te xtAlignment = TextAlignment.Justify
txt.Margin = New Thickness(0, 10, 0, 20)
panel.Children.Add(txt)
```

Ein *Image* in das *StackPanel* einfügen:

```
img = New Image()
```

Im Gegensatz zu den beiden vorhergehenden Beispielen müssen wir im Fall des *Image*-Controls selbst für die Größenanpassung des *Image* sorgen:

```
img.Width = pm.PageSize.Width - pm.Borders.Left - pm.Borders.Right
img.Stretch = Stretch.Uniform
img.Source = New BitmapImage(New Uri("pack://application:,,,/Desert.jpg"))
panel.Children.Add(img)
```

Wir schließen die erste "Druck"-Seite ab, indem wir das Stackpanel an die *NewPage*-Methode übergeben:

```
pm.NewPage(panel)
```

Hier erzeugen wir eine reine Textseite:

```
txt = pm.NewTextBlock(Fontsize: 22)
txt.Text = "Hier ist die zweite Seite mit Fließtext. Hier ist die zweite
            Seite mit Fließtext. Hier ist die zweite Seite ....... "
```

Abschließen der zweiten Seite:

```
pm.NewPage(txt)
```

Ein ganz triviales Beispiel für die Ausgabe einzelner Controls:

```
pm.NewPage(New Calendar())
```

Natürlich können Sie bei der Druckausgabe auch alle Bildtransformationen nutzen, die Sie bereits kennen gelernt haben.

Als Grundlage dient uns in diesem Fall ein *Canvas,* der auch das absolute Positionieren des Controls zulässt:

```
Dim cv As New Canvas()
img = New Image()
img.Width = pm.PageSize.Width - pm.Borders.Left - pm.Borders.Right
img.Stretch = Stretch.Uniform
img.Source = New BitmapImage(New Uri("pack://application:,,,/Desert.jpg"))
img.SetValue(Canvas.TopProperty, 100.0)
img.SetValue(Canvas.LeftProperty, 1.0)
```

Die Transformation anwenden:

```
img.LayoutTransform = New RotateTransform(45)
cv.Children.Add(img)
pm.NewPage(cv)
```

Abschließend möchten wir Ihnen an einer weiteren "Druckseite" demonstrieren, wie Sie auch XAML-Code aus den Ressourcen des aktuellen Formulars für die Druckausgabe verwenden können:

```
cv = CType(Resources("ResourceData"), Canvas)
cv.Measure(pm.PageSize)
```

```
        cv.Arrange(New Rect(0, 0, cv.DesiredSize.Width, cv.DesiredSize.Height))
        pm.NewPage(cv)
```

So, damit ist das Dokument erstellt, Sie haben jetzt zwei Möglichkeiten: Entweder Sie zeigen das Dokument in einem *DocumentViewer* an ...

```
        documentViewer1.Document = pm.Document
```

... oder Sie gehen sofort zum Druck über:

```
        pm.Print()
    End Sub
```

...

Das Ergebnis unserer Bemühungen zeigen die folgenden Abbildungen:

Vielleicht sind Sie auch der Meinung, dass der Aufwand für das Erstellen des Dokuments nicht allzu hoch war. Die Verwendung der Textblöcke hatte sogar den Vorteil, dass wir uns um Zeilen-umbrüche keinen Kopf machen mussten. Die restlichen Ausgaben waren weitgehend mit der Formulardarstellung identisch, neue Konzepte müssen Sie bei dieser Form der Druckausgabe nicht erlernen.

Die Klasse FixedPrintManager

Doch nun lasst uns einen Blick auf die verwendete Klasse *FixedPrintManager* werfen:

```
Imports System.Windows.Markup

Public Class FixedPrintManager
```

Einige interne Variablen:

```
    Private _PrintDocument As FixedDocument
    Private _PageSize As Size
    Private _Borders As Thickness
    Private _dlg As PrintDialog
```

Die *Borders*-Eigenschaft (Abfrage der Seitenränder):

```
    Public ReadOnly Property Borders() As Thickness
        Get
            Return _Borders
        End Get
    End Property
```

Die *PageSize*-Eigenschaft (Abfrage der Seitengröße, diese wird im Konstruktor gesetzt):

```
    Public Property PageSize() As Size
        Get
            Return _PageSize
        End Get
        Set(value As Size)
            _PageSize = value
        End Set
    End Property
```

Die Rückgabe des Dokuments für die Druckvorschau:

```
    Public ReadOnly Property Document() As FixedDocument
        Get
            Return _PrintDocument
        End Get
    End Property
```

Der Konstruktor unserer Klasse:

```
    Public Sub New(borders As Thickness, Optional ShowPrintDialog As Boolean = False)
```

Ein neues *FixedDocument* erstellen:

```
_PrintDocument = New FixedDocument()
```

Intern nutzen wir den *PrintDialog* für die Druckausgabe und die Bestimmung von Drucker und Seitenrändern:

```
_dlg = New PrintDialog()
If ShowPrintDialog Then _dlg.ShowDialog()
_PageSize = New Size(_dlg.PrintableAreaWidth, _dlg.PrintableAreaHeight)
_PrintDocument.DocumentPaginator.PageSize = _PageSize
_Borders = borders
End Sub
```

Das Starten der Druckausgabe:

```
Public Sub Print(Optional title As String = "Mein Druckauftrag")
    _dlg.PrintDocument(_PrintDocument.DocumentPaginator, title)
End Sub
```

Zum Erstellen einer neuen Seite nutzen Sie folgende Methode:

```
Public Sub NewPage(content As UIElement)
```

Erzeugen einer neuen *FixedPage,* diese wird im Folgenden in das interne *FixedDocument* eingefügt:

```
Dim _page As New FixedPage()
```

Seitengröße und -ränder bestimmen:

```
_page.Width = _PrintDocument.DocumentPaginator.PageSize.Width
_page.Height = _PrintDocument.DocumentPaginator.PageSize.Height
_page.Margin = _Borders
```

Den übergeben Seiteninhalt einfügen:

```
_page.Children.Add(content)
```

Hier wir es etwas komplizierter, da ein direkter Zugriff auf die *AddChild*-Methode nicht möglich ist:

```
Dim _pageContent As New PageContent()
CType(_pageContent, IAddChild).AddChild(_page)
```

Anhängen an das *FixedDocument*:

```
_PrintDocument.Pages.Add(_pageContent)
End Sub
```

Last, but not least, noch unsere Methode zum Erstellen von Textblöcken. Diese macht ausgiebig von der Verwendung optionaler Parameter Gebrauch und nimmt uns das lästige Parametrieren des *TextBlock*s ab:

```
Public Function NewTextBlock(Optional Fontname As String = "Arial",
                              Optional Fontsize As Integer = 12,
                              Optional text As String = "") As TextBlock
```

```
          Dim txt As New TextBlock()
          txt.Width = _PageSize.Width - _Borders.Left - _Borders.Right
          txt.FontFamily = New FontFamily(Fontname)
          txt.FontSize = Fontsize
          txt.Text = text
          txt.TextWrapping = TextWrapping.WrapWithOverflow
          Return txt
      End Function
  End Class
```

Damit haben Sie bereits ein recht umfangreiches Grundgerüst für eigene Erweiterungen. Insbesondere die Ausgabe von Linien-Zeichnungen etc. ist sicher noch verbesserungswürdig, aber Sie wollen ja auch noch etwas zu tun haben.

16.3.2 Flow-Dokumente

Nachdem wir uns mit der seitenorientierten Methode, d.h. den *FixedDocuments* beschäftigt haben, wollen wir und mit den flexibleren Flow-Dokumenten befassen (siehe auch 13.18). Deren Vorteil liegt in der Beschreibung von formatierten Fließtexten, die wiederum aus Absätzen (*Paragraph*), eingefügten Controls (*BlockUIContainer*), Auflistungen (*List*), *Section*s und Tabellen (*Table*) bestehen können. Um Seitenränder, Seitengrößen und -ausrichtungen müssen Sie sich zum Zeitpunkt der Dokumenterstellung keinen Kopf machen, dies erfolgt automatisch bei der finalen Ausgabe auf dem jeweiligen Ausgabegerät.

Einführungsbeispiel

Ein kleines Beispiel soll Sie von den Vorzügen unserer *FlowPrintManager*-Klasse überzeugen, die wie auch die *FixedDocument*-Klasse über eine *Document*-Eigenschaft (für die Druckvorschau) und eine *Print*-Methode verfügt.

BEISPIEL 16.4: Verwendung der *FlowPrintManager*-Klasse

Auch hier binden Sie zunächst die beiden Assemblies *System.Printing.dll* und *ReachFramework.dll* ein. Erstellen Sie nachfolgend ein Formular, in das Sie eine Schaltfläche und einen *DocumentViewer*[1] einbinden.

```
    Private Sub Button2_Click(sender As Object, e As RoutedEventArgs)
```

Eine Instanz unserer Klasse erstellen:

```
    Dim fpm As New FlowPrintManager(New Thickness(75, 25, 25, 25), True)
```

Wir erzeugen einen neuen Abschnitt:

```
    fpm.FlowDoc.Blocks.Add(New Paragraph(New Run("Hier steht zum Beispiel jede
                   Menge Text. Hier steht zum Beispiel jede Menge Text.Hier steht zum
                   Beispiel jede Menge Text.Hier steht zum Beispiel jede Menge Text.")))
```

---

[1] Sie ahnen es sicher schon, der *DocumentViewer* wird unsere Druckvorschau.

Einen leeren Absatz:

```
fpm.FlowDoc.Blocks.Add(New Paragraph(New LineBreak()))
```

Und hier noch ein paar weitere Absätze:

```
For i As Integer = 0 To 39
    fpm.FlowDoc.Blocks.Add(New Paragraph(New Run("Hier steht zum Beispiel jede
        Menge Text. Hier steht zum Beispiel jede Menge Text.Hier steht zum
        Beispiel jede Menge Text.Hier steht zum Beispiel jede Menge Text.")))
Next i
```

Uns schon können Sie dieses Dokument in der Druckvorschau anzeigen:

```
    documentViewer1.Document = fpm.Document
End Sub
...
```

Die Druckvorschau bringt es an den Tag, durch unsere kleine Schleife bei der Ausgabe des letzten Absatzes wird der Text so lang, dass er nicht mehr auf eine Seite passt:

Doch wie funktioniert die Umwandlung des oben erzeugten *FlowDocument* in ein *FixedDocument*, das wir für die Druckvorschau (*DocumentViewer*) benötigen?

Die Klasse FlowPrintManager

Hier hilft uns die Möglichkeit weiter, mittels *XpsDocumentWriter* das *FlowDocument* in ein XPS-Dokument zu schreiben und aus diesem wiederum ein *FixedDocument* zu erzeugen. Doch leider ist diese Lösung im Normalfall mit einer physischen Datei verbunden, was nicht nur unschön aussieht, sondern teilweise auch Probleme nach sich ziehen kann. Aus diesem Grund haben wir uns für den Weg über einen *MemoryStream* entschieden, das komplette Handling erfolgt also im Speicher.

Doch nun zu den Details unserer *FlowPrintManager*-Klasse:

```
...
Public Class FlowPrintManager
```

Die internen Variablen:

```
Private _flowdocument As FlowDocument
Private _document As FixedDocumentSequence
Private ms As MemoryStream
Private package As Package
Private _dlg As PrintDialog
```

Die Eigenschaft *FlowDoc*, über die wir unsere *FlowDocument* zusammenbasteln können:

```
Public ReadOnly Property FlowDoc() As FlowDocument
    Get
        Return _flowdocument
    End Get
End Property
```

Die Eigenschaft *Document* liefert uns die gewünschte *FixedDocumentSequence* für die Druckvorschau:

```
Public ReadOnly Property Document() As FixedDocumentSequence
    Get
```

Und hier wird es schnell etwas unübersichtlich. Grundlage des Schreibens von XPS-Dokumenten ist zunächst ein Package (ein Container mit Kompression), in welches das eigentliche XPS-Dokument eingefügt wird.

Am Anfang löschen wir zunächst einmal pauschal ein möglicherweise vom letzten Durchlauf noch vorhandenes Package:

```
PackageStore.RemovePackage(New Uri("memorystream://data.xps"))
```

Neues Package erzeugen:

```
PackageStore.AddPackage(New Uri("memorystream://data.xps"), package)
```

Neues *XpsDocument* im Package erzeugen:

```
Dim xpsDocument As New XpsDocument(package, CompressionOption.Fast,
                                   "memorystream://data.xps")
```

XpsDocumentWriter für das *XpsDocument* erstellen:

```
Dim writer As XpsDocumentWriter = xpsDocument.CreateXpsDocumentWriter(xpsDocument)
```

Schreiben der Daten per *XpsDocumentWriter*:

```
writer.Write((CType(_flowdocument, IDocumentPaginatorSource)).DocumentPaginator)
```

Für das neue XPS-Dokument rufen wir eine *FixedDocumentSequence* ab und geben diese zurück:

```
        _document = xpsDocument.GetFixedDocumentSequence()
        xpsDocument.Close()
        Return _document
    End Get
End Property
```

Unser Konstruktor kümmert sich um das Initialisieren der internen Variablen:

```
Public Sub New(borders As Thickness, Optional ShowPrintDialog As Boolean = False)
```

MemoryStream und *Package* erzeugen:

```
    ms = New MemoryStream()
    package = package.Open(ms, FileMode.Create, FileAccess.ReadWrite)
```

Eventuell den *PrintDialog* anzeigen:

```
    _dlg = New PrintDialog()
    If ShowPrintDialog Then _dlg.ShowDialog()
```

Standardeinstellungen vornehmen:

```
    _flowdocument = New FlowDocument()
    _flowdocument.ColumnWidth = _dlg.PrintableAreaWidth
    _flowdocument.PageHeight = _dlg.PrintableAreaHeight
    _flowdocument.PagePadding = borders
End Sub
```

Für die direkte Druckausgabe nutzen wir wieder den *PrintDialog*:

```
Public Sub Print(Optional title As String = "Mein Druckauftrag")
    _dlg.PrintDocument(Me.Document.DocumentPaginator, title)
End Sub
```

```
End Class
```

Damit haben Sie auch eine recht einfache Lösung für die Ausgabe von Flow-Dokumenten.

Im folgenden Abschnitt steht nach der bisherigen Arbeit mit dem *PrintDialog*-Control ein intensiverer Blick auf die Druckerdetails und die Druckerkonfiguration im Mittelpunkt.

16.4 Druckerinfos, -auswahl, -konfiguration

Haben Sie bereits mit dem *PrintDialog*-Control gearbeitet, hat Sie sicher auch gestört, dass zur Druckerauswahl ein Dialog angezeigt wird, der gleichzeitig die Anzahl der zu druckenden Seiten etc. bestimmt. Das ist nicht in jedem Fall gewünscht, viel besser wäre der direkte Zugriff auf die installierten Drucker und deren Eigenschaften.

An dieser Stelle müssen Sie sich leider von Ihren bisherigen Kenntnissen der Druckausgabe (Windows Forms) verabschieden, in WPF haben Sie es mit gänzlich anderen Klassen und Eigenschaften zu tun.

HINWEIS: Für die weitere Arbeit mit den entsprechenden Klassen müssen Sie die Assembly *System.Printing.dll* in ihr WPF-Projekt einbinden.

16.4.1   Die installierten Drucker bestimmen

Ausgangspunkt für die Bestimmung der installierten Drucker ist die *LocalPrintServer*-Klasse, die den aktuellen Computer mit seinen angeschlossenen Druckern (inklusive PDF-, XPS-Drucker etc.) kapselt.

HINWEIS: Mit *PrintServer*-Klasse und den entsprechenden Konstruktoren können Sie auch auf externe Printserver zugreifen. Wir beschränken uns im Weiteren jedoch auf den aktuellen PC.

Nach dem Erstellen einer Instanz können Sie über die *GetPrintQueues*-Methode eine Liste der installierten Drucker (hier per *PrintQueue* gekapselt) abrufen.

BEISPIEL 16.5: Anzeige einer Liste aller Drucker

```
...
Imports System.Printing
Imports System.Collections
...
    Private Sub Window_Loaded(sender As Object, e As RoutedEventArgs)
```

Den lokalen *PrintServer* abrufen:

```
        Dim server = New LocalPrintServer()
```

Alle Drucker bestimmen und in einer *ListBox* anzeigen:

```
        Dim queues = server.GetPrintQueues()
        ListBox1.ItemsSource = queues
        ListBox1.DisplayMemberPath = "Name"
    End Sub
```

Die angezeigte Liste:

```
    Snagit 9
    OKI C8600
    Microsoft XPS Document Writer
    FRITZfax Drucker
    FRITZfax Color Drucker
    An OneNote 2010 senden
```

Da der *ListBox* die *PrintQueue*-Objekte zugewiesen wurden, ist es nachfolgend auch recht einfach, auf die Details des jeweiligen Druckers zuzugreifen (siehe 16.4.3).

16.4.2 Den Standarddrucker bestimmen

Erstellen Sie eine Instanz der *LocalPrintServer*-Klasse, können Sie über die Eigenschaft *Default-PrintQueue* den Standarddrucker und damit dessen Eigenschaften bestimmen.

BEISPIEL 16.6: Standarddrucker bestimmen

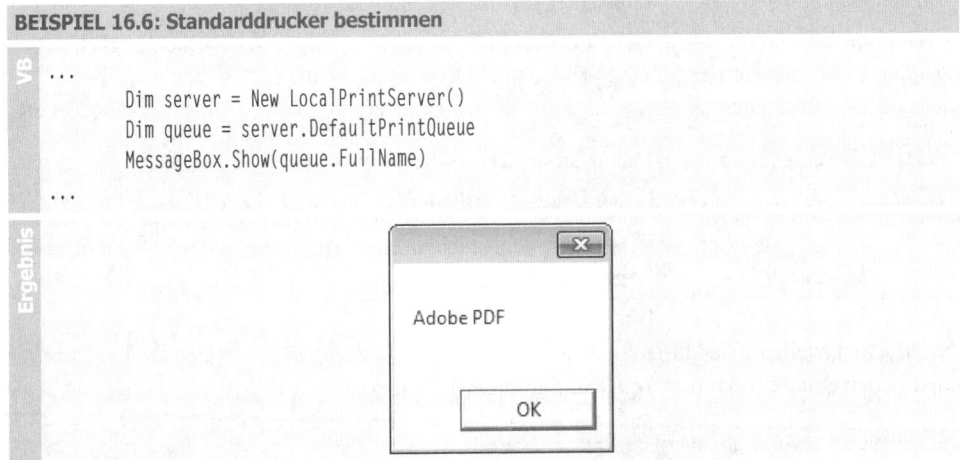

```vb
...
    Dim server = New LocalPrintServer()
    Dim queue = server.DefaultPrintQueue
    MessageBox.Show(queue.FullName)
...
```

16.4.3 Mehr über einzelne Drucker erfahren

Damit sind wir bereits bei der *PrintQueue*-Klasse angekommen. Diese ist recht auskunftsfreudig und bietet eine reiche Palette an Eigenschaften, mit denen Sie mehr über einen spezifischen Drucker erfahren können. Wie Sie den aktuellen Standarddrucker bzw. dessen zugehöriges *Print-Queue*-Objekt bestimmen haben Sie bereits im vorhergehenden Abschnitt erfahren. Um an ein *PrintQueue*-Objekt aus der *ListBox* (siehe Seite 854 "Die installierten Drucker bestimmen") zu gelangen, können Sie beispielsweise das *SelectionChanged*-Ereignis nutzen:

```vb
Private Sub ListBox1_SelectionChanged(sender As Object, e As SelectionChangedEventArgs)
    Dim queue As PrintQueue = CType(ListBox1.SelectedItem, PrintQueue)
```

Die auf den ersten Blick unscheinbare *PrintQueue*-Klasse entpuppt sich bei genauerem Hinsehen jedoch als ergiebige Informationsquelle. Die folgende Tabelle zeigt eine Übersicht der wichtigsten Eigenschaften:

Eigenschaft	Beschreibung
AveragePagesPerMinute	Druckgeschwindigkeit in Seiten/Minute
Comment	Kommentar zum Drucker (lesen/schreiben)
CurrentJobSettings	Druckeinstellungen für den aktuellen Druckjob
DefaultPrintTicket	Die Standarddruckeinstellungen des Druckers

Eigenschaft	Beschreibung
DefaultPriority	Die Priorität für neue Druckjobs
Description	Beschreibung für den Drucker
FullName	Name des Druckers
HasPaperProblem	Gibt es Papierprobleme?
HasToner	Gibt es Tonerprobleme?
HostingPrintServer	Printserver, der den Druckjob kontrolliert
IsBidiEnabled	Ist bidirektionale Kommunikation mit dem Drucker möglich?
IsBusy	Ist der Drucker beschäftigt?
IsDirect	Wird direkt gedruckt oder gespoolt?
IsManualFeedRequired	Manueller Papiervorschub nötig?
IsNotAvailable	Ist der Drucker verfügbar?
IsOffline	Ist der Drucker offline?
IsOutOfMemory	Ist zu wenig Speicher verfügbar?
IsOutOfPaper	Ist das Papier alle?
IsOutputBinFull	Ist das Ausgabefach voll?
IsPaperJammed	Hat sich Papier im Drucker verfangen?
IsPaused	Pausiert die Druckerwarteschlange?
IsPendingDeletion	Wird ein Druckjob gerade gelöscht?
IsPowerSaveOn	Ist der Drucker im Energiesparmodus?
IsPrinting	Druckt der Drucker gerade?
IsProcessing	Wird ein Druckjob abgearbeitet?
IsPublished	Ist der Drucker für andere Nutzer sichtbar (Netzwerk)?
IsQueued	Wird eine Druckerwarteschlange angeboten?
IsRawOnlyEnabled	Können EMF (Enhanced Meta File) Daten zum Drucken verwendet werden?
IsServerUnknown	Ist der Drucker in einem Fehlerzustand?
IsShared	Ist der Drucker für andere Nutzer freigegeben (Netzwerk)?
IsTonerLow	Ist der Toner alle?
IsWaiting	Wartet der Drucker auf einen Druckjob?
IsWarmingUp	Ist der Drucker in der Warmlaufphase?
IsXpsDevice	Unterstützt der Drucker XML Paper Specification (XPS) als Seitenbeschreibungssprache?
KeepPrintedJobs	Wird der Druckjob abgespeichert?
Location	Wo steht der Drucker?
Name	Der Druckername
NeedUserIntervention	Muss ein Anwender den Drucker bedienen?
NumberOfJobs	Die Anzahl der Druckjobs

Eigenschaft	Beschreibung
PagePunt	Warum kann die aktuelle Seite nicht gedruckt werden?
PrintingIsCancelled	Wurde der Druckjob abgebrochen?
PropertiesCollection	Eine Collection von Attribut/Wert-Paaren
QueueAttributes	Druckerqueue-Eigenschaften
QueueDriver	Der verwendete Druckertreiber
QueuePort	Der Druckerport
QueuePrintProcessor	Der verwendete Druckprozessor
QueueStatus	Queue-Status (z.B. "warming up" "initializing" "printing")
SeparatorFile	Datei mit dem Deckblatt für einzelne Druckjobs
ShareName	Freigabename
StartTimeOfDay	Wann wurde der erste Druckjob gestartet?
UntilTimeOfDay	Wann wurde der letzte Druckjob gestartet?
UserPrintTicket	Die gewünschten Druckeinstellungen des Anwenders

Ups – so viele Informationen über den Drucker und den Druckspooler hatten Sie bisher sicher nur mit intensiver Hilfe der API in Erfahrung bringen können. Da hat sich seit den Windows Forms doch einiges gebessert. Ganz nebenbei können Sie mit den Methoden *Pause*, *Resume* und *Purge* der *PrintQueue*-Klasse auch den Druckspooler steuern bzw. Druckaufträge anhalten, fortsetzen und löschen. Doch an dieser Stelle verweisen wir Sie dann besser an die Hilfe zu *PrintQueue-Klasse*.

HINWEIS: Wichtigste Methode der *PrintQueue*-Klasse ist die *CreateXpsDocumentWriter*-Methode, mit der Sie den für die Druckausgabe erforderlichen *XpsDocumentWriter* erhalten (siehe Seite 859).

16.4.4 Spezifische Druckeinstellungen vornehmen

Beim Betrachten der vorhergehenden Tabelle ist Ihnen sicher auch aufgefallen, dass Druckjob-spezifische Eigenschaften bisher nicht aufgetaucht sind. Einstellungen zum Druckjob selbst nehmen Sie über die *UserPrintTicket*-Eigenschaft vor, welche die per *DefaultPrintTicket* vorgegebenen Standard-Einstellungen überschreibt.

Eigenschaften von *UserPrintTicket*:

Name	Beschreibung
Collation	Sortierfolge bei Druck von Kopien
CopyCount	Anzahl der Kopien
DeviceFontSubstitution	Verwendung von Druckerschriftarten
Duplexing	Doppelseitiger Druck
InputBin	Welcher Einzug soll verwendet werden?

Name	Beschreibung
OutputColor	Wie werden Farbe/Graustufen behandelt?
OutputQuality	Druckqualität
PageBorderless	Kann randlos gedruckt werden?
PageMediaSize	Papiergröße
PageMediaType	Papierart
PageOrder	Druckreihenfolge (1...n oder n ... 1)
PageOrientation	Seitenausrichtung
PageResolution	Seitenauflösung
PageScalingFactor	Skalierfaktor
PagesPerSheet	Druckseiten pro Blatt
PagesPerSheetDirection	Wie werden mehrere Seiten pro Blatt angeordnet?
PhotoPrintingIntent	Bei Unterstützung für Photodruck können hier verschiedene Qualitäten ausgewählt werden
Stapling	Optionen für das automatische Heften
TrueTypeFontMode	Optionen für die Verwendung von True Type Fonts (TTF).

Ein kleines Beispiel für die Konfiguration:

BEISPIEL 16.7: Druckausgabe umstellen auf Querformat mit zwei Kopien

```vb
...
    Dim server = New LocalPrintServer()
    Dim queue = server.DefaultPrintQueue
    queue.UserPrintTicket.PageOrientation = PageOrientation.Landscape
    queue.UserPrintTicket.CopyCount = 2
...
```

Auch hier finden Sie mittlerweile Einstellungen, für die Sie vor nicht allzu langer Zeit noch mit dem Druckertreiber intensiven "Gedankenaustausch" betreiben konnten.

Doch sicher stellt sich mancher auch die Frage, welche Werte muss/kann man überhaupt an die einzelnen Eigenschaften übergeben, bzw. was bedeuten die Rückgabewerte dieser Eigenschaften (was bedeutet beispielsweise *OutputColor = 2*).

Hier hilft Ihnen die *GetPrintCapabilities*-Methode der *PrintQueue*-Klasse weiter. Diese gibt über ihre Eigenschaften (diese entsprechen weitgehend der vorhergehenden Tabelle) jeweils Collections mit der Bedeutung der Einträge zurück.

Statt vieler Worte ist sicher ein Beispiel recht hilfreich.

BEISPIEL 16.8: Welche Farbausgabeoptionen gibt es

```
Dim server = New LocalPrintServer()
Dim queue = server.DefaultPrintQueue
Dim caps = queue.GetPrintCapabilities()
For Each cc In caps.OutputColorCapability
    MessageBox.Show(cc.ToString())
Next cc
```

Die Anzeige:

Da es sich um eine normale Collection handelt, wissen Sie jetzt, dass 0 der "Monochromen"- und 1 der "Color"-Wiedergabe entspricht. Sie können an die *UserPrintTicket.OutputColor*-Eigenschaft also 0 oder 1 mit obiger Bedeutung übergeben. Alternativ lässt sich so auch ein entsprechender Wert richtig deuten.

HINWEIS: Obige Methode dürfte also für die Gestaltung von eigenen Druckdialogen von existenzieller Wichtigkeit sein, können Sie doch hier gleich die Werte für mögliche Auswahllisten abfragen.

Doch last, but not least, wollen wir natürlich etwas zu Papier bringen, womit wir auch schon beim letzten Absatz zu diesem Thema angekommen sind.

16.4.5   Direkte Druckausgabe

Nachdem Sie den Drucker ausreichend abgefragt und konfiguriert haben, soll natürlich auch ein Ergebnis auf dem Papier erscheinen. Hier schließt sich dann der Kreis zu den in den vorherigen Abschnitten vorgestellten Druckmöglichkeiten. Über ein per *CreateXpsDocumentWriter*-Methode erzeugtes *XpsDocumentWriter*-Objekt gelangen Ihre Ausgaben direkt an den gewünschten Drucker bzw. dessen Spooler.

BEISPIEL 16.9: Druckausgabe einer Textseite

Standarddrucker abrufen:

```
Dim server = New LocalPrintServer()
Dim queue = server.DefaultPrintQueue
```

BEISPIEL 16.9: Druckausgabe einer Textseite

Seite drehen:

```
queue.UserPrintTicket.PageOrientation = PageOrientation.Landscape
```

Eine reine Text-Seite erstellen:

```
Dim txt As New TextBlock()
txt.Text = "Hier ist eine Seite mit Fließtext. Hier ist eine Seite mit Fließtext.
            Hier ist eine Seite mit Fließtext. Hier ist eine Seite mit Fließtext.
            Hier ist eine Seite mit Fließtext. "
```

Den *TextBlock* müssen Sie noch skalieren, sonst ist nichts zu sehen:

```
txt.Measure(New Size(CDbl(queue.UserPrintTicket.PageMediaSize.Height), 200))
txt.Arrange(New Rect(0, 0, txt.DesiredSize.Width, txt.DesiredSize.Height))
```

Wer sich jetzt wundert, warum wir die Seitenhöhe statt der -breite angeben, sollte sich daran erinnern, dass Drehungen keinen Einfluss auf die *Height*- bzw. *Width*-Eigenschaft haben.

Hier erstellen wir den *XpsDocumentWriter*:

```
Dim writer = PrintQueue.CreateXpsDocumentWriter(queue)
```

Und damit landen unsere Ausgaben bereits auf dem Drucker:

```
writer.Write(txt)
```

Natürlich steht es Ihnen frei, auch mehrseitige Dokumente zu erstellen, die Sie an die *Write*-Methode übergeben (siehe dazu ab Seite 844). Beachten Sie allerdings, dass Sie nur einen Aufruf der *Write*-Methode realisieren können, Sie müssen also bereits ein komplettes mehrseitiges Dokument übergeben.

Damit wollen wir uns aus der Thematik "Druckausgabe" verabschieden und uns neuen Aufgabengebieten zuwenden, auch wenn sicher noch einiges zu diesem Thema zu sagen wäre.

Teil IV: Windows Store Apps

- **Erste Schritte in WinRT**
- **Modern UI-Oberflächen entwerfen**
- **Die wichtigsten Controls**
- **WinRT-Apps im Detail**
- **WinRT-Techniken**

Kapitel 17

Erste Schritte in WinRT

In diesem und den folgenden Kapiteln wollen wir Ihnen einen ersten Einblick in die neuesten Technologien aus dem Haus Microsoft geben, die für Sie als VB-Programmierer in den nächsten Jahren zunehmend interessant werden könnten.

Ausgehend von den Grundlagen der neuen Programmierschnittstelle *Windows Runtime* (kurz WinRT) zeigen wir Ihnen, wie Sie neben Ihren konventionellen Windowsanwendungen, basierend auf Windows Forms bzw. WPF, auch so genannte "Apps" für die neue Windows 8-Oberfläche[1] entwickeln können. Doch zunächst ein paar grundsätzliche Ausführungen, bevor wir uns mit den Feinheiten der WinRT-Entwicklung auseinandersetzen werden.

HINWEIS: Nach derzeitigem Stand wird WinRT nur ab Windows 8 verfügbar sein, eine Portierung auf Windows 7 etc. ist nicht angedacht.

17.1 Grundkonzepte und Begriffe

Statt vieler blumiger Worte (und Marketinggeblubber) hier eine kurze Übersicht der neuen Begriffe und Techniken, die Sie für die Entwicklung von Windows 8-Anwendungen benötigen.

17.1.1 Windows Runtime (WinRT)

Tja, was ist die Windows Runtime alias WinRT den nun eigentlich? Eine API, ein Framework oder eine Laufzeitumgebung? Die Antwort ist etwas vage und lautet "von allem etwas", denn es handelt sich um eine

- Kapselung des Betriebssystems und der Hardware (Funktion als Programmierschnittstelle),

- sowie um eine Laufzeitumgebung für die WinRT-Apps.

---

[1] Das Ganze hieß mal METRO, wird jetzt aber unter der Bezeichnung "Modern UI" vermarktet.

Die Aufgaben als Laufzeitumgebung sind recht vielfältig:

- Schnittstelle für das neue Windows 8-Userinterface,

- Installation der Apps per Windows Store,

- Anzeige und Aktualisierung der Tiles[1] auf dem Windows 8-Screen,

- Überwachung des Lebenszyklus der Apps (WinRT-Anwendungen werden eigentlich nicht aktiv beendet, darum kümmert sich WinRT),

- Kapselung der Apps (Sandboxing),

- Datenaustausch zwischen den Apps per Contracts.

Intern ist WinRT eine echte Überraschung, wer hier zunächst auf ein erweitertes .NET-Framework tippt, liegt vollkommen falsch. Gehen Sie gedanklich 10 Jahre zurück und voilà: Sie sind wieder bei der guten alten COM-Technologie angekommen und programmiert ist das Ganze in C++!

Doch keine Sorge, auch hier ist die Zeit nicht stehengeblieben, dank neuer Konzepte (*Language Projection*, siehe Seite 868) können Sie die bekannten Unannehmlichkeiten bei der Arbeit mit COM-Objekten vergessen. Die gefürchtete DLL-Hölle (Shared Libraries) wird es nicht mehr geben, die zentralen WinRT-Klassen können nicht durch andere Anbieter "erweitert" werden, jede App bringt ihre eigenen Libraries mit und kann auch nur diese nutzen.

Weitere Details zum Thema finden Sie im Abschnitt 17.4 ab Seite 887.

17.1.2 Windows Store Apps

Nun ist der Begriff "App" schon mehrfach gefallen, und Sie haben sicher auch schon den Sinn erfasst. Dennoch wollen wir den Begriff noch einmal genauer "aufschlüsseln".

Mit "Windows Store **App**s" werden Anwendungen für Windows 8 bezeichnet, die aus der neuen Windows 8-Oberfläche heraus gestartet werden. Die folgende Abbildung zeigt Apps auf dem WinRT-Desktop in verschiedenen Tiles-Größen:

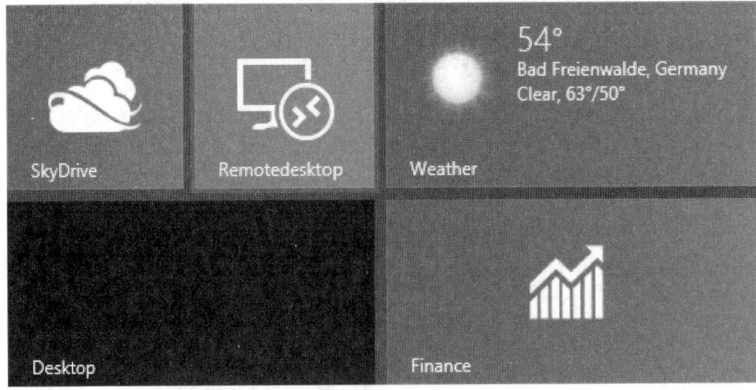

---

[1] Die sichtbaren Kacheln auf dem neuen Windows 8-Desktop

Diese Apps sind von der Darstellung und Verwendung auf die Bedienung per Touchscreen optimiert, können aber auch mit den konventionellen Eingabegeräten (Maus, Tastatur, Stift) bedient werden.

Basis dieser Apps ist WinRT und (im Falle von C# oder VB.NET als Entwicklersprache) eine Teilmenge des .NET-Frameworks. WinRT-Apps laufen sowohl auf der Intel- als auch auf der ARM-Plattform ab Windows 8.

HINWEIS: Diese Apps können, im Gegensatz zu den bekannten Desktop-Anwendungen, nur über den Windows-Store vertrieben bzw. installiert werden. Dazu wird ein App-Package erstellt, bei Microsoft eingereicht und geprüft und dann erst im Windows Store freigegeben. Selbstverständlich ist diese Infrastruktur nicht kostenlos.

Für Sie als VB-Programmierer interessant: Sie können Ihre XAML- und VB-Kenntnisse weiterverwenden[1], eine 1:1-Umsetzung von normalen WPF-Anwendungen ist jedoch meist nicht möglich (fehlende bzw. geänderte Namensräume, andere Controls, eingeschränkte Rechte).

17.1.3   Fast and Fluid

Hinter diesem so oft genannten Marketingbegriff versteckt sich die Erkenntnis, dass gerade im Bereich der Touch-Oberflächen vom Anwender eine sofortige Reaktion auf die Fingereingaben erwartet wird. Nichts ist wohl lästiger, als eine ruckelnde Oberfläche, die von vielen Anwendern intuitiv mangelnder Hardware-Leistung oder dem Betriebssystem angelastet wird. Ursache ist jedoch meist der synchrone Ablauf unserer Programme, die in einigen Szenarien auch mal etwas

---

[1] Alternativ besteht auch die Möglichkeit, diese Apps mit JavaScript und HTML5 zu erstellen.

länger brauchen. Beispielhaft seien hier nur Internet- und Dateizugriffe sowie umfangreiche Berechnungen genannt.

Mit Einführung der WinRT-Anwendungen hat sich Microsoft dieser Problematik angenommen. Statt es dem Programmierer zu überlassen, weite Teile des Programms mit einem mehr oder weniger unübersichtlichen Netz von Thread-Aufrufen zu überziehen, wurde das "Übel gleich an der Wurzel gepackt". Alle WinRT-Aufrufe, die länger als 50 Millisekunden dauern, sind asynchron programmiert, sodass die Programmoberfläche lebendig bleibt und der Nutzer das Gefühl einer sofortigen Reaktion hat. In diesem Zusammenhang sei auf Kapitel 9 verwiesen, wo wir uns bereits grundlegend mit den beiden Anweisungen *async* und *await* vertraut gemacht haben.

HINWEIS: Wer jetzt als Programmierer "der ersten Stunde" gequält an das mühsame Übergeben der Daten an den Vordergrundthread (Userinterface) denkt – vergessen Sie es! Alle Aktionen im Zusammenhang mit den beiden obigen Anweisungen laufen im Vordergrund-Thread ab, Sie können also direkt auf die Controls der Oberfläche zugreifen.

17.1.4 Process Sandboxing und Contracts

Mit der Umstellung auf eine WinRT-App werden Sie sich als Programmierer von vielen lieb gewordenen Freiheiten verabschieden müssen. Wer bereits Silverlight-Anwendungen programmiert hat weiß wovon die Rede ist: Ein schneller Zugriff auf die Festplatte oder die Registry, der Aufruf anderer Anwendungen, der Zugriff auf externe Geräte wie Webcam/Drucker oder das Nachladen von Daten aus dem Internet, all das ist prinzipiell nicht oder nur nach Zuteilung entsprechender Rechte durch den Anwender möglich.

Sie laden beispielsweise über den Windows Store die App "YouCam". Bereits im Store wird Ihnen angezeigt, welche Berechtigungen die App benötigt und für welche Plattformen diese verfügbar ist:

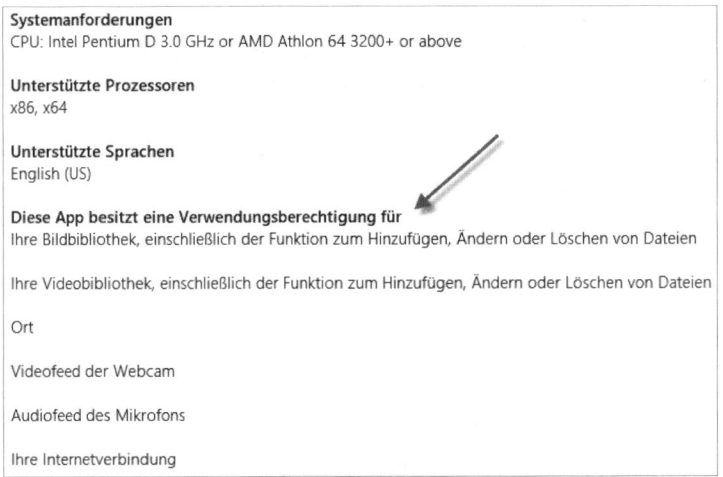

Genau an dieser Stelle kommen die so genannten *Contracts* ins Spiel. Jede WinRT-App definiert, welche Schnittstellen nach außen benötigt werden. Im obigen Fall wird unter anderem der Zugriff auf die Webcam und das Mikrofon benötigt. Beim ersten Start der App werden Sie als Anwender von WinRT (nicht von der Anwendung) gefragt, ob dies auch zulässig ist:

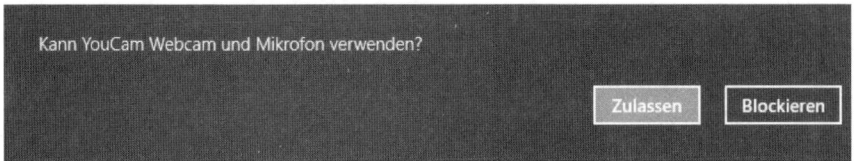

Kann YouCam Webcam und Mikrofon verwenden?

Zulassen   Blockieren

Nur bei zustimmender Antwort ist die Anwendung in der Lage, auf die Hardware bzw. die entsprechenden WinRT-Schnittstellen zuzugreifen. Realisiert wird dies über einen Proxy-Mechanismus, der sich quasi zwischen die App und die eigentlichen WinRT-Funktionen schiebt. Werden die gleichen WinRT-Funktionen hingegen aus einer normalen Desktop-Anwendung heraus aufgerufen, ist keine Freigabe erforderlich.

HINWEIS: Wer jetzt denkt, einfach entsprechende Funktionalitäten nachzuladen oder direkt auf den GAC (*Global Assembly Cache*) zuzugreifen – vergessen Sie es. Ihre Anwendung wird vor der Veröffentlichung im Windows Store geprüft und in diesem Fall nicht freigegeben. WinRT-Apps können nur auf die mitgelieferten Assemblies (aus dem Installations Package) und die WinRT-Assemblies zugreifen.

Doch wie legt man diese Einstellungen eigentlich fest? Hier hilft Ihnen die Anwendungsmanifestdatei weiter. Diese können Sie in Visual Studio komfortabel editieren (*Projekt|Store|Anwendungmanifest bearbeiten*):

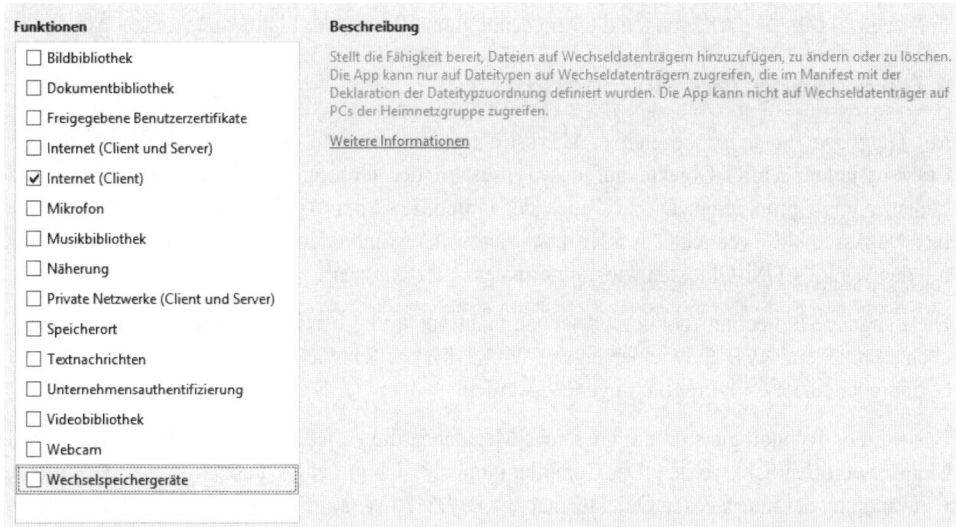

HINWEIS: Die Einträge korrespondieren direkt mit den angezeigten Rechten im Windows Store.

Mehr zu den einzelnen Punkten finden Sie im Kapitel 20, welche eingeschränkten Möglichkeiten zum Dateizugriff bestehen zeigt Ihnen Abschnitt 20.3 ab Seite 1018.

17.1.5 .NET WinRT-Profil

Für die Ausführung Ihrer VB-WinRT-Apps ist neben der Windows Runtime (WinRT) zusätzlich eine Teilmenge des .NET Framework 4.5 erforderlich. Dieses steht auch auf der ARM-Plattform zur Verfügung.

Neben den aus Sicht des Programmierers problemlos verzichtbaren Teilen wie Console, WPF, ASP.NET sowie vielen doppelten APIs und Windows API-Wrappern, fehlen in diesem Profil jedoch auch Sachen, die Sie vermutlich vermissen werden:

- *System.Data* (Alternative: OData)
- *System.Web*
- LINQ to SQL etc.
- Remoting
- *System.Thread*
- AppDomains (jede WinRT-App hat nur eine AppDomain)

HINWEIS: Wollen Sie auf diese Schnittstellen/Technologien nicht verzichten, können Sie immer noch eine WPF-Anwendung schreiben, die zwar unter Windows 8 nicht als App unter WinRT, dafür aber auf dem Desktop läuft. Die ARM-Plattform bleibt Ihnen dann allerdings verschlossen.

17.1.6 Language Projection

Mit *Language Projection* bezeichnet Microsoft eine Technik, die es ermöglicht, die eigentlichen COM-basierten WinRT-Objekte auf das Typsystem der jeweiligen Programmiersprache abzubilden, d.h. zu projizieren. Dies ist auch der Grund, dass bei WinRT auf die Verwendung von InterOp-Assemblies verzichtet werden kann. Nach dem Einbinden des Namenspace arbeiten Sie mit den WinRT-COM-Objekten wie mit normalen .NET-Klassen[1].

Die Language Projection funktioniert jedoch nicht nur in die bereits genannte Richtung, sondern auch wenn Sie als VB-Entwickler eigene WinRT-Klassen entwickeln, die z.B. von einem Java-Script- oder einem C++-Programm genutzt werden.

Basis dieser Technologie sind umfangreiche Metadaten, die zu jeder Klasse, jedem Interface bzw. Member veröffentlicht werden. Der Compiler kümmert sich mit Hilfe dieser Informationen um die Umwandlung der Interfaces in Objekte, mappt z.B. *HSTRING* auf *System.String,* wandelt die intern verwendeten *HRESULT*-Werte in VB-konforme Exceptions um (im Gegensatz zur Arbeit mit

---

[1] In Einzelfällen stehen Erweiterungsmethoden zur Verfügung, z.B. *AsStream* für die Umwandlung von *IInputStream* in *Stream.*

Win32-API-Funktionen können Sie wie gewohnt *Try-Except* einsetzen), mappt Methodennamen sprachspezifisch (z.B. *Add*, *Append* oder *append*) etc.

Als Entwickler müssen Sie sich also nicht an neue Bezeichner, Abläufe etc. gewöhnen, das nimmt ihnen alles der Compiler basierend auf den Metadaten der WinRT-Objekte ab.

Die Metadaten (**.WinMD*-Dateien) finden Sie im Verzeichnis *C:\Windows\System32\WinMeta-data*:

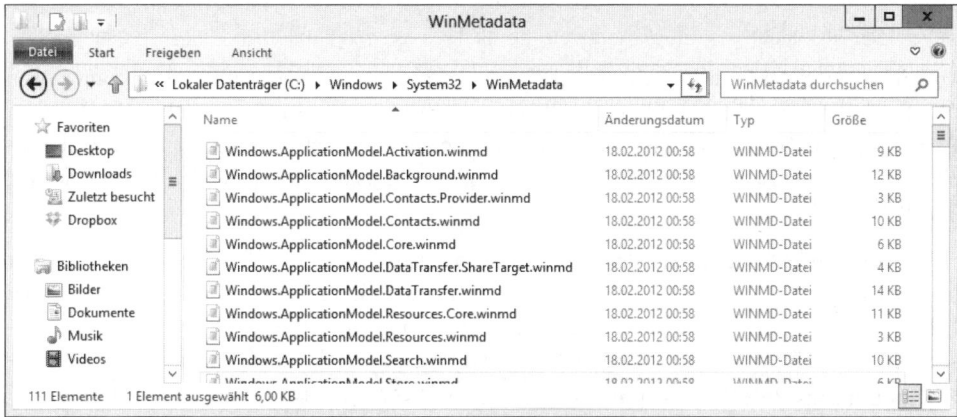

Ein Blick in diese Dateien ist zum Beispiel mit dem Tool *ILSpy*[1] möglich:

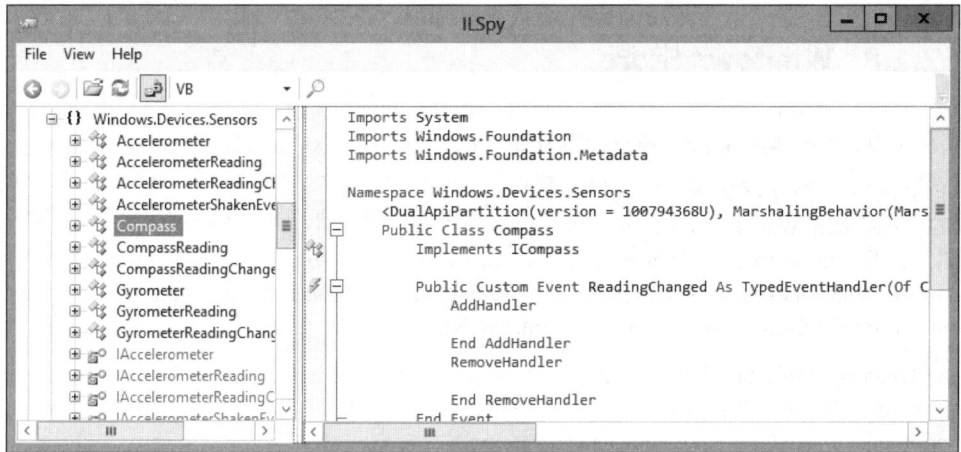

HINWEIS: Quellcode werden Sie hier nicht finden, es handelt sich eben nur um Metadaten und Interfaces.

---

[1] *http://sourceforge.net/projects/sharpdevelop/files/ILSpy/2.0/*

17.1.7 Vollbildmodus

Hier müssen wir Sie schonend darauf vorbereiten, dass Ihre WinRT-App zunächst grundsätzlich im Vollbildmodus auf dem primären Ausgabegerät läuft (WinRT-Apps unterstützen nur einen Screen). Frei bewegliche Fenster gibt es gar nicht, es ist immer nur ein Fenster je Anwendung aktiv und sichtbar.

Schlimmer noch – auch auf die gern und häufig eingesetzte *MessageBox* werden Sie prinzipiell verzichten müssen, Sie erinnern sich: die Oberfläche sollte "fast and fluid" sein, ein modales Window ist da nur im Weg[1].

Vollbild bedeutet aber nicht, dass Sie den Anwender jetzt mit einer Fülle von Informationen "zupflastern" sollen. Ganz im Gegenteil: Weniger ist mehr, und so sollten nur relevante Daten im Fenster erscheinen. Für weitergehende Konfigurationen etc. stehen Ihnen konzeptionell einblendbare Navigationsleisten (oberer Bildschirmrand) oder Befehlsleisten (unterer Bildschirmrand) zur Verfügung[2].

Sollte die Bildschirmauflösung des Endgerätes ausreichend sein (>1366×768 Pixel), kann der Nutzer Ihre WinRT-App auch andocken, d.h., diese nimmt die volle Höhe, aber nur zirka 1/3 der Breite des Bildschirms ein. Daneben wird dann maximal eine weitere WinRT-App dargestellt. Diesen Modus sollte Ihre Anwendung ebenfalls unterstützten, mit einem einfachen Zusammenschieben der Controls ist es hier aber nicht getan. Gleiches gilt für die Möglichkeit, unter Windows 8 (im Zusammenhang mit einem Tablet-PC) den Bildschirm im laufenden Betrieb zu drehen. Aus verfügbaren 1920x1200 Pixeln werden dann schnell mal 1200 x 1920 Pixel, Ihre App sollte auch darauf vorbereitet sein.

17.1.8 Windows Store

Wer hätte das gedacht, nachdem eine bekannte Firma (die mit dem Apfel) Wegbereiter dieses Trends war, will Microsoft natürlich auch nicht zurückstehen. Ab sofort (Windows 8) können Sie – nein besser: müssen Sie – Ihre Apps über den Windows Store beziehen. Dass Microsoft in diesem Fall einen nicht unbeträchtlichen Betrag (30%) für sich behält, dürfte klar sein. Dafür erhalten Sie dann geprüfte, sichere, bunte und tolle… (bla bla) Apps.

Aufrufen können Sie den Store über die entsprechende Kachel auf dem WinRT-Desktop:

Sollten Sie nicht bereits mit einer Windows Live ID in Windows eingeloggt sein, müssen Sie diese jetzt eingeben oder sich eine solche ID besorgen:

LINK: `https://login.live.com/`

---

[1] Kleiner Tipp: mit *MessageDialog* gibt es eine Alternative!

[2] Was Sie allerdings mit dem ganzen Platz (z.B. eines 27" oder 30" Monitors) anfangen ist dann Ihre Sache.

Nachfolgend steht Ihnen das komplette Angebot des Stores zur Verfügung. Neben Bewertungen und Verwendungsdetails wird Ihnen eine Vorschau sowie eine Beschreibung der App angezeigt. Mit dem Klick auf die Schaltfläche *Installieren* wird der Installationsvorgang angestoßen, die Fertigstellung wird durch eine kleine Textnachricht auf dem WinRT-Desktop gemeldet. Über die entsprechende Kachel auf dem WinRT-Desktop lässt sich die App nachfolgend auch wieder deinstallieren (rechte Maustaste, untere Befehlsleiste).

Für Sie als Entwickler interessant:

- Sie müssen eine Entwicklerkonto eröffnen (ab 50$ für eine Einzelperson).

- Microsoft prüft die Anwendung auf Einhaltung der Richtlinien[1] und behält sich eine Löschung der App vor (das betrifft im Zweifelsfall auch die Endgeräte beim Endanwender).

- Apps werden im Allgemeinen als Lizenz zum Betrieb auf **fünf** Endgeräten angeboten, Sie verkaufen also keine Einzellizenzen.

Weitere Details finden Sie unter der folgende Adresse:

LINK: `http://windows.microsoft.com/de-DE/windows/store-terms-of-use`

17.1.9 Zielplattformen

Hier findet sich eine der wesentlichsten Neuerungen: WinRT wird nicht nur für die x86- bzw. x64-Prozessorarchitektur verfügbar sein, sondern auch für ARM-Prozessoren. Dies dürfte auch der wohl wesentlichste Grund für die Entwicklung von WinRT gewesen sein, das .NET-Framework auf ARM zu portieren wäre wohl zu aufwändig gewesen.

WinRT ist auch für Nicht-WinRT-Apps nutzbar, d.h. in Ihren konventionellen Anwendungen. Dies ist aber eher ein fragwürdiges Feature, da Sie sich damit voraussichtlich ausschließlich auf Windows 8 als Zielplattform beschränken.

---

[1] Diese sind recht detailliert und beschreiben beispielsweise auch, welchen maximalen Datentransfer eine App im getakteten Modus (kostenpflichtige Mobilverbindung) haben darf, welche Startzeit maximal erlaubt ist ...

17.2   Entwurfsumgebung

Haben Sie sich für die Entwicklung von WinRT-Apps entschieden, sollten Sie auch einen Blick auf die verfügbaren Tools bzw. auf die Grundvoraussetzungen der WinRT App-Entwicklung werfen.

17.2.1   Betriebssystem

Gleich ein wichtiger Hinweis vorweg:

HINWEIS: WinRT-Apps können Sie nur unter Windows 8 entwickeln, d.h., Sie benötigen in jedem Fall einen Windows 8-PC.

Von der Verwendung einer virtuellen Maschine (VMWare/VirtualBox) raten wir ab, zum einen stimmt die Performance nicht, zum anderen ist die Bedienung dank neuer Mausgesten etc. eine Qual[1]. Wer noch vorsichtig ist und noch nicht komplett auf Windows 8 umsteigen will, kann es mit einer virtuellen Festplatte auf einem Windows 7-System versuchen.

HINWEIS: Die Autoren übernehmen keine Gewähr und Haftung für die folgende Anleitung. Sichern Sie zunächst Ihre Daten, um einem Datenverlust vorzubeugen.

---

1. Erzeugen Sie unter Windows 7 per Datenträgerverwaltung eine neue virtuelle Festplatte (zirka 100 GB dynamisch). Legen Sie diese beispielsweise unter dem Namen *c:\Win8Disk.vhd* ab.

2. Legen Sie die Windows 8-DVD ein und starten Sie den Installationsprozess (nicht aus Windows heraus, sondern beim Systemstart). Wählen Sie im Laufe der Installation zunächst noch **kein** Ziellaufwerk aus, sondern rufen Sie an dieser Stelle mit *Shift-F10* das Konsolenfenster auf.

3. Starten Sie an der Konsole die Anwendung *Diskpart* und geben Sie die folgenden Anweisungen ein:

```
DISKPART> select vdisk file=c:\Win8Disk.vhd
DISKPART> attach vdisk
```

4. Wechseln Sie per *Alt+Tab* in das Fenster zur Auswahl des Ziellaufwerks und aktualisieren Sie die Liste. Die neue Partition sollte jetzt in der Liste angezeigt werden.

5. Wählen Sie die neue Partition aus und ignorieren Sie die Warnung, dass auf dieser Partition kein System installiert werden kann.

6. Setzen Sie die Installation fort. Nach dem Systemneustart erwartet Sie eine Auswahl zwischen Windows 8 und Ihrem alten Windows 7-System.

7. Unter Windows 8 können Sie jetzt Visual Studio installieren und WinRT-Apps entwickeln, ohne dass Sie Ihr altes System verändern müssen.

---

[1] Treffen Sie in der virtuellen Maschine mal genau die Ecken bzw. den oberen Bildschirmrand.

17.2.2 Windows-Simulator

Tablet-Entwicklung hin oder her, aber wollen Sie gleich ein oder mehrere Geräte für 500-1000 Euro kaufen, nur um ein paar Mal eine WinRT-App unter den Bedingungen eines Tablets zu testen? Sicher nicht, es sei denn, Sie wissen schon vorher, dass Ihre App der absolute Renner wird.

Hier hilft Ihnen der Windows-Simulator weiter. Aktivieren Sie diesen über die Symbolleiste:

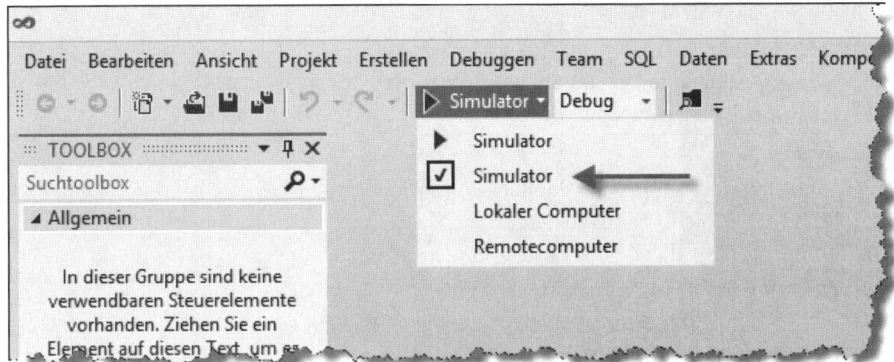

Starten Sie jetzt ein Projekt, wird dieses nicht auf dem normalen Windows 8-Desktop, sondern im Simulator wiedergegeben:

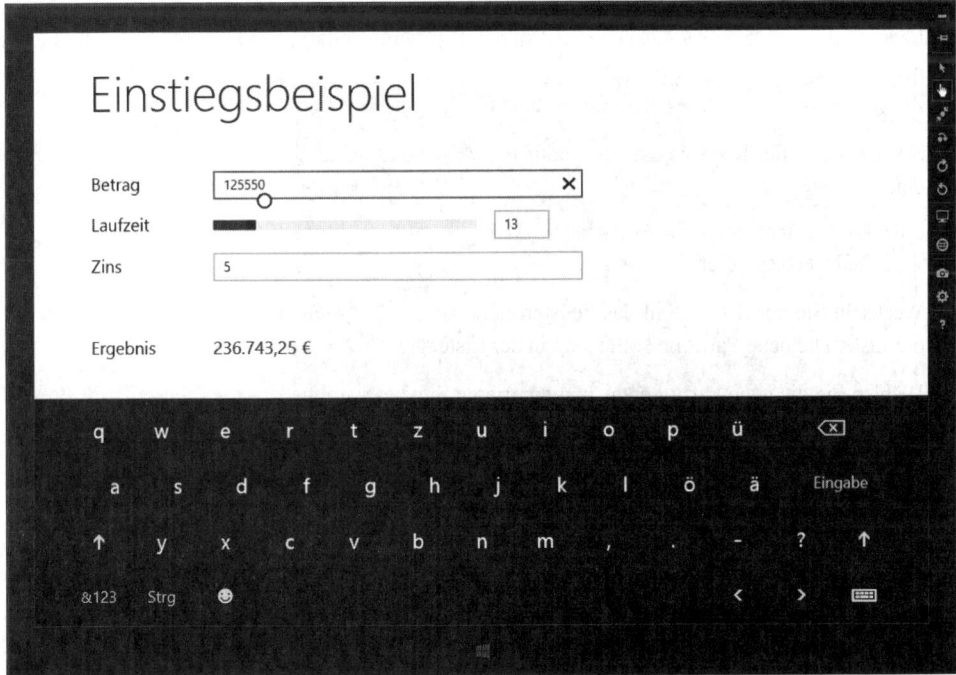

Dies hat gleich mehrere Vorteile:

- Sie können die Reaktion auf diverse Fingereingaben (Drehen, Zoom etc.) testen. Dazu wird mit der Maus eine Fingereingabe simuliert.

- Sie können die Verwendung einer Bildschirmtastatur testen.

- Sie können das Verhalten der Anwendung bei unterschiedlichen Geräteauflösungen (1024x768 bis 2560x1440 Pixel) simulieren:

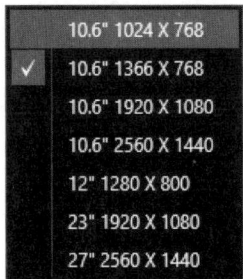

- Der Bildschirm (bzw. das Gerät) kann gedreht werden. Ihr Programm sollte sinnvoll auf diese Änderung reagieren.

- Sie können dem Gerät einen Standort zuweisen (nützlich für Anwendungen die diese Daten auswerten):

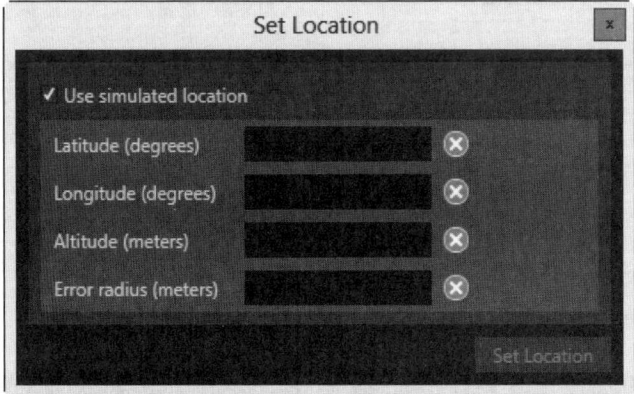

- Sie können Screenshots des aktuellen Inhalts anfertigen und diese in die Zwischenablage oder als Datei speichern lassen.

HINWEIS: Last, but not least sollten Sie auf einen finalen Test Ihrer App unter realen Bedingungen nicht verzichten. Insbesondere die Bedienung per Hand kann wohl nur im echten Praxistest realistisch geprüft werden[1].

---

[1] Nicht jeder hat so lange Finger, dass diese gleichzeitig zum Halten und Tippen auf dem Bildschirm taugen.

17.2.3 Remote-Debugging

Ein zweites hilfreiches Werkzeug für den WinRT-Entwickler ist der Remotedebugger. Diesen können Sie unter folgender Adresse herunterladen:

LINK: http://www.microsoft.com/visualstudio/deu/downloads

Installieren Sie diesen auf einem weiteren Windows 8-System[1] (im Idealfall gleich ein Intel-Tablet)
und starten Sie den Remote-Debugger:

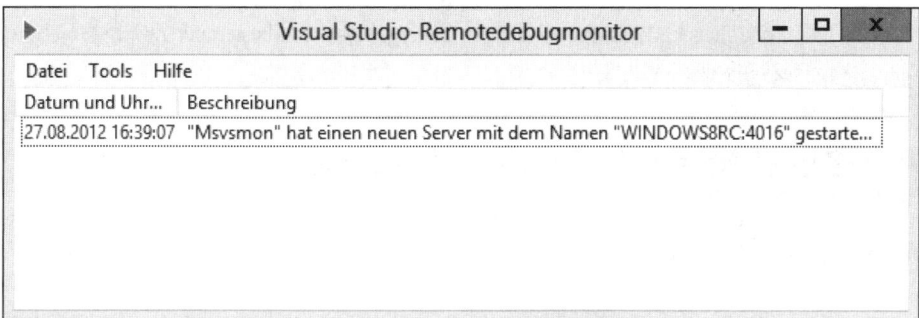

HINWEIS: Als recht praktisch hat sich in diesem Zusammenhang die Verwendung eines Conver-
tible Tablet PCs erwiesen. Sie können auf diesem System Ihren Fingern freien Lauf
lassen und den Bildschirm beschmieren, gleichzeitig ist aber auch die Arbeit mit
Maus und Tastatur möglich.

In Visual Studio müssen Sie jetzt noch den Remotecomputer als Ausgabeziel festlegen:

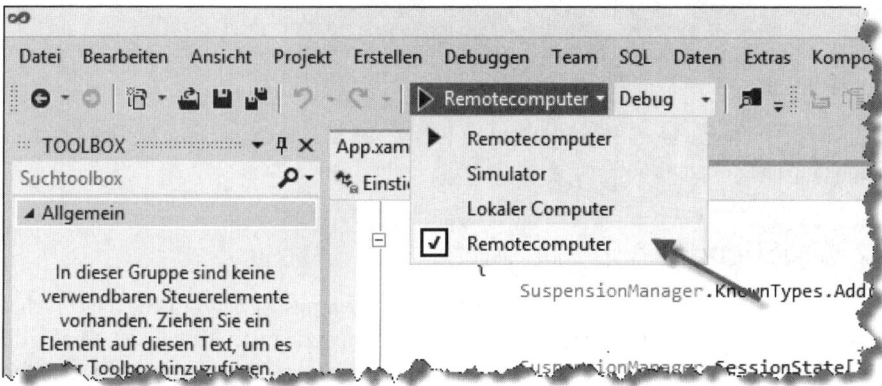

Falls dieser nicht gefunden wird, geben Sie dessen Adresse einfach per Hand ein.

---

[1] Auch hier sind Sie nicht davon befreit, ein Windows 8-System zu nutzen, andernfalls steht das WinRT-Framework ja nicht
zur Verfügung.

Der Vorteil dieser Debugging-Variante: Sie können an Ihrem leistungsfähigen System arbeiten und entwickeln und trotzdem die Anwendung auf einem wesentlich leistungsschwächeren System testen und debuggen. Dabei gehen Sie genau wie bei der lokalen Variante vor, setzen Ihre Breakpoints etc. und können dann Schritt für Schritt den Code prüfen.

HINWEIS: Von einer WinRT-Besonderheit werden Sie allerdings auch beim Remote-Debugger nicht verschont: Für das Starten von Apps und den Eintritt der Anwendung in den Suspend-Modus gelten unter WinRT strikte Zeitvorgaben. Werden diese, z.B. durch einen gesetzten Breakpoint, nicht eingehalten, beendet WinRT Ihre App. In diesen zeitkritischen Fällen sollten Sie Zwischenergebnisse am besten per *Debug*-Objekt im Ausgabefenster anzeigen.

17.3 Ein (kleines) Einstiegsbeispiel

Nun wurde schon seitenweise über WinRT herumgelabert und Sie finden immer noch kein praktisches Beispiel! Dem wollen wir jetzt schnell abhelfen.

HINWEIS: Zu den Grundlagen der Oberflächengestaltung per XAML und der Datenbindung (siehe Kapitel 12, 13 bzw. 15) wollen wir uns hier nicht komplett wiederholen.

17.3.1 Aufgabenstellung

Wir wollen eine einfache App zur Zins-Berechnung entwickeln. Dazu benötigen wir lediglich drei Eingabefelder, d.h. für

- den Anlagebetrag,

- den Zins

- und die Laufzeit.

Einfachheitshalber gehen wir von einer jährlichen Zahlweise aus. Ergebnis unserer Bemühungen ist der Endbetrag nach obiger Laufzeit.

17.3.2 Quellcode

Im Gegensatz zu vielen anderen Beispielprogrammen wollen wir uns zunächst mit der eigentlichen Logik beschäftigen, bevor wir die dazugehörige Oberfläche entwerfen. Der Vorteil: wir können die gleiche Logik auch für eine WPF-Desktop-Anwendung nutzen, es sind keinerlei Änderungen erforderlich.

Starten Sie Visual Studio, klicken Sie auf *Datei|Neu|Projekt* und wählen Sie als neuen Projekttyp in der Rubrik *Windows Store* die Option *Leere App*:

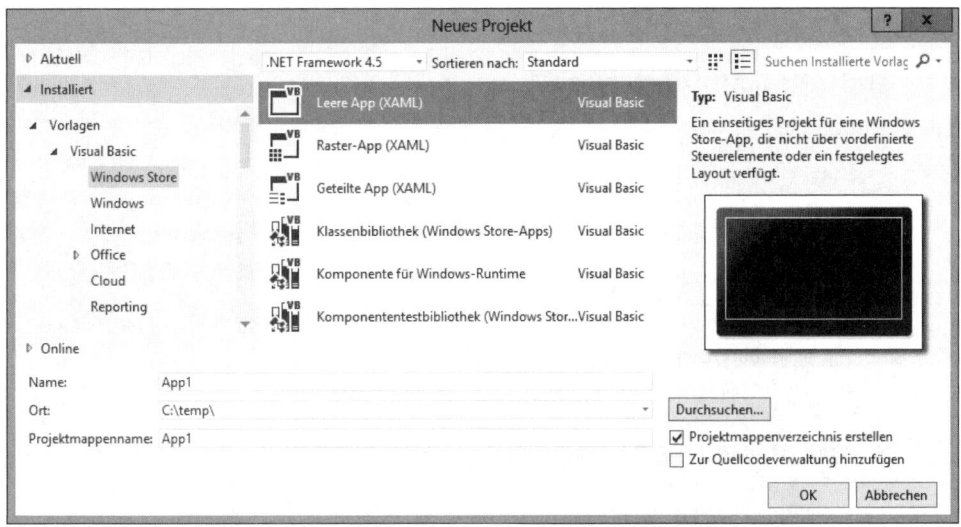

Vergeben Sie den Namen *Einstieg*.

Wer jetzt glaubt, wie bei den Windows Forms ein fast leeres Projekt vorzufinden, sieht sich getäuscht. Neben diversen Projektdateien ist auch schon ein kleines Framework vorhanden, das sich um die wichtigsten Aufgaben im Lebenszyklus der WinRT-App kümmert:

- "Geburt": Start durch Klick auf die Kachel oder Aufruf durch einen Contract

- "Schlaf": Suspend-Mode, wenn die Anwendung im Hintergrund liegt

- Der "Tod" bzw. das aktive Ende[1] spielt im "Leben" der WinRT-App aus Programmierersicht keine Rolle, da alle in diesem Zusammenhang relevanten Aufgaben schon beim Suspend erledigt sein müssen.

HINWEIS: Um die vielen Projektdateien und deren Bedeutung kümmern wir uns an dieser Stelle zunächst nicht.

Nächster Schritt ist das Erstellen einer Klasse *Finanz*, die uns neben den vier Eigenschaften *Betrag*, *Zins*, *Laufzeit* und *Endwert* noch eine interne Berechnungsmethode *Calc* zur Verfügung stellt. Soll die Klasse (bzw. deren Instanz) an die Oberfläche gebunden werden, ist, wie auch bei WPF, die Schnittstelle *INotifyPropertyChanged* zu unterstützen. Die Aktualisierung der gebundenen Oberflächenelemente nach einer Wertänderung ist Aufgabe des *PropertyChanged*-Eventhandlers:

```
Imports System.Collections.Generic
Imports System.ComponentModel
Imports System.Linq
Imports System.Text
Imports System.Threading.Tasks
```

---

[1] ... durch WinRT (Speichermangel) oder den Anwender (Wischbewegung von oben)

```
Namespace Einstieg
    Public Class Finanz
        Implements INotifyPropertyChanged
```

Die vier Eigenschaften:

```
        Private m_betrag As Double = 0

        Public Property Betrag() As Double
            Get
                Return m_betrag
            End Get
            Set(value As Double)
                m_betrag = value
                Calc()
            End Set
        End Property


        Private m_zins As Double = 0

        Public Property Zins() As Double
            Get
                Return m_zins
            End Get
            Set(value As Double)
                m_zins = value
                Calc()
            End Set
        End Property


        Private m_laufzeit As Integer = 0

        Public Property Laufzeit() As Integer
            Get
                Return m_laufzeit
            End Get
            Set(value As Integer)
                m_laufzeit = value
                Calc()
            End Set
        End Property
        Private m_endwert As Double = 0
```

Der Endwert ist aus naheliegenden Gründen schreibgeschützt:

```
        Public ReadOnly Property Endwert() As Double
            Get
                Return m_endwert
            End Get
        End Property
```

Eine zweite Variante dieser Eigenschaft liefert uns gleich einen formatierten *String* (Währungs-
wert) statt des *Double*-Wertes:

```
Public ReadOnly Property EndwertAsString() As String
    Get
        Return m_endwert.ToString("c")
    End Get
End Property
```

Die Berechnung des Endwertes:

```
Private Sub Calc()
    Try
        m_endwert = m_betrag * Math.Pow(1 + m_zins / 100, m_laufzeit)
    Catch generatedExceptionName As Exception
        m_endwert = 0
    End Try
```

Hier lösen wir auch das *PropertyChanged*-Ereignis aus:

```
        RaiseEvent PropertyChanged(Me, New PropertyChangedEventArgs("Endwert"))
        RaiseEvent PropertyChanged(Me, New PropertyChangedEventArgs("EndwertAsString"))
    End Sub
End Class
End Namespace
```

Jede Änderung einer Eigenschaft hat eine neue Berechnung und damit die Aktualisierung des Endwertes zur Folge.

Damit sind alle Vorbereitungen abgeschlossen und wir können uns der Oberfläche zuwenden.

17.3.3 Oberflächenentwurf

Öffnen Sie die Datei *MainPage.xaml*, dies ist das "Startformular" unserer App. Dabei handelt es
sich um eine Instanz der Klasse *Page* (siehe Code-behind-Datei *MainPage.xaml.vb*).

HINWEIS: Die erste sichtbare Page legen Sie in der Datei *App.xaml.vb* in der Methode *OnLaunched* fest. Dies ist auch der einzig mögliche Eintrittspunkt für Ihr Programm.

Doch zurück zu *MainPage.xaml*. Erweitern Sie bitte den XAML-Code um die im Folgenden fett
hervorgehobenen Teile:

```
<Page
    x:Class="Einstieg.MainPage"
    xmlns="http://schemas.microsoft.com/winfx/2006/xaml/presentation"
    xmlns:x="http://schemas.microsoft.com/winfx/2006/xaml"
    xmlns:local="using:Einstieg"
    xmlns:d="http://schemas.microsoft.com/expression/blend/2008"
    xmlns:mc="http://schemas.openxmlformats.org/markup-compatibility/2006"
    mc:Ignorable="d">
```

```
<Grid Background="{StaticResource ApplicationPageBackgroundThemeBrush}">
```

Unsere Seitenüberschrift (einen Formularkopf gibt es nicht) positionieren wir per *Margin*, die Schriftformatierung übernimmt in diesem Fall die statische Ressource *PageHeaderTextStyle* aus der Datei *StandardStyles.xaml*:

```
<TextBlock HorizontalAlignment="Left" Margin="65,48,0,0" TextWrapping="Wrap"
        Text="Anfängerbeispiel" VerticalAlignment="Top"
        Style="{StaticResource PageHeaderTextStyle}"/>
```

Mit Hilfe eines *Grid*-Controls positionieren wir die Eingabe- und Beschriftungsfelder:

```
<Grid HorizontalAlignment="Left" Height="227" Margin="65,147,0,0"
        VerticalAlignment="Top" Width="563">
```

Die Zeilen:

```
<Grid.RowDefinitions>
    <RowDefinition />
    <RowDefinition />
    <RowDefinition />
    <RowDefinition />
    <RowDefinition />
</Grid.RowDefinitions>
```

Die Spalten:

```
<Grid.ColumnDefinitions>
    <ColumnDefinition Width="*"/>
    <ColumnDefinition Width="3*"/>
</Grid.ColumnDefinitions>
```

Die einzelnen Beschriftungen per *TextBlock*-Controls:

```
<TextBlock Grid.Column="0" Grid.Row="0" HorizontalAlignment="Left" Text="Betrag"
        VerticalAlignment="Center" FontSize="20"/>
<TextBlock Grid.Column="0" Grid.Row="1" HorizontalAlignment="Left" Text="Laufzeit"
        VerticalAlignment="Center" FontSize="20"/>
<TextBlock Grid.Column="0" Grid.Row="2" HorizontalAlignment="Left" Text="Zins"
        VerticalAlignment="Center" FontSize="20"/>
<TextBlock Grid.Column="0" Grid.Row="4" HorizontalAlignment="Left" Text="Ergebnis"
        VerticalAlignment="Center" FontSize="20"/>
```

Die Eingabefelder binden wir direkt an die Eigenschaften der *Finanz*-Klasse (die Instanz selbst binden wir erst zur Laufzeit per *DataContext*-Eigenschaft der Page):

```
<TextBox Grid.Column="1"  Grid.Row="0" Text="{Binding Path=Betrag, Mode=TwoWay}"
        VerticalAlignment="Center" />
<TextBox Grid.Column="1"  Grid.Row="1" Text="{Binding Path=Laufzeit, Mode=TwoWay}"
        VerticalAlignment="Center" />
<TextBox Grid.Column="1"  Grid.Row="2" Text="{Binding Path=Zins, Mode=TwoWay}"
        VerticalAlignment="Center" />
```

Den berechneten Endwert geben wir direkt als Zeichenkette aus, so haben wir direkten Einfluss auf die Formatierung[1]:

```
<TextBlock Grid.Column="1" Grid.Row="5" HorizontalAlignment="Left"
           Text="{Binding Path=EndwertAsString}" VerticalAlignment="Center"
           FontSize="20" Name="tb1"/>
    </Grid>
  </Grid>
</Page>
```

Das war es bereits, bleibt nur noch die Aufgabe, eine Instanz der *Finanz*-Klasse zu erzeugen und dem *DataContext* der Seite zuzuweisen.

Öffnen Sie dazu zunächst die Datei *App.xaml.vb* und nehmen Sie folgende Erweiterung vor:

```
...
NotInheritable Class App
    Inherits Application

    Public Shared finanzrechner As New Einstieg.Finanz()

...
```

Die eigentliche Datenbindung realisieren wir in der Datei *MainPage.xaml.vb*:

```
Public NotInheritable Class MainPage
    Inherits Page

    Protected Overrides Sub OnNavigatedTo(e As Navigation.NavigationEventArgs)
        Me.DataContext = App.finanzrechner
    End Sub

End Class
```

17.3.4 Installation und Test

Die Zeit ist reif für einen ersten Test. Klicken Sie auf F5. Nach kurzem Aufflackern des Splash Screens sollte die voll funktionstüchtige Oberfläche auf dem Desktop erscheinen (siehe folgende Abbildung).

So weit – so gut, das gleiche Programm hätten Sie mit minimalen Änderungen so auch als WPF-Anwendung realisieren können.

---

[1] In der vorliegenden Version war noch keine Stringformatierung wie in WPF implementiert.

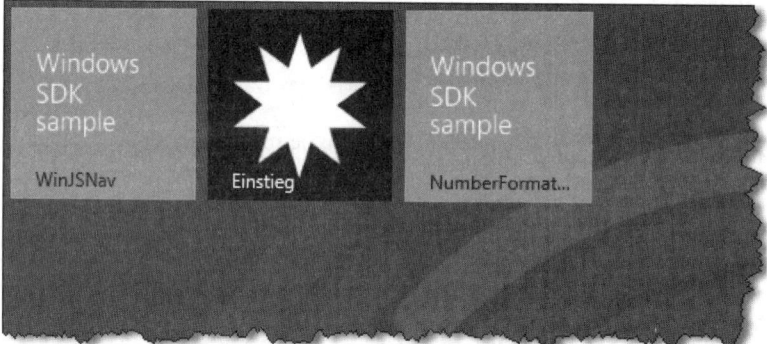

Doch lassen Sie sich nicht täuschen, Visual Studio hat die Anwendung nicht nur kompiliert, sondern ganz nebenbei auch gleich mit einer Entwicklerlizenz für die WinRT-Oberfläche installiert (dies ist der Windows Runtime geschuldet):

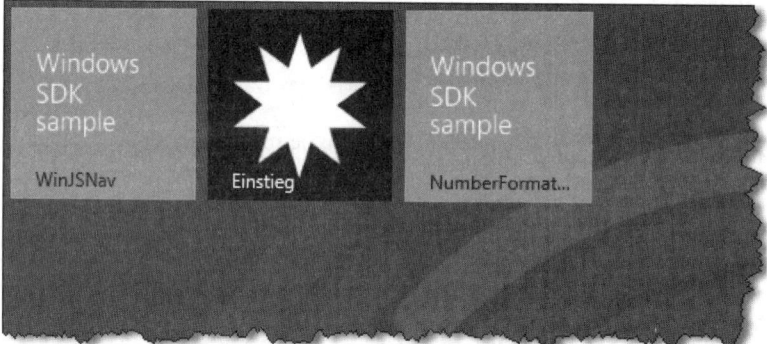

17.3.5 Verbesserungen

Wie schon erwähnt, verhalten sich WinRT-Apps etwas anders als ihre WPF- oder Windows Forms-Kollegen. Ein wichtiger Unterschied ist der Wechsel der Vordergrundanwendung. In diesem Fall wird die bisher aktive WinRT-App nach einer Karenzzeit in den Suspend-Modus geschickt, in welchem bis auf den Speicher keine Ressourcen mehr belegt werden. Für Sie als Programmierer wichtig: bereits hier müssen Sie sich darum kümmern, Daten zu sichern und gegebenenfalls bei einem Neustart wieder herzustellen.

Persistenz

Was bedeutet dies für unsere Anwendung? Schaltet der Nutzer bei laufender Anwendung zu einer anderen App um und wird im weiteren Verlauf mehr Speicher benötigt, beendet WinRT Ihre App. Alle bisherigen Eingaben gehen verloren. Was tun? Hier können Sie sich mit einer "selbstgestrickten" Lösung behelfen, oder Sie werfen einen Blick in die vielen verfügbaren Microsoft-Beispiele.

In fast allen Projekten findet sich die statische Klasse *SuspensionManager*, deren Aufgabe das Speichern und Wiederherstellen des Anwendungsstatus ist[1].

Kopieren Sie diese Datei in Ihr Projekt und erweitern Sie die Datei *App.xaml.vb* wie folgt:

```
...
NotInheritable Class App
    Inherits Application

    Public Shared finanzrechner As New Einstieg.Finanz()

    Public Sub New()
        InitializeComponent()
```

Zunächst müssen wir dem *SuspensionManager* unsere eigene Klasse "bekannt machen"[2]:

```
        Common.SuspensionManager.KnownTypes.Add(GetType(Einstieg.Finanz))
```

Hier weisen wir den *SuspensionManager* an, unsere Instanz als Session-Variable zwischenzuspeichern (Voraussetzung für die spätere Persistenz):

```
        Common.SuspensionManager.SessionState("io") = Me.finanzrechner
```

Da es sich um eine Objekt handelt (wird als Verweis gespeichert) können wir die Zuweisung bereits hier realisieren, auch wenn sich später die Eigenschaften durch Nutzereingaben ändern.

```
    End Sub
```

Auf den Suspend-Modus (bzw. die Vorbereitung dafür) können Sie mit der folgenden Methode reagieren, die bereits vordefiniert ist:

```
    Private Async Sub OnSuspending(sender As Object, e As SuspendingEventArgs) _
                                    Handles Me.Suspending
```

Das *SuspendingDeferral*-Objekt informiert das System, dass Ihre Anwendung sich um die Vorbereitung des Suspend-Modus kümmert, mit der Methode *Complete* zeigen Sie an, dass Ihre App für den Suspend-Modus bereit ist:

```
        Dim deferral As SuspendingDeferral = e.SuspendingOperation.GetDeferral()
```

Hier rufen wir die Methode *SaveAsync* des *SuspensionManagers* auf, diese speichert die Daten im App-Verzeichnis als XML-Datei:

```
        Await Common.SuspensionManager.SaveAsync()
        deferral.Complete()
    End Sub
```

Wird die Anwendung wieder aktiviert, können Sie zunächst auswerten, aus welchen Gründen dies erfolgt ist:

```
    Protected Overrides Async Sub OnLaunched(args As _
                Windows.ApplicationModel.Activation.LaunchActivatedEventArgs)
```

---

[1] Wie diese Klasse intern realisiert ist, soll uns an dieser Stelle nicht interessieren, wir nutzen diese Klasse nur.

[2] Dies ist für die Serialisierung/Deserialisierung erforderlich.

Wurde die Anwendung aus irgendwelchen Gründen beendet, stellen wir den vorherigen Zustand wieder her, indem wir die Persistenzdaten per *SuspensionManager* aus dem App-Verzeichnis laden und der Instanz der *Finanz*-Klasse zuweisen.

```
        Dim rootFrame As Frame = Window.Current.Content
        If rootFrame Is Nothing Then
            rootFrame = New Frame()
            If (args.PreviousExecutionState = ApplicationExecutionState.Terminated) Or _
                (args.PreviousExecutionState = ApplicationExecutionState.ClosedByUser) Then
                Await Common.SuspensionManager.RestoreAsync()
                If (Common.SuspensionManager.SessionState.ContainsKey("io")) Then
                    finanzrechner = CType(Common.SuspensionManager.SessionState("io"),
                                            Einstieg.Finanz)
                End If
            End If
            Window.Current.Content = rootFrame
        End If
        If rootFrame.Content Is Nothing Then
            If Not rootFrame.Navigate(GetType(MainPage), args.Arguments) Then
                Throw New Exception("Failed to create initial page")
            End If
        End If
        Window.Current.Activate()
    End Sub
End Class
```

HINWEIS: Sie können natürlich weitere Objekte bzw. Eigenschaften mit Hilfe des Suspension-Managers speichern, beispielsweise das aktive Eingabefeld oder bei größeren Anwendungen die aktuelle Seite. Für den Endanwender soll das Gefühl aufkommen, die Anwendung nie neu gestartet, sondern nur neu aktiviert zu haben. Ein zwischenzeitliches Beenden soll möglichst unbemerkt bleiben.

Starten Sie die App erneut, geben Sie einige Werte ein und beenden Sie die Anwendung mit der Wisch-Geste von oben. Nach einem Neustart sollten alle Eingabewerte wieder angezeigt werden, so als ob die App nie beendet worden wäre.

Touchscreen

Haben Sie die App auf dem Arbeitsplatz-PC getestet wird es Ihnen kaum aufgefallen sein, aber die Eingabe von Zahlenwerten auf einem Tablet-PC ist nicht unbedingt komfortabel. Aus diesem Grund bietet es sich beispielsweise an, die Laufzeit nicht per *TextBox*, sondern auch per *Slider* einzugeben. Ändern Sie dazu *BlankPage.xaml* wie folgt:

```
...
        <TextBox Grid.Column="1"  Grid.Row="1" Text="{Binding Path=Laufzeit, Mode=TwoWay}"
                VerticalAlignment="Center" />
...
```

zu

```
...
        <StackPanel Orientation="Horizontal" Grid.Column="1"  Grid.Row="1">
            <Slider Value="{Binding Path=Laufzeit, Mode=TwoWay}" VerticalAlignment="Center"
            Width="300" />
            <TextBox  Text="{Binding Path=Laufzeit, Mode=TwoWay}" VerticalAlignment="Center"
            Margin="20,0,0,0" />
        </StackPanel>
...
```

Nach einem erneuten Start werden Sie feststellen, dass sich zwar der Endwert ändert, egal, ob Sie die *TextBox* oder den *Slider* für die Eingabe nutzen, allerdings laufen die beiden Steuerelemente nicht synchron. Dazu müssen wir einen kleinen Eingriff in der *Finanz*-Klasse vornehmen:

```
Public Property Laufzeit() As Integer
    Get
        Return m_laufzeit
    End Get
    Set(value As Integer)
        m_laufzeit = value
        Calc()
        RaiseEvent PropertyChanged(Me, New PropertyChangedEventArgs("Laufzeit"))
    End Set
End Property
```

Wir benachrichtigen die angeschlossenen Controls, wenn sich die Laufzeit ändert. Nach einem Neustart sollte die Anwendung wie gewünscht funktionieren, Änderungen am *Slider* sollten sich auf die *TextBox* auswirken und umgekehrt.

17.3.6 Fazit

Eigentlich sollte unser Beispielprogramm kurz sein, aber Sie haben sicher schon gemerkt, dass es unter WinRT mit einem einfachen Eingabeformular meist nicht getan ist. Neben der Persistenz müssen Sie ganz nebenbei auch ein Auge auf das Oberflächendesign werfen. Im Falle unserer Anwendung haben wir ja schon etwas vorausschauend ein *Grid* mit dynamischen Spaltenbreiten gewählt:

```
<Grid.ColumnDefinitions>
    <ColumnDefinition Width="*"/>
    <ColumnDefinition Width="3*"/>
</Grid.ColumnDefinitions>
```

Prüfstein für Ihre Anwendung sollte in jedem Fall der Simulator in der niedrigsten Auflösung im Hochkant-Format sein. In dieser Konstellation steht am wenigsten Platz in horizontaler Richtung zur Verfügung (siehe folgende Abbildung).

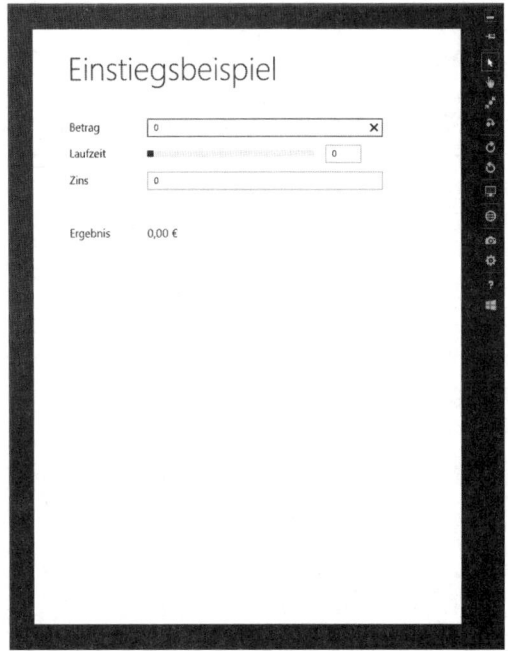

Doch nicht genug der Pein – unter WinRT kann eine App auch angedockt werden:

Spätestens hier macht unsere App (siehe rechter Rand) keine "gute Figur" mehr[1], wir müssten explizit auf diesen Modus reagieren und ein geändertes Layout anbieten. Doch dies soll nicht Gegenstand dieses Einführungsbeispiels sein.

---

[1] Dieses Schicksal teilt unsere App jedoch auch mit fast allen Microsoft-Beispielen, im angedockten Modus ist nun mal in den wenigsten Fällen noch genug Platz.

17.4 Weitere Details zu WinRT

Nachdem wir einen schmalen Pfad durch den Dschungel der Neuerungen geschlagen und uns mit einem ersten Beispiel herumgeplagt haben, wollen wir nun einen etwas detaillierteren Blick auf die neue Windows Runtime und deren Konzepte werfen.

Wir hatten bereits im ersten Abschnitt festgestellt, dass WinRT zum einen

- ein Interface bzw. eine Schnittstelle zu den Systemfunktionen und
- zum anderen ein Framework zur Installation und Verwaltung der WinRT-Apps ist.

Doch welche Rolle spielt WinRT für Sie als VB-Programmierer?

17.4.1 Wo ist WinRT einzuordnen?

Als Programmierer werden Sie sicher wissen wollen, wie und an welcher Stelle Sie WinRT nutzen können bzw. müssen. Grundsätzlich bieten sich zwei Einsatzszenarien an:

- Windows Store-Apps (der Normalfall)
- Desktop-Apps

Die folgende Abbildung zeigt, welche Bedeutung WinRT für den jeweiligen Anwendungszweck hat:

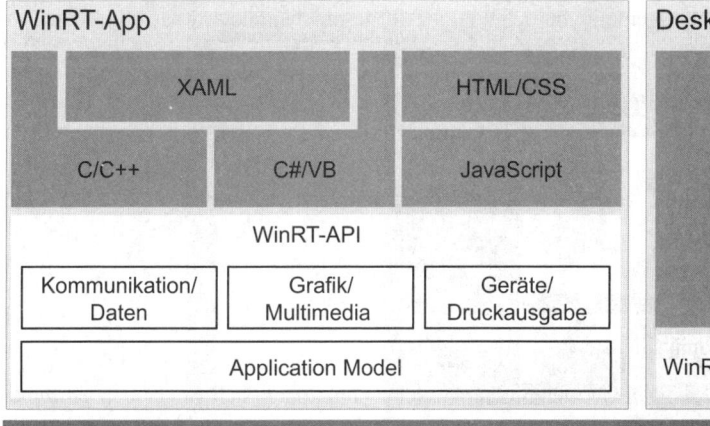
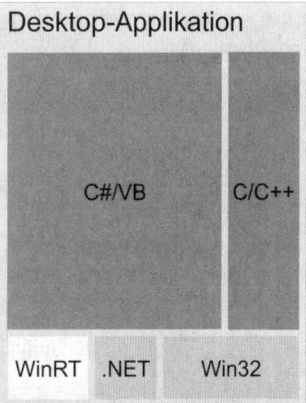

Während WinRT bei WinRT-Apps die unbedingte Voraussetzung für deren Ausführung und Installation ist, stellt WinRT im Desktopbereich lediglich eine Alternative zu den bisherigen Schnittstellen .NET-Framework und Win32-API dar. Ein kleines Beispiel für die einfache Verwendung einer WinRT-Klasse in einer konventionellen WPF-Anwendung finden Sie im Praxisbeispiel

▶ 17.6.1 WinRT in Desktop-Applikationen nutzen

HINWEIS: Wie schon erwähnt, sollten Sie WinRT bei Desktop-Anwendungen nur in Ausnahmefällen verwenden (Zugriff auf Webcam, Sensoren, Medien etc.). Sie sind damit einerseits auf die Windows 8-Plattform beschränkt, andererseits lassen sich auch viele WinRT-typischen Funktionen nicht nutzen.

Doch zurück zu den "echten" WinRT-Apps. Wie Sie obiger Abbildung entnehmen können, lassen sich derzeit zwei Hauptentwicklungsrichtungen erkennen:

- XAML für den Oberflächenentwurf und C++, VB oder C# für die Programmlogik

- HTML 5 für die Oberfläche und JavaScript für die Logik

Beide Lösungen setzen komplett, d.h. mit allen Restriktionen, auf WinRT auf, im Fall von C# und VB.NET kommt noch eine kleine Teilmenge des .NET-Frameworks hinzu (diese ist nicht in der Abbildung enthalten)[1].

HINWEIS: Beachten Sie auch, dass bei WinRT-Apps keinerlei direkter Zugriff auf die Windows API möglich ist, im Gegenteil: selbst viele WinRT-Funktionen sind aus Sicherheitsgründen für die App nur nutzbar, wenn der App die erforderlichen Rechte erteilt wurden (durch den Anwender).

17.4.2 Die WinRT-API

Bisher haben wir nur recht allgemein von der WinRT-API gesprochen, doch was verbirgt sich im Einzelnen dahinter?

Die Aufgabengebiete und Dienste von WinRT lassen sich grob in fünf Bereiche einteilen:

- Benutzerschnittstelle

- Daten und Kommunikation

- Geräteunterstützung

- Medienunterstützung

- grundlegende Anwendungsdienste

Die folgende Abbildung zeigt etwas detaillierter, welche Funktionen sich hinter den einzelnen Bereichen verstecken.

HINWEIS: Im Interesse des besseren Verständnisses haben wir auf eine Eindeutschung der einzelnen Funktionen verzichtet, als Programmierer dürften Ihnen die obigen Bezeichnungen weitgehend geläufig sein, auch die Analogie zu den entsprechenden Namensräumen lässt sich so besser herstellen.

---

[1] Naturgemäß beschränken wir uns in diesem Buch auf die XAML/VB-Variante.

WinRT

Benutzerschnittstelle

HTML5/CSS/SVG	XAML	DirectX	Controls
Data Binding	Tiles	Accessibility	Input

Daten & Kommunikation	Geräte	Medien	Anwendungsdienste
Contracts	Input	Devices	App Services
Notifications	Portable	Capture	Timer/Threading
Storage	Sensors	PlayTo	Memory
Networking	Printers	PlayLists	Authentication
Web	Geolocation		Cryptographie
XML	SMS		Globalization
Streams			
Background-Transfer			

Benutzerschnittstelle

Hierbei handelt es sich um alle Aufgaben, die im Zusammenhang mit der Darstellung der WinRT-Apps anfallen. Dies sind natürlich vor allem die Schnittstellen zu den WinRT-Controls, die Sie als VB-Programmierer per XAML zu entsprechenden Oberflächen (Pages) zusammenstellen[1]. Da WinRT im Gegensatz zu WPF nicht auf GDI sondern auf DirectX aufsetzt, sind auch diese Funktionen enthalten.

WinRT stellt auch die Schnittstellen für die Definition der Tile (die Kacheln des WinRT-Desktops) Ihrer Anwendung bereit (dies ist der Ersatz für Desktop-Links und Startmenü-Einträge).

Daten & Kommunikation

Hier bietet WinRT eine Abstraktionsschicht für die Kommunikation zwischen den Anwendungen und dem System. An dieser Stelle werden Sie als Programmierer vermutlich die größten Umstiegsprobleme haben, unterscheidet sich doch dieses Modell grundlegend von den bisherigen Desktop-Anwendungen. Der Datenaustausch mit anderen Anwendungen und auch dem System wird nunmehr über Contracts realisiert, eine direkte Interprozesskommunikation ist nicht mehr möglich.

Zentrale Notifications zeigen Meldungen an oder ermöglichen eine Aktualisierung der App-Tile. Wohlgemerkt – dafür ist WinRT zuständig, nicht Ihre Anwendung.

Vor allem das Storage-Interface wird Sie beim Umstellen Ihrer Anwendungen mit einigen Problemen konfrontieren. Bisher hatten Sie ja recht frei über die Festplatten des Endanwenders verfügen können. Dies ist nun nicht mehr möglich. WinRT kapselt Ihre Anwendung weitgehend von der Umgebung ab, Sie dürfen nur noch auf per Contract freigegebene Verzeichnisse zugreifen bzw.

---

[1] Die HTML5+SVG-Unterstützung ist vor allem für die JavaScript-Programmierer von Interesse.

müssen explizit einen zentralen Dateiauswahl-Dialog verwenden, um den Nutzer in das Speichern einer Datei mit einzubeziehen.

Geräte und Medien

Eine der erfreulichsten Neuerungen von WinRT: Im Gegensatz zur alten Windows-API verfügen Sie jetzt als Programmierer endlich über eine objektorientierte Schnittstelle zu den einzelnen Sensoren und Geräten die auf dem Anwender-PC bzw. -Tablet verfügbar sind (Lage-, GPS-Sensoren, Webcam etc.)[1].

Anwendungsdienste

Hier finden sich die grundlegenden Funktionen zum Installieren und Aktualisieren der App per Windows Store, die Umgebung für den Start und das Beenden bzw. Anhalten (Suspend) der App und die damit verbundene Speicherverwaltung und Sicherheitsfunktionen.

HINWEIS: Wie die einzelnen APIs im Zusammenhang genutzt werden ist Gegenstand der beiden folgenden Kapitel. Wir denken, dass eine Einführung an Hand praktischer Beispiele sinnvoller ist, als ausschweifende theoretische Erörterungen.

17.4.3 Wichtige WinRT-Namespaces

Im Folgenden finden Sie eine Liste der grundlegendsten Namespaces in WinRT:

```
Windows.ApplicationModel
Windows.Data
Windows.Devices
Windows.Foundation
Windows.Globalization
Windows.Graphics
Windows.Management
Windows.Media
Windows.Networking
Windows.Security
Windows.Storage
Windows.System
Windows.UI
Windows.UI.Xaml
Windows.Web
```

Wie Sie schnell erkennen können, sind alle WinRT-Namespaces jetzt unter der Wurzel *Windows* zu finden, was die Identifikation und Trennung von den bisherigen Namespaces erleichtert

---

[1] Wer schon mal auf eine Webcam, ein Mikrofon oder einen Scanner zugreifen wollte, kann ein Lied davon singen. Ein buntes Gemisch aus API, MCI, WIA, TWAIN, DirectX etc. machte das Leben schwer.

Neben den WinRT-Namespaces stehen Ihnen in VB auch noch folgende grundlegende .NET-Framework-Namespaces zur Verfügung:

```
System
System.CodeDom.Compiler
System.Collections
System.ComponentModel
System.Diagnostics
System.Dynamic
System.Globalization
System.IO
System.Linq
System.Net
System.Numerics
System.Reflection
System.Resources
System.Runtime
System.Security
System.ServiceModel
System.Text
System.Text.RegularExpressions
System.Threading
System.Threading.Tasks
System.Windows.Input
System.Xml
Microsoft.CSharp.RuntimeBinder
Microsoft.VisualBasic
```

17.4.4 Der Unterbau

Wir hatten es Ihnen ja schon verraten, die Windows Runtime basiert auf der guten alten COM-Technologie (*Component Object Model*), hat allerdings einige wichtige Fähigkeiten neu dazugewonnen.

Die Schnittstellen

Für Sie als VB-Programmierer ist dieser Unterbau eigentlich von untergeordnetem Interesse, da Sie nicht, wie z.B. bei der OLE-Automation, direkt mit den COM-Objekten arbeiten müssen. Es schadet jedoch nicht zu wissen, dass die unterste WinRT-Ebene auf Interfaces statt auf Objekten basiert, die in jedem Fall zunächst die Schnittstellen *IUnknown* und *IInspectable* unterstützen. Letztere dient der dynamischen Bindung mit JavaScript, erstere ist für die .NET-Sprachen relevant.

Über diese beiden Schnittstellen können die weiteren vom Objekt implementierten Interfaces abgefragt werden. Dieses Vorgehen hat den Vorteil, dass das ursprüngliche Objekt ausgetauscht werden kann, ohne dass der darauf basierende Code neu zu kompilieren wäre. Wichtig ist nur, dass sich das verwendete Interface nicht ändert (quasi die Schnittstelle zu Ihrem Programm bzw. zu Ihrer App).

Language Projection

Von all dem bekommen Sie als VB-Entwickler jedoch nichts mit. Dank der neu eingeführten umfangreichen Unterstützung für Metadaten (hier hat COM von .NET gelernt) und der Unterstützung für Language Projections (siehe Abschnitt 17.1.6) kann Ihnen der jeweilige Compiler und die Visual Studio IDE (IntelliSense) viel Arbeit abnehmen und die "schmutzigen" Details vor Ihren Augen verbergen. Dazu wird vom Compiler die rein interface-basierte WinRT-Schnittstelle in VB-typische Klassen umgewandelt. Dies betrifft jedoch nicht nur die Klassen, sondern auch alle anderen Sprachkonstrukte wie Primitive, Enums, Structs, Delegates sowie die Klassenmember (Konstruktoren, Methoden, Eigenschaften, Ereignisse).

Einige spezielle WinRT-Collection-Interfaces werden auf die bekannten .NET-Interfaces gemappt:

WinRT	.NET
IVector<T>	*IList<T>*
IVectorView<T>	*IReadOnlyList<T>*
IIterable<T>	*IEnumerable<T>*
IMap<Key,Value>	*IDictionary<Key,Value>*
IMapView<Key,Value>	*IReadOnlyDictionary<Key,Value>*

Doch wie hat man sich den internen Ablauf eigentlich vorzustellen? Ein einfaches Beispiel für das Erzeugen einer Instanz soll die prinzipielle Vorgehensweise verdeutlichen:

- Aufruf *New* in Ihrem Programm

- mittels Projection wird der Name der Klasse an *RoActivateInstance()* übergeben

- das entsprechende Package wird im Katalog gesucht (Registry[1])

- die DLL wird geladen

- über mehrere Zwischenschritte wird das grundlegende COM-Objekt erstellt

- mittels *IUnknown*- oder *IInspectable*-Interface wird per Projection ein Wrapper erzeugt

- der Wrapper wird an das COM-Objekt gebunden

- der Wrapper wird an die App übergeben

---

[1] Das Ende der Registry wurde zwar von diversen Gurus schon vor einiger Zeit verkündet, aber Totgesagte leben bekanntlich länger!

Wie bereits gesagt, von all dem bekommen Sie nichts mit, aus Ihrer Sicht arbeiten Sie mit ganz gewöhnlichen Klassen.

Assemblies für WinRT

Sollten Sie in die Verlegenheit kommen, eigene Assemblies für WinRT zu entwerfen, die vielleicht zusammen mit einem C++ oder JavaScript-Programm laufen sollen, müssen Sie sich jedoch etwas detaillierter mit dieser Materie beschäftigen. In diesem Fall sind Sie an einige Restriktionen gebunden:

- Öffentliche Klassen müssen *NotInheritable* sein.

- Öffentliche *Structures* dürfen keine Methoden, Ereignisse, Konstruktoren definieren.

- Alle öffentlichen Felder, Parameter, Eigenschaften etc. müssen sich auf die von WinRT bekannten Typen beschränken.

- Sie können nur systemkonforme Generics verwenden.

HINWEIS: Wohlgemerkt, dies gilt alles nur für die öffentliche Schnittstelle, was Sie intern in Ihrer Assembly anstellen ist vollkommen egal (an die WinRT-Spielregeln müssen Sie sich aber trotzdem halten).

Der Entwurf selbst ist recht simpel: Sie erstellen in Visual Studio zunächst eine Klassenbibliothek (Windows Store-Apps) und stellen als Ausgabetyp "Komponente für Windows Runtime" ein. Erstellen Sie jetzt das Projekt, wird statt einer DLL eine WinMD-Datei erzeugt. Im Gegensatz zu den systemeigenen WinMD-Dateien enthält unsere Datei neben den für WinRT erforderlichen Interfaces auch den eigentlichen Code, wie es ein Blick in die Assembly verrät:

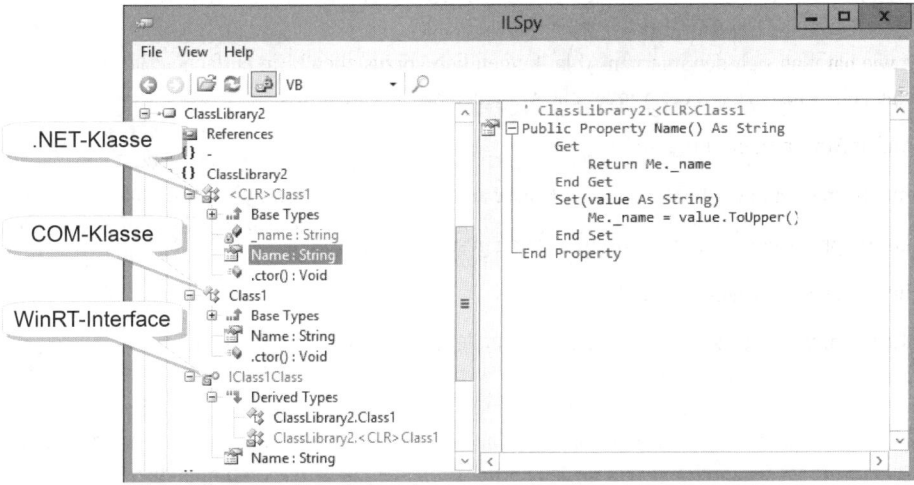

Mehr zu WinRT finden Sie in den folgenden Kapiteln, wir aber machen vorher noch einen kleinen Exkurs.

17.5 Gedanken zum Thema "WinRT & Tablets"

Bevor wir uns weiter in die WinRT-Entwicklung vertiefen, möchten wir Sie noch mit einigen Gedanken konfrontieren, die uns als Autoren im Zusammenhang mit der WinRT-Einführung so durch den Kopf gegangen sind.

17.5.1 Windows 8-Oberfläche versus Desktop

Man kann ja beim Thema "Oberflächendesign" verschiedener Meinung sein, aber der Versuch, die Windows 8-Oberfläche krampfhaft auf Desktop-PCs zu etablieren, ist schon recht "mutig".

Ist die Windows 8-Oberfläche auf einem Notebook noch erträglich, stellt sich bei 24" bzw. 27" Bildschirmdiagonale wohl eher "Augenkrebs" ein. Eine Multimonitorlösung mit Modern UI und Desktop gleichzeitig ist wohl auch nicht "das Gelbe vom Ei". Riesige Kacheln verbrauchen viel Platz und bieten an einem normalen Arbeitsplatz keinerlei Vorteil. Im Gegenteil: die Maus ist dauernd von einer Ecke des Bildschirms zur anderen unterwegs, eine Übersicht stellt sich nicht ein. Das nervige Geflacker nach dem Aufruf einer Nicht-WinRT-App (Anzeige Desktop + Anwendung) und wieder zurück (beim Beenden) geht auch auf die Nerven.

Nein – wir brauchen auf einem Arbeitsplatz-PC nicht andauernd neu aufflackernde Apps, die uns mit Informationen belästigen, die wir nicht haben wollen. Die gute alte Taskbar-Notification-Area reicht völlig aus: immer gut im Blickfeld und doch nicht nervig.

Nachdem Experimente mit Active Desktop (Windows 98SE), Sidebar (Windows Vista) oder Gadgets (Windows 7) fehlgeschlagen sind[1], erfolgt jetzt also der Frontalangriff auf den gesamten Desktop per Windows 8-UI.

Einziger Grund für diese Innovation: Der Nutzer soll mit leichtem Druck zu Apps "überredet" werden, und diese lassen sich rein zufällig nur über den Microsoft-Shop erwerben. Dort wiederum verdient Microsoft bei jedem Kauf automatisch mit.

17.5.2 Tablets und Touchscreens

Ja, ja, die Touch-Fähigkeiten der neuen Oberfläche – angefeuert durch den derzeitigen Tablet-Hype[2] will natürlich auch Microsoft auf diesem Gebiet nicht zurückstehen. An einem Desktop-Arbeitsplatz wird wohl kaum einer, der Verstand hat, einen Touchscreen regulär verwenden. Bleiben die so genannten Tablets. Doch mal ganz nüchtern betrachtet – wer eigentlich soll die Tablets wofür genau nutzen? Dazu einige Gedanken, bevor hier einigen "die Pferde durchgehen".

- **Tablet-Verwendung**
  Spiele, Spiele, Spiele … dann eine ganze Weile nichts und dann Soziale Netzwerke, E-Mail, Browser, E-Books, Bilder und Videos ansehen und … tja was eigentlich noch Sinnvolles? Für die ersten Punkte reicht auch ein Smartphone. Wollen Sie vielleicht einen Brief auf dem Tablet schreiben? Bildbearbeitung? Na ja, das dürfte wohl eher ein Wunschtraum bleiben.

---

[1] Nutzen Sie eines dieses Features?

[2] Es wird ja schon das Ende des PCs verkündet – was für ein Unsinn!

- **Tablet-Hardware**

  Wer hier an die Übernahme seiner Windows-Anwendungen denkt – vergessen Sie es! Entscheiden Sie sich für ein Intel-Tablet, können Sie auch gleich ein günstigeres Notebook mit besserer
  Technik und vor allem längerer Akku-Laufzeit kaufen. Auf diesem nutzen Sie den Touch-
  Screen garantiert nicht. Kaufen Sie ein ARM-Tablet, sind Sie auf reine WinRT-Anwendungen
  festgelegt, alle "alten" X86-Anwendungen laufen dort nicht. Die angekündigte Office-Suite für
  Windows RT ist sicher für die Anzeige von Word- und Excel-Dokumenten ganz nett, aber
  effektiv arbeiten wird damit wohl kaum einer.

- **Zielgruppe**

  Ganz nebenbei sollte man auch mal den Käufer im Auge behalten. Die Apple iPad-Nutzer
  werden wohl kaum in Scharen zu Windows überlaufen, dazu ist der "Lifestyle-Faktor" beim
  iPad einfach höher, abgesehen davon, dass es sich um ein recht ausgereiftes Produkt handelt.
  Android-Nutzer haben Ihre Plattform gewählt, weil Sie eben nicht von einem Shop abhängig
  sein wollen und weil Sie eine offene Plattform bevorzugen. Bleibt der bisherige Windows-PC-
  Nutzer, der ein Zweitgerät (Freizeit) erwirbt. Doch an dieser Stelle stellt sich die Frage, warum
  diese Zielgruppe nicht schon ein Tablet besitzt, wenn Sie denn eins bräuchte.

- **Geräte-Konkurrenz**

  Wenn Sie die Wahl zwischen PC, Smartphone und Tablet haben, auf welches Gerät können Sie
  problemlos verzichten? Die Antwort dürfte klar sein.

- **Mit Apps "Geld ohne Ende" verdienen**

  Da träumen Sie mal schön weiter. Ein paar Zahlen gefällig? Der iPad-Marktanteil liegt bei
  zirka 60% (diese Zielgruppe fällt aus), der von Android bei 30% (Überläufer gering). Anwendungen im iTunes App Store (Apple) bzw. im Android-Market (Google): jeweils zirka 650.000
  (das ist Ihre Konkurrenz). Aufschlussreich ist auch folgende Auswertung der Verkaufszahlen
  aus dem Android-Market (Quelle: *http://www.androlib.com/appstats.aspx* vom 12.9.2012):

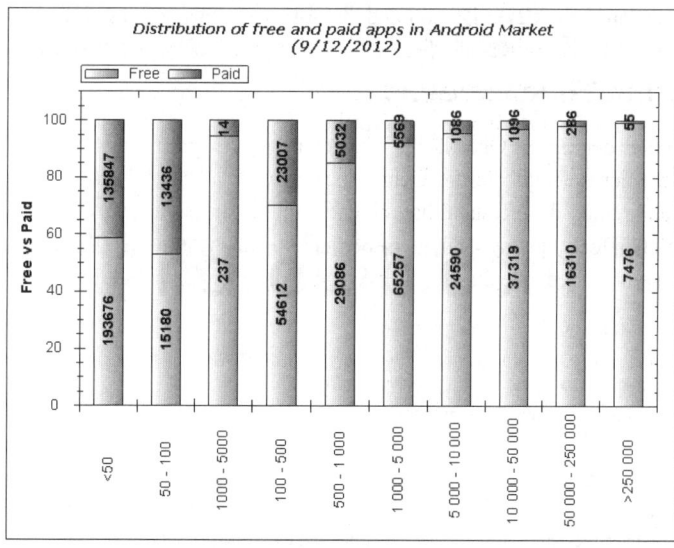

Wer hier tatsächlich Geld verdienen will, muss bei den aktuellen App-Preisen schon mehr als 50.000 Verkäufe haben[1]. Ach ja, in der obigen Grafik sind natürlich auch noch die Verkäufe für ganz normale Smartphones mit dabei (nicht Ihre Zielgruppe mit WinRT). Da wird die Luft schon sehr viel dünner, wenn es um die wolkig versprochenen Zielgruppen und den Geldregen geht. Zum Thema "Zahlungsbereitschaft" im Internet noch folgende Zahlen: Die iPad-Nutzer geben täglich ca. 70.000 Dollar für den Newsstand[2] aus. Hört sich gut an, ist es aber nicht. Das sind umgerechnet 35.400 Euro (nach Abzug der Apple-Umsatzbeteiligung) bei rund 60 Millionen verkaufter iPads. Die durchschnittliche Zahlungsbereitschaft pro Gerätenutzer können Sie sich ja selbst ausrechnen. Damit würde keine Lokalzeitung klarkommen und das bei einer weltweiten Zielgruppe. Eine zweite Zahl: 89% aller heruntergeladenen Smartphone-Apps sind kostenlos, dieser Anteil steigt von Jahr zu Jahr.

HINWEIS: Wir wollten Ihnen natürlich nicht die Lust am Programmieren nehmen, sondern Sie lediglich zum Nachdenken anregen und vor allzu großen Illusionen bewahren.

17.6 Praxisbeispiel

17.6.1 WinRT in Desktop-Applikationen nutzen

Wie schon mehrfach erwähnt, lassen sich die neuen WinRT-Klassen auch in "konventionellen" Desktop-Applikationen (Windows Forms, WPF) oder auch direkt in Konsolenanwendungen einsetzen. Allerdings sind Sie an einige Restriktionen gebunden, dies betrifft vor allem

- die Zielplattform (nur Windows 8),

- keine Verwendung von WinRT-Komponenten

Da es sich im Folgenden nur um eine kleine Demo handelt, wollen wir uns auf das einfache Auslesen der Gerätekonfiguration mittels WinRT und die Anzeige in einer *Treeview* beschränken.

HINWEIS: Sie müssen das Projekt unter Windows 8 erstellen!

Oberfläche

Erstellen Sie zunächst ein neues WPF-Projekt und erweitern Sie die Definition von *MainWindow.xaml* um folgende Zeilen:

```
<Window x:Class="WPF_WinRT.MainWindow"
      xmlns="http://schemas.microsoft.com/winfx/2006/xaml/presentation"
      xmlns:x="http://schemas.microsoft.com/winfx/2006/xaml"
      Title="WPF + WinRT" Height="350" Width="525">
   <DockPanel>
```

---

[1] Vergessen Sie nicht: der Shop-Betreiber bekommt noch 30% und das Finanzamt will auch nicht leer ausgehen.

[2] Zeitungskiosk

```
        <Button DockPanel.Dock="Top" Content="Start" Height="40" Click="Button_Click_1"/>
        <TreeView Name="TreeView1"/>
    </DockPanel>
</Window>
```

Wir zeigen lediglich eine Schaltfläche und eine *TreeView* an, die Ausrichtung der Komponenten überlassen wir dem *DockPanel*.

Quellcode

Bevor Sie sich in die WinRT-Programmierung stürzen können, müssen Sie noch die drei folgenden Verweise in das Projekt aufnehmen:

- *System.Runtime*

- *System.Runtime.WindowsRuntime.dll*

- *Windows*

Die ersten beiden Verweise müssen Sie im Verweisdialog per *Browse*-Schaltfläche suchen:

```
C:\Windows\Microsoft.NET\Framework\v4.0.30319\...
```

Um den *Windows*-Verweis einzubinden, editieren Sie die Projektdatei **.vbproj* und fügen den folgenden Eintrag für die Zielplattform hinzu:

```
...
    <AssemblyName>WPF_WinRT</AssemblyName>
    <TargetPlatformVersion>8.0</TargetPlatformVersion>
    <TargetFrameworkVersion>v4.5</TargetFrameworkVersion>
...
```

Nachfolgend können Sie im Verweisdialog über *Windows|Kern* die *windows.winmd*-Datei auswählen.

Nun endlich können wir uns dem eigentlichen Code zuwenden:

```
...
Imports Windows.Devices.Enumeration

Class MainWindow
...
```

Mit dem Klick auf die Schaltfläche soll die *TreeView* gefüllt werden. Da der WinRT-Aufruf asynchron ist, müssen wir die Methode mit *async* kennzeichnen:

```
    Private Async Sub Button_Click_1(sender As Object, e As RoutedEventArgs)
```

Hier folgt der eigentliche WinRT-Aufruf:

```
        Dim dicol As DeviceInformationCollection = Await DeviceInformation.FindAllAsync()
```

Wie Sie sehen, müssen Sie sich nicht mit komplizierten Umwandlungen beschäftigen, die Verwendung entspricht der einer normalen .NET-Klasse. Die Auswertung der Collection bzw. das Füllen der *TreeView* übernehmen die beiden folgenden *For Each*-Anweisungen:

```
        For Each di As DeviceInformation In dicol.OrderBy(Function(d) d.Name)
```

Der jeweilige Haupteintrag:

```
            Dim tvi As New TreeViewItem() With {.Header = di.Name}
```

Hier lesen wir noch die Eigenschaften aus, diese befinden sich in einer extra Collection:

```
            For Each prop In di.Properties
                tvi.Items.Add(New TreeViewItem() With {.Header = _
                    Convert.ToString(prop.Key) & "=" & Convert.ToString(prop.Value)})
            Next
            TreeView1.Items.Add(tvi)
        Next
    End Sub
End Class
```

Das war es auch schon, Sie sehen, die Verwendung der WinRT-Klassen ist ohne großen Aufwand möglich.

Test

Nach dem Start sollte sich die Baumansicht füllen, je nach Konfiguration kann es etwas dauern:

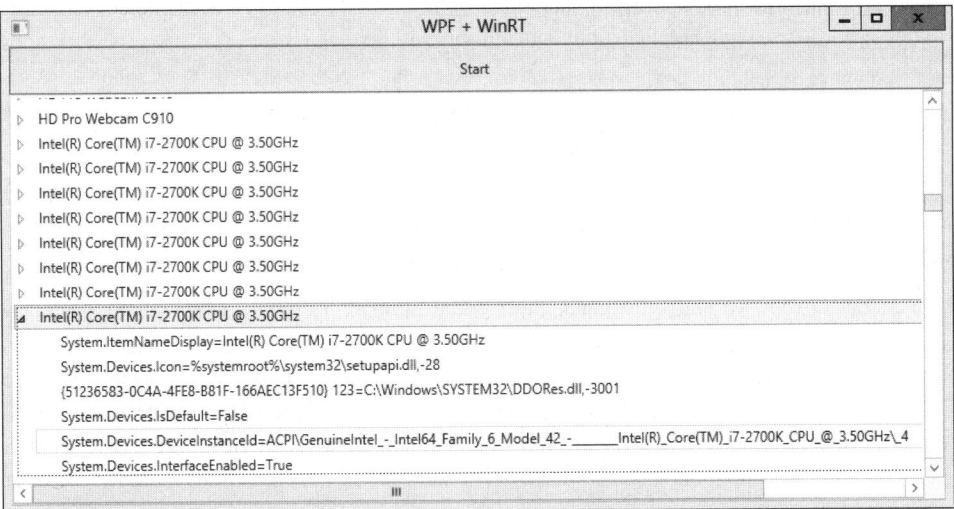

Bemerkungen

- Ohne die Möglichkeiten von WinRT müssten Sie sich näher mit den WMI (Windows Management Instrumentation) beschäftigen, einer Schnittstelle zur Abfrage von Hard- und Softwareinformationen. Allerdings sollten Sie sich dann auch mit der Abfragesprache WQL (*WMI Query Language*) auskennen, die stark an SQL angelehnt ist.

- Natürlich könnten Sie diese Liste mit LINQ noch filtern, aber das soll nicht Gegenstand dieses Beispiels sein.

Kapitel 18

WinRT-Oberflächen entwerfen

Windows 8 ist zunächst einmal Oberfläche pur. Aus diesem Grund wollen wir uns in einem ersten Schritt mit den Entwurfskonzepten und den wichtigsten Elementen für WinRT-Oberflächen beschäftigen, bevor wir uns um Logik, Datenaustausch und weitere Spezialitäten kümmern.

HINWEIS: Es wäre sehr sinnvoll, wenn Sie bereits mit den Themen XAML, WPF und WPF-Datenbindung vertraut sind. Fast alle dieser Konzepte lassen sich auch auf die WinRT-Programmierung übertragen. Um uns nicht endlos zu wiederholen, verweisen wir deshalb auf die einführenden Kapitel 12 bis 15.

18.1 Grundkonzepte

Als gestandener Programmierer sitzen Sie nun schon zum wiederholten Mal auf der "Schulbank". Viele von Ihnen haben die Evolution von Windows Forms über WPF/XAML zu Silverlight mitgemacht und fragen sich jetzt sicher, was kann ich davon weiterhin nutzen?

Eine Beruhigungspille vorweg: Wenn Sie mit den WPF- bzw. besser noch Silverlight-Techniken vertraut sind, können Sie fast problemlos Ihre bisherigen Kenntnisse weiter verwenden. Windows Forms-Programmierer erwartet jedoch zunächst ein kompletter Kulturschock: Angefangen beim Programmieren der Oberflächen (jetzt per XAML-Code[1]) über die Konzepte zur Datenbindung – fast alles ist neu und muss zunächst eingeordnet und erlernt werden. Ein Trost: Ihre VB-Kenntnisse müssen Sie zwar an der einen oder anderen Stelle auffrischen, aber im Grunde können Sie diese weiter nutzen.

Doch wo fangen wir bei so gravierenden Änderungen am besten an?

Wir ignorieren zunächst die vielen Projektdateien, die Sie schon im vorhergehenden Einführungsbeispiel (Seite 876) bewundern durften, und wenden uns ganz schlicht der Programmoberfläche und den Oberflächenkonzepten von WinRT zu. Aufbauend darauf werden wir die Startroutinen etc. näher unter die Lupe nehmen. Der Vorteil: Die Lernkurve ist nicht ganz so steil (wir nutzen quasi

---

[1] Wir schreiben bewusst per "Code", da Sie mit dem XAML-Editor wesentlich schneller und intuitiver arbeiten können als mit dem grafischen Designer. Dies betrifft vor allem die Organisation der Seiten über die Layout-Controls.

Serpentinen) und Sie bekommen auch gleich etwas zu sehen, statt endlos mit Hintergrundroutinen, Kontrakten etc. belästigt zu werden. Wundern Sie sich also nicht, wenn Ihre neuen WinRT-Programme noch nicht nicht allzu viel Logik aufweisen.

18.1.1 XAML (oder HTML 5) für die Oberfläche

Sie haben es ja nun schon mehrfach gelesen: die Oberfläche Ihrer WinRT-Apps basiert auf der Beschreibungssprache XAML (*eXtensible Application Markup Language*, gesprochen "Xemmel"), sofern Sie die Anwendungen mit C# oder VB.NET entwerfen. Ganz anders die JavaScript-Programmierer, diese nutzen stattdessen HTML 5. Da Sie ein VB-Buch in den Händen halten, können wir uns jedoch voll und ganz auf XAML beschränken.

Die Verwendung von XAML bedeutet:

- eine strikte Trennung von Oberfläche und Code[1]

- maximale Flexibilität bei der Gestaltung von Oberflächen

- die Fähigkeit zum leichten Anpassen der Oberfläche per Designs

- leichterer Entwurf von dynamischen Oberflächen basierend auf Layout-Controls

Doch wo viel Licht, da auch viel Schatten: Sie werden sehen, dass auch schon kleine Oberflächen recht lange XAML-Quellcodes nach sich ziehen. Als Windows Forms-Programmierer blieben Sie ja davon verschont, all die endlosen Eigenschaftszuweisungen etc. fanden sich in den etwas versteckten *.Designer.vb*-Dateien.

Sehen wir uns also eine dieser XAML-Dateien näher an.

BEISPIEL 18.1: Die Visual Studio-Vorlage "Leere Seite" erzeugt folgenden XAML-Code

Das Root-Element ist *Page*:

```
<Page
```

Hier ist die Verknüpfung zum entsprechenden Klassen-Code zu finden:

```
x:Class="Vorlage.BlankPage1"
```

Hier werden die Namespaces definiert, die vom XAML-Code genutzt werden können:

```
xmlns="http://schemas.microsoft.com/winfx/2006/xaml/presentation"
xmlns:x="http://schemas.microsoft.com/winfx/2006/xaml"
xmlns:d="http://schemas.microsoft.com/expression/blend/2008"
xmlns:mc="http://schemas.openxmlformats.org/markup-compatibility/2006"
```

Dieser ist besonders wichtig, es handelt sich um einen Verweis auf den aktuelle Projekt:

```
xmlns:local="using:Vorlage"
mc:Ignorable="d">
```

---

[1] So weit die Theorie. Die Profis wissen jedoch, dass es auch möglich ist, Code-Objekte im XAML-Code zu instanziieren, was die heile Welt gleich wieder durcheinanderbringt.

WPF-Programmierer kennen hier eine andere Syntax, diese dürfte jedoch einfacher sein.

Da *Page* nur ein Element als Content enthalten kann, benötigen wir eines der so genannten Container-Controls, in diesem Fall ein *Grid*, in dem wiederum beliebig viele Controls angeordnet werden können:

```
<Grid Background="{StaticResource ApplicationPageBackgroundBrush}">
```

Hier kann Ihr XAML-Code stehen!

```
   </Grid>
</Page>
```

18.1.2 Die Page, der Frame und das Window

An dieser Stelle werden die WPF-Programmierer vielleicht stutzen. Warum wird in obigem Beispiel eigentlich *Page* und nicht *Window* als Root-Element verwendet? Die Frage ist nach einem Blick in die Datei *App.xaml.vb* schnell beantwortet, denn hier findet sich der schon vorbereitete Eintrittspunkt in unser Programm:

```vb
...
    Protected Overrides Sub OnLaunched(args As Activation.LaunchActivatedEventArgs)
        Dim rootFrame As Frame = Window.Current.Content
        If rootFrame Is Nothing Then
            rootFrame = New Frame()
            If args.PreviousExecutionState = ApplicationExecutionState.Terminated Then
            End If
            Window.Current.Content = rootFrame
        End If
        If rootFrame.Content Is Nothing Then
            If Not rootFrame.Navigate(GetType(MainPage), args.Arguments) Then
                Throw New Exception("Failed to create initial page")
            End If
        End If
        Window.Current.Activate()
    End Sub
...
```

Folgendes passiert:

1. Es wird ein vorhandenes *Frame*-Objekt abgerufen oder ein neues erzeugt.

2. Der statischen *Window*-Klasse wird das *Frame*-Objekt zugewiesen.

3. Dem Frame wird die Klasse *MainPage* zugewiesen.

4. Das Window wird aktiviert, d.h. in den Vordergrund gebracht und angezeigt.

Der Grund für diesen "Handstand":

▪ Jede WinRT-Anwendung kann nur **ein Window** enthalten (das ist obige statische Klasse)! Dies entspricht einem Webbrowser in Vollansicht.

▪ In diesem Window sollen jedoch wechselnde Inhalte angezeigt werden. Das sind die Pages, ähnlich wie die Seiten im Webbrowser.

▪ Für die Organisation (Übergänge, Navigation) zwischen den Pages sorgt der Frame (quasi die Navigationstasten des Webbrowsers).

Die folgende Abbildung zeigt noch einmal den Sachverhalt:

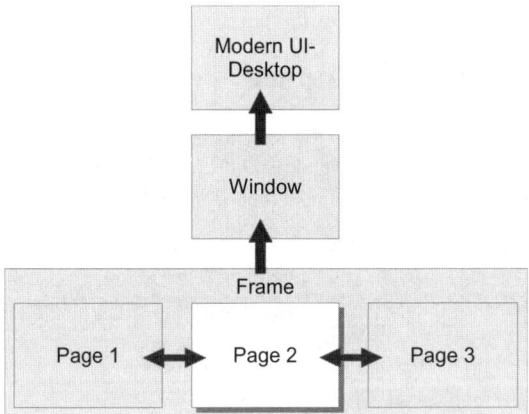

Wenn Sie dieses Konzept verstanden haben, wird Ihnen auch klar, warum folgender Code problemlos funktioniert:

```
Protected Overrides Sub OnLaunched(args As Activation.LaunchActivatedEventArgs)
...
        Window.Current.Content = New Button() With {.Content = "Hallo World"}
...
        Window.Current.Activate()
    End Sub
```

In diesem Fall wird ein schwarzer Bildschirm mit einer Schaltfläche "Hello World" angezeigt, da der Button das einzige mögliche Element unseres Windows ist. Ein Wechsel zu anderen Ansichten ist jetzt nicht möglich, es sei denn, Sie tauschen den Button per Code gegen ein anderes Control aus.

18.1.3 Das Befehlsdesign

Bevor Sie jetzt anfangen frei nach MUPS[1] Ihre Oberflächen zu entwerfen, sollten Sie sich zunächst mit einigen grundlegenden Design-Richtlinien für die Gestaltung der WinRT-Oberflächen vertraut machen:

---

[1] Methode des Unbekümmerten Probierens

HINWEIS: Die App-Oberfläche sollte sich grundsätzlich auf die wesentlichsten Gestaltungselemente beschränken, der Content/die Information steht im Mittelpunkt.

App-Leisten

Für optionale Steuerelemente (Konfiguration, Navigation etc.) stehen Ihnen die App-Leisten am oberen und unteren Bildschirmrand zur Verfügung. Diese werden optional eingeblendet und im Normalfall automatisch ausgeblendet, wenn der Nutzer eine Aktion ausgewählt hat. Die App-Leisten werden entweder per Code, per rechter Maustaste oder mittels Wischbewegung der Finger angezeigt.

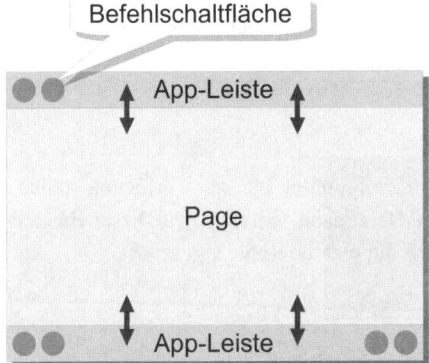

Die folgende Abbildung zeigt die Wetter-App mit den beiden eingeblendeten App-Leisten am oberen und unteren Bildschirmrand:

Wie Sie sehen, sind die enthaltenen Befehlsschaltflächen nicht irgendwo angeordnet, sondern an den jeweiligen Außenseiten. Der Grund liegt in der Bedienung der Oberfläche, wenn es sich um ein touch-fähiges Gerät handelt: Sie halten dieses meist mit beiden Händen und bedienen mit den Daumen. Wer allerdings diese Oberfläche mit einer Maus bedienen "darf", ist sicher nicht glücklich darüber. Von einer zur anderen Befehlsschaltfläche sind es auf einem 26" oder 30" Monitor gefühlt mehrere "Kilometer" – der Spagat zwischen zwei grundverschiedenen Ausgabegeräten ist nun mal nicht so einfach zu überbrücken, wie es sich die Microsoft-Entwickler gedacht haben.

Kommen Sie jetzt bitte nicht auf die Idee, derartige Leisten am linken oder rechten Rand einzublenden, dort sollte Platz für die WinRT-eigenen-Leisten bleiben. Derartige "Features" würden den Anwender nur verwirren.

Weitere Informationen finden Sie unter der folgenden Adresse, Microsoft hat sich da schon reichlich Gedanken zum Thema gemacht:

LINK: http://msdn.microsoft.com/de-de/library/windows/apps/hh761499

HINWEIS: Wie Sie beiden die Leisten (*ApplicationBar*) in Ihren WinRT-Apps selbst erzeugen und nutzen, zeigt Abschnitt 21.3.5 ab Seite 1102.

Settingsbereich

Muss Ihr Programm umfangreichere Informationen zur Konfiguration etc. zur Verfügung stellen, können Sie sich auch in den Settingsbereich der WinRT-Oberfläche "einklinken". Dieser Bereich wird über die Windows-Taste+I oder eine Wischbewegung am rechten Rand angezeigt:

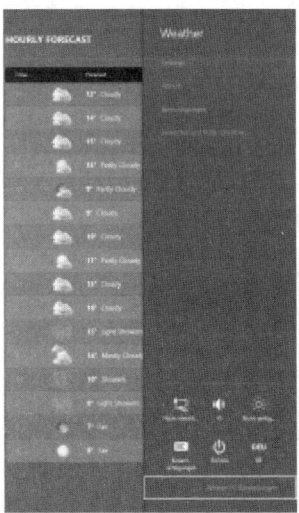

Wie Sie in obiger Abbildung sehen, hat die Wetter-App vier Schaltflächen in den Settingsbereich eingefügt, die die Navigation zu extra Seiten oder Dialogen im Settingsbereich ermöglichen.

18.1.4 Die Navigationsdesigns

Grundsätzlich sollten Sie sich schon vor dem Erstellen der Anwendung darüber im Klaren sein, welches Navigationsdesign Sie verwenden. Formular-orientierte Programmierer müssen hier etwas umdenken oder dazu lernen, ASP.NET-Programmierer wissen sicher schon mehr.

Da wir nur eine Seite innerhalb unserer App darstellen können, müssen wir uns klar darüber werden, in welcher Reihenfolge zwischen den Seiten gewechselt werden kann. Dabei bieten sich zwei grundsätzliche Varianten an:

- Hierarchische Organisation

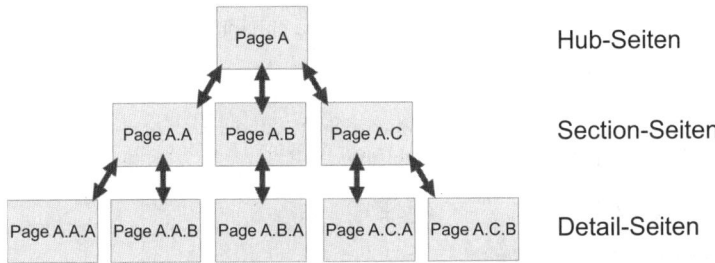

Page A	Hub-Seiten
Page A.A Page A.B Page A.C	Section-Seiten
Page A.A.A Page A.A.B Page A.B.A Page A.C.A Page A.C.B	Detail-Seiten

Diese entspricht dem Aufbau der meisten Nachrichten-Webseiten, von einer Startseite werden Sie meist zu den Rubriken und von dort zu den einzelnen Artikeln weitergeleitet.

- Flache Organisation

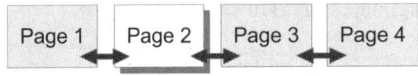

Diese Variante ist mit der Navigation innerhalb von Blogs oder News-Listen vergleichbar. Optional ist der Sprung auf die erste Seite denkbar.

Je nach Organisationstyp wählen Sie später den Projekttyp und die weiteren Detailseiten in Visual Studio aus (siehe Seite 906).

Mehr dazu unter

LINK: http://msdn.microsoft.com/de-de/library/windows/apps/xaml/hh761500.aspx

18.1.5 Achtung: Fingereingabe!

Nach Jahrzehnten der Maus+Tastatur-Programmierung rückt jetzt langsam die Touch- oder Finger-Eingabe in den Fokus der Programmierer. Egal, ob dies in allen Fällen sinnvoll ist oder nicht, gerade die WinRT-Apps sollten in der Lage sein, Eingaben auch per Finger zu verarbeiten. Diese Funktionalität ist zwar schon in den Controls eingebaut, allerdings müssen Sie als Programmierer darauf achten, dass die Controls auch in einem "fingertauglichen" Abstand platziert werden.

Aus diesem Grund finden Sie in den Microsoft-Richtlinien zum Erstellen von WinRT-Apps auch reichlich Informationen über Größe und Abstand von Controls sowie die Verwendung von Gesten:

LINK: http://msdn.microsoft.com/de-de/library/windows/apps/hh465415

Eine weitere Problematik ist die Möglichkeit, nicht nur mit einem Finger eine Aktion auszulösen, sondern mit komplexeren Gesten bestimmte Verhaltensweisen der App zu erzielen.

18.1.6   Verwendung von Schriftarten

Verwenden Sie grundsätzlich so wenig Schriftstile wie möglich, und halten Sie sich an die Vorgaben von Microsoft:

- Standard für Windows 8-Userinterface-Elemente ist *Segoe Light UI*.

- Verwenden Sie *Calibri* für Text den der Anwender liest oder schreibt.

- Größere Textblöcke formatieren Sie am besten mit *Cambria*.

Orientieren Sie sich bei Ihren Oberflächen, sowohl was die Schriftart als auch die Schriftgröße und Position angeht, an den Microsoft-Beispielen und Richtlinien.

- Seitenkopf → *Segoe UI Light 42pt*

- Unterüberschrift → *Segoe UI Light 20pt*

- Normaler Text → *Segoe UI Light 11pt*

- ...

Siehe dazu auch:

LINK: http://msdn.microsoft.com/de-de/library/windows/apps/hh700394

18.2   Projekttypen und Seitentemplates

Haben Sie sich mit den Richtlinien vertraut gemacht, kommt sicher schnell die Frage auf, wie aufwändig die Programmierung derartiger Apps ist. Hier können wir Sie trösten, zumindest das erste Grundgerüst lässt sich mittels Visual Studio recht schnell erstellen.

Aktuell stellt Ihnen Visual Studio die Templates

- *Leere App*,

- *Geteilte App* und

- *Raster App*

zur Verfügung. Diese lassen sich als Ausgangspunkt für eigene Experimente nutzen. Alternativ können Sie auch auf die zahlreichen Microsoft-Beispiele aufbauen oder sich ein eigenes Template zusammenstellen, das Ihren Erfordernissen besser entspricht.

18.2.1   Leere App

Wie der Name schon andeutet und wie es auch das Einstiegsbeispiel gezeigt hat, besteht diese App nur aus einer leeren Seite (gleichnamige Vorlage). Allerdings ist das Grundgerüst für eine Seitennavigation bereits vorgesehen, d.h., es sind sowohl die Klasse *LayoutAwarePage* (Grundlage der Standardseiten) als auch eine *Frame*-Definition in der *OnLaunched*-Methode implementiert. Sie können in diesem Projekt jederzeit Standardseiten hinzufügen und dann auch zwischen diesen navigieren. Für die entsprechende Navigationslogik müssen Sie in diesem Fall jedoch selbst sorgen, die Schaltflächen für den Rücksprung sind bei Verwendung der Vorlage *Standardseite* bereits vorhanden und können automatisch genutzt werden.

Um eine Navigation zwischen zwei Seiten zu realisieren gehen Sie wie folgt vor:

- Erstellen Sie eine neue *Leere App* (Menüpunkt *Datei|Neu|Projekt|Visual VB|Windows Store| Leere App*).

- Fügen Sie dem Projekt eine weitere *Leere Seite* hinzu (Menüpunkt *Projekt|Neues Element hinzufügen|Windows Store|Leere Seite*).

- Fügen Sie in beide Seiten (XAML-Code) eine Schaltfläche hinzu:

```
<Page
...
    <Grid Background="{StaticResource ApplicationPageBackgroundBrush}">
        <Button Click="Button_Click_1">Sprung zur Seite 2</Button>
    </Grid>
</Page>
```

Die Beschriftungen (*Content*) sollten jeweils auf die andere Seite verweisen.

- Definieren Sie folgenden Ereigniscode:

```
Private Sub Button_Click_1(sender As Object, e As RoutedEventArgs)
    Me.Frame.Navigate(GetType(BlankPage1))
End Sub
```

bzw.

```
Private Sub Button_Click_1(sender As Object, e As RoutedEventArgs)
    Me.Frame.Navigate(GetType(MainPage))
End Sub
```

- Starten Sie die App. Sie sollten jetzt die Möglichkeit haben, mit Hilfe der Schaltflächen zwischen beiden Seiten zu wechseln:

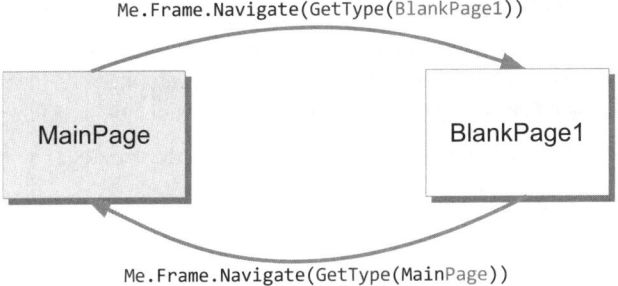

Wie Sie sehen, wird mittels *Frame*-Objekt zwischen beiden Seiten-Instanzen gewechselt, mehr dazu im Abschnitt 18.3 ab Seite 915.

18.2.2 Geteilte App (Split App)

Mit dem Template *Geteilte App* steht Ihnen ein etwas komplexerer Anwendungstyp zur Verfügung, der jedoch auch schon recht speziell ist. So können Sie damit Apps wie Newsreader, E-Mail-Apps etc. erstellen. Ausgehend von einer Übersichtsseite (*ItemsPage*) mit verschiedenen Gruppen steuern Sie den Zugriff auf mehrere *SplitPage*-Instanzen. In diesen wird links die Liste der Items und rechts der Inhalt des jeweilig gewählten Items dargestellt:

ItemsPage   SplitPage

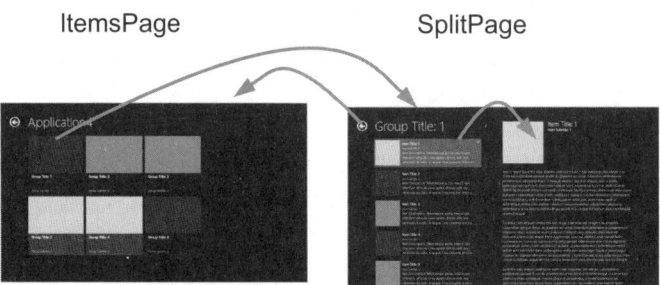

Die komplette Navigation zwischen den Seiten/Einträgen ist bereits implementiert, die Daten für die Darstellung werden aus einem vorgefertigten Datenmodell (Verzeichnis *DataModel*, Klassen *SampleDataSource*, *SampleDataGroup* und *SampleDataItem*) entnommen:

Damit wird auch klar, wie Ihre Vorgehensweise bei eigenen Anwendungen ist:

1. Anpassen der Klassen *SampleDataGroup* und *SampleDataItem* an Ihre Erfordernisse

2. Implementieren einer Routine zum Laden der Daten (siehe Konstruktor der Klasse *SampleDataSource*). Diese Daten können beispielsweise von einem Webdienst oder aus lokalen Daten stammen.

3. Anpassen der Symbole (Verzeichnis *Assets*, *DarkGray.png*, *MediumGray.png* ...). Auch hier können Sie dafür sorgen, dass diese Symbole erst geladen werden, wenn auf die betreffende Eigenschaft zugegriffen wird (Klasse *SampleDataCommon*, Eigenschaft *Image*). Gleiches trifft auf die Eigenschaft *Description* zu. So vermeiden Sie unnötigen Traffic beim Start der App.

Bei einem Blick hinter die Kulissen (*ItemsPage.xaml.vb*) werden Sie feststellen, dass hier keinerlei Instanz der Klasse *SampleDataSource* erzeugt und zugewiesen wird. Dies ist auch nicht nötig, die Instanziierung erfolgt im XAML-Code der Seite:

```
<common:LayoutAwarePage
...
    <UserControl.Resources>
        <CollectionViewSource
            x:Name="itemsViewSource"
            Source="{Binding Items}"
            d:Source="{Binding ItemGroups, Source={d:DesignInstance Type=data:SampleDataSource,
            IsDesignTimeCreatable=True}}"/>
    </UserControl.Resources>
...
            <GridView
                x:Name="itemGridView"
                AutomationProperties.AutomationId="ItemsGridView"
                AutomationProperties.Name="Items"
                Margin="116,0,116,46"
```

Zuweisen der Datenquelle:

```
                ItemsSource="{Binding Source={StaticResource itemsViewSource}}"
```

Zuweisen des *ItemTemplate*:

```
                ItemTemplate="{StaticResource Standard250x250ItemTemplate}"
                SelectionMode="None"
                IsItemClickEnabled="True"
                ItemClick="ItemView_ItemClick"/>
...
```

Doch wie haben Sie Einfluss auf die Gestaltung und das Aussehen der Seite bzw. der Listendarstellung? In diesem Fall sollten Sie nicht nur die Datei *ItemsPage.xaml* (Grundlayout der Seite) betrachten, sondern auch einen Blick auf die Datei *StandardStyles.xaml* aus dem Verzeichnis *Common* werfen. Hier finden Sie die Definition der DataTemplates (diese definieren das Aussehen der Items innerhalb der Liste):

```
...
<DataTemplate x:Key="Standard250x250ItemTemplate">
    <Grid HorizontalAlignment="Left" Width="250" Height="250">
        <Border Background="{StaticResource ListViewItemPlaceholderRectBrush}">
            <Image Source="{Binding Image}" Stretch="UniformToFill"/>
        </Border>
        <StackPanel VerticalAlignment="Bottom"
                    Background="{StaticResource ListViewItemOverlayBackgroundBrush}">
            <TextBlock Text="{Binding Title}"
                    Foreground="{StaticResource ListViewItemOverlayTextBrush}"
                    Style="{StaticResource TitleTextStyle}"
                    Height="60" Margin="15,0,15,0"/>
            <TextBlock Text="{Binding Subtitle}"
```

```
                    Foreground="{StaticResource ListViewItemOverlaySecondaryTextBrush}"
                    Style="{StaticResource CaptionTextStyle}"
                    TextWrapping="NoWrap" Margin="15,0,15,10"/>
        </StackPanel>
    </Grid>
</DataTemplate>
...
```

Ändern Sie in dieser Datei die Gestaltung der einzelnen Listen-Einträge oder erstellen Sie eigene Templates. Doch Achtung:

HINWEIS: Denken Sie daran, dass Ihre App auch mit weniger Platz auskommen muss, wenn das Ausgabegerät beispielsweise gedreht wird.

Das Projekt-Template hat bereits für diesen Fall vorgesorgt. So wird beispielsweise das *Item-Template* der *SplitPage* durch einen *VisualStateManager* ausgetauscht, wenn sich der Ansichts-modus ändert. Der Nutzer sieht ein anderes Layout der Seite:

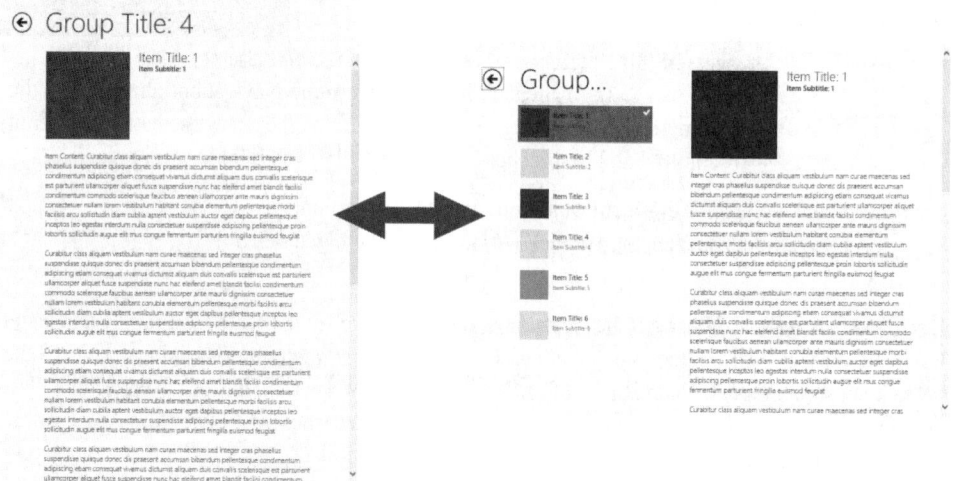

Mehr dazu später, an dieser Stelle nur so viel: Sie müssen auch diese alternativen Templates ver-ändern, wenn Sie sich an der Datei *StandardStyles.xaml* austoben wollen.

18.2.3 Raster-App (Grid App)

Wem das Template *Geteilte App* noch nicht komplex genug ist, der sollte sich einmal die Rasteran-wendung ansehen. Diese arbeitet zwar mit dem gleichen Datenmodell wie die *Geteilte Anwendung* (*SampleDataSource*, *SampleDataGroup* und *SampleDataItem*), stellt jedoch wesentlich erweiterte Navigationsmöglichkeiten zwischen Übersichtsseite (*GroupedItemsPage*), Gruppenseiten (*Group-DetailPage*) und den eigentlichen Detailseiten (*ItemDetailPage*) zur Verfügung.

GroupedItemsPage   GroupDetailPage   ItemDetailPage

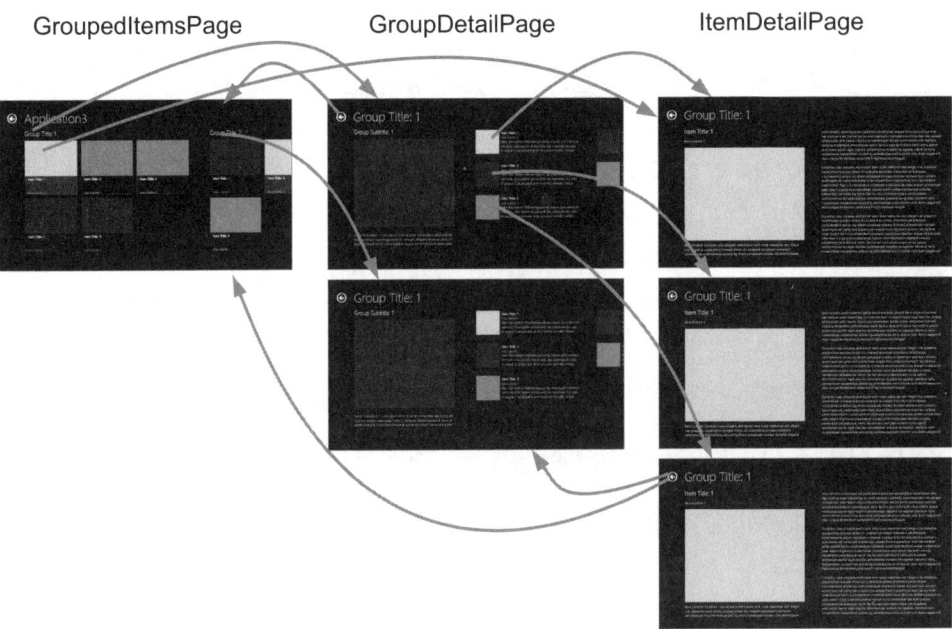

Wie bereits erwähnt, auch hier müssen Sie sich nicht mehr um die Navigation kümmern, "lediglich" Layout und Content müssen noch hinzugefügt werden. Die Vorgehensweise hatten wir bereits im vorhergehenden Abschnitt 18.2.2 besprochen.

An dieser Stelle wollen wir uns nicht weiter mit diesem recht komplexen Template beschäftigen, da es doch schon ziemlich speziell ist. Wenden wir uns deshalb einigen Seiten-Templates zu.

18.2.4   Leere Seite (Blank Page)

Diesen Seitentyp, der direkt auf der Klasse *Page* basiert, hatten wir bereits mehrfach verwendet.

```
<Page
    x:Class="AppBarControl.BlankPage1"
    xmlns="http://schemas.microsoft.com/winfx/2006/xaml/presentation"
    xmlns:x="http://schemas.microsoft.com/winfx/2006/xaml"
    xmlns:local="using:AppBarControl"
    xmlns:d="http://schemas.microsoft.com/expression/blend/2008"
    xmlns:mc="http://schemas.openxmlformats.org/markup-compatibility/2006"
    mc:Ignorable="d">

    <Grid Background="{StaticResource ApplicationPageBackgroundThemeBrush}">

    </Grid>
</Page>
```

Ergebnis obigen XAML-Codes ist eine wirklich leere Seite mit schwarzem Hintergrund.

Zu mehr als einem Ausgangspunkt für eigene Seitenlayouts taugt dieses Template nicht, dies vor allem auch, weil dieser Seitentyp über keinen vordefinierten *VisualStateManager* verfügt, der auf die verschiedenen Ansichtsmodi (Bildauflösung des Ausgabegeräts, Drehen) reagiert.

18.2.5 Standardseite (Basic Page)

Dieses Seiten-Template besitzt bereits die "Lizenz zum Navigieren" und bietet rudimentäre Unterstützung für die Seitenanpassung beim Andocken der App.

Realisiert wird diese Funktionalität über die Klasse *LayoutAwarePage* (Code im Unterverzeichnis *Common*) und einem *VisualStateManager* im XAML-Code der Seite.

Der XAML-Code der Standardseite:

```
<common:LayoutAwarePage
    x:Name="pageRoot"
    x:Class="AppBarControl.BasicPage1"
...
    mc:Ignorable="d">


    <Page.Resources>
```

Hier können Sie die Überschrift der Seite festlegen, alternativ ist dies auch zentral über die Datei *App.xaml* möglich:

```
        <x:String x:Key="AppName">My Application</x:String>
    </Page.Resources>
```

Grundlayout der Seite ist ein *Grid* mit zwei Zeilen. Zeile 1 enthält den *Back*-Button und die Überschrift, Zeile 2 steht Ihnen zur freien Verfügung:

```
    <Grid Style="{StaticResource LayoutRootStyle}">
        <Grid.RowDefinitions>
            <RowDefinition Height="140"/>
            <RowDefinition Height="*"/>
        </Grid.RowDefinitions>
```

Der Seitenkopf mit dem Back-Button und der Seitenüberschrift:

```
        <Grid>
            <Grid.ColumnDefinitions>
                <ColumnDefinition Width="Auto"/>
                <ColumnDefinition Width="*"/>
            </Grid.ColumnDefinitions>
            <Button x:Name="backButton" Click="GoBack" IsEnabled="{Binding Frame.CanGoBack,
                ElementName=pageRoot}" Style="{StaticResource BackButtonStyle}"/>
            <TextBlock x:Name="pageTitle" Grid.Column="1" Text="{StaticResource AppName}"
                Style="{StaticResource PageHeaderTextStyle}"/>
        </Grid>
```

Der folgende *VisualStateManager* definiert Storyboards für die verschiedenen App-Darstellungen (Vollbild, Angedockt ...):

```
    <VisualStateManager.VisualStateGroups>
        <VisualStateGroup x:Name="ApplicationViewStates">
```

Dies ist die Standarddarstellung der App (Querformat und voller Bildschirm):

```
        <VisualState x:Name="FullScreenLandscape"/>
```

Die App wird durch eine angedockte App in der Breite reduziert:

```
        <VisualState x:Name="Filled"/>
```

Hier finden sich Anpassungen (Style-Änderung für den Back-Button), wenn das Ausgabegerät gedreht wird:

```
        <VisualState x:Name="FullScreenPortrait">
            <Storyboard>
                <ObjectAnimationUsingKeyFrames Storyboard.TargetName="backButton"
                    Storyboard.TargetProperty="Style">
                    <DiscreteObjectKeyFrame KeyTime="0"
                        Value="{StaticResource PortraitBackButtonStyle}"/>
                </ObjectAnimationUsingKeyFrames>
            </Storyboard>
        </VisualState>
```

Die App ist angedockt, d.h., die Breite wurde drastisch reduziert:

```
        <VisualState x:Name="Snapped">
            <Storyboard>
```

Über das Storyboard werden jetzt der Back-Button und die Überschrift in der Größe angepasst:

```
                <ObjectAnimationUsingKeyFrames Storyboard.TargetName="backButton"
                    Storyboard.TargetProperty="Style">
                    <DiscreteObjectKeyFrame KeyTime="0"
                        Value="{StaticResource SnappedBackButtonStyle}"/>
                </ObjectAnimationUsingKeyFrames>
                <ObjectAnimationUsingKeyFrames Storyboard.TargetName="pageTitle"
                                        Storyboard.TargetProperty="Style">
                    <DiscreteObjectKeyFrame KeyTime="0"
                        Value="{StaticResource SnappedPageHeaderTextStyle}"/>
                </ObjectAnimationUsingKeyFrames>
            </Storyboard>
        </VisualState>
        </VisualStateGroup>
    </VisualStateManager.VisualStateGroups>
    </Grid>
</common:LayoutAwarePage>
```

Testen Sie ruhig mal eine Seite, die auf diesem Template basiert. Verfügt das Projekt nur über eine derartige Seite bzw. handelt es sich um die Startseite, wird kein Back-Button angezeigt. Beim Wechsel zwischen zwei Seiten wird automatisch der Back-Button aktiviert. Nutzen Sie auch einmal den Simulator und drehen Sie die Ansicht bzw. docken Sie die App an. Sie werden feststellen, dass Überschrift und Back-Button in diesem Fall kleiner werden.

18.2.6   Ein eigenes Grundlayout erstellen

Angelehnt an die Microsoft-Beispiele und das Template *Standardseite* wollen wir ein etwas erweitertes Layout erstellen, das zum einen über eine Fußzeile, zum anderen aber auch über einen
etwas flexibleren Clientbereich verfügt, der in der angedockten Ansicht nicht gleich umbricht:

```
<common:LayoutAwarePage
...
 <Grid Style="{StaticResource LayoutRootStyle}">
```

Wir erweitern das zentrale *Grid* um eine weitere Zeile. Beachten Sie, dass die Höhe sowohl der
oberen, als auch der unteren Zeile vom enthaltenen Content bestimmt sind:

```
    <Grid.RowDefinitions>
      <RowDefinition Height="Auto"/>
      <RowDefinition Height="*"/>
      <RowDefinition Height="Auto"/>
    </Grid.RowDefinitions>
```

Für den Seitenkopf nutzen wir weiterhin ein *StackPanel*:

```
    <StackPanel x:Name="Header" Grid.Row="0">
...
    </StackPanel>
```

Den eigentlichen Inhalt der Seite verlegen wir in einen *ScrollViewer*:

```
    <ScrollViewer VerticalScrollBarVisibility="Auto" HorizontalScrollBarVisibility="Auto"
                  Grid.Row="1" ZoomMode="Disabled">
...
    </ScrollViewer>
```

Der Vorteil dieser Variante: auch in der gedrehten Ansicht steht den enthaltenen Controls immer
genügend Platz zur Verfügung, im Zweifel muss der Anwender eben die Scrollbars verwenden.

Die Fußzeile wird ebenfalls als *StackPanel* implementiert:

```
    <StackPanel x:Name="Footer" Grid.Row="2" Margin="0, 10, 0, 0" VerticalAlignment="Bottom">
...
    </StackPanel>
  </Grid>
...
```

Möchten Sie dieses Grundlayout mehrfach verwenden, können Sie dieses auch als Template
abspeichern (*Datei|Vorlage exportieren|Elementvorlage*). Im Weiteren stehen Ihnen dann das
Formular bzw. die Page über *Projekt|Neues Element hinzufügen* zur Verfügung.

HINWEIS: Die weiteren Buchbeispiele basieren weitgehend auf diesem Layout, zur Vereinfachung haben wir unserem Layout noch eine *Beenden*-Taste spendiert, so müssen
Sie nicht erst warten bis Windows die Anwendung aus dem Speicher wirft.

18.3 Seitenauswahl und -navigation

Neben dem Entwurf von Seiten stellt sich früher oder später auch die Frage nach der Navigation zwischen diesen Seiten. Im Gegensatz zu den Windows Forms und den WPF-Anwendungen müssen Sie hier grundsätzlich umdenken: aktiv und sichtbar ist immer nur eine Seite, wie schon im Abschnitt 18.1.2 beschrieben.

18.3.1 Die Startseite festlegen

In den bisherigen Beispielen hatte wir es schon mehrfach erwähnt, der Eintrittspunkt für Ihre WinRT-App liegt in der Datei *App.xaml.vb*, genauer in der Methode *OnLaunched*.

```
Protected Overrides Sub OnLaunched(args As Activation.LaunchActivatedEventArgs)
    Dim rootFrame As Frame = Window.Current.Content
    If rootFrame Is Nothing Then
        rootFrame = New Frame()
        If args.PreviousExecutionState = ApplicationExecutionState.Terminated Then
        End If
        Window.Current.Content = rootFrame
    End If
```

An dieser Stelle legen Sie die Startseite fest:

```
    If rootFrame.Content Is Nothing Then
        If Not rootFrame.Navigate(GetType(MainPage), args.Arguments) Then
            Throw New Exception("Failed to create initial page")
        End If
    End If
    Window.Current.Activate()
End Sub
```

HINWEIS: Beachten Sie, dass Sie hier lediglich den Typ der Seite angeben müssen, es wird keine Instanz übergeben, diese wird intern durch die Methode *Navigate* erzeugt.

18.3.2 Navigation und Parameterübergabe

Verfügt Ihre App über mehr als eine Seite, was meist der Fall sein wird, so stehen Sie zum einen vor der Aufgabe, einen Seitenwechsel zu realisieren, zum anderen müssen häufig auch Informationen an die aufgerufene Seite übergeben werden.

Die eigentliche Navigation realisieren Sie über den der aktuellen Seite übergeordneten *Frame*, indem Sie dessen *Navigate*-Methode aufrufen.

BEISPIEL 18.3: Seitenwechsel als Reaktion auf das *Click*-Ereignis

```
Private Sub Button_Click_2(sender As Object, e As RoutedEventArgs)
    Me.Frame.Navigate(GetType(BasicPage2))
End Sub
```

Eine Überladung der *Navigate*-Methode ermöglicht zusätzlich die Übergabe von Parametern, dies können einfache Eigenschaften oder auch gleich die aktuelle Page-Instanz sein.

BEISPIEL 18.4: Parameterübergabe

```vb
Me.Frame.Navigate(GetType(BasicPage2), TextBox1.Text)
```

oder auch

```vb
Me.Frame.Navigate(GetType(BasicPage2), Me)
```

Die Auswertung erfolgt in der *OnNavigatedTo*-Methode der aufgerufenen Page:

```vb
Protected Overrides Sub OnNavigatedTo(e As Navigation.NavigationEventArgs)
    Dim inhaltTextbox As String = TryCast(e.Parameter, String)
```

oder auch

```vb
    Dim page1 As BasicPage1 = TryCast(e.Parameter, BasicPage1)
```

HINWEIS: Vergessen Sie nicht, dass Sie für den externen Zugriff auf die Seitenelemente zunächst auch den *FieldModifier* anpassen müssen.

BEISPIEL 18.5: Änderung *FieldModifier* für eine *TextBox*

```vb
<TextBox Text="Hallo" Name="TextBox1" x:FieldModifier="public"></TextBox>
```

Ein komplettes Beispiel finden Sie im Praxisbeispiel

▶ 18.6.1 Seitennavigation und Parameterübergabe

18.3.3 Den Seitenstatus erhalten

Probieren Sie obiges Beispiel aus, können Sie problemlos zwischen den Seiten wechseln, allerdings dürfte Ihnen schnell auffallen, dass die Eingaben auf der Ausgangsseite nach der Rückkehr von einer anderen Seite wieder gelöscht sind. Dies kann gewollt sein, in den meisten Fällen dürfte aber der Nutzer von diesem Verhalten wenig erfreut sein, da dies bei Desktop-Anwendungen eher selten vorkommt.

Der Grund für dieses Verhalten liegt in der Funktionsweise des übergeordneten Frames. Bei jedem Aufruf der *Navigate*-Methode wird standardmäßig eine neue Instanz der Seite erstellt. Alternativ können Sie die *NavigationCacheMode*-Eigenschaft nutzen, um die Instanz im Speicher zu halten. Setzen Sie den Wert für die betreffende Seite einfach auf *Enabled*:

```
<common:LayoutAwarePage
    x:Name="pageRoot"
    x:Class="NavigationParameter.BasicPage1"
...
    mc:Ignorable="d" NavigationCacheMode="Enabled" >
...
```

18.4 Die vier App-Ansichten

Mehrfach wurde bereits erwähnt, dass WinRT-Apps immer exklusiv und im Vollbild dargestellt werden. Dies ist prinzipiell richtig, aber ...

18.4.1 Vollbild quer und hochkant

Die beiden folgenden Abbildungen zeigen die zwei Normal-Zustände der Vollbild-App (Sie erinnern sich: das Ausgabegerät kann durch den Nutzer auch spontan gedreht werden):

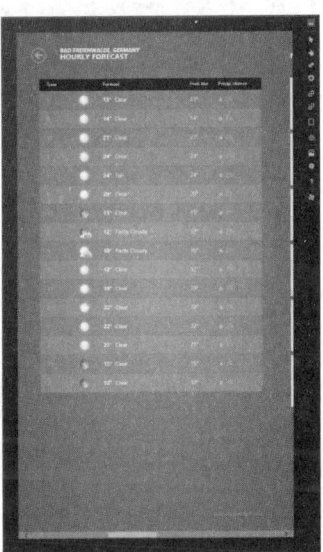

Es dürfte schnell ersichtlich sein, dass Sie in einigen Fällen auf diesen Formatwechsel reagieren müssen, halbe Überschriften und nicht komplett angezeigte Grafiken/Controls sehen einfach nicht sehr toll aus.

In jedem Fall verfügen WinRT-Apps über eine Mindestauflösung von 1024x768 bzw. 768x1024 Pixeln. Sie müssen sich also nicht mehr den Kopf darüber zerbrechen, wie Ihre App bei einer Bildschirmauflösung von nur 640x480 Pixel aussieht.

Wie Sie auf den Formatwechsel reagieren können, zeigen wir Ihnen im Abschnitt 18.4.3, zunächst sehen wir uns noch die beiden anderen Zustände der App an.

18.4.2 Angedockt und Füllmodus

Die folgende Abbildung zeigt gleich zwei weitere App-Zustände, links sehen Sie eine "angedockte App" (Snapped), rechts eine App im Füllmodus (Filled):

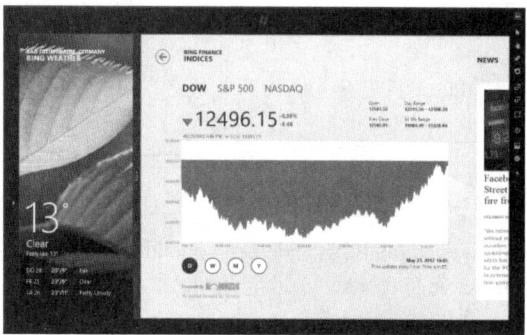

HINWEIS: Das Andocken in der WinRT-Oberfläche ist erst ab einer Auflösung von 1366x768 Pixeln möglich! In diesem Fall verfügt die angedockte App über eine Mindestbreite von 320 Pixeln (bei höheren Bildschirmauflösungen entsprechend mehr).

Arbeitet Ihre App im Füllmodus (quasi der Lückenbüßer), muss Sie mit dem noch verfügbaren Platz klarkommen. In den meisten Fällen sollte dies kaum ein Problem sein, hier kann durch geschicktes Auswählen von Seitenlayouts (*StackPanel* o.ä.) problemlos auf die Größenänderung reagiert werden.

Ganz anders bei der angedockten App. Hier ist dann schon eine ganze Menge Arbeit angesagt, denn mit dem einfachen Verschieben von Controls werden Sie kaum das gewünschte Resultat erreichen. Ziel muss es sein, die Informationen Ihrer App in einem schmalen Hochkantformat zu bündeln und auf überflüssige Informationen zu verzichten. Ob dies immer funktioniert sei dahingestellt, ein Spiel im angedockten Modus dürfte in vielen Fällen sinnfrei sein, hier wäre es besser, einen Wechsel in diesen Modus zu verhindern (siehe 18.4.4).

18.4.3   Reagieren auf die Änderung

Problem erkannt, Gefahr gebannt! Doch wie soll das eigentlich vonstatten gehen? Hier hilft Ihnen zum einen das *SizeChanged*-Ereignis der aktuellen Seite weiter, zum anderen ein *VisualStateManager*. Ersteres dient der Erkennung einer Größenänderung (egal ob Drehung, Zugriff per Remote-Desktop, Andocken etc.), letzteres bietet eine bequeme Lösung für die Reaktion auf diese Größenänderung.

Haben Sie eine auf dem Standardseiten-Template basierende Page (Klasse *LayoutAwarePage*) erstellt, ist die nötige "Infrastruktur" bereits implementiert, d.h. es genügt wenn Sie Anpassungen daran vornehmen. Dazu nutzen Sie den im nachfolgenden beschrieben *VisualStateManager*.

SizeChanged auswerten

Verwenden Sie eine leere Seite, fügen Sie dieser einfach einen Eventhandler für das *SizeChanged*-Ereignis hinzu. Ursache für das Auftreten des Ereignisses können Änderungen der Bildschirmauflösung, Andock-Manöver, Geräterotationen, Zugriff per Remote-Desktop etc. sein.

Für Sie wichtig:

Bevor Sie jetzt mühevoll anfangen aus diesen Werten die Drehung oder ähnliches "herauszulesen" – vergessen Sie es gleich wieder. Dabei hilft Ihnen wesentlich effizienter *Windows.UI.ViewManagement.ApplicationView.Value*.

Wert	Beschreibung
FullScreenLandscape	Vollbilddarstellung im Querformat.
Filled	Füllmodus, die App nutzt den Platz den ihr eine angedockte Anwendung lässt.
Snapped	Angedockt, die App selbst ist am linken oder rechten Bildrand angedockt.
FullScreenPortrait	Vollbilddarstellung im Hochkantformat.

BEISPIEL 18.6: Direktes Auswerten des Andockens

```vb
Private Sub Page_SizeChanged_1(sender As Object, e As SizeChangedEventArgs)
    Dim vs As Windows.UI.ViewManagement.ApplicationViewState = _
                    Windows.UI.ViewManagement.ApplicationView.Value
    Select Case vs
        Case Windows.UI.ViewManagement.ApplicationViewState.Snapped
            frm1.Navigate(GetType(Angedockt))
            Exit Select
            '   Case Windows.UI.ViewManagement.ApplicationViewState.Filled,
            '   Windows.UI.ViewManagement.ApplicationViewState.FullScreenLandscape,
            '   Windows.UI.ViewManagement.ApplicationViewState.FullScreenPortrait
        Case Else
            frm1.Navigate(GetType(Normalansicht))
            Exit Select
    End Select
End Sub
```

In diesem Fall wird, basierend auf dem geänderten Ansichtsstatus, der App ein anderer Frameinhalt auf der aktuellen Seite angezeigt.

Ein komplettes Beispiel zum Thema finden Sie unter

▶ 18.6.2 Auf Ansichtsänderungen reagieren

VisualStateManager

Nicht immer wollen oder können Sie gleich den kompletten Inhalt Ihrer Seite ändern, nur weil die App angedockt wird. Teilweise genügt es auch, wenn Controls an die neuen Gegebenheiten angepasst werden. Dazu bietet sich ein sogenannten *VisualStateManager* an.

Der *VisualStateManager* verwaltet Zustandsänderungen. Eine solche kann benutzt werden, um verschiedene Arten von Effekten zu realisieren. Dies kann ein zustandsbasierter Effekt sein oder auch eine Transition. Im vorliegenden Fall soll beim Eintritt eines Ereignisses ein Storyboard ausgeführt werden (z.B. Schriftänderungen, Margin-Änderungen etc.). Der Vorteil dieser Vorgehensweise: Sie können im XAML-Code die neuen Zustände bzw. die dazu nötigen Storyboards definieren, den Zustandswechsel lösen Sie per VB-Code aus.

Arbeiten Sie mit dem Template *Leere Seite*, müssen Sie sich um das Erstellen und die Ansteuerung des *VisualStateManager* selbst kümmern. Seiten, die auf dem Template *Standardseite* basieren, verfügen bereits über die erforderliche Infrastruktur.

BEISPIEL 18.7: Der *VisualStateManager* in den Standardseiten

In der Klassendefinition von *LayoutAwarePage* findet sich die Methode *InvalidateVisualState*, die unter anderem von den Ereignissen *ViewStateChanged* und *SizeChanged* aufgerufen wird:

```
Public Sub InvalidateVisualState()
    If Me._layoutAwareControls IsNot Nothing Then
        Dim visualState As String = DetermineVisualState(ApplicationView.Value)
        For Each layoutAwareControl As Control In Me._layoutAwareControls
```

Hier wird der Zustandswechsel bei der Ansicht an den VisualStateManager weitergereicht:

```
            VisualStateManager.GoToState(layoutAwareControl, visualState, False)
        Next
    End If
End Sub
```

Die Definition des *VisualStateManager* finden Sie im XAML-Code der Seite:

```
...
    <VisualStateManager.VisualStateGroups>
```

Die verschiedenen Zustände korrespondieren mit den bereits bekannten *ApplicationView*-Werten:

```
    <VisualStateGroup>
        <VisualState x:Name="FullScreenLandscape"/>
        <VisualState x:Name="Filled"/>
        <VisualState x:Name="FullScreenPortrait">
```

Die Ansicht ändert sich in eine Hochkantdarstellung, das folgende Storyboard wird ausgeführt:

```
        <Storyboard>
```

Für den Back-Button wird die Eigenschaft *Style* geändert:

```
            <ObjectAnimationUsingKeyFrames Storyboard.TargetName="backButton"
                Storyboard.TargetProperty="Style">
            <DiscreteObjectKeyFrame KeyTime="0"
                Value="{StaticResource PortraitBackButtonStyle}"/>
            </ObjectAnimationUsingKeyFrames>
```

BEISPIEL 18.7: Der *VisualStateManager* in den Standardseiten

```
            </Storyboard>
        </VisualState>
```

HINWEIS: Durch Änderung des Styles können Sie gleichzeitig auf viele einzelne Eigenschaften und damit auf das komplette Aussehen eines Controls Einfluss nehmen. Sie müssen also, wie in obigem Fall, nur Styles für die einzelnen Controls definieren und beim Ansichtswechsel neu zuweisen.

Beim Andocken werden wiederum andere Styles zugewiesen:

```
<VisualState x:Name="Snapped">
    <Storyboard>
        <ObjectAnimationUsingKeyFrames Storyboard.TargetName="backButton"
            Storyboard.TargetProperty="Style">
            <DiscreteObjectKeyFrame KeyTime="0" Value="{StaticResource
                SnappedBackButtonStyle}"/>
        </ObjectAnimationUsingKeyFrames>
...
    </Storyboard>
        </VisualState>
    </VisualStateGroup>
</VisualStateManager.VisualStateGroups>
```

Beachten Sie, dass Sie den Ursprungszustand nicht erneut definieren müssen, dieser ist ja bereits beim Entwurf im XAML-Code abgelegt worden.

Ein komplettes Beispiel zum Thema finden Sie unter

▶ 18.6.2 Auf Ansichtsänderungen reagieren

18.4.4 Angedockten Modus aktiv beenden

In einigen Fällen ist es erforderlich, die App aktiv in den Vollbildmodus zu bringen, wenn diese vorher angedockt war (z.B. zum Öffnen von Dateidialogen). Aus diesem Grund bietet die statische *ApplicationView*-Klasse die Methode *TryUnsnap* an, mit der Sie Ihre App wieder in den Vollbildmodus bringen können.

BEISPIEL 18.8: Verwendung von *TryUnsnap*

```
...
    Private Sub Button_Click_2(sender As Object, e As RoutedEventArgs)
        ApplicationView.TryUnsnap()
    End Sub
...
```

HINWEIS: Im *SizeChanged*-Ereignis hat der Aufruf der Methode normalerweise keine Auswirkung, es sei denn, Sie rufen die Methode verzögert auf.

BEISPIEL 18.9: Docking per Task beenden

```vb
Private Sub pageRoot_SizeChanged_1(sender As Object, e As SizeChangedEventArgs)
    Task.Factory.StartNew(Sub()
                Task.Delay(1000).Wait()
                If ApplicationView.Value = ApplicationViewState.Snapped Then
                    ApplicationView.TryUnsnap()
                End If
            End Sub)
End Sub
```

Auf die kleine Zeitverzögerung können wir leider nicht verzichten, die App dockt also
zunächst noch kurz an, springt dann aber wieder in den Vollbildmodus zurück.

18.5 Skalieren von Apps

Nicht genug der Neuerungen – WinRT bietet auch umfassende Unterstützung für hochauflösende
Displays. Wer bereits damit gearbeitet hat wird festgestellt haben, dass bei kleinen Bildschirm-
diagonalen mit zunehmender Auflösung die Lesbarkeit von Schriften schnell leidet. Diese müssen
dann entsprechend vergrößert werden. Da gerade Tablets mit begrenzten Diagonalen aufwarten und
teilweise mit hohen Auflösungen arbeiten, bietet Windows 8 eine Skalierung in drei Prozentstufen:

- 100%
- 140% auf HD-Tablets
- 180% auf Quad-XGA-Tablets

Doch wie stellen Sie eigentlich fest, mit welcher Auflösung gearbeitet wird? Nichts leichter als
dies, alle relevanten Informationen über die Anzeige finden Sie in der statischen Klasse *Display-
Properties*.

**BEISPIEL 18.10: Auswerten von Skalierungsänderungen und Anzeige der aktuellen Skalierung in
einem *TextBlock*.**

```vb
...
Public NotInheritable Class BasicPage1
    Inherits Common.LayoutAwarePage

    Public Sub New()
        Me.InitializeComponent()
        AddHandler DisplayProperties.LogicalDpiChanged,
                AddressOf DisplayProperties_LogicalDpiChanged
        tb1.Text = "ResolutionScale: " + DisplayProperties.ResolutionScale.ToString()
        tb2.Text = "LogicalDpi: " + DisplayProperties.LogicalDpi.ToString()
    End Sub
```

BEISPIEL 18.10: Auswerten von Skalierungsänderungen und Anzeige der aktuellen Skalierung in einem *TextBlock*.

```
Private Sub DisplayProperties_LogicalDpiChanged(sender As Object)
    tb1.Text = "ResolutionScale: " + DisplayProperties.ResolutionScale.ToString()
    tb2.Text = "LogicalDpi: " + DisplayProperties.LogicalDpi.ToString()
End Sub
...
```

Während *ResolutionScale* die Werte 100, 140 oder 180 zurückgibt, liefert *LogicalDpi* die Auflösung des Displays (bei einem Desktopmonitor 96).

HINWEIS: *ResolutionScale* entspricht **nicht** den Einstellungen in der Systemsteuerung, diese wirken sich nur auf den Desktop und nicht auf WinRT-Apps aus.

Doch was ist eigentlich mit Grafiken? Wie die Schriftarten, werden auch diese vom System entsprechend der obigen Einstellung skaliert. Solange es sich um Vektorgrafiken handelt (XAML, SVG) ist das kein Problem. Doch wer schon einmal Icons für Schaltflächen verwendet und per Stretch auf eine bestimmt Größe skaliert hat wird festgestellt haben, dass die Qualität zu wünschen übrig lässt (unscharfe Ränder).

Für Ihre WinRT-App gibt es aus diesem Grund eine recht intuitive Möglichkeit, Ressourcen für die drei oben genannten Skalierungen in der Anwendung zu hinterlegen. Speichern Sie einfach mehrere Versionen mit unterschiedlicher Auflösung, die der folgenden Namenskonvention folgen:

```
<Bildname>.scale-100.<Extension>
<Bildname>.scale-140.<Extension>
<Bildname>.scale-180.<Extension>
```

Siehe auch folgende Abbildung:

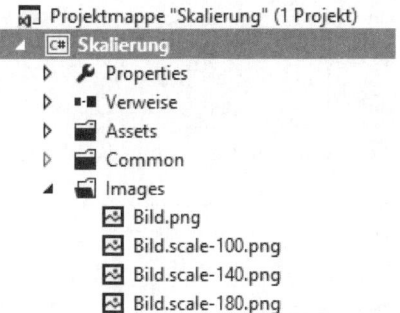

Bei der Bildauswahl (*Source*-Eigenschaft) geben Sie im obigen Fall nur "Bild.png" an. Beim Start der App wird später automatisch das Bild gewählt, das der aktuellen Skalierung am nächsten kommt.

Testen können Sie dieses Verhalten, indem Sie in den WinRT-PC-Einstellungen unter "Erleichterte Bedingung" die Option "Alle Elemente auf dem Desktop vergrößern" aktivieren. In diesem Fall wird das Bild mit der Benennung ".scale-140"ausgewählt und angezeigt.

HINWEIS: Neben der automatischen Wahl von Grafiken in Abhängigkeit von der Skalierung gibt es auch die Möglichkeit, je nach Landeseinstellung andere Bilder anzuzeigen oder die Kontrasteinstellung des Systems auszuwerten.

18.6　Praxisbeispiele

18.6.1　Seitennavigation und Parameterübergabe

Die folgende kleine App besteht aus zwei Seiten: *BasicPage1* und *BasicPage2*. Ziel ist die Übergabe von Werten (z.B. Inhalt einer *TextBox*) von *BasicPage1* an *BasicPage2*.

Oberfläche BasicPage1

HINWEIS: Wir verwenden unser Standardlayout aus dem Abschnitt 18.2.6.

```
...
    <ScrollViewer VerticalScrollBarVisibility="Auto" HorizontalScrollBarVisibility="Auto"
          Grid.Row="1" ZoomMode="Disabled">
    <StackPanel Margin="120,40,0,0">
```

Kurze Beschriftung:

```
        <TextBlock Style="{StaticResource BodyTextStyle}">
            Bitte geben Sie hier einen Text ein:
        </TextBlock>
```

Eine *TextBox* für die zu übergebenden Daten (beachten Sie die Verwendung von *FieldModifier*[1]):

```
        <TextBox Name="TextBox1" Margin="0,10,12,50" x:FieldModifier="public"/>
```

HINWEIS: Sie können natürlich auch eine komplexere Seite erstellen und diese in *BasicPage2* auswerten.

Mit dem Button wechseln wir die Seite:

```
        <Button Width="302" Content="Gehe zur Seite 2 ..."
            Style="{StaticResource TextButtonStyle}"  Click="Button_Click_2"/>
    </StackPanel>
    </ScrollViewer>
...
```

---

[1] Ohne diese Erweiterung kann von anderen Seiten nicht auf die *TextBox* zugegriffen werden.

Quellcode BasicPage1

Mit dem Klick auf den Button rufen wir die *Navigate*-Methode auf und übergeben die komplette Instanz von *BasicPage1* als Parameter:

```
Private Sub Button_Click_2(sender As Object, e As RoutedEventArgs)
    Me.Frame.Navigate(GetType(BasicPage2), Me)
End Sub
```

HINWEIS: Wir hätten in diesem Fall auch nur die *Text*-Eigenschaft als Parameter übergeben können, aber in den meisten Fällen sind mehrere Werte interessant.

Oberfläche BasicPage2

HINWEIS: Wir verwenden unser Standardlayout aus dem Abschnitt 18.2.6.

```
...
    <ScrollViewer VerticalScrollBarVisibility="Auto" HorizontalScrollBarVisibility="Auto"
            Grid.Row="1" ZoomMode="Disabled">
        <StackPanel Margin="120,40,0,0">
```

Kurze Beschriftung:

```
            <TextBlock Style="{StaticResource BodyTextStyle}">
                Der Textbox-Inhalt auf Seite 1:</TextBlock>
```

Anzeige des übergebenen Wertes:

```
            <TextBlock Name="textBlock1" Style="{StaticResource SubheaderTextStyle}"/>
        </StackPanel>
    </ScrollViewer>
...
```

Quellcode BasicPage2

Auswertung der Parameter in der *OnNavigatedTo*-Methode:

```
Protected Overrides Sub OnNavigatedTo(e As Navigation.NavigationEventArgs)
    Dim page1 As BasicPage1 = TryCast(e.Parameter, BasicPage1)
    textBlock1.Text = page1.TextBox1.Text
    MyBase.OnNavigatedTo(e)
End Sub
```

Test

Nach dem Start der App können Sie auf der ersten Seite etwas Text eingeben, der nach dem Wechsel auf die zweite Seite dort ebenfalls angezeigt werden sollte.

Bemerkung

Wechseln Sie auf die erste Seite zurück, ist die *TextBox* wieder leer, da eine neue Instanz erstellt worden ist. Möchten Sie dieses Verhalten ändern, so setzen Sie die *NavigationCacheMode*-Eigenschaft der Seite auf *Enabled*:

```
<common:LayoutAwarePage
    x:Name="pageRoot"
    x:Class="NavigationParameter.BasicPage1"
...
    mc:Ignorable="d" NavigationCacheMode="Enabled" >
```

Jetzt bleiben die Inhalte der Seite erhalten, Sie können beliebig zwischen den Seiten umschalten.

18.6.2   Auf Ansichtsänderungen reagieren

Im diesem Praxisbeispiel wollen wir Ihnen zeigen, wie Sie auf das Ändern der App-Ansicht per VB- oder per XAML-Code reagieren können. Die App verfügt dazu über zwei zusätzliche Seiten *BasicPage2* und *BlankPage1*, die auf den entsprechenden Templates basieren.

Oberfläche & Quellcode BasicPage1

Fügen Sie der Oberfläche zwei Schaltflächen für den Start der weiteren Seiten hinzu:

```
...
        <ScrollViewer VerticalScrollBarVisibility="Auto" HorizontalScrollBarVisibility="Auto"
                Grid.Row="1" ZoomMode="Disabled">
            <StackPanel>
                <Button Grid.Column="1" Content="Reagieren per Code"  Margin="0,0,0,50"
                        Style="{StaticResource TextButtonStyle}" Click="Button_Click_2" />
                <Button Grid.Column="1" Content="Reagieren per VisualStateManager"
                        Style="{StaticResource TextButtonStyle}" Click="Button_Click_3" />
            </StackPanel>
        </ScrollViewer>
```

Der dazugehörige Ereigniscode:

```
    Private Sub Button_Click_2(sender As Object, e As RoutedEventArgs)
        Me.Frame.Navigate(GetType(BlankPage1))
    End Sub

    Private Sub Button_Click_3(sender As Object, e As RoutedEventArgs)
        Me.Frame.Navigate(GetType(BasicPage2))
    End Sub
```

Oberfläche & Quellcode BlankPage1

Diese Seite verfügt über keinerlei *VisualStateManager*, Ansichtsänderungen werden nur per Code umgesetzt.

Zunächst die Oberfläche:

```
<ScrollViewer VerticalScrollBarVisibility="Auto" HorizontalScrollBarVisibility="Auto"
              Grid.Row="1" ZoomMode="Disabled" >
    <StackPanel>
```

Wesentlichstes Element ist ein *Frame*-Control, in das wir zur Laufzeit, je nach Ansichtsmodus, unterschiedliche Seiten einblenden werden:

```
        <Frame x:Name="frm1" Margin="0,50,0,0" MinHeight="200"/>
        <Button Grid.Column="1" Content="Zurück"  Margin="0,20,0,50"
                Style="{StaticResource TextButtonStyle}" Click="Button_Click_1" />
    </StackPanel>
</ScrollViewer>
```

Der Ereigniscode:

Nach dem Öffnen der Seite *BlankPage1* blenden wir zunächst im *Frame* die Seite *Normalansicht* ein[1]:

```
    Protected Overrides Sub OnNavigatedTo(e As Navigation.NavigationEventArgs)
        frm1.Navigate(GetType(Normalansicht))
    End Sub
```

Auf einen möglichen Ansichtswechsel reagieren wir mit diesem Ereignishandler:

```
Private Sub Page_SizeChanged_1(sender As Object, e As SizeChangedEventArgs)
    Dim vs As Windows.UI.ViewManagement.ApplicationViewState =
                Windows.UI.ViewManagement.ApplicationView.Value
    Select Case vs
        Case Windows.UI.ViewManagement.ApplicationViewState.Snapped
            frm1.Navigate(GetType(Angedockt))
            Exit Select
        '   Case Windows.UI.ViewManagement.ApplicationViewState.Filled,
        '   Windows.UI.ViewManagement.ApplicationViewState.FullScreenLandscape,
        '   Windows.UI.ViewManagement.ApplicationViewState.FullScreenPortrait()
        Case Else
            frm1.Navigate(GetType(Normalansicht))
            Exit Select
    End Select
End Sub
```

Auch hier wechseln wir, je nach Ansicht, lediglich den Inhalts des Frames aus.

Für den Rücksprung auf die Startseite genügt der folgende Aufruf:

```
Private Sub Button_Click_1(sender As Object, e As RoutedEventArgs)
    Me.Frame.GoBack()
End Sub
```

---

[1] Hier sehen Sie auch recht schön das von den Webseiten bekannte Konzept der Frame-Programmierung.

Oberfläche der beiden Frame-Seiten

Die Seite *Angedockt*:

```
...
   <Grid Background="LightBlue">
      <TextBlock Style="{StaticResource SubheaderTextStyle}" >Angedockt</TextBlock>
   </Grid>
...
```

Die Seite *Normalansicht*:

```
...
   <Grid Background="Yellow">
      <TextBlock Style="{StaticResource HeaderTextStyle}" >Normalansicht</TextBlock>
   </Grid>
...
```

HINWEIS: Wir beschränken uns auf unterschiedliche Hintergrundfarben und Schriftarten. Selbstverständlich können Sie hier auch zwei grundsätzlich unterschiedliche Seiten erstellen, die je nach Ansichtsmodus eingeblendet werden.

Oberfläche & Quellcode BasicPage2

Etwas einfacher haben wir es bei Verwendung eines VisualStateManagers.

Der Seiteninhalt:

```
...
<ScrollViewer Name="scrollViewer1" VerticalScrollBarVisibility="Auto"
      HorizontalScrollBarVisibility="Auto" Grid.Row="1" ZoomMode="Disabled"
      Background="Yellow" Margin="120,50,40,50">
      <TextBlock Style="{StaticResource BodyTextStyle}">Mein Content ...</TextBlock>
</ScrollViewer>
```

Der vordefinierte *VisualStateManager* (dieser wird intern durch das Ereignis *SizeChanged* angesteuert):

```
            <VisualStateManager.VisualStateGroups>
               <VisualStateGroup>
                  <VisualState x:Name="FullScreenLandscape"/>
                  <VisualState x:Name="Filled"/>
                  <VisualState x:Name="FullScreenPortrait">
                     <Storyboard>
                        <ObjectAnimationUsingKeyFrames Storyboard.TargetName="backButton"
                              Storyboard.TargetProperty="Style">
                           <DiscreteObjectKeyFrame KeyTime="0" Value="{StaticResource
                                 PortraitBackButtonStyle}"/>
                        </ObjectAnimationUsingKeyFrames>
                     </Storyboard>
                  </VisualState>
```

```
            <VisualState x:Name="Snapped">
                <Storyboard>
...
```

Wir beeinflussen zusätzlich die Ränder des ScrollViewers:

```
            <ObjectAnimationUsingKeyFrames Storyboard.TargetName="scrollViewer1"
                Storyboard.TargetProperty="Margin">
                <DiscreteObjectKeyFrame KeyTime="0">
                    <DiscreteObjectKeyFrame.Value>
                        <Thickness>40,20,40,20</Thickness>
                    </DiscreteObjectKeyFrame.Value>
                </DiscreteObjectKeyFrame>
            </ObjectAnimationUsingKeyFrames>
        </Storyboard>
    </VisualState>
  </VisualStateGroup>
</VisualStateManager.VisualStateGroups>
...
```

Test

Starten Sie die App und testen Sie das Verhalten der beiden Seiten auf Ansichtswechsel durch das Andocken der App (siehe folgende Abbildung).

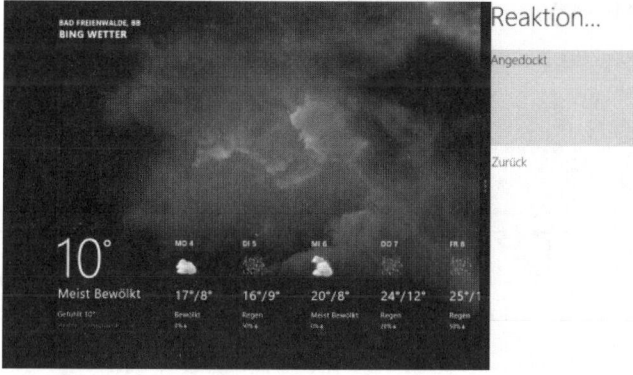

18.7 Tipps & Tricks

18.7.1 Symbole für WinRT-Oberflächen finden

Sollten Sie in die Verlegenheit kommen, Symbole für Ihre WinRT-Apps zu suchen, so werfen Sie zunächst einen Blick auf die schon vorhandenen Ressourcen von Windows 8. Verwenden Sie den Zeichensatz "Segoe UI Symbol", steht Ihnen eine ganze Reihe von häufig benötigten Symbolen zur Verfügung, die sich auch gleich in die "Designsprache" von WinRT einfügen:

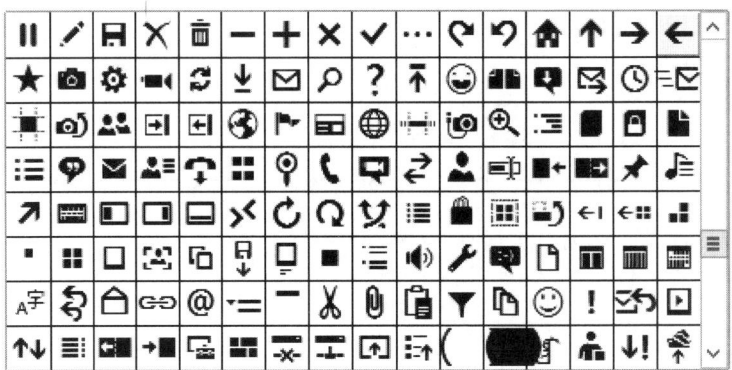

BEISPIEL 18.11: Verwendung im XAML-Code

```
<TextBlock Text="&#57615;" FontFamily="Segoe UI Symbol"/>
```

Frei verwendbare Alternativen für Symbole bieten die folgenden beiden Webseiten:

LINK: http://thenounproject.com/de/
LINK: http://www.syncfusion.com/downloads/metrostudio

BEISPIEL 18.12: Symbole von Syncfusion

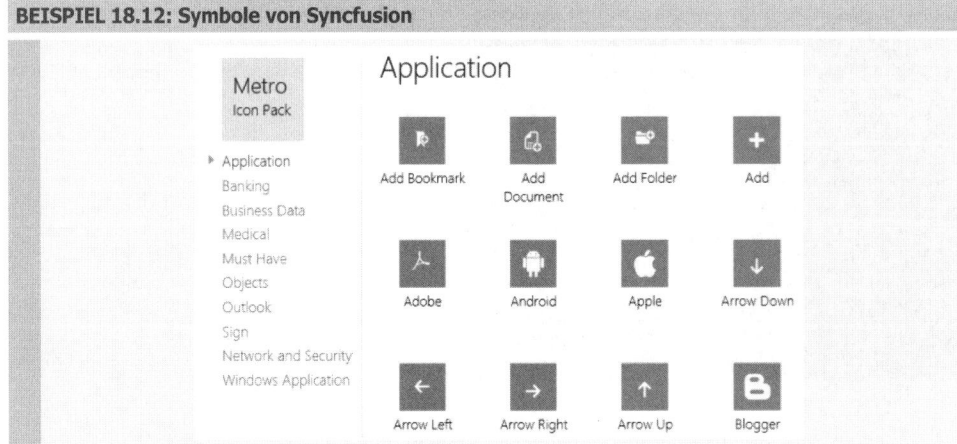

18.7.2   Wie werde ich das Grufti-Layout schnell los?

Nicht jedem gefällt die grauenhaft dunkle Oberfläche, die Sie zunächst bei jedem neuen WinRT-Projekt als Standard angeboten bekommen. Bevor Sie jetzt anfangen, das Formular und die enthaltenen Controls einzeln anzupassen, sollten Sie einen Blick auf die Datei *App.xaml* werfen. Fügen Sie einfach den folgenden Eintrag hinzu, um allen Seiten Ihres Projekts ein etwas "freundlicheres" Äußeres zu geben:

```
<Application
    x:Class="Controls.App"
    xmlns="http://schemas.microsoft.com/winfx/2006/xaml/presentation"
    xmlns:x="http://schemas.microsoft.com/winfx/2006/xaml"
    xmlns:local="using:MetroControls" RequestedTheme="Light" >
...
</Application>
```

Ohne großen Aufwand ändert sich so die komplette Farbpalette der Anwendung:

 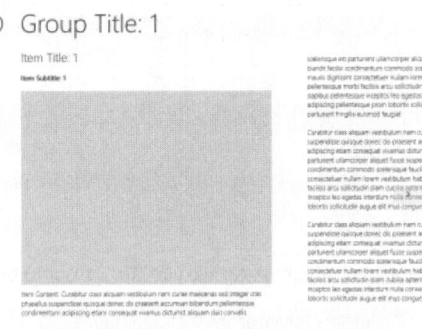

Kapitel 19

Die wichtigsten Controls

Nach einem ersten Rundflug über das Erstellen von WinRT-Apps wollen wir nun endlich zu den einzelnen Oberflächen-Controls kommen, die Sie zwar in der einen oder anderen Form bereits von WPF oder den Windows Forms her kennen, die jedoch teilweise ein etwas anderes Verhalten oder Aussehen aufweisen, was nicht zuletzt auch den Touch-Eingabemöglichkeiten unter Windows 8 geschuldet ist.

HINWEIS: Bitte erwarten Sie an dieser Stelle nicht, dass wir alle Controls in epischer Breite behandeln. Dafür ist die Online-Hilfe viel besser geeignet. Wir setzen an dieser Stelle voraus, dass Sie bereits mit den WPF-Controls in grundlegender Form vertraut sind (siehe dazu Kapitel 13).

19.1 Einfache WinRT-Controls

Zunächst beschäftigen wir uns mit einigen grundlegenden Controls, auf die wohl keine Anwendung verzichten kann.

HINWEIS: Die einzelnen Controls müssen Sie in eines der Layout-Controls (nur diese können mehrere Controls enthalten) einfügen. Bei den vorliegenden Seiten (*BlankPage*, *BasicPage*) finden Sie bereits ein zentrales *Grid* vor, das diese Aufgabe übernimmt. Weitere Informationen zu den Layout-Controls finden ab Seite 947.

19.1.1 TextBlock, RichTextBlock

Für die mehr oder weniger statische Textdarstellung eignen sich die Controls *TextBlock* bzw. *RichTextBlock*. Letzteres bietet zusätzlich die Möglichkeit, neben diverse Formatierungen (Schriftgröße, -farbe etc.) auch Grafiken darzustellen. Der *TextBlock* ist das Pendant bzw. der Ersatz für das bekannte WPF-Label-Control.

Einige kleine Beispiele sollen die Verwendung beider Controls demonstrieren.

BEISPIEL 19.1: Einfache Textausgabe mit vordefiniertem Style

...

```
<TextBlock Text="TextBlock einfach" Style="{StaticResource BasicTextStyle}" />
```

...

BEISPIEL 19.2: *TextBlock* mit komplexerer Formatierung

...

Dieser *TextBlock* besteht aus einzelnen *Run*-Elementen, die wiederum unterschiedliche Inhalte, Formatierungen etc. aufweisen können. Der Vorteil: auf die einzelnen *Run*-Elemente kann auch per Name und damit zur Laufzeit per Code zugegriffen werden.

```
<TextBlock>
```

Dieses *Run*-Element ist an eine Eigenschaft der aktuellen Page gekoppelt:

```
<Run FontWeight="Bold" FontSize="24" Text="{Binding EineEigenschaft,
      ElementName=pageRoot}" />
```

Auch Zeilenumbrüche sind möglich:

```
<LineBreak/>
```

Unterschiedliche Formatierungen:

```
<Run FontWeight="Bold"  FontSize="24"
      Text="TextBlock mit Formatierung " />
<Run FontStyle="Italic" Foreground="Blue" Text="Es geht auch so!" />
```

Auch komplexe Füllpinsel lassen sich definieren:

```
<Run FontWeight="Bold" FontSize="35" Text="LinearGradientBrush">
    <Run.Foreground>
        <LinearGradientBrush>
            <GradientStop Color="Red" Offset="0.25" />
            <GradientStop Color="Green" Offset="0.5" />
        </LinearGradientBrush>
    </Run.Foreground>
</Run>
</TextBlock>
```

...

Die Laufzeitansicht:

Wert der Eigenschaft

TextBlock mit Formatierung *Es geht auch so!* **LinearGradientBrush**

Im Gegensatz zum *TextBlock* bestehen beim *RichTextBlock* die einzelnen Absätze aus *Paragraph*-Elementen, diese wiederum können folgende Elemente enthalten: *Inline*, *InlineUIContainer*, *Run*, *Span*, *Bold*, *Italic*, *Underline*, *LineBreak*.

Einige Beispiele zeigen die Verwendung der einzelnen Elemente.

BEISPIEL 19.3: Verwendung *RichTextBlock*

```
...
        <RichTextBlock Name="rtb1" Margin="0,10,0,5" >
        <Paragraph FontSize="10">Absatz 1, Absatz 1, Absatz 1, Absatz 1, Absatz 1,
            Absatz 1, Absatz 1, Absatz 1, Absatz 1</Paragraph>
```

Absatz mit erweiterten Formatierungen:

```
        <Paragraph FontSize="24" FontStretch="UltraExpanded" LineHeight="50"
            CharacterSpacing="100" >Absatz 2, Absatz 2, Absatz 2, Absatz 2,
            Absatz 2, Absatz 2, Absatz 2, Absatz 2, Absatz 2, Absatz 2,
            Absatz 2</Paragraph>
```

Zeilenumbruch:

```
        <Paragraph><LineBreak/></Paragraph>
```

Schriftauszeichnungen festlegen:

```
        <Paragraph>Noch ein <Underline>Absatz</Underline>, aber diesmal in
            <Bold>fett</Bold>
        </Paragraph>
        <Paragraph>Absatz mit Control
```

Mittels *InlineUIContainer* wird ein *Button* im Text platziert:

```
        <InlineUIContainer>
            <Button Click="Button_Click_1" Name="btn1">
                Klick mich
            </Button>
        </InlineUIContainer>
        </Paragraph>
    </RichTextBlock>
...
```

Die Laufzeitansicht:

Absatz 1, Absatz 1, Absatz 1, Absatz 1, Absatz 1, Absatz 1, Absatz 1, Absatz 1, Absatz 1, Absatz 1

Absatz 2, Absatz 2, Absatz 2, Absatz 2,

2, Absatz 2, Absatz 2

Noch ein Absatz, aber diesmal in **fett**

Klick mich

Absatz mit Control

Die Schaltfläche ist natürlich auch funktionsfähig, auf das Abdrucken der Ereignisprozedur haben wir verzichtet.

Über das Schachteln von *Paragraph*-, *Run*- etc. Elementen können Sie auch zur Laufzeit Texte im *RichTextBlock* erzeugen. Entgegen der Erwartungen müssen Sie diese Elemente jedoch der Blocks-Auflistung übergeben.

BEISPIEL 19.4: Zeilen zur Laufzeit einfügen

```vb
Imports Windows.UI.Xaml.Documents
...
        Dim run As New Run() With {.Text = "Text zur Laufzeit! Text zur Laufzeit!"}
        Dim para As New Paragraph()
        para.Inlines.Add(run)
        para.Inlines.Add(New LineBreak())
        para.Inlines.Add(New Run() With {.Text = "Noch mehr Text"})
        rtb2.Blocks.Add(para)
...
```

HINWEIS: Das *Hyperlink*-Element steht Ihnen hier, im Gegensatz zu WPF, nicht zur Verfügung, verwenden Sie stattdessen ein *InlineUIContainer*-Element und fügen Sie darin einen *HyperlinkButton* ein.

19.1.2 Button, HyperlinkButton, RepeatButton

Kommen wir nun zu den etwas "aktiveren" Steuerelementen. An dieser Stelle fassen wir mit *Button*, *HyperLinkButton* und *RepeatButton* drei recht ähnliche Controls zusammen. Allen gemein ist die Aufgabe, als Reaktion auf ein externes Ereignis eine Aktion auszuführen. Die Art des Ereignisses bestimmen Sie mit der Eigenschaft *ClickMode*:

- *Release*,
  das Ereignis tritt **nach** dem Klicken (Maustaste, Finger, Leertaste) auf.

- *Press*,
  das Ereignis tritt **beim** Klicken (Maustaste, Finger, Leertaste) auf.

- *Hover*,
  das Ereignis tritt ein, wenn Maustaste oder Finger über das Control bewegt werden.

BEISPIEL 19.5: Verwendung von Schaltflächen

```xaml
...
        <Button>Einfacher Button</Button>
```

Schaltflächen können aus mehreren Controls bestehen:

```xaml
        <Button>
            <StackPanel>
                <Image Source="Images/mycomputer.png" Stretch="None"/>
                <TextBlock HorizontalAlignment="Center">Button mit Grafik</TextBlock>
            </StackPanel>
        </Button>
```

BEISPIEL 19.5: Verwendung von Schaltflächen

```
<HyperlinkButton Click="HyperlinkButton_Click_1">
    Ein HyperlinkButton
</HyperlinkButton>
<RepeatButton ClickMode="Hover" Click="RepeatButton_Click_1" >
    RepeatButton - Hover</RepeatButton>
<RepeatButton ClickMode="Press" Click="RepeatButton_Click_1" >
    RepeatButton - Press</RepeatButton>
<RepeatButton ClickMode="Release" Click="RepeatButton_Click_1" >
    RepeatButton - Release</RepeatButton>
...
```

Die Funktionalität des *HyperlinkButton* muss erst programmiert werden:

```
...
    Private Async Sub HyperlinkButton_Click_1(sender As Object, e As RoutedEventArgs)
        Dim uri As New Uri("http://www.doko-buch.de")
        Dim success As Boolean = Await Windows.System.Launcher.LaunchUriAsync(uri)
    End Sub
```

Die Reaktion der *RepeatButton*-Controls:

```
    Private Sub RepeatButton_Click_1(sender As Object, e As RoutedEventArgs)
        TryCast(sender, RepeatButton).Content += "."
    End Sub
...
```

Die Laufzeitansicht:

HINWEIS: Es wird Ihnen sicher am Anfang etwas fremd sein, aber die meisten Ereignisse müssen Sie mit dem Schlüsselwort *async* deklarieren, denken Sie immer an "Fast and Fluid" (siehe Seite 865).

19.1.3   CheckBox, RadioButton, ToggleButton, ToggleSwitch

Neben den beiden bekannten Controls *CheckBox* und *RadioButton*, die es dieser Form schon bei den Windows Forms gab, werden mit WinRT auch zwei neue Vertreter dieser Gattung eingeführt:

- *ToggleButton*

- *ToggleSwitch*

Gemein ist beiden, dass zwischen zwei Zuständen "geschaltet" werden kann. Beim *ToggleButton* wird dadurch die Eigenschaft *IsChecked* beeinflusst, beim *ToggleSwitch* die Eigenschaft *IsOn*.

BEISPIEL 19.6: Verwendung von *CheckBox, RadioButton, ToggleButton, ToggleSwitch*

```
...
    <StackPanel Grid.Row="1" Margin="120,0,120,0">
```

Zunächst ein paar *CheckBox*-Controls definieren:

```
        <StackPanel Orientation="Horizontal" Margin="0,50,0,0">
            <CheckBox Margin="0,0,15,0">Option 1</CheckBox>
            <CheckBox IsChecked="True" Margin="0,0,15,0">Option 2</CheckBox>
            <CheckBox Margin="0,0,15,0">Option 3</CheckBox>
            <CheckBox Margin="0,0,15,0">Option 4</CheckBox>
```

Statt einer Beschriftung sind auch andere Inhalte denkbar:

```
            <CheckBox Margin="0,0,15,0" >
                <Image Source="Images/cookie.png" Stretch="None"  />
            </CheckBox>
        </StackPanel>
        <StackPanel Orientation="Horizontal" Margin="0,50,0,0">
```

Die zwei Zustände des *ToggleButton*s (auch hier könnten Sie Grafiken einblenden):

```
            <ToggleButton Margin="0,0,50,0">Das ist ein ToggleButton</ToggleButton>
            <ToggleButton IsChecked="True">Das ist ein ToggleButton</ToggleButton>
        </StackPanel>
        <StackPanel Orientation="Horizontal" Margin="0,50,0,0">
```

Der *ToggleSwitch* in Aktion:

```
            <ToggleSwitch  Margin="0,0,50,0" IsOn="True">
                Das ist ein ToggleSwitch</ToggleSwitch>
            <ToggleSwitch >Das ist ein ToggleSwitch</ToggleSwitch>
```

Alternativ kann den beiden Zuständen des "Schalters" auch unterschiedlicher Content zugewiesen werden (siehe Laufzeitansicht beim Klick auf den *ToggleSwitch*):

```
            <ToggleSwitch>
                ToggleSwitch mit wechselnder Grafik
                <ToggleSwitch.OnContent>
                    <Image Source="Images/bulbon.png"/>
                </ToggleSwitch.OnContent>
```

BEISPIEL 19.6: Verwendung von *CheckBox, RadioButton, ToggleButton, ToggleSwitch*

```
                    <ToggleSwitch.OffContent>
                        <Image Source="Images/bulboff.png"/>
                    </ToggleSwitch.OffContent>
                </ToggleSwitch>
            </StackPanel>
```

Noch ein paar *RadioButton*-Controls, diese müssen zum Gruppieren in einem übergeordneten Control zusammengefasst werden:

```
            <StackPanel Orientation="Horizontal" Margin="0,50,0,0">
                <RadioButton IsChecked="True" Margin="0,0,15,0">Option1</RadioButton>
                <RadioButton Margin="0,0,15,0">Option2</RadioButton>
                <RadioButton Margin="0,0,15,0">Option3</RadioButton>
                <RadioButton IsEnabled="False" Margin="0,0,15,0">Option4</RadioButton>
                <RadioButton Margin="0,0,15,0">Option5</RadioButton>
            </StackPanel>
        </StackPanel>
...
```

Die Laufzeitansicht:

19.1.4 TextBox, PasswordBox, RichEditBox

Für die Eingabe von Werten stehen Ihnen neben der bekannten *TextBox* noch die *RichEditBox* und der "Spezialist" *PasswordBox* zur Verfügung. Die Bedeutung der Controls dürfte sich aus dem Namen ergeben, einige Beispiele sollen die Verwendung demonstrieren.

BEISPIEL 19.7: *TextBox, PasswordBox, RichEditBox*

XAML

```
...
        <StackPanel Grid.Row="1" Margin="120,0,120,0">
            <TextBlock Text="TextBox einfach" Style="{StaticResource BasicTextStyle}"
                    Margin="0,10,0,5" />
```

Eine simple *TextBox* erzeugen:

```
            <TextBox Name="TextBox1" Text="Eingabe" />
            <Button Content="Alles Markieren" Click="Button_Click_3"/>
```

Eine mehrzeilige *TextBox* mit automatischem Zeilenumbruch erzeugen:

```
            <TextBox Text="Eingabe" Opacity="0.5" Height="100" BorderThickness="0"
                    Margin="0,10,0,5" AcceptsReturn="True" TextWrapping="Wrap" />
```

Passworteingabe leichtgemacht:

```
            <TextBlock Text="PasswordBox" Style="{StaticResource BasicTextStyle}"
                    Margin="0,10,0,5" />
            <PasswordBox Password="abcdefg" PasswordChar="?" />
            <TextBlock Text="RichTextBox" Style="{StaticResource BasicTextStyle}"
                    Margin="0,10,0,5" />
```

Diese *RichEditBox* füllen wir zur Laufzeit:

```
            <RichEditBox Height="200" Name="reb1"/>
```

Einige Schaltflächen, mit denen wir die *RichEditBox* manipulieren:

```
            <StackPanel Orientation="Horizontal">
                <Button Content="Laden" Click="Button_Click_1"/>
                <Button Content="Speichern" Click="Button_Click_4"/>
                <Button Content="Text Erzeugen" Click="Button_Click_2"/>
            </StackPanel>
...
```

VB

```
...
```

Wir laden eine Text- oder Richtext-Datei in die *RichEditBox*:

```
    Private Async Sub Button_Click_1(sender As Object, e As RoutedEventArgs)
```

Das Öffnen der "Dateidialoge" – jetzt *FileOpenPicker* – erfordert die Vollbildansicht:

```
        If ApplicationView.Value <> ApplicationViewState.Snapped Then
            Dim open As New Windows.Storage.Pickers.FileOpenPicker()
            open.SuggestedStartLocation = _
                        Windows.Storage.Pickers.PickerLocationId.DocumentsLibrary
            open.FileTypeFilter.Add(".rtf")
            open.FileTypeFilter.Add(".txt")
            Dim file As Windows.Storage.StorageFile = Await open.PickSingleFileAsync()
```

BEISPIEL 19.7: *TextBox, PasswordBox, RichEditBox*

Wurde eine Datei ausgewählt ...

```
If file IsNot Nothing Then
```

... können wir diese in die *RichEditBox* laden:

```
Dim strm As Windows.Storage.Streams.IRandomAccessStream = _
    Await file.OpenAsync(Windows.Storage.FileAccessMode.Read)
rebl.Document.LoadFromStream(Windows.UI.Text.TextSetOptions.FormatRtf, strm)
End If
End If
End Sub
```

Alternativ können Sie die Inhalte der *RichEditBox* auch per Code erzeugen:

```
Private Async Sub Button_Click_2(sender As Object, e As RoutedEventArgs)
```

Wie Sie sehen, arbeiten wir quasi mit der Einfügemarke, die wir verschieben:

```
rebl.Document.Selection.EndKey(TextRangeUnit.Story, False)
```

Nachfolgend können wir Texte und Formatierungen zuweisen:

```
rebl.Document.Selection.SetText(TextSetOptions.None, "Überschrift")
rebl.Document.Selection.CharacterFormat.BackgroundColor = Colors.White
rebl.Document.Selection.CharacterFormat.Size = 18

rebl.Document.Selection.EndKey(TextRangeUnit.Story, False)
rebl.Document.Selection.SetText(TextSetOptions.None, "Hallo in Grün")
rebl.Document.Selection.CharacterFormat.BackgroundColor = Colors.Green
rebl.Document.Selection.CharacterFormat.Size = 10

rebl.Document.Selection.EndKey(TextRangeUnit.Story, False)
rebl.Document.Selection.SetText(TextSetOptions.None, "Hallo in Rot")
rebl.Document.Selection.CharacterFormat.BackgroundColor = Colors.Red
```

Einfügen eines Hyperlinks:

```
rebl.Document.Selection.EndKey(TextRangeUnit.Story, False)
```

Zunächst der Beschriftungstext:

```
rebl.Document.Selection.SetText(TextSetOptions.None, vbLf & "Ein Hyperlink")
rebl.Document.Selection.CharacterFormat.BackgroundColor = Colors.White
rebl.Document.Selection.CharacterFormat.ForegroundColor = Colors.Green
```

Dann die Sprungadresse:

```
rebl.Document.Selection.Link = """http://doko-buch.de"""
```

Hier fügen wir eine Grafik ein, die der Nutzer per *FileOpenPicker* auf dem System auswählt:

```
Dim open As New Windows.Storage.Pickers.FileOpenPicker()
open.SuggestedStartLocation = _
```

```
                    Windows.Storage.Pickers.PickerLocationId.PicturesLibrary
            open.ViewMode = Windows.Storage.Pickers.PickerViewMode.Thumbnail

            open.FileTypeFilter.Clear()
            open.FileTypeFilter.Add(".bmp")
            open.FileTypeFilter.Add(".png")
            open.FileTypeFilter.Add(".jpeg")
            open.FileTypeFilter.Add(".jpg")

            Dim file As Windows.Storage.StorageFile = Await open.PickSingleFileAsync()
            Dim fileStream As Windows.Storage.Streams.IRandomAccessStream = _
                    Await file.OpenAsync(Windows.Storage.FileAccessMode.Read)

            reb1.Document.Selection.EndKey(TextRangeUnit.Story, False)
            reb1.Document.Selection.InsertImage(50, 50, 50, VerticalCharacterAlignment.Top,
                                                "test", fileStream)
        End Sub
```

Die Inhalte der *RichEditBox* speichern:

```
    Private Async Sub Button_Click_4(sender As Object, e As RoutedEventArgs)
        If ApplicationView.Value <> ApplicationViewState.Snapped Then
            Dim open As New Windows.Storage.Pickers.FileSavePicker()
            open.SuggestedStartLocation = _
                    Windows.Storage.Pickers.PickerLocationId.DocumentsLibrary
            open.FileTypeChoices.Add("Rich Text Format", New String() {".rtf"})
            Dim file As Windows.Storage.StorageFile = Await open.PickSaveFileAsync()
            If file IsNot Nothing Then
                Dim strm As Windows.Storage.Streams.IRandomAccessStream = _
                    Await file.OpenAsync(Windows.Storage.FileAccessMode.ReadWrite)
                reb1.Document.SaveToStream(TextGetOptions.FormatRtf, strm)
                strm.Dispose()
            End If
        End If
    End Sub
...
```

Ergebnis

```
RichTextBox

<common:LayoutAwarePage
    x:Name="pageRoot"
    x:Class="Steuerelemente.TextBox_RichTextBox"
    DataContext="{Binding DefaultViewModel, RelativeSource={RelativeSource Self}}"
    IsTabStop="false"
    mc:Ignorable="d">

    <Page.Resources>

        <!-- TODO: Delete this line if the key AppName is declared in App.xaml -->
        <x:String x:Key="AppName">TextBox und RichEditBox</x:String>
    </Page.Resources>
```

| Laden | Speichern | Text Erzeugen |

19.1.5 Image

Die Funktion dieses Controls dürfte sich wohl auf den ersten Blick erschließen, die per *Source*-Eigenschaft zugewiesenen Grafiken können in verschiedenen Ansichtsmodi (Eigenschaft *Stretch*) dargestellt werden.

HINWEIS: In .NET-Projekten wird die Darstellung von SVG-Grafiken **nicht** unterstützt. Sie müssen diese vorher mit einem Konverter in XAML-Grafiken umwandeln!

Das folgende Beispiel zeigt Ihnen neben der trivialen Anzeige von Grafiken auch die Möglichkeit, wie Sie diese per Gestensteuerung zur Laufzeit manipulieren können.

BEISPIEL 19.8: *Image*-**Control und Gestensteuerung**

XAML

...

Ein Ressourcen-Image in Originalgröße anzeigen:

```
<Image Source="Images/mycomputer.png" Stretch="None" Margin="0,0,0,20"/>
```

Das Bild wird in diesem Fall proportional auf 50x50 Pixel skaliert:

```
<Image Source="Images/mycomputer.png" Width="50" Height="50" Stretch="Uniform"
       Margin="0,0,0,20"/>
```

Das in den folgenden Canvas eingefügte *Image* wird für die Reaktion auf alle Manipulationsarten (Drehen, Vergrößern, Verschieben) konfiguriert. Die eigentliche Reaktion erfolgt im zugeordneten Eventhandler:

```
<Canvas Height="400" Background="AliceBlue">
    <Image Name="Image1" Source="Images/bulbon.png" ManipulationMode="All"
        ManipulationDelta="Image_ManipulationDelta"
            RenderTransformOrigin="0.5, 0.5">
        <Image.RenderTransform>
            <CompositeTransform/>
        </Image.RenderTransform>
    </Image>
</Canvas>
```

...

VB

Wie versprochen, müssen wir uns noch um die eigentliche Manipulation kümmern, wir hatten lediglich die Reaktion darauf "freigeschaltet":

```
Private Sub Image_ManipulationDelta(sender As Object,
                            e As ManipulationDeltaRoutedEventArgs)
```

Aktuelle Einstellungen abrufen:

```
Dim comptrans As CompositeTransform = DirectCast(TryCast(sender,
                    Image).RenderTransform, CompositeTransform)
```

BEISPIEL 19.8: *Image*-Control und Gestensteuerung

Änderungen einrechnen:

```
        comptrans.ScaleX *= e.Delta.Scale
        comptrans.ScaleY *= e.Delta.Scale
        comptrans.TranslateX += e.Delta.Translation.X
        comptrans.TranslateY += e.Delta.Translation.Y
        comptrans.Rotation += 180.0 / Math.PI * e.Delta.Rotation
    End Sub
...
```

Testen Sie die Reaktion der "Glühlampe" auf die bekannten Gesten.

HINWEIS: Wer nicht über die erforderliche Hardware verfügt, der sei an den Tablet-Simulator verwiesen, hier können Sie die Gesten (Drehen, Verschieben, Vergrößern) über die drei entsprechenden Tasten auswählen und per Mausrad simulieren.

19.1.6   ScrollBar, Slider, ProgressBar, ProgressRing

An dieser Stelle fassen wir einige Controls zusammen, die ähnlich gelagerte Aufgaben übernehmen. Während *Scrollbar* und *Slider* für die Eingabe von Werten zwischen einem vorgegebenen *Minimum* und *Maximum* vorgesehen sind, stellt der *ProgressBar* die optische Anzeige eines Wertes dar. Eine Sonderrolle spielt der *ProgressRing*, dieser stellt einen neutralen Fortschritt oder eine Bearbeitung dar, die mit *IsActive* ein- oder ausgeschaltet wird.

Auf einige spezielle Eigenschaften des *Slider*-Controls geht das folgende Beispiel ein:

```
...
<StackPanel Grid.Row="1" Margin="120,0,120,0">
        <StackPanel Orientation="Horizontal" Margin="0,50,0,50">
```

Ein horizontaler *Slider* mit einem Wertebereich von 1 bis 100:

```
<Slider Name="Slider1" Width="300" Height="35" Minimum="1" Maximum="100"
        Orientation="Horizontal" Value="25" Margin="0,0,50,0" />
```

Zur Anzeige binden wir einfach einen *TextBlock* an den *Value* des *Slider*s:

```
<TextBlock Text="{Binding ElementName=Slider1, Path=Value}"
        Style="{StaticResource HeaderTextStyle}" Width="75"/>
```

Ebenfalls an den *Slider* gebunden, ein *ProgressBar* zur Wertanzeige:

```
<ProgressBar Maximum="100" Value="{Binding ElementName=Slider1, Path=Value}"
        Margin="50,0,0,0" Height="25" Width="200" Foreground="GreenYellow"/>
</StackPanel>
<StackPanel Orientation="Horizontal" Margin="0,50,0,0">
    <TextBlock Style="{StaticResource TitleTextStyle}" >ProgressRing:</TextBlock>
    <CheckBox Name="Check2"  Margin="50,0,50,0">IsActive</CheckBox>
```

Ein *Slider* mit einer Schrittweite von 0,1 und einer Anzeigeschrittweite von 0,5:

```
<StackPanel Orientation="Horizontal" Margin="0,25,0,20">
    <Slider Name="Slider2" Width="300" Height="35" Minimum="1" Maximum="5"
        StepFrequency="0.1" SnapsTo="StepValues" TickFrequency="0.5"
        Orientation="Horizontal" Value="25" Margin="0,0,50,0" />
    <TextBlock Text="{Binding ElementName=Slider2, Path=Value}"
        Style="{StaticResource HeaderTextStyle}" />
```

Der regulär zurückgegebene Wert bestimmt sich aus der Eigenschaft *SnapsTo*. Ist diese auf *StepValue* festgelegt, wie im obigen Beispiel, wird der eingestellte Wert mit einer Genauigkeit von 0,1 bestimmt. Bei *TickValues* würden die Werte nur mit einer Schrittweite von 0,5 zurückgegeben werden.

```
</StackPanel>
```

Ein *ProgressRing* zur Fortschrittsanzeige, das Ein-/Ausschalten übernimmt die *CheckBox*:

```
<ProgressRing Height="60" Width="60" IsActive="{Binding IsChecked,
        ElementName=Check2}"></ProgressRing>
</StackPanel>
<StackPanel Orientation="Horizontal" Margin="0,50,0,0">
    <TextBlock Style="{StaticResource TitleTextStyle}"
        VerticalAlignment="Center">Progressbar Indeterminated:</TextBlock>
    <CheckBox Name="Check1"  Margin="50,0,50,0">Pause</CheckBox>
```

Ein *ProgressBar* ohne absolute Wertanzeige (nur Animation):

```
<ProgressBar Maximum="100" Value="{Binding ElementName=Slider1, Path=Value}"
        IsIndeterminate="True" Height="25" Width="200"
```

BEISPIEL 19.9: *Slider, ProgressBar, ProgressRing*

```
                          Foreground="GreenYellow"
                          ShowPaused="{Binding IsChecked, ElementName=Check1}"/>
            </StackPanel>
...
```

Verschieben Sie die beiden *Slider*:

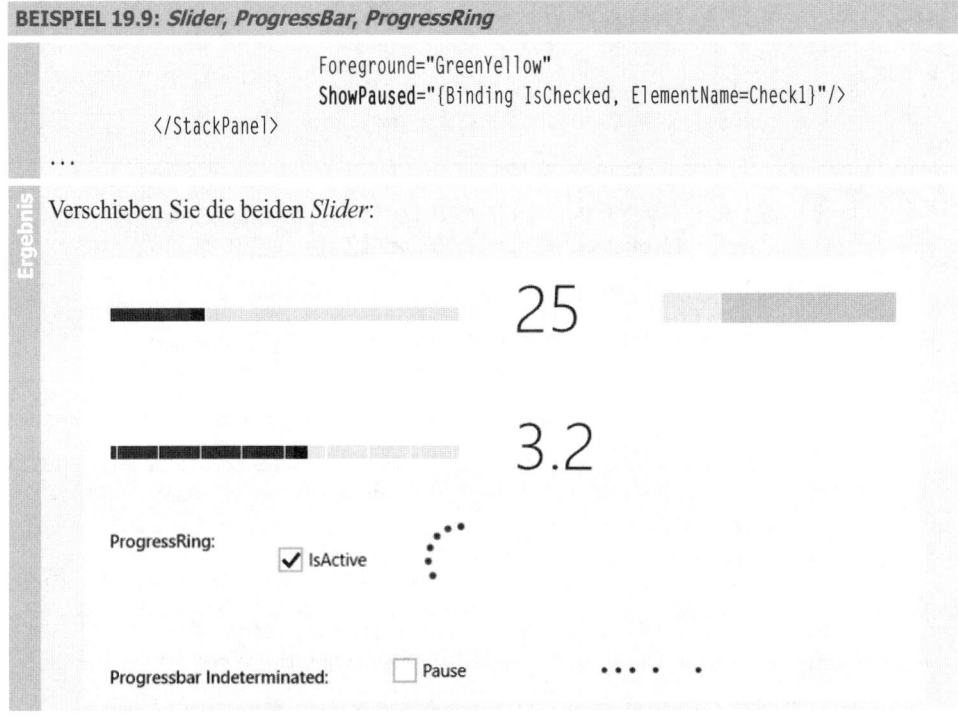

19.1.7 Border, Ellipse, Rectangle

An dieser Stelle erwartet den WPF-Programmierer nichts Neues, die Controls verfügen lediglich über die zusätzlichen Events für die Toucheingabe (*Tapped* ...)

BEISPIEL 19.10: Verwendung *Border*

```
...
    <Border Height="100" Background="AliceBlue" BorderThickness="20,5,10,1"
            BorderBrush="Blue" CornerRadius="0,10,20,50" >
        <TextBlock Foreground="Blue" FontSize="50" HorizontalAlignment="Center"
                   VerticalAlignment="Center">Das ist ein Border</TextBlock>
    </Border>
...
```

Die Laufzeitansicht:

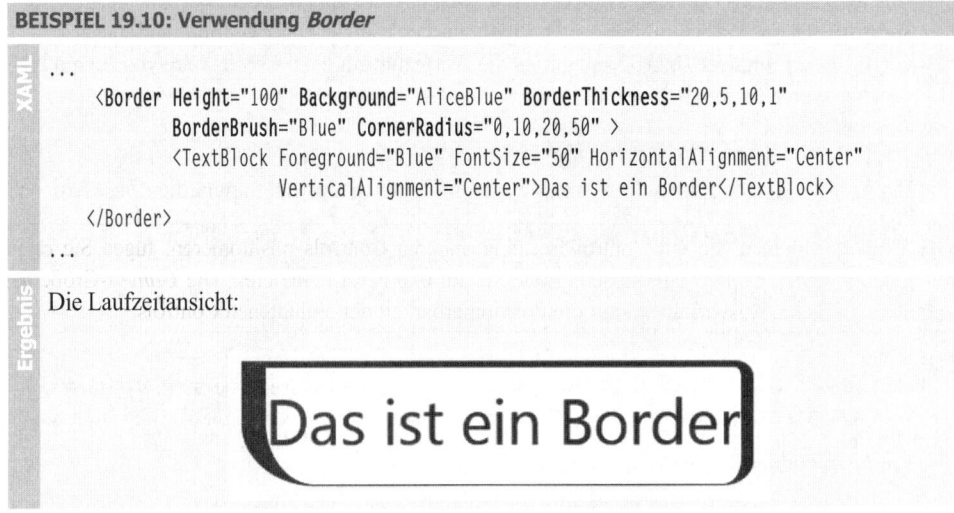

19.2 Layout-Controls

Wie Sie den bisherigen Beispielen entnehmen konnten, kann in vielen Fällen immer nur ein Control als Content in den Clientbereich, z.B. einer *Page*, eingefügt werden. In diesem Fall können Sie auf den reichen Fundus an Layout-Controls zurückgreifen. Diese bieten nicht nur die Möglichkeit, mehrere Client-Controls aufzunehmen, sondern auch diese geschickt zu platzieren.

19.2.1 Canvas

Der *Canvas* erinnert noch am ehesten an das Erstellen von Windows Forms-Oberflächen, enthaltene Controls werden einfach über Ihre Koordinaten im Clientbereich positioniert.

HINWEIS: Beachten Sie, dass die Koordinaten per angehängter Eigenschaft zugewiesen werden (siehe folgende Beispiel).

BEISPIEL 19.11: Verwendung *Canvas*

```
...
    <Canvas Height="200" Background="AntiqueWhite">
        <Image Canvas.Left="50" Canvas.Top="5" Source="Images/bulbon.png"/>
        <Image Canvas.Left="118" Canvas.Top="62" Source="Images/bulbon.png"/>
        <TextBlock Foreground="Blue" FontSize="24" Canvas.Left="118" Canvas.Top="51">
            Canvas mit freier Positionierung</TextBlock>
    </Canvas>
...
```

HINWEIS: Möchten Sie ein Control frei über anderen Controls positionieren, fügen Sie es in einen *Canvas* ein, dessen Größe Sie auf 0x0 Pixel reduzieren. Die *Canvas*-Größe hat keine Auswirkungen auf die Positionierbarkeit der enthaltenen Controls.

BEISPIEL 19.12: Frei positionierter *TextBlock*

```
...
    <!-- Back Button and page title -->
    <Grid>
        <Grid.ColumnDefinitions>
```

BEISPIEL 19.12: Frei positionierter *TextBlock*

```
        <ColumnDefinition Width="Auto"/>
        <ColumnDefinition Width="*"/>
      </Grid.ColumnDefinitions>
      <Canvas Height="0" Width="0" Grid.Column="0" Grid.Row="0" >
        <TextBlock Foreground="Blue" FontSize="24" Canvas.Left="0"
           Canvas.Top="-20">TextBlock mit freier Positionierung</TextBlock>
      </Canvas>
      ...
```

Ergebnis

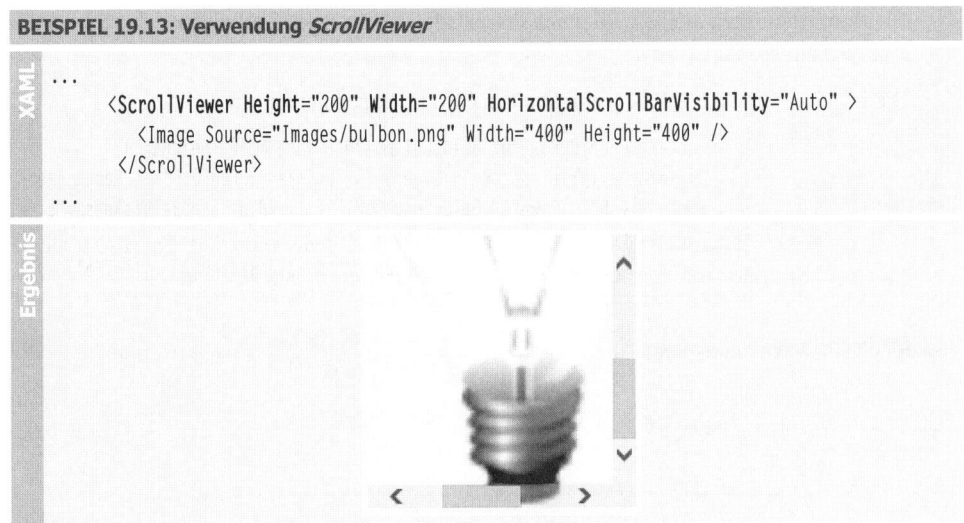

19.2.2 StackPanel

Alle enthaltenen Controls werden in der Reihenfolge ihrer Definition "übereinandergestapelt". Standardmäßig erhalten die Controls die Breite des *StackPanel*s, Sie müssen also gegebenenfalls die Breite explizit festlegen. Mit der Eigenschaft *Orientation* legen Sie die Stapelrichtung (Horizontal, Vertikal) fest.

19.2.3 ScrollViewer

Kommen Sie mit den verfügbaren Platzverhältnissen nicht klar oder wollen Sie große Grafiken anzeigen, die nicht auf den Bildschirm passen, können Sie einen *ScrollViewer* einsetzen. Kann der enthaltene Content nicht komplett dargestellt werden, blendet der *ScrollViewer* horizontale und/oder vertikale Scrollbars ein, die das Verschieben des Sichtausschnitts ermöglichen.

BEISPIEL 19.13: Verwendung *ScrollViewer*

XAML

```
      ...
      <ScrollViewer Height="200" Width="200" HorizontalScrollBarVisibility="Auto" >
        <Image Source="Images/bulbon.png" Width="400" Height="400" />
      </ScrollViewer>
      ...
```

Ergebnis

19.2.4 Grid

Das wohl wichtigste Layout-Control ist das *Grid*. Ein Blick in den XAML-Code, z.B. einer Standardseite, zeigt recht schnell, dass ohne dieses Control nichts läuft. Wie bei einer Tabelle werden zunächst Zeilen und Spalten definiert. Diese können absolute Angaben (in Pixeln) zu Höhe und Breite enthalten oder auch relative (siehe Beispiel). Alternativ bietet es sich auch an, dass der Inhalt die Höhe bzw. die Breite bestimmt, in diesem Fall wird für *Height* oder *Width* der Wert "Auto" übergeben. Die enthaltenen Controls lassen sich mittels der angehängten Eigenschaften *Grid.Column* und *Grid.Row* im *Grid* positionieren.

BEISPIEL 19.14: Verwendung *Grid*

XAML

...

Zunächst die Maße des *Grid*s bestimmen und die Zeilen definieren:

```
<Grid Height="200" Width="500" Background="LightYellow" >
  <Grid.RowDefinitions>
    <RowDefinition Height="Auto"/>
    <RowDefinition Height="3*"/>
    <RowDefinition Height="2*"/>
  </Grid.RowDefinitions>
```

Die Höhe der ersten Zeile wird durch den Inhalt bestimmt, den Rest teilen sich Zeile 2 und 3 im Verhältnis 3 zu 2.

Die Spalten festlegen:

```
<Grid.ColumnDefinitions>
  <ColumnDefinition Width="Auto"/>
  <ColumnDefinition Width="3*"/>
  <ColumnDefinition Width="1*"/>
</Grid.ColumnDefinitions>
```

Die Breite der ersten Spalte wird durch den Inhalt bestimmt, den Rest teilen sich Spalte 2 und 3 im Verhältnis 3 zu 1.

Die folgenden drei Rechtecke werden in den Gridzellen positioniert:

```
<Rectangle Grid.Row="0" Grid.Column="0" Width="150" Height="45"
  Fill="BlueViolet" StrokeThickness="5" Stroke="#FF00E01F" ></Rectangle>
<Rectangle Grid.Row="1" Grid.Column="1" Fill="Red" StrokeThickness="5"
  Stroke="#FF00E01F" ></Rectangle>
<Rectangle Grid.Row="1" Grid.Column="2" Grid.RowSpan="2" Fill="Yellow"
  StrokeThickness="5" Stroke="#FF00E01F" ></Rectangle>
```

Beachten Sie das dritte Rechteck: Dieses erstreckt sich wegen *Grid.RowSpan="2"* über zwei Zeilen.

```
</Grid>
```

...

BEISPIEL 19.14: Verwendung *Grid*

Die Entwurfsansicht:

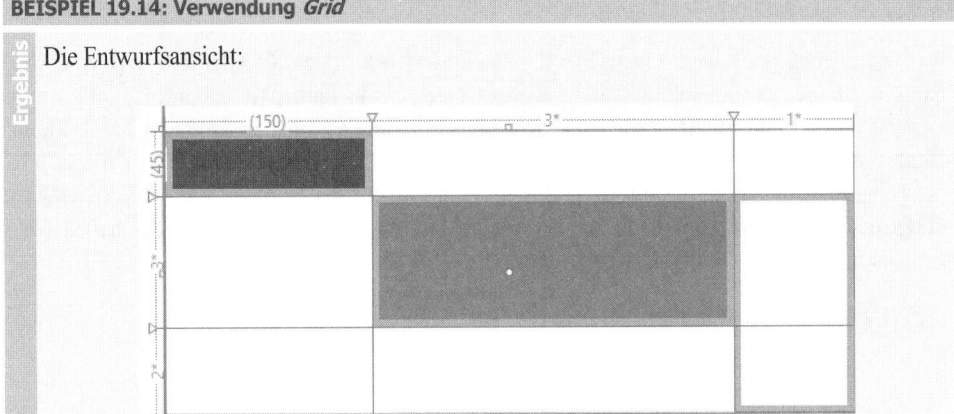

19.2.5   VariableSizedWrapGrid

Bei diesem erweiterten *WrapGrid* bestimmen Sie zunächst mit *Orientation* die Ausrichtung (Standard *Vertical*) und die Standardhöhe und -breite der enthaltenen Items (*ItemHeight, ItemWidth*). Die Eigenschaft *MaximumRowsOrColumns* legt fest, nach welchem Element umgebrochen wird (abhängig von *Orientation*). Die enthaltenen Elemente werden auf das mit *ItemHeight* und *ItemWidth* festgelegte Maß beschnitten, es sei denn, Sie weisen dem Element eine *ColumnSpan* oder *RowSpan* zu (das Element belegt dann mehr als eine Spalte oder Zeile).

BEISPIEL 19.15: Verwendung *VariableSizedWrapGrid*

VariableSizedWrapGrid mit drei Zeilen und einer Zellgröße von 50x50 Pixeln definieren:

...

```
<VariableSizedWrapGrid Height="160" Background="LavenderBlush" ItemHeight="50"
                       ItemWidth="50" MaximumRowsOrColumns="3">
```

Das folgende Rechteck ist kleiner als der "Cell"-Bereich und wird original angezeigt:

```
<Rectangle Fill="PaleGreen" StrokeThickness="5" Stroke="#FF00E01F" ></Rectangle>
<Rectangle Fill="DarkRed" StrokeThickness="5" Stroke="#FF00E01F" ></Rectangle>
```

Ein Rechteck mit doppelter Höhe:

```
<Rectangle Fill="Red" StrokeThickness="5" Stroke="#FF00E01F" Height="100"
           VariableSizedWrapGrid.RowSpan="2" ></Rectangle>
<Rectangle Fill="Green" StrokeThickness="5" Stroke="#FF00E01F" ></Rectangle>
```

Ein Rechteck mit doppelter Breite:

```
<Rectangle Fill="Blue" StrokeThickness="5" Stroke="#FF00E01F" Width="100"
           VariableSizedWrapGrid.ColumnSpan="2" ></Rectangle>
<Rectangle Fill="Yellow" StrokeThickness="5" Stroke="#FF00E01F" ></Rectangle>
<Rectangle Fill="White" StrokeThickness="5" Stroke="#FF00E01F" ></Rectangle>
```

BEISPIEL 19.15: Verwendung *VariableSizedWrapGrid*

Das Image wird beschnitten, da zu groß:

```
        <Image Source="Images/bulbon.png" Height="100" Width="100"/>
    </VariableSizedWrapGrid>
...
```

Die Entwurfsansicht:

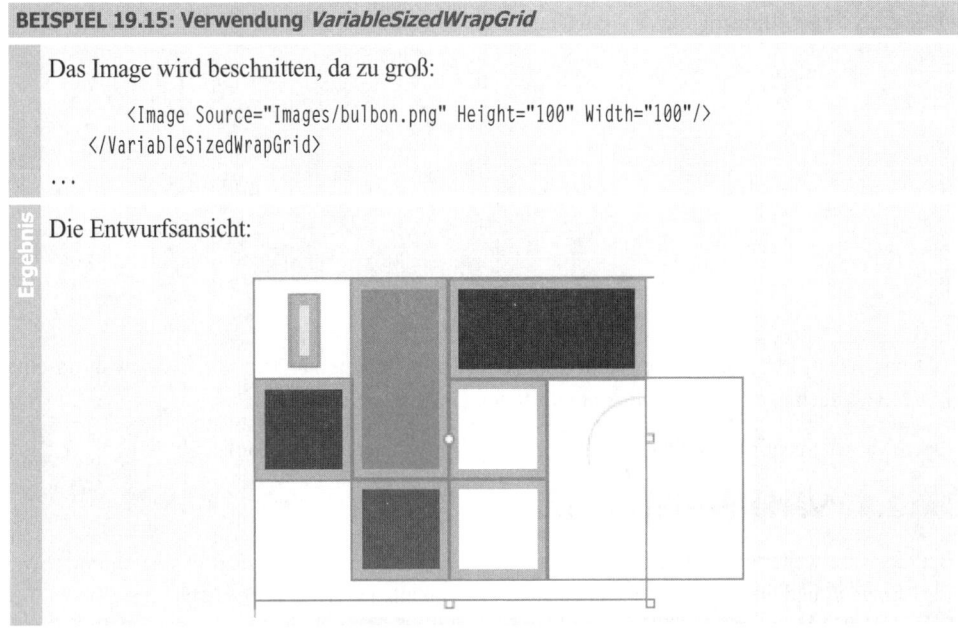

19.3 Listendarstellungen

Im Zusammenhang mit der Anzeige von Datenlisten etc. werden auch entsprechende Controls benötigt, die diese Listen auf sinnvolle Weise visualisieren können.

19.3.1 ComboBox, ListBox

Eigentlich sollten Sie sich im Zusammenhang mit WinRT-Anwendungen von der guten alten *ComboBox* verabschieden, ist diese doch für die Touchbedienung nur noch eingeschränkt empfehlenswert. Aber wer trennt sich schon gern von lieb gewonnenen Lösungen.

Beide Controls basieren auf einem *ItemsControl*, können also eine Liste von einzelnen *Items* aufnehmen.

BEISPIEL 19.16: Einfache *ListBox*, die Items werden per XAML definiert

```
...
        <ListBox>
            <ListBoxItem>Zeile 1</ListBoxItem>
            <x:String>Eintrag 2</x:String>
            <x:String>Eintrag 3</x:String>
            <x:String>Eintrag 4</x:String>
            <Image Source="Images/bulbon.png" Width="40"></Image>
        </ListBox>
...
```

BEISPIEL 19.16: Einfache *ListBox*, die Items werden per XAML definiert

Ergebnis

Zeile 1
Eintrag 2
Eintrag 3
Eintrag 4

Wie Sie sehen, kann es sich um recht unterschiedliche Objekte handeln, die Sie sowohl in einer *ListBox* als auch in einer *ComboBox* unterbringen können.

Doch was ist eigentlich mit Daten in der einfachen Form einer *String*-Liste?

BEISPIEL 19.17: Datenbindung *ListBox*

VB

```
...
Public NotInheritable Class Listen
    Inherits Common.LayoutAwarePage
```

Wir definieren die Liste als Eigenschaft der aktuellen Seite:

```
Public Property Items() As List(Of String)
    Get
        Return m_Items
    End Get
    Set(value As List(Of String))
        m_Items = Value
    End Set
End Property
Private m_Items As List(Of String)
```

Im Konstruktor weisen wir der Liste einige Werte zu:

```
Public Sub New()
    Me.InitializeComponent()
    Items = New List(Of String)()
    For i As Integer = 0 To 99
        Items.Add("Eintrag " + i.ToString())
    Next
End Sub
...
```

XAML

```
<common:LayoutAwarePage
    x:Name="pageRoot"
...
    <ListBox ItemsSource="{Binding Items, ElementName=pageRoot}" Width="200"/>
...
```

Wie Sie sehen, genügt jetzt das Binden an die aktuelle Seite (*ElementName=pageRoot*), die eigentlich zu bindende Eigenschaft *Items* können Sie wie oben gezeigt oder per *Binding Path=Items* bestimmen.

Die gleiche Vorgehensweise ist auch bei der *ComboBox* relevant, allerdings ist deren Erscheinung an die Gegebenheiten einer Touchoberfläche angepasst worden:

BEISPIEL 19.18: Verwendung *ComboBox*

XAML
```
...
    <ComboBox ItemsSource="{Binding Path=Items, ElementName=pageRoot}" Width="200"
            Height="50" VerticalAlignment="Top"/>
...
```

Ergebnis
Die Laufzeitansicht vor und nach dem Klick:

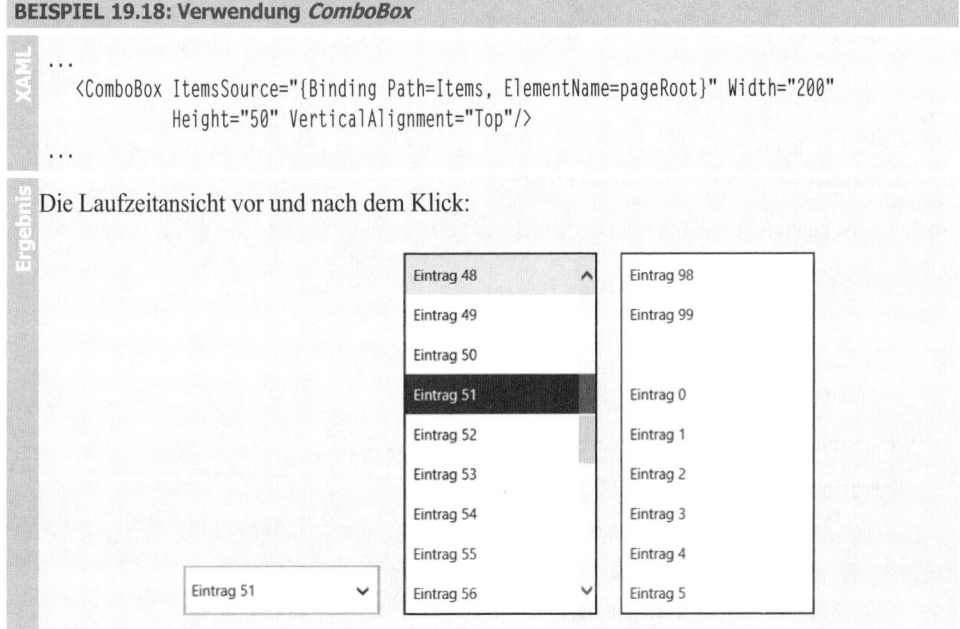

Um eine bessere Touchbedienung zu erreichen, wird die Auswahlliste möglichst zentriert über der *ComboBox* angezeigt. Wie die dritte Abbildung zeigt, kann dabei auch das Listenende "überschritten" werden, die Liste beginnt dann wieder von vorn.

Eine etwas kompliziertere Variante der Datenbindung zeigt das folgende Beispiel. Ausgehend von der Klasse *Artikel (Name, Preis)* soll eine Liste dieser Daten in einer *ListBox* dargestellt werden.

BEISPIEL 19.19: Binden an eine *ObservableCollection*

VB
Zunächst die Klasse *Artikel* definieren (wir implementieren *INotifyPropertyChanged*, um auf Eigenschaftsänderungen reagieren zu können):

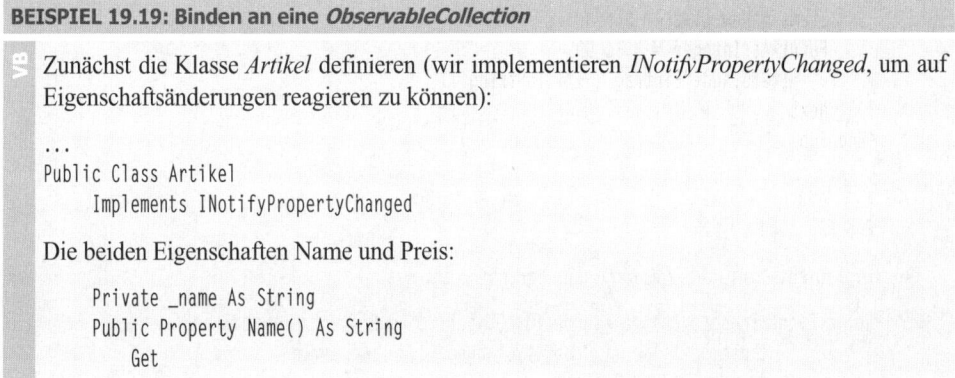

```
...
Public Class Artikel
    Implements INotifyPropertyChanged
```

Die beiden Eigenschaften Name und Preis:

```
    Private _name As String
    Public Property Name() As String
        Get
```

```
                Return _name
            End Get
            Set(value As String)
                _name = value
                Me.OnPropertyChanged("Name")
            End Set
        End Property


        Private _preis As Double

        Public Property Preis() As Double
            Get
                Return _preis
            End Get
            Set(value As Double)
                _preis = value
                Me.OnPropertyChanged("Preis")
            End Set
        End Property


        Public Sub New()
        End Sub
```

Die statische Methode *GetBeispielArtikel* liefert uns eine bereits gefüllte Liste von Artikeln:

```
    Public Shared Function GetBeispielArtikel() As ObservableCollection(Of Artikel)
        Dim _artikel As New ObservableCollection(Of Artikel)() From { _
            New Artikel() With { _
                .Name = "Bier",
                .Preis = 1.2 _
            },
            New Artikel() With { _
                .Name = "Wein",
                .Preis = 3.7 _
            },
...
            New Artikel() With { _
                .Name = "Kohlrabi",
                .Preis = 0.5 _
            } _
        }
        Return _artikel
    End Function
```

Die Implementierung des *PropertyChanged*-Ereignisses:

```
    Public Event PropertyChanged(sender As Object, e As PropertyChangedEventArgs) _
        Implements INotifyPropertyChanged.PropertyChanged
```

BEISPIEL 19.19: Binden an eine *ObservableCollection*

```
    Protected Overridable Sub OnPropertyChanged(propertyName As String)
        RaiseEvent PropertyChanged(Me, New _
            System.ComponentModel.PropertyChangedEventArgs(propertyName))
    End Sub
...
```

In der eigentlichen Seite definieren wir zunächst eine Eigenschaft vom Typ *ObservableCollection<Artikel>* und weisen dieser die Beispieldaten zu:

```
...
    Public Property Artikeliste() As ObservableCollection(Of Artikel)
        Get
            Return m_Artikeliste
        End Get
        Set(value As ObservableCollection(Of Artikel))
            m_Artikeliste = value
        End Set
    End Property
    Private m_Artikeliste As ObservableCollection(Of Artikel)

    Public Sub New()
        Me.InitializeComponent()
        Artikeliste = Artikel.GetBeispielArtikel()
...
```

Die Datenquelle wird in diesem Fall mit der Eigenschaft *Artikellliste* zugewiesen, der anzuzeigende Member ist das Feld *Name*:

```
...
    <ListBox ItemsSource="{Binding Artikeliste, ElementName=pageRoot}"
            DisplayMemberPath="Name" Width="200"/>
...
```

Bier
Wein
Gurken
Brot
Brötchen
Butter

19.3.2 ListView

Soll neben dem Namen des Artikels auch der Preis oder z.B. eine Abbildung etc. angezeigt werden, bietet es sich an, statt der *ListBox* gleich eine *ListView* zu verwenden. Prinzipiell sind beide Controls sehr ähnlich, die *ListView* ist aber die etwas komplexere Variante, die vor allem einige neue Ereignisse (*DragItemsStarting*, *ItemsClick*) und Unterstützung für SemanticZoom und IncrementalLoading bietet.

BEISPIEL 19.20: Verwendung *ListView*

```
...
    <ListView ItemsSource="{Binding Artikeliste, ElementName=pageRoot}" Width="150"
        Height="450" VerticalAlignment="Top" SelectionMode="Extended" Header="Artikel">
```

Wie Sie sehen, binden wir die *ListView* ebenfalls an die schon aus dem vorhergehenden Beispiel 19.19 bekannte Artikelliste.

In diesem Fall wollen wir allerdings nicht nur den Namen sondern auch den Preis anzeigen lassen. Dazu nutzen wir ein *DataTemplate*, das uns freie Gestaltungsmöglichkeiten bietet:

```
                <ListView.ItemTemplate>
                    <DataTemplate>
                        <Border Background="#FFFFFBB1" Padding="5,0,5,0"
                                BorderBrush="#FFF93131" BorderThickness="1" Width="100">
                            <StackPanel>
                                <TextBlock Text="{Binding Name}" HorizontalAlignment="Left"/>
                                <TextBlock Text="{Binding Preis,
                                    ConverterParameter='{}{0:C}',
                                    Converter={StaticResource StringFormatConverter1}}"
                                    HorizontalAlignment="Left"/>
                            </StackPanel>
                        </Border>
                    </DataTemplate>
                </ListView.ItemTemplate>
            </ListView>
...
```

Die Laufzeitansicht (der Scrollbar ist nur sichtbar, wenn die *ListView* den Fokus besitzt):

Der im Beispiel verwendete *StringFormatConverter* wird im Abschnitt 19.5.1 ab Seite 967 vorgestellt.

> **HINWEIS:** Wer bereits in WPF mit der *ListView* gearbeitet hat, wird sich vielleicht an die Möglichkeit erinnern, mehrere Spalten innerhalb der *ListView* zu generieren und diesen die jeweiligen Member der Collection zuzuordnen. Dies ist bei der WinRT-Variante nicht möglich!

19.3.3 GridView

Möchten Sie die Daten nicht nur in einer Spalte sondern auch mehrspaltig anzeigen, können Sie ein *GridView* verwenden.

BEISPIEL 19.21: Verwendung *GridView*

Wir binden die *GridView* an die aus dem Beispiel 19.19 bekannte Artikelliste.

```
...
        <StackPanel>
```

Mit dem Klick auf einen Item zeigen wir in folgendem *TextBlock* den Inhalt an:

```
            <TextBlock Name="txt1" Style="{StaticResource TitleTextStyle}"
                       Margin="5,0,0,0"/>
```

Die *GridView*:

```
            <GridView ItemsSource="{Binding Artikeliste, ElementName=pageRoot}"
                      Width="400" SelectionMode="Extended" VerticalAlignment="Top"
                      ItemClick="GridView_ItemClick_1" IsItemClickEnabled="True">
```

Das *DataTemplate* definiert das Aussehen der einzelnen Items:

```
                <GridView.ItemTemplate>
                    <DataTemplate>
                        <Border Background="#FFFFFFBB1" Width="150" Height="80"
                                Padding="5,0,5,0" BorderBrush="#FFF93131">
                        <StackPanel>
                            <TextBlock Text="{Binding Name}"
                                       HorizontalAlignment="Left"/>
                            <TextBlock Text="{Binding Preis, ConverterParameter='{}
                                {0:C}', Converter={StaticResource
                                StringFormatConverter1}}" HorizontalAlignment="Left"/>
                            <TextBox Text="{Binding Name, Mode=TwoWay}" />
                        </StackPanel>
                        </Border>
                    </DataTemplate>
                </GridView.ItemTemplate>
```

Die Anzahl der maximal angezeigten Zeilen festlegen:

```
                <GridView.ItemsPanel>
                    <ItemsPanelTemplate>
                        <WrapGrid MaximumRowsOrColumns="5"
```

BEISPIEL 19.21: Verwendung *GridView*

```
                               VerticalChildrenAlignment="Top"
                               HorizontalChildrenAlignment="Left"/>
                    </ItemsPanelTemplate>
                 </GridView.ItemsPanel>
             </GridView>
        </StackPanel>
...
```

Über das *ItemClick*-Ereignis (dieses muss mit *IsItemClickEnabled* freigeschaltet werden) können wir den aktuell gewählten Item auswerten (Typisierung nicht vergessen):

```
...

    Private Sub GridView_ItemClick_1(sender As Object, e As ItemClickEventArgs)
        Dim item As Artikel = TryCast(e.ClickedItem, Artikel)
        txt1.Text = item.Name
    End Sub

...
```

Die Laufzeitansicht (der Scrollbar ist nur sichtbar, wenn das *GridView* den Fokus besitzt):

Kartoffeln		
Bier	Butter	Zwiebeln
1,20 €	1,20 €	0,50 €
Bier	Butter	Zwiebeln
Wein	Bohnen	Möhren
3,70 €	2,50 €	1,14 €
Wein	Bohnen	Möhren
Gurken	Kartoffeln	Brötchen
0,80 €	1,50 €	0,50 €
Gurken	Kartoffeln	Brötchen
Brot	Ente	Kohlrabi
2,20 €	10,99 €	0,50 €
Brot	Ente	Kohlrabi
Brötchen	Huhn	
0,50 €	4,50 €	
Brötchen	Huhn	

‹   ›

Da wir in diesem Fall auch eine *TextBox* im *DataTemplate* eingeblendet haben, können wir die Daten natürlich auch bearbeiten, was wiederum Auswirkungen auf die anderen gebundenen Controls auf der aktuellen Seite hat:

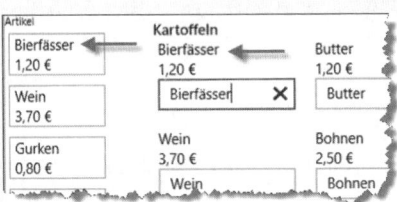

HINWEIS: Weitere Anwendungsbeispiele für das *GridView* finden Sie im Abschnitt 19.5 ab Seite 967.

19.3.4 FlipView

Der eine oder andere wird sich vielleicht wundern, was das *FlipView*-Control an dieser Stelle zu suchen hat, aber es handelt sich (wie bei den vorhergehenden Controls auch) um ein von *Items-Control* abgeleitetes Control. Damit hat es die Fähigkeit, weitere Items aufzunehmen.

Die sicher plausibelste Verwendung ist die Anzeige mehrerer Grafiken, zwischen denen mit Hilfe zweier Schaltflächen gewechselt werden kann.

BEISPIEL 19.22: Verwendung *FlipView* für Bilder

```
...
        <FlipView  Name="flv1" MaxHeight="200" MaxWidth="400"
                SelectionChanged="FlipView_SelectionChanged">
            <Image Source="Images/bulboff.png" />
            <Image Source="Images/bulbon.png" />
            <Image Source="Images/mycomputer.png" />
        </FlipView>
...
```

Laufzeitansicht (die Schaltflächen sind nur sichtbar, wenn die *FlipView* den Fokus besitzt):

Möchten Sie ein größeres Image (z.B. 1:1-Ansicht) an obige *FlipView* binden, funktioniert dies wie folgt:

```
<Image Source="{Binding ElementName=flv1, Path=SelectedItem.Source}" Stretch="None"
        Margin="0,50,0,50"/>
```

Doch die Anzeige und Auswahl von Bildern ist nicht die einzige Verwendungsmöglichkeit. Es ist ebenfalls problemlos möglich, die *FlipView* an eine Collection zu binden und mittels *DataTemplate* die Daten formatiert anzuzeigen:

BEISPIEL 19.23: Verwendung *ListView* mit Datenbindung

```
...
        <FlipView Width="400" Height="100" ItemsSource="{Binding Artikeliste,
                ElementName=pageRoot}" Background="AliceBlue">
```

```
                <FlipView.ItemTemplate>
                    <DataTemplate>
                        <StackPanel Margin="120,0,120,0">
                            <TextBlock Text="{Binding Name}" HorizontalAlignment="Left"
                                Style="{StaticResource SubheaderTextStyle}" />
                            <TextBlock Text="{Binding Preis, ConverterParameter='{}{0:C}',
                                Converter={StaticResource StringFormatConverter}}"
                                HorizontalAlignment="Left"
                                Style="{StaticResource SubheaderTextStyle}"/>
                        </StackPanel>
                    </DataTemplate>
                </FlipView.ItemTemplate>
            </FlipView>
    ...
```

Wie Sie sehen, binden wir die *FlipView* ebenfalls an die schon aus dem Beispiel 19.19 bekannte Artikelliste.

Laufzeitansicht (die Schaltflächen sind nur sichtbar, wenn die *FlipView* den Fokus besitzt):

Wein

‹   3,70 €   ›

HINWEIS: Ob obige Lösung auch intuitiv ist sei dahingestellt. Im Normalfall sieht der User ja nur die reinen Daten und nicht die Navigationsschaltflächen, ob es sich um eine Auswahl/Navigation handelt, muss man dann erst "ausprobieren".

Möchten Sie die Navigationsschaltflächen am oberen/unteren Rand einblenden, verwenden Sie einfach folgendes *ItemsPanel*:

```
        <FlipView Width="400" Height="200" ItemsSource="{Binding Artikeliste,
            ElementName=pageRoot}" Background="AliceBlue">
            <FlipView.ItemTemplate>
                <DataTemplate>

                </DataTemplate>
            </FlipView.ItemTemplate>
            <FlipView.ItemsPanel>
                <ItemsPanelTemplate>
                    <StackPanel Background="Transparent" Orientation="Vertical"/>
                </ItemsPanelTemplate>
            </FlipView.ItemsPanel>
        </FlipView>
```

19.4 Sonstige Controls

An dieser Stelle wollen wir uns einigen mehr oder weniger neuen Controls zuwenden, die aber für das Erstellen von multimedialen Oberflächen unabdingbar sind.

19.4.1 CaptureElement

Geht es um die Anzeige der Daten einer Webcam (Tablets werden meist über eine Front- und eine Rückseiten-Kamera verfügen), bietet sich für die reine Anzeige ein *CaptureElement* an.

Weisen Sie dazu der *Source*-Eigenschaft zur Laufzeit ein initialisiertes *MediaCapture*-Objekt zu. Was sich so einfach anhört, erfordert allerdings einigen Zusatzaufwand, wie es das folgende kleine Beispiel zeigt:

BEISPIEL 19.24: Verwendung *CaptureElement*

```
XAML
...
        <StackPanel Grid.Row="1" Margin="120,0,120,0">
            <CaptureElement Width="320" Height="240" Margin="0,0,0,30"
                            Name="CaptureElement1"/>
            <StackPanel Orientation="Horizontal" HorizontalAlignment="Center">
                <Button Click="Button_Click_1" Width="100">Start</Button>
                <Button Click="Button_Click_3" Width="100">Stop</Button>
                <Button Click="Button_Click_2" Width="100">Drehen</Button>
            </StackPanel>
        </StackPanel>
...
```

```
VB
...
Imports Windows.Media.Capture
Imports Windows.Devices.Enumeration
...
Public NotInheritable Class Capture_Beispiel
    Inherits Common.LayoutAwarePage
```

Eine Instanz der *MediaCapture*-Klasse definieren:

```
    Private medcap As MediaCapture
```

Mit dem Laden der Seite bestimmen wir zunächst die Anzahl der Video-Kameras und wählen dann das erste Gerät in der Liste aus. Alternativ können Sie über die *DeviceInformation-Collection* auch Informationen über die einzelnen Geräte auswerten bevor Sie eines zuweisen:

```
    Private Async Sub pageRoot_Loaded(sender As Object, e As RoutedEventArgs)
        Dim videocams As DeviceInformationCollection = Await _
                DeviceInformation.FindAllAsync(DeviceClass.VideoCapture)
```

BEISPIEL 19.24: Verwendung *CaptureElement*

Ist mindestens ein Videogerät vorhanden, wählen wir dieses aus und initialisieren sowohl die *MediaCapture*-Instanz als auch das *CaptureElement*:

```
If videocams.Count > 0 Then
    medcap = New MediaCapture()
    Dim mcis As New MediaCaptureInitializationSettings()
    mcis.VideoDeviceId = videocams(0).Id
    Await medcap.InitializeAsync()
    CaptureElement1.Source = medcap
End If
End Sub
```

Zu diesem Zeitpunkt wird noch nichts angezeigt, dies wird erst mit dem Aufruf der *Start-PreviewAsync*-Methode realisiert:

```
Private Async Sub Button_Click_1(sender As Object, e As RoutedEventArgs)
    Await medcap.StartPreviewAsync()
End Sub
```

Stoppen der Anzeige:

```
Private Async Sub Button_Click_3(sender As Object, e As RoutedEventArgs)
    Await medcap.StopPreviewAsync()
End Sub
```

Für die Art und Weise der Darstellung ist nicht das *CaptureElement* zuständig sondern die Datenquelle, d.h. das *MediaCapture*-Objekt (in diesem Fall drehen wir die Anzeige):

```
Private Sub Button_Click_2(sender As Object, e As RoutedEventArgs)
    medcap.SetPreviewRotation(VideoRotation.Clockwise180Degrees)
End Sub
End Class
```

HINWEIS: Starten Sie die App dürfen Sie nicht vergessen, vorher die erforderlichen Funktionen in der *Package.appxmanifest*-Datei entsprechend zu setzen. Wichtig: Sie müssen Webcam **und** Mikrofon anfordern, andernfalls kommt es zu einer Fehlermeldung, auch wenn Sie nur auf das Video zugreifen wollen. Nach dem Start wird dem Anwender zunächst die obligatorische Sicherheitsabfrage (Zugriff Webcam/Mikrofon) angezeigt.

19.4.2 MediaElement

Wie es sein Name schon vermuten lässt, können Sie das *MediaElement* für die Wiedergabe von Video- oder Musik-Dateien/-Streams nutzen. Verwenden Sie die *Source*-Eigenschaft, um den gewünschten Dateinamen anzugeben, alternativ können Sie auch zur Laufzeit mit der *SetSource*-Methode einen Stream übergeben.

Die wesentlichsten Methoden zur Steuerung der Wiedergabe sind:

- *Play*

- *Stop*

- *Pause*

HINWEIS: Haben Sie die Eigenschaft *AutoPlay* auf *True* gesetzt, startet die Wiedergabe nach dem Zuweisen der *Source*-Eigenschaft (bzw. wenn diese bereits gesetzt ist) mit der Anzeige des Controls.

BEISPIEL 19.25: Laden eines Videos aus dem aktuellen App-Unterverzeichnis *videos*

```vb
...
    Private Async Sub Button_Click_4(sender As Object, e As RoutedEventArgs)
        Dim folder As StorageFolder = Await _
            Package.Current.InstalledLocation.GetFolderAsync("videos")
        Dim file As StorageFile = Await folder.GetFileAsync("video2.mts")
        Dim stream = Await file.OpenAsync(FileAccessMode.Read)
        MediaElement1.SetSource(stream, file.ContentType)
    End Sub
...
```

Über die Ereignisse *MediaOpened*, *MediaEnded* und *CurrentStateChanged* können Sie den aktuellen Status der Wiedergabe auswerten und gegebenenfalls eine neue Datei laden bzw. den Status der Steuerungstasten anpassen.

Für die Endloswiedergabe nutzen Sie *IsLooping*, *IsMuted* sorgt für Ruhe. Über *Volume* steuern Sie die Lautstärke.

BEISPIEL 19.26: Lautstärkeregelung mit Datenbindung eines *Sliders*

```xaml
...
    <Slider Maximum="1" Minimum="0" Value="{Binding ElementName=Media1, Path=Volume,
        Mode=TwoWay}" Width="200" TickFrequency=".01" StepFrequency="0.01"
        SnapsTo="Ticks" Margin="30,0,0,0"/>
...
```

HINWEIS: Die aktuelle Wiedergabeposition können Sie nur per *MediaElement.Position.Total-Seconds*-Eigenschaft und zusätzlichen *Timer* auslesen – ein Ereignis mit entsprechendem Parameter gibt es dafür **nicht**. Alternativ lässt sich jedoch zum Beispiel ein *ProgressBar* direkt an ein *MediaElement* und damit auch an dessen *Position*-Eigenschaft binden.

BEISPIEL 19.27: Fortschrittsanzeige mittels *ProgressBar* realisieren

```
...
<MediaElement Name="Media1" />
<ProgressBar  Width="300"  Margin="0,10,0,0"
      Maximum="{Binding ElementName=Media1, Path=NaturalDuration.TimeSpan.TotalSeconds}"
      Value="{Binding ElementName=Media1, Path=Position.TotalSeconds}"/>
...
```

Über die unterstützten Dateiformate können Sie sich unter folgender Adresse informieren:

LINK: http://msdn.microsoft.com/en-us/library/hh986969.aspx

Mit einem etwas speziellerem Thema beschäftigt sich das Praxisbeispiel

▶ 19.5.7 Musikwiedergabe im Hintergrund realisieren

19.4.3 Frame

Im Abschnitt 18.1.2 (Die Page, der Frame und das Window) ab Seite 901 haben wir Ihnen bereits das organisatorische Grundkonzept der WinRT-Apps aufgezeigt. Ausgangspunkt der App war das einzige Fenster der App, als dessen Inhalt ein zentraler Frame zugewiesen wurde. Alle Seiten Ihrer WinRT-App werden innerhalb dieses Frames dargestellt, der Frame ist also nur ein Container für die eigentlichen Inhalte. Auch die Navigation zwischen den einzelnen Seiten ist Aufgabe dieses Frames (siehe dazu Abschnitt 18.3 ab Seite 915).

Was an so zentraler Stelle funktioniert, lässt sich aber auch in den einzelnen Seiten nutzen, um zum Beispiel schnell Inhalte innerhalb einer Page zu organisieren, siehe dazu das Praxisbeispiel

▶ 18.6.2 Auf Ansichtsänderungen reagieren

ab Seite 926.

19.4.4 WebView

Für die **einfache** Anzeige von Webseiten und auch HTML-Strings bietet sich das *WebView*-Control an. Wer jetzt an das WPF *Browser*-Control denkt, liegt teilweise falsch. Auch wenn es die beiden Methoden *Navigate* (Aufruf URL) bzw. *NavigateToString* (Anzeige HTML-Quelltext inklusive Skripts) ebenfalls gibt – der wesentlichste Unterschied ist die mangelnde Unterstützung für Navigations-Ereignisse bzw. die gänzlich fehlende Unterstützung für die Seitennavigation.

BEISPIEL 19.28: Anzeige Webseite in einer *WebView*

```
...
    Private Sub Button_Click_1(sender As Object, e As RoutedEventArgs)
        Dim uri As New Uri("http://www.doko-buch.de")
        WebView1.Navigate(uri)
    End Sub
...
```

BEISPIEL 19.29: Anzeige HTML-Code in einer WebView

```vb
...
    Private Sub Button_Click_2(sender As Object, e As RoutedEventArgs)
        WebView1.NavigateToString("<html><body><b>" & _
            "Hier könnte Ihr HTML-Text stehen </b></body></html>")
    End Sub
...
```

Einziges verwertbares Feedback des Controls ist neben dem *NavigationFailed* das *LoadCompleted*-Ereignis:

BEISPIEL 19.30: Auswerten des *LoadCompleted*-Ereignisses

```vb
...
    Private Sub pageRoot_Loaded_1(sender As Object, e As RoutedEventArgs)
        AddHandler WebView1.LoadCompleted, AddressOf WebView1_LoadCompleted
    End Sub
```

Wir zeigen nach dem Laden der Webseite eine kleine Vorschau in einem *Rectangle*-Control an. Dazu nutzen wir einen *WebViewBrush*, der die gerenderte Webseite enthält:

```vb
    Private Sub WebView1_LoadCompleted(sender As Object, e As NavigationEventArgs)
        Dim b As New WebViewBrush()
        b.SourceName = "WebView1"
        b.Redraw()
        Rectangle1.Fill = b
    End Sub
...
```

19.4.5 ToolTip

Als kleine Hilfe für den Anwender stehen auch in WinRT-Apps die bekannten Tooltips zur Verfügung. Diese können auf reinem Text oder auch auf komplexeren Kombinationen von Controls (Grafiken, Texte, evtl. auch kurzes Video) basieren.

Zugewiesen werden die *ToolTip*s über den *ToolTipService* und dessen Eigenschaften:

- *ToolTip* (der gewünschte Text oder auch ein Container-Control mit beliebigen Elementen)

- *ToolTipPlacement* (wo soll der *ToolTip* erscheinen)

- *PlacementTarget* (an welchem Control soll der *ToolTip* ausgerichtet werden)

Ein kleines Beispiel zeigt die Möglichkeiten.

XAML

...

```
        <StackPanel Grid.Row="1" Margin="120">
          <StackPanel Orientation="Horizontal">
```

Ein Rechteck mit zugehörigem *ToolTip*, der am Mauskursor ausgerichtet wird:

```
            <Rectangle Height="100" Width="100" Fill="#FFFB0000"
                       ToolTipService.ToolTip="Ein kleiner ToolTip mit Text"
                       ToolTipService.Placement="Mouse"  />
```

Ein *ToolTip* mit Grafik und Textausgabe:

```
            <Rectangle Height="100" Width="100" Fill="#FF2EFB00"
                       ToolTipService.Placement="Bottom" >
              <ToolTipService.ToolTip>
                <StackPanel>
                  <Image Source="Images/bulbon.png"/>
                  <TextBlock>Hier kann noch mehr Text stehen ...</TextBlock>
                  <Button HorizontalAlignment="Center">Klick mich!</Button>
                </StackPanel>
              </ToolTipService.ToolTip>
            </Rectangle>
```

Achtung: Obige Schaltfläche ist nur als (schlechtes) Beispiel eingefügt, Sie haben keine Möglichkeit diese zu bedienen!

Ändern der *ToolTip*-Ausrichtung:

```
            <Rectangle Height="100" Width="100" Fill="#FF0072FB"
                       ToolTipService.ToolTip="Ich gehöre zum blauen Rechteck!"
                       ToolTipService.Placement="Right" />
```

Ein *ToolTip* mit Video (als schlechtes Beispiel, aber es geht auch):

```
            <Rectangle Height="100" Width="100" Fill="#FFF0F00D"
                       ToolTipService.Placement="Right">
              <ToolTipService.ToolTip>
                <StackPanel>
                  <MediaElement Width="300" Height="200" Source="video.mts"
                                AutoPlay="True" />
                </StackPanel>
              </ToolTipService.ToolTip>
            </Rectangle>
          </StackPanel>
        </StackPanel>
```

...

BEISPIEL 19.31: Verwendung von *ToolTip*s

Hier kann noch mehr Text stehen ...

Klick mich!

19.5 Praxisbeispiele

19.5.1 Einen StringFormat-Konverter implementieren

WPF-Programmierer werden bereits eine einfache Möglichkeit vermisst haben, gebundene Felder mittels *StringFormat* an die lokalen Gegebenheiten anzupassen. Da die Eigenschaft *StringFormat* fehlt bleibt nichts anderes übrig, als sich mit einem eigenen Format-Konverter zu behelfen.

Quellcode Klasse StringFormatConverter

Erstellen Sie eine neue Klasse *StringFormatConverter* und implementieren Sie die beiden für einen Converter erforderlichen Methoden *Convert* und *ConvertBack*:

```
Public Class StringFormatConverter
    Implements IValueConverter

    Public Function Convert(value As Object, targetType As Type, parameter As Object,
        language As String) As Object Implements IValueConverter.Convert
        If parameter Is Nothing Then Return value
        Return String.Format(DirectCast(parameter, String), value)
    End Function

    Public Function ConvertBack(value As Object, targetType As Type, parameter As Object,
        language As String) As Object Implements IValueConverter.ConvertBack
        Return value
    End Function
End Class
```

HINWEIS: Wie Sie sehen, nutzen wir den Parameter des Konverters zur Zeichenformatierung.

Verwendung des Konverters

Um den Konverter in Ihrer App nutzen zu können, müssen Sie diesen zunächst in den Ressourcen deklarieren:

```
...
<Page.Resources>
    <local:StringFormatConverter x:Key="StringFormatConverter" />
</Page.Resources>
...
```

Nachfolgend lässt sich der Konverter zuweisen und parametrieren:

Verwendung bei einem Datumswert:

```
<TextBlock Text="{Binding Datum, ElementName=pageRoot, ConverterParameter='{}{0:dd. MMMM yyyy}',
        Converter={StaticResource StringFormatConverter}}" HorizontalAlignment="Left"
        Style="{StaticResource SubheaderTextStyle}"/>
<TextBlock Text="{Binding Datum, ElementName=pageRoot, ConverterParameter='{}{0:dd.MM.yyyy}',
        Converter={StaticResource StringFormatConverter}}" HorizontalAlignment="Left"
        Style="{StaticResource SubheaderTextStyle}"/>
```

Verwendung bei einem Gleitkommawert:

```
<TextBlock Text="{Binding Preis, ElementName=pageRoot, ConverterParameter='{}{0:C}',
        Converter={StaticResource StringFormatConverter}}" HorizontalAlignment="Left"
        Style="{StaticResource SubheaderTextStyle}"/>
<TextBlock Text="{Binding Preis, ElementName=pageRoot, ConverterParameter='{}{0:E}',
        Converter={StaticResource StringFormatConverter}}" HorizontalAlignment="Left"
        Style="{StaticResource SubheaderTextStyle}"/>
<TextBlock Text="{Binding Preis, ElementName=pageRoot, ConverterParameter='{}{0:G}',
        Converter={StaticResource StringFormatConverter}}" HorizontalAlignment="Left"
        Style="{StaticResource SubheaderTextStyle}"/>
```

Zuweisen der Beispielwerte im Page-Konstruktor:

```
...
Public NotInheritable Class BasicPage1
    Inherits Common.LayoutAwarePage

    Public Property Datum() As DateTime
        Get
            Return m_Datum
        End Get
        Set(value As DateTime)
            m_Datum = Value
        End Set
    End Property
    Private m_Datum As DateTime
```

```
Public Property Preis() As Double
    Get
        Return m_Preis
    End Get
    Set(value As Double)
        m_Preis = Value
    End Set
End Property
Private m_Preis As Double

Public Sub New()
    Me.InitializeComponent()
    Datum = System.DateTime.Now.AddMonths(5)
    Preis = 123456.78
...
End Sub
...
```

Test

Die Ausgabe:

```
14. November 2012
14.11.2012
123.456,78 €
1,234568E+005
123456,78
```

19.5.2 Besonderheiten der TextBox kennen lernen

Für den von Windows Forms kommenden Umsteiger dürften sich bei Verwendung der *TextBox* einige Aha-Erlebnisse einstellen. Auf den ersten Blick nicht ersichtlich, bietet die *TextBox* in WinRT-Apps einen erweiterten Funktionsumfang, der auf die Touch-Unterstützung zielt.

Virtuelle Tastatur

Entwickeln und nutzen Sie Ihre Apps auf einem normalen Desktop-PC, werden Sie bei der *TextBox* keinen Unterschied zu den aus den .NET-Anwendungen bekannten TextBoxen erkennen. Ganz anders aber ist das Verhalten, wenn Sie ein Tablet mit Toucheingabe oder den Simulator verwenden. Hier wird beim Fokuserhalt eine zusätzliche virtuelle Tastatur eingeblendet, die überhaupt erst eine Texteingabe ermöglicht:

Besonderheiten der TextBox

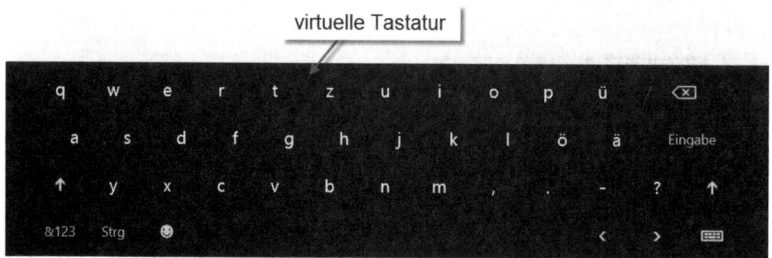

Je nach Einsatzzweck können Sie diese Tastatur auch anpassen. Nutzen Sie dafür die *Input-ScopeName*-Eigenschaft, die Sie allerdings nur recht umständlich setzen können:

```
<TextBox Text="Eingabetext">
    <TextBox.InputScope>
        <InputScope>
            <InputScope.Names>
                <InputScopeName NameValue="Number"/>
            </InputScope.Names>
        </InputScope>
    </TextBox.InputScope>
</TextBox>
```

Für deutsche Apps sind folgende Werte relevant:

- *Url*

- *EmailSmtpAddress*

- *Number*

- *TelephoneNumber*

- *Search*

- *AlphanumericHalfWidth*

- *AlphanumericFullWidth*

Die virtuelle Tastatur für Zahleneingaben:

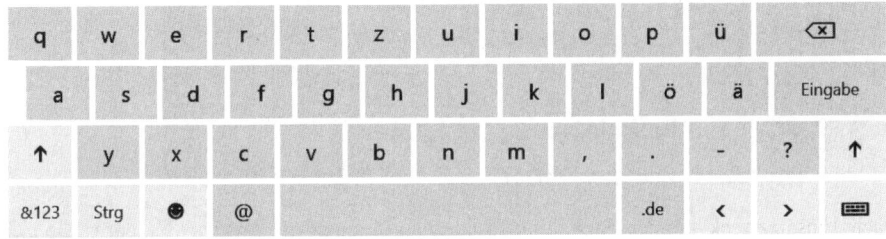

Die virtuelle Tastatur für E-Mail-Adresseingaben:

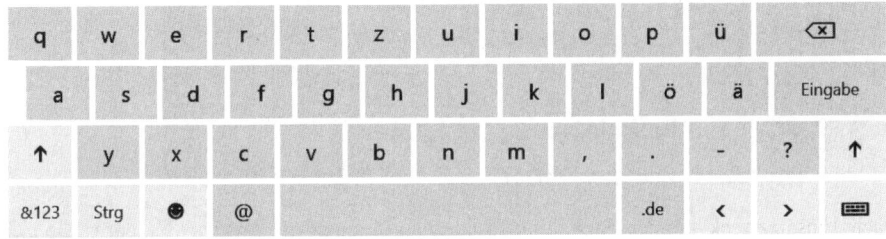

HINWEIS: Das Setzen dieser Eigenschaft hat keinen Einfluss auf die zulässigen Werte in der *TextBox*, es wird lediglich die virtuelle Tastatur angepasst, um das Filtern der Tastatureingaben müssen Sie sich nach wie vor selbst kümmern.

Tasteneingaben validieren/filtern

Im Unterschied zu den guten alten TextBoxen in Windows Forms oder WPF stehen Ihnen in WinRT-Apps kaum Möglichkeiten zum Validieren und Filtern von Eingaben zur Verfügung. An dieser Stelle bleibt Ihnen nichts anderes übrig, als sich eine eigene Logik für das *TextBox*-Control zu programmieren.

Der wohl einfachste und naheliegendste Ansatzpunkt ist zunächst das Beschränken der per Tastatur einzugebenden Zeichen. Nutzen Sie dazu das *KeyDown*-Ereignis:

```
Private Sub TextBox_KeyDown_1(sender As Object, e As KeyRoutedEventArgs)
    e.Handled = (e.Key < Windows.System.VirtualKey.Number0 Or _
                 e.Key > Windows.System.VirtualKey.Number9)
End Sub
```

Diese Routine filtert alle Zeichen außerhalb des Bereichs 0... 9 heraus.

Ein Test wird auf den ersten Blick die Funktion bestätigen, doch probieren Sie mal einen Text per Zwischenablage in die *TextBox* einzufügen. Hier nützt uns obige Routine nichts, wir müssen zusätzliche Prüfungen im *TextChanged*-Ereignis durchführen:

Grundlage ist zunächst der Ursprungszustand der *TextBox* (dieser sollte den Regeln entsprechen). Diesen speichern wir im *GotFocus*-Ereignis ab:

```
...
    Private txt1value As String = ""
...
    Private Sub TextBox_GotFocus_1(sender As Object, e As RoutedEventArgs)
        txt1value = TryCast(sender, TextBox).Text
    End Sub
```

Ändert sich der Inhalt der *TextBox* (z.B. Einfügen der Zwischenablage), führen wir folgende Ereignisprozedur aus:

```
    Private Sub TextBox_TextChanged_1(sender As Object, e As TextChangedEventArgs)
```

Eine Fehlerbehandlung für den Ernstfall:

```
    Try
```

Alle Zeichen außer 0...9 herausfiltern:

```
        Dim regex As New Regex("[^0-9]")
        Dim newvalue As String = regex.Replace(TryCast(sender, TextBox).Text, String.Empty)
```

Sollte kein Wert mehr vorhanden sein, setzen wir den Wert auf Null:

```
        If newvalue = String.Empty Then newvalue = "0"
```

Zur Sicherheit testen wir die Umwandlung in *Int32*:

```
        Dim val As Int32 = Convert.ToInt32(newvalue)
```

Hat alles geklappt, übernehmen wir den Wert:

```
        txt1value = newvalue
        TryCast(sender, TextBox).Text = newvalue
    Catch generatedExceptionName As Exception
```

Im Fehlerfall stellen wir den ursprünglichen Wert wieder her[1]:

```
        TryCast(sender, TextBox).Text = txt1value
    End Try
End Sub
```

Damit beschränkt sich die Eingabe in der *TextBox* auf gültige *Int32*-Zahlen.

19.5.3 Daten in der GridView gruppieren

Ordnung ist das halbe Leben und so kommt schnell der Wunsch auf, lange Listen nicht nur optisch, sondern auch logisch zu sortieren bzw. zu gruppieren. Kein Problem, das *GridView*-Control besitzt bereits alle Voraussetzungen dafür, Sie müssen "nur noch" die Daten nach Ihren Wünschen grup-

---

[1] Eine Undo-Methode ist leider nicht vorhanden.

pieren. Ganz nebenbei benötigen Sie noch eine *CollectionViewSource*, mit deren Hilfe wir die erforderliche Gruppierung vornehmen. Doch der Reihe nach ...

Oberfläche

Erstellen Sie ein neues WinRT-Projekt, fügen Sie der *MainPage* zunächst eine *CollectionView-Source* hinzu und legen Sie deren Eigenschaft *IsSourceGrouped* mit *True* fest:

```
...
  <Page.Resources>
      <common:StringFormatConverter x:Key="StringFormatConverter" />
      <CollectionViewSource x:Name="CollectionViewSource1" IsSourceGrouped="True"
                            ItemsPath="Items" />
  </Page.Resources>
...
```

Die *CollectionViewSource* ist quasi der Mittler zur internen *CollectionView* mit deren Hilfe die Daten gruppiert werden. Statt die Daten direkt an das *GridView*-Control zu binden (*ItemsSource*), schieben wir jetzt die *CollectionViewSource* dazwischen.

```
...
      <StackPanel Grid.Row="1" Margin="120,0,20,0" Orientation="Vertical">
          <!-- Bindung an eine CollectionViewSource →
```

Die Bindung an die *CollectionViewSource*:

```
      <GridView ItemsSource="{Binding Source={StaticResource CollectionViewSource1}}"
                Background="AliceBlue" ScrollViewer.VerticalScrollMode="Enabled"
                ScrollViewer.VerticalScrollBarVisibility="Visible" Height="200"
                Width="800" VerticalAlignment="Top" HorizontalAlignment="Left">
```

Für unser *GridView* haben wir zusätzlich die vertikalen Scrollbars aktiviert, so können die Gruppen später eine beliebige Höhe erreichen (die Gruppen werden vertikal angeordnet).

Das folgende *ItemTemplate* bestimmt das Aussehen des einzelnen Items (Rahmen, Inhalt, Abstand zum nächsten Item):

```
          <GridView.ItemTemplate>
          <DataTemplate>
              <Border Background="#FFFFFBB1" Width="150" Height="45" Padding="5,0,5,0"
                      BorderBrush="#FFF93131">
              <StackPanel>
```

Der Inhalt besteht aus zwei *TextBlock*-Controls mit den anzuzeigenden Daten[1]:

```
                  <TextBlock Text="{Binding Name}" HorizontalAlignment="Left"/>
                  <TextBlock Text="{Binding Preis, ConverterParameter='{}{0:C}',
                      Converter={StaticResource StringFormatConverter}}"
                      HorizontalAlignment="Left"/>
              </StackPanel>
              </Border>
```

---

[1] Den *StringFormatConverter* kennen Sie bereits aus dem vorhergehenden Beispiel.

```
            </DataTemplate>
        </GridView.ItemTemplate>
```

Mit dem *ItemsPanelTemplate* bestimmen Sie die spätere Anordnung und Gestaltung der einzelnen Gruppen. In diesem Fall verwenden wir ein *StackPanel,* die einzelnen Gruppen werden im vorliegenden Fall horizontal angeordnet:

```
    <GridView.ItemsPanel>
        <ItemsPanelTemplate>
            <StackPanel Orientation="Horizontal"/>
        </ItemsPanelTemplate>
    </GridView.ItemsPanel>
```

Damit ist zunächst die Gruppe und der Gruppeninhalt bestimmt, was bleibt ist der Gruppenkopf, den Sie mit einem *HeaderTemplate* und einem *ItemsPanelTemplate* formatieren können:

```
    <GridView.GroupStyle>
        <GroupStyle>
            <GroupStyle.HeaderTemplate>
                <DataTemplate>
```

Die Daten für den Inhalt des Gruppenkopfs stammen aus der *CollectionViewSource,* wir binden an das Feld *Key,* das beim Gruppieren automatisch erstellt wird:

```
                <TextBlock Text='{Binding Key}' Foreground="Gray" FontSize="25"
                            Margin="5" />
                </DataTemplate>
            </GroupStyle.HeaderTemplate>
            <GroupStyle.Panel>
                <ItemsPanelTemplate>
                    <StackPanel  Margin="4" Background="Brown" />
                </ItemsPanelTemplate>
            </GroupStyle.Panel>
        </GroupStyle>
    </GridView.GroupStyle>
</GridView>
```

HINWEIS: Unter Bemerkungen finden Sie weitere alternative Gestaltungsmöglichkeiten

---

Quelltext

Kopieren Sie zunächst die Klasse *Artikel* aus dem Beispiel 19.19 in das Projekt und passen Sie gegebenenfalls den Namespace an. Nachfolgend müssen wir uns nur noch um das Gruppieren der Daten und die Zuweisung der *Source* für die *CollectionViewSource* kümmern:

```
...
Public NotInheritable Class BasicPage1
    Inherits Common.LayoutAwarePage

    Public Sub New()
        Me.InitializeComponent()
```

```
Artikeliste = Artikel.GetBeispielArtikel()
```

Aus unserer einfachen Collection von *Artikel*-Objekten erstellen wir mit folgender LINQ-Abfrage eine gruppierte Collection, die wir jetzt der *CollectionViewSource* (nicht dem *GridView*) zuweisen:

```
Dim result = From art In Artikel.GetBeispielArtikel()
             Group art By Key = art.Name.Substring(0, 1)
             Into Group Select New With {.Key = Key, .Items = Group}
```

HINWEIS: Als Gruppierungsattribut verwenden wir den ersten Buchstaben des Artikelnamens. Sie könnten auch problemlos nach einem kompletten Feld oder auch nach unterschiedlichen Preisen gruppieren lassen.

```
CollectionViewSource1.Source = result.OrderBy(Function(art) art.Key)
End Sub
...
```

Damit ist das Beispiel fertig und wir können einen ersten Test wagen.

Test

Erwartungsgemäß erscheinen die Artikel jetzt in Gruppen, die nach dem Anfangsbuchstaben des Artikels gebildet wurden:

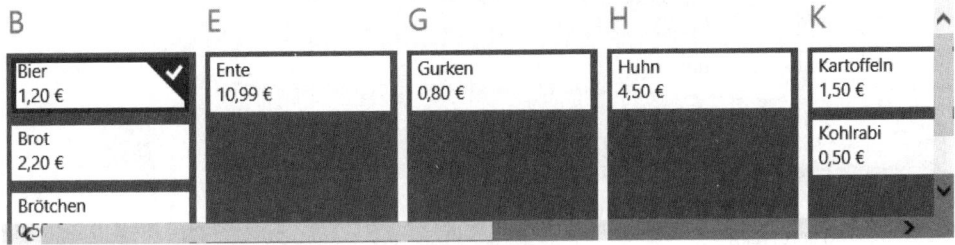

HINWEIS: Wir haben das *GridView* bewusst klein gehalten, so erscheinen auch die Scrollbars eher (nur wenn das Control den Fokus besitzt).

Bemerkung

Im vorliegenden Beispiel werden beliebig viele Gruppenmitglieder senkrecht unter dem Gruppenkopf angezeigt. Wer auf einen vertikalen Scrollbar verzichten will, kann die Gruppen auch mit Hilfe eines *VariableSizedWrapGrid* anordnen und die Anzahl der Zeilen beschränken. In diesem Fall werden die Gruppenmitglieder in horizontaler Richtung "umgebrochen", die folgende Gruppe verschiebt sich weiter nach links.

```
<GridView ItemsSource="{Binding Source={StaticResource CollectionViewSource1}}"
          Background="AliceBlue" Height="160" Width="800" VerticalAlignment="Top"
          HorizontalAlignment="Left" Margin="0,50,0,0">
```

...

```
<GridView.GroupStyle>
    <GroupStyle>
        <GroupStyle.HeaderTemplate>
            <DataTemplate>
```

Wir ändern auch gleich noch das Aussehen des Gruppenkopfes mittels *Border*:

```
<Border Width="50" Height="33" Background="Brown"
    CornerRadius="10,10,0,0" Margin="4,0,0,0" >
    <TextBlock Text='{Binding Key}' Foreground="White"
        FontSize="25" HorizontalAlignment="Center"
        VerticalAlignment="Center" />
</Border>
            </DataTemplate>
        </GroupStyle.HeaderTemplate>
        <GroupStyle.Panel>
            <ItemsPanelTemplate>
```

Hier bestimmen wir, wie viele Zeilen pro Gruppe angezeigt werden:

```
<VariableSizedWrapGrid MaximumRowsOrColumns="2"
    Orientation="Vertical" Margin="4,0,4,0" Background="Brown" />
            </ItemsPanelTemplate>
        </GroupStyle.Panel>
    </GroupStyle>
</GridView.GroupStyle>
</GridView>
```

Das Ergebnis unserer Bemühungen:

Wem eine horizontale Anordnung der Gruppen nicht gefällt kann auch dies ändern, wie es das folgende Beispiel zeigt:

```
<GridView ItemsSource="{Binding Source={StaticResource CollectionViewSource1}}"
    Background="AliceBlue" ScrollViewer.VerticalScrollMode="Enabled"
    ScrollViewer.VerticalScrollBarVisibility="Visible" Height="300" Width="500"
    VerticalAlignment="Top" HorizontalAlignment="Left" Margin="0,50,0,0">
```

...

Die Gruppen vertikal anordnen:

```
<GridView.ItemsPanel>
    <ItemsPanelTemplate>
```

```
                    <StackPanel Orientation="Vertical"/>
                </ItemsPanelTemplate>
            </GridView.ItemsPanel>
            <GridView.GroupStyle>
                <GroupStyle>

...

                    <GroupStyle.Panel>
                        <ItemsPanelTemplate>
```

Die Gruppeninhalte horizontal anordnen:

```
                    <StackPanel Margin="4" Background="Brown"
                                Orientation="Horizontal" />
                </ItemsPanelTemplate>
            </GroupStyle.Panel>
        </GroupStyle>
    </GridView.GroupStyle>
</GridView>
```

Die umformatierte *GridView* zeigt die nächste Abbildung.

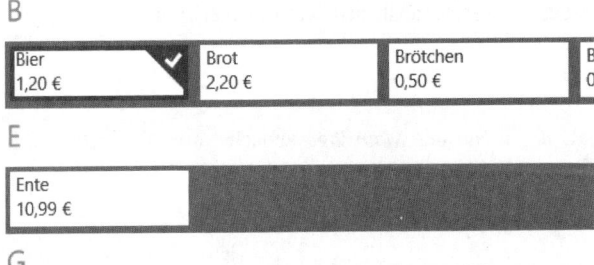

Weitere Informationen zur *CollectionViewSource* finden Sie ab Seite 982 im Praxisbeispiel

▶ 19.5.5 Die CollectionViewSource verwenden.

19.5.4 Das SemanticZoom-Control verwenden

Umfangreiche Listendarstellungen im *GridView* haben den Nachteil, dass der Nutzer möglicherweise die Übersicht verliert. Eine erste Lösungsmöglichkeit hat das vorhergehende Praxisbeispiel gezeigt: die Gruppierung innerhalb der *GridView*. Wer jedoch schon einmal mit Touch-Eingabegeräten gearbeitet hat wird sich vielleicht erinnern, dass es auch entsprechende Gesten für das Verkleinern/Vergrößern (ZoomIn/ZoomOut) gibt. In der Übersichtsansicht kann der Nutzer dann zum Beispiel zu einer bestimmten Gruppe springen.

Die gleiche Funktionalität bietet auch das so genannte *SemanticZoom*-Control. Sie definieren zwei Zustände, um das Umschalten zwischen diesen per Gestensteuerung und um die Anzeige der Übergangsanimation kümmert sich das Control.

Die grundsätzliche XAML-Struktur:

```
<SemanticZoom>
   <ZoomedInView>
```

Hier folgt die Definition der detaillierten Ansicht:

```
      <GridView></GridView>
   </ZoomedInView>
   <ZoomedOutView>
```

Hier definieren Sie das Aussehen der Übersicht:

```
      <GridView></GridView>
   </ZoomedOutView>
</SemanticZoom>
```

Der Clou: Klicken Sie in der Übersicht auf einen Eintrag, springt die Detailansicht auf eben diese Gruppe, d.h., es bietet sich eine schnelle Navigationsmöglichkeit innerhalb der **gruppierten** Collection. Wie Sie die Collection gruppiert anzeigen, haben wir bereits im vorhergehenden Praxisbeispiel 19.5.3 gezeigt.

HINWEIS: Wir verwenden als Datenquelle die Artikelliste aus dem Beispiel 19.19.

Oberflächen

Erstellen Sie ein neues WinRT-Projekt, fügen Sie der *MainPage* zunächst eine *CollectionViewSource* hinzu und legen Sie deren Eigenschaft *IsSourceGrouped* mit *True* fest:

```
...
   <Page.Resources>
      <common:StringFormatConverter x:Key="StringFormatConverter" />
      <CollectionViewSource x:Name="CollectionViewSource1" IsSourceGrouped="True"
                      ItemsPath="Items" />
   </Page.Resources>
...
      <StackPanel Grid.Row="1" Margin="120,0,120,0" Orientation="Vertical">
```

Im *SemanticZoom*-Control realisieren wir zunächst den *ZoomedOutView*-Zustand:

```
      <SemanticZoom x:Name="semanticZoom" VerticalAlignment="Bottom"  >
         <SemanticZoom.ZoomedOutView>
```

Die *GridView* wird an die bereits definierte *CollectionViewSource* gebunden, achten Sie darauf, dass bei diesem Grid der *Path* auf *CollectionGroups* festgelegt ist (das ist in unserem Fall die Collection mit den Anfangsbuchstaben):

```
            <GridView Name="GridView1" ItemsSource="{Binding Path=CollectionGroups,
                 Source={StaticResource CollectionViewSource1}}" IsSwipeEnabled="True" >
               <GridView.ItemTemplate>
```

Das Aussehen bestimmen Sie wie gewohnt mit einem *DataTemplate*:

```
<DataTemplate>
    <TextBlock Text="{Binding Group.Key}"
               FontFamily="Segoe UILight" FontSize="22"
               Foreground="Black" />
</DataTemplate>
</GridView.ItemTemplate>
```

Die Größe der einzelnen Items und deren Ausrichtung kann mit dem *ItemsPanelTemplate* festgelegt werden:

```
<GridView.ItemsPanel>
    <ItemsPanelTemplate>
        <WrapGrid ItemWidth="60" ItemHeight="60"
            MaximumRowsOrColumns="1" VerticalChildrenAlignment="Center"/>
    </ItemsPanelTemplate>
</GridView.ItemsPanel>
```

Über den *ItemContainerStyle* können Sie bequem das Aussehen (nicht den Inhalt) der einzelnen Items steuern:

```
<GridView.ItemContainerStyle>
    <Style TargetType="GridViewItem">
        <Setter Property="Margin" Value="4" />
        <Setter Property="Padding" Value="10" />
        <Setter Property="BorderBrush" Value="Gray" />
        <Setter Property="BorderThickness" Value="1" />
        <Setter Property="HorizontalContentAlignment" Value="Center" />
        <Setter Property="VerticalContentAlignment" Value="Center" />
    </Style>
</GridView.ItemContainerStyle>
</GridView>
</SemanticZoom.ZoomedOutView>
```

Damit ist die Definition der *ZoomOutView* abgeschlossen, wir können uns der *ZoomInView* zuwenden:

```
<SemanticZoom.ZoomedInView>
```

Die *GridView* wird so wie im vorhergehenden Praxisbeispiel konfiguriert, wir gehen an dieser Stelle nicht erneut darauf ein:

```
<GridView ItemsSource="{Binding Source={StaticResource
    CollectionViewSource1}}" Background="AliceBlue"
    ScrollViewer.VerticalScrollMode="Enabled"
    ScrollViewer.VerticalScrollBarVisibility="Visible" Height="200"
        VerticalAlignment="Top" HorizontalAlignment="Left">
    <GridView.ItemTemplate>
        <DataTemplate>
            <Border Background="#FFFFFBB1" Width="250" Height="45"
                Padding="5,0,5,0" BorderBrush="#FFF93131">
                <StackPanel>
```

```
                        <TextBlock Text="{Binding Name}"
                            HorizontalAlignment="Left"/>
                        <TextBlock Text="{Binding Preis,
                            ConverterParameter='{}{0:C}',
                            Converter={StaticResource StringFormatConverter}}"
                            HorizontalAlignment="Left"/>
                    </StackPanel>
                </Border>
            </DataTemplate>
        </GridView.ItemTemplate>
        <GridView.ItemsPanel>
            <ItemsPanelTemplate>
                <StackPanel Orientation="Horizontal"/>
            </ItemsPanelTemplate>
        </GridView.ItemsPanel>
        <GridView.GroupStyle>
            <GroupStyle>
                <GroupStyle.HeaderTemplate>
                    <DataTemplate>
                        <TextBlock Text='{Binding Key}' Foreground="Gray"
                        FontSize="25" Margin="5" />
                    </DataTemplate>
                </GroupStyle.HeaderTemplate>
                <GroupStyle.Panel>
                    <ItemsPanelTemplate>
                        <VariableSizedWrapGrid Orientation="Vertical"
                        Height="400" />
                    </ItemsPanelTemplate>
                </GroupStyle.Panel>
            </GroupStyle>
        </GridView.GroupStyle>
    </GridView>
</SemanticZoom.ZoomedInView>
</SemanticZoom>
<ToggleSwitch IsOn="{Binding ElementName=semanticZoom, Path=IsZoomedInViewActive,
    Mode=TwoWay}">Detailansicht</ToggleSwitch>
```

Quellcode

Kopieren Sie zunächst die Klasse *Artikel* aus dem Beispiel 19.19 in das Projekt und passen Sie gegebenenfalls den Namespace an. Nachfolgend müssen wir uns nur noch um das Gruppieren der Daten und die Zuweisung der *Source* für die *CollectionViewSource* kümmern:

```
...
Public Sub New()
        Me.InitializeComponent()
        Dim result = From art In Artikel.GetBeispielArtikel()
                Group art By Key = art.Name.Substring(0, 1)
                Into Group Select New With {.Key = Key, .Items = Group}
```

```
        CollectionViewSource1.Source = result.OrderBy(Function(art) art.Key)
End Sub
```

Test

Nach dem Start wird Ihnen zunächst die Detailansicht (*ZoomInView*) angezeigt. Besitzen Sie ein touchfähiges Gerät nutzen Sie die Geste zum Verkleinern (zwei Finger zusammenführen), um in die Übersichtsansicht (*ZoomOutView*) zu wechseln. Alternativ können Sie auch mit dem Mausrad zusammen mit der Strg-Taste diesen Effekt erreichen.

Die *ZoomInView*:

Die *ZoomOutView*:

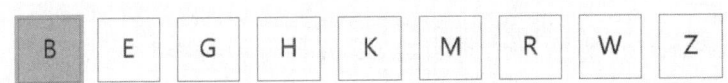

Klicken Sie in der *ZoomOutView* auf den Buchstaben "Z", so sollte nach Rückkehr in die *Zoom-InView* die Gruppe mit dem Anfangsbuchstaben "Z" in den sichtbaren Bereich gerückt sein.

HINWEIS: Alternativ kann die Ansicht auch über die Eigenschaft *IsZoomedInViewActive* gewechselt werden, wie wir es zum Beispiel mit dem *ToggleSwitch* realisiert haben.

Haben Sie beim *ItemsPanelTemplate* für die *ZoomOutView* den Wert von *MaximumRowsOr-Columns* zum Beispiel auf 3 festgelegt, dürfte die *ZoomOutView* wie folgt aussehen:

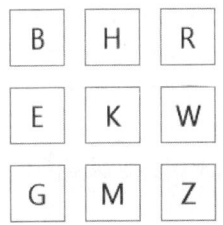

19.5.5   Die CollectionViewSource verwenden

Wer sich durch die Praxisbeispiele dieses Kapitels gekämpft hat, wird bereits mehrfach in Kontakt mit der *CollectionViewSource* getreten sein. Dieses Control fungiert quasi als Mittler zur automatisch erstellten View (Satzzeigerverwaltung) bei einer Datenbindung. Da die aus WPF bekannte statische Methode *CollectionViewSource.GetDefaultView* für den Zugriff auf die View nicht zur Verfügung steht, stellt das Control den einfachsten Weg dar, um mit dem *CollectionView*-Objekt zu arbeiten (Eigenschaft *View*).

HINWEIS: Ein Sortieren und/oder Filtern ist bei der WinRT-Version der *CollectionViewSource* nicht möglich. Diese Funktionalität müssen Sie mittels LINQ realisieren. Damit beschränkt sich die Funktionalität in diesem Bereich auf das Gruppieren von Daten, wie es auch im Praxisbeispiel 19.5.3 ab Seite 972 beschrieben ist.

Was bleibt, ist die Verwaltung des Satzzeigers, die wir im folgenden kleinen Beispiel demonstrieren wollen.

Oberfläche

Erstellen Sie ein neues WinRT-Projekt und fügen Sie der *MainPage* zunächst eine *CollectionViewSource* hinzu:

```
...
    <Page.Resources>
        <CollectionViewSource x:Name="CollectionViewSource1" />
    </Page.Resources>
...
```

Unsere kleine App-Oberfläche enthält eine *ListBox*, die wir an die *CollectionViewSource* binden:

```
    <StackPanel Grid.Row="1" Margin="120,0,20,0" Orientation="Horizontal">
        <ListBox ItemsSource="{Binding Source={StaticResource CollectionViewSource1}}"
        DisplayMemberPath="Name" Width="200" Height="400" VerticalAlignment="Top"/>
        <StackPanel Orientation="Vertical" Margin="40,0,0,0">
            <TextBlock>Navigation:</TextBlock>
```

Die folgenden Schaltflächen dienen als Navigationsschaltflächen (siehe auch Sourcecode):

```
            <StackPanel Orientation="Horizontal">
                <Button Content="&#57600;" Click="Button_Click_2"
                    FontFamily="Segoe UI Symbol"/>
                <Button Content="." Click="Button_Click_3" FontFamily="Segoe UI Symbol"/>
                <Button Content="." Click="Button_Click_4" FontFamily="Segoe UI Symbol"/>
                <Button Content="&#57601;" Click="Button_Click_5"
                    FontFamily="Segoe UI Symbol"/>
                <Button Content="5" Click="Button_Click_6" FontFamily="Segoe UI Symbol"/>
            </StackPanel>
```

> **HINWEIS:** Beachten Sie die Verwendung der Schriftart "Segoe UI Symbol", die mit Windows 8 eingeführt wurde. Diese erspart Ihnen in vielen Fällen die Verwendung von Grafiken.

Die aktuelle Position des Satzzeigers können wir über die Eigenschaft *CurrentPosition* der *View* abrufen:

```
<TextBlock Margin="0,30,0,0">Position:</TextBlock>
<TextBlock Text="{Binding Path=View.CurrentPosition,
           ElementName=CollectionViewSource1}"
           Style="{StaticResource SubheaderTextStyle}"/>
<TextBlock Margin="0,30,0,0">Auswertung Event:</TextBlock>
```

Diesen Text setzen wir per *CurrentChanged*-Ereignis:

```
        <TextBlock Name="txt1" Text="" Style="{StaticResource SubheaderTextStyle}"/>
    </StackPanel>
</StackPanel>
...
```

Quelltext

Kopieren Sie zunächst die Klasse *Artikel* aus dem Beispiel 19.19 in das Projekt und passen Sie den Namespace an. Nachfolgend können wir uns um den Konstruktor der Seite kümmern:

```
...
Public Sub New()
    Me.InitializeComponent()
```

Daten abrufen und der *CollectionViewSource* zuweisen:

```
CollectionViewSource1.Source = Artikel.GetBeispielArtikel()
```

Wir nutzen die beiden Ereignisse *CurrentChanged* (nach dem Satzzeigerwechsel) und *Current-Changing* (vor dem Satzzeigerwechsel):

```
    AddHandler CollectionViewSource1.View.CurrentChanged, AddressOf View_CurrentChanged
    AddHandler CollectionViewSource1.View.CurrentChanging, AddressOf View_CurrentChanging
End Sub
```

Wenn der aktuelle Artikel-Datensatz "Ente" ist, soll sich die Satzzeigerposition nicht mehr verändern lassen (die Änderung könnten Sie von weiteren Bedingungen abhängig machen):

```
Private Sub View_CurrentChanging(sender As Object, e As CurrentChangingEventArgs)
    If TryCast(CollectionViewSource1.View.CurrentItem, Artikel).Name = "Ente" Then
        If e.IsCancelable Then
            e.Cancel = True
        End If
    End If
End Sub
```

Hat sich die Satzzeigerposition erfolgreich geändert, zeigen wir den Namen des aktuell gewählten Artikels an:

```
Private Sub View_CurrentChanged(sender As Object, e As Object)
    txt1.Text = TryCast(CollectionViewSource1.View.CurrentItem, Artikel).Name
End Sub
```

Wechsel zum ersten Datensatz:

```
Private Sub Button_Click_2(sender As Object, e As RoutedEventArgs)
    CollectionViewSource1.View.MoveCurrentToFirst()
End Sub
```

Wechsel zum vorhergehenden Datensatz:

```
Private Sub Button_Click_3(sender As Object, e As RoutedEventArgs)
    CollectionViewSource1.View.MoveCurrentToPrevious()
    If CollectionViewSource1.View.IsCurrentBeforeFirst Then
        CollectionViewSource1.View.MoveCurrentToFirst()
    End If
End Sub
```

Wechsel zum nächsten Datensatz:

```
Private Sub Button_Click_4(sender As Object, e As RoutedEventArgs)
    CollectionViewSource1.View.MoveCurrentToNext()
    If CollectionViewSource1.View.IsCurrentAfterLast Then
        CollectionViewSource1.View.MoveCurrentToLast()
    End If
End Sub
```

Wechsel zum letzten Datensatz:

```
Private Sub Button_Click_5(sender As Object, e As RoutedEventArgs)
    CollectionViewSource1.View.MoveCurrentToLast()
End Sub
```

Sprung zum fünften Datensatz:

```
Private Sub Button_Click_6(sender As Object, e As RoutedEventArgs)
    CollectionViewSource1.View.MoveCurrentToPosition(5)
End Sub
```

...

Test

Nach dem Start der App können Sie mittels *ListBox* oder mit den Navigationstasten zwischen den Datensätzen hin- und herspringen. Haben Sie einmal den Artikel "Ente" ausgewählt, ist eine Änderung der Satzzeigerposition nicht mehr möglich.

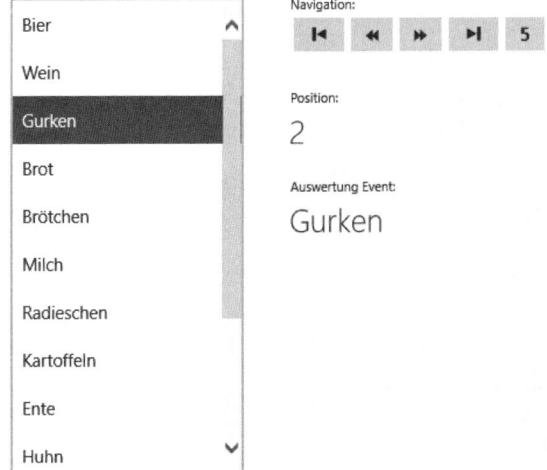

19.5.6 Zusammenspiel ListBox/AppBar

Es wird immer wieder propagiert: Windows 8-Oberflächen sollen standardmäßig nur die notwendigsten Informationen anzeigen, weitere Optionen, Befehle sollen auf den AppBars am oberen oder unteren Bildschirmrand eingeblendet werden, wenn dies erforderlich ist. Leicht gesagt, doch wie sieht dies in der Praxis aus?

Unser Beispiel zeigt Ihnen, wie Sie ein AppBar einblenden, wenn Einträge in einer *ListBox* (dies könnte auch jedes andere Listen-Control sein) ausgewählt werden bzw. wie Sie die *AppBar* ausblenden, wenn kein Eintrag selektiert ist.

Oberfläche

Erstellen Sie ein neues WinRT-Projekt und fügen Sie der *MainPage* eine *CollectionViewSource* hinzu:

```
...
<Page.Resources>
    <CollectionViewSource x:Name="CollectionViewSource1" />
</Page.Resources>
```

Wir erstellen zunächst den *AppBar* für den unteren Bildschirmrand:

```
<Page.BottomAppBar>
    <AppBar x:Name="BottomAppBar1" Padding="10,0,10,0">
```

Ein Grid hilft uns bei der Ausrichtung (die Schaltflächen sollen wegen der Erreichbarkeit mit den Fingern möglichst am linken und rechten Rand liegen):

```
<Grid>
    <Grid.ColumnDefinitions>
        <ColumnDefinition Width="50*"/>
        <ColumnDefinition Width="50*"/>
```

```
            </Grid.ColumnDefinitions>
```

Diese Schaltflächen werden am linken Rand ausgerichtet:

```
            <StackPanel Orientation="Horizontal" Grid.Column="0" HorizontalAlignment="Left">
                <Button x:Name="Edit" Style="{StaticResource EditAppBarButtonStyle}"
                        Click="Edit_Click_1"/>
                <Button x:Name="Delete" Style="{StaticResource DeleteAppBarButtonStyle}"
                        Click="Delete_Click_1" />
            </StackPanel>
```

Diese Schaltfläche wird rechts unten angezeigt:

```
            <StackPanel Orientation="Horizontal" Grid.Column="1"
                        HorizontalAlignment="Right">
                <Button x:Name="Help" Style="{StaticResource HelpAppBarButtonStyle}"/>
            </StackPanel>
        </Grid>
    </AppBar>
</Page.BottomAppBar>
...
```

Als Beispiel für eine Datenanzeige dient uns eine *ListBox*, welche wir an die *CollectionView-Source* binden:

```
<StackPanel Grid.Row="1" Margin="120,0,20,0" Orientation="Horizontal">
    <ListBox Name="ListBox1" ItemsSource="{Binding Source={StaticResource
        CollectionViewSource1}}" DisplayMemberPath="Name" Width="200" Height="400"
        VerticalAlignment="Top"  SelectionMode="Multiple"
        SelectionChanged="ListView_SelectionChanged" />
</StackPanel>
...
```

HINWEIS: Mit *SelectionChanged* reagieren wir zur Laufzeit auf Änderungen der Auswahl in der *ListBox*.

Quelltext

Kopieren Sie zunächst die Klasse *Artikel* aus dem Beispiel 19.19 in das Projekt und passen Sie den Namespace an. Nachfolgend kümmern wir uns um den Konstruktor der Seite:

```
...
Imports Windows.UI.Popups
...
Public NotInheritable Class BasicPage1
    Inherits Common.LayoutAwarePage

    Public Sub New()
        Me.InitializeComponent()
```

Daten laden:

```
        CollectionViewSource1.Source = Artikel.GetBeispielArtikel()
    End Sub
```

Ändert sich die Auswahl in der *ListBox* (mehr als ein ausgewählter Item), blenden wir die *App-Bar* ein (*IsOpen*) und sorgen dafür, dass diese auch geöffnet bleibt (*IsSticky*):

```
    Private Sub ListView_SelectionChanged(sender As Object, e As SelectionChangedEventArgs)
        If Me.ListBox1.SelectedItems.Count > 0 Then
            Me.BottomAppBar1.IsSticky = True
            Me.BottomAppBar1.IsOpen = True
```

Keine Auswahl, keine Anzeige:

```
        Else
            Me.BottomAppBar1.IsOpen = False
            Me.BottomAppBar1.IsSticky = False
        End If
    End Sub
```

Klickt der Nutzer auf die *Delete*-Schaltfläche, zeigen wir eine Sicherheitsabfrage an:

```
Private Async Sub Delete_Click_1(sender As Object, e As RoutedEventArgs)
    Dim msg As String = "Datensatz wirklich löschen?"
    If ListBox1.SelectedItems.Count > 1 Then
        msg = "Datensätze wirklich löschen?"
```

MessageDialog erzeugen:

```
    Dim messageDialog = New MessageDialog(msg, "Sicherheitsabfrage")
```

Zwei Schaltflächen einblenden:

```
    messageDialog.Commands.Add(New UICommand("Ja",
        New UICommandInvokedHandler(AddressOf Me.CommandInvokedHandler), True))
    messageDialog.Commands.Add(New UICommand("Nein",
        New UICommandInvokedHandler(AddressOf Me.CommandInvokedHandler), False))
    messageDialog.DefaultCommandIndex = 1
    messageDialog.CancelCommandIndex = 1
```

Anzeige des Dialogs:

```
    Await messageDialog.ShowAsync()
End Sub
```

Das Ergebnis des Dialogs können wir in folgendem Ereignis auswerten:

```
Private Sub CommandInvokedHandler(command As IUICommand)
```

Wurde die *Ja*-Schaltfläche gedrückt, löschen wir alle markierten Einträge:

```
    Debug.WriteLine(command.Label + " " + command.Id.ToString())
    If CBool(command.Id) Then
        While ListBox1.SelectedItems.Count > 0
            TryCast(CollectionViewSource1.Source,
```

```
                    ObservableCollection(Of Artikel) _
                    ).Remove(TryCast(ListBox1.SelectedItems(0), Artikel))
            End While
        End If
    End Sub
```

Die Reaktion auf die *Edit*-Schaltfläche ist nur eine Statusmitteilung:

```
Private Async Sub Edit_Click_1(sender As Object, e As RoutedEventArgs)
    Dim messageDialog = New MessageDialog("Funktion nicht implementiert!", "Hinweis")
    Await messageDialog.ShowAsync()
End Sub
```

...

Test

Öffnen Sie die App, markieren Sie einige Einträge in der *ListBox* und versuchen Sie diese per *App-Bar* zu löschen:

19.5.7 Musikwiedergabe im Hintergrund realisieren

Sicher ist Ihnen auch schon aufgefallen, dass eine App, sobald sie nicht mehr den Fokus besitzt, "eingeschläfert" wird. So schön dieses auch für die Systemressourcen ist, so nachteilig wirkt es sich auf einige Verhaltensweisen von Programmen aus. Wollten Sie in der Vergangenheit beispielsweise Musik hören, so hatten Sie einen Player geöffnet, dort einen Titel ausgewählt und dann meist ein anderes Programm Ihrer Wahl gestartet, um damit zu arbeiten.

Diese Funktionalität steht Ihnen mit WinRT-Apps zunächst nicht zur Verfügung. Ein Programm, das in den Hintergrund gerät, wird zunächst einmal deaktiviert. Damit endet auch die Musikwiedergabe.

Wie es trotzdem funktioniert zeigt das folgende Beispiel.

Oberfläche

Uns genügen einige Steuerungstasten (Play, Stop, Pause) sowie eine Schaltfläche für das Laden des Titels (auf eine umständliche Dateiauswahl verzichten wir an dieser Stelle, mehr dazu im Beispiel 17.3 ab Seite 876). Zusätzlich brauchen wir natürlich noch ein *MediaElement* für die Wiedergabe:

```
...
    <StackPanel Grid.Row="1" Margin="120,0,120,0">
        <MediaElement Width="1024" Height="720" Margin="0,0,0,30" Name="MediaElement1"
                      AutoPlay="False" AudioCategory="BackgroundCapableMedia"
                      CurrentStateChanged="MediaElement1_CurrentStateChanged" />
        <StackPanel Orientation="Horizontal" HorizontalAlignment="Center">
            <Button Click="Button_Click_1" Width="100">Start</Button>
            <Button Click="Button_Click_3" Width="100">Stop</Button>
            <Button Click="Button_Click_2" Width="100">Pause</Button>
            <Button Click="Button_Click_5" Width="100">Load MP3</Button>
        </StackPanel>
    </StackPanel>
...
```

HINWEIS: Wie Sie sehen, konfigurieren wir bereits an dieser Stelle das *MediaElement* für eine Hintergrundausgabe der Musik. Dies ist eine unbedingte Voraussetzung, um das Standardverhalten (Suspending) zu ändern.

Über das *CurrentStateChanged*-Ereignis werten wir zur Laufzeit den aktuellen Status der Wiedergabe aus und steuern damit die zentralen Steuerungstasten der Windows 8-Oberfläche.

Erstellen Sie im Projektmappen-Explorer weiterhin einen Unterordner *Musik,* in den Sie eine oder mehrere MP3-Dateien kopieren. Diese werden wir zur Laufzeit abspielen.

Neben dieser Änderung, müssen Sie auch eine "Hintergrundaufgabe" definieren, um WinRT zu einem geänderten Verhalten beim Umschalten zwischen den Apps zu veranlassen. Öffnen Sie dazu die Datei *Package.appxmanifest* und erstellen in der Rubrik *Deklarationen* eine neue "Hintergrundaufgabe", die den Aufgabentyp "Audio" unterstützt:

Anwendungsbenutzeroberfläche	Funktionen	Deklarationen	Verpacken

Auf dieser Seite können Sie Deklarationen hinzufügen und die zugehörigen Eigenschaften angeben.

Verfügbare Deklarationen:

Auswählen... ▼ Hinzufügen

Unterstützte Deklarationen:

Hintergrundaufgaben Entfernen

Beschreibung:

Ermöglicht der App, den Klassennamen einer InProc-Server-DLL anzugeben, die den App-Code in Reaktion auf externe Triggerereignisse im Hintergrund ausführt. Die in der InProc-Server-DLL gehostete Klasse wird für die Hintergrundaktivierung aktiviert, und die Run-Methode wird aufgerufen.

In jeder App sind mehrere Instanzen dieser Deklaration zulässig.

Weitere Informationen

Eigenschaften:

Unterstützte Aufgabentypen

☑ Audio

☐ Steuerkanal

☐ Systemereignis

☐ Zeitgeber

☐ Pushbenachrichtigung

App-Einstellungen

Ausführbare Datei:

Einstiegspunkt:

Laufzeittyp:

Startseite: MediaElement_Beispiel.xaml

Nachfolgend widmen wir uns noch der Programmlogik.

Quelltext

Neben den bereits erfolgten Änderungen gegenüber einer "normalen" Soundausgabe muss Ihr Programm sich noch in das Handling der Medienwiedergabe "einklinken". Dazu sollte Ihre App die folgenden zentralen Ereignisse unterstützen:

```
Imports Windows.Media
Imports Windows.Storage
...
    Private Sub pageRoot_Loaded_1(sender As Object, e As RoutedEventArgs)
        MediaControl.ArtistName = "Programmbeispiel von Doberenz&Gewinnus"
        MediaControl.TrackName = "Grausiges Gebimmel ..."
        AddHandler MediaControl.PlayPressed, AddressOf MediaControl_PlayPressed
        AddHandler MediaControl.PausePressed, AddressOf MediaControl_PausePressed
        AddHandler MediaControl.PlayPauseTogglePressed,
                AddressOf MediaControl_PlayPauseTogglePressed
        AddHandler MediaControl.StopPressed, AddressOf MediaControl_StopPressed
    End Sub
```

Wir reagieren auf die Hardware-Media-Tasten, müssen dabei aber beachten, dass diese aus einem anderen Context heraus aufgerufen werden:

```
    Private Async Sub MediaControl_StopPressed(sender As Object, e As Object)
        Await Dispatcher.RunAsync(Windows.UI.Core.CoreDispatcherPriority.Normal, Sub()
                                          MediaElement1.Stop()
                                      End Sub)

    End Sub
```

Bei Wechsel zwischen Pause und Play werten wir den Status der entsprechenden Media-Taste aus (diesen setzen wir im Ereignis *CurrentStateChanged*):

```
Private Async Sub MediaControl_PlayPauseTogglePressed(sender As Object, e As Object)
    If MediaControl.IsPlaying Then
        Await Dispatcher.RunAsync(Windows.UI.Core.CoreDispatcherPriority.Normal, Sub()
                                                         MediaElement1.Pause()
                                                    End Sub)
    Else
        Await Dispatcher.RunAsync(Windows.UI.Core.CoreDispatcherPriority.Normal, Sub()
                                                         MediaElement1.Play()
                                                    End Sub)
    End If
End Sub
```

Reaktion auf die Einzeltasten:

```
Private Async Sub MediaControl_PausePressed(sender As Object, e As Object)
    Await Dispatcher.RunAsync(Windows.UI.Core.CoreDispatcherPriority.Normal, Sub()
                                                     MediaElement1.Pause()
                                                End Sub)

End Sub


Private Async Sub MediaControl_PlayPressed(sender As Object, e As Object)
    Await Dispatcher.RunAsync(Windows.UI.Core.CoreDispatcherPriority.Normal, Sub()
                                                     MediaElement1.Play()
                                                End Sub)

End Sub
```

Ändert unser *MediaElement* den Status, setzen wir die Tasten für die zentrale Medienwiedergabe entsprechend:

```
Private Sub MediaElement1_CurrentStateChanged(sender As Object, e As RoutedEventArgs)
    If MediaElement1.CurrentState = MediaElementState.Playing Then
        MediaControl.IsPlaying = True
    Else
        MediaControl.IsPlaying = False
    End If
End Sub
```

Ach ja, fast hätten wir vor lauter "Nebenaufgaben" das eigentliche Laden der MP3-Datei vergessen:

```
Private Async Sub Button_Click_5(sender As Object, e As RoutedEventArgs)
    Dim folder As StorageFolder = Await _
            Package.Current.InstalledLocation.GetFolderAsync("musik")
    Dim file As StorageFile = Await folder.GetFileAsync("sound0.mp3")
    Dim stream = Await file.OpenAsync(FileAccessMode.Read)
    MediaElement1.SetSource(stream, file.ContentType)
    MediaElement1.IsLooping = True
End Sub
```

HINWEIS: Wir setzen die Soundwiedergabe auf "Endlos", so haben wir später genügend Zeit
zum Testen.

Die Wiedergabetasten in unserer App:

```
Private Sub Button_Click_1(sender As Object, e As RoutedEventArgs)
    MediaElement1.Play()
End Sub

Private Sub Button_Click_3(sender As Object, e As RoutedEventArgs)
    MediaElement1.Stop()
End Sub

Private Sub Button_Click_2(sender As Object, e As RoutedEventArgs)
    MediaElement1.Pause()
End Sub
```

Test

Starten Sie die App und laden Sie die MP3-Datei. Klicken Sie nachfolgend auf die Play-Taste der
App. Spielt die Musik, wechseln Sie nun zu einer anderen App. Die Musik sollte weiterspielen.
Klicken Sie jetzt auf die eventuell vorhandenen Media-Tasten Ihrer Tastatur um folgendes Popup-
Fenster anzuzeigen:

Die hier dargestellte Pause-Taste korrespondiert mit dem Ereignis *PlayPauseTogglePressed* unserer App. Im Gegenzug setzt unsere App den Status dieser Taste per *CurrentStateChanged*-Ereignis.

Bemerkung

Die Hintergrundwiedergabe funktioniert also ganz gut, eines sollten Sie jedoch beachten: Besteht
Ihre App aus mehreren Seiten und wird zwischen diesen Seiten gewechselt, nützt Ihnen die obige
Hintergrundwiedergabe nichts, da die aktuelle Instanz des *MediaElement*-Controls mit dem Schlie-
ßen der Seite zerstört wird. In diesem Fall müssen Sie eine zentrale Seite erstellen, in die Sie das
MediaElement einfügen. Die Detailseiten wechseln dann nur noch innerhalb eines *Frame*-Controls
in der zentralen Seite.

Kapitel **20**

Apps im Detail

In diesem Kapitel wollen wir die WinRT-Apps näher beleuchten. Dazu nehmen wir zunächst eine App "auseinander", sehen uns den Lebenszyklus an und tauchen ein in die Möglichkeiten des Daten- und Dateizugriffs unter den Bedingungen von WinRT.

20.1 Ein Windows Store App-Projekt im Detail

Sicher kann es nicht schaden, wenn wir uns zunächst etwas intensiver mit dem Grundgerüst einer WinRT-App beschäftigen, zumal der administrative Aufwand im Laufe der Jahre und mit jeder neuen Zielumgebung immer komplexer geworden ist. WinRT-Apps machen da sicher keine Ausnahme, ein schnelles "hello world!"-Programm werden Sie kaum in wenigen Sekunden programmieren – vom Vertrieb an den Endkunden ganz zu schweigen.

Der Blick in ein neues, "leeres" WinRT-Projekt erzeugt zunächst nichts als Ratlosigkeit, es sei denn, Sie haben sich vorher schon intensiv mit WPF oder Silverlight beschäftigt.

```
Projektmappe "App9" (1 Projekt)
  VB App9
     My Project
     Assets
        Logo.png
        SmallLogo.png
        SplashScreen.png
        StoreLogo.png
     Common
        StandardStyles.xaml
     App.xaml
        App.xaml.vb
     App9_TemporaryKey.pfx
     MainPage.xaml
        MainPage.xaml.vb
     Package.appxmanifest
```

20.1.1 Contracts und Extensions

Bevor wir uns mit den einzelnen Dateien des Projekts beschäftigen können, müssen wir zunächst etwas weiter ausholen und uns mit einem der Grundkonzepte von WinRT-Apps vertraut machen.

Im Zusammenhang mit WinRT-Apps fallen häufig die Begriffe "Contract" und "Extension". Im Weiteren wollen wir es auch bei diesen engl. Begriffen belassen, um Fehlinterpretationen bei Verwendung der Hilfe etc. zu vermeiden. Doch worum handelt es sich eigentlich?

■ **Contract**

Hierbei geht es um einen "Vertrag" über eine Interaktion zwischen verschiedenen Apps bzw. dem WinRT-System. Dies kann zum Beispiel die Auswahl einer Datei (eine andere App möchte eine Datei laden und nutzt dazu Ihre App), eine Suchanforderung (durch das System) oder das Aktivieren eines Laufwerks (USB-Stick, SD-Card) sein. Der nötige Contract wird in der Manifestdatei *Package.appxmanifest* deklariert und konfiguriert (siehe Abschnitt 20.1.5, Seite 998), so kann WinRT später die gewünschten Aufgaben anfordern (WinRT ist hier nur der Vermittler zwischen den einzelnen Vertragspartnern). Ein entsprechender Callback in der Datei *App.xaml.vb* ermöglicht Ihrem Programm die Reaktion auf die externen Anforderungen durch das System oder durch eine andere App[1].

Die folgende Abbildung zeigt als Beispiel die Suchfunktion der WinRT-Oberfläche. Per Search-Contract haben sich diverse Apps in das Windows-Suchsystem "eingeklinkt", in diesem Fall nutzen wir die zentrale Suche (das Flyout am rechten Bildrand), um im Windows-Store nach einer App zu suchen:

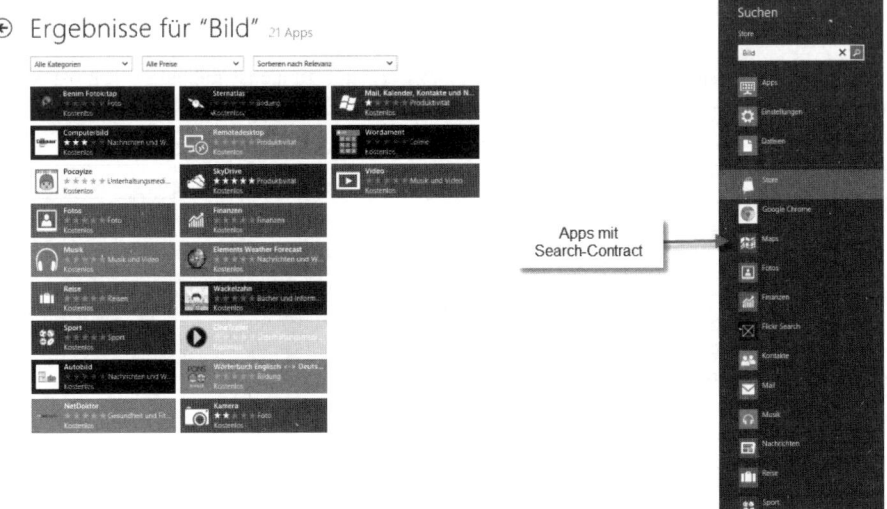

---

[1] Die grundlegendste Form eines Contracts ist der Launch-Contract, dieser ermöglicht überhaupt erst den Start der App. Den entsprechenden Callback *OnLaunched* finden Sie bereits vordefiniert in der Datei *App.xaml.vb* vor. Ohne diesen Contract startet keine WinRT-App.

Die Suchfunktion stellt also lediglich die Auswahl der Such-App und eine Eingabemöglichkeit zur Verfügung, die eigentliche Suche und die Anzeige der Suchergebnisse ist Aufgabe der App.

Wie auch Sie Ihre App für die Suche registrieren, zeigt Ihnen das Praxisbeispiel

▶ 20.4.1 Unterstützung für den Search-Contract bieten

▪ **Extension**
Mit Hilfe von Extensions werden Windowsfunktionen erweitert bzw. angepasst, um diese in der eigenen App oder eventuell auch in anderen Apps zu nutzen. Dies kann zum Beispiel der Zugriff auf die Kamera-Einstellungen, die Druckereinstellungen oder auch die Auto-Play-Funktion sein. Sie brauchen also nicht jedes Mal "das Rad komplett neu zu erfinden", sondern können sich quasi wie in einem Baukasten bei vorhandenen Grundgerüsten bedienen.

Ein Beispiel für die Unterstützung der AutoPlay-Funktion finden Sie im Praxisbeispiel

▶ 20.4.2 Die Auto-Play-Funktion unterstützen

Nach diesem kurzen theoretischen Ausflug können wir uns nun endlich den einzelnen Dateien des WinRT-Projekts widmen.

20.1.2 AssemblyInfo.vb

Diese Datei im Unterverzeichnis *Properties* speichert alle Informationen, die Sie auch über den Dialog *Projekt\Einstellungen\Anwendung\Assemblyinformationen* vornehmen können:

Die Daten werden intern als Attribute gespeichert und können wie folgt im laufenden Programm abgefragt werden:

BEISPIEL 20.1: Abfrage von Assemblyinformationen

```vb
...
Imports System.Reflection
...
    Sub New()
        InitializeComponent()
```

Die einfache Variante funktioniert nur für einige Attribute (z.B. Versionsinformation):

```vb
        txt1.Text = GetType(MainPage).GetTypeInfo().Assembly.GetName().Version.ToString()
```

Mit der folgenden Variante können Sie alle gewünschten Attribute abrufen (jeweils eines):

```vb
        Dim txt = DirectCast(GetType(MainPage).GetTypeInfo().
                Assembly.GetCustomAttribute(GetType(AssemblyDescriptionAttribute)),
                AssemblyDescriptionAttribute)
        txt1.Text = txt.Description
    End Sub
...
```

HINWEIS: Wie Sie sehen, ist der Zugriff per Reflection auf die laufende Assembly in WinRT-Apps neu organisiert worden. Die alte Version mit *System.Reflection.Assembly.Get-ExecutingAssembly()* funktioniert **nicht** mehr!

20.1.3 Verweise

Standardmäßig verweist Ihre WinRT-App "lediglich" auf

- *.NET for Windows Store apps*
- und *Windows*

Während es sich beim ersten Verweis um das .NET-Core-Profile mit den entsprechenden Assemblies unter

```
C:\Program Files (x86)\Reference Assemblies\Microsoft\Framework\.NETCore\v4.5
```

handelt, ist *Windows* ein Verweis auf die Metadatendatei:

```
C:\Program Files (x86)\Windows Kits\8.0\References\CommonConfiguration\Neutral\Windows.winmd
```

und damit auf alle *Windows.*-Namespaces, die Sie in Ihrer App benötigen.

Die Portable Assemblies finden Sie, wenn erforderlich, unter:

```
C:\Program Files (x86)\Reference Assemblies\Microsoft\Framework\.NETPortable\v4.5
```

20.1.4 App.xaml und App.xaml.vb

Hierbei handelt es sich um den Ausgangs- und den Endpunkt für jede WinRT-App. So ist in der Datei *App.xaml.vb* mit der Klasse *App* (abgeleitet von *Application*)

▪ zum einen der Einstiegspunkt in Ihre App zu finden (*OnLaunched*),

▪ zum anderen reagieren Sie hier mit dem Ereignis *OnSuspending* auf das Pausieren bzw. das stille Ende Ihrer App.

HINWEIS: Erste Details zum Start der App hatten wir bereits im Abschnitt 18.1.2 "Die Page, der Frame und das Window" ab Seite 901 beschrieben. Mehr zu den einzelnen Methoden und Ereignissen dieser Klasse finden Sie im Abschnitt 20.2 "Der Lebenszyklus einer WinRT-App" ab Seite 1007.

Nutzen Sie die Klasse *App* ebenfalls für globale Variablen/Objekte und die Unterstützung diverser Contracts (Suche, Filepicker etc.), wir kommen später noch darauf zurück.

HINWEIS: Beachten Sie, dass das Initialisieren eigener Objektinstanzen (z.B. im Konstruktor dieser Klasse) nicht zu viel Zeit in Anspruch nimmt, andernfalls wird die App von WinRT gnadenlos aus dem Speicher geworfen.

Neben der Code-Datei sollten Sie auch die XAML-Datei nicht vernachlässigen, in *App.xaml* können Sie zentrale Ressourcen für Ihre App bereitstellen.

BEISPIEL 20.2: Inhalt der Datei *App.xaml* mit zusätzlich definierter Ressource

```xaml
...
  <Application.Resources>
      <ResourceDictionary>
          <ResourceDictionary.MergedDictionaries>
              <ResourceDictionary Source="Common/StandardStyles.xaml"/>
```

Hier können Sie weitere zentrale Ressourcen definieren:

```xaml
              <ResourceDictionary>
                  <local:KundenDataSource x:Key="kundenDataSource"/>
              </ResourceDictionary>
          </ResourceDictionary.MergedDictionaries>
      </ResourceDictionary>
  </Application.Resources>
...
```

HINWEIS: Ob es allerdings Sinn macht, wie in obigem Beispiel zentrale Instanzen in der *App.xaml* zu definieren, ist fraglich, da können Sie besser gleich die *App*-Klasse um eine Eigenschaft erweitern und haben Ihren Code zentral zusammengefasst.

Ganz nebenbei, der Zugriff per Code auf obige Ressource ist zum Beispiel per

```
Dim kundenDataSource As KundenDataSource = CType( _
                          App.Current.Resources("kundenDataSource"), (KundenDataSource))
```

möglich. Da ist ein schlankes

```
App.KundenDataSource
```

wohl wesentlich einfacher.

20.1.5 Package.appxmanifest

Hierbei handelt es sich um das Manifest Ihrer WinRT-App. Dieses dient dem WinRT-System als Informationsquelle über die Funktionalität Ihrer App.

HINWEIS: Bevor Sie verzweifeln: Es handelt sich zwar um eine XML-Datei, Sie können jedoch einen recht komfortablen Editor für das Konfigurieren aller Einstellungen nutzen.

Der Editor ist in folgende vier Seiten eingeteilt:

- Anwendungsbenutzeroberfläche

- Funktionen

- Deklarationen

- Verpacken

Anwendungsbenutzeroberfläche

Diese Seite dürfte wohl für die wenigsten Fragen sorgen. So legen Sie zunächst den Anzeigenamen (dieser erscheint in der Übersicht aller Apps) und den Einstiegspunkt in Ihre App fest (Letzteren werden Sie wohl nie ändern).

Die Angaben zu den unterstützten Drehungen sind optional und haben keine erkennbare Auswirkung auf das Verhalten der App. Weiterhin finden Sie hier die Optionen für die Beschriftung (der Kurzname ist der Text auf der Kachel), das Logo (Symbol) in verschiedenen Formaten, sowie die Schrift- und die Hintergrundfarbe Ihrer App auf dem Windows 8-Desktop.

Optional können hier auch Symbole für Benachrichtigungen zugewiesen werden, wenn Ihre App diese Funktionalität unterstützt.

Last, but not least lassen sich auch das Logo sowie die Hintergrundfarbe des Splash Screens (Begrüßungsbildschirm) zuweisen.

Anwendungsbenutzeroberfläche   Funktionen   Deklarationen   Verpacken

Verwenden Sie diese Seite, um die Eigenschaften festzulegen, die Ihre App identifizieren und beschreiben.

Anzeigename:	App4
Einstiegspunkt:	App4.App
Beschreibung:	App4

Unterstützte Drehungen: Eine optionale Einstellung, mit der die Ausrichtungseinstellungen der App festgelegt werden.

☐ Querformat   ☐ Hochformat   ☐ Gedrehtes Querformat   ☐ Gedrehtes Hochformat

Kachel:

Logo: Assets\Logo.png   × […]
Erforderliche Größe: 150 x 150 Pixel

Breites Logo: × […]
Erforderliche Größe: 310 x 150 Pixel

Kleines Logo: Assets\SmallLogo.png   × […]
Erforderliche Größe: 30 x 30 Pixel

Kurzname:

Name anzeigen: Alle Logos   ▾

Vordergrundtext: Beleuchtung   ▾

Hintergrundfarbe: #464646

Benachrichtigungen:

Infoanzeigerlogo: × […]
Erforderliche Größe: 24 x 24 Pixel

Toastfähig: (nicht festgelegt)   ▾

Benachrichtigungen bei gesperrtem Bildschirm: (nicht festgelegt)   ▾

Begrüßungsbildschirm:

Begrüßungsbildschirm: Assets\SplashScreen.png   × […]
Erforderliche Größe: 620 x 300 Pixel

Hintergrundfarbe:

Funktionen

Melden Sie auf dieser Seite an, welche Funktionen bzw. Fähigkeiten Ihre App unterstützt bzw. welche Funktionen Ihre App gern nutzen würde.

HINWEIS: Die letzte Aussage sollten Sie wörtlich nehmen. Auch wenn Sie zum Beispiel ein Häkchen bei Webcam setzen, heißt das noch lange nicht, dass Ihre App auch darauf zugreifen kann. Einige Aktionen müssen beim ersten Start der App durch den Endanwender autorisiert werden.

Anwendungsbenutzeroberfläche　　　　　Funktionen　　　　Deklarationen　　　　Verpacken

Verwenden Sie diese Seite, um Systemfeatures oder Geräte anzugeben, die Ihre App verwenden kann.

Funktionen　　　　　　　　　　　　　　**Beschreibung:**

▪ Freigegebene Benutzerzertifikate　　　Ermöglicht Zugriff auf Software- und Hardwarezertifikate, wie z. B. Smartcard-Zertifikate. Wenn diese
☐ Heim- oder Arbeitsplatznetzwerke　　Fähigkeit zur Laufzeit aufgerufen wird, muss der Benutzer eine Aktion ausführen, z. B. eine Karte einlegen,
☐ Internet (Client und Server)　　　　　ein Zertifikat auswählen usw.
☑ Internet (Client)　　　　　　　　　　Weitere Informationen
☐ Mikrofon
☐ Musikbibliothek
☐ Näherung
☐ Speicherort
☐ Textnachrichten
☐ Unternehmensauthentifizierung
☐ Webcam
☐ Wechselspeichergeräte
☐ Zugriff auf Bildbibliothek
☐ Zugriff auf Dokumentbibliothek
☐ Zugriff auf Videobibliothek

Die folgende Tabelle gibt eine Übersicht zur Bedeutung der einzelnen Funktionen:

Funktion	Beschreibung
Freigegebene Benutzerzertifikate	Zugriff auf Hard- und Softwarezertifikate
Heim- und Arbeitsplatznetzwerk	Ein- und ausgehender Zugriff auf vertrauenswürdige Orte und Netzwerke
Internet (Client und Server)	Die App kann Daten aus dem Internet empfangen und gleichzeitig auf Anforderung auch Daten in das Internet senden.
Internet (Client)	Die App kann Daten aus dem Internet (Feeds etc.) abrufen.
Mikrofon/Webcam	Verwendung von Mikrofon und/oder Webcam anfordern. Beachten Sie, dass meist beide Optionen gesetzt werden müssen, wenn sich z.B. das Mikrofon in der Webcam befindet.
Zugriff auf Musikbibliothek/ Bildbibliothek/Dokumentenbibliothek/Videobibliothek	Schreib-/Lesezugriff auf die entsprechende Bibliothek freigeben
Näherung	Unterstützung für die neue Near-Field Communikation (NFC), die in Smartphones und Tablets zum Einsatz kommen soll[1].

---

[1] NFC ist nicht ganz unumstritten, verzichten Sie also lieber darauf, wenn es nicht unbedingt sein muss.

Funktion	Beschreibung
Speicherort	Ermöglicht Ihrer App den Zugriff auf den aktuellen Standort des Tablets/Computers. Diese Information ist zum einen recht sensibel[2], zum anderen bietet sich hier aber auch die Möglichkeit, standortspezifische Programmfunktionen auszuführen.
Textnachrichten	Zugriff auf das Senden und Empfangen von Textnachrichten (SMS)
Unternehmensauthentifizierung	Verbindung mit Intranetressourcen per Domänenanmeldung
Wechselspeichergeräte	Zugriff auf USB-Sticks oder SD-Cards

HINWEIS: Unterlassen Sie es die entsprechenden Funktionen zu deklarieren, so wird Ihre App teilweise mit Schutzverletzungen reagieren, wenn Sie trotzdem auf diese Funktionen zugreifen.

Deklarationen

Mit den Deklarationen definieren Sie die unterstützten Contracts und Extensions, gleichzeitig wird hier in vielen Fällen auch die Konfiguration vorgenommen.

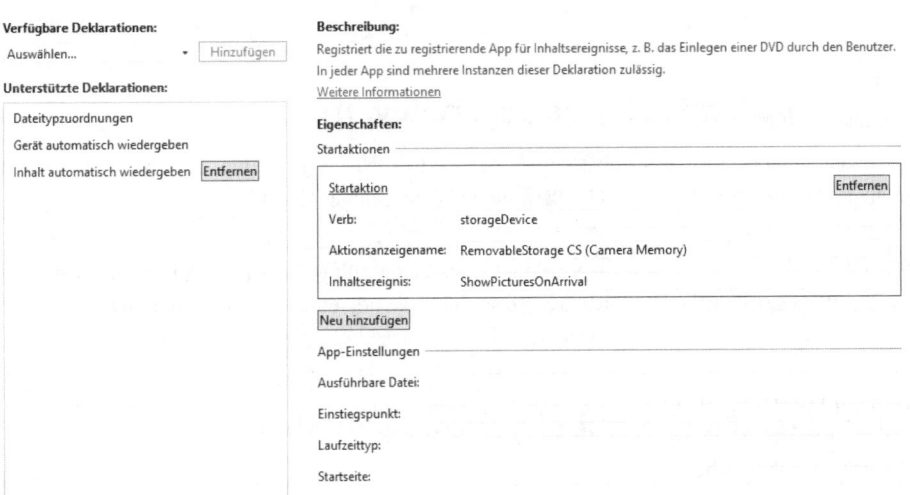

In der obigen Abbildung sehen Sie beispielsweise, dass die App die automatische Wiedergabe von Medien unterstützt. Das *Verb* ist eine Kennung, die später beim Aufruf der Callback-Funktion an die App übertragen wird, um den Grund des Aufrufs zu spezifizieren. Das Inhaltsereignis definiert, wann das Ereignis ausgelöst wird, der Anzeigename erscheint beim Registrieren der App für die automatische Wiedergabe.

---

[2] Wer möchte schon auf Schritt und Tritt "beobachtet" werden?

An dieser Stelle werden wir nicht auf die verschiedenen Contracts eingehen, im Praxisteil dieses Kapitels finden Sie dazu zwei entsprechende Beispiele:

▶ 20.4.1 Unterstützung für den Search-Contract bieten

▶ 20.4.2 Die Auto-Play-Funktion unterstützen

Verpacken

Legen Sie hier die Optionen zum Verpacken der App fest. Dies betrifft vor allem den Anzeigenamen und das Zertifikat des Herausgebers:

Anwendungsbenutzeroberfläche	Funktionen	Deklarationen ⊗	Verpacken

Verwenden Sie diese Seite, um die Eigenschaften festzulegen, die Ihr Paket bei der Bereitstellung identifizieren und beschreiben.

Paketname:	a4c3ae3c-043d-4518-8a59-1676f46d1c7a
Paketanzeigename:	App4
Logo:	Assets\StoreLogo.png ✕ ...
	Erforderliche Größe: 50 x 50 Pixel

	Hauptversion:	Nebenversion:	Build:	Revision:
Version:	1	0	0	0

Herausgeber:	CN=Thomas Zertifikat auswählen...
Anzeigename des Herausgebers:	Thomas
Paketfamilienname:	a4c3ae3c-043d-4518-8a59-1676f46d1c7a_xkj04xcm6e7n4

20.1.6   Application1_TemporaryKey.pfx

Hierbei handelt es sich um ein selbst generiertes Zertifikat zum Signieren des App-Package. Jede App, die in der Windows 8-Oberfläche läuft, braucht ein gültiges Zertifikat.

HINWEIS: Obiges Zertifikat ist nur für die Entwicklung gültig, für eine finale Weitergabe ist ein Extra-Zertifikat erforderlich, das Sie sich bei einer Zertifizierungsstelle besorgen müssen.

20.1.7   MainPage.xaml & MainPage.xaml.vb

Dies ist die Startseite Ihrer Anwendung, d.h. die erste Seite, die nach dem Splash Screen angezeigt wird. Welche Seite aus dem Projekt als Startseite fungiert legen Sie in der Datei *App.xaml.vb* fest. Siehe dazu auch Abschnitt 18.1.2 "Die Page, der Frame und das Window" bzw. 18.2 "Projekttypen und Seitentemplates" und 18.3 "Seitenauswahl und -navigation".

20.1.8   Datentyp-Konverter/Hilfsklassen

Je nach Projekttyp werden Sie im Unterverzeichnis *Common* einen oder mehrere Konverter sowie Hilfsklassen vorfinden, die für die Datenbindung benötigt werden.

BooleanToVisibilityConverter.vb

Ein recht nützlicher Vertreter, der auch schon in WPF-Anwendungen gute Dienste geleistet hat, ist der *BooleanToVisibility*-Konverter. Da die Sichtbarkeit von Controls in XAML-Oberflächen nicht per *True* oder *False* gesteuert wird, sondern über die Eigenschaft *Visibility* (*Collapsed* oder *Visible*), ist beim Setzen der Eigenschaft mit einem booleschen Wert der Konverter unabdingbar.

```vb
Namespace Common
    Public NotInheritable Class BooleanToVisibilityConverter
        Implements IValueConverter

        Public Function Convert(value As Object, targetType As Type, parameter As Object,
                        language As String) As Object Implements IValueConverter.Convert
            If TypeOf value Is Boolean AndAlso DirectCast(value, Boolean) Then _
                Return Visibility.Visible
            Return Visibility.Collapsed
        End Function

        Public Function ConvertBack(value As Object, targetType As Type, parameter As Object,
                        language As String) As Object _
                        Implements IValueConverter.ConvertBack
            Return TypeOf value Is Visibility AndAlso DirectCast(value, Visibility) = _
                        Visibility.Visible
        End Function

    End Class
End Namespace
```

BEISPIEL 20.3: Verwenden eines *Converters*

VB

```vb
...
    <Page.Resources>
```

Hier wird eine Instanz des Konverters erzeugt ...

```vb
        <common:BooleanToVisibilityConverter x:Key="BooleanToVisibilityConverter"/>
    </Page.Resources>
```

... die später im Rahmen der Datenbindung zum Einsatz kommt:

```vb
    <ItemsControl
                x:Name="filtersItemsControl"
                ItemsSource="{Binding Source={StaticResource filtersViewSource}}"




                Visibility="{Binding ShowFilters,
                        Converter={StaticResource BooleanToVisibilityConverter}}"
                Margin="120,-3,120,30">
...
```

BooleanNegationConverter.vb

Dieser Konverter negiert lediglich einen übergebenen booleschen Wert, aus *True* wird also *False*:

```
Namespace Common
    Public NotInheritable Class BooleanNegationConverter
        Implements IValueConverter

        Public Function Convert(value As Object, targetType As Type, parameter As Object,
                                language As String) As Object Implements IValueConverter.Convert
            Return Not (TypeOf value Is Boolean AndAlso DirectCast(value, Boolean))
        End Function

        Public Function ConvertBack(value As Object, targetType As Type, parameter As Object,
                                language As String) As Object _
                    Implements IValueConverter.ConvertBack
            Return Not (TypeOf value Is Boolean AndAlso DirectCast(value, Boolean))
        End Function

    End Class
End Namespace
```

RichTextColumns.vb

Diese Hilfsklasse ermöglicht es, in der Detailansicht von Grid-Apps Texte in einem fixen Spalten-layout darzustellen. Die Texte werden in fester Spaltenbreite entsprechend der verfügbaren Höhe formatiert, die Anzahl der erzeugten Spalten hängt von der Textlänge ab.

SuspensionManager.vb

Mit der Klasse *SuspensionManager* hatten Sie bereits im Einstiegsbeispiel (Abschnitt 17.3.5, ab Seite 882) erstmals zu tun. Aufgabe dieser Klasse ist das Abspeichern und spätere Wiederherstellen von Anwendungszuständen (Eingaben, aktive Seiten, aktives Control etc.), wenn die App von WinRT in den Suspend-Modus versetzt wird.

HINWEIS: Je nach Projekttyp wird die Klasse automatisch erzeugt, alternativ müssen Sie sich diese aus einem der vielen WinRT-Beispielprojekte kopieren.

Wie Sie die Klasse zum Speichern eigener Objekte einsetzen können, haben wir Ihnen bereits im Abschnitt 17.3.5 demonstriert.

Wesentlich einfacher ist es, wenn Sie nur einzelne Eigenschaften (z.B. den Inhalt einer *TextBox*) sichern und wiederherstellen möchten. Nutzen Sie die Seitenvorlage "Standardseite"(*BasicPage*), basiert diese auf der Klasse *LayoutAwarePage* und bringt bereits zwei vordefinierte Methoden-rümpfe für das State-Management mit:

```
    Protected Overrides Sub LoadState(navigationParameter As Object,
                        pageState As Dictionary(Of String, Object))
    End Sub
```

```
    Protected Overrides Sub SaveState(pageState As Dictionary(Of String, Object))

    End Sub
```

Diese Methoden werden innerhalb der Klasse *LayoutAwarePage* durch die Navigation (*OnNavigatedTo* bzw. *OnNavigatedFrom*) aufgerufen. Intern nutzt dann *LayoutAwarePage* den Suspensionmanager, um die Dictionary-Daten der obigen Methoden seitenspezifisch zu sichern bzw. zu laden:

BEISPIEL 20.4: Sichern und Wiederherstellen des Inhaltes einer *TextBox*

```
...
    Protected Overrides Sub LoadState(navigationParameter As Object,
                                       pageState As Dictionary(Of String, Object))
        If pageState IsNot Nothing Then
            If pageState.ContainsKey("txt1_txt") Then
                TextBox1.Text = DirectCast(pageState("txt1_txt"), String)
            End If
        End If
    End Sub

    Protected Overrides Sub SaveState(pageState As Dictionary(Of String, Object))
        pageState("txt1_txt") = TextBox1.Text
    End Sub
```

Navigieren Sie von dieser Seite zu einer anderen Seite und kehren mit der Back-Taste zurück, wird der Inhalt der *TextBox* wieder hergestellt.

```
...
```

LayoutAwarePage.vb

Hierbei handelt es sich um die Basisklasse für die WinRT-Standardseiten. Diese Klasse implementiert Navigationsfunktionalität zwischen den einzelnen Seiten einer App (Back-Button, *GoHome*, *GoBack*, *GoForward*), unterstützt Tastenkombinationen und kümmert sich um das Sichern und Wiederherstellen von aktuellen Zuständen der Seite. Zusätzlich wird auch eine Basisfunktionalität für die visuellen Zustände der Seite implementiert. Mehr dazu im Abschnitt 18.2.5 "Standardseite (Basic Page)".

HINWEIS: Diese Klasse wird automatisch in Ihr Projekt aufgenommen, wenn Sie darauf basierende Seitentemplates nutzen.

20.1.9 StandardStyles.xaml

Für die HTML-Programmierer sicherlich nichts Neues, für den ehemaligen Windows Forms-Programmierer hingegen Neuland, ist die Datei *StandardStyles.xaml*.

Mit Hilfe der Styles lassen sich Eigenschaften für Controls bzw. Control-Gruppen auf eine elegante Art zentral verwalten. Zum einen müssen Sie bei einzelnen Controls nicht mehr umständlich einzelne Eigenschaften setzen, zum anderen können Sie jederzeit alle Controls, die auf einem Style basieren, mit einer neuen Optik ausstatten, indem Sie lediglich den Style ändern.

BEISPIEL 20.5: Verwendung *Styles*

Ein Style aus der Datei *StandardStyles.xaml*, der für *RichTextBlock*-Controls vorgesehen ist:

```
<Style x:Key="BasicRichTextStyle" TargetType="RichTextBlock">
    <Setter Property="Foreground"
            Value="{StaticResource ApplicationForegroundThemeBrush}"/>
    <Setter Property="FontSize" Value="{StaticResource ControlContentThemeFontSize}"/>
    <Setter Property="FontFamily"
            Value="{StaticResource ContentControlThemeFontFamily}"/>
    <Setter Property="TextTrimming" Value="WordEllipsis"/>
    <Setter Property="TextWrapping" Value="Wrap"/>
    <Setter Property="Typography.StylisticSet20" Value="True"/>
    <Setter Property="Typography.DiscretionaryLigatures" Value="True"/>
    <Setter Property="Typography.CaseSensitiveForms" Value="True"/>
</Style>
```

Die Verwendung:

```
<RichTextBlock Height="123" Width="298" Style="{StaticResource BaselineRichTextStyle}" />
```

Möchten Sie eigene Styles entwerfen, können Sie diese entweder

- in einer Seite definieren (dann ist dieser Style aber auch nur auf dieser Seite verfügbar),

- in einer eigenen Styledatei definieren (dann müssen Sie diese in die Datei *App.xaml* aufnehmen),

- oder direkt in der Datei A*pp.xaml* definieren.

Definieren Sie neue Styles, können diese auf bereits vorhandenen Styles basieren und entsprechend weiter konfiguriert werden:

BEISPIEL 20.6: Nutzen eines vorhanden *Style***s für einen neuen** *Style*

```
...
<Style x:Key="MyPageHeaderTextStyle" TargetType="TextBlock"
       BasedOn="{StaticResource HeaderTextStyle}">
    <Setter Property="Margin" Value="0,0,70,70"/>
</Style>
...
```

20.1.10   Assets/Symbole

Im Verzeichnis *Assets* finden Sie die im Zusammenhang mit dem Bereitstellen der App benötigten Symbole im PNG-Format. Prinzipiell sind die Namen frei wählbar, in diesem Fall müssen Sie aber die Manifestdatei *Package.appxmanifest* (siehe Seite 998) entsprechend anpassen. Achten Sie auf die Größe der einzelnen Dateien (Logo: 150x150 Pixel, Breites Logo 310x150 Pixel, Kleines Logo 30x30 Pixel, Splash Screen 620x300 Pixel).

20.1.11 Nach dem Kompilieren

Haben Sie Ihre App kompiliert, wollen Sie auch einen Blick in das Ausgabeverzeichnis *\\bin\Debug*. Neben diversen XML- und XAML-Dateien (Seiten, Manifest, App) finden sich hier auch die Ressourcen und eine EXE-Datei. Leider ist die Enttäuschung nach dem Start der EXE vorprogrammiert:

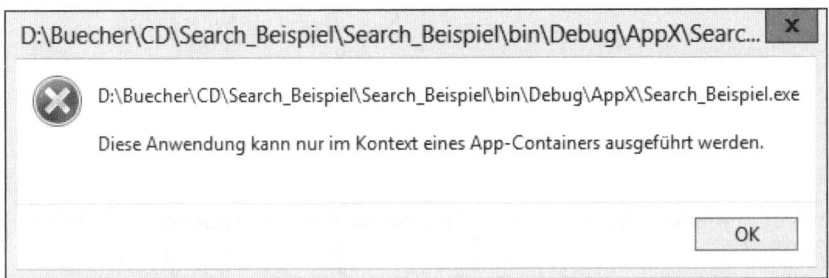

Der Grund für diesen Schock ist in der neuen Distribution von WinRT-Apps zu finden. Diese erfolgt im Normalfall über den Windows Store. Von dort heruntergeladene Apps bzw. App-Packages lassen sich dann in der Windows 8-Oberfläche installieren und werden später in einem App-Container ausgeführt.

HINWEIS: Bevor die App an den Microsoft-Store übertragen werden kann, muss diese in ein extra Package komprimiert werden. Nutzen Sie dazu den *Menüpunkt Projekt|Store| Anwendungspaket erstellen* (siehe Abschnitt 21.5 ab Seite 1117).

20.2 Der Lebenszyklus einer WinRT-App

Wir hatten uns mit diesem Thema bereits an der einen oder anderen Stelle in den vorhergehenden Kapiteln kurz beschäftigt, hier soll es deshalb um einen zusammenfassenden Überblick gehen.

Wie schon erwähnt, werden für eine WinRT-App drei wesentliche "Zustände" unterschieden:

- Running
- Suspending
- Stopped

Ihre Aufgabe als Programmierer ist es, auf den Wechsel zwischen diesen Zustanden zu reagieren, um zum Beispiel den Status des Programms zu erhalten oder wieder herzustellen. Was sich so einfach anhört (mit Blick auf die bisher übliche Vorgehensweise in der Win32-Welt: Start → Programmablauf → Beenden) stellt Sie nun vor recht umfangreiche Probleme, die sich mit Hilfe einiger Methoden und Ereignisse jedoch lösen lassen.

Die folgende Abbildung versucht die komplexen Szenarien vereinfacht wiederzugeben:

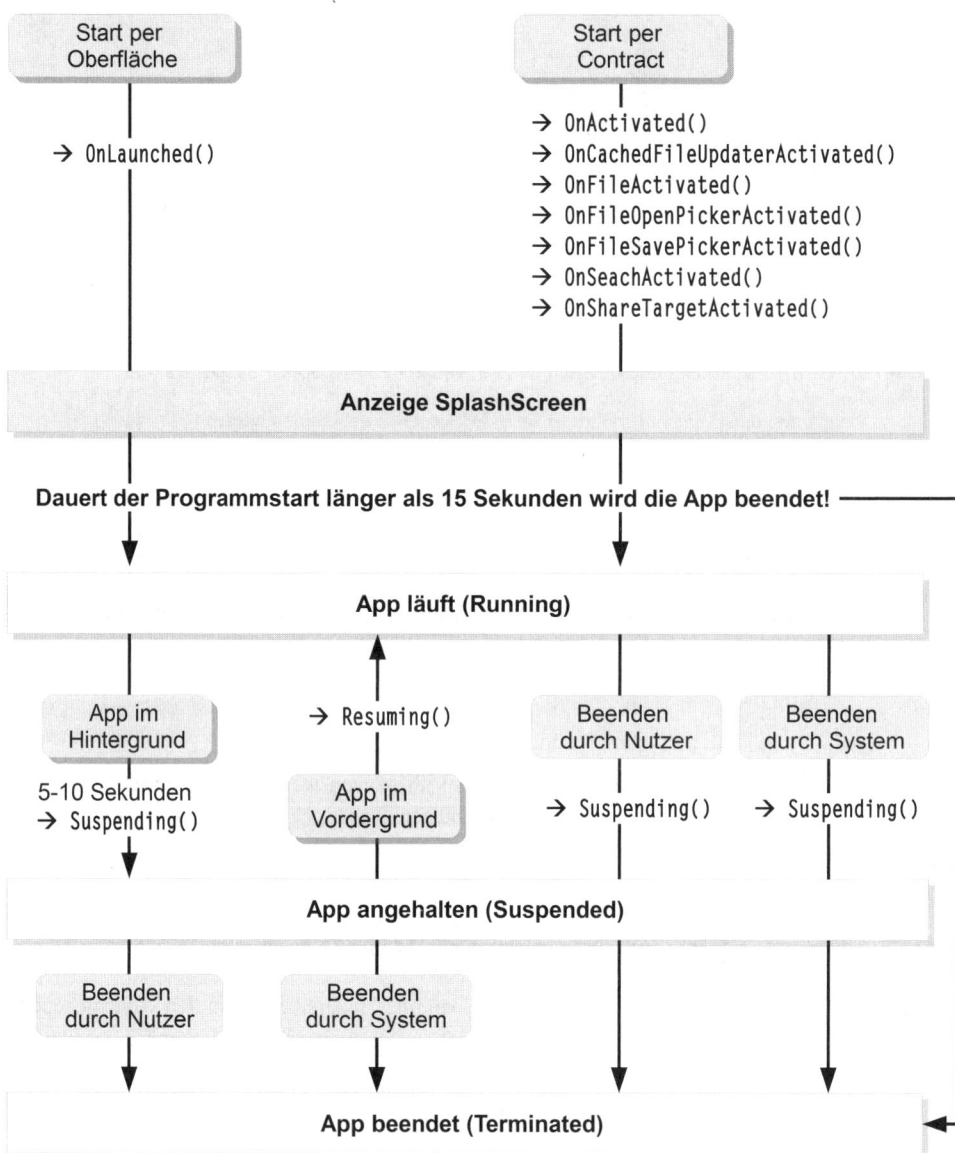

Was wohl gleich ins Auge fällt sind drei grundsätzliche Unterschiede zu einem konventionellen Windows-Programm:

- die App kann aus vielen verschiedenen Gründen gestartet werden,

- die App wird durch das System in einen Ruhezustand versetzt,

- das Beenden der App ist aus Sicht des Programmierers unbestimmt.

Die folgenden Abschnitte sollen Ihnen Antworten auf sicherlich vorhandene Fragen geben.

20.2.1 Möglichkeiten der Aktivierung von Apps

Was sich zunächst etwas merkwürdig anhört, hat in einer WinRT-Umgebung dennoch seine Bedeutung: Ihre App kann nicht nur per Launch-Contract über die Windows 8-Oberfläche gestartet werden (dies ist für den Nutzer der zunächst offensichtlichste Weg), sondern auch durch eine Reihe von Contracts, wenn Ihre App diese registriert hat.

Leider hat diese Vielfalt auch einen Nachteil: Sie haben es nicht mit einem einheitlichen Eintrittspunkt in Ihre WinRT-App zu tun, sondern Sie müssen sich je nach Funktionsumfang mit mehreren Eintrittspunkten mit unterschiedlichen Parametern herumschlagen.

Standardmäßig haben Sie es beim Start über die Windows 8-Oberfläche mit der bereits in jedem Projekt (*App.xaml.vb*) angelegten *OnLaunched*-Methode zu tun, die leider etwas verwirrend ist, dafür aber Raum für Anpassungen lässt:

```
Protected Overrides Sub OnLaunched(args As Activation.LaunchActivatedEventArgs)
```

Versuch, den Frame des App-Windows zu ermitteln:

```
Dim rootFrame As Frame = Window.Current.Content
```

Ist dieser nicht bereits vorhanden, wird er erstellt:

```
If rootFrame Is Nothing Then
    rootFrame = New Frame()
```

Die App wurde vorher vom System beendet:

```
If args.PreviousExecutionState = ApplicationExecutionState.Terminated Then
    ' TODO: Zustand von zuvor angehaltener Anwendung laden
End If
```

Rahmen platzieren:

```
Window.Current.Content = rootFrame
End If
```

Ist keine Seite geladen:

```
If rootFrame.Content Is Nothing Then
```

Aufruf der Hauptseite mit Übergabe der Parameter:

```
If Not rootFrame.Navigate(GetType(MainPage), args.Arguments) Then
    Throw New Exception("Failed to create initial page")
End If
End If
```

App-Window aktivieren:

```
Window.Current.Activate()
End Sub
```

Ganz uninteressant ist das obige Ereignis allerdings auch nicht, über die Argumente können Sie noch etwas mehr darüber in Erfahrung bringen.

Vergessen Sie an dieser Stelle jedoch *args.Kind*:

HINWEIS: Sie werden in dieser Methode immer nur den Wert *ActivationKind.Launch* erhalten, die Methode wird eben nur beim Start per Launch-Contract aufgerufen.

Ganz anders *args.PreviousExecutionState*: dieser Parameter gibt Ihnen Auskunft darüber, ob die App schon einmal lief und wenn ja, wie sie beendet wurde:

Wert	Vorheriger Zustand
NotRunning	▪ die App ist neu installiert ▪ die App wurde per Taskmanager beendet ▪ der Computer wurde neu gestartet ▪ der Anwender hat sich aus- und wieder eingeloggt
Running	In diesem Zusammenhang ohne Bedeutung, eine App kann nur einmal per Launch-Contract gestartet werden.
Suspended	In diesem Zusammenhang ohne Bedeutung, die Methode wird nur beim Start per Launch-Contract aufgerufen.
Terminated	Die App wurde durch das System beendet (z.B. wegen mangelnder System-ressourcen).
ClosedByUser	Die Anwendung wurde per Geste, Tastenkombination etc. vom Anwender beendet.

Auch wenn auf den ersten Blick zwei der Werte nie aufgerufen werden, behalten Sie diese dennoch im Auge. Nutzen Sie beispielsweise einen Search-Contract (siehe Beispiel in 20.4.1), wird die Methode *OnSearchActivated* mit den Parametern *args.Kind=Search* und *args.PreviousExecution-State=Running* aufgerufen. Womit wir bereits bei den anderen Startursachen für Ihre App angelangt sind. Je nach unterstütztem Contract wird statt der *OnLaunched*-Methode eine der folgenden Methoden aufgerufen:

▪ *OnActivated()*

▪ *OnCachedFileUpdaterActivated()*

▪ *OnFileActivated()*

▪ *OnFileOpenPickerActivated()*

▪ *OnFileSavePickerActivated()*

▪ *OnSeachActivated()*

▪ *OnShareTargetActivated()*

Auch hier können Sie über die Parameter zunächst unterscheiden, ob Ihre App bereits läuft oder ob Sie erst eine Seite bzw. den Frame initialisieren müssen. Zwei Anwendungen dafür finden Sie in den Praxisbeispielen

▶ 20.4.1 Unterstützung für den Search-Contract bieten

▶ 20.4.2 Die Auto-Play-Funktion unterstützen

Die Auswertung von *PreviousExecutionState* ist vor allem für das Laden vorhergehender Anwendungseinstellungen etc. interessant. So können Sie, je nach vorhergehendem Programmende, beispielsweise Daten laden oder neue Optionen setzen.

20.2.2 Der Splash Screen

Haben Sie sich die Abbildung zum Lebenszyklus einer WinRT-App auf Seite 1008 näher angesehen, so werden Sie sicher gemerkt haben, dass im Zusammenhang mit dem Start der App auch ein Splash Screen angezeigt wird. Dessen Inhalt besteht lediglich aus einer 620x300 Pixel großen PNG-Datei, die Sie in Ihr Projekt einbetten und im Anwendungsmanifest zuweisen.

HINWEIS: Die erste Seite Ihrer App sollte nach dem Start innerhalb von spätestens 15 Sekunden auf dem Bildschirm erscheinen, andernfalls wird Ihre App durch das System beendet. Der Splash Screen zählt dabei **nicht** als App-Seite, er wird vom System bereitgestellt.

Doch was tun, wenn Ihre App länger braucht? In diesem Fall "simulieren" Sie einfach den Splash Screen und zeigen quasi eine Kopie davon als erste Seite an (eventuell mit Fortschrittsanzeige). Wie das genau funktioniert, zeigt das folgende Praxisbeispiel:

▶ 20.4.3 Einen zusätzlichen Splash Screen einsetzen

20.2.3 Suspending

Ist die App erst einmal gestartet und haben Sie eine Weile damit gearbeitet, so schalten Sie vermutlich zwischenzeitlich auch mal zu einer anderen App oder dem Windows-Dektop um. Auf diese Gelegenheit hat WinRT nur gewartet: schon nach wenigen Sekunden wird Ihre App in den Tiefschlaf versenkt (fast) nichts geht mehr[1]. Als Programmierer dürfte dies für Sie zunächst keine besondere Herausforderung sein, werden doch während dieses Zustands alle Programmfunktionen quasi eingefroren (keine CPU-Zeit, keine Ressourcen, Arbeitsspeicher bleibt jedoch belegt). Doch ganz so einfach ist es nicht – der Suspended-Status ist die letzte Stufe vor dem Programmende von der Sie etwas mitbekommen. Der Übergang von Suspended in Terminated ist für Sie nicht mehr transparent, stellen Sie sich also darauf ein, dass Ihr Programm aus dem Suspened-Mode nicht mehr "aufwacht"[2].

Als Benachrichtigung, dass es jetzt an der Zeit ist den aktuellen Status der App zu sichern, dient Ihnen das *Suspending*-Ereignis, das bereits in jeder WinRT-App vordefiniert ist.

---

[1] Hintergrundprozesse werden natürlich noch weiter ablaufen.

[2] Quasi gestorben im Schlaf ...

```
Private Sub OnSuspending(sender As Object, e As SuspendingEventArgs) Handles Me.Suspending
    Dim deferral As SuspendingDeferral = e.SuspendingOperation.GetDeferral()
    ' TODO: Anwendungszustand speichern und alle Hintergrundaktivitäten beenden
    deferral.Complete()
End Sub
```

Über das *SuspendingDeferral*-Objekt können Sie WinRT mitteilen, dass Ihre App Daten sichert. Ist diese Aktion abgeschlossen, rufen Sie einfach die *Complete*-Methode auf.

HINWEIS: Beachten Sie, dass alle Aktionen innerhalb von fünf Sekunden abgeschlossen sein müssen, andernfalls wird der Vorgang zwangsweise abgebrochen.

Zum Sichern des App-Status nutzen Sie am besten gleich den *SuspensionManager* (siehe dazu Seite 1004). Doch was ist wenn Sie umfangreichere Daten sichern wollen? Hier hilft nur konsequentes Umdenken beim Programmablauf. Sichern Sie Daten nicht erst zu diesem Zeitpunkt, d.h. in letzter Sekunden, sondern dann wenn Sie anfallen (Eingaben, Seitenwechsel etc.).

Was sollten Sie eigentlich sichern? Je nach App kann es sinnvoll sein, die aktuelle Seite, die Eingabeposition und die Inhalte von Eingabemasken zu sichern (z.B. auch den Fortschritt von Wiedergaben).

HINWEIS: Diese Daten werden jedoch nur wieder hergestellt, wenn die App **neu** gestartet wird (*OnLaunched*, *args.PreviousExecutionState=Terminated*). Wird die App von WinRT lediglich reaktiviert (Resume) brauchen Sie sich **nicht** darum zu kümmern, die Daten sind ja noch alle aktuell. Wird *OnLaunched* mit einem anderen *PreviousExecutionState* aufgerufen, sollten Sie den vorhergehenden Programmstatus ebenfalls **nicht** wieder herstellen, es handelt sich ja quasi um einen Neustart der App. In idesem Fall sollten Sie nur standardmäßige Programmeinstellungen laden

---

Ganz nebenbei sollte Sie natürlich in obiger Methode alle Ressourcen freigeben, die dies erfordern (Dateien schließen, Verbindungen beenden, Geräte trennen). Bei einem Resume müssen Sie diese Aktionen dann auch wieder rückgängig machen, um den alten Status quo wieder herzustellen.

20.2.4 Resuming

Befindet sich Ihre App im angehaltenen Zustand (siehe auch Taskmanager) und wechselt der Nutzer zu dieser zurück, müssen Sie sich wohl oder übel auch mit dem "Aufwachen" der App beschäftigen. Dazu steht Ihnen das Ereignis *Resuming* zur Verfügung:

```
...
NotInheritable Class App
    Inherits Application

    Sub New()
        InitializeComponent()
```

```
        AddHandler Me.Resuming, AddressOf App_Resuming
    End Sub
...
    Private Sub App_Resuming(sender As Object, e As Object)
        Protokoll("OnResuming")
    End Sub

End Class
```

In dieser Ereignisprozedur stellen Sie nur die Verbindungen zu Ressourcen (Dateien, Geräte etc.) wieder her, die Sie im *Suspending*-Ereignis getrennt haben. An dieser Stelle brauchen Sie keine Informationen zum Programmstatus wieder herzustellen, dafür ist im Falle eines Neustarts der App die *OnLaunched*-Methode zuständig. Eine kleine Ausnahme gibt es dennoch: War Ihre App länger nicht aktiv, sollten Sie überprüfen, ob alle Anzeigen (z.B. Datum/Zeit, Webdaten etc.) noch aktuell sind. Rechnen Sie auch damit, dass eventuell nicht alle bisher genutzten Ressourcen verfügbar sind.

20.2.5 Beenden von Apps

Tja, eigentlich sollte es diesen Abschnitt gar nicht geben. Apps werden prinzipiell nicht beendet, darum kümmert sich WinRT. Dennoch gibt es einige Gründe für ein Programmende:

- Mangel an Arbeitsspeicher[1],
- Usereingriff (Alt+F4 oder Wischgeste),
- das System wird heruntergefahren,
- die Anwendung bricht durch einen Fehler ab.

Prinzipiell gilt die Microsoft-Aussage: Es sollen keine wie auch immer gearteten Möglichkeiten zum aktiven Beenden der App im Nutzerinterface angeboten werden. Ob sich dies auch im weiteren Verlauf durchsetzt und praktikabel bleibt, sei dahingestellt. Eine kleine Ausnahme stellen diesbezüglich unsere Beispielprogramme dar, diese lassen sich über die *Beispiel beenden*-Schaltfläche sofort schließen. Der Vorteil für Sie als Entwickler: Sie müssen in Visual Studio nicht erst auf das von WinRT organisierten Programmende warten, sondern können gleich weiterarbeiten.

BEISPIEL 20.7: App per *Button* schließen (Achtung: nicht regelkonform!)

```
...
    Private Sub Button_Click_1(sender As Object, e As RoutedEventArgs)
        Application.Current.Exit()
    End Sub
...
```

Auf das Beenden der App können Sie nicht direkt per Ereignis oder Methode reagieren, Sie müssen schon vorher das *Suspendig*-Ereignis nutzen, um Ihre Anwendungsdaten zu sichern. Das Beenden

---

[1] Ja, auch das soll es auch noch geben!

der App per Alt+F4 oder Wischgeste führt zwischenzeitlich auch zu einem *Suspending*-Aufruf, (siehe Abbildung auf Seite 1008), Sie können also Ihre Daten auch in diesem Fall problemlos sichern.

20.2.6   Die Ausnahmen von der Regel

In den bisherigen Ausführungen haben Sie sicher einige Aufgaben vermisst:

- Musikwiedergabe (im Hintergrund)

- Datenübertragung von größeren Dateien

- Reaktion auf Systemereignisse

Alle diese Aufgaben erfordern einen Eingriff in die regulären WinRT-Verwaltungsaufgaben, den keine dieser Aufgaben soll durch den Wechsel der App (dies zieht ein *Suspending* nach sich) beendet oder unterbrochen werden.

HINWEIS: Keine Hintergrundaufgabe hat die Möglichkeit, das Nutzerinterface Ihrer App zu aktualisieren. Sie müssen sich auf Popupmeldungen oder das Aktualisieren der App-Kachel beschränken.

20.2.7   Debuggen

Oh je, ein in diesem Zusammenhang recht diffiziles Thema stellt das Debuggen der Zustände einer App dar. Grundsätzlich gilt:

HINWEIS: Testen Sie Ihre App möglichst **ohne** den Visual Studio-Debugger, dieser beeinflusst die Task-Verwaltung von WinRT teilweise recht umfangreich (z.B. Timeouts, Zustandsanzeige im Taskmanager) und Sie erzielen keine realistischen Ergebnisse.

Nutzen Sie deshalb entweder

- eine Protokolldatei, in der Sie Informationen mit Zeitmarken abspeichern oder

- verwenden Sie das Programm *DebugView* zur Anzeige der Debug-Messages.

Verwendung einer Protokolldatei

Wer seine App bei externen Testern prüfen lässt ist gut beraten, Debug-Ausgaben in einer Protokoll-Datei zu sichern und diese bei Gelegenheit zu prüfen.

HINWEIS: Wer jetzt an *EventLog* oder *TraceListener* denkt, liegt falsch. Beides ist in WinRT-Apps nicht verfügbar!

Das folgenden Beispiel zeigt eine einfache Lösung.

BEISPIEL 20.8: Möglichkeit zum Speichern einer Protokolldatei

Fügen Sie zunächst in der Manifestdatei die Funktion "Zugriff auf Dokumentenbibliothek" ein. Nachfolgend benötigen Sie noch eine Deklaration für eine "Dateitypzuordnung". Vergeben Sie als Namen "text" und als Dateityp ".txt".

Erweitern Sie die Definition der *App*-Klasse um folgende Einträge:

```
...
Imports Windows.Storage
Imports System.Diagnostics
Imports System.Threading.Tasks
...
NotInheritable Class App
    Inherits Application
```

Die Datei, in der wir die Daten speichern:

```
Private Shared _file As StorageFile
```

Ein Zwischenspeicher für die Protokolldaten:

```
Private Shared _protokoll As New List(Of String)()
...
```

Zum Füllen der Protokollliste nutzen wir folgende Funktion:

```
Private Shared Sub Protokoll(msg As String)
    Debug.WriteLine(msg)
    _protokoll.Add(Convert.ToString(DateTime.Now.ToString() + ": ") & msg)
End Sub
```

Das eigentliche Sichern der Protokolldaten:

```
Private Shared Async Sub SaveProtokoll()
    _file = Await KnownFolders.DocumentsLibrary.CreateFileAsync("MeinLogfile.txt",
                            CreationCollisionOption.OpenIfExists)
    Await FileIO.AppendLinesAsync(_file, _protokoll)
    _protokoll.Clear()
End Sub
```

Mit dem folgenden Aufruf wird das Protokoll gesichert:

```
Private Async Sub OnSuspending(sender As Object, e As SuspendingEventArgs) _
                            Handles Me.Suspending
    Dim deferral = e.SuspendingOperation.GetDeferral()
    Protokoll("OnSuspending")
    SaveProtokoll()
    deferral.Complete()
End Sub
...
```

BEISPIEL 20.8: Möglichkeit zum Speichern einer Protokolldatei

```
09.08.2012 09:57:42: OnLaunched Kind=Launch  PreviousExecutionState=ClosedByUser
09.08.2012 09:57:42: Window.Current.Activated
09.08.2012 09:57:52: Window.Current.Activated
09.08.2012 09:57:52: OnSearchActivated Kind=Search  PreviousExecutionState=Running
09.08.2012 09:57:56: Window.Current.Activated
09.08.2012 09:57:57: Window.Current.VisibilityChanged
09.08.2012 09:58:07: OnSuspending
09.08.2012 10:55:05: OnLaunched Kind=Launch  PreviousExecutionState=NotRunning
09.08.2012 10:55:06: Window.Current.Activated
09.08.2012 10:55:07: Window.Current.VisibilityChanged
09.08.2012 10:55:17: OnSuspending
...
```

HINWEIS: Alternativ könnten Sie sich natürlich auch damit beschäftigen, die Daten gleich per E-Mail oder Webdienst zu versenden.

Debuggen mit DebugView

Sind Sie es leid, Ihre App unter den Einschränkungen des Visual Studio-Debuggers zu testen, nutzen Sie doch einfach *DebugView*, das in seiner aktuellen Version auch in der Lage ist, Debug-Messages (*Debug.WriteLine*) abzufangen und anzuzeigen.

Herunterladen können Sie das Tool unter der folgenden Adresse:

LINK: http://technet.microsoft.com/en-us/sysinternals/bb896647

Entpacken Sie die enthaltenen Daten und starten Sie das Programm. Verteilen Sie in Ihrer App an den gewünschten Stellen die Debug-Aufrufe und starten Sie die App zunächst einmal aus Visual Studio heraus, um diese zu installieren. Beenden Sie dann die App und starten Sie aus der Windows 8-Oberfläche heraus.

Eine Beispielausgabe:

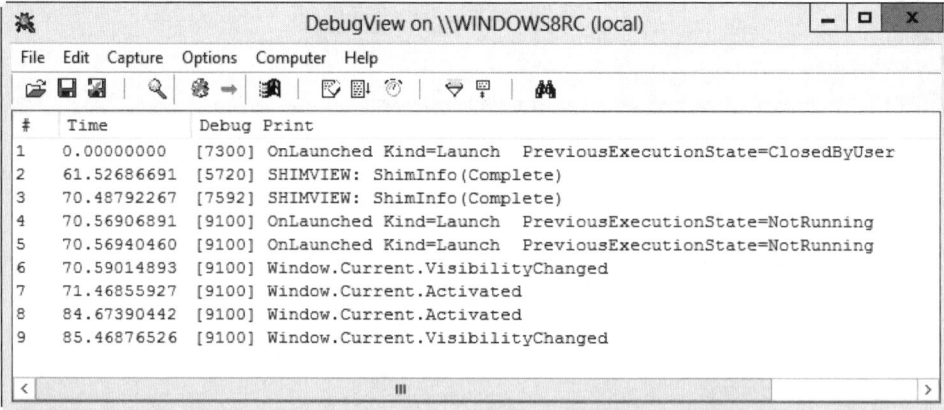

Steuern der Programmzustände über Visual Studio

"Zeit ist Geld" und so haben Sie sicher nicht immer Lust zu warten, bis WinRT der Meinung ist, Ihre App in den Suspend-Modus zu schicken (ganz abgesehen davon, dass dies im Debug-Modus im Normalfall nicht klappt). Aus diesem Grund bietet auch Visual Studio Möglichkeiten, die App zu beeinflussen und z.B. in den Suspended-Modus schicken:

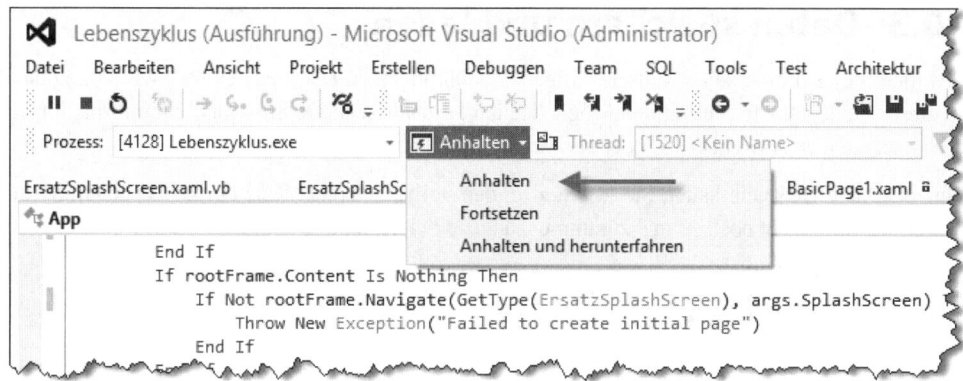

HINWEIS: Doch Achtung: Sie erhalten im Taskmanager kein Feedback, dass die App wirklich im Suspended-Modus ist. Das Ereignis *Suspending* wird hingegen ausgelöst.

Debuggen von Contract-aktivierten Apps

Soll Ihre App einen Contract unterstützt ist es mitunter lästig, wenn im Debug-Mode die App sofort per Launch-Contract startet (sie soll ja eigentlich erst erscheinen, wenn sie vom System aufgerufen wird). So zum Beispiel auch bei Verwendung eines Search-Contracts: Im Normalfall sollte der erste Aufruf im Programm die *OnSearchActivated*-Methode sein, im Debug-Modus startet aber immer erst *OnLaunched*. Auch hier wurde von den Microsoft-Entwicklern eine Lösung implementiert. Setzen Sie in den Debug-Optionen (*Projekt|Eigenschaften|Debuggen*) einfach ein Häkchen bei "Eigenen Code zunächst nicht starten sondern debuggen":

Anwendung			
Kompilieren	Konfiguration: Aktiv (Debug) ⌄	Plattform: Aktiv (Any CPU) ⌄	
Debuggen	Startaktion		
Verweise	☐ Eigenen Code zunächst nicht starten sondern debuggen		
Signierung	☑ Lokales Netzwerkloopback zulassen		
My-Erweiterungen			
Codeanalyse	Startoptionen		
	Zielgerät: Lokaler Computer ⌄		
	Remotecomputer:	Suchen...	
	☑ Authentifizierung verwenden		
	☐ Paket deinstallieren und anschließend neu installieren. Alle Informationen über den Anwendungszustand werden gelöscht.		
	Debugger aktivieren		
	Debuggertyp: Nur verwaltet ⌄		

Nachfolgend wird zwar Ihre App installiert und es startet der Debugger, aber die eigentliche App wird noch nicht aufgerufen. Erst mit Aufruf eines Contracts (z.B. Search) startet auch die App.

Damit schließen wir die Ausführungen zum Lebenszyklus von WinRT-Apps ab und wenden uns einem neuen Thema zu.

20.3 Daten speichern und laden

Erwarten Sie jetzt bitte keine weitschweifigen Ausführungen zu Datenbanken etc., wir wollen uns an dieser Stelle ganz trivial mit den Möglichkeiten beschäftigen, wie Sie Programminformationen persistent auf dem Anwender-PC oder auch in der Cloud ablegen können.

Einige wenige Beispiele hatten Sie ja schon in den vorhergehenden Kapiteln kennengelernt, nun wollen wir das Ganze noch einmal zusammenhängend betrachten.

20.3.1 Grundsätzliche Überlegungen

Bevor Sie jetzt an wohlvertraute und bekannte Konzepte denken, sollten Sie zunächst überlegen, ob sich unter Windows 8 nicht andere Möglichkeiten für Ihre App ergeben.

Prinzipiell sollten Sie immer im Auge behalten, dass Ihre App vom Nutzer auch auf mehreren (auch mobilen) Geräten genutzt werden kann. Die bedeutet gegenüber der bisherigen Vorgehens-weise – ein Programm → einmal Daten – ein komplettes Umdenken. Sie müssen zwischen Infor-mationen unterscheiden die

- nur lokal,

- oder lokal und auf möglichen anderen Geräten

genutzt werden sollen. Es mach ja wohl kaum einen Sinn, dass der Nutzer z.B. auf allen Geräten seine Lesezeichen, Kontaktdaten oder Grundeinstellungen neu eingibt, wenn er mit derselben App arbeiten will. Im Gegensatz dazu sollen natürlich nicht immer die Eingaben der einen App auch auf allen Geräten verfügbar sein.

20.3.2 Worauf und wie kann ich zugreifen?

Diese Fragen sind für den bisherigen Desktop-Programmierer auf den ersten Blick nicht ganz ein-sichtig. Wenn Sie sich jedoch an das Sandbox-Prinzip für WinRT-Apps zurück erinnern, wurde in diesem Zusammenhang auch von einer drastischen Einschränkung beim Dateizugriff gesprochen. Prinzipiell sind folgende Datenquellen/-verzeichnisse ganz oder teilweise für Ihre App verfügbar:

- AppData-Verzeichnis

- lokale Daten

- Netzwerk- oder Geräte-Daten

- Web-Daten

Sehen wir uns die einzelnen Verzeichnisse einmal im Detail an.

20.3.3 Das AppData-Verzeichnis

Hauptanlaufpunkt Ihrer App ist das programmspezifische *AppData*-Verzeichnis, zu finden unter

```
C:\Users\<Anwendername>\AppData\Local\Packages\<Package-ID>
```

HINWEIS: Die Package-ID können Sie der Manifestdatei entnehmen (Seite *Verpacken*) .

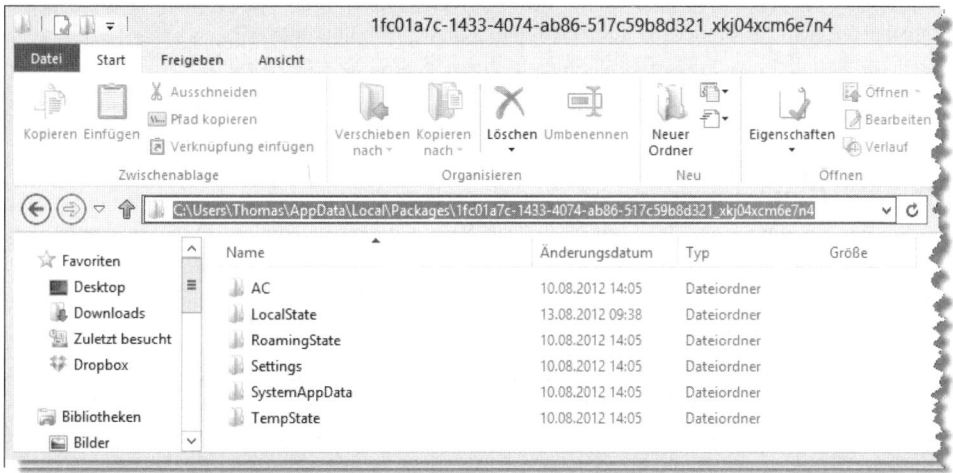

LocalFolder

Auf den Unterordner *LocalState* haben Sie unbeschränkten Zugriff, Sie können hier Verzeichnisse und Dateien schreiben, lesen und löschen, so wie Sie es auch von Desktop-Anwendungen gewohnt sind.

HINWEIS: Sie sind an dieser Stelle nicht auf das Wohlwollen des Anwenders angewiesen, Sie können ohne Nachfrage (oder andere Dialoge) speichern!

BEISPIEL 20.9: Erzeugen einer Datei im Unterordner *LocalState*

```vb
...
Imports Windows.Storage
...
    Private Async Sub Button_Click_7(sender As Object, e As RoutedEventArgs)
        Dim localFolder = ApplicationData.Current.LocalFolder
        Dim file = Await localFolder.CreateFileAsync("Testdatei.txt")
    End Sub
...
```

Doch Vorsicht:

HINWEIS: Daten, die Sie hier ablegen, sind zwar vor dem Zugriff durch andere WinRT-Apps geschützt, der Nutzer hat jedoch unbeschränkten Zugriff auf dieses Verzeichnis. Speichern Sie hier also Daten für Spielstände, Restriktionen etc. ab, können diese jederzeit durch den Anwender verändert oder gelöscht werden.

Bleibt die Frage, wie Sie per XAML auf Daten in diesem Verzeichnis zugreifen können:

BEISPIEL 20.10: Einbinden von Bildern aus dem ||*AppData*|*LocalState*-Verzeichnis

```
...
    <Image Source="ms-appdata:///local/hintergrund.png" Stretch="Fill"/>
...
```

RoamingFolder

Wie Sie der Abbildung auf der vorhergehenden Seite entnehmen können, findet sich unter den Anwendungsdaten auch ein Verzeichnis *RoamingState*, in dem Daten abgelegt werden, die mit Hilfe des Ihres LiveID-Kontos zwischen mehreren PCs abgeglichen werden.

HINWEIS: Dieser Ordner ist im Gegensatz zu den reinen lokalen Daten etwas eingeschränkt. So ist die Verzeichnisgröße auf den Wert von *ApplicationData.Current.RoamingStorageQuota* begrenzt. Speichern Sie mehr Daten als erlaubt, stellt das System den Datenabgleich über die Cloud ein.

BEISPIEL 20.11: Erzeugen einer Roaming-Datei im Unterordner *RoamingState*

```
...
    Private Sub Button_Click_8(sender As Object, e As RoutedEventArgs)
      Dim roamingFolder = ApplicationData.Current.RoamingFolder
      Dim file = Await roamingFolder.CreateFileAsync("Testdatei.txt",
                         CreationCollisionOption.ReplaceExisting)
      ApplicationData.Current.SignalDataChanged()
    End Sub
...
```

Der Zugriff per XAML:

```
<Image Source="ms-appdata:///roaming/hintergrund.png"/>
```

TemporaryFolder

Auch an das Ablegen temporärer Daten wurde gedacht: diese finden Sie im *TempState*-Unterordner des App-Datenverzeichnisses.

HINWEIS: Dateien in diesem Verzeichnis können jederzeit durch den Anwender (Datenträgerbereinigung) oder das System gelöscht werden.

BEISPIEL 20.12: Erzeugen einer temporären Datei im Unterordner *TempState*

```
...
    Private Sub Button_Click_8(sender As Object, e As RoutedEventArgs)
        Dim tempFolder = ApplicationData.Current.TemporaryFolder
        Dim file = Await tempFolder.CreateFileAsync("Testdatei.txt",
                                CreationCollisionOption.GenerateUniqueName)
    End Sub
...
```

Laufzeitansicht nachdem obige Methode mehrfach aufgerufen wurde:

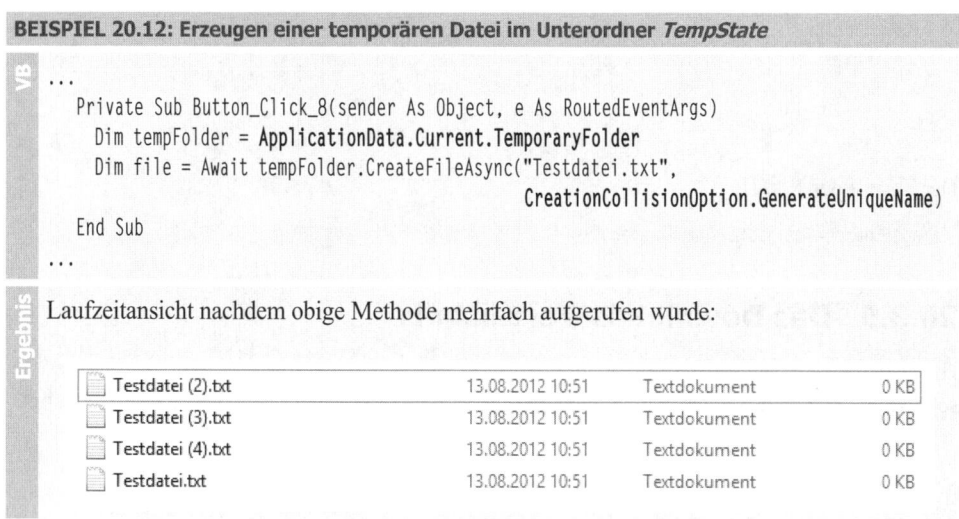

Testdatei (2).txt	13.08.2012 10:51	Textdokument	0 KB
Testdatei (3).txt	13.08.2012 10:51	Textdokument	0 KB
Testdatei (4).txt	13.08.2012 10:51	Textdokument	0 KB
Testdatei.txt	13.08.2012 10:51	Textdokument	0 KB

Auch hier können Sie per XAML auf die Datei verweisen, was jedoch nicht unbedingt empfehlenswert ist:

```
<Image Source="ms-appdata:///temp/hintergrund.png"/>
```

20.3.4 Das Anwendungs-Installationsverzeichnis

Neben dem App-Datenverzeichnis besitzt jede App auch ein spezifisches Installationsverzeichnis, das Sie unter folgendem Pfad finden[1]:

```
C:\Program Files\WindowsApps\<Package-ID>
```

Hier haben Sie lesenden Zugriff auf alle Dateien Ihres Installations-Packages.

BEISPIEL 20.13: Inhalte des Installationsverzeichnisses auflisten

```
...
    Private Sub Button_Click_9(sender As Object, e As RoutedEventArgs)
        Dim installlocFolder As StorageFolder = _
                        Windows.ApplicationModel.Package.Current.InstalledLocation
        ListBox1.Items.Add(installocFolder.Path)
        For Each file In Await installocFolder.GetFilesAsync()
            ListBox1.Items.Add("   -->" + file.Path)
        Next
        For Each folder In Await installocFolder.GetFoldersAsync()
            ListBox1.Items.Add(folder.Path)
```

---

[1] Dies gilt nur bei einer ordnungsgemäßen Installation per Store oder PowerShell-Skript.

BEISPIEL 20.13: Inhalte des Installationsverzeichnisses auflisten

```
         For Each file In Await folder.GetFilesAsync()
           ListBox1.Items.Add("    -->" + file.Path)
         Next
       Next
     End Sub
  ...
```

Der Zugriff per XAML:

```
<Image Source="ms-appx:///myFile.png"/>
```

20.3.5   Das Downloads-Verzeichnis

Hier haben wir es mit einem Novum zu tun: dieses Verzeichnis ist nicht schreib-, sondern lesege-schützt. Sie haben also keine Möglichkeit, nach dem Schreiben einer Datei bzw. eines Verzeichnis-ses auf dieses zuzugreifen.

So können Sie zwar ein Verzeichnis erzeugen:

```
...
Dim folder = Await DownloadsFolder.CreateFolderAsync("Testen")
...
```

Versuchen Sie aber dieses Verzeichnis später erneut zu öffnen

```
Dim folder = await DownloadsFolder.CreateFolderAsync("Testen",
                    CreationCollisionOption.OpenIfExists)
```

werden Sie darüber belehrt, dass diese Option nicht zulässig ist (nur *FailIfExists* und *Generate-UniqueName*). Sie können also bei einem späteren Aufruf nicht mehr auf diesen Order zugreifen.

Gleiches gilt für eine erzeugte Datei: Solange Sie diese nicht freigeben, können Sie alles mit dieser Datei anstellen. Nach einem *Dispose* haben Sie aber keinen Zugriff mehr.

BEISPIEL 20.14: Datei im Downloads-Verzeichnis anlegen

```
...
Imports Windows.Storage
...
  Private Sub Button_Click_10(sender As Object, e As RoutedEventArgs)
```

Unterordner erzeugen:

```
    Dim folder = Await DownloadsFolder.CreateFolderAsync("Testen",
                        CreationCollisionOption.GenerateUniqueName)
```

Datei in den Unterordner schreiben:

```
    Dim file = Await folder.CreateFileAsync("Testdatei.txt",
                        CreationCollisionOption.GenerateUniqueName)
```

BEISPIEL 20.14: Datei im Downloads-Verzeichnis anlegen

Datei direkt in *Downloads* schreiben:

```
Dim file2 = Await DownloadsFolder.CreateFileAsync("Testdatei.txt",
                          CreationCollisionOption.GenerateUniqueName)
End Sub
...
```

20.3.6 Sonstige Verzeichnisse

Neben den bereits genannten Verzeichnissen gibt es noch weitere Verzeichnisse, auf die Sie Zugriff erlangen können. Allerdings müssen Sie dazu vorher die entsprechenden Rechte per Manifest und Contract (siehe dazu 20.1.1 ab Seite 994 und Abschnitt 20.1.5 Seite 998) einholen.

Haben Sie die Funktionen eingebunden stellt sich die Frage, wie Sie den Pfad zu diesen Verzeichnissen ermitteln. Hier hilft Ihnen die *Windows.Storage.KnownFolders*-Klasse mit den entsprechenden Methoden weiter:

- *DocumentsLibrary*
- *HomeGroup*
- *MediaServerDevices*
- *MusicLibrary*
- *PicturesLibrary*
- *RemovableDevices*
- *VideosLibrary*

BEISPIEL 20.15: Alle Bilder in *Bibliotheken|Bilder* auflisten

```
...
Private Sub Button_Click_11(sender As Object, e As RoutedEventArgs)
    Dim pictures As StorageFolder = KnownFolders.PicturesLibrary
    For Each file In Await pictures.GetFilesAsync()
        ListBox1.Items.Add("    -->" + file.Path)
    Next
End Sub
...
```

HINWEIS: Vergessen Sie nicht die entsprechenden Funktionen freizuschalten, ansonsten wird der Zugriff blockiert!

20.3.7   Anwendungsdaten lokal sichern und laden

Nachdem wir uns nun mit den verschiedenen Speicherorten vertraut gemacht haben wollen wir uns ansehen, wie wir Anwendungsdaten auf dem Anwender-PC/-Tablet sichern und wieder abrufen können. Eine erste Möglichkeit für das Sichern von lokalen Dateien hat Ihnen der Abschnitt 20.3.3 bereits aufgezeigt. Doch was ist, wenn es sich nur um einzelne Variablen oder Eigenschaften handelt? Hier helfen Ihnen die Anwendungseinstellungen (Klasse *ApplicationDataContainer*) weiter.

HINWEIS: In den Anwendungseinstellungen sollten Sie in keinem Fall Daten sichern, die für den Anwender dauerhaft von Interesse sind. Wird die App deinstalliert, gehen diese Informationen unwiederbringlich verloren. Derartige Daten sollten nach wie vor im normalen Dateisystem (z.B. *Dokumente* oder SkyDrive) gespeichert werden.

Schauen wir uns also an, wie verschiedene Arten von Daten mit Hilfe der Anwendungseinstellungen gesichert werden können.

BEISPIEL 20.16: Einfache Werte sichern und laden

```vb
...
Imports Windows.Storage
...
        Dim localSettings As ApplicationDataContainer =
                ApplicationData.Current.LocalSettings
```
Einen Wert schreiben:
```vb
        localSettings.Values("EinfacherWert") = "Ein gespeicherter Wert!"
```
Den Wert später wieder lesen:
```vb
        ListBox1.Items.Add(DirectCast(localSettings.Values("EinfacherWert"), String))
...
```

Für die meisten Anwendungsfälle dürfte obige Variante ausreichen. Was aber ist, wenn sich Daten kontinuierlich ändern und Sie sicherstellen wollen, dass zusammengehörige Daten auch konsistent gespeichert werden?

Hier hilft Ihnen ein zusammengesetzter Wert, der in "einem Rutsch" gespeichert und geladen wird:

BEISPIEL 20.17: Zusammengesetzte Werte speichern

```vb
...
        Dim localSettings As ApplicationDataContainer = _
                                ApplicationData.Current.LocalSettings
        Dim composite As New ApplicationDataCompositeValue()
        composite("Username") = "Müller"
        composite("Punktestand") = CInt(1000)
```

BEISPIEL 20.17: Zusammengesetzte Werte speichern

Zusammengesetzten Wert speichern:

```
localSettings.Values("BeispielCompositeValue") = composite
```

Zusammengesetzten Wert laden:

```
composite = DirectCast(localSettings.Values("BeispielCompositeValue"),
                                        ApplicationDataCompositeValue)
ListBox1.Items.Add(DirectCast(composite("Username"), String))
ListBox1.Items.Add(CInt(composite("Punktestand")))
...
```

Haben Sie große Datenmengen zu verwalten, können Sie die Daten auch in Containern zusammenfassen. Diese lassen sich dann später auch in einem Rutsch "entsorgen".

BEISPIEL 20.18: Werte in Containern speichern

```
...
        Dim localSettings As ApplicationDataContainer =
                            ApplicationData.Current.LocalSettings
```

Container erstellen:

```
        Dim container As ApplicationDataContainer =
                        localSettings.CreateContainer("MeinContainer1",
                        ApplicationDataCreateDisposition.Always)
        If localSettings.Containers.ContainsKey("MeinContainer1") Then
```

Daten in den Container schreiben:

```
            localSettings.Containers("MeinContainer1").Values("Username") = "Müller"
        End If
    End Sub
...
```

All diese Daten werden in der Datei *settings.dat* im Unterverzeichnis *C:\Users\<Username>\App-Data\Local\Packages\<Package-ID>\Settings* gesichert. Es handelt sich zwar nicht um eine XML-Datei, der Inhalt ist aber (mit etwas gutem Willen) auch so lesbar:

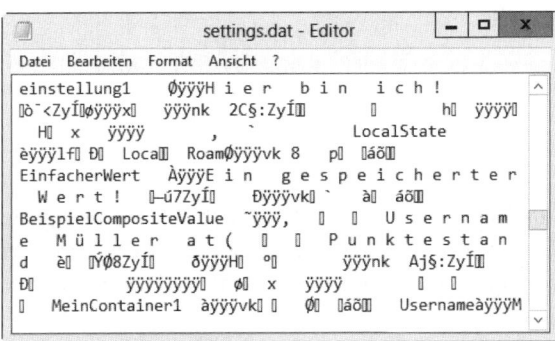

20.3.8   Daten in der Cloud ablegen/laden (Roaming)

Wie schon erwähnt, bieten Windows 8-Apps auch die Möglichkeit, Daten per Roaming über die
"LiveId" des Anwenders zwischen mehreren Geräten zu synchronisieren, vorausgesetzt, der Anwender ist per LiveId angemeldet und die entsprechende Option ist in den Systemeinstellungen
aktiviert:

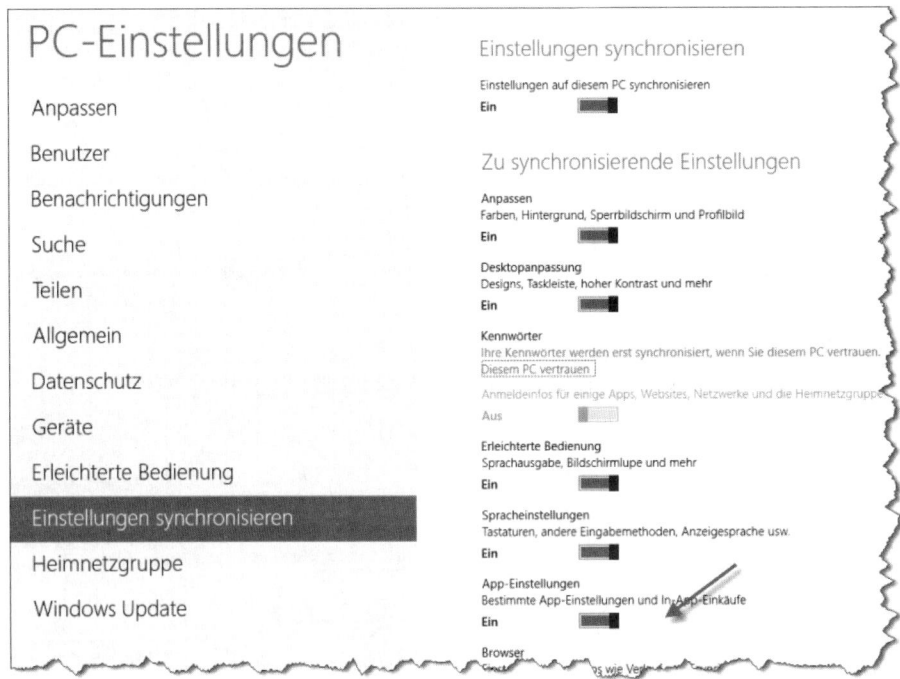

Dies betrifft sowohl komplette Dateien (siehe "RoamingFolder" ab Seite 1020) als auch einzelne
Einstellungen. Diese werden ebenfalls in der Datei *settings.dat* im Unterverzeichnis

```
C:\Users\<Username>\AppData\Local\Packages\<Package-ID>\Settings
```

zwischengespeichert.

Die Unterschiede zum lokalen Speichern der Daten sind aus Entwicklersicht zunächst minimal:
Statt

```
ApplicationData.Current.LocalSettings
```

nutzen Sie jetzt

```
ApplicationData.Current.RoamingSettings
```

Alle Varianten, wie im vorhergehenden Abschnitt gezeigt, stehen Ihnen auch hier zur Verfügung.
Mit einem Unterschied: die maximale Datenmenge für den Abgleich zwischen den einzelnen
Clients beträgt derzeit 100 KByte. Überschreiten Sie diesen Wert, werden die Daten nicht mehr
abgeglichen.

BEISPIEL 20.19: Speichern und Laden eines Wertes per Roaming

```vb
...
        Dim roaming As ApplicationDataContainer = ApplicationData.Current.RoamingSettings
        roaming.Values("einstellung1") = "Gesichert am " + DateTime.Now.ToString()
        ApplicationData.Current.SignalDataChanged()
...
        Dim roaming As ApplicationDataContainer = ApplicationData.Current.RoamingSettings
        If roaming.Values("einstellung1") IsNot Nothing Then
            ListBox1.Items.Add(DirectCast(roaming.Values("einstellung1"), String))
        End If
...
```

Das gültige Maximum für die synchronisierbare Datenmenge erfahren Sie über *ApplicationData.-Current.RoamingStorageQuota*, den aktuellen "Füllstand" können Sie derzeit nicht ermitteln[1].

Möchten Sie auf Änderungen der Daten reagieren, sollten Sie das *DataChanged*-Ereignis unterstützen. Damit ist Ihre App immer auf dem aktuellen Stand, auch wenn ein anderer Client die Daten ändert.

BEISPIEL 20.20: Reaktion auf das *DataChanged*-Ereignis

```vb
...
    Public Sub New()
        Me.InitializeComponent()
        AddHandler ApplicationData.Current.DataChanged, AddressOf Current_DataChanged
    End Sub

    Private Sub Current_DataChanged(sender As ApplicationData, args As Object)
```

Achtung: Der Aufruf erfolgt aus einem anderen Kontext heraus, Sie müssen zum aktuellen Thread wechseln:

```vb
        Await Me.Dispatcher.RunAsync(Windows.UI.Core.CoreDispatcherPriority.Normal,
            Function()
                ListBox1.Items.Add("Daten wurden geändert!!!!")
                Dim roaming As ApplicationDataContainer =
                    ApplicationData.Current.RoamingSettings
                If roaming.Values("einstellung1") IsNot Nothing Then
                    ListBox1.Items.Add(DirectCast(roaming.Values("einstellung1"), String))
                End If
            End Function)
    End Sub
...
```

---

[1] Es gab in der Beta mal die Eigenschaft *ApplicationData.Current.RoamingStorageUsage* ...

> **HINWEIS:** Versprechen Sie sich jedoch nicht allzu viel von dieser Funktion, die Daten werden nur recht sporadisch aktualisiert. Es geht hier nicht um Sekunden oder Minuten, sondern es kann auch schon mal eine halbe Stunde dauern.

20.3.9 Aufräumen

Ein unter Programmierern recht unbeliebtes Thema, wie man nach der Deinstallation vieler Programme feststellen muss. Aus diesem Grund hat sich Microsoft der Sache konsequent angenommen:

> **HINWEIS:** Wird eine App deinstalliert werden auch alle Programmeinstellungen gelöscht, d.h., das komplette Verzeichnis *C:\Users\<Anwendername>\AppData\Local\Packages\ <Package-ID>*.

So weit so gut, doch was ist, wenn Sie nur einzelne Einstellungen löschen möchten um z.B. neugierigen Blicken vorzubeugen? Hier helfen Ihnen die folgenden drei Varianten weiter:

- *localSettings.**Values.Remove**("EinfacherWert")*
- *localSettings.**Values.Clear**()*
- *localSettings.**DeleteContainer**("MeinContainer1")*

Letzteres löscht eine ganze Gruppe von Einzeleinträgen.

Die gleiche Vorgehensweise gilt sinngemäß auch für die Roaming-Daten, was besonders wichtig ist. Löschen Sie beispielsweise eine App auf einem PC und installieren Sie diese erneut, werden andernfalls die Roamingdaten aus der Cloud wieder hergestellt, was nicht immer beabsichtigt ist.

> **HINWEIS:** Wie Sie Anwendungsdateien und Verzeichnisse löschen können, zeigt Ihnen der Abschnitt 21.1 ab Seite 1049.

20.3.10 Sensible Informationen speichern

An der einen oder anderen Stelle haben wir Sie ja schon darauf aufmerksam gemacht: die Anwendungseinstellungen sind zwar für andere WinRT-Apps nicht sichtbar, für den Anwender oder andere Desktop-Programme stellt es jedoch kein Hindernis dar, die App-Daten zu lesen oder gar zu verändern. Damit dürfte diese Variante für das Sichern von Credentials etc. natürlich ausfallen.

Genau für diesen Einsatzzweck haben die Microsoft-Programmierer die *PasswordVault*-Klasse entwickelt. Diese bietet nicht nur die Möglichkeit, eine Name/Passwort-Kombination verschlüsselt zu speichern. Arbeiten Sie mit einer LiveId-Anmeldung und ist die entsprechende Funktion in den Systemeinstellungen freigeschaltet, können Anmeldedaten über mehrere Geräte geteilt werden.

```
...
Imports Windows.Security.Credentials
...
```

Die zu speichernden Daten sollten aus Eingabefeldern stammen. Neben dem spezifischen Ressourcenamen (diesen legen Sie fest) wird noch die altbekannte Name/Passwort-Kombination übergeben:

```
New PasswordVault().Add(New PasswordCredential("MyServer1",
                                        "MayerMüller", "geheim"))
...
```

Laden der Daten:

```
...

        Dim vault As New PasswordVault()
        Try
```

Wir rufen zunächst die Ressource über ihren Namen ab:

```
            Dim creds = vault.FindAllByResource("MyServer1").FirstOrDefault()
```

Ist diese vorhanden

```
            If creds IsNot Nothing Then
```

bestimmen wir den Nutzernamen:

```
                Dim username As String = creds.UserName
```

Das Abrufen des Passworts gestaltet sich etwas aufwändiger:

```
                Dim password As String = vault.Retrieve("MyServer1", username).Password
                ListBox1.Items.Add(Convert.ToString("Username:") & username)
                ListBox1.Items.Add(Convert.ToString("Passwort:") & password)
            End If
        Catch generatedExceptionName As Exception
            ListBox1.Items.Add("Keine Daten vorhanden!")
        End Try
    End Sub
...
```

Löschen der Daten:

```
...

        Dim vault = New PasswordVault()
```

Gelöscht wird über den Ressourcenamen und den Namen:

```
        vault.Remove(vault.Retrieve("MyServer1", "MayerMüller"))
...
```

Damit steht Ihnen eine einfach nutzbare Variante für das Speichern von Passwörtern zur Verfügung, die Sie beispielsweise für das Verschlüsseln der App-Daten nutzen können.

20.4 Praxisbeispiele

20.4.1 Unterstützung für den Search-Contract bieten

Mit dem folgenden Beispiel zeigen wir Ihnen, wie Sie einen Search-Contract in Ihrer App nutzen können. Das Grundprinzip der Suche unter Windows 8 dürfte Ihnen bereits bekannt sein, über den Charmbar (rechter Bildschirmrand, *Windows+C*) haben Sie Zugriff auf die Windows Suchfunktion, die sich in Teilen grundlegend von der bisher bekannten Suche unterscheidet:

Neben den drei Windows-Rubriken (Apps, Einstellungen, Dateien) können Sie mit dieser Suche auch in bzw. mit Hilfe anderer Apps suchen lassen. Diese Apps, die über einen entsprechenden Search-Contract verfügen, werden in der Liste unter den drei genannten Rubriken aufgelistet.

Geben Sie in das obige Suchfeld einige Zeichen ein, versucht Windows entsprechende Vorschläge (maximal 5) für mögliche Eingaben zu machen, die unter dem Suchfeld angezeigt werden. Klicken Sie auf einen dieser Einträge, wird die Suche gestartet (siehe folgende Abbildung).

HINWEIS: Einer Richtlinie von Microsoft entsprechend soll bei nur einem Fundergebnis möglichst gleich eine Detailansicht gestartet werden, nicht erst die Liste der Fundstellen.

Doch was muss ihre App nun realisieren, damit diese zum einen in der Liste der verfügbaren Apps auftaucht, zum anderen wie reagieren Sie auf Eingaben oder eine Auswahl im Suchfenster?

Folgende Voraussetzungen muss Ihre App erfüllen:

- ein aktivierter Search-Contract
- eine Callbackfunktion für die Anzeige von Vorschlägen
- eine Einstiegsmethode für die eigentliche Suche
- eine Seite für die Suchergebnisse
- optional eine Seite für die Details der Suchergebnisse

Was sich recht kompliziert anhört ist teilweise auch etwas diffizil in der Umsetzung, aus diesem Grund hat Microsoft unter den Vorlagen (*Element hinzufügen|Windows Store|Suchvertrag*) eine entsprechende Seite für die Fundergebnisse bereitgestellt. Leider wird nach einem Klick auf diese Vorlage die erste Freude schnell getrübt, ist doch die Umsetzung selten kompliziert und verworren. Aus diesem Grund stellen wir Ihnen lieber eine eigene Lösung vor, diese können Sie (sowohl was den Suchalgorithmus als auch die Darstellung betrifft) an Ihre Bedürfnisse anpassen.

Oberfläche

Erstellen Sie zunächst ein neues WinRT-Projekt und fügen Sie drei Standardseiten ein:

- eine Seite (*BasicPage.xaml*) als normales Hauptformular (entspricht der regulären Programm-funktion),
- eine Seite für die Anzeige der Fundergebnisse (*SearchPage.xaml*),
- eine Seite für die Darstellung der Funddetails (*DetailPage.xaml*).

Zur Anzeige der Fundergebnisse in *SearchPage.xaml* nutzen wir eine einfache *ListBox*, der XAML-Code fällt also recht kurz aus:

```
...
    <ScrollViewer VerticalScrollBarVisibility="Auto" HorizontalScrollBarVisibility="Auto"
```

```
            Grid.Row="1" ZoomMode="Disabled" Margin="120,0,50,50">
        <ListBox Name="ListBox1" SelectionChanged="ListBox1_SelectionChanged_1" />
    </ScrollViewer>
...
```

Auch die Seite für die Details beschränkt sich auf das Wesentliche, d.h. auf einen *TextBlock* zur Anzeige des Fundes:

```
...
    <ScrollViewer VerticalScrollBarVisibility="Auto" HorizontalScrollBarVisibility="Auto"
            Grid.Row="1" ZoomMode="Disabled" Margin="120,50,50,50">
        <TextBlock HorizontalAlignment="Center" Name="txt1" FontSize="72" />
    </ScrollViewer>
...
```

HINWEIS: Öffnen Sie die Manifestdatei *Package.appxmanifest* und fügen Sie unter Deklarationen den Eintrag *Suchen* hinzu. Konfigurationen sind an dieser Stelle nicht nötig.

Quelltext (App.xaml.vb)

Damit sind wir auch schon in unserer "Schaltzentrale" angekommen. Zunächst müssen wir uns um ein paar Dummy-Datensätze kümmern, die wir im Weiteren durchsuchen lassen. Sie könnten hier auch umfangreichere Collections mit mehreren Eigenschaften zur Verfügung stellen, in unserem Beispiel genügt eine einfache Namensliste:

Der folgende Namespace ermöglicht uns den Zugriff auf die statische *SearchPane*-Klasse, mit der Sie das Such-Panel steuern und abfragen können:

```
...
Imports Windows.ApplicationModel.Search

NotInheritable Class App
    Inherits Application
```

Unsere "umfangreiche" Suchliste:

```
    Public Shared ReadOnly suchliste As String() = {"Anton", "Berta", "Cäsar",
    "Doris", "Emil", "Friedrich",
    "Gustav", "Heinrich", "Ida", "Julius", "Konrad", "Ludwig",
    "Marta", "Nele", "Otto", "Paula", "Bernhard", "Eberhard",
    "Eddy", "Egon", "Eike", "Edmonton", "Elmar", "Zacharias",
    "Zeno", "Pawel"}
```

Die Liste der späteren Fundstellen wird hier zentral für die App verwaltet, so kann diese später in der Suchseite angezeigt werden:

```
    Public Shared ergebnisliste As IEnumerable(Of String)
```

Auch die Suchanfrage im Such-Panel speichern wir für die Anzeige:

```
    Public Shared suchanfrage As String = ""
```

Das finale Suchergebnis (ein Eintrag) für die Anzeige in der Detailseite:

```
Public Shared ergebnis As String = ""

Public Sub New()
    Me.InitializeComponent()
    AddHandler Me.Suspending, AddressOf OnSuspending
    AddHandler Me.Resuming, AddressOf OnResuming
End Sub
```

Wird das Programm regulär (*OnLaunched*) gestartet, klinken wir uns in das Such-Panel ein und stellen per Ereignis eine Liste von Suchvorschlägen zur Verfügung:

```
Protected Overrides Sub OnLaunched(args As Activation.LaunchActivatedEventArgs)
...
    Window.Current.Activate()
    AddHandler SearchPane.GetForCurrentView().SuggestionsRequested,
            AddressOf OnSuchvorschlägeFiltern
End Sub
```

Der eigentliche Eventhandler:

```
Private Sub OnSuchvorschlägeFiltern(sender As SearchPane,
                        args As SearchPaneSuggestionsRequestedEventArgs)
```

Per Parameter wird der bisher eingegebene Suchtext überreicht:

```
    Dim suchtext = args.QueryText.ToUpper()
```

Mittels *Request* können wir eine Liste von Suchvorschlägen an das Such-Panel zurückgeben. Dazu filtern wir unsere Suchliste nach den gewünschten Einträgen (per LINQ-Abfrage) und beschränken die Anzahl der Vorschläge auf fünf (mehr werden auch nicht angezeigt):

```
    Dim request = args.Request
    If Not String.IsNullOrEmpty(suchtext) Then
        request.SearchSuggestionCollection.AppendQuerySuggestions( _
            suchliste.Where(Function(s) s.ToUpper().StartsWith(suchtext)).Take(5))
    End If
End Sub
```

Wie Sie die Stringliste an die *SearchSuggestionCollection* übergeben hängt von den Gegebenheiten Ihres Programms ab. Beachten Sie jedoch, dass diese Aktion nicht zu lange dauert, Sie wissen ja: ... fast and fluid ...

HINWEIS: Zum jetzigen Zeitpunkt wurde nur auf die Eingabe eines Wertes im Such-Panel reagiert und eine Liste von Vorschlägen im Panel angezeigt.

Kommen wir nun zu der Aktion, in der die eigentliche Suche "angestoßen" wird, d.h., der Nutzer bestätigt die Eingabe im Suchfeld oder er wählt einen Eintrag aus der Vorschlagsliste aus. In diesem Fall wird die Methode *OnSearchActivated* aufgerufen.

```
Protected Overrides Sub OnSearchActivated(args As Activation.SearchActivatedEventArgs)
```

Beachten Sie, dass es zwei Gründe geben kann, warum diese Methode gestartet wird.

Variante 1: Die App läuft bereits und der Nutzer hat einen Suchtext eingegeben und bestätigt die Eingabe, oder er nutzt die Vorschlagliste.

Variante 2: Die App wird direkt durch Auswahl der App im Such-Panel aktiviert, und wir haben es an dieser Stelle mit dem Start der App zu tun. Auch hier müssen wir eine Liste von Vorschlägen bereitstellen.

Wir versuchen also zunächst eine bestehende Anzeigekonfiguration (Window→Frame) abzurufen, ist diese noch nicht vorhanden, erstellen wir einen neuen Frame (Erststart der App):

```
Dim previousContent = Window.Current.Content
Dim frame = TryCast(previousContent, Frame)
If frame Is Nothing Then
    frame = New Frame()
    Window.Current.Content = frame
    AddHandler SearchPane.GetForCurrentView().SuggestionsRequested,
            AddressOf OnSuchvorschlägeFiltern
End If
```

Wir rufen den Eingabetext ab:

```
suchanfrage = args.QueryText.ToUpper()
```

Handelt es sich um eine Leereingabe, so erstellen wir auch eine leere Fundliste, alternativ könnten Sie hier auch alle Datensätze zur Anzeige auswählen:

```
If String.IsNullOrEmpty(suchanfrage) Then
    ergebnisliste = Enumerable.Empty(Of String)()
Else
```

Bei korrekter Suchanfrage filtern wir unsere Daten und stellen diese in der Ergebnisliste bereit:

```
    ergebnisliste = App.suchliste.Where(Function(s) s.ToUpper().StartsWith(suchanfrage))
End If
```

Die Anzeige der jeweiligen Seite hängt nun von der Anzahl der Fundergebnisse ab. Normalerweise erscheint jetzt die Seite mit den Fundergebnissen:

```
Dim zielpage As Type = GetType(SearchPage)
```

Wird nur ein Eintrag gefunden, können wir gleich die Detailseite anzeigen und legen auch hier schon das Fundergebnis fest. Alternativ könnten Sie hier Daten kopieren oder anderweitig bereitstellen und lediglich eine Meldung über eine erfolgreiche Suche anzeigen:

```
If ergebnisliste.Count() = 1 Then
    ergebnis = ergebnisliste.First()
    zielpage = GetType(DetailPage)
End If
```

Die Navigation starten und das Fenster aktivieren:

```
frame.Navigate(zielpage)
```

```
        Window.Current.Activate()
    End Sub
```

Damit ist unsere "Schaltzentrale" fertig.

Quelltext (SearchPage.xaml.vb)

Wird die Suchseite geöffnet, nutzen wir die Ergebnisliste zunächst zur Beschriftung und nachfolgend zur Datenbindung für die Anzeige der Fundstellen:

```
...
Public NotInheritable Class SearchPage
    Inherits Common.LayoutAwarePage
...
    Protected Overrides Sub OnNavigatedTo(e As NavigationEventArgs)
        If App.ergebnisliste.Count() > 0 Then
            pageTitle.Text = (Convert.ToString("Suchergebnisse für '") & App.suchanfrage) + "':"
        Else
            pageTitle.Text = (Convert.ToString("Keine Suchergebnisse für '") & _
                            App.suchanfrage) + "' vorhanden!"
        End If
        ListBox1.ItemsSource = App.ergebnisliste
        MyBase.OnNavigatedTo(e)
    End Sub
```

Wird ein Eintrag in der Fundliste ausgewählt, haben wir nur noch ein finales Ergebnis, das wir auf der Detailseite anzeigen können (auch hier sind andere Aktionen möglich):

```
    Private Sub ListBox1_SelectionChanged_1(sender As Object, e As SelectionChangedEventArgs)
        Dim auswahl As String = TryCast(ListBox1.SelectedItem, String)
        App.ergebnis = auswahl
        Me.Frame.Navigate(GetType(DetailPage))
    End Sub
...
End Class
```

Quelltext (DetailPage.xaml.vb)

Hier beschränken wir uns beispielhaft auf die einfache Anzeige des final gewählten Eintrags der Suche:

```
Imports Windows.UI.Xaml.Navigation

Public NotInheritable Class DetailPage
    Inherits Common.LayoutAwarePage

    Protected Overrides Sub OnNavigatedTo(e As NavigationEventArgs)
        txt1.Text = App.ergebnis
        MyBase.OnNavigatedTo(e)
    End Sub
End Class
```

Test

Erstellen Sie das Projekt und starten Sie dieses. Rufen Sie jetzt über den Charmbar die Suche auf. In der Liste der potenziellen Such-Apps sollte auch Ihre Anwendung auftauchen und gegebenenfalls bereits markiert sein. Geben Sie in das Suchfeld den Buchstaben "E" ein, sollten von der App einige Vorschläge im Panel angezeigt werden:

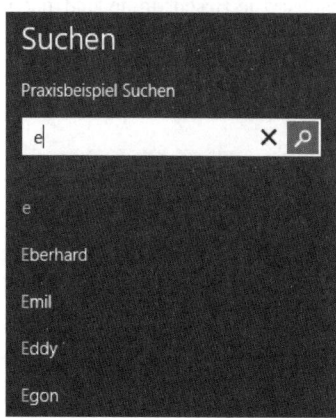

Ein Klick auf einen der Beispieleinträge lässt die App zur Detailseite springen, andernfalls erscheint eine Liste mit den Fundstellen:

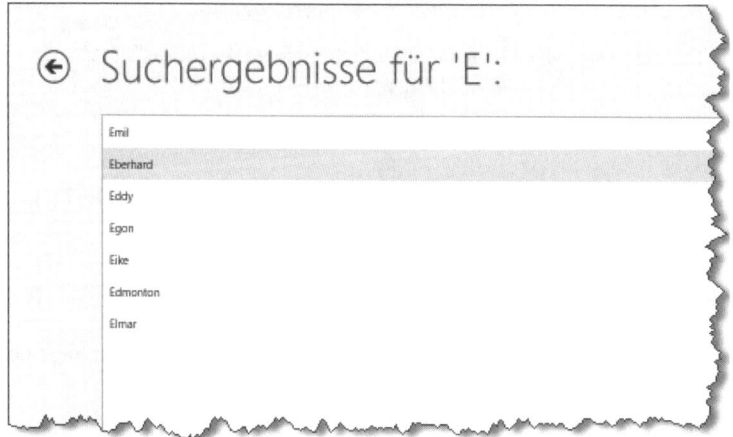

Erweiterungen

Möchten Sie aus Ihrer App heraus direkt das Such-Panel anzeigen, ist auch dies kein Problem. Nutzen Sie dazu einfach die folgende Methode:

```
...
Imports Windows.ApplicationModel.Search
```

```
Public NotInheritable Class BasicPage1
...
    Private Sub Button_Click_1(sender As Object, e As RoutedEventArgs)
        SearchPane.GetForCurrentView().Show("E")
    End Sub
...
```

HINWEIS: Sie können, müssen aber nicht, einen Suchtext übergeben.

20.4.2 Die Auto-Play-Funktion unterstützen

Als Beispiel für eine Extension möchten wir Ihnen im Folgenden zeigen, wie Sie mit Ihrer App auf das Einstecken einer SD-Card mit Bildern einer Digitalkamera reagieren können.

HINWEIS: An dieser Stelle geht es uns nicht um einen neuen Bildbetrachter, sondern um das Implementieren einer Extension, die auf externe Ereignisse reagiert.

Welche Funktionen müssen wir realisieren?

- Der Anwendung den Zugriff auf das Wechselmedium gestatten.

- Deklarationen für die unterstützten Dateitypen (.JPG, .JPEG) hinzufügen.

- Eine Deklaration für die automatische Wiedergabe hinzufügen.

- Die Methode *OnFileActivated* implementieren.

Etwas Hintergrundwissen zu diesem Thema ist unabdingbar: Die Bilder auf der SD-Card einer Digitalkamera werden nach folgendem Muster gespeichert:

```
\\DCIM\<Liste von Unterordnern>\<Liste der Bilder>
```

Wollen wir auf die Liste der Bilder zugreifen, müssen wir die obigen Unterverzeichnisse komplett durchsuchen, andernfalls wird unser Programm keine Bilder finden.

Anpassen Package.appxmanifest

In der Rubrik *Funktionen* aktivieren Sie die Option "Wechselspeichergeräte", um Zugriff auf diese zu erhalten.

In der Rubrik *Deklarationen* fügen Sie zunächst eine *Datentypzuordnung* hinzu und ergänzen diese, so wie es in der Abbildung zu sehen ist:

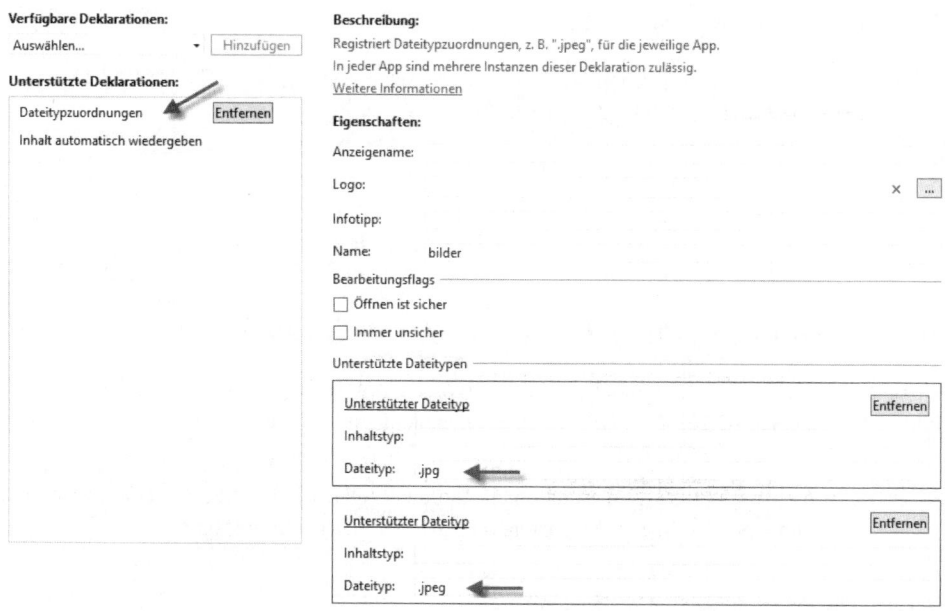

Nächster Schritt ist das Hinzufügen einer Deklaration für "Inhalt automatisch wiedergeben". Hier
müssen Sie

- ein Verb festlegen (z.B. *showImage*),

- einen Anzeigenamen definieren (dieser wird beim ersten Verknüpfen Ihrer App mit dem Auto-
  play-Ereignis angezeigt),

- das gewünschte Ereignis angeben (*ShowPicturesOnArrival*).

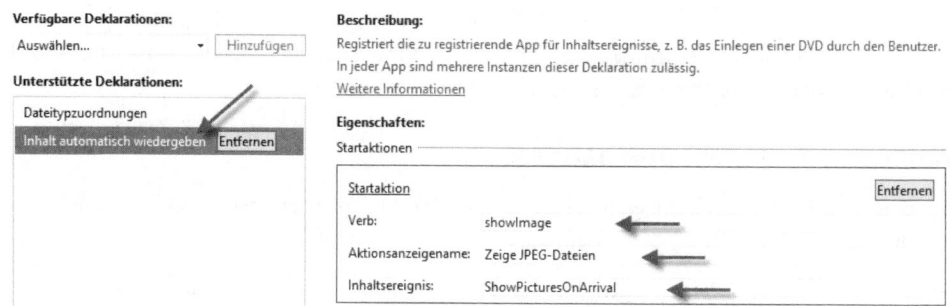

Achten Sie beim Inhaltsereignis unbedingt auf die korrekte Schreibweise. Welche weiteren Ereignisse (*WPD\ImageSource*, *WPD\VideoSource*, *StorageOnArrival*, *PlayMusicFilesOnArrival* ...)
noch unterstützt werden, können Sie der Online-Hilfe entnehmen.

Quelltext

Damit haben wir schon drei der vier Voraussetzungen erfüllt, damit unsere App auch vom System als potenzielle Auto-Play-App erkannt wird. Was noch fehlt ist die eigentliche Reaktion auf das Einlegen der SD-Card, d.h., wir müssen noch die Methode *OnFileActivated* implementieren. Dazu nutzen wir die bereits vorhandene Klasse *App* und erweitern diese um die folgende Methode:

```
Protected Overrides Async Sub OnFileActivated(args As FileActivatedEventArgs)
```

Da diese Methode die Funktion der *OnLauched*-Methode komplett ersetzt, wenn die App per AutoPlay gestartet wird, müssen wir uns auch hier zunächst um das Erstellen der Startseite und die Zuweisung zum App-Window kümmern[1]:

```
Dim rootFrame As Frame = Nothing
If Window.Current.Content Is Nothing Then
    rootFrame = New Frame()
    rootFrame.Navigate(GetType(BasicPage1))
    Window.Current.Content = rootFrame
Else
    rootFrame = TryCast(Window.Current.Content, Frame)
End If
Window.Current.Activate()
```

Ab hier kümmern wir uns dann um die Abfrage des neu eingesteckten Wechseldatenträgers:

Instanz der sichtbaren Seite abrufen (über die darin enthaltene *ListBox* zeigen wir den Inhalt des Wechseldatenträgers an):

```
Dim page1 As BasicPage1 = TryCast(DirectCast(rootFrame.Content, BasicPage1), BasicPage1)
```

Über den Parameter *args.Verb* können Sie unterscheiden aus welchem Grund die App aufgerufen wurde (diesen Bezeichner haben wir in der Deklaration vorgegeben):

```
If args.Verb = "showImage" Then
    page1.ListBox1.Items.Add("OnFileActiveted (args.verb = showImage)")
```

Wir rufen alle übergebenen Verzeichnisse ab (es ist in diesem Fall nur eins):

```
For Each file In args.Files
    page1.ListBox1.Items.Add("Laufwerk: " + file.Name)
```

Wir ermitteln den Ordner *DCIM* und alle untergeordneten Verzeichnisse:

```
Dim verz As StorageFolder = TryCast(file, StorageFolder)
Dim verz_dcim = Await verz.GetFolderAsync("DCIM")
For Each subverz As StorageFolder In Await verz_dcim.GetFoldersAsync()
```

Alle enthaltenen Dateien (.JPG und .JPEG) auflisten:

```
For Each f As StorageFile In Await subverz.GetFilesAsync()
    page1.ListBox1.Items.Add(f.Path)
Next
```

---

[1] Starten Sie die App per Windows 8-Desktop, wird jedoch *OnLaunched* ausgeführt.

```
                    Next
                Next
            End If
        End Sub
```

HINWEIS: Beachten Sie, dass Ihnen nur die unterstützten Dateitypen angezeigt werden. Eventuell enthaltene .AVI-Dateien tauchen später nicht in der Liste auf, da wir diesen Dateityp nicht "angemeldet" haben.

Oberfläche

Lediglich eine Seite mit einer enthaltenen *ListBox*. Der Zugriff auf diese muss per *FieldModifier* freigegeben werden, sonst können wir aus der Klasse *App* nicht darauf zugreifen.

```
    ...
        <ScrollViewer VerticalScrollBarVisibility="Auto" HorizontalScrollBarVisibility="Auto"
                Grid.Row="1" ZoomMode="Disabled" Margin="120,0,0,0">
            <ListBox Name="ListBox1"  x:FieldModifier="public" />
        </ScrollViewer>
    ...
```

Test

Starten Sie die App einmal und beenden Sie diese wieder. Stecken Sie jetzt eine SDCard aus einer Digitalkamera in das entsprechende Laufwerk. Zunächst sollte in der rechten oberen Ecke des Desktops eine Meldung erscheinen (siehe folgende Abbildung).

HINWEIS: Die Beschriftung und das Symbol für die neue Aktion entspricht den Einstellungen in Ihrer App.

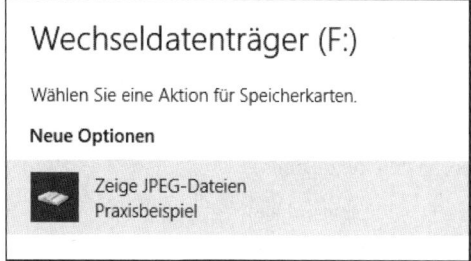

Wählen Sie den neuen Eintrag und nach kurzer Zeit erscheint die App mit der Liste der Bilddateien (intern ruft WinRT jetzt die Methode *OnFileActivated* mit dem Verb *showImage* auf):

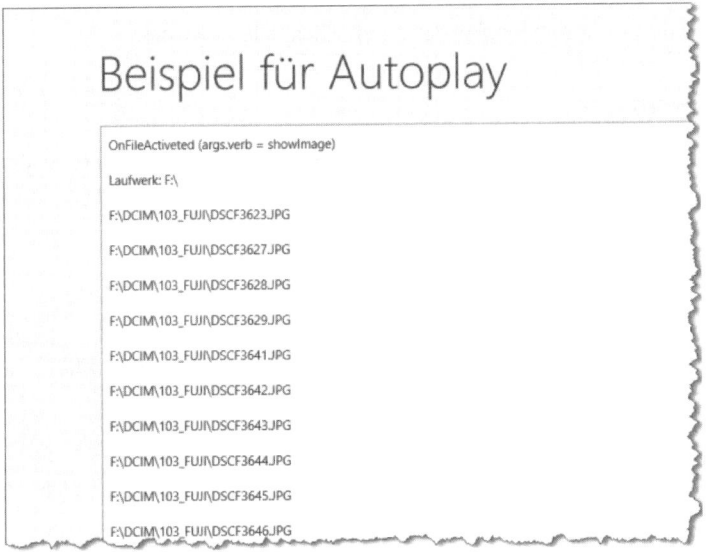

HINWEIS: Stecken Sie später erneut eine SD-Card ins Laufwerk, erscheint die App ohne vorherige Abfrage, die Verknüpfung ist ja bereits vorhanden.

20.4.3 Einen zusätzlichen Splash Screen einsetzen

Leider ist nicht jedes Programm so schnell, wie wir es gern hätten, und so kommen wir in einigen Fällen mit den maximal 15 Sekunden für die Anzeige der ersten App-Seite nicht immer aus. Bevor Sie jetzt verzweifelt nach einer wie auch immer gearteten Lösung suchen, sollten Sie sich folgende Variante näher ansehen:

Wir erstellen eine dem Standard-Splash Screen entsprechende Seite, erweitern diese um eine Fortschrittsanzeige und zeigen dieses Formular als erstes Formular der App an. Ist der Ladevorgang (wir simulieren diesen per Pause) abgeschlossen, wechseln wir zum eigentlichen Hauptformular der App. Warum das gleiche Aussehen? Auf diese Weise vermeiden wir den Eindruck, dass es zwei Splash Screens gibt, was leider der Fall ist, da der Standard-Splash Screen nicht deaktivierbar ist.

Oberfläche (ErsatzSplashscreen.xaml)

Erstellen Sie zunächst ein neues WinRT-App-Projekt und fügen Sie eine leere Seite unter dem Namen *ErsatzSplashscreen.xaml* ein. Erweitern Sie diese wie folgt:

```
...
  <Grid Background="#FF0420A0" >
    <ProgressBar Name="Progressbar1" Maximum="10" Width="500" Height="50"
               Margin="0,350,0,0" />
      <Image Source="Assets/SplashScreen.png" Stretch="None" />
  </Grid>
...
```

HINWEIS: Die Abbildung entspricht dem Symbol des eigentlichen Splash Screens.

Quellcode (App.xaml.vb)

Wir navigieren zum Ersatz-Splash Screen und übergeben das *SplashScreen*-Objekt (das ist der
aktuell sichtbare Original-Splash Screen) als Parameter:

```
...
    Protected Overrides Sub OnLaunched(args As Activation.LaunchActivatedEventArgs)
...
        If rootFrame.Content Is Nothing Then
            If Not rootFrame.Navigate(GetType(ErsatzSplashScreen), args.SplashScreen) Then
                Throw New Exception("Failed to create initial page")
            End If
        End If
        Window.Current.Activate()
    End Sub
```

Quellcode (ErsatzSplashScreen.xaml.vb)

Fügen Sie zunächst folgenden Namespace hinzu:

```
...
Imports Windows.ApplicationModel.Activation
...
Public NotInheritable Class ErsatzSplashScreen
    Inherits Page
```

Wird die Seite geöffnet, nutzen wir das per Parameter übergebene *SplashScreen*-Objekt, um per
Dismissed-Ereignis auf das Schließen des originalen Splash Screens zu reagieren:

```
    Protected Overrides Sub OnNavigatedTo(e As Navigation.NavigationEventArgs)
        Dim splash As SplashScreen = DirectCast(e.Parameter, SplashScreen)
        If splash IsNot Nothing Then
            AddHandler splash.Dismissed, AddressOf splash_Dismissed
        End If
    End Sub
```

Tritt das Ereignis ein, könne wir die Fortschrittsanzeige in Gang setzen (eventuell laden Sie
bereits vorher asynchron Daten, die Sie benötigen):

```
    Private Async Sub splash_Dismissed(sender As SplashScreen, args As Object)
        Await Dispatcher.RunAsync(Windows.UI.Core.CoreDispatcherPriority.Normal, Sub()
                                                                                     DatenLaden()
                                                                                 End Sub)
    End Sub
```

Die Anzeige des Fortschritts:

```
    Public Async Sub DatenLaden()
```

```
For i As Integer = 0 To 10
    Await Dispatcher.RunAsync(Windows.UI.Core.CoreDispatcherPriority.Low, Sub()
                                        Progressbar1.Value = i
                              End Sub)
```

Hier simulieren wir Aufgaben, die von der App zu erledigen sind:

```
        Task.Delay(1000).Wait()
    Next
```

Sind alle Daten geladen, kann das eigentliche Hauptformular gestartet werden:

```
    Me.Frame.Navigate(GetType(BasicPage1))
End Sub
...
```

Test

Starten Sie die App, so sollte zunächst der Standard-Splash-Screen erscheinen, nachfolgend flackert eventuell die Anzeige und es erscheint unser Splash Screen mit der Fortschrittsanzeige. Ist diese abgelaufen, öffnet sich die eigentliche Hauptseite.

20.4.4   Eine Dateiverknüpfung erstellen

Die Grundfunktionalität einer Dateiverknüpfung dürfte Ihnen sicher bekannt sein: Der Anwender klickt auf eine Datei, und es öffnet sich die entsprechende Anwendung zur Bearbeitung. Gleiches wollen wir auch in einer App realisieren. Dazu erstellen wir eine *Dateitypzuordnung* zum fiktiven Dateityp *.book* (umbenannte Textdateien). Aus Entwicklersicht handelt es sich um eine *File Type Association*-Extension, die wir entsprechend definieren/implementieren müssen.

Oberfläche

Erstellen Sie lediglich eine Seite mit einer *ListBox*:

```
...
    <ScrollViewer VerticalScrollBarVisibility="Auto" HorizontalScrollBarVisibility="Auto"
            Grid.Row="1" ZoomMode="Disabled" Margin="120,50,50,50">
        <ListBox Name="ListBox1"/>
    </ScrollViewer>
...
```

Zusätzlich müssen Sie der Manifestdatei *Package.appxmanifest* noch eine *Dateitypzuordnung* hinzufügen, nur so erlangen Sie Zugriff auf die Datei, und es wird eine Verknüpfung zwischen App und Datei hergestellt:

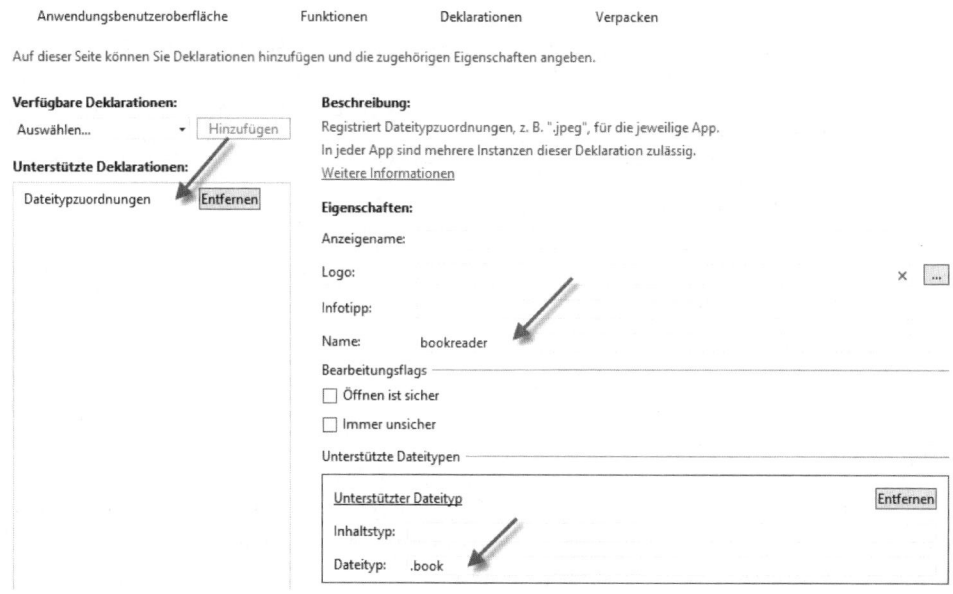

HINWEIS: Sie können Ihre App auch für mehrere Dateitypen registrieren.

Quelltext (App.xaml.vb)

Wird eine App durch den Klick auf verknüpfte Dateien geöffnet, ändert sich der Eintrittspunkt in die App. Statt *OnLauched* müssen Sie jetzt die Methode *OnFileActivated* implementieren. Mit dem übergebenen Parameter *args.Files* lassen sich die Dateinamen auswerten.

Erweitern Sie also die Klasse *App* um folgende Zeilen:

```
...

    Protected Overrides Sub OnFileActivated(args As FileActivatedEventArgs)
```

Der Ablauf entspricht dem bei einem normalen Programmstart:

```
        If args.PreviousExecutionState = ApplicationExecutionState.Running Then
            Window.Current.Activate()
            Return
        End If
        Dim rootFrame = New Frame()
```

Wir übergeben jedoch zusätzlich die Aufrufparameter an die anzuzeigende Seite:

```
        rootFrame.Navigate(GetType(BasicPage1), args)
        Window.Current.Content = rootFrame
        Window.Current.Activate()
        MyBase.OnFileActivated(args)
    End Sub
```

Quelltext (BasicPage.xaml.vb)

Wir die Seite geöffnet, werten wir die Parameter (d.h. die Dateiliste) aus:

```
Imports Windows.UI.Xaml.Navigation
Imports Windows.Storage
...
    Protected Overrides Async Sub OnNavigatedTo(e As NavigationEventArgs)
```

Nur wenn die Seite auch mit Parametern gestartet wird können wir etwas auslesen:

```
        If e.Parameter IsNot Nothing Then
```

File-Liste ermitteln:

```
            Dim args As FileActivatedEventArgs = DirectCast(e.Parameter, FileActivatedEventArgs)
```

Jeden Eintrag auswerten und den Dateiinhalt anzeigen:

```
            For Each file In args.Files
                ListBox1.Items.Add("Bearbeiten: " + file.Path)
                Dim inhalt As String = Await FileIO.ReadTextAsync(DirectCast(file, StorageFile))
                ListBox1.Items.Add(inhalt)
            Next
        End If
    End Sub
```

HINWEIS: Achten Sie auf die asynchrone Ausführung!

Test

Starten Sie das Programm um es zu installieren und beenden Sie es gleich wieder. Windows hat zu diesem Zeitpunkt bereits die Manifestdatei ausgewertet und damit auch die Dateiverknüpfung zum Typ *.book* im System registriert.

Erstellen Sie auf dem Desktop eine Textdatei und benennen Sie diese in *Test.book* um. Nachfolgend sollte sich auch das Symbol der Datei anpassen, es erscheint das Icon unserer App:

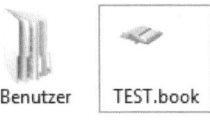

Klicken Sie mit der rechten Maustaste auf die Datei, um im Menü den Eintrag *Öffnen mit ...* zu wählen. Der folgende Dialog zeigt Ihnen, dass die Verknüpfung bereits ordnungsgemäß registriert ist:

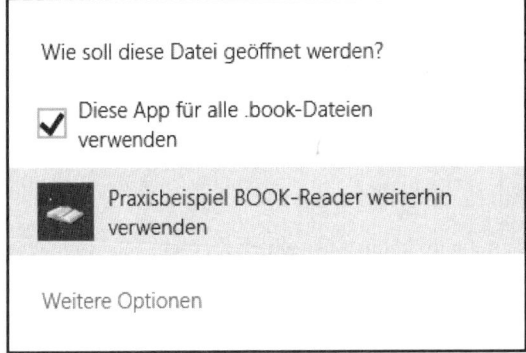

Ein Doppelklick auf die obige Datei bringt unsere App zum Vorschein, in der Liste sollte der Name und der Inhalt der Datei angezeigt werden:

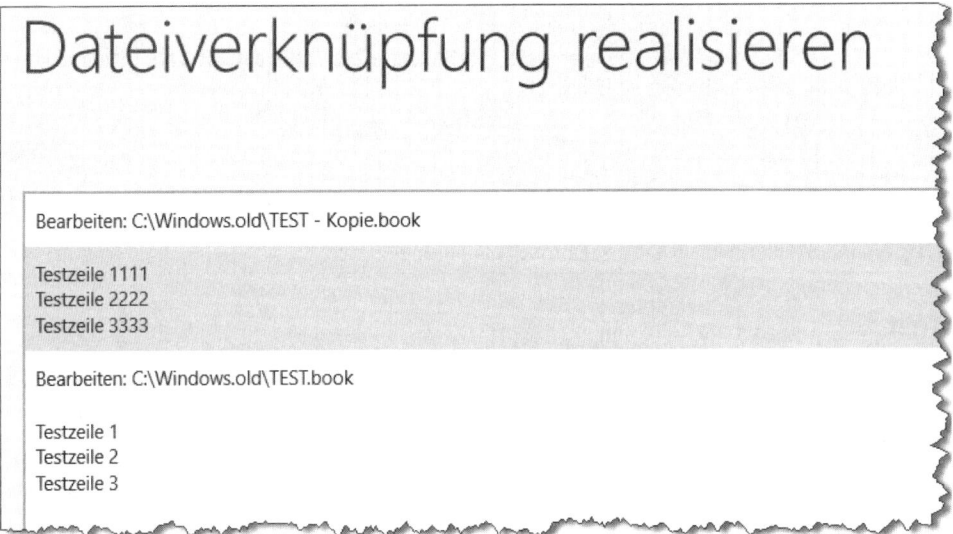

Sie können natürlich auch mehrere Dateien erstellen, alle markieren und dann über das Kontextmenü den Eintrag *Öffnen* wählen. In diesem Fall wird nur eine Instanz der App gestartet, diese erhält eine Liste der zu bearbeitenden Dateien.

Ergänzungen

Möchten Sie diese App debuggen, so setzen Sie einfach einen Breakpoint in die *OnFileActivated*-Methode. Starten Sie jetzt noch nicht den Debugger, sondern wählen Sie unter *Projekt|Eigenschaften|Debuggen* die Option *Eigenen Code zunächst nicht starten sondern debuggen*.

Starten Sie erst jetzt den Debugger, es sollte zunächst nichts passieren. Klicken Sie jetzt auf eine der *.book*-Dateien um den Methodenaufruf bzw. den App-Aufruf auszulösen. Der Debugger stoppt jetzt an der gewünschten Stelle.

Aus einer anderen WinRT-App können Sie die vorliegende App mit folgendem Aufruf starten:

```
Private Async Sub Button_Click_1(sender As Object, e As RoutedEventArgs)
    Application.Current.Exit()
    Dim file As StorageFile = Await KnownFolders.DocumentsLibrary.GetFileAsync("Buchtest.book")
        Await Launcher.LaunchFileAsync(file)
    End Sub
```

Sie rufen also nicht die App direkt auf, sondern öffnen quasi die betreffende Datei. Windows stellt Ihnen dann die zugeordnete App zur Verfügung und öffnet diese entsprechend.

Kapitel 21

WinRT-Techniken

Dieses Kapitel versteht sich nicht als eine Wiederholung der entsprechenden Microsoft-Dokumentation, sondern als Hilfe für die Lösung spezifischer Programmieraufgaben im Umfeld einer WinRT-App. Aus diesem Grund kann es auch vorkommen, dass sich einige Erläuterungen wiederholen, dies ist jedoch sinnvoller als ein dauerndes Verweisen auf andere Abschnitte dieses oder anderer Kapitel.

HINWEIS: Die Themen dieses Kapitels stehen relativ lose nebeneinander, Sie können also problemlos auch einen oder mehrere Abschnitte überspringen.

21.1 Arbeiten mit Dateien/Verzeichnissen

Nachdem wir im vorhergehenden Kapitel bereits die Grundlagen des Datenhandlings vorgestellt haben, soll es jetzt etwas spezieller werden. Wir wollen uns die grundlegenden Datei- und Verzeichnisoperationen näher ansehen, da diese Basis für das effiziente Ablegen der Daten sind.

HINWEIS: Wie Sie zunächst Zugriff auf diverse Verzeichnisse erhalten und welche Verzeichnisse Sie überhaupt nutzen können, hatten wir bereits im Abschnitt 20.3 ab Seite 1018 besprochen.

21.1.1 Verzeichnisinformationen auflisten

Haben Sie es geschafft ein *StorageFolder*-Objekt zu initialisieren (Abschnitt 20.3), können Sie dieses nutzen, um mehr über den Ordner zu erfahren.

BEISPIEL 21.1: Abrufen von Informationen über ein *StorageFolder*-Objekt

```
Imports Windows.Storage
...
    Private Async Sub Button_Click_2(sender As Object, e As RoutedEventArgs)
```

BEISPIEL 21.1: Abrufen von Informationen über ein *StorageFolder*-Objekt

Zunächst ermitteln wir einige Trivialeigenschaften des Folders. Dabei können wir direkt auf die Eigenschaften des *StorageFolder*-Objekts zugreifen.

Wir verwenden den App-Datenspeicher:

```
Dim folder As StorageFolder = ApplicationData.Current.LocalFolder
ListBox1.Items.Add("Name: " + folder.Name)
ListBox1.Items.Add("Path: " + folder.Path)
ListBox1.Items.Add("Attributes: " + folder.Attributes.ToString())
ListBox1.Items.Add("DateCreated: " + folder.DateCreated.ToString())
ListBox1.Items.Add("DisplayName: " + folder.DisplayName)
ListBox1.Items.Add("DisplayType: " + folder.DisplayType)
ListBox1.Items.Add("FolderRelativeID: " + folder.FolderRelativeId)
```

Geht es um etwas speziellere Eigenschaften, müssen wir uns schon die Mühe machen, diese asynchron abzurufen:

```
Dim prop = Await folder.GetBasicPropertiesAsync()
ListBox1.Items.Add("Properties.DateModified: " + prop.DateModified.ToString())
ListBox1.Items.Add("Properties.ItemDate: " + prop.ItemDate.ToString())
ListBox1.Items.Add("Properties.Size: " + prop.Size.ToString())
```

Nicht genug der Pein, es wartet noch eine Eigenschaftenauflistung auf Sie:

```
Dim props = Await prop.RetrievePropertiesAsync(New List(Of String)() From { _
})
For Each p In props
    If p.Value IsNot Nothing Then
        ListBox1.Items.Add("RetrievePropertiesAsync: " & p.Key & ": " & _
                            p.Value.ToString())
    End If
Next
End Sub
...
```

Das Ergebnis unserer Bemühungen:

```
Name: LocalState
Path: C:\Users\Thomas\AppData\Local\Packages\1fc01a7c-1433-4074-ab86-
517c59b8d321_xkj04xcm6e7n4\LocalState
Attributes: Directory
DateCreated: 01.01.1601 01:00:00 +01:00
DisplayName: LocalState
DisplayType: Dateiordner
FolderRelativeID: 0\0\LocalState
Properties.DateModified: 14.08.2012 11:12:12 +02:00
Properties.ItemDate: 14.08.2012 11:12:12 +02:00
Properties.Size: 0
RetrievePropertiesAsync: System.KindText: Ordner
RetrievePropertiesAsync: System.ZoneIdentifier: 3
```

BEISPIEL 21.1: Abrufen von Informationen über ein *StorageFolder*-Objekt

```
RetrievePropertiesAsync: System.Shell.SFGAOFlagsStrings: System.String()
RetrievePropertiesAsync: System.ItemPathDisplayNarrow: LocalState
(C:\Users\Thomas\AppData\Local\Packages\1fc01a7c-1433-4074-ab86-517c59b8d321_xkj04xcm6e7n4)
RetrievePropertiesAsync: System.ItemName: LocalState
RetrievePropertiesAsync: System.PerceivedType: 2
RetrievePropertiesAsync: System.ParsingName: LocalState
RetrievePropertiesAsync: System.Kind: System.String()
RetrievePropertiesAsync: System.ItemFolderNameDisplay: 1fc01a7c-1433-4074-ab86-
517c59b8d321_xkj04xcm6e7n4
RetrievePropertiesAsync: System.ParsingPath: C:\Users\Thomas\AppData\Local\Packages\1fc01a7c-
1433-4074-ab86-517c59b8d321_xkj04xcm6e7n4\LocalState
RetrievePropertiesAsync: System.VolumeId: cd01e3d7-d334-497a-a90e-7f27ee556bbf
RetrievePropertiesAsync: System.ItemTypeText: Dateiordner
RetrievePropertiesAsync: System.ItemFolderPathDisplayNarrow: 1fc01a7c-1433-4074-ab86-
517c59b8d321_xkj04xcm6e7n4 (C:\Users\Thomas\AppData\Local\Packages)
RetrievePropertiesAsync: System.FileName: LocalState
RetrievePropertiesAsync: System.SharedWith: System.String()
RetrievePropertiesAsync: System.ItemPathDisplay:
C:\Users\Thomas\AppData\Local\Packages\1fc01a7c-1433-4074-ab86-
517c59b8d321_xkj04xcm6e7n4\LocalState
RetrievePropertiesAsync: System.SFGAOFlags: 1887437183
RetrievePropertiesAsync: System.ItemType: Directory
RetrievePropertiesAsync: System.FileAttributes: 16
RetrievePropertiesAsync: System.ComputerName: WINDOWS8RC
RetrievePropertiesAsync: System.ItemNameDisplay: LocalState
RetrievePropertiesAsync: System.FileOwner: WINDOWS8RC\Thomas
RetrievePropertiesAsync: System.SharingStatus: 1
RetrievePropertiesAsync: System.IsShared: True
RetrievePropertiesAsync: System.ItemNameDisplayWithoutExtension: LocalState
RetrievePropertiesAsync: System.ItemFolderPathDisplay:
C:\Users\Thomas\AppData\Local\Packages\1fc01a7c-1433-4074-ab86-517c59b8d321_xkj04xcm6e7n4
RetrievePropertiesAsync: System.NotUserContent: False
...
```

HINWEIS: Optional können Sie der Methode *RetrievePropertiesAsync* eine Liste der gewünschten Eigenschaften übergeben, Sie erhalten dann auch nur diese.

Die möglichen Member der *FileAttributes*-Enumeration:

- *Normal*

- *ReadOnly*

- *Directory*

- *Archive*

- *Temporary*

21.1.2 Unterverzeichnisse auflisten

Nichts leichter als das, rufen Sie die enthaltenen Ordner per *GetFoldersAsync*-Methode ab:

BEISPIEL 21.2: Unterverzeichnisse auflisten

```vb
...
Imports Windows.Storage
...
    Private Async Sub Button_Click_3(sender As Object, e As RoutedEventArgs)
        Dim folders As IReadOnlyList(Of StorageFolder) = _
                Await ApplicationData.Current.LocalFolder.GetFoldersAsync()
        For Each folder In folders
            ListBox1.Items.Add(folder.Path)
        Next
    End Sub
...
```

So weit so gut, doch was passiert, wenn Sie vielleicht auf die verwegene Idee kommen, Verzeichnisse rekursiv zu durchsuchen?

Bevor Sie jetzt mühsam eine eigene Lösung basteln, die vermutlich erst einmal an der asynchronen Ausführung scheitert, versuchen Sie es doch mal mit den *QueryOptions* bzw. mit der Methode *CreateFolderQueryWithOptions*. Diese bietet unter anderem auch die Möglichkeit, einen Dateifilter zu implementieren.

BEISPIEL 21.3: Rekursive Suche nach Verzeichnissen

```vb
...
Imports Windows.Storage
Imports Windows.Storage.Search
...
    Private Async Sub Button_Click_3(sender As Object, e As RoutedEventArgs)
```

Eine *QueryOptions*-Instanz erzeugen:

```vb
        Dim queryOptions As New QueryOptions(CommonFolderQuery.DefaultQuery)
```

Wir wollen das Verzeichnis rekursiv durchsuchen:

```vb
        queryOptions.FolderDepth = FolderDepth.Deep
```

Indexer gegebenenfalls verwenden:

```vb
        queryOptions.IndexerOption = IndexerOption.UseIndexerWhenAvailable
```

Wir suchen nur Verzeichnisse die mit "Probe" beginnen:

```vb
        queryOptions.ApplicationSearchFilter = "probe*"
```

BEISPIEL 21.3: Rekursive Suche nach Verzeichnissen

Die Abfrage erstellen (bis jetzt passiert im Dateisystem noch gar nichts):

```
Dim query = _
    ApplicationData.Current.LocalFolder.CreateFolderQueryWithOptions(queryOptions)
```

Jetzt das Verzeichnis abrufen:

```
    For Each f In Await query.GetFoldersAsync()
        ListBox1.Items.Add(f.Path)
    Next
End Sub
```

...

Bei folgender Verzeichnisstruktur:

```
▲  LocalState
   ▲  Probe
      ▲  aaaaaaaaaaaaaaaaa
            bbbbbbbbbbbbbbbb
         Probe AAAA
      Probe (2)
      Probe (3)
   ▲  Testverzeichnis
         Probe999
         Test7777
```

erzielen wir diese Ausgabe:

```
C:\Users\...\LocalState\Probe
C:\Users\...\LocalState\Probe (2)
C:\Users\...\LocalState\Probe (3)
C:\Users\...\LocalState\Probe\Probe AAAA
C:\Users\...\LocalState\Testverzeichnis\Probe999
```

HINWEIS: Auf alle Varianten der Verzeichnissuche können wir an dieser Stelle nicht eingehen, wir empfehlen eine eingehende Beschäftigung mit den *QueryOptions*. Insbesondere die Möglichkeit, Verzeichnisse auf Änderungen zu überwachen, ist recht interessant.

Mehr dazu im Praxisbeispiel

▶ 21.7.1 Ein Verzeichnis auf Änderungen überwachen

21.1.3   Verzeichnisse erstellen/löschen

Sollen die Dateien im App-Datenverzeichnis oder im *Downloads*-Verzeichnis sinnvoll gruppiert werden, kommen Sie um die Verwendung von Unterverzeichnissen nicht herum.

BEISPIEL 21.4: Einige Unterverzeichnisse im App-Datenverzeichnis erstellen

```vb
...
    Await ApplicationData.Current.LocalFolder.CreateFolderAsync("Probe",
            CreationCollisionOption.ReplaceExisting)
    Await ApplicationData.Current.LocalFolder.CreateFolderAsync("Probe",
            CreationCollisionOption.ReplaceExisting)
...
```

Die Aufrufe erzeugen (unabhängig davon ob schon ein *Probe*-Verzeichnis vorhanden ist) weitere *Probe*-Verzeichnisse mit eindeutiger Nummerierung.

Folgende Optionen (*CreationCollisionOption*) stehen beim Erzeugen des Verzeichnisses zur Verfügung:

Member	Beschreibung
GenerateUniqueName	Wie im obigen Beispiel wird im Zweifel eine Ziffer an den Dateinamen angehängt, um einen eindeutigen Verzeichnisnamen zu erstellen.
ReplaceExisting	Erzeugt eine neues Verzeichnis, der Vorgänger wird samt Inhalt ersetzt[1].
FailIfExists	Es wird ein Fehler ausgelöst, wenn die Pfad schon existiert!
OpenIfExists	Wenn vorhanden, wird das Verzeichnis geöffnet, andernfalls zunächst erstellt.

Das Löschen eines Verzeichnisses realisieren wir mit der Methode *DeleteAsync*:

BEISPIEL 21.5: Verzeichnis erstellen und löschen

```vb
...
    Private Async Sub Button_Click_4(sender As Object, e As RoutedEventArgs)
```

Erzeugen:

```vb
        Await ApplicationData.Current.LocalFolder.CreateFolderAsync("Probe",
                CreationCollisionOption.ReplaceExisting)
```

Auswahl und Löschen:

```vb
        Dim folder As StorageFolder =
            Await ApplicationData.Current.LocalFolder.GetFolderAsync("Probe")
```

---

[1] Diese Variante funktionierte bei den Autoren nicht fehlerfrei.

BEISPIEL 21.5: Verzeichnis erstellen und löschen

```
      Await folder.DeleteAsync(StorageDeleteOption.PermanentDelete)
   End Sub
...
```

HINWEIS: Über den Parameter *StorageDeleteOption* bestimmen Sie, ob das Verzeichnis endgültig (*PermanentDelete*) oder per Papierkorb (*Default*) gelöscht wird.

21.1.4   Dateien auflisten

Die grundsätzliche Vorgehensweise entspricht der im Abschnitt 21.1.2, das folgende Beispiel zeigt drei Varianten:

BEISPIEL 21.6: Dateien auflisten

```
...
Imports Windows.Storage
Imports Windows.Storage.Search

...
```

Die einfachste Variante, alle Dateien eines Ordners zu ermitteln:

```
Dim files As IReadOnlyList(Of StorageFile) = _
            Await ApplicationData.Current.LocalFolder.GetFilesAsync()
Debug.WriteLine(ApplicationData.Current.LocalFolder.Path)
For Each file In files
    ListBox1.Items.Add(file.Path)
Next
```

Um nach Dateien rekursiv (mit Unterverzeichnissen) suchen zu können, müssen Sie ein *QueryOptions*-Objekt erstellen und parametrieren:

```
Dim queryOptions As New QueryOptions(CommonFileQuery.DefaultQuery, Nothing)
queryOptions.FolderDepth = FolderDepth.Deep
queryOptions.IndexerOption = IndexerOption.UseIndexerWhenAvailable
```

Mit den *QueryOptions* wird eine Query erstellt, die dann mit *GetFilesAsync* abgefragt wird:

```
Dim query = _
        ApplicationData.Current.LocalFolder.CreateFileQueryWithOptions(queryOptions)
For Each f In Await query.GetFilesAsync()
    ListBox1.Items.Add(f.Path)
Next
```

Dateisuche bedeutet auch fast immer die Verwendung von Filtern. Über das *QueryOption-Objekt* können Sie auch diese Funktionalität realisieren:

```
ListBox1.Items.Add("---------- Rekursiv mit Filter ------------")
queryOptions = New QueryOptions(CommonFileQuery.OrderByName, New String() {".txt"})
```

BEISPIEL 21.6: Dateien auflisten

Sie können hier auch mehrere Dateityp-Filter verwenden, diese dürfen jedoch keine Platzhalter verwenden. Verwenden Sie einfach die Eigenschaft *ApplicationSearchFilter*, um einen Filter mit Platzhalter zu definieren.

```
queryOptions.FolderDepth = FolderDepth.Deep
queryOptions.IndexerOption = IndexerOption.UseIndexerWhenAvailable
Dim query = _
    ApplicationData.Current.LocalFolder.CreateFileQueryWithOptions(queryOptions)
```

Anzeige:

```
For Each f In Await query.GetFilesAsync()
    ListBox1.Items.Add(f.Path)
Next
```

...

Die Vorgehensweise beim Suchen aller Word-Dateien der letzten 14 Tage, mit der Bezeichnung "Kündigung" im Dateinamen und sortiert nach Datum, stellt sich wie folgt dar:

1. Datei-Filter bestimmen:

```
Dim queryOptions As New QueryOptions(CommonFileQuery.DefaultQuery,
                            New String() {".doc", ".docx"})
```

2. Unterverzeichnisse durchsuchen:

```
queryOptions.FolderDepth = FolderDepth.Deep
```

3. Möglichst Indexer verwenden:

```
queryOptions.IndexerOption = IndexerOption.UseIndexerWhenAvailable
```

4. Dateinamensfilter anwenden:

```
queryOptions.ApplicationSearchFilter = "*Kündigung*"
```

5. Abfrage erstellen:

```
Dim query = ApplicationData.Current.LocalFolder.CreateFileQueryWithOptions(queryOptions)
```

6. Dateiliste abrufen:

```
Dim liste = Await query.GetFilesAsync()
```

7. Liste filtern (14 Tage) und sortieren nach Erstellungsdatum:

```
For Each f In liste.Where(Function(ff)
    (System.DateTime.Now - ff.DateCreated).Days <= 14).OrderBy(Function(ff) ff.DateCreated)
    ListBox1.Items.Add(f.Path)
Next
```

HINWEIS: Die Funktion sucht natürlich nur im App-Datenverzeichnis, eine komplette Laufwerkssuche ist für WinRT-Apps so nicht möglich.

Mögliche Abfragetypen, die Sie mit *CommonFileQuery* erstellen können, zeigt die folgende Tabelle.

Wert	Beschreibung
DefaultQuery	Eine Liste aller Dateien des aktuellen Ordners.
OrderByName	Eine Liste aller Dateien des aktuellen und aller untergeordneter Ordner sortiert nach dem Dateinamen (*ItemNameDisplay*).
OrderByTitle	Eine Liste aller Dateien des aktuellen und aller untergeordneter Ordner sortiert nach dem Titel (*Title*). Dies funktioniert jedoch nur in Libraries und im *HomeGroup*-Ordner.
OrderByMusicProperties	Eine Liste aller Dateien des aktuellen und aller untergeordneter Ordner sortiert nach den Musikeigenschaften (nur in Libraries und im *HomeGroup*-Ordner).
OrderBySearchRank	Eine Liste aller Dateien des aktuellen und aller untergeordneter Ordner sortiert nach der Bewertung (*Rank*) und dem Änderungsdatum.
OrderByDate	Eine Liste aller Dateien des aktuellen und aller untergeordneter Order sortiert nach dem Datum.

21.1.5 Dateien erstellen/schreiben/lesen

Der eine oder andere wird vielleicht über die Überschrift gestolpert sein, warum steht da extra "erstellen"? Die Antwort findet sich beim Blick auf die Vorgehensweise beim Schreiben einer Datei:

1. einen *StorageFolder* abrufen

2. ein *StorageFile*-Objekt erstellen oder abrufen

3. Daten in das *StorageFile*-Objekt schreiben

Bei Punkt 2 wird bereits im Zweifelsfall eine leere Datei mit dem angegebenen Namen erzeugt. Später wird mit dem erstellten *StorageFile*-Objekt weitergearbeitet (Öffnen von Lesezugriff oder Schreiblesezugriff).

HINWEIS: Grundsätzlich sollten Sie prüfen, ob Sie überhaupt Daten in einer Datei ablegen. Für Programmeinstellungen etc. ist die Klasse *ApplicationDataContainer* (siehe dazu Abschnitt 20.3.7, Seite 1024) viel besser geeignet. Auch um das Aufräumen bei einer möglichen Deinstallation müssen Sie sich so nicht kümmern.

Datei erstellen

Verwenden Sie dazu die *CreateFileAsync*-Methode des *StorageFolder*-Objekts. Das Verzeichnis ist damit bereits definiert, was bleibt ist zunächst lediglich die Übergabe eines Dateinamens. Optional können Sie angeben was passiert, wenn die Datei bereits existiert. Nutzen Sie dazu die folgenden Werte von *CreationCollisionOption* (siehe folgende Tabelle).

Wert	Beschreibung
GenerateUniqueName	Erstellt in jedem Fall eine neue (leere) Datei. Falls eine gleichnamige Datei vorhanden ist, wird der Name um eine angehängte Ziffer ergänzt, um einen eindeutigen Namen zu ermitteln. Sie sollten bei dieser Variante immer den endgültigen Dateinamen bestimmen, dieser kann ja aus genannten Gründen von Ihrer Vorgabe abweichen.
ReplaceExisting	Erstellt eine neue leere Datei, potenzielle Vorgänger werden gelöscht.
FailIfExists	Beim Versuch eine Datei zu erstellen, die es schon gibt, tritt ein Fehler auf.
OpenIfExists	Es wird eine neue Datei erstellt, wenn diese noch nicht vorhanden ist, andernfalls wird die vorhandene Datei lediglich geöffnet.

HINWEIS: Gerade die letzte Option enthebt Sie der Mühe, mit *FileExists* etc. lange zu prüfen, ob Sie eine Datei öffnen oder neu erstellen müssen.

BEISPIEL 21.7: Eine neue leere Datei erstellen

```vb
...
Imports Windows.Storage
...
    Private Async Sub Button_Click_7(sender As Object, e As RoutedEventArgs)
        Dim folder As StorageFolder = ApplicationData.Current.LocalFolder
        Dim file As StorageFile = Await folder.CreateFileAsync("daten.txt",
                                    CreationCollisionOption.OpenIfExists)

    End Sub
...
```

Schreibzugriff mit FileIO

Sehen wir uns zunächst den einfachsten Dateityp an, den Sie sicher schon an der einen oder anderen Stelle eingesetzt haben: die gute alten Textdatei.

Der schnellste Weg zur fertigen Datei führt über die statische *FileIO*-Klasse. Diese bringt von Haus aus bereits einen ganzen Satz nützlicher Methoden mit, um Daten schnell und ohne Aufwand an eine Datei anzuhängen oder in eine Datei zu schreiben.

BEISPIEL 21.8: Einen Text an eine Textdatei anhängen

```vb
...
Imports Windows.Storage
...
        Dim folder As StorageFolder = ApplicationData.Current.LocalFolder
```

BEISPIEL 21.8: Einen Text an eine Textdatei anhängen

```
    Dim file As StorageFile = Await folder.CreateFileAsync("daten.txt",
                            CreationCollisionOption.OpenIfExists)
    Await FileIO.AppendTextAsync(file, "Mal etwas Text schreiben ... ")
...
```

HINWEIS: Möchten Sie echte Zeilen auf diese Weise schreiben, müssen Sie den Strings noch jeweils einen Zeilenumbruch hinzufügen.

```
    Await FileIO.AppendTextAsync(file, "Mal etwas Text schreiben ... " & vbCr & vbLf)
    Await FileIO.AppendTextAsync(file, "Mal etwas Text schreiben ... " & vbCr & vbLf)
```

Folgende Methoden stehen alternativ zur Auswahl:

- *AppendLinesAsync*

- *AppendTextAsync*

- *ReadBufferAsync*

- *ReadLinesAsync*

- *ReadTextAsync*

- *WriteBufferAsync*

- *WriteLinesAsync*

- *WriteTextAsync*

Der Sinn der einzelnen Methoden dürfte sich aus der Bezeichnung ergeben.

Schreibzugriff mit StreamWriter

Etwas komplizierter geht es auch mit einem *StreamWriter*, in diesem Fall werden die Daten zunächst überschrieben und dann angehängt.

BEISPIEL 21.9: Schreiben einer Textdatei per *StreamWriter*

```
...
Imports Windows.Storage
...
    Dim folder As StorageFolder = ApplicationData.Current.LocalFolder
    Dim file As StorageFile = Await folder.CreateFileAsync("daten.txt",
                            CreationCollisionOption.OpenIfExists)
    Using writer As New StreamWriter(Await file.OpenStreamForWriteAsync())
        Await writer.WriteLineAsync("Noch mehr Zeilen (1)")
        Await writer.WriteLineAsync("Noch mehr Zeilen (2)")
        Await writer.WriteLineAsync("Noch mehr Zeilen (3)")
        Await writer.WriteLineAsync("Noch mehr Zeilen (4)")
        Await writer.WriteLineAsync("Noch mehr Zeilen (5)")
```

BEISPIEL 21.9: Schreiben einer Textdatei per *StreamWriter*

```
            Await writer.WriteLineAsync("Noch mehr Zeilen (6)")
        End Using
    End Sub
...
```

Lesezugriff mit FileIO

Auch hier können wir uns mit Hilfe der obigen *FileIO*-Methoden viel Arbeit sparen. Verwenden
Sie beispielsweise *ReadLineAsync*, können Sie das Rückgabeergebnis gleich als *IEnumerable* auswerten und zum Beispiel durch die Zeilen iterieren.

BEISPIEL 21.10: Textdatei aus dem Installationsverzeichnis komplett einlesen

```
...
Imports Windows.Storage
...
    Private Async Sub Button_Click_8(sender As Object, e As RoutedEventArgs)
```

Installationspfad bestimmen:

```
        Dim folder As StorageFolder = _
                Windows.ApplicationModel.Package.Current.InstalledLocation
        Dim file As StorageFile = Await folder.GetFileAsync("TextFile.txt")
```

Die komplette Datei in eine *IList(Of String)* einlesen:

```
        Dim inhalt = Await FileIO.ReadLinesAsync(file)
```

Zeilen anzeigen:

```
        For Each item In inhalt
            ListBox1.Items.Add(item)
        Next
    End Sub
...
```

HINWEIS: Alternativ können Sie mit *ReadText* auch gleich die ganze Datei in einen String einlesen.

Lesezugriff mit StreamReader

Auch in der WinRT-Welt findet sich ein *StreamReader,* mit dem zum Beispiel ein zeilenweises Einlesen von Textdateien möglich ist:

BEISPIEL 21.11: Textdatei zeilenweise per *StreamReader* einlesen

```
...
        Dim folder As StorageFolder = _
                Windows.ApplicationModel.Package.Current.InstalledLocation
```

BEISPIEL 21.11: Textdatei zeilenweise per *StreamReader* einlesen

```
Dim file As StorageFile = Await folder.GetFileAsync("TextFile.txt")
Dim zeile As String = ""
```

StreamReader erzeugen:

```
Using reader As New StreamReader(Await file.OpenStreamForReadAsync())
```

Zeilenweise einlesen:

```
While (InlineAssignHelper(zeile, Await reader.ReadLineAsync())) IsNot Nothing
    ListBox1.Items.Add(zeile)
End While
End Using
...
```

HINWEIS: Auf alle Aspekte des Schreib-Lesezugriffs können wir an dieser Stelle nicht eingehen. Wer beispielsweise einen Schreib-/Lesezugriff auf eine Datei benötigt, sollte sich *IRandomAccessStream* näher ansehen.

21.1.6 Dateien kopieren/umbenennen/löschen

Haben Sie erst einmal ein *StorageFile*-Objekt erstellt, so können Sie mit Hilfe der *CopyAsync*-Methode die Datei relativ problemlos kopieren. "Relativ" deshalb, weil Sie bei der Wahl des Ziels recht vorsichtig sein müssen – Sie erinnern sich, Ihre App läuft nur unter Aufsicht und der Zugriff auf das Dateisystem ist recht eingeschränkt.

BEISPIEL 21.12: Datei kopieren

```
...
    Private Async Sub Button_Click_9(sender As Object, e As RoutedEventArgs)
```

Quell-Verzeichnis bestimmen:

```
Dim folder As StorageFolder = ApplicationData.Current.LocalFolder
```

Quelldatei bestimmen:

```
Dim file As StorageFile = Await folder.CreateFileAsync("demodatei.dat",
    CreationCollisionOption.ReplaceExisting)
```

In diesem Fall Zielverzeichnis erzeugen:

```
Dim zielfolder As StorageFolder = Await folder.CreateFolderAsync("Backup",
    CreationCollisionOption.OpenIfExists)
```

Datei kopieren:

```
Await file.CopyAsync(zielfolder, DateTime.Now.ToString("d") + "_demodatei.dat",
    NameCollisionOption.ReplaceExisting)
End Sub
```

Die verschiedenen Überladungen der Methode *CopyAsync* ermöglichen die Übergabe des Zielordners und optional die Angaben, wie die Datei heißen soll und was bei vorhandenen Dateien passieren soll. Verwenden Sie dazu die Werte von *NameCollisionOption*:

Wert	Beschreibung
GenerateUniqueName	Falls Zieldatei bereits vorhanden ist, wird eine neue Datei erstellt, an deren Namen eine laufende Ziffer angehängt wird.
ReplaceExisting	Die Zieldatei wird überschrieben (Rechte vorausgesetzt).
FailIfExists	Die Kopieraktion wird mit einem Fehler abgebrochen.

Ein Sonderfall des Kopierens, das Verschieben, ist per *MoveAsync* bzw. *MoveAndReplaceAsync* möglich. Letzteres ersetzt direkt eine spezifizierte Datei (per *StorageFile*-Parameter), bei *MoveAsync* haben Sie die gleichen Möglichkeiten wie bei einem *CopyAsync*, nur dass diesmal die Quelldatei gelöscht wird. Final löschen können Sie eine Datei mit *DeleteAsync*.

BEISPIEL 21.13: Datei verschieben

```vb
...
    Private Async Sub Button_Click_10(sender As Object, e As RoutedEventArgs)
```
Quellverzeichnis ermitteln:
```vb
        Dim folder As StorageFolder = ApplicationData.Current.LocalFolder
```
Datei öffnen:
```vb
        Dim file As StorageFile = Await folder.CreateFileAsync("demodatei.dat",
                                    CreationCollisionOption.ReplaceExisting)
```
Zielverzeichnis erzeugen oder öffnen:
```vb
        Dim zielfolder As StorageFolder = Await folder.CreateFolderAsync("Backup",
                                    CreationCollisionOption.OpenIfExists)
```
Datei verschieben:
```vb
        Await file.MoveAsync(zielfolder, DateTime.Now.ToString("d") + "_demodatei.dat",
                                NameCollisionOption.ReplaceExisting)
    End Sub
...
```

HINWEIS: Möchten Sie eine Datei umbenennen, so verwenden Sie die Methode *RenameAsync*, auch hier können Sie neben dem obligatorischen Dateinamen optional auch eine *NameCollisionOption* angeben.

21.1.7 Verwenden der Dateipicker

Sicher haben Sie sich schon gefragt, ob die wenigen Verzeichnisse, die wir bisher besprochen haben, die einzigen sind, auf die Sie final zugreifen können. Prinzipiell gilt diese Einschränkung, aber ...

Mit Hilfe eines Nutzereingriffs in Form spezieller Dateidialoge (zu neudeutsch *FilePicker*) können die bisherigen Einschränkungen aufgehoben werden. Dateien, die von diesen Dialogen bzw. dem Nutzer ausgewählt werden, sind jetzt auch für Ihre App sichtbar und entsprechend nutzbar.

Drei FilePicker stehen als Ersatz für die guten alten Open-/Save-Dialoge der Win32-Welt bereit:

- *FileOpenPicker*

- *FileSavePicker*

- *FolderPicker*

Alle drei Picker haben die "unangenehme" Eigenschaft aller WinRT-Apps: sie öffnen sich im Vollbild. Auf einem 10"-Tablet ist dies ja noch verständlich, aber auf einem 27" Display hört der Spaß auf und Sie stehen plötzlich vor einer "Wüste" von Icons und Informationen die mehr verwirrt als nützt.

FileOpenPicker

Zum Öffnen von vorhandenen Dateien nutzen Sie, wie wohl schon vermutet, den *FileOpenPicker*. Fügen Sie dem Picker vor dem Aufruf eine Liste von zulässigen Datei-Extensions (z.B. ".png") hinzu und rufen Sie nachfolgend die Methode *PickSingleFileAsync* oder *PickMultipleFilesAsync* auf.

HINWEIS: Leider ist eine Auswahl mit Platzhalter (z.B. "*icon*.png") nicht möglich, möchten Sie alle Dateien zur Auswahl anbieten, geben Sie als Filter "*" an. Wichtig: Sie müssen wenigstens einen Filter definieren.

BEISPIEL 21.14: Dateiauswahl mit *FileOpenPicker*

```vb
...
Imports Windows.Storage.Pickers
...
    Private Async Sub Button_Click_11(sender As Object, e As RoutedEventArgs)
```

Picker instanziieren:

```vb
        Dim fileopen As New FileOpenPicker()
```

Filter festlegen:

```vb
        fileopen.FileTypeFilter.Add(".png")
        fileopen.FileTypeFilter.Add(".bmp")
```

BEISPIEL 21.14: Dateiauswahl mit *FileOpenPicker*

Dialog öffnen:

```
Dim file As StorageFile = Await fileopen.PickSingleFileAsync()
```

Auswerten:

```
If file IsNot Nothing Then
    ListBox1.Items.Add("Auswahl: " + file.Path)
    Await file.CopyAsync(ApplicationData.Current.LocalFolder)
End If
End Sub
...
```

Der *FileOpenPicker* lässt neben der bereits im letzten Beispiel gezeigten Listenansicht auch eine Thumbnail-Ansicht zu. Sie können per Code (*ViewMode*-Eigenschaft) zwischen diesen beiden Ansichten wählen, der Nutzer kann dies später jedoch nicht mehr ändern.

BEISPIEL 21.15: Mehrfachauswahl mit *FileOpenPicker*

```
...
Dim fileopen As New FileOpenPicker()
fileopen.FileTypeFilter.Clear()
fileopen.FileTypeFilter.Add(".jpg")
```

BEISPIEL 21.15: Mehrfachauswahl mit *FileOpenPicker*

Thumbnail-Ansicht:

```
fileopen.ViewMode = PickerViewMode.Thumbnail
```

Startverzeichnisauswahl:

```
fileopen.SuggestedStartLocation = PickerLocationId.PicturesLibrary
```

Beschriftung der "Öffnen"-Schaltfläche:

```
fileopen.CommitButtonText = "Diese Datei in die ewigen Jagdgründe befördern"
```

Dateiauswahl:

```
Dim files = Await fileopen.PickMultipleFilesAsync()
If files IsNot Nothing Then
    For Each file1 In files
        ListBox1.Items.Add("Auswahl: " + file1.Path)
    Next
End If
```
...

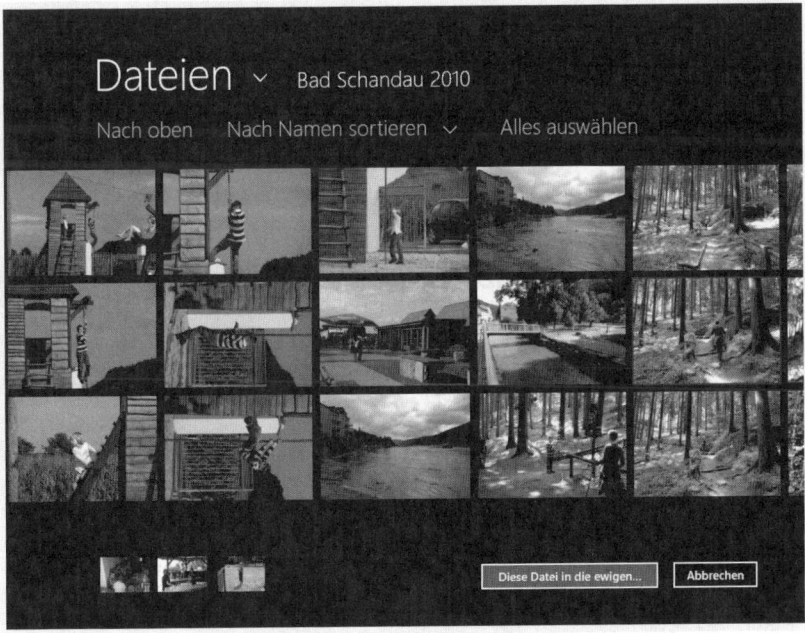

Wie im obigen Beispiel gezeigt, können Sie mit *SuggestedStartLocation* auch den Startordner für die Auswahl festlegen. Die *PickerLocationId* Enumeration enthält Werte für die wichtigsten Verzeichnisse. Ist Ihnen die Beschriftung der Öffnen-Schaltfläche zu trivial, können Sie über *CommitButtonText* den Text ändern (siehe Beispiel). Last, but not least können Sie auch mehrere Dateien auswählen, rufen Sie dazu *PickMultipleFilesAsync* auf.

> **HINWEIS:** Dateien können nicht nur an einem Speicherort ausgewählt werden, nach der Aus-
> wahl einer Datei kann der Nutzer auch in andere Verzeichnisse wechseln und dort
> Dateien auswählen. Stellen Sie sich also im Zweifel darauf ein, Dateien aus verschie-
> denen Quellen auswerten zu müssen.

Wird der Dialog mehrfach aufgerufen werden Sie feststellen, dass beim zweiten Start nicht das per *SuggestedStartLocation* angegebene Verzeichnis ausgewählt ist, sondern das beim letzten Aufruf aktive Verzeichnis. Über die *SettingsIdentifier*-Eigenschaft können Sie diese Information zwischen mehreren Dialoginstanzen teilen.

Haben Sie Dateien einmal ausgewählt, erhalten Sie auch vollen Zugriff darauf. Dies gilt prinzipiell so lange wie Sie die entsprechenden Instanzen der *StorageFile-* Objekte besitzen. Wenn diese spä-ter einmal benötigt werden hilft die *StorageApplicationPermissions.FutureAccessList* weiter (siehe Seite 1069).

FileSavePicker

Wer eine Datei neu anlegen will, muss sich näher mit dem *FileSavePicker* beschäftigen. Die grund-sätzliche Vorgehensweise ist die gleiche wie beim *OpenFilePicker*, nur dass Sie in diesem Fall per *FileTypeChoices* mögliche Dateiextensions vorgeben müssen. Die Standardauswahl für die Datei-extension bestimmen Sie mit *DefaultFileExtension*, einen möglichen Dateinamen können Sie per *SuggestedFileName* vorgeben. Die Anzeige des Dialogs erfolgt mit *PickSaveFileAsync*.

> **HINWEIS:** Die Methode *PickSaveFileAsync* liefert ein *StorageFile*-Objekt zurück, dieses ist zu
> diesem Zeitpunkt bereits mit einer neuen, leeren Datei verbunden!

BEISPIEL 21.16: Datei mit *FileSavePicker* speichern

```
...
Imports Windows.Storage.Pickers
...
    Private Async Sub Button_Click_12(sender As Object, e As RoutedEventArgs)
```
Instanz erzeugen:
```
        Dim filesave As New FileSavePicker()
```
Dateitypauswahl festlegen (diese filtern auch die Ansicht):
```
        filesave.FileTypeChoices.Add("Vektorgrafik", New List(Of String)() From { _
            ".wmf",
            ".emf" _
        })
        filesave.FileTypeChoices.Add("Pixelgrafik", New List(Of String)() From { _
            ".jpg",
            ".png" _
        })
```

BEISPIEL 21.16: Datei mit *FileSavePicker* speichern

Die Standard-Extension festlegen:

```
filesave.DefaultFileExtension = ".wmf"
```

Einen Filenamen vorgeben (dieser kann editiert werden):

```
filesave.SuggestedFileName = "Karte.wmf"
```

Dialog anzeigen:

```
Dim file As StorageFile = Await filesave.PickSaveFileAsync()
```

Rückgabewert auswerten:

```
If file IsNot Nothing Then
    ListBox1.Items.Add("Auswahl: " + file.Path)
    Await FileIO.AppendTextAsync(file, "Mal etwas Text schreiben ... " & vbCr & vbLf)
End If
End Sub
```

...

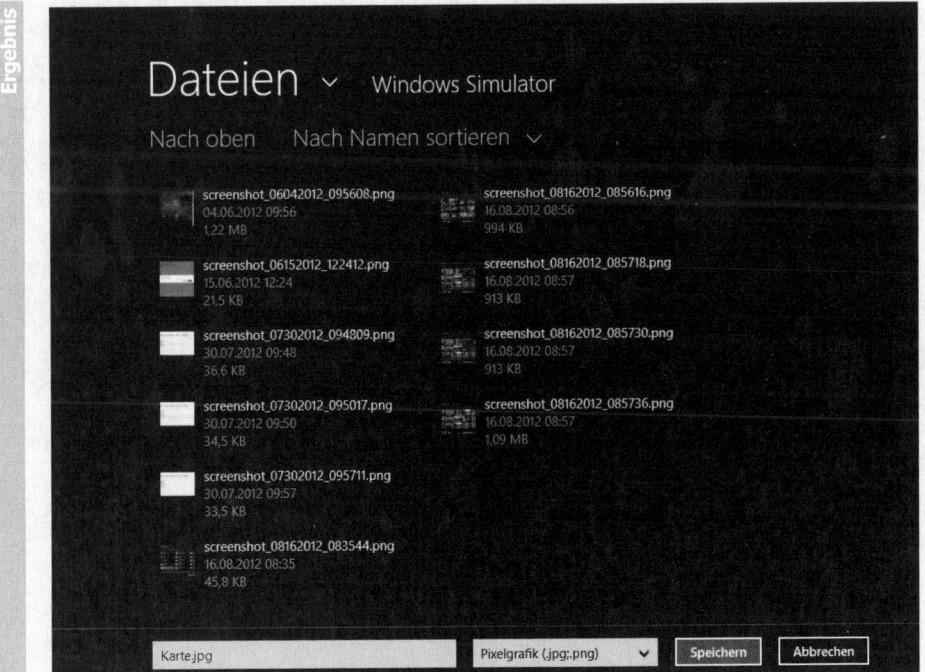

FolderPicker

WinRT bietet neben der Dateiauswahl auch eine Verzeichnisauswahl an, die Sie einsetzen können, um ein gültiges *StorageFolder*-Objekt eines beliebigen Verzeichnisses zu erhalten. Nachfolgend hat Ihre App vollen Zugriff auf dieses Verzeichnis.

HINWEIS: Voller Zugriff meint auch, dass Ihre App jetzt Dateien löschen kann, die eigentlich
nicht im Zugriff Ihrer App stehen.

BEISPIEL 21.17: Einen *FolderPicker* zur Verzeichnisauswahl einsetzen

```vb
    ...
    Private Async Sub Button_Click_13(sender As Object, e As RoutedEventArgs)
```

Instanz erzeugen:

```vb
        Dim folderpic As New FolderPicker()
```

Alle Dateien anzeigen:

```vb
        folderpic.FileTypeFilter.Add("*")
```

Listenansicht auswählen:

```vb
        folderpic.ViewMode = PickerViewMode.List
```

Wir starten in der Bild-Bibliothek:

```vb
        folderpic.SuggestedStartLocation = PickerLocationId.PicturesLibrary
```

Dialog anzeigen:

```vb
        Dim folder As StorageFolder = Await folderpic.PickSingleFolderAsync()
```

Dialog auswerten:

```vb
        If folder IsNot Nothing Then
```

Eine Datei im ausgewählten Verzeichnis erstellen:

```vb
            Dim file As StorageFile = Await folder.CreateFileAsync("daten.txt",
                                    CreationCollisionOption.OpenIfExists)
```

Wir füllen die Datei mit sinnlosem Inhalt:

```vb
            Await FileIO.AppendTextAsync(file, "Mal etwas Text schreiben" & vbCr & vbLf)
            Await FileIO.AppendTextAsync(file, "Mal etwas Text schreiben" & vbCr & vbLf)
            Await FileIO.AppendTextAsync(file, "Mal etwas Text schreiben" & vbCr & vbLf)
```

Alle Dateien dieses Verzeichnisses anzeigen:

```vb
            For Each f In Await folder.GetFilesAsync()
                ListBox1.Items.Add(f.Path)
```

Auch das geht jetzt – eine Datei löschen:

```vb
                If f.Name = "EBooks.txt" Then Await f.DeleteAsync()
            Next
        End If
    End Sub
    ...
```

BEISPIEL 21.17: Einen *FolderPicker* zur Verzeichnisauswahl einsetzen

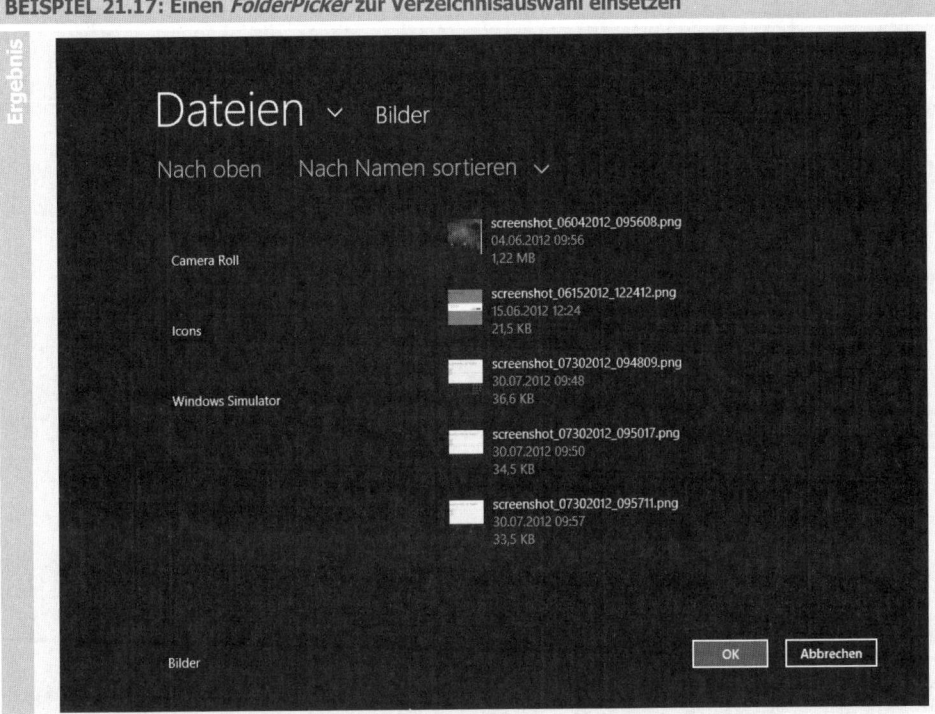

21.1.8 StorageFile-/StorageFolder-Objekte speichern

Haben Sie sich schon mal gefragt was passiert, wenn Sie zum Beispiel nochmal auf ein Verzeichnis oder eine Datei zugreifen wollen, die schon einmal per Picker ausgewählt wurde? Im Normalfall haben Sie darauf keinen Zugriff, doch mit Hilfe der *FutureAccessList* (Klasse *StorageApplication-Permissions*) lässt sich diese Einschränkung umgehen. Sie speichern quasi die aktuellen Rechte in dieser Liste ab und können später wieder darauf zugreifen.

BEISPIEL 21.18: Verwendung der *FutureAccessList*

VB

```
...
Imports Windows.Storage.AccessCache
...
```

Stellen Sie sich vor, Sie rufen mit *PickSingleFolderAsync* einen Zielordner auf (z.B. den Desktop):

```
Dim folder As StorageFolder = Await folderpic.PickSingleFolderAsync()
If folder IsNot Nothing Then
...
```

An dieser Stelle speichern Sie den *StorageFolder* in der *FutureAccessList* ab:

```
Dim token As String = StorageApplicationPermissions.FutureAccessList.Add(_
                                            folder, folder.Path)
```

Übergeben Sie das Objekt und optional einen frei wählbaren Bezeichner (wir nehmen den Pfad). Rückgabewert ist eine eindeutige ID (GUID) für unseren Eintrag.

```
ListBox1.Items.Add("Token: " & token)
```
...

Zu einem späteren Zeitpunkt (auch nach einem Neustart) können Sie die *FutureAccessList* abrufen und der App den Zugriff auf die gespeicherten Objekte ermöglichen:

```
Private Async Sub Button_Click_14(sender As Object, e As RoutedEventArgs)
    ListBox1.Items.Add("Vorhandene FutureAccessList-Entries")
    For Each item In StorageApplicationPermissions.FutureAccessList.Entries
```

Sie können in der Liste die Metadaten (freier Bezeichner) und die eindeutige ID abrufen:

```
ListBox1.Items.Add("Metadata: " + item.Metadata + " Token: " + item.Token)
```

Hier rufen wir per ID das *StorageFolder*-Objekt wieder aus der Liste ab:

```
Dim folder As StorageFolder = _
Await  StorageApplicationPermissions.FutureAccessList.GetFolderAsync(item.Token)
```

Nachfolgend können Sie mit dem Ordner so arbeiten, als ob Sie gerade den *FolderPicker* verwendet haben (Vollzugriff). Im Beispiel erzeugen wir eine Datei:

```
Dim file As StorageFile = Await folder.CreateFileAsync("daten.txt",
                             CreationCollisionOption.OpenIfExists)
    Await FileIO.WriteTextAsync(file, "Ich wurde gerade verändert!")
    Next
End Sub
```

Haben Sie die IDs abgespeichert, können Sie über diese auf einen Eintrag testen und im Erfolgsfall den Eintrag wieder herstellen:

```
If StorageApplicationPermissions.FutureAccessList.ContainsItem(<GespeicherteID>) Then
   Dim folder As StorageFolder = _
      Await  StorageApplicationPermissions.FutureAccessList.GetFolderAsync(<GespeicherteID>)
End If
```

HINWEIS: Verwenden Sie die Einträge aus der Liste, kommen Sie ganz ohne Nutzereingriff aus.

Einen einmal erteilten Zugriff auf die Objekte können Sie durch Löschen der Einträge (*Remove* oder *Clear*) widerrufen.

HINWEIS: Sinngemäß können Sie auf diese Weise natürlich auch den Zugriff auf einzelne Dateien (*StorageFile*-Objekte) sichern. Rufen Sie in diesem Fall das Objekt mit *Get-FileAsync* ab.

Interessant ist noch die Methode *AddOrReplace*, hier wird ein eventuell vorhandener Eintrag nur aktualisiert, andernfalls wird ein neuer Eintrag erzeugt. Voraussetzung für diese Vorgehensweise ist jedoch, dass Sie die eindeutige ID gespeichert haben, da diese für den Vergleich genutzt wird.

Achtung:

HINWEIS: Sie können nicht unbegrenzt viele Einträge in der Liste speichern. Die Eigenschaft *MaximumItemsAllowed* gibt Ihnen die maximal mögliche Zahl von Einträgen zurück, gehen Sie also sparsam damit um[1].

21.1.9 Verwenden der Most Recently Used-Liste

Benötigen Sie in Ihren Programmen eine Liste der zuletzt geöffneten Dateien? Vielleicht sind Sie schon auf die Idee gekommen, die *FutureAccessList* dafür zu missbrauchen. Sparen Sie sich dahingehende Überlegungen, genau für diesen Einsatzzweck steht Ihnen eine weitere, fast funktionsgleiche Liste zur Verfügung: *StorageApplicationPermissions.MostRecentlyUsedList*. Fügen Sie dieser Liste einfach per *Add* neue Einträge hinzu, diese werden automatisch an den Anfang der Liste gestellt. Überschreitet die Liste das Maximum (derzeit 25 Einträge), werden ältere Einträge gelöscht.

HINWEIS: Einziger Unterschied zur *FutureAccessList* ist ein zusätzliches Ereignis *ItemRemoved*, das jedoch nicht, wie vielleicht vermutet, beim Löschen der älteren Einträge aufgerufen wird.

BEISPIEL 21.19: Eine Liste von Dateien zur MRU hinzufügen

```VB
...
Imports Windows.Storage
Imports Windows.Storage.Pickers
Imports Windows.Storage.AccessCache

...
    Private Async Sub Button_Click_15(sender As Object, e As RoutedEventArgs)
        Dim fileopen As New FileOpenPicker()
        fileopen.FileTypeFilter.Add("*")
        fileopen.ViewMode = PickerViewMode.Thumbnail
        fileopen.SuggestedStartLocation = PickerLocationId.PicturesLibrary
        fileopen.CommitButtonText = "Zur MRU hinzufügen"
```

Wir wählen per Picker mehrere Dateien aus:

```VB
        Dim files = Await fileopen.PickMultipleFilesAsync()
        If files IsNot Nothing Then
```

---

[1] Sie können ja den Anwender "überreden" die Root von Laufwerk "C:" auszuwählen ...

BEISPIEL 21.19: Eine Liste von Dateien zur MRU hinzufügen

Einfügen in die MRU-Liste (wir fügen einen Zeitstempel mit ein, so sehen Sie gleich, wie die Einträge abgelegt werden):

```
For Each file In files
    StorageApplicationPermissions.MostRecentlyUsedList.Add(file,
               DateTime.Now.ToString() + " " + file.Path)
    Next
  End If
End Sub
```

Das spätere Auslesen:

```
Private Sub Button_Click_16(sender As Object, e As RoutedEventArgs)
    ListBox1.Items.Clear()
    For Each entry As AccessListEntry In _
            StorageApplicationPermissions.MostRecentlyUsedList.Entries
        ListBox1.Items.Add(entry.Metadata)
    Next
End Sub
...
```

Damit schließen wir die Thematik "Dateien und Verzeichnisse" ab und wenden uns einigen neuen Konzepten der WinRT-Programmierung zu.

21.2 Datenaustausch zwischen Apps/Programmen

Ein Programm bzw. eine App steht meist nicht allein und so sind Sie in vielen Fällen darauf angewiesen, Daten zwischen verschiedenartigen Applikationen auszutauschen. Sei es ein Bild, eine Datei, eine Information aus einer Datenbank oder ähnliches. Gerade WinRT stellt in diesem Bereich einige für den Desktop-Programmierer gänzliche neue Konzepte bereit, die aus Anwendersicht die strikte Trennung zwischen verschiedenen Apps weitgehend aufheben.

Doch bevor wir diese besprechen, wollen wir uns mit einem alten Bekannten vertraut machen, der uns schon seit den Anfangstagen der Windows-Programmierung begleitet.

21.2.1 Zwischenablage

Auch wenn es für WinRT-Apps bereits effizientere Weg zum Datenaustausch gibt – ein Hauptvorteil der guten alten Zwischenablage bleibt, dass Sie über diese auch Daten mit konventionellen Desktop-Programmen austauschen können.

HINWEIS: Ihre App sollte, wo immer es intuitiv und sinnvoll erscheint, Zwischenablagefunktionen bereitstellen, da dies der bekannteste und universellste Weg des Datenaustauschs unter Windows ist.

Über den Namespace *Windows.ApplicationModel.DataTransfer* steht Ihnen eine statische Klasse *Clipboard* zur Verfügung. Nutzen Sie diese zum ersten Mal, werden Sie sicher Methoden wie *SetText* oder *ContainsText* vermissen. Diese Klasse ist universeller aufgebaut, alle Aktionen laufen über die Methoden *SetContent* und *GetContent*. Während erstere ein *DataPackage* als Parameter erwartet, liefert letztere ein *DataPackageView* als Rückgabewert.

Die Methoden der *DataPackage*-Klasse suggerieren, welche Daten problemlos kopiert werden können:

- *SetBitmap*
- *SetData*
- *SetHtmlFormat*
- *SetRtf*
- *SetStorageItems*
- *SetText*
- *SetUri*

Beim Einfügen von Daten sollten Sie über das *DataPackageView*-Objekt zunächst die verfügbaren Formate bestimmen (Methode *Contains*), bevor Sie auf eine der folgenden Methoden zurückgreifen:

- *GetBitmapAsync*
- *GetDataAsync*
- *GetHtmlFormatAsync*
- *GetResourceMapAsync*
- *GetRtfAsync*
- *GetStorageItemsAsync*
- *GetTextAsync*
- *GetUriAsync*

Einige Beispiele sollen Ihnen die Vorgehensweise demonstrieren.

Texte kopieren und einfügen

Beim Kopieren von Texten brauchen Sie sich nicht auf das reine Textformat beschränken, wo es sinnvoll ist können Sie auch gleich noch die Daten im HTML oder RTF-Format in die Zwischenablage kopieren. Die Zielanwendung entscheidet dann (bzw. der Nutzer) welches der unterstützten Formate eingefügt werden soll.

BEISPIEL 21.20: Kopieren und Einfügen von Texten

```
Imports Windows.ApplicationModel.DataTransfer
...
    Private Sub Button_Click_2(sender As Object, e As RoutedEventArgs)
```

Zunächst unser Text:

```
        Dim meintext As String = "Dieser Text stammt aus der App!!!!"
```

Gleiches nochmal im HTML-Format:

```
        Dim meinhtmltext As String = ("<h1>" & meintext) + "</h1><br/> Noch eine Zeile!"
```

Wir erstellen ein *DataPackage*, dieses nimmt die Daten auf:

```
        Dim datapackage As New DataPackage()
```

Die Texte zum *DataPackage* hinzufügen:

```
        datapackage.SetHtmlFormat(HtmlFormatHelper.CreateHtmlFormat(meinhtmltext))
        datapackage.SetText(meintext)
```

Mit *HtmlFormatHelper.CreateHtmlFormat* wird das von uns übergebene HTML-Fragment in ein gültiges HTML-Format überführt.

Das eigentliche Kopieren der Daten:

```
        Try
            Clipboard.SetContent(datapackage)
            ListBox1.Items.Add("Daten kopiert ...")
        Catch ex As Exception
            ListBox1.Items.Add("Fehler: " + ex.Message)
        End Try
    End Sub
...
```

Beim Abrufen von Daten lesen wir zunächst ein *DataPackageView*-Objekt ein:

```
    Private Async Sub Button_Click_3(sender As Object, e As RoutedEventArgs)
        Dim dpv As DataPackageView = Clipboard.GetContent()
```

Nachfolgend prüfen wir, ob das gewünschte Datenformat (in unserem Fall Text) vorhanden ist:

```
        If dpv.Contains(StandardDataFormats.Text) Then
```

Ist dies der Fall, können wir die Daten per *GetTextAsync* abrufen:

```
            Dim txt As String = Await dpv.GetTextAsync()
            ListBox1.Items.Add(txt)
        End If
    End Sub
...
```

HINWEIS: Es liegt nahe, dass Sie den Inhalt der Zwischenablage mit *Clear* löschen.

Bilder kopieren und einfügen

Prinzipiell handelt es sich um die gleiche Vorgehensweise wie bei den Texten, wir müssen uns aber etwas intensiver mit der Aufbereitung der Bilddaten beschäftigen, da die Methode *SetBitmap* die Daten als *RandomAccessStreamReference* erwartet.

BEISPIEL 21.21: Kopieren und Einfügen von Bildern

```vb
...
Imports Windows.ApplicationModel.DataTransfer
Imports Windows.Storage.Streams
Imports Windows.UI.Xaml.Media.Imaging
...
    Private Sub Button_Click_4(sender As Object, e As RoutedEventArgs)
```

DataPackage erzeugen:

```vb
        Dim datapackage As New DataPackage()
```

Wir laden Daten aus den Programm-Ressourcen, eigentlich handelt es sich um einen Zugriff auf das Installationsverzeichnis:

```vb
        datapackage.SetBitmap(RandomAccessStreamReference.CreateFromUri(
                      New Uri("ms-appx:///bulbon.png")))
```

Daten kopieren:

```vb
        Clipboard.SetContent(datapackage)
    End Sub
...
```

Beim Einfügen der Daten, in diesem Fall in ein *Image*-Control zur Anzeige, müssen wir ebenfalls den Umweg über eine *IRandomAccessStreamReference* nehmen:

```vb
    Private Async Sub Button_Click_5(sender As Object, e As RoutedEventArgs)
        Dim dpv As DataPackageView = Clipboard.GetContent()
```

Wenn eine Bitmap enthalten ist:

```vb
        If dpv.Contains(StandardDataFormats.Bitmap) Then
            Try
```

Bitmap-Inhalte abrufen:

```vb
                Dim imgdata As IRandomAccessStreamReference = Await dpv.GetBitmapAsync()
                If imgdata IsNot Nothing Then
```

Ein internes *BitmapImage*-Objekt wird mit den Daten initialisiert und nachfolgend als Quelle für das *Image*-Control genutzt:

```vb
                    Dim img As New BitmapImage()
                    img.SetSource(Await imgdata.OpenReadAsync())
                    Image1.Source = img
                End If
            Catch ex As Exception
```

BEISPIEL 21.21: Kopieren und Einfügen von Bildern

```
                    ListBox1.Items.Add(ex.Message)
            End Try
        End If
    End Sub
...
```

Dateien kopieren/verschieben und abrufen

Möchten Sie Dateien kopieren oder verschieben, können Sie dies bekanntermaßen auch per Zwischenablage tun. Prinzipiell werden in diesem Fall jedoch nicht die Inhalte der Dateien kopiert, sondern es werden lediglich die Dateinamen und die auszuführende Operation in der Zwischenablage hinterlegt. Das Zielprogramm übernimmt die Dateireferenzen und führt die Operationen entsprechend aus.

BEISPIEL 21.22: Dateien in die Zwischenablage kopieren

```
...
Imports Windows.ApplicationModel.DataTransfer
Imports Windows.Storage.Streams
Imports Windows.Storage
Imports Windows.Storage.Pickers
...
    Private Async Sub Button_Click_6(sender As Object, e As RoutedEventArgs)
```

Zunächst wählen wir einige Dateien aus der Bild-Bibliothek aus:

```
        Dim fileopen As New FileOpenPicker()
        fileopen.FileTypeFilter.Add("*")
        fileopen.ViewMode = PickerViewMode.Thumbnail
        fileopen.SuggestedStartLocation = PickerLocationId.PicturesLibrary
        fileopen.CommitButtonText = "Zur Zwischenablage hinzufügen"
        Dim files = Await fileopen.PickMultipleFilesAsync()
        If files.Count > 0 Then
```

Wurden Dateien gewählt, erzeugen wir das bereits bekannte *DataPackage* und übergeben die *StorageFiles*:

```
        Dim datapackage = New DataPackage()
        datapackage.SetStorageItems(files)
```

Nachfolgend müssen Sie noch die Operation für die Daten bestimmen:

```
        datapackage.RequestedOperation = DataPackageOperation.Copy
```

Zur Auswahl stehen hier *Copy*, *Move*, *Link* und *None*.

```
        Try
```

Daten kopieren:

```
        Clipboard.SetContent(datapackage)
```

BEISPIEL 21.22: Dateien in die Zwischenablage kopieren

```
            Catch ex As Exception
                ListBox1.Items.Add(ex.Message)
            End Try
        End If
    End Sub
```

Wollen wir selbst Dateien abrufen, prüfen wir zunächst auf das Vorhandensein des richtigen Datenformats:

```
    Private Async Sub Button_Click_7(sender As Object, e As RoutedEventArgs)
        Dim dpv = Clipboard.GetContent()
        If dpv.Contains(StandardDataFormats.StorageItems) Then
            Try
```

Wir rufen die Liste der Dateien (oder auch Verzeichnisse) ab:

```
                Dim files = Await dpv.GetStorageItemsAsync()
                If files.Count > 0 Then
```

Wir bestimmen die auszuführende Operation (hier nur zur Anzeige):

```
                    Dim todo As String = dpv.RequestedOperation.ToString()
```

Wir listen die Dateien auf (hier würde eigentlich eine Auswertung erfolgen):

```
                    For Each file In files
                        If file.IsOfType(StorageItemTypes.Folder) Then
                            ListBox1.Items.Add("Folder: " + file.Path)
                        End If
                        ListBox1.Items.Add((todo & Convert.ToString(": ")) + file.Path)
                    Next
                End If
            Catch ex As Exception
                ListBox1.Items.Add(ex.Message)
            End Try
        End If
    End Sub
```

HINWEIS: Vergessen Sie nicht, dass neben Dateien auch Verzeichnisse in die Zwischenablage kopiert werden können (die Liste enthält *StorageItem*-Objekte). Eine Unterscheidung zwischen enthaltenen *StorageFile*- und *StorageFolder*-Objekten können Sie mit der *IsOfType*-Methode treffen.

```
...
                Dim files = Await dpv.GetStorageItemsAsync()
                If (files.Count > 0)
                For Each file In files
                    If file.IsOfType(StorageItemTypes.Folder) Then
```

```
                        ListBox1.Items.Add("Folder: " + file.Path)
                    End If
                    ListBox1.Items.Add((todo & Convert.ToString(": "))) + file.Path)
...
```

Zwischenablage überwachen

Vielleicht kennen Sie diese Funktionalität bereits aus "konventionellen" Programmen, bei denen man sich mühsam in die Message-Verwaltung von Windows einklinken musste, um Änderungen in der Zwischenablage zu überwachen. Nach dem Programmende musste man sich aus der Ereigniskette wieder ausklinken.

All diesen Aufwand brauchen Sie in WinRT-Apps nicht zu treiben, es genügt, wenn Sie das entsprechende Ereignis *ContentChanged* des *Clipboard*-Objekts unterstützen. Dort können Sie die enthaltenen Formate auswerten und Inhalte gegebenenfalls sofort im Programm anzeigen.

HINWEIS: Die Reaktion per Ereignis auf Änderungen der Zwischenablageinhalte verliert in WinRT-Apps an Bedeutung, da Sie nur für die sichtbare Vordergrund-App sicherstellen können, dass auch das Ereignis ausgelöst wird (denken Sie an das Suspending). Kopiert eine andere App/Anwendung Daten in die Zwischenablage, ist diese jedoch meist die Vordergrundanwendung (Ausnahme: Multimonitor-Betrieb).

BEISPIEL 21.23: Reaktion auf Änderungen in der Zwischenablage

```vb
...
Imports Windows.ApplicationModel.DataTransfer
...
Public NotInheritable Class BasicPage1
    Inherits Common.LayoutAwarePage

    Private dtm As DataTransferManager

    Public Sub New()
        Me.InitializeComponent()
```

Die Ereignisprozedur zuweisen:

```vb
        AddHandler Clipboard.ContentChanged, AddressOf Clipboard_ContentChanged
    End Sub
```

Die eigentliche Ereignisprozedur:

```vb
    Private Sub Clipboard_ContentChanged(sender As Object, e As Object)
        ListBox1.Items.Add("Änderung in der Zwischenablage: ")
```

Enthaltene Formate auslesen und anzeigen:

```vb
        Dim dpv As DataPackageView = Clipboard.GetContent()
        For Each format In dpv.AvailableFormats
            ListBox1.Items.Add("    verfügbar: " + format.ToString())
```

BEISPIEL 21.23: Reaktion auf Änderungen in der Zwischenablage

```
            Next
      End Sub
   ...
```

HINWEIS: Hier tut sich dann auch eine kleine Schwachstelle des WinRT-Sicherheitskonzepts auf: Sie überwachen beispielsweise die Zwischenablage und sammeln vielleicht interessante *StorageFile*- oder *StorageFolder*-Objekte ein und speichern diese in der *FutureAccessList*. Später haben Sie dann vollen Zugriff auf den entsprechenden Speicherort (so er noch vorhanden ist).

Kommen wir nun jedoch zu den modernen Nachfolgern der Zwischenablage.

21.2.2 Teilen von Inhalten

Neben der Zwischenablage bietet WinRT mit dem Teilen von Inhalten per *DataTransferManager* eine weitere Möglichkeit, Daten anderen Apps zur Verfügung zu stellen. Haben Sie den vorhergehenden Abschnitt intensiv studiert, werden Sie im Weiteren viele Gemeinsamkeiten vorfinden, wird doch die gleiche *DataPackage*-Klasse für den Datentransport genutzt.

Der prinzipielle Ablauf unterscheidet sich allerdings etwas vom Konzept der Zwischenablage: Das Teilen von Inhalten wird vom Nutzer nicht wie gewohnt über die App initiiert, sondern per Teilen-Funktion auf dem CharmBar:

Ihre App muss/kann auf diese Anfrage des Systems reagieren und Inhalte bereitstellen.

HINWEIS: Leider liegt in diesem Ansatz auch schon das Problem des Konzepts. Haben Sie eine App-Seite mit verschiedenen Informationen, bleibt keine Auswahl, welche Daten denn zu kopieren sind. Eventuell werten Sie hier das aktuelle Steuerelement aus.

Was sich etwas kompliziert anhört, reduziert sich auf die Unterstützung des *DataTransferManager.-DataRequested*-Ereignisses. Nachfolgend arbeiten Sie quasi wie mit der Zwischenablage.

BEISPIEL 21.24: Daten mit dem *DataTransferManager* teilen

```
...
Imports Windows.ApplicationModel.DataTransfer
Imports Windows.Storage.Streams
Imports Windows.UI.Xaml.Media.Imaging
Imports Windows.Storage
...
Public NotInheritable Class BasicPage1
    Inherits Common.LayoutAwarePage
```

Eine lokale Instanz des *DataTransferManager* erzeugen:

```
Private dtm As DataTransferManager
```

Wird die Seite geöffnet, rufen wir für die aktuelle Ansicht den *DataTransferManager* ab und belegen das *DataRequested*-Ereignis:

```
Protected Overrides Sub OnNavigatedTo(e As NavigationEventArgs)
    dtm = DataTransferManager.GetForCurrentView()
    AddHandler dtm.DataRequested, AddressOf DataRequested
End Sub
```

Beim Schließen der Seite sollten wir auch das Ereignis wieder "abklemmen":

```
Protected Overrides Sub OnNavigatedFrom(e As NavigationEventArgs)
    RemoveHandler dtm.DataRequested, AddressOf DataRequested
End Sub
```

Das folgende Ereignis wird durch die Teilen-Funktion auf dem Charmbar aktiviert:

```
Private Async Sub DataRequested(sender As DataTransferManager,
                                args As DataRequestedEventArgs)
```

Um das *DataPackage* müssen wir uns nicht selbst kümmern, dieses wird gleich per Parameter übergeben:

```
Dim datapackage As DataPackage = args.Request.Data
```

Wir setzen einen kurzen Titel (wird im Flyout angezeigt):

```
datapackage.Properties.Title = "Beispiel-APP"
```

Optional können Sie auch eine längere Beschreibung einblenden:

```
datapackage.Properties.Description = "Daten aus der Beispiel-App"
```

Teilen Sie Bilddaten, können Sie auch eine Thumbnail-Grafik zuweisen, diese kann die Ziel-App anzeigen, bis das eigentliche Bild zur Verfügung steht:

```
datapackage.Properties.Thumbnail = RandomAccessStreamReference.CreateFromUri(
                            New Uri("ms-appx:///bulbon.png"))
```

BEISPIEL 21.24: Daten mit dem *DataTransferManager* teilen

Einen Text teilen:

```
datapackage.SetText("Ein Text aus dem Beispielprogramm, " + _
                    " der in andere Apps eingefügt werden kann.")
```

Eine Bitmap kopieren wir gleich mit:

```
datapackage.SetBitmap(RandomAccessStreamReference.CreateFromUri(
                    New Uri("ms-appx:///bulboff.png"))
```

Alternativ können Sie auch StorageFiles teilen:

```
Dim items As New List(Of IStorageItem)()
items.Add(Await Package.Current.InstalledLocation.GetFileAsync("bulbon.png"))
    datapackage.SetStorageItems(items)
datapackage.SetStorageItems(items)
End Sub
```

...

Nach dem Aufruf der App öffnen Sie den Charmbar und klicken auf die Funktion *Teilen*. Nachfolgend sollte folgendes Flyout zu sehen sein:

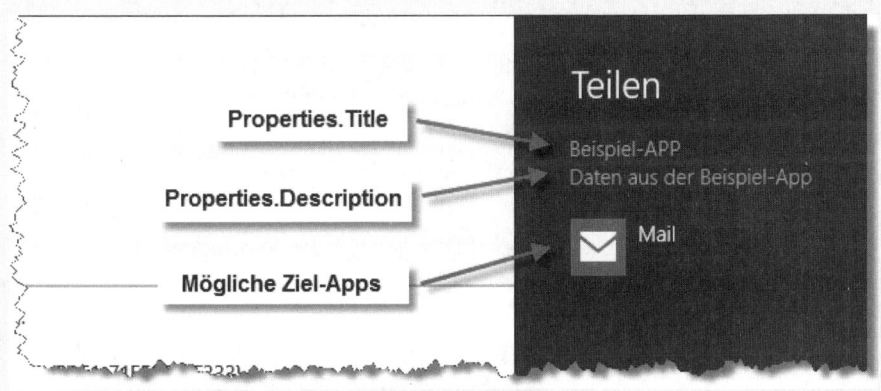

Wie Sie sehen, erscheinen die eingestellten Properties Ihrer App so wie eine Liste der Ziel-Apps, die etwas mit den angebotenen Daten anfangen können[1].

Unser Beispiel teilt eigentlich neben dem Text auch eine Datei so wie eine Grafik. Was die Ziel-App mit dieser "Informationsflut" anfängt ist jedoch Ihre Sache. Wählen wir zum Beispiel die Mail-App, wird diese lediglich die Bitmap einfügen, der Text und die Datei werden ignoriert.

---

[1] Im Augenblick ist diese Liste noch sehr überschaubar, im Laufe der Zeit werden sich sicher diverse Apps auf den PCs tummeln.

Funktion "Teilen" programmgesteuert aufrufen

Nicht in jedem Fall ist es sinnvoll, auf die Kenntnisse des Nutzers zu vertrauen (Charmbar aufrufen, Funktion Teilen anklicken ...). Sie können die Teilen-Funktion auch direkt aus Ihrer App heraus aktivieren, rufen Sie dazu einfach die Methode *ShowShareUI* auf:

BEISPIEL 21.25: Teilen per App aktivieren

```vb
...
    Private Sub Button_Click_8(sender As Object, e As RoutedEventArgs)
        DataTransferManager.ShowShareUI()
    End Sub
...
```

Sie möchten temporär keine Daten teilen

Auch wenn Ihre App das Ereignis *DataRequested* prinzipiell unterstützt, kann es möglich sein,
dass Ihre App noch nicht zum Datentransfer bereit ist (Daten noch nicht geladen, anderweitig
beschäftigt etc.). In diesem Fall sollten Sie eine entsprechende Meldung anzeigen:

BEISPIEL 21.26: Meldung, wenn keine Daten vorhanden sind

```vb
...
    Private Async Sub DataRequested(sender As DataTransferManager,
                            args As DataRequestedEventArgs)
        Dim datapackage As DataPackage = args.Request.Data
        datapackage.Properties.Title = "Beispiel-APP"
        datapackage.Properties.Description = "Daten aus der Beispiel-App"
...
        args.Request.FailWithDisplayText("Bitte gedulden Sie sich noch etwas ...")
    End Sub
...
```

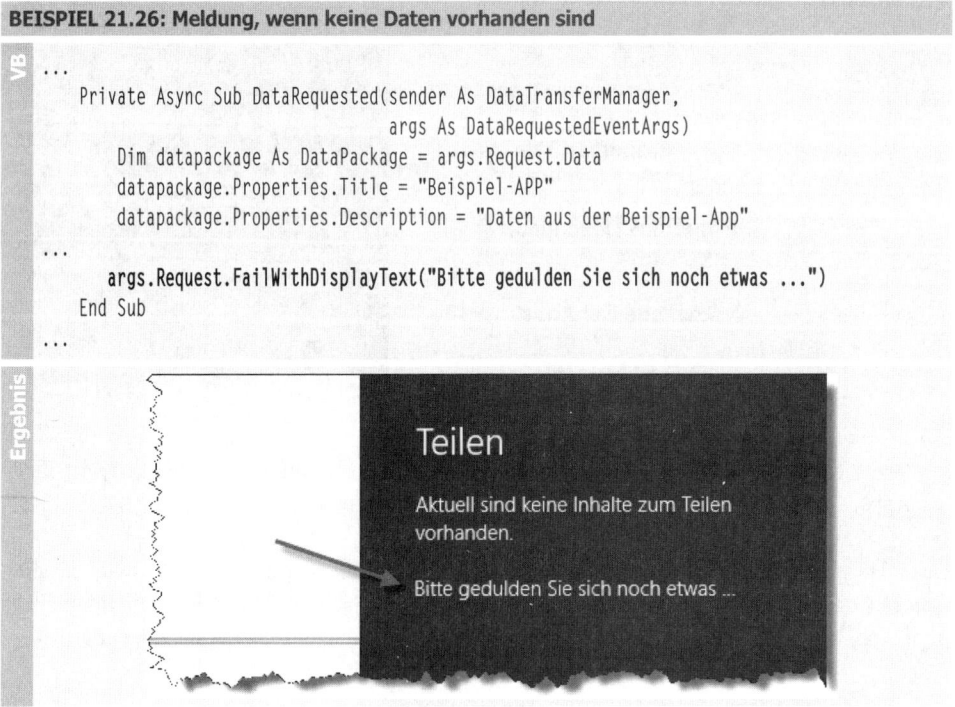

Damit beenden wir unsere Ausführungen zum Teilen von Daten und sehen uns die Gegenseite, d.h.
den Empfänger der Daten, näher an.

21.2.3 Eine App als Freigabeziel verwenden

Neben dem Teilen von Daten ist für einige Anwendungstypen auch das Konsumieren geteilter Daten interessant. Prominentestes Beispiel ist die Mail-App, die übergebene Daten (Texte, Bilder oder Dateien) in neue Emails integriert. Sie müssen nur noch die Adressdaten ausfüllen und können schon die Email absenden. Folgende Schritte sind für eine erfolgreiche Integration nötig:

- Registrieren der App als Freigabeziel

- Definieren der unterstützten Daten-/Dateiformate

- Implementieren des Eintrittspunktes *OnShareTargetActivated*

- Definieren einer Seite für die Anzeige und Übernahme der Daten

- Auswerten der Daten

Das sieht schon etwas komplexer aus als bei der Zwischenablage, aber hier handelt es sich ja auch um einen etwas weiter gefassten Ansatz. Aus diesem Grund finden Sie eine komplette Anwendung in den Praxisbeispielen des Kapitels:

▶ 21.7.2 Eine App als Freigabeziel verwenden

21.2.4 Zugriff auf die Kontaktliste

Windows 8 bietet eine zentrale Kontaktliste, die die Daten verschiedener Konten (Hotmail, GMail etc.) zusammenführen kann. Was liegt näher, als sich in diesem reichhaltigen Fundus zu bedienen, auf diese Weise ersparen Sie dem Nutzer eventuell die mühsame Recherche bei eigenen Eingaben (Telefonnummern, EMail-Adressen) in Ihrer App.

Die Umsetzung entspricht der bei einem *FilePicker*, nur dass wir es jetzt eben mit einem *Contact-Picker* zu tun haben.

BEISPIEL 21.27: Verwendung *ContactPicker*

Namespace für den *ContactPicker* einbinden:

```
Imports Windows.ApplicationModel.Contacts
```

...

```
    Private Async Sub Button_Click_9(sender As Object, e As RoutedEventArgs)
```

Picker instanziieren:

```
        Dim picker As New ContactPicker()
```

Wir möchten mehrere Kontakte abrufen, alternativ können Sie auch die Methode *PickSingle-ContactAsyc* aufrufen:

```
        Dim contacts = Await picker.PickMultipleContactsAsync()
```

Wir werten die Liste der zurückgegebenen Kontakte aus:

```
        For Each contact In contacts
```

Die Liste besteht zunächst aus der Grundinformation *Name* und zusätzlich aus weiteren Unterlisten (*Emails*, *PhoneNumbers*, *Locations*, *InstantMessages* und *CustomFields*), die Sie ebenfalls auflisten müssen:

```
            ListBox1.Items.Add(contact.Name)
```

Wir belassen es bei der Auswertung von Email-Adressen und Telefonnummern:

```
            For Each email In contact.Emails
                ListBox1.Items.Add("    Email: " + email.Value)
            Next
            For Each phonenumber In contact.PhoneNumbers
                ListBox1.Items.Add("    Telefon: " + phonenumber.Category + _
                                    " " + phonenumber.Value)
            Next
```

Das *Value*-Feld enthält die eigentliche Emailadresse bzw. Telefonnummer, die Beschriftung (Privat, Geschäftlich Mobil etc.) findet sich im Feld *Category*.

```
        Next
    End Sub
```

...

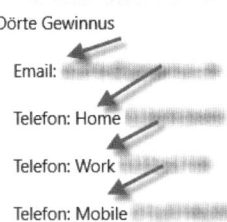

HINWEIS: Ihre App kann ebenfalls Anbieter von Kontaktinformationen werden, dazu muss der Contract *Inhaltsauswahl* unterstützt werden (*OnActivated*-Methode überschreiben). An dieser Stelle können wir aus Platzgründen auf dieses Thema leider nicht weiter eingehen.

21.3 Spezielle Oberflächenelemente

In den vorhergehenden Kapiteln hatten wir ja bereits die wichtigsten Oberflächen-Elemente von Apps besprochen, an dieser Stelle wollen wir uns nun mit einigen etwas spezielleren Vertretern dieser Gattung beschäftigen.

21.3.1 MessageDialog

Vermutlich ist es Ihnen ähnlich wie den Autoren ergangen: Sie haben die gute alte *MessageBox* schmerzlich vermisst, um zum Beispiel einfach nur einen Wert oder eine Reaktion auf Eingaben anzuzeigen.

Prinzipiell gibt es die Klasse bzw. deren Funktionalität nicht mehr, Sie müssen sich wohl oder übel mit der neuen Klasse *MessageDialog* anfreunden, die eine ähnliche Funktionalität aufweist.

BEISPIEL 21.28: Einfache Meldung per MessageDialog anzeigen

```vb
Imports Windows.UI.Popups
...
    Private Async Sub Button_Click_2(sender As Object, e As RoutedEventArgs)
        Dim msgdlg As New MessageDialog("Hallo Welt!", "Wichtige Meldung")
        Dim res = Await msgdlg.ShowAsync()
    End Sub
...
```

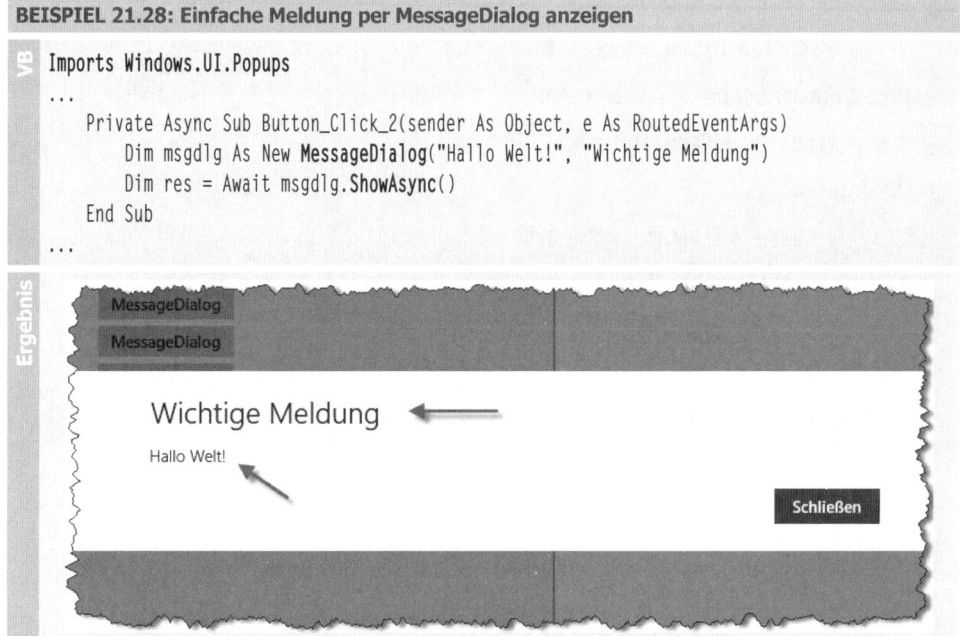

Im Konstruktor übergeben Sie bereits den Meldungstext und die Überschrift des neuen Dialogs, der sich wie ein modales Popup-Fenster verhält. Alternativ können Sie beide Werte auch über die Eigenschaften *Title* und *Content* setzen. Der Aufruf erfolgt mit *ShowAsync*, auch wenn die App-Oberfläche darunter sowieso nicht verwendbar ist.

Dialog mit Auswahl

Meist bleibt es nicht bei einer einfachen Meldung, vielfach sollen auch verschiedene Optionen zur Auswahl stehen. Damit ergeben sich dann auch schon eine Reihe von Fragen:

- Wie erstelle ich weitere Schaltflächen?

- Wie weise ich das Standardverhalten bei Verwendung der ESC-/Enter-Taste zu?

- Wie werte ich die gewählte Taste aus?

Das folgende Beispiel soll diese Fragen beantworten.

BEISPIEL 21.29: *MessageDialog* mit Auswahl

...

Dialog erzeugen:

```
Dim msgdlg As New MessageDialog("Wählen Sie eine der Tasten", "Die Qual der Wahl")
```

Wir definieren eigene Tasten (Beschriftung, Handler, CommandId):

```
msgdlg.Commands.Add(New UICommand("Taste 1", nothing, "t1"))
msgdlg.Commands.Add(New UICommand("Taste 2", nothing, "t2"))
```

Taste 1 mit der Enter-Taste verbinden:

```
msgdlg.DefaultCommandIndex = 0
```

Taste 2 mit der Escape-Taste verbinden:

```
msgdlg.CancelCommandIndex = 1
```

Dialoganzeige:

```
Dim res = Await msgdlg.ShowAsync()
```

Auswertung per CommandID:

```
ListBox1.Items.Insert(0, "Gewählt: " + res.Id)
```

...

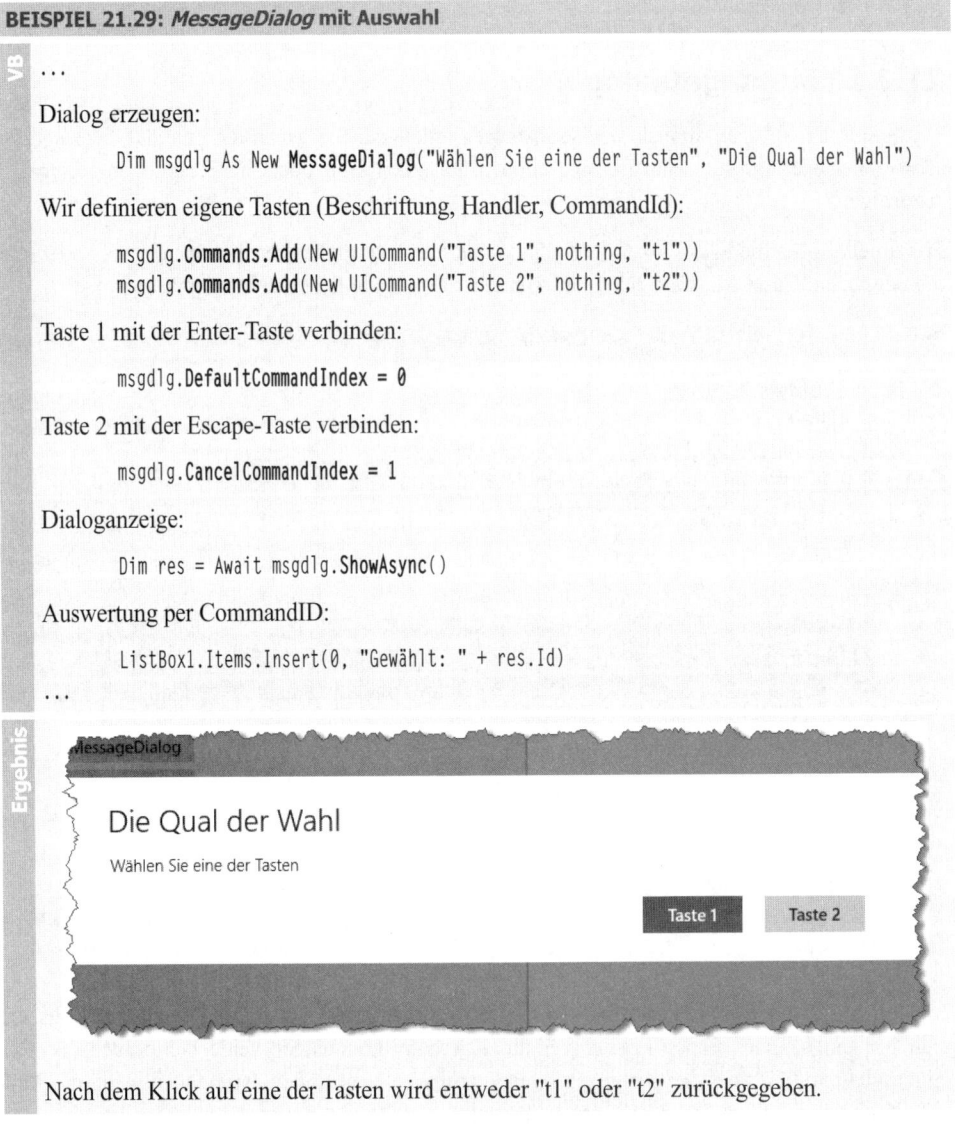

Nach dem Klick auf eine der Tasten wird entweder "t1" oder "t2" zurückgegeben.

Alternativen beim Auswerten der Tasten

Nicht jeder wird mit der im vorhergehenden Beispiel gezeigten Lösung glücklich, wer mag, kann die Auswertung der Tasten auch per Lambda-Ausdruck oder per Methode vornehmen. Zwei Beispiele zeigen, wie es geht:

BEISPIEL 21.30: Auswahl per Lambda-Ausdruck auswerten

```vb
...
    Private Async Sub Button_Click_4(sender As Object, e As RoutedEventArgs)
        Dim msgdlg As New MessageDialog("Wählen Sie eine der Tasten", "Die Qual der Wahl")
```

Mit Hilfe des *Command*-Parameters können Sie im Lambda-Ausdruck die Beschriftung und optional die CommandId bestimmen:

```vb
        msgdlg.Commands.Add(New UICommand("Taste 1", Sub(c)
                    ListBox1.Items.Insert(0, "Taste [" + c.Label + "] wurde gedrückt!")
                End Sub))
        msgdlg.Commands.Add(New UICommand("Taste 2", Sub(c)
                    ListBox1.Items.Insert(0, "Taste [" + c.Label + "] wurde gedrückt!")
                End Sub))
        msgdlg.DefaultCommandIndex = 0
        msgdlg.CancelCommandIndex = 1
        Dim res = Await msgdlg.ShowAsync()
        ListBox1.Items.Insert(0, "Gewählt: " + res.Id)
    End Sub
...
```

HINWEIS: Beachten Sie, dass bei obigem Beispiel keine CommandId zurückgegeben wird, wir haben auch keine definiert.

BEISPIEL 21.31: Auswahl per Methode auswerten

```vb
...
    Private Async Sub Button_Click_5(sender As Object, e As RoutedEventArgs)
        Dim msgdlg As New MessageDialog("Wählen Sie eine der Tasten", "Die Qual der Wahl")
```

Wir ordnen einen Methodenaufruf zu (mit CommandId):

```vb
        msgdlg.Commands.Add(New UICommand("Taste 1",
            New UICommandInvokedHandler(AddressOf Me.CommandInvokedHandler), "MeineID"))
```

Hier ohne CommandId:

```vb
        msgdlg.Commands.Add(New UICommand("Taste 2",
            New UICommandInvokedHandler(AddressOf Me.CommandInvokedHandler)))
        msgdlg.DefaultCommandIndex = 0
        msgdlg.CancelCommandIndex = 1
        Dim res = Await msgdlg.ShowAsync()
        ListBox1.Items.Insert(0, "Gewählt: " + res.Id)
    End Sub
```

BEISPIEL 21.31: Auswahl per Methode auswerten

Die Methode zum Auswerten der Tasten:

```
Private Sub CommandInvokedHandler(command As IUICommand)
    ListBox1.Items.Insert(0, "Taste [" + command.Label + "] wurde gedrückt!")
    ListBox1.Items.Insert(0, "ID ist [" + command.Id + "]")
End Sub
...
```

Ergänzungen

Doch wann sollen/dürfen Sie den *MessageDialog* eigentlich einsetzen?

▪ Grundsätzlich sollten Sie beachten, dass Ihre App vermutlich im Vordergrund steht, wenn der Dialog erscheint (andernfalls ist die App im Suspended-Modus). Eine Hinweismeldung aus dem "Untergrund" bekommen Sie damit also nicht hin.

▪ Nutzen Sie den Dialog nur für wichtige Entscheidungen, die einen direkten und sofortigen Nutzereingriff erfordern.

▪ Zeigen Sie nur wichtige Meldungen/Fehlermeldungen an, die für die weitere Programmausführung von Interesse sind.

HINWEIS: Für allgemeine Statusmeldungen etc. sollten Sie statt dem MessageDialog besser die so genannten Popup-Benachrichtigungen verwenden (siehe Abschnitt 21.3.2).

Ganz zum Schluss noch den einfachsten Aufruf der Methode:

```
Private Sub Button_Click_6(sender As Object, e As RoutedEventArgs)
    Dim dlg = New MessageDialog("Hallo Welt!", "Mein Titel")
    dlg.ShowAsync()
End Sub
```

HINWEIS: Dieser Aufruf ist asynchron, was bei einem modalen "Fenster" aber meist nicht relevant ist.

21.3.2 Popup-Benachrichtigungen

Nicht jede Meldung ist es wert, dass der Nutzer gleich in hektische Betriebsamkeit verfällt und irgendwelche Tasten drücken muss, um z.B. zwangsweise einen *MessageDialog* zu schließen, der ihm mitteilt, dass die Nachrichtenliste eingelesen wurde.

Genau für diese Fälle wurden in Windows 8 die sogenannten Popup-Benachrichtigungen oder "Toast notifications" implementiert. Diese werden durch das **System** entweder sofort oder zeitgesteuert am rechten oberen Bildschirmrand temporär eingeblendet:

Popup-Benachrichtigungen können Texte und Bilder enthalten, die Definition erfolgt über ... tja, das ist dann auch schon das Problem ...

Wer schon mal einen Blick in das von Microsoft stammende Beispielprogramm

LINK: http://code.msdn.microsoft.com/windowsapps/Toast-notifications-sample-52eeba29

geworfen hat, wird sich sicher fragen, was sich die Entwickler dabei eigentlich gedacht haben. Als VB-Programmierer fühlen Sie sich hier etwas "angemeiert", erfolgt doch die Definition der Popup-Benachrichtigungen eigentlich in XML (nein nicht XAML). Sie haben jetzt drei Möglichkeiten:

- Sie schreiben den XML-Text selbst (als String),

- Sie verwenden die *NotificationExtensions*-Library von Microsoft[1]

- oder Sie verwenden bzw. erweitern unsere Hilfsklasse *ToastNotificationFactory*, die Ihnen die ganze Arbeit abnimmt.

Variante 1 und 2 werden Sie vermutlich nicht ganz zufriedenstellen, dies auch im Hinblick auf die Übersichtlichkeit und Länge des zu schreibenden Codes, für Spezialfälle kann es jedoch notwendig sein, darauf zurückzugreifen.

Den Quellcode der Klasse *ToastNotificationFactory* finden Sie im Praxisbeispiel

▶ 21.7.3 ToastNotifications einfach erzeugen

Doch bevor wir zur Verwendung unserer eigenen Klasse kommen, zunächst ein paar allgemeine Informationen zu den Popup-Benachrichtigungen.

Wann sollten Sie Popup-Benachrichtigungen einsetzen?

Gleich eine Warnung vorweg: Nein, nicht jedes Ereignis ist es wert, auch auf dem Nutzerbildschirm mit Signalton angezeigt zu werden. Machen Sie davon zu viel Gebrauch, kann es schnell passieren, dass sich der Nutzer "zur Wehr setzt". Damit ist nicht unbedingt die Deinstallation Ihrer App gemeint, nein, es geht auch einfacher.

---

[1] Siehe Quellcode obiges Beispiel.

Entweder per Einstellungen auf Systemebene:

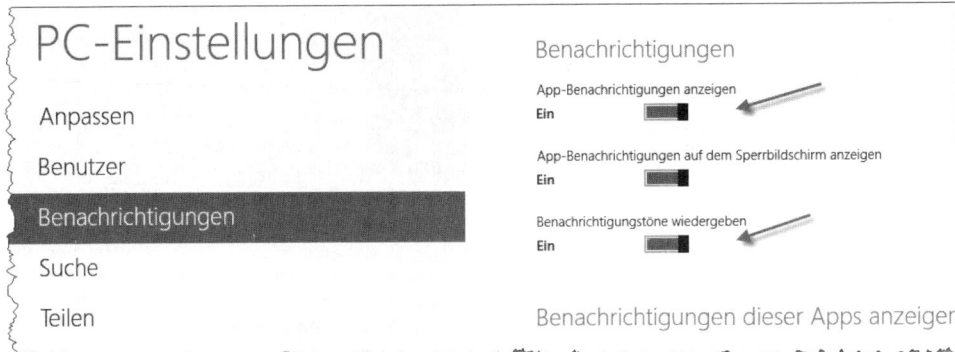

oder individuell auf App-Ebene:

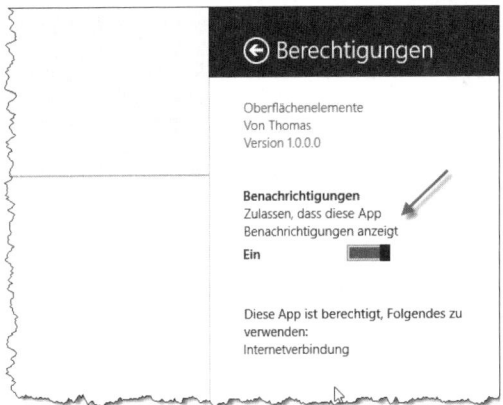

kann der Nutzer sich dieser Meldungen entledigen. Aus diesem Grund der Hinweis:

HINWEIS: Ihre App sollte auch bei abgeschalteten Popup-Benachrichtigungen ohne Einschränkungen funktionieren.

Wofür also einsetzen?

- Statusmitteilung über eingehende Nachrichten, Emails, SMS etc.

- Anzeige von Terminen und anderen vom Nutzer gewünschten Benachrichtigungen

- Abgeschlossene Updates und Hintergrund-Downloads

- Seitenwechsel innerhalb der App bei externen Ereignissen

Wofür nicht einsetzen?

- Für Fehlermeldungen etc. sollten Sie Popup-Benachrichtigungen nicht verwenden. Hier ist ein *MessageDialog* die bessere Wahl.

- Zu häufiges Anzeigen von Popup-Benachrichtigungen nervt mehr als es nutzt.

- Ist die App im Vordergrund, sollten Sie möglichst andere Oberflächenelemente zur Anzeige einsetzen (Flyouts, Popups etc.).

Was können Sie alles parametrieren?

Grundsätzlich müssen Sie zunächst zwischen zwei Arten von Popup-Benachrichtigungen unterscheiden:

- sofort aktivierte Popup-Benachrichtigungen (Klasse *ToastNotification*)

- zeitgesteuert angezeigte Popup-Benachrichtigungen (Klasse *ScheduledToastNotification*)

Letztere ermöglichen zusätzlich die Angabe eines Anzeigezeitpunktes.

HINWEIS: Da die Nachricht vom System angezeigt wird ist es vollkommen unerheblich, ob Ihre App läuft, sich im Suspended-Modus befindet oder ganz beendet ist. Ein Klick auf die geöffnete Meldung und Sie finden sich in der im Zweifel neu gestarteten App wieder.

Die Nachricht selbst kann mit verschiedenen Layouts angezeigt werden:

- einzeiliger Text

- einzeilige Überschrift und einzeiliger Text

- zweizeilige Überschrift und einzeiliger Text

- einzeilige Überschrift und zweizeiliger Text

Noch nicht genug? Alternativ können Sie bei allen obigen Varianten auch noch eine Grafik einblenden (das Symbol Ihrer App wird automatisch immer mit angezeigt). Nicht genug der Pein, auch die Anzeigedauer (kurz oder lang) lässt sich parametrieren, gleiches gilt für die Soundwiedergabe (es geht auch ohne Töne).

HINWEIS: Die angezeigten Bilder sollten kleiner als 200 KByte und kleiner als 1024x1024 Pixel sein, andernfalls sehen Sie ... nichts.

Ganz nebenbei müssen/können Sie auch auf den Klick reagieren. Wird die Benachrichtigung ohne Klick geschlossen, werden Sie ebenfalls durch ein Ereignis darauf aufmerksam gemacht.

Und wie funktioniert das alles?

Prinzipiell müssen Sie, wie auch immer, den erforderlichen XML-Code für eine derartige Nachricht zusammenstellen und mit dem Umweg über ein *XMLDocument* damit eine Instanz der Klasse

ToastNotification bzw. *ScheduledToastNotification* erzeugen. Anschließend können Sie über den *ToastNotificationManager* diese Nachricht zur direkten oder zeitgesteuerten Anzeige bringen.

BEISPIEL 21.32: XML-Code für eine Nachricht

Eine Nachricht mit Kopfzeile, zwei Textzeilen sowie einem Bild:

```xml
<toast launch="Mein eigener Parameter">
  <visual version="1">
    <binding template="toastImageAndText04">
      <text id="1">ToastNotification</text>
      <text id="2">Mit Zeitsteuerung</text>
      <text id="3">Hier klicken!</text>
      <image id="1" src="bulbon.png" alt="Bild" />
    </binding>
  </visual>
</toast>
```

Wem das zu kompliziert ist, der kann sich die Klasse *ToastNotificationFactory* aus unserem Beispielprogramm kopieren und in seine Projekte einfügen.

Unser ToastNotification-"Bäckerei"

Den Quellcode und die komplette Beschreibung der Klasse *ToastNotificationFactory* finden Sie im Praxisbeispiel

▶ 21.7.3 ToastNotifications einfach erzeugen

An dieser Stelle wollen wir uns nur mit der Verwendung anhand einiger Beispiele beschäftigen.

BEISPIEL 21.33: Einfache Meldung mit Kopfzeile und einer Textzeile anzeigen

```vb
...
    Private Sub Button_Click_7(sender As Object, e As RoutedEventArgs)
        Dim tf As New DOKO.ToastNotificationFactory("Meine Kopfzeile",
                                        "Meine wichtige Meldung an den User")

        tf.Show()
    End Sub
...
```

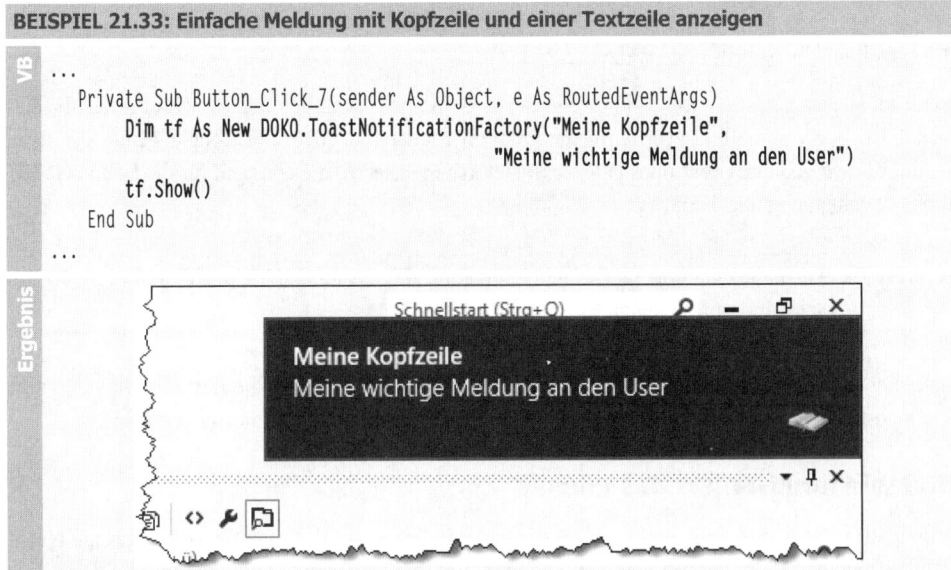

Ein Klick auf die Popup-Benachrichtigung zeigt im obigen Beispiel keine Reaktion. Dies wollen wir im nächsten Beispiel ändern.

BEISPIEL 21.34: Reaktionen auf Ereignisse implementieren

In der *BasicPage1.xaml.vb*:

```
...
    Private Sub Button_Click_8(sender As Object, e As RoutedEventArgs)
```

Wir erzeugen eine dreizeilige Nachricht, die einen Parameter enthält:

```
        Dim tf As New DOKO.ToastNotificationFactory("Meine Kopfzeile",
                    "Hier wird auch ein Parameter übergeben", "Hier klicken!")
        tf.Parameter = "Mein eigener Parameter"
```

Wir klinken uns in zwei Ereignisse ein:

```
        Dim toast As ToastNotification = tf.CreateToast()
        AddHandler toast.Activated, AddressOf toast_Activated
        AddHandler toast.Dismissed, AddressOf toast_Dismissed
```

Meldung über den *ToastNotificationManager* anzeigen:

```
        ToastNotificationManager.CreateToastNotifier().Show(toast)
    End Sub
...
```

Dieses Ereignis wird ausgelöst, wenn die Popup-Benachrichtigung **nicht** angeklickt wird:

```
    Private Async Sub toast_Dismissed(sender As ToastNotification,
                            args As ToastDismissedEventArgs)
        Await Dispatcher.RunAsync(Windows.UI.Core.CoreDispatcherPriority.Normal, Sub()
                    ListBox1.Items.Add("Toast Dismissed: " + args.Reason.ToString())
                End Sub)
    End Sub
```

Dieses Ereignis wird ausgelöst, wenn die Popup-Benachrichtigung durch den Nutzer angeklickt wurde:

```
    Private Async Sub toast_Activated(sender As ToastNotification, args As Object)
        Await Dispatcher.RunAsync(Windows.UI.Core.CoreDispatcherPriority.Normal, Sub()
                                ListBox1.Items.Add("Toast Activated")
                End Sub)
    End Sub
```

Wird ein Parameter übergeben, rufen wir aus der *App.xaml.vb* diese Methode auf:

```
    Public Sub Parameterübergabe(args As String)
        ListBox1.Items.Add("Toast : " + args)
    End Sub
...
```

BEISPIEL 21.34: Reaktionen auf Ereignisse implementieren

In der *App.xaml.vb*:

```
...
    Protected Overrides Sub OnLaunched(args As Activation.LaunchActivatedEventArgs)
        Dim rootFrame As Frame = Window.Current.Content
        If rootFrame Is Nothing Then
            rootFrame = New Frame()
            If args.PreviousExecutionState = ApplicationExecutionState.Terminated Then
            End If
            Window.Current.Content = rootFrame
        End If
        If rootFrame.Content Is Nothing Then
            If Not rootFrame.Navigate(GetType(BasicPage1), args.Arguments) Then
                Throw New Exception("Failed to create initial page")
            End If
        Else
```

Sollte die Nachricht einen Parameter aufweisen, ruft das System die *OnLaunched*-Methode auf und übergibt den Parameter an die App. Wir geben diesen einfach per Methode *Parameterübergabe* an die App weiter:

```
            Dim page1 As BasicPage1 = CType(rootFrame.Content, BasicPage1)
            page1.Parameterübergabe(args.Arguments)
        End If
        Window.Current.Activate()
    End Sub
...
```

Führen Sie obiges Beispiel aus so sehen Sie, dass bedingt durch die Parameterübergabe die App erneut die *OnLaunched*-Methode durchlaufen wird. Lassen Sie den Parameter weg, tritt nur das *ToastNotification*-Ereignis *Activated* auf, *OnLaunched* wird nicht aufgerufen.

Unser nächstes Beispiel zeigt eine Benachrichtigung mit Bildanzeige.

BEISPIEL 21.35: *ToastNotification* mit Bild

```
...
    Private Sub Button_Click_9(sender As Object, e As RoutedEventArgs)
        Dim tf As New DOKO.ToastNotificationFactory("Meine Kopfzeile",
                                    "Hier wird ein Bild angezeigt!")
```

Bildauswahl:

```
        tf.Bild = "bulbon.png"
```

Die Nachricht 25 statt 7 Sekunden anzeigen:

```
        tf.LongRunning = True
```

BEISPIEL 21.35: *ToastNotification* **mit Bild**

Keinen Hinweiston wiedergeben:

```
        tf.Silent = True
        tf.Show()
    End Sub
...
```

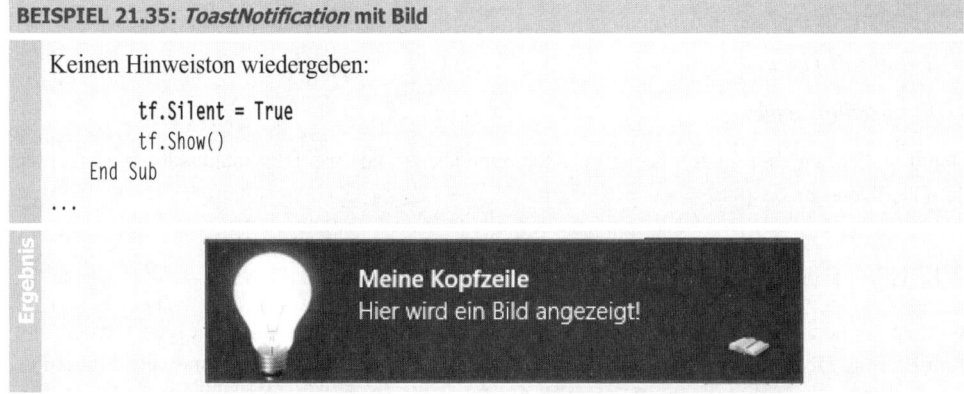

Last, but not least wollen wir Ihnen auch noch eine zeitgesteuerte Variante demonstrieren:

BEISPIEL 21.36: Zeitgesteuerte Anzeige der Benachrichtigung

```
...
    Private Sub Button_Click_10(sender As Object, e As RoutedEventArgs)
        Dim tf As New DOKO.ToastNotificationFactory("ToastNotification",
                                    "Mit Zeitsteuerung", "Hier klicken!")
        tf.Bild = "bulbon.png"
        tf.Parameter = "Mein eigener Parameter"
```

Verzögerung um eine Minute:

```
        tf.AddToSchedule(DateTime.Now.AddMinutes(1))
    End Sub
...
```

Rufen Sie die Funktion auf und beenden Sie die App bzw. wechseln Sie zu einer anderen App. Nach einer Minute taucht die Meldung am rechten oberen Rand auf. Klicken Sie darauf, wird Ihre App gestartet oder in den Vordergrund gebracht.

Prüfen auf Funktionsfähigkeit

Wir hatten es ja schon erwähnt, der Nutzer hat mehrere Möglichkeiten, die Popup-Benachrichtigungen zu deaktivieren. Wollen Sie in Ihrer App ermitteln ob dies der Fall ist, können Sie folgende Eigenschaft abfragen:

```
ToastNotificationManager.CreateToastNotifier().Setting
```

Mögliche Rückgabewerte sind:

- *Enabled*
- *DisabledForApplication*

- *DisabledForUser*

- *DisabledByGroupPolicy*

- *DisabledByManifest*

Damit wollen wir es an dieser Stelle belassen, wenden wir uns weiteren interessanten Elementen der Oberfläche zu.

21.3.3 PopUp/Flyouts

Wer hat sie noch nicht vermisst? Dialoge, die über der eigentlichen Seite angezeigt werden, um zum Beispiel Detaildaten einzugeben oder Informationen anzuzeigen. Einzig sinnvolle Alternative in der schönen neuen bunten WinRT-Welt ist das *Popup*-Control, das sich mit etwas Aufwand auch zum Flyout "umrüsten" lässt.

Grundsätzlich stehen Ihnen zwei Ansätze zur Verfügung, wie Sie zu einem Popup kommen:

- per XAML-Code
  Fügen Sie dazu das Control zum Beispiel im Content eines *Grid*-Controls ein. Im Normalfall ist das Popup nicht sichtbar. Beim Anzeigen wird dass *PopUp*-Control dann am Parent ausgerichtet. Einen Offset können Sie per *HorizontalOffset* und *VerticalOffset* festlegen.

- per VB-Code
  Hier ist es günstig, wenn Sie den Content des Popup-Controls zum Beispiel als UserControl erstellen (XAML-Code) und dann als Child zuweisen. Andernfalls haben Sie schnell sehr viel Code produziert, nur um eine Schaltfläche und ein paar andere Controls anzuzeigen.

BEISPIEL 21.37: PopUp per XAML-Code erzeugen

```xaml
...
    <Grid>
        <Grid.ColumnDefinitions>
            <ColumnDefinition></ColumnDefinition>
            <ColumnDefinition></ColumnDefinition>
        </Grid.ColumnDefinitions>
...
        <Popup x:Name="Popup1" IsLightDismissEnabled="True" >
            <Border Padding="40,10,40,10" Background="#FFC73636">
                <StackPanel>
                    <Button>Button 1</Button>
                    <Button>Button 2</Button>
                    <Button>Button 3</Button>
                    <Button>Button 4</Button>
                </StackPanel>
            </Border>
        </Popup>
    </Grid>
...
```

BEISPIEL 21.37: PopUp per XAML-Code erzeugen

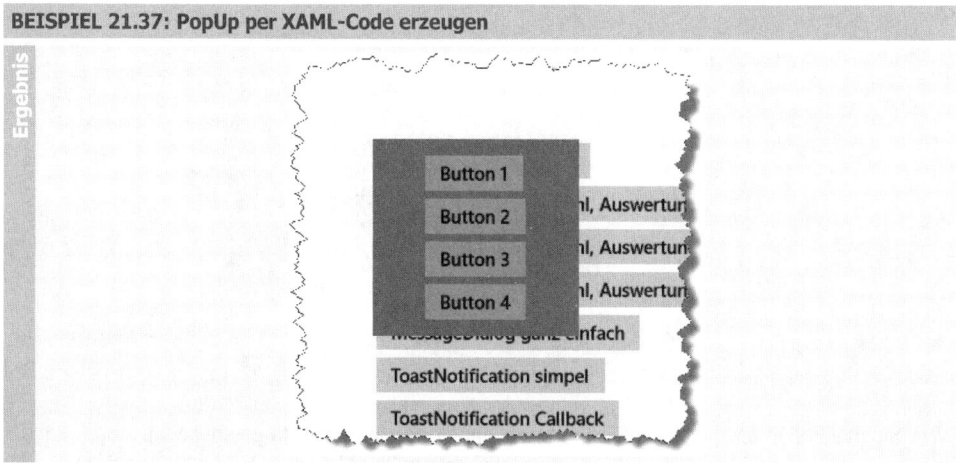

Etwas umständlicher wird es per VB-Code gerade dann, wenn Sie die enthaltenen Controls parametrieren wollen:

BEISPIEL 21.38: PopUp per VB-Code erzeugen

```vb
...
Imports Windows.UI.Popup
...
    Private Sub Button_Click_13(sender As Object, e As RoutedEventArgs)
        Dim popup As New Popup()
        popup.Width = 200
        popup.Height = 150
        popup.VerticalOffset = 200
        popup.HorizontalOffset = 200
        Dim bord As New Border() With { _
            .Width = 200,
            .Height = 100,
            .Background = New SolidColorBrush(Colors.Blue) _
        }
        bord.Child = New Button() With { _
            .Width = 100,
            .Height = 50,
            .HorizontalAlignment = HorizontalAlignment.Center,
            .Content = "OK" _
        }
        popup.Child = bord
        popup.IsLightDismissEnabled = True
        popup.IsOpen = True
    End Sub
...
```

BEISPIEL 21.38: PopUp per VB-Code erzeugen

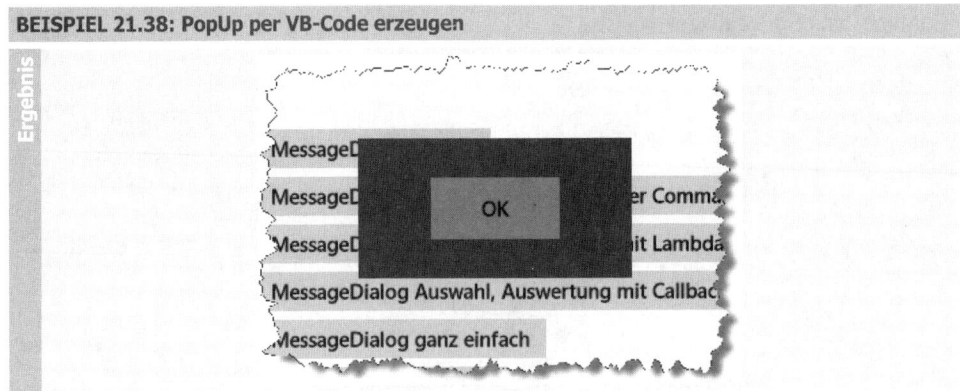

Wie Sie das Popup anzeigen, haben Sie ja im obigen Beispiel bereits gesehen, Sie setzen einfach die Eigenschaft *IsOpen* auf *True*.

Das Grundverhalten zum Schließen des Popups steuern Sie mit der Eigenschaft *IsLight-DismissEnabled*. Diese entscheidet darüber, ob das Popup ausgeblendet wird wenn der Nutzer außerhalb klickt (*True*) oder ob es geöffnet bleibt (*False*). Im letzteren Fall müssen Sie dann das Popup per Code (*IsOpen*) wieder schließen.

Ein leidiges Thema ist die Ausrichtung des *PopUp*-Controls. Eine Eigenschaft *Placement* wie in WPF werden Sie nicht finden, Sie müssen schon mit *HorizontalOffset* und *VerticalOffset* vorlieb nehmen. Wem diese Rechnerei zu kompliziert ist, der kann folgende Routine[1] verwenden:

BEISPIEL 21.39: UserControls im Popup einblenden und positionieren

```
...
    Public Shared Function ShowPopup(source As FrameworkElement,
            control As UserControl, Optional IsLightDismissEnabled As Boolean = True) As Popup
            Dim flyout As New Popup()
            flyout.IsLightDismissEnabled = IsLightDismissEnabled
            Dim gt As GeneralTransform = source.TransformToVisual(Window.Current.Content)
            Dim absolutePosition = gt.TransformPoint(New Point(0, 0))
            control.Measure(New Size(Double.PositiveInfinity, Double.PositiveInfinity))

            flyout.VerticalOffset = absolutePosition.Y - control.ActualHeight - 10
            flyout.HorizontalOffset = (absolutePosition.X + source.ActualWidth / 2) -
                            control.ActualWidth / 2

            flyout.Child = control
            Dim transitions = New TransitionCollection()
            transitions.Add(New PopupThemeTransition() With { _
                .FromHorizontalOffset = 0,
                .FromVerticalOffset = 100 _
            })
```

---

[1] Quelle: *http://blogs.msdn.com/b/eternalcoding/archive/2012/07/03/tips-and-tricks-for-c-metro-developers-the-flyout-control.aspx*

```
            flyout.ChildTransitions = transitions
            flyout.IsOpen = True
            Return flyout
       End Function
...
```

Die Verwendung:

```
    Private Sub Button_Click_12(sender As Object, e As RoutedEventArgs)
        ShowPopup(Button12, New MyUserControl1())
    End Sub
...
```

Der obigen Funktion übergeben Sie ein Bezugs-Control (z.B. eine Schaltfläche) und ein *User-Control* (das ist der Inhalt des neuen Popups). Optional können Sie den Wert der Eigenschaft *IsLightDismissEnabled* bestimmen. Die Funktion erzeugt daraufhin ein Popup, blendet dieses an der richtigen Position mit einer Animation ein und gibt ein *Popup*-Objekt zurück (z.B. zum aktiven Ausblenden per *IsOpen*).

Bleibt die Frage nach den "echten" Flyouts. Ab Werk werden Sie diese nicht vorfinden, Alternativen finden sich entweder hier

LINK: https://github.com/timheuer/callisto

oder hier

LINK: http://code.msdn.microsoft.com/windowsapps/CharmFlyout-A-Metro-Flyout-25fe53b6

HINWEIS: Auf die Verwendung dieser Controls gehen wir aus naheliegenden Gründen an dieser Stelle nicht ein.

Sie können allerdings ein *Popup* problemlos mit einer Animation versehen, wie es auch in Beispiel 21.39 passiert. Möchten Sie beispielsweise einen Effekt wie beim Charmbar realisieren, nutzen Sie folgenden Code:

```
...
    <Popup x:Name="Popup2" IsLightDismissEnabled="True">
        <Popup.ChildTransitions>
            <TransitionCollection>
                <PaneThemeTransition />
            </TransitionCollection>
        </Popup.ChildTransitions>
        <Border Background="Blue" Width="400" Height="200">
            <StackPanel HorizontalAlignment="Center" VerticalAlignment="Center">
                <TextBlock>Hallo</TextBlock>
                <Button Click="Button_Click_15">OK</Button>
```

BEISPIEL 21.40: Ein *Popup* wie den Charmbar ein-/ausblenden

```
            </StackPanel>
        </Border>
    </Popup>
...
```

Beim Einblenden müssen wir das Popup am rechten Rand ausrichten:

```
Private Sub Button_Click_14(sender As Object, e As RoutedEventArgs)
    Popup2.HorizontalOffset = Window.Current.Bounds.Width - 400
    Popup2.IsOpen = True
End Sub
```

21.3.4 Das PopupMenu einsetzen

Ein naher, etwas spezialisierter Verwandter des Popups ist das *PopupMenu*. Diesem können Sie einzelne *UICommand*-Objekte hinzufügen (siehe auch 21.3.1, Seite 1085), die wiederum eine Beschriftung (*Label*) und eine Id aufweisen können. Eingeblendet wird das *PopupMenu* per *Show-Async*- oder *ShowForSelectionAsync*-Methode. Hier wird es dann aber auch etwas diffizil, beide Methoden erwarten eine Positionsangabe. Leider ist dies mit Rechnerei und einem Haufen Quellcode verbunden. Sie finden deshalb in unserem Beispiel eine Alternative in Form einer Erweiterungsmethode, der Sie einfach das aufrufende Control (*Button*, *TextBox* etc.) übergeben, die Position des *PopupMenue* wird dann intern berechnet.

BEISPIEL 21.41: Verwendung *PopupMenu*

```
...
Imports Windows.UI.Popups
...
```

Mit dem Klick auf eine Schaltfläche erstellen wir das *PopupMenu* und zeigen es an:

```
Private Async Sub Button_Click_17(sender As Object, e As RoutedEventArgs)
    Dim popmenu As New PopupMenu()
```

Der erste Eintrag nutzt eine Lambda-Funktion als Reaktion auf den Klick:

```
popmenu.Commands.Add(New UICommand("Erster Eintrag", Sub(command)
                                ListBox1.Items.Add(command.Label)
                            End Sub))
```

Die folgenden Einträge sind mit einem extra Handler verknüpft:

```
popmenu.Commands.Add(New UICommand("Zweiter Eintrag",
        New UICommandInvokedHandler(AddressOf test), "2"))
popmenu.Commands.Add(New UICommand("Dritter Eintrag",
        New UICommandInvokedHandler(AddressOf test), "dritter"))
popmenu.Commands.Add(New UICommand("Vierter Eintrag",
        New UICommandInvokedHandler(AddressOf test), "vierter"))
```

BEISPIEL 21.41: Verwendung *PopupMenu*

Aufrufvariante 1:

```
Dim transform As GeneralTransform = TryCast(sender, Button).TransformToVisual(Me)
Dim point As Point = transform.TransformPoint(New Point(100, 150))
Await popmenu.ShowAsync(point)
```

Aufrufvariante 2:

```
Dim transform As GeneralTransform = TryCast(sender, Button).TransformToVisual(Me)
Dim point As Point = transform.TransformPoint(New Point(100, 150))
Await popmenu.ShowForSelectionAsync(New Rect(point,
            New Size(CType(sender, Button).ActualWidth,
            CType(sender, Button).ActualHeight)))
```

Aufrufvariante 3 (unsere Erweiterungsmethode):

```
        Await popmenu.ShowAsync(CType(sender, Button))
    End Sub
```

Welche Aufrufvariante intuitiver ist, dürfte schnell erkennbar sein.

Mit der folgenden Erweiterungsmethode wird das *PopupMenu* an einem Control ausgerichtet und angezeigt:

```
Imports Windows.UI.Popups
Module Erweiterungsmethoden
    <System.Runtime.CompilerServices.Extension> _
    Public Async Function ShowAsync(menu As PopupMenu, control As FrameworkElement) _
                    As Task(Of IUICommand)
        Dim transform As GeneralTransform = _
                control.TransformToVisual(TryCast(Window.Current.Content, Frame))
        Dim point As Point = transform.TransformPoint(New Point(100, 150))
        Return Await menu.ShowForSelectionAsync(New Rect(point,
                New Size(control.ActualWidth, control.ActualHeight)))
    End Function
End Module
...
```

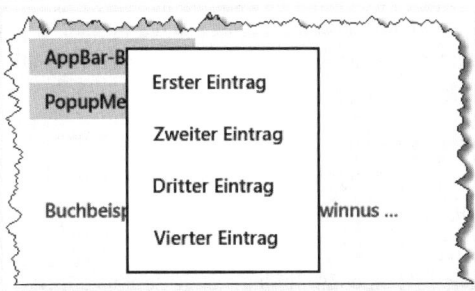

21.3.5 Eine AppBar verwenden

Wir hatten uns ja bereits im Rahmen der Oberflächengestaltung (Abschnitt 18.1.3, Seite 902) erstmals mit dem *AppBar*-Control beschäftigt, an dieser Stelle soll es jetzt um die praktische Umsetzung gehen. Die Definition erfolgt erwartungsgemäß per XAML, wobei Sie hier zwischen den beiden Anzeigezielen

- *<Page.TopAppBar>* und

- *<Page.BottomAppBar>*

unterscheiden müssen. Eine *AppBar*, die Sie am oberen Rand der Seite anzeigen, dient der Navigation innerhalb Ihrer Anwendung, die untere *AppBar* ist der Anzeige von Befehlen und Werkzeugen vorbehalten.

Eine *AppBar* ist standardmäßig zunächst nicht zu sehen, Sie können diese per

- Maus (rechte Maustaste),

- Wischgeste von oben oder unten,

- Tastatur (Windowstaste+Z)

- oder per Eigenschaft *IsOpen* (*True*)

einblenden.

HINWEIS: Sind eine obere und eine untere *AppBar* definiert, werden auch immer beide zugleich angezeigt, Ausnahme ist das Einblenden per *IsOpen*-Eigenschaft..

Die *AppBar* wird im Normalfall automatisch ausgeblendet, wenn der Nutzer außerhalb der *AppBar* klickt. Dieses Verhalten lässt sich jedoch verändern, indem Sie die Eigenschaft *IsSticky* auf *True* setzen. Zum Schließen der *AppBar* ist jetzt eine der obigen Aktionen bzw. das Setzen der Eigenschaft *IsOpen* nötig. In diesem Zusammenhang sollten Sie auch einen Blick auf die beiden Ereignisse *Opened* und *Closed* werfen, hier können Sie gegebenenfalls Anpassungen an der *AppBar* vornehmen (kontextabhängige Befehle, Navigationsoptionen etc.).

Innerhalb der *AppBar* können Sie Schaltflächen für das Ausführen von Routinen bzw. das Setzen von Eigenschaften platzieren. Orientieren Sie sich dabei an den Layoutvorgaben von Microsoft, d.h., verteilen Sie die Controls möglichst am linken oder rechten Rand, da diese Bereiche bei einer Toucheingabe optimal erreichbar sind.

Bevor Sie sich jetzt intensiv mit dem Erstellen von Schaltflächen für die untere Befehlsleiste beschäftigen, sollten Sie einmal einen Blick in die Liste der vordefinierten Button-Layouts werfen. Nebenstehende Abbildung zeigt eine Übersicht der möglichen Styles.

HINWEIS: Wie Sie der folgenden Abbildung entnehmen können, sind alle Schaltflächen englisch beschriftet. Möchten Sie dies ändern, können Sie entweder die Datei *Standard-Styles.xaml* editieren oder Sie setzen die Eigenschaft *AutomationProperties.Name* für die jeweilige Schaltfläche.

Accounts	Add	Add Friend	Admin	Align Center	Align Left	Align Right	All Apps	Attach	Attach Camera
Audio	Back to Window	BlockContact	Bold	Bookmarks	Browse Photos	Bullets	Calculator	Calendar	Day
Calendar Reply	Week	Caption	Cc	Cellphone	Characters	Clear Selection	Clock	Close Pane	Comment
Contact	Contact	Contact Info	Presence	Copy	Crop	Cut	Delete	Directions	Disable Updates
Discard	Disconnect	Dislike	Dock Bottom	Dock Left	Dock Right	Document	Download	Edit	Emoji2
Emoji	Favorite	Filter	Flag	Folder	Font	Font Color	Decrease Font	Increase Font	Font Size
Four Bars	Full Screen	Globe	Go	Go to Start	Today	Hang Up	Help	Hide Bcc	Highlight
Home	Import All	Important	Import	Italic	Keyboard	Upload	Library	Like	Like/Dislike
Link	List	Mail2	Mail	Forward Mail	Reply All	Reply	Manage	Map	Map Drive
Map Pin	Memo	Message	Microphone	More	Move to Folder	Music Info	Mute	New Folder	New Window
Next	No	One Bar	Open File	Open Loal	Open Pane	Open With	Orientation	Other User	Out
Outline Star	Page2	Page	Paste	Pause	People	Permissions	Phone	Phonebook	Photo
Pictures	Pin	Placeholder	Play	Post Update	Preview Link	Previous	Priority	Protected	Read
Redo	Refresh	Remote	Remove	Rename	Repair	Repeat All	Repeat Once	Report Hacked	Reshare
Rotate	Rotate Camera	Save	Save Local	Search	Select All	Send	Set Lockscreen	Settings	Set Title
Shop	Show Bcc	Show Results	Shuffle	Skip Ahead	Skip Back	Slideshow	Solid Star	Sort	Stop
Stop Slideshow	Street	Switch	Switch Apps	Sync	Sync Folder	Tag	Target	Three Bars	Touch Pointer
Trim	Two Bars	Two Page	Underline	Undo	Unfavorite	Unpin	Unsync Folder	Upload	Skydrive
Video	Video Chat	View All	View	Volume	Webcam	World	Yes	Zero Bars	Zoom
Zoom In	Zoom Out								

BEISPIEL 21.42: *AppBar* **verwenden**

```
...
<common:LayoutAwarePage
...
    mc:Ignorable="d">
```

Wir definieren zuerst die obere Navigationsleiste:

```
<Page.TopAppBar>
```

Diese Liste wird beim Öffnen der Seite bereits eingeblendet (*IsOpen=True*):

```
<AppBar Name="TopAppBar1" Background="Lavender" IsOpen="True">
```

Das folgende *Grid* und die enthaltenen *StackPanel*s ermöglichen die Ausrichtung der Inhalte am linken bzw. rechten Rand der Seite:

```
<Grid Margin="10,0,10,0">
    <Grid.ColumnDefinitions>
        <ColumnDefinition Width="50*"/>
        <ColumnDefinition Width="50*"/>
    </Grid.ColumnDefinitions>
    <StackPanel Orientation="Horizontal" Grid.Column="0"
                HorizontalAlignment="Left">
```

Die eigentlichen Schaltflächen (Eigenkonstruktion):

```
        <Button>
            <StackPanel HorizontalAlignment="Center">
                <Image Source="bulbon.png"/>
                <TextBlock>Rubrik A</TextBlock>
            </StackPanel>
        </Button>
        <Button>
            <StackPanel HorizontalAlignment="Center">
                <Image Source="bulboff.png"/>
                <TextBlock>Rubrik B</TextBlock>
            </StackPanel>
        </Button>
    </StackPanel>
    </Grid>
    </AppBar>
</Page.TopAppBar>
```

Die Befehlsleiste am unteren Rand ist zunächst ausgeblendet, die enthaltenen Schaltflächen haben wir aus der Liste der verfügbaren Styles ausgewählt:

```
<Page.BottomAppBar>
    <AppBar Name="BottomAppBar1" Background="Lavender" >
        <Grid Margin="10,0,10,0">
            <Grid.ColumnDefinitions>
                <ColumnDefinition Width="50*"/>
```

```
                    <ColumnDefinition Width="50*"/>
                </Grid.ColumnDefinitions>
                <StackPanel Orientation="Horizontal" Grid.Column="0"
                            HorizontalAlignment="Left">
```

Die "Eindeutschung" nehmen wir über die Eigenschaft *AutomationProperties.Name* vor:

```
                    <Button Style="{StaticResource EditAppBarButtonStyle}"
                            Click="Button_Click_3" AutomationProperties.Name="Editieren" />
                    <Button Style="{StaticResource SaveAppBarButtonStyle}"
                            Click="Button_Click_4" AutomationProperties.Name="Sichern"/>
                    <Button Style="{StaticResource DeleteAppBarButtonStyle}"
                            AutomationProperties.Name="Löschen"/>
                </StackPanel>
                <StackPanel Orientation="Horizontal" Grid.Column="1" >
...

                </StackPanel>
            </Grid>
        </AppBar>
    </Page.BottomAppBar>
...
```

Beim Klick auf die "Editieren"-Schaltfläche wird ein *Popup* geöffnet, Inhalt ist ein *User-Control* (quasi der Ersatz für einen Dialog):

```
...

    Private Sub Button_Click_3(sender As Object, e As RoutedEventArgs)
        Dim flyout As New Popup()
        flyout.IsLightDismissEnabled = True
        Dim uc As UserControl = New MyUserControl1()
        flyout.Child = uc
```

Wir richten den Dialog an der linken Kante des Buttons aus, die Höhe müssen wir leider direkt setzen:

```
        Dim gt As GeneralTransform = TryCast(sender,
                                    Button).TransformToVisual(Window.Current.Content)
        Dim absolutePosition = gt.TransformPoint(New Point(0, 0))
        uc.Measure(New Size(Double.PositiveInfinity, Double.PositiveInfinity))
        flyout.VerticalOffset = absolutePosition.Y - 350
        flyout.HorizontalOffset = absolutePosition.X
        Dim transitions = New TransitionCollection()
        transitions.Add(New PopupThemeTransition() With { _
            .FromHorizontalOffset = 0,
            .FromVerticalOffset = 100 _
        })
        flyout.ChildTransitions = transitions
        flyout.IsOpen = True
    End Sub
```

BEISPIEL 21.42: *AppBar* verwenden

Der Klick auf die Schaltfläche "Sichern" zaubert ein *PopupMenu* hervor:

```
Private Async Sub Button_Click_4(sender As Object, e As RoutedEventArgs)
    Dim popupMenu = New PopupMenu()
    popupMenu.Commands.Add(New UICommand("Eintrag 1"))
    popupMenu.Commands.Add(New UICommand("Eintrag 2"))
    popupMenu.Commands.Add(New UICommand("Eintrag 4"))
    popupMenu.Commands.Add(New UICommand("Eintrag 5"))
    Dim transform As GeneralTransform = TryCast(sender, Button).TransformToVisual(Me)
    Dim point As Point = transform.TransformPoint(New Point(100, 150))
```

Hier nutzen wir wieder unsere Erweiterungsmethode zur Anzeige:

```
    Await popupMenu.ShowAsync(point)
End Sub
```
...

Unsere App in Aktion:

HINWEIS: Beim Öffnen der Seite ist zunächst nur der obere *AppBar* zu sehen. Klicken Sie mit der rechten Maustaste auf die Seite, wird auch noch der untere *AppBar* angezeigt, ein erneuter Klick blendet beide *AppBar*s wieder aus.

Damit schließen wir diesen Abschnitt und wenden uns einem leider von Microsoft recht stiefmütterlich behandelten Thema zu.

21.4 Datenbanken und Windows Store Apps

Oh, da scheinen die Entwickler mal wieder eine "Kleinigkeit" vergessen zu haben. Prinzipiell steht Ihnen derzeit "ab Werk" **keine Datenbankengine** für Ihre App zur Verfügung! Das dürfte zunächst ein kompletter Show-Stopper für viele Anwendungen sein, die derzeit noch um eine lokale Desktop-Datenbank herum aufgebaut sind. Schnelle und vor allem einfache Abhilfe ist hier nicht in Sicht. Mittlerweile scheint aber Microsoft zur Einsicht gelangt zu sein, dass hier eine gewaltige Lücke klafft.

21.4.1 Der Retter in der Not: SQLite!

Auf der Website

LINK: http://timheuer.com/blog/default.aspx

wird eine Lösung vorgestellt, die allerdings nicht von Microsoft stammt.

Wir hatten uns in unserem letzten Datenbankbuch bereits ausführlicher[1] damit beschäftigt: Es geht um SQLite, das mittlerweile auch in einer für WinRT-tauglichen Form verfügbar ist.

21.4.2 Verwendung/Kurzüberblick

Dass wir Ihnen an dieser Stelle keinen kompletten Überblick zu SQLite bieten können, verzeihen Sie uns bitte (wir mussten aus Platzgründen schon recht viele Kapitel in das E-Book auslagern) und so wollen wir uns auf einige wichtige Punkte beschränken[2].

Was eigentlich ist SQLite?

Bei SQLite handelt es sich um eine Desktop-Datenbankengine, die im Gegensatz zu einem SQL Server ohne eine extra Server-Anwendung auskommt. Die komplette Funktionalität wird von einer DLL bereitgestellt, die Anwendung greift also direkt auf den eigentlichen Datenspeicher zu. Der Clou an dieser Lösung: Sie können trotz allem mit SQL als Abfragesprache arbeiten, müssen sich also nicht lange an eine neue Schnittstelle gewöhnen[3].

Einen Überblick zum Datenformat, zur verwendeten SQL-Syntax und zur DLL-Schnittstelle bietet Ihnen die folgende Website:

LINK: http://www.sqlite.org/

Im Folgenden wollen wir mit Ihnen zunächst die Vor- und Nachteile einer Entscheidung für SQLite diskutieren.

---

[1] Unter diesen Umständen werden wir das entsprechende Kapitel in unserem Datenbankbuch wohl noch kräftig ausbauen müssen.

[2] Wesentlich mehr zu SQLite und dem passenden Wrapper für diese Datenbank-Engine finden Sie in unserem Buch [Datenbankprogrammierung mit Visual VB 2012] aus dem Microsoft Press-Verlag.

[3] Am besten können Sie SQLite noch mit dem SQL Server Compact vergleichen, beide haben einen konzeptionell ähnlichen Ansatz.

Vorteile

Davon bietet SQLite jede Menge:

- Die Datenbankengine ist winzig im Vergleich zu den etablierten Produkten (die DLL hat lediglich eine Größe von ungefähr 880 KByte).

- Es ist keinerlei administrativer Aufwand notwendig, wenn Sie mal vom Speichern der eigentlichen Datendatei absehen.

- Das Format ist ideal für die Verwendung im Zusammenhang mit WinRT, da geringer Ressourcenbedarf.

- Alle Daten sind in einer Datei zusammengefasst.

- Die komplette Engine befindet sich in einer bzw. in zwei Dateien.

- SQLite implementiert einen Großteil der SQL92-Spezifikation.

- SQLite-Datenbanken sind plattformkompatibel, d.h., Sie können die Datei problemlos mit anderen Systemen auslesen und bearbeiten (z.B. PDA). Für fast jede Plattform und Programmiersprache werden entsprechende Schnittstellen angeboten.

- Im Gegensatz zum SQL Server Compact kann man bei einer maximalen Datenbankgröße von 2 Terabyte kaum noch von einer Größenbegrenzung sprechen. Hier fallen die Restriktionen von WinRT in Bezug auf die maximale Größe das App-Datenverzeichnisses mehr ins Gewicht.

- Datenbanken können verschlüsselt werden.

- Unterstützung für Trigger, Views und Constraints.

- SQLite ist komplett kostenlos, der Quellcode ist ebenfalls frei verfügbar.

Nachteile

Jede Medaille hat zwei Seiten und so müssen Sie auch bei SQLite mit einigen Einschränkungen und Nachteilen leben.

- Grundsätzlich sollten Sie immer das Konzept als Desktop-Datenbank im Auge behalten. Sie können zwar mit mehreren Anwendungen auf die Datendatei zugreifen, allerdings ist der Schreibmechanismus der Engine etwas eigenwillig, nur ein Prozess kann exklusiv auf die Datenbank zugreifen, Lesezugriffe werden in dieser Zeit geblockt. Im Zusammenhang mit Apps stellt dies jedoch kein Problem dar.

- Keine Unterstützung für Stored Procedures und UDFs, Sie können jedoch eigene Scalar- und Aggregat-Funktionen schreiben.

- Keine geschachtelten Transaktionen.

- Keine Replikationsunterstützung, Sie können jedoch eine zweite Datenbank mit ATTACH einbinden und nachfolgend die Daten mit einer Abfrage über die betreffenden Tabellen synchronisieren.

■ Keine Unterstützung für Nutzer- und Rechteverwaltung, es handelt sich um eine Desktop-Datenbank, die Sie jedoch verschlüsseln können.

Für alle, die sich jetzt voller Euphorie auf die SQLite-Entwicklung stürzen wollen, gleich ein beachtlicher Dämpfer:

HINWEIS: In WinRT steht Ihnen ADO.NET nicht zur Verfügung. Also keine DataSets etc., alle Zugriffe erfolgen über SQLite-spezifische Methoden, der Portierungsaufwand einer bisherigen ADO.NET-Anwendung sollte also nicht unterschätzt werden!

21.4.3 Installation

Mit der SQLite-DLL allein ist es nicht getan, wir benötigen zusätzlich noch einen Wrapper, der uns die Library-Funktionen in ein halbwegs nutzbares Format überträgt. Hilfreich dabei ist die von Frank Krueger erstellte "sqlite-net"-Library. Leider ist diese in C# programmiert, wir kommen also nicht drum herum, diese in einer extra Library zu kapseln.

Sehen wir uns zunächst die wichtigsten Installationsschritte an, bevor wir zur Verwendung der Library kommen:

1. Laden Sie die eigentliche SQLite-DLL herunter. Gegen Sie dazu auf folgende Adresse:

   LINK: `http://www.sqlite.org/download.html`

   In der Rubrik *Precompiled Binaries **for Windows Runtime*** wählen Sie entweder die x86- oder die x64-Version (wir verwenden die x86-Version).

2. Entpacken Sie die heruntergeladene ZIP-Datei.

3. Erstellen oder öffnen Sie jetzt ein App-Projekt und kopieren Sie die *sqlite3.dll* aus der ZIP-Datei in Ihr Projekt. Setzen Sie für die DLL die Eigenschaft *In Ausgabeverzeichnis kopieren* auf *Immer kopieren*.

4. Erstellen Sie einen Verweis auf das Microsoft *Visual c++ Runtime Package*:

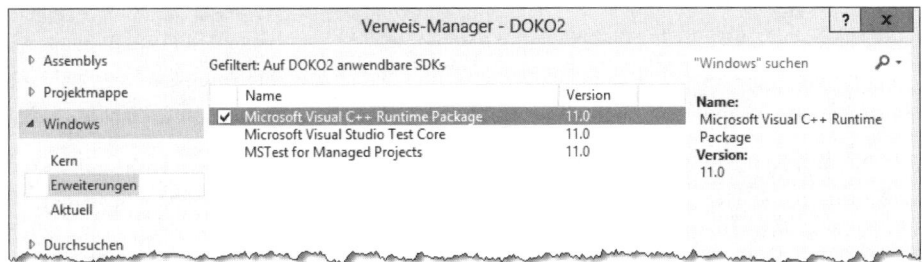

Nach Einfügen des Verweises werden Sie feststellen, dass dieser mit einem kleinen Warnhinweis versehen ist. Ursache ist, dass wir jetzt nicht mehr plattformunabhängig sind, d.h., wir müssen das Projektmappenausgabeziel anpassen (von *Any CPU* auf *x86*).

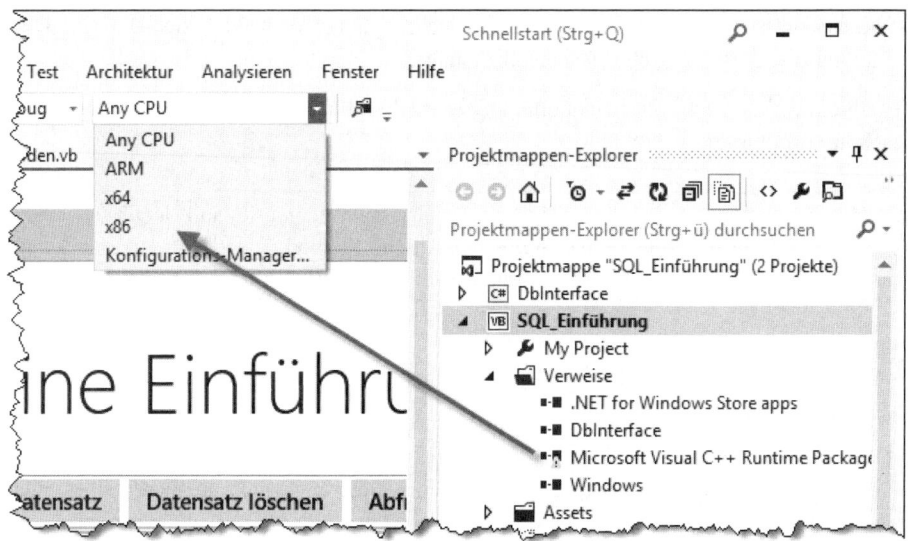

5. Erstellen Sie zunächst ein weiteres Projekt (innerhalb der Projektmappe) vom Typ *C# Klassen-bibliothek (Windows-Store-Apps)* und setzen Sie den Zieltyp ebenfalls auf x86.

HINWEIS: Achten Sie darauf, dass es sich um ein C#-Projekt handelt.

---

6. Klicken Sie im Menü *Projekte* auf den Punkt *NuGet-Packete* verwalten. Geben Sie in der Such-maske des folgenden Dialogs "sqlite-net" ein, um das Paket zu suchen. Wählen Sie dann die Schaltfläche *Installieren*:

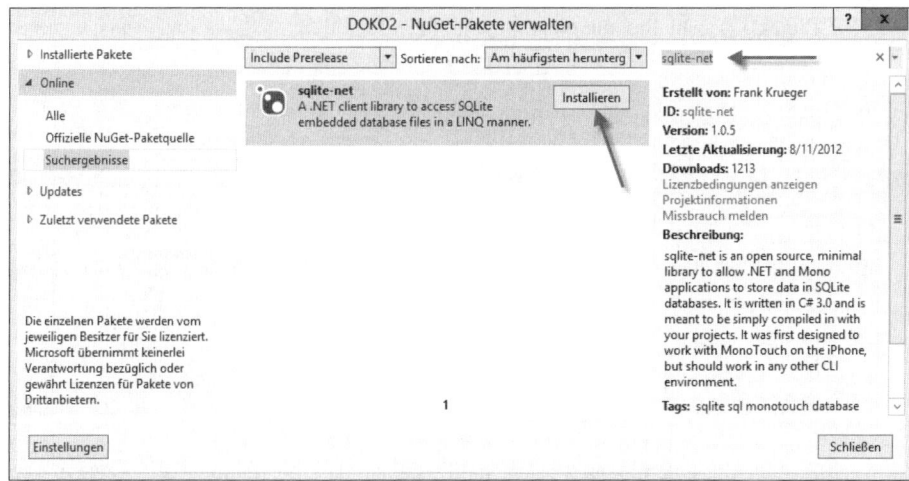

Nachfolgend wird Ihr Klassenbibliothek-Projekt um zwei Wrapperdateien (*SQLite.cs* und *SQLiteAsync.cs*) erweitert. Sie können jetzt die Klassenbibliothek kompilieren.

7. Wechseln Sie jetzt wieder in Ihre VB-App-Projekt und binden Sie die gerade erstellte Klassenbibliothek ein.

Damit sind alle Vorbereitungen abgeschlossen und wir können uns der eigentlichen Programmierung zuwenden.

21.4.4 Wie kommen wir zu einer neuen Datenbank?

Drei grundsätzliche Varianten bieten sich bei der vorliegenden SQLite-Lösung an:

- Sie erstellen die Datenbank per VB-Code aus vorhandenen Klassen.

- Sie nutzen SQL-Befehle zum Aufbau der Datenbank (oder führen ein Skript aus).

- Sie liefern eine leere Datenbank mit, die Sie beim ersten Start in das App-Datenverzeichnis kopieren (Sie denken bitte daran, dass Sie auf das Installationsverzeichnis nur lesend zugreifen dürfen).

Die folgenden Beispiele zeigen die Grundansätze.

BEISPIEL 21.43: Erstellen der Datenbank aus VB-Klassen zur Laufzeit

```vb
...
Imports SQLite
Imports Windows.Storage
Imports System.Threading.Tasks
...
Public NotInheritable Class BasicPage1
    Inherits Common.LayoutAwarePage
```

Unsere Verbindung zur Datenbank:

```vb
    Private db As SQLiteConnection
    Private artikeltabelle As TableQuery(Of Artikel)

    Public Sub New()
        Me.InitializeComponent()
        AddHandler Loaded, AddressOf BasicPage1_Loaded
    End Sub
```

Mit dem Laden der Seite wird auch die Datenbank im App-Datenverzeichnis erstellt (ist diese bereits vorhanden, wird sie automatisch geöffnet):

```vb
    Private Async Sub BasicPage1_Loaded(sender As Object, e As RoutedEventArgs)
        db = New SQLite.SQLiteConnection(
                Path.Combine(Windows.Storage.ApplicationData.Current.LocalFolder.Path,
                "firma.db"))
```

Erstellen einer Tabelle:

```vb
        db.CreateTable(Of Artikel)()
```

Im Hintergrund wird der Befehl CREATE TABLE IF NOT EXISTS ausgeführt, die Tabelle wird also nicht überschrieben. Die Spalteninformationen und Attribute werden intern anhand des übergebenen Typs bestimmt, an dieser Stelle haben Sie also recht wenig Arbeit.

...

Ganz anders ist das in der Klasse, die später die Datenbank-Entitäten repräsentieren soll. Hier definieren Sie zunächst Eigenschaften wie Sie es gewohnt sind. Nachfolgend steuern Sie über zusätzliche Attribute, welche Eigenschaften die aus den Properties der Klasse generierten Spalten haben sollen:

```
Imports SQLite
```
...

Unsere Beispiel-Klasse *Artikel*:

```
Public Class Artikel
    Implements INotifyPropertyChanged

    Public Sub New()
    End Sub
```

Ein Konstruktor zum einfachen Erstellen neuer Instanzen:

```
    Public Sub New(bezeichnung As String, preis As Double)
        Me._bezeichnung = bezeichnung
        Me._preis = CSng(preis)
        Me._anzahl = 0
        Me._ausverkauft = True
    End Sub
```

Unser Primärschlüssel (ein Zählerwert):

```
    Private _id As Integer
    <SQLite.AutoIncrement, PrimaryKey> _
    Public Property Id() As Integer
        Get
            Return _id
        End Get
        Set(value As Integer)
            _id = value
            Me.NotifyPropertyChanged("Id")
        End Set
    End Property
```

Ein indiziertes Textfeld in der Datenbank mit der Länge 100:

```
    Private _bezeichnung As String
    <Indexed, MaxLength(100)> _
    Public Property Bezeichnung() As String
        Get
            Return _bezeichnung
```

BEISPIEL 21.43: Erstellen der Datenbank aus VB-Klassen zur Laufzeit

```
        End Get
        Set(value As String)
            _bezeichnung = value
            Me.NotifyPropertyChanged("Bezeichnung")
        End Set
    End Property
```

Ein *Single*-Feld:

```
    Private _preis As Single
    Public Property Preis() As Single
        Get
            Return _preis
        End Get
        Set(value As Single)
            _preis = value
            Me.NotifyPropertyChanged("Preis")
        End Set
    End Property
```

Ein *Integer*-Feld:

```
    Private _anzahl As Integer
    Public Property Anzahl() As Integer
        Get
            Return _anzahl
        End Get
        Set(value As Integer)
            _anzahl = value
            Me.NotifyPropertyChanged("Anzahl")
        End Set
    End Property
```

Ein *Boolean*-Feld:

```
    Public Property Ausverkauft() As Boolean
        Get
            Return _ausverkauft
        End Get
        Set(value As Boolean)
            _ausverkauft = value
            Me.NotifyPropertyChanged("Ausverkauft")
        End Set
    End Property
```

Dieses Feld wird nur in der App benötigt, es gibt keine Entsprechung in der Datenbank:

```
    <Ignore> _
    Public ReadOnly Property ID_Bezeichnung() As String
```

BEISPIEL 21.43: Erstellen der Datenbank aus VB-Klassen zur Laufzeit

```
        Get
            Return _id.ToString() & "_" & Bezeichnung
        End Get
    End Property
```

Für die Anzeige im Listenfeld eine überschriebene *ToString*-Methode:

```
    Public Overrides Function ToString() As String
        Return String.Format("Id:{0} Bez:{1} Preis:{2}", _id, _bezeichnung, _preis)
    End Function
...
```

Wie Sie sehen, besteht Ihre Hauptarbeit im Definieren der Mapperklassen, folgende Attribute sind verfügbar:

- *PrimaryKey*
  Kennzeichnet das Feld als Primärschlüssel.

- *AutoIncrement*
  Erstellt ein Zählerfeld (meist gleichzeitig der Primärschlüssel).

- *Indexed*
  Das Feld soll indiziert werden.

- *MaxLength(<anzahl>)*
  Das Textfeld soll eine maximale Länge von <anzahl> haben. Der Standardwert sind 140 Zeichen.

- *Ignore*
  Dieses Feld wird nicht in der Datenbank gespeichert

Folgende Datentypen werden durch den Mapper unterstützt:

- Integer

- Boolean (intern Integer mit 1=*True*)

- Enumerations (intern *Integer*)

- Gleitkommawerte (intern als *float*)

- String (intern *varchars* mit durch *MaxLength* festgelegter Länge)

- *DateTime*

Ja, ja, einen Enterprise-SQL-Server können Sie so nicht ersetzen, aber das dürfte in den meisten Fällen auch gar nicht Ihr Ziel sein.

Neben obigem Weg gibt es auch einen anderen: Sie erstellen die Datenbank bereits fix und fertig und liefern eine leere Version davon mit der App aus. Diese Datenbank befindet sich zunächst im

Installationsverzeichnis der App, das bekanntermaßen schreibgeschützt ist. Sie müssen also nur Sorge dafür tragen, diese Datei in das App-Datenverzeichnis zu kopieren.

BEISPIEL 21.44: Datenbank-Vorlage aus dem Installations- in das Datenverzeichnis kopieren

```vb
Imports SQLite
Imports Windows.ApplicationModel
Imports Windows.Storage
Imports System.Threading.Tasks
...
    Private Async Sub BasicPage1_Loaded(sender As Object, e As RoutedEventArgs)
        If Not Await ApplicationData.Current.LocalFolder.FileExistsAsync("firma.db") Then
            Dim file As StorageFile = Await _
                Package.Current.InstalledLocation.GetFileAsync("Vorlage_firma.db")
            Await file.CopyAsync(ApplicationData.Current.LocalFolder, "firma.db")
        End If
        db = New SQLite.SQLiteConnection(Path.Combine( _
            Windows.Storage.ApplicationData.Current.LocalFolder.Path, "firma.db"))
...
```

Vermutlich werden Sie vergebens nach der Methode *FileExistsAsync* Ausschau halten, denn diese schreiben wir uns selbst:

```vb
Imports Windows.Storage
Module Erweiterungsmethoden
    <System.Runtime.CompilerServices.Extension> _
    Public Async Function FileExistsAsync(folder As StorageFolder,
                                          filename As String) As Task(Of Boolean)
        Try
            Await folder.GetFileAsync(filename)
            Return True
        Catch generatedExceptionName As Exception
            Return False
        End Try
    End Function
End Module
```

HINWEIS: Mit dem SQLite-Administrator (siehe *http://sqliteadmin.orbmu2k.de/*) können Sie die Datenbanken komfortabel entwerfen.

21.4.5 Wie werden die Daten manipuliert?

An dieser Stelle halten wir uns mit weitschweifigen Ausführungen zurück, ein kleines Beispiel soll genügen.

HINWEIS: Wesentlich mehr zum Thema Datenbanken finden Sie in unserem Buch [Datenbank-programmierung mit Visual VB 2012] aus dem Microsoft Press-Verlag.

```vb
...
    Private Async Sub BasicPage1_Loaded(sender As Object, e As RoutedEventArgs)
...
        db = New SQLite.SQLiteConnection(Path.Combine( _
                Windows.Storage.ApplicationData.Current.LocalFolder.Path, "firma.db"))
        db.CreateTable(Of Artikel)()
```

Wir fragen die Anzahl der Datensätze in der Tabelle *Artikel* ab:

```vb
        Dim anzahl As Integer = db.ExecuteScalar(Of Integer)("SELECT COUNT(*) FROM artikel")
```

Sind keine Datensätze vorhanden, erstellen wir vier neue Einträge:

```vb
        If anzahl = 0 Then
            db.RunInTransaction(Sub()
                                    db.Insert(New Artikel("Kuchenhörnchen", 1.45))
                                    db.Insert(New Artikel("Brötchen", 0.46))
                                    db.Insert(New Artikel("Brot", 1.99))
                                    db.Insert(New Artikel("Eis rot", 1.35))
                                End Sub)
        End If
```

Wir fragen die komplette Tabelle ab und zeigen diese an:

```vb
        artikeltabelle = db.Table(Of Artikel)()
        ListBox1.ItemsSource = artikeltabelle
    End Sub
...
```

Einen einzelnen Artikel einfügen und die Tabelle erneut abfragen:

```vb
    Private Sub Button_Click_2(sender As Object, e As RoutedEventArgs)
```

Artikel erzeugen:

```vb
        Dim art As New Artikel("Weissbrot", 1.66)
```

In der Datenbank speichern:

```vb
        db.Insert(art)
```

Den Autowert abfragen:

```vb
        Debug.WriteLine("Der neue Autowert ist: " & art.Id.ToString())
        artikeltabelle = db.Table(Of Artikel)()
        ListBox1.ItemsSource = artikeltabelle
    End Sub
```

Wir löschen den ersten Artikel in der Liste:

```vb
    Private Sub Button_Click_3(sender As Object, e As RoutedEventArgs)
        db.Delete(artikeltabelle.First())
```

> **BEISPIEL 21.45: Manipulieren der SQLite-Datenbank**
>
> Tabelle erneut abfragen und anzeigen:
>
> ```
>         artikeltabelle = db.Table(Of Artikel)()
>         ListBox1.ItemsSource = artikeltabelle
>     End Sub
> ```
>
> Wir fragen alle Artikel ab, die einen Preis größer 1,4 Euro haben:
>
> ```
>     Private Sub Button_Click_4(sender As Object, e As RoutedEventArgs)
>         ListBox1.ItemsSource = db.Query(Of Artikel)( _
>                         "SELECT * FROM artikel WHERE preis > 1.4")
>     End Sub
> ...
> ```

21.5 Vertrieb der App

Kommen wir noch kurz zum Thema "Distribution von Windows 8-Apps". An dieser Stelle werden wir es unterlassen, uns in epischer Länge mit all den Restriktionen, Vorgaben, Preismodellen und Lizenzierungsarten für die Distribution von Apps über den Windows Store zu befassen. Auch den Prozess nach der Übertragung des App-Package an den Store lassen wir "links liegen", hier sind in der nächsten Zeit sicher noch Änderungen zu erwarten.

Wir wollen hingegen kurz auf die beiden relevanten Varianten der App-Distribution eingehen:

- Vertrieb über den Windows Store (kostenlos oder kostenpflichtig),

- Distribution/Installation in firmeneigenen Netzwerken per Sideloading.

21.5.1 Verpacken der App

Erster Schritt beim Verteilen ist das Verpacken der App in einem Container, dem so genannten App-Package. Bei diesem handelt es sich eigentlich um eine ZIP-Datei, die aus der EXE, den Ressourcen, der Signatur, sowie der Manifestdatei besteht.

HINWEIS: Grundvoraussetzung für das weitere Vorgehen ist zunächst eine fehlerfrei[1] lauffähige App, die als **Release** kompiliert wurde.

Sie könnten natürlich alle Schritte zum fertigen Package auch an der Kommandozeile realisieren (VB-/C#-Compiler, *MakeAppx.exe*, *Signtool.exe*), wir gehen jedoch ganz einfach mal davon aus, dass Sie mit Visual Studio arbeiten und sich so eine Menge Arbeit ersparen.

Erstellen Sie also zunächst am besten die Projektmappe neu (*Erstellen|Projektmappe neu erstellen*) und achten Sie darauf, dass die Konfiguration auf *Release* gestellt ist.

---

[1] So weit man dies bei Software überhaupt sagen kann.

Wählen Sie nun den Menüpunkt *Projekt|Store|App-Pakete erstellen*. Es erscheint ein entsprechen-
der Assistent, der Sie durch die einzelnen Etappen führt:

Hier haben Sie die Auswahl, ob Sie einen Paket für den Shop oder für eine lokale Distribution
erstellen wollen. Wählen Sie zunächst die zweite Variante. Nachfolgend wählen Sie das Ausgabeverzeichnis, die Versionsnummer und die Architektur aus:

Nach dem Klick auf "Erstellen" ist nach wenigen Sekunden das Verpacken abgeschlossen, und Sie
können die Dateien im Ausgabeverzeichnis in Augenschein nehmen.

HINWEIS: Alternativ können Sie jetzt auch eine Prüfung durch das *Windows App Certification Kit* starten, siehe dazu den folgenden Abschnitt 21.5.2.

Im Ausgabeverzeichnis finden Sie eine Uploadpackage und ein Unterverzeichnis vor, in dem alle Dateien für eine lokale Distribution enthalten sind:

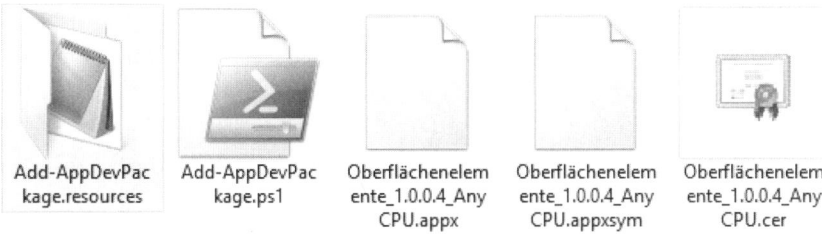

Add-AppDevPac   Add-AppDevPac   Oberflächenelem   Oberflächenelem   Oberflächenelem
kage.resources   kage.ps1   ente_1.0.0.4_Any   ente_1.0.0.4_Any   ente_1.0.0.4_Any
   CPU.appx   CPU.appxsym   CPU.cer

Die Dateien im Einzelnen:

- ein Powershell-Skript zur Installation (*Add-AppDevPackage.ps1*)

- das eigentliche App-Package (**.appx*)

- die optionale Symboldatei für die App (**.appsym*)

- ein Zertifikat für die spätere Installation der App (**.cer*)

Bevor wir zur Installation mittels des obigen PowerShell-Skripts kommen, wollen wir uns noch die Verwendung des *Windows App Certification Kit* ansehen.

21.5.2   Windows App Certification Kit

 Um eine erste Prüfung der App bereits auf dem PC des Entwicklers zu ermöglichen, stellt Microsoft den Entwicklern das *Windows App Certification Kit* zur Verfügung. So müssen Sie für eine erste Prüfung auf Kompatibilität die App nicht erst im Shop einreichen, sondern können diesen Prozess schon einmal vorab auf Ihrem System durchlaufen. Rufen Sie die Anwendung entweder direkt auf oder aus dem Package-Assistenten heraus.

Wählen Sie nach dem Start den ersten Menüpunkt "Windows Store-App prüfen". Nachfolgend durchsucht das Certification Kit Ihr System und listet alle verfügbaren Apps auf. Wählen Sie Ihre App aus und starten die den Test-Prozess.

HINWEIS: Nachfolgend sollten Sie am besten eine Tasse Kaffee trinken und den PC nicht berühren, Ihre App wird mehrfach gestartet und beendet, Tasteneingaben in anderen Anwendungen könnten das Testergebnis verfälschen.

Nach einige Zeit werden Sie zur Eingabe eines Dateinamens aufgefordert, in dieser Datei werden die Ergebnisse der Prüfung gesichert. Das endgültige Ergebnis wird Ihnen bereist hier angezeigt:

Das Testergebnis im Einzelnen (Ausschnitt):

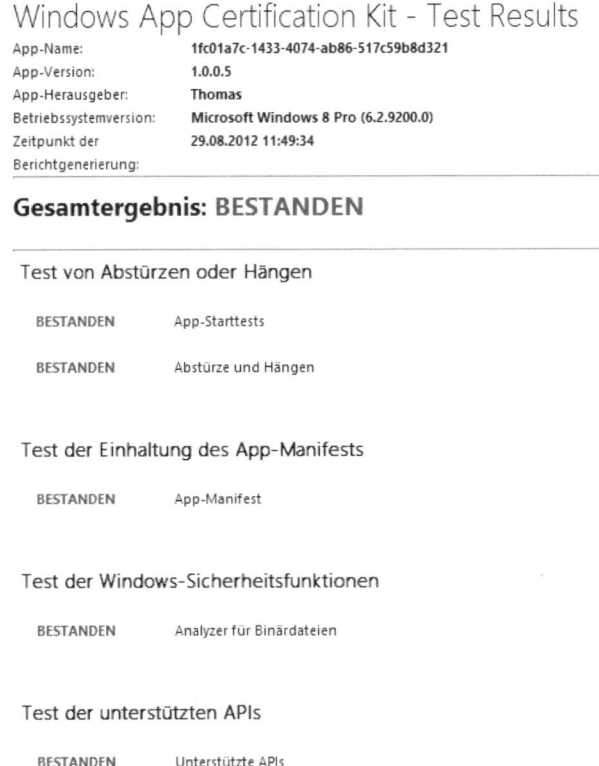

Nutzen Sie die Hinweise des Tests, um Ihre App für den erfolgreichen Vertrieb vorzubereiten. Verwenden Sie möglichst einen Computer (bzw. Tablet), der am unteren Ende der Leistungsskala steht (Bildschirmgröße, Arbeitsspeicher, Prozessor). Nur so können Sie sicherstellen, dass Ladezeiten eingehalten werden und Darstellungsgrößen ausreichend sind. Testen Sie in jedem Fall auch die reine Toucheingabe bei unterschiedlichen Bildschirmgrößen, um eine exakte und einfache Bedienung zu garantieren.

HINWEIS: Wollen Sie Apps professionell entwickeln und weitergeben, müssen Sie sich ein eigenes Zertifikat von einer vertrauenswürdigen Zertifizierungsstelle besorgen. Dieses können Sie dann über den Manifestdatei-Assistenten (Seite *Verpacken*) aus dem Zertifikatsspeicher dem Projekt zuweisen. Andernfalls arbeiten Ihre Projekte nur mit einem temporären Zertifikat, das Sie nicht für eine Weitergabe nutzen sollten.

21.5.3 App-Installation per Skript

Geht es um die eigentliche Weitergabe, können Sie Ihre App unter Verwendung eines Entwicklerkontos im Windows Store einreichen. Ein alternativer Weg steht Ihnen als Entwickler und Firmenkunde offen. Die Rede ist von der sogenannten Sideloading-Installation, die ohne den Windows Store auskommt. Bevor Sie sich jetzt zu früh freuen, sollten Sie einen Blick auf die Voraussetzungen werfen:

- Die App muss signiert sein.

- Der Ziel-PC muss dem Zertifikat vertrauen.

- Die Gruppenrichtlinie "Allow all trusted applications to install" muss aktiviert sein.

- Der Ziel-PC muss entweder über eine Entwicklerlizenz verfügen (diese kann jederzeit abgerufen werden, ist aber nicht lange gültig) oder Sie verfügen über einen entsprechend freigeschalteten PC (Windows 8 Enterprise Edition und Windows 8 Server Edition), der einer Domain zugeordnet ist. Andere Windows 8 Versionen müssen mit einem speziellen Key für die Installation freigeschaltet werden.

Sind diese Voraussetzungen erfüllt, können Sie das vom Package-Assistenten erstellte Verzeichnis auf den Ziel-PC kopieren und durch den Aufruf des PowerShell-Skripts installieren. Nach etlichen Sicherheitsabfragen und Bestätigungen (Änderung Gruppenrichtlinie, Installation des Zertifikats) ist es dann so weit, Ihre App wurde installiert:

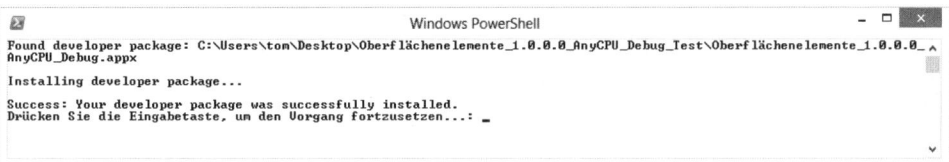

Alternativ können Sie auch App-Packages in Windows-Installationen integrieren, aber dies würde hier zu weit führen.

21.6   Ein Blick auf die App-Schwachstellen

So schön die Entwicklung und der Vertrieb von Windows 8-Apps auch sein mag, so unangenehm sind leider auch einige Schwachstellen, die sich aus Sicht des Entwicklers offenbaren. Zwar sind die Apps untereinander und auch vom System vorbildlich getrennt, die App selbst ist aber relativ schutzlos auf dem Zielsystem des Anwenders installiert. Dies betrifft zwei Schwerpunkte:

- das Installationsverzeichnis

- das App-Datenverzeichnis

Sehen wir uns diese einmal genauer an.

21.6.1   Quellcodes im Installationsverzeichnis

Haben Sie schon .NET-Apps entwickelt, ist Ihnen eine Schwachstelle von .NET-Programmen sicher geläufig: Mit geeigneten Tools (.NET-Reflector, ILSpy etc.) können Sie problemlos einen Blick in die Arbeit anderer Programmierer werfen. Sie haben die freie Wahl der Programmiersprache, lediglich die Variablennamen bleiben bei dieser Form der Neugier auf der Strecke. Leider ist dies für aufwändige Algorithmen, die in mühseliger Kleinarbeit erstellt wurden, nicht unbedingt immer gewünscht. Wie sieht es eigentlich mit dieser Problematik im Zusammenhang mit den Windows 8-Apps aus?

Ja, also ... im Prinzip ... ähm ... also um es kurz zu machen, versuchen Sie mal auf das Verzeichnis

```
C:\Program Files\WindowsApps\
```

zuzugreifen.

Folgende Meldung begrüßt Sie:

Das sieht zunächst recht gut aus, doch lassen Sie sich von dem Geplänkel nicht abschrecken:

- Setzen Sie die Gruppe *Administratoren* als Besitzer des Ordners ein[1].

- Übernehmen Sie alle Rechte für die Gruppe *Administratoren* (Vollzugriff).

- Greifen Sie auf das Verzeichnis mit vollen Rechten zu.

Ein Blick hinein:

Name	Änderungsdatum	Typ
Deleted	16.08.2012 11:11	Dateiordner
EscapistGamesLimited.StarChart_1.0.0.4_x64__bxnn6rhny0m66	07.08.2012 08:47	Dateiordner
informare.Stundenplan_1.0.0.0_neutral_vbzssjard3vf6	10.08.2012 22:47	Dateiordner
Microsoft.BingFinance_1.1.1.43_x64__8wekyb3d8bbwe	01.06.2012 09:19	Dateiordner
Microsoft.BingMaps_1.1.1.41_x64__8wekyb3d8bbwe	01.06.2012 09:19	Dateiordner
Microsoft.BingNews_1.1.1.41_x64__8wekyb3d8bbwe	01.06.2012 09:19	Dateiordner
Microsoft.BingSports_1.1.1.45_x64__8wekyb3d8bbwe	01.06.2012 09:19	Dateiordner
Microsoft.BingTravel_1.1.1.45_x64__8wekyb3d8bbwe	01.06.2012 09:19	Dateiordner
Microsoft.BingWeather_1.1.1.40_x64__8wekyb3d8bbwe	01.06.2012 09:19	Dateiordner
Microsoft.Camera_6.2.8376.0_x64__8wekyb3d8bbwe	01.06.2012 09:19	Dateiordner
Microsoft.FreshPaint_1.0.12174.3_x86__8wekyb3d8bbwe	20.08.2012 09:34	Dateiordner
Microsoft.Media.PlayReadyClient_2.3.1635.0_x64__8wekyb3d8bbwe	01.06.2012 09:19	Dateiordner
Microsoft.Media.PlayReadyClient_2.3.1635.0_x86__8wekyb3d8bbwe	01.06.2012 09:19	Dateiordner
microsoft.microsoftskydrive_16.4.3364.511_x64__8wekyb3d8bbwe	01.06.2012 09:19	Dateiordner
Microsoft.Reader_6.2.8379.0_x64__8wekyb3d8bbwe	01.06.2012 09:19	Dateiordner
Microsoft.VCLibs.110.Debug_11.0.50522.1_x64__8wekyb3d8bbwe	01.06.2012 12:47	Dateiordner
Microsoft.VCLibs.110.Debug_11.0.50522.1_x86__8wekyb3d8bbwe	01.06.2012 12:47	Dateiordner
Microsoft.VCLibs.110_11.0.50503.1_x64__8wekyb3d8bbwe	01.06.2012 09:19	Dateiordner

Ah, oh – das sind ja alle installierten Anwendungen! Aber es kommt noch besser. Im folgenden Beispiel haben wir uns mit der .NET-App *Stundenplan* näher beschäftigt:

- AppxMetadata
- Assets
- Common
- Controls
- App.xaml
- AppxBlockMap.xml
- AppxManifest.xml
- AppxSignature.p7x
- informare.WinRT.Tools.dll
- MainPage.xaml
- resources.pri
- Stundenplan.exe

---

[1] Wer nicht weiß, wie es geht, sollte die Finger davon lassen ...

- Die im Verzeichnis enthaltene EXE und die DLL können mit ILSpy **komplett** und problemlos analysiert werden.

- Alle *Pages*, *UserControls* etc. liegen als **einzelne XAML-Dateien** in diesem Verzeichnis und können mit einem normalen Texteditor durchgesehen bzw. bearbeitet werden.

- Alle Ressourcen (Bilder, Styles) sind als einzelne Dateien frei zugänglich.

Mit obigen Informationen dürfte es keine Stunde dauern, um ein kompilierfähiges Projekt auf dem eigenen PC zu erstellen. Da freut sich der Plagiator, schade um das darin steckende Know-how ...!

Alternativ können Sie ja auch mal an den XAML-Dateien herumbasteln und diese speichern. Nach einem Neustart der App werden Sie feststellen, dass Ihre Änderungen übernommen wurden. Derartige "Nachbearbeitungen" dürften wohl kaum im Sinne des Entwicklers sein.

21.6.2 Zugriff auf den App-Datenordner

Neben obiger Schwachstelle sollten Sie sich auch mit dem Fakt vertraut machen, dass Ihre App zwar nicht überall zugreifen darf, dies gilt jedoch nicht für den Anwender. Dieser kann ganz schnell auf den App-Datenordner (*\\Users\<Anwendername>\AppData\Local\Packages\<App-ID>*) zugreifen.

Ist es für den Entwickler naheliegend, in diesem Ordner zum Beispiel Initialisierungsdaten, Nutzerdaten etc. abzulegen, kann dies durch einen Nutzereingriff schnell zum Problem für den Entwickler werden.

Stellen Sie sich einfach das Szenario eines Spiele-Entwicklers vor, der für eine Test-App mit begrenzter Levelzahl/Punktezahl Spielstände in diesem Ordner ablegt. Allein durch das Wiederherstellen, Löschen oder Verändern der Daten könnte der Anwender z.B. unbegrenzt mit dieser App spielen. Da hilft nur das Verschlüsseln der Daten, um unerwünschte Nutzung zu verhindern.

21.7 Praxisbeispiele

21.7.1 Ein Verzeichnis auf Änderungen überwachen

Wer kennt das nicht aus alten Win32-Zeiten – die Möglichkeit, Änderungen von Dateien in einem Verzeichnis zu überwachen. Einfachster Fall: Sie zeigen eine Liste aller Bilder in einem Verzeichnis an. Zwischenzeitlich schaltet der Nutzer zu einer anderen App um (oder zum Desktop) und eine der Dateien wird gelöscht bzw. es wird eine neu hinzugefügt. Ihre Liste ist jetzt nicht mehr aktuell. Genau für diesen Fall bietet sich eine ereignisgesteuerte Verzeichnisüberwachung an, die wir Ihnen im Weiteren vorstellen möchten.

Oberfläche

Fügen Sie einer Seite lediglich eine *ListBox* und zwei Schaltflächen hinzu.:

```
<StackPanel>
    <StackPanel Orientation="Horizontal">
        <Button Click="Button_Click_2">Neuen Ordner erzeugen</Button>
        <Button Click="Button_Click_3">Neue Datei erzeugen</Button>
    </StackPanel>
    <ListBox Name="ListBox1"/>
</StackPanel>
```

Quellcode

Öffnen Sie die Datei *BasicPage1.xaml.vb* und nehmen Sie folgende Erweiterungen vor:

```
...
Imports Windows.Storage
Imports Windows.Storage.Search
Imports Windows.UI.Xaml.Navigation


Public NotInheritable Class BasicPage1
    Inherits Common.LayoutAwarePage
```

Eine Instanz unserer *StorageFileQuery*:

```
Private query As StorageFileQueryResult
```

Mit dem Öffnend der Seite erzeugen wir zunächst eine Dateilistenabfrage für das App-Datenverzeichnis:

```
Protected Overrides Async Sub OnNavigatedTo(e As NavigationEventArgs)
    Dim queryOptions As New QueryOptions(CommonFileQuery.DefaultQuery, Nothing)
```

Mit Unterverzeichnissen:

```
queryOptions.FolderDepth = FolderDepth.Deep
queryOptions.IndexerOption = IndexerOption.UseIndexerWhenAvailable
```

Abfrage erzeugen:

```
query = ApplicationData.Current.LocalFolder.CreateFileQueryWithOptions(queryOptions)
```

Ereignishandler registrieren:

```
AddHandler query.ContentsChanged, AddressOf query_ContentsChanged
```

Dieser Aufruf ist wichtig, die Überwachung wird erst nach diesem Aufruf gestartet:

```
Await query.GetFilesAsync()
```

Hier finden Sie den Dateipfad für manuelle Änderungen per Explorer:

```
Debug.WriteLine("Ändern Sie das Verzeichnis: " + _
        ApplicationData.Current.LocalFolder.Path)
End Sub
```

Unser Ereignishandler (wir müssen auf den Vordergrundthread umschalten, das Ereignis wird extern ausgelöst):

```
Private Async Sub query_ContentsChanged(sender As IStorageQueryResultBase, args As Object)
    Await Dispatcher.RunAsync(Windows.UI.Core.CoreDispatcherPriority.Normal, Async Sub()
```

Wir rufen die neue Dateiliste ab:

```
                        ListBox1.Items.Clear()
                        For Each f In Await query.GetFilesAsync()
                            ListBox1.Items.Add("Änderung: " + f.Path)
                        Next
                    End Sub)
End Sub
```

Ein Verzeichnis testweise erzeugen:

```
Private Async Sub Button_Click_2(sender As Object, e As RoutedEventArgs)
    Dim folder As StorageFolder = _
        Await ApplicationData.Current.LocalFolder.CreateFolderAsync("Testordner",
        CreationCollisionOption.GenerateUniqueName)
End Sub
```

Eine Datei testweise erzeugen:

```
Private Async Sub Button_Click_3(sender As Object, e As RoutedEventArgs)
    Dim file As StorageFile = Await _
        ApplicationData.Current.LocalFolder.CreateFileAsync("Hallo.txt",
        CreationCollisionOption.GenerateUniqueName)
End Sub
```

Test

Starten Sie die App und klicken Sie auf die beiden Schaltflächen. Mit etwas Verzögerung sollte die Änderung durch Ihre App registriert werden, die Dateiliste wird aktualisiert.

Sie können die Änderungen auch vom Desktop aus vornehmen, den Verzeichnispfad finden Sie im Debug-Fenster. Doch hier lauert dann auch schon das Problem:

HINWEIS: Läuft Ihre App im Hintergrund, werden Änderungen erst registriert, wenn die App wieder im Vordergrund steht (Sie erinnern sich ... Suspended). Stehen Ihnen zwei Bildschirme zur Verfügung, können Sie Ihre App im einen und den Desktop im anderen Bildschirm darstellen. Änderungen per Desktop wirken sich jetzt auch sofort auf die App aus (diese ist ja im Vordergrund).

21.7.2 Eine App als Freigabeziel verwenden

Soll Ihre App Daten von anderen Apps empfangen, können Sie entweder die Zwischenablage einsetzen oder Sie nutzen die *Teilen*-Funktion. Während das eigentliche Teilen, d.h. Freigeben der Daten, in weiten Teilen mit der Verwendung der Zwischenablage übereinstimmt, müssen Sie beim Zugriff auf die geteilten Daten schon etwas mehr Aufwand treiben.

Unser Beispielprogramm beschränkt sich auf die Anzeige von

- Dateilisten,

- Texten

- und Bitmap-Daten.

Oberfläche

Erstellen Sie eine neue App und fügen Sie zwei Seiten hinzu. *BasicPage1.xaml* stellt die standardmäßig angezeigte Seite dar, wie sie beim normalen Starten der App angezeigt wird. *InsertPage.xaml* ist die Bedienoberfläche, die im Teilen-Flyout erscheint. Hier zeigen wir die übergebenen Daten mittels *ListBox* und *Image*-Control an:

```
<ScrollViewer VerticalScrollBarVisibility="Auto" HorizontalScrollBarVisibility="Auto"
        Margin="50" Grid.Row="0" ZoomMode="Disabled">


    <StackPanel>
        <ListView Name="ListBox1" Width="400" Height="200"/>
        <Image Name="Image1" Height="200" />
        <Button Click="Button_Click_2" Name="Button2">Verarbeiten</Button>
    </StackPanel>

</ScrollViewer>
```

Mit der Schaltfläche wird später die Share-Operation abgeschlossen.

Legen Sie das Layout der Seite so an, dass Sie mit dem schmaleren Flyout-Fenster klarkommen, in welchem Ihre App angezeigt wird, hier haben Sie ausnahmsweise mal nicht den kompletten Bildschirm für sich zur Verfügung (Beispiel siehe folgende Abbildung).

Nachfolgend kommt der größere Teil der Arbeit auf Sie zu, das Auswerten der Daten.

HINWEIS: Hier sollten Sie mit Fehlerbehandlung nicht sparen, ob die gelieferten Daten korrekt sind, stellt sich nämlich erst hier heraus.

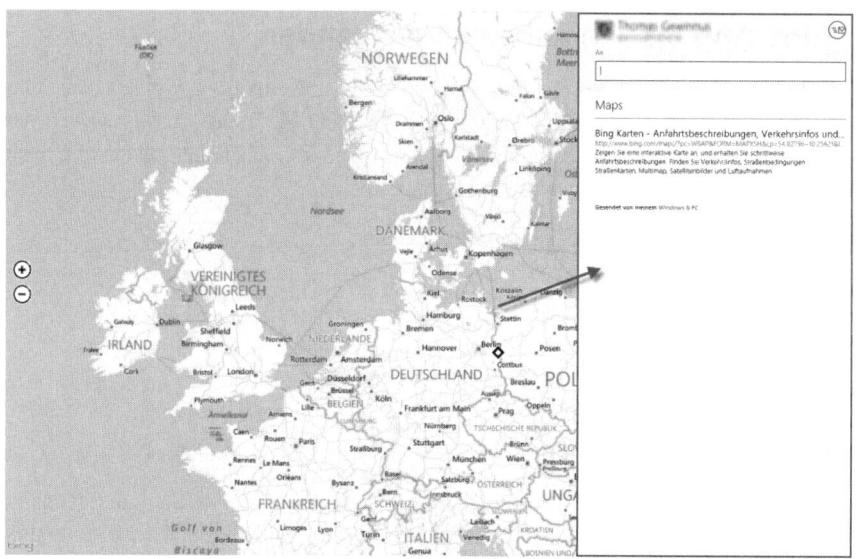

Registrieren der App als Freigabeziel

Um Ihre App als Datenempfänger zu kennzeichnen, muss der Manifestdatei *Package.appxmanifest* zunächst die Deklaration *Zielfreigabe* hinzugefügt werden. Wählen Sie in der linken Liste den entsprechenden Eintrag und klicken Sie auf "Hinzufügen":

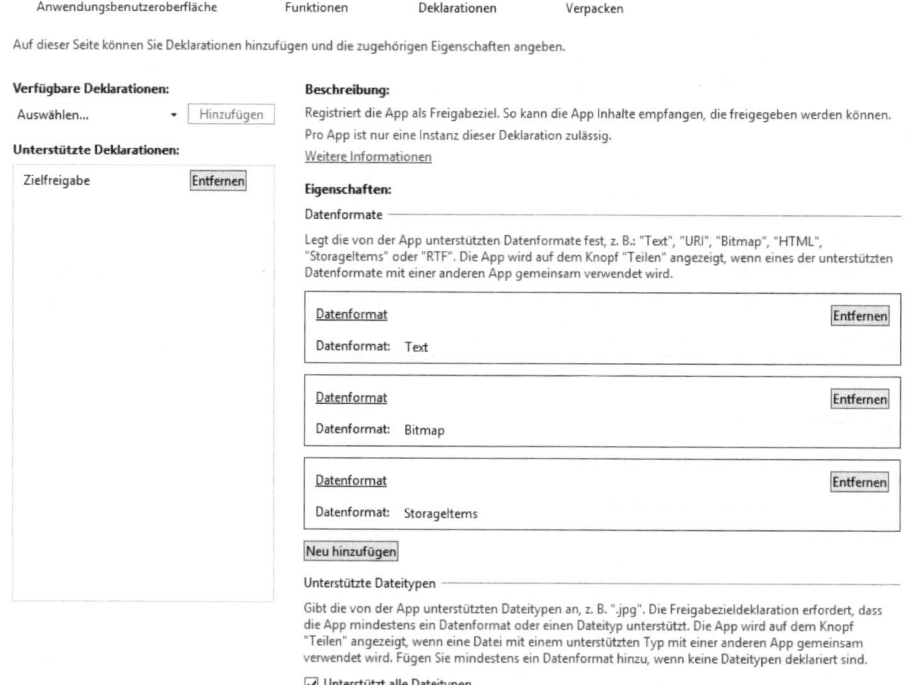

In obiger Eingabemaske können Sie jetzt gleich noch die von Ihrer App unterstützten Datenformate hinzufügen. Ihre App wird später nur dann im Charmbar angezeigt, wenn die freigegebenen Daten mit den obigen Datentypen übereinstimmen.

Sollen auch Dateien (Datenformat *StorageItems*) ausgetauscht werden, sollten Sie zusätzlich definieren, welche Dateitypen bei dieser Operation zulässig sind. Hier können Sie entweder die Typen einzeln aufführen oder Sie setzen ein Häkchen bei "Unterstützt alle Dateitypen".

Damit ist Ihre App aus WinRT-Sicht als Ziel von Datenfreigaben vorbereitet, Ihre App würde jetzt auch schon als Ziel angezeigt werden. Doch es fehlt noch der eigentliche Eintrittspunkt in die App, d.h. die Methode, die im Zusammenhang mit der Share-Operation in Ihrer App aufgerufen wird.

Quellcode (App.xaml.vb)

Wir implementieren zunächst den Eintrittspunkt *OnShareTargetActivated*. Öffnen Sie die Datei *App.xaml.vb* und fügen Sie folgende Methode hinzu:

```
Protected Overrides Sub OnShareTargetActivated(args As ShareTargetActivatedEventArgs)
    Dim rootFrame = New Frame()
    rootFrame.Navigate(GetType(InsertPage), args.ShareOperation)
    Window.Current.Content = rootFrame
    Window.Current.Activate()
End Sub
```

Unabhängig von der aktuell angezeigten Seite öffnen wir eine neue Seite für die Anzeige der Share-Informationen. Als Parameter wird ein *ShareOperation*-Objekt übergeben, über dieses werten wir dann die übergebenen Daten aus.

Quellcode (InsertPage.xaml.vb)

In unserer Beispiel-App wollen wir die Daten lediglich in einer *ListBox* bzw. einem *Image*-Control anzeigen, um das Grundprinzip der Datenabfrage zu demonstrieren.

Die obligatorischen Namespaces rund um den Datentransfer:

```
...
Imports Windows.ApplicationModel.DataTransfer
Imports Windows.ApplicationModel.DataTransfer.ShareTarget
Imports Windows.Storage.Streams
Imports Windows.UI.Xaml.Media.Imaging
Imports Windows.UI.Xaml.Navigation

Public NotInheritable Class InsertPage
    Inherits Common.LayoutAwarePage
```

Das folgende Objekt nimmt das an die Seite übergebene *ShareOperation*-Objekt auf:

```
Private shareop As ShareOperation
```

Mit dem Öffnen der Seite rufen wir zunächst den Übergabeparameter ab und speichern diesen:

```
Protected Overrides Async Sub OnNavigatedTo(e As NavigationEventArgs)
    shareop = DirectCast(e.Parameter, ShareOperation)
```

Dem System mitteilen, dass wir die Share-Operation gestartet haben:

```
shareop.ReportStarted()
```

Wir werten die Informationen über den Datenlieferanten aus:

```
ListBox1.Items.Add("Title: " + shareop.Data.Properties.Title)
ListBox1.Items.Add("Description: " + shareop.Data.Properties.Description)
```

Auswerten auf Textformat:

```
If shareop.Data.Contains(StandardDataFormats.Text) Then
    Try
```

Text anzeigen:

```
        ListBox1.Items.Add("Text = " + Await shareop.Data.GetTextAsync())
    Catch ex As Exception
        ListBox1.Items.Add("Error: " + ex.Message)
    End Try
End If
```

Auswerten, ob eine Dateiliste übergeben wurde:

```
If shareop.Data.Contains(StandardDataFormats.StorageItems) Then
    ListBox1.Items.Add("Dateien: ")
    Try
```

Die Dateiliste durchlaufen und die kompletten Dateinamen anzeigen:

```
        Dim items = Await shareop.Data.GetStorageItemsAsync()
        For Each item In items
            ListBox1.Items.Add(item.Path)
        Next
    Catch ex As Exception
        ListBox1.Items.Add("Error: " + ex.Message)
    End Try
End If
```

Wie schon bei der Zwischenablage macht uns auch hier die Bitmap die meiste Arbeit:

```
If shareop.Data.Contains(StandardDataFormats.Bitmap) Then
    ListBox1.Items.Add("Bitmap: ")
    Try
```

IRandomAccessStreamReference abrufen, *BitmapImage* erstellen, Stream als Datenquelle für das *BitmapImage* erstellen und zuweisen, *BitmapImage* als Datenquelle für das *Image*-Control festlegen:

```
If shareop.Data.Contains(StandardDataFormats.Bitmap) Then
    ListBox1.Items.Add("Bitmap: ")
```

```
        Try
            Dim imgdata As IRandomAccessStreamReference = _
                        Await shareop.Data.GetBitmapAsync()
            If imgdata IsNot Nothing Then
                Dim bi As New BitmapImage()
                bi.SetSource(Await imgdata.OpenReadAsync())
                Image1.Source = bi
            End If
        Catch ex As Exception
            ListBox1.Items.Add("Error: " + ex.Message)
        End Try
    End If
```

Hier können wir dem System die erfolgreiche Datenübernahme mitteilen:

```
    shareop.ReportDataRetrieved()
End Sub
```

Im Normalfall wird der Nutzer eine Aktion in diesem Fenster auslösen (Email versenden etc.), wir belassen es beim Ändern der Schaltflächenbeschriftung. Mit dem Aufruf *ReportCompleted* wird die Seite geschlossen, die Share-Operation ist abgeschlossen:

```
Private Sub Button_Click_2(sender As Object, e As RoutedEventArgs)
    Button2.Content = "Verarbeitet ..."
    shareop.ReportCompleted()
End Sub
End Class
```

Test

Starten Sie die App zunächst einmal, um sie im System zu registrieren. Sie können sie nachfolgend entweder schließen oder geöffnet lassen. Starten Sie jetzt eine App mit Unterstützung für die Teilen-Funktion (z.B. unser Beispielprogramm aus dem Abschnitt 21.2.2).

Rufen Sie den Charmbar und die Funktion *Teilen* auf, sollte unsere App angezeigt werden:

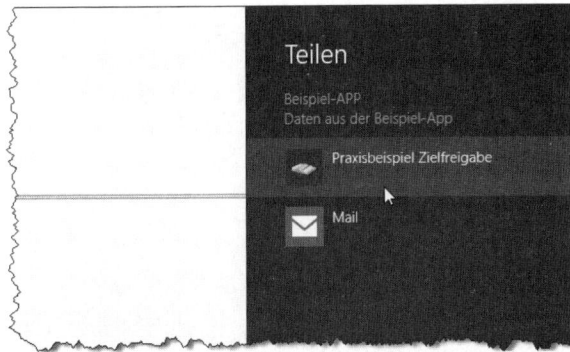

Klicken Sie darauf, wird nach einem Augenblick unsere App in einem modalen Flyout präsentiert:

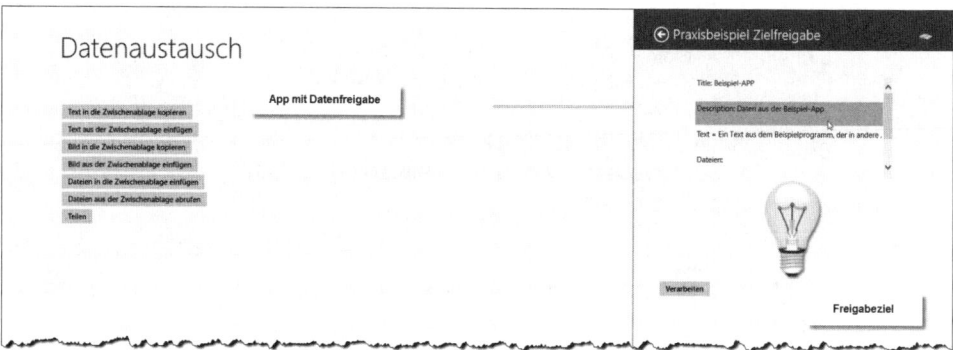

Die Daten sollten entsprechend ausgewertet und angezeigt werden.

21.7.3 ToastNotifications einfach erzeugen

Suchen Sie einen einfachen und vor allem komfortablen Weg um Popup-Benachrichtigungen anzuzeigen, so schreiben Sie sich doch einfach eine eigene Klasse dafür.

HINWEIS: Die Grundlagen und die Verwendung dieser Klasse werden im Abschnitt 21.3.2 ab
Seite 1088 beschrieben.

Unsere Aufgabe: Abhängig von den übergebenen Eigenschaften muss ein XML-Dokument erzeugt
werden, das zum Beispiel folgenden Aufbau hat:

```
<toast duration="long">
  <visual version="1">
    <binding template="toastImageAndText02">
      <text id="1">Meine Kopfzeile</text>
      <text id="2">Hier wird ein Bild angezeigt!</text>
      <image id="1" src="bulbon.png" alt="Bild" />
    </binding>
  </visual>
  <audio silent="true" />
</toast>
```

Quellcode

```
Imports System.Linq
Imports Windows.Data.Xml.Dom
Imports Windows.UI.Notifications

Namespace DOKO
    Class ToastNotificationFactory
```

Interne Instanz der *ToastNotification* (für die Methode *Hide*) speichern:

```
        Private _toast As ToastNotification
```

Unsere Schnittstelle nach außen:

```
    Public Property Kopfzeile() As String
...
    Public Property Textzeile1() As String
...
    Public Property Textzeile2() As String
...
    Public Property Bild() As String
...
    Public Property Parameter() As String
...
    Public Property LongRunning() As Boolean
...
    Public Property SoundLoop() As Boolean
...
    Private m_SoundLoop As Boolean
...
    Public Property Sound() As String
...
```

HINWEIS: Alle Eigenschaften sind optional bzw. werden im Konstruktor initialisiert. Sie müssen mindestens eine Textzeile parametrieren. Die weiteren möglichen Varianten entnehmen Sie dem Abschnitt 21.3.2.

Der Standardkonstruktor zum Initialisieren der Werte:

```
    Public Sub New()
        Kopfzeile = ""
        Textzeile1 = ""
        Textzeile2 = ""
        Bild = ""
        Parameter = ""
        LongRunning = False
        SoundLoop = False
        Silent = False
        Sound = "ms-winsoundevent:Notification.Looping.Alarm"
    End Sub
```

Eine Überladung des Konstruktors mit optionalen Parametern erlaubt eine schnellere Definition der *ToastNotification*:

```
    Public Sub New(kopfzeile__1 As String, Optional textzeile1__2 As String = "",
                               Optional textzeile2__3 As String = "")
        Kopfzeile = kopfzeile__1
        Textzeile1 = textzeile1__2
        Textzeile2 = textzeile2__3
        Bild = ""
        Parameter = ""
        LongRunning = False
```

```
            SoundLoop = False
            Silent = False
            Sound = "ms-winsoundevent:Notification.Looping.Alarm"
    End Sub
```

Über diese Eigenschaft können Sie abfragen, ob Popup-Benachrichtigungen überhaupt angezeigt werden und wenn nein, warum:

```
    Public ReadOnly Property Setting() As NotificationSetting
        Get
            Return ToastNotificationManager.CreateToastNotifier().Setting
        End Get
    End Property
```

Hier haben wir es mit dem Herzstück der Klasse zu tun. Diese Methode erstellt in Abhängigkeit der vorgegebenen Parameter den korrekten XML-Code für die *ToastNotification*. Dazu ist es vor allem wichtig, welches Template gewählt wird (Text, Text+Überschrift, mit oder ohne Bild etc.). Die Programmlogik versucht dieses aus den Eigenschaften zu ermitteln.

```
    Private Function CreateXML() As String
```

Falls eine Grafik vorhanden ist, ändert sich der Templatename:

```
    Dim templatename As String = "toast"
    If Bild <> "" Then
        templatename += "ImageAnd"
    End If
```

Mit Hilfe geschachtelter *XElement*-Konstruktoren erzeugen wir zunächst ein XML-Dokument:

```
    Dim xe As New XElement("toast", New XElement("visual",
            New XAttribute("version", "1"), New XElement("binding",
            New XAttribute("template", ""))))
```

Der XML-Code bisher:

```
<toast>
  <visual version="1">
    <binding template="" />
  </visual>
</toast>
```

Wir picken uns das Element *binding* heraus, um dieses einzeln weiterzubearbeiten:

```
    Dim bind = xe.Element("visual").Element("binding")
```

Falls ein Parameter vorhanden ist, wird dieser als Attribut eingefügt:

```
    If Parameter <> "" Then xe.Add(New XAttribute("launch", Parameter))
```

Gleiches gilt für die Laufzeit der Anzeige (7 oder 25 Sekunden):

```
    If LongRunning Then xe.Add(New XAttribute("duration", "long"))
```

Die Tonwiedergabe wird über ein zusätzliches Element *audio* gesteuert:

```
If SoundLoop And Not Silent Then _
    xe.Add(New XElement("audio", New XAttribute("loop", "true"),
        New XAttribute("src", Sound)))
```

Falls Ruhe erwünscht ist, geht auch dies:

```
If Silent Then xe.Add(New XElement("audio", New XAttribute("silent", "true")))
```

Ist keine Kopfzeile definiert, wählen wir das passende Template und definieren ein Element für den Text der einzigen Zeile:

```
If Kopfzeile = "" Then
    ' nur body1
    bind.Attribute("template").Value = templatename & Convert.ToString("Text01")
    bind.Add(New XElement("text", New XAttribute("id", "1"), Textzeile1))
Else
```

Hier folgen die alternativen Varianten (siehe Kommentare):

```
If Textzeile2 = "" Then
    ' nur einzeiliger Bodytext
    If Kopfzeile.Length > 20 Then
        bind.Attribute("template").Value = templatename & _
            Convert.ToString("Text03")
        bind.Add(New XElement("text", New XAttribute("id", "1"), Kopfzeile))
        bind.Add(New XElement("text", New XAttribute("id", "2"), Textzeile1))
    Else
        bind.Attribute("template").Value = templatename & _
            Convert.ToString("Text02")
        bind.Add(New XElement("text", New XAttribute("id", "1"), Kopfzeile))
        bind.Add(New XElement("text", New XAttribute("id", "2"), Textzeile1))
    End If
Else
    ' zweizeiliger Bodytext
    bind.Attribute("template").Value = templatename & Convert.ToString("Text04")
    bind.Add(New XElement("text", New XAttribute("id", "1"), Kopfzeile))
    bind.Add(New XElement("text", New XAttribute("id", "2"), Textzeile1))
    bind.Add(New XElement("text", New XAttribute("id", "3"), Textzeile2))
End If
End If
```

Falls ein Bild definiert wurde, müssen wir dieses auch per Element einfügen:

```
If Bild IsNot Nothing Then _
    bind.Add(New XElement("image", New XAttribute("id", "1"),
        New XAttribute("src", Bild), New XAttribute("alt", "Bild")))
```

Zurückgegeben wird der XML-Quellcode:

```
Return xe.ToString()
End Function
```

Eine *ToastNotification* erzeugen:

```
Public Function CreateToast() As ToastNotification
    Dim xdoc As New XmlDocument()
    xdoc.LoadXml(CreateXML())
    Return New ToastNotification(xdoc)
End Function
```

Eine *ScheduledToastNotification* erzeugen (wir benötigen eine Zeitangabe):

```
Public Function CreateScheduledToast(zeit As DateTimeOffset) As _
                        ScheduledToastNotification
    Dim xdoc As New XmlDocument()
    xdoc.LoadXml(CreateXML())
    Return New ScheduledToastNotification(xdoc, zeit)
End Function
```

HINWEIS: Die beiden obigen Methoden können Sie verwenden, wenn Sie das *ToastNotification*-Objekt noch weiter parametrieren wollen und direkt verwenden. Alternativ stehen Ihnen die Methoden *Show* und *AddToSchedule* zur Verfügung, die sich um die Anzeige kümmern:

```
Public Function Show() As ToastNotification
    _toast = CreateToast()
    ToastNotificationManager.CreateToastNotifier().Show(_toast)
    Return _toast
End Function

Public Sub Hide()
    If _toast IsNot Nothing Then _
        ToastNotificationManager.CreateToastNotifier().Hide(_toast)
End Sub

Public Function AddToSchedule(zeit As DateTimeOffset) As ScheduledToastNotification
    Dim res As ScheduledToastNotification = CreateScheduledToast(zeit)
    ToastNotificationManager.CreateToastNotifier().AddToSchedule(res)
    Return res
End Function
    }
}
```

Test

HINWEIS: Siehe dazu Abschnitt 21.3.2 ab Seite 1088.

Platz für eigene Erweiterungen ist sicher immer vorhanden, aber 90 Prozent der Anwendungsfälle dürften durch unsere selbst entwickelte Klasse abgedeckt sein.

Anhang

Glossar

Begriff	Bedeutung	Bemerkung
ACE	Access Control Entries	Einträge in einer ACL
ACL	Access Control List	Zugangskontrollliste, dient der Rechteverwaltung
ADO	ActiveX Data Objects	ältere Datenzugriffstechnologie von Microsoft
ADO.-NET		neue Datenzugriffstechnologie von Microsoft für .NET
ADS	Active Directory Service	Verzeichnisdienst
ANSI	American National Standard Institute	US-amerikanische Standardisierungsbehörde
API	Application Programming Interface	allgemeine Schnittstelle für den Anwendungsprogrammierer
ASCII	American Standard Code for Information Interchange	klassisches Textformat
ASP	Active Server Pages	Webseiten mit serverseitig ausgeführten Skripten
BLOB	Binary Large Object	binäres Objekt, z.B. Grafik
BO	Business Object	Geschäftsobjekt
CAO	Client Activated Objects	vom Client aktiviertes Objekt (.NET Remoting)
CGI	Common Gateway Interface	Möglichkeit für die Verarbeitung von Anfragen auf einem Webserver
CLI	Common Language Infrastructure	Standard für alle .NET-Programmiersprachen
CLR	Common Language Runtime	virtuelle Umgebung von .NET
COD	Click Once Deployment	neue Distributionsmöglichkeit in .NET 2.0
COM	Common Object Model	allgemeines Objektmodell von Microsoft
CSV	Comma Separated Variables	durch bestimmte Zeichen getrennte Daten (meist Komma)
CTS	Common Type System	Datentypen, die von .NET unterstützt werden

Begriff	Bedeutung	Bemerkung
DAO	Data Access Objects	klassische Datenzugriffsobjekte
DC	Device Context	Gerätekontext
DCOM	Distributed Component Object Model	auf mehrere Rechner verteiltes COM
DES	Data Encryption Standard	Standard für die Verschlüsselung von Daten
DISCO	WebService Discovery	XML-Protokoll zum Aufsuchen von Webdiensten
DLL	Dynamic Link Library	Laufzeitbibliothek, die von mehreren Programmen benutzt werden kann
DQL	Data Query Language	Untermenge von SQL zur Datenabfrage
DDL	Data Definition Language	Untermenge von SQL zur Datendefinition
DML	Data Manipulation Language	Untermenge von SQL zur Datenmanipulation
DMO	Distributed Management Objects	Objekte z.B SQLDMO zum Administrieren des SQL Servers
DNS	Domain Name Service	Umwandlung von Domain-Namen in IP-Adresse
DOM	Document Object Model	objektorientiertes Modell für den Zugriff auf strukturierte Dokumente
DSN	Data Source Name	Name einer Datenquelle
DTD	Document Type Definition	Definition der Xml-Dokumentenstruktur
DTS	Data Transformation Services	SQL-Server-Dienst, zum Transformieren von Daten
FCL	Framework Class Library	.NET-Klassenbibliothek
FSM	Finite State Machine	Endlicher Zustandsautomat
FTP	File Transfer Protocol	Internet-Protokoll für Dateitransfer
FQDN	Full Qualified Domain Name	Host-Name des Servers in URL
FSO	File System Objects	Objektmodell für Zugriff auf Laufwerke, Verzeichnisse und Dateien
GAC	Global Assembly Cache	allgemein zugänglicher Speicherbereich für Assemblies
GC	Garbage Collection	"Müllsammlung" (Freigabe von Objekten)
GDI	Graphical Device Interface	Grafikfunktionen der Windows API
GDI+		Grafikklassenbibliothek von .NET
GLS	Gleichungssystem	Begriff der numerischen Mathematik
GUI	Graphical User Interface	grafische Benutzerschnittstelle
GUID	Global Unique Identifier	eindeutiger Zufallswert (128 Bit) zur Kennzeichnung von Klassen
HTML	Hypertext Markup Language	Sprache zur Gestaltung statischer Webseiten
HTTP	Hypertext Transfer Protocol	Protokoll für Hypertextdokumente

Begriff	Bedeutung	Bemerkung
ICMP	Internet Control Message Protocol	Nachrichtenprotokoll im Internet
ID	Identifier	Identifikationsschlüssel
IDC	Internet Database Connector	... enthält Infos zum Herstellen einer Verbindung bzw. Ausführen von SQL
IDE	Integrated Development Environment	Integrierte Entwicklungsumgebung
IE	Internet Explorer	... oder Internet Browser
IIS	Internet Information Server	... oder Internet Information Services
IL	Intermediate Language	Zwischencode von .NET
ISAM	Indexed Sequence Access Method	indexsequenzielle Zugriffsmethode
ISAPI	Internet Server API Interface	Web-Anwendung (DLL) für IIS und IE
Jet	Joint Engineers Technology	lokales Datenbanksystem von Microsoft
JIT	Just In Time	Kompilieren zur Laufzeit
LAN	Local Area Network	lokales Rechnernetzwerk
MARS	Multiple Active Results Sets	Mehrfachverwendung einer Connection (SQL Server 2005)
MDA	Model Driven Architecture	Anwendungsentwicklung auf Basis von Modellen
MDAC	Microsoft Data Access Components	Datenzugriffskomponenten (ab Version 2.6), müssen auf Zielcomputer installiert sein
MIME	Multipurpose Internet Mail Extensions	standardisierte Dateitypen für Internet-Nachrichten
MMC	Microsoft Management Console	Rahmenanwendung für administrative Aufgaben
MS	Microsoft	Software-Gigant
MSDE	Microsoft Data Engine	abgerüstete SQL Server-Datenbank-Engine
MSDN	Microsoft Developers Network	eine (fast) unerschöpfliche Informationsquelle für den Windows-Programmierer
MSIL	Microsoft Intermediate Language	Zwischencode für .NET
MSXML	Microsoft XML Core Services	
ODBC	Open Database Connectivity	allgemeine Datenbankschnittstelle
OLAP	On-Line Analytical Processing	
OLE	Object Linking and Embedding	Microsoft-Technologie zum Verknüpfen und Einbetten von Objekten
OLE DB		Schnittstelle für den universellen Datenzugriff
OOP	Object Oriented Programming	Objektorientierte Programmierung

Begriff	Bedeutung	Bemerkung
PAP	Programmablaufplan	
POP3	Post Office Protocol Version 3	Posteingangsserver
PWS	Personal Web Server	abgerüstete Version des IIS
RAD	Rapid Application Development	schnelle Anwendungsentwicklung
RDBMS	Relational Database Management System	Relationales Datenbank-Management-System
RDL	Report Definition Language	Xml-basierte Beschreibungssprache für Microsoft Reporting Services
RDS	Remote Data Services	Objektmodell für Datenverkehr mit Remote Server
RPC	Remote Procedure Call	Aufruf einer entfernten Methode
RTL	Runtime Library	Laufzeitbibliothek
SAO	Server Activated Object	vom Server aktiviertes Objekt (.NET Remoting)
SDK	Software Development Kit	Entwickler-Tools
SGML	Standard Generalized Markup Language	Regelwerk zur Definition von Auszeichnungssprachen für Dokumente
SMO	SQL Management Objects	Managed Code-Libraries zur Verwaltung und Analyse des SQL Servers
SMTP	Simple Mail Transport Protocol	TCP/IP-Protokoll für die Übertragung von Nachrichten zwischen einzelnen Computern
SOAP	Simple Object Access Protocol	Protokoll zum XML-basierten Zugriff auf Objekte
SOM	Schema Object Model	zusätzliche APIs für den Zugriff auf XML Schema-Dokumente
SQL	Structured Query Language	Abfragesprache für Datenbanken
SQLDMO	SQL Distributed Management Objects	Library für Verwaltung des MS SQL Servers
SSL	Secure Socket Layer	Sicherheitsprotokoll für Datenübertragung
SSPI	Security Service Provider Interface	API für Authentifizierung und Vergabe von Zugriffsberechtigungen
TCP/IP	Transmission Control Protocol/ Internet Protocol	Netzwerkprotokoll zum Datentransfer, IP-Adresse ist 32-Bit-Zahl
UDDI	Universal Description, Discovery and Integration	Technologie zum Durchsuchen nach Webdiensten
UDF	User Defined Function	benutzerdefinierte Funktion (SQL Server)
UDL	Unified Data Link	standardisierte Datenverbindung
UDP	Unified Data Protocol	standardisiertes Datenprotokoll
UI	User Interface	Benutzerschnittstelle
UML	Unified Modelling Language	Sprache zur Beschreibung von Objektmodellen

Begriff	Bedeutung	Bemerkung
UNC	Uniform Naming Convention	System zur Benennung von Dateien in vernetzten Umgebungen
URL	Uniform Resource Locator	Web-Adresse
WinRT	Windows Runtime	Neues Framework seit Windows 8
WMI	Windows Management Instrumentation	Klassen zur Windows-Administration
WSDL	Web Services Description Language	XML-basierte Beschreibungssprache für Webdienste
WSE	Webservice Enhancements	Webdienst-Erweiterungen von Microsoft
W3C	Consortium	Standard
WWW	World Wide Web	Teil des Internets
XAML	eXtensible Application Markup Language	XML-Beschreibung für Windows-Oberflächen
XML	Extensible Markup Language	universelle textbasierte Beschreibungssprache
XSD	XML Schema Definition Language	XML-Dialekt zur Beschreibung von Datenstrukturen
XSLT	Extensible Stylesheet Language Transformations	Technologie zum Transformieren der Struktur von XML-Dokumenten

Wichtige Dateiextensions

Extension	Beschreibung
.ascx	Web-Benutzersteuerelemente
.asp	Active Server Pages
.aspx	Webform
.aspx.vb	Quellcode für Webform
.cd	vom Klassen Designer angelegte Datei
.config	Konfigurationsdatei der Anwendung
.vbproj	VB-Projektdatei
.css	StyleSheet
.deploy	Dateien für Click Once Deployment
.disco	Static Discovery File
.dll	Assembly (Klassenbibliothek)
.exe	Assembly (ausführbare Datei)
.htm	HTML-Datei
.manifest	Deployment Manifest
.pdb	Debug-Infos (Program Debug Database)
.resources	Ressourcen-Datei
.resx	Ressourcen-Datei (Xml)
.rdl	XML-Report (Reporting Services)
.rdlc	lokaler XML-Report
.rpt	Crystal Report
.settings	Anwendungseinstellungen (Visual Studio Settings)
.sln	Visual Studio Projektmappe
.suo	Benutzereinstellungen Visual Studio
.vb	VB-Quellcodedatei

Extension	Beschreibung
.vshost.exe	Visual Studio Host zum Laden der Assembly
.wsf	Script für Windows Scripting Host
.xsd	XML-Schema für XML-Dokumente
.xslt	XML-Transformationsdatei
default.aspx	Standardseite für Web
global.asax	Globale Ereignisse für die Webanwendung
web.config	WEB-Konfiguration
web.sitemap	Inhaltsverzeichnis des Webs für die Navigation

Index

G

1156   Index

Lebenszyklus 1007
Leere Seite 911
Leerzeichen 625
Length 253, 257, 263
Line 716
LineBreak 626
LINQ 353
    Abfrage-Operatoren 360
    Aggregat-Operatoren 368
    AsEnumerable 371
    Count 368
    GroupBy 366
    Gruppierungsoperator 366
    Join 367
    Konvertierungsmethoden 371
    OrderBy 364
    OrderByDescending 364
    Projektionsoperatoren 362
    Restriktionsoperator 364
    Reverse 366
    Select 362
    SelectMany 362
    Sortierungsoperatoren 364
    Sum 369
    ThenBy 364
    ToArray 371
    ToDictionary 371
    ToList 371
    ToLookup 371
    Verzögerte Ausführung 370
    Where 364
LINQ-Abfrageoperatoren 357
LINQ-Provider 354
LINQ-Syntax 357
List 321, 682, 694
ListBox 652, 951
ListView 706, 808, 955
LoadCompleted 965
LoadedBehavior 662

LocalApplicationData 403
LocalFolder 1019
LocalPrintServer 854
LocalState 1019
Log 284
Log10 284
Logarithmus 285
LogicalDpi 923
Logische Operatoren 128
Lokal-Fenster 555
Long 106, 114
LongRunning 535
Lookahead 274
Lookbehind 275
LowestBreakIteration 520

M

MainWindow.xaml 597
MainWindow.xaml.vb 598
ManipulationDelta 943
ManipulationMode 943
ManualResetEvent 548
ManualResetEventSlim 540
Map View 430
Margin 610
Match 265, 266
Matches 265, 267
Matrix 238
MatrixTransform 775
Matrizen 243
Max 284
MaxHeight 609, 642
MaximumRowsOrColumns 950
MaxLength 647
MaxLines 647
MaxWidth 609, 642
MediaCapture 961
MediaCommands 755